DICIONÁRIO DOS REFUGIADOS DO NAZIFASCISMO NO BRASIL

DICIONÁRIO DOS REFUGIADOS DO NAZIFASCISMO NO BRASIL

Coordenação Israel Beloch
Consultoria Fábio Koifman
Produção Kristina Michahelles
Realização Casa Stefan Zweig

2021

Créditos

Coordenação e Edição
Israel Beloch

Consultoria
Fábio Koifman

Produção
Kristina Michahelles

Pesquisa e Redação
André Luiz Faria Couto
Erick Ciqueira
Fábio Koifman
Heitor Fagundes Beloch
Ileana Pradilla Ceron
Inoã Pierre Carvalho Urbinati
Kristina Michahelles
Leandro Lamarão
Leonardo Dourado
Luiz Octavio Gomes de Souza
Mauro Malin
Miriam Junghans
Rafael Cardoso
Rogério Alves de Barros
Sergio Tadeu de Niemeyer Lamarão
Thiago Herzog de Almeida

Pesquisa Iconográfica
Kristina Michahelles
Leonardo Dourado
Telenews Service Ltda.
Tiago Castro Gomes

Revisão
Kristina Michahelles
Leonardo Dourado
Sofia Soter Henriques

Projeto Gráfico e Diagramação
Ruth Freihof - Passaredo Design

Assessoria para Lei Rouanet
Gustavo Lacerda
Anima Projetos Culturais

Assessoria Jurídica
Murayama e Affonso Ferreira Advogados

Capa
Fayga Ostrower. Desenho feito aos 14 anos, durante a travessia para o exílio no Brasil, em 1934. Lápis sobre papel. Acervo Instituto Fayga Ostrower

Realização
Casa Stefan Zweig
   Alberto Dines (in memoriam)
   Israel Beloch (presidente)
   Celso Lafer
   Fábio Koifman
   José Luiz Alquéres (vice-presidente)
   José Pio Borges
   Kristina Michahelles (diretora executiva)
   Mário Azevedo
   Nelson Eizirik
   Renato Bromfman
   Stephan Krier
   Tobias Cepelowicz

   Dora Martini (gerente)

Sede
Rua Gonçalves Dias, 34
CEP 25.655-122 Petrópolis, RJ
Tel. 24 2245-4316
www.casastefanzweig.org.br
Aberta de sexta a domingo, de 11 às 17 hs

Sumário

Apresentação Israel Beloch..7

Prefácio Fábio Koifman 13

Depoimento Kristina Michahelles............................21

Índice das biografias..24

Biografias dos chegados até 1945................................41

Biografias dos chegados após 1945......................... 743

Alguns frutos da imigração: filhos e netos............ 819

Agradecimentos 829

Apresentação

Dicionário dos Refugiados do Nazifascismo[1] no Brasil

Israel Beloch

> "Subitamente, em meio a uma frase, ele me avistou. Interrompeu-se:
> - Quem é você?
> Disse-lhe o meu nome.
> - Estrangeiro?
> - Sim.
> - Refugiado?
> - Sim.
> - De onde?
> - De longe. De muito longe."
> Elie Wiesel. Holocausto: canto de uma geração perdida.[2]

Por que produzir a CSZ um Dicionário dos Refugiados do Nazifascismo? A resposta mais cabal é que o nosso patrono, Stefan Zweig, foi um refugiado da tirania, que aqui veio acabar os seus dias, depois de escrever em solo brasileiro as suas últimas obras geniais.

A ideia original de mapear os refugiados ilustres foi, como quase tudo na Casa Stefan Zweig, do nosso saudoso fundador e presidente Alberto Dines e resultou no totem multimídia Canto dos Exilados, disponível na sede da instituição em Petrópolis. Em cima desta ideia, apliquei meus conhecimentos

---

[1] O termo é aqui empregado na sua acepção genérica ou popular. A literatura acadêmica considera hoje a existência de diferentes fascismos, sendo o nazismo a forma mais exacerbada do fenômeno.

[2] Trad. de Roberto Raposo. Rio de Janeiro, Ed. Documentário, 1987, p. 157.

e minha experiência acumulados na formulação e coordenação do *Dicionário histórico-biográfico brasileiro*, projeto construído ao longo de dez anos no Centro de Pesquisa e Documentação de História Contemporânea do Brasil (CPDOC) da Fundação Getúlio Vargas e publicado em primeira edição em 1985. Uma segunda edição ampliada veio à luz em 2001 e hoje todo o seu conteúdo de mais de sete mil verbetes está disponível na rede, em site próprio.

Entre 1933 e 1945 milhares de cidadãos foram proibidos de produzir arte e ciência, exercer seus ofícios e manifestar sua opinião. Foram perseguidos e deixaram tudo para trás, encontrando uma nova pátria, onde recomeçaram do nada ou de muito pouco.

Valorizar os refugiados do passado é jogar luz sobre os refugiados do presente. Assim como aqueles trouxeram notável contribuição para a terra que os acolheu, estes, com todas as diferenças que configuram a presente situação, também devem ser encarados como potencial de enriquecimento e fermento para a nossa sociedade. Que essa obra seja um reforço a uma visão positiva da figura do imigrante, personagem cada vez mais presente no conturbado mundo atual. Que seja mais um tijolo no edifício da luta contra a exclusão, a segregação, a xenofobia e o nacionalismo extremista.

No mundo complexo em que vivemos, é preciso encontrar mecanismos de preservação dos direitos humanos dos migrantes e refugiados e equipar as sociedades com novas, criativas e generosas formas de absorção de deslocados. A pressão das correntes migratórias tem de ser distribuída com equilíbrio entre as nações, as necessidades dos grupos que chegam precisam ser harmonizadas com os sistemas de benefícios sociais que os países desenvolvidos alcançaram historicamente e não podem implodir esses sistemas. A solução política e diplomática dos conflitos pode e deve minimizar os bárbaros efeitos das guerras sobre os seres humanos, o auxílio econômico às populações carentes deve ajudar a fixá-las em seu território original. As sociedades que se arvorarem como *bunkers* contra imigrantes devem sofrer repúdio internacional. Nada disso é fácil. Pelo contrário, é um formidável desafio, que teremos que enfrentar coletivamente, como foi enfrentado nos trágicos tempos da Segunda Guerra Mundial.

Um estudo elaborado em 2018 pela Universidade de Oxford em associação com o Citigroup revelou que dois terços do crescimento da economia norte-americana desde 2011 podem ser diretamente atribuídos à imigração; que, ao contrário da percepção intuitiva, o migrante tende a consumir menos benefícios sociais e custa menos aos cofres públicos do que o nativo; e que, nos Estados Unidos, os migrantes são responsáveis por 30% dos novos negócios, embora representem apenas 14% da população. Se outros argumentos mais fortes em favor da imigração não existissem, bastaria lembrar do médico oncologista Ugur Sahin e de sua mulher Özlen Türeci, imigrantes turcos na Alemanha, fundadores da empresa BioNTech, responsável, juntamente com a Pfizer, pelo desenvolvimento de uma das promissoras vacinas contra a Covid-19.

O exílio marca a história da Humanidade, desde o êxodo dos hebreus para a Babilônia e o ostracismo ateniense, passando ao longo dos séculos pelo banimento de pensadores e artistas, como Ovídio, Dante Alighieri, Victor Hugo, Karl Marx, Trotsky, além das milhares de vítimas da perseguição e intolerância do nazismo, entre elas Albert Einstein, Sigmund Freud, Thomas Mann, Stefan Zweig, assim como dos incontáveis refugiados de diferentes tiranias. Por todos eles, falou Dante: "Deixarás tudo o que mais entranhadamente amas, que é o primeiro infortúnio sofrido no desterro. Verás quão amargo é o pão alheio, o quão duro o caminho quando se déve subir e descer por estranha escada".

O fenômeno do exílio na história constitui um verdadeiro universo e para retratá-lo no âmbito deste Dicionário adotamos a seguinte delimitação:

1. Refugiados dos países governados ou ocupados pelo nazifascismo: Alemanha, Áustria, Itália, França, Bélgica, Holanda, Dinamarca, Noruega, Grécia, Albânia, Iugoslávia, Polônia, Ucrânia, Bielorrússia, Hungria, Tchecoslováquia, União Soviética, Japão e países asiáticos ocupados pelos japoneses,

2. Refugiados dos países aliados do nazifascismo: Espanha[3], Romênia, Bulgária.

Com esta obra, não pretendemos ser exaustivos: estima-se em mais de 15 mil o número de refugiados da Segunda Guerra Mundial que aportaram o Brasil, embora não exista um estudo preciso quanto a esta cifra. Selecionamos 300 desses nomes que nos pareceram de maior relevância na contribuição à sociedade brasileira. Muitos outros poderiam ser incluídos e permanecem em nossos planos para futuras edições.

Do mesmo modo, em novas oportunidades aspiramos produzir também um dicionário dos refugiados de outras tiranias além do nazifascismo: os pogroms e o antissemitismo da virada do século XIX para o XX, o comunismo, o nasserismo no Egito, o antissionismo no Oriente Médio, as ditaduras latinoamericanas e o punhado de conflitos étnicos espalhados pelo mundo.

Para este Dicionário a delimitação do período que conceitua a categoria do refugiado é óbvia: 1933-1945, os doze anos de poder do nazismo, a expressão mais opressora e violenta dos fascismos. Incluímos, no entanto, personagens que fugiram neste período para terceiros países e apenas algum tempo depois, até meados dos anos 1950, rumaram para o Brasil. Não deixam de ser refugiados do nazifascismo.

Incluímos expatriados que abandonaram os seus países de origem ainda antes da invasão nazista, por pressentirem a catástrofe que se desenhava no horizonte. Manifestações de antissemitismo, por exemplo, eram fortes na Áustria anterior à *Anschluss*, a união com a Alemanha nazista, concretizada em 1938. Stefan Zweig não esperou atingir esse ponto e abandonou sua pátria em 1934, passando a residir na Inglaterra e nos Estados Unidos, até chegar em 1941 a seu destino final, o Brasil, onde já havia passado temporadas em 1936 e 1940.

Assim também, muitos abandonaram a Polônia e outros países da Europa Oriental, onde o antissemitismo grassava sem peias bem antes da invasão nazista.

É notável observar a presença entre os refugiados de um grande número de cientistas, matemáticos, arquitetos, artistas plásticos, atores, diretores teatrais, músicos, fotógrafos, bailarinas e até mesmo figurinistas, esportistas, policiais, palhaços. Eram homens e mulheres formados na alta cultura europeia, todos eles vivenciando uma trajetória de perseguições, fugas desesperadas, lutas incansáveis por vistos (e aqui nunca é demais destacar o papel ímpar do Embaixador Luiz Martins de Souza Dantas) – chegada e aclimatação no Brasil e ao idioma diferente e, enfim, a realização profissional na nova terra e o reconhecimento da fecunda atuação em nosso meio.

Queremos destacar o relevante papel desempenhado pelo professor Fábio Koifman na elaboração desta obra. Diretor da Casa Stefan Zweig e autor de vários livros sobre a imigração nesta conjuntura, entre eles *Quixote nas trevas*[3], sobre a atuação do Embaixador Souza Dantas no salvamento de centenas de re-

---

3 Fábio Koifman. *Quixote nas trevas; o embaixador Souza Dantas e os refugiados do nazismo*. Rio de Janeiro, Editora Record, 2002.

fugiados da Europa, tornou-se um dos maiores especialistas brasileiros no tema.

Destacamos também a sólida contribuição dos jornalistas Kristina Michahelles e Leonardo Dourado, autores da série em 10 episódios *Canto dos Exilados*, apresentada em diferentes temporadas nos canais de TV Arte 1 e Eurochannel, contendo retratos de alguns dos mais expressivos refugiados que aqui chegaram no período da Segunda Guerra Mundial

Além deles, uma equipe de competentes e dedicados pesquisadores e redatores desincumbiu-se de muitas das biografias. Alguns são meus velhos companheiros de pesquisas e trabalhos pregressos, como Sergio Lamarão, Mauro Malin, Ileana Pradilla, André Faria Couto e Luis Octávio Souza. Outros, incorporaram-se à equipe com importantes contribuições: Thiago Herzog, Erick Ciqueira, Inoã Carvalho Urbinati, Heitor Fagundes Beloch, Leandro Lamarão, Rogério Alves de Barros, Miriam Junghans.

Todos os textos passaram pela minha leitura crítica e receberam eventuais acréscimos, alterações ou supressões, razão pela qual estão assinados em dupla pelos pesquisadores/redatores e por mim.

Procuramos ilustrar os verbetes biográficos com a iconografia mais expressiva, levantada nos arquivos disponíveis ou franqueada por descendentes ou instituições. Ruth Freihof foi responsável pelo projeto gráfico do livro, tarefa que desempenhou com grande dedicação e a reconhecida qualidade de designer.

A realização desta obra foi possível graças ao patrocínio das empresas BTG Pactual e Dynamo Internacional Gestão de Recursos e às contribuições pessoais de Sylvia Nabuco de Almeida Braga, Daniel Miguel Klabin, Armando Klabin, Salo David Seibel, Guilherme Puppi e Silva, Israel Vainboim, Herman Abraham, e de nossos diretores Celso Lafer, José Luiz Alquéres, Nelson Laks Eizirik e Tobias Cepelowicz. Nosso diretor Renato Bromfman coordenou, com a generosidade, o afinco e a energia que o caracterizam, o levantamento de fundos para a obra.

NOTAS NECESSÁRIAS
1. Temos consciência de que falhas, erros e omissões possam estar presentes num trabalho deste gênero, que, por sua própria natureza, nunca se arroga o título de completo ou perfeito. Por esta razão, somos totalmente receptivos a incluir nas próximas edições as correções e acréscimos necessários.
2. Todos os esforços foram feitos no sentido de localizar e contactar os detentores dos direitos das imagens reproduzidas. Estamos à disposição para providenciar eventuais correções.

Prefácio

Fábio Koifman

A partir da difusão e influência das ideias produzidas pela Revolução Francesa, diversos países europeus foram paulatinamente concedendo cidadania e algo próximo a igualdade de direitos a todas as pessoas que habitavam dentro de suas fronteiras nacionais. Ao menos nos discursos, a separação dos Estados das religiões produziria o efeito de considerar e tratar de maneira semelhante todos os habitantes sob a tutela de um mesmo governo central que doravante os consideraria como cidadãos iguais. Grupos humanos antes segregados e alijados de reconhecimento como membros de uma mesma coletividade, por questões econômicas, étnicas, culturais, religiosas, classe social, entre outras, passaram a nutrir expectativa e otimismo em relação à plena participação nas sociedades – nas quais, não raro, residiam há séculos –, inclusive e especialmente no que tange à obtenção de direitos civis. Essas transformações se deram com o advento da instalação paulatina dos chamados Estados nacionais. Pessoas, a partir daí cidadãos, residentes em diferentes regiões da Europa ao longo do século XIX, escolheram ou receberam e registraram sobrenomes que, somados aos seus nomes próprios, pareciam sinalizar que o indivíduo poderia ser socialmente qualificado, percebido e tratado conforme a sua identidade descrita nos registros oficiais e não por sua herança étnica ou religiosa. A obrigatoriedade de servir às Forças Armadas seria mais uma evidência de que os ventos da Revolução Francesa doravante iriam enquadrar de maneira idêntica e equânime todos os homens habitando dentro das mesmas fronteiras.

Tal processo não foi igual em todos os países, não seguiu o mesmo ritmo na formação dos Estados Nacionais europeus e produziu situações diferentes ao longo do século XIX em relação ao status social e político dos diferentes cidadãos residentes em um mesmo Estado, assim como para os limites daquilo que estes poderiam desfrutar dentro das respectivas sociedades.

Ainda assim, ter direito a um registro, exercer diferentes profissões e portar documentos emitidos pelo Estado abriu um amplo leque de possibilidades. Entre essas, compartilhar dos espaços sociais, se bem que nem sempre de maneira plena – alguns países estabeleciam, por exemplo, cotas para o número máximo de judeus em colégios e universidades, caso da Rússia czarista –, e usufruir de oportunidades nunca antes oferecidas, nas universidades, nas atividades culturais, no próprio Estado. Ao mesmo tempo, o desejo de ascensão profissional e social em muitas sociedades era facilitado pela assimilação cultural e religiosa, que contemplava também o empenho das pessoas por integração.

Até a Primeira Guerra Mundial esse processo pareceu se estabelecer de maneira plena e crescente, a despeito da continuidade eventual de situações nas quais os valores universais da Revolução Francesa não contaram com o patrocínio dos governos em estabelecê-los de maneira completa e ampla a todos cidadãos ou os próprios Estados, de fato, não se preocuparam em impor e zelar pelo que já figurava anunciado por meio das leis em vigência.

Com o fim do primeiro grande conflito mundial, a situação se modificou de maneira drástica para muitas pessoas. Alguns fatores produziram esse contexto de muitas mudanças, em especial, o novo rearrumar de fronteiras nacionais, a Revolução Comunista de 1917 e, alguns anos depois, o surgimento de um novo modelo de governo, o fascista. Esses e outros acontecimentos contribuíram para que nas duas décadas seguintes um número significativo de pessoas perdesse a nacionalidade, tornando-se refugiados apátridas, ou que ideologias calcadas na intolerância, no racismo e em ideias não científicas e até obscurantistas trouxessem de volta para os discursos políticos e posteriormente para a prática de alguns Estados preconceitos que se imaginavam já superados.

O fascismo se beneficiou especialmente da disputa estabelecida entre as proposições de modelos democratas liberais e as proposições socialistas, tanto na perspectiva da então novidade do aparecimento de uma nação socialista materializado pelo surgimento da União Soviética (URSS), quanto nas diferentes sociedades, seja entre os movimentos populares organizados ou nos parlamentos nos quais ambas tendências em muitos casos se fizeram representar e protagonizaram disputas por simpatizantes e eleitores.

A crise econômica mundial de 1929 pareceu para muitos enfraquecer a confiabilidade do modelo capitalista, afetando politicamente as chamadas democracias liberais que tiveram questionadas as suas capacidades de condução eficiente dos Estados, assim como de refrear os movimentos sociais e políticos que tinham como inspiração a revolução ocorrida anos antes na URSS. Essa última, passando incólume pela crise, incorporou em sua propaganda uma imagem de sucesso e, dessa maneira, parecia aumentar a sua atratividade e influência.

Grupos em diferentes países inspirados no exemplo italiano de governo fascista criaram projetos de regimes de força que organizariam as suas respectivas sociedades a partir do controle centralizado pelo Estado em uma prática de viés autoritário. Apresentando-se como único regime forte o suficiente para deter o comunismo, em maior ou menor grau, esses "fascismos" tanto reproduziram o regime em vigor na Itália como adaptaram e desenvolveram os seus próprios modelos conforme as características e necessidades locais. Premissa necessária dos fascismos, além do anticomunismo e crítica às democracias liberais, foi a incorporação de um nacionalismo exacerbado, componente ideológico essencial e comum a todos eles, assim como a eleição daqueles inimigos externos e internos que alegadamente poderiam colocar em risco as sociedades em razão de diferentes tipos de atribuições negativas e caluniosas.

Um modelo fascista começou a ser elaborado na Alemanha, consolidou-se ainda nos anos 1920 e, a partir de 1933, estabeleceu-se como governo, o nazismo. Além do nacionalismo, do anticomunismo e outras características comuns aos fascismos, o regime alemão tinha uma particularidade específica: a proposição do estabelecimento de um critério supostamente genético que necessariamente condicionaria o reconhecimento da cidadania e direitos civis de cada um dos indivíduos que habitavam dentro das fronteiras nacionais. O que era apresentado como "raça ariana" se estabeleceu como componente do reconhecimento da nacionalidade dos indivíduos. Tal falso critério biológico colocou por terra as décadas de avanço e construção da sociedade alemã até então pautada com base em valores democráticos. Tal processo relegou até mesmo ícones da cultura, das artes e da ciência, assim como heróis da Primeira Guerra

Mundial ao status de uma espécie de doença social, uma vez que o nazismo associou a suposta herança genética dos ditos "não arianos" a responsabilidade pela atribuída degenerescência racial que, segundo eles, produziu a decadência do país e a derrota no conflito recém-findo.

Produzindo uma profunda ruptura na evolução do reconhecimento dos direitos civis que vinha se desenvolvendo na Europa, o nazismo paulatinamente estabeleceu o rompimento total e completo com os ideais da Revolução Francesa e, mais do que isso, o Estado depois de um longo processo de cerceamento de direitos, conduziu uma estratégia organizada para expulsar dos seus limites aqueles que passaram a ser considerados não habilitados à contribuir para a formação do povo alemão e, com os casamentos apontados como "interraciais", decorrentes da miscigenação crescente, geneticamente estariam colocando em risco a dita "raça ariana" ameaçada de ser conspurcada. Ao fim do processo, sem alcançarem pleno sucesso na expulsão, os nazistas terminaram por proceder à eliminação física dos considerados "não arianos" com o fim de fazê-los sumir definitivamente do país e da Europa. Com a Segunda Guerra Mundial e o posterior avanço dos exércitos alemães e o controle militar de um número significativo de países europeus, as concepções e práticas passaram a se estabelecer em boa parte do continente.

O Estado, que em um intervalo relativamente curto de tempo contemplara algumas gerações com os direitos inerentes aos demais cidadãos, voltava-se contra civis direcionado por um projeto especificamente genocida.

Esse livro trata dos sobreviventes desse tempo e processo europeu. Reúne nomes e os resumos biográficos de pessoas que lograram sair da Europa nesse contexto e obtiveram refúgio no Brasil, que se encontraram perseguidos ou em risco de perseguição por terem se colocado como críticos e dissidentes dos regimes autoritários fascistas ou, na maioria dos casos, pela simples razão de não serem considerados "arianos". Pessoas que testemunharam, juntamente com as respectivas famílias, e durante o relativamente curto espaço de algumas poucas gerações a abertura das sociedades e as possibilidades de integração por meio do próprio reconhecimento deles como nacionais e que, sob os governos fascistas, acabaram excluídos, discriminados e perseguidos nessas mesmas sociedades.

No decorrer de alguns anos esses indivíduos deixaram de ser parte de uma sociedade e cultura, de ter identidade civil e uma nacionalidade plenamente reconhecida, de poder exercer as suas respectivas profissões, para serem apontados como párias, estrangeiros, perigosos e indesejáveis.

Um número relativamente pequeno e privilegiado dessas pessoas possuía já naquele momento, os recursos, os meios, a consciência e a percepção de que o processo de segregação era inexorável e o perigo, premente. Contando com sorte, lograram escapar do ambiente de ódio, intolerância e violência estabelecido na Europa e, abdicando do mundo no qual haviam nascido, crescido e se educado, em sociedades que laboraram para construir e defender, e se lançaram à condição de refugiado, exilado, estrangeiro, viajando para outro continente, em diferente hemisfério, estabelecendo-se em um universo totalmente diferente e novo, de idiomas, culturas e sociedade estranhas às suas próprias.

O presente texto se ocupa de uma parcela pequena dessas pessoas que se viram nessa condição, vítimas de perseguição e conseguiram obter salvaguarda no Brasil em um momento em que a quase totalidade dos países fechava as suas fronteiras para os refugiados. Dentre os milhares de exilados que encontraram acolhida no Brasil, estava o grande escritor austríaco Stefan Zweig, personalidade cuja biografia escrita pelo jornalista Alberto Dines deu especial destaque ao período em que esteve no país.

Para situar e entender um pouco mais das opções, da trajetória e do destino de Zweig e os paralelos com outros europeus que se encontraram em situação análoga, Dines começou a elaborar uma lista de estrangeiros ilustres que foram recebidos e encontraram nesse tempo abrigo no Brasil. Nos últimos 20 anos, essa lista foi sendo aumentada, alcançando cerca de 200 nomes saídos da memória do brilhante jornalista. Mais tarde, uma pequena equipe de pesquisadores foi incorporada à Casa Stefan Zweig de Petrópolis e dessa forma, por sugestão de Dines, a própria instituição criou o "Canto dos Exilados" no qual foi reservado um espaço para registro e memória relacionada aos nomes e às biografias desses personagens, os quais, na maioria dos casos, retribuíram a acolhida brasileira contribuindo de maneira significativa para a cultura, as artes e as ciências no país.

Não há dúvida de que o critério de quem pode ou não ser considerado como "ilustre" é expressivamente subjetivo. E não pretendemos, no presente trabalho, delinear rigidez nessa escolha, pois além de incluirmos os nomes e biografias de refugiados que efetivamente se retiraram da Europa em razão da emergência dos fascismos, incluímos também, de maneira separada, nomes de pessoas que vivenciaram a perseguição, mas só chegaram ao Brasil em momento posterior ao fim da Segunda Guerra Mundial. Mas foi necessário algum critério para demarcar a expressão profissional do personagem, para situá-lo de alguma forma um pouco mais próximo da vivência de Zweig, como também e especialmente, para limitar o número de biografias aqui tratadas, uma vez que a inclusão da totalidade dos nomes e biografias daqueles que encontraram refúgio em nossa terra inviabilizaria qualquer projeto de dicionário, já que a soma de nomes de pessoas nessa situação ultrapassa alguns milhares de almas, que, comparadas com as cifras contabilizadas a partir do fim da Segunda Guerra e a revelação do genocídio de milhões de seres humanos praticado pelo nazismo, é diminuta, mas simbolicamente relevante e expressiva, em especial, para os que foram salvos em um momento em que essa saída e recepção representaram vida ou morte.

Na presente obra, pautamo-nos na definição estabelecida pelas Nações Unidas (Convenção de 1951), relativa ao Estatuto dos Refugiados que considera como tal qualquer pessoa "que, em consequência dos acontecimentos ocorridos antes de 1º de janeiro de 1951 e temendo ser perseguida por motivos de raça, religião, nacionalidade, grupo social ou opiniões políticas, se encontra fora do país de sua nacionalidade e que não pode ou, em virtude desse temor, não quer valer-se da proteção desse país, ou que, se não tem nacionalidade e se encontra fora do país no qual tinha sua residência habitual em consequência de tais acontecimentos, não pode ou, devido ao referido temor, não quer voltar a ele". Definição que foi complementada, anos depois (Protocolo Adicional de 1967 e Convenção de 1969), eliminando as limitações temporais e geográficas previstas na Convenção de 1951 e passando a incluir "as pessoas que tenham fugido dos seus países porque a sua vida, segurança ou liberdade tenham sido ameaçados pela violência generalizada, a agressão estrangeira, os conflitos internos, a violação maciça dos direitos humanos ou outras circunstâncias que tenham perturbado gravemente a ordem pública."

Incluímos também entre os ilustres listados pessoas que aqui chegaram crianças e, portanto, tiveram já no Brasil a sua formação profissional, mas cujo acolhimento revelou-se uma bênção aos refugiados que trouxeram ao país valores humanos e contribuíram significativamente para a nossa sociedade. Estando a história de cada um deles relacionada ao mesmo processo de exílio, refúgio e acolhida no Brasil, todos esses nomes foram incorporados.

No século XXI voltou a surgir um número significativo de refugiados, deslocados de guerra, perseguidos políticos e outros fenômenos que a humanidade parecia ter superado, em especial, a partir da experiência terrível e traumática da Segunda Guerra Mundial, que consolidou nas Nações Unidas princípios de permanente zelo pelos Direitos Humanos.

A edição desse dicionário ocorre em um tempo em que milhares de pessoas buscam asilo e têm dificuldade em encontrar refúgio. Esperamos que a organização, sistematização e publicação dessa obra contribua para uma reflexão sobre como a ajuda humanitária materializada pela oportunidade de uma nova vida pode ser muito frutífera, não só para essas pessoas como também para a nossa sociedade.

Depoimento

A vida dos outros, tarefa delicada e gratificante

Kristina Michahelles

Ao longo do "exílio" da pandemia de 2020, foi um privilégio poder mergulhar na vida desses refugiados do nazifascismo no Brasil que, na soma dos seus legados, representam a maior oxigenação já havida no país nas artes, na ciência e no pensamento.

Entrar na vida dos outros, ainda mais quando não estão mais entre nós, exige cuidados e muita delicadeza na tentativa de resumir biografias riquíssimas e diversificadas. Até porque, por maior que seja o rigor científico, é impossível não se envolver afetivamente nessa arqueologia humana e cultural. São muitas as emoções que afloram quando nos colocamos no lugar daqueles que, tão distantes do ambiente nativo e da língua que moldou seu jeito de ser, reinventam a vida e deixam suas marcas.

Emocionante, também, é descobrir o esforço dos descendentes para preservar a memória e o espólio de seus pais, avós ou outros parentes, a despeito da negligência e do descaso das instituições e dos governantes que não consideram essa uma atividade essencial.

Como é possível que a filha de uma das mais premiadas artistas do país, nascida polonesa, viva espremida em seu apartamento do Rio de Janeiro entre gaveteiros de aço, tirando dinheiro do próprio bolso para pagar estagiárias de Belas Artes para organizar e catalogar as gravuras e os desenhos da mãe? Como não se indignar se o filho único de um maestro, compositor e pianista belga teme que o destino do rico acervo reunido pelo pai ao longo de décadas seja um depósito de papel velho na capital mineira? Ou como não chorar ao ver a infiltração e a poeira ameaçando a coleção de mais de oito mil volumes, arquivo riquíssimo de livros, correspondências e documentos, do maior filólogo brasileiro, nascido húngaro?

Como contrapeso, surgem iniciativas ao redor do mundo. Países do Leste europeu reabilitam intelectuais e artistas refugiados durante a Segunda Guerra que ficaram esquecidos. Um ex-ministro das Finanças da República de Weimar e mecenas das artes chegou ao Brasil com nome falso e aqui acabou cultivando bichos da seda no interior. Um bisneto fez reviver o seu nome na Alemanha em livro e em exposição permanente numa antiga fazenda em Seelow, Brandemburgo. Outros netos e bisnetos transformam a visita ao passado familiar em biografias e livros de ficção.

No Brasil, a Casa Stefan Zweig/Memorial do Exílio é uma das iniciativas que produzem exposições, livros e até uma série na TV (Canto dos Exilados, Telenews/Riofilme/Arte 1). Especial menção cabe aqui à contribuição fundamental da germanista Maria Izabela Furtado Kestler, tragicamente desaparecida no acidente da Air France em junho de 2019, cujo livro sobre escritores de fala alemã exilados no Brasil é um dos pilares deste trabalho de memória, bem como às pesquisas da historiadora alemã Marlen Eckl.

Foi gratificante e prazeroso contar com a solidariedade e a disposição dos descendentes em checar datas e colaborar com fotografias. A maior parte das imagens que ilustram esse volume foi cedida por familiares. Ajuda essencial num ano em que as instituições estiveram fechadas devido à pandemia do coronavírus.

Que o produto de todo esse esforço empreendido pela equipe ao longo de um ano e meio sirva de estímulo não só para que as famílias cuidem do legado de seus heroicos antepassados, mas também para que futuros pesquisadores ampliem o conhecimento que aqui reunimos com novas informações e descobertas.

Foto Kurt Klagsbrunn | Vista aérea do Rio de Janeiro (sem data)

Indice das biografias

ABRAMOWITSCH, Ruth Eli: ver SOREL, Ruth

ADLER, Johann Anton 41

ADLER, Siegfried 43

ADLEROVÁ, Charlotta 45

AGACHE, Alfred 47

AJS, Basza: ver LORAN, Berta

ALTBERG, Alexander 49

ALTERTHUM, Gertrud Siegel: ver SIEGEL Alterthum, Gertrud

ANDRIAN-WERBURG, Leopold von 52

ANTIPOFF, Daniel Iretzky 55

ARANY, Oscar 58

ARCADE, Bruno 61

ARNAU, Frank 63

ASCARELLI, Tullio 66

ASKANASY, Miecio 68

AUSCH, Eva: ver LANTHOS, Eva

BACH, Susanne Eisenberg 71

BALLHAUSEN, Günther 73

BAUM, Hildegard: ver ROSENTHAL, Hildegard

BECHER, Ulrich 76

BEMSKI, George 78

BENTON, José Antonio 80

BERGER, Peter Ludwig...83

BERNANOS, Georges 84

BIANCO, Enrico 87

BIELSCHOWSKY, Rudolf 90

BINENSZTOK, Liliana: ver SYRKIS, Liliana

BLANK, Olga Helene: ver OLLY Reinheimer

BLUMENTAL, Felicja 93

BOESE, Henrique 94

BOSMANS, Arthur 96

BRAND, Max 99

BRANDT, Hannah Henriette 102

BRENTANI, Gerda...104

BRESSLAU, Ernst Ludwig..106

BRESSLAU-HOFF, Luise 108

BRIEGER, Friedrich Gustav 110

BRILL, Alice 113

BRILL, Erich...116

BRILL, Marte 119

BRODSKY, Olga: ver OBRY, Olga

BRUCH, Gisela: ver EICHBAUM, Gisela

BUCHSBAUM, Florence...121

BUCHSBAUM, Otto...124

BURCHARD, Irmgard Micaela..126

CAIROLI, Philippe-Louis 129

CALABI, Daniele 133

CARDOSO, Nydia Licia Pincherle: ver LICIA, Nydia

CARO, Herbert Moritz 135

CARO, Nina Zabludowski 138

CARPEAUX, Otto Maria 139

CÉLINE, Annette 142

CEVIDALLI, Anita: ver SALMONI, Anita Cevidalli

CHABLOZ, Jean-Pierre 144

CHACEL, Rosa 147

CHINATTI-SCHLESINGER, Charles: ver SCHLESINGER-CHINATTI, Charles

CHOROMAŃSKI, Michal 149

CIVITA, Victor 743

CZAPSKI, Alice Brill: ver BRILL, Alice

CZAPSKI, Fryderyk 152

DAMMAN, Ilse: ver ELKINS-ROSEN, Ilse

DE FIORI, Ernesto 155

DEICHMANN, Kurt 158

DEINHARD, Hanna Levy: ver LEVY, Hanna

DEMETER, Wolf 161

DENIS, André: ver DEMETER, Wolf

DEUTSCH, Agathe: ver STRAUS, Agi

DOLINGER, Jacob 163

DU BOIS-REYMOND, Eveline: ver MARCUS, Eveline Du Bois-Reymond

DUB, Myrrha Dagmar: ver SCHENDEL, Mira

DUPATY, France 165

DUSCHENES, Herbert 167

DUSCHENES, Maria 169

DUSCHNITZ, Willibald 172

EICHBAUM, Gisela 175

EISENBERG, Susanne: ver BACH, Susanne Eisenberg

ELKINS, Paulo 177

ELKINS-ROSEN, Ilse 180

ELSAS, Hans: ver BENTON, José Antonio

ELTBOGEN, Gerda: ver BRENTANI, Gerda

FALBEL, Nachman 183

FEDER, Ernst 186

FEIGL, Fritz 188

FEIGL, Regine 191

FEITLER, Rudi 194

FELLA, Karl Lustig-Prean von Preanfeld und: ver LUSTIG-PREAN, Karl

FERNANDES, Eva Lieblich: ver LIEBLICH, Eva

FISCHER, Max 196

FLEXOR, Samson 747

FLIEG, Hans Günter 199

FLUSSER, Vilém 201

FORELL, Lise 204

FRAENKEL, Erich 207

FREID, Oscar: ver ARANY, Oscar

FREIER, Regine: ver FEIGL, Regine

FRIED, Carl Simon 208

FRISCHAUER, Paul 211

FUKUSHIMA, Tikashi 213

GARTENBERG, Alfredo 217

GAUPP-TURGIS, Helmut: ver BENTON, José Antonio

GENAUER, Beyla 220

GEYERHAHN, Norbert..223

GEYERHAHN, Regina: ver TREBITSCH, Regina

GEYERHAHN, Stefan..224

GEYERHAHN, Walter..225

GIDALI, Marika 751

GINSBERG, Aniela Meyer...227

GOMES, Ida 230

GORDAN, Paulus 233

GÖRGEN, Hermann Matthias...235

GOTTHILF, Siegfried 238

GOTTLIEB, Otto Richard 241

GRIMEISEN, Johann 244

GROS, ANDRÉ 246

GROSS, Bernhard..248

GRÜNFELD, Ingedore: ver KOCH, Ingedore Grünfeld Villaça

GUARNIERI, Edoardo de..250

GUARNIERI, Gianfrancesco..253

HABERKORN, Werner..257

HAMBURGER, Ernesto 260

HAMMER, Werner 262

HAUPTMANN, Heinrich 264

HELLER, Frederico 266

HELLER, Otto 268

HERZ, Eva 270

HERZOG, Leon 754

HERZOG, Vladimir 757

HIRSCHBERG, Alfred 272

HOFF, Luise: ver BRESLAU-HOFF, Luise

HOFFMANN, Friedrich Wolfgang: ver HOFFMANN-HARNISCH, Wolfgang

HOFFMANN-HARNISCH, Wolfgang 275

HOFFMANN, Johannes 277

HOMANN, Doris 762

HÖNIG, Chaim Samuel 280

HURTIG, Hannelore: ver JACOBOWITZ, Hannelore

HÜTTER, Helmut 282

HUYN, Hans 286

IGLITZKY, Schifra Ghisela: ver TAGHI, Ghita

ISAY, Rudolf 289

IUSIN, Henrique 291

JACKSON, Françoise Anne Andrée: ver DUPATY, France

JACOB, Gerhard 295

JACOBBI, Ruggero 764

JACOBOWITZ, Hannelore 297

JANIN, Traute: ver MUNK, Waltraut

JANK, Fritz 299

JEAN, Yvonne 302

JOLLES, Henry 305

JORDAN, Fred 307

JORDAN, Henryk Spitzman 310

JOSEPH, Heinrich 313

JOUVET, Louis 315

KAFKA, Alexandre Franz 319

KAMINAGAI, Tadashi 322

KARPFEN, Otto: ver CARPEAUX, Otto Maria

KATZ, Richard 325

KATZENSTEIN, Betti 328

KEFFEL, Ed 332

KELLER, Willy 334

KIEFER, Bruno 338

KIKOLER, Maria Minoga 340

KLAGSBRUNN, Kurt 342

KLEEMANN, Fredi 344

KLEIN, Samuel 767

KLINGHOFFER, Hans Yitzhak 347

KNISPEL, Gershon 769

KNOX, Françoise Anne Andrée: ver DUPATY, France

KOCH, Adelheid Lucy 349

KOCH, Ingedore Grünfeld Villaça 351

KOCH, Lore 354

KOCH-WESER, Erich...357

KOELLREUTTER, Hans-Joachim 360

KONDRACKI, Michal 362

KORÈNE, Véra 365

KORETZKY, Rifka: ver KORÈNE, Véra

KORNGOLD, Lucjan 367

KRAJCBERG, Frans 772

KRAKOWSKI, Fayga Perla: ver OSTROWER, Fayga

KREISER, Walter 369

KREITNER, Bruno: ver ARCADE, Bruno

KRIS, Paul..371

KRUMHOLZ, Pawel...374

KÜRSCHNER, Izidor..377

KURT: ver DEICHMANN, Kurt

LAKS, Aleksander 775

LANDA, Josif 379

LANDAU, Myra 380

LANDAU REMY, Heinrich 383

LANTHOS, Eva 385

LANZ, Rudolf...387

LAZAR, Friederike: ver LÖW-LAZAR, Fritzi

LEINZ, Viktor 389

LEMLE, Henrique 392

LEMLE, Miriam...395

LENGYEL, Janos 397

LESKOSCHEK, Axl 400

LEVI, Lisetta 778

LEVY DEINHARD, Hanna 402

LEWINSOHN, Richard 405

LEWY, Walter 408

LICHTENSTERN, Herbert 410

LICIA, Nydia 412

LIEBLICH, Eva 415

LIEBLICH, Karl 418

LIEBMAN, Enrico Tullio 420

LIPPMANN, Hanns Ludwig 423

LOEWENSTEIN, Konrad Hermann 425

LORAN, Berta 427

LÖW-LAZAR, Fritzi 429

LUDWIG, Paula 431

LUSTIG-PREAN, Karl 434

MAIER, Mathilde 437

MAIER, Max Hermann 440

MAJZNER, Jan - ver MICHALSKI, Yan

MANZON, Jean 443

MARCIER, Emeric 445

MARCUS, Ernst 448

MARCUS, Eveline Du Bois-Reymond 449

MARGULIES, Marcos 779

MARKUS, David 782

MARTINS, Henrique 452

MASSARANI, Renzo 454

MEHLER, Miriam 456

MEHLICH, Ernst 458

MEITNER, László 461

MÉTALL, Rudolf Aladár 463

MEYER, Hans-Albert 465

MEYER, Hertha 468

MEYER, Yolanda Aniela: ver GINSBERG, Aniela Meyer

MICHALSKI, Yan 785

MILLA, Miriam: ver LEMLE, Miriam

MINGOIA, Quintino 470

MIRA Y LÓPEZ, Emilio 788

MIZNE, Annette Céline: ver CÉLINE, Annette

MIZNE, Markus 472

MORAN, Georges 474

MORELENBAUM, Henrique 476

MORTARA, Giorgio 478

MÜLLER, Fritz Michael 480

MUNK, Waltraut 482

NAGASAWA, Eisaburo 485

NIRENBERG, Jaques 487

NOTRICA, Victor 490

NUSSENZWEIG, Ruth 492

OBRY, Olga 497

OCCHIALINI, Giuseppe 500

OELSNER, Johannes 502

OLIVEN, Fritz 504

OLLY REINHEIMER 506

OMBREDANE, André 509

OPPLER, Friedrich 512

ORNSTEIN, Oskar 514

OSSER, Maria Laura 516

OSTROWER, Fayga 518

OSTROWER, Heinz 521

PENNACCHI, Fulvio 523

PERLOWAGORA-SZUMLEWICZ, Alina 526

PINCHERLE, Livio Tulio 527

PINCHERLE, Nydia Licia: ver LICIA, Nydia

PINKUSS, Fritz 529

PLAUT, Eva Margarete: ver SOPHER, Eva

POIRIER, René 531

POLDERMAN, Fabrice 533

POLDÈS, Léo 535

POTOCKY, Peter 539

PRASCOWSKY, Tamara: ver TAIZLINE, Tamara

RADÓ, Georges 541

RANSCHBURG, Maria: ver DUSCHENES, Maria

RATTNER, Henrique 792

RAWET, Samuel 544

RAWITSCHER, Felix 546

REIF, Victor 794

REMY, Heinrich Landau: ver LANDAU REMY, Heinrich

RETSCHEK, Anton August 548

RHEINBOLDT, Heinrich 551

RÓNAI, Paulo 552

ROSENBAUER, Stefan 556

ROSENBERG, Gertrud: ver BUCHSBAUM, Florence

ROSENFELD, Anatol 559

ROSENSTEIN, Paul Israel 562

ROSENTHAL, Hildegard 565

ROTHSCHILD, João 567

RUBIN, Sacha 796

RUDOFSKY, Bernard 569

SALMONI, Anita Cevidalli 573

SARUÊ, Gerty 798

SAUER, Jules Roger 576

SCHAUFF, Johannes 579

SCHEIER, Peter Kurt 581

SCHENDEL, Mira 801

SCHIDROWITZ, Leo 584

SCHINDEL, Dora 587

SCHLESINGER-CHINATTI, Charles 589

SCHLESINGER, Heinz: ver MARTINS, Henrique

SCHMITT, Heinrich Karl: ver ARNAU, Frank

SCHULZ-KEFFEL, Eduard: ver KEFFEL, Ed

SCHULZE, Kurt Werner 592

SCHWALBE, Adelheid Lucy: ver KOCH, Adelheid Lucy

SCHWARZ, Roberto 595

SIEGEL ALTERTHUM, Gertrud 598

SILBERFELD, Roger: ver VAN ROGGER, Roger

SILBERFELD, Yvonne: ver JEAN, Yvonne

SILVA, Maria Helena Vieira da: ver VIEIRA DA SILVA, Maria Helena

SIMON, Hugo 600

SIMON, Michel 604

SINGER, Paul 606

SLOTTA, Karl Heinrich 610

SMETAK, Walter 613

SOCHACZEWSKI, Peter 615

SONNTAG, Ruth: ver NUSSENZWEIG, Ruth

SOPHER, Eva 618

SOREL, Ruth 621

STAMMREICH, Hans 623

STANGENHAUS, Charlotta: ver ADLEROVÁ, Charlotta

STERN, Hans 626

STERN, Heinemann 629

STERN, Leopold 631

STRAUS, Agi 634

STROWSKI, Fortunat 636

STROZEMBERG, Malvine: ver ZALCSBERG, Malvine

STUDENIC, Hugo: ver SIMON, Hugo

STUKART, Max von 638

SWIECA, Jorge André 642

SYRKIS, Liliana 804

SZAFRAN, Filip: ver WAGNER, Felipe

SZAFRAN, Ita: ver GOMES, Ida

SZENES, Árpád 644

SZENKAR, Eugen 648

SZESZLER, Leopold: ver POLDÈS, Leo

TAGHI, Ghita 651

TAIZLINE, Eugene 654

TAIZLINE, Tamara 656

TARASANTCHI, Ruth 806

TORRÈS, Henry 659

TREBITSCH, Regina 661

TURKOW, Zygmunt 663

TUWIM, Julian 665

UBISCH, Gerta von 669

VALENTA, Ludwig 673

VAN DE BEUQUE, Jacques 809

VAN ROGGER, Roger 676

VIEBIG, Ernst 679

VIEIRA DA SILVA, Maria Helena 682

WAGNER, Felipe 687

WALTER, Eva: ver HERZ, Eva

WASICKY, Richard 690

WASICKY, Roberto 692

WASSERMANN, Georg..693

WEBER, Hilde 696

WEISS, Sigmund..698

WIESINGER, Alois 701

WILDA, Gerhard..703

WILHEIM, Jorge..705

WITTKOWSKI, Victor 707

WIZNITZER, Arnold...709

WIZNITZER, Louis 711

WOLFF, Egon 713

WOLFF, Frieda 716

WÖLLER, Wilhelm 718

WORMSER, Mathilde: ver MEIER, Mathilde

YAMBLOWSKY, Ghyta: ver TAGHI, Ghita

ZABLUDOWSKI, Nina: ver CARO, Nina Zabludowski

ZACH, Jan 725

ZALCBERG, Malvine..727

ZALSZUPIN, Jorge...812

ZAMOYSKI, August..730

ZIEMBINSKI, Zbigniew Marian 733

ZINNER, László...815

ZWEIG, Stefan 736

ZYLBERMAN, Henryk..739

Biografias dos chegados até 1945

ABRAMOWITSCH, Ruth Eli: ver SOREL, Ruth

ADLER, Johann Anton
Policial
Viena, 13-08-1889 – Haia, Holanda, 08-11-1971
No Brasil, de 1941 a 1946

Arquivo Nacional 1960

Depois de estudar Criminologia na Áustria, Itália e França, Johann Anton Adler serviu como oficial na Primeira Guerra Mundial. Com o fim da guerra, foi trabalhar na seção de detecção de dinheiro falso do Banco Nacional da Áustria. Quando a Liga das Nações patrocinou uma convenção sobre o tema da falsificação de moedas, o especialista Adler foi "emprestado" pelo Banco da Áustria à Interpol, criada em 1923 em Viena, na Áustria, pelo chefe da polícia vienense, Johannes Schober. Na época, ainda se chamava Comissão Internacional de Polícia Criminal. Até 1938, Adler foi o diretor científico do laboratório de criminalística da Polícia Federal da Áustria. Também foi fundador e redator da revista Counterfeits and Forgeries (Piratarias e falsificações), editada em várias línguas.

Em 1938, com a anexação da Áustria pela Alemanha nazista, Adler emigrou para os Países Baixos e, de lá, veio para o Brasil com a mulher Mathilde Maria Adler, 19 anos mais jovem do que ele. Vieram com os chamados "vistos do Vaticano", emitidos pelo governo brasileiro para "católicos não-arianos" por solicitação do Papa Pio XII, e viajaram na terceira classe do navio "Cabo de Buena Esperanza", que chegou na Praça Mauá, no Rio de Janeiro, em 25 de setembro de 1941. Ao contrário de Adler, muitos passageiros desse navio foram barrados e seguiram para a Argentina, de onde foram reembarcados no "Cabo de Hornos", mas uma centena deles foi impedida de desembarcar na viagem de volta. Há poucas informações sobre a trajetória de Adler no Brasil: entre 1941 e 1946, o exilado austríaco teria trabalhado para a polícia brasileira, antes de voltar para a Europa.

Em 1946, foi para os Países Baixos, onde primeiro se tornou consultor do ministério da Justiça holandês e depois chefiou, em Haia, a agência da Interpol de combate à falsificação de dinheiro. Também voltou a ser redator-chefe da revista Counterfeits and Forgeries. Em 1960, publicou um dicionário sobre criminologia, *Elsevier's Fachwörterbuch der Kriminalwissenschaft (Dicionário de ciências criminais de Elsevier)*, traduzido para oito línguas. Michael Fooner, num livro sobre a Interpol, informa que Adler foi o chefe da divisão de combate à falsificação de moeda junto ao Secretariado Geral das Nações Unidas até 1954 e diz que "durante a sua longa e distinguida trajetória, criou um sistema central único de registro de atividades de falsificação, provavelmente o primeiro exemplo de um registro globalmente completo de uma atividade e de um produto criminais particulares". Segundo Fooner, "o Secretariado Geral continua operando esse sistema virtualmente sem mudanças".

Fontes: Strauss, Herbert A.; Röder, Werner. (Ed.) Biographisches Handbuch der deutschsprachigen Emigration nach 1933 (International Biographical Dictionary of Central European Émigrés 1933-1945). Nova York: Research Foundation of Jewish Emigration, 1999; Fooner, Michael. Interpol: Issues in World Crime and International Criminal Justice. Nova York: Springer Science and Business Media, 1989.

Kristina Michahelles / IB

Museu Judaico, São Paulo

ADLER, Siegfried
Comerciante, empresário industrial
Hintersteinau, Alemanha, 13-10-1903 –
Nova York, EUA, 13-06-1958
No Brasil, de 1936 a 1958

Filho de Abraham Adler e de Fanny Adler, pequenos proprietários rurais judeus que viviam da criação de gado, desde cedo envolveu-se no mundo dos negócios, trabalhando primeiro como *office boy* na Bolsa de Frankfurt. Casou-se com Lieselotte Höxter, estudante da Universidade de Berlim, e passou a residir nessa cidade com a esposa, trabalhando com fabricação e estamparia de tecidos, criando e desenvolvendo os desenhos vendidos para as tecelagens.

Com a ascensão nazista em 1933, Adler e sua esposa passaram a enfrentar constrangimentos e ameaças: Lieselotte teve de deixar a universidade e ele foi intimado a comparecer na polícia. Nesse contexto de acirramento do antissemitismo, resolveram deixar a Alemanha. Caminhando primeiro a pé até a fronteira com a Tchecoslováquia, de lá seguiram para a Palestina e tentaram, sem êxito, visto para os EUA. Conseguiram migrar para o Brasil, fixando-se em 1936 em São Paulo — uma das cidades que na época mais receberam refugiados de língua alemã —, e em abril de 1937 lá receberam a sobrinha Alma Adler, filha da meia-irmã de Siegfried, Frieda.

Praticamente sem recursos financeiros ao chegar no novo país, Adler obteve de um amigo uma representação para vender tampas de garrafa. Em 25 de junho de 1937, graças à intermediação de Franklin Gemmel, que o apresentou ao italiano Constantino Tonatti, comprou deste uma falida oficina de bonecos de pano situada inicialmente na rua Santa Clara, debaixo de uma escola de samba. Por um valor baixo, fez a aquisição de quatro máquinas e herdou também o nome Manufaturas de Brinquedos Estrella Ltda: era a origem da Fábrica de Brinquedos Estrela, que se tornaria uma grande marca brasileira. Inaugurado com vinte funcionários, o estabelecimento inovou na fabricação dos brinquedos e contou com a ajuda de Carlos Weil, alemão amigo de Adler, ex-empregado da família Shuco, fabricante de brinquedos de madeira, que contribuiu com conhecimentos de carpintaria e de marcenaria. Adler, por sua vez, foi o responsável por lançar a primeira boneca da empresa, com corpo de tecido e rosto de massa.

Em 1938, Siegfried e a esposa tiveram um filho, Mário Arthur Adler. Nesse ano, ainda, ajudaram a família de Alma, então técnica da empresa, a migrar para o Brasil. Solicitaram visto ao Ministério das Relações Exteriores, através do consulado brasileiro em Frankfurt, para as irmãs de Alma, Tilly e Elizabeth, e para os pais, Frieda e Moritz. A demora na liberação dos vistos, apontada como fruto da postura antissemita do governo Vargas, levou a que Moritz fosse preso durante a Noite dos Cristais, em novembro de 1938. Enviado ao campo de concentração de Dachau, foi libertado graças à ajuda do advogado José Ephim Mindlin e pôde desembarcar em Santos em dezembro de 1939, passando ele também a trabalhar na Estrela. Já a mãe e as filhas chegaram ao Brasil no mês seguinte. Siegfried conseguiu ainda trazer para o Brasil sua própria mãe Fanny, sua irmã Cecília, seu irmão Bernhard e família, além de parentes de sua esposa.

Por essa época, a empresa, sob a direção de Adler, deu apoio a diversos migrantes judeus, contratando-os como funcionários. Estes, geralmente de nível elevado, por sua vez contribuíram para o sucesso da marca. De 1942 a 1945, Adler protegeu os funcionários judeus alemães, que eram vigiados pela polícia brasileira como "súditos do Eixo". Com o intuito de evitar constrangimentos, a empresa, sob sua orientação, fornecia aos judeus uma carta de apresentação em que a Estrela se responsabilizava por eles, ainda que apátridas, e pelos seus documentos. Em 2 de janeiro de 1942, Siegfried tornou-se membro do Conselho da Diretoria da Congregação Israelita Paulista (CIP), assim permanecendo até março de 1957. Construiu o prédio que abriga a sinagoga e o centro juvenil da entidade.

A fábrica se consolidou aos poucos no ramo dos brinquedos, marcando gerações de brasileiros, e inicialmente empregado pano e metal como material. No pós-guerra, acompanhando a progressiva industrialização do país, passou a utilizar maciçamente o plástico, gerando preços mais baratos e brinquedos mais leves. Adler envolveu-se diretamente na concepção dos brinquedos e introduziu bonecas com olhos que abrem e fecham, bonecas que andam e jogos como a versão brasileira de Banco Imobiliário, o jogo de tabuleiro mais popular no mundo. Assim, de uma empresa de porte familiar, a Estrela, sob a direção de Adler, progressivamente foi adquirindo uma dimensão nacional, com brinquedos sofisticados, empregando milhares de trabalhadores, com escritórios em diversos estados brasileiros e em vários países da América e da Europa.

Ao falecer, Siegfried Adler deixou uma empresa consolidada, cuja presidência foi assumida pela esposa e depois pelo filho Mário, que também veio a presidir a Congregação Israelita Paulista de 1996 a 2000.

Fontes: Carneiro, Maria Luiza Tucci. "ADLER, Siegfried". Arqshoah: Holocausto e antissemitismo, São Paulo. Disponível em: <https://www.arqshoah.com/index.php/sobreviventes-testemunhos/5482-st-93-adler-siegfried>. Acesso em: 17 abr. 2020; Eckl, Marlen. "'Busquei um refúgio e achei uma pátria...' – O exílio de fala alemã no Brasil, 1933-1945". In: Bolle, Willi; Kupfer, Eckhard E. Cinco séculos de relações brasileiras e alemãs, vol. 1. São Paulo: Editora Brasileira de Arte e Cultura. Disponível em: <http://brasil-alemanha.com/capitulo/20sec/Busquei-um-refugio-e-achei-uma-patria.php>. Acesso em: 20 abr. 2020; Memorial da Imigração Judaica. "Mario Adler e família – Alemanha". Memorial da Imigração Judaica, São Paulo, 2017. Disponível em: <http://projetos.webprisma.com.br/memorial/new/index.php/testemunhos/612-mario-adler-e-familia>. Acesso em: 17 abr. 2020; Pereira, Giancarlo. "A história e a saga da fábrica de brinquedos Estrela". Money Times, 14 dez. 2017. Disponível em: <https://www.moneytimes.com.br/historia-e-saga-da-fabrica-de-brinquedos-estrela/>. Acesso em: 20 abr. 2020; Sr. Siegfried Adler, Correio da Manhã, Rio de Janeiro, 25-06-1958, p. 12. Disponível em: <http://memoria.bn.br/DocReader/Hotpage/HotpageBN.aspx?bib=089842_06&pagfis=92915&url=http://memoria.bn.br/docreader#>. Acesso em: 20 abr. 2020; Zerocal. "História da Estrela". Playmobil – Aqui tem, 21 out. 2014. Disponível em: <http://playvender.blogspot.com/2014/10/historia-da-estrela.html>. Acesso em: 20 abr. 2020.

Inoã Urbinati / IB

ADLEROVÁ, Charlotta
Artista gráfica, pintora, diretora de arte, publicitária, desenhista
Berlim, 08-04-1908 – São Paulo, 24-11-1989
No Brasil, de 1939 a 1989

Charlotta Stangenhaus nasceu em Berlim, filha do casal judeu Helena e Isidor Stangenhaus. Foi aluna da prestigiosa Escola de Artes e Ofícios de Berlim-Charlottenburg e discípula do professor Assaf Kenan na Escola Reimann, importante centro de artes gráficas e moda da Alemanha na época da República de Weimar. Àquela altura, sua pintura ainda era de cunho expressionista e marcada pelo estilo Bauhaus, o que influenciaria o seu trabalho posterior como diretora de arte no ramo da publicidade.

Transferiu-se para a então Tchecoslováquia, onde se casou e adotou o nome do marido, Adler, no feminino, conforme a regra local.

Com ajuda do irmão caçula Josef, que já morava no Brasil, Charlotta e a mãe conseguiram fugir da perseguição nazista em 1939, quando vigorava uma circular emitida por Oswaldo Aranha permitindo a emissão de vistos para pessoas com parentes em até segundo grau já residentes no Brasil — a chamada "janela Aranha", segundo o historiador Fábio Koifman. Desembarcaram no porto de Santos em 14 de fevereiro de 1939, Charlotta com um visto concedido em Praga e a mãe, apátrida (requereu a cidadania polonesa depois). Charlotta foi morar em São Paulo, onde, a partir de 1952, estudou pintura com Waldemar da Costa e, depois, com o também exilado Samson Flexor (VER) no Atelier Abstração, instalado em sua casa. O teste para entrar no grupo de jovens discípulos consistia em desenhar um violão com régua e esquadro. Foi nesse período que a arte de Charlotta Adlerová se tornou abstrato-geométrica.

No Brasil, em segundo casamento, uniu-se a Hans Wolff e trabalhou também em publicidade, área em que foi uma das pioneiras no país. Em 1965 fez uma exposição individual na galeria da agência de publicidade J. W. Thompson em Nova York. Participou de exposições coletivas entre 1957 e 1968 no Salão Paulista de Arte Moderna (SPAM) e na Galeria Prestes Maia, e da XI Bienal Internacional de São Paulo.

Fontes: Costa Leme Corrêa, Dianadaluz and Brumer, Anita: A contribuição dos refugiados alemães no Brasil no campo das artes plásticas em https://seer.ufrgs.br/index.php/webmosaica/article/viewFile/50396/48103. Acesso em: 17 mai. 2020.
Kristina Michahelles / IB

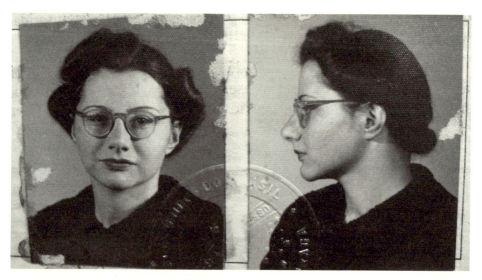

Arquivo Nacional | Documento expedido pelo consulado geral do Brasil em Praga, 1938

AGACHE, Alfred
Arquiteto, urbanista
Tours, França, 24-02-1875 – Paris, 04-05-1959
No Brasil, de 1927 a meados da década de 1930 e de 1939 a 1959

Alfred Hubert Donat Agache estudou Arquitetura na Escola de Belas Artes de Paris, diplomando-se em 1905. Logo em seguida, cursou Sociologia no Colégio Livre de Ciências Sociais, também na capital francesa. Participou ativamente do Museu Social, entidade de direito privado que reunia políticos, acadêmicos, empresários e profissionais liberais franceses com a finalidade de debater e propor soluções para os problemas sociais que se avolumavam nas modernas sociedades capitalistas. Foi um dos fundadores, em 1911, da Sociedade Francesa de Urbanistas, e ocupou o posto de secretário-geral da entidade por mais de duas décadas. Ainda no início da década de 1910, foi premiado num concurso internacional de projetos para a construção de Camberra, a nova capital da Austrália, e elaborou planos de remodelação urbana de Dunquerque, na França, e de Casablanca, no Marrocos. Em 1916, durante a Primeira Guerra Mundial, publicou o livro *Como reconstruir nossas cidades destruídas*, em parceria com os arquitetos franceses Jacques Marcel Auburtin e Edouard Redont. Agache procurou conferir ao urbanismo — termo que muitos acreditam ter sido criado por ele — um maior rigor científico e uma perspectiva multidisciplinar, utilizando-se de levantamentos aerofotográficos, dados estatísticos e projeções matemáticas para pensar o espaço urbano como um organismo vivo e em expansão.

Agache veio ao Brasil pela primeira vez em 1927, quando foi contratado pela prefeitura do Rio de Janeiro, então dirigida por Antônio Prado Júnior, para elaborar um plano de remodelação urbanística da cidade, que era então a capital federal do país. Concluído e apresentado em 1930, o Plano Agache, como ficou conhecido, representou a primeira proposta de intervenção urbana no Rio de Janeiro de caráter efetivamente moderno. Maurício de Abreu assinala que o plano "pretendia ordenar e embelezar a cidade segundo critérios funcionais e de estratificação social do espaço". De fato, é o primeiro projeto a tratar explicitamente das favelas cariocas, identificando-as como um problema

Arquivo Nacional

social e propondo a sua erradicação por motivos de ordem pública, segurança sanitária e estética urbana. Agache reconhecia, no entanto, que o Estado precisava antes preparar os subúrbios da cidade para receber a população que seria desalojada das favelas, subvencionando e coordenando a construção de moradias populares.

Atento à difusão do automóvel e à necessidade de se prover as cidades de um eficiente sistema de transportes de massa, Agache propunha a criação de um conjunto articulado de artérias de circulação rodoviária, que incluía algumas vias expressas. No entanto, seu Plano jamais seria integralmente implantado, seja pelos altos investimentos financeiros que demandava, seja pela descontinuidade político-administrativa vivida pelo país em função da Revolução de 1930, ocorrida poucos meses após a sua apresentação. Entretanto, algumas das medidas propostas, especialmente no que se refere à área central da cidade, foram efetivadas ao longo das décadas seguintes, como a urbanização de toda a área afetada pela demolição do morro do Castelo, que ocorrera no início da década de 1920, a construção da Praça Paris e a abertura da Avenida Presidente Vargas.

Mesmo antes de ter qualquer uma de suas propostas para o Rio efetivamente implantadas, o Plano Agache elevou consideravelmente o prestígio do seu autor, dentro e fora do país. Sobre ele, o arquiteto publicou em 1932, na França, o livro *La Remodélation d'une capitale (A reforma de uma capital)*. Por essa época, participou, em São Paulo, da elaboração do projeto urbanístico que deu origem ao bairro de Interlagos, situado entre as represas de Guarapiranga e Billings, e é dele o projeto de ajardinamento do Parque Farroupilha (ou da Redenção), o maior de Porto Alegre, concluído em 1935. Antes, em 1933, ele elaborou, por encomenda do governo português, o Plano de Expansão da Região Oeste de Lisboa.

Agache voltou a residir em Paris em meados dos anos 1930, mas optou por voltar ao Brasil em 1939, incomodado com a ascensão do nazifascismo na Europa. Passou então a atuar como consultor de urbanismo da empresa de engenharia Coimbra Bueno, sediada no Rio de Janeiro. Entre 1940 e 1943, trabalhou na elaboração do plano de urbanização de Curitiba, que, assim como ocorrera no Rio, jamais foi integralmente implantado, embora algumas de suas mais importantes proposições o tenham sido: abertura de extensas vias, construção de galerias pluviais e implantação de um centro administrativo.

Em 23 de fevereiro de 1942, quando descia de carro de Petrópolis a caminho do Rio, notou um estranho movimento no jardim da casa de Stefan Zweig. Parou para perguntar e foi o primeiro a saber do suicídio do escritor.

Nos anos seguintes, elaborou projetos urbanísticos de maior ou menor abrangência para diversos municípios brasileiros, como Goiânia, Vitória, Campos dos Goitacazes (RJ), Cabo Frio (RJ), Araruama (RJ), Petrópolis (RJ) e Araxá (MG).

Retornou a Paris pouco antes de morrer, em 1959.

Fontes: Abreu, Maurício de A. Evolução urbana do Rio de Janeiro. 2. ed. Rio de Janeiro: IplanRio/Jorge Zahar, 1998; André, Paula. As cidades da cidade. "Lisboa na primeira metade do séc. XX: nova Lisboa (1936) e Lisboa nova (1948)". Revista eletrônica do Centro Interdisciplinar de Estudos da Cidade — CIEC.Unicamp, Campinas, v. 7, n. 10, jan.-ago. 2015, p. 89-111. Disponível em: <https://www.researchgate.net/publication/320542249_As_cidades_da_cidade_Lisboa_na_primeira_metade_do_sec_XX_nova_Lisboa_1936_e_Lisboa_nova_1948>. Acesso em: 18 mai. 2020; Beloch, Israel (Org.). A rede de amigos de Stefan Zweig: sua última agenda (1940-42). Rio de Janeiro/Petrópolis: Memória Brasil/Casa Stefan Zweig, 2014; Carollo, Bráulio. Alfred Agache em Curitiba e sua visão de Urbanismo. Dissertação de mestrado. Porto Alegre: UFRS, 2002; Cavalcanti, Carlos. Dicionário Brasileiro de Artistas Plásticos. Brasília: Instituto Nacional do Livro, 1974; Centro de Arquitetura e urbanismo do Rio de Janeiro. Planos urbanos do Rio de Janeiro: Plano Agache. Disponível em: <http://planourbano.rio.rj.gov.br/>; Pinheiro, Luciana de Araújo. "Alfred Agache". Brasil Artes Enciclopédia. Disponível em: <http://www.raulmendessilva.com.br/brasilarte/nacional/primeira.html>. Acesso em: 18 mai. 2020.

André Faria Couto / IB

AJS, Basza: ver LORAN, Berta

ALTBERG, Alexander
Arquiteto
Berlim, 29-06-1908 – Marília, São Paulo, 15-08-2009
No Brasil, de 1931 a 2009

Se o carioca, hoje, pode se orgulhar de ter prédios no estilo Bauhaus no bairro de Ipanema, deve isso ao arquiteto que aqui desembarcou em 1931 e atingiu a provecta idade de 101 anos, quando faleceu no interior de São Paulo.

Altberg nasceu em Berlim em 1908, filho do comerciante austríaco Falk

Altberg e da enfermeira russa Rachel Altberg, ambos de famílias judias. Desde pequeno gostava de música e desenho. Em 1925, aos 17 anos, matriculou-se na Bauhaus, em Weimar, onde estudou por um ano. Pressionado pelo pai a seguir um curso mais tradicional, foi para a Academia de Engenharia de Oldemburgo. Envolveu-se com política estudantil e sentiu o antissemitismo latente do final da República de Weimar. Em entrevista a Hans-Jörg Trettler, da Casa Stefan Zweig, o já centenário Altberg contou que demorou a se adaptar ao sistema acadêmico conservador depois de ter sentido os ventos da modernidade na Bauhaus. Segundo ele, o reitor da faculdade, professor Bast — que já nos anos 1920 usava o distintivo do Partido Nacional-Socialista —, não permitiu que ele fizesse os exames finais. O pai de Altberg interveio, mas ouviu do reitor que o jovem "ainda não tinha maturidade para exercer a profissão". Altberg foi incumbido de fazer um projeto para um hospital, com a recomendação expressa de não usar os princípios e a estética da nova arquitetura. Desmotivado, entregou um projeto banal em seis meses e recebeu o diploma no final de 1929.

Durante a faculdade, estagiou no prestigiado escritório de arquitetos Korn & Weizmann, em Berlim, o que influenciaria a sua futura atuação no Brasil. Arthur Korn era membro do grupo de vanguarda Der Ring, junto com Ludwig Mies van der Rohe, Hans Poelzig, Bruno Taut e outros nomes da transição do expressionismo para a nova arquitetura na Alemanha.

O pai de Alexander Altberg já morava em Lisboa e mantinha laços comerciais com o Brasil. Prevendo a difícil situação política na Alemanha, a família Altberg decidiu emigrar já em 1930. Naquela época, ainda podiam levar seus bens. A família se estabeleceu no ainda distante e pouco povoado bairro de Ipanema. Após dificuldades iniciais para obter um visto, Alexander Altberg deixou o porto de Bremen em outubro de 1931 e seguiu os pais. O primeiro emprego foi no escritório do arquiteto Arnaldo Gladosch, onde ficou só um mês. Muito ativo, procurou as comunidades alemã e judaica no Rio de Janeiro. A partir de 1939 integrou-se ao grupo Pró-Arte, liderado pelo ativista cultural Theodor Heuberger e formado por artistas e intelectuais brasileiros e exilados judeus de fala alemã. A Pró-Arte organizava eventos como concertos, exposições e palestras. Altberg aproximou-se do jovem Carlos Lacerda e conheceu Alberto da Veiga Guignard, uma amizade que duraria muitos anos. No âmbito da Pró-Arte fez contato com o arquiteto Gregori Warchavchik e o artista Lasar

Em 2008, aos 100 anos, em Marília, SP | Foto Jörg Trettler

Segall. Em outubro de 1940, conheceu o casal Zweig no Rio de Janeiro. Foi buscar Stefan e Lotte no Hotel Paysandu, no Flamengo, para levá-los a um evento beneficente no Botafogo Futebol Clube organizado pela comunidade judaica em prol dos refugiados do nazismo.

Logo depois de chegar, em 1932, teve a oportunidade de pôr em prática seus conhecimentos de arquitetura quando o pai comprou vários lotes em Ipanema e no Leblon. Projetou residências unifamiliares que logo chamaram a atenção de colegas e estudantes da Escola Nacional de Belas Artes. Altberg fez amizade com o escultor italiano Lélio Landucci e, juntos, participaram de uma competição para construir uma escola em Ilhéus, Bahia. Ganharam o primeiro lugar, mas nunca viram a cor do dinheiro do prêmio. A ideia de organizar o 1º Salão de Arquitetura Tropical, inaugurado no Palace Hotel em 17 de abril de 1933, provavelmente nasceu no escritório Costa & Warschavchik, que Altberg visitava regularmente. O biografado, que já possuía uma valiosa experiência adquirida na "Exposição da arquitetura proletária" em Berlim, foi coorganizador e desenhou o catálogo e o convite.

Como não havia, no Brasil, uma boa revista de arquitetura, fundou a Base — Revista de arte, técnica e pensamento. Era editor, patrocinador, diagramador, ilustrador, autor, curador e tipógrafo ao mesmo tempo. Era também ambicioso:

pretendia atualizar a produção brasileira e contextualizá-la nas tendências mundiais, tentando proporcionar ao leitor uma visão integral da arquitetura como fenômeno cultural. Aproveitando-se dos seus contatos da Pró-Arte, convidou vários expoentes do modernismo brasileiro a contribuir com textos críticos e artigos sobre literatura, música, balé e fotografia.

Alexandre Altberg recebeu a cidadania brasileira em 28 de junho de 1934. Afastou-se da arquitetura e se voltou para o design de interiores nos anos 1950. Abriu uma loja de móveis e antiguidades em Botafogo, que existiu até os anos 1970. Altberg viveu sete décadas no Rio de Janeiro antes de se mudar em 2001 para Marília, interior de São Paulo, cidade natal de sua mulher Odete.

Fontes: Entrevista concedida a Hans-Jörg Trettler em 2008; Moreira, Pedro. "Alexandre Altberg e a Arquitetura Nova no Rio de Janeiro". *Arquitextos*, São Paulo, n. 58, mar. 2005. Disponível em: <http://www.vitruvius.com.br/arquitextos/arq058/arq058_00.asp>. Acesso em: 19 mai. 2020.

Kristina Michahelles / IB

ALTERTHUM, Gertrud Siegel: ver SIEGEL Alterthum, Gertrud

ANDRIAN-WERBURG, Leopold von
Escritor, poeta, diplomata
Berlim, 09-05-1875 — Fribourg, Suíça, 19-11-1951
No Brasil, de 1940 a 1945

De família austríaca nobre, era filho do antropólogo e geólogo Ferdinand Freiherr von Andrian zu Werburg e de Cäcilie Meyerbeer, por sua vez filha do compositor Giacomo Meyerbeer. De 1885 a 1887, frequentou o ginásio jesuíta de Kalksburg, o que cunhou a sua visão de mundo cristã. Durante os três anos seguintes, recebeu aulas particulares em casa. Seu preceptor era o famoso germanista Oskar Walzel. Completou a escola em Viena e Merano, no Tirol do Sul, atual Itália. Aos 14 anos, descobriu a sua homossexualidade, que tentou negar a vida inteira, devido à rígida religiosidade, entre outros motivos.

Sua carreira literária teve um início precoce: em 1894, aos 19 anos, por intermediação do dramaturgo austríaco Hugo von Hofmannsthal, publicou os primeiros poemas na prestigiosa revista literária Blätter für die Kunst, fundada pelo poeta Stefan George. Um ano depois saiu o seu magnum opus, *Der Garten der Erkenntnis (O jardim do conhecimento)*. O livro teve boa repercussão na sociedade de escritores Jung-Wien, que Andrian frequentava, ao lado de sumidades literárias como Stefan Zweig, Hugo von Hofmannsthal, Karl Kraus, Hermann Bahr e Arthur Schnitzler.

Em 1899, doutorou-se em Direito na Universidade de Viena, onde também cursou literatura, filosofia e história. Logo em seguida, iniciou carreira no Ministério do Exterior do Império Austro-Húngaro, prestou o exame para se tornar diplomata e ganhou um cargo na legação austríaca em Atenas. Em 1902, foi enviado ao Rio de Janeiro e, em 1905, transferido para Buenos Aires. Serviu na embaixada austríaca em São Petersburgo, foi secretário da legação em Bucareste, voltou a Atenas, teve mais um período em Bucareste e regressou a Viena. Em 1911, assumiu a chefia do consulado geral de Varsóvia, onde ficou até a eclosão da Primeira Guerra Mundial.

O escritor passou o conflito armado no serviço diplomático, longe do front. Logo no início da guerra, serviu no Ministério do Exterior em Viena, envolvido com a confecção de intrincados cenários em torno dos objetivos bélicos do império. A pedido do próprio ministro, elaborou um detalhado e complexo programa, em agosto de 1914, que previa uma possível expansão territorial no nordeste em caso de vitória contra a Rússia. O segundo cenário redigido por Andrian desenhou diversas possibilidades, com "postulados mínimos" para o caso de uma vitória parcial ou a vitória total.

De agosto de 1915 até 1917, Andrian voltou a servir à monarquia austríaca em Varsóvia. Em outubro de 1915 avisou o seu governo que Kurt Riezler, homem de confiança do chanceler alemão Theobald von Bethmann Hollweg, propagava a anexação da Polônia pela Alemanha, o que gerou uma queixa oficial da monarquia austríaca em Berlim. Devido ao seu envolvimento nas questões estratégicas, Andrian foi nomeado assessor para questões referentes à Polônia em 1917, participou das negociações para o tratado de paz de Brest-Litowsk, firmado em 1918 com a jovem Rússia Soviética, e, a partir de 18 de julho de 1918, passou a portar o título de *Geheimer Rat* (Conselheiro Secreto), o que exigia o tratamento de Vossa Excelência e significava o topo da corte imperial, além de ganhar um novo cargo: diretor-geral do Teatro Imperial.

Em sua nova função, junto com o dramaturgo Hugo von Hofmannsthal, o

Por volta de 1918 | Biblioteca Municipal de Viena

compositor Richard Strauss, o regente Franz Schalk, o pintor Alfred Roller e o diretor de teatro Max Reinhardt, Andrian colaborou com a receita de sucesso do Festival de Salzburgo. No ano seguinte, retirou-se da vida pública e passou a escrever em jornais e revistas, além de cultivar extensa e diversificada correspondência. Em 1920, adotou a cidadania de Liechtenstein e, em 1923, casou-se com a viúva Andrée Hélène Wimpffen, que conhecera em Atenas em 1901. Depois de muitos anos, o casal adotou um filho, Hugo Andrian-Belcredi.

Em seus escritos, Andrian defende a moral, o cristianismo, a religiosidade e uma Áustria conservadora. Seu ensaio de 1937, Österreich im Prisma der Idee. Katechismus der Führenden (A Áustria no prisma das ideias. Catecismo da elite), foi destruído e proibido pela Gestapo depois da anexação da Áustria pela Alemanha. Colocado na lista negra, Andrian percebeu que estava na hora de emigrar. Foi para Nice, no sul da França, atravessou — sem sua mulher — a Península Ibérica e chegou ao Brasil em junho de 1940 — país que já conhecia por ter servido no Rio de Janeiro. Foi ali que publicou partes de suas memórias político-literárias entre o fim de 1940 e o começo de 1941 no Correio da Manhã. De acordo com o seu biógrafo Walter Perl, foram solitários os anos que Andrian passou no Brasil. Embora tenha sido recebido solenemente pela Academia Brasileira de Letras, morava a maior parte do tempo recluso em Petrópolis. Manteve contatos com outros exilados, como o escritor francês Georges Bernanos (VER) e o filósofo e político alemão Hermann Mathias Görgen (VER), ambos do mesmo campo católico-conservador. A pesquisadora austríaca Ursula Prutsch corrobora a informação de que Andrian vivia isolado e mal conseguia sobreviver de traduções, e indica que ele também se relacionou com Anton Retschek (VER), líder dos legitimistas austríacos, que defendiam o direito da dinastia de Habsburgo ao trono, e os intelectuais Paulo Rónai (VER) e Otto Maria Carpeaux (VER).

Com o fim da guerra, o ex-diplomata austríaco voltou para Nice em dezembro de 1945, onde, depois da morte de sua mulher, casou-se pela segunda vez em 1946 com a escocesa Margaret-Eadi Ramsay. Andrian realizou sua última viagem de 1950 a 1951, para a Rodésia (hoje Zimbábue) e a África do Sul. Morreu em Fribourg, na Suíça, aos 76 anos. O seu espólio está no Arquivo Literário de Marbach, na Alemanha.

Fontes: Eichmanns, Gabi. "Leopold von Andrian-Werburg: Biography". Vienna 1900, Seattle, Washington. Disponível em: <https://depts.washington.edu/vienna/literature/andrian/Biography.htm>; Leopold Andrian. In: Wikipedia. Disponível em: <https://de.wikipedia.org/wiki/Leopold_Andrian>. Acesso em: 19 mai. 2020; Prutsch, Ursula; Zeyringer, Klaus (Org.). Leopold von Andrian (1875–1951). Korrespondenzen, Notizen, Essays, Berichte. Colônia: Böhlau, 2003; Prutsch, Ursula; Zeyringer, Klaus. Die Welten des Paul Frischauer: ein literarischer Abenteurer im historischen Kontext : Wien, London, Rio, New York, Wien. Viena: Bohlau Verlag, 1997; Young Vienna. In: Wikipedia. Disponível em: <https://en.wikipedia.org/wiki/Young_Vienna>. Acesso em: 19 mai. 2020.

Kristina Michahelles / Julian Seidenbusch / IB

ANTIPOFF, Daniel Iretzky
Psicólogo, educador, agrônomo
Petrogrado, atual São Petersburgo, Rússia, 31-03-1919 –
Belo Horizonte, 11-01-2005
No Brasil, de 1938 a 2005

Daniel Iretzky Antipoff era filho da psicóloga Helena Antipoff (1892–1974) e do jornalista e escritor Viktor Iretzky (1882–1936), ambos russos. Quando Daniel tinha um ano de idade, seu pai foi preso em Petrogrado pela Tcheka, polícia secreta antecessora da KGB, por defender a liberdade de expressão. Dois anos mais tarde, foi deportado para a Alemanha, ao lado de centenas de intelectuais russos considerados por Lenin como inimigos da Revolução.

Em 1924, Daniel e sua mãe obtiveram a autorização de deixar a Rússia para se reunir com Viktor em Berlim. Helena, contudo, não se adaptou na Alemanha. Separada de Viktor, em 1926 viajou com Daniel para Genebra, na Suíça, para trabalhar no Instituto Jean-Jacques Rousseau, dedicado à pesquisa em pedagogia e psicologia experimental, como assistente de Edouard Claparède, fundador da instituição e figura seminal na transformação da educação no século XX.

Em Genebra, Daniel estudou na Maison des Petits, escola experimental ligada ao Instituto Jean-Jacques Rousseau. A educação recebida nessa escola, baseada na liberdade, no respeito e no estímulo à ação, marcou profundamente a formação e a personalidade de Antipoff.

Em 1929, Helena foi convidada pelo governo do Estado de Minas Gerais para lecionar Psicologia na recém-criada Escola de Aperfeiçoamento de Professores de Belo Horizonte. A situação legal incerta de Helena na Suíça contribuiu para que ela aceitasse o convite, que inicialmente teria duração de dois anos.

Daniel não acompanhou sua mãe na viagem ao Brasil. Sob os cuidados de Marguerite Souberyran, pedagoga e colega de Helena em Genebra, estudou como interno na École de Beauvallon, sul da França, recém-fundada por Marguerite. Também morou em Paris com sua avó materna, Sofia Constantinova, que residia na França desde 1909.

Num livro sobre Helena Antipoff, Regina Helena de Freitas Campos relatata que sua biografada "havia viajado à França em 1937 para participar do Primeiro Congresso Internacional de Psicologia. Vendo a ameaça da eclosão de uma nova guerra mundial (...) ela convenceu seu filho a migrar para o Brasil. Na época, Daniel vivia com a avó em Paris (...) era considerado um refugiado na França, pois, quando deixaram a União Soviética ele e sua mãe haviam perdido os direitos de cidadania soviética (...) Daniel deixou a França em outubro de 1938, apenas alguns meses antes da eclosão da Segunda Grande Guerra".

O próprio Daniel, por sua vez, em livro sobre sua mãe, afirma: "Em 1938, sentindo o perigo iminente, acaba convencendo o filho, de 19 anos de idade, a embarcar para o Brasil. Relutando a princípio, aos poucos ele compreende as dificuldades que encontraria no caso de uma conflagração mundial, em sua condição de apátrida, seria renegado pelo governo soviético e também considerado estrangeiro."

No Brasil, ingressou no curso de Agronomia na Universidade Federal de Viçosa, Minas Gerais. Já formado, trabalhou em Contagem, no mesmo estado, e simultaneamente cursou a Faculdade de Filosofia da Universidade de Minas Gerais, em Belo Horizonte, recém-fundada com a participação de Helena Antipoff.

Em 1944, se casou com Ottília Lisboa Braga, professora de psicologia infantil. O casal se transferiu em seguida para Patos de Minas, onde Ottília passou a lecionar psicologia na Escola Normal Oficial. Nessa época, a psicologia no Brasil ainda não possuía seu próprio curso superior, e era ministrada como cátedra nos cursos de Pedagogia e de Filosofia.

Nos anos 1950, cada vez mais distante da Agronomia, Daniel se dedicaria ao desenvolvimento de pesquisas e de testes psicológicos para aplicações variadas. Nesse período, deu entrada no seu pedido de naturalização. Organizou o Gabinete de Orientação Profissional do Senac-MG, foi também um dos fundadores do Serviço de Orientação e Seleção Profissional (Sosp), que estava sendo criado pelo psicólogo Emilio Mira y Lopez (VER), e trabalhou no Departamento de Trânsito (Detran-MG), na elaboração de critérios para realização dos exames psicotécnicos para os condutores.

Em 1956, foi um dos alunos do curso de pós-graduação em Psicologia da Aprendizagem, ministrado pelo psicólogo suíço André Rey no Instituto Superior de Educação Rural (Iser). A vinda de Rey, colega de Jean Piaget na Universidade de Genebra, foi promovida por Helena Antipoff, também fundadora do Iser. Desse curso, e estimulada pelo próprio Rey, nasceu a ideia da fundação da Sociedade Mineira de Psicologia, inaugurada em 1957, da qual Daniel foi Secretário-geral.

Após curta passagem pelo Instituto Tecnológico da Aeronáutica (ITA), em 1963, onde trabalhou como psicólogo residente e chefe da Divisão de Alunos, retornou a Belo Horizonte como diretor dos cursos noturnos do Senac-MG.

Em 1970, fez pós-graduação em educação de crianças excepcionais em Denver, EUA, dedicando-se em seguida à pesquisa e ao desenvolvimento de programas educacionais para crianças consideradas bem-dotadas, segmento que havia recebido pouca atenção no Brasil. Em 1973, fundou, ao lado de sua mãe e de sua esposa, a Associação Milton Campos para o Desenvolvimento das Vocações (Adav), instituição rural situada em Ibirité, voltada para a educação e desenvolvimento de talentos não só na área intelectual, mas em arte, esporte e criatividade.

Com o falecimento de Helena Antipoff, em 1974, Daniel assumiu a presidência da entidade. Em 1975, publicou o livro Helena Antipoff, sua vida, sua obra, pela editora José Olympio, obra de referência sobre a trajetória e o pensamento de sua mãe.

Ao lado de Ottilia, fundou em 1978 a Escola Educ — Centro de Educação Criadora, sediada no município de Nova Lima, em Minas Gerais. A Educ reuniu diversas teorias e práticas pedagógicas já introduzidas por Helena Antipoff no Brasil, tais como a Escola Nova e o construtivismo, e criou uma proposta pedagógica original, humanista e ecológica voltada para crianças com diferentes aptidões e habilidades.

Dos anos 1980, quando fundou o Centro de Documentação e Pesquisa Helena Antipoff, sediado no Departamento de Psicologia da UFMG e em Ibirité, até seu falecimento em 2005, Daniel trabalhou incansavelmente para difundir, preservar e aprofundar o trabalho iniciado por sua mãe. Foi também autor de diversos livros de referência nas áreas de psicologia e de educação, entre os quais *Excepcionais e talentosos, os escolhidos, Jogos e lazeres, indicadores da personalidade* e *Bem dotados e o seu potencial*, até hoje ignorado.

Fontes: Antipoff, Daniel. Helena Antipoff, sua vida, sua obra. Rio de Janeiro: José Olympio Editora, 1975; Antipoff, Cecília Andrade. Escola Educ – Centro de Educação Criadora: Uma Proposta pedagógica humanista e ecológica no contexto das transformações da educação contemporânea. Belo Horizonte: UFMG, 2017; Campos, Regina Helena de Freitas. Helena Antipoff. Recife: Fundação Joaquim Nabuco/Editora Massangana, 2010.

Ileana Pradilla / IB

ARANY, Oscar
Violoncelista, dono de loja de partituras
Szeged, Império Austro-Húngaro, atual Hungria, 22-12-1906 — Rio de Janeiro, 19-07-1992
No Brasil, de 1938 a 1992

A primeira artimanha de que a abastada família judia do interior da Hungria precisou lançar mão para enganar os nazistas nos difíceis tempos que antecederam à eclosão da Segunda Guerra Mundial foi mudar de nome. Fried, típico nome judeu, deu lugar a Arany, que significa "ouro" em húngaro. Com as perseguições, muitos judeus mudaram para sobrenomes mais neutros, que não chamassem atenção. O filho de Oscar Arany, Daniel, lembra que o avô era um próspero joalheiro e imagina que o motivo para a mudança deve ter sido esse. Conta que o pai e o tio Jorge jamais foram à escola, ambos tinham um tutor em casa, além de um fiel cão São Bernardo. Foram criados em berço de ouro. No entanto, os pais se separaram e a mãe foi morar em Viena com os filhos.

Arany, Oscar | Em sua loja, no centro do Rio de Janeiro | Acervo da família, cortesia dos filhos Lilia e Daniel Arany

Oscar Arany estudou música, aperfeiçoou-se no violoncelo, e nunca deixou de acompanhar os acontecimentos mundiais através dos jornais. Em 1930, três anos antes da ascensão de Hitler à chancelaria do Reich, intuiu o pior e avisou que iria para a França. Sua avó perguntou como ele pretendia chegar a Paris e ele respondeu como um jovem destemido: de moto, apenas seguindo a direção indicada nas placas. Viveu oito anos em Paris, trabalhando para a agência de notícias inglesa Keystone.

Pouco tempo depois de chegar a Paris, recebeu o irmão Jorge e ambos passaram a dividir o mesmo pequeno apartamento. Oscar parecia ter incorporado o senso de preservação de sua família que vinha desde a mudança de nome. Sempre procurava as informações mais recentes sobre o iminente conflito na Europa. Na manhã de 12 de março de 1938, desceu do apartamento e, na banca de jornais em frente ao prédio, soube da anexação da Áustria por Hitler. Voltou correndo para acordar o irmão aos gritos. Jorge não deu importância, resmungou que a guerra só começaria dali a um ano e continuou dormindo. Errou por pouco. A Segunda Guerra Mundial teve início em setembro de 1939 com a invasão da Polônia.

A anexação da Áustria acendeu uma luz de advertência no irrequieto Oscar Arany. Começou a ver alternativas para ir na frente e preparar o terreno para receber seu irmão com a mulher e uma filha pequena. Uma das possibilidades era o Brasil, mas soube que a cota de vistos já estava esgotada. Mesmo assim, foi ver o cônsul pessoalmente. Ficou encantado com o "jeitinho brasileiro": recebeu como alternativa um passe para Assunção e a orientação de que teria que descer no Rio de Janeiro, mas não precisaria seguir para o Paraguai, que ficasse por ali mesmo. Oscar seguiu o conselho. Logo ao chegar, encontrou trabalho como violoncelista na Orquestra de Câmara de Niterói. Depois, passou para a Orquestra Sinfônica Brasileira, a qual integrou desde sua fundação em 17 de agosto de 1940, que também era dirigida por um exilado húngaro, Eugen Szenkar (VER). Percebeu que no Brasil era difícil encontrar partituras clássicas em bom estado, achou que ali havia uma janela de oportunidade, mas não comentou com ninguém durante algum tempo.

Em 1947, conheceu aquela que seria sua mulher para o resto da vida, a finlandesa Vieno Tikkinen. Foi em Penedo, no interior do estado do Rio de Janeiro, para onde foi em companhia de outro exilado, Emeric Marcier (VER). Três dias depois das apresentações, Oscar foi pedir a moça em casamento. Ela mesma contou com bom humor essa história aos filhos, dizendo que ficou indignada com a audácia do pretendente. Um não falava a língua do outro, o diálogo se deu em um português arrevesado. Vieno achou o pedido muito açodado e deixou o húngaro falando sozinho. Oscar deixou passar algum tempo, desculpou-se, voltou à carga e conseguiu seu intento.

Já casados, concretizou seus planos de abrir uma loja de partituras, o que acabou acontecendo no sétimo andar do edifício Nilomex, na avenida Nilo Peçanha, centro do Rio de Janeiro. Durante mais de 40 anos, a loja Músicas Oscar Arany foi ponto de referência para a nata da música clássica no Brasil, sendo também frequentada por músicos da bossa nova com formação clássica.

Fontes: Série Canto dos Exilados (Telenews, 2016), entrevista com Daniel Arany; Casa Stefan Zweig.
Leonardo Dourado / IB

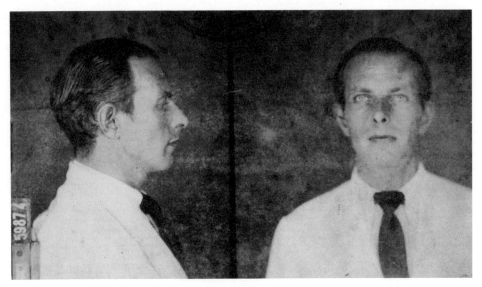

Arquivo Nacional, 1942

ARCADE, Bruno
Comerciante, escritor, jornalista
Viena, 10-08-1904 – Rio de Janeiro, 03-09-1972
No Brasil, de 1940 a 1972

São escassas as informações a respeito deste austríaco antifascista. No prefácio do livro *E depois de Hitler... o quê? (Und nach Hitler: was dann?)*, publicado em 1942 no Rio de Janeiro em edição própria, junto com o seu amigo Miecio Askanasy (VER), o também exilado Ernst Feder (VER) menciona que o pseudônimo "Arcade" do austríaco Bruno Heinrich Kreitner tem sua origem no herói da obra *La Révolte des anges (A revolta dos anjos)*, de Anatole France, e que ele emigrou por causa da sua oposição ao nazismo. Em Viena, onde viveu até 1937, pouco antes da anexação pela Alemanha, publicou *Wissen um ein Kulturgesetz (Ideias para uma lei cultural)*, que Thomas Mann acolheu com simpatia. Kreitner enfrentou as árduas rotas do exílio que o levaram primeiro para a Suíça, depois para a Bélgica, França e, enfim, para a América do Sul, via Portugal.

Kreitner ficou três anos na Colômbia e depois seguiu para o Brasil, onde se ligou a Miecio Askanasy, um editor de Viena que virou dono de galeria, loja de antiguidade e livraria no Rio de Janeiro. Assim como muitos outros exilados,

Kreitner/Arcade tentou sobreviver de várias maneiras. Escrevia artigos para jornais brasileiros — há poucos anos, um manuscrito seu foi a leilão no Rio de Janeiro —, deu palestras — como a do dia 18 de novembro de 1941 na Associação Brasileira de Imprensa, no Rio de Janeiro, por ocasião dos 400 anos da viagem de Francisco de Orellana pelo Amazonas, quando aproveitou para contar as suas aventuras no trajeto fluvial Bogotá-Belém — e trabalhou no comércio, junto com o companheiro. A galeria Askanasy na Rua Senador Dantas se apresentava como uma das primeiras dedicada à arte moderna no Rio de Janeiro e, em 1945, hospedou uma importante mostra dedicada à arte que o nazismo chamava de "degenerada". Nessa exposição, um quadro de Wilhelm Wöller (VER) foi vandalizado por adeptos do fascismo. Depois de venderem livros de porta em porta, Kreitner e Askanasy resolveram abrir uma livraria. Em 1946, Bruno Kreitner figurava como sócio majoritário, com 68% do capital, da Livraria Askanasy Ltda., sediada num 5º andar da Avenida Presidente Wilson, no Rio de Janeiro.

Kreitner/Arcade também esteve em contato com Stefan Zweig (VER) algumas vezes. Tinha um projeto de organizar um manual de literatura alemã do exílio, bem como uma obra sobre literatura espanhola e francesa. Não existem registros desses projetos. Kreitner consta da última agenda de Stefan Zweig só com o número do telefone no Rio de Janeiro. Na biografia *Morte no paraíso, a tragédia de Stefan Zweig*, Alberto Dines menciona que Arcade era um amigo recente e que "Zweig escolheu-o como parceiro para o Anuário da Emigração, porque tem tino empresarial e circula no meio artístico do Rio, amigo de outro refugiado, Miecio (Miecislaw) Askanasy, dono de uma galeria de arte". O livro *E depois de Hitler... o quê? (Und nach Hitler: was dann?)*, segundo a pesquisadora Izabela Kestler, é "um ensaio pseudofilosófico sobre a crise intelectual da época, em que os autores citam a obra de Nietzsche como solução".

Fontes: Berthold, Werner; Eckart, Brita. Deutsches Exilarchiv 1933-1945: Katalog der Bücher und Broschüren. Berlim: Springer-Verlag, 1989; Correio da manhã, Rio de Janeiro, 14-11-1941; Dines, Alberto. Morte no paraíso, a tragédia de Stefan Zweig. Rio de Janeiro: Rocco, 2012. 4ª ed. ampliada; Kern, Daniela. Hanna Levy e a exposição de arte condenada pelo III Reich (1945). Anais da 25ª reunião da Anpap (Associação Nacional dos Pesquisadores de Artes Plásticas). Porto Alegre, 2016.
Kristina Michahelles / IB

Arnau com sua terceira mulher, Henrietta, e a cadela Pünktchen ("Pontinho"), década de 1960
Arquivo pessoal Hans-Christian Napp

ARNAU, Frank
Escritor, jornalista
Viena, 09-03-1894 — Munique, Alemanha, 11-02-1976
No Brasil, de 1939 a 1955

Nascido Heinrich Karl Schmitt, mudou seu nome oficialmente para Frank Arnau aos 36 anos de idade, após publicar onze livros com esse pseudônimo. Por causa da atividade do pai, Charles Schmitt, um bem-sucedido administrador de hotéis de luxo como o Beau-Rivage de Genebra e o Baur au Lac de Zurique, a família se mudava muito, e Frank foi educado majoritariamente por professores particulares. Saiu de casa cedo e foi trabalhar como marinheiro e, em seguida, no bar do famoso hotel Pera Palace de Constantinopla, atual Istambul, pertencente à Companhia Internacional Wagon-Lits, e que hospedava autores como Agatha Christie e Ernest Hemingway.

Casou-se pela primeira vez em 1912, aos dezoito anos, e começou a trabalhar como escritor e jornalista, fazendo reportagens sobre temas policiais e judiciais para o Deutsches Volksblatt (Folha do Povo). Morou na Hungria e na Suíça. Em 1919, recebeu a cidadania alemã. Eclético, trabalhava simultaneamente como jornalista, consultor de grandes empresas – intermediou um negócio de máquinas agrícolas na Inglaterra – e escritor. Em janeiro de 1920, estreou a sua comédia *Exzellenz (Excelência)* no teatro Deutsches Schauspielhaus de Hamburgo, repetida depois em Viena e outras cidades. Gostava muito do gênero do romance policial.

Em 1930, solicitou a mudança do seu nome de Schmitt para Arnau. Opositor do novo regime nazista que se instalou em 1933, iniciou um longo exílio em 1934. Fugiu para a Holanda e viveu três anos na Espanha. Depois morou na França, na Holanda e na Suíça, antes de chegar ao Brasil. Durante todo esse tempo, esteve ativamente engajado na luta antinazista através dos seus artigos em jornais. Sua principal obra literária nessa época, o romance *Die braune Pest (A peste marrom)* saiu em 1934, em 84 capítulos, no jornal Volksstimme (A voz do povo), órgão do partido socialdemocrata da região do Sarre.

Naquele ano, foi expulso do país e seu patrimônio, confiscado. Devido aos artigos que publicava na imprensa francesa e nos jornais alemães no exílio sobre o rearmamento da Alemanha e os preparativos de guerra, Arnau era vigiado pela Gestapo e foi ameaçado de morte.

Segundo ele próprio informou em sua autobiografia, chegou ao Brasil no dia 28 de maio de 1939 com apoio do governo Vargas. Recebeu o registro de jornalista de Lourival Fontes, chefe do Departamento de Imprensa e Propaganda (DIP), apesar de a lei não permitir esse reconhecimento para estrangeiros. Publicava artigos no jornal governista A Noite e trabalhava como conselheiro em diversas outras publicações. Para a imprensa brasileira, os mapas que desenhava dos cenários de guerra e da retirada alemã eram muito importantes.

Sua principal fonte de renda eram as consultorias que prestava para as embaixadas britânica e — a partir de 1942 — norte-americana, o que gerou suspeitas de que fosse um espião inglês ou alemão, ou um agente duplo. Por isso é considerado uma das figuras mais controvertidas da história do exílio. Em sua autobiografia, relata vários episódios de sua função como colaborador do Foreign Office britânico.

Depois da guerra, viajou quatro vezes para a Alemanha como correspondente especial do jornal O Globo. Seu domínio de línguas — alemão, espanhol, francês e português — e sua capacidade de adaptação à mentalidade brasileira, além de sua competência na escrita, facilitaram a trajetória de jornalista no novo país.

No Brasil, publicou sete romances policiais, entre eles *À sombra do Corcovado* e *Máscara com fitas de prata*. Depois da guerra, fundou a Artes Gráficas Arnau, imprimindo selos para os Correios, como a série do 4º centenário da Bahia, e trabalhou como consultor para indústrias alemãs no Brasil — entre outras, a Mercedes Benz. Convidado a escrever para a revista Stern pelo prestigioso redator-chefe Henri Nannen, voltou à Alemanha em 1955. No livro *Der verchromte Urwald (A selva cromada)* processou literariamente o tempo que passou no Brasil. Segundo a revista Der Spiegel, o livro é uma das melhores reportagens sobre o país. Continuou sua carreira como jornalista investigativo controvertido, tendo acusado o presidente alemão Heinrich Lübke de ter mentido ao afirmar que nunca teve nada a ver com os campos de concentração. Um dos seus maiores êxitos literários foi o livro *Kunst der Fälscher — Fälscher der Kunst (Arte dos falsificadores — falsificadores da arte)*, de 1959, traduzido para 12 línguas. Publicou também a primeira obra internacional sobre a nova capital brasileira: *Brasilia: Phantasie und Wirklichkeit (Brasília: Fantasia e realidade)*, editada em Munique em 1960.

Arnau também era um famoso filatelista. A Liga Filatélica Alemã lhe atribui uma ampla popularização deste hobby. Em 1968, recebeu o título de doutor *honoris causa* da Universidade Humboldt em Berlim Oriental. Também recebeu honrarias da polícia da Malásia e da Austrália. Em 1970, Frank Arnau foi morar na Suíça. Adoeceu em 1975 e morreu aos 81 anos, de derrame cerebral.

Segundo o padre Paulus Gordan (VER), "Arnau foi uma figura glamourosa, protagonista de seu próprio romance".

Fontes: Arnau, Frank. *Gelebt, geliebt, gehasst. Ein Leben im 20. Jahrhundert*. Munique: Desch, 1972; Frank Arnau. In: Wikipedia. Disponível em: <https://de.wikipedia.org/wiki/Frank_Arnau>. Acesso em: 19 mai. 2020; Kestler, Izabela. "Frank Arnau". In: *Exílio e literatura: escritores de fala alemã durante a época do nazismo*. São Paulo: EdUSP, 2003, p.67-72; Jesinghaus, Adrian. Der Autor Frank Arnau und „Die braune Pest" In: Exil, 1/2020.

Kristina Michahelles / IB

ASCARELLI, Tullio
Jurista, professor
Roma, 06-10-1903 – Roma 20-11-1959
No Brasil, de 1940 a 1946

"Contratamos uma professora para ensinar Tullio a ler e a escrever com a intenção de fazê-lo transpor o 1º ano. Mas, se no final deste ano não for capaz de ir ao 2º, ele fará também o 2º ano em casa para depois mandá-lo ao 3º (...) Fala satisfatoriamente o alemão e o aprende sem dificuldade." O registro no diário de Elena Pontecorvo, mãe do menino Tullio, então com cinco anos, feito em 22 de dezembro de 1908, dá

Década de 1950 | Autor desconhecido

bem uma ideia da importância que ela e seu marido, Attilio Ascarelli, conceituado médico legista de raízes sefaraditas na Itália do século XVI, atribuíam ao estudo dos filhos.

Na escola, Tullio, além da facilidade para línguas, demonstrava interesse por política. Em 1919, tinha apenas 16 anos quando completou o secundário e ingressou na Universidade de Roma para estudar Direito. Antes dos 20 anos, em julho de 1923, já estava formado. Sua tese de graduação apontava para uma especialidade que o celebrizou no campo da Economia Jurídica: *Le società a responsabilità limitata e la loro introduzione in Italia (A sociedade de responsabilidade limitada e sua introdução na Itália)*. Recém-formado, em 1924, começou como professor na Universidade de Ferrara, ocupando a cadeira de Direito Comercial. "Era tão jovem que frequentemente os bedéis, que ainda não o conheciam, confundiam-no com um estudante e queriam impedir o seu acesso à sala dos professores", descreveu, tempos mais tarde, sua mulher, a contralto Marcella Ziffer Ascarelli (1906–1965).

Tullio Ascarelli trilhou uma carreira de sucesso célere. Em 1925, obteve a livre docência em Direito Comercial e, um ano depois, passou no concurso para professor titular. Em 1927, foi para a Alemanha com bolsa da Fundação Humboldt. Na volta, enfileirou uma sequência de universidades de prestígio nas quais deu aulas: Catânia, em 1929, Parma, em 1932, Pádua, em 1933, e Bolonha, uma das mais antigas do mundo, em 1935. Paralelamente ao magistério, mantinha vigorosa atividade política na luta antifascista. Foi membro ativo do jornal clandestino Non Mollare (Não Desistir) e também engajou-se no movimento Giustizia e Libertà (Justiça e Liberdade).

A Itália já vinha implementando algumas políticas antissemitas desde 1930, mas foi em 6 de outubro de 1938, com a diretiva intitulada "Declarações sobre a Raça" e as leis promulgadas em novembro e dezembro daquele mesmo ano, que a mão pesada de Mussolini se fez sentir. A ordem era excluir imediatamente os judeus do serviço público, do serviço militar, de bancos e instituições de ensino. Também interditava o acesso a institutos culturais e de pesquisa, como bibliotecas públicas e arquivos do estado. A partir daquela data ficava proibido publicar autores judeus, e obras já produzidas foram banidas da academia.

No final de 1938, Tullio Ascarelli partiu para o exílio, fugindo inicialmente para a Inglaterra. Em 1939, reuniu-se a Marcella e aos filhos Gianni, Franca e Piero, de 8, 5 e 2 anos, em Paris. Na França, dedicou-se novamente aos estudos e obteve o doutorado em Direito na Universidade de Paris no dia 6 de junho de 1940. Precisava ainda da *aggrégation* em Direito francês, título que lhe possibilitaria exercer sua profissão naquele país. Também havia retomado o contato com seus camaradas antifascistas italianos, quando veio a invasão da França pela Alemanha. Paris caiu em 14 de junho. Uma multidão correu em direção ao sul, onde fora instalado o governo provisório de Vichy mediante acordo com os nazistas. A família Ascarelli estava entre esses fugitivos. A autoridade consular brasileira em Marselha concedeu em 24 de agosto de 1940 os vistos para o Brasil. Empreenderam, então, uma arriscada fuga pela Espanha e Portugal, de onde conseguiram embarcar no navio "Angola". Aportaram em Santos em 6 de novembro daquele ano.

Graças à sua fama, logo ao chegar foi contratado pela Faculdade de Direito da USP. Também montou um escritório de advocacia na cidade e aprofundou seus vínculos com o Brasil. Parte importante de sua obra de mais de 500 títulos, entre livros, artigos, tratados e escritos de Política, Economia e Direito, foi produzida no país de acolhida. Suas contribuições à ciência do Direito abarcam quase todas as áreas, como direito comercial, civil, constitucional, administrativo (o que mais tarde seria chamado de economia pública), do trabalho, da navegação. A lei de tributação das empresas que vigora no Brasil até hoje foi inspirada em Ascarelli e seus escritos.

Em 1946, voltou à Itália para ajudar a curar as feridas que a guerra abriu em seu país, retornando seguidamente ao Brasil. Recuperou as cátedras. Em 1953, aceitou convite da Universidade de Roma. Além do Direito, preocupava-se com a cultura, e tornou-se um dos fundadores do Museu de Arte Moderna de São Paulo (MAM). Em 14 de novembro de 1959, submeteu-se a uma cirurgia em Roma. Seis dias depois, viria a falecer prematuramente, aos 56 anos, de complicações pós-operatórias.

Fontes: Lopez, Carol Coffield. "ASCARELLI, Tullio". *Arqshoah: Holocausto e antissemitismo*, São Paulo. Disponível em: <https://www.arqshoah.com/index.php/busca-geral/aei-100-ascarelli-tullio>. Acesso em: 26 mai. 2020; Richter, Mario Stella. "Tullio Ascarelli studente". *Rivista delle società*, Milão, 2009, p. 1237-80; Rodotà, Stefano. "Ascarelli, Tullio". In: *Dizionario Biografico degli italiani*, v. 4. Roma: 1962. Disponível em: <http://www.treccani.it/enciclopedia/tullio-ascarelli_%28Dizionario-Biografico%29>. Acesso em: 24 fev. 2020; Jansen, Letácio. "Tullio Ascarelli". *Letácio Jansen*. Disponível em: <https://www.letacio.com/blog/2007/01/06/tullio-ascarelli/>. Acesso em: 26 mai. 2020; Casa Stefan Zweig. "Canto dos exilados: Ascarelli, Tullio". *Casa Stefan Zweig*, Petrópolis. Disponível em: <https://casastefanzweig.org.br/sec_canto_view.php?id=179>. Acesso em: 26 mai. 2020.

Leonardo Dourado / IB

ASKANASY, Miecio
Escritor, livreiro, galerista, diretor, empresário de companhia de dança
Lemberg, Galícia, Império Austro-Húngaro, atual Lviv, Ucrânia, 19-01-1911 –
Rio de Janeiro, 16-04-1981
No Brasil, de 1939 a 1981

Nascido na Galícia, Mieczyslaw Weiss, conhecido pelo pseudônimo de Miecio Askanasy, cresceu na Áustria. Era filho do industrial Juliusz Weiss e de Antonia Regina Weiss. Escritor em Viena, foi perseguido pela Gestapo por sua militância intelectual contra o nazifascismo, configurada especialmente pelo jornal Trade and Traffic, que editava em inglês na capital austríaca. Em 1939, fugiu para a Itália. Do porto de Gênova, embarcou no navio "Principessa Maria" para o Brasil. Chegou ao Rio de Janeiro, na condição de imigrante temporário, em 5 de julho de 1939. A imigração brasileira o registrou como polaco, comerciante e católico de religião.

Inicialmente, trabalhou na capital vendendo livros de segunda mão, de porta em porta, para outros imigrantes da comunidade judaica. No final de 1942, publicou, em coautoria com seu companheiro, o escritor austríaco Bruno Arcade (VER), nascido Bruno Kreitner, também refugiado, o livro de ensaios *Depois de Hitler... o quê?* A versão brasileira, tradução do original em alemão *Und nach Hitler, was dann?*, foi prefaciada pelo prestigiado jornalista Ernst Feder (VER). No livro, os autores procuram refutar o marxismo e revalorizar a figura de Nietzsche, abordando a questão judaica e a configuração do mundo após a desejada derrota do nazismo.

Final década de 1950

Nesse período, também ao lado de Kreitner, Askanasy ministrou diversas palestras na Associação Brasileira de Imprensa (ABI), sobre problemáticas políticas e sociais contemporâneas.

Em agosto de 1944, inaugurou a Galeria Askanasy na rua Senador Dantas, 55, centro do Rio de Janeiro, um dos primeiros espaços dedicados à arte moderna na cidade. Lá expuseram, entre outros, a pintora portuguesa Maria Helena Vieira da Silva (VER), Iberê Camargo, Antônio Bandeira e Carlos Scliar. A galeria também comercializava livros raros.

Em abril de 1945, já no fim da Segunda Guerra Mundial, Askanasy e Arcade organizaram, junto com o jornalista Ernst Feder Exposição de Arte Condenada pelo III Reich, com obras originais e gravuras de 39 artistas europeus, entre os quais Marc Chagall, Wassily Kandinsky, Paul Klee, Oskar Kokoschka, Willy Baumeister, Käthe Kollwitz e Lasar Segall. O texto do catálogo da mostra foi escrito pela historiadora alemã Hanna Levy (VER), refugiada no Brasil de 1937 a 1947. Durante a exposição, manifestantes integralistas danificaram a tela *Namoro sentimental*, de Wilhelm Wöller (VER).

Em 1948, Askanasy transferiu sua galeria, agora voltada para a venda de fotografias, livros e *Brasiliana*, isto é, mapas, gravuras, livros e documentos referentes ao Brasil, para a Rua da Quitanda, 65, no mesmo bairro.

Nesse período, passou a frequentar o terreiro de candomblé do popular pai de santo baiano Joãozinho da Goméia, em Duque de Caxias. O interesse crescente pelas manifestações culturais e as religiões de matriz africana produziu uma drástica guinada na trajetória profissional de Askanasy. Em 1950, fundou a companhia Teatro Folclórico Brasileiro, chamada a partir de 1953 Teatro Folclórico Brasileiro Brasiliana.

A Brasiliana, como ficou conhecida a companhia, teve origem no Grupo dos Novos, fundado entre outros por Haroldo Costa, Wanderley Batista, Abdias do Nascimento e Solano Trindade. Formado integralmente por dançarinos, músicos e cantores negros, o grupo buscava realizar espetáculos de dança que refletissem a verdadeira cultura negra brasileira. Entre meados de 1949 e janeiro de 1950, o elenco ensaiou diariamente na livraria Askanasy e estreou no Teatro Ginástico, no Rio de Janeiro, com amplo sucesso, em 25 de janeiro de 1950. Como diretor e agente dessa companhia, Miecio organizou quatro longas turnês pela Europa, África e América Latina e gravou diversos discos, de 1950 a 1973.

Em maio de 1951, obteve a cidadania brasileira. Em 1972, publicou em Munique seu livro de memórias intitulado *Alles ist Samba (Tudo é samba)*, que permanece sem tradução em português.

Faleceu em sua residência, na Rua Barata Ribeiro, 160, em Copacabana, no Rio de Janeiro, de edema pulmonar, em 16 de abril de 1981.

Fontes: Askanasy, Miecio. *Alles ist Samba*. Munchen: Druk um Gestaltung, 1972. Kestler, Izabela Maria Furtado. *Exílio e Literatura. Escritores de fala alemã durante a época do nazismo*. Trad. Karola Zimber. São Paulo: Edusp, 2003; Pereira, Aline Zimmer da Paz Pereira. *Hanna Levy e a exposição-reação*, Porto Alegre, v. 3, n. 3, 2018.
Ileana Pradilla / IB

AUSCH, Eva: ver LANTHOS, Eva

BACH, Susanne Eisenberg
Livreira, escritora
Munique, Alemanha, 29-01-1909 – Munique, Alemanha, 10-02-1997
No Brasil, de 1941 a 1983

Desde pequena, Susanne Bach vivia rodeada de livros em sua cidade natal. O pai, Felix Eisenberg, dirigia uma gráfica de arte em cobre. A mãe, Erna Gutherz, tinha estudado pintura com Lovis Corinth, um dos expoentes do expressionismo na Alemanha. Já aos 12 anos, a pequena Susanne passou a colecionar livros. Sua vida profissional começou em 1932, quando concluiu o curso de línguas românicas. Um ano depois de formada, vislumbrou o perigo que despontava no horizonte com a tomada do poder pelos nazistas. Foi para a França e fez um curso de livreira na famosa Librairie Droz, especializada em literatura de línguas românicas, onde acabou sendo contratada. Para sobreviver, além de trabalhar na Droz, foi professora de línguas e fazia traduções. Engajou-se no Comitê de Auxílio a Intelectuais Judeus.

No escritório, década de 1970
Biblioteca Nacional da Alemanha, Arquivo do Exílio

Susanne sabia do perigo que corria, mas não conseguiu evitar o pior: os alemães entraram em Paris, a França foi dividida em duas partes, uma delas ocupada, e ela foi levada para o campo de Gurs. Originalmente criado para abrigar refugiados da Guerra Civil Espanhola, Gurs tornou-se um campo de concentração nazista em 1940. A salvação veio algum tempo depois, quando conseguiu escapar para Vichy — na parte não ocupada pelos nazistas — e de lá chegou a Marselha, onde teve início a peregrinação em busca de visto de saída do país.

Com ajuda de Dana Becher, mulher do escritor Ulrich Becher (VER), conseguiu entrar no grupo de 48 refugiados liderado pelo historiador e filósofo Hermann Matthias Görgen (VER), que escapou em 1941, via Espanha, para Lisboa e, de lá, para o Brasil. Görgen arquitetou um complexo plano de fuga para intelectuais judeus, membros da oposição política e católicos contrários ao nacional-socialismo. Uma pequena fábrica foi montada em Juiz de Fora, Minas Gerais, e os refugiados eram apresentados como trabalhadores qualificados, cada um investindo 600 dólares no empreendimento. Assim, conseguiram os vistos. Depois da cansativa travessia do Atlântico, a vista da Baía de Guanabara na chegada foi como um colírio para os olhos dos exilados e suas câmeras amadoras. Susanne desembarcou no Rio de Janeiro em 11 de maio de 1941.

O empreendimento industrial durou pouco tempo. Susanne voltou de Juiz de Fora para o Rio de Janeiro com pouco dinheiro e esperando um bebê. "Eu tinha apenas 30 dólares no bolso e estava no sexto mês de gravidez. O pai da criança, um francês, ficara na França (...). Eu sempre consegui trabalho, pois havia estudado línguas românicas, inclusive o espanhol. Assim, foi fácil aprender português. Trabalhei em firmas como secretária", contou em entrevista à pesquisadora e germanista Izabela Kestler. Três meses depois, nasceu a filha, Katharina. Em 1944, publicou no Rio de Janeiro *À la recherche d'un monde perdu (Em busca de um mundo perdido)*, lembrando a experiência do exílio.

Depois da Guerra, Susanne Bach voltou com a filha para Paris, mas acabou retornando e fundou sua livraria, a Susanne Bach Comércio de Livros, num casarão no bairro do Cosme Velho. Passou a fornecer livros brasileiros e latino-americanos para a Europa e a América Latina. Os principais clientes eram bibliotecas nos Estados Unidos, a British Library em Londres, a Biblioteca Nacional de Paris e a Biblioteca de Munique. Em 1978, o negócio pioneiro e inovador que levou o livro brasileiro ao mundo passou a funcionar em um sobrado na rua Visconde de Caravelas, 17, em Botafogo, no Rio de Janeiro, onde existe até hoje. Susanne Bach foi também a primeira pesquisadora a garimpar livros produzidos no exílio. O acervo coletado por ela encontra-se na Deutsche Bibliothek de Frankfurt am Main, na Alemanha. Além disso, publicou também artigos em coletâneas e revistas sobre os escritores exilados no Brasil.

Em 1983, Susanne Bach decidiu voltar para a Alemanha. Sua autobiografia *Karussel, von München nach München (Carrossel — de Munique a Munique)* evoca suas experiências no exílio e o longo tempo de permanência no Brasil. A vida inteira, seu lema foi este, estampado em seu papel de carta: *Amor librorum nos unit* — O amor ao livro nos une.

Fontes: Série Canto dos Exilados (Telenews, 2016); Kestler, Izabela Maria Furtado. *Exílio e Literatura*. São Paulo: Edusp, 2003.
Kristina Michahelles / IB

BALLHAUSEN, Günther
Jornalista, diretor de teatro
Berlim, 21-01-1912 – Frankfurt, Alemanha, 27-09-1992
No Brasil, de 1936 a 1960

Ballhausen estudou Direito, mas logo foi trabalhar como jornalista. Estagiou no jornal Deutsche Zeitung e trabalhou na editora Ullstein. Com outros intelectuais, como Carl von Ossietzky, Albert Einstein, Kurt Grossmann, Kurt Tucholsky e Berthold Jacob, engajou-se na Deutsche Liga für Menschenrechte

(Liga Alemã de Direitos Humanos). Além de defender os direitos civis individuais, os membros da liga reivindicavam uma legislação internacional e tribunais supranacionais que garantissem justiça na relação entre os países e combatiam abertamente as ideias dos nazistas. Em 1933, o novo regime dissolveu a liga, aniquilou os arquivos e prendeu vários líderes, entre eles, Günther Ballhausen.

Mesmo assim, Ballhausen, que não era judeu, chegou ao cargo de secretário de redação do Deutsches Nachrichtenbüro (DNB) em 1936. Era a agência de imprensa oficial do Terceiro Reich. Um ano depois, aproveitou uma viagem e escapou para o Brasil. "Eu queria sair da Alemanha de qualquer jeito. Sabia que a guerra aconteceria. Escrevi ao comando militar pedindo licença para deixar o país. Fui lá com um jornal nazista em mãos, dizendo que queria fazer uma viagem de estudos de oito semanas ao Brasil. Acabei obtendo a permissão", contou em entrevista à germanista Izabela Kestler em 1989, em Frankfurt.

Como Paris já concentrava grande número de jornalistas alemães judeus ou dissidentes políticos, a escolha de Ballhausen não recaiu sobre a França. Sabia que dificilmente conseguiria emprego por lá. No Rio de Janeiro, começou a trabalhar em um jornal alemão que já aderira à linha nazista, o Deutsche Rio-Zeitung. Esse periódico acabou sendo fechado em 1941, por força das leis de nacionalização.

Depois, Ballhausen fez de tudo um pouco. Vendia livros de porta em porta nos escritórios do centro da cidade e fazia corretagem de anúncios. "Vivi disso durante alguns anos", contou na mesma entrevista. Vez por outra, emplacava um artigo no jornal O Globo. Como os demais exilados, enfrentou grandes dificuldades em converter seu visto de turista em um visto permanente. "Os jornais anunciavam escritórios que se ofereciam para fazer isso. A maioria era gerenciada por vigaristas. Muitos perderam dinheiro e até o passaporte."

Ao lembrar as condições de vida dos exilados no Rio de Janeiro, Ballhausen destacou a importância das pensões que, para muitos, foram a primeira moradia. Cita a Pensão Caminer, dirigida por um casal de judeus de mesmo nome, um ponto de encontro para os exilados de fala alemã no Rio de Janeiro. "Centenas de pessoas frequentavam a pensão: pintores, artistas e assim por diante. Os judeus fizeram até um cabaré."

Ballhausen não pertencia a nenhuma organização antifascista, mas recorda-se que havia no Rio de Janeiro adeptos das organizações Das andere Deutschland (A outra Alemanha), de Buenos Aires, e Freie Deutsche (Alemães livres), do México. "As organizações antifascistas eram inúteis. Para que organizações? Por quê? A gente se encontrava de qualquer modo", disse na entrevista a Izabela Kestler.

Finda a guerra, Ballhausen assumiu em 1949 o suplemento para o Rio de Janeiro intitulado Rio-Seite (Página do Rio), do recém-criado jornal Deutsche Nachrichten, de São Paulo. "Era uma equipe de um homem só. Não existiam colaboradores. Era difícil conseguir papel (...) Era lido pelos imigrantes e pelos alemães (...) Eu não tinha papas na língua e, por isso, o suplemento era um jornal de luxo (...) Sem exagerar, posso afirmar que o suplemento era o único jornal que se mantinha sempre atualizado."

Devido à escassez de papel, em agosto de 1952 o jornal foi transformado em revista mensal. "Começou com uma edição de 12 mil exemplares." Entre os colaboradores, estavam os escritores Frank Arnau (VER) e Richard Katz (VER) e o também jornalista Ernst Feder (VER). De acordo com Izabela Kestler, Günther Ballhausen e Frank Arnau sempre buscaram, em seus artigos, atacar os nazistas alemães no Brasil.

A linha política do jornal era ambígua. "Os poucos exemplares guardados no Instituto para Relações Internacionais (Institut für Auslandsbeziehungen) em Stuttgart não permitem uma avaliação acurada. Entretanto, pudemos verificar que o jornal tinha uma apresentação atraente com ilustrações, fotos e desenhos em quadrinhos", escreve Izabela Kestler em *Exílio e literatura*.

Os altos custos financeiros obrigaram Ballhausen a encerrar a publicação do jornal. Em 1960, retornou à Alemanha, onde trabalhou como correspondente internacional do jornal O Globo e do Deutsche Zeitung de São Paulo, além de colaborar com o jornal Frankfurter Rundschau. Além de manuscritos de seus artigos, o Arquivo do Exílio da Biblioteca Nacional da Alemanha guarda cartas que Ballhausen trocou, entre outros, com os escritores Oskar Maria Graf, Richard Katz e Stefan Zweig (VER).

Fontes: Kestler, Izabela Maria Furtado. Exílio e literatura — Escritores de fala alemã durante a época do nazismo. São Paulo: Edusp, 2003.

Kristina Michahelles / IB

BAUM, Hildegard: ver ROSENTHAL, Hildegard

BECHER, Ulrich
Escritor, poeta, jornalista
Berlim, 02-01-1910 – Basileia, Suíça, 15-04-1990
No Brasil, de 1941 a 1944

Arquivo do Exílio da Biblioteca Nacional da Alemanha

Filho do advogado Richard Becher e da pianista Elisabeth Ulrich, estudou Direito em Berlim e, paralelamente, fez formação em Artes. Foi o único discípulo do pintor expressionista George Grosz. "Um dos ídolos da minha juventude foi George Grosz, o maior desenhista, o mais amargo, o mais impiedoso crítico social da Alemanha de Weimar. Aos dezessete anos, antes de terminar o ginásio, consegui tornar-me aluno dele", escreveria mais tarde sobre o artista que tanto o marcou. Também começou a escrever muito jovem e aos 22 anos já era membro do PEN Clube. Em 1932 saiu o seu primeiro volume de contos, *Männer machen Fehler (Homens erram)*, publicado pela Editora Rowohlt. Mas em 1933, o livro foi incluído na lista de obras "nocivas e indesejáveis" pelos nazistas. Becher viu-se arrancado do seu contexto cultural, principalmente depois da fuga e da prisão de muitos intelectuais. Deixou a Alemanha um dia depois do incêndio criminoso do *Reichstag*, o Parlamento do país, ocorrido em 27 de fevereiro de 1933. Em novembro de 1933, casou-se com uma colega da faculdade, Dana Roda, filha do escritor austro-húngaro nascido na Morávia, Alexander Roda Roda, e ganhou a cidadania austríaca. O casal passou a viver em capitais europeias como Viena, Paris, Praga e Londres.

Sendo filho de uma cidadã suíça, Becher imaginava que poderia viver em paz na Suíça como escritor, mas as autoridades consideraram que as suas atitudes abertamente antifascistas feriam o princípio da neutralidade. Recebeu a recomendação de emigrar. Obteve um passaporte de cortesia do governo tcheco no exílio em Londres com o nome de Oldrich Becer, profissão: engenheiro. Embora não tivesse perdido a cidadania alemã, não queria requerer a renovação do passaporte de seu país, como disse em entrevista à revista literária Drehpunkt, em maio de 1980. A concessão de um passaporte tcheco de cortesia explica-se pelo fato de seu pai ter sido advogado credenciado da embaixada tcheca em Berlim.

Dana e Ulrich Becher conseguiram se integrar ao grupo em torno de Hermann Matthias Görgen (VER) e vieram para o Brasil em março de 1941, via Lisboa. Junto com o "grupo Görgen", composto por 48 refugiados, foram para Juiz de Fora e, de lá, para o Rio de Janeiro. Moraram alternadamente na então capital e na cidade serrana de Teresópolis. Em 1943 mudaram-se para São Paulo, onde, graças à intermediação de Karl von Lustig-Prean (VER) e Herbert Baldus, Becher publicou alguns artigos no jornal O Estado de S. Paulo, bem como na revista antifascista Das andere Deutschland (A outra Alemanha), editada em Buenos Aires, e na revista Freies Deutschland (Alemanha Livre), do movimento antifascista no México.

A permanência no Brasil inspirou poesias, contos e as peças de teatro *Samba* e *Der Herr kommt aus Bahia (O Senhor é baiano)*, denominada *Makumba* numa versão posterior. À frente do seu tempo, Becher apontou para temas sociais como mortalidade infantil, miséria e genocídio indígena e denunciou o desmatamento. A temática social também transparece nos numerosos desenhos, aquarelas e quadros que legou, dentro da tradição expressionista do mestre George Grosz. No Brasil, Becher mantinha contatos não só com exilados alemães e austríacos — entre outros, o gravurista austríaco Axl Leskoschek (VER) —, mas também com exilados espanhóis, como o escritor Rafael Alberti, que vivia na Argentina. Entretanto, seus sentimentos em relação ao país de acolhida eram ambíguos: "Por um lado Uli dizia às vezes 'não aguento mais (...) não quero ficar aqui.' Depois acostumou-se tanto, a ponto de ser considerado um brasileiro", disse sua mulher Dana Roda Becher em entrevista. Seja como for, a intenção do casal era conseguir um visto para os Estados Unidos, onde estavam os pais de Dana. Os esforços duraram três anos, até finalmente emigrarem para Nova York, em 1944. Em maio de 1948 o casal voltou à Europa, fixando-se na Basileia após alguns anos. Ali, moraram décadas em um apartamento, "sempre com as malas prontas para partir — situação provisória à qual Ulrich e Dana

Becher se acomodaram", segundo o jornalista suíço Ruedi Passavant.

Ulrich Becher foi um dos escritores exilados de língua alemã mais talentosos do século XX, mas ainda é largamente desconhecido pela crítica literária e pela academia, apesar da excelência de sua grande obra épica, o romance *Murmeljagd (Caça às bolas de gude)*, publicado em 1969. Seu espólio artístico e literário está no arquivo Literário Suíço, em Berna, e no Arquivo do Exílio da Biblioteca Nacional da Alemanha, em Frankfurt.

Fontes: Becher, Ulrich: "Aus der Spielmacher-Schule geplaudert", Pósfácio a *Spiele der Zeit*, vol. 2. Berlim e Weimar, Aufbau, 1968, p. 312; Kestler, Izabela. *Exílio e literatura: escritores de fala alemã durante a época do nazismo*. São Paulo: Edusp, 2003; "Ulrich Becher im Gespräch". Drehpunkt. Schweizer Literatur Zeitschrift, n. 46/47, mai. 1980.

Kristina Michahelles / IB

BEMSKI, George

Físico, biofísico
Varsóvia, 20-05-1923 – Rio de Janeiro, 30-12-2005
No Brasil, de 1940 a meados da década, de 1960 a 1964, e de 1979 a 2005

Filho de Michal Bemski e de Jadwiga Floksztrumpf, George Bemski passou a infância e a adolescência com sua família em Varsóvia. Em 1939, ano da invasão alemã da Polônia, resolveram deixar o país, fugindo da perseguição nazista aos judeus. Percorreram a Europa, alcançando primeiro a Suíça, onde Bemski concluiu o ensino médio, depois decidiram ir à Argentina, mas terminaram por seguir para o Brasil. O visto diplomático foi obtido graças a Luiz Martins de Souza Dantas, embaixador brasileiro na França de Vichy, o território não anexado formalmente pelo Reich, e que se notabilizou pela grande ajuda concedida aos perseguidos pelo nazismo, em meio à postura antissemita de grande parte do governo Vargas. Após passarem pela Espanha e pelo Marrocos, os Bemski conseguiram embarcar em Cadiz, no navio "Cabo de Buena Esperanza", desembarcando no Brasil em dezembro de 1940.

Na década de 1940, George Bemski residiu no México, onde ingressou no curso de Engenharia na Universidad Nacional Autónoma do México (UNAM). Obteve a cidadania norte-americana e, após o serviço militar, entre 1946 e 1947, optou por estudar Física. Em 1949 obteve o BSc na Universidade da Califórnia, Berkeley, e em 1953 o PhD na mesma universidade, com uma tese

Em 1960 | Arquivo Nacional

abordando os feixes moleculares. Começou a trabalhar com semicondutores no Departamento de Desenvolvimento da Bell Telephone Laboratories, em Murray Hill. Aos poucos, Bemski, estudando as impurezas do silício e do germânio utilizados na construção de transistores — então em pleno desenvolvimento —, foi evoluindo para o setor da Biofísica, sendo transferido para o Departamento de Pesquisa da instituição.

Em 1960, voltou a residir no Brasil, desta vez sendo convidado para trabalhar como professor visitante no Instituto Tecnológico da Aeronáutica (ITA) de São José dos Campos, onde deu aulas de termodinâmica para a turma de Engenharia Eletrônica. No ano seguinte, assinou um manifesto de mais de cinquenta físicos em defesa do professor Jayme Tiomno, alvo de acusações contra sua reputação científica por parte do cientista César Lattes, que acusava o colega de ter roubado a paternidade da descoberta da partícula méson K. Alguns anos depois, foi convidado pelo acadêmico José Leite Lopes para atuar no Centro Brasileiro de Pesquisas Físicas (CBPF), no Rio de Janeiro, onde começou a trabalhar com bacteriófagos, sua primeira experiência no campo da biofísica, e teve papel importante no desenvolvimento da física dos sólidos. Em seguida, voltou a estabeleceu-se, por razões pessoais, nos Estados Unidos, onde passou a trabalhar como pesquisador no Albert Einstein College of Medicine, no Bronx, em Nova York, onde além dos bacteriófagos passou a se interessar também por hemoglobinas. Lá permaneceu até 1967 e publicou diversos trabalhos, como Electron Spin Resonance of Four Human Hemoglobins (Ressonância de rotação do elétron de quatro hemoglobinas humanas).

Em 1968, foi contatado por Manuel Bemporad — através de Leite Lopes —, que lhe ofereceu o cargo de chefe do Departamento de Física do Instituto Venezolano de Investigaciones Cientificas (IVIC). Bemski aceitou dirigir uma instituição recente, que contava então com menos de dez físicos e um reator nuclear de investigação, encarregando-se da direção administrativa do departamento, enquanto trabalhava também no Laboratório de Ressonância Magnética.

Nos anos 1970, continuou no campo da biofísica, atuando no IVIC e mantendo colaboração com o Departamento de Física da PUC do Rio de Janeiro. Em 1971, nesta última universidade, desenvolveu estudos de Física Teórica e Campos Sólidos com mais três professores estrangeiros convidados: Marie Antoinette Tonneclat e Stamatia Mavrides, do Instituto Henri Poincaré, de Paris, e Jerzy Andrjz Lukierski, da Universidade de Wroclaw, Polônia. Sua influência na formação de uma geração de biofísicos brasileiros, mesmo na fase em que esteve na Venezuela, foi grande, orientando pesquisadores ativos. Em 8 de agosto de 1979, retornou definitivamente ao Brasil, e em 1983 foi eleito para a Academia Brasileira de Ciências, no Rio de Janeiro.

Bemski solicitou a naturalização brasileira, tendo o pedido sido encaminhado em setembro de 1987 junto aos órgãos competentes e posteriormente aceito. Nos anos seguintes, prosseguiu ativo no CBPF, lecionando e orientando trabalhos. Faleceu em decorrência de complicações renais pós-operatórias.

Fontes: Álvarez-Cornett, José. "El talento polaco en Venezuela. El caso de los físicos y matemáticos". *Chegoyo*, 16 mar. 2019. Disponível em: <http://chegoyo.com/proyecto-ves/fisicos-y-matematicos-polacos-venezuela/>. Acesso em: 10 jun. 2020; George Bemski. *Academia Brasileira de Ciências*. Disponível em: <http://www.abc.org.br/membro/george-bemski/>. Acesso em: 30 mai. 2020; George Bemski. *AEITA*. Disponível em: <http://www.aeitaonline.com.br/wiki/index.php?title=George_Bemski>. Acesso em: 5 jun. 2020; George Bemski. Museu de Astronomia e Ciências Afins: Acervo Arquivístico. Disponível em: <http://site.mast.br/hotsite_acervo_arquivistico/george_bemski.html>. Acesso em: 19 mai. 2020; International House Time, 2006. Disponível em: <https://ihouse.berkeley.edu/sites/default/files/archive_13/spring2006.pdf>. Acesso em: 5 jun. 2020.

Inoã Urbinati / IB

BENTON, José Antonio
Advogado, escritor
Stuttgart, Alemanha, 01-03-1894 – Niterói, Rio de Janeiro, (?)-08-1986
No Brasil, de 1936 a 1986

Mais conhecido pelos pseudônimos Helmut Gaupp-Turgis e José Antonio Benton, Hans Gustav Elsas era de uma respeitada família judia de Stuttgart, Alemanha. Estudou Direito em Tübingen e Letras Românicas na Universidade de Munique. Começou a trabalhar como advogado em Stuttgart em 1923 e, ao mesmo tempo, escrevia ficção. A defendeu o escritor e médico Friedrich Wolf, acusado de violar a proibição do aborto (conhecido na Alemanha então como 'parágrafo 218'), tema de uma de suas peças, *Cyankali § 218*. Sua tragédia *Das Klagelied (O lamento)* foi encenada em 1927 pelo Teatro Estadual

Reproduzido do site do Instituto Martius Staden.
São Paulo

de Württemberg. Sob o pseudônimo de Helmut Gaupp-Turgis, publicou em 1934 o romance *Der Biedermann (O homem de bem)*, uma sátira social. Em 1935, entretanto, Hans Elsas foi proibido de exercer qualquer atividade literária. Pressentindo os acontecimentos, sua mulher Karola Maria Theresia pressionou o marido a emigrar. Em 1936, o casal e os três filhos chegaram a São Paulo.

No exílio brasileiro, começou lecionando línguas estrangeiras (francês, alemão, latim e grego). Para sua *persona* literária, Elsas/Gaupp-Turgis adotou outro pseudônimo: José Antonio Benton. Em 1938, em pleno regime nazista, publicou sob esse nome na Alemanha o livro *Tarpan. Mythe vom letzten Mongolenzug (Tarpan. Mito da última migração mongol)*. Também era como Benton que lecionava e assinava as cartas, mesmo depois da guerra.

Benton se engajava tanto em prol da sua cultura de origem quanto da literatura do país que o acolheu. Em 1949, ajudou a fundar em São Paulo a Goethe Gesellschaft (Sociedade Goethe) e a Goethe Akademie (Academia Goethe), que promoviam as relações literárias e científicas teutobrasileiras. O Arquivo Municipal de São Paulo guarda o registro do simpósio "Goethe: conferências comemorativas do bicentenário", de 1949. Era também profundo conhecedor das literaturas brasileira e colonial portuguesa dos séculos XVI, XVII e XVIII, com destaque para as missões jesuíticas. No início da década de 1950, chegou a ser convidado pela Universidade de Hamburgo a lecionar um semestre sobre o tema.

Tinha enorme curiosidade por mitos e lendas do folclore brasileiro, tanto de origem indígena quanto sertaneja. Costumava conversar com as pessoas na rua: "Quando Elsas voltava para sua casa a pé depois de suas aulas, no bairro do Morumbi, que naquele momento ainda era bastante rural, costumava conversar no caminho com as pessoas simples que aí viviam. Ele estava sempre cheio das histórias dessas pessoas", escreveu a aluna (e filha de exilados), Carolina Bresslau-Aust.

A influência desse imaginário popular brasileiro está nas obras *Die Söhne Tamangos (Os filhos de Tamango), Eine brasilianische Odysee (Uma odisséia brasileira) e Calango oder das Friedensfest der Tiere (Calango ou A festa da paz dos animais)*, ambas publicadas pela editora Claassen de Hamburgo, respectivamente em 1948 e em 1954. Em uma resenha do livro *Die Söhne Tamangos*, de 1950, outro exilado, Anatol Rosenfeld (VER) destaca sua "objetividade" como a grande vantagem da coleção de lendas brasileiras feita por Benton: o distanciamento, graças à sua condição de estrangeiro, permitiria a expressão de uma "deliciosa ironia", que funcionaria como uma "parede de vidro entre palco e público". Benton também publicava artigos sobre o folclore brasileiro na revista do exílio Deutsche Blätter (Santiago, Chile) e em jornais alemães.

De 1953 a 1963, foi professor de língua e literatura grega na Universidade de Assis (atualmente, campus da Unesp). Em 1970, mudou-se com a mulher para Niterói, Rio de Janeiro, onde morreu em agosto de 1986, sem jamais ter retornado à sua cidade natal.

Segundo a pesquisadora Izabela Kestler, "infelizmente não foi possível obter mais informações sobre este autor e sua obra (...) Com exceção de alguns artigos de jornal e de algumas resenhas de livros seus datadas dos anos 1950, não encontrei em lugar algum uma apreciação mais aprofundada de sua obra". A informação é corroborada pela pesquisadora Patricia da Silva Santos, em trabalho coordenado pela professora Celeste Ribeiro de Souza: "É provável que muitos dos seus manuscritos tenham se perdido e outros continuem em posse da família." O Stadtarchiv Stuttgart (Arquivo da Cidade de Stuttgart) guarda parte do seu acervo literário, mas não é acessível ao público por conta de problemas relativos aos direitos autorais. Há referências a seus escritos em outros acervos: Deutsches Literaturarchiv, de Marbach; Exil-Bibliothek, da Universität Hamburg; Württembergische Landesbibliothek, de Stuttgart; Instituto Martius-Staden, de São Paulo.

Fontes: Bresslau-Aust, Carolina. "Musiker, Maler, Grafiker, Dichter, Schriftsteller, und Journalisten. Ein Bericht über die deutsche Emigration zwischen 1933 und 1946 nach Brasilien". *Martius Staden Jahrbuch*, v. 41, 1993; Hagestedt, Lutz (Org.). *Deutsches Literatur-Lexikon. Das 20. Jahrhundert*, v. 2. Berna e Munique: De Gruyter, 2001, p. 315; Kestler, Izabela. *Exílio e literatura: Escritores de fala alemã durante a época do nazismo*. Trad. Karola Zimber. São Paulo: EDUSP, 2003; Mayer, Max Hermann Mayer. "Dr. José Antonio Benton". Roland. Rolândia/Paraná, n. 9, 1958; Mertin, Ray-Güde. "Deutschsprachige Exilschriftsteller in Brasilien nach 1933". In: Universidade de São Paulo (Org.). *Língua e Literatura V*. São Paulo: *Universidade* de São Paulo, 1976, p. 353-371; Os mitos sobre animais do Dr.José Antonio Benton" In: Neue Zürcher Nachrichten, 1954; Rosenfeld, Anatol. Um escritor alemão e o Brasil, O Estado de S. Paulo (Suplemento Literário), São Paulo, 14-05-1950; Santos, Patrícia da Silva. José Antonio Benton (1894-1986): vida e obra. São Paulo: Instituto Martius-Staden, 2015. Disponível em <http://www.martiusstaden.org.br/conteudo/detalhe/176/jose-antonio-benton>. Acesso em: 26 mai. 2020.

Kristina Michahelles / IB

BERGER, Peter Ludwig
Jornalista
Baden bei Wien, Áustria, 07-11-1896 – Viena, ?-07-1978
No Brasil, de 1938 a 1940

Filho do jurista Johann Berger e de Angela Neumann, muito jovem foi combatente na Primeira Guerra Mundial. Depois, estudou Direito e Sociologia na Universidade de Viena, de onde saiu em 1921 com o doutorado na primeira matéria e em 1924 com outro grau de doutor em Ciências Políticas. Foi militante do Christlich-Soziale Partei (Partido Social-Cristão) e da Vaterländische Front (Frente Patriótica) e, por isso, foi perseguido pelos nazistas. A Frente Patriótica foi criada em 1933 pelo chanceler austríaco Engelbert Dollfuss, que governou a Áustria durante o período conhecido como austrofascismo, e chegou a ter três milhões de membros. Era inspirada no fascismo italiano, porém, com raízes católicas, defendia o nacionalismo austríaco e propalava a separação da Alemanha protestante. Dollfuss foi assassinado pelos nazistas em julho de 1934, e seu país, anexado pela Alemanha de Hitler em março de 1938. Antes de fugir, Berger foi editor do jornal Wiener Tageblatt e colaborou com a publicação Der christliche Ständestaat, órgão semioficial do austrofascismo.

Emigrou para o Brasil em 1938, porém dois anos depois conseguiu uma cátedra nos Estados Unidos. Em Washington, passou a dar aulas de direito na Universidade Católica da América. Teve atuação no Free Austrian Movement e liderou o Christian Social Party of Austria (Partido Partido Social-Cristão da Áustria), fundado nos Estados Unidos em 1944 por Hans Rott. Em 1953, Ludwig Berger voltou para a Áustria, onde se tornou redator-chefe da publicação Der Donauraum e secretário-geral da Forschungsgemeinschaft für den Donauraum (Sociedade de Pesquisa da região do Danúbio). Morreu em 1978 em Viena.

Seus dois títulos de doutor em Direito e Ciências Políticas, cassados em

1941 por motivos raciais junto com sua cidadania austríaca, foram devolvidos a ele postumamente pela Universidade de Viena em 2003.

Fonte: Douer, Alisa; Seeber, Ursula, *Qué lejos está Viena: Latinoamérica como lugar de exilio de escritores y artistas austriacos*. Viena: Picus Editorial/Centro de Documentação da Literatura Austríaca Moderna, 1995.

Kristina Michahelles / IB

BERNANOS, Georges
Escritor, jornalista
Paris, 20-02-1888 – Neuilly-sur-Seine, França, 05-07-1948
No Brasil, de 1938 a 1946

Domínio público

Louis Émile Clément Georges Bernanos nasceu em Paris em uma família de artesãos e passou sua juventude na comuna de Fressin, departamento de Pas-de-Calais, o local do Canal da Mancha onde a distância entre França e Grã-Bretanha é mais curta e que, no futuro, serviria de cenário para várias de suas obras. A partir de 1908, militou na Ação Francesa, movimento monárquico de extrema direita e antissemita surgido à época do rumoroso caso Dreyfus, como poderosa voz na condenação do capitão judeu acusado falsamente de espionagem. A Ação Francesa funcionou até o final da Segunda Guerra, quando apoiou o governo colaboracionista de Vichy. Bernanos era *camelot du roi*, propagandista do rei, um dos jovens responsáveis pela venda dos jornais da organização nas ruas de Paris, até romper com Charles Maurras, ideólogo do movimento. Aos 26 anos, lutou na Primeira Guerra Mundial, esteve nas trincheiras das batalhas de Somme e Verdun, onde foi ferido mais de uma vez, saindo com sequelas que o obrigaram a usar bengala pelo resto da vida. Um ano antes do fim do conflito, em 1917, casou-se com Jeanne Talbert d'Arc, descendente em linha direta de um irmão de Joana d'Arc. Tiveram seis filhos entre 1918 e 1933.

Bernanos atuou como repórter durante a Guerra Civil Espanhola (1936–

1939). No início apoiou Franco, mas logo ficou chocado com a selvageria dos combates e, mesmo profundamente católico, indignou-se com a cumplicidade do clero espanhol com as hostes falangistas e mudou de posição. Em 1936, ganhou o Grande Prêmio de romance da Academia Francesa por *Journal d'un curé de campagne (Diário de um pároco de aldeia)*, adaptado para o cinema em 1951 por Robert Bresson. Grande parte de seus livros mais importantes foi escrita entre 1926 e 1937. Outra obra sua, *Sous le soleil de Satan (Sob o sol de Satã, 1926)*, também uma trama envolvendo um padre, foi adaptada para o cinema e ganhou a Palma de Ouro em Cannes em 1987. Adaptou para o cinema a peça *Dialogue des Carmélites (O diálogo das Carmelitas)*, baseado numa novela alemã e consagrado em 1960 em filme estrelado por Jeanne Moreau.

Bernanos era católico e monarquista convicto, mas antifascista. Por isso, com o crescimento da tensão na Europa, buscou refúgio na América do Sul. Vinha com uma ideia fixa: achar um lugar no Paraguai onde pudesse criar gado e fundar uma colônia intitulada "Nova França". As condições climáticas adversas naquele país fizeram com que passasse a prestar atenção nas possibilidades do Brasil para a realização de seu sonho. Chegou ao Rio de Janeiro com 50 anos, já como autor celebrado. "As miragens que tomavam o coração de Bernanos eram, a um só tempo, anarquistas, monarquistas, socialistas e cristãs. Sua aventura brasileira se esclarece nesse cruzamento" — assim o jornalista Sébastien Lapaque, autor da biografia *Sob o sol do exílio — Georges Bernanos no Brasil*, define a personalidade do escritor.

No Brasil, a busca pelo local ideal passou por Itaipava e Vassouras, no Estado do Rio de Janeiro, Juiz de Fora e Pirapora, em Minas Gerais, cidade onde terminou de escrever *Monsieur Ouine (Senhor Ouine)*. Ainda não tinha se decidido quando foi conferir uma indicação do amigo Virgílio de Melo Franco em Barbacena, Minas Gerais. Bernanos não gostou da casa e estava indo embora quando soube que a fazenda chamava-se Cruz das Almas. Para um católico fervoroso, aquilo foi um sinal dos céus. Viveu com a família na propriedade de 450 mil metros quadrados de 1940 a 1945. Além do nome que soava bem, o novo lar, concedido a título de empréstimo não-oneroso pelo amigo Melo Franco, era quase um presente. Durante o período em que esteve no Brasil, Bernanos atravessou muitas dificuldades financeiras para manter a numerosa família.

A partir de junho de 1940, passou a colaborar regularmente com O Jornal, órgão dos Diários Associados de Assis Chateaubriand. Foram mais de 300 artigos ou mensagens radiofônicas. Os textos eram escritos em francês antecipadamente e seguiam de ônibus para o Rio de Janeiro. Em Cruz das Almas, escreveu *Lettre aux Anglais (Carta aos ingleses), Le Chemin de la Croix-des-Âmes (O caminho de Cruz das Almas)* e *La France contre les robots (A França contra os robôs).*

Barbacena testemunhou no início do ano de 1942 um encontro narrado por Alberto Dines em seu *Morte no paraíso — A tragédia de Stefan Zweig*, a partir do testemunho do também romancista e secretário informal de Bernanos, Geraldo França de Lima. O escritor vienense e o parisiense reuniram-se poucos dias antes do suicídio de Zweig (VER) para debater o "horror à estupidez" daquele tempo que tanto os unia. Ao que tudo indica, a visita foi articulada por outro exilado que também habitava a cidade do interior mineiro, o banqueiro e mecenas berlinense Hugo Simon (VER). Almoçaram na confeitaria Brasileira, o casal Zweig pernoitou no Grande Hotel e Bernanos fez questão de levá-los à estação de trem, não sem antes convidar o austríaco a assinar com ele um artigo protestando contra o Holocausto hitlerista. França de Lima foi categórico em seu depoimento a Dines: "Jamais me esquecerei do que disse Bernanos: ele está morrendo." Efetivamente, Stefan Zweig e a mulher Lotte se mataram em Petrópolis pouco depois, em 22 de fevereiro de 1942.

No dia seguinte à notícia do encontro dos corpos, Georges Bernanos escreveu para a publicação local *O Caminho de Cruz das Almas* o artigo "O Suicídio de Stefan Zweig" ou, como saiu publicado em *O Jornal*, "Apologias do Suicídio", no qual destilou sua mágoa para com o hóspede, sentindo-se traído. Das 21 obras do autor escritas em francês, nove foram traduzidas para o português, havendo ainda na nossa língua três livros sobre o escritor. Ao fim de sua vida nômade, retornou à França. Agradeceu, porém declinou a oferta de De Gaulle para ocupar um cargo no governo, bem como uma cadeira na Academia Francesa e, por três vezes, recusou a Ordem Nacional da Legião de Honra, a mais elevada condecoração francesa. Em 1968, a casa de Barbacena foi transformada no Museu George Bernanos.

Fontes: Lapaque, Sébastien. *Sob o sol do exílio — Georges Bernanos no Brasil (1938-1945).* São Paulo: É Realizações, 2014; Dines, Alberto. *Morte no Paraíso: a tragédia de Stefan Zweig.* 4a ed. ampliada. Rio de Janeiro: Rocco, 2012; Fundação Biblioteca Nacional. "Georges Bernanos e o Brasil." *A França no Brasil,* 2009. Disponível em: <http://bndigital.bn.br/francebr/georges_bernanos_port.htm>. Acesso em: 8 mar. 2020.
Leonardo Dourado / IB

No ateliê, 2008 | Foto Marcos Ramos, Agência O Globo

BIANCO, Enrico
Artista plástico, ilustrador
Roma, 18-07-1918 – Rio de Janeiro 07-03-2013
No Brasil, de 1937 a 2013

A futura carreira de artista plástico do menino Enrico Paolo Vittoria Romana Bianco, sua profunda ligação com o Brasil e a importante contribuição que viria a dar para o modernismo brasileiro pareciam escritos nas estrelas. Aos seis anos de idade teve seu primeiro contato com a pintura, graças à mãe, a pianista Maria Bianco-Lanzi — que se apresentou em dois concertos no Theatro Municipal do Rio de Janeiro em 1922 —, e ao pai, Francesco Bianco, escritor e jornalista que contribuía regularmente da Itália com artigos para o Jornal do Brasil. "Meus pais sempre quiseram ter um filho pintor e desde cedo me incentivaram a estudar essa arte. Tive o privilégio de aprender com mestres, como o brasileiro radicado na Itália Deoclécio Redig de Campos, que dirigiu o Museu do Vaticano, e o italiano Dante Ricci, professor da família real", relembrou Bianco em entrevista ao jornal O Globo, em 2011.

Com a revolução de 1930, a situação política no Brasil se complicou e o jornal decidiu cancelar o vínculo com seu correspondente. Enquanto isso, Bianco se desenvolvia no desenho e na pintura. Em 1935, participou da 1ª Quadriennalle Nazionale d'Arte e, um ano depois, fez sua primeira exposição individual em

Roma. Os Bianco não eram judeus, mas Francesco Lanzi havia sido deputado do Partido Popular, era antifascista ferrenho, e esse fator contribuiu para que a família entrasse na mira dos seguidores de Mussolini e passasse a ser perseguida. Em 1937, Maria morreu de câncer. Os acontecimentos que se seguiram foram narrados pelo próprio Enrico Bianco em documentário de 2011 dirigido por Dulcídio Siqueira Neto.

Havia uma promessa de emprego no Brasil para Francesco Bianco na Italcable, serviço telegráfico internacional via cabos submarinos, mas seu passaporte estava vencido e Enrico e a irmã nem tinham o documento. O médico da família, uma sumidade, por coincidência era cardiologista do *Duce* e tomou uma iniciativa por conta própria. Em uma consulta de rotina com o ditador, contou que a mulher de Bianco morrera e que ele precisava de três passaportes. Recebeu um "sim" como resposta que lhe pareceu surpreendente e avançou. Explicou que o filho estava em idade militar, não poderia sair. Ao que Mussolini respondeu: "Eu sou também ministro da guerra, ele vai sair." Súbito ataque de bondade ou manobra para livrar-se de um indesejável — não se sabe. Fato é que a ordem foi cumprida, pai e filhos seguiram para o Rio de Janeiro, instalaram-se em Copacabana e, pouco tempo depois, Enrico Bianco teria o encontro que marcou sua vida, tornando-se assistente de Portinari na realização dos murais do Ministério da Educação e Saúde, no Rio de Janeiro, e da sede da ONU em Nova York, e iniciando uma amizade que duraria mais de 18 anos.

Ao Projeto Portinari, Bianco contou: "Conheci Portinari muito bem, apesar de ser um homem bastante fechado. Devo a ele minha paixão pelo Brasil. Foi a ponte pela qual me foi possível atravessar da velha cultura europeia para a jovem e tropical cultura brasileira. Portinari era exatamente a síntese das duas, era um nobre florentino nascido no mato, um homem da esquerda que pintava operários vestido com colete de brocado, e ainda assim, era profundamente honesto."

Bianco contou como foi seu encontro com Portinari. Graças ao pintor paulista Rossi Ozir, pôde acompanhar a preparação do painel em produção no Ministério da Educação, no centro do Rio de Janeiro. Lá estavam apenas os discípulos do artista, Burle Marx, Ignez Correa da Costa e Rubem Cassa, que trabalhavam na ampliação dos desenhos. Bianco se comunicava com Burle Marx em francês, pois ainda não falava português. Notou que estavam ampliando um dos murais no papel que depois era perfurado, batido no afresco e servia para Portinari desenhar. Um dos detalhes era a mão de um garimpeiro, mas havia um problema.

"Eu estava ali, nos meus 18 anos, vendo os caras apanhando pra burro daquela mão. Eu tinha anos e anos de escola europeia de desenho. Meus pais haviam me mandado a um ateliê para aprender a desenhar, de modo que conhecimento técnico eu tinha de sobra. Não aguentei ver aquele problema da mão que não se resolvia e me intrometi. Perguntei se me deixariam tentar. Deixaram. Subi então no andaime e copiei o desenho de Portinari. Terminada a mão, desci e voltei ao meu cantinho. Ele chegou de cara fechada, acordava de mau humor. E aqui você vê a percepção fabulosa do mestre. Antes que nos apresentassem perguntou: 'Quem fez aquela mão ali?' Pensei, vou levar uma espinafração. E aí me apresentaram: 'Foi o Bianco'. Ele não disse nada, começou a desenhar. Quando deu meio-dia, fui me despedir. Ele então perguntou: 'Você volta amanhã?' "

"Na época Portinari tinha 33 anos. Para mim, que tinha 18, ele e seus amigos eram quase senhores de idade, mas a convivência com todas aquelas pessoas era absolutamente fascinante. Decidi virar uma 'esponja', não perdia um átimo, chegava lá às sete da manhã e saía às duas, três da madrugada. Meu pai estava convencido de que eu tinha amantes maravilhosas."

Enrico Bianco estudou com Portinari no Instituto de Arte da Universidade do Distrito Federal e fez sua primeira exposição individual no Brasil no Copacabana Palace, em 1940. Trabalhou também na ilustração de livros, entre os quais *O caçador de esmeraldas*, de Olavo Bilac, e a edição dos *Cem bibliófilos do Brasil*, de 1951. Bianco pintava especialmente paisagens, naturezas-mortas e cenas do campo, além dos delicados nus femininos que deixou como marca. O Itaú Cultural listou 28 exposições individuais do pintor no Brasil e no exterior e 34 exposições coletivas. No final do documentário, Bianco cita Lavoisier para negar a morte, dizendo que tudo se transforma, mas que gostaria de morrer com o pincel na mão. Foi o que fez na CTI onde estava internado no dia 7 de março de 2013, como registrado na edição de O Globo daquela data: pediu lápis e papel para fazer um último desenho depois de 22 anos de tratamento de um câncer na próstata.

Fontes: Bianco, Enrico. Entrevista com Enrico Bianco, realizada pelo Programa Oral do Projeto Portinari em parceria com a Fundação Getúlio Vargas. Entrevistadoras: Maria Christina Guido e Rose Ingrid Goldschmidt, 1982; Bianco, Enrico. In: ENCICLOPÉDIA Itaú Cultural de Arte e Cultura Brasileiras. São Paulo: Itaú Cultural, 2020. Disponível em: <http://enciclopedia.itaucultural.org.br/pessoa8923/bianco>. Acesso em: 27 fev. 2020. Verbete da Enciclopédia; Berquó, Elza; Bercovich, Alicia M. "Redescobrindo o Brasil: viagem à demografia de Giorgio Mortara". *Revista Brasileira de Estudos de População*, Belo Horizonte, v. 2, n. 2, 1985. Disponível em: <https://www.rebep.org.br/revista/article/view/617>. Acesso em: 27 fev. 2020; Casa Stefan Zweig; Documentário *Enrico Bianco*, dirigido por Dulcídio Siqueira Neto, produção de 2011 da TV Câmara.

Leonardo Dourado / IB

BIELSCHOWSKY, Rudolf

Economista, jornalista, escritor, pianista
Breslau, Alemanha, atual Wroclaw, Polônia, 28-02-1910 –
Rio de Janeiro, 09-04-1986
No Brasil, de 1937 a 1986

Aos 28 anos, no Rio de Janeiro, ao seu piano de cauda Bechstein
Álbum de família, cortesia da filha Joana Bielschowsky de Aguirre

Filho de Emanuel Bielschowsky e de Johanna Wohlauer, judeus ashkenazi, Rudolf foi criado no seio de uma família culta, de classe alta. Max Bielschowsky, irmão do pai, foi um importante neurologista, e Franz Bielschowsky, filho de Max, um notável pesquisador sobre câncer. Albert (primo de Emanuel) foi o principal biógrafo de Goethe na época e Alfred (outro primo), um destacado oftalmologista. Max foi colega de Albert Einstein no Kaiser Wilhelm Institut em Berlim durante 18 anos. Os dois cientistas, conhecidos por suas pesquisas de ponta, tocavam música juntos. Com a chegada de Hitler ao poder, todos os Bielschowsky foram expulsos das universidades alemãs e obrigados a emigrar entre 1933 e 1934.

Emanuel e Johanna tiveram três filhos e duas filhas e valorizavam a música; ele tocava violino e ela, piano. Rudolf recebeu aulas de piano desde pequeno, e seu Bechstein o acompanhou durante toda a vida. Emanuel era um empresário bem-sucedido, dono da Leinenhaus Bielschowsky em Breslau, que tinha o slogan de "a maior casa de linhos no Leste alemão", uma loja de departamentos pioneira na venda à distância, integrada verticalmente com fábricas próprias dos mais variados produtos. Em 1933 começaram fortes pressões nazistas para a "arianização" de empresas de judeus que resultaram, em 1939, no despojo do patrimônio de Emanuel, que foi obrigado a fugir para Nova York.

Rudolf estudou economia na Universidade Friedrich Wilhelm em Breslau, já então Wroclaw. Mudou-se para Berlim em 1930 para seguir o doutorado em Economia na mesma universidade, atual Universidade Humboldt, onde se graduou doutor em Filosofia com *ornamenta et honores*. Nunca deixou o piano, dando recitais, tocando em peças de teatro e gravando para programas de rádio.

Temeroso do antissemitismo que aflorou na Alemanha, tinha motivos para suspeitar que fazia parte da lista negra dos nazistas: era judeu, de espírito liberal, economista e pianista. Vivendo no "olho do furacão", observou como se implementavam leis proibindo os judeus de exercerem suas profissões e restringindo a entrada nos sistemas de educação. No dia 21 de junho de 1933, um mês depois da conhecida queima dos livros, começou a *Köpenicker Blutwoche* (semana de derramamento de sangue de Köpenick), cinco dias de prisões, torturas e assassinatos de judeus, opositores políticos e sindicalistas, pela SA (Sturmabteilung, seção de assalto). A situação se tornou grave para Rudolf. Três dias depois, mudou-se para Barcelona, com uma certa esperança no governo espanhol da Segunda República, e abriu um laboratório de óleos essenciais para perfumes. O negócio foi de vento em popa até julho de 1936, quando veio o levante de Franco, que deu início à Guerra Civil Espanhola. A situação se complicou, pois ele foi injustamente apontado como estrangeiro inimigo e forçado a sair do país. Voltou brevemente a Berlim, onde conseguiu um visto para entrar na Argentina. Em Buenos Aires tramitou o visto para se estabelecer no Brasil, chegando no Rio de Janeiro no dia 16 de setembro de 1937. O resto da família se dispersou ainda entre Nova York e, Londres e Roma.

Além de alemão, Rudolf falava espanhol, francês e inglês, e começou a aprender português. Em janeiro de 1938, inaugurou no Rio outra pequena companhia de óleos essenciais que chamou de Química Brasil-Holandesa, para disfarçar o sotaque de alemão e a origem judia. Em abril chegou da Alemanha, por navio, seu piano Bechstein de cauda. Rudolf começou a tocar em dupla com seu amigo Steinitz — outro pianista judeu-alemão — em programas de rádio, no Teatro Independente Europeu e em vários outros eventos e recitais. Anos depois, em 1958, gravaram o disco *Biel & Steinitz, ritmos e concerto*.

Em 1942, o governo alemão cassou a nacionalidade de Rudolf. Ele viveu anos complicados como apátrida, até completar, em 1950, o processo de naturalização como brasileiro. Pouco antes, em 1947, casou-se no Rio com Marie Lisbeth Gottlieb, conhecida como Mena, pianista originária de Brünn, atual Brno, na então Tchecoslováquia, também judia, que chegou ao Brasil em 1939. Mena era irmã do renomado químico Otto Gottlieb (VER).

Já com anos de experiência no país, Rudolf retomou sua carreira de economista. Fechou a fábrica e trabalhou com empresas europeias, servindo como assessor de assuntos econômicos e de gestões para investimentos no Brasil, tendo atuado também como delegado da Federação das Indústrias do Território do Sarre no Brasil. Foi correspondente para assuntos de economia da América do Sul para o jornal suíço Finanz und Wirtschaft (Finanças e Economia) e o alemão Handelsblatt (Folha do Comércio). Escreveu o livro intitulado *A relatividade na economia*, lançado na Europa em 1959 pela editora Glock & Lutz, de Nürnberg. A tradução em português foi publicada pela editora Leitura, no Rio de Janeiro, em 1960. Faleceu vítima de um derrame cerebral.

Como legado, Rudolf deixou aos seis filhos um exemplo de vida, a orientação social e o amor pela cultura e as artes. O mais velho, Roberto, é doutor em Matemáticas e professor da UFRN. Ricardo é doutor em Economia, funcionário da Cepal, professor e pesquisador da UFRJ. Carlos, doutor em Física, foi Secretário de Educação à Distância do Ministério de Educação de 2007 a 2010 e presidente da Fundação Cecierj. Joana, desenhista industrial, foi pentacampeã brasileira e campeã sul-americana de saltos ornamentais e mora na Baixa Califórnia, México. Suzanna, literata e pedagoga, dirige uma escola própria de educação primária em Lumiar, no distrito de Nova Friburgo. Monica é atriz e produtora de teatro. Rudolf teve 15 netos e uma dezena de bisnetos. O som do Bechstein de cauda restaurado segue cantando alegremente em Brasília através dos dedos do pequeno bisneto Luiz Antônio Bielschowsky.

Fonte: Bielschowsky de Aguirre, Joana. *Bielschowsky e Gottlieb, de Breslau e Brünn ao Rio de Janeiro: um relato de família*. Ensenada, 2020. Manuscrito.

Kristina Michahelles / IB

BLANK, Olga Helene: ver OLLY Reinheimer

BLUMENTAL, Felicja
Pianista
Varsóvia, 22-12-1908 – Tel Aviv, 31-12-1991
No Brasil, de 1941 a 1983

Cortesia da filha Annette Céline

Felicja foi uma das grandes damas do piano no século XX, tendo gravado 60 concertos para piano e orquestra. Gravou a íntegra das obras de Beethoven para piano solo e piano com orquestra. Notabilizou-se sobretudo como importante intérprete de Chopin. Iniciou os estudos no instrumento aos cinco anos de idade e aos dez já deu o seu primeiro recital. Estudou no Conservatório Nacional com importantes nomes do seu tempo, como Karol Szymanowsky, Joseph Goldberg, Zbigniew Jrevitcki, um dos fundadores do Festival Internacional Chopin, e Josef Turcinski. "Parece ser uma artista de renome", anotou o policial da aduana brasileira, ao recomendar que ela fosse aceita quando veio para o Brasil. A fuga da Polônia teve uma parada na França. Em depoimento à série Canto dos Exilados, a filha, Annette Céline (VER), lembrou que, em Laboulaye, mãe e filha precisavam mudar de hotel todo dia enquanto esperavam o visto de viagem.

A família teve que viajar separada. O pai, o pintor Marcus Mizne (VER), chegou em um cargueiro em agosto de 1939. Felicja e a filha vieram oito meses depois a bordo do vapor "Oceania". Foi graças ao piano de Felicja, por meio do empresário Wolf Wipmans, que ela conseguiu um visto temporário para uma turnê pela América do Sul. "O piano salvou nossas vidas", declarou Annete

Céline. A turnê foi um sucesso e Felicja conseguiu ficar no Brasil. Chamou a atenção do compositor Villa-Lobos, que lhe dedicou o seu *Concerto número 5 para piano e orquestra*. A estreia foi em Londres, com regência do autor da obra.

A pianista Clara Sverner destaca que, além de gravar clássicos como Beethoven e Chopin, ela se especializou também em compositores quase desconhecidos, como Carl Czerny e John Field, e que sempre fazia questão de tocar autores brasileiros. Foi a maneira que encontrou de retribuir o acolhimento recebido: em cada concerto fora do Brasil, Felicja Blumental incluía compositores nacionais no programa.

Em 1954, a pianista viajou para a Europa e debutou na Wigmore Hall em Londres. Em 1962, a família foi morar em Milão e, em 1973, na Inglaterra. Felicja prosseguiu uma bem-sucedida carreira como concertista. Em 1975, ganhou o prêmio de disco da Académie Charles Cros pela interpretação da *Partita para cravo e orquestra*, dedicada a ela pelo compositor Krzysztof Penderecki.

Durante muitos anos, a sua filha, falecida em 2017, organizou um festival em homenagem à mãe em Tel Aviv, sempre com intérpretes convidados brasileiros. Foi justamente em Israel, em 1991, durante uma turnê, que Felicja passou mal e faleceu. Seu túmulo está no cemitério Kiryat Shaul, em Tel Aviv.

Fontes: Série Canto dos Exilados (Telenews, 2016); Casa Stefan Zweig.
Leonardo Dourado / Kristina Michahelles / IB

BOESE, Henrique
Pintor, violinista
Berlim, 02-06-1897 – São Paulo, 24-12-1982
No Brasil, de 1939 a 1982

Era filho de Konrad Boese, desenhista e pintor alemão que foi professor de Lasar Segall na Academia de Belas Artes de Berlim. O jovem Heinrich seguiu os passos do pai e foi discípulo da pintora e artista gráfica expressionista Käthe Kollwitz na mesma academia berlinense, a partir de 1919. Entretanto, a ascensão dos nazistas mudou as possibilidades de uma promissora trajetória. Heinrich Boese fugiu da Alemanha e chegou ao Rio de Janeiro em 1939.

Pintura, 1961 | Foto autoria desconhecida, Enciclopedia Itaú Cultural

Aproximou-se do círculo de artistas ligados ao também exilado gravurista austríaco Axl Leskoschek (VER), e apresentou a sua primeira exposição individual no Instituto dos Arquitetos do Brasil, em 1947. Naquela época, fez amizade com a gravadora Fayga Ostrower (VER) e a historiadora de arte Hanna Levy Deinhard (VER). Ambas o mencionam repetidas vezes na extensa troca de correspondência que mantiveram ao longo de quatro décadas, a partir de 1947.

Na antiga capital do Brasil, Henrique Boese lecionou desenho e pintura. Entre seus alunos, a Enciclopédia Itaú destaca Almir Mavignier. Na época, sua produção era figurativa, com formas distorcidas, já se encaminhando para o abstrato. *Paisagem de Santa Teresa*, de 1945, mostra uma paleta de cores bem contrastante.

Henrique Boese voltou para a Europa pela primeira vez em 1951. Ao retornar, morou em várias pequenas cidades paulistas, como Ubatuba, Caraguatatuba e Monteiro Lobato, antes de se fixar em São Paulo em 1955. No final dos anos 1950, sua pintura passa à abstração e à geometria, como em *Construção* (1961). Explora em seus quadros as texturas densas e as transparências, utilizando cores contrastantes e criando inesperadas harmonias, como em *Equilíbrio* (1970). Henrique Boese era também violinista, e sua obra pictórica apresenta relação com a música, revelada em seus títulos. Em 1972, o Museu de Arte Moderna de São Paulo (MAM/SP) fez a exposição Henrique Boese: 30 Anos de Pintura no Brasil. Houve ainda outras duas retrospectivas póstumas de sua obra na capital paulista, uma no Museu Lasar Segall, em 1986, e outra na Galeria São Paulo, em 1988.

Na opinião do crítico Olívio Tavares de Araújo, a produção do artista continua pouco conhecida, entre outros motivos, pelo fato ter-se mantido à margem das tendências predominantes no país, sem se vincular a nenhum grupo artístico.

"A carreira brasileira de Boese se desenvolveu numa época em que a glória era privilégio de muito poucos, dos nomes heroicos do modernismo — como

Tarsila e Di — ou de novas estrelas bem produzidas, como Portinari. O espaço crítico era mínimo, e o de mercado era nenhum, para um estrangeiro que, ademais, nunca aderiu a nenhuma das vanguardas, não pertenceu a qualquer grupo, e, num momento decisivo — o começo dos anos 50 —, nem estava nos centros onde os acontecimentos eclodiam (...). Se tivesse entrado por exemplo para o movimento concretista, teria se transformado num nome exponencial."

Fontes: HENRIQUE Boese: pintura, só pintura... Texto de Olívio Tavares de Araújo. São Paulo: Museu Lasar Segall, 1986. (Ciclo Momentos da Pintura Paulista); Cantata. In: Enciclopédia Itaú Cultural de Arte e Cultura Brasileiras. São Paulo: Itaú Cultural, 2020. Disponível em: <http://enciclopedia.itaucultural.org.br/obra4702/cantata>. Acesso em: 17 de Fev. 2020. Verbete da Enciclopédia; Corrêa, Dianaluz da Costa Leme; Brumer, Anita. "A contribuição dos refugiados alemães no Brasil no campo das artes plásticas". Webmosaica, Porto Alegre, v. 6, n. 1, 2014.

Kristina Michahelles / IB

BOSMANS, Arthur
Músico, maestro, compositor, professor
St. Gilles, Bélgica, 13-10-1908 – Belo Horizonte, 14-05-1991
No Brasil de 1940 a 1991

Arthur Louis Joseph Jean Bosmans iniciou sua formação musical ainda criança, como autodidata, tendo aprendido a tocar diversos instrumentos. Aos doze anos já era violinista numa orquestra da cidade de Mons, no seu país natal. Apesar da vocação musical, ingressou em 1925 na Marinha belga, mas no início da década seguinte foi obrigado a encerrar a carreira militar devido a problemas oculares. Somente então decidiu dedicar-se integralmente à música, logo conquistando prestígio como compositor e regente. Já em 1933, ganhou o prêmio César Franck de composição, concedido pelo Conservatório Real de Liège, na Bélgica. Um concerto com composições suas foi realizado como parte da programação da Exposição Universal de Bruxelas, em 1935. Estudou regência com o maestro e violinista belga Désiré Defauw e foi maestro da Orquestra Filarmônica de Antuérpia. Dedicou-se também à composição de peças para o cinema.

Com a invasão da Bélgica por tropas alemãs no início da Segunda Guerra Mundial, apresentou-se novamente à Marinha para servir ao seu país. Segundo ele próprio relataria tempos depois a um jornal brasileiro: "Apresentei-me para ocupar meu antigo posto quando a ordem de mobilização geral abalou toda a

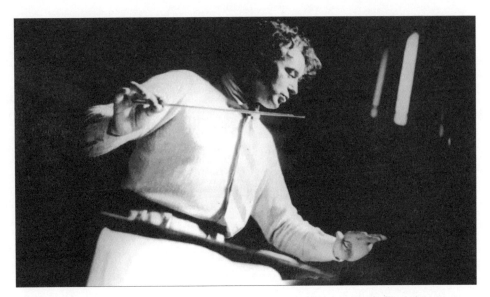

Regendo no Instituto de Educação em Belo Horizonte, 1950 | Acervo de família, cortesia do filho Jaak Bosmans

Bélgica. Abandonei os meus companheiros de arte para reunir-me aos meus antigos colegas de armas. Quando dei por mim, estava na guerra." Diante da rápida ocupação do território belga pelas tropas inimigas, integrou a tripulação de um navio envolvido na famosa retirada de Dunquerque, quando mais de trezentos mil soldados das forças aliadas foram resgatados da França e levados para a Inglaterra através do Canal da Mancha, entre maio e junho de 1940. Em seguida, Bosmans dirigiu-se para Lisboa, onde pretendia retomar sua carreira musical. Seu pedido de asilo, porém, foi negado pelas autoridades portuguesas. Sem outra alternativa, contou então com as boas relações do compositor francês Darius Milhaud em Lisboa, onde também se encontrava, para conseguir um visto de entrada no Brasil. Embarcou na terceira classe do navio brasileiro "Almirante Alexandrino", e aportou no Rio de Janeiro em 8 de outubro de 1940.

Bosmans desembarcou no Brasil sozinho, com parcos recursos materiais e nenhum domínio da língua portuguesa. Não chegou como um anônimo, porém. Já no dia seguinte, O Jornal, importante órgão da imprensa carioca, noticiava o fato e destacava o seu prestígio como maestro na Europa. Além disso, as recomendações que trazia de Milhaud, um velho conhecido da intelectualidade modernista brasileira, já que fora adido cultural da embaixada francesa no país em 1917-1918, valeu-lhe a ajuda de Heitor Villa-Lobos, facilitando-lhe uma rápida integração à vida cultural carioca. No final de janeiro de 1941, declarava a O Jornal: "Quero reiniciar a minha vida artística no Brasil. Não sei quando poderei voltar à direção da Filarmônica de Antuérpia, que dirigi por mais de um lustro e à frente da qual colhi os maiores louros da minha vida artística." Na semana seguinte, regeu a recém-criada Orquestra Sinfônica Brasileira no evento de inauguração dos novos estúdios da popular Rádio Tupi. Nos quatro anos em que permaneceu no Rio, voltou a reger a OSB algumas vezes, bem como a orquestra do Theatro Municipal. Foi também professor de composição e regência da Escola Nacional de Música, tradicional instituição criada no período imperial e já então incorporada à Universidade do Brasil. Voltou também a compor para o cinema e para bailados. Entre 1941 e 1942, escreveu artigos sobre música erudita para a revista Diretrizes.

Em 1944, transferiu-se para Belo Horizonte, atendendo ao convite do prefeito Juscelino Kubitschek para assumir o cargo de regente titular da Orquestra Sinfônica da capital mineira e também para lecionar regência e composição no Conservatório Mineiro de Música, instituição que daria origem mais tarde à Escola de Música da Universidade Federal de Minas Gerais. Dirigiu também a Orquestra Sinfônica Estadual de Minas Gerais, que tal como a de Belo Horizonte teve vida conturbada e efêmera, e ainda as orquestras da Escola de Música da UFMG. Cumpriu, ao longo de quase meio século, importante papel na difusão da música erudita na capital mineira. Nas diversas excursões que realizou como maestro pela América Latina e Europa, por sua vez, teve sempre a preocupação de apresentar a obra de compositores brasileiros, como Francisco Mignone, Lorenzo Fernandez, Edino Krieger e Radamés Gnatalli.

Como compositor, Bosmans deixou uma obra extensa e variada, que inclui canções, peças para diferentes instrumentos, música de câmara e obras sinfônicas, grande parte das quais editada no exterior. Seu estilo eclético passou, com o tempo, a revelar certa influência da música brasileira. Uma de suas composições recebeu, em 1975, a medalha de ouro da Academia Internacional de Lutèce, sediada em Paris. Um conjunto representativo de sua obra foi reunido no álbum *Arthur Bosmans: claves, notas e um piano*, executado pela pianista Regina Stela Campos Amaral. Sua produção musical tem sido focalizada em pesquisas acadêmicas, notadamente em Minas Gerais.

Bosmans obteve a cidadania brasileira em 1953. Foi casado com Walkyria de Oliveira, com quem teve um filho, o músico e escritor Jaak Bosmans.

O jornalista e crítico musical Luiz Paulo Horta certa vez a ele se referiu como uma "figura expressiva da vida musical belorizontina, uma espécie de Elgar mineiro em seu lirismo inspirado". A prefeitura da capital mineira o homenageou dando o nome de Rua Maestro Arthur Bosmans a uma via da cidade, localizada no bairro do Belvedere.

Fontes: Dewilde, Jan; Focquaert, Annelies. "Bosmans, Arthur". *Studiecentrum Vlaamse Muziek*. Disponível em: <https://www.svm.be/content/bosmans-arthur?display=biography&language=nl>. Acesso em: 11 ago. 2020; "É preciso esclarecer as noções (entrevista com Arthur Bosmans)". *Diretrizes*, 8 mai. 1941; Emediato, Luís Fernando. Dos sons quebrados aos prêmios internacionais, o compasso brasileiro de Arthur Bosmans, Rio de Janeiro, Jornal do Brasil, 26-04-1976; Em memória de Bosmans, O Tempo, 10-08-2009; Horta, Luiz Paulo. Ecos de Minas, Rio de Janeiro, Jornal do Brasil, 02-04-1984; Jornal do Brasil, Rio de Janeiro, 16-05-1991; O Jornal, 09-10-1940; O Jornal, 29-01-1941; O Jornal, 04-02-1941; Villalba, Gustavo Aníbal Nápoli. *A atividade sinfônica em Belo Horizonte: entre esperanças e lutas*. Tese de Doutorado apresentada ao Programa de Pós Graduação em História da Faculdade de Filosofia e Ciências Humanas da Universidade Federal de Minas Gerais (UFMG), 2016.

André Faria Couto / IB

BRAND, Max
Compositor
Lemberg, Galícia, Império Austro-Húngaro, atual Lviv, Ucrânia, 26-04-1896 – Langenzersdorf, Áustria, 05-04-1980
No Brasil, de 1938 a 1940

O compositor Max Brand é um importante representante do futurismo e pioneiro da música eletroacústica. Nasceu em uma típica família judia do leste do império austro-húngaro que se mudou em 1907 para Viena, onde Max frequentou a escola. Aos 18 anos, foi colhido pela Primeira Guerra Mundial e lutou nos campos de batalha até 1918. Só depois começou a estudar composição, primeiro em Viena e, mais tarde, em Berlim. Estudou com Franz Schreker, à época diretor da Escola de Música de Berlim, e Alois Hába, conhecido por suas composições microtonais. Em 1922, Brand compôs *Eine Nachtmusik*, obra para orquestra de câmara.

Voltou para Viena em 1924, onde Arnold Schönberg e Anton Webern dominavam então a cena musical. Uma apresentação do *Quinteto Opus 26* de Arnold Schönberg mudou a sua vida. A partir desse momento marcante, começou a compor usando o método de 12 tons do dodecafonismo — como a peça para pantomima *Tragödietta*, as *Cinco baladas op. 10*, de 1927, ou o *Kyrie Eleison* para coro a capela, de 1940.

Max Brand e o sintetizador Moog em sua casa em Langenzersdorf, Áustria, 1975
Foto Walter Szmolyan, copyright Langenzersdorf Museum, Max Brand Archiv

Brand sempre se interessou por usar sons não-musicais e de máquina em suas composições. O auge do seu sucesso se deu nos últimos anos da República de Weimar com a ópera *Maquinista Hopkins,* que estreou em Duisburg, Alemanha, em 1929, e chegou a ser apresentada em 37 palcos diferentes até 1932, sendo traduzida para três línguas. É uma obra futurista que funde elementos românticos do século XIX com ruídos de máquinas, jazz e atonalismo. No entanto precisou abandonar esse e outros projetos. A estreia mundial de sua ópera *Requiem*, que seria regida por Karl Böhm na Ópera Estatal de Berlim (Berliner Staatsoper), foi proibida em 1933 pelos novos donos do poder, por sua ascendência judaica.

Em 1937, o compositor viu-se obrigado a deixar Viena. Fugiu via Praga para a Suíça e, de lá, para o Brasil, onde chegou em 1938. No Rio de Janeiro, conheceu Heitor Villa-Lobos, com quem trabalhou durante um período e a quem dedicou sua *Peça para flauta e piano* (1940). Mas ficou pouco tempo aqui. Em 1940, emigrou para os Estados Unidos, onde se tornou cidadão americano seis anos depois e viveu até 1975. Ali dirigiu uma companhia de teatro e foi vice-presidente da Liga Americana de Autores e Compositores da Áustria. No dia 23 de maio de 1944, o seu oratório *The Gate*, composto de 1941 a 1943, estreou no Metropolitan Opera House em Nova York.

O interesse pela música eletroacústica fez com que instalasse um estúdio de som dentro do seu apartamento nova-iorquino, onde produziu obras como *Jungle Drums* (1959) e *Notturno Brasileiro* (1960). Nessa última obra, utilizou um dos primeiros sintetizadores Moog, do engenheiro Robert Moog, de quem se tornou amigo. Foi a época em que esses instrumentos musicais, que geram sons através da manipulação direta de correntes elétricas ou da leitura de dados numa memória, fascinavam compositores de vanguarda como Brand, que também estabeleceu contatos com o Studio für elektronische Musik (Estúdio Eletrônico) de Colônia.

A parceria entre um compositor visionário e um engenheiro genial resultou no sintetizador conhecido por Moogtonium. Os primeiros planos para esse instrumento datam de 1957. Ao longo de dez anos, Moog construiu essa máquina única com dois teclados, quatro pedais e dois divisores de frequência, cada um com 20 subfrequências, e uma matriz de três blocos com respectivamente 4 x 20 subharmônicos. Brand se interessava muito pelos harmônicos inferiores, cujas frequências são uma fração do som original.

Quando voltou para a Áustria em 1975, com quase 80 anos, tentou, sem sucesso, conseguir que o seguro lhe indenizasse os prejuízos sofridos pelos seus equipamentos no transporte. Mesmo assim, conseguiu remontar o estúdio e, na última fase de sua vida, buscou adaptar a música eletrônica ao balé. Faleceu em 1980, como compositor desconhecido. Seu estúdio se tornou o museu de Langenzersdorf, próximo de Viena, onde acontecem performances e atividades. No acervo deixado por ele há ainda vários desenhos originais de elementos dos primeiros sintetizadores.

Fontes: Festival Ars Electronica, 2009. Disponível em: <https://ars.electronica.art/humannature/de/history-lounge/max-brand-synthesizer-1957/>. Acesso em: 3 jun. 2020; Gagné, Nicole V. Gagné. *Historical Dictionary of Modern and Contemporary Classical Music*. Maryland: Scarecrow Press, 2012; Hausch, Clemens. "The Birth of the Max Brand Synthesizer". *Bob Moog Foundation*, Asheville, 2010. Disponível em: <https://moogfoundation.org/from-the-archives-moogtonium-discovered/>. Acesso em: 3 jun. 2020; Moog-Koussa, Michelle. "Uncovering the Moogtonium". *Bob Moog Foundation*, Asheville, 2010. Disponível em: <https://moogfoundation.org/from-the-archives-moogtonium-discovered/>. Acesso em: 3 jun. 2020.

Kristina Michahelles / IB

BRANDT, Hannah Henriette
Pintora, desenhista, artista gráfica, gravadora
Essen, Alemanha, 14-02-1923 – São Paulo, 20-10-2020
No Brasil, de 1935 a 2020

Desde pequena, Hannah Brandt precisou demonstrar uma grande capacidade de adaptação: entre seu nascimento e a vinda para o Brasil aos 12 anos, ela, a mãe, o pai e mais dois irmãos, judeus, mudaram de cidade no interior da Alemanha três

Acervo de família, cortesia da filha Sonia Brandt Oppenheim

vezes em busca de locais mais seguros quando as perseguições nazistas aumentaram. Esforços em vão — o perigo seguiu crescendo e a família decidiu ir para a Holanda. O pai sem conseguir emprego e o cerco dos nazistas fizeram com que a família decidisse investir suas últimas economias em uma mudança de continente. Aportaram no Rio de Janeiro, mas o pai de Hannah só conseguiu se estabelecer como restaurador de quadros em São Paulo onde tinham amigos, e graças também à ajuda de uma irmã da mãe de Hannah, que morava na Argentina.

Família com pendores artísticos, depois de algum tempo foi possível comprar um piano de segunda mão e uma vitrola e esquecer um pouco as agruras. À noite, reuniam-se na sala, a mãe de Hannah tocava e ouviam recitais. Desde criança, Hannah começara a desenhar, a inventar histórias e criar as ilustrações dos próprios personagens. Em São Paulo, foi fazer um curso de prendas domésticas no Instituto Profissional Feminino do Brás, que era o esperado para uma jovem à época. Havia duas escolas desse tipo, a feminina e a masculina. Especializadas em artes e ofícios, visavam formar e qualificar jovens para o mercado de trabalho. A Escola Profissional Masculina do Brás (atual Escola Técnica Estadual Getúlio Vargas) formou artesãos e artistas, entre eles alguns que se destacaram nas artes, como Alfredo Volpi, Aldo Bonadei e Mario Zanini. Em 1940, aos 17 anos, Hannah Brandt completou o curso e passou a dar aulas de corte e costura, com cada vez mais certeza de que queria ser artista plástica. Em 1941, naturalizou-se brasileira. Casou-se em 1942.

Foi estudar pintura com Durval Pereira e mosaico com Ted Derichs Hilgers. O grupo de alunos saía a campo indo até uma favela no Jabaquara para pintar paisagens e tipos humanos. Fez um curso de modelo vivo na Associação Paulista de Belas Artes. Com o tempo, Hannah Brandt, além da tinta, passou a trabalhar também com cerâmica e madeira, e assim foi encaminhada para ter aulas com Lívio Abramo e Maria Bonomi, de quem se tornou amiga. Com Abramo, começou a gravar em metal. Naquela altura já era acompanhada nas aulas pela filha Sonia, que descreveu, na série Canto dos Exilados, como Hannah sofreu com a intoxicação decorrente da manipulação dos ácidos, o que fez com que a fase do metal fosse muito curta.

"Fixou-se na madeira. Madeira de topo, cedro, qualquer tipo, desde que tivesse veios. Ali, no veio, já enxergava uma gravura", comenta Sonia Brandt. Lívio Abramo trabalhava em madeira junto com outros artistas que passaram a fazer parte do círculo de Hannah, como Odetto Guersoni e Izar do Amaral Berlinck. Entre 1950 e 1970, aprofundou-se na temática social, como, por exemplo, a fome em Biafra, com obras expressionistas em branco e preto. Mais tarde passou a usar a cor. Foi sócia-fundadora do Núcleo dos Gravadores de São Paulo, o Nugrasp. Em 1973, ganhou o Prêmio Itamaraty na 12ª Bienal Internacional de São Paulo. Também se destacou em exposições individuais em São José dos Campos, na Trevor Coleman Gallery de Joanesburgo, no MASP em 1984, em Los Angeles e com xilogravuras na Galeria Suzanna Sassoun de São Paulo e em Campos do Jordão em 1990. Seu perfil na Wikipedia lista 12 exposições individuais e 39 coletivas, e obras de arte suas em 13 diferentes acervos de museus no Brasil e no exterior.

Fontes: Série Canto dos Exilados (Telenews, 2016); Escolas Profissionais Masculina e Feminina do Brás. In: Enciclopédia Itaú Cultural de Arte e Cultura Brasileiras. São Paulo: Itaú Cultural, 2020. Disponível em: <http://enciclopedia.itaucultural.org.br/instituicao480226/escolas-profissionais-masculina-e-feminina-do-bras>. Acesso em: 16 fev. 2020.

Leonardo Dourado / IB

BRENTANI, Gerda

Pintora, caricaturista, desenhista, gravadora, ilustradora, escritora
Trieste, Império Austro-Húngaro, atual Itália, 27-02-1906 –
São Paulo, 26-07-1999
No Brasil, de 1939 a 1999

Gerda Eltbogen nasceu em Trieste, norte da Itália, região de forte influência da cultura alemã. O pai, Karl Eltbogen, era de Viena e a mãe, Dora Nördlinger, de Stuttgart, na Alemanha. O avô materno, Naphtali Nördlinger, teve papel importante na educação da neta, ensinando-lhe literatura clássica, que ela lia em alemão. Além do estudo de idiomas, tinha aulas de balé e de piano. Em 1926, recebeu um diploma de piano no Conservatório Giuseppe Verdi em Trieste. A jovem Gerda fugia da formalidade da educação do avô procurando a companhia de amigos em Trieste, como a pintora surrealista Leonor Fini, o futuro marchand Leo Krauss-Castelli — que depois haveria de ganhar grande notoriedade em Nova York — e o crítico de arte e pintor Gillo Dorfles.

Gerda casou-se com Sigismund (Sigi) Brentani em 1928. Um ano depois, nasceu a filha Eugenia e, em 1937, o filho Ricardo Renzo. Gerda publicou o livro *Storielle Allegre di Gerdolin (Historietas alegres de Gerdolin)* pelo Instituto Nazionale delle Assicurazione em 1937, ilustrado de histórias que escrevera para a filha, então com oito anos.

Por ser judia, Gerda Brentani deixou a Europa e chegou a São Paulo em abril de 1939 com o marido e os dois filhos pequenos. Conheceu outro artista italiano exilado, Ernesto de Fiori (VER), que a incentivou a desenhar e se tornou seu professor. Entre 1940 e 1941, ela pintou azulejos para o ateliê-oficina Osirarte, criado pelo pintor e arquiteto Paulo Rossi Osir em São Paulo. A finalidade da oficina era produzir os azulejos utilizados por Portinari nos painéis do prédio do Ministério da Educação e Saúde (Palácio Capanema) no Rio de Janeiro. Durante quase duas décadas, a azulejaria Osirarte reuniu muitos artistas de expressão, como Mário Zanini, Alfredo Volpi e Ernesto de Fiori, além de Rebolo, Hilde Weber (VER), Alice Brill (VER), Frans Krajcberg (VER), Cesar Lacanna, Giuliana Giordi, Maria Wrochnik, entre outros. No ateliê, Gerda Brentani também criou pinturas a óleo e participou da primeira exposição da

Osirarte, em 1941. Ajudou a fundar o Clube dos Artistas e Amigos da Arte de São Paulo em 1945, ano da sua primeira exposição individual, realizada no Instituto de Arquitetos do Brasil. Daquele ano em diante, fez outras 28 mostras individuais, inclusive em Roma e Madrid, com destaque para a exposição individual A criação do Mundo, no MASP, em 1950. Além disso, participou das edições III (1955), VII (1963), IX (1967) e X (1969) da Bienal de São Paulo. Em 1958, foi premiada no Concurso Internacional de Caricatura em Bordighera, Itália. Integrou a Comissão de Reestruturação do Museu de Arte Moderna de São Paulo em 1964 e foi uma das artistas que participaram da exposição de 1970 que inauguraria a nova sede do museu.

Autoria desconhecida

Em 1961, após conhecer o Museu de Zoologia da Universidade de São Paulo, Gerda Brentani fez uma série de mais de cem desenhos em que animais como onças, cobras, pássaros e insetos deixavam entrever num olhar, num gesto, algum traço do caráter humano. Com marcado lirismo, passou a aplicar nanquim em algumas obras e, em outras, acrescentou ao preto e branco pequenos detalhes coloridos que aos poucos iriam ganhando espaço. Elegendo o desenho a nanquim como sua técnica preferida, Brentani construiu um universo particular. Por vezes, a linha se apresentava de forma quase ininterrupta, com bico-de-pena, afastando-se da superfície do papel somente quando a figura estava completa. Essa segurança no desenho deixou a artista à vontade para, em várias obras, brincar com os meios-tons de cinza que cobriam a superfície das figuras — a capa de São Jorge, as escamas do dragão, o corpete da bailarina.

Seu primeiro livro, *Atrás da fachada* (Editora Habitat) foi publicado em 1955. Gerda Brentani também começou a escrever e ilustrar contos infantis para o Suplemento Feminino do jornal O Estado de S. Paulo, o que culminou na edição do livro *Psiuuu...* pela Girof em 1963, reeditado pela editora Ática em 1998. No mesmo jornal, escrevia e ilustrava a coluna Observando. Seguiram-se *São Paulo: casas e fachadas*, em 1978, no qual retratou antigos casarões paulistanos em cor; *Eu me lembro*, pela Companhia das Letras em 1993; e, em 1997, *Trancatudo*, pela Ática. Em 1961, editou o primeiro volume de *Bestiário brasileiro*, registro do trabalho da artista com gravura em metal, com texto do zoólogo e compositor Paulo Emílio Vanzolini, autor do famoso samba *Ronda*, que apresentou o trabalho assim: "Os bichos que os olhos dela veem e as mãos exatas recriam têm uma doce humanidade animal, um ar de participação irônica, uma cumplicidade implícita."

Aos 91 anos, a convite de Lisbeth Rebolo Gonçalves, Gerda expôs 44 desenhos no Museu de Arte Contemporânea da USP, entre eles as séries Terra Papagalorum e Antropófolosophia. Em agosto do ano seguinte, foi homenageada no XXV Salão Internacional de Humor de Piracicaba, do qual participou durante muitos anos. Cinco anos depois de sua morte, a Pinacoteca do Estado de São Paulo realizou a retrospectiva *Desenhos de Gerda Brentani, mil e uma Histórias*, com 150 trabalhos e curadoria de Vera d'Horta. Apesar da emigração e do exílio, deixou uma visão humorística do mundo, como resumiu a curadora: "De cima do muro onde se colocou, ela joga nos conceitos estabelecidos a saudável bomba do seu humor iconoclasta. E se diverte vendo a explosão. E é do seu canto, onde reinam em liberdade total a inteligência e o espírito, que ela vem para nos dizer que a vida vale a pena."

Fontes: Brentani, Gerda; Vanzolini, Paulo. "Gerda e os bichos". *Cadernos de História da Ciência*, São Paulo, v. 9, n. 1, jan.-jun. 2013. Disponível em: <http://periodicos.ses.sp.bvs.br/scielo.php?script=sci_arttext&pid=S1809-76342013000100015&lng=pt&nrm=iso&tlng=pt>. Acesso em: 4 jun. 2020; Gerda Brentani. Enciclopédia Itaú Cultural de Arte e Cultura Brasileiras. São Paulo: Itaú Cultural, 2020. Disponível em: <http://enciclopedia.itaucultural.org.br/pessoa7482/gerda-brentani>. Acesso em: 4 jun. 2020; Gerda Brentani. *Escritório de Arte*. São Paulo: Escritório de Arte, 2020. Disponível em: <https://www.escritoriodearte.com/artista/gerda-brentani>. Acesso em: 4 jun. 2020.

Kristina Michahelles / Julian Seidenbusch / IB

BRESSLAU, Ernst Ludwig
Zoólogo
Berlim, 10-07-1877 – São Paulo, 09-05-1935
No Brasil, de 1934 a 1935

Assim como seus irmãos, o primogênito do historiador Harry Bresslau foi batizado na igreja luterana e educado segundo o "espírito alemão", como era uso entre as famílias judias assimiladas. Muito cedo, o pendor para a biologia do

Óleo, Henrique Ernesto Guilherme
Bresslau | Cortesia do neto Jorge Bresslau

menino Ernst se manifestou no prazer em desmontar as bonecas da irmã Helene. Estudou Medicina em Munique e na universidade de Estrasburgo e publicou seu primeiro trabalho científico aos 22 anos sobre as planárias, vermes que vivem em ambientes aquáticos e úmidos. O trabalho lhe rendeu um prêmio e plantou as bases para seus amplos conhecimentos nessa área. Sua carreira profissional começou em 1901 no Instituto de Zoologia de Berlim, inicialmente como assistente, depois como professor titular.

Bresslau veio ao Brasil pela primeira vez como médico naval, em 1904. Durante a Primeira Guerra Mundial, serviu ao exército alemão como médico militar. Em 1913, durante o Congresso Internacional de Zoologia em Mônaco, recebeu o Prêmio Imperador Nicolau II, por sua contribuição na área da anatomia comparada e da história da evolução. Voltou a viajar para o Brasil entre 1913 e 1914 para estudar a embriologia dos marsupiais (mamíferos de bolsa, como cangurus e gambás) e das planárias. Patrocinado pela Academia Berlinense de Ciências e pela Universidade de Estrasburgo, percorreu vários estados brasileiros e escreveu *Ergebnisse einer zoologischen Forschungsreise in Brasilien 1913-1914 (Resultados de uma expedição de pesquisa zoológica ao Brasil)*, publicado em 1927. Tornou-se chefe de Biologia e Terapia Experimental na renomada instituição científica Georg-Speyer-Haus em Frankfurt, na Alemanha. Em 1925, assumiu o posto de diretor do Instituto de Zoologia da Universidade de Colônia, ainda na Alemanha, e, de fevereiro a julho de 1929, esteve no Brasil pela terceira vez.

Entretanto, o renomado zoólogo teria poucos anos de pesquisa pela frente. Logo depois da ascensão do partido nazista ao poder, veio a aposentadoria compulsória imposta pelos nazistas aos professores de origem não-ariana. Bresslau viu-se obrigado a emigrar. Aceitou o convite da USP e veio ao Brasil em 1934 para implantar o Departamento de Zoologia da nova universidade. A mulher Luise Bresslau-Hoff (VER) e três dos quatro filhos seguiram em 1935.

Foi o primeiro de três cientistas judeus alemães que, demitidos de suas cátedras, vieram ao Brasil trabalhar na Faculdade de Filosofia, Ciências e Letras, primeira unidade da recém-criada Universidade de São Paulo (USP), em 1934. Em abril de 1935, escreveu uma longa carta aos colegas na Alemanha sobre a sua experiência no Brasil, mas morreu de ataque cardíaco no dia 9 de maio de 1935, antes de a carta chegar aos destinatários. Sua mulher, Louise, sobreviveu com muitas dificuldades e precisou vender a grande biblioteca científica do marido. Bresslau publicou dezenas de trabalhos ao longo de sua carreira, entre eles o *Zoologisches Wörterbuch (Dicionário zoológico)*, em 1912. É autor de uma teoria sobre a origem dos mamíferos e pioneiro dos estudos em hidrologia, considerada uma das subdisciplinas da ecologia. No Arquivo do Exílio da Biblioteca Nacional da Alemanha (Exilarchiv, Deutsche Nationalbibliothek), nove caixas contêm a correspondência entre Ernst Bresslau e seus colegas da área da ciência sobre suas atividades na Alemanha, na Turquia e no Brasil, documentos pessoais e o diário da viagem de quatro meses para o Brasil, de 3 de junho de 1934 a 1º de outubro de 1934, além de manuscritos e trabalhos científicos.

Fontes: Ernst Bresslau. In: Wikipedia. Disponível em: <https://de.wikipedia.org/wiki/Ernst_Bresslau>. Acesso em: 4 jun. 2020; Liebmann, Hans. "Breßlau, Ernst". In: *Neue Deutsche Biographie 2*, 1955, p. 600. Versão online: https://www.deutsche-biographie.de/pnd119305046.html#ndbcontent, acesso em 20/2/2020; Deutsches Exilarchiv, Deutsche Nationalbibliothek.
Leonardo Dourado / IB

BRESSLAU-HOFF, Luise
Escritora, poeta
Estrasburgo, Alemanha, atual França, 29-05-1882 – São Paulo, 1966
No Brasil, de 1934 a 1966

Filha do comerciante Carl Ernst Friedrich Hoff e de Sophie Wilhelmine Hoff, casou-se em 1908 com o zoólogo Ernst Ludwig Bresslau (VER). Em 1933, então professor da Universidade de Colônia, Ernst Bresslau foi aposentado em virtude das leis raciais. Recebeu um convite da comissão de formação da Universidade de São Paulo para ocupar uma das primeiras cátedras. O casal se mudou para a capital paulista com quatro filhos, mas Ernst morreu pouco depois, em maio de 1935. Para sustentar a família, Luise Bresslau-Hoff viu-se obrigada

Retrato, pelo filho Henrique Ernesto
Guilherme Bresslau
Cortesia do neto Jorge Bresslau

a "vender a grande biblioteca científica do marido, alugar quartos, dar aulas particulares e, depois da guerra, vender livros que vinham da Alemanha", registrou a germanista Ray-Güde Mertin.

Quando o Brasil entrou na guerra ao lado dos Aliados e a língua alemã foi oficialmente proibida, Luise — que escrevia contos e poemas — organizou um círculo de leitura, outra estratégia pela qual os exilados de fala alemã asseguravam a sua sobrevivência intelectual no novo ambiente. Segundo informações da filha Caroline Bresslau Aust a Izabela Kestler, a família Bresslau mantinha contatos com diversas das 80 famílias, tanto católicas quanto judias, assentadas em Rolândia, norte do Paraná, que também tinham Goethe como referência contra o isolamento no inóspito interior brasileiro.

Depois da guerra e do cancelamento da proibição da língua alemã, foram fundados ou reativados vários desses círculos literários em São Paulo. Segundo a mesma germanista, é curioso notar que, "com o tempo, os limites rígidos existentes no tempo do nazismo entre exilados (em sua maioria, judeus) e os alemães no exterior, que tinham sido em geral entusiastas do nazismo, tornaram-se difusos. A herança cultural alemã (...) era cultivada conjuntamente".

Com base em entrevistas com descendentes da família Bresslau, Kestler afirma que não houve um debate aprofundado sobre o passado nazista, a perseguição e o exílio. Priorizou-se o cultivo da língua e da cultura alemãs, e "os antes perseguidos tiveram praticamente que se enquadrar nesse silêncio sobre o desagradável passado". A esse grupo pertencia também Luise Bresslau-Hoff, que publicou junto com Carl Fried o volume de poesias *Gedichte* (Deutsche Dichtung in Brasilien, série poesia alemã em São Paulo, 1º vol., 1954). Escreveu também o conto *Die Ziege des Francisco (A cabra de Francisco)*. Ali narra a situação insólita que vivenciou em uma fazenda, onde um menino que perdeu a mãe é alimentado pelo animal. A farta correspondência de Luise Bresslau-Hoff com o médico e pacifista Albert Schweitzer e sua mulher Hélène, irmã de Ernst — idealizadores do hospital de Lambaréné, no Gabão — estão no acervo do Arquivo Alemão do Exílio Deutsches Exilarchiv.

Fontes: Kestler, Izabela. *Exílio e literatura. Escritores de fala alemã durante a época do nazismo.* Trad. Karola Zimber. São Paulo: EDUSP, 2003; Lang, Carl Ludwig (Org.). Deutsches Literatur-Lexikon: Das 20. Jahrhundert, v. 4. Berna: Saur, 2000; Mertin, Ray-Güde. "Deutschsprachige Exilschriftsteller in Brasilien nach 1933". *Língua e Literatura*, São Paulo, v. 5, 1976. Disponível em: <http://www.revistas.usp.br/linguaeliteratura/article/view/113830>. Acesso em: 4 jun. 2020.
Kristina Michahelles / IB

BRIEGER, Friedrich Gustav
Botânico, geneticista, orquidófilo
Breslau, Alemanha, atual Wroclaw, Polônia, 11-10-1900 –
Bad Dürkheim, Alemanha, 06-02-1985
No Brasil, de 1936 a 1980

Sociedade Brasileira de Genética

O interesse por plantas começou já em criança. Costumava confiscar o microscópio do pai para analisar caules, folhas e flores. Estudou Botânica nas universidades de Breslau e de Berlim, doutorando-se em 1921. É considerado um dos precursores do estudo da genética no Brasil.

Em 1924, surgiram as primeiras bolsas da Fundação Rockefeller para a Alemanha. Friedrich Gustav Brieger se candidatou e passou dois anos em Harvard. Ao voltar para seu país natal, conseguiu uma colocação no Instituto de Biologia Kaiser-Wilhelm, cujo diretor, Karl Correns, era considerado um dos três redescobridores das leis de Mendel sobre a transmissão hereditária ao longo das gerações. Permaneceu no Instituto Kaiser-Wilhelm de 1926 até 1928 quando fez sua livre-docência na Universidade de Berlim. Um ano depois já dava aulas como primeiro assistente no Instituto de Botânica da universidade, onde permaneceu até 1933, quando Hitler foi nomeado chanceler e ele perdeu a cátedra.

Em entrevista gravada em 27 de maio de 1977 por pesquisadores do CPDOC da Fundação Getúlio Vargas, no âmbito do projeto "História da Ciência no

Brasil", Brieger, que era judeu, riu ao lembrar os motivos alegados para a demissão: "Tive a grande sorte de ter sido posto na rua nos primeiros dois meses por ser declarado antinazista e também anticomunista. Um ou outro era possível, mas os dois era demais."

Em maio de 1933, Brieger recebeu convite para trabalhar na John Innes Horticultural Institution, em Merton, ligada à Universidade de Londres. "Praticamente não precisei interromper a minha pesquisa, porque voltei mais uma vez para a Alemanha no verão de 1933 para terminar os experimentos que estavam no campo experimental de lá", contou, na mesma entrevista.

Em 1936, o seu nome apareceu em uma lista informal da comunidade científica, publicada em Londres, a *List of Displaced German Scholars*, gerando convites para o Cairo e a Rodésia. "Na Inglaterra era muito bom, mas eu percebi que, para subir na vida, teria que sair de lá. Nenhum inglês naquele tempo tinha muita chance de subir, ainda menos um estrangeiro, sem ter trabalhado nos trópicos, numa das colônias." Preocupado com possíveis atitudes contra estrangeiros em países da Comunidade Britânica, acabou aceitando convite vindo do Brasil para inaugurar a cadeira de Citologia e Genética na Escola Superior de Agricultura Luiz de Queiroz (Esalq) de Piracicaba, interior de São Paulo, cuja criação contou com sua decisiva contribuição.

Chegou ao Brasil em agosto de 1936 a bordo do "Alcantara", o mesmo navio que trazia Stefan Zweig (VER). O escritor austríaco conta em seu diário que ambos mantiveram animadas conversas durante a viagem sobre as leis da genética e sobre Gregor Mendel, personagem sobre quem pretendia fazer uma biografia.

"Quando aceitei o convite para o Brasil, tive a ideia de conhecer plantas tropicais, sobre as quais se sabia muito pouco (...) Uma das minhas obrigações na Universidade de Berlim era, todo o verão, dar um curso de Ecologia, no qual eu tinha que falar sobre os trópicos, que nunca tinha visto naquele tempo. Então, tirei o que pude dos livros. Na chegada ao Rio, indo à floresta da Tijuca e tudo mais, fiquei vermelho de vergonha pelas mentiras que tinha contado aos alunos, era (sic) tudo errado (risos)."

Brieger foi o patriarca da Esalq, cujo Instituto de Genética fundou em 1958. Ajudou a consolidar a Escola como panteão científico da agricultura tropical. Em sua entrevista, porém, alertou contra o imediatismo: "O Instituto Agronômico e o Instituto Biológico eram institutos de nível internacional muito elevado. O governo Jânio Quadros (...) decretou, por medida de economia, que não poderia haver nenhuma nova admissão e que todos com menos de dois anos de serviço público estavam na rua. Com isso, cortou o fio. Os dois institutos envelheceram sem a sucessão contínua de novos elementos."

Graças, em grande parte, ao trabalho de Brieger no campo da genética vegetal, de citologia e ecologia, a Esalq liderou pesquisas que mudaram os hábitos alimentares dos brasileiros. Quando o Brasil teve problemas de importação de sementes por causa da Segunda Guerra Mundial, Brieger produziu sementes de couve-flor, alface, tomates e espinafre. Muitas hortaliças, por serem de variedades europeias, produziam bem no inverno, mas eram escassas e caras no verão. O brasileiro passou a comer salada o ano inteiro graças a pesquisas de melhoramento genético de alface, repolho, brócolis, couve-flor, cebola e berinjela feitas na escola de Piracicaba. A instituição teve papel-chave no desenvolvimento de variedades de milho mais nutritivas e ricas em aminoácidos e também na pesquisa de propriedades do solo e nutrição de plantas, que transformou o cerrado brasileiro, antes imprestável para o plantio, em celeiro da produção de grãos.

Brieger foi também um especialista no cultivo de orquídeas, tendo formado vários discípulos. Autor de inúmeras publicações, especialmente em milho e orquídeas, escreveu uma *Introdução à genética* em português em 1941. De 1966 a 1970, atuou na criação da Universidade de Brasília e, a partir de 1971, consolidou o Departamento de Genética na Universidade de Campinas. Chegou a receber convites para voltar à sua antiga universidade na Alemanha, mas decidiu permanecer no Brasil e atuar na Alemanha como professor visitante.

"O mal da minha vida era que eu tinha que fazer administração e ensinar. O tempo que sobrava eu aproveitava para a pesquisa. Além disso, resolvi publicar preferivelmente no Brasil para criar tradição na área. Nos cinquenta e cinco anos da minha vida profissional, publiquei quase duzentos trabalhos, além de alguns livros de monografias, e acumulei uma soma de dados que quero analisar antes de ir para o outro mundo."

Fontes: Brieger, Friedrich Gustav. *Friedrich Gustav Brieger (depoimento, 1977)*. Rio de Janeiro: CPDOC, 2010. 98 p. ; *Berichte der Deutschen Botanischen Gesellschaft* (Relatórios da Sociedade Botânica Alemã), Berlim, v. 99, 1981; Dines, Alberto. *Morte no paraíso: a tragédia de Stefan Zweig*. 4 ed. Rio de Janeiro: Rocco, 2012.

Leonardo Dourado / IB

BRILL, Alice
Pintora, fotógrafa
Colônia, Alemanha 13-12-1920 - Itu, São Paulo, 28-07-2013
No Brasil de 1934 a 2013

Acervo de família, cortesia da filha Silvia Czapski

Filha do artista plástico alemão Erich Brill (VER) - que conviveu com os mais importantes expressionistas de seu país - e da jornalista e escritora Marte Brill (VER), Alice chegou ao Brasil com 14 anos fugindo do nazismo e com os pais separados. A separação foi consensual, posto que a criança fora fruto de uma gravidez acidental. Com a ascensão dos nazistas, os acontecimentos se precipitaram. A mãe perdeu o emprego de jornalista na revista da empresa de transportes marítimos Hamburg Süd. Enquanto estava empregada, viajava muito a serviço e tinha pouco tempo para a filha. O pai tinha um atelier em Hamburgo, onde passava a maior parte do tempo. Segundo Silvia Czapski, filha de Alice Brill, Erich era um grande artista plástico, mas também um aventureiro que gostava muito de viajar. Já adulta, Alice comentou que, de tanto ver os quadros de Erich nas paredes de casa, apaixonou-se por pintura. Viveu e estudou em Hamburgo até os 13 anos, quando teve início a fuga que ampliou a divisão da família.

Marte Brill vagou por Maiorca, Espanha, Itália e Holanda em busca de novo trabalho até ganhar uma passagem para o Rio de Janeiro, para onde seguiu sem levar a filha, devido ao futuro incerto. Alice ficou em Amsterdã com o pai. Quando finalmente se estabeleceu em São Paulo, Marte pediu que Erich lhe levasse a criança. Mas ao chegar no Rio de Janeiro, o artista se encantou com a paisagem, alugou um quarto de pensão na ilha de Paquetá e ali ficou com Alice durante seis meses. Saía diariamente com seu cavalete e material de pintura em busca dos melhores ângulos da paradisíaca ilha, levando a filha, que, assim, teve seu primeiro aprendizado de pintura. Chegou a montar uma exposição individual na então capital. Alice só se reencontrou com a mãe em São Paulo depois do carnaval de 1935 em São Paulo.

O aventureiro Erich seguiu vivendo de sua obra como podia. Trocava quadros por outros objetos. No início de 1936, negociou alguns por um automóvel, com o qual viajou pelo interior de São Paulo. Também retratava pessoas ou fachadas de residências, depois batia na porta e oferecia o quadro aos proprietários. Alice retomou os estudos interrompidos na Alemanha no ginasial e, para ajudar a mãe nas despesas, passou uma temporada vivendo na casa do diretor do colégio Rio Branco, para cujas filhas ensinava alemão em troca de gratuidade na mensalidade escolar. A guerra ainda não tinha estourado. Foi quando a família sofreu um grave golpe.

Erich Brill resolveu retornar para a Alemanha, apesar dos apelos de Marte e de Alice. Elas temiam que ele fosse preso e morto. Estavam certas. Erich foi preso e acusado de ter tido um relacionamento com Mariana, uma anã judia. Solto, foi preso uma segunda vez e levado para o campo de concentração de Jungfernhof, em Riga, na Letônia, em dezembro de 1941. Em março de 1942 veio uma ordem de execução para homens acima de 46 anos sem condição de realizar trabalhos pesados. Era exatamente a idade de Erich. Levados em grupo para um bosque, foram todos assassinados. Apesar de separados, Marte e Erich eram amigos. Ela e a filha sofreram muito com essa notícia.

Depois de algum tempo no colégio Rio Branco, Alice foi para a Escola Americana, graças ao auxílio de um tio que morava nos Estados Unidos. Com a morte de Erich, eram só mãe e filha lutando para sobreviver em São Paulo. Foi quando Alice recebeu um convite para trabalhar na recém-criada livraria Guatapará, no centro de São Paulo, fundada por um imigrante alemão. A própria diretora da escola achou que a garota aprenderia muito mais na prática e apoiou que deixasse os estudos pelo trabalho. Assim Alice iniciou sua vida profissional. A livraria era ponto de encontro de muitos exilados e também de vários artistas que mais tarde formariam o Grupo Santa Helena, fundamental para a consolidação da arte moderna em São Paulo. Alice começou timidamente a apresentar seus desenhos, que logo cativaram Aldo Bonadei e Paulo

Rossi Osir. Tornaram-se seus professores, e ela, a mais jovem membro do Santa Helena. Os sacrifícios foram muitos: Alice começava na livraria às 10 horas, mas antes disso já estava no atelier de Osir para estudar arte. Sabia que estava realizando seu sonho de criança.

Em 1946, um novo mundo se abriu para Alice Brill. Ela ganhou uma bolsa de estudos de dois anos para os Estados Unidos, onde cursaria desenho, pintura, escultura, história da arte, gravura, filosofia e fotografia. Ao retornar, aprofundou os estudos de gravura com Poty e xilogravura com Hansen Bahia e Yolanda Mohalyi. Iniciou longa sequência de exposições, atingindo a impressionante marca de 23 individuais (entre 1948 e 1994) e 100 exposições coletivas no Brasil e no exterior (registradas pelo Instituto Cultural Itaú) até 2004, entre elas a I Bienal de São Paulo.

Não foi só na pintura que Brill se notabilizou. Também ficou conhecida pelo trabalho de fotógrafa exercido por uma década, nos anos 1950, e cuja qualidade foi reconhecida nos anos 1990. Ela foi uma das homenageadas da coleção Pirelli/MASP de fotografias (1997), tem imagens no acervo digitalizado do Itaú Cultural, e no ano 2000, seu arquivo de negativos foi doado ao Instituto Moreira Salles. Além da mostra fotográfica itinerante *O mundo de Alice Brill*, do IMS, em 2005, a mostra *Transeuntes*, no Museu de Arte Contemporânea (MAC/USP) dedicou-lhe uma sala.

Destacou-se também na produção acadêmica, para a qual contribuiu com suas aulas na faculdade de Filosofia, Ciências e Letras do Centro Universitário Nossa Senhora do Patrocínio, em Itu, na faculdade Santa Marcelina, em São Paulo, e com duas teses relacionadas à arte. Uma de mestrado, que inspirou o livro *Mário Zanini e seu Tempo* (Editora Perspectiva, 1984) e outra de doutorado, defendida aos 72 anos, na USP, sobre o batik: *Viagens Imaginárias - transformação de uma técnica milenar em linguagem contemporânea*.

Alice Brill ganhou vários prêmios e tem obras espalhadas por acervos de importantes museus. Foi fundadora do Museu de Arte Moderna de São Paulo (MAM SP), do Clube dos Artistas e da Arte de São Paulo e da Associação Brasileira dos Pesquisadores em Arte. Seu livro *Flexor* (Edusp, 1990), sobre o também artista exilado no Brasil Samson Flexor (VER), recebeu o prêmio de melhor livro do ano de 1990 pela Associação Paulista dos Críticos de Arte, tendo sido reeditado em 2005.

Fontes: Alice Brill. Enciclopédia Itaú Cultural de Arte e Cultura Brasileiras. São Paulo: Itaú Cultural, 2020. Disponível em: <http://enciclopedia.itaucultural.org.br/pessoa139/alice-brill>. Acesso em: 22 fev. 2020; Casa Stefan Zweig; Itu Cultura. Disponível em: <itu.com.br>. Acesso em: 4 jun. 2020; Leonardo Dourado e Kristina Michahelles, entrevista com Silvia Czapski, 2017.

Leonardo Dourado / IB

BRILL, Erich
Pintor
Lübeck, Alemanha, 20-09-1895 –
Campo de concentração de Jungfernhof, Riga, Letônia ocupada, 26-03-1942
No Brasil, de 1934 a 1936

Acervo de família, cortesia da neta Silvia Czapski

Erich Arnold Brill nasceu numa família alemã de origem judaica, que se mudou de Lübeck para Hamburgo quando ele tinha dois anos de idade. Abastada a princípio, a situação financeira da família Brill foi consideravelmente abalada na Primeira Guerra Mundial e jamais se recuperou.

Erich formou-se em Ciências Políticas e Filosofia em 1919, mas, a essa altura, já havia se decidido pela carreira artística, frequentando as Escolas de Artes e Ofícios de Frankfurt (1919) e de Hamburgo (1920-22), na Alemanha. Já em 1919, participou de uma exposição coletiva no prestigiado Museu de Hamburgo (Kunsthalle), instituição que mais tarde adquiriria algumas de suas obras. Identificada num primeiro momento com a estética expressionista que então ganhava força na Alemanha, sua pintura logo assumiria características próprias, sem maiores compromissos com qualquer escola.

Erich casou-se com a jornalista e economista alemã Martha Leiser, também judia, com quem teve uma filha, Alice, nascida em 1920. O casamento só durou pouco mais de um ano, mas Erich jamais rompeu completamente seus laços com Martha, que contou com a ajuda dos sogros para criar a filha e, anos mais tarde, assumiria o nome profissional de Marte Brill (VER). Enquanto isso, Erich manteve vida errante ao longo de toda a década de 1920, alternando períodos na Alemanha com temporadas mais ou menos longas na Itália, na Suíça, na França e na Palestina, onde esteve pela primeira vez em 1922, numa viagem que o marcou bastante pessoalmente e o levou a valorizar suas origens judaicas. Bem conceituado como artista, expôs ao longo da década em várias cidades europeias.

Logo após a ascensão do nazismo ao poder na Alemanha, Erich mudou-se com a mãe para Amsterdã (seu pai a essa altura já havia falecido), enquanto Martha, acompanhada de Alice, buscou trabalho na ilha espanhola de Maiorca e, logo em seguida, na Itália. Antes da filha partir com a mãe para a Espanha, Erich a presenteou com uma modesta câmera fotográfica, com a qual Alice registraria aqueles duros tempos que então se iniciavam. Enfrentando dificuldades financeiras na Itália e temerosa de retornar à Alemanha, onde crescia o antissemitismo, Martha resolveu transferir-se para o Brasil, beneficiando-se de uma passagem de navio que lhe foi oferecida pela companhia de navegação Hamburg Süd, em cujo jornal de turismo trabalhara até bem pouco tempo antes. Radicou-se então em São Paulo, onde permaneceria até o final da vida. Alice não a acompanhou no primeiro momento, porém, tendo ido morar provisoriamente com o pai e a avó em Amsterdã, até que a mãe conseguisse se estabelecer no Brasil. De fato, assim que se viu em condições, seis meses depois, Martha enviou uma passagem para que Alice se juntasse a ela. Erich decidiu então acompanhar a filha, naquela altura com 14 anos, embarcando com ela num navio francês na costa da Normandia, no começo de agosto de 1934, com destino ao Rio de Janeiro. Muitos anos mais tarde, Alice relembraria as duras condições da viagem, feita na terceira classe: "Foi uma viagem horrível. Fiquei chocada com a situação miserável dos imigrantes, amontoados no fundo do navio, quase sem pertences. A comida era escassa e muito pobre, e havia muitos insetos na nossa pequena cabine. Meu pai quis deixar o navio no primeiro porto, mas eu estava determinada a continuar. Eu enfrentaria qualquer dificuldade para estar com minha mãe novamente."

Entretanto, o encontro entre mãe e filha ainda demoraria um pouco mais. Chegando ao Brasil, Erich se encantou com a paisagem carioca e, em vez de seguir ao encontro de Martha na capital paulista, resolveu passar alguns meses com a filha numa pequena pensão na ilha de Paquetá, dedicando-se intensamente à pintura. Já em outubro daquele ano, expôs na Sociedade Pró-Arte de Artes, Ciências e Letras, entidade dirigida por Theodor Heuberger, um marchand e animador cultural alemão radicado no Brasil, com quem Erich logo travara contato ao chegar ao Rio de Janeiro. A Pró-Arte, criada no início da década de 1930, tinha o objetivo de promover o intercâmbio cultural entre Brasil e Alemanha, e se identificava com a estética modernista. A exposição, composta por telas produzidas no Brasil e nos diversos locais em que Erich vivera nos anos anteriores, contou em sua inauguração com uma palestra proferida pelo escritor Renato Almeida, que ressaltou a técnica aprimorada do artista e o associou a "um modernismo seguro, livre de compromissos com escolas". Somente no início de 1935 é que Erich se transferiu para São Paulo, onde já em maio daquele ano realizou uma exposição individual na Galeria Martin, cuja abertura foi prestigiada por figuras importantes da vida cultural paulistana de então, como Lasar Segall, Alfredo Volpi e Gregori Warchavchic. Em dezembro do mesmo ano, participou do III Salão Paulista de Belas Artes. No período em que viveu na capital paulista, Erich retratou a paisagem da cidade em telas como *Tietê*, que hoje pertence à Pinacoteca do Estado de São Paulo.

Em março de 1936, apesar do bom convívio conquistado no meio intelectual paulistano e desconsiderando todas as ameaças que então pairavam sobre os judeus na Europa, Erich decidiu retornar sozinho para lá. Em junho, expôs em Amsterdã um conjunto de pinturas em que retrata a paisagem brasileira. Em seguida viajou pela Alemanha, descrente dos perigos que corria. Acabou preso pelo regime nazista no primeiro semestre de 1937. No final daquele ano, escreveu da prisão o poema *Paquetá*, enviado de presente a sua filha no Brasil, no qual se refere à ilha carioca como seu "paraíso perdido". Permaneceu na prisão de Bremen-Oslebshausen até novembro de 1941, quando foi libertado por poucos dias. Por essa época, uma pequena nota publicada em O Jornal, do Rio de Janeiro, em 6 de novembro de 1941, informa que o presidente Getúlio Vargas indeferira por aqueles dias diversos pedidos de entrada no Brasil feitos em nome de estrangeiros, entre os quais o de Erich Brill. Preso novamente pelas autoridades nazistas, Erich foi deportado no início de dezembro para o campo de concentração de Jungfernhof, nos arredores da cidade de Riga, capital da Letônia, então ocupada pelo exército alemão. Ali morreu fuzilado em março do ano seguinte, aos 46 anos de idade, durante a Operação Dünamünde, na qual foram assassinados quase quatro mil judeus, recentemente deportados para Riga.

Em junho de 1948, realizou-se na Galeria Prestes Maia, em São Paulo, uma exposição com obras de Erich Brill, constituída em grande parte pelas telas que ele havia exposto doze anos antes em Amsterdã. A mostra, patrocinada pelo Instituto dos Arquitetos do Brasil (IAB), foi organizada por sua filha, Alice Brill (VER), que iniciava então uma profícua carreira como artista plástica, fotógrafa e pesquisadora de arte.

Fontes: Carneiro, Maria Luiza Tucci. "Erich Brill". *Arqshoah: Holocausto e antissemitismo*, São Paulo. Disponível em: <https://www.arqshoah.com/images/imagens/personalidades/artistas/BRILL_Erich.pdf>Acesso em: 4 jun. 2020; Correio Paulistano, 08-06-1948; Correio Paulistano, 11-06-1948; Moreira, Marin Rago. "Alice Brill, retratos de uma metrópole". *Primeiros escritos*, Niterói, n. 18, jun. 2012; Ogawa, Carla Cristina. *Vista do atelier: dualidades simultâneas e a conquista do horizonte. Um olhar sobre a produção pictórica de Alice Brill*. Dissertação de Mestrado. São Paulo: Faculdade Santa Marcelina, 2008. Disponível em: <http://livros01.livrosgratis.com.br/cp063712.pdf> Acesso em: 4 jun. 2020; O Jornal, 06-11-1941; Uma exposição de paisagens na Pró-Arte: como o Sr. Renato Almeida explicou a arte de Erich Brill, O Jornal, 31-10-1934.
André Faria Couto / IB

Acervo de família,
cortesia da neta Silvia Czapski

BRILL, Marte
Escritora, jornalista
Colônia, Alemanha, 05-09-1894 –
São Paulo, 20-10-1969
No Brasil, de 1934 a 1969

Marte Brill foi a matriarca de uma família de artistas que deixou um grande legado. Ela, seu marido, o pintor Erich Brill (VER), e a filha, Alice Brill (VER), também pintora e fotógrafa, passaram as agruras de refugiados com tragédia, frustrações e pequenas alegrias ligadas ao Brasil durante a Era Vargas.

Marte e Erich conheceram-se ainda na universidade e ela engravidou de Alice. Casaram-se por causa da criança, mas já pensando na separação. Marte se formou, tornou-se jornalista e escritora. Foi trabalhar na rádio de Hamburgo e fazia serviços como freelancer para o jornal Hamburger Fremdenblatt e para revistas. Uma delas era da Hamburg

Süd, companhia de navegação que existe até hoje. Quando Hitler assumiu, Brill perdeu seu emprego e decidiu deixar a Alemanha logo na primeira leva de refugiados europeus. Ela e a filha seguiram para Maiorca, Espanha, passando depois por Itália e Holanda, sem conseguir trabalho. Foi então aconselhada por seu editor da publicação da Hamburg Süd a migrar para o Brasil e recebeu uma passagem da companhia de navegação, conforme a filha Alice Brill Czapski descreveu em uma carta de 1989 à pesquisadora Izabela Kestler.

O ano era 1933. Marte Brill gostou da ideia, mas achou que seria uma aventura muito arriscada para a pequena Alice, pois também não havia garantia de trabalho. Resolveu aceitar e deixou a filha com o pai, que morava em Amsterdã. A sorte parecia voltar a lhe sorrir: ao chegar no Brasil, conseguiu um emprego de secretária no 1º Comitê de Auxílio para Refugiados Alemães em São Paulo e sua tarefa era "encontrar moradia para as famílias sem meios e às vezes com muitos filhos", como registrou a pesquisadora Kestler. Uma vez com trabalho, Marte Brill pediu que Erich trouxesse Alice. Ele veio da Holanda com a menina, mas se estabeleceu na ilha de Paquetá, no Rio de Janeiro. Ficou lá seis meses pintando quadros, o que influenciou a formação de Alice. Depois do carnaval de 1935, mãe e filha passaram a morar juntas em São Paulo.

Segundo sua filha, Marte Brill tinha uma convicção socialista e antinazista. Não chegou a exercer militância ativa, pois a maioria dos exilados desconhecia os grupos existentes. Assim detalha o clima político à época: "É preciso lembrar que tivemos que nos integrar aqui ao tempo de Getúlio Vargas e que, na qualidade de 'estrangeiros inimigos', não tínhamos acesso aos arredores de São Paulo e ao litoral. Não se fazia diferença entre alemães e refugiados e Getúlio era claramente fascista." Complementa: "(...) lutamos sempre ativamente contra o nazismo, assinei ainda muito jovem apelos pacifistas, o que não deixava de ser perigoso para nós, na época. Por outro lado, não sei de nenhum grupo de oposição ao qual pudéssemos ter aderido."

O legado artístico de Marte Brill inclui a tradução de autores como Augusto Boal e Gianfrancesco Guarnieri (VER). De Guarnieri, traduziu para o alemão a famosa peça *Eles não usam black-tie (Sie tragen keinen Smokingschlips)*. Como autora, escreveu um *roman à clef* (forma narrativa na qual o autor trata de pessoas reais através de personagens) chamado *Der Schmelztiegel (O cadinho)*. O livro apresenta uma visão valiosa das condições políticas e sociais do Brasil como país de asilo e fala da luta pela sobrevivência de pessoas comuns e desconhecidas. Jamais foi editado em português. À época, chegou a ser acertada a publicação com a Editora Brasiliense, mas houve um recuo do editor com receio de represálias oficiais por ser uma obra marcadamente antifascista. *Der Schmelztiegel* foi recentemente editado na Alemanha e representa "um testemunho da vontade da autora de se integrar ao caldeirão cultural que é o Brasil", nas palavras de Izabela Kestler.

Fontes: Kestler, Izabela. *Exílio e Literatura, Escritores de fala alemã durante a época do nazismo*. São Paulo: Edusp, 2003; Leonardo Dourado e Kristina Michahelles, entrevista com Silvia Czapski, 2017.

Leonardo Dourado / IB

BRODSKY, Olga: ver OBRY, Olga

BRUCH, Gisela: ver EICHBAUM, Gisela

BUCHSBAUM, Florence
Artista plástica, diretora de teatro, ativista ecológica
Estrasburgo, França, 15-01-1926 – Rio de Janeiro, 01-04-1996
No Brasil, de 1941 a 1996

Florence Buchsbaum foi o pseudônimo profissional adotado pela francesa nascida Gertrude Rosenberg, que migrou para o Brasil aos 15 anos, ao lado de seus pais Abraham e Sara Riwka (ou Rifka) Rosenberg, ambos judeus poloneses, e de seu irmão mais novo, Erich. Após a ocupação alemã da França, em maio de 1940, os Rosenberg conseguiram deixar Estrasburgo, cidade onde moravam, graças ao visto dado pelo cônsul português em Bordeaux, Aristides de Sousa Mendes. Gertrude e sua família residiram por alguns meses na cidade portuguesa de Curia, antes de tomar o vapor espanhol "Cabo de Hornos" com direção a Santos, onde desembarcaram em março de 1941.

Em 1945, Gertrude se casou com Otto Buchsbaum (VER), natural de Viena, teatrólogo e editor, no Brasil desde 1938. Passou a assinar o nome de Gertrude Florence Buchsbaum e, pouco tempo depois, a ser conhecida apenas como Florence Buchsbaum.

Florence e Otto Buchsbaum | Acervo de família, cortesia do filho Arthur Buchsbaum

Em 1947, obteve o visto de permanência definitivo no Brasil. Quatro anos depois, em 1951, ela e seu marido tornaram-se cidadãos brasileiros. O casal morou inicialmente na capital paulista e, no final da década de 1950, na cidade de Santos. Florence seguiu carreira de artista visual, tendo participado de exposições, como o III Salão de Arte Moderna de Santos e, já nos anos 1960, do III Salão de Arte Contemporânea, em Campinas, onde entrou na categoria de "Artes decorativas".

Conhecedores de teatro e amantes da cultura popular, Florence e Otto fundaram em 1967 o Grupo Teatral Perspectiva de Santos, o Persan, formado inteiramente por amadores, com o qual pretendiam ampliar o público desta arte entre as camadas populares. Ao perceber que a própria sala de teatro poderia ser uma barreira para essa popularização, os Buchsbaum resolveram encenar peças em locais públicos. A primeira montagem do Persan, com direção de Florence, foi *Pedro Mico*, peça de Antonio Callado, inicialmente apresentada no Morro de São Bento, e depois em todas as favelas da cidade de Santos.

O sucesso dessa experiência levou os Buchsbaum à criação do Teatro ao Encontro do Povo, projeto que, por mais de uma década, contribuiu ativamente para a difusão do teatro de rua e, sobretudo, para a formação de companhias amadoras Brasil afora. A campanha de popularização do teatro era complementada por um programa de cursos e conferências sobre a história do teatro, que os Buchsbaum ministraram para plateias diversas formadas eminentemente por estudantes, camponeses e operários.

Num momento de acirramento da censura e da repressão imposta pela ditadura militar, levar peças de forte questionamento social para as ruas, como *Eles não usam black-tie*, de Gianfrancesco Guarnieri, *A revolução dos beatos*, de Dias Gomes, e o próprio *Pedro Mico*, era uma corajosa declaração de resistência política.

Buscando ampliar ainda mais a atuação geográfica do Teatro ao Encontro do Povo, até então restrita aos estados de São Paulo e do sul do país, Florence e seu marido se mudaram para o Rio de Janeiro em 1971. O projeto ganhou novo impulso com o lançamento do jornal Abertura Cultural, em 1974, dirigido por Otto e Florence, com edição de André Delano Buchsbaum, um dos quatro filhos do casal.

O veículo, que tinha periodicidade mensal, também foi o principal meio de comunicação de Resistência Ecológica, um movimento liderado pelo casal, criado em 1975 para a conscientização dos riscos da energia atômica e da degradação do meio ambiente no Brasil.

Em 1977 e 1978, ao lado de Otto, Florence realizou uma longa viagem por diversos países europeus, Estados Unidos, Canadá e México, como ativista ecológica e antinuclear.

Nos anos 1980, utilizando a experiência adquirida com a campanha de popularização do teatro, deu continuidade ao trabalho de mobilização de diversos públicos por todo o país, desta vez para constituir uma resistência organizada contra pautas ambientais e econômicas perigosas, tais como a energia nuclear e o desmatamento da Amazônia.

Faleceu em 1996 na cidade do Rio de Janeiro.

Fontes: Abertura cultural, Rio de Janeiro, ano 2, n. 23, 1976; "É possível um teatro popular?". *Realidade*, jun. 1972, p. 16; O teatro, da praça à favela, à rua etc., Correio da Manhã, Rio de Janeiro, 02-09-1971, p. 4; Ourique, Evandro. "Buchsbaums: Toda a nação precisa se opor". *Tribuna da Imprensa*, Rio de Janeiro, 23 abr. 1979, p. 5.

Ileana Pradilla / IB

BUCHSBAUM, Otto
Teatrólogo, ativista ecológico, editor
Viena, 02-05-1920 –
Rio de Janeiro, 05-08-2000
No Brasil, de 1939 a 2000

Florence e Otto Buchsbaum | Acervo de família, cortesia do filho Arthur Buchsbaum

Otto Buchsbaum nasceu em Viena, em 1920. Era filho de Otto Laurenz Buchsbaum e de Rosa Hausladen. De acordo com suas próprias informações, ele teria se formado em História na Universidade Sorbonne, em Paris. Chegou ao Brasil aos 18 anos, no navio francês "Jamaïque", desembarcando no porto de Santos em 26 de novembro de 1938. Em sua ficha de imigrante constava ser católico e representante comercial. De acordo com documentos austríacos de nascimento, ele foi registrado na Paróquia de Gumpendorf, em Viena, administrada pela Congregação do Santíssimo Sacramento.

A anexação da Áustria pela Alemanha, em março de 1938, seguida das violentas perseguições e do genocídio nazista contra judeus, romani (ciganos) e dissidentes políticos, levou cerca de 200 mil austríacos ao exílio. Buchsbaum provavelmente fez parte desse numeroso grupo de refugiados. Seu passaporte foi expedido em Paris, em outubro de 1938.

Solicitou por três vezes a permissão de residência definitiva no Brasil. As duas primeiras, sem sucesso, foram em 1939 e 1944. O visto de permanência foi concedido em 1947.

Dois anos antes, em 1945, Otto se casou em São Paulo com Gertrude Florence Rosenberg, imigrante francesa, refugiada do nazismo, que havia chegado ao país com sua família em 1941. Em 1951, Otto e Florence naturalizaram-se brasileiros.

O casal morou inicialmente na capital paulista e, no final da década de 1950, na cidade de Santos. Não se tem notícia das atividades profissionais de Otto nesse período. Em 1958, contudo, seu nome consta como artista visual, ao participar do III Salão de Arte Moderna de Santos, ao lado de sua mulher, Florence.

Foi também em Santos que Florence e Otto fundaram, em 1967, o Grupo Teatral Perspectiva de Santos, Persan, formado por amadores. A ideia do casal era levar o teatro às camadas populares, saindo dos espaços tradicionais e apresentar-se em praças públicas, ou nos locais de trabalho ou residência dos próprios espectadores. Seguindo essa filosofia, o casal Buchsbaum criou a campanha nacional Teatro ao Encontro do Povo, um projeto que por mais de dez anos difundiu peças e conferências sobre a história do teatro por diversas regiões brasileiras em busca da popularização e da renovação do teatro nacional.

A primeira obra que montaram foi *Pedro Mico*, de Antonio Callado. Florence foi a diretora e Otto, o cenógrafo e compositor das letras das músicas. *Pedro Mico*, que narra a história de um malandro carioca negro incentivado a conclamar os moradores do morro da Catacumba a "tomar" o asfalto, foi apresentada em plena ditadura militar em todas as favelas da cidade de Santos. A peça também foi encenada em praças e em lugares tão inusitados quanto quartéis da polícia e embarcações da Marinha, como o porta-aviões "Minas Gerais", e o navio-oficina "Belmont", inclusive com a participação de fuzileiros navais.

Além do sucesso das encenações, o projeto dos Buchsbaum ganhou ampla repercussão, sobretudo no interior dos estados de São Paulo, Minas Gerais, Paraná e Santa Catarina, ao incentivar a constituição de mais de 60 companhias de teatro amador entre estudantes, camponeses e operários.

Em 1971, os Buchsbaum se mudaram para o Rio de Janeiro, tentando ampliar o alcance de seu projeto para as regiões norte e nordeste do país. Na cidade, Otto lançou o jornal independente Abertura Cultural, em 1974, com edição de André Delano Buchsbaum, um dos quatro filhos do casal. O título faz alusão ao processo de distensão do regime ditatorial brasileiro, iniciado nesse momento pelo governo Geisel.

Ainda em 1975, Otto e Florence criaram o movimento Resistência Ecológica. No ano seguinte, o jornal, inicialmente voltado para a divulgação do projeto teatral, tornou-se veículo da luta antinuclear e ecológica promovida pelos Buchsbaum.

Rapidamente, Otto tornou-se um dos principais ativistas antinucleares no país e interlocutor de importantes entidades e cientistas que comungavam com essa luta, como Hannes Alfvén, ganhador do Prêmio Nobel de Física em 1970.

Em 1976, o Departamento de Ordem Política e Social (DOPS) solicitou à Delegacia Especializada em Estrangeiros todas as informações que constavam sobre Buchsbaum, sinal de estar sendo vigiado provavelmente por seu ativismo ecológico.

Em 1977 e 1978, Otto e Florence viajaram por diversos países da Europa, Estados Unidos, México e Canadá, realizando contatos com organizações ecológicas e colhendo informações sobre os projetos nucleares em curso no mundo. Após o retorno ao país, Buchsbaum combateu vigorosamente o acordo nuclear entre Brasil e Alemanha, e denunciou publicamente a participação de militares e cientistas nazistas nesse projeto.

No início dos anos 1980, ainda como presidente do Movimento Brasileiro de Resistência Ecológica, Otto ampliou as causas de sua luta ambiental. Viajou pelo Brasil para criar núcleos de conscientização em favor da defesa do meio ambiente, e para o exterior, onde tentava, ao lado de outras organizações ambientalistas locais, convencer grandes corporações a desistir de investimentos no Brasil contrários à preservação ambiental.

Nos anos 1990 Otto e Florence reduziram significativamente sua atuação pública. Florence faleceu em 1996 e Otto, em 5 de agosto de 2000.

Fontes: Abertura Cultural, Rio de Janeiro, ano 2, n. 23, 1976; Buchsbaum, Otto. Acordo Nuclear um pacto nazista, Tribuna da Imprensa, 06-04-1979, p. 11; "É possível um teatro popular?", *Realidade*, jun. 1972, p. 16; É viável um teatro ao encontro do povo? Responde Otto Buchsbaum, Tribuna da Imprensa, Caderno Por quê?, Rio de Janeiro, out. 1973, p. 10-11; Ourique, Evandro. Buchsbaums: Toda a nação precisa se opor, Tribuna da Imprensa, Rio de Janeiro, 23-04-1979, p. 5; Defesa ecológica: uma luta de muitas frentes, Diário de Pernambuco, 28-02-1981, p. 6.

Ileana Pradilla / IB

BURCHARD, Irmgard Micaela
Pintora, curadora, marchand
Zurique, Suíça, 27-04-1908 – Cairo, 06-05-1964
No Brasil, de 1941 a 1947

Irmgard Burchard passou os primeiros anos de sua juventude entre a Suíça e a Alemanha. Antes de se envolver profissionalmente com a arte, ocupou-se dos mais diferentes ofícios para se manter, como o comércio, a indústria do tabaco, a produção editorial e até a fisioterapia. No final dos anos 1920, trabalhava como assistente da importante galeria de arte Der Sturm, em Berlim, que teve papel central na formação e difusão do expressionismo. Com a ascensão do nazismo ao poder na Alemanha, retornou a Zurique, onde foi proprietária de uma pequena galeria na década de 1930, a Irmgard Burchard Tableaux. Em 1937, organizou exposições de caráter antifascista em Zurique. No ano seguinte, teve importante participação na montagem, em Londres, da mostra Twentieth Century German Art, que reuniu mais de 270 obras de renomados modernistas, incluindo Vassily Kandinsky, Paul Klee, Oskar Kokoschka, Franz Marc e Emil Nolde, e que se apresentava como um contraponto à famosa Exposição de Arte Degenerada, então organizada pelas autoridades nazistas na Alemanha com a intenção de desqualificar a arte moderna.

Irmgard Burchard (à direita) em Luxor, Egito, 1953 | IFAO - Institut Français d'Archéologie Orientale

Nesse projeto, Burchard realizou trabalho de considerável complexidade, mobilizando uma importante rede europeia de artistas e colecionadores, alguns dos quais já então viviam no exílio. Nessa fase de sua vida, foi casada com o pintor e artista gráfico suíço Richard Paul Lohse (1902–1968). De uns tempos para cá, tem crescido no Brasil e na Europa o interesse acadêmico pela trajetória de Irmgard Burchard no período imediatamente anterior à Segunda Guerra Mundial. Em trabalho recente, o historiador Alfred Andreas Meier sustenta que sua atuação profissional no campo da arte só teria se iniciado após seu casamento com Lohse, em 1936, e ainda que suas supostas atividades anteriores nessa área teriam sido inventadas por ela a fim de reforçar a sua legitimidade no mundo artístico.

Em 1939, após separar-se do marido, transferiu-se para a Itália para tratar da saúde, mas logo seria expulsa do país pelo regime fascista. Temerosa com a escalada da guerra na Europa, veio para o Rio de Janeiro em 1941, e só então passou a dedicar-se com mais afinco à pintura. Inserida nos círculos artísticos e intelectuais cariocas, manteve laços de amizade com os escritores Clarice Lispector e Lúcio Cardoso. Em 1944, montou a exposição de Arte Aplicada na recém-inaugurada Galeria Askanasy, uma das primeiras do país dedicada à arte moderna, pertencente ao marchand Miecio Askanasy (VER). No mesmo local, e também com sua participação, seria realizada no ano seguinte a Exposição de Arte Condenada do III Reich, que, segundo o próprio Miecio Askanasy, apresentava paralelos com a mostra que Burchard montara na capital inglesa, em 1938. Nesse evento, uma obra do pintor expressionista Wilhelm Wöller (VER), igualmente exilado no Rio de Janeiro, foi danificada por um adepto do integralismo. Ainda em 1945, Irmgard realizou exposição individual no Instituto dos Arquitetos do Brasil (IAB), cujo catálogo incluía um texto de apresentação escrito pelo gravador Oswaldo Goeldi. O crítico Antônio Bento assinalou que uma atmosfera de tristeza dominava as obras expostas na mostra, o que, na sua opinião, dificultava sua recepção junto a um público mais amplo. A mostra, no entanto, obteve certa repercussão na imprensa carioca.

Irmgard deixou o Brasil em 1947 para se estabelecer em Paris, onde já naquele ano realizou uma exposição individual a convite do crítico e colecionador de arte Wilhelm Uhde. Deu prosseguimento à sua carreira artística, expondo em diversas cidades europeias nos anos seguintes. Em 1952, casou-se com o matemático Jacques Boulos Simaika, e se mudou para o Cairo, no Egito, onde sua obra teve boa acolhida. Passou a assinar seus trabalhos com o sobrenome Simaika Burchard. Participou da II Bienal de São Paulo, em 1953, integrando a delegação egípcia. Em 1967, três anos após sua morte, foi realizada uma exposição retrospectiva de sua obra na Galerie Henriette Gomès, na capital francesa.

Fontes: Atallah, Nadine. "La participation de l'Égypte à la IIème Biennale de São Paulo (1953-1954)". *Manazir Journal*, 2019; Bento, Antônio. Irmgard Burchard, Diário Carioca, Rio de Janeiro, 02-08-1945, p. 6; Cavalcanti, Carlos. *Dicionário Brasileiro de Artistas Plásticos*. Brasília: Instituto Nacional do Livro, 1974; Kern, Daniela. Irmgard Burchard: marchand reconocida, artista olvidada. Disponível em: <https://www.academia.edu/36135118/IRMGARD_BURCHARD_DE_MARCHAND_RECONOCIDA_A_ARTISTA_OLVIDADA?auto=download>. Acesso em: 4 jun. 2020; - SIKART Lexikon zur Kunst in der Schweiz. Disponível em: http://www.sikart.ch/kuenstlerinnen.aspx?id=4024316. Acesso em: 4 jun. 2020

André Faria Couto / IB

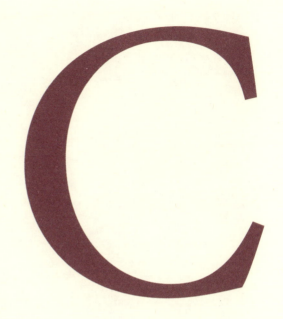

CAIROLI, Philippe-Louis
Palhaço, músico, empresário de circo
Givors, França, 26-12-1899 – Montreal, Canadá, 02-03-1990
No Brasil, em 1941 e de 1944 a 1945

Philippe-Louis Cairoli tornou-se conhecido como o palhaço Filip Cairoli. Era filho de Jean Marie Cairoli (1879-1956) e de Eugénie Victorine Ricono, ambos franceses, descendentes de tradicionais famílias de artistas circenses. Na década de 1910, Jean Marie e Eugénie trabalharam no então famoso Cirque Pinder, francês, apresentando números musicais como a dupla Messina e Catastrophe.

Ainda na infância, Filip e seu irmão mais novo, Charlie (1910–1980) aprenderam com seu pai todas as artes circenses. Filip estudou no Conservatório de Paris e foi treinado para ser músico e malabarista. Contudo, durante a Primeira Guerra Mundial, descobriu sua vocação de palhaço, quando divertia seus colegas militares nas horas de descanso no front, em Flandres. Passou para a história do circo fazendo o papel de Augusto, ou Tony, personagem que representa

Louis Philippe Cairolli, à direita | Autoria desconhecida

o mais desajeitado e o menos esperto na dupla de palhaços, sendo quem aporta as cenas mais engraçadas ao espetáculo.

Filip teve vários parceiros conhecidos. Trabalhou com Antonet (Umberto Guilhaume), substituindo Grock, que chegou a ser o palhaço mais bem pago do mundo. Fez ainda dupla com Alex Bugny, atuando nos Pireneus, na Espanha.

No anos 1920, Filip casou-se com Clemence Vereecken Dubuyle, também artista circense, especializada em pantomima. Em 1927, nasceu sua primogênita, Eugenie Louise Cairoli, que desde criança se destacou como a malabarista Lisette, ou Lizet, Cairoli.

Jean-Marie e Charlie Cairoli, o pai e o irmão de Filip, formaram a famosa dupla de palhaços Charles e Carletto. Ambos trabalharam por mais de uma década no circo Medrano, em Paris. Lá também atuaram em trio com o português Arturo Saraiva Mendes d'Abreu, conhecido como Porto, outro palhaço de renome.

Em 1936, Porto deixou a parceria com os Cairoli e Filip entrou em seu lugar. O trio ainda fez temporadas no Medrano e realizou diversas turnês internacionais. Os Cairoli costumavam apresentar-se para plateias que frequentemente incluíam chefes de estado europeus. Em Munique, na Alemanha, por exemplo, se apresentaram no Circus Krone, um dos maiores da Europa, em espetáculo especial para Adolf Hitler. Filip lembrava-se de tê-lo visto chorar, de tanto rir.

Em 1938, após uma apresentação em Birmingham, na Inglaterra, o administrador do Tower Circus, o maior circo britânico, contratou o trio para apresentações durante o verão de 1939. O número de Filip fazendo malabarismo com ukuleles, guitarras havaianas, teve grande sucesso e os Cairoli conseguiram novo contrato para o ano seguinte. Ainda na Inglaterra, o trio foi surpreendido pelo anúncio da Segunda Guerra. Filip teve de se alistar no exército francês e não pôde continuar integrando o trio.

Jean-Marie e Carletto mantiveram contrato com o Tower por muitos anos, como a dupla Cairoli Brothers. Após a morte de seu pai, Carletto permaneceu na Inglaterra, e lá acabou por tornar-se um dos mais famosos palhaços de todos os tempos.

No final de 1939, Filip conseguiu um salvo-conduto para trabalhar em Lisboa, ao lado de Maiss, outro palhaço francês. Partiu para Portugal com sua mulher, Clemence, grávida de seu primeiro filho, Jean-Louis. Quando o exército nazista invadiu a França, em maio de 1940, souberam que não poderiam mais retornar ao seu país. Na capital portuguesa, Filip e Maiss reencontraram Porto, antigo parceiro dos Cairoli, e formaram o trio Filip, Maiss, Porto.

Após a dissolução do trio, com a morte de Porto, em 1941, Filip e sua família tiveram de deixar Portugal, pois as permissões de trabalho para estrangeiros ficaram mais difíceis. Em 30 de setembro, desembarcaram do navio "Bagé", no porto do Rio de Janeiro. Diversos jornais anunciaram a chegada da embarcação que trazia mais de 500 passageiros, e destacaram entre eles a Filip "famoso clown internacional".

Em entrevista publicada no Correio do Paraná, em 1º de outubro de 1941, Cairoli afirmava ter emigrado porque "a Europa não pode mais rir, no velho continente só há lugar para tragédias".

Os Cairoli pretendiam passar por São Paulo antes de ir para o Paraguai, onde pretendiam fixar residência. De fato, a família só retornaria ao Brasil em outubro de 1944, quando chegou à capital paulista procedente do Chile, onde haviam se estabelecido. Filip veio se apresentar, ao lado da filha Lisette, no

Brasil chamada de Lizet, no então famoso Cassino Atlântico, em Copacabana.

Nos shows realizados no Rio de Janeiro do segundo semestre de 1944 ao início de 1945, os Cairoli se apresentaram ao lado de outros artistas renomados das Américas, como a argentina Libertad Lamarque, o cubano Ernesto Lecuona, o chileno Gregorio Barrios, e brasileiros como Dircinha Batista e Luiz Bonfá.

Finda a temporada no Cassino Atlântico, Filip foi contratado para o espetáculo "Sonho de Circo" no Cassino da Urca, musical com arranjos do maestro Eleazar de Carvalho. Entre as duas temporadas cariocas, Filip e sua filha se apresentaram em diversos espaços em Curitiba, realizando espetáculos, entre outros, no Cassinho Ahu e no Pavilhão São Carlos.

A família Cairoli deixou definitivamente o Brasil em agosto de 1945. O decreto de proibição do funcionamento dos cassinos, locais por excelência de apresentação dos espetáculos dos Cairoli, em 30 de abril de 1946, assinado pelo Marechal Eurico Gaspar Dutra, tornou inviável sua sobrevivência no Brasil.

Em 1946, após o retorno ao Chile, Filip montou o circo Cairoli-Waithe, em sociedade com um alemão. Em 1948, o palhaço francês Alex mencionou, em entrevista ao jornal francês Combat, a possibilidade de ir trabalhar no circo de seu amigo.

A vida itinerante dos artistas circenses foi também a sina dos Cairoli. Em 1950, radicaram-se no Peru, onde mantiveram o circo Cairoli, que realizou longas turnês por diversos países das Américas do Sul e Central. Nessa mesma época, Lisette, que continuava a ser a estrela do circo familiar, casou em segundas núpcias com o músico argentino Bernardo Barbará, diretor da orquestra do circo. Em busca de novas oportunidades, o casal se transferiu para Nova York, migrando posteriormente para Quebec, no Canadá, onde fixou residência.

Não se tem notícias das atividades de Filip depois dos anos 1950. É provável que tenha emigrado para o Canadá acompanhando sua filha, pois seu falecimento ocorreu na cidade de Montreal, em 1990, de causas naturais. Dois anos depois, faleceu sua mulher, Clemence, em Las Cañas, Costa Rica. Seu filho Jean-Louis, também clown, morreu em 1997, em Tegucigalpa, Honduras, e Lisette, em 2012, em Quebec. Tais informações confirmam que os descendentes de Filip se estabeleceram nas Américas, Central e do Norte, e lá deram continuidade a uma das mais notáveis linhagens de artistas circenses.

Fontes: Combat, de la résistence à la revolution, Paris, 09-03-1948, p. 5; Diplomatas, imigrantes e refugiados de guerra à bordo do Bagé, Diário de Notícias, Rio de Janeiro, 30-09-1941, segunda seção, p. 1; Filip e Lizet Cairoli estrearão 3ª feira no palco do "Atlântico", Correio da Manhã, Rio de Janeiro, 22-10-1944, p. 3; Novo sucesso no Cassino Atlântico, Gazeta de Notícias, Rio de Janeiro, 29-10-1944, p. 2; Speaight, George. *The book of clowns*. Nova York: Macmillan, 1980, p. 91; Os povos da Europa não podem mais rir, Diretrizes, 09-10-1941, p. 9; Tapia, Víctor. "Who Wants Yesterday's Papers? — Universo Epígrafe recupera todas las noticias sobre rock argentino de La Razón, Febrero de 1957!!!". *Universo Epígrafe*. Disponível em: <https://universoepigrafe.wordpress.com/2017/05/16/who-wants-yesterdays-papers-universo-epigrafe-recupera-todas-las-noticias--sobre-rock-argentino-de-la-razon-febrero-de-1957/>. Acesso em: 22 dez. 2019.

Ileana Pradilla / IB

CALABI, Daniele
Arquiteto, engenheiro civil
Verona, Itália, 06-11-1906 – Pádua, Itália, 12-11-1964
No Brasil, de 1939 a 1949

1956 | Acervo de família, cortesia de Donatella Calabi

Filho de um engenheiro judeu italiano, Calabi era um jovem promissor na área de Engenharia Civil, formado pela Universidade de Pádua em 1928. Mudou-se em 1932 para Paris para trabalhar com projetos de habitações populares na Entreprise Générale des Grands Travaux. Na pequena localidade de Drancy, a nordeste de Paris – onde hoje existe um memorial lembrando a deportação de judeus para Auschwitz – participou de um projeto de bairro residencial que foi pioneiro no uso de materiais pré-fabricados. Voltou a Milão e obteve o diploma de arquiteto em 1934, ano em que ganhou o segundo lugar de um concurso com o projeto do Instituto de Química Farmacêutica. Logo depois, tornou-se assistente voluntário em Arquitetura Técnica na Faculdade de Engenharia da Universidade de Pádua. Mas em 1938, perdeu o emprego depois da decretação de medidas antissemitas, as Leis Raciais Italianas, e sua situação se tornou insustentável, apesar das cartas de recomendação escritas pelo próprio reitor da universidade.

Fugindo do clima opressivo, emigrou para a América do Sul em 1939. Desembarcou no porto de Santos no dia 27 de janeiro de 1939 e chegou a São Paulo, cidade em plena transformação e com muitas oportunidades na sua área de trabalho. Tornou-se amigo do arquiteto Rino Levi que o ajudou no início, chegando a assinar alguns projetos por ele, enquanto não regularizava sua situação de trabalho. Associou-se ao primo Silvio Segre em um pequeno empreendimento na área de construção, a Construtora Moderna, onde começou a trabalhar em 1º de abril de 1939 como projetista, engenheiro estrutural e gerente de construção. Em 1940, a construção do Edifício Autogeral, no centro de São Paulo, foi o primeiro resultado concreto da parceria com Segre.

Por ser imigrante, demorou muito tempo para conseguir autorização de trabalho e assinar seus projetos. Mas acabou se firmando e se qualificando como arquiteto. Depois de construir, em 1944, um pavilhão para as coleções de arte de Luis Medici Junior na Avenida Paulista, foi contratado para projetar várias casas unifamiliares para parentes e amigos, especialmente no bairro do Pacaembu, então de baixa densidade. Ali, fez projetos para várias famílias da comunidade judaica de origem italiana (Ascarelli, Cremisini, Foà, Calabi-Debenedetti) e que existem até hoje. Sua última obra importante na cidade de São Paulo foi a Casa da Infância da Liga das Senhoras Católicas, assinado com o arquiteto italiano Giancarlo Palanti em 1947.

No entanto, Calabi resolveu retornar à Itália com a família em junho de 1949. Desembarcou em Gênova e passou alguns anos buscando oportunidades profissionais em Milão e em Varese. Abriu escritórios em Pádua e no Lido de Veneza, e foi professor de Higiene Predial no Instituto Universitário de Arquitetura de Veneza e na Escola de Pós-Graduação em Higiene da Universidade de Perugia. Alcançou boa reputação, notabilizou-se por muitos projetos importantes em seu país natal que trazem marcas do seu período no exílio brasileiro e ganhou diversos prêmios.

Fontes: Calabi, Donatella. Comunicação pessoal. Fevereiro de 2020; *Daniele Calabi*. Disponível em: http://enciclopedia.itaucultural.org.br/pessoa469683/daniele-calabi. Visualizado em 14 de Dezembro de 2019; *Daniele Calabi*. Disponível em: https://www.arquivo.arq.br/daniele-calabi. Visualizado em 14 de Dezembro de 2019; RIGGI, Ivana. *Lembrando-se de Daniele Calabi*. Conversa com Donatella Calabi. Disponível em: http://www.archimagazine.com/acalabi.htm. Visualizado em 14 de Dezembro de 2019.

Thiago Herzog / IB

CARDOSO, Nydia Licia Pincherle: ver LICIA, Nydia

CARO, Herbert Moritz
Advogado, tradutor, editor
Berlim, 16-10-1906 – Porto Alegre, 23-03-1991
No Brasil, de 1935 a 1991

Foto Luiz Achutti

Herbert Caro nasceu em uma tradicional família judaica de Berlim. O pai, Ernst Caro, era um renomado advogado e a mãe, Helena Simonsohn, cantora lírica amadora. O casal costumava cercar-se de intelectuais, artistas e músicos, de forma que o menino logo se interessou por letras, além dos esportes. Doutorou-se em Direito pela Universidade de Heidelberg e começou a trabalhar como assessor do Tribunal Regional (Primeira Instância) de Berlim. Também dedicou-se ao tênis de mesa. Durante sete anos foi membro da seleção nacional de seu país e chegou a diretor da federação alemã.

Em 1933 sua licença de advogado foi cassada por ser judeu. Seguiu para a França e começou a estudar línguas românicas na Universidade de Dijon. Para sobreviver, deu aulas de alemão e de tênis de mesa. Entretanto, sua situação de refugiado clandestino era precária. A chance de vir para o Brasil chegou através da carta de um primo, dizendo que poderia arrumar sua permanência em Porto Alegre. Ele chegou em maio de 1935 e a futura mulher, Nina Zabludowski (VER), judia polonesa, alguns meses depois. Casaram-se no final daquele ano. Caro foi trabalhar de caixeiro-viajante e Nina passou a dar aula de línguas. O médico gaúcho Claus Preger era criança quando sua família e o casal Caro passaram a se frequentar e coleciona histórias curiosas do tradutor, que ouviu ao longo do tempo. Uma se refere ao gosto do alemão por trocadilhos e jogo de palavras, mesmo na nova língua. Assim é que, ao descrever as estradas que enfrentava como caixeiro-viajante, Herbert Caro dizia que trabalhava como "cachorro-viajante".

Seu amplo domínio do português permitiu-lhe fazer um trabalho social: dar aula a outros fugitivos da guerra recém-chegados. Isso foi em 1936, após aceitar o convite de Bernhard Wolf e se juntar a um grupo de judeus na criação da Sociedade Israelita Brasileira de Beneficência (Sibra), da qual foi o segundo presidente.

1938 representou para Caro o começo da virada. Foi contratado pela Editora Globo, de Porto Alegre, como tradutor, dicionarista e pesquisador. Um ano depois, já tinha assento na famosa Sala dos Tradutores da empresa na Rua da Praia, ao lado de Érico Verissimo e Mário Quintana. Sua lista com mais de 30 títulos traduzidos para o português é preciosa e dá uma dimensão de sua capacidade. Lá estão clássicos como *Os Buddenbrooks*, *A Montanha Mágica* e *Doutor Fausto*, de Thomas Mann, *Auto de fé*, de Elias Canetti, *Quatro ditadores*, de Emil Ludwig, *A morte de Virgílio*, de Hermann Broch, *O lobo da estepe* e *Sidarta*, de Hermann Hesse. O tradutor e professor da Universidade Livre de Berlim, Berthold Zilly, conheceu Herbert Caro e o define como "um grande amigo de dicionários, alguém que estudava dicionário como se fosse romance policial, era um fascinado pelo léxico, pela palavra".

Simultaneamente ao trabalho de tradução passou a colaborar na Revista do Globo como articulista e ensaísta. Em 1947, tornou-se cidadão brasileiro. Um ano depois, a Livraria do Globo acabou com a Sala dos Tradutores e Caro conseguiu emprego de balconista na Livraria Americana e logo foi promovido a gerente da seção de livros importados. Aproveitou a experiência para exercitar o estilo, escrevendo suas memórias de livreiro. A essa altura, o amigo Érico Verissimo trabalhava nos Estados Unidos, mas mesmo distante lia e comentava os originais. Quando a livraria fechou em 1957, Caro foi para o jornal Correio do Povo, da então poderosa Cia. Caldas Jr., como cronista colaborador, passando a publicar seus textos com "uma veia estilística inconfundível e humor refinado", conforme registrou a pesquisadora Rosana Candeloro.

Em 1959, Caro foi contratado para dirigir a biblioteca do Instituto Goethe, onde ficou até se aposentar, em 1976. O tradutor e intérprete Peter Naumann era adolescente e se recorda da pequena sala no centro de Porto Alegre, abarrotada de livros (graças à sua atuação, o acervo passou de 300 para 11 mil volumes), onde "o doutor Caro reinava atrás de uma escrivaninha e recebia as pessoas". Em 1960, seus ensaios consolidados na coleção *Balcão de Livraria* foram publicados pelo Ministério da Educação. Entre 1959 e 1980 ele manteve a coluna Os Melhores Discos Clássicos, no Correio do Povo, com críticas musicais e conselhos aos leitores sobre como conservar os *longplays* e as agulhas dos aparelhos de som.

Herbert Caro recebeu os títulos de Cidadão Emérito de Porto Alegre e Gaúcho Honorário, as medalhas Cidade de Porto Alegre e Simões Lopes Neto, a Cruz do Mérito Alemão de Primeira Classe em 1974, o Prêmio da Associação Paulista de Críticos de Arte em 1983 e o Prêmio Nacional de Tradução do Instituto Nacional do Livro, em 1985. Dois terços de sua vida de 85 anos foram vividos na cidade que o acolheu, até falecer em 1991. Em 1996, uma praça foi batizada com o seu nome na capital do Rio Grande do Sul.

Fontes: Série Canto dos Exilados (Telenews, 2016); Kestler, Izabela. *Exílio e literatura*. São Paulo: Edusp, 2003.
Leonardo Dourado / IB

Instituto Cultural Judaico Marc Chagall

CARO, Nina Zabludowski
Escritora, tradutora
Bialystok, Rússia, atual Polônia,
29 de março de 1906 – Porto Alegre, 1993
No Brasil, de 1935 a 1993

Nina Zabludowski era filha única. Sua mãe, Regina, fez o curso secundário e estudou depois música e fotografia. Seu pai, Henrich, chegou à universidade, apesar de o acesso de judeus à educação ser muito restrito na Rússia à época. O casal era de primos em segundo grau, que tinham o mesmo sobrenome.

Transferiram-se para a Alemanha em 1910, quatro anos após o nascimento da filha, para fugir aos *pogroms* e porque o pai precisava de atendimento médico especializado. Henrich, que trabalhara com exportação de lenha na cidade natal, dedicou-se ao comércio em Berlim.

Ricos e bem relacionados na Rússia, passaram a ser considerados estrangeiros na Alemanha após o início da Primeira Guerra Mundial, em 1914. Nina, por isso, só pôde frequentar uma escola particular. Fez estudos universitários em Berlim — onde foi orientada por Max Hermann, judeu, que morreria no campo de concentração de Theresienstadt —, depois em Colônia, na Alemanha, Genebra, na Suíça, e Danzig, na atual Polônia, onde concluiu o doutorado em Germanística, com especialização em Arte Dramática.

O destino de Nina se ligou em 1935 ao de Herbert Caro (VER), advogado que, por ser judeu, fora proibido de exercer a profissão. Nesse mesmo ano se casaram após a chegada de ambos ao Brasil, em datas diferentes. Herbert tinha parentes distantes em Porto Alegre. O pai de Nina voltou de Berlim a Bialystok, então já reincorporada à Polônia, e provavelmente foi morto no contexto do Holocausto, como 42 outros parentes dela, entre tios e primos. Sua mãe conseguiu emigrar para o Brasil.

Herbert Caro gradualmente se tornou um intelectual de projeção na capital gaúcha. É considerado até hoje um dos mais importantes tradutores de literatura alemã no país. Durante dois anos ele tinha estudado Letras na França. Colaborou no jornal Correio do Povo.

Nina conseguiu um emprego de meio turno na Livraria do Globo, no outro turno dava aulas de português para imigrantes judeus alemães recentes. Mais adiante, começou a lecionar alemão no Instituto Goethe e criou uma roda de conversação com senhoras de idade.

Nina foi auxiliar constante do marido. Nas palestras que ele dava, quase sempre sobre artes, encarregava-se dos recursos audiovisuais. Sua participação era considerada importante.

Adicionalmente ao ensino de línguas, Nina foi incentivada pela mãe de dois alunos particulares, que assistia a suas aulas, a escrever um livro didático sobre o ensino da língua alemã, *Aprende brincando, criança!*, publicado pela Editora da Livraria do Globo.

Ela escreveu ainda os seguintes livros: *Aprende brincando a contar!*, *Mostre o que sabe!*, *Jogos, Passatempos e Habilidades*, *Lachen und Lernen (Rir e aprender)*, *Raten Sie mal!! (Adivinhe!!)*, que "expressam um outro método de aprendizagem, diferente dos livros sisudos da época, um processo lúdico, mas que exige raciocínio, o estabelecimento de relações e a descoberta pessoal".

Fonte: Brumer, Anita; Gutfreind, Ieda. "Nina Caro, uma mulher de destaque". Revista Contingentia, n. 2, Porto Alegre, mai. 2007.

Mauro Malin / IB

CARPEAUX, Otto Maria
Escritor, jornalista
Viena, 09-03-1900 – Rio de Janeiro, 03-02-1978
No Brasil, de 1939 a 1978

Muito tempo antes de o globalismo adquirir o sentido que tem nos dias de hoje, o intelectual Otto Maria Carpeaux — nascido Otto Karpfen, filho de pai judeu e mãe católica — percebeu a importância de sair mundo afora em busca de aperfeiçoar sua formação. Aos 20 anos, ingressou na Faculdade de Direito de Viena. Sentindo que não era sua vocação, bandeou-se para a química e a filosofia. Em 1925, concluiu o curso de Química e tornou-se doutor em Letras e Filosofia. Para se manter, trabalhou como jornalista, mas logo seguiu para

Arquivo Correio da Manhã

Leipzig, na Alemanha, a fim de estudar Ciências Matemáticas, depois Sociologia em Paris, Literatura comparada em Nápoles, na Itália, e Política em Berlim, onde também se dedicou a outra de suas paixões, o cinema, escrevendo roteiros de filmes mudos.

O dilema familiar e religioso de Carpeaux foi resolvido através de uma conversão engajada pela causa do catolicismo político, como definiu a pesquisadora Izabela Kestler. Ela esmiuçou a obra do autor e crítico francês Andreas Pfersmann, demonstrando que Carpeaux "foi um ideólogo clerical do austrofascismo, que considerava a Igreja um baluarte contra o nacional-socialismo, o capitalismo e a revolução". Em 18 de abril de 1933, Carpeaux renunciou formalmente ao judaísmo. Para marcar a conversão, acrescentou Maria (Maris Fidelis) ao nome. De 1934 a 1938, foi segundo redator-chefe do Reichspost (Correio do Reich), maior jornal católico da Áustria, e diretor da revista Berichte zur Kultur und Zeitgeschichte (Relatórios Sobre Cultura e Arte Contemporânea), órgão oficial da Ação Católica austríaca.

Perseguido pelo nazismo, fugiu em 1938 para a Bélgica, onde trabalhou na Gazet van Antwerpen (Gazeta da Antuérpia), maior jornal belga de língua flamenga. Em 1939, Carpeaux e sua mulher, a cantora lírica Hélène Silberherz, conseguiram, por meio do religioso Ambros Pfiffig, de Utrecht, um visto para católicos não-arianos no âmbito da Ação Brasil, e assim chegaram à nova pátria. A Ação Brasil foi uma medida do Governo Vargas, tomada em 24 de junho de 1939, em atenção a um apelo do Papa Pio XII, que originalmente previa a concessão de três mil daqueles vistos, mas que, por conta de exigências burocráticas, acabou só beneficiando 803 pessoas, entre elas o casal Carpeaux. Primeiro foram para Rolândia, no Paraná, trabalhar em agricultura, depois para São Paulo e, em 1940, para a então capital, Rio de Janeiro.

O cosmopolita e poliglota Otto aprendeu português em um ano, mas sobrevivia com dificuldades. Mudou o sobrenome Karpfen (carpa, em alemão) para o francês Carpeaux, buscando rápida aceitação junto ao meio intelectual. Conseguiu emprego no prestigioso jornal Correio da Manhã ao ter publicada uma carta sua para o crítico Álvaro Lins. No princípio escrevia em francês e seus artigos eram traduzidos pela própria dona do jornal, Niomar Muniz Sodré. Ele redigia sempre à mão, com uma letra miúda que apenas um único linotipista da empresa decifrava. É possível encontrar vários desses originais no Arquivo Nacional, no Rio de Janeiro. O jornalista Sérgio Augusto começou sua carreira em 1961 trabalhando a cinco metros de Carpeaux e conta que a sala dos editorialistas, conhecida por "Petit Trianon", era um "depósito do saber". Ali reuniam-se nomes como Antônio Houaiss, Carlos Heitor Cony, José Lino Grünewald, Luiz Alberto Bahia, além do próprio Carpeaux.

Carpeaux conhecera Franz Kafka na Europa e, além do escritor tcheco, divulgou outros autores da Europa Central e Oriental pouco conhecidos naquela época, como o poeta alemão Friedrich Hölderlin. Seu prestígio como intelectual cresceu rapidamente. Em 1942 publicou o primeiro de seus livros "brasileiros", o volume de ensaios *A cinza do Purgatório* e, no ano seguinte, *Origens e fins*. Ainda naquele ano entrou com processo de naturalização. O pedido foi reforçado com uma vasta lista assinada por intelectuais de grosso calibre como José Lins do Rego, Graciliano Ramos, Manuel Bandeira, Carlos Drummond de Andrade, Augusto Frederico Schmidt, Afonso Arinos de Mello Franco e Cecília Meireles.

Como todo gênio, era um excêntrico. Não ia a concertos, preferia "escutar" as sinfonias dos grandes mestres lendo as partituras. Carlos Heitor Cony, seu colega no Correio da Manhã, contou na série televisiva Canto dos Exilados que ele criava pontes mnemônicas que eram a chave de seu saber. "Na sua mesa tinha um caderno, começava então a fazer uns números, só números. Ele memorizava alguma coisa e botava, por exemplo, um quatro. O quatro será a dinastia Bourbon. Ele sabia tudo sobre dinastia Bourbon. Memorizava qualquer assunto por associação a números. Depois que ele fazia isso, jogava o papel fora. Não deixava ninguém ver."

Assumiu a direção da biblioteca da Faculdade Nacional de Filosofia em 1942 e comandou a biblioteca da Fundação Getúlio Vargas de 1944 a 1949. Em 1951 publicou a *Pequena bibliografia crítica da literatura brasileira*, reunindo em ordem cronológica mais de 170 autores desde a literatura colonial. Porém sua obra de maior fôlego e pela qual até hoje é lembrado e estudado são os oito volumes da *História da literatura ocidental*, escritos ao longo de sete anos e publicados entre 1959 e 1966 e reeditados em 2008, em quatro volumes, pelo Senado Federal.

Em 1964 escreveu no Correio da Manhã os editoriais pró-golpe "Basta" e "Fora". Logo tornou-se opositor do regime militar no Brasil, manifestando-se em debates e eventos políticos. Em 1968, participou da Passeata dos Cem Mil contra a ditadura. De 1970 a 1975, sob o comando de Antonio Houaiss, integrou a editoria de duas grandes enciclopédias brasileiras, a Delta-Larousse e a Mirador Internacional.

Fontes: Kestler, Izabela. *Exílio e literatura, escritores de fala alemã durante a época do Nazismo*, São Paulo: Edusp, 2003; Pfersman, Andreas. "Exilland Brasilien: Aperçu zur literarischen Emigration...". In: *Vertriebene Vernunft. Emigration und Exil österreichischer Wissenschaft*, 1988, vol. II, p. 102; Série Canto dos Exilados (Telenews, 2016).

Leonardo Dourado / IB

CÉLINE, Annette
Soprano, artista plástica, diretora artística
Luxemburgo, 03-06-1939 – Tel Aviv, 03-06-2017
No Brasil, de 1940 a 1962

Filha da pianista Felicja Blumental (VER) e do artista plástico Markus Mizne (VER), Annette Céline Mizne era um bebê de dez meses quando desembarcou no Porto de Santos com a mãe no dia 28 de abril de 1940 do vapor "Oceania" para encontrar com o pai, que conseguira chegar em agosto de 1939 e vira a filha pela última vez com dois meses.

A família morou no Rio de Janeiro e em São Paulo, antes de voltar para a Europa em 1962. Annette Céline, como passou a ser conhecida na vida profissional, cresceu rodeada de cultura e seguiu os passos do pai e da mãe, estudando arte e música. Atuou sempre nesses dois campos.

Fez curso de artes gráficas na Parsons School of Design, em Nova York e, incentivada por Walter Legge, produtor musical britânico e marido da cantora Elisabeth Schwarzkopf, estudou canto em Milão. A família estava radicada na Europa quando a mãe, Felicja, morreu em Tel Aviv numa turnê, em 1991. Annette e o pai foram, então, morar em Nova York. Com a morte de Markus

Acervo Festival Felicja Blumental

Mizne, em 1994, Annette estabeleceu-se em Tel Aviv.

Ao longo da carreira musical, Annette Céline se apresentou em vários importantes eventos na Europa e nas Américas, como o Festival de Taormina, na Sicília, o Festival de Música e Artes de Deal e o Camden Music Festival, ambos na Inglaterra, o Festival de Caracas (Venezuela) e o Festival de Música de Israel, onde cantou acompanhada da mãe. Deu recitais na prestigiosa Wigmore Hall londrina, na Salle Gaveau, em Paris, no Carnegie Hall, em Nova York, e, em 1995, cantou durante as celebrações do 50º aniversário das Nações Unidas. Gravou a ópera *Luisa Miller*, de Verdi, pelo selo Decca, ao lado de Montserrat Caballé e Luciano Pavarotti. Com a mãe, eternizou em disco obras para voz e piano de Chopin e outros compositores poloneses. Seu repertório era diversificado e incluía canções em oito idiomas.

Em Tel Aviv, foi soprano lírico na Ópera de Israel e, em 1991, após a morte da mãe, aceitou a proposta do prefeito da cidade, Shlomo Lahat, de participar do restabelecimento do centro de música na rua Bialik. Em 1996, ali foi inaugurado o Centro de Música e Biblioteca Felicja Blumental. Em 1998, Annette fundou a Associação Felicja Blumental a fim de promover a atividade musical na sala de concertos do centro. Concretizou um velho sonho ao criar um festival anual de música clássica no Museu de Arte de Tel Aviv. Incentivou ativamente jovens artistas e músicos, muitos deles brasileiros, e compartilhou com eles sua paixão pela música.

A coleção de arte do pai, Markuz Mizne, pode ser vista no Museu de Arte de Tel Aviv graças ao empenho incansável da filha. Por sua contribuição para as artes recebeu em 1996 um prêmio do museu de Tel Aviv e, em 2010, o Lifetime Achievement Award. Em 2017, foi laureada pela municipalidade de Tel Aviv--Yafo, pouco antes de morrer, no dia do seu 78º aniversário.

Fontes: Annette Céline. *Branca Records*. Disponível em: <https://www.branarecords.com/annette-celine/>. Acesso em: 15 jun. 2020; Annette Céline. *Felicja Blumental Music Centre*. Disponível em: <https://en.fbmc.co.il/fbmc/about-annette-celi-

ne/>. Acesso em: 15 jun. 2020; Entrevista com Annette Céline para a série Canto dos Exilados. Telenews, Arte 1, Riofilme, 2015; Mizne, Mark. "An Interview with Annette Céline". *Markus Mizne*, 5 mai. 2017. Disponível em: <https://www.markus-mizne.org/2017/05/05/an-interview-with-annette-celine/>. Acesso em: 15 jun. 2020.

Kristina Michahelles / IB

CEVIDALLI, Anita: ver SALMONI, Anita Cevidalli

CHABLOZ, Jean-Pierre
Artista plástico, crítico de arte, publicitário, músico, agitador cultural
Lausanne, Suíça, 05-06-1910 – Fortaleza, 09-06-1984
No Brasil, de 1940 a 1948 e de 1960 a 1984

1943 | Acervo do Museu de Arte da UFC
Coleção Jean Pierre Chabloz

Jean-Pierre Chabloz entrou aos 19 anos na Escola de Belas Artes de Genebra para cursar Desenho Figurativo, Perspectiva, Artes Gráficas e Decoração. Depois, de 1933 a 1936, frequentou as Academias de Belas Artes de Florença e de Milão; e, em 1938, formou-se pela Academia de Brera, em Milão. Naquela altura, o nazismo dominava a Alemanha e o fascismo crescia na Itália. A Suíça, com parte de sua população italiana e alemã, era neutra, e Hitler garantia o respeito a essa neutralidade, apesar da crença generalizada de que aquilo não passava de estratégia diversionista.

Chabloz era casado com a brasileira Regina Frota Pessoa. Em depoimento à equipe da Galeria de Arte Banerj, sob curadoria de Frederico Morais, ela disse que o marido considerava abandonar o país, por receio de uma invasão nazista. Efetivamente, até outubro de 1940, houve quatro revisões em um plano nazista que ficou conhecido como *Unternehmen Tannenbaum* (Operação Árvore de Natal), jamais executado. Os motivos da preservação da neutralidade suíça até hoje são apenas especulações. Pelo sim, pelo não, naquele mesmo ano o casal Chabloz, com a filha Ana Maria, mudou-se para a casa dos pais de Regina no bairro de Santa Teresa, no Rio de Janeiro. A casa dos sogros ficava na antiga Rua Mauá (atual Paschoal Carlos Magno), em frente à famosa Pensão Mauá, administrada pela pintora Djanira, que, ao lado do Hotel Internacional, próximo dali, era um dos grandes pontos de encontro da nata de artistas exilados que vinham para o Rio de Janeiro durante a Segunda Guerra Mundial.

Por ali, circulavam a pintora portuguesa Maria Helena Vieira da Silva (VER) e seu marido, o húngaro Árpád Szenes (VER), o francês Jacques van de Beuque (VER), o japonês Tadashi Kaminagai (VER), o romeno Emeric Marcier (VER), o belga Roger Van Rogger (VER), o escultor polonês August Zamoisky (VER), dentre muitos outros. Chabloz montou seu ateliê também em Santa Teresa, na rua Almirante Alexandrino, e expôs no Rio de Janeiro e em São Paulo. Além de artista e crítico de arte, era um intelectual, "um pintor que pensa", como definiu outro crítico e historiador, Lourival Gomes Machado. Em 1942, escreveu na revista *Clima* o polêmico artigo "O Brasil e o problema pictórico", no qual combatia o academicismo da arte nacional, o fato de não se ter produzido uma pintura autenticamente brasileira. Apontava três tipos de causas para o problema: naturais, psicológicas e históricas. Exemplificando o que chamou de causas históricas, teorizou que faltava à arte brasileira uma fase primitiva que representasse sua gênese para se tornar autêntica, tal como ocorreu com os primitivos italianos, franceses e alemães.

Em 1943, foi convidado a trabalhar em Fortaleza na campanha da borracha, que era parte do esforço de guerra. A mudança com a família para o nordeste lhe abriu novas perspectivas. Em seu livro *Revelação do Ceará* (1993), escreveu: "Nunca mais se apagará de minha memória o maravilhoso dia 22 de janeiro de 1943, durante o qual me foi revelada, como num filme grandioso, essa Terra da Luz, o Ceará." Graças ao amigo suíço Georges Rabinovitch, foi contratado para a divisão de propaganda do Semta (Serviço Especial de Mobilização de Trabalhadores para a Amazônia), com a missão de criar cartazes publicitários com dois focos definidos em acordos com os Estados Unidos: reativar os seringais amazônicos, de cuja produção os americanos seriam os únicos compradores pelos cinco anos seguintes, e aliciar cinquenta mil trabalhadores para a floresta em cinco meses.

Sua integração foi imediata. Ensinou violino no Conservatório Alberto Nepomuceno, foi conferencista e crítico de arte. Expôs no 1º Salão de Abril e, em seguida, organizou uma mostra individual. Participou da Associação Cultural Franco-Brasileira do Ceará e da Sociedade Cearense de Artes Plásticas (SCAP). Incentivou artistas locais e, em 1943, conheceu os desenhos de Chico da Silva, na Praia Formosa, e viu naquele artista o que procurava, o primitivo brasileiro. Em suas palavras: "Simpaticamente nômade, gloriosamente primitivo, divinamente analfabeto, o índio Francisco Silva era, sobretudo, um maravilhoso artista a quem nada faltará, até então, a não ser uma ocasião favorável para revelar plenamente seus dons extraordinários. E, como vamos ver, o destino me escolheu como instrumento desta revelação."

Chabloz escreveu regularmente para o jornal cearense O Estado, entre janeiro de 1944 e o final de 1945, no período de sua primeira passagem por Fortaleza. Seus artigos dominicais publicados na coluna Arte e Cultura informavam sobre pintura, música, mercado de arte e falavam também sobre comportamento dos habitantes locais em relação à arte.

Em junho de 1945, Chabloz, Antonio Bandeira, Inimá de Paula, Raimundo Feitosa e Chico da Silva realizaram uma Exposição Cearense no Rio de Janeiro. A mostra teve lugar na Galeria Askanasy, na Rua Senador Dantas. Em 1948, novamente em Fortaleza, expôs no 4º Salão de Abril. Depois partiu para a Europa e só retornou a Fortaleza em 1960. Em 1970, passou a viver em Niterói. Morreu em Fortaleza, durante uma estada na cidade, e o seu acervo foi doado ao Museu de Arte da Universidade Federal do Ceará — MAUC e à Secretaria de Cultura do Estado do Ceará.

Fontes: Chabloz, Regina. A luz do Brasil destrói tudo. Depoimento concedido à equipe da galeria de arte BANERJ, em 22/01/1986. In: *Tempos de guerra*: Hotel Internacional / Pensão Mauá. Curadoria de Frederico Morais. Ciclo de Exposições sobre Arte no Rio de Janeiro. Rio de Janeiro: Galeria de Arte Banerj, 1986, s/p; Jean-Pierre Chabloz. Enciclopédia Itaú Cultural de Arte e Cultura Brasileiras. São Paulo: Itaú Cultural, 2020. Disponível em: <http://enciclopedia.itaucultural.org.br/pessoa4272/jean-pierre-chabloz>. Acesso em: 4 mar. 2020; Moraes, Ana Carolina Albuquerque de. *Chabloz e o Ceará: aspectos ritualísticos da relação entre o homem e o lugar*. Aracaju: Universidade Federal de Sergipe; Moraes, Ana Carolina Albuquerque de. *Jean-Pierre Chabloz e a Campanha de Mobilização de Trabalhadores para a Amazônia (1943): cartaz e estudo preliminar em confronto*. VI EHA — Encontro de História da Arte, Unicamp. 2010.

Leonardo Dourado / IB

CHACEL, Rosa
Escritora, ensaísta, tradutora
Valladolid, Espanha, 03-06-1898 – Madri, 07-08-1994
No Brasil, de 1940 a 1959 e de 1961 a 1977

Hakima El Kaddouri | Lápis sobre papel, 2013

Rosa Chacel, nascida Rosa Clotilde Cecilia María de Carmen Chacel Arimón, foi uma escritora e tradutora da chamada Geração de 27, formada por escritores vanguardistas que, durante a década de 1920, se propuseram a modernizar a literatura espanhola. Neta do poeta e dramaturgo José Zorrila, sua mãe era uma professora que a incentivou intelectualmente, ensinando em casa as matérias básicas.

Em 1915, ingressou na Escola Superior de Belas Artes de San Fernando a fim de estudar escultura e passou a frequentar a boemia literária de Madri, participando, principalmente, das reuniões do Café Granja El Henar e do Ateneo de Madrid, onde conheceu grandes escritores da época, dentre eles o filósofo e ensaísta José Ortega y Gasset. Em 1918, abandonou o curso e se casou com o pintor Timóteo Pérez Rubio, com quem teve seu único filho, Carlos Pérez Chacel. Começou, então, a escrever para revistas de vanguarda da época, como a Ultra. De 1922 a 1927, viajou pela Europa, acompanhando o marido. Ao regressar, dedicou-se ao ofício de escritora, escrevendo ensaios em várias revistas, animada pela turma de Ortega y Gasset. Ela também publicou neste período seu primeiro romance: *Estação. Viagem de ida e volta*, em 1930.

A partir de 1936, com a Guerra Civil Espanhola, Chacel colaborou com diversos jornais de esquerda, fez parte da aliança de intelectuais antifascistas, assinou seu manifesto e trabalhou como enfermeira. Essa atividade política a obrigou a se refugiar juntamente com seu filho em Barcelona, depois em Valência, na Espanha, e por fim em Paris, onde chegou em 1937. Enquanto fugia, seu marido ajudou na realização do resgate das obras do Museu do Prado para impedir que fossem destruídas pelas tropas do General Franco, quando bombardeassem o lugar. Ainda em fuga, passou por um período na Grécia, na casa do escritor Nikos Kazantzakis.

Com a derrota dos republicanos na Espanha em 1939 e o avanço do nazismo pela Europa, conseguiu exilar-se no Brasil, onde chegou com o filho em 4 de julho de 1940 e onde pôde se reunir ao marido. Considerando que em Buenos Aires teria melhores condições de trabalho e que lá o filho não esqueceria a língua natal, viveu de 1940 a 1959 entre a capital argentina e o Rio de Janeiro, onde realmente tinha permanência oficial. No Brasil, continuou sua atividade profissional, principalmente escrevendo para a imprensa estrangeira, organizando encontros literários e realizando traduções do francês. No entanto, escreveu pouca literatura e teve enormes dificuldades financeiras, além de uma profunda crise de depressão associada a um isolamento profundo, por ter estabelecido poucas relações de amizade.

Em 1959, foi para Nova York, apoiada por uma bolsa de criação da Fundação Guggenheim, com a atribuição de escrever um romance. Ao final da bolsa em 1961, Chacel fez sua primeira visita a Espanha após o exílio, retornando em seguida para a cidade do Rio de Janeiro. Em 1973, ela passou a ter duas residências, uma no Rio e outra em Madrid, vivendo alternadamente entre as duas cidades até 1977, quando seu marido morreu e ela retornou definitivamente ao seu país de origem.

Seu retorno à Espanha lhe proporcionou reconhecimento oficial e premiações, tendo recebido o Prêmio da Crítica Espanhola, em 1976, por seu romance *Barrio de maravillas*, o Prêmio Nacional de Letras em 1987, o Prêmio Castilla y León de las Letras em 1989, a Medalha de Ouro pelo Mérito em Belas Artes, em 1993, e um título de doutora *honoris causa* em 1989, pela Universidade de Valladolid.

Fontes: Behiels, Lieve. "Rosa Chacel: Novelista y traductora española exiliada". *Cad. Trad.*, v. 38, n. 1 Florianópolis jan./abr. 2018; Belausteguigoitia, Santiago. Dos escritoras de la Generación del 27, El país, 24-01-2004; Chacel, Rosa. *Escritores.org*. Disponível em: https://www.escritores.org/biografias/407-rosa-chacel. Acesso em: 16, dez. 2019; Rosa Chacel. *Escritoras.com*. Disponível em: <http://escritoras.com/escritoras/Rosa-Chacel>. Acesso em: 16 dez. 2019; Rosa Chacel. *Britannica*. Disponível em: <https://www.britannica.com/biography/Rosa-Chacel>. Acesso em: 16 dez. 2019; Rosa Chacel. O século XX, no escritor. *www.segundarepubilca.com*. Disponível em: <http://www.segundarepublica.com/index.php?id=26&opcion=2>. Acesso em: 16 dez. 2019.

Thiago Herzog / IB

CHINATTI-SCHLESINGER, Charles: ver SCHLESINGER-CHINATTI, Charles

CHOROMAŃSKI, Michal
Escritor
Ielisavetgrad, Rússia, atual Kropyvnytskyi, Ucrânia, 22-06-1904 –
Varsóvia, 24-05-1972
No Brasil, de 1940 a 1944

Narodowego Archiwum Cyfrowego (Arquivos Digitais Nacionais da Polônia)

De origem nobre e de família polonesa, filho de Aleksandra Rogasska e do biólogo Konstanty Choromański, morto na Primeira Guerra Mundial, Michal Choromanski foi educado na Rússia Imperial, frequentando o ginásio de sua cidade natal e depois a Escola Técnica de Economia. Órfão de pai e em condições financeiras precárias, trabalhou cedo como paramédico. Tornou-se também diretor literário de um clube operário, escreveu artigos para uma revista de subúrbio e, em Odessa, Rússia, atual Ucrânia, estabeleceu contatos com futuristas russos, além de fazer amizade com o compositor Karol Szymanowski.

Foi acometido de tuberculose nesse período, o que o forçou a se curar em sanatórios e a fazer uso de muletas.

Em 1924, em meio aos sobressaltos causados pela Revolução Russa e seis anos depois de fixadas as fronteiras da República Polonesa, Choromański mudou-se para lá com sua mãe e sua irmã Lidia. No novo país, começou a traduzir poetas poloneses para o russo, depois passou a escrever seus próprios poemas. Em 1926 instalou-se em Zakopane, Polônia, entrando em contato, entre outros, com o escritor Tadeusz Dolega-Mostowicz. Começou, ainda, a estudar psicologia, e estabeleceu contato com artistas como o pintor Witkacy (Stanislaw Ignacy Witkiewicz) e o poeta Kazimierz Wierzynski.

Em 1930 publicou sua primeira novela, *Morte de Czeslaw Kostynski*, no Wiadomosci Literacki e colaborou também com a Gazeta Polska. Dois anos depois, publicou aquele que é considerado seu melhor romance, *Zazdrosc i medycyna (Ciúme e medicina)*, um estudo psicanalítico do ciúme obsessivo, pelo qual recebeu no ano seguinte o Prêmio da Juventude da Academia Polonesa de Literatura. O romance foi traduzido para 16 idiomas e adaptado para o cinema em 1973. Em 1935, voltou-se para a dramaturgia, escrevendo a comédia *Man of Action*, encenada no Novo Teatro de Varsóvia.

Por essa época conheceu Ruth Abramowitz Sorel (VER), grande bailarina alemã, dançarina na Ópera Nacional de Berlim e fundadora de uma importante academia de dança em Varsóvia, onde ela se estabelecera em 1935, fugindo do nazismo. Iniciando um relacionamento, os dois trabalharam juntos no balé *O circo dos sete pecados*, para o qual ele escreveu o libreto e ela coreografou a música. Após uma estadia na Argentina de 1938 a 1939, retornaram à Polônia. Lá se encontravam quando o exército alemão invadiu o país, e foi em pleno conflito, em 6 de setembro de 1939, que oficializaram a união, casando-se numa igreja protestante de Varsóvia.

Com a ocupação nazista do país, e sendo Ruth judia e simpatizante do comunismo, Choromański decidiu fugir junto com a mulher. Em março de 1940, por meio de suborno e graças ao apoio do amigo Eugeniusz Szermentowki, crítico literário e membro de uma organização que ajudava os judeus a fugirem, conseguiu permissão para viajar de trem pelo Reich. O casal seguiu primeiro até a capital austríaca. De lá, com a ajuda de uma vienense, conseguiram organizar uma viagem a Roma, seguindo depois para a França.

Em 20 de junho de 1940, em Bordeaux, França, nas vésperas do armistício entre a Alemanha e a França ocupada, obteve, junto com a esposa, vistos para Portugal, através de Aristides Sousa Mendes, prestigiado diplomata luso, famoso por ajudar fugitivos da perseguição antissemita. No entanto, Choromański e Sorel seguiram para a Grã-Bretanha, de onde embarcaram no navio "Highland Monarch" rumo ao Brasil, aportando em 15 de setembro daquele ano. Recém-chegados no Rio de Janeiro, hospedaram-se no hotel Paissandu, onde encontraram outro ilustre hóspede, Stefan Zweig (VER). Pouco mais tarde, passaram a residir em Niterói, estado do Rio de Janeiro, na Pensão Polonesa, onde viviam importantes intelectuais poloneses — como Michael Kondracki (VER), autor da música de *O circo dos sete pecados*. Lá receberam a visita de Zweig e de sua mulher, reencontrando-os na casa destes em Petrópolis no verão de 1942. Entre os livros achados no bangalô dos Zweig após a morte do casal, o juiz arrolou um "tratado de medicina" (a obra *Ciúme e medicina*, autografada por Choromański), fato explorado pela imprensa como evidência de que o escritor estudara os efeitos dos venenos antes de suicidar-se.

Durante sua estadia no Brasil Choromański escreveu *Szkola marmuru (A escola de mármore)*, publicando, no pós-guerra, *Makumba, oder der redende Baum (Macumba, ou a árvore falante)*, enquanto sua esposa procurou, sem êxito, lecionar dança moderna no Rio de Janeiro. Passaram a residir em Curitiba, até conseguirem visto para o Canadá em 1944. Ruth Sorel destacou-se como professora e introdutora da dança moderna em Montreal, Canadá, mas, em 1957, o casal retornou definitivamente à Polônia, estabelecendo-se em Varsóvia. No ano seguinte, Choromański tornou-se membro da União dos Escritores Poloneses e, em 1970, recebeu a Cruz de Oficial da Ordem do Renascimento da Polônia. Além das obras citadas, Choromański escreveu ainda *Schodami w góre, schodami w dól (Andar de cima, andar de baixo)*, em 1967, e *Slowacki wysp tropikalnych (Slowacki das ilhas tropicais)*, em 1969.

Fontes: Bryk. "Chorománski Michal (1904-1972)". Bryk.Pl, Cracóvia. Disponível em: <https://www.bryk.pl/slowniki/slownik-pisarzy/84952-choromanski-michal-1904-1972>. Acesso em: 7 abr. 2020; Dines, Alberto; Beloch, Israel; Michahelles, Kristina. A rede de amigos de Stefan Zweig; sua última agenda: 1940-1942. Petrópolis: Casa Stefen Zweig, Memória Brasil, 2014; Krzyzanowski, Jerzy R. "Michal Chorománski". Encyclopaedia Britannica, Chicago, 1998. Disponível em: <https://www.britannica.com/biography/Michal-Choromanski>. Acesso em: 11 abr. 2020; Sousa Mendes Foundation. "Choromański". Sousa Mendes Foundation, Huntington. Disponível em: <http://sousamendesfoundation.org/family/choromanski>. Acesso em: 9 abr. 2020; Tembeck, Iro Valaskakis. "Abramovitsch Sorel, Ruth". L'Encyclopédie Canadienne, Toronto, 2008. Disponível em: <https://www.thecanadianencyclopedia.ca/fr/article/abramovitsch-sorel-ruth>. Acesso em: 9 abr. 2020.

Inoã Urbinati / IB

CZAPSKI, Alice Brill: ver BRILL, Alice

CZAPSKI, Fryderyk
Técnico agrícola
Kozmin, Alemanha, atual Kozmin Wielkopolski, Polônia, 1892 – Itu, São Paulo, 1980
No Brasil, de 1941 a 1980

Filho único do próspero proprietário rural Julian Czapski e de Vally Friedländer Czapska, Fryderyk Czapski assumiu a direção dos negócios da família em meados da década de 1910. Em 1926, Obra – este era o nome da fazenda – compreendia, além das lavouras de cereais, ervilhas e batatas e da criação de gado bovino, uma destilaria e uma fábrica de flocos de batata.

A essa altura, Frydreryk já havia se casado com a judia Ilza Dyrenfurth, de origem alemã, que, pelo casamento, tornara-se cidadã polonesa. Em 1925, nasceu o primogênito do casal, Juljan, e, no ano seguinte, Genia. Na década de 1930, Fryderyk e Ilza teriam mais um filho, Janek, nascido em 1938.

Em 1939, Fryderyk, que, além de fazendeiro, era especialista em tecnologias agropecuárias, fez parte de um grupo de técnicos enviado pelo governo da Polônia ao Paraná para avaliar e tentar dar soluções à situação de crise vivida por colonos poloneses naquele estado brasileiro. Concluída sua missão, Fryderyk embarcou de volta para a Polônia no início de setembro. Já no navio, foi informado da invasão do seu país pelas tropas da Alemanha nazista. Começava a Segunda Guerra Mundial. A viagem foi cancelada. Impedido de retornar ao país natal, ele decidiu alistar-se no exército polonês de resistência, estacionado na França.

Ilza e os três filhos passavam o verão fora de Obra quando o conflito eclodiu. A volta para casa foi extremamente conturbada e quando lá chegaram foram informados que Fryderyk estava sendo procurado pelos alemães, que pretendiam executá-lo. A fazenda fora ocupada pelos invasores, situação que perduraria até o final da guerra. Provavelmente devido à ascendência judaica de Ilza, ela e os filhos foram levados para um campo de prisioneiros em Dobrzyca, mas dois meses depois foram liberados e transferidos para o oeste da Polônia.

Do seu lado, Fryderyk procurava obstinadamente trazer a família para a França. Acabou conseguindo um visto francês permanente para Ilza e os filhos. Depois de uma longa e atribulada viagem, passando pela Hungria, Iugoslávia e Itália, os quatro finalmente se reuniram a Fryderyk em Paris. Porém, os Czapski ficaram juntos por muito pouco tempo. Com a iminente chegada dos alemães à cidade, Ilza e os filhos fugiram para o sul da França, enquanto Fryderyk permaneceu com as tropas polonesas, aquarteladas em Vichy.

A expectativa do casal de embarcarem todos juntos em Lisboa, para o Brasil frustrou-se e Ilza e os filhos acabaram tomando o navio "Alsina" em Marselha, em janeiro de 1941, rumo ao Rio de Janeiro. A embarcação transportava cerca de 700 passageiros, de várias nacionalidades, em sua maioria refugiados do nazismo e do franquismo. A viagem foi extremamente acidentada. Quase cinco meses depois da partida, o "Alsina" deixou os passageiros em Casablanca, no Marrocos, sem cumprir o percurso previsto até a América do Sul. Ilza e as crianças, liberados por possuírem visto permanente para o Marrocos — na época, território francês —, conseguiram chegar a Cádiz, na Espanha, e, no final de junho, embarcaram para o Rio. Chegaram à capital brasileira em 10 de julho. Uma semana depois Fryderyk encontrou-se com eles, depois de se desligar do exército polonês no exílio.

No Rio, Fryderyk regularizou a situação da família, obtendo vistos permanentes para todos, mas como não conseguiu trabalho decidiu mudar-se para São Paulo. Lá, foi conseguindo aos poucos, com a ajuda de Ilza, superar as dificuldades. Em meados de 1943, o casal, em sociedade com o imigrante iugoslavo Zeljko Schwarz, já era proprietário de uma pequena empresa, a Sociedade Comissária Polobraz. Sediada em São Paulo, a Polobraz comprava mercadorias na capital paulista e as revendia no interior do estado.

No final da guerra, em maio de 1945, Fryderyk e Ilza foram informados que não poderiam retornar a Obra, uma vez que o regime socialista fora implantado na Polônia, e a fazenda coletivizada. Foi também em 1945, após o fechamento da Polobraz, que eles se mudaram para a Fazenda Lagoa Alta, perto de Araras, no interior paulista, onde Fryderyk trabalhou como administrador da propriedade e criador de gado leiteiro.

Em 1948, o casal havia adquirido a fazenda Nova Wola, situada no município de Ibaiti, no norte do Paraná, e lá residia. Naturalizado brasileiro em 1952,

Fryderyk publicou alguns manuais sobre a produção de leite, sua especialidade como técnico agrícola. Posteriormente, os Czapski estabeleceram-se em Itu, no interior de São Paulo. O filho Juljan destacou-se como médico, sendo um pioneiro no campo dos planos de saúde e da medicina em grupo. Foi casado com a fotógrafa e artista plástica Alice Brill (VER), judia alemã que veio para o Brasil por ocasião da ascensão do nazismo.

Fontes: Czapska, Ilza. *Nossa vida de imigrantes no Brasil (1941-1983)*. São Paulo:1984; Czapska, Ilza. *Nosso caminho de Obra para o Brasil (1939-1941)*. São Paulo: 1978; Evelein, Johannes F. (Org.) *Exiles Traveling: Exploring Displacement, Crossing Boundaries in German Exile Arts and Writings 1933-1945*. Amsterdam/New York: Rodopi, 2009; Feder, Leonardo. *Rastreando olhares judaicos: as obras de fotógrafos alemães em exílio no Brasil*. São Paulo: Universidade de São Paulo. Faculdade de Filosofia, Letras e Ciências Humanas (Tese de Doutorado), 2018. Disponível em: <https://teses.usp.br/teses/disponiveis/8/8158/tde-22112018-121759/publico/2018_LeonardoFeder_VCorr.pdf>. Acesso em: 13 jun. 2020; Prada, Cecília. "A terra prometida". SESC SP, 1 nov. 2001. Disponível em: <https://www.sescsp.org.br/online/artigo/compartilhar/1361_A+TERRA+PROMETIDA>. Acesso em: 13 jun. 2020; Diário Carioca, 09-07-1952, p. 9.

Sergio Lamarão / IB

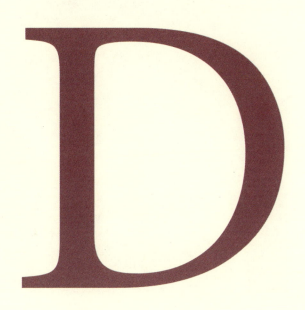

DAMMAN, Ilse: ver ELKINS-ROSEN, Ilse

DE FIORI, Ernesto
Escultor, pintor, desenhista
Roma, 12-12-1884 – São Paulo, 24-04-1945
No Brasil, de 1936 a 1945

Filho de pai italiano e mãe austríaca, saiu de casa aos 19 anos para estudar desenho na Real Academia de Belas Artes de Munique com Gabriel von Hackl, pintor do historicismo. Retornou a Roma, mudou-se para Paris, onde teve outros mentores, participava ativamente do debate sobre novas tendências artísticas e conheceu as obras dos mestres Cézanne e Renoir. Seus biógrafos dão conta de que desistiu de pintar ao ver tanta perfeição. Começou a experimentar a escultura sob orientação do suíço Hermann Haller. Em 1914, quando estourou a Primeira Guerra Mundial, Ernesto de Fiori circulava com desenvoltura entre as mesas do Café du Dôme, ponto chique da intelectualidade e dos artistas,

Modelando a face de Moussia Pinto Alves, década de 1930 | Acervo da Pinacoteca do Estado de São Paulo

mas acabou preso, acusado de espionagem. Passou 14 dias na cadeia. Um ano depois, já morando em Berlim, conseguiu a cidadania alemã, alistou-se no exército e seguiu para o front como correspondente de um jornal italiano. Em 1917, deixou o exército e mudou-se para Zurique, onde retomou as atividades artísticas. Polemista e dono de uma pena afiada, redigiu, entre 1918 e 1919, um manifesto criticando os dadaístas. Escreveu que não existe arte nova sem referência ao passado.

Em 1936, Ernesto de Fiori, então já com 51 anos, residia em Berlim quando decidiu visitar sua mãe, Maria Unger de Fiori e seu irmão mais velho, o médico Mario de Fiori, que estavam morando em São Paulo. Desembarcou em Santos no início de agosto de 1936. Seria uma viagem "de recreio", como declarou ao Correio de S. Paulo. Mal sabia que ficaria no Brasil até morrer. Com a chegada de um número cada vez maior de refugiados europeus, ficou claro que seria impossível retornar. Enturmou-se com os modernistas, entre eles o poeta, escritor e jornalista Menotti del Picchia, o pintor e animador cultural Paulo Rossi Osir e os escritores Sérgio Milliet e Mário de Andrade. Este último escreveu sobre ele: "Ernesto de Fiori, na sua maneira de obter a matéria do óleo, não revela a sua personalidade de escultor. E isto me parece um forte elogio, pois reconheço que ele está realmente fazendo uma pintura de pintor e não de escultor — o que é muito comum."

Professor de História da Arte da USP, o pesquisador Walter Zanini atesta que Ernesto de Fiori não gostou de São Paulo, como consta do artigo "Die lange Fahrt" ("A longa viagem") publicado em 1936. Também não lhe agradou o meio artístico do Rio de Janeiro, mas tentou ter uma ideia do interior do país viajando pelo rio Paraná. Em 1938, mesmo reconhecido pelo arquiteto Lúcio Costa como um "escultor de primeira qualidade", teve suas obras recusadas em concurso para a nova sede do Ministério da Educação, no Rio de Janeiro, sob alegação de que eram "pouco monumentais". Seu lado militante fez com que organizasse a liga Resistência Espiritual contra o Nazismo. No espectro ideológico, era um liberal, também se opunha ao comunismo. Quando o Brasil se definiu pelos Aliados, em 1942, publicou artigos contra a ditadura nazista e, quando submarinos alemães afundaram navios brasileiros no Atlântico, redigiu manifesto conclamando alemães e italianos residentes no Brasil a protestarem e, segundo Walter Zanini, "planejou mecanismos antitorpedos, cujos desenhos chegou a oferecer ao governo dos Estados Unidos".

Quando chegou em São Paulo, fez retratos, como o de Menotti Del Picchia e do empresário Francisco Matarazzo, pintou nus femininos e paisagens, tanto rurais, inspiradas na viagem fluvial que fez de Presidente Prudente (SP) até Guaíra (PR), quanto cenas urbanas de São Paulo. Não demorou para realizar mostras individuais e coletivas e a expor no inovador Salão de Maio. Foi membro do grupo Família Artística Paulista. Zanini classifica suas paisagens e marinhas na "tradição do expressionismo", tendo influenciado membros do Grupo Santa Helena, entre eles Volpi e Mário Zanini. Integrou postumamente a Bienal de Veneza de 1950. Em 1975, por ocasião da grande retrospectiva De Fiori no Museu de Arte Contemporânea da USP, foi catalogada toda a sua obra produzida no Brasil: 71 esculturas, 173 pinturas, 238 desenhos, além de azulejos e litografias. Novas retrospectivas foram realizadas no Museu Georg Kolbe de Berlim (1992) e na Pinacoteca do Estado de São Paulo (1997). Em 2014, mais de 60 anos após sua morte, um grande lote de seus quadros foi descoberto no sótão de uma pousada na Baviera e leiloado.

Fontes: Andrade, Mário de. "Ernesto de Fiori". In.: Laudanna, Mayra (Org.). *Ernesto de Fiori — uma retrospectiva*. São Paulo: Pinacoteca do Estado de São Paulo, 1997, p. 208; Ernesto de Fiori. Enciclopédia Itaú Cultural de Arte e Cultura Brasileiras.

São Paulo: Itaú Cultural, 2020. Disponível em: <http://enciclopedia.itaucultural.org.br/pessoa9807/ernesto-de-fiori>. Acesso em: 15 abr. 2020; Ernesto de Fiori. In: Wikipedia. Disponível em: <https://de.wikipedia.org/wiki/Ernesto_de_Fiori>. Acesso em: 15 abr. 2020; Zanini, Walter. "Os anos tardios de Ernesto de Fiori no Brasil". *Estudos avançados*, v. 9, n. 25, São Paulo, set.-dez. 1995. Disponível em: <https://www.scielo.br/scielo.php?script=sci_arttext&pid=S0103-40141995000300023#3not>. Acesso em: 15 abr. 2020.

Leonardo Dourado / IB

DEICHMANN, Kurt
Empresário, doceiro
Algringen, Alemanha, atual Algrange, França, 23-07-1907 –
Rio de Janeiro, 23-02-2000
No Brasil, de 1939 até 2000

Kurt Deichmann e a filha Marion no primeiro endereço da confeitaria, avenida Ataulfo de Paiva 1022, Rio de Janeiro | Acervo de família, cortesia de Myriam Gewerc e Evelyn Deichmann

Kurt era o filho do meio na família Deichmann, que tinha ainda o caçula Edgar e o mais velho, Erich. O pai, Iwan, era de Hamburgo, onde montara uma loja. Depois de se casar com Rebecca, nascida em Luxemburgo, foram morar em Algringen, onde Kurt nasceu. Quando eclodiu a Primeira Guerra Mundial, Iwan foi convocado para lutar. A mãe tomou conta da loja e o garoto levado — como o próprio Kurt se definia — passou pela escola aos trancos e barrancos. A história de sua vida é recheada de emoções e digna de um roteiro cinematográfico com final feliz. A famosa confeitaria que leva seu nome no bairro do Leblon, na Zona Sul do Rio de Janeiro, é um ícone do mesmo nível de suas melhores congêneres europeias e já sobrevive ao seu fundador por duas décadas.

A sobrevivência econômica na Alemanha no período entreguerras não era fácil. A relação dos Deichmann com o Brasil começa a partir de Erich. Ele tinha primos no Rio de Janeiro, emigrou e montou uma firma de importação de produtos alemães. Kurt casou-se cedo e foi morar em Luxemburgo, onde tinha parentes pelo lado materno, mas não encontrou trabalho. Em 1932 nasceu sua filha Marion. O casamento com Alice terminou e a mãe voltou para a casa dos pais com a menina. Um ano depois, começou a escalada nazista. A madrugada de 9 para 10 de novembro de 1938 ficou conhecida como Noite dos Cristais, com ataques, vandalismo a sinagogas e lojas de judeus, e assassinatos. Iwan foi levado para Buchenwald.

Ainda antes da decisão de extermínio em massa nos campos de concentração, foi dado um prazo aos cerca de 30 mil detidos para que conseguissem um visto e deixassem o país. Erich, que vivia no Rio de Janeiro, agiu rápido: entrou com um pedido de reagrupamento familiar e conseguiu um certificado do Itamaraty. Cumpriu os prazos dentro do contexto daquilo que o historiador Fábio Koifman chama de "janela Aranha": um período em que, de acordo com medida do então ministro das Relações Exteriores, Oswaldo Aranha, refugiados com algum parente até segundo grau no Brasil poderiam requerer documentos e vistos. Kurt saiu com um visto permanente do consulado brasileiro em Antuérpia, na Bélgica, e seus pais, com vistos temporários do consulado de Hamburgo. Iwan e Rebecca conseguiram passagens na segunda classe do "Cap Arcona" e escaparam.

Cerca de 80% dos vistos eram reservados para agricultores. Logo ao chegar, o casal Deichmann comprou de uma das empresas do Barão de Rothschild um lote na colônia agrícola Fazenda da Barra, em Resende. Kurt chegou em 10 de fevereiro de 1939 e gostou da vida no campo, mas sua mãe adoeceu e a família se mudou para perto da praia, na rua Cupertino Durão, Leblon, à época um bairro de classe média. A família empreendeu infrutíferos esforços para resgatar a filha de Kurt e sua ex-mulher. Esta acabou morta em um campo de concentração. No entanto, a avó de Marion conseguiu se esconder com os filhos e a neta. Três anos depois do fim da guerra, os Deichmann tentaram trazer a jovem para o Brasil, mas desistiram diante do trauma sofrido pela avó, que já tinha perdido a filha e não suportaria perder a neta. Levada pelos tios para os Estados Unidos, Marion cresceu ouvindo que fora abandonada por Kurt. Casou-se, mudou de nome, teve filhos, viveu entre os EUA e França e a família no Brasil não teve mais notícias dela.

Do lado de cá do Atlântico, Kurt compensava a falta de Marion dedicando-se às sobrinhas Evelyn e Myriam, filhas de seu irmão Erich. Abriu uma fiambreria, uma pequena delicatessen com queijos, presuntos variados e tudo o que a colônia alemã do bairro costumava consumir à noite no *Abendbrot*, o tradicional lanche reforçado da noite. Ficava na Rua Ataulfo de Paiva, escondida atrás de uma banca de jornais. O empreendimento cresceu e a clientela passou a formar filas na porta. Kurt naturalizou-se brasileiro em 1950 e se casou com Lola, uma alemã com grande pendor para fazer tortas. Resolveram oferecer à clientela bolos e biscoitos aos finais de semana. Deu tão certo que os frios cederam lugar aos doces.

No começo da década de 1980, sua filha Marion já havia criado os filhos, trabalhava na Organização Mundial da Saúde, na Suíça, e contou sua história a uma colega brasileira. A amiga resolveu ajudar. Quando veio ao Brasil visitar a família no Rio de Janeiro, procurou na lista telefônica pelo sobrenome Deichmann. Achou o número do Leblon, ligou e foi atendida pela mãe de Myriam e Evelyn, Germaine, justamente quem se empenhara pessoalmente em busca de Marion, sempre acreditando que poderia localizá-la. O telefonema foi no final de 1981. Em abril de 1982, 34 anos depois de seu último contato, Kurt reencontrou a filha e pôde contar a sua versão da separação em virtude da guerra. Pai e filha passaram a se visitar com regularidade. No início de fevereiro de 2000, Kurt Deichmann já estava doente e Marion prolongou sua visita, pressentindo a despedida. Kurt faleceu em 23 daquele mês.

Todo ano, no dia do aniversário, o doceiro costumava distribuir doces, espumante e dançar valsa com as freguesas. Os tradicionais *Stollen* (bolo de Natal), *Bienenstich, Streusel* e o campeão de vendas, a torta de damasco, têm uma fiel clientela. Desde 2019, o estabelecimento apoia a Camerata Jovem da Ação Social Pela Música e faz periodicamente apresentações ao ar livre em frente ao estabelecimento com o conjunto formado por jovens instrumentistas de comunidades da periferia do Rio de Janeiro.

Fontes: Entrevista com Myriam Gewerc, sobrinha. Rio de Janeiro, em 02-08-2020; Entrevista com Claudia Deichmann, sobrinha. Curitiba, em 13-08-2020; Entrevista com Evelyn Deichmann, sobrinha. Rio de Janeiro, em 14-08-2020.

Leonardo Dourado / IB

DEINHARD, Hanna Levy: ver LEVY, Hanna

DEMETER, Wolf
Artista plástico
Würzburg, Alemanha, 14-09-1906 – São Paulo, 29-04-1978
No Brasil, de 1941 a 1978

Cortesia do neto Rafael Cardoso

Nascido Adolf Ernst Edwin Aloys Demeter, filho de Adolf Demeter, funcionário do departamento de patentes, e Maria Christina (nascida von Bezold), ambos de família católica. Mudou-se com os pais para Berlim, ainda pequeno, e foi criado no bairro de Zehlendorf. Em 1929, casou-se com Ursula Simon, filha do banqueiro Hugo Simon (VER). O casal teve um filho, Roger, nascido em Paris, em 1931.

Adotou o nome artístico Wolf Demeter. Foi aluno do escultor Arminius Hasemann, em Berlim, e de Thomas Thomopoulos, em Atenas. Em 1929, conheceu o grande escultor Aristide Maillol, de quem se tornou discípulo e assistente. Passou a trabalhar entre Alemanha e França, e obteve algum sucesso. Teve exposições individuais na Galerie Ferdinand Moeller, em Berlim, em 1931, e na Kunsthandel J. Goudstikker, em Amsterdã, em 1933, além de participar de exposições coletivas. Com a promulgação das Leis de Nuremberg, em 1935, sua carreira na Alemanha se encerrou. Demeter recusou-se a abandonar a esposa judia e se alinhar com a política cultural nazista. Passou a ganhar a vida com fruticultura na região de Grasse, Alpes Maritimes, França, onde morava. Com a eclosão da Segunda Guerra Mundial, essa atividade também se tornou difícil. Ele foi internado duas vezes em campos franceses para estrangeiros inimigos, brevemente em 1939 e, no ano seguinte, por mais tempo, no campo de Les Milles, próximo a Aix-en-Provence.

Ainda na França, Demeter tornou-se partidário anti-nazista e colaborou com o incipiente movimento de resistência. Graças a esses contatos, obteve documentos franceses falsos e pôde se evadir da França, com toda a família, sob o nome de guerra André Denis, sob o qual viveu no Brasil. Em fevereiro de 1941, chegou ao Rio de Janeiro com a mulher, filho e cunhada. Reencontrou ali os sogros, Hugo e Gertrud Simon (VER), e mudou-se com eles para Penedo (RJ), onde trabalhou na Companhia Agrícola Plamed, da qual constava como sócio minoritário. Entre 1942 e 1944, trabalhou em Curitiba, com o interventor Manoel Ribas, na implantação de escolas agrícolas. De 1944 a 1952, viveu em Campos do Jordão (SP). De 1952 a 1962, trabalhou na Klabin Papel e Celulose, em Monte Alegre (PR), como diretor do departamento de construção civil. Em 1962, mudou-se novamente para Curitiba, e, em 1969, para São Paulo, a fim de retomar a carreira artística em tempo integral.

Em 1972, conseguiu regularizar sua situação legal, retomando a nacionalidade alemã e adotando o nome híbrido André Demeter-Denis. Durante todos esses anos, continuou a produzir obras de escultura, pintura, desenho e esmaltação sobre cobre. Participou de algumas exposições coletivas no Brasil e teve uma individual na Galeria Ambiente, São Paulo, em 1959. Nessa época, seus trabalhos foram reproduzidos na revista Habitat. Mereceu uma retrospectiva póstuma no Museu de Arte de São Paulo, em 1980, e seu trabalho está representado no livro *Um século de escultura no Brasil* (1982), de P.M. Bardi e Jacob Klintowitz. Em 1996, teve várias obras incluídas na exposição paralela *Maillol e o Brasil*, na Pinacoteca do Estado de São Paulo.

Fontes: Cardoso, Rafael. *O remanescente, vol. 1: O tempo do exílio*. São Paulo: Companhia das Letras, 2016.
Rafael Cardoso / IB

DENIS, André: ver DEMETER, Wolf

DEUTSCH, Agathe: ver STRAUS, Agi

DOLINGER, Jacob
Jurista, professor
Antuérpia, Bélgica, 25-03-1935 – Israel, 27-10-2019
No Brasil, de 1941 a 2011

Com a esposa Raquel
Foto Ronaldo Gomlevsky

Jacob Dolinger era o filho mais velho do casal de poloneses judeus Hersch Dolinger e Rosa Ganzarski. Além dele, também nasceu na Bélgica o outro filho do casal, Max Dolinger, um ano mais novo que Jacob. Com a invasão do país pelas tropas nazistas em maio de 1940, os Dolinger fugiram para a França e se juntaram aos milhares de refugiados do nazismo que, diante do consulado de Portugal em Bordeaux, clamavam por um visto que lhes permitisse sair com segurança para Lisboa e de lá para algum outro país do outro lado do Atlântico.

Em sua fuga desesperada, eles encontraram na figura heroica do cônsul português Aristides de Souza Mendes um fiel aliado. Contrariando as ordens do ditador Antonio de Oliveira Salazar, que por meio da famosa "Circular 14" proibira expressamente os diplomatas portugueses de conceder vistos consulares, sem a prévia autorização do governo, aos estrangeiros de nacionalidade indefinida, aos apátridas, aos russos e aos judeus expulsos de seus países de origem ou que a eles não pudessem retornar livremente, Souza Mendes decidiu ignorar a diretiva e liberou milhares de vistos para todos os que bateram à sua porta, sem discriminação de raça, religião, nacionalidade ou ideologia política. Segundo o historiador israelense Yehuda Bauer, seu ato foi talvez a maior ação de ajuda humanitária a refugiados feita por um único indivíduo durante o Holocausto.

Os Dolinger receberam seus vistos em junho de 1940. Deixaram então a França, atravessaram a Espanha e chegaram finalmente a Portugal. Residiram primeiro na Curia e depois no Porto. Alguns meses depois, a bordo do navio

"Serpa Pinto", saíram de Lisboa com destino a Nova York, onde desembarcaram em fevereiro de 1941. Em breve, já estariam no Brasil, mais especificamente no Rio de Janeiro, o lugar que Hersch Dolinger escolhera para viver com a família.

Em 1948, Jacob Dolinger, então com 13 anos de idade, regressou a Nova York para se matricular no Mesifta Talmudical Seminary, uma escola secundária para meninos onde fez seus estudos talmúdicos, voltados ao aprendizado do Talmud, coletânea de livros sagrados que reúnem interpretações dos sábios sobre a lei, a ética e os costumes judaicos. Poliglota — além do português, falava inglês, francês, espanhol, ídiche e hebraico —, concluiu o seminário em 1953 e dois anos depois, já de volta ao Brasil, ingressou no curso de Direito da Universidade do Distrito Federal (UDF), a atual UERJ. Graduou-se em 1958 e em 1969 obteve o doutorado com a tese *A capacidade civil da mulher casada*.

No início dos anos 1970, trabalhou como professor visitante na PUC do Rio de Janeiro e em 1972 tornou-se professor associado da Universidade do Estado da Guanabara (UEG), que sucedera à UDF. Lecionou por mais de 30 anos na instituição, ministrando cursos de Direito Internacional Privado, Direito ProcessualInternacional e Direito Comparado. Obteve os títulos de professor livre-docente da UEG em 1973 e de professor titular de Direito Internacional Privado da UERJ em 1980, ocupando este último cargo até se aposentar em 2005.

Jacob Dolinger lecionou como professor visitante em diversas universidades norte-americanas e israelenses, além de ter sido conferencista da Academia de Direito Internacional de Haia. Direito Internacional Privado foi a sua grande área de atuação, na qual se tornou uma referência no Brasil e no exterior. Transitava com a mesma desenvoltura nos mais variados temas do direito, a exemplo da questão da arbitragem, assunto no qual foi um dos precursores no Brasil. Era um escritor voraz e deixou quase uma centena de escritos, entre livros e artigos. Seu livro *Direito Internacional Privado*, lançado em 1986 e que já está na 15ª edição (desde a 12ª publicado em coautoria com Carmen Tiburcio), tornou-se um clássico da disciplina.

Dolinger formou e influenciou várias gerações de alunos como educador. Teve entre seus discípulos e colaboradores mais próximos nomes como Vera Jatahy, Carmen Tiburcio, Marilda Rosado, Nadia de Araújo, Lauro Gama e o ministro do Supremo Tribunal Federal, Luís Roberto Barroso, que escreveu a seu respeito: "Jacob Dolinger não era uma figura comum. Com seu chapéu atípico e forte sotaque europeu, ele era um homem a um só tempo imponente e acolhedor, exigente e carinhoso, culto e desafetado. Formal e afetuoso. Um amigo leal e dedicado a todos que desfrutaram esse privilégio. Mas, sobretudo, era um professor extraordinário."

Uma das figuras mais destacadas do judaísmo brasileiro, Dolinger foi um estudioso da Torá e defensor do sionismo. No Rio, presidiu a Yeshivá (escola rabínica) de Petrópolis e a sinagoga ortodoxa asquenaze Kehilat Yaacov, em Copacabana. Em 2011, mudou-se para Ra'anana, em Israel, uma próspera cidade localizada nos arredores de Tel Aviv.

Em 2015, Carmen Tiburcio, Wagner Menezes e Raphael Vasconcelos publicaram pela Arraes Editora o livro *Panorama do Direito Internacional Privado atual e outros temas contemporâneos*, uma homenagem a Jacob Dolinger.

Fontes: Académie de Droit International de La Haye/Hague Academy of International Law. *Index*. Tomes/Volumes 281-290. Leiden/Boston: Martinus Nijhoff, 2003; Aristides de Souza Mendes: his life anda legacy. *Sousa Mendes Foundation*. Disponível em: <http://sousamendesfoundation.org/aristides-de-sousa-mendes-his-life-and-legacy/>. Acesso em: 4 fev. 2020; Barroso, Luís Roberto. "Um dos maiores que já passaram por lá". In: Tiburcio, Carmen; Menezes, Wagner; Vasconcelos, Raphael. *Panorama do direito internacional privado atual e outros temas contemporâneos*. Belo Horizonte: Arraes, 2015; Gilban, Marcus M. "Jacob Dolinger, Jewish Brazilian international law expert, dies at 84". *Jewish Telegraphic Agency*, 27 out. 2019. Disponível em: <https://www.jta.org/quick-reads/jacob-dolinger-jewish-brazilian-international-law-expert-dies-at-84>. Acesso em: 5 fev. 2020; Morre jurista Jacob Dolinger, especialista em direito internacional privado. *Consultor Jurídico*, 27 out. 2019. Disponível em: <https://www.conjur.com.br/2019-out-27/morre-jacob-dolinger-especialista-direito-internacional-privado>. Acesso em: 5 fev. 2020.

Luis Octavio Souza / IB

DU BOIS-REYMOND, Eveline: ver MARCUS, Eveline Du Bois-Reymond

DUPATY, France
Pintora
Melun, França, 06-04-1913 – Rio de Janeiro, 02-01-1987
No Brasil, de 1941 a 1945 e de 1947 a 1987

Françoise Anne Andrée Jackson, conhecida pelo nome artístico de France Dupaty, estudou na Académie de la Grande Chaumière, conceituada escola de arte de Paris. Ainda jovem, teve obras incluídas em mostras coletivas na capital francesa, entre as quais o Salão das Tulherias. Em 1934, iniciou viagens por diversos países europeus, acabando por residir em Londres por algum tempo.

Arquivo Nacional

Já casada com o escritor irlandês John Knox, transferiu-se no final da década para a cidade de Funchal, na Ilha da Madeira, onde morou por um ano e meio. Impossibilitada de retornar à França por causa da guerra, optou por transferir-se com o marido para o Rio de Janeiro, onde chegou em fevereiro de 1941 no navio "Serpa Pinto".

Dupaty logo se integrou aos círculos intelectuais e artísticos da então capital federal. Morava na avenida Niemeyer, na orla carioca, mas frequentava assiduamente o bairro de Santa Teresa, na área central da cidade, reduto de muitos artistas estrangeiros que haviam se refugiado no Brasil em virtude da Segunda Guerra Mundial. Entre os principais pontos de encontro desses artistas estavam o Bar Vermelhinho e a Pensão Mauá, modesto estabelecimento no bairro de Santa Teresa administrado pela então modista e futura artista plástica Djanira. Em entrevista ao jornal carioca O Imparcial, em maio de 1941, France Dupaty manifestou entusiasmo pelo Rio de Janeiro e pelo impacto das luzes e das cores da cidade sobre a sua produção pictórica: "com o colorido dessa paisagem espero enriquecer a minha arte, e penso que o simples fato de viver no Brasil já constitui uma felicidade. Não quero saber mais da Europa".

Em outubro daquele ano, realizou exposição individual na Associação Brasileira de Imprensa (ABI) e, em seguida, na Galeria Ita, em São Paulo. Nos anos seguintes voltaria a expor pelo menos mais duas vezes no Rio de Janeiro: a primeira, em 1943, na Galeria do Instituto dos Arquitetos do Brasil (IAB), com apresentação do escritor José Lins do Rego; e a segunda em 1945, com a mostra "Moleques Cariocas", na Galeria Montparnasse, com patrocínio da embaixada da França. Nesse mesmo ano, conquistou a medalha de bronze na Divisão Moderna do Salão Nacional de Belas Artes.

Com o fim da Segunda Guerra Mundial retornou imediatamente à França. Em 1947, expôs na Maison de l'Amérique Latine, em Paris, mas naquele mesmo ano já estava de volta ao Rio de Janeiro. Sua exposição na sede carioca da

Aliança Francesa, em 1949, contou com apresentação de Quirino Campofiorito. Participou da I Bienal de São Paulo em 1951, e do Salão Nacional de Arte Moderna em 1953 e 1954. Em 1954, expôs individualmente em Montevidéu e, no ano seguinte, na Galeria Dezon, no Rio de Janeiro. Depois disso, sua presença no cenário artístico nacional se reduziu consideravelmente.

Em 1986, teve obras incluídas na mostra *Tempos de Guerra — Hotel Internacional e Pensão Mauá*, que focalizou o ambiente artístico e cultural do bairro carioca de Santa Teresa na época da Segunda Guerra, e percorreu as cidades do Rio de Janeiro, São Paulo e Belo Horizonte. O catálogo da mostra conta com pequenos depoimentos de Dupaty e outros artistas.

Fontes: Cavalcanti, Carlos. *Dicionário brasileiro de artistas plásticos*. Brasília: Instituto Nacional do Livro, 1974; Corrêa, Roberto Alvim. A pintura de France Dupaty, Correio da Manhã, 26-08-1945; Maurício, Jayme. Artes plásticas, Correio da Manhã, 18-05-1955; Pontual, Roberto. *Dicionário das artes plásticas no Brasil*. Rio de Janeiro: Civilização Brasileira, 1969; Teixeira Leite, José Roberto. *Dicionário crítico da pintura no Brasil*. Rio de Janeiro: Artlivre, 1988; *Tempos de guerra: Hotel Internacional e Pensão Mauá* (catálogo da exposição), 1986. Depoimento de France Dupaty; O Imparcial, 25-05-1941 (Suplemento); 12-10-1941; 21-12-1941; A Noite, 08-07-1945, p. 8.

André Faria Couto / IB

DUSCHENES, Herbert
Professor de história da arte, arquiteto, cineasta
Hamburgo, Alemanha, 13-12-1914 – Curitiba, 17-01-2003
No Brasil, de 1940 a 2003

Os pais de Herbert Duschenes, ele judeu, ela cristã, que compunham uma família rica e de pendores intelectuais, encaminharam o filho para estudar no colégio de elite Landschulheim Auf Gut Marienau, dirigido pelo historiador Max Bondy e sua mulher, a psicanalista Gertrud Wiener Bondy, primeira aluna graduada pessoalmente por Freud em Viena. O jovem Herbert revelou sua paixão pela fotografia desde a adolescência. Na segunda metade da década de 1930, estudou História da aArte na Universidade de Hamburgo eArquitetura no Instituto Politécnico de Praga, especializando-se ainda em Filosofia, Sociologia da Arte e Estética. Na casa de seus pais, conheceu Rudolf Laban, considerado o pai da dança moderna, que viria a ser, em Londres, professor de sua futura mulher, Maria Duschenes (VER). Sendo meio judeu, sentiu-se em 1939 compelido a abandonar seu país em virtude da intensificação das medidas antissemitas implantadas pelo governo nazista, que estava no poder desde 1933.

1983 | Acervo Cecilia Consolo

Tomou, então, o rumo do Brasil, onde desembarcou em 13 de junho de 1940, instalando-se em São Paulo.

No mesmo ano de sua chegada, colaborou num escritório de projetos em sociedade com o francês Jacques Pilon e outros arquitetos, responsável pelos planos de construção de importantes prédios da capital paulista, como os edifícios Edlu (1944), Jaraguá, antiga sede do jornal O Estado de S.Paulo (1953-1976), Paulicéia e São Carlos do Pinhal (1956). Nesses primeiros anos de Brasil, tornou-se também sócio da empresa Augusto Cincinato de Almeida e Lima Engenharia e Construções (Acal), onde permaneceu até 1970.

Em 1942 casou-se com a professora de dança Maria Ranschburg, que adotou o nome de Maria Duschenes (VER). Em 1958, em razão da poliomielite contraída por Maria, o casal viajou para os Estados Unidos e outros países, oportunidade que Herbert aproveitou para produzir diversos filmes sobre os lugares visitados, registrando exposições de arte, arquitetura, paisagem, população e costumes locais. Ao longo da vida, as viagens que continuou a fazer pelo mundo permitiram-lhe rodar mais de cem filmes coloridos em Super 8, concebidos como material didático para cursos livres ministrados em São Paulo e no Rio de Janeiro. A destacar, os filmes que fez na China e em Bali na década de 1980, além dos registros sobre Bienais de Veneza, de São Paulo e dos mais importantes museus do mundo. Ao todo, produziu ao longo da vida cerca de trezentos filmes em preto e branco e coloridos, que constituem um valioso acervo para o estudo do cinema como instrumento didático.

A partir dos anos 1960, integrou o grupo de intelectuais, artistas e dançarinos que frequentava as aulas de sua mulher, na residência projetada por ele no bairro paulistano do Sumaré, registrando em vídeo os espetáculos e coreografias de Maria Duschenes, inspiradas no método de Rudolf Laban.

Tornou-se docente no Departamento de Artes Plásticas da Fundação Armando Álvares Penteado (Faap) em 1967 e por cerca de 30 anos aí lecionou nos cursos de arquitetura e belas artes. Entre seus alunos, estão os artistas plásticos Jac Leirner, Leda Catunda e Sergio Romagnolo. Sua contribuição foi importante também nos festivais da Pró-Arte, em Teresópolis.

Em 2000, participou do programa *Do zero ao infinito*, integrante da série Arte e Matemática, produzida pela Fundação Padre Anchieta. Dois anos depois, prestou depoimentos sobre arte e dança para documentários como *Mar e moto*, produzido por Maria Mommensohn e Sergio Roizenblit, e *Maria Duschenes, o espaço do movimento*, de Inês Bógea.

Em 2016, o Itaú Cultural promoveu em São Paulo e em Curitiba a Ocupação Maria e Herbert Duschenes, evento dedicado ao registro da importante presença do casal na cena cultural brasileira.

Fontes: Duschenes, Herbert. *Curriculum vitae do artista — Arquivo Herbert Duschenes*. São Paulo: Centro Cultural São Paulo, 1993; "Herbert Duschenes". Enciclopédia Itaú Cultural de Arte e Cultura Brasileiras. São Paulo: Itaú Cultural, 2020. Disponível em: <http://enciclopedia.itaucultural.org.br/pessoa481923/herbert-duschenes>. Acesso em: 31 ago. 2020; Noronha, Marcio Pizarro; Ribeiro, Luciana Gomes. "Da documentação como fonte de estudo histórico-cultural à criação audiovisual no campo da dança: do filme documental à videodança na política cultural para a dança no Brasil". *Anais XII Encontro Regional de História da Anpuh*. Rio de Janeiro: Anpuh, 2006. Disponível em: <http://www.rj.anpuh.org/resources/rj/Anais/2006/conferencias/Marcio%20Pizarro%20Noronha%20e%20Luciana%20Gomes%20Ribeiro.pdf>. Acesso em: 15 jan. 2016; Penny, Paola Prestes. Herbert Duschenes' Amateur Exilic Films: Cinematic and Social Territories in the Family Film Ronny: 1949-1950. Disponível em www.cinergie.unibo.it/article/view/10513/11330.

Israel Beloch

DUSCHENES, Maria
Dançarina, coreógrafa, professora
Budapeste, Hungria, 26-08-1922 – Guarujá, São Paulo, 05-07-2014
No Brasil, de 1940 a 2014

Maria Duschenes nasceu Maria Ranschburg, em Budapeste. Era filha de Paul Ranschburg, proprietário de uma fábrica de borracha e de Edith Rechnitz, ambos judeus. Em 1932, ingressou na escola de dança de Olga Szentpál, pioneira no ensino e na teoria sobre dança moderna na Hungria. Lá teve contato com a Rítmica, método de educação musical de Émile Jaques-Dalcroze, centrado no movimento corporal. Em 1936, estudou dança com Aurel von Milloss, bailarino, coreógrafo e professor húngaro cuja formação incluía as teorias e práticas da dança estabelecidas pelo teórico e coreógrafo também de origem húngara Rudolf Laban.

Com a Hungria sob a mira de Hitler, os pais de Maria encontraram uma

Acervo de família, cortesia Daniela Duschenes

continuidade para a formação de vanguarda da filha na Escola de Artes Dartington Hall, em Devon, na Inglaterra, um projeto educativo e cultural que ao longo da década de 1930, atraiu um circulo de artistas e intelectuais modernos, muitos deles refugiados dos fascismos. Entre estes últimos encontrava-se o dançarino alemão antigo assistente de Laban, Kurt Jooss, que se estabeleceu em Dartington em 1934 com a sua companhia de dança e a sua escola. Maria permaneceu nesse estabelecimento de 1937 a 1939. Em 1940 a escola foi fechada pelo governo britânico por causa da eclosão da Segunda Guerra Mundial.

Sem concluir o curso, Maria partiu de Swansea, no País de Gales, no navio "Avila Star", para o Rio de Janeiro, onde chegou em 20 agosto de 1940. Veio sozinha, ao encontro de seus pais, que já moravam no país. Dois anos depois de sua chegada, se casou com Herbert Duschenes (VER), arquiteto, historiador da arte e cineasta amador alemão, também judeu e exilado, e passou a usar o nome Maria Duschenes. Herbert, coincidentemente havia experimentado a técnica

Laban ainda na infância e era grande apreciador da dança.

Os Duschenes fixaram-se em São Paulo. Na cidade, Maria encontrou um pequeno grupo de bailarinos estrangeiros, com os quais compartilhou as ideias modernas sobre a dança, entre os quais Kitty Bodenheim, Yanka Rudska, Maria Olenewa, Chinita Ullman e Vaslav Veltchek.

Em novembro de 1943 nasceu Ronaldo, filho do casal. No ano seguinte, aos 22 anos, Maria contraiu poliomielite. Para reaprender os movimentos, lançou mão da ginástica corretiva da Dra. Ruth Metzer e das técnicas de Laban. Estas últimas seriam fundamentais para a formulação da técnica corporal que desenvolverá mais tarde.

Em 1950, naturalizou-se brasileira. Nesse mesmo ano, a família já aumentada com o nascimento da filha Silvia, se mudou para uma casa na rua Valença, no bairro do Sumaré, projetada por Herbert. Esse espaço, de linhas modernistas e um belo jardim tropical, sempre de portas abertas a quem chegasse, se transformou num importante centro de formação de dança e de trocas culturais em São Paulo. Por lá passaram alguns dos nomes mais destacados da dança moderna e das artes cênicas, entre os quais Maria Esther Stocker, Lia Robatto, Yolanda Amadei, Maria Mommensohn, Denilto Gomes, J. C Violla e Juliana Carneiro da Cunha.

Por entender que o desenvolvimento humano integral deveria necessariamente incluir a consciência corporal, Duschenes ampliou também a pesquisa sobre improvisação de movimento para as áreas terapêutica e pedagógica. Trabalhou em colaboração com médicos e psicólogos e ministrou aulas sobre educação pelo movimento para professores da rede pública municipal de ensino.

Ao longo de sua trajetória, Dona Maria, como era chamada por seus alunos, manteve-se em constante atualização, seja retomando sua formação com a assistente de Laban ainda na Alemanha e depois na Inglaterra, Lisa Ullman, sua antiga professora em Dartington, e cofundadora do Art of Movement Studio, em Addlestone, Surrey, onde foi diplomada em 1970, ou então aprofundando seus conhecimentos sobre a notação de dança criada por Laban no Dance Notation Bureau, em Nova York, e ainda participando de cursos com dançarinos e coreógrafos de renome como José Limon, Martha Graham, Doris Humphrey e Alvin Nikolais.

O primeiro trabalho dirigido por Maria foi a apresentação em 1955 do grupo de ex-alunas de Yanka Rudska, agora suas alunas. A partir de então, e até 1996, dirigiu ou supervisionou cerca de 24 montagens, que reuniram geralmente grupos de bailarinos profissionais e de danças corais, nome dado aos conjuntos formados por elencos leigos, onde cada participante contribuía com suas características individuais. Seus espetáculos, por vezes apresentados fora dos palcos convencionais, em igrejas, colégios, museus e parques, integrando corpo, iluminação, improvisação e artes visuais foram registrados por Hebert Duschenes.

Entre seus trabalhos mais notórios estão *Magitex*, com o qual participou da I Bienal Latino-Americana de São Paulo, e a coordenação do Projeto Dança/Arte do Movimento, realizado entre 1984 e 1994 nas bibliotecas municipais, junto à Secretaria Municipal de Cultura de São Paulo.

Em 1999, Maria apresentou os primeiros sintomas do Mal de Alzheimer e foi paulatinamente se retirando de suas atividades. O casal mudou-se para o Guarujá. Em 2003, Herbert Duschenes faleceu, enquanto Maria veio a falecer em 2014 aos 92 anos.

Em 2016 o Itaú Cultural promoveu em São Paulo e em Curitiba a Ocupação Maria e Herbert Duschenes, evento dedicado ao registro da importante presença do casal na cena cultural brasileira.

Fontes: Bogéa, Inês. *O mundo em movimento*. Encarte do filme, 2006; Paiva, Warla Giany de. *Maria Duschenes: Teias de saberes e encontros*. Universidade Federal de Goiânia, Goiânia, outubro de 2015; Ver também Catalogo Ocupacao Maria e Herbert Duschenes. São Paulo, Itaú Cultural, 2016; https://enciclopedia.itaucultural.org.br/pessoa252508/maria-duschenes.
Ileana Pradilla / IB

DUSCHNITZ, Willibald

Empresário, colecionador de arte
Viena, 02-04-1884 – Teresópolis, Rio de Janeiro, 03-07-1976
No Brasil, de 1940 a 1976

Seu pai, Adolf Duschnitz, fundou em 1879 uma empresa têxtil que se tornaria, seis anos depois, a primeira fábrica de feltros industriais da Áustria-Hungria. Talvez por inspiração do sogro, Adolf Landgraf, que era um marchand, seu pai iniciou a formação de uma coleção de arte.

Willibald ingressou na Escola Militar e, em 1907, casou-se com a pianista

Jenka Loeff. No ano seguinte, com o falecimento do pai, passou a dirigir a empresa da família, à qual imprimiu grande prosperidade, o que o tornou rapidamente milionário. Seguindo o exemplo paterno, investiu na criação de sua própria coleção de arte, focando nas pinturas holandesas e flamengas dos séculos XVI e XVII.

Encomendou ao famoso arquiteto Adolf Loos a reforma e ampliação de sua mansão vienense. Porém, a derrota do Império Habsburgo na Primeira Guerra Mundial provocou uma grande retração nos negócios, que afetou profundamente sua empresa.

Acervo da família, cortesia da bisneta Gabriella Zalapì

A partir de 1924, no entanto, conseguiu soerguer a firma, com base na exportação dos produtos. Nos anos seguintes, sua extensa coleção de arte figurou nas mais prestigiosas exposições de Viena.

Em 1936, apreensivo com a ascensão do nazismo na Alemanha e de seus simpatizantes na Áustria, fundou na Inglaterra uma filial da empresa e, logo depois do *Anschluss* (1938), colocou a matriz vienense no nome de dois de seus empregados. Em seguida converteu-se ao anglicanismo, no âmbito da "Ação de Salvação" promovida por pastores ingleses na Áustria. Logo, abandonou o país, carregando cinco caixas repletas de obras de arte e se transferiu para a Inglaterra, dirigindo-se depois para Nice, na França. Em 1940, com a ocupação do país pelos nazistas, fugiu para a cidade de Valence, onde foi mantido preso por algumas semanas, até conseguir se evadir e rumar à Espanha. Lá, obteve um visto de turista para o Brasil e embarcou na primeira classe do lendário navio "Serpa Pinto", que permitiu o salvamento de tantos perseguidos na Europa.

Logo após a chegada, obteve licença de residência temporária no Brasil e, um ano depois, autorização para abrir uma filial local de sua empresa inglesa, a Dibyco Chemicals. Fundou também, com amigos vienenses, a Abajur

Decorações e Objetos Artísticos, que funcionaria até 1955. Enquanto isso, na Áustria, a Gestapo expropriou o resto de seus bens e ele sofreu novo golpe quando ficou sabendo que um homem de confiança na Suíça, para onde havia transferido parte de sua coleção de arte, havia vendido as obras para os nazistas. *Apóstolo Pedro*, de Van Dyck, por exemplo, foi negociada com Joseph Goebbels.

Depois da Guerra, voltou a Viena para tentar recuperar suas propriedades e sua coleção de arte, o que só alcançou após quatro anos de ingentes esforços.

Em 1949, já estava de volta ao Rio de Janeiro e obteve a cidadania brasileira três anos depois. Por volta de 1955, Willibald Duschnitz conheceu Eva Klabin Rapaport, herdeira de uma família de industriais e aficionada pela arte, e com ela estabeleceu profícua amizade, passando a funcionar como consultor e mentor da coleção de arte clássica que ela então iniciava. Participou da reforma da casa de Eva na Lagoa Rodrigo de Freitas, orientando a distribuição das obras de arte pelos recintos do imóvel e sugerindo a implantação no local de um museu. Duschnitz, no entanto, faleceu em 1976, sem ter presenciado a inauguração, em 1995, da hoje respeitada Casa Museu Eva Klabin.

Fonte: Chipman, Harold H. "Viena-Brasil: as duas vidas do Conselheiro Comercial Willibald Duschnitz (1884-1976)". In: Feldmann, Marianne et al. (Org.). *Olhares cruzados: Brasil-Áustria*. Rio de Janeiro/Brasília: Kapa Editorial/Embaixada da Áustria, 2016, p. 239-243; Zalapi, Gabriela (bisneta de Willibald Duschnitz). Entrevista, 02-10-2020.
Israel Beloch

EICHBAUM, Gisela
Pintora, desenhista
Mannheim, Alemanha, 1920 – São Paulo, 08-03-1996
No Brasil, de 1935 a 1996

A música acompanhou Gisela Eichbaum desde o berço. Cedo, aprendeu a tocar piano. No ano em que os nazistas tomaram o poder na Alemanha, 1933, o maestro Ernst Mehlich (VER) emigrou para São Paulo e insistiu para que seus amigos Hans e Lene (Hélène) Bruch, ambos excelentes pianistas formados pelo Conservatório Superior de Colônia, também seguissem para o Brasil. Hélène era judia e os chamados "casamentos mistos" haviam sido proibidos. Ela veio na frente, em 1934. O marido Hans seguiu em setembro de 1935 com a filha Gisela, então com 15 anos. Maria Luísa, a irmã mais velha de Gisela, chegou ao Brasil em 1937, após enorme esforço do pai para conseguir retirá-la da Alemanha.

Em São Paulo, Hans e Lene Bruch logo se integraram ativamente à vida

1940 | Foto de autoria desconhecida, cortesia Antonio Carlos Abdalla

cultural, dando recitais e lecionando em escolas de música como a Pro-Arte, onde a própria Gisela chegou a dar aulas de piano. Depois de alguns anos, Gisela conheceu o médico e pesquisador Francisco Eichbaum, seu futuro marido, judeu alemão como ela, que chegou à capital paulista em 1940. Ótimo violoncelista, formou um duo com Gisela que se apresentava em saraus frequentados até por artistas internacionais.

Mas a talentosa pianista, então, enveredou pelas artes plásticas. Teve forte influência de Yolanda Mohalyi e Karl Plattner na década de 1940. Sua pintura ainda era figurativa, marcada pelo expressionismo. Segundo o crítico José Neistein, "os personagens que Gisela pintou naquela época, cheios de espanto no olhar diante do absurdo do que ia em sua volta, e do qual eram vítimas inocentes, exprimem medo, pavor, insegurança e angústia, mas não expressam ódio ou rancor".

Frequentou o Atelier Abstração, fundado pelo também exilado romeno Samson Flexor (VER), um dos principais espaços de formação artística da nascente metrópole, onde circulavam intelectuais e artistas como Tarsila do Amaral, Lasar Segall, André Lhote, Gerhard Wilda (VER), Nelson Leirner e Jacques Douchez. Em sua casa na Vila Mariana, projetada pelo arquiteto Rino Levi, Flexor reunia os jovens para pintar, desenhar, discutir cultura e arte, principalmente a nova vertente não-figurativa. Foi a passagem pelo Atelier Abstração que a fez tomar o rumo daquela corrente artística, nota um dos maiores conhecedores da arte de Gisela Eichbaum, o curador Antonio Carlos Suster Abdalla: "As paisagens urbanas e as figuras alongadas, estáticas e misteriosas (...) começaram a se esfacelar. Os trabalhos da artista iniciaram nova, intensa e definitiva fase (...), abrindo caminho para a abolição definitiva da figura."

Gisela Eichbaum também passou uma temporada na Escola de Arte

Moderna de Nova York e foi bastante influenciada por Lasar Segall (de quem seu marido foi médico pessoal). Entretanto, buscou o seu próprio caminho no abstracionismo lírico, sendo aclamada como "pintora musical". O pico de sua trajetória recheada de exposições individuais e coletivas, participação em bienais, salões de arte e premiações foi nas décadas de 1970 e 1980. Em 1983, Gisela Eichbaum recebeu da Associação Paulista dos Críticos de Arte o prêmio de "melhor desenhista". Publicou dois livros: *Canções sem palavras*, em 1986, e *Meu diário*, em 1994. Neles, reproduz suas obras em guache, pastel e lápis de cor sobre papel. "*Canções sem palavras* foi uma declaração de amor à obra homônima de Mendelssohn", explica Antonio Abdalla.

Desde o primeiro prêmio em 1953, ganhou inúmeras distinções. Foi duas vezes "desenhista do ano" (em 1983 e em 1994) pela Associação Paulista de Críticos de Arte. Participava regularmente de exposições, como a VIII e a IX Bienal Internacional de São Paulo e individuais no Museu de Arte de São Paulo (MASP), em 1977, 1983 e 1986, ganhando reconhecimento internacional com mostras na Espanha, na Alemanha, na Áustria, em Israel, no Japão e nos Estados Unidos.

Fontes: Abdalla, Antonio Carlos Suster (Org.). *Gisela Eichbaum, canções sem palavras*. São Paulo: Editora do Autor, 2013; Gisela Eichbaum. In: Wikipedia. Disponível em: <https://de.wikipedia.org/wiki/Gisela_Eichbaum>. Acesso em: 15 jun. 2020.
Kristina Michahelles / IB

EISENBERG, Susanne: ver BACH, Susanne Eisenberg

ELKINS, Paulo
Cenógrafo, caricaturista, artista gráfico
Niterói, Rio de Janeiro, 16-02-1903 – Mendes, Rio de Janeiro, 03-02-1955
No Brasil, de 1903 a 1910 e de 1940 a 1955

Filho de pais alemães, Paulo Elkins nasceu no Brasil onde foi criado até os sete anos de idade, quando ficou órfão. Foi então morar em Londres com seu tio, o cantor lírico alemão Waldemar Henke. As constantes viagens com o tio por grandes centros europeus aproximaram-no do universo artístico, especialmente do teatro. No início dos anos 1920, iniciou estudos na Academia de Belas Artes de Paris, concluindo-os em Berlim. Vivenciou o efervescente cenário cultural

Revista literaria Dom Casmurro, 6/11/1943

da Alemanha durante a República de Weimar, aproximando-se do austríaco Emil Pirchan e do grego Panos Aravantinos, pioneiros da cenografia moderna na Alemanha. Ainda bem jovem, trabalhou na montagem de peças clássicas e modernas em diversas cidades alemãs. Foi diretor de palco do Teatro da Cidade de Heidelberg, onde conheceu a atriz judia Ilse Dammann (Ilse Elkins-Rosen, VER), com quem se casou em 1929.

No ano seguinte, o casal mudou-se para a capital alemã, e Elkins passou a trabalhar como cenógrafo na prestigiada Ópera Estatal de Berlim, onde colaborou com importantes diretores teatrais. Participou também de produções cinematográficas. Paralelamente, como desenhista de talento, produzia charges para as publicações da casa editorial Ullstein, uma das mais importantes da Alemanha na época, destacando-se por satirizar as lideranças nazistas que então cresciam na cena política do país.

Em junho de 1933, meses após a ascensão de Hitler ao poder na Alemanha, o casal Elkins se viu obrigado a emigrar para Paris, onde Paulo continuou a produzir charges críticas ao nazismo, publicando grande quantidade delas em alguns dos mais importantes veículos da imprensa francesa, como os jornais diários Paris Midi, Paris Soir e Le Peuple, esse último ligado ao movimento sindical, o semanário Aux Écoutes e a revista humorística Le Rire. Esses trabalhos eram reproduzidos em vários jornais ingleses, como o popular Daily Express, e de diversos outros países. Em represália, o governo nazista retirou-lhe a nacionalidade alemã.

Com o início da Segunda Guerra Mundial, foi convidado a colaborar com o Ministério da Informação da França, então dirigido pelo prestigiado escritor e dramaturgo Jean Giraudoux. Em 1940, porém, diante da invasão alemã ao território francês, Paulo e Ilse Elkins embarcaram no navio "Jamaïque", em Bordeaux, rumo ao Rio de Janeiro, onde chegaram no dia 30 de maio. Na lista de passageiros apresentada à imigração, o sobrenome Elkins, do casal, que aparecia como *dit*, isto é, nome artístico ou pseudônimo, está riscado, enquanto o sobrenome Leutloff, pertencente ao pai de Paul, figura como o designativo.

Tudo leva a crer que sua transferência para o Brasil tenha sido aconselhada pelo governo francês, e é possível que estivesse vinculada a alguma missão específica a ele atribuída, mas a queda de Paris, ocorrida apenas duas semanas após sua chegada ao Rio, cortou por completo seu vínculo com a Europa.

No Rio de Janeiro, o casal Elkins fixou residência no bairro de Santa Teresa, que concentrava então grande quantidade de artistas e intelectuais refugiados. Sua chegada teve certa repercussão na imprensa, e já no mês de julho daquele ano caricaturas suas dos principais dirigentes políticos internacionais, que ele assinava apenas como Elkins, passaram a ser publicadas no jornal A Noite, e logo em seguida também no Diário Carioca. Tempos depois, foi convidado pelo poderoso industrial Antonio Joaquim Peixoto de Castro para ser o diretor artístico do departamento de publicidade de uma de suas empresas, trabalho que lhe assegurou estabilidade financeira. A única filha do casal, Ariane, nasceu no Rio de Janeiro, em 1942.

Foi somente no final da década de 1940 que Elkins retomou sua atuação no meio teatral. Em 1948, fez os cenários para uma montagem em alemão do *Fausto*, de Goethe; e no ano seguinte produziu cenários e figurinos para a adaptação do romance *Senhora*, de José de Alencar, que contou com palcos giratórios, então uma inovação.

No início da década de 1950, trabalhou na montagem da peça *La Conchita* (1952) e das óperas *A flauta mágica* (1953) e *O rapto do serralho* (1954), ambas de Mozart. Seu retorno ao universo do teatro envolveu também a atuação como professor de cenografia no Seminário de Artes Dramáticas e sua colaboração com o Teatro do Estudante do Brasil. Ilse Elkins, por sua vez, destacou-se como empresária teatral, tendo tido, inclusive, papel pioneiro no país como agenciadora de atores e atrizes para os palcos e telas. Paulo Elkins faleceu em fevereiro de 1955, vitimado por um colapso cardíaco, quando passava férias na localidade fluminense de Mendes.

Fontes: *Almanaque Eu sei tudo*. Rio de Janeiro: Americana, 1956; Correio da Manhã, 12-01-1949; Correio da Manhã, 04-07-1948; Correio da Manhã, 04-02-1955; Diário Carioca, 21-11-1940; Dom Casmurro, 06-11-1943; Jornal do Brasil, 06-02-1955; Strauss, Herbert; Röder, Werner. *International Biographical Dictionary of Central European Emigrés 1933-1945*, v. 2. Munique/Nova York/Londres/Paris: Research Foundation of Jewish Emigration, 1983.

André Faria Couto / IB

ELKINS-ROSEN, Ilse
Atriz, agente de teatro e cinema
Hannover, Alemanha, 22-09-1907 – Munique, Alemanha, ?
No Brasil, de 1940 a 1957

Arquivo Nacional

Ilse Doris Karola Dammann, filha de Emil Dammann e de Johanna Sara Falkenstein, nasceu em Hannover, na Alemanha, em 22 de setembro de 1907. Entre 1915 e 1925 cursou em sua cidade o Lyzeum, uma escola exclusiva para mulheres. Estudou teatro, provavelmente em Berlim, mas iniciou sua carreira profissional como atriz em Hamburgo, em 1927, no Thalia Theater, fundado no século XIX como casa de espetáculos dedicada à comédia. Trabalhou também no Stadttheater, em Heidelberg. Lá teve aulas com Gustav Hartung, conhecido diretor do teatro expressionista. Nesse mesmo local conheceu seu futuro marido, Paulo Elkins (VER), cenógrafo e artista plástico, que trabalhava então como diretor de palco.

Filho de alemães, Elkins havia nascido no Brasil, em 1903. Ficara órfão em 1911 e fora criado pelo seu tio, o conhecido cantor de ópera Waldemar Hencke (1876–1945), em Londres e Berlim. Ilse e Paulo se casaram em 1929. No ano seguinte, Ilse se filiou ao Partido Social-Democrata, então o maior partido político da Alemanha. Entre 1930 e 1933, foi administradora da Paritätischer Stellennachweis der deutschen Bühnen, em Berlim, uma agência oficial encarregada de fazer as provas de emprego para os trabalhadores de teatro.

Nesse mesmo período, Ilse foi atriz no cabaré Die Katakombe (As Catacumbas). Esse pequeno teatro, fundado por Werner Fink em 1929, era conhecido por suas sátiras sociais. Com o advento do nazismo, o espaço passou a ser vigiado de perto pela Gestapo, sendo fechado continuamente, até ser definitivamente encerrado em 1935.

Em junho de 1933 Ilse e Paulo emigraram para a França. Embora Ilse fosse judia e Elkins não, o exílio do casal foi motivado pelas satíricas charges de Elkins contra o nazismo, publicadas nas revistas da casa editorial Ullstein, a maior da Alemanha na época.

Em Paris, Ilse trabalhou como agente teatral. Ela teria contribuído para a carreira de vários atores famosos, entre eles a bela adolescente Danielle Darrieux, que Ilse apresentou ao seu amigo, o então aspirante a diretor Billy Wilder. Em 1934, Darrieux protagonizou o primeiro filme de Wilder, *Mauvaise graine (Semente do mal)*.

Paul, por sua vez, continuou a publicar suas ácidas charges contra o nazismo em diversos órgãos da imprensa inglesa, francesa e norte-americana. Por essa razão, o governo alemão lhe retirou a nacionalidade.

Ilse e Paulo resolveram então emigrar para o Brasil. Partiram de Bordeaux no navio "Jamaïque", viajando com documentos brasileiros, e chegaram ao Rio de Janeiro em 30 de maio de 1940. Na lista de passageiros apresentada à imigração, o sobrenome Elkins, do casal, que aparecia como *dit*, isto é, nome artístico ou pseudônimo, está riscado, enquanto o sobrenome Leutloff, pertencente ao pai de Paulo, figura como o designativo. O casal passou a morar na Rua Almirante Alexandrino, em Santa Teresa.

No mesmo ano de sua chegada, as caricaturas de Paulo começaram a ser veiculadas no Diário Carioca e em A Noite, assinadas como Elkins. Reportagens sobre seu retorno ao Brasil também foram publicadas em diversos jornais. Nessas matérias Ilse aparecia ora como francesa, ora como norte-americana, sempre omitida sua nacionalidade alemã. Rapidamente, o trabalho de Paulo passou a ser demandado pela imprensa e, mais tarde, pelo teatro e pelo cinema, tornando-se um nome de referência no humor gráfico e na cenografia no país.

Trabalhando mais discretamente, Ilse também retomou, a partir de meados dos anos 1940, sua atividade profissional na área teatral, e ingressou na indústria cinematográfica que se desenvolvia no Brasil com o surgimento de companhias de grande porte, como a Vera Cruz e a Atlântida. Desta vez, ela não seria atriz, mas empresária de atores e atrizes, profissão que Ilse inaugurou no país.

Ela descobriu e contribuiu para o estrelato de diversos atores, entre os quais Ilka Soares e Jardel Filho. Teve também o mérito de lançar artistas brasileiros, como Alexandre Carlos e Jose Legwoy, em Hollywood.

Nos anos 1950, Ilse também se envolveu com o agenciamento de espetáculos de companhias estrangeiras no Brasil. De 1951 a 1955 foi organizadora das Temporadas Alemãs no Theatro Municipal, que apresentavam espetáculos de teatro e ópera de companhias germânicas, entre as quais o Teatro de Comédia de Berlim, dirigido por Hans Woelffer, tradicional teatro de *boulevard*. Com o retorno para a Alemanha do diretor alemão Wolfgang Hoffmann-Harnisch (VER), também refugiado do nazismo no Brasil, Ilse assumiu a direção do Deutsche Kammerspiele Rio, grupo de teatro por ele fundado.

Em fevereiro 1955, Paulo Elkins faleceu de ataque cardíaco, enquanto preparava a cenografia da ópera *As bodas de Figaro*. Dois anos depois, Ilse retornou para a Alemanha Ocidental, fixando-se em Munique. Em sociedade com Siegmund Breslauer, abriu nessa cidade a agência de teatro e cinema Breslauer-Elkins, renomeada Ilse Elkins-Rosen Agency, após o falecimento de Breslauer, em 1966.

Em 1961, Ilse havia se casado com Heinz Rosen (1908–1972) e passou a assinar como Ilse Elkins-Rosen. Bailarino e coreógrafo alemão, Rosen havia-se formado pela escola de Rudolph Laban e se tornou mundialmente conhecido pela coreografia e direção do balé *A dama e o unicórnio*, de Jean Cocteau, que estreou em 1953.

A última entrada de Ilse Elkins-Rosen no Brasil foi em dezembro de 1981. No passaporte, o carimbo registrava esse ingresso como permanente.

Fontes: Ilse Elkins, agente teatral, Correio da Manhã, 28-03-1950, p. 19; Agentes de cinema, A Cena Muda, 07-02-1950, p. 10; Strauss, Hubert A.; Röder, Werner (Org.). *International biographical dictionary of central European* émigrés 1933-1945, v. 2. Munique/Nova York/Londres/Paris: Research Foundation of Jewish Emigration, 1983.

Ileana Pradilla / IB

ELSAS, Hans: ver BENTON, José Antonio

ELTBOGEN, Gerda: ver BRENTANI, Gerda

FALBEL, Nachman
Historiador
Krystinopol, Polônia, atual Chervonohrad, Ucrânia, 21-03-1932
No Brasil, desde 1939

Seus primeiros seis anos de vida foram passados na sua aldeia natal, onde a maioria absoluta da população era composta de judeus. Em 1935, quando tinha três anos, seu pai, Mordechai David, emigrou para o Brasil, seguindo os passos do cunhado Yeoshua. Após um período na casa dos avós maternos, ele, a mãe, a irmã e o irmão foram se reunir ao pai, desembarcando em Santos em janeiro de 1939. De lá rumaram para São Paulo, onde Mordechai era sócio de seu cunhado em uma loja de móveis, no bairro da Lapa, onde havia uma pequena comunidade judaica. A saída da Polônia revelou-se providencial, pois em setembro os alemães invadiram o país e parte da família que não emigrou foi enviada para campos de concentração.

Logo após a sua chegada, Nachman foi matriculado no Grupo Escolar Pereira

Barreto, na Lapa, bairro predominantemente operário, onde fez o primário. Cursou o ginásio e o início do colegial no Colégio Oswaldo Cruz, um tradicional estabelecimento de ensino privado. Aos 16 anos — pouco depois da criação oficial do Estado de Israel, ocorrida em maio de 1948 —, ingressou no Dror, organização sionista-socialista, que preparava jovens para migrar para Israel e viver em *kibutz*.

Sua intensa militância no Dror levou-o a abandonar progressivamente os estudos formais, e acabou não concluindo o ensino médio.

Setembro de 2020 | Foto de Anat Falbel

Dedicando-se inteiramente às tarefas atribuídas pela organização — que incluía uma série de atividades vinculadas ao trabalho educativo, não apenas em São Paulo como também em outros estados —, concentrou suas leituras na história do sionismo, na história judaica, na história do socialismo e das doutrinas sociais.

Em outubro de 1951, partiu para Israel, integrando um grupo de jovens selecionados para fazer um curso no Machon Lemadrichei Chutz Laaretz (Instituto para Jovens Líderes do Exterior), em Jerusalém, destinado a formar lideranças para os movimentos juvenis de todo o mundo. Terminado o curso, esteve em dois *kibutzim*, para conhecer mais de perto a vida coletiva.

De volta ao Brasil, continuou dedicando-se de forma praticamente integral ao movimento Dror. Em maio de 1954, casou-se com Julieta Struck (Shulamit), sua companheira de militância e professora de uma escola judaica. Em 1956, o casal viajou para Israel, estabelecendo-se no *kibutz* Bror Chail, para onde se dirigiam preferencialmente os judeus brasileiros do Dror e onde Falbel trabalhou como tratorista. Anos depois, entre 1960 a 1964, fez a graduação em História e Filosofia na Universidade Bar-Ilan, em Ramat Gan.

Devido ao falecimento dos pais, Falbel e a mulher retornaram a São Paulo, sendo que em 1967, ingressou no mestrado em História das Religiões da Universidade de São Paulo (USP), no ano seguinte tornou-se professor desta unidade de ensino e concluiu a pós-graduação em 1969, apresentando duas dissertações *As heresias dos séculos XII e XIII* (em História Medieval) e *De reductione artium ad theologiam de S. Boaventura* (em Filosofia Medieval). Ainda nesse ano, foi um dos fundadores do Centro de Estudos Judaicos da Faculdade de Filosofia, Letras e Ciências Humanas da USP, do qual seria diretor por um longo período. Devido ao cargo, estabeleceu intercâmbio com a Universidade Hebraica de Jerusalém, um dos motivos que o levaria a viajar com frequência a Israel.

Dando prosseguimento à sua carreira acadêmica, fez doutorado em História Social, também na USP, de 1970 a 1972, quando defendeu a tese *A luta dos Espirituais e sua contribuição para a reformulação da teoria tradicional acerca do poder papal*. Em 1976 tomou a iniciativa, juntamente com um grupo de alunos e professores da USP, de criar o Arquivo Histórico Judaico-Brasileiro. Obteve a livre-docência em 1977, com o trabalho *Arnaldo de Vilanova, sua doutrina reformista e sua concepção escatológica*. Neste mesmo ano também publicou *Heresias medievais*. Em 1980, lançou *Estudos de história do povo judeu na Idade Média*. Tornou-se professor titular de História Medieval em 1992.

Ingressou no Instituto Histórico e Geográfico Brasileiro em abril de 1992. Nesse mesmo ano foi criado, na estrutura do Arquivo Histórico Judaico-Brasileiro o Núcleo de História Oral, ao qual prestou extenso depoimento. Em 1996, foi o vencedor do Prêmio Jabuti na categoria Ciências Humanas, com o livro *Os Espirituais Franciscanos*, lançado no ano anterior. A obra seria vertida para o inglês em 2011.

Autor prolífico e uma das maiores autoridades do Brasil em História Medieval e história da imigração judaica no país, Nachman Falbel foi responsável pela organização e edição de uma série de títulos fundamentais nos dois campos, além de dezenas de artigos publicados em livros e revistas nacionais e internacionais, monografias e coletâneas, entre elas: *Manasche, his life and his times* (1998) (*Manasche, sua vida e seu tempo*); *Kidush Hashem: crônicas hebraicas sobre as Cruzadas* (2001); *David José Pérez, uma biografia* (2005); *Judeus no Brasil: estudos e notas* (2008); *Estrelas errantes: memória do teatro ídiche no Brasil* (2013); *Jacob Nachbin. Os primórdios da historiografia judaica no Brasil* (2013); *Peretz Hirshbein. De terras longínquas. Viagem à Argentina e Brasil de junho a novembro de 1914* (2017); e *Arnaldo de Vilanova. Doutrina reformista e concepção escatológica* (2019).

Fontes: Falbel, Anat. Informação pessoal. 2020; Falbel, Nachman. "Passos para um novo caminho…" In: Milgram, Avraham (Org.). *Fragmentos de memória*. Rio de Janeiro: Imago, 2010, p. 131-155; CV Lattes. Disponível em: <http://lattes.cnpq.br/144020052896721>. Acesso em: 8 fev. 2020; Arquivo Histórico Judaico Brasileiro. Disponível em: <http://www.ahjb.org.br/>. Acesso em: 8 fev. 2020.

Sergio Lamarão / IB

FEDER, Ernst
Jornalista, escritor, jurista
Berlim, 18-03-1881 – Berlim, 29-03-1964
No Brasil, de 1941 a 1957

Graduou-se em Direito e História e doutorou-se em Ciência Política com láureas em Berlim. Abriu banca própria, começou a advogar e em 1903 ensaiou os primeiros passos como escritor. Casou em 1911 com Erna Zobel e oito anos depois abraçou definitivamente a carreira de jornalista, assumindo o posto de editor de política nacional do influente Berliner Tageblatt. Permaneceu no cargo por vários anos, consolidando uma reputação de jornalista respeitado, inclusive fora da Alemanha. Nesse período, foi eleito presidente do Reichsarbeitsgemeinschaft der Deutschen Presse (Grupo de Trabalho da Imprensa Alemã do Reich) e até a ascensão ao poder dos nazistas integrou a diretoria da Reichsverbandes der Deutschen Presse (Associação da Imprensa Alemã do Reich). Porém, o que efetivamente transformou Feder em um nome conhecido mundialmente em seu tempo foi a tragédia pessoal de Stefan Zweig (VER), com o duplo suicídio do escritor austríaco e sua mulher em Petrópolis.

Feder era judeu. Em 1933, quando Hitler assumiu a chancelaria do Reich, ele e a mulher saíram primeiro para a Suíça e, depois, para o exílio em Paris, onde ajudou a fundar e dirigiu o jornal de resistência dos refugiados do nazismo, Pariser Tageblatt. Quando as tropas nazistas invadiram Paris, ficou internado por algum tempo no campo de La Braconne. O biógrafo brasileiro de Stefan Zweig, Alberto Dines, conta que Feder conseguiu deixar o campo de internação graças ao americano Varian Fry, que operava uma rede de resgate de intelectuais e o apresentou ao embaixador Luiz Martins de Souza Dantas, diplomata brasileiro em Vichy, capital do território francês aliado dos nazistas mas não ocupado. Dantas já estava na berlinda, por emitir vistos irregularmente para salvar perseguidos, mas percebeu que Feder era um caso especial.

Deu-lhe o visto diplomático e uma carta de recomendação para a direção do jornal carioca A Notícia.

Feder chegou ao Brasil em 17 de junho de 1941 e logo aprendeu a língua, tornando-se um jornalista conhecido com sua coluna diária no jornal Diário de Notícias, assinada com o pseudônimo Spectator. Desde sua chegada, tratou de registrar os principais acontecimentos políticos de sua estadia no exílio tropical através de seu "Brasilianisches Tagebuch" ("Diário brasileiro"). Doutora em História pela Universidade de Viena, a alemã Marlen Eckl ressalta a importância desse documento que "reflete o panorama de todos os exilados de fala alemã no Brasil da época", atualmente guardado no Leo Baeck Institute de Nova York e ainda inédito. Com pressa de adaptar-se ao país de acolhida, Feder pesquisou temas e personalidades locais, históricos e contemporâneos. Dois meses após o desembarque publicou seu primeiro artigo no Jornal do Brasil sobre Colombo e um ano depois já escrevia em português. Era filiado ao Deutsche Demokratische Partei (Partido Democrata Alemão) e não demorou muito a estabelecer laços com outros exilados, entre eles, Hans Klinghoffer, Hugo Simon, Leopold Stern, Paul Frischauer, Richard Katz, Richard Lewinsohn e Wolfgang Hoffmann-Harnisch (VER todos). Do lado nativo, sua rede também cresceu rapidamente: fez contato com o acadêmico Claudio de Souza, o poeta Ribeiro Couto, os jornalistas Herbert Moses e Samuel Wainer, editor da revista Diretrizes. Este último definiu Feder como "o amigo eterno de Stefan Zweig".

Em 1931, na sessão inaugural do Tribunal Internacional de Honra dos Jornalistas de Haia | Foto gentilmente cedida por Sylk Schneider, Weimar

Ambos tinham várias afinidades: intelectuais, judeus, a mesma idade. Ficaram muito amigos. A amizade com Zweig rendeu um intercâmbio intelectual e literário importante. Feder escreveu o livro *Diálogos dos grandes do mundo*, lançado no Brasil em 1944 e na Alemanha após a guerra com o título *Begegnungen. Die Grossen der Welt im Zwiegespräch (Encontros. Os grandes nomes do mundo em diálogo)*. São 16 encontros fictícios com personalidades capazes de impactar a história. Zweig sugeriu e Feder incorporou a ideia de representação de um encontro entre o filósofo Michel de Montaigne (1533–1592) e o poeta italiano Torquato Tasso (1544–1595). Por sua vez, o austríaco pediu ao alemão sua opinião sem restrições sobre a novela *A partida de xadrez*, libelo pacifista e sua última obra, integralmente escrita no endereço da rua Gonçalves Dias, onde atualmente funciona o museu Casa Stefan Zweig, em Petrópolis. Gostou das observações críticas de Feder. Esse tipo de conversa na língua materna de ambos ajudava a combater a crescente depressão de Zweig.

Zweig e Lotte convidaram o casal Ernst e Erna para um jantar em casa na noite de 21 de fevereiro de 1942. No dia seguinte apareceram mortos lado a lado. O episódio marcou a vida de Feder, que se tornou o cronista da breve passagem de pouco mais de um ano de Zweig pelo Brasil e de sua morte.

Após o suicídio de Stefan Zweig, Ernst Feder fez valer sua reputação de pessoa séria, discreta. Com seus conhecimentos como advogado ajudou Friderike, a primeira mulher de Zweig, em questões legais ligadas à herança e passou a receber convites para falar sobre o período brasileiro do autor de *Brasil, um país do futuro*. Publicou numerosos artigos sobre essa fase, tanto no Brasil, como na Argentina, nos EUA e, depois da guerra, também na Alemanha e na Áustria. No final da década de 1940, largou o jornalismo. Em 1953, foi condecorado pelo governo alemão com a Ordem do Mérito. Em 1957, voltou para Berlim e morreu em 1964, praticamente desconhecido.

Fontes: Dines, Alberto. *Morte no paraíso: a tragédia de Stefan Zweig*. 4. ed. ampliada. Rio de Janeiro: Rocco. 2012; Eckl, Marlen. "'A flor do exílio' – A amizade de Stefan Zweig e Ernst Feder vista a partir do Diário Brasileiro de Feder". Trad. Kristina Michahelles. *WebMosaica*, v. 4, n. 2, jul.-dez. 2012. Disponível em: <https://seer.ufrgs.br/webmosaica/article/view/37709/24346>. Acesso em: 18 jun. 2020; Ernst Feder. In: Wikipédia. Disponível em: <https://de.wikipedia.org/wiki/Ernst_Feder>. Acesso em: 18 jun. 2020.

Leonardo Dourado / Kristina Michahelles / IB

FEIGL, Fritz
Químico, pesquisador, professor
Viena, 15-05-1891 – Rio de Janeiro, 23-01-1971
No Brasil, de 1940 a 1971

O austríaco Fritz Feigl desenvolveu no Rio de Janeiro um trabalho reconhecido mundialmente e emprestou seu nome ao maior prêmio nacional concedido a profissionais da Química até 2008. Criado em um ambiente de classe média alta, desde menino desenvolveu seu interesse cultural por música e literatura, além de gostar de esquiar, de montanhismo e de caminhadas no Wienerwald, os bosques de Viena. Aos 23 anos, já estava formado em humanidades e em Engenharia Química na Universidade Técnica de Viena. Como vários intelectuais e cientistas de sua época, alistou-se voluntariamente no exército austro-húngaro. Ferido no front russo da Primeira Guerra Mundial, foi condecorado e promovido a capitão. Após a guerra, obteve seu doutorado em 1920.

Autoria desconhecida

Feigl fez uma excelente carreira acadêmica até a sua emigração forçada — por ser judeu — em 1938. De assistente, passou a professor de Química Analítica Inorgânica em 1933 e professor titular em 1937. Nesse período orientou dez teses de doutorado e três vezes por semana, à noite, dava aulas na universidade popular (*Volkshochschule*) para os retornados da guerra que haviam interrompido os estudos e precisavam trabalhar durante o dia. Organizou um curso para jovens mulheres, no qual conheceu Regine Freier, com quem se casou. A jovem refugiada de Kolomyia, nos Montes Cárpatos, Polônia, deu-lhe o filho Hans-Ernst, que depois se formou químico e morreu precocemente de câncer aos 28 anos. Quando a Áustria foi anexada pela Alemanha em 1938, a família fugiu primeiro para a Suíça e depois para a Bélgica. Após a invasão da Bélgica pela *Wehrmacht* alemã em 1940, Fritz Feigl foi levado para o campo francês de Perpignan. Regine e o filho estavam na fronteira da Holanda e, graças a isso, não foram detidos. Mudaram-se para Toulouse, na França, onde conseguiram vistos junto ao embaixador do Brasil em Vichy, Luiz Martins de Souza Dantas. Fritz Feigl fugiu de Perpignan, a família se reencontrou e, uma vez em Lisboa, seguiu para o Brasil no navio "Serpa Pinto", ancorando no cais da Praça Mauá, no Rio de Janeiro, em novembro de 1940.

Poucas semanas depois, Fritz Feigl foi contratado pelo antigo DNPM, Departamento Nacional de Produção Mineral, subordinado, na época, ao

Ministério da Agricultura. Seu laboratório alcançou alta produtividade científica, tornando-se atração internacional. Feigl, que obteve a cidadania brasileira em 1944, trabalhava com brasileiros, porém recebia periodicamente cientistas de outros países, como Estados Unidos, Japão, Israel. O cientista austríaco criou o procedimento conhecido no mundo inteiro como Análise de Toque (*Tüpfelanalyse*, em alemão, *spot test*, em inglês). É uma técnica simples e econômica, em que provas analíticas são executadas sem instrumentos especializados, só com o uso de gotas em um filtro de papel. Graças a isso, vários novos compostos e reações químicas importantes foram descobertos. Os testes feitos até hoje na Amazônia para o controle de peixes contaminados por mercúrio são baseados nesse método. O uso do luminol na detecção de sangue, empregado para solucionar crimes, também se ampara em uma reação desenvolvida por Feigl.

Foram 29 anos de atividade no Laboratório de Produção Mineral do DNPM, até Feigl adoecer seriamente. Ele ficou particularmente famoso por dois processos industriais que lhe foram designados pelo diretor Mário da Silva Pinto. Um foi o da produção de cafeína a partir dos extratos concentrados de café. Em Santo André, São Paulo, a Companhia de Produtos Químicos Alka, sob direção técnica de Regine Feigl, processou 48 mil toneladas de café em três anos de operação, gerando 500 toneladas de cafeína de grau comercial. Era um produto escasso e, naqueles tempos de guerra, valioso para a produção do xarope que entra na composição da Coca-Cola. Garantida a propriedade intelectual dos processos para o casal de químicos, o trabalho significou a recuperação da fortuna dos Feigl perdida com a guerra, graças também à extraordinária competência de Regine Feigl, que negociou o procedimento com a gigante americana. Com o término da Segunda Guerra Mundial, os mercados estrangeiros foram reabertos para a importação do café em grão e a matéria-prima necessária não se tornou mais acessível para a Alka.

Em 1946, Fritz Feigl desenvolveu um segundo projeto industrial bem-sucedido, voltado para a solubilização do fosfato contido na bauxita fosforosa do Maranhão, com vistas à produção de fertilizantes sintéticos. As jazidas naquela parte do Nordeste eram estimadas em sete milhões de toneladas, porém eram inúteis *in natura*. Uma empresa alemã já obtivera o direito de exploração e exportava o recurso natural em sua forma bruta. O processo desenvolvido por

Feigl, embora não tenha sido logo comercializado, teve a patente registrada em nome do Laboratório de Produção Mineral.

Fritz Feigl publicou mais de 400 trabalhos, deixando uma obra vigorosa reunida em vários livros, textos e monografias, publicados em diferentes idiomas e edições sucessivas. Seu primeiro livro, *Análise quantitativa com auxílio de reações de toque* (1931), publicado em alemão antes de sua vinda para o Brasil, foi traduzido para russo, inglês e francês. Em 1949, seu trabalho mais famoso, *Química de reações específicas*, foi publicado no Brasil. Tornou-se membro da Pontifícia Academia de Ciências do Vaticano, da Real Academia de Gotemburgo, da Academia Austríaca e da Academia Brasileira de Ciências. Foi professor *honoris causa* em diversas universidades pelo mundo. O casal Fritz e Regine Feigl rejeitou mais de uma proposta de universidades americanas, preferindo ficar no Rio de Janeiro pois ambos consideravam um dever de gratidão permanecer no país de acolhida.

Fontes: Espinola, Aida. "Fritz Feigl — sua obra e novos campos tecnocientíficos por ela originados". *Química Nova*, v. 27, n. 1, São Paulo, jan.-feb. 2004; Fritz Feigl. In: Wikipedia. Disponível em: <https://de.wikipedia.org/wiki/Fritz_Feigl>. Acesso em: 5 mar. 2020; Fritz Feigl. *Brasil Escola*. Disponível em: <https://brasilescola.uol.com.br/biografia/fritz-feigl.htm>. Acesso em: 5 mar. 2020; Senise, Paschoal. *Origem do Instituto de Química da USP — Reminiscências e comentários*. São Paulo: Instituto de Química da USP, 2006; Série Canto dos Exilados, 2016.

Kristina Michahelles / Leonardo Dourado / IB

FEIGL, Regine
Química, empresária
Ottynia, Galícia, Império Austro-Húngaro, atual Ucrânia, 04-04-1897 –
Rio de Janeiro, 17-10-1991
No Brasil, de 1940 a 1991

Nascida em uma família judaica, Regine Freier foi educada em escola católica de freiras ursulinas. Mudou-se em 1914 para Viena, onde inicialmente estudou contabilidade e mais tarde, em 1919, química na Universidade de Viena. Foi aluna do químico Fritz Feigl (VER), também judeu, seu orientador na tese de conclusão do curso, que versava sobre ácido sulfúrico. Eles casaram-se em 1924.

Após a anexação da Áustria pela Alemanha nazista em março de 1938 *(Anschluss)* e o avanço da campanha antissemita no país, Regine e Fritz, acompanhados do filho do casal, Hans-Ernst, nascido em 1926, decidiram emigrar. O primeiro destino foi a Suíça e depois a Bélgica, onde Fritz deu prosseguimento às suas pesquisas, voltando também a lecionar.

A Segunda Guerra Mundial eclodiu em setembro de 1939, com a ocupação da Polônia pelas tropas de Hitler. Em maio de 1940, a *Wehrmacht* invadiu o território belga. Os alemães detiveram Fritz e mais tarde, após a invasão e a capitulação da França, levaram-no para um campo de prisioneiros no sul do país, administrado pelo governo colaboracionista de Vichy. Regine e Hans Ernst não estavam em casa e conseguiram escapar.

Informada do paradeiro do marido, Regine e o filho mudaram-se para Toulouse, para ficar perto do campo onde estava Fritz. Graças à ação de Luiz Martins de

Museu Judaico, Rio de Janeiro

Souza Dantas, embaixador brasileiro em Vichy, que desobedecia as ordens do governo Vargas de restringir a imigração de judeus, Regine conseguiu os vistos para a família entrar no Brasil, em outubro de 1940. Fritz foi solto e no mês seguinte os três chegaram a Lisboa, partindo em seguida para o Brasil. Desembarcaram no Rio de Janeiro, na condição de refugiados.

Logo após a chegada dos Feigl ao Brasil, Fritz ficou sabendo que a produção de café não exportada devido à guerra era descartada. Decidido a aproveitar a matéria-prima, ele desenvolveu um método para extrair cafeína do café. Regine transformou o projeto em um negócio lucrativo, instalando uma fábrica em São Bernardo do Campo, em São Paulo, que, durante três anos, vendeu toda a produção para a Coca-Cola.

Naturalizada brasileira em 1946, já nesses primeiros anos de Brasil ela participava, juntamente com o marido, das iniciativas da comunidade judaica do

Rio. Seus nomes estavam presentes como benfeitores de algumas organizações da colônia, entre as quais a Federação das Sociedades Israelitas do Rio de Janeiro e a Confederação Israelita do Brasil. Nos anos 1950, doaram um terreno para a nova sinagoga da Associação Religiosa Israelita, inaugurada em 1962, à rua General Severiano. Faziam também generosas doações para universidades e centros de pesquisa e para estudantes pobres.

O raio da ação beneficente de Regine e Fritz ia além da colônia judaica e de Israel. Eles contribuíam regularmente com entidades artísticas e culturais do Rio, como o Museu de Arte Moderna e a Orquestra Sinfônica Brasileira, e da área de saúde, como a Maternidade Pró-Matre. A Pontifícia Universidade Católica foi talvez a maior beneficiária das suas doações, particularmente o Departamento de Química. Regine chegaria mesmo a integrar o Conselho de Desenvolvimento da universidade desde 1968 até meados de 1991.

Em 1954, o casal sofreu um rude golpe: seu único filho, Hans-Ernst, faleceu em Zurique, com apenas 28 anos, vítima de câncer. Ele fazia estágio de pós-doutorado em Química na cidade suíça, com o conhecido químico orgânico Paul Karrer.

Com o passar dos anos, Regine voltou a atuar como empresária, agora no ramo imobiliário. Foi ela quem idealizou e comandou a construção do edifício Avenida Central, no centro do Rio de Janeiro. Marco da arquitetura moderna brasileira e projetado pelo arquiteto Henrique Mindlin, o prédio foi erguido em terreno onde funcionavam o Hotel Avenida e a Galeria Cruzeiro, demolidos em 1957. As obras, acompanhadas de perto por ela, começaram em 1958. Inaugurado em maio de 1961, na presença do governador Carlos Lacerda, o Avenida Central foi o primeiro prédio do Brasil a usar estruturas metálicas em substituição ao concreto armado. Seus 34 andares e 110 metros de altura foram assentados numa base de quatro pavimentos e subsolo, ocupada por uma galeria comercial que leva o nome de Regine.

Essa experiência pioneira, extremamente bem-sucedida, fez de Regine Feigl uma das maiores incorporadoras imobiliárias do Rio sobretudo na década de 1960, liderando aquisições e incorporações, e até mesmo a própria construção dos imóveis. Viúva de Fritz Feigl, falecido em 1971, ela foi homenageada em 1974 pela Universidade Hebraica de Jerusalém, com o título de doutora *honoris causa* em Filosofia.

Na segunda metade da década de 1970, voltou a atuar no mercado imobiliário, estando à frente da construção de um luxuoso prédio residencial na avenida Atlântica, no final do Leme. O empreendimento envolveu grande polêmica porque acarretou a demolição do prédio onde funcionava a Sociedade Pestalozzi do Brasil, que atendia a crianças e adolescentes excepcionais. O Edifício Doutora Regina Feigl foi inaugurado em 1980, sendo, à época, um dos endereços mais exclusivos do Rio.

Fontes: Freemantle, Michael. *The Chemists' War: 1914-1918*. Londres: Royal Society of Chemistry, 2014; Espinola, Aïda; Pinto, Mario Abrantes da Silva; Costa Neto, Claudio. "Fritz Feigl (1891-1971) The Centennial of a Researcher". *Bulletin for the the History of Chemistry*, n. 17/18, 1995, p. 31-39; Espinola, Aïda. "Fritz Feigl — sua obra e novos campos tecno-cientificos por ela originados". *Química Nova*, v. 27, n. 1, São Paulo, jan.-fev. 2004; A Noite, 23-05-1961, p. 2.; Jornal do Brasil, 18-10-1991, p. 12; http://nucleodememoria.vrac.puc-rio.br/pessoas/regine-feigl; Regina Feigl. *Leme, Rio de Janeiro*. Disponível em: <http://lemeriodejaneiro.blogspot.com/2018/02/regina-feigl.html>. Acesso em: 15 jun. 2020; Virgilio, Paulo. "Edifício Avenida Central, marco da arquitetura e referência no centro do Rio, completa 50 anos". *Agência Brasil: Empresa Brasil de Comunicação*, 10 mai. 2011. Disponível em: <http://memoria.ebc.com.br/agenciabrasil/noticia/2011-05-10/edificio-avenida-central-marco-da-arquitetura-e-referencia-no-centro-do-rio-completa-50-anos>. Acesso em: 15 jun. 2020.

Sergio Lamarão / IB

FEITLER, Rudi
Empresário da indústria gráfica, comerciante
Frankfurt am Main, Alemanha, 17-09-1911 – Rio de Janeiro, 20-06-1988
No Brasil, de 1935 so a 1988

Arno Rudi Feitler nasceu no seio de uma família judia abastada e culta, de Frankfurt. Filho de Jakob Feitler, agente de tecidos, e de Rose Reiss, uma pianista com certa notoriedade que estimulou nos filhos o interesse pela arte e pela música. Sua casa era ponto de encontro de artistas visuais, músicos e escritores modernos da Alemanha e dos países do leste europeu, entre os quais os pintores expressionistas Emil Nolde e Otto Dix e os compositores Alban Berg e Paul Hindemith.

Rudi se casou em Frankfurt com Erna Caroline Kirschbaum em 1935. O casal consta na lista 21, preparada pelo *Reich*, de expatriados e expropriados pelo regime nazista. Feitler e sua

Arquivo Nacional

esposa foram privados da nacionalidade alemã em novembro de 1937, já depois de terem saído de seu país.

Rudi obteve em setembro de 1935, em Bremen, um visto de viagem para o Brasil e embarcou sozinho em Trieste no vapor "Oceania", chegando ao Rio de Janeiro em 3 de outubro do mesmo ano. Em janeiro de 1936 seu nome já constava como cotista da firma Goldschmitt & Feitler, no Rio de Janeiro, dedicada ao comércio de roupas.

Erna Feitler viajou de Hamburgo para o para o Rio de Janeiro no navio "Monte Pascoal", e desembarcou na cidade em março de 1936. Um ano depois, os pais de Rudi e sua irmã Bettina também emigraram para o Brasil, chegando ao porto do Rio em março de 1937. Ainda nesse ano, Rudi tornou-se sócio de Ernest Mehler, conhecido dono de restaurantes, no Bar Ernesto, situado à Rua Miguel Couto, no centro do Rio de Janeiro. Sua participação nesse ramo de negócios, contudo, parece ter tido curta duração.

Em 1938 nasceu sua filha, Beatriz, que se tornará conhecida a partir dos anos 1960, como Bea Feitler, uma das mais importantes designers gráficas brasileiras, que foi diretora de arte de revistas internacionais de grande influência, como a Harper's Bazar, a Rolling Stone e a Vanity Fair. O segundo filho de Rudi e Erna, Jorge Jacob Feitler, nasceu em 1940 e fez carreira como industrial.

Em 1947, Rudi obteve a naturalização brasileira.

A partir dos anos 1960, Feitler teve participação ativa como executivo da indústria gráfica e da publicidade, ao tornar-se diretor-tesoureiro da Empresa de Propaganda Época S.A, fundada pelo artista plástico austríaco Gerhard (Geraldo) Orthof, também imigrante judeu, em 1937. Orthof e sua empresa tiveram atuação relevante na modernização da linguagem gráfica da propaganda no país, sobretudo dos outdoors. A empresa também serviu de escola para profissionais que alcançarão posteriormente destaque nas artes gráficas e visuais, como Dionísio del Santo, talvez o mestre da serigrafia no país.

Em 1963, Rudi Feitler participou da diretoria do Sindicato das Empresas de Publicidade Comercial do Estado da Guanabara e, em 1964, tornou-se sócio da Gráfica Fenix S.A., que prestava serviços, entre outros, a diversas agências publicitárias. Em 1965, foi sócio da Metropolitana Agência de Publicidade Ltda. e, dez anos depois, das Indústrias de Artes Gráficas Atlan Ltda., tendo como cotista sua mulher, Erna. A empresa possuía um moderno parque gráfico e tinha por atividade principal a prestação de serviços de impressão de livros de alta qualidade. Nela foram impressos álbuns raros em tiragens limitadas como *D. Quixote*, com 21 desenhos de Candido Portinari e poemas de Carlos Drummond de Andrade, e *A campanha do Paraguai, de Corrientes a Curupaiti, vista pelo Tenente Cándido López*, ambos publicados em 1973.

Simultaneamente ao seu trabalho na indústria gráfica e na publicidade, Feitler foi atuante em diversos conselhos de administração de empresas, como a Indústria de Máquinas Fekima, a Importadora Werner Frank e a Egon Wolff Ótica, todas de propriedade de exilados judeus.

Rudi Feitler faleceu em sua residência, na Rua Souza Lima, em Copacabana, em 20 de junho de 1988, de insuficiência coronariana.

Fontes: O porto ontem. Passageiros em trânsito para Buenos Aires, O Imparcial, 26-03-1937, p. 9; Juízo de direito da 14ª vara cível, O Jornal, 09-11-1945, p. 4; Memorial resolution of the Faculty of the University of Wisconsin-Madison on the death of Professor Emerita Bettina Bjorksten-Orsech, University of Wisconsin Faculty Document 2331 Madison 9 April 2012. https://kb.wisconsin.edu/images/group222/shared/2012-04 9FacultySenate/2331mr.pdf; Quellen zur Geschichte des III. Reiches/ Enteignete und expatriierte Personen 1933-1945. https://www.kinematographie.de/BENAMEN.HTM.

Ileana Pradilla / IB

FELLA, Karl Lustig-Prean von Preanfeld und: ver LUSTIG-PREAN, Karl

FERNANDES, Eva Lieblich: ver LIEBLICH, Eva

FISCHER, Max
Editor
Paris, 08-05-1880 – Saint-Maur-des-Fossés, França, 11-12-1957
No Brasil, de 1941 a 1947

Filho de Jacques e Emma Fischer, Maxime Chevalier Elieser Abraham Fischer nasceu em uma família judia, originária da Suíça. Juntamente com Alex, seu irmão mais novo, Max fez carreira no mundo literário e editorial francês, sobretudo na conhecida editora Flammarion.

Jornalista e autor de diversos livros a quatro mãos com o irmão — em geral de registro humorístico e editados pela Flammarion a partir de 1904 —, Max assumiu a direção literária da editora em 1913, sempre acompanhado de Alex.

Os irmãos Max e Alex Fischer | Domínio público

Os dois imprimiram um novo ritmo à política editorial da casa, sobretudo após a Primeira Guerra Mundial (1914-1918), quando lançaram séries de baixo custo e romances de costumes, ao lado de coleções médicas, livros religiosos de matriz católica, obras históricas e peças teatrais.

Em 1928, os dois irmãos se desentenderam e Alex deixou a editora. Sozinho à frente dos negócios, Max desenvolveu ao longo da década de 1930, entre outros projetos, a tradução para o francês das obras completas e dos discursos do ditador italiano Benito Mussolini. Para tal, chegou a ter uma audiência pessoal com o dirigente fascista, em Roma, em fevereiro de 1935.

Após a eclosão da Segunda Guerra Mundial em setembro de 1939 e a ocupação da França pela Alemanha nazista em maio de 1940, a Flammarion suspendeu, em dezembro, o contrato de trabalho de Max Fischer. Munido de um visto diplomático que lhe fora concedido por Luiz Martins de Souza Dantas, embaixador do Brasil na França de Vichy, Fischer desembarcou no Rio de Janeiro em maio de 1941. Trazia na bagagem uma carta do embaixador dirigida ao ministro das Relações Exteriores Oswaldo Aranha, em que era apresentado como um dos mais destacados homens de letras da França, e um dos seus editores mais importantes, e que lhe serviria de cartão de visitas no seu novo país.

Max continuou a exercer sua atividade de editor na capital brasileira, criando, quando da sua chegada, a Americ-Edit, instalada em prédio no centro da cidade. Em pouco tempo, fez contatos importantes, entre os quais com o empresário e mecenas Raymundo de Castro Maya, que o ajudou a financiar sua editora. Graças a essa rede, não demorou a ser apresentado ao próprio presidente Getúlio Vargas.

O público-alvo da Americ-Edit era o leitor brasileiro que lia francês. Assim, sua linha editorial concentrou-se na publicação ou republicação de autores em língua francesa, tanto clássicos quanto contemporâneos, tanto obras de ficção — com predomínio dos escritores franceses dos séculos XIX (Guy de

Maupassant, Pierre Loti, Émile Zola, Alexandre Dumas Filho) e XX (André Gide, François Mauriac, Colette, Anatole France, Romain Rolland) —, teatro (Racine, Molière, Edmond Rostand e Paul Claudel) e poesia (Alfred de Musset, Paul Verlaine), quanto biografias, livros de História e História Literária, além da coleção de divulgação científica "Connaissances et Culture". Lançou também obras de romancistas desconhecidos do público brasileiro, entre os quais o livro de contos de sua autoria, *Présence du passé (Presença do passado)*.

Em março de 1944, Fischer, que já havia sido apresentado a Getúlio Vargas por Lourival Fontes, diretor do DIP (Departamento e Imprensa e Propaganda), lançou a segunda edição de uma biografia do presidente, escrita por encomenda do governo: *Un portrait sans retouches: Getúlio Vargas (Um retrato sem retoques: Getúlio Vargas)*. A obra, de autoria de Paul Frischauer (VER), jornalista austríaco exilado em Londres desde 1939, havia saído pela Companhia Editora Nacional um ano antes com o título de *Presidente Vargas*.

Desde meados de 1944, pressentindo o fim da guerra, Fischer começou a publicar traduções para o português de obras em francês ou em inglês. Em seguida, confiou ao crítico literário Álvaro Lins a organização de uma coleção reunindo diversos autores brasileiros contemporâneos. Integraram a Coleção Joaquim Nabuco, entre outros, Mário de Andrade (*Aspectos da literatura brasileira*), Manuel Bandeira (*Poesias completas*) e Carlos Drummond de Andrade (*Confissões de Minas*, seu primeiro livro em prosa). A Americ-Edit funcionou até 1946 e publicou, em pouco mais de cinco anos, 120 títulos.

Fischer retornou à França em 1947, após o falecimento da esposa. Em 1952, casou-se com a escritora, música e musicóloga Nelly Caron-Mialaret, que havia publicado dois livros na Flammarion.

Entre seus livros publicados na França, muitos deles pela Flammarion, contam-se *La Dame très blonde* (1906), *Tonton ou des Drames de l'amour* (1907), *L'Inconduite de Lucie* (1909) *Hier et Avant-hier* (1913) *Mes lettres à Zonzon* (1919) *Les Fleurs de France* (1923) *Dans deux fauteuils* (1924) *Des histoires drôles pour la jeunesse* (1925) *Venise, pages d'un carnet de notes* (1927) *Rendez-vous avec l'Acropole* (1929) *Éloges d'un mari* (1929) *Anneaux de la chaîne* (1931) *Présence du passé* (1932) *Détours* (1933) *L'Amant de la petite Dubois* (1940)

Fontes: Koifman, Fábio. *Quixote nas trevas*. Rio de Janeiro: Record, 2002; Machado, Ubiratan. "A literatura francesa no Brasil durante a II Guerra Mundial". *Revista Brasileira*, Rio de Janeiro, ano XI, n. 43, jan. 2005, p. 247-261. Disponível em: <http://

www.academia.org.br/abl/media/prosa43d.pdf>. Acesso em: 15 jun. 2020; Sauthier, Etienne. "Crise contextuelle, crise des relations?". In: Martin, Eden; Kermele, Nejma; Chaves de Melo, Maria Elizabeth; Jobim, José Luis (Org.). *Dialogues France- -Brésil: Circulations - Représentations - Imaginaires*. 2018; Flammarion, 140 ans d'édition et de librairie. *Gallimard*. Disponível em: <http://www.gallimard.fr/Footer/Ressources/Entretiens-et-documents/Document-Flammarion-140-ans-d-edition-et- -de-librairie#1913>. Acesso em: 15 jun. 2020.

Sergio Lamarão / IB

FLIEG, Hans Günter
Fotógrafo
Chemnitz, Alemanha, 03-07-1923
No Brasil, desde 1939

Instituto Moreira Salles

A primeira vidraça de um estabelecimento judeu que estourou com uma pedrada na noite de 9 de novembro de 1938, em Berlim, marcou o início de um grande pogrom que deixou um rastro de lojas saqueadas, sinagogas incendiadas e judeus assassinados. O pânico desencadeado pela violência da Noite dos Cristais espalhou-se pelo país e não demorou a chegar a Chemnitz, no leste da Alemanha. A casa dos Flieg foi afetada, porém a família resistiu mais um ano até ter seus bens confiscados.

Aos nove anos, Hans Günter ganhou de Natal sua primeira câmera, que despertou seu interesse pela fotografia. Aos 15, conseguiu uma vaga no curso de Grete Karplus, profissional independente que documentara as obras do Museu Judaico de Berlim. Segundo o pesquisador Ludger Derenthal, Flieg buscava abrir perspectivas profissionais para sua emigração. De maio a julho do sombrio ano de 1939, às vésperas do início da Segunda Guerra Mundial, frequentou as aulas no estúdio de Karplus, na Hektorstrasse 4, em

Berlin-Halensee. O confisco foi a senha para a fuga da família, cheia de sobressaltos. O navio em que viajavam foi parado em Marselha, na França, em busca de passageiros indocumentados. Os Flieg conseguiram chegar a São Paulo em dezembro de 1939 com uma pequena máquina de bordar, e logo surgiu a Bordados Flieg, microempresa que funciona com esse nome até hoje na Rua da Consolação.

Hans Günter Flieg começou a trabalhar em São Paulo em empresas gráficas e depois se estabeleceu como fotógrafo utilizando uma câmera Linhof e uma Leica, mais leve, ambas trazidas da Alemanha. Nos 40 anos seguintes, registrou o desenvolvimento industrial brasileiro e a evolução da arquitetura, do design e da publicidade no país. O conhecimento de artes gráficas foi uma vantagem adicional para o fotógrafo. Sérgio Burgi, coordenador de Fotografia do Instituto Moreira Salles, observa que ele buscou "combinar soluções que fossem relevantes do ponto de vista da qualidade de suas imagens e do ponto de vista comercial". Burgi exemplifica com as fotografias que Flieg fez em uma fábrica de cristais, compostas "dentro de uma lógica de iluminação de qualidade, mas também trabalhando com eliminação de sombras".

Apuro e disciplina tornaram-se marcas registradas da fotografia de Flieg. A preparação das instalações industriais para o registro fotográfico — que não era sinônimo de maquiagem — costumava ser rigorosa. Assim foi na Willys-Overland, na Mercedes Benz, na Pirelli e em várias outras empresas que contrataram os serviços do fotógrafo alemão. Há uma impressionante foto da gráfica de O Estado de S. Paulo, com amplo plano geral do espaço, em que cada canto do interior, cada equipamento estão iluminados.

O trabalho do fotógrafo demandava tempo. Fazia a alegria dos funcionários dos locais retratados, pois as atividades normais eram suspensas. Certa vez, motivou comentário, quase uma reclamação, de um diretor da Mercedes. O próprio Flieg contou a sua versão do episódio na série Canto dos Exilados: "Eu achava importante que uma foto a ser mostrada aqui a compradores ou vendedores representasse a fábrica de maneira decente, e que os operários ficassem em posição de trabalho, cada um fazendo a sua atividade."

Também entrou para o folclore da história da fotografia o dia em que Flieg despachou o então candidato a presidente, Jânio Quadros, de volta para casa. Ele se apresentou para a foto oficial de campanha com caspas sobre o paletó.

"Sugeri que ele voltasse com o terno escovado e barbeado", disse Flieg candidamente. Jânio acatou.

Hans Günter Flieg passou a ser chamado por grandes agências publicitárias e participou do 1º Salão Nacional da Propaganda no Museu de Arte Moderna de São Paulo em 1950. No ano seguinte, foi o fotógrafo oficial da 1ª Bienal Internacional de Arte de São Paulo. O Brasil e os brasileiros também foram capturados por suas lentes. Flieg documentou as cidades históricas de Ouro Preto e Paraty e foi contratado em 1971 pelo Fundo das Nações Unidas para a Infância (Unicef) para documentar folclore e arte popular. Mais de 35 mil imagens do fotógrafo foram incorporadas ao acervo do Instituto Moreira Salles. Dessas, cerca de 25 mil foram digitalizadas e podem ser pesquisadas na intranet do instituto.

Fontes: Burgi, Sergio (Org.). *Flieg*. Instituto Moreira Salles; Série Canto dos Exilados (Telenews, 2016).
Leonardo Dourado / IB

FLUSSER, Vilém
Filósofo, professor, escritor
Praga, 12-05-1920 – Praga, 28-11-1991
No Brasil, de 1940 a 1972

Quando Vilém Flusser veio ao mundo, o seu país natal, a Tchecoslováquia, também era uma nação recém-nascida. A primeira constituição foi promulgada três meses antes, em fevereiro de 1920. Havia conflitos e violência entre os habitantes tchecos, alemães e judeus. O clima na capital, Praga, influenciou o jovem Vilém e o marcou para sempre: "Mais de uma vez, ele se declarou antes praguense do que tcheco, ou do que brasileiro, até o fim da vida", registra o seu biógrafo brasileiro, o professor de Teoria da Literatura da Universidade Estadual do Rio de Janeiro (UERJ), Gustavo Bernardo.

O novo país viveu um rápido sucesso econômico. Os automóveis Skoda e a cerveja Plzen passam a ser marcas reconhecidas internacionalmente. Em 1930, a Tchecoslováquia já é a décima potência industrializada do mundo, a ponto de atrair a cobiça de Hitler para o aço ali produzido. O partido nacional-socialista é proibido, mas, embalados pela ideia de expulsar os próprios tchecos

Foto de Thilo Mechau, Arquivo Vilém Flusser, Berlim

da Europa Central, membros da Frente Patriótica dos Alemães dos Sudetos, território que integra o país, insuflam a revolta, até que, em 1º de outubro de 1938, as tropas alemãs invadem o norte da Boêmia.

Vilém e sua futura mulher, Edith Barth, já namoravam quando a Wehrmacht chegou a Praga, em 15 de março de 1939. A família de Edith percebeu que era hora de fugir e tentou convencer o pai de Vilém ir junto. Os dois patriarcas discutiram, mas o professor Gustav Flusser decidiu ficar, alegando não ter cometido crime algum. Vilém tentou acompanhar a família Barth até Londres, abandonando um recém-iniciado curso de Filosofia na Universidade de Praga, mas não tinha visto de entrada para a Inglaterra. Barrado com outros judeus na fronteira da Holanda com a Alemanha, ouviu do oficial alemão que teria três dias para arranjar o documento ou iria para um campo de concentração.

O pai de Edith já estava na Inglaterra. Ela implorou e exigiu que ele ajudasse a salvar o namorado. O velho Barth subornou um funcionário inglês do Ministério de Relações Exteriores e conseguiu um visto inglês em um dia, voltando para a Holanda e resgatando o futuro genro.

A família de Flusser era de judeus intelectuais que consideravam tanto o tcheco como o alemão suas línguas maternas. O pai estudara Filosofia, Literatura Alemã, Matemática e Física, assistira a aulas com Albert Einstein, mas nada disso lhe valeu. Detido pela primeira vez pela Gestapo, foi torturado e solto. Preso novamente, foi levado para o campo de concentração de Buchenwald e lá morreu em 1940. A mãe e a irmã foram presas depois e morreram em Auschwitz. Vilém Flusser só teve essa terrível notícia ao desembarcar no Brasil em agosto de 1940, o que o levou a pensar em suicídio durante grande parte da vida, como ele mesmo escreveu. Em janeiro de 1941, casou-se com Edith.

Os primeiros tempos no Brasil foram muito difíceis. Vilém foi trabalhar como diretor e representante comercial na fábrica de transformadores montada pelo sogro. A filha de Vilém e Edith, Dinah, descreveu assim a situação, na série Canto dos Exilados: "Tínhamos problemas, porque ele não sabia ganhar dinheiro como meu avô esperava que o fizesse. Meu avô, pai da minha mãe, era um homem de negócios, e houve muito conflito entre os dois, porque eles não se entendiam. Papai nunca foi capaz de trocar uma lâmpada, ou de encontrar um par de meias. Acho que ele nem teria escrito se não fosse a minha mãe. Fazia tudo pessimamente. Quando começou a lecionar, libertou-se daquela carga terrível."

Flusser decidiu ser professor, mas não conseguiu que seus documentos tchecos do curso da Universidade Carlos fossem reconhecidos no Brasil. Na época, não havia tradutor juramentado com domínio do tcheco. Teria que recomeçar do zero. Decidiu aprender português como autodidata e fascinou-se por aquela que seria a língua de seus filhos. Tirando proveito de uma prodigiosa memória, leu muito, até conseguir tornar-se cidadão brasileiro em 1950.

Só no final dos anos 1960 passou a se relacionar com a intelectualidade paulista, principalmente no Instituto Brasileiro de Filosofia (IBF), onde lecionavam então Milton Vargas, Vicente Ferreira da Silva e Miguel Reale. Com essa ajuda, Flusser conseguiu dar aulas no Instituto Técnico de Aeronáutica (ITA), na Fundação Armando Álvares Penteado (FAAP) e na Universidade de São Paulo (USP). Também passou a escrever nos jornais O Estado de S. Paulo e Folha de S. Paulo. Como publicava muito na imprensa, passou a ser um autor popular entre professores, alunos e intelectuais. Suas aulas ficavam lotadas, o que era um tanto estranho, como observou Gustavo Bernardo, porque Flusser entrava na sala e trancava a porta. Ninguém podia sair, nem para ir ao banheiro.

Naquele período, publicou em português as seguintes obras: *Língua e realidade* (1963); *A história do diabo* (1965); *Da religiosidade* (1967). Nos anos 1960, recebeu o título de professor da Universidade de São Paulo. A partir de 1966, Flusser viajou várias vezes para a Europa e os EUA para proferir palestras e também como curador, a serviço da Fundação Bienal de Artes. Com o AI-5 e a radicalização da ditadura militar, a partir de dezembro de 1968, suas palestras nas universidades passaram a ser espionadas pela polícia política. De 1969 a 1971, Flusser publicou uma coluna no jornal Folha de S. Paulo, intitulada Posto Zero, com ataques frontais à ditadura. A coluna foi censurada em 1971 e o filósofo, dispensado do jornal. Segundo Edith Flusser, foram essas as razões que levaram ambos a retornar à Europa. Em 1972, o casal deixou o Brasil, fixando-se em Merano, na Itália, e, algum tempo depois, na pequena aldeia de Robion, no sul da França. A segunda fase da carreira acadêmica e filosófica de Flusser começou a partir do retorno à Europa. Já vivendo fora do Brasil, publicou *Natural:mente* (1979) e *Pós-história* (1982). Tornou-se conhecido sobretudo na Alemanha com o lançamento de *Für eine Philosophie der Fotographie* (1983) (*Filosofia da caixa preta: Ensaios para uma filosofia da fotografia*), traduzido para 30 línguas, *Ins Universum der technischen Bilder* (1985) (*O universo das imagens técnicas. Elogio da superficialidade*), e *Die Schrift* (1987) (*A escrita*).

Vilém Flusser morreu tragicamente em um acidente de automóvel em Praga, em 1991, e foi enterrado no novo cemitério judaico daquela cidade. Em uma de suas conferências em inglês, ele usou a frase "*We shall survive in the memory of others*" ("Sobreviveremos na memória dos outros"). Referia-se ao Talmude, um dos livros básicos do judaísmo, querendo dizer que nós somos responsáveis pela imortalidade dos outros, ao preservá-los em nossa memória.

Fontes: Bernardo, Gustavo; Guldin, Rainer. O homem sem chão: A biografia de Vilém Flusser. São Paulo: AnnaBlume, 2017; Série Canto dos Exilados (Telenews, 2016); Kestler, Izabela Maria Furtado. Exílio e literatura. São Paulo: Edusp, 2003.

Leonardo Dourado / IB

FORELL, Lise
Pintora
Brno, Tchecoslováquia, atual República Tcheca, 12-04-1924 –
São Paulo, 31-12-2017
No Brasil, de 1941 a 2017

A cidade na qual Lisbeth Forell nasceu ficava no sul da Morávia, Tchecoslováquia. Seus pais, Otto Forell e Marketa Fischel, eram judeus burgueses, e logo aos seis anos mandaram a pequena para uma escola alemã. Foi um erro, como disse, anos depois, a própria Lise. Estima-se que entre 1919 e 1938 cerca de três milhões de alemães viviam na então recém-criada Tchecoslováquia, surgida com o fim dos impérios Alemão e Austro-Húngaro. Em 15 de março de 1938, depois do Pacto de Munique, os nazistas invadiram e anexaram o protetorado da Boêmia e Morávia. As crianças judias matriculadas nos estabelecimentos alemães foram obrigadas a sair e eram recebidas com muita rejeição nas escolas tchecas.

Ainda menina, Lise engajou-se na organização sionista Macabi e passou a ter aulas de pintura com Gustav Böhm, sendo a única criança em um grupo de adultos. Preocupados, os pais mandaram-na para a Bélgica, onde viviam os avós maternos e um tio. A Academia de Belas Artes de Antuérpia tinha fama de ser uma das melhores da Europa e Lise Forell entrou diretamente no quarto ano do curso, após passar no teste de nivelamento em desenho. As aulas eram com modelos vivos. Bem-humorada, ela relembrou que "naquela época ainda se amarrava um lencinho no dito cujo, muito mais pornográfico que o modelo" e torcia para que sua avó jamais soubesse que ela passava horas encarando homens nus.

Lise em seu ateliê, 2014 | Acervo familiar, cortesia de David Forell e Gabriel Bevilacqua

Teve que abandonar o curso antes do final do último ano ao adoecer com escarlatina, o que aparentemente salvou a vida da família. Os pais seguiram para a Bélgica a fim de cuidar da filha quando estourou a Segunda Guerra Mundial. Otto, Marketa, Lise e o tio Karl lotaram, então, um carro com seus pacotes e tomaram o rumo da fronteira franco-espanhola, enfrentando filas intermináveis, bombardeios e fome. Na fronteira da Espanha franquista não conseguiram passar. Em Marselha, dividiram-se. Mãe e filha ficaram na cidade, os homens foram em busca de vistos. Finalmente, em dezembro de 1940 conseguiram vistos para o Brasil graças ao embaixador brasileiro Luiz Martins de Souza Dantas.

Lise Forell conheceu pessoalmente o embaixador brasileiro que salvou mais de mil vidas, liberando vistos irregulares. A família Forell embarcou no "Alsina", mas o navio foi parado em Dakar com contrabando e depois seguiu para Casablanca, no Marrocos, onde os passageiros foram transferidos sem maiores explicações para o campo de refugiados da Legião Estrangeira Sidi-El-Ayachi. Um ano mais tarde, conseguiram escapar para Cádiz e embarcar no navio espanhol "Cabo de Buena Esperanza" para o Brasil, chegando ao Rio de Janeiro em setembro de 1941. Primeiro, a família morou em uma pensão em Botafogo e depois se mudou para o Leme. Forell amou o carnaval e o norte do país. Transferiu-se para São Paulo em 1942, onde passou a executar pinturas em vitrais para a empresa Conrado Sorgenicht.

Em São Paulo, dedicou-se à pintura e a ensinar em seu atelier na Chácara Shalom, em Marsillac, nos arredores da capital. O sítio era uma grande paixão para Lise, mas ela também mantinha ateliês e aulas nas casas em que morou. As duas últimas foram na Rua Gabriele D'Annunzio, no Campo Belo, e na Rua Manuel Pereira Guimarães, em Santo Amaro. Lise Forell participou de inúmeras exposições coletivas, entre as quais se destacam: Museu de Arte de São Paulo (1971 e 1978); Grupo Nós, SP (1973, 1979 e 1988); Chapel School, SP (1974, 1977 e 1978); Escola Suíço-Brasileira, SP (1977, 1979, 1993 e 1994); Birmingham Museum of Art, Inglaterra (1975); Galeria Cravo e Canela, SP (1980); Galeria Orixás, SP (1980); Galeria Jacques Ardies, SP (1981 e 1982); Galeria Samuel Wainer, Brasília (1986); Clube Transatlântico, SP (1989); Livraria Revisal, SP (1996); Atelier Pinski, SP (1997); Bienal Internacional de Budejovice (2001); Galerie Kaplanka Krumlov; Galerie Mesic de Budejovice; Galerie Zert, Colin (2002). Em 2010 foi lançado o curta-metragem *Lise Forell sem fronteiras* (disponível na Internet), produção tcheca filmada no Brasil. A artista teve dois casamentos e sete filhos, sendo o último adotado.

Fontes: Forell, Lisbeth. Entrevista concedida a Rachel Mizrahi. Projeto Arqshoah, São Paulo, 12 mai. 2010. Disponível em: <https://www.arqshoah.com/images/imagens/sobreviventes-testemunhos/FORELL_Lisbeth.pdf>. Acesso em: 3 mai. 2020; Lise Forell sem Fronteiras. 2010. Disponível em: <https://www.ceskatelevize.cz/ivysilani/10213330234-lise-forell-sem-fronteiras/>. Acesso em: 3 mai. 2020.
Leonardo Dourado / IB

FRAENKEL, Erich
Sindicalista, político antifascista
Berlim, 17-4-1899 – ?
No Brasil, a partir de 1934

Arquivo Nacional

Filho de Leopold Fraenkel e de Ernestine Fraenkel, Erich Fraenkel foi, de 1922 a 1926, dirigente setorial e responsável pela política econômica da Associação Central de Maquinistas e Foguistas da Grande Berlim. Tornou-se, depois, secretário para a região Halle-Merseburg do SPD, Sozialdemokratische Partei Deutschland (Partido Social Democrata Alemão). Logo após a subida dos nazistas ao poder em 1933, foi internado no campo de concentração de Lichtenburg. Libertado em maio do mesmo ano, fugiu para o Sarre, que até 1935 era controlado pela Liga das Nações. De lá, refugiou-se na Bélgica, onde desenvolveu atividades antifascistas. Pouco depois, em 1934, veio para o Brasil. Foi preso no ano seguinte durante a repressão ao levante comunista eclodido em novembro de 1935 em nome da Aliança Nacional Libertadora (ANL), sendo denunciado como comunista pela embaixada alemã. Sua esposa, Margarete Kurzmann, também foi presa, por onze dias, enquanto Fraenkel permaneceu três meses na prisão.

No final da guerra, em 1945, publicou o livro *Os judeus te contemplam*, e fundou no Rio de Janeiro, com outros exilados, uma representação do movimento Freie Deutsche (Alemães Livres), ligado ideologicamente ao Movimento da Alemanha Livre, com sede no México, e que constituía uma recriação da entidade que atuara entre 1941 e 1943. Dele participavam também a jornalista Eva Maag-Simoni, o pintor R. Simoni, o mecânico Friedrich Lotz e o diretor de teatro Wolfgang Hoffman-Harnisch (VER), entre outros. O grupo logo rompeu, porém, com os comunistas integrantes do movimento mexicano e fundou em janeiro de 1946 a Associação dos Social-Democratas Alemães no Brasil, com Fraenkel assumindo o cargo de secretário da nova entidade. Na época, o político era representante do jornal Neue Volks-Zeitung (Novo Jornal Popular), publicado em Nova York por social-democratas.

Ligado à ala direita do SPD, Fraenkel se indispôs com outros grupos de alemães na América Latina, o Das Andere Deutschland (A Outra Alemanha), de Buenos Aires, e também com a coligada brasileira, a Notgemeinschaft deutscher Antifaschisten (Associação de Emergência dos Alemães Antifascistas) de Willy Keller (VER). Pretendia, junto com Hoffman-Harnisch, fundar uma nova publicação semanal, cujo nome seria Neue Brasilianische Volkszeitung (Novo Jornal Popular Brasileiro), e para tanto os dois solicitaram apoio financeiro ao SPD. A revista não vingou, por motivos financeiros, e terminaram expulsos da Associação dos Social-Democratas, após um desentendimento interno em maio de 1947.

Continuou com sua esposa residindo no Rio de Janeiro nos anos seguintes, havendo noticias de Fraenkel até 1950, quando foi registrado junto aos órgãos públicos brasileiros como ator.

Fontes: Casa Stefan Zweig. "Canto dos exilados: Fraenkel, Erich". *Casa Stefan Zweig*, Petrópolis. Disponível em: <https://casastefanzweig.org.br/sec_canto_view.php?id=226>. Acesso em: 05 jun. 2020; Foitzkik, Jan et al. *Biographisches Handbuch der deutschsprachigen Emigration nach 1933*. Vol.1. Munique, Nova Iorque, Londres, Paris: K G Saur, 1980; Kestler, Izabela Maria Furtado. *Exílio e literatura: escritores de fala alemã durante a época do nazismo*. Trad. Karola Zimber. São Paulo: Edusp, 2003; Portal do Arquivo Nacional http://imagem.sian.an.gov.br/acervo/derivadas/br_rjanrio_oc/0/aet/01058/br_rjanrio_oc_0_aet_01058_d0001de0001.pdf acesso em 8/6/2020.

Inoã Urbinati / IB

FREID, Oscar: ver ARANY, Oscar

FREIER, Regine: ver FEIGL, Regine

FRIED, Carl Simon
Médico radiologista, poeta
Bamberg, Alemanha 22-07-1889 – São Paulo, 02-06-1958
No Brasil, de 1940 a 1958

Um dos pioneiros da radioterapia, considerado internacionalmente como sumidade em sua área, Fried foi também um dos poucos exilados que tiveram suas poesias publicadas no Brasil. Nasceu em Bamberg, na Baviera, em uma família judia e estudou Medicina em Berlim e Munique. Na época, era um

Anos 1950 | Arquivo de família, cortesia do sobrinho-neto Roberto Mayer

privilégio; embora judeus tivessem seus direitos garantidos constitucionalmente, já existia um forte sentimento de antissemitismo na sociedade alemã. Depois de servir como médico durante a Primeira Guerra Mundial, em 1920 Fried foi convidado pelo renomado professor Lothar Heidenhain, um dos grandes nomes da oncologia na Alemanha, para trabalhar como cirurgião na cidade de Worms, às margens do Reno. A década de 1920 marcou um grande avanço no tratamento radioterápico de doenças oncológicas benignas. Fried publicou cerca de cem artigos científicos, assinando muitos junto com o seu mentor Heidenhain. Sem saber que, poucos anos mais tarde, seria obrigado a se exilar do seu país devido às origens semitas, presidia em Worms o grupo local da Associação dos Soldados Judeus do Front (Reichsbund jüdischer Frontsoldaten) e organizou uma série de eventos, incluindo uma celebração da "unidade dos judeus alemães com a pátria".

Em 1929, recebeu um importante chamado que o fez deixar o emprego em Worms para dirigir o recém-criado departamento de radiologia do Hospital Judaico de Breslau (atual Wroclaw, Polônia). Um mecenas americano, Nathan Littauer, financiara a instalação de um novo departamento de radiação no hospital israelita e Fried foi convidado a dirigi-lo. Um ano depois participou do desenvolvimento de um equipamento que ficou conhecido na radiologia como "Fried-Beger ton" (algo como "barril Fried-Beger"). Segundo o médico radiologista Wolfgang Schmitt, biógrafo de Fried, tratava-se de um dispositivo de radiação bastante grande, concebido principalmente para "garantir a segurança e proteger de possíveis danos". "Segurança na dosagem, para os pacientes e os funcionários", como escreveu o próprio Fried. Na época, a radioterapia passara a usar voltagens mais elevadas — de até 160 mil/180 mil volts — de forma a atingir os tumores, sem destruir células saudáveis. Essas tensões mais elevadas eram conduzidas para dentro do tubo onde ficava o paciente. Para se adequar aos múltiplos tipos de câncer, os tubos precisavam ser flexíveis e, ao mesmo tempo, reduzir a possibilidade de danificar os cabos. O objetivo da construção inventada por Fried era proteger os canos de problemas mecânicos e evitar escape de radiação.

No dia 13 de novembro de 1938, depois da Noite dos Cristais e dos pogroms contra estabelecimentos judaicos, o médico foi preso no seu hospital em Breslau. Um de seus colegas, o cirurgião Siegmund Hadda, lembrou que "Fried apareceu diante dos oficiais da Gestapo ainda com os óculos de lentes vermelhas, protetores do raio-X". Foi detido por comportamento desrespeitoso e deportado para o campo de concentração de Buchenwald. Em carta de janeiro de 1990 para a pesquisadora Izabela Kestler, sua mulher, Trude Fried, contou: "Fried ficou preso no campo de concentração de Buchenwald de novembro a dezembro de 1938 por causa de sua ascendência judaica. (...) Graças ao seu trabalho científico, recebeu um convite para trabalhar na Universidade de Nova York. Portanto, ele e sua família imigraram para os Estados Unidos em abril de 1939."

Não era raro um judeu conseguir sair de campo de concentração até meados de 1941 ou até um pouco depois, lembra o historiador Fábio Koifman. A lei que proibia os judeus de saírem só foi promulgada em outubro de 1941 e a "solução final" começou em fins de 1941/início de 1942. Crucial, para poder emigrar, foi o convite para trabalhar nos Estados Unidos, graças à reputação pessoal de Fried no campo da radioterapia como autor de dezenas de publicações pioneiras. Mesmo assim, a sobrevivência se configurou difícil, e ele resolveu aceitar um convite que o levou a uma segunda estação em seu exílio: São Paulo. Fried, sua mulher Emilie Fried (née Strauss) e os filhos Gustav e Rainer obtiveram o visto nº 59 no consulado do Brasil em Nova York em 10 de janeiro de 1940 e desembarcaram do vapor Brasil no porto de Santos no dia 8 de fevereiro de 1940.

No novo país os seus êxitos científicos pregressos não lhe valeram muito. Seu diploma de médico não foi reconhecido. "Ele não podia nem assinar receita médica", diz o radiologista Wolfgang Schmitt. Entretanto, ao lado de um diretor clínico brasileiro, Fried foi o diretor científico do Instituto de Radiologia São Francisco de Assis, em São Paulo, que pertencia à recém-criada universidade. O objetivo de Fried como professor era trazer avanços para a radioterapia brasileira. O seu livro *Grundlagen der Radium- und Röntgentherapie (Fundamentos de Radium e Roentgenterapia)* contém uma lista sistemática de cerca de 400 doenças com respostas sucintas às seguintes perguntas: Existem experiências de radioterapia disponíveis? Quais são os resultados?

Em 1954, vinte poemas de Carl Fried foram publicados ao lado de poesias de Louise Bresslau (VER). Ambos pertencem a um reduzido grupo de escritores exilados que tiveram obras publicadas, ao lado de Ulrich Becher (VER) e Stefan Zweig (VER) — admirado, aliás, pelo médico radiologista, que ficou muito deprimido com a notícia do suicídio do austríaco colega de exílio. A poesia de Fried trata da dolorosa perda da sua amada pátria e do seu amor pela América. Morreu em 1958. O filho Gustav, já falecido, deixou dois filhos em São Paulo. Rainer emigrou para os EUA no final dos anos 1950, pouco tempo antes do falecimento do pai, e nunca mais retornou — além de médico, como o pai, foi um ativista social. Seus seis filhos nasceram em Omaha, capital do Nebraska.

Fontes: Bresslau-Hoff, Louise; Fried, Carl. *Deutsche Dichtung aus Brasilien*. Edição própria, 1954; Carl Fried. In: Wikipedia. Disponível em: <https://de.wikipedia.org/wiki/Carl_Fried>. Acesso em: 20 jun. 2020; Carl Simon Fried. In: Wikipedia. Disponível em: <https://en.wikipedia.org/wiki/Carl_Simon_Fried>. Acesso em: 20 jun. 2020; Hadda, Siegmund. "As a physician at the Jewish hospital in Breslau". *Anuário da Universidade de Breslau*, n. 17, p. 198-238; Kestler, Izabela. *Exílio e literatura — escritores de fala alemã durante a época do nazismo*. São Paulo: Edusp, 2003; Schmitt-Buxbaum, Wolfgang G. H.; Thomas, Eva R. L. *Carl Simon Fried, Innovation und Exil*. Berlim/Leipzig: Hentrich und Hentrich.

Kristina Michahelles / Julian Seidenbusch / IB

FRISCHAUER, Paul
Romancista, contista, roteirista, jornalista, historiador
Viena, 25-05-1898 – Viena, 07-05-1977
No Brasil, de 1940 a 1945

Filho de editores judeus convertidos ao catolicismo, donos do jornal Neues Wiener Tageblatt, Frischauer escreveu diversos romances, roteiros, contos e biografias (*Dürer, Prinz Eugen*), colaborando com importantes jornais e revistas, como o Berliner Tageblatt e o Vossische Zeitung, depois de se formar em História e Ciência Política em sua cidade natal.

Em 1933, no congresso do PEN Club, principal e mais antiga entidade de escritores, em Ragusa, ele se colocou contra as proposições de apoio ao nazifascismo aprovadas pelo grupo. Depois disso, seus livros sofreram diversas perseguições legais, como a proibição de leituras e exibição pública. Especula-se que ele tenha participado do levante socialista de 1934, considerando que fazia parte de um dos grupos que o promoveram, o Jovem Áustria.

Alguns meses depois, como representante de jornais austríacos e iugoslavos, ele foi com o irmão, Willi Frischauer, para a Inglaterra, onde se refugiou do clima de perseguição da Áustria. Neste período de exílio na Inglaterra, trabalhou como jornalista no Comitê Conjunto de Radiodifusão e na BBC e foi o editor da edição especial inglesa do jornal antifascista Die Zukunft, publicado na França pelo comunista alemão Willi Münzenberg.

Cortesia Ursula Prutsch

Apesar de supostamente vinculado ao serviço secreto britânico, foi preso em julho de 1940 e liberado apenas um mês depois, após gestões do Foreign Office.

No mesmo ano, a convite do Departamento de Imprensa e Propaganda do governo brasileiro de Getúlio Vargas, transferiu-se ao Brasil, com a finalidade de escrever uma biografia do presidente. Ele aceitou o convite, tendo publicado em 1943 a biografia apologética *Presidente Vargas*, pela Companhia Editora Nacional, uma das mais importantes do país, fundada por Monteiro Lobato, a mesma que, com o apoio governamental, lançou outras obras suas. Na biografia, procurou apresentar Vargas como combatente antifascista, num momento em que o Brasil se definia em favor dos Aliados. Em 1944, Frischauer ganhou a cidadania brasileira.

Seu irmão ficou trabalhando como jornalista na Inglaterra, pois já dominava a língua inglesa. Em 1942, seus pais foram assassinados pelos nazistas em Theresienstadt, campo de concentração na cidade de Terezín, na atual República Tcheca, no auge da *Shoá*.

No Brasil ele também trabalhou com seus conterrâneos: o jornalista Otto Maria Carpeaux (VER), em O Estado de S. Paulo, e o escritor Stefan Zweig, com quem preparou um roteiro nunca filmado sobre o romance de Dom Pedro com a Marquesa de Santos, além de escrever livros biográficos e de história cultural.

Em 1945, Frischauer foi para os Estados Unidos empregado como *ghostwriter* na biografia *My Life*, da esposa de Gustav Mahler, Alma Mahler-Werfel, compositora, pintora, editora e socialite austríaca. No Brasil, o livro saiu em 1988 com o título *Minha vida*. Nos Estados Unidos trabalhou ainda como assessor de Nelson Rockefeller na coordenação do US and Brazilian War Efforts and Post War Relations e como vice-presidente da Inter-Science Found.

Em 1950 ele retornou à Áustria, onde viveu até o final da vida, escrevendo uma série de livros e roteiros, alguns sob o pseudônimo de Gaby von Schönthan. Ele recebeu em 1962 o título acadêmico de professor, e em 1973 a medalha de honra da cidade de Viena. Foi casado quatro vezes.

Fontes: Kestler, Izabela Maria Furtado. *Escritores de fala alemã durante a época do nazismo*. São Paulo: Edusp, 2003; Paul Frischauer. *Wien Geschichte Wiki*. Disponível em: <https://www.geschichtewiki.wien.gv.at/Paul_Frischauer>. Acesso em: 21 dez. 2019; Peck, Abraham J. *The German-Jewish Legacy in America, 1938-1988: From Bildung to the Bill of Rights*. Detroit: Wayne State University Press, 1989; WAIS - Sistema de Informação de Arquivo de Viena - Tectônica. Disponível em: <https://www.wien.gv.at/actaproweb2/benutzung/archive.xhtml?id=Akt+++++c56ec3a2-c2d9-4d67-8d0c-147739649a46VERA#Akt____c56ec3a2-c2d9-4d67-8d0c-147739649a46VERA>. Acesso em: 21 dez. 2019; Zweig, Lotte; Zweig, Stefan. *Stefan and Lotte Zweig's South American Letters: New York, Argentina and Brazil, 1940-42*. Nova York: Bloomsbury Publishing, 2010.

Thiago Herzog / IB

FUKUSHIMA, Tikashi
Pintor
Fukushima, Japão, 19-01-1920 – São Paulo, 14-10-2001
No Brasil, de 1940 a 2001

Tikashi Fukushima nasceu numa pequena comunidade de pescadores, na cidade japonesa de Fukushima. Ainda bem jovem, trabalhou durante dois anos como desenhista numa fábrica de aviões de guerra em Yokohama. Em 1940, com vinte anos de idade, pouco antes do Japão ingressar na Segunda Guerra Mundial, deixou seu país e transferiu-se para o Brasil, empregando-se no armazém de um tio paterno na pequena cidade de Pompeia, no interior paulista. Dois anos depois, mudou-se para Lins, também no estado de São Paulo, onde continuou a trabalhar no comércio. Nas horas de folga, ganhava algum dinheiro desenhando retratos de amigos e membros da colônia japonesa. São dessa época seus primeiros passos na pintura.

Sua carreira como artista só ganharia um maior direcionamento, porém, a partir de 1945, quando se mudou para o Rio de Janeiro e passou a trabalhar como ajudante no ateliê e oficina de molduras do pintor japonês Tadashi Kaminagai, que também havia chegado ao Brasil no início dos anos 1940, vindo de uma rica experiência artística em Paris, onde trabalhou como moldureiro, participou de salões de arte e travou contato com artistas do porte de Matisse, Dérain, Braque e Foujita. No Rio, o

Domínio público

ateliê-oficina de Kaminagai funcionava no subsolo da Pensão Mauá, pequeno estabelecimento localizado no bucólico bairro de Santa Teresa. A pensão e a molduraria eram então um ponto de encontro de muitos artistas, como Di Cavalcanti, Milton Dacosta e estrangeiros aqui chegados por conta da Segunda Guerra Mundial, como a francesa France Dupaty (VER), o suíço Jean-Pierre Chabloz (VER), o belga Roger Van Rogger (VER), o polonês August Zamoisky (VER) e o romeno Emeric Marcier (VER), esse último responsável pela iniciação artística da proprietária da pensão, a brasileira Djanira. Envolvido em tal ambiente, Fukushima decidiu-se definitivamente por seguir o caminho da arte. Sempre reconheceu Kaminagai como um mestre, declarando que foi em passeios com ele pelos arredores do Rio de Janeiro que se sentiu estimulado a pintar. Frequentou então como ouvinte as aulas da Sociedade Brasileira de Belas Artes e, já em 1947, participou do Salão Nacional de Belas Artes, estando presente também em sua edição do ano seguinte, quando recebeu uma menção honrosa. Por essa mesma época, outros artistas de origem nipônica também passaram pelo ateliê de Kaminagai, entre os quais Nagasawa, Takaoka e Flávio-Shiró.

Em 1949, Fukushima transferiu-se para a capital paulista, onde montou a própria oficina de molduras e ateliê no antigo Largo Guanabara, onde posteriormente seria construída a estação Paraíso do metrô paulistano. Casou-se então com Ai Saito, com quem teve um casal de filhos e viveu até o final da vida. Ele a retratou em muitos desenhos e pinturas.

Em São Paulo, Fukushima logo se associou ao importante Grupo Seibi, fundado na cidade na década de 1930 por artistas de origem japonesa. O grupo retomava então suas atividades, após ser forçado a interromper o funcionamento por causa das restrições impostas às atividades dos japoneses no Brasil durante a Segunda Guerra Mundial. Paralelamente, Fukushima foi o centro de outro importante agrupamento de artistas de São Paulo, cujo ponto de encontro era exatamente a sua molduraria no Largo Guanabara. O Grupo Guanabara, como se autodenominou, realizou sua primeira mostra em 1950 e teve presença marcante na cena artística paulista durante toda aquela década. Mesmo contando com forte presença de japoneses (Tomoo Handa, Takaoka, Manabu Mabe, Tomie Ohtake e outros), o grupo era formado também por artistas sem vínculos com a colônia nipônica, como os irmãos Arcangello e Thomaz Ianelli. Os grupos Seibi e Guanabara eram constituídos por artistas de origem social modesta, que cultivavam o hábito de sair pela cidade e seus arredores em dias de folga para retratar ruas, praças, casas, fábricas e outros aspectos de uma São Paulo com traços ainda bucólicos, mas em rápido processo de transformação.

A obra de Fukushima, figurativa e impressionista a princípio, transitou ao longo dos anos 1950 para o abstracionismo lírico (ou informal), estilo do qual se tornaria um dos maiores nomes no Brasil, junto com outros artistas de origem japonesa radicados nessa mesma época em São Paulo. Curiosamente, como apontou por diversas vezes a crítica especializada, a adesão ao abstracionismo reforçou na obra de Fukushima difusas influências das tradições figurativas da arte japonesa. Mário Pedrosa, um dos primeiros a elogiar a presença dos japoneses no abstracionismo brasileiro, destaca particularmente "a atmosfera delicada, espiritualizada, de uma natureza irresistivelmente integrada à presença do homem" nas obras de Fukushima e Tomie Ohtake.

Fukushima esteve presente em muitas das mais importantes exposições de arte realizadas no Brasil a partir da década de 1950, tendo sido premiado em diversas ocasiões. Participou de várias edições do Salão Nacional de Belas Artes e do Salão Nacional de Arte Moderna, ambos no Rio de Janeiro, entre 1949 e 1964; da I Bienal de São Paulo, em 1951, e de várias outras de suas edições até 1969; do Salão Paulista de Arte Moderna; da Bienal Nacional de Artes Plásticas de Salvador, entre muitas outras mostras. No exterior, participou da Bienal de Tóquio, em 1963; da mostra Arte Latino-Americana do Museu Guggenheim, em Nova York, em 1965; e, no mesmo ano, da mostra Pintura Nipo-Brasileira Atual em Washington, Oakland e Tóquio. Realizou também, desde os anos 1950, inúmeras mostras individuais em importantes espaços expositivos no Brasil e do exterior. Somente em 1970, trinta anos após chegar ao Brasil, visitou novamente o Japão. Em 1977, foi nomeado presidente da Comissão de Artes Plásticas da Sociedade Brasileira de Cultura Japonesa, permanecendo no cargo até 1990. Em 1997, foi condecorado pelo imperador japonês com a Ordem do Tesouro da Felicidade Sagrada. Suas obras integram acervos de importantes instituições, como o Museu de Arte Moderna do Rio de Janeiro, o Museu de Arte Contemporânea da USP, a Pinacoteca do Estado de São Paulo, o Palácio Imperial de Tóquio e as Coleções Rockefeller e Roberto Marinho.

Sempre muito requisitado, continuou produzindo até o início dos anos 1990, quando foi acometido por problemas de saúde. Em 2001, poucos meses antes de sua morte, realizou-se na Pinacoteca de São Paulo a mais importante retrospectiva de sua carreira, *Fukushima por Fukushima*, com curadoria de seu filho, o artista plástico e professor da Faculdade de Arquitetura e Urbanismo da USP, Takashi Fukushima.

Fontes: Moreno, Leila Yaeko Kiyomura. *Tikashi Fukushima: um sonho em quatro estações*. Dissertação de mestrado. São Paulo: USP, 2012. Disponível em: <www.teses.usp.br/teses/disponiveis/93/93131/tde-04042013-094616/publico/2012_LeilaYaekoKiyomuraMoreno1.pdf>. Acesso em: 20 jun. 2020; Pontual, Roberto. *Dicionário de Artistas Plásticos*. Rio de Janeiro: Civilização Brasileira, 1969; Teixeira Leite, José Roberto. Dicionário Crítico da Pintura no Brasil. Rio de Janeiro: Artlivre, 1988.

André Faria Couto / IB

GARTENBERG, Alfredo
Advogado, escritor, jornalista, crítico teatral
Viena, 24-11-1897 – Rio de Janeiro, 18-06-1982
No Brasil, de 1939 a 1982

Alfred Gartenberg nasceu em uma família judia na Viena cosmopolita do fim do século XIX, estudou Direito, doutorou-se, formou-se em comércio e cedo ensaiou os primeiros passos na literatura. Em 1920, aos 23 anos, publicou a coletânea de poemas *Per Versus* e, dois anos depois, a peça *Lebenslügen (Mentiras da vida)*. Em 1928, foi para Berlim com a mulher Izeindel (ou Szeindel) e o filho Emmanuel, onde ganhou a vida como consultor econômico e, a partir de dezembro de 1930, advogando em escritório próprio. Paralelamente, escrevia para a importante editora Ullstein, integrando-se aos círculos literários da cidade. Fundou um semanário especializado em teatro, Die neue Bühne (O novo palco), para o qual escreveu críticas teatrais regulares entre 1929 e 1938. Participou ainda como assessor jurídico da delegação alemã na Liga das Nações em Genebra. Seu primeiro romance, *Der gläserne Berg (A montanha*

de vidro) chegou às livrarias em 1931. Quando Hitler tomou o poder, em março de 1933, Gartenberg perdeu qualquer possibilidade de subsistência e se viu obrigado a emigrar.

Primeiro, voltou para a Áustria e logo depois se mudou com a família para Paris, onde trabalhou em uma firma de artigos de tabaco, até ser demitido por falta de autorização de trabalho. Sem futuro na'França e com a situação cada vez mais complicada no continente europeu, Gartenberg acabou atravessando o Atlântico com a mulher com visto de turista para o Brasil emitido em Paris.

O casal chegou no primeiro dia do ano de 1939 sem um centavo no bolso e sobreviveu os primeiros tempos graças ao apoio financeiro da Associação Beneficente Israelita. Além de todas as dificuldades em conseguir um visto permanente e a ansiada autorização para trabalhar, Gartenberg não conseguiu trazer o filho Emmanuel, devido às severas regras de imigração do regime Vargas. Os esforços foram em vão. Quatro anos depois da chegada dos pais no Brasil, Emmanuel morreu como membro da Legião Estrangeira na Tunísia, combatendo a *Wehrmacht* alemã. Pai e mãe só conseguiram visitar o túmulo muitos anos depois.

Já com a autorização para trabalhar, Gartenberg foi ser representante comercial e depois diretor de propaganda da loja de departamentos Mesbla. No entanto, por ser alemão, perdeu o emprego quando o Brasil entrou na guerra. Para as autoridades brasileiras, o passaporte austríaco não fazia diferença. Assim, o casal viu-se novamente em apuros. Gartenberg passou a dar aulas de línguas, antes de se tornar secretário da embaixada turca e colaborar com a emissora de rádio France Libre, enquanto sua mulher fazia pequenos serviços para a Ordem dos Beneditinos.

Durante uma palestra proferida pelo escritor Stefan Zweig (VER) na Associação Brasileira de Imprensa, Gartenberg polemizou com o conterrâneo sobre o papel dos judeus na sociedade vienense, antes da Primeira Guerra Mundial, o que motivou Zweig a convidá-lo a conversarem depois no Hotel Paissandu, como contou em depoimento ao jornalista Alberto Dines.

Só depois do fim da guerra, em 1946, Gartenberg conseguiu emprego de meio expediente na organização israelita sionista Keren Hayesod e se firmou como destacado ativista da comunidade judaica no Rio de Janeiro. Em 1950 apareceu na imprensa como acusador no rumoroso caso do "Homem dos Pedalinhos", o letão Herbert Cukurs, que explorava essas embarcações na Lagoa Rodrigo de Freitas, no Rio de Janeiro, e, acusado de crimes de guerra nazistas, acabou assassinado pelo Mossad em 1965 no Uruguai. De 1948 a 1957, Gartenberg atuou como diretor administrativo na Federação das Sociedades Israelitas do Rio de Janeiro e, de 1957 a 1972, trabalhou em uma organização encarregada de pleitear as indenizações por danos causados aos judeus pelo regime nazista. Colaborava com o semanário Aonde Vamos? e fazia palestras para a comunidade judaica do Rio de Janeiro, além de se associar ao Movimento Áustria Livre.

Dez anos depois de chegar na América do Sul, Gartenberg conseguiu a cidadania brasileira para ele e sua mulher, passando a se chamar Alfredo. Seu momento de glória depois foi a publicação do romance *O J vermelho*, que conta a história da emigração de um casal fictício, com muitos detalhes sobre as agruras e as dificuldades da vida dos refugiados da Segunda Guerra no Brasil. Além desse livro, escreveu ainda *O messias da sarjeta* sobre a vida de um Jacob Frank na Polônia que se autoproclamava o Messias.

Fontes: Dines, Alberto. *Morte no paraíso, a tragédia* de Stefan Zweig. Rio de Janeiro: Rocco, 2012. 4. ed; Jewish Telegraphic Agency. "Alfred Gartenberg dead at 84". *Jewish Telegraphic Agency Archive*, 11 ago. 1982. Disponível em: <https://www.jta.org/1982/08/11/archive/alfred-gartenberg-dead-at-84>. Acesso em: 20 jun. 2020; Keren Hayesod. In: Wikipedia. Disponível em: <https://en.wikipedia.org/wiki/Keren_Hayesod>. Acesso em: 20 jun. 2020; Kestler, Izabela. *Exílio e Literatura. Escritores de fala alemã durante a época do nazismo*. Tad. Karola Zimber. São Paulo: Edusp, 2003; Spalek, John M.; Feilchenfeldt, Konrad; Hawrylchak, Sandra H. *Deutschsprachige Exiliteratur seit 1933. 1. USA*. Berlim: De Gruyter, 2010.

Kristina Michahelles / Julian Seidenbusch / IB

GAUPP-TURGIS, Helmut: ver BENTON, José Antonio

GENAUER, Beyla

Atriz de teatro, cinema, televisão
Horochow, Polônia, atual Horokhiv, Ucrânia, 23-05-1932 –
Tel Aviv, 23-03-2018
No Brasil, de 1942 a 1961, de 1965 a 1994

Década de 1960
Funarte, Centro de Documentação e Pesquisa

Bejna Genauer nasceu numa família de judeus pobres e desde cedo revelou pendores artísticos: com oito anos montou um teatrinho no estábulo de sua casa, que estava desativado porque os pais tiveram que vender a única vaca que possuíam. Ajudava nas despesas da casa com as pequenas quantias cobradas nos finais de semana de amigos e vizinhos que vinham assistir a suas encenações.

Fugindo da perseguição nazista, crescente desde a invasão de Hitler à Polônia em 1939, a família migrou para o Brasil em 1942, radicando-se no Rio de Janeiro. Aqui, ela mudaria o seu nome para Beyla, mais sonoro que o original.

Adolescente, passava seus dias assistindo aos ensaios do Teatro Universitário e do Teatro do Estudante do Brasil, criação de Paschoal Carlos Magno. Um dia, a ensaiadora Gerusa Camões convidou-a para assumir uma ponta, substituindo uma atriz ausente. Na hora H, sua voz falhou e ela perdeu a chance. Inconformada, procurou a professora Esther Leão, que dava aulas de dicção e empostação de voz, e depois matriculou-se no curso de rádio-teatro da Rádio Ministério da Educação.

Para ganhar a vida, tornou-se professora de hebraico numa escola primária judaica, o que lhe valeu uma bolsa de estudos nos Estados Unidos, onde complementou o sustento trabalhando como garçonete.

De volta ao Brasil, Beyla inscreveu-se em 1948 num concurso chamado "À procura de uma atriz", que visava revelar uma nova estrela para a companhia teatral de Dulcina de Moraes, rainha dos palcos na época. Ficou em segundo lugar no concurso, mas o marido de Dulcina, o ator Odilon Azevedo, convidou-a a integrar o elenco da peça *Hipocampo*, que estava ensaiando. Foi a estreia de Beyla no teatro, fazendo o papel da filha de Dinorah Marzulo e Manoel Pêra, os pais da atriz Marília Pêra. A experiência deu frutos, pois, no mesmo ano, Dulcina convocou-a para o elenco de *Mulheres*, montada em parceria com Yara Cortês. Pelo seu desempenho na peça, Beyla recebeu o prêmio de Atriz Revelação dado pela Associação de Críticos Teatrais, dividindo a honraria com Ruth de Souza.

Diante do sucesso, Beyla entrou no radar de Sergio Cardoso, que a chamou para a nova companhia que estava criando, o Teatro dos Doze, onde ela se integrou aos grandes nomes do teatro brasileiro, como Sergio Britto, Luis Linhares, Wolfgang Hoffmann-Harnisch (VER), Jayme Barcellos, Ruggero Jaccobi (VER) e Wilson Grey. Com Sergio Cardoso, fez em 1949 a Ofélia em *Hamlet* e atuou em *Arlequim, senhor de dois amos* e *A tragédia em Nova York*.

Nesse mesmo ano, Beyla estreou no cinema, contracenando com Oscarito, Grande Otelo e Anselmo Duarte na comédia *Caçula do barulho*, do diretor italiano Riccardo Freda.

Ainda em 1949, ela se casou com o jornalista Nahum Sirotsky, que se tornaria um dos expoentes da imprensa brasileira, com atuação nos mais importantes jornais e responsável pela criação em 1959 da revista Senhor, marco da renovação do jornalismo cultural no país. Teve também atuação diplomática na embaixada do Brasil em Israel e nos EUA. Como era comum então, Beyla abandonou os palcos para se dedicar ao casamento. O casal teve um filho, Iossef, e cinco netos.

Em 1955 ensaiou um retorno ao teatro, substituindo a vedete Mara Rúbia como a Bruxa Má na produção infantil *Branca de Neve e os sete anões*.

Em seguida, mudou-se para São Paulo a fim de encenar a peça *Ponha a mulher no seguro*, com Raul Roulien, que fora astro em Hollywood, e Nelly Rodrigues. Em 1957, atuou em *O casamento* e *O banquete*, de Lucia Benedetti, e integrou Os Artistas Unidos, de Henriette Morineau, e a Companhia de Maria Della Costa.

Em sua temporada paulista, integrou-se também à televisão, aparecendo em peças do Grande Teatro Tupi e em produções das TVs Paulista e Record. Seu desempenho mais marcante nesta época na telinha foi em *O médico e o monstro*, com Rodolfo Mayer fazendo Dr. Jekyll e Mr. Hyde. No cinema, participou de *Rebelião em Vila Rica*, dos irmãos Geraldo e Renato Santos Pereira, um dos primeiros filmes nacionais coloridos, que lhe rendeu o prêmio de melhor atriz no Festival de Maringá. Ainda no cinema, figurou, também em 1957, na comédia *O gato de madame*, com Mazzaropi e Odete Lara.

De volta ao Rio, ingressou na companhia de Paulo Francis, estrelando *Uma mulher em três atos*, de Millôr Fernandes, e participou de teleteatros na Tupi, na TV Rio e na TV Continental. Em 1961, após atuar em *Mulheres e milhões*, filme de Jorge Ileli, mudou-se com a família para os EUA, onde cursou a famosa academia de interpretação Actor's Studio.

Só retornou ao Brasil em 1965, a convite do diretor inglês Rex Endsleigh, para desempenhar o papel principal no filme *Crime de amor*, produzido pela Companhia Cinematográfica Vera Cruz. A película baseava-se numa história real, ocorrida em 1960: o assassinato de uma menina de quatro anos pela criminosa que ficou conhecida como "Fera da Penha",

Nos anos seguintes Beyla foi reduzindo sua atividade artística. Atuou em 1971 no filme *Crepúsculo de um ídolo* e fez participações nas telenovelas *Tchan, a grande sacada* (1976), na TV Tupi, e *Dona Xepa* (1977), na TV Globo. Seu último filme foi *A rainha do rádio* (1979), de Luiz Fernando Goulart, que lhe valeu o prêmio de melhor atriz no Festival de Brasília. Continuou atuando no teatro, destacando-se em *A milionária* (1983), em que contracenou com Ítalo Rossi.

Beyla se dedicou também à literatura, publicando *Levantar voo* (1986) e *Galo de Chagall* (1994). Com o marido, mudou-se para Israel em 1994. Nahum Sirotsky faleceu naquele país em 2015 e Beyla, três anos depois, em uma casa de repouso em Tel Aviv.

Fontes: "Morreu a atriz Beyla Genauer, aos 85 anos". *Memórias cinematográficas*, 25 ago. 2018. Disponível em: <https://www.memoriascinematograficas.com.br/2018/08/morreu-atriz-beyla-genauer-aos-86-anos.html>. Acesso em: 29 jul. 2020; https://oglobo.globo.com/brasil/morre-jornalista-diplomata-nahum-sirotsky-aos-89-anos-18177672.

Israel Beloch

Acervo de família, cortesia do bisneto Paulo Geyerhahn

GEYERHAHN, Norbert
Comerciante, livreiro
Viena, 08-02-1885 – Rio de Janeiro, 12-09-1943
No Brasil, de 1935 a 1943

Filho de uma família judia originária da pequena aldeia de Geiring, na Boêmia, parte do Império Austro-Húngaro, atual Gajary, Eslováquia. Seu pai, Bernhard Geyerhahn, era o proprietário da companhia de importação de café Hollinda AG de Viena e resolveu iniciar o filho nos negócios. Norbert passou a dar expediente na empresa familiar, mas investia parte do tempo no escritório escrevendo. Entre outras obras, redigiu o libreto da ópera *Die schlimme Paulette (A malvada Paulette)*, do austríaco Edmund Eysler. Casou-se com Emmy e teve dois filhos, Walter (VER) e Stefan (VER). Com a morte do pai, acabou por dividir a direção da Hollinda com o irmão Carl em 1933.

Quando ficou claro que seria preciso emigrar, à medida que aumentava a ferocidade dos nazistas contra as instituições democráticas e em relação aos judeus em particular, a decisão de ter o Brasil como destino foi rápida. Norbert Geyerhahn já havia visitado o país mais de uma vez em 1932, atuando como mediador em um processo internacional de comércio de café entre Brasil, Holanda e Polônia. Em 1935, desembarcou na Praça Mauá, no Rio de Janeiro. Conheceu o seu patrício Erich Eichner (VER) ao dar uma passada na Livraria Alemã. Esse encontro foi o gatilho para Norbert se entregar definitivamente ao prazeroso mundo dos livros e operar uma radical mudança de vida: tornaram-se sócios e fundaram o seu próprio negócio, a famosa e longeva Livraria Kosmos.

A Kosmos abriu suas portas em 1936 no centro do Rio de Janeiro. Na parte de livros novos, era especializada em publicações técnicas, em língua estrangeira, mas eram os livros raros que chamavam atenção. Tornou-se ponto de encontro da intelectualidade carioca e dos políticos. De Mário Soares a Carlos Drummond de Andrade, de Otto Maria Carpeaux (VER) a Carlos Lacerda, todos iam à Kosmos para garimpar livros, tomar um café, jogar conversa fora ou discutir política. Mais tarde, teve filiais em São Paulo e Porto Alegre.

Norbert Geyerhahn morreu antes do final da guerra, em 1943. Tal qual a sucessão familiar acordada com o avô Bernhard, os filhos Walter e Stefan seguiram com o negócio. Em 1945, fundaram a Associação Brasileira de Livreiros Antiquários (ABLA) junto com Erich Eichner.

Fontes: Blmesberger, Susanne; Doppelhofer, Michael; Mauthe, Gabriele. *Handbuch österreichischer Autorinnen und Autoren jüdischer Herkunft 18. bis 20. Jahrhundert*. Munique: De Gruyter, 2002; Douer, Alisa; Seeber, Ursula. *Qué lejos está Viena. Latinoamérica como lugar de exilio de escritores y artistas austríacos*. Zirkular, número especial, março de 1995; ILAB. "Associação Brasileira de Livreiros Antiquários". ILAB, 29 jun. 2011. Disponível em: <https://ilab.org/articles/associacao-brasileira-de--liveriros-antiquarios>. Acesso em: 25 jun. 2020; Röder, Werner; Strauss, Herbert A. *Biographisches Handbuch der deutschsprachigen Emigration nach 1933-1945*. Nova York: Institut für Zeitgeschichte, Research Foundation for Jewish Immigration; Série Canto dos Exilados, Telenews, Canal Arte 1, Riofilme, 2015.

Leonardo Dourado / Julian Seidenbusch / IB

GEYERHAHN, Regina: ver TREBITSCH, Regina

GEYERHAHN, Stefan
Comerciante, livreiro, galerista, antiquário
Viena, 13-11-1920 – São Paulo, 1997
No Brasil, de 1938 a 1997

Era o caçula da família judaica de Viena que veio para o Brasil, engajando Norbert Geyerhahn, o pai (VER), Walter (VER), o irmão mais velho, e o próprio Stefan em uma sociedade com outro austríaco que já estava no país, Erich Eichner, para fundar a famosa Livraria Kosmos. Referência por seus livros raros e por tornar-se ponto de encontro de personalidades, em pouco tempo a livraria, fundada no Rio de Janeiro em 1936, ganhou uma filial em São Paulo na década de 1940, administrada por Stefan, e outra em Porto Alegre.

Casou-se com Norma, teve dois filhos, Denis e Bárbara, e atuou junto com o irmão Walter e o sócio Eichner na fundação e administração da Associação Brasileira de Livreiros Antiquários. A ABLA é ligada à *International League of Antiquarian Booksellers* (ILAB) e, entre outras atividades, apoia o mercado livreiro da especialidade, atualizando periodicamente uma lista de livros raros roubados no mundo inteiro.

Embora não tivesse o mesmo glamour da sede no Rio, a filial da Kosmos no fundo de uma galeria da Avenida São Luís, no velho centro de São Paulo, era parada obrigatória para os bibliófilos. Era lá que Geyerhahn atendia tanto gente comum como grandes colecionadores, como José Mindlin. Stefan Geyerhahn assumiu após a morte do pai, em 1942. A loja tinha um acervo de 25 mil livros, recebendo diariamente cem clientes, atendidos por treze empregados. Também funcionava como editora, lançando livros técnicos e de fotografia, um de seus pilares. Geyerhahn publicou uma quantidade considerável de livros de fotos da cidade que o acolheu. Entre eles, destaca-se um com fotos de Peter Scheier (VER), também refugiado e considerado um dos principais nomes da fotografia brasileira no século XX.

Fotógrafo desconhecido

Stefan Geyerhahn também foi dono da Galeria Astréia, localizada na praça Ramos de Azevedo, ao lado do Teatro Municipal de São Paulo, onde expôs pintores consagrados como Tarsila do Amaral e lançou novos artistas como Carlos Alberto Cerqueira Lemos, em 1967, sucesso de vendas e de crítica de acordo com os jornais da época.

Fontes: Amaral, Aracy A. Textos do Trópico de Capricórnio: Modernismo, arte moderna e o compromisso com o lugar. São Paulo: Editora 34, 2006; Araújo Gonçalves, Martin Fernando. Cartografia das livrarias do centro de São Paulo (1930-1970). São Paulo: USP, 2012; ILAB. "Associação Brasileira de Livreiros Antiquários". ILAB, 29 jun. 2011. Disponível em: <https://ilab.org/articles/associacao-brasileira-de-liveriros-antiquarios>. Acesso em: 25 jun. 2020; Krausz, Luis S. *Outro lugar*. Recife: CEPE, 2017; Lemos, Carlos Alberto Cerqueira. *Viagem pela carne*. São Paulo: EdUSP, 2005.

Leonardo Dourado / Julian Seidenbusch / IB

GEYERHAHN, Walter
Livreiro
Viena, 17-03-1912 – Rio de Janeiro, 01-12-1991
No Brasil, de 1935 a 1991

O primogênito do casal judeu Norbert e Emmy Geyerhahn, nascido em Viena oito anos antes de seu irmão Stefan, completou o secundário na *Handelsakademie Wien* e foi trabalhar com seu pai na firma de importação de café fundada pelo avô, Bernhard, a Hollinda AG. Aos 23 anos, acompanhou a aventura familiar,

Acervo de família, cortesia do bisneto Paulo Geyerhahn

cruzando o Atlântico para sobreviver à avalanche nazista. Quando chegaram ao Rio de Janeiro, continuou seguindo os passos do pai Norbert, que deu uma guinada profissional, abandonando o ramo do café e partindo para o negócio de livros, com ênfase em livros raros. Assim, em 1936, surgiu uma das mais famosas casas deste ramo no país, a Livraria Kosmos.

O sócio de Norbert Geyerhahn (VER) era o também vienense Erich Eichner (VER), formado em biblioteconomia e com um bom conhecimento do mercado livreiro local, pois trabalhava na Livraria Alemã. Walter procurou aprender ao máximo com o experiente Eichner. Em 1943, com 58 anos, Norbert faleceu e ele assumiu a parte do pai na sociedade. A livraria seguiu crescendo. Margareth Cardoso, funcionária da Kosmos desde 1960, testemunhou como a nova dupla de sócios se completava além da paixão de ambos pelos livros raros, e definiu assim as personalidades: "*Seu* Eichner era sério, profissional, queria tudo direitinho, *seu* Walter tinha enorme facilidade de fazer amizades, era o *public relations* da livraria".

Com o tempo, o endereço da rua do Rosário 155, no coração do centro histórico do Rio de Janeiro, tornou-se ponto de encontro da *intelligentsia* da antiga capital do país. Nomes como Carlos Drummond de Andrade, Otto Maria Carpeaux (VER), Carlos Lacerda, entre vários outros, eram habitués do local. Mário Soares, primeiro-ministro e presidente de Portugal, sempre que visitava o Rio de Janeiro fazia questão de ir até a Kosmos. O colecionador de livros Manuel Portinari Leão costumava frequentar a livraria junto com o filósofo Roberto Mangabeira Unger e diz que era difícil ir embora, pois o lugar era "como se fosse uma biblioteca: era possível ver, manusear e até cheirar o livro." O filho de "Norberto" recebia todos os clientes com a mesma atenção.

Walter Geyerhahn foi membro da Associação Internacional de Editores, da Associação Internacional de Livreiros de Segunda Mão, da Associação Internacional de Livreiros de Varejo e da Associação Austríaca de Livreiros. Em 1945, fundou a ABLA, Associação Brasileira de Livreiros Antiquários, ligada à *International League of Antiquarian Booksellers* (ILAB) junto com o seu irmão Stefan Geyerhahn (VER) e Erich Eichner.

Fontes: Blumesberger, Susanne, Doppelhofer, Michael, Mauthe, Gabriele. *Handbuch österreichischer Autorinnen und Autoren jüdischer Herkunft 18. bis 20. Jahrhundert*. Munique, 2002; https://books.google.at/books?id=QnrPXZ_eT44C&printsec=frontcover#v=onepage&q=Geyerhahn%2C%20Walter&f=false (último acesso: 02-06-2020); Série Canto dos Exilados, Telenews, Canal Arte 1, Riofilme, 2015; Douer, Alisa e Seeber, Ursula. *Qué lejos está Viena. Latinoamérica como lugar de exilio de escritores y artistas austríacos*. Zirkular, número especial, março de 1995; Röder, Werner e Strauss, Herbert A. *Biographisches Handbuch der deutschsprachigen Emigration nach 1933-1945 (Manual biográfico da emigração de língua alemã 1933-1945)*, Institut für Zeitgeschichte, Research Foundation for Jewish Immigration, New York; https://ilab.org/articles/associacao-brasileira-de-liveriros-antiquarios.

Leonardo Dourado / IB

GINSBERG, Aniela Meyer
Psicóloga
Varsóvia, 02-10-1902 – São Paulo, 03-08-1986
No Brasil, de 1936 a 1986

Nascida em uma rica família judaica, Yolanda Aniela Meyer era neta, pelo lado materno, de Bonawentura Toeplitz, diretor geral do maior conglomerado siderúrgico da Polônia, e sobrinha-neta de Henryk Toeplitz, proprietário de uma importante casa comercial em Varsóvia e um dos fundadores do banco Handlowy, o mais antigo do país.

Cursou Psicologia na Universidade de Varsóvia — a graduação, na primeira metade da década de 1920, e em seguida o mestrado, concluído em 1927, com a dissertação *A análise do medo*. Nesse mesmo ano, iniciou uma viagem acadêmica pela França e pela Alemanha, durante a qual trabalhou com William Stern, fundador da psicologia diferencial, no Instituto de Psicologia de Hamburgo.

De volta à Polônia em 1928, casou-se com Tadeusz Ginsberg, executivo do Handlobank. Por conta do trabalho do marido, residiu por um tempo na Itália, retornando à Polônia em 1933, quando se doutorou na Universidade de Varsóvia, defendendo a tese *O princípio psicológico da contradição*. Nos dois anos seguintes, trabalhou no Laboratório de Orientação Profissional da Prefeitura da capital polonesa e fez viagens de estudo à Inglaterra e aos Estados Unidos.

Acervo do Conselho Regional de Psicologia em SP, fotógrafo não identificado

No início de 1936, ela e o marido transferiram-se para São Paulo, onde Tadeusz assumiu a direção do Banco Francês e Italiano para a América do Sul. Profissional reconhecida no meio acadêmico europeu, Aniela, convertida ao catolicismo antes de vir para o Brasil, logo encontrou trabalho na sua área. Afinal, os anos 1930 foram um período de consolidação para a psicologia em São Paulo, tanto no ensino quanto na pesquisa. Assim, ainda em 1936, ingressou no recém-criado Laboratório de Psicologia Social, ligado à Escola Livre de Sociologia e Política da Universidade de São Paulo, a convite Noemy da Silveira Rudolfer, catedrática de Psicologia Educacional da USP, e com quem desenvolveria projetos acadêmicos e institucionais. Em 1937, assumiu a direção do laboratório, cargo que manteria até 1940.

Preocupada com a situação na Europa, onde a agressiva política externa da Alemanha nazista colocava em cheque a paz no continente, no início de 1938 Aniela foi à Polônia buscar a sogra, Adela Gutman Ginsberg, trazendo-a para o Brasil em março. Em 1º de setembro de 1939, a invasão da Polônia pelos alemães dava início à Segunda Guerra Mundial. No dia 29, Aniela e Tadeusz uniram-se a um grupo de paulistanos que criaram o Comitê de Socorro às Vítimas da Guerra na Polônia, vinculado à Cruz Vermelha Brasileira e do qual Tadeusz Ginsberg tornou-se secretário-geral.

No começo dos anos 1940, Aniela, juntamente com Betti Katzenstein (VER), organizou o Centro de Orientação Profissional, anexo ao Instituto de Organização Racional do Trabalho (Idort), ao qual ficaria ligada até 1958, com algumas interrupções. Nesse período foi também técnica da Divisão de Seleção e Orientação Profissional do Serviço Nacional de Aprendizagem Industrial, responsável pelo emprego da psicologia aplicada à organização do trabalho no Brasil.

Em 1946 mudou-se para Salvador, acompanhando o marido. Nos dois anos que lá residiu, lecionou na Universidade da Bahia. Em 1948, uma vez mais em decorrência do trabalho de Tadeusz, transferiu-se para o Rio de Janeiro, onde integrou a equipe do Instituto de Seleção e Orientação Profissional, da Fundação Getúlio Vargas, que realizava exames de orientação educacional e profissional. Aniela fez parte do laboratório do renomado psicólogo e psiquiatra Emilio Mira y Lopez, trabalhando com o teste de Rorschach.

Retornando a São Paulo em 1949, voltou a trabalhar no Idort. Em 1950 naturalizou-se brasileira. De 1952 a 1959, organizou e dirigiu o Centro de Orientação Psicológica da Pontifícia Universitária Católica de São Paulo. Nesse período, escreveu o capítulo "Psicologia diferencial", em *A psicologia moderna*, organizado por Otto Klineberg. Publicado em 1953, o livro representou um marco no desenvolvimento da psicologia no Brasil. Dois anos depois, seu texto "Pesquisas sobre as atitudes de um grupo de escolares de São Paulo em relação com as crianças de cor", fruto de investigação realizada sobre criança e infância no âmbito do "Projeto UNESCO sobre relações raciais" de 1950 a 1953, integrou o livro *Relações raciais entre negros e brancos em São Paulo*, organizado por Roger Bastide e Florestan Fernandes.

Em 1964, publicou seu primeiro livro, *Um estudo psicológico de imigrantes e emigrantes*. Participante habitual de congressos nacionais e internacionais, foi presidente da Associação Brasileira de Psicologia de 1966 a 1972 e vice-presidente da Sociedade Interamericana de Psicologia para a América do Sul, entre 1971 e 1974. Foi também uma das fundadoras, em 1972, do curso de pós-graduação em Psicologia Social da PUC-SP. Aposentada em 1973, cinco anos depois assumiu a coordenação do curso e publicou seu segundo livro, *Um estudo intra e inter-cultural: atitudes e personalidade de universitários*, resultado de extensa pesquisa com grupos de italianos, poloneses, japoneses e brasileiros.

Prevista em testamento deixado por Aniela e Tadeusz Ginsberg em 1980, a fundação que leva o nome do casal foi instalada em 1988, com o objetivo de apoiar os estudantes de psicologia carentes de recursos, de promover eventos científicos, incentivar a pesquisa e manter o acervo das obras da doutora Aniela.

Fontes: Azevedo, Mônica Leopardi Bosco. *Herança de Aniela Meyer-Ginsberg: promovendo a Psicologia no Brasil*. Disponível em: <http://www.crpsp.org.br/memoria/aniela/artigo.aspx>. Acesso em: 20 jun. 2020; Campos, Regina Helena de Freitas (Org.). *Dicionário biográfico da psicologia no Brasil – Pioneiros*. Rio de Janeiro/Brasília: Imago/Conselho Federal de Psicologia, 2001; Conselho Regional de Psicologia SP. "Aniela Meyer-Ginsberg (1902-1986). Projeto memória da psicologia: pioneiros da história da psicologia no Brasil. São Paulo: CRPSP. Disponível em: <http://www.crpsp.org.br/portal/memoria/banners/Aniela%20Meyer-Ginsberg.pdf>. Acesso em: 20 jun. 2020; Cunha, Renata Rocha Tsuji da; Ssantos, Alessandro de Oliveira dos. "Aniela Meyer Ginsberg e os estudos de raça/etnia e inter-cultura no Brasil". *Psicologia USP*, v. 25, n. 3, p. 317-329, set.--dez./2014; Farah, Rosa Maria. "Quem foi Aniela Ginsberg". *Clínica Psicológica Ana Maria Poppovic*, São Paulo. Disponível em: <https://www.pucsp.br/clinica/memorial_aniela_ginsberg.html>. Acesso em: 20 jun. 2020; Forghieri, Yolanda Cintrão. "Yolanda Aniela Meyer Ginsberg (*02/10/1902 - + 03/08/1986) inolvidável pesquisadora, antecessora da Cad. º 11". *Boletim Academia Paulista de Psicologia*, v. 31, n. 81, p. 351-357, jan. 2011. Disponível em: <https://www.researchgate.net/publication/237042952_Aniela_Meyer_Ginsberg_02101902__03081986_inolvidavel_pesquisadora_antecessora_da_Cad_n_11>. Acesso em: 20 jun. 2020.

Sergio Lamarão / IB

GOMES, Ida
Atriz, dubladora
Kraśnik, Polônia 25-09-1923 – Rio de Janeiro, 22-02-2009
No Brasil, de 1936 até 2009

Funarte, Centro de Documentação e Pesquisa

Quando a família Szafran saiu da pequena Kraśnik para Paris em 1924, Ita tinha apenas um ano. O pai, Abram Chaim, era comerciante. A mãe, Rojla Mirla, sonhava com uma carreira de artista para a filha: ao mesmo tempo em que cuidava de sua imersão na língua, esforçou-se para que tivesse contato com clássicos da dramaturgia francesa do século XVII, como Racine, Corneille e Molière. Abram percebeu a tempestade nazista se aproximando quando foi proibido de importar os fechos de bolsa fabricados na Alemanha que vendia em sua loja. Resolveu viajar sozinho para o Brasil, onde já tinha alguns contatos. Saiu de Bordeaux, na França, a bordo do "Massilia", chegando no Rio de Janeiro em 2 de abril de 1935. Por coincidência, no mesmo paquete francês — mas na primeira classe, e não na terceira, como os Szafran — viajava o casal Souza Dantas. Luiz Martins de Souza Dantas foi o embaixador brasileiro que, servindo em Vichy durante a guerra, concedeu centenas de vistos irregulares a judeus perseguidos, salvando perto de mil vidas. A mãe e os dois filhos pequenos (todos naturalizados brasileiros mais tarde) seguiram um ano depois, também desembarcando do "Massilia" em 20 de outubro de 1936. Tios do lado materno e paterno morreram em campos de concentração, na Europa.

No Brasil, Abram passou a ser tratado por Alberto, Rojla por Rosa, o irmão Filip virou Felipe e Ita assumiria mais tarde o nome abrasileirado de Ida Gomes. Em 1938, Rosa inscreveu a filha no programa da Rádio Nacional *Em busca de talentos*, dirigido por Silvino Neto, pai do ator Paulo Silvino. Ita declamou o poema "Súplica de um menino pobre", de Pedro de Medeiros. Ganhou o primeiro lugar, um pequeno prêmio em dinheiro e, assim, inaugurou sua carreira artística. Após passagem pela Rádio Jornal do Brasil, obteve seu primeiro contrato profissional através de Olavo de Barros, na Rádio Tupi. Em depoimento gravado à Funarte, contou como surgiu o seu nome artístico. A guerra não havia terminado quando, no programa *Joia, o bandoleiro romântico*, assinou Ida Wagner, sobrenome de solteira de sua mãe. O produtor achou que pegaria mal um nome germânico com o Brasil ao lado dos aliados, e sugeriu "homenagem a outro compositor". Saiu Wagner e entrou Gomes, alusão ao brasileiro Carlos Gomes.

Na Rádio Globo integrou o elenco de radioteatro dirigido por Amaral Gurgel e, em 1948, ganhou uma bolsa de estudos para os Estados Unidos. Ficou lá até 1951 e seguiu para Londres para um estágio no serviço brasileiro da BBC, no qual teve chance de atuar como locutora. Era talentosa e esforçada. Ao retornar ao Brasil, em 1953, engajou-se no Teatro do Estudante de Paschoal Carlos Magno, visando aprimorar suas habilidades dramatúrgicas. Naquele mesmo ano foi chamada para a TV Tupi, ainda nos estúdios da avenida Venezuela, no centro do Rio de Janeiro. Em seus primórdios, a televisão brasileira arregimentava quadros junto ao rádio. Ida Gomes aceitou o desafio de protagonizar *Electra*, de Sófocles. O que se seguiu dali em diante foi uma incrível alternância em diferentes plataformas a confirmar o talento da atriz, chegando a figurar em quatro elencos diferentes numa mesma semana.

A estreia em teatro profissional se deu em 1957 com a peça *O primo da Califórnia*, de Joaquim Manuel de Macedo, com direção de Alfredo Souto de Almeida. No mesmo ano, em televisão, contracenou com Fernanda Montenegro no Grande Teatro Tupi, programa dirigido por Sérgio Britto. Pouco tempo depois, no mesmo canal, ganhou popularidade com a série *A canção de Bernardete*, de Franz Werfel, dirigida por Paulo Porto e estrelada por Aracy Cardoso. Ida passou a ser reconhecida na rua ao fazer o papel da freira má que perseguia a protagonista. *Bonitinha, mas ordinária*, de Nelson Rodrigues, foi sua estreia em cinema, dirigido por J.P. Carvalho, em 1963. Em 1965 voltou ao palco dirigida por João Bethencourt em *As bruxas de Salem*, de Arthur Miller. Depois esteve no elenco do filme *O mundo alegre de Helô* ao lado de Leila Diniz, em 1967. Em fevereiro desse ano estrelou na TV Globo a telenovela *A rainha louca*, atração exibida até dezembro. Dois anos depois, fez no cinema um gênero hoje cult, a pornochanchada: em *A penúltima donzela*, de Roberto Amaral, ela está ao lado das atrizes Djenane Machado e Adriana Prieto.

Entre um filme, uma peça ou um seriado, Ida Gomes fazia ainda dublagens. No estúdio Cinecastro de São Paulo, dirigida por Carla Civelli, tornou-se a voz brasileira malvada da atriz Bette Davis e também a de Joan Crawford. Seu timbre potente alegrou as crianças dublando Madame Min em *A espada era a lei* e Madame Medusa em *Bernardo e Bianca*. As produções em que Ida aparece nos créditos da TV Globo foram se sucedendo desde sua estreia em 1967, porém sua marca registrada, pela qual até hoje é lembrada, é de 1973. Trata-se da primeira telenovela em cores da TV brasileira, *O bem amado*, de Dias Gomes, dirigida por Régis Cardoso. Junto com Dirce Migliaccio e Dorinha Duval, formou a trinca das irmãs Cajazeiras, solteironas reprimidas, campeãs da moral e dos bons costumes, porém hipócritas, e bastante próximas do prefeito Odorico Paraguaçu, imortalizado pelo ator Paulo Gracindo. O sucesso foi tão grande que a novela virou série sete anos depois.

Em 1989, fundou o Teatro Israelita de Comédia para popularizar autores judeus. Seu irmão, Felipe Wagner (VER), também foi um prolífico ator de cinema e teatro. A sobrinha Débora Olivieri seguiu o mesmo caminho. Infelizmente, não teve tempo de ler o discurso de agradecimento ao prêmio pelo conjunto de sua obra que faria na 21ª edição do Prêmio Shell de Teatro em 2009. Faleceu vítima de parada cardíaca em função de uma pneumonia.

Fontes: "Ida Gomes". In: Wikipedia. Disponível em: <https://pt.wikipedia.org/wiki/Ida_Gomes>. Acesso em: 8 set. 2020; Junqueira, Christine. "Biografia de Ida Gomes". *Brasil: Memória das Artes*. Brasília: Funarte. Disponível em: <http://portais.funarte.gov.br/brasilmemoriadasartes/acervo/atores-do-brasil/biografia-de-ida-gomes/#>. Acesso em: 7 ago. 2020.

Leonardo Dourado / IB

GORDAN, Paulus
Monge beneditino, teólogo
Berlim, 21-06-1912 – Beuron, Alemanha, 01-01-1999
No Brasil, de 1939 a 1948

Acervo da abadia de Beuron, Alemanha

Günther Heinrich Jakob nasceu numa família judia, liberal e cosmopolita. Filho de um vereador e vice-prefeito de Berlim, começou a estudar Direito em 1930. No ano seguinte viajou para Roma, onde se converteu ao catolicismo. De volta à capital alemã, estudou Filosofia, Letras Germânicas e História da Arte, dando continuidade a essas disciplinas em Breslau (atual Wroclaw, Polônia) e Innsbruck, na Áustria. Ingressou na ordem beneditina em 1933, estabelecendo-se, em 1935, no mosteiro de Sankt Martin de Beuron, no vale do Danúbio alemão. Recebeu, na ocasião, o nome religioso de Paul, ou Paulus. Tornou-se monge em junho de 1936.

A crescente onda antissemita promovida pelo governo nazista de Adolf Hitler obrigou-o a deixar a Alemanha. Assim, em 1938 transferiu-se para a abadia de Monte Cassino, na Itália, onde foi ordenado sacerdote em janeiro de 1939. Nesse mesmo ano, provavelmente após a eclosão da Segunda Guerra Mundial, em 1º de setembro, exilou-se no Brasil. Foi recebido no mosteiro de São Bento, no Rio de Janeiro, que tinha a tradição de dar abrigo a perseguidos e peregrinos.

Em pouco tempo, ele passou a integrar uma rede de suporte a outros exilados, tendo auxiliado, entre outros, o judeu alemão Hugo Simon (VER) e sua família, que chegaram ao Rio no início de 1941. Durante um certo tempo, o dinheiro que Simon recebia do exterior era enviado para o mosteiro de São Bento e chegava às suas mãos através de Gordan.

233

Durante sua longa estada no Brasil, conheceu o consagrado escritor católico francês Georges Bernanos (VER). Bernanos alugou uma casa na ilha de Paquetá durante o verão de 1943-1944, onde recebia a visita de diversos intelectuais, como os poetas Murilo Mendes e Jorge de Lima, os irmãos Virgílio e Afonso Arinos de Melo Franco. Gordan era o convidado mais assíduo. Depois da morte do abade dom Besse, Gordan tornou-se confessor espiritual de Bernanos, a quem ministrava a confissão quase todos os domingos, na pequena igreja de São Roque. Os dois costumavam manter longas conversas sobre a situação mundial e sobre a questão judaica, tema que interessava de perto aos dois amigos.

Gordan deixou o Brasil em 1948, tendo estado também em mosteiros no Chile e na Martinica antes de retornar para a Alemanha. Em 1952, tornou-se secretário geral da Comissão Católica Internacional de Migração, organismo criado no ano anterior e sediado em Genebra e cuja principal atribuição era cuidar dos numerosos refugiados europeus.

Em 1958, passou a colaborar regularmente na promoção da aproximação entre judeus e cristãos, publicando textos na revista alemã Freiburger Rundbriefe. Em 1959, lançou o livro *Freundschaft mit Bernanos (Amizade com Bernanos)*, que tem por foco sua estreita relação com o escritor francês, falecido em 1948, e que permite compreender melhor as relações de Bernanos com a Alemanha e sua concepção de resistência ao nazismo. A obra seria publicada postumamente em francês, em 2002, com o título *Mon vieil ami Georges Bernanos (Meu velho amigo Georges Bernanos)*.

Foi editor da revista Erbe und Auftrag (Patrimônio e missão) de 1959 a 1968, com a qual viria a colaborar regularmente até o final da vida. Durante esse período, esteve em Roma de 1962 a 1965, acompanhando os trabalhos do Concílio Vaticano II, e foi também representante da Igreja Católica na Rádio do Sudoeste, em Baden-Baden, de 1966 a 1968. Nesse último ano, assumiu o cargo de secretário geral da Confederação Beneditina de Mosteiros da Ordem de São Bento, sediada em Roma. Permaneceria à frente do órgão até 1976.

Ainda em 1968 participou da homenagem dos amigos brasileiros de Bernanos, configurada no livro *Bernanos no Brasil: testemunhos vividos*. Ao lado de Jorge de Lima, Alceu Amoroso Lima, Virgílio de Mello Franco, Álvaro Lins e Hélio Pellegrino, foi autor de um dos artigos da obra, que se refere aos sete anos do escritor francês no país. Em 1971, publicou *Im Blickpunkt: der Mensch (Em destaque: o homem)*. Entre 1977 e 1993, presidiu o conselho de administração da Universidade de Salzburgo. Durante seu mandato, publicou, em 1978, *Boten Gottes, Neun Bildbetrachtungen (Mensageiro de Deus. Nove interpretações de imagens)*. Passou seus últimos anos no mosteiro de Beuron, Alemanha.

Fontes: Jaspert, Bernd. "Leben als Fragment. Paulus Gordan zum 60. Geburtstag 21. 6. 1972". *Zeitschrift für Religions- und Geistesgeschichte*, v. 25, n. 2, 1973, p. 173-178; Kestler, Izabela Maria Furtado. *Exílio e literatura. Escritores de fala alemã durante a época do nazismo*. São Paulo: Edusp, 2003; Leduc, Édouard. *Georges Bernanos. Le sceptre et la croix*. Paris: Publibook, 2016; Moeller, Bernd; Jahn, Bruno. *Deutsche Biographische Enzyklopädie der Theologie und der Kirchen (DBETh)*. Berlim: de Gruyter, 2011; Paulus Gordan (1912-1999). *BnF Data*. Disponível em: <https://data.bnf.fr/fr/12059797/paulus_gordan/>. Acesso em: 20 jun. 2020; Paulus Gordan. *Linkfang*. Disponível em: <https://de.linkfang.org/wiki/Paulus_Gordan>. Acesso em: 20 jun. 2020; Queiroz, Adalberto de. Joana, relapsa e santa: A infância e o coração do mundo, Jornal Opção, 24-08-2017. Disponível em: <https://www.jornalopcao.com.br/opcao-cultural/destarte/joana-relapsa-e-santa-infancia-e-o-coracao-do-mundo-103389/>. Acesso em: 20 jun. 2020.

Sergio Lamarão / IB

GÖRGEN, Hermann Matthias
Político, historiador, jornalista
Wallerfangen-Saar, Alemanha, 23-12-1908 – Bonn, Alemanha, 03-05-1994
No Brasil, de 1941 a 1954

Cortesia de Maria do Carmo Wollny

De família católica, estudou Teologia, Filosofia, Pedagogia, História e Direito da Igreja na Universidade de Bonn, até conquistar o doutorado em Filosofia "com distinção" (*summa cum laude*) em 1933. No entanto, não foi admitido pela universidade como professor por sua atitude antinazista (alguns anos depois, em 1941, teria cassado até o seu título de doutor). A sua tese foi sobre Friedrich Wilhelm Foerster, acadêmico e pacifista, de quem depois se tornou discípulo, e que foi um dos expoentes da luta pelo federalismo e contra o nacionalismo alemão. Foerster entrou na mira dos nazistas, porque já em 1920 publicou

Mein Kampf gegen das militaristische und nationalistische Deutschland (Minha luta contra a Alemanha militarista e nacionalista). Görgen, por sua vez, fazia parte da oposição católica ao nacional-socialismo.

O Sarre, região industrializada no sudoeste da Alemanha, foi administrado pela Liga das Nações durante 15 anos a partir do fim da Primeira Guerra e suas minas de carvão haviam sido entregues à França. Nos dois anos seguintes ao fim do prazo, o sentimento anti-francês, que já era grande, foi insuflado pelos nazistas em ascensão. Em 1934 e 1935, Görgen foi colaborador do jornal Neue Saarpost, de Johannes Hoffmann (VER), na luta pelo plebiscito contra a devolução da região à administração alemã. Com a derrota no Sarre — as urnas deram a vitória aos nazistas —, fugiu para Salzburg, na Áustria, onde Foerster conseguiu para ele um cargo de professor assistente na Universidade Católica. Lá, filiou-se à Frente Patriótica do primeiro-ministro Dollfuss, ao lado dos legitimistas que pleiteavam o direito da dinastia Habsburgo ao trono da Áustria e da Hungria. Quando a Áustria foi anexada pelos nazistas, em 1938, fugiu para Praga e, de lá, para Zurique, com passaporte tcheco.

Görgen entrou para a história do exílio no Brasil durante a Segunda Guerra Mundial como executor de um arrojado e bem-sucedido plano para salvar um grupo de 48 pessoas perseguidas na Europa e estabelecê-las a salvo em Juiz de Fora, Minas Gerais. O arrojo da operação e a atuação posterior de Görgen, tanto na Alemanha como no Brasil, tornaram-no um personagem controverso. A pesquisadora Izabela Kestler entrevistou Görgen em 1989 e escreveu em seu livro que ele recebeu de Foerster a "incumbência" de conseguir um país de asilo para um grupo de judeus e pessoas ligadas à oposição católica e política, incluindo o próprio Johannes Hoffmann — que, depois da guerra, se tornaria governador do Sarre. O plano era facilitar os vistos mediante cotas de investimento de 600 dólares em uma indústria a ser criada no Brasil. Cada integrante do grupo se comprometeu a trabalhar pelo menos dois anos na nova empresa, recebendo 200 dólares como ajuda de custo inicial e os restantes 400 dólares como cota do investimento. Assim, como fachada para salvar vidas e se beneficiando dos desejos de industrialização do governo Vargas e do apoio do estado de Minas Gerais, nasceu a Indústrias Técnicas (Intec), para produzir folha de flandres, vasos sanitários, ornamentações de ferro batido. O empreendimento, no entanto, durou pouco mais de um ano, pois vários membros foram deixando a cidade. "Começaram a trabalhar no local, e o professor atuou como diretor. Mas ele era um filósofo, sem técnica ou experiência em serviços manuais. No grupo havia engenheiros, intelectuais e professores, que, com o tempo, passados o susto e a angústia para encontrar um lugar para recebê-los de forma segura, buscaram seus próprios caminhos. Alguns foram para o Rio de Janeiro, outros para São Paulo ou para o Sul", contou em entrevista ao jornal Estado de Minas a pesquisadora alemã Marlen Eckl. O próprio Görgen disse que após o fechamento da Intec comprou um sítio onde plantava árvores frutíferas e capim especial para enchimento de colchões.

A viabilização do chamado grupo Görgen foi uma operação complexa. O representante chinês na Liga das Nações, Hoo-Chi-Tsai, colocou Görgen em contato com o cônsul do Brasil em Genebra, Milton de Weguelin Vieira. Juiz de Fora foi escolhida por sua proximidade com o Rio de Janeiro e por ser de colonização alemã. Para o grupo atravessar França e Espanha, chegar até Portugal e embarcar no navio "Cabo de Hornos" em 27 de abril de 1941, foi preciso contar com a ajuda da Igreja Católica através do núncio apostólico do Vaticano em Berna e com passaportes de cortesia do governo tcheco no exílio, além de organizações de auxílio a refugiados. O grupo de 45 adultos e três crianças desembarcou são e salvo no Rio de Janeiro em 11 de maio de 1941.

Em 1954, Görgen retornou à Alemanha e, em 1957, elegeu-se deputado pelo Partido Cristão-Democrata. Um ano depois voltou ao Brasil como dirigente da Seção América Latina do Parlamento alemão, cargo que ocupou até 1973. Tornou-se uma espécie de embaixador informal do Brasil na Alemanha, tendo sido recebido em audiência por dois presidentes, Café Filho e Juscelino Kubitschek. Criou e dirigiu a Sociedade Teuto-Brasileira, o Centro Latinoamericano em Bonn e publicou os Deutsch-Brasilianische Hefte (Cadernos Germano-Brasileiros), além de obras sobre o Brasil e a América Latina, entre elas *Brasilien (Brasil)*, em 1971, e *500 Jahre Lateinamerika: Licht und Schatten (500 anos de América Latina: luz e sombras)*, em 1993. As universidades do Paraná e do Ceará concederam-lhe o título de doutor *honoris causa* e ele foi condecorado com as Ordens do Cruzeiro do Sul e do Rio Branco. Em 2014, a Comissão Nacional da Verdade pediu uma investigação sobre as relações de Görgen com os governos militares no Brasil. Em setembro de 1972, em Colônia, na Alemanha, Görgen ofereceu-se para defender o país no evento chamado Tribunal

Brasil, entre outras acusações, das torturas infligidas a presos políticos. A comissão teve acesso a relatórios secretos do antigo Serviço Nacional de Informações, hoje desclassificados, descobrindo que ele também era investigado pelos órgãos de segurança por tráfico de influência empresarial e corrupção. Nada ficou provado além do seu livre trânsito entre políticos e industriais brasileiros e alemães. Suas memórias estão em *Ein Leben gegen Hitler: Geschichte und Rettung der "Gruppe Görgen": autobiographische Skizzen (Uma vida contra Hitler: história e resgate do Grupo Görgen: esboços autobiográficos)*.

Fontes: Fonseca, Marcelo da; Camargos, Daniel. Fábrica de fachada foi porta de entrada de perseguidos para o Brasil, Estado de Minas, 23-11-2014. Disponível em: <https://www.em.com.br/app/noticia/nacional/2014/11/23/interna_nacional,592656/fabrica-de-fachada-foi-porta-de-entrada-de-perseguidos-para-o-brasil.shtml>. Acesso em: 20 jun. 2020; Friedrich Wilhelm Foerster. In: Wikipedia. Disponível em: <https://en.wikipedia.org/wiki/Friedrich_Wilhelm_Foerster>. Acesso em: 20 jun. 2020; Hermann M. Görgen. *Munzinger: Wissen, das Zählt.* Disponibel em: <https://www.munzinger.de/search/portrait/Hermann+M+G%25C3%25B6rgen/0/8020.html>. Acesso em: 6 mai. 2020; Kestler, Izabela Maria Furtado. *Exílio e literatura: escritores de fala alemã à época do nazismo.* São Paulo: Edusp, 2003; https://de.wikipedia.org/wiki/Hermann_Mathias_G%-C3%B6rgen; Brasil-Europa, Correspondência Euro-brasileira; http://www.revista.akademie-brasil-europa.org/CM69-03.htm último acesso em 06.05.2020.

Leonardo Dourado / IB

GOTTHILF, Siegfried

Comerciante, radialista
Krojanke, Alemanha, atual Krajenka, Polônia, 1891 – São Paulo, 1952
No Brasil, de 1938 a 1952

Nascido em uma família judia da pequena cidade alemã de Krojanke, Siegfried Gotthilf era um dos oito filhos do casal Hirsch e Henriette Gotthilf. Casado com Regina Gotthilf (nascida Imbach), com quem se estabeleceu em Breslau (hoje Wroclaw, na Polônia), teve com ela um único filho: Franz (Francisco) Hermann Gotthilf, nascido em 1923. Siegfried era sócio do sogro em uma empresa de transportes de produtos agrícolas, a Adolf Imbach e Companhia, e vendia suas mercadorias também fora da Alemanha, especialmente na Polônia e na Tchecoslováquia.

Os Gotthilf levaram uma vida relativamente tranquila até a ascensão do nazismo em 1933. A hostilidade contra os judeus em breve atingiria níveis alarmantes e levas cada vez maiores de refugiados começaram a abandonar o país. Num primeiro momento, Siegfried ajudara a transportar os que decidiam fugir — até que chegou a hora em que também se tornou um deles.

Com o filho Francisco (dir) | Acervo de família, cortesia dos netos Sérgio e Roni Gotthilf

Desde 1936 vinha acalentando a ideia de se juntar aos refugiados, mas, com a recusa da família de Regina em deixar a Alemanha, recuara. Aos poucos foi, porém, percebendo que não havia outra alternativa. Assim, na tarde de uma sexta-feira de 1938, aguardou Franz chegar da escola, reuniu a família e anunciou: "Amanhã vamos emigrar, deixar tudo para trás, e ir embora." Pretendia se juntar ao irmão Martin, um advogado com inclinações esquerdistas que deixara a Alemanha no dia seguinte à chegada de Hitler ao poder, em 30 de janeiro de 1933. Martin se refugiara no Brasil.

Siegfried comprou três passagens de navio até Buenos Aires, saindo de Marselha, na França. Os Gotthilf foram de trem de Breslau até Berlim, onde pegaram um voo para Paris. Na capital francesa, o passo seguinte foi conseguir os vistos no Consulado-Geral do Brasil. Em pleno Estado Novo, muitos consulados brasileiros na Europa impunham dificuldades para conceder vistos a judeus. A saída foi recorrer a um antigo amigo da família. Ele era protestante e conseguiu providenciar certidões falsas de nascimento e batismo para que pudessem embarcar como evangélicos. Com os documentos em mãos, Regina, que falava francês, dirigiu-se ao consulado e obteve os vistos. Em novembro de 1938, após tomarem o navio em Marselha, os Gotthilf chegaram finalmente em segurança ao Rio de Janeiro, onde foram recebidos por Martin. Algumas semanas depois, foram morar em São Paulo e lá se fixaram em definitivo.

Uma vez instalados em São Paulo, os Gotthilf logo se associaram à Congregação Israelita Paulista (CIP), da qual Siegfried tornou-se diretor. Para sustentar a família, ele abriu uma pequena mercearia em Diadema e depois uma tinturaria na Rua da Consolação, na capital. Neste último endereço, seu filho

Francisco iria inaugurar o Laboratório de Rádio Francisco, voltado para o comércio e a manutenção de eletrodomésticos. Ao Laboratório sucederia mais tarde a Rádio União, uma das primeiras lojas da capital a vender aparelhos de TV no início dos anos 1950.

O comércio certamente deu o impulso e garantiu a sobrevivência da família, mas a atividade que efetivamente marcaria a trajetória dos Gotthilf em São Paulo seria outra. Tudo começou em 1940, quando Siegfried soube da existência de um programa radiofônico direcionado à comunidade judaica que em outubro daquele ano estreara na Rádio Piratininga. Produzido por dois imigrantes argentinos, chamava-se *Hora Israelita* e o ia ao ar todos os dias na hora do almoço (depois passaria a ser transmitido de manhã).

Siegfried começou vendendo espaços publicitários para o *Hora Israelita*, mas logo acabaria assumindo a direção e a apresentação do programa. Como não falava bem o português, teve desde o início a ajuda de Francisco, que avançara no aprendizado do idioma. A programação de *Hora Israelita* era variada: notícias, entrevistas, músicas, notas sociais e informações em geral sobre a comunidade judaica. O programa divulgava uma visão progressista e liberal do judaísmo e estimulava o diálogo com outras religiões. Durante a Segunda Guerra Mundial, foi talvez o principal veículo de informações, no Brasil, sobre o que ocorria com os judeus na Europa.

Das atrações de *Hora Israelita*, a programação musical era das mais populares. Siegfried tocava músicas judaicas instrumentais ou cantadas em hebraico e em ídiche, o idioma dos judeus da Europa Central e do Leste Europeu que ele aprendera durante suas viagens à Polônia. O programa não chegou a ser censurado pelo governo, mas, depois que o Brasil entrou na guerra em 1942, a vigilância sobre os imigrantes oriundos de países do Eixo se intensificou. Em 1943, Siegfried quase acabou preso por supostamente "divulgar o idioma dos nazistas". Para um judeu como ele, a acusação era uma afronta. E obviamente baseara-se num erro crasso: os censores haviam confundido o ídiche das músicas com o idioma alemão, cuja veiculação em público já estava, a essa altura, proibida no país. Desfeito o engano, Siegfried, por precaução, passou a tocar mais músicas orquestrais do que cantadas. Também por precaução, *Hora Israelita* passou a se chamar *Mosaico*, um nome sem dúvida mais apropriado aos novos tempos.

Com o fim da guerra, o programa ampliou sua programação, incluindo novos quadros sobre saúde e medicina, culinária, esportes e cultura em geral. Siegfried tornou-se empresário de grupos de teatro iídiche que se apresentavam no Brasil e também dos primeiros filmes em iídiche exibidos em São Paulo. Depois de sua morte em 1952, Francisco assumiu a apresentação de *Mosaico*. O programa passou por várias emissoras e foi transmitido no rádio até o início dos anos 1980. Em 1961, produzido e apresentado por Francisco, ganhou também uma versão televisiva, o *Mosaico na TV*. Atualmente exibido em canais de TV a cabo, é o programa mais antigo da televisão brasileira.

Fontes: Censura achou que iídiche era alemão, Folha de S. Paulo, 26-05-1998, p. 13; Cytrynowicz, Roney (Coord.). *Senhor Mosaico: Francisco Gotthilf e o programa Mosaico na TV — o mais antigo programa da televisão brasileira, no ar desde 16 de julho de 1961*. São Paulo: Narrativa Um, 2008; Geni. Siegfried Gotthilf. Disponível em: <https://www.geni.com/people/Siegfried-Gotthilf/6000000006331211980#>. Acesso em: 22 fev. 2020; Goussinsky, Sônia. *Era uma vez uma voz: o cantar iídiche, suas memórias e registros no Brasil*. Dissertação (Mestrado em letras). Universidade de São Paulo (USP). Faculdade de Filosofia, Letras e Ciências Humanas (FFLCH). São Paulo, 2012; Mosaico na TV. In: Wikipedia. Disponível em: <https://pt.wikipedia.org/wiki/Mosaico_na_TV>. Acesso em: 22 fev. 2020; Röder, Werner et al. (Org.). *Biographisches Hndbuch der deutschsprachigen Emigration nach 1933–1945*. Munique: K. G. Saur, 1999.

Luis Octavio Souza / IB

GOTTLIEB, Otto Richard
Químico
Brno, Tchecoslováquia, atual República Tcheca 31-08-1920 –
Rio de Janeiro, 19-06-2011
No Brasil, de 1939 a 2011

Otto Gottlieb chegou ao Brasil com 19 anos, fugindo do nazifascismo. Os caminhos de seu pai, Adolf Gottlieb, e sua mãe, a brasileira Dora Ornstein, cruzaram-se em 1919 em Viena. O avô de Otto Gottlieb tinha uma fábrica de louça esmaltada, a Brüder Gottlieb und Braubach, que também fazia artefatos de ferro, inclusive para uso militar (os capacetes pontudos do exército do Império Austro-Húngaro e obuses para canhão, por exemplo). O pai, Adolf, era o químico. Antes de a louça esmaltada ser substituída nas cozinhas pelo alumínio, essa indústria era próspera.

O avô materno de Gottlieb, Hugo Ornstein, desde os anos 1880 montara um lucrativo negócio de exportação de café do Brasil. Passava seis meses em Viena, outros seis no Rio de Janeiro. Não era raro viajar de zepelim. Numa dessas vindas, nasceu a mãe de Otto em Petrópolis. Em 1936, Hugo Ornstein morreu.

Devido ao crescente antissemitismo e à assustadora violência dos nazistas na vizinha Alemanha, Adolf e Dora saíram da Tchecoslováquia de uma forma furtiva: a mãe foi com dois filhos para a Suíça e o pai com outros dois filhos, para a Inglaterra. Ali a família se encontrou e veio para o Brasil em 1939, em um dos últimos navios a deixar a Europa para o Brasil antes da guerra.

Tendo feito o primário na Tchecoslováquia e o secundário na Inglaterra, o jovem Otto passou por uma adaptação em História, Geografia e Português no Colégio Pedro II, mas mesmo assim não lhe foi permitido prestar o vestibular. Cursou

1970 | Acervo de família, cortesia do filho Raul Cesar Gottlieb

dois anos no Colégio Universitário que funcionava onde hoje é o Instituto Benjamin Constant, na Urca, Zona Sul do Rio de Janeiro. A instituição foi precursora dos pré-vestibulares, mas com qualidade de ensino. Gottlieb declarou em depoimento à Fundação Getúlio Vargas de 1977 que fez sua base de conhecimento ali. Em 1941 entrou na Escola Nacional de Química da Universidade do Brasil, depois UFRJ. Foi vítima de xenofobia: "Ao entrar na Escola tive que assinar um documento dizendo que sendo estrangeiro não poderia nunca tirar um diploma." Criticou o medo da concorrência dos estrangeiros: "os professores nunca permitiram que Fritz Feigl (VER) desse uma palestra ilustrativa, uma conferência, não quero nem dizer uma aula."

Em 1945 concluiu o curso e foi trabalhar com o pai na fábrica de óleos essenciais. Chateou-se bastante, pois, entre outras coisas, tinha que alimentar caldeiras e fazer a parte comercial. Segundo o filho Raul Cesar Gottlieb, "meu pai nasceu para a ciência. Tentar fazer dele um empresário não tinha a menor chance de dar certo." Mas o período foi decisivo para sedimentar em Gottlieb o interesse pelo estudo das propriedades químicas de espécies nativas, especialmente as miristicáceas e as lauráceas. A canela pertence a esta última família e foi Gottlieb quem percebeu e analisou suas aplicações medicinais, fitoterápicas e culinárias, além das propriedades aromáticas. Em produtos naturais, é dele a criação de um novo campo de estudos: uma sistemática bioquímica das plantas, também chamada de quimiossistemática ou taxonomia química, que identifica grupos de substâncias químicas presentes nas plantas.

"Aos 40 anos, já com três filhos, meu pai resolveu mudar a carreira e deixou a indústria pela ciência. Um passo de coragem. Um passo 'siga o seu coração'. Meu pai era um idealista", diz o filho Raul Cesar. Em 1964 foi trabalhar como professor visitante no laboratório da Universidade de Sheffield, na Inglaterra, retornando no mesmo ano para chefiar a implantação do laboratório de fitoquímica da Universidade de Brasília (UnB). Apaixonou-se pela Amazônia e estudou profundamente as neolignanas, substâncias encontradas em troncos de árvores e que possuem efeito antiinflamatório. Seu trabalho demonstrou algo inédito à época: a necessidade de manutenção do entorno da floresta, aquelas bordas das matas onde há a maior concentração e diversidade de moléculas e por onde normalmente começam os desmatamentos. Gottlieb entendeu que a ação do homem sobre a flora impacta a fauna.

Em 1966, alcançou a livre docência e o doutorado na Universidade Federal Rural do Rio de Janeiro. Participou de grupos de pesquisa no prestigiado Instituto Weizmann de Ciências de Israel, trabalhou na Universidade Federal de Minas Gerais, onde criou a primeira pós-graduação em química orgânica, e em 1967 criou o Laboratório de Química de Produtos Naturais no Instituto de Química da Universidade de São Paulo, USP, onde ficou até se aposentar aos 70 anos. Otto Gottlieb foi indicado para o Nobel de Química três vezes, em 1998, 1999 e 2000. Depois de aposentado, ainda trabalhou na Fiocruz até 2002 e deu aulas na Universidade Federal Fluminense, UFF. Como legado deixou uma biblioteca de dois mil volumes e cerca de setecentos artigos científicos. Ganhou o título de doutor *honoris causa* da Universidade de Hamburgo (1988) e o Pergamon Phytochemistry Prize dado pela Pergamon Press (1992).

Fontes: Gottlieb, Otto Richard. *Otto Gottlieb (depoimento, 1977)*. Rio de Janeiro: CPDOC, 2010; Otto Gottlieb. In: Wikipedia. Disponível em: <https://pt.wikipedia.org/wiki/Otto_Gottlieb>. Acesso em: 20 jun. 2020; Gottlieb, Otto Richard. *Neglected Science*. Disponível em: <http://www.neglectedscience.com/alphabetical-list/g/otto-richard-gottlieb>. Acesso em: 23 abr. 2020; Gottlieb, Otto Richard. *Canal Ciência IBICT*. Disponível em: <http://www.canalciencia.ibict.br/ciencia-brasileira-3/notaveis/299-otto-richard-gottlieb>. Acesso em: 23 abr. 2020; Gottlieb, Raul Cesar. Comunicação pessoal, 31-08-2020.

Leonardo Dourado / IB

Arquivo Nacional

GRIMEISEN, Johann
Pensador, jornalista, escritor
Viena, 1885 – Brasil, 1969
No Brasil, de 1938 a 1969

Católico com tendências monarquistas e casado com a judia Luise Grimeisen, Johann Grimeisen desenvolveu atuação política durante a primeira república austríaca, estabelecida em 1918, e fez parte da assembleia municipal de Viena enquanto membro do Partido Cristão-Social. Integrou a diretoria da Liga da Liberdade, no distrito Viena, e da Ação Católica, colaborando ainda no jornal Arbeiter Stimme (Voz Operária). Devido ao seu engajamento social e ao seu forte enraizamento no catolicismo tinha influência sobre Kurt Schuschnigg, último primeiro-ministro austríaco, de 1934 a 1938, antes da anexação da Áustria.

Grimeisen tomou parte nos debates travados em Viena entre representantes do governo, dos trabalhadores e da Igreja, organizados pelos jesuítas e criou um "secretariado do trabalho social". Permitiu também que o jesuíta alemão Friedrich Muckermann produzisse um periódico semanal antinazista, Der deutsche Weg (O caminho alemão) em seu apartamento. Após a anexação da Áustria, posicionou-se contra o nazismo e por isso teve de deixar o país junto com sua mulher. Optaram por se refugiar no Brasil, por lá se encontrar o filho do casal, religioso jesuíta que também tivera de deixar a Europa. Embarcaram em Cherbourg, na França, no paquete inglês "Almanzora", e desembarcaram em Santos em 27 de dezembro de 1938, tendo oficialmente como destino o Seminário Central do Rio Grande do Sul. O casal foi reconhecido pela Fédération des Emigrés d'Autriche, em Paris, como refugiados políticos.

No Brasil, dedicou-se à educação dos seus correligiosos, providenciando uma tradução da encíclica de 1937, *Mit brennender Sorge (Com ardente preocupação)*, em que Pio XI condena o nazismo e o racismo, e procurando sensibilizar os brasileiros para os problemas sociais do país, sendo por isso chamado pela imprensa de "líder católico austríaco" da Igreja combatente. Não podendo expor abertamente sua opinião política no Brasil do Estado Novo, manteve ativa correspondência com compatriotas exilados, com os quais debateu o futuro da Áustria. Trocou cartas, assim, com Harald Michael von Schöcher, exilado no Paraguai, com Karl Lustig-Prean (VER) em São Paulo e com o ex-embaixador austríaco no Brasil Anton Retschek (VER). Publicou diversos artigos nos jornais brasileiros, e seu texto "A Áustria ressuscitará. A propósito de 11 de março de 1938" causou certo alvoroço.

Foi cofundador, junto com o anarquista alemão Friedrich Kniestedt, do Movimento dos Antinazis Alemães. A organização foi fundada, segundo Grimeisen, no contexto de entrada do Brasil na guerra contra a Alemanha (1942), quando as perseguições aos alemães e austríacos acirraram-se no pais. Integrou também a Alianza Austríaca Pro-Aliados, grupo fundado em 1942 por Rudolf Frey em Assunção, Paraguai, e a Legion österreichischer Patrioten (Legião de patriotas austríacos), fundada por Harald Michael von Schöcher. Em 1944, integrou o Comitê de Proteção dos Interesses Austríacos do Brasil, dirigido por Anton Retschek (VER), com quem já mantivera contato em fevereiro de 1942. Com atuação no Rio de Janeiro e em outras cidades, o comitê contou com a autorização do Ministério das Relações Exteriores, constituindo o único do grupo do gênero a obter reconhecimento do governo brasileiro.

Membro da American Academy of Political and Social Science, de Filadélfia, nos Estados Unidos, Grimeisen continuou a se manifestar publicamente contra o nazismo no pós-guerra. Em 1945 e 1946, escreveu artigos de cunho antinazista publicados na imprensa brasileira, defendendo a justiça social, a paz e a cooperação entre as nações, pregando um cristianismo autêntico e próximo dos trabalhadores, criticando tanto o capitalismo como o comunismo. Seu pedido de permanência definitiva no Brasil foi deferido após a guerra, em janeiro de 1946.

Fontes: Diário Oficial da União (DOU), 04-02-1946. Disponível em: <https://www.jusbrasil.com.br/diarios/2203750/pg--24-secao-1-diario-oficial-da-uniao-dou-de-04-02-1946>. Acesso em: 8 jun. 2020; Eckl, Marlen. "Entre resistência e resignação – as atividades políticas do exílio de língua alemã no Brasil, 1933-1945". *Projeto história*, São Paulo, n. 53, p. 121-159, mai.-ago. 2015; Eisterer, Klaus. *O Comitê de Proteção dos Interesses Austríacos no Brasil (1943-1945)*. Disponível em: <https://www.bmeia.gv.at/fileadmin/user_upload/Vertretungen/Brasilia/Dokumente/O_Comite_de_Protecao_dos_Interesses_Austriacos_no_Brasil.pdf>. Acesso em: 19 mai. 2020; Entrada de estrangeiros. *Arquivo Nacional: Ministério da Justiça e Segurança Pública*, 30 mar. 2016. Disponível em: <http://www.arquivonacional.gov.br/br/component/content/article/45-servicos-ao-cidadao/17-acervos-sobre-estrangeiros.html>. Acesso em: 8 jun. 2020; História das relações bilaterais. *Embaixada da Áustria em Brasília*. Disponível em: <https://www.bmeia.gv.at/br/embaixada-da-austria-em-brasilia/austria-no-brasil/historia-das--relacoes-bilaterais/>. Acesso em: 20 mai. 2020.

Inoã Urbinati / IB

GROS, ANDRÉ
Advogado, jurista, diplomata
Douai, França, 19-05-1908 – Paris, 22-04-2003
No Brasil, de março a novembro de 1939, de 1941 a 1943

Filho do promotor público Maurice Gros e de Adèle Gros, André Paul Adolphe Gros estudou Direito em Lyon e Paris. Em 1931, tornou-se professor assistente na Faculdade de Direito da capital francesa. No ano seguinte, apresentou a tese *Survivance de la raison d'État (Sobrevivência da razão de Estado)*, na área de Direito Internacional, na qual viria a alcançar amplo reconhecimento. Posteriormente, lecionou nas universidades de Nancy, em 1935, e de Toulouse, em 1937.

Chegou ao Rio de Janeiro em março de 1939, integrando uma missão de professores universitários franceses ao Brasil. Assumiu, em seguida, a regência da cadeira de Política na Universidade do Brasil. Como era vinculado ao Ministério das Relações Exteriores francês, em novembro daquele ano, cerca de dois meses após a eclosão da Segunda Guerra Mundial, enviou uma carta ao ministro da Educação e Saúde, Gustavo Capanema. Na missiva, comunicava a necessidade de se afastar temporariamente da universidade para cumprir missão na Europa. Em Londres, assumiu as funções de consultor jurídico da embaixada francesa naquela capital.

Casou-se com a brasileira Dulce Simões Correia em maio de 1940, pouco antes de a França ser invadida pelas tropas da Alemanha nazista. Com ela teria dois filhos. O mais velho, Francisco Gros, viria a presidir o Branco Central do Brasil em 1987 e 1991-1992, o Banco Nacional de Desenvolvimento Econômico e Social (BNDES) entre 2000 e 2002, e a Petrobras de 2002 a 2003.

Partidário do governo francês no exílio, a França Livre, chefiado pelo general Charles de Gaulle e instalado em Londres, Gros foi destituído ainda em 1940 das suas funções diplomáticas pelo regime colaboracionista de Vichy. De regresso ao Brasil em janeiro de 1941, e às suas tarefas docentes, em agosto de 1942 foi um dos signatários de um manifesto dos professores franceses da Universidade do Brasil em solidariedade ao presidente Getúlio Vargas por ter declarado guerra à Alemanha. Nesse mesmo ano, publicou no Brasil, em francês, dois livros sobre a paz no pós-guerra: *Les problèmes politiques de l'Europe*.

Reflexions sur la paix future (Os problemas políticos da Europa: Reflexões sobre a paz futura) e *Barbares ou humains (Essai sur la paix future)* (*Bárbaros ou humanos. Ensaio sobre a paz futura*).

Em janeiro de 1943, foi chamado de volta a Londres, voltando a comunicar ao ministro Capanema esse segundo e dessa vez definitivo afastamento da Universidade do Brasil. Na capital inglesa, atuou sobretudo no sentido de legitimar a França Livre junto aos Aliados, reforçando suas relações com a Grã-Bretanha e os Estados Unidos. Participou também de estudos prospectivos sobre a

Corte Inernacional de Justiça de Haia

França do pós-guerra, em áreas como a reforma da administração, a reorganização do sistema judiciário, e questões econômicas e sociais, culturais e educacionais. Colaborou ainda com os comitês interaliados em trabalhos relativos à formalização dos direitos dos exércitos aliados nos territórios liberados, à definição das novas fronteiras, ao tratamento a ser dado às forças inimigas, às reparações de guerra e aos prejuízos sofridos pelos civis.

Autoridade reconhecida em Direito Internacional e figura de proa da diplomacia francesa, com o término do conflito, tomou parte ativa dos preparativos para o julgamento dos criminosos de guerra, previsto para ter início em outubro de 1945, em Nuremberg. Em1946, foi consultor jurídico da delegação francesa durante a Conferência de Paz de Paris, e no ano seguinte assumiu as mesmas funções no Quai d'Orsay, o Ministério das Relações Exteriores do seu país.

Afiliado ao Tribunal Permanente de Arbitragem em Haia a partir de 1950, tornou-se membro do Instituto de Direito Internacional em 1959, do qual viria a ser vice-presidente entre 1977 e 1979. Integrou a Comissão de Direito Internacional das Nações Unidas de 1961 a 1963, presidindo-a em 1962. Ao longo de 18 anos, de 1964 a 1982, cumpriu dois mandatos completos de nove anos como juiz do Tribunal Internacional de Justiça, em Haia. Nesse período, entre 1971 e 1977, foi membro da corte de arbitragem no conflito do canal de Beagle, entre a Argentina e o Chile. Membro honorário da Sociedade Americana de Direito Internacional em 1983, três anos depois integrou a corte de arbitragem encarregada da delimitação das fronteiras marítimas entre o Senegal e a Guiné-Bissau.

Fontes: A Manhã, 04-12-1941; André Gros. *Sfdi*. Disponível em: <http://www.sfdi.org/internationalistes/gros/>. Acesso em: 20 jun. 2020; Brugeat, Céline; Prudon, Sylvie. *Fonds des jurisconsultes René Cassin et André Gros (1940-1946) 389QO Répertoire numérique détaillé*. La Courneuve, jul. 2019; Cartas de André Gros a Gustavo Capanema por ocasião de seus dois desligamentos da Universidade do Brasil para cumprir missões na Europa, durante a II Guerra Mundial. Paris(?), Londres. FGV CPDOC. Disponível em: <http://www.fgv.br/cpdoc/acervo/arquivo-pessoal/GC/textual/cartas-de-andre-gros-a-gustavo-capanema-por-ocasiao-de-seus-dois-desligamentos-da-universidade-do-brasil-para-cumprir-missoes-na-europa-durante-a->. Acesso em: 20 jun. 2020; Gazeta de Notícias, 07-01-1940, p. 11. Gazeta de Notícias, 26-08-1942, p. 3; Gazeta de Notícias, 17-01-1943, p. 4; Gros, Francisco. "Tínhamos um país para construir". *BNDES: 50 anos de história*. Museu da Pessoa, 24 out. 2018; Jornal do Brasil, 29-08-1945, p. 7; Lefèvre, Jean-Paul. "Les missions universitaires françaises au Brésil dans les années 1930". *Vingtième Siècle. Revue d'histoire*, 1993, n. 38, p. 24-33; Lorentz, Claude. *Les restitutions allemandes au lendemain de la seconde guerre mondiale: 1943-1954*. Paris: La Documentation Française, 1999; Suppo, Hugo. "Intelectuais e artistas nas estratégias francesas de 'propaganda cultural' no Brasil (1940-1944)". *Revista de História*, n. 133, 2º semestre de 1995.

Sergio Lamarão / IB

GROSS, Bernhard
Físico
Stuttgart, Alemanha, 22-11-1905 – São Paulo, 01-02-2002
No Brasil, de 1933 a 2002

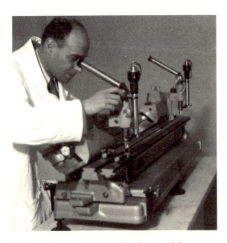

Aferição de metros no Instituto Nacional de Tecnologia, início da década de 1950 | Arquivo de História da Ciência do Museu de Astronomia

Bernard Gross visitou o Brasil ainda menino em 1914. A família esteve no Rio de Janeiro, em São Paulo, Porto Alegre e Pelotas, no Rio Grande do Sul. Mal sabia ele que um dia, em 1933, voltaria ao país com a ascensão do partido nacional-socialista na Alemanha. Já no secundário tinha interesse por eletricidade, física e matemática. Os Gross perderam quase tudo o que tinham na primeira inflação na Alemanha, antes do *crack* da bolsa de 1929, e Bernhard teve que se contentar em estudar Eletrotécnica e depois Física Técnica na Escola de Engenharia de Stuttgart. Quando chegou ao Brasil, já tinha obtido o doutorado com suas pesquisas com raios cósmicos.

Inicialmente lecionou na Escola Politécnica (da atual UFRJ) e no Instituto de Tecnologia no Rio de Janeiro. Pouco depois foi guindado a diretor da nova seção de Metrologia da instituição, que passou a se chamar Instituto Nacional de Tecnologia. Em 1935, já organizava o curso de Física da recém-criada Universidade do Distrito Federal, instituição que teria vida curta por razões políticas, até ser fechada no Estado Novo, em 1937. Gross seguiu para São Carlos, em São Paulo, onde lecionou no Instituto de Física e Química. Foi consultor científico para as Nações Unidas, inclusive representando o Brasil em conferências internacionais, dirigiu o setor de informação técnico-científica da Agência Internacional de Energia Atômica, em Viena, foi cofundador do Centro Brasileiro de Pesquisas Físicas (CBPF), do Conselho Nacional de Pesquisas (CNPq) e diretor da Comissão Nacional de Energia Nuclear.

Tornou-se internacionalmente conhecido por seu trabalho nas áreas de raios cósmicos e materiais radioativos. Mediu o *fall-out* radioativo (partículas da chuva radioativa) causado por explosões nucleares. Foi pioneiro na pesquisa de materiais com carga elétrica de longa duração, hoje largamente utilizados como sensores e detectores em microfones e dosímetros. Criou o primeiro laboratório de dosimetria capaz de medir o chamado efeito Compton: a luz não é só um fenômeno ondulatório, ela pode agir como uma corrente de partículas, cuja energia é proporcional à frequência. O laboratório foi instalado no campus da PUC, no Rio de Janeiro, e o instrumento foi patenteado primeiro no Brasil e depois em outros países. É de sua autoria um estudo que se tornou um clássico em viscoelasticidade em 1952.

A partir de 1970 passou a dividir seu tempo entre São Carlos e o Bell Labs americano (originalmente AT&T Bell Laboratories). Foi secretário organizador da II Conferência para Usos Pacíficos da Energia Atômica. Recebeu o prêmio Bernardo Houssay, da Organização dos Estados Americanos, em reconhecimento ao conjunto de sua obra. Em São Carlos e em Heidelberg, Alemanha, foram realizados dois simpósios internacionais em sua homenagem quando completou 70 e depois aos 80 anos de idade.

Fontes: Bernhard Gross. *Canal Ciência IBICT*. Disponível em: <http://www.canalciencia.ibict.br/ciencia-brasileira-3/notaveis/284-bernhard-gross>. Acesso em: 9 abr. 2020; Efeito Compton. In: Wikipedia. Disponível em: <https://pt.wikipedia.org/wiki/Efeito_Compton>. Acesso em: 20 jun. 2020; Gross, Bernhard. *Bernhard Gross (depoimento, 1976)*. Rio de Janeiro: CPDOC, 2010.

Leonardo Dourado / IB

GRÜNFELD, Ingedore: ver KOCH, Ingedore Grünfeld Villaça

GUARNIERI, Edoardo de
Violoncelista, regente
Veneza, Itália, 18-04-1899 – São Paulo, 28-05-1969
No Brasil, de 1936 a 1969

Arquivo Nacional

Filho do respeitado violinista e compositor Francesco di Guarnieri e sobrinho de Antonio di Guarnieri, um dos mais consagrados maestros italianos da primeira metade do século XX, Edoardo estudou violoncelo no Conservatório de Veneza. Transferiu-se depois para Paris, onde se aperfeiçoou no instrumento e também em composição e música de câmera na Escola Cantorum, como aluno de Vincent D'Indy e Louis Fournier.

De volta a Veneza, fundou, em 1921 o Quartetto Veneziano, juntamente com Luigi Ferro (primeiro violino), Vittorio Fael (segundo violino) e Oscar Creppas (viola). Em 1924, depois de representar a Itália nas Olimpíadas Musicais Internacionais de Paris e de participar do Festival de Música de Salzburgo, o grupo caiu nas graças do célebre poeta Gabriele d'Annunzio, que o contratou para se apresentar regularmente na sua residência, o Vittoriale. O quarteto assumiu então o nome de Quartetto Veneziano del Vittoriale. Até 1929, ano de sua dissolução, o conjunto de cordas tocou nos mais importantes festivais de música contemporânea da Europa – Berlim, Munique, Frankfurt, Zurique, Paris (Salle Pleyel) e Londres (British Music Society).

A partir de 1929, Edoardo dedicou-se à regência, realizando diversas temporadas de óperas e concertos sinfônicos em Milão, Veneza, Florença, Roma, Turim e outras cidades europeias. No início da década de 1930, conheceu a harpista Elsa Martinenghi, com quem se casou. Foram morar em Veneza, mas, devido a compromissos profissionais, transferiram-se para Milão, onde nasceu, em 1934, o filho único do casal, o futuro ator, diretor e autor teatral Gianfrancesco Guarnieri (VER).

Ao se opor ao regime fascista de Benito Mussolini, Edoardo começou a sofrer boicotes e perseguições. Bem-relacionada e menos visada do que o marido, Elsa veio sozinha para o Brasil no final de 1935, a convite da Rádio Jornal do Brasil. No Rio, tornou-se amiga da cantora lírica italiana Gabriella Besanzoni Lage, esposa do empresário Henrique Lage. Por seu intermédio, Elsa conseguiu, no ano seguinte, que o governo italiano autorizasse a vinda do marido e do filho para o Brasil em caráter permanente.

Contratado como regente do Teatro Lírico Brasileiro, sediado no Theatro Municipal do Rio de Janeiro, em 1937, e naturalizado brasileiro quatro anos depois, em pouco tempo Edoardo tornou-se um dos mais respeitados maestros do país. Para destacar sua oposição à Itália fascista, em 1944, quando o Brasil começou a mandar tropas para a Europa, a fim de lutar ao lado dos Aliados na Segunda Guerra Mundial, enviou uma carta ao presidente Getúlio Vargas, oferecendo-se para combater os alemães e italianos. A Força Expedicionária Brasileira agradeceu sua iniciativa, mas declinou da oferta. Foi nessa época que ele se aproximou do Partido Comunista Brasileiro, integrando uma célula que se dedicava a fazer pichações. Após os concertos do Municipal, Edoardo, ainda com os trajes de regente, saía para pichar os muros do centro do Rio.

Durante a guerra, regeu temporadas líricas na Orquestra Sinfónica del Sodre, de Montevidéu, em 1942 e 1944, e no Teatro Colón, de Buenos Aires, em 1945. No fim dos anos 1940, depois de algum tempo divididos profissionalmente entre Rio e São Paulo, Edoardo e Elza fixaram-se na capital paulista. Edoardo tornou-se membro do corpo de maestros do Teatro Municipal paulistano e participante assíduo da programação da Rádio Gazeta, como regente da orquestra da emissora. Regeu também a orquestra de câmera da Sociedade Pró-Música e foi diretor artístico do quarteto da violinista Mariuccia Iacovino, além de maestro da Grande Orquestra Tupi, atuante nas Rádios Tupi e Difusora.

Em março de 1950, regeu um ciclo completo dos concertos para piano e orquestra de Beethoven, no Teatro Municipal, com grande sucesso de público e crítica. Ainda naquele mês, a orquestra sinfônica do teatro, por ele dirigida, passou a se chamar Orquestra Sinfônica Municipal de São Paulo. Além da mudança do nome, o conjunto teve seu orçamento duplicado, o que permitiu aumentar os salários dos 90 músicos que a compunham. Edoardo nomeou cinco diretores efetivos para a orquestra, entre os quais Mozart Camargo Guarnieri e ele próprio.

Os dez anos seguintes representaram o ápice de sua carreira. Preparou e regeu as primeiras apresentações mundiais das óperas *Izaht* e *A Menina das Nuvens*, de Villa-Lobos, e a estreia mundial da Suíte Sinfônica nº 1 — "Paulista", de Guerra Peixe, a ele dedicada pelo compositor, realizou turnês pela Europa, e em 1957, apresentou-se na União Soviética, com as orquestras de Moscou e Leningrado, divulgando a música brasileira contemporânea. Dirigiu cantores como Renata Tebaldi, Tito Schipa e Bidu Sayão e músicos como Arnaldo Estrella e Mstislav Rostropovich.

Em São Paulo, esteve entre os fundadores da União Cultural Brasil-URSS, juntamente com Caio Prado Júnior, Sérgio Milliet, Florestan Fernandes e Mário Schemberg.

Em 1960, foi agraciado com o prêmio de melhor maestro, pela Associação Paulista de Críticos Teatrais. Nesse mesmo ano, participou da gravação de uma coleção de discos de música erudita da gravadora Festa, com quartetos de Villa-Lobos, o Réquiem do padre José Maurício e música sinfônica de Francisco Mignone, Henrique Oswald e Cláudio Santoro.

Fontes: "A Venetian Violinist: Luigi Enrico Ferro and the Vivaldi Renaissance". *Venice Research*. Disponível em: <http://www.veniceresearch.com/ferro.htm>. Acesso em: 15 jun. 2020; Diário da Noite, 07-03-1961, p. 20; Fael Vittorio. *Dizionario Biografico del Friulani*. Disponível em: <http://www.dizionariobiograficodeifriulani.it/fael-vittorio/>. Acesso em: 15 jun. 2020; "Gabriele d'Annunzio (1863-1938) e o Quartetto veneziano Vittoriale de Edoardo Guarnieri (1898-1968)". *Revista Brasil-Europa*, n. 163/7, 2016. Disponível em: <http://revista.brasil-europa.eu/163/Vittoriale-Edoardo_Guarnieri.html>. Acesso em: 15 jun. 2020; Perpétuo, Irineu Franco. Coleção traz à tona raridades do selo Festa, Folha de S. Paulo Ilustrada, 24-02-2005. Disponível em: <https://www1.folha.uol.com.br/fsp/ilustrad/fq2402200506.htm>. Acesso em: 15 jun. 2020; Schmidt, Bernardo. "Menotti del Picchia fala de Edoardo di Guarnieri". *O Patativa: 10 anos*, 16 fev. 2013. Disponível em: <http://bernardoschmidt.blogspot.com/2013/02/menotti-del-picchia-fala-de-edoardo-di.html>. Acesso em: 15 jun. 2020; CULTURA ARTISTICA DO RIO DE JANEIRO. 91º Sarau Encerramento da Temporada de 1939. In http://institutopianobrasileiro.com.br/app/webroot/files/uploads/ckfinder/files/Programa%20de%20concerto%20-%20Oscar%20Borgerth%20e%20Arnaldo%20Estrella%20(TMR-J)%2C%2022-12-1939)(1).pdf.

Sergio Lamarão / IB

Com o compositor Edu Lobo (esq.). | Acervo de família, cortesia de Cecília Thompson

GUARNIERI, Gianfrancesco
Ator, dramaturgo
Milão, Itália, 06-08-1934 – São Paulo, 22-07-2006
No Brasil, de 1936 a 2006

Gianfrancesco Sigfrido Benedetto Marinenghi de Guarnieri nasceu na Itália em 1934 e pouco tempo depois teve que se separar de sua mãe, a harpista Elsa Martinenghi. Os anos pré-guerra eram tempos de escassez na Europa, e Elsa conseguiu um contrato para tocar numa radio, graças à ajuda da cantora lírica italiana Gabriella Besanzoni e de seu marido Henrique Lage, moradores da mansão que hoje faz parte do parque Lage, no Rio de Janeiro. O pequeno Cesco ficou sob os cuidados do pai, o também músico e maestro Edoardo de Guarnieri (VER), um comunista militante. Certa feita, houve uma festa para o ditador Benito Mussolini, na qual o líder do Quarteto Veneziano, grupo musical do pai de Guarnieri, recusou-se a tocar. Impedido de trabalhar, seguiu também para o Brasil. Gianfrancesco chegou aqui com dois anos.

Em 1954 a família se mudou para São Paulo e a partir do ano seguinte Guarnieri integrou como ator o Teatro Paulista do Estudante, grupo amador que se fundiu com o Teatro de Arena. Ali, nos elencos de *Escola de maridos* e *Dias felizes, sob a direção de José Renato, em 1956, e Ratos e homens*, dirigido por Augusto Boal, em 1957, projetou-se como intérprete. Um ano depois, o Arena entrou em crise e seus membros pensaram em fechar as portas. Resolveram encenar um texto de Guarnieri, *Eles não usam black-tie*, que contrariou todas as expectativas e salvou o grupo da bancarrota. Mais que isso, firmou-se como o primeiro texto nacional a abordar a vida de operários em greve. Com um elenco com nomes como Miriam Mehler, Lélia Abramo, Flávio Migliaccio e Milton Gonçalves, dirigidos por Augusto Boal, a peça ficou dois anos em cartaz. Assim teve início a construção que fez o autor de um panorama sobre a vida operária, seguido por *Gimba*, produzido pelo Teatro Maria Della Costa, TMDC, que revelou o talento de Flávio Rangel, em 1959, e *A semente*, levada à cena pelo mesmo diretor no Teatro Brasileiro de Comédia, TBC, em 1961.

Gimba joga seus holofotes sobre o morro carioca, as comunidades marginalizadas. *A semente* é ambientada na atuação de células do Partido Comunista em um momento de greve operária. O crítico Décio de Almeida Prado classificou os textos como pertencentes ao realismo socialista, com o mérito de deslocar o olhar cênico para as camadas populares sem o viés paternalista com que eram comumente tratadas.

O filho do cão, de 1964, ambientado no Nordeste, é uma tentativa de fundir os mitos regionais com a exposição realista da miséria em que vive a população. O texto foi montado dentro do Teatro de Arena, com direção de Paulo José, mas não recebeu boa crítica. O sucesso veio um ano depois como uma resposta ao golpe militar do ano anterior: para estruturar um espetáculo em torno da saga de Ganga Zumba, o herói negro dos Palmares, Guarnieri, Augusto Boal e Edu Lobo enveredaram pelo modelo de um seminário histórico, o que possibilitou a inclusão de um narrador contemporâneo que interligava e comentava os episódios representados, estabelecendo outro patamar de comunicação com a plateia. Esse espetáculo tipicamente brechtiano, um mix de musical e teatro, deu seu primeiro fruto em *Arena conta Zumbi*, em 1965. Em 1967, surgiu *Arena conta Tiradentes*, um aprimoramento do formato que destacava o protomártir da Independência como herói. Dois sucessos que promoveram o Arena à condição de liderança junto ao teatro de resistência.

Após seu desligamento do Arena, Guarnieri aceitou uma encomenda de Fernanda Montenegro e escreveu *Marta Saré*, saga musicada de uma prostituta nordestina que faz fama e fortuna no Rio de Janeiro, em 1968, realização apenas discreta. Um novo musical, *Castro Alves pede passagem*, de 1971, ambientava em um programa de televisão passagens significativas da vida do poeta romântico. O jogo metalinguístico do texto deu a ele o prêmio da Associação Paulista de Críticos Teatrais e o Molière de melhor autor. Teve início a colaboração entre Guarnieri e Othon Bastos, outro gigante da dramaturgia brasileira.

Botequim, de 1972, dirigido por Antônio Pedro Borges, no Rio de Janeiro, e *Um grito parado no ar*, de 1973, em colaboração com Othon Bastos e Martha Overbeck, com direção de Fernando Peixoto, evidenciavam a forte censura imperante no auge da ditadura militar, e foram por ele classificados como "teatro de ocasião". Em *Botequim*, os frequentadores de um bar ficam confinados devido a uma tempestade, e *Um grito parado no ar* se concentra nas frustradas tentativas de um grupo teatral de levar a termo sua realização, oferecendo por meio de metáforas um retrato da situação imposta pelo autoritarismo do regime militar. "Quem souber de alguma coisa, venha logo me avisar, sei que há um céu sobre essa chuva e um grito parado no ar." Esse refrão, que ficou famoso, pertencia a uma das músicas de *Um grito parado no ar*, composto por Guarnieri e pelo violonista Toquinho. A peça foi o início de uma prolífica parceria entre ambos. *Basta!*, da mesma época, foi interditada pela Censura e impedida de ser exibida.

Em *Ponto de partida*, de 1976, Guarnieri fez o papel de um pastor de cabras em uma aldeia fictícia onde um poeta aparece enforcado, em clara alusão a Vladimir Herzog. Ganhou os prêmios Molière, Governador do Estado, Mambembe e APCA de melhor texto. Após longo afastamento dos palcos, exercendo outras atividades, inclusive como Secretário de Cultura da Prefeitura de São Paulo, o autor voltou em 1988 com *Pegando fogo... Lá fora*, texto que não alcançou a mesma densidade dos anteriores.

Em sua carreira de ator, Guarnieri acumulou sucessos e prêmios, distinguindo-se no Teatro de Arena, na composição de algumas personagens de grande expressividade, tais como: em *Ratos e homens*, de John Steinbeck, em 1957, o jovem Tião; de seu próprio texto *Eles não usam black-tie*, em 1958, premiado como autor revelação; *O filho do cão*, em 1964; *A mandrágora*, de Maquiavel, em 1962; *Tartufo*, de Molière, em 1964; *O inspetor geral*, de Nikolai Gogol, dirigido por Boal, em 1966; o Coringa de *Arena conta Tiradentes*, em 1967; e como protagonista de *A resistível ascensão de Arturo Ui*, de Bertolt Brecht, em 1968.

Guarnieri fez teledramaturgia, participando de novelas e especiais de TV. Também foi ator de cinema. *Eles não usam black-tie* teve uma versão cinematográfica por Leon Hirszman em 1981, na qual ele faz o papel de Otávio, pai de um fura-greve. Falando sobre ele, o diretor Amir Haddad diz na série televisiva *Canto dos Exilados* que o teatro brasileiro se divide em antes e depois de *Black-tie*. Sintetiza assim a importância do trabalho do autor da peça: "Aí o que era sala de visita virou cozinha, o que era brincadeira, sexo, adultério virou contradição política, virou luta de classes, virou um pensamento importante." Gianfrancesco Guarnieri morreu em 2006, em São Paulo.

Fontes: Guarnieri. Gianfrancesco In: ENCICLOPÉDIA Itaú Cultural de Arte e Cultura Brasileiras. São Paulo: Itaú Cultural, 2020. Disponível em: <http://enciclopedia.itaucultural.org.br/pessoa6223/gianfrancesco-guarnieri>. Acesso em: 15 de Nov. 2020. Verbete da Enciclopédia, ISBN: 978-85-7979-060-7; Série Canto dos Exilados, entrevistas com Cecilia Thompson, Flávio Guarnieri, Toquinho e Amir Haddad.

Leonardo Dourado / IB

HABERKORN, Werner
Fotógrafo
Myslowitz, Alemanha, atual Myslowice, Polônia, 12-03-1907 –
São Paulo, 12-06-1997
No Brasil, de 1937 a 1997

Desde menino, a fotografia fez parte da vida de Werner Haberkorn, um dos três filhos do casal Otto e Emmy. Otto era empreendedor em hotelaria e metalurgia e, como era comum nas famílias de posses no início do século XX, a fotografia era um hobby para registrar viagens de férias, especialmente para Werner, que organizava os álbuns acompanhando o pai, e o irmão Gerhard (Geraldo).

Haberkorn formou-se em 1930 como engenheiro de máquinas, com especialização em mecânica de aviões, pela Escola Superior Técnica de Breslau (então Alemanha, hoje Wroclaw, Polônia). Também trabalhou por algum tempo na Junkers, cujos aviões Stuka abasteceram a Luftwaffe (Força Aérea alemã) na guerra que começaria pouco depois. Ele percebeu a evolução sombria dos acontecimentos e começou a pensar o que podia fazer para proteger a si e à sua família, pois eram judeus. Fez de seu hobby uma boia de salvação.

Em setembro de 1936, Haberkorn embarcou no "Jamaïque" rumo ao Brasil junto com uma equipe de filmagem para uma viagem de um mês e meio, já com um plano na cabeça. "Todo mundo queria emigrar, então a gente procurava para onde ir. Vim para conhecer o país, fiz as fotos e, com elas, realizei duas ou três palestras na Alemanha explicando o que era o Brasil." Esse depoimento foi dado em 1987 ao pesquisador Ricardo Mendes, coordenador da equipe de pesquisas em fotografia do Centro Cultural São Paulo. O filme em 16mm se perdeu, mas as fotos, não. Haberkorn fotografou o Rio de Janeiro, Petrópolis e São Paulo, e o álbum dessa viagem tem

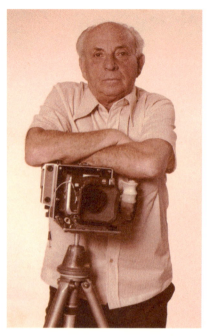

Acervo de família, cortesia de Ernesto e Daniela Haberkorn

também alguns cartões-postais e recortes de jornais. Um ano depois, em 1937, Werner Haberkorn e a mulher, Luise, partiram definitivamente para o Brasil e se converteram ao catolicismo.

O irmão Geraldo cursou o Instituto Bermpohl na Alemanha, do pioneiro da fotografia em cores. Era um sistema de três negativos separados, azul, vermelho e verde, que resultavam em uma foto colorida ao serem processados juntos na impressão. Em 1939, foi a sua vez de seguir para o Brasil, levando um exemplar da câmera Bermpohl e uma fotocopiadora, novidade no país. Os equipamentos, a expertise em policromia de Geraldo e o senso empreendedor de Walter foram a base do sucesso da Fotolabor, inovadora empresa fotográfica de São Paulo que funcionou durante vários anos a partir de 1940. Antes que ficasse impossível sair da Alemanha, conseguiram trazer os pais e o irmão de Luise, bem como a mulher de Geraldo, seus pais e um primo. O plano funcionou.

A Fotolabor foi pioneira na produção de fotografias em cores no Brasil. Mais tarde, os irmãos Werner e Geraldo tiveram outra ideia lucrativa: os cartões-postais coloridos. No início, a alavanca financeira da empresa era a máquina fotocopiadora. Havia filas na porta para fotocopiar documentos. Werner, especialmente, tinha tino comercial. Conseguiu uma autorização do Ministério da Aviação, passou a fazer fotografias aéreas do Rio de Janeiro e de São Paulo e introduziu outra inovação: os postais aéreos, o que significou um legado de duas décadas de registros das duas cidades. Atento a temas que pudessem ter retorno comercial na forma de cartões-postais, produziu alguns campeões de vendas, entre eles o da seleção brasileira de futebol em 1950 (antes da final), a campeã de 1958 e o postal com a foto do ídolo popular, Francisco Alves, o "rei da voz", tragicamente morto em um acidente na via Dutra em 1952.

Haberkorn usou seus conhecimentos em engenharia para montar uma máquina única para processamento e revelação automática de cartões-postais, usando um papel fotográfico do fabricante Domingos Bove. Isso agilizou a produção e o diferenciou da concorrência que importava tudo. A obsessão pela cor levou-o a colorir manualmente alguns dos postais produzidos pela Fotolabor, apenas os que faziam mais sucesso. Os filhos Vera e Ernesto auxiliavam a colorir os cartões, trabalhando com a equipe de produção e acabamento. O estúdio, localizado na avenida São João próximo à Praça do Correio e depois com filial na rua General Osório, progredia mais e mais, pois também fazia catálogos de produtos industriais, atendendo as primeiras agências internacionais de publicidade que se instalaram no país.

Dois são os principais legados de Werner Haberkorn para o Brasil. Na fotografia aplicada, na foto publicitária e na industrial, através do estudo de sua obra, é possível entender como funcionavam os modelos de negócio e as estratégias de comercialização no campo da fotografia entre 1940 e 1960, além do lado técnico e de inovação do trabalho fotográfico. As suas fotos documentaram a modernização da maior cidade do país: a expansão horizontal, a verticalização e a automobilização. O empreendimento dos irmãos Haberkorn funcionou durante meio século, até 1990. Ao se afastar do negócio, Werner Haberkorn repassou instalações e alguns equipamentos para funcionários da empresa.

Fontes: Entrevista com Ernesto Haberkorn, São Paulo, abril de 2018; Callegari, Bruna; Buosi, Rafael; Lima, Solange Ferraz de; Mendes, Ricardo; Junior, Rubens. *Fotolabor, a fotografia de Werner Haberkorn*. São Paulo: Espaço Líquido Editora, 2014.
Leonardo Dourado / IB

HAMBURGER, Ernesto
Físico
Berlim, 08-06-1933 – São Paulo, 04-07-2018
No Brasil, de 1936 a 2018

Centro de Pesquisa, Inovação e Difusão em Neuromatemática da Universidade de São Paulo

Ernst Wolfgang Hamburger nasceu em Berlim, numa família judia. Seu pai, Hans Hamburger, juiz de direito, havia sido atingido em combate por uma granada durante a Primeira Guerra Mundial e teve um braço amputado e o outro seriamente comprometido. Diferentemente de outros judeus, não foi afastado do serviço público nos primeiros anos do nazismo, por ser herói de guerra, mas acabou perdendo o cargo em 1935, com a escalada do antissemitismo, o que o fez decidir deixar a Alemanha. Aceitou a sugestão de um amigo que havia emigrado para São Paulo e seguiu os seus passos, desembarcando em Santos em outubro de 1936, com a mulher e quatro filhos, sendo Ernst o caçula.

No Brasil, Ernst logo virou Ernesto. Estudou na Escola Britânica e no Ginásio Anglo-Paulista, cursando o ensino médio no Colégio Estadual Presidente Roosevelt. Graduou-se em Física em 1954, na Faculdade de Filosofia, Ciências e Letras da Universidade de São Paulo (FFCL/USP), onde foi aluno de Marcelo Damy, Mário Schenberg, David Bohm e Oscar Sala, entre outros. Durante a graduação, trabalhou como estagiário na montagem do acelerador eletrostático Van de Graaff, que estava sendo construído sob a orientação de Sala. Integrante da primeira turma de bolsistas de iniciação científica do Conselho Nacional de Pesquisas (atual Conselho Nacional de Desenvolvimento Científico e Tecnológico — CNPq), fez um curso de especialização em Física Nuclear e Eletrônica na mesma faculdade em 1955.

Em 1956, tornou-se membro da Sociedade Brasileira para o Progresso da

Ciência (SBPC) e da American Physical Society. Nesse mesmo ano, naturalizou-se brasileiro, casou-se com a sua colega de curso Amélia Império Hamburger e em seguida partiu com ela para os Estados Unidos, onde cursou o doutorado na Universidade de Pittsburgh. Ali, fez pesquisas sobre reações nucleares e estrutura dos núcleos atômicos utilizando o acelerador cíclotron de Pittsburgh. Doutorou-se em 1959.

Voltando a São Paulo, foi assistente da cadeira de Física Teórica, dirigida por Schenberg, e depois, da disciplina de Física Nuclear, aos cuidados de Sala. Livre-docente em 1962, ainda no início dos anos 1960 teve sua primeira experiência em divulgação científica, quando, juntamente com o Instituto Brasileiro de Educação, Ciência e Cultura (Ibec), organizou uma série de aulas de física nuclear para o público, que incluiu algumas experiências de radioatividade.

Em 1963 tornou-se membro titular da Academia Brasileira de Ciências e em 1965 — após o golpe militar de abril de 1964, que, entre outras consequências, perseguiu físicos renomados seus amigos —, retornou com a família para a Universidade de Pittsburgh como professor visitante, ali permanecendo cerca de dois anos. Um dos fundadores da Sociedade Brasileira de Física (SBF) em 1966, no ano seguinte fez o concurso para professor titular, tornando-se catedrático de Física Geral e Experimental, responsável pelo ensino básico de Física na FFCLUSP.

Secretário-geral da SBF entre 1969 e 1971, em dezembro de 1970, Ernst e Amélia Hamburger foram presos pelos órgãos de repressão por abrigarem perseguidos políticos. A prisão gerou protestos de cientistas no Brasil e no mundo, o que possivelmente contribuiu para a soltura de ambos. Ele passou duas semanas na prisão e ela uma, durante a qual foi submetida a sessões de tortura.

Ernesto organizou a ampliação e a modernização dos laboratórios didáticos e, após a reforma da USP em 1970, a implantação de cursos básicos mais atualizados na área de Ciências Exatas e Engenharia. Dedicou-se ao aperfeiçoamento do ensino de Física nas escolas de ensino médio e na Universidade, tendo coordenado um projeto curricular de Física para o ensino médio, e outro de produção de material didático para universidades, especialmente filmes didáticos. Estabeleceu uma área de pós-graduação interdisciplinar para o ensino de Física, gerida conjuntamente pelo Instituto de Física e pela Faculdade de Educação.

Secretário de ensino da SBF de 1973 a 1976, foi um dos idealizadores do Instituto de Estudos Avançados da USP, criado em 1986. No ano seguinte, participou da fundação da Estação Ciência, centro de divulgação científica da USP, em convênio com o CNPq, a qual dirigiria entre 1994 e 2003. Em 1992, retornou à pesquisa básica de Física, sendo um dos coordenadores do experimento Microsul para a medida da distribuição angular de raios cósmicos, iniciado por Elly Silva. Em 1994, recebeu o Prêmio José Reis de Divulgação Científica, do CNPq.

Em 2000, foi agraciado com o Prêmio Kalinga da UNESCO, por seu trabalho na divulgação e popularização da ciência. Ainda em 2000, foi um dos fundadores da Associação Brasileira de Centros e Museus de Ciências (ABCMC), a qual dirigiu da fundação até 2002. Em 2005, recebeu o grau de comendador da Ordem Nacional do Mérito Científico da Presidência da República.

Do seu casamento com Amélia Hamburger, falecida em 2011, teve cinco filhos, entre os quais o cineasta e roteirista Cao Hamburger.

Após o seu falecimento, foi instituído pela Sociedade Brasileira de Física, ainda em 2018, o Prêmio Ernesto Hamburger, criado para destacar trabalhos de qualidade na popularização das ciências físicas.

Fontes: Moura, Mariluce; Pierro, Bruno de. "Ernst Hamburger: Um corajoso cidadão paulistano". *Pesquisa FAPESP*, n. 215, jan. 2014. Disponível em: <http://revistapesquisa.fapesp.br/2014/01/13/ernst-hamburger-um-corajoso-cidadao-paulistano>. Acesso em: 5 jul. 2020; http://www.museudavida.fiocruz.br/brasiliana/cgi/cgilua.exe/sys/start.htm?infoid=91&sid=31; Currículo Lattes; http://buscatextual.cnpq.br/buscatextual/visualizacv.do?id=K4787702Y1.

Sergio Lamarão / IB

HAMMER, Werner
Ator, diretor teatral
Dresden, Alemanha, 20-05-1899 – Hildesheim, Alemanha, 31-03-1966
Brasil, de 1941 a 1956

Nascido em família judaica, Georg Werner Hammer fez seus estudos básicos e deu seus primeiros passos no palco em sua cidade natal. Estreou como ator em 1923 e cinco anos mais tarde dirigiu sua primeira peça. No início da década de 1930, participou como ator e sobretudo como diretor de diferentes espetáculos teatrais no interior da Alemanha e também na Áustria e na Tchecoslováquia. Em 1937, foi contratado para trabalhar como diretor teatral em Viena, por uma temporada que se estenderia até o final de 1938. Entretanto, com a anexação da Áustria pela Alemanha nazista, em março de 1938, além de perder o emprego, foi preso e em seguida expulso do país. Viajou para a Suíça, passando por Berna e Zurique. Mais tarde, acabou por conseguir um visto para o Brasil, na condição de exilado.

Desembarcou no Rio de Janeiro em março de 1941, onde teve de fazer de tudo para sobreviver: foi lavador de pratos, padeiro, cozinheiro, lavador de automóveis, vendedor a domicílio. Somente em 1946, quando já se comunicava bem em português, conseguiu voltar a trabalhar com teatro. Nesse ano, juntamente com Wolfgang Hoffmann-Harnisch (VER), reuniu um grupo de compatriotas — seis atores profissionais e oito amadores —, e fundou o Freies Europäisches Künstlertheater (Teatro Livre dos Artistas Europeus), o primeiro grupo teatral permanente de língua alemã em atuação no Brasil. As montagens tinham lugar às segundas-feiras, dia de folga das companhias brasileiras, geralmente no Teatro Serrador, no centro do Rio.

Arquivo Nacional

Hammer dirigiu a grande maioria das peças encenadas pelo grupo, atuando em muitas delas, quase sempre como protagonista. Um dos espetáculos mais bem-sucedidos da companhia foi a peça *Entre quatro paredes (Huis clos)*, de Jean-Paul Sartre, apresentada em 1949 e dirigida por Hammer, que também fez o papel de Garcin, o único personagem masculino da peça. Primeiro grupo a apresentar uma peça brasileira em alemão, *Deus lhe pague*, de Joracy Camargo, em 1950, nesse ano o Freies Europäisches Künstlertheater passou a se denominar Kammerspiele (Teatro de Câmera) e trocou o Serrador pelo Teatro Copacabana.

Paralelamente às atividades no Kammerspiele, Hammer atuou como *régisseur* de óperas encenadas no Teatro Municipal do Rio de Janeiro, como *As bodas de Fígaro*, em 1951, e no ano seguinte, *A flauta mágica*. Participou de alguns filmes brasileiros, entre os quais as comédias *Mulher do diabo* e *Três vagabundos*, lançados em 1952, e a chanchada *Nem Sansão nem Dalila*, em 1953.

De dezembro de 1954 a abril de 1955, esteve na Suíça, na Áustria e na Alemanha Ocidental para promover o intercâmbio teatral entre o Brasil e esses países europeus. Apoiado pelo Serviço Nacional do Teatro e pelo Ministério das Relações Exteriores, Hammer proferiu palestras em Viena e Munique sobre o teatro brasileiro e sobre o teatro estrangeiro no Brasil.

Retornou definitivamente à Europa em 1956, atuando na Alemanha Ocidental e também na Alemanha Oriental, onde dirigiu, por quatro anos, o Volkstheater de Rostock. Por sua iniciativa, essa companhia encenou em 1958 a peça *A raposa e as uvas*, do brasileiro Guilherme Figueiredo. Em 1959, recebeu o título de "Cidadão carioca", conferido pela Câmara de Vereadores do Rio de Janeiro por seu trabalho de divulgação do teatro e da música do Brasil no continente europeu.

Trabalhou também na Suíça, no teatro público de Chur, e, retornando à Alemanha Ocidental, dirigiu espetáculos em Hamburgo e Düsseldorf e participou do programa de televisão *Johannisnacht* (Noite de São João), em 1966. Foi contratado para dirigir e atuar no teatro de Hildesheim, para a temporada 1965-1966, seu último compromisso profissional.

Fontes: A Noite, 05-04-1955, p. 6; Diário da Noite, 30-03-1959, p. 4; Jornal do Brasil, 10-12-1954, p. 11; Jornal do Brasil, 10-04-1955, p. 1; Jornal do Brasil, 11-04-1955, p. 3; Werner Hammer (1899 – 1966). *Le théâtre de Teplitz (Teplice)*. Disponível em: <https://teplitz-theatre.net/hammer-werner/>. Acesso em: 5 jul. 2020.

Sergio Lamarão / IB

HAUPTMANN, Heinrich
Químico
Breslau, Alemanha, atual Wroclaw, Polônia, 10-04-1905 –
São Paulo, 21-07-1960
No Brasil, de 1935 a 1960

Em 1934, Heinrich Hauptmann, brilhante químico judeu, já estava em aparente segurança na Suíça, trabalhando na École de Chimie de Genebra, após perder sua cátedra na Universidade de Goettingen devido à promulgação na Alemanha da Lei para a Restauração do Serviço Público Profissional, de 7 de abril de 1933. Mesmo assim, resolveu dizer "sim" ao convite do professor Theodoro Ramos, primeiro diretor da Faculdade de Filosofia, Ciências e Letras da recém--criada Universidade de São Paulo, para mudar-se para o Brasil. Sua aposta iria se demonstrar acertada pela brilhante carreira que faria à frente do Instituto de Química da USP.

Ao chegar em fevereiro de 1935, Hauptmann tinha menos de 30 anos e já possuía o título de doutor pela Universidade de Breslau desde 1929. Foi contratado como assistente científico de outro alemão refugiado, Heinrich Rheinboldt

Acervo familiar, cortesia da neta Lúcia Hauptman

(VER). Juntos, escreveram o Guia de Trabalhos Práticos de Análise Qualitativa, livro fundamental para o conhecimento da química inorgânica, que estimula a observação e desenvolve o raciocínio dos alunos, até então acostumados com o que chamava de "ensino puramente livresco".

Quando o Brasil entrou na Segunda Guerra Mundial, o laboratório de Hauptmann participou do esforço de defesa nacional em projeto de interesse da Marinha. Desenvolveu um processo para obtenção do sal de La Rochelle (tartarato de potássio e sódio) e preparação de tungstênio espectroscopicamente puro, a partir do minério scheelita. O tungstênio é resistente a altas temperaturas e sua capacidade de aumentar a resistência de outras ligas metálicas tornou o elemento matéria-prima básica para a indústria bélica.

Em 1946, aos 41 anos, Hauptmann possuía um currículo que lhe garantiria ser admitido como titular em qualquer grande universidade europeia ou norte-americana. Humildemente, submeteu-se ao concurso de professor catedrático pelas regras vigentes à época, com ponto sorteado, prova escrita, didática, prática e defesa de tese. Ganhou a cadeira de Química Orgânica e Biológica. Seus trabalhos sobre compostos orgânicos de enxofre feitos no Brasil foram reconhecidos mundialmente, ampliando o prestígio internacional de uma carreira científica que já era ascendente. Em 1950 e 1951, foi convidado a realizar ciclos de conferências nos Estados Unidos. Após a morte de Rheinboldt, em 1955, assumiu a direção do departamento, tendo como prioridade a melhoria das instalações. Foi mentor e articulador do projeto de construção do Conjunto das Químicas na Cidade Universitária. Nos anos 1957 e 1958, sob o patrocínio da Capes (Coordenação de Aperfeiçoamento de Pessoal de Nível Superior), participou de novas rodadas de palestras em universidades europeias, americanas e mexicanas. Prestou consultoria técnica para várias indústrias paulistas. Identificou-se com o Brasil, fez questão que os filhos tivessem educação brasileira e chegou a fazer o serviço militar (Tiro de Guerra), para fins de naturalização. Morreu prematuramente aos 55 anos.

Fonte: Senise, Paschoal. S477, *Origem do Instituto de Química da USP — reminiscências e comentários*. São Paulo: Instituto de Química da USP, 2006.
Leonardo Dourado / IB

HELLER, Frederico
Jornalista, economista
Viena, 03-10-1904 – São Lourenço da Serra, SP, 10-10-1991
No Brasil, de 1933 a 1991

Um dos precursores do moderno jornalismo econômico no Brasil, Friedrich Heller nasceu em Viena, filho de um funcionário do governo e irmão de Otto Heller (VER), que também se exilaria no Brasil e seria cônsul da Áustria em São Paulo durante mais de 45 anos. Estudou economia, sociologia e jornalismo em Berlim e Leipzig, doutorou-se em 1928 e trabalhou como redator de economia no jornal Leipziger Volkszeitung (Jornal Popular de Leipzig). Social-democrata ativo, precisou voltar para Viena em 1933 com a ascensão dos nazistas ao poder.

No Brasil, onde Heller abrasileirou o prenome para Frederico, as atividades políticas de grupos de exilados começaram naquele mesmo ano. Em novembro de 1933, foi para São Paulo incumbido de assumir o cargo de chefe de redação do planejado jornal antinazista Tribüne (Tribuna) — o qual, no entanto, teve vida breve, com apenas sete edições. A partir de 1934, trabalhou como redator da revista Gegenwart (Presente), cuja publicação foi suspensa três anos depois. Heller, então, começou a ganhar o seu dinheiro como correspondente de jornais europeus e colaborador do jornal Argentinisches Tageblatt (Diário Argentino), impresso em Buenos Aires. Quando a guerra ainda estava na metade, começou a trabalhar no jornal O Estado de S. Paulo.

O rigor com que tratava os temas econômicos e o método investigativo fizeram com que o jornalista acabasse escrevendo um tratado de sociologia urbana e etnografia em 1943 ao descrever uma rua de 210 metros de comprimento em um loteamento recente a doze quilômetros do centro de São Paulo. Para falar sobre a Rua Nova, a valorização dos lotes, os moradores e suas percepções da vizinhança, detalhou dados como tempo de viagem de bonde e de ônibus, quantidade de postes de luz, infraestrutura comercial, preço das escolas, acesso aos serviços públicos, e até dados ambientais, além de pesquisar descendência, religião, classes salariais, consumo e índice de escolaridade e de leitura e tabular todos os dados ao final. Com base em fatos e informações, deitou assim um olhar sobre a cidade e as pessoas, viu como o nível cultural e as possibilidades econômicas compõem as diferentes trajetórias e determinam o cotidiano urbano.

Depois da Segunda Guerra Mundial, o austríaco permaneceu no Brasil. Em 1946, assumiu a primeira editoria de economia da imprensa brasileira, a seção "Atualidade Econômica" de O Estado de S. Paulo. Heller foi uma verdadeira instituição para o jornalismo econômico. Ao lado do francês Robert Appy e do filho de libaneses Alberto Tamer, formou a velha guarda da editoria econômica do "Estadão" nos anos 1960. Tamer contou numa entrevista: "Certa vez, Heller implicou com uma palavra que usei, me mandou buscar o dicionário, viu que estava bem aplicada, mas quando eu já ia saindo, todo orgulhoso de ter dado 'uma volta' no chefe, perguntou com aquele sotaque carregado (Heller era austríaco): 'Senhorrr Tamerrr! O senhorrr dirrria esta palavrrra à sua namorrrada?' Perplexo, eu disse que não. E ele retrucou: 'Enton, non use no texto!' Nunca mais esqueci."

De forma indireta, o social-democrata convicto influenciou — enquanto consultor da Apec (Análise e Perspectivas Econômicas) e delegado do Conselho Consultivo de Planejamento (Consplan), ambas ligadas ao Instituto de Estudos e Pesquisas Sociais (Ipes) — o movimento de empresários e políticos para destituir João Goulart em 1964. Heller ganhou o Prêmio Halles de Jornalismo de 1973 pela melhor reportagem de economia do ano, bem como o prêmio da Federação Internacional de Estudantes em Ciência Política de Genebra. Faleceu em São Lourenço da Serra, próximo de São Paulo, em 1991. Uma escola estadual na localidade foi batizada com o seu nome.

Fontes: Douer, Alisa; Seeber, Ursula. Qué lejos está Viena. Latinoamérica como lugar de exílio de escritores e artistas austríacos. Viena: Centro de Documentação de Literatura Moderna, 1995; Heller, Frederico. "A carreira profissional de um pedreiro de subúrbio". *Sociologia*, v. V, n. 3, 1943; Strauss, Herbert A.; Röder, Werner. *Biographisches Handbuch der deutschsprachigen Emigration nach 1933 (International Biographical Dictionary of Central European Émigrés 1933-1945)*. Research Foundation of Jewish Emigration; Kestler, Izabela. "Frank Arnau". *Exílio e literatura: escritores de fala alemã durante a época do nazismo*. São Paulo: EdUSP, 2003, p.67-72; Koury, Mauro Guilherme Pinheiro. "Seção Documentos — Interacionistas no Brasil, Série 2 — Frederico Heller. Uma apresentação". *RBSE Revista Brasileira de Sociologia da Emoção*, v. 17, n. 49, p. 129-131, abril de 2018.
Kristina Michahelles / Julian Seidenbusch / IB

HELLER, Otto
Empresário, jornalista, diplomata
Viena, 31-03-1910 – São Paulo, 25-03-2004
No Brasil, de 1934 a 2004

O pai era um alto funcionário da administração pública em Viena. Quando Otto tinha apenas 12 anos, em 1922, a família se mudou da Áustria para a Alemanha. Ainda jovem, trabalhou como empregado doméstico e garçom até 1931 ou 1932. Ao voltar para Viena, foi funcionário da Associação de Empregados do Comércio e do Partido Social Democrata. Os nazistas viram nos empregos um sinal de engajamento político e, além disso, havia a ascendência judaica de Heller, por isso ele foi obrigado a abandonar a Áustria em 1934 e fugiu, junto com a sua mulher, para o Brasil, onde já vivia seu irmão, Frederico (Fritz; VER).

Como tantos outros exilados da Segunda Guerra Mundial, Otto Heller fez de tudo um pouco para sobreviver no novo país. Começou a ganhar a vida como decorador de vitrines, enveredou por outro ramo completamente diferente, trabalhando como agente publicitário, e virou redator da revista de fotografia AGFA Novidades. A AGFA, na época uma das gigantes da fotografia, foi durante a guerra parte do conglomerado IG Farben, que reunia as empresas químicas alemãs e que, após a vitória dos aliados, foi condenado por crimes de guerra.

Otto Heller mudou de ramo logo: em 1942 começou a montar a fábrica de móveis Movelar e, em 1948, fundou a Câmara de Comércio Austro-Brasileira,

Arquivo Nacional

que estabeleceu os primeiros contatos comerciais entre os países depois da Segunda Guerra Mundial.

Por seu engajamento, Otto Heller foi nomeado cônsul da Áustria em São Paulo já no ano seguinte, 1949, e ficou no cargo até 1995. Nestes mais de 45 anos, além das funções consulares corriqueiras, voltadas para a comunidade de cerca de 40 mil austríacos em sua área de competência, teve forte atuação cultural e política. Contribuiu com relatórios e informações para a assinatura do Tratado de Independência Austríaca, que restabeleceu a Áustria como estado soberano em maio de 1955. Nos anos 1970 atuou, junto com Dom Paulo Evaristo Arns e outros religiosos, para levantar recursos internacionais em apoio de ações sociais em favelas paulistanas. Em 1974, realizou em São Paulo, na Praça Roosevelt, a exposição *Viena gloriosa*, com curadoria do arquiteto Franz Requat e que foi integrada à 13a Bienal no ano seguinte. Também foi um dos responsáveis pelo Projeto Estímulo, que incentivava jovens músicos, em parceria com a Secretaria Estadual de Cultura. Foi membro do conselho de diferentes organizações de ensino, da Fundação Bienal de São Paulo e do Conservatório Dramático e Musical da cidade. Teve ainda papel importante em 1985, quando os restos mortais do criminoso de guerra nazista Josef Mengele, morto por afogamento em 1979 em Bertioga, São Paulo, foram desenterrados e identificados através de exame forense. Ao completar 85 anos, Heller pediu para ser substituído no cargo. Condecorado várias vezes e nomeado cidadão honorário de São Paulo, faleceu naquela cidade poucos dias antes de completar 94 anos.

Fontes: Douer, Alisa; Seeber, Ursula. *Qué lejos está Viena. Latinoamérica como lugar de exílio de escritores e artistas austríacos*. Viena: Centro de Documentação de Literatura Moderna, 1995; Polícia paulista exuma ossada que diz ser de Mengele, Jornal do Brasil, 12-05-1985. Disponível em: <http://memoria.bn.br/pdf/030015/per030015_1985_00060.pdf>. Acesso em: 5 jul. 2020; Otto Heller. In: Wikipedia. Disponível em: <https://de.wikipedia.org/wiki/Otto_Heller_(Generalkonsul)>. Acesso em: 5 jul. 2020.

Kristina Michahelles / IB

HERZ, Eva
Livreira
Berlim, 26-12-1911 – São Paulo, 30-10-2001
No Brasil, de 1939 a 2001

Kurt e Eva Herz | Acervo de família, cortesia Pedro Herz

Filha de um banqueiro judeu de Berlim, Eva Walter casou-se no final da década de 1930 com o também judeu Kurt Herz. Em 1938, diante do avanço do antissemitismo, uma das principais bandeiras do regime nazista instalado no país cinco anos antes, Eva decidiu deixar a Alemanha, às vésperas da Noite dos Cristais, em novembro, quando a comunidade judaica foi alvo de um brutal ataque. Graças ao jornalista e escritor Alfred Hirschberg, que ajudava famílias judias a fugir, ela, sua mãe Franziska e sua irmã Hildegard embarcaram em um navio para o Brasil, o segundo destino (depois da Argentina) no continente sul-americano para os refugiados do hitlerismo. Porém, como o governo Vargas havia imposto restrições ao desembarque de imigrantes judeus em portos brasileiros, as três mulheres, que viajavam praticamente sem bagagem, tiveram de seguir primeiro para Buenos Aires.

Na capital argentina, Eva reencontrou o marido, que não pôde sair da Alemanha junto com elas, tendo viajado separadamente, e conseguiu trabalho numa tecelagem. Em 1939, a família obteve, afinal, visto para o Brasil, estabelecendo-se em São Paulo, onde Kurt tornou-se representante comercial de uma indústria de confecções. Moravam todos juntos em um pequeno sobrado da rua Barão de Capanema. Pouco depois, um novo membro foi integrado à família: Hugo Salomon, marido de Hildegard e também fugitivo do nazismo.

Em 1940 Eva e Kurt tiveram o primeiro filho, Pedro, seguido de Joaquim, três anos mais tarde.

Em 1947, preocupada em reforçar o minguado orçamento familiar, Eva teve a ideia de comprar alguns livros em alemão para alugá-los aos compatriotas. Escolheu dez *bestsellers*, entre os quais o *Diário de Anne Frank*. Foi assim que surgiu a Biblioteca Circulante, que funcionava na própria casa de Eva. A essa altura ela estava morando com o marido e os filhos em um sobrado na alameda Lorena. A iniciativa deu certo. Visando diversificar o público e ampliar o negócio, Eva decidiu trabalhar também com autores nacionais, como Jorge Amado, Machado de Assis, Raquel de Queiroz e Érico Veríssimo.

Posteriormente, sem deixar as atividades da Biblioteca Circulante, passou a vender livros — ponto de partida da Livraria Cultura — na casa da rua Augusta, para onde havia se mudado com a família. O aluguel e a venda dos livros ocupavam duas salas do sobrado. O sucesso do empreendimento foi tão grande que em 1958 Eva teve condições financeiras para enviar Pedro, o filho mais velho, para a Europa. Seu objetivo era que ele visitasse as feiras do livro do continente e conhecesse novos autores, familiarizando-se com o negócio.

Ao longo de praticamente toda a década de 1960, Eva manteve a venda e o aluguel de livros em sua residência. Em 1969, tomou uma decisão importante: suspendeu as atividades da Biblioteca Circulante e manteve apenas as da livraria, que contava, então, com uma quantidade apreciável de livros em alemão, inglês e português. Na sequência, tomou outra decisão importante: deixou a direção da livraria nas mãos de Pedro. Foi ele que concretizou um sonho acalentado havia muito tempo: retirar a livraria de dentro de casa e instalá-la em um espaço aberto ao público. O local escolhido para abrigar a primeira loja da Livraria Cultura foi o emblemático Conjunto Nacional, na avenida Paulista.

Embora não estivesse mais à frente da empresa, Eva continuou atuando como assessora na compra de livros estrangeiros e encarregada do contato com distribuidoras e importadoras em São Paulo. Aos poucos, porém, afastou-se completamente dos negócios e Pedro assumiu todas as responsabilidades. Com o tempo, a Livraria Cultura tornou-se ponto de referência no cenário cultural de São Paulo, servindo de palco para o lançamento de livros de personalidades da literatura e da vida pública brasileiras.

A livraria fundada por Eva Herz ganhou mais lojas a partir de 1973, e expandiu-se com filiais no Recife, em Brasília, Campinas, Curitiba, Porto Alegre, Ribeirão Preto, Salvador, Rio de Janeiro e Fortaleza. Em 2007 foi inaugurada a maior loja da rede, com 4300 metros quadrados, no mesmo Conjunto Nacional onde começara a empresa e onde Eva foi homenageada postumamente com a inauguração do teatro que leva o seu nome. Atualmente com catorze lojas — cinco delas em São Paulo —, a Cultura chegou a ser uma das maiores livrarias do Brasil, mas entrou em crise em 2018, viu-se forçada a encolher sua rede e a fechar suas filiais no Rio de Janeiro. Em nota, a empresa afirmou que pretendia manter unidades com boa performance e crescer substancialmente no comércio eletrônico.

Fontes: Belém, Euler de França. Pedro Herz conta a história da Livraria Cultura, a mais charmosa do Brasil, Jornal Opção, 25-11-2017. Disponível em: <https://www.jornalopcao.com.br/colunas-e-blogs/imprensa/pedro-herz-conta-historia-da-livraria-cultura-mais-charmosa-do-brasil-110866/>. Acesso em: 5 fev. 2020; Camargo, Paulo. A saga da Cultura, Gazeta do Povo, 10-12-2011. Disponível em: <https://www.gazetadopovo.com.br/caderno-g/a-saga-da-cultura-aloav3kcyanrnllf87t4isswe/>. Acesso em: 23 jan. 2020; Garcia, Glaucia. "Uma breve história das livrarias paulistanas". *São Paulo antiga*. Disponível em: <https://www.saopauloantiga.com.br/uma-breve-historia-das-livrarias-paulistanas/>. Acesso em: 5 fev. 2020; Herz, Pedro. *O livreiro: como uma família que começou alugando 10 livros na sala de casa construiu uma das principais livrarias do Brasil*. São Paulo: Planeta do Brasil, 2017; Livraria Cultura entra com pedido de recuperação judicial, G1, 24-10-2018. Disponível em: <https://g1.globo.com/economia/noticia/2018/10/24/livraria-cultura-entra-com-pedido-de-recuperacao-judicial.ghtml>. Acesso em: 5 fev. 2020; Morre fundadora da livraria Cultura, O Estado de S. Paulo. Disponível em: < https://cultura.estadao.com.br/noticias/geral,morre-fundadora-da-livraria-cultura,20011030p8642 >. Acesso em: 23 jan. 2020; "Nossa história". *Teatro Eva Herz*. Disponível em: <http://www.teatroevaherz.com.br/teatro/?l=historia>. Acesso em: 23 jan. 2020; "Nossas lojas". *Livraria Cultura*. Disponível em: <https://www3.livrariacultura.com.br/nossas-lojas>. Acesso em: 5 fev. 2020.

Inoã Urbinati / IB

HIRSCHBERG, Alfred
Editor, advogado, líder comunitário
Gnesen, Alemanha, atual Gniezno, Polônia, 27-09-1901 – São Paulo, 22-09-1971
No Brasil, de 1940 a 1971

Filho de Louis Hirschberg e Jennny Powidze, Alfred Hirschberg se formou em Direito em 1921 na Universidade de Leipzig. Ele se casou com Eva Hirschberg, alemã, filha de Karl Striemer e Edith Meresitz.

Em 1920, começou suas atividades comunitárias judaicas se engajando na biblioteca da Centralverein Deutscher Staatsbürger Jüdischen Glaubens (Associação Central de Cidadãos Alemães de Fé Judaica), principal organização judaica alemã, da qual na década de 1930 se tornaria um dos mais importantes líderes. Em 1921, ele começou a escrever artigos e a trabalhar internamente para a importante revista judaica CV-Zeitung, da associação Central Vereins.

Alfred Hirschberg na redação da C.V.- Zeitung, outubro de 1936 | Foto de Herbert Sonnenfeld, Museu Judaico de Berlim

Após defender seu doutorado em 1927, na mesma universidade, tornou-se assessor jurídico interino da presidência da CV-Zeitung e se integrou à editoria da Philo Verlag (Editora Philo). Em 1933, foi convidado a assumir os cargos de conselheiro executivo geral e editor-chefe da mesma revista, funções que exerceu até o seu fechamento, após a Noite dos Cristais, o mais violento pogrom contra os judeus alemães, ocorrido em 1938.

Em 10 de novembro de 1938, na Noite dos Cristais, na qual todas as organizações judaicas foram invadidas, destruídas e saqueadas pelos nazistas, foi mantido durante o ataque um plantão para atendimentos de emergências na CV-Zeitung.

Em seguida, Hirschberg e alguns de seus colegas foram convocados, como representantes da imprensa judaica, a se apresentar à polícia. Ele foi preso, solto no dia seguinte e novamente preso em casa e recambiado para o campo de concentração de Sachsenhausen, na cidade alemã de Oranienburg. Permaneceu neste campo por um ano, até que, em 1939, sua mulher, a partir de contatos pessoais, conseguiu libertá-lo e dispensá-lo do registro de perseguido. Enquanto isso sua sogra, Edith Striemer comprava vistos falsos para a França e mandava a filha do casal, Lucy, para Londres, pelo Kindertransport (nome informal para uma série de resgates de crianças judias para o Reino Unido durante a Segunda Guerra Mundial).

A família se reuniu na Inglaterra e embarcou no vapor "Highland Monarch" com destino ao Rio de Janeiro, onde aportou em 5 de setembro de 1940. Do Rio foram para São Paulo, sendo recebidos na CIP (Congregação Israelita Paulista).

No Brasil, Hirschberg intensificou seu ativismo comunitário e seu trabalho como editor no âmbito judaico. Em 1º de dezembro de 1940 assumiu o Jornal Crônica Israelita, dirigindo-o até seu fechamento em 1969, e ingressou como membro na CIP, tornando-se mais tarde diretor executivo da entidade. Tornou-se ainda membro da Comissão Nacional de Direitos Humanos do B'nai B'rith–Brasil, diretor executivo do Keren Hayesod e secretário do Jewish Joint Distribution Committee no Brasil (Comitê Conjunto Judaico de Distribuição no Brasil). Ele também foi membro do Conselho do Instituto Brasileiro de Educação e Cultura, secretário dos Amigos da Universidade Hebraica de São Paulo, diretor executivo da Campanha Judaica Unida, diretor no Brasil da Jewish Telegraphic Agency (Agência internacional de notícias judaicas), integrante do Conselho Geral do Hospital Albert Einstein, cofundador e membro do Conselho do Instituto Brasileiro de Direitos Humanos e do Conselho de Fraternidade Judaico-Cristão, duas vezes vice-presidente do Conselho Mundial de Sinagogas, do qual foi diretor até sua morte.

Publicou obras como *The Economic Adjustment of Jewish Refugees in S. Paulo (A adaptação econômica de refugiados judeus em São Paulo)*, pela editora Conference on Jewish Relations em 1945, e *Das Ehehindernis der Blutsverwandtschaft (O obstáculo matrimonial do relacionamento sanguíneo)*, publicado pela Águia em 1918.

Morreu em 22 de setembro de 1971, reconhecido como um dos mais importantes líderes comunitários judaicos no Brasil e no mundo.

Fontes: *Alfred Hirschberg* - Curriculum Vitae. Disponível em: http://digital.cjh.org/R/N9P8EL8AYF3G4R6UCJ3R1K1DLDR-NPY6ELBJEQXGRLGT2GCRL1S-00565?func=dbin-jump-full&object%5Fid=1712367&local%5Fbase=GEN01&pds_handle=GUEST. Visualizado em 19 de Dezembro de 2019; Alfred Hirschberg. *Vozes do Holocausto*. Disponível em: <https://docs.google.com/viewer?url=https%3A%2F%2Fwww.arqshoah.com%2Fimages%2Fimagens%2Fsobreviventes-testemunhos%-2FHIRSCHBERG_Alfred.pdf>. Acesso em: 19 dez. 2019; Dr. Alfred Hirschberg, Brazil Director of Jta, Feted in Sao Paulo, Jewish Telegraphic Agency, 03-01-1966. Disponível em: <https://www.jta.org/1966/01/03/archive/dr-alfred-hirschberg-brazil-director-of-jta-feted-in-sao-paulo>. Acesso em: 19 dez. 2019; Dr. Alfred Hirschberg, Jewish Leader in Brazil, Honored on 60th Birthday, Jewish Telegraphic Agency, 27-09-1961. Disponível em: <https://www.jta.org/1961/09/27/archive/dr-alfred--hirschberg-jewish-leader-in-brazil-honored-on-60th-birthday>. Acesso em: 19 dez. 2019.

Thiago Herzog / IB

HOFF, Luise: ver BRESLAU-HOFF, Luise

HOFFMANN, Friedrich Wolfgang: ver HOFFMANN-HARNISCH, Wolfgang

HOFFMANN-HARNISCH, Wolfgang
Diretor de teatro, de cinema, dramaturgo, escritor, tradutor, produtor
Frankfurt an der Oder, Alemanha, 13-05-1893 – Bonn, Alemanha, 06-01-1965
No Brasil, de 1938 a 1951

Arquivo Nacional

Wolfgang Hoffmann-Harnisch, cujo nome original era Friedrich Wolfgang Hoffmann, já possuía relativa fama como diretor de teatro na Alemanha quando começou a escalada dos nazistas ao poder. De 1927 a 1936, em Berlim, participou de cerca de 50 estreias, entre elas muitos trabalhos com o diretor judeu Max Reinhardt e com Leopold Jessner, representante do expressionismo teatral e do teatro político. Hoffmann-Harnisch e seu filho Wolf, que era ator, foram presos diversas vezes, conforme declarou este último em entrevista à pesquisadora Izabela Kestler. Porém, em 1936, a revista semanal Berliner Illustrirte Zeitung encomendou ao escritor um texto sobre o Brasil, para onde ele viajou no dirigível Graf Zeppelin. O resultado da viagem foi o livro *Brasilien, ein tropisches Grossreich (Brasil, um império tropical)*, publicado em 1938 em Hamburgo e depois traduzido para o português. O livro e a viagem foram importantes para a decisão da família de ter o Brasil como destino de exílio.

Deixaram a Alemanha separadamente. O filho Wolf Harnisch fez um estágio em uma empresa no Panamá, conseguiu visto para o Chile e depois de meio ano estava no Brasil com sua família. Hoffmann-Harnisch, mulher e filha chegaram ao Brasil em 1938, e o filho na primavera de 1939. Foram acolhidos por amigos em São Paulo. Harnisch e a irmã davam aulas de alemão e inglês e vendiam livros como representantes. Em dezembro de 1939 seguiram todos de carro para Porto Alegre, onde conheciam o interventor no estado do Rio Grande do Sul, coronel Oswaldo Cordeiro de Farias, e se fixaram na cidade por algum tempo. O interventor estava então empenhado em nacionalizar o ensino e combater a influência nazista nas colônias alemãs do estado. A temporada no Sul rendeu o livro *Rio Grande do Sul, sua terra e sua gente*, publicado em 1941, uma brochura com fotografias chamada *Porto Alegre, o retrato de uma cidade*, um curta-metragem com esse mesmo título e a biografia *Getúlio Vargas*, editada em 1944. Izabela Kestler não pode afirmar, mas registrou a suspeita de troca de favores em uma nota de pé de página: "Vi esse livro na estante de Wolf Harnisch por ocasião da entrevista. Provavelmente constrangido, o entrevistado não me permitiu manuseá-lo mais detalhadamente."

Em 1941 a família foi morar no Rio de Janeiro, porém não se sabe sobre as atividades do dramaturgo até o final da guerra, em 1945. Ele atuou junto ao Teatro do Estudante, grupo criado por Paschoal Carlos Magno, a partir de 1947, no Rio de Janeiro. Após o final da guerra, caiu a proibição de se falar alemão em público e, então, tanto a atividade teatral quanto política de Harnisch no Brasil foi intensa.

Freies Europäisches Künstlertheater (Teatro Livre Europeu dos Artistas) foi o grupo formado por ele e pelo ator austríaco também refugiado, Werner Hammer (VER), em 1946. Mais adiante, fez parte do empreendimento também outro experimentado diretor e dramaturgo, o alemão Willy Keller (VER). Metade dos componentes era amadora. Apresentavam-se em diversos teatros do Rio de Janeiro, às segundas-feiras, na folga dos grupos brasileiros. As peças eram emprestadas pela companhia Freie Deutsche Bühne (Teatro Alemão Livre) de Buenos Aires e Komödie (Comédia) de Montevidéu, mais experientes em teatro feito no exílio. Havia muita dificuldade: quase nenhum subsídio por parte da embaixada alemã, com as encenações praticamente financiadas pelos próprios atores. Mesmo assim, o grupo fez mais de 30 montagens abarcando toda a dramaturgia europeia, porém à custa de muito conflito interno. Harnisch, que preferia encenar os clássicos para a antiga colônia alemã em vez de novos autores para o público dos exilados, desligou-se em 1948 e fundou outro grupo, o Teatro Hoffmann-Harnisch. Fez mais de 50 apresentações do *Fausto* de Goethe em dois anos no sul do país.

Wolfgang Hoffmann-Harnisch tinha pretensões políticas, ou pelo menos de ser o líder intelectual da colônia alemã no Brasil. Em 1946 foi criada a Associação dos Social-Democratas Alemães no Brasil ligada ao Sozialdemokratische Partei Deutschlands (SPD, Partido Socialdemocrata Alemão) e Harnisch estava entre os fundadores. Em uma carta a Helmut Wickel, de 1947, ele escreveu que "a colônia alemã no Brasil vale uma missa", no sentido de que valeria ouro. Segundo Izabela Kestler, havia uma estratégia de "conduzir a colônia nacionalista e conservadora para uma linha social-democrata através de um novo jornal alemão". Seu ex-parceiro Werner Hammer acusou-o de oportunista. Fato é que Harnisch e outro integrante da associação, Erich Fraenkel (VER), acabaram expulsos da entidade quando, em maio de 1947, veio à tona que captavam recursos junto a cidadãos alemães para financiar a edição do jornal. Harnisch havia escrito e publicado entre 1939 e 1940 na Alemanha a novela *Dollarmilionäre unter sich (Milionários em dólar entre si)*. O título sugere uma autocrítica bem-humorada sobre os jamais realizados planos de fama e riqueza que acalentou no Brasil. Em 1951, ele e o filho retornaram à Alemanha. Ainda teria mais dois empregos. No primeiro, de 1952 até 1958, colocou sua expertise de dramaturgo a serviço da emissora Freies Berlin, onde chefiou o departamento de peças de teatro radiofônicas. Paralelamente, coordenou a entidade de apoio cultural aos refugiados da zona de ocupação soviética. Antes de se aposentar ainda trabalhou para a rádio Saarland.

Fontes: Kestler, Izabela Maria Furtado. *Exílio e literatura — escritores de fala alemã à época do nazismo*. São Paulo: Edusp, 2003; Wolfgang Hoffmann-Harnisch. Disponível em: <https://de.wikipedia.org/wiki/Wolfgang_Hoffmann-Harnisch>. Acesso em: 5 jul. 2020.

Leonardo Dourado / IB

HOFFMANN, Johannes
Jornalista, político
Landsweiler-Reden, atual distrito de Schiffweiler, Alemanha, 23-12-1890 –
Völklingen, Alemanha, 21-11-1967
No Brasil, de 1941 a 1945

De origem humilde, filho do mineiro Jacob Hoffmann e de Katharina Hoffmann (nascida Bungert), Johannes Hofmann estudou Teologia em Trier com o objetivo de se tornar padre. Sua opção pelo sacerdócio não foi, porém, adiante, pois logo iria se transferir para a Universidade Albert Ludwig, em Freiburg, onde estudou jornalismo. Na Primeira Guerra Mundial (1914–1918), lutou como voluntário do Exército alemão na Turquia e em outras regiões, tendo

Arquivo Nacional

sido agraciado com a Eiserner Halbmond (Crescente de Ferro), honraria concedida pelo sultão Maomé V Raxade às tropas do Império Otomano e às de seus aliados das Potências Centrais (Alemanha e Áustria-Hungria). Terminado o conflito, retornou à Alemanha e casou-se em Berlim com Gertrud Frieda Krause, com quem teria seis filhos.

Com a derrota alemã, o Sarre, estado natal de Hoffmann e território alvo de disputas seculares ente franceses e alemães, foi colocado sob a administração da recém-criada Liga das Nações, enquanto suas ricas minas de carvão eram cedidas à França. Assim dizia o Tratado de Versalhes (1919), o acordo que pôs fim oficialmente à guerra e determinou as reparações devidas pela Alemanha às nações vencedoras.

Radicado novamente no Sarre, Hoffmann tornou-se, em 1929, editor-chefe do periódico católico Saarbrücker Landeszeitung. Com a ascensão de Hitler ao poder em 1933, o jornal tornou-se uma das vozes mais influentes da oposição ao nacional-socialismo no Sarre. Hoffmann foi demitido do órgão por pressão dos nazistas em 1934, mas logo fundaria um novo jornal, o Neue Saarpost, no qual continuou fustigando o regime com artigos contrários à anexação do Sarre ao Terceiro Reich.

Sua posição era, no entanto, minoritária. Segundo o Tratado de Versalhes, a administração do Sarre pela Liga das Nações se estenderia por um prazo máximo de 15 anos, ao fim do qual um plebiscito seria convocado para decidir o novo estatuto jurídico da região. Realizada em janeiro de 1935, a consulta aprovou a reincorporação do Sarre ao Estado alemão — agora sob o poder dos nazistas. Para quem se opunha à medida, não restou outra alternativa senão o exílio.

Hoffmann refugiou-se primeiro na França e depois em Luxemburgo. Em 1936, sua cidadania alemã foi suspensa. Temendo retaliações por parte de Hitler, o governo de Luxemburgo impediu que exercesse o jornalismo no país. O máximo que conseguiu foi emplacar alguns poucos artigos no Luxemburger

Wort. Em 1939, de volta à França, comandou um programa de língua alemã numa emissora de rádio em Paris em que denunciava os crimes de Hitler. Foi também um combativo militante do movimento de frente popular alemão conhecido como Círculo de Lutécia, liderado pelo escritor Heinrich Mann. O mundo já vivia então os horrores da Segunda Guerra Mundial (1939-1945).

Após a invasão da França pela Alemanha em maio de 1940, refugiou-se na comuna de Audierne, na Bretanha, e, com a capitulação do governo francês no mês seguinte, fugiu para Marselha, na zona não ocupada, onde ficou escondido num mosteiro até conseguir escapar. Em 1941, juntou-se a um grupo de 48 refugiados alemães liderado pelo historiador e filósofo Hermann Mathias Görgen (VER) e, usando um passaporte falso, atravessou a fronteira com a Espanha e de lá seguiu para Portugal, de onde embarcou para o Brasil. Hoffmann e Görgen figuravam entre os poucos do grupo que não eram judeus.

A 11 de maio de 1941, os refugiados desembarcaram no porto do Rio de Janeiro. Vinham na condição de "técnicos estrangeiros" e com a missão de organizar um empreendimento industrial no país. Alocados em Juiz de Fora (MG), foram admitidos como funcionários da fábrica de fundição Indústrias Técnicas Ltda. (Intec), inaugurada em novembro. Dirigida por Görgen, e com Johannes Hoffmann na chefia do almoxarifado, a Intec, contudo, não prosperou por muito tempo. Além das dificuldades para obter os recursos necessários ao seu funcionamento, foi preciso lidar com o fato de que a maioria dos refugiados não tinha experiência com o trabalho fabril. Muitos vinham de profissões ligadas às letras e à vida intelectual. Natural que, com o tempo, cada qual fosse procurando outros meios de sobrevivência no exílio.

Johannes Hoffmann foi um dos fundadores do Freie Deutsche Bewegung (Movimento dos Alemães Livres) no Brasil. No Rio de Janeiro, para onde se transferiu depois da experiência em Juiz de Fora, trabalhou como ajudante do embaixador canadense Jean Desy. Com o fim da guerra em 1945, voltou para a Alemanha e liderou o processo de fundação do Partido Popular Cristão do Sarre (Christliche Volkspartei, ou CVP), do qual foi eleito presidente. Paralelamente, tornou-se editor do Saarländische Volkszeitung, órgão oficial do CVP, e coeditor do jornal Neue Saarbrücker Zeitung.

Em 1947, eleito deputado à Assembleia Legislativa do Sarre, presidiu a comissão encarregada de elaborar a nova constituição do território, então transformado num protetorado da França. Indicado ao cargo de primeiro-ministro do Sarre, exerceu a função até o ano de 1955, quando uma nova consulta popular rejeitou a autonomia da região sob os auspícios da União da Europa Ocidental, como defendia Hoffmann, e aprovou sua reintegração à Alemanha. Com a derrota, Johannes Hoffmann renunciou ao cago de primeiro-ministro e retirou-se da vida pública.

Em 1963, publicou *Das Ziel war Europa: der Weg der Saar 1945–1955 (O objetivo era a Europa: o caminho do Sarre 1945-1955)*. Sobre sua vida, há uma extensa biografia escrita pelo historiador Heinrich Küppers, *Johannes Hoffmann (1890-1967): Biographie eines Deutschen (Johannes Hoffmann (1890-1967): Biografia de um alemão)*, lançada em 2008.

Fontes: Assim fala o rádio de Berlim, Diário de Notícias, 05-07-1945, p. 5; Johannes Hoffmann (Politiker, 1890). In: Wikipedia. Disponível em: <https://de.wikipedia.org/wiki/Johannes_Hoffmann_(Politiker,_1890)>. Acesso em: 17 mai. 2020; Kestler, Izabela Maria Furtado. *Exílio e literatura: escritores de fala alemã durante a época do nazismo*. São Paulo: Edusp, 2003; Long, Bronson. *No easy occupation: French control of the German Saar, 1944-1957*. Rochester: Camden House, 2015. O Sarre, O Globo, 28-09-1955, p. 11; Röder, Werner et al. (Org.). *Biographisches Handbuch der deutschsprachigen Emigration nach 1933–1945*. Munique: K. G. Saur, 1999; Wollny, Maria do Carmo Ventura, Um amigo do Brasil, O Globo, 26-05-1994, p. 6.

Luis Octavio Souza / IB

HÖNIG, Chaim Samuel
Matemático
Berlim, 01-02-1926 – São Paulo, 19-03-2018
No Brasil, de 1937 a 2018

Filho de judeus poloneses, Chaim Hönig chegou ao Brasil menino. Em 1937, em decorrência do crescente antissemitismo movido pelos nazistas, no poder desde 1933, seus pais decidiram deixar a Alemanha, estabelecendo-se em Porto Alegre, onde um tio materno de Chaim residia desde a década de 1920.

Na capital gaúcha fez o ginásio e o ensino médio e, simultaneamente a este último, frequentou aulas de matemática ministradas por dois professores da Faculdade de Educação, Ciências e Letras de Porto Alegre, que haviam estudado na Faculdade de Filosofia Ciências e Letras da Universidade de São Paulo (FFCL/USP). Por influência deles, Chaim transferiu-se para São Paulo e em 1946 ingressou na FFCL/USP, cursando concomitantemente o bacharelado em Física e em Matemática. Concluiu esses cursos em 1948 e no ano seguinte licenciou-se em Matemática.

Autoria desconhecida

Em 1951 foi admitido no departamento de Matemática da USP, iniciando carreira docente que se estenderia por mais de quatro décadas, primeiro na FFCL e a partir de 1970, em decorrência da reforma universitária, no Instituto de Matemática e Estatística (IME), lecionando na graduação e na pós-graduação. Nesta universidade, doutorou-se em Matemática em 1952, com a tese *Sobre um método de refinamento de topologias*, tornou-se professor livre-docente em 1965, com a tese *Análise de Fourier em espaços e teoremas do tipo Sobole*, e professor titular em 1973.

Ainda na USP, criou um seminário para discutir questões relativas à pesquisa em Matemática e assumiu importantes atividades administrativas, entre as quais a de diretor do IME por dois períodos — entre 1978 e 1982 e entre 1986 e 1990.

Sua trajetória fora da universidade também foi plena de realizações. No início dos anos 1950, fez pós-doutorado no Institut Henri Poincaré, na França, onde conheceu Laurent Schwartz, recém-laureado com a medalha Fields. Em 1955 foi eleito membro associado da Academia Brasileira de Ciências, da qual viria a se tornar membro titular, em 1968. Em 1957 foi o idealizador e o coordenador do I Colóquio Brasileiro de Matemática, o primeiro evento nacional a congregar exclusivamente matemáticos, realizado em Poços de Caldas, e que contou com a participação de acadêmicos de nove centros universitários brasileiros.

No final da década de 1960 e início da de 1970, participou, como coordenador, da comissão organizadora de importantes eventos científicos na área de Análise Matemática, entre os quais as três Quinzenas de Análise Funcional e Equações Diferenciais, realizadas no Instituto Tecnológico de Aeronáutica, em 1967, 1969 e 1970, e a I Escola Latino-Americana de Matemática, realizada no Rio de Janeiro em 1968. Sócio fundador da Sociedade Brasileira de Matemática em 1969 e seu primeiro presidente de 1969 a 1971, em 1974 foi um dos fundadores da Academia de Ciências do Estado de São Paulo, e seu membro titular.

Matemático conhecido por sua produção em Análise Funcional, Equações Diferenciais Ordinárias, Topologia Geral e Teoria dos Grupos, foi pesquisador e professor visitante no IMPA (Instituto de Matemática Pura e Aplicada) e na Faculté des Sciences, em Rennes, na França, e presidiu o Instituto de Física Teórica, em São Paulo, por nove anos. Atuou ainda como coordenador da Assessoria de Matemática da Coordenação de Aperfeiçoamento de Pessoal de Nível Superior (CAPES), do Conselho Nacional de Desenvolvimento Científico e Tecnológico (CNPq) e da Fundação de Amparo e Pesquisa do Estado de São Paulo (FAPESP). Autor de vasta bibliografia acadêmica, destacou-se na redação de livros da área de Análise, amplamente utilizados para a formação de matemáticos em todo o Brasil.

Aposentado compulsoriamente em 1996, ao completar 70 anos, por muito tempo ainda manteve o hábito de frequentar diariamente o IME como professor voluntário. Em reconhecimento à sua atuação acadêmica, foi agraciado em 1998 com o título de comendador da Ordem Nacional do Mérito Científico, na área de Ciências Matemáticas.

Fontes: Cavalari, Mariana Feiteiro. *As contribuições de Chaim Samuel Hönig para o desenvolvimento da matemática brasileira.* São Paulo: Universidade Estadual Paulista, Instituto de Geociências e Ciências Exatas, 2012. Disponível em: <http://hdl.handle.net/11449/102091>. Acesso em: 5 jul. 2020; Chaim Samuel Hönig. *Academia Brasileira de Ciências.* Disponível em: <http://www.abc.org.br/membro/chaim-samuel-honig/>. Acesso em: 5 jul. 2020; Matemático Chaim Samuel Hönig morre, em SP, aos 92 anos. *IMPA.* Disponível em: <https://impa.br/noticias/matematico-chaim-samuel-honig-morre-em-sp-aos-92-anos/>. Acesso em: 5 jul. 2020; Nota de falecimento Professor Chaim Samuel Hönig. *SBMAC.* Disponível em: <https://www.sbmac.org.br/2018/03/nota-de-falecimento-professor-chaim-samuel-honig/>. Acesso em: 5 jul. 2020.

Sergio Lamarão / IB

HURTIG, Hannelore: ver JACOBOWITZ, Hannelore

HÜTTER, Helmut
Jornalista
Krems an der Donau, Áustria, 01-05-1889 – ?
No Brasil, de 1939 a 1949

De formação católica conservadora, filho de Hans e Stephanie Hütter, Helmutt Hütter trabalhava como diretor de uma agência de jornalismo em Munique, na Alemanha, quando Adolf Hitler subiu ao poder em janeiro de 1933. Não demorou muito para perceber as reais intenções do *Führer* e de

Arquivo Nacional

sua política expansionista. Retornou à Áustria e apresentou ao chanceler Engelbert Dollfuss um relatório no qual alertava o governo sobre os perigos que a ascensão do nazismo representava para a independência do país. Tornou-se a partir de então um íntimo colaborador de Dollfuss, um político conservador de tendências fascistas que, desde março de 1933, governava como ditador.

Com o assassinato de Dollfuss em 25 julho de 1934, durante uma tentativa frustrada de golpe de estado por grupos nazistas apoiados pela Alemanha, Kurt Schuschnigg, ex-ministro da Justiça, assumiu a chefia do governo. Schuschnigg deu continuidade à política de seu antecessor, ao mesmo tempo em que se opunha ao expansionismo de Hitler. Helmut Hütter também colaborou com Schuschnigg. Nomeado chefe do Serviço de Defesa contra o Nazismo em Innsbruck, Áustria, chegou a sofrer um atentado malsucedido a mando da Casa Parda de Munique, sede principal do Partido Nazista na Alemanha.

Aos austríacos, Helmut Hütter costumava advertir: "Este homem [Hitler] quer apenas nos escravizar. É o velho sonho do pangermanismo que desperta. Cuidado!" Suas palavras, porém, foram em vão. Em 12 de março de 1938, as tropas alemãs cruzaram a fronteira com a Áustria e no dia seguinte consumaram o *Anschluss*, a anexação do país ao Terceiro Reich. Sentindo que corria perigo, Hütter reuniu a mulher Maria Hütter (nascida Reitter) e seu filho Kurt e fugiu. Provavelmente passou por França e Grã-Bretanha antes de se refugiar na Itália, de onde, em meados de 1939, às vésperas da Segunda Guerra Mundial (1939-1945), seguiu para o Rio de Janeiro com a família.

Ainda na Europa, teve seu nome incluído na lista negra de Hitler e manteve colaboração estreita com Martin Fuchs, diretor do Serviço Nacional Austríaco em Paris. Em 1940, já estabelecido no Brasil, foi um dos fundadores da filial do Serviço Nacional Austríaco para a América do Sul. No início, alguns imigrantes austríacos também colaboravam com organizações de refugiados alemães. Hütter, por exemplo, foi indicado por Otto Strasser, antigo opositor de Hitler no interior do Partido Nazista alemão e agora dissidente, para dirigir o movimento Freie Deutsche Bewegung Frei-Deutschland (Alemanha Livre) no Brasil.

Helmut Hütter tinha o projeto de criar, sob seu comando, um comitê unificado reunindo os refugiados alemães e austríacos da América do Sul. Strasser não concordou e, provavelmente em fins de 1941, Hütter se afastou do Frei--Deutschland.

O período seguinte marca uma inflexão na sua trajetória política. Em janeiro de 1942, Hütter liderou a criação no Rio de Janeiro de uma filial da organização novaiorquina Austrian Action (Ação Austríaca). Também chamada de Comitê Austríaco, a Ação Austríaca se definia como republicana e "radicalmente democrata".

Dois meses depois, surgia no Rio de Janeiro e em São Paulo um segundo grupo chamado Movimento Áustria Livre, este vinculado ao movimento Freie Österreicher (Austríacos Livres) de Nova York e Toronto. Formado em sua maioria por imigrantes católicos conservadores e por antigos representantes diplomáticos do governo da Áustria no Brasil, o Áustria Livre se classificava como "legitimista" e tinha como principal líder o ex-chefe da Legação Austríaca no Rio de Janeiro, Anton Retschek (VER).

Logo surgiu uma acirrada animosidade entre os dois grupos, que passaram a disputar a representação dos refugiados. Hütter questionou na imprensa a liderança de Anton Retschek e assinou artigos virulentos contra os legitimistas no Österreichischer Kurier (Correio Austríaco), do qual era redator. Hütter sustentava que Retschek aceitara passivamente a anexação da Áustria quando chefe da Legação Austríaca no Rio. Acusava-o, entre outras coisas, de traição e de colaboração com Hitler. Retschek, por sua vez, procurou desqualificar as credenciais de Hütter para liderar os refugiados.

Boa parte das desavenças fora desencadeada pelo anúncio, ainda em janeiro, do rompimento de relações diplomáticas do Brasil com os países do Eixo (Alemanha, Itália e Japão). A medida veio acompanhada de uma série de restrições impostas aos cidadãos daqueles países que viviam em território brasileiro — o que incluía de 80% a 90% dos refugiados austríacos que aqui chegaram depois da anexação da Áustria e que, em razão disso, haviam sido registrados como alemães quando de seu ingresso no país.

Com a entrada do Brasil na guerra em agosto de 1942, ao lado das forças Aliadas, a tensão só fez aumentar, levando o governo brasileiro a proibir as atividades dos dois grupos. Numa tentativa de pôr fim ao impasse, algumas lideranças austríacas se reuniram no início de 1943 e chegaram a um acordo. Foi então anunciada a criação do Comitê de Proteção dos Interesses Austríacos no Brasil (CPIAB), cuja direção foi entregue a Anton Retschek. Em junho, o CPIAB foi reconhecido pelo governo brasileiro "como a única representação legítima dos interesses austríacos" no Brasil. Ao Comitê foi concedido o direito de emitir novos documentos de identidade para os refugiados e assim restituir-lhes a cidadania austríaca.

Helmut Hütter não participou dessas negociações e recusou-se a aceitar a liderança do CPIAB. Pelos jornais, continuou com sua pregação contra Retschek e as pretensões legitimistas. Além da Ação Austríaca, integrou a Junta Republicana Austríaca e atuou como representante no Brasil da American Federation of Austrian Democrats (Federação Americana dos Democratas Austríacos) e da Austrian Youth Assembly (Assembleia da Juventude Austríaca), ambas de Nova York; além do Free Austrian Movement of Great-Britain (Movimento Austríaco Livre da Grã-Bretanha) e do Austrian Centre (Centro Austríaco), de Londres. No biênio 1944-1945 foi editor no Rio de Janeiro do Centropa Boletim, órgão oficial da Ação Austríaca no Brasil.

Em julho de 1949, após ter obtido da Organização Internacional de Refugiados (OIR) o direito à repatriação, Hütter deixou o Brasil e regressou à Áustria com sua família.

Fontes: Agente do néo-fascismo internacional no Brasil, Diário Carioca, 03-08-1945, p. 7; Austríacos Livres: protesto dum antigo colaborador de Dolfuss, Diário de Pernambuco, 04-02-1942, p. 2; Chega hoje o arquiduque Felix von Habsburg: declaração divulgada pela "American Federation of Austrian Democrats", Diário Carioca, 01-09-1943, p. 2; Desmascarando pseudos austríacos livres..., Jornal do Commercio, 24-09-1944, p. 11; Eisterer, Klaus. *O Comitê de Proteção dos Interesses Austríacos no Brasil (1943-1945)*. Innsbruck/Brasília: Universidade de Innsbruck/Embaixada da Áustria no Brasil, 2008. Helmut Hütter. *Arolsen Archives*. Disponível em: <https://collections.arolsen-archives.org/en/archive/81012705/?p=1&doc_id=81012706>. Acesso em: 25 mai. 2020; Hitler's black book: information for Helmut Hutter. *Forces War Records*. Disponível em: <https://www.forces-war-records.co.uk/hitlers-black-book/person/1001/helmut-hutter>. Acesso em: 25 mai. 2020; Kestler, Izabela Maria Furtado. *Exílio e literatura: escritores de fala alemã durante a época do nazismo*. São Paulo: Edusp, 2003; Röder, Werner et al. (Org.). *Biographisches Handbuch der deutschsprachigen Emigration nach 1933–1945*. Munique: K. G. Saur, 1999.

Luis Octavio Souza / IB

HUYN, Hans

Diplomata, jornalista
Cracóvia, Império Austro-Húngaro, atual Polônia, 03-07-1894 –
São Paulo, 20-08-1941
No Brasil, de 1940 a 1941

Arquivo Nacional

Johannes Franz Carl Victor Clemens Max Maria Graf von Huyn nasceu em Cracóvia, filho de um general do exército austro-húngaro, Karl Georg Huyn, que na ocasião era chefe do Estado Maior da Cavalaria na cidade. A família Von Huyn, católica de origem flamenga, imigrou para a Áustria no século XVII e detém os títulos húngaros de conde desde 1697. Hans seguiu a carreira militar paterna, frequentou a escola de oficiais da marinha no porto de Fiume, na época parte do Império Austro-Húngaro, atual Rijeka, Croácia. Serviu até 1917 como oficial no navio "Viribus Unitis" da Marinha imperial, sendo transferido depois para a sede do ministério em Viena.

Com o fim da guerra e o colapso da monarquia dos Habsburgo, abreviou o nome para Hans Huyn, trabalhou algum tempo no setor privado e ingressou no serviço diplomático austríaco em 1921. Foi adido da representação austríaca em Varsóvia durante três anos. De 1924 a 1927, trabalhou como correspondente em Varsóvia da agência Wolffs Telegraphisches Bureau (WTB). Fundada em 1849 e pioneira na divulgação das cotações das Bolsas de Valores, a WTB foi um dos maiores impérios de comunicação do mundo antes da Primeira Guerra Mundial, com correspondentes e representações em todos os continentes e rivalizando com a Reuters e a Associated Press, até ser fundida com a Telegraphen-Union e estatizada pelos nazistas em 1º de janeiro de 1934 para formar a agência noticiosa oficial Deutsches Nachrichtenbüro.

Em 1927, Huyn passou para o serviço diplomático alemão e, em 1928, casou-se pela primeira vez, mas a união duraria só até 1933. Em 1929 serviu como adido de imprensa da legação alemã em Varsóvia. Mais tarde, haveria de lembrar que a nata da sociedade de Varsóvia e Viena não conseguia compreender como podia trocar a respeitada profissão de diplomata pela carreira bem menos valorizada de jornalista. Huyn expressou através de uma mordaz autoironia a incompreensão e o antissemitismo de seus contemporâneos: "O jornalista imaginário deles deve ser um judeuzinho com colarinho seboso cheio de caspas, que é admitido em recepções onde ele e seus semelhantes bloqueiam o bufê — um personagem ambíguo que é tudo menos agradável em termos de maneiras ou aparência."

Já em 1934, Huyn externou publicamente a sua dissensão das ideias do regime nazista, deixou o serviço diplomático alemão e retornou a Viena, onde voltou para a diplomacia austríaca. No final daquele ano se tornou adido de imprensa da legação austríaca em Londres. Casou-se pela segunda vez em 1936 com Irma, nascida Wittgenstein, também de família nobre. Quando a Áustria foi anexada, em 1938, ficou em Londres e começou a trabalhar em 1939 no Escritório da Áustria (Austrian Office), importante representação da comunidade austríaca de emigrados de todos os matizes políticos. Quando estourou a Segunda Guerra Mundial, trabalhava nos programas noticiosos da BBC em língua alemã. Publicou, ainda em 1939, o livro de memórias *Tragedy of Errors. The Chronicle of a European* (Tragédia de erros, crônica de um europeu).

Em junho de 1940, Huyn e a mulher conseguiram vistos de turista válidos por seis meses no consulado-geral do Brasil em Londres — com passaportes húngaros emitidos meio ano antes, no qual ele usou o nome de Jean (Hans em francês) Huyn e declarou a profissão de "escritor". Desembarcaram em 7 de julho de 1940 do "Andalucia Star" e foram morar na rua Anita Garibaldi, em Copacabana. O historiador Fábio Koifman retraçou os passos da complicada novela burocrática para que o casal pudesse permanecer legalmente no país, um bom exemplo das agruras enfrentadas por muitos exilados do nazifascismo. Em novembro de 1940, ambos pediram oficialmente para mudar de nome, provavelmente porque, tendo trabalhado no serviço diplomático alemão, Huyn temia represálias. Dizendo-se industrial e empresário (pretendia abrir negócio com madeira), pediu a transformação do visto de temporário em permanente. A solicitação foi parar na mesa de Ernani Reis, parecerista do Ministério da

Justiça que decidia quem podia permanecer ou não no país. O próprio Ministro do Exterior, Oswaldo Aranha, escreveu ao colega da Justiça, Francisco Campos, dizendo que a legação húngara pedira que os dois fossem regularizados. Apresentaram depois documentação daquela legação no Rio de Janeiro, emitida em 14 de março de 1941, em que ambos eram reconhecidos como húngaros. Depois, enviou outros documentos. Em maio, o processo parou, porque o chefe do Serviço de Registro de Estrangeiros, Ociola Martinelli, alegou que Huyn tinha vários nomes (Hans, João etc.). No mesmo mês, Ernani Reis deu andamento no processo, pois eram traduções do mesmo nome próprio, e o ministro Francisco Campos assinou embaixo. Em junho de 1941 o processo ainda tramitava. A permanência a título precário acabou sendo despachada por Ernani Reis só em agosto de 1942 — tarde demais para Huyn, que morrera de uremia em agosto de 1941, aos 47 anos de idade, no Hospital Alemão, onde deu entrada como fazendeiro. Nesse ínterim, sua mulher foi multada algumas vezes por ter-se mudado sem avisar ou por não se registrar no prazo. Irma casou-se novamente em 1944 e morou em São Paulo, voltando para a Europa na década de 1950.

Huyn consta da última agenda de endereços do escritor Stefan Zweig, com quem já tinha contato em Londres antes de emigrar para o Brasil. Lotte Zweig menciona Huyn em carta para Manfred e Hannah Altmann em 6 de novembro de 1940. E o próprio Zweig informa a ambos em carta de 31 de agosto de 1941 que o "pobre conde Huyn" morreu de infecção bacteriana.

Do primeiro casamento com Elisabeth Charlotte de Philipp, Huyn deixou o filho, homônimo Hans Graf Huyn, que depois se tornou um conhecido diplomata alemão (como o pai), funcionário ministerial e membro do Parlamento (Bundestag), consultor de política externa da coligação partidária CDU/CSU.

Fontes: Dines, Alberto; Beloch, Israel; Michahelles, Kristina (Org.). *A rede de amigos de Stefan Zweig: sua última agenda*. Rio de Janeiro: Memória Brasil, 2014; Haag, Carlos. "Os indesejáveis. Política imigratória do Estado Novo escondia projeto de branqueamento". *Revista Fapesp*, n. 201, nov. 2012. Disponível em: <https://revistapesquisa.fapesp.br/2012/11/12/os-indesejaveis/>. Acesso em: 5 jul. 2020; Hans Huyn. In: Wikipedia. Disponível em: <https://de.wikipedia.org/wiki/Hans_Huyn_(Diplomat)>. Acesso em: 5 jul. 2020; Röder, Werner; Strauss, Herbert A.; Schneider, Dieter Marc; Forsyth, Louise (Org.). *Politik, Wirtschaft, Öffentliches Leben*. Berlim: de Gruyter, 2011; Tworek, Heidi. *News from Germany: The Competition to Control World Communications, 1900–1945*. Cambridge: Harvard University Press, 2019.

Kristina Michahelles / Julian Seidenbusch / IB

I

IGLITZKY, Schifra Ghisela: ver TAGHI, Ghita

ISAY, Rudolf
Advogado, cafeicultor
Trier, Alemanha, 01-01-1886 – Bonn, Alemanha Ocidental, 14-04-1956
No Brasil, de 1935 a 1951

Conhecido principalmente pelas suas contribuições ao Direito Comercial e antitruste, Rudolf veio de uma família de origem judaica residente desde o século XVIII em Trier (Tréveris). Ele foi o caçula dos quatro filhos do comerciante Abraham Isay (1848–1914) com Jenny Michaelis (1853–1934), filha do banqueiro Wolf Hirsch Michaelis (1803–1869).

De seus irmãos, Oskar, químico, descobriu uma reação orgânica que levaria o nome de sua família, a Reação Isay. Richard foi uma das inúmeras vidas ceifadas pela Primeira Guerra Mundial, morrendo em 1917. Já Hermann Isay tornou-se advogado e professor de Direito em Berlim, com quem Rudolf passaria a trabalhar para dar os primeiros passos na sua carreira jurídica.

Rudolf Isay estudou Direito em Berlim, Heidelberg, Estrasburgo e, finalmente, Bonn. Apesar de sua paixão pelas ciências naturais, o jovem Rudolf optou por uma área que pudesse prover um sustento mais adequado para seu lar, já que o pai estava debilitado quando ingressou na universidade. Em 1911, Rudolf começou a trabalhar no escritório de advocacia de seu irmão em Berlim.

Capa do livro autobiográfico

Foi durante a Primeira Guerra Mundial, trabalhando com gerenciamento de recursos, que Isay passou a ter consciência dos problemas envolvendo grandes cartéis. Essa preocupação ficou ainda mais patente a partir de 1923, ano em que a Alemanha experimentou longos períodos de hiperinflação e a opinião pública passou a reivindicar mecanismos de controle contra a formação de cartéis, vistos como parte responsável por tal situação econômica.

Em 1918, Rudolf casou-se com Isabella Trimborn e, apesar das dificuldades que a Alemanha passou durante a década de 1920, conseguiu certo prestígio ao se especializar sobre na legislação envolvendo a mineração e a indústria do carvão. Ele relatou a experiência de ser procurado pelas principais empresas do ramo para conselhos jurídicos como um sonho.

Seu sonho durou apenas até a publicação das Leis de Nuremberg, em 1935. Ainda que tenha se casado com uma não-judia e se convertido ao protestantismo havia alguns anos, a herança judaica de Isay o privou de sua cidadania alemã, conforme os postulados da doutrina do Terceiro Reich. No mesmo ano, emigrou para o Brasil, instalando-se na comunidade agrícola judaica de Rolândia, no Paraná, onde permaneceria pelos 16 anos seguintes.

Sua adaptação não veio sem choques. Oriundo de uma família abastada e com boas conexões, de banqueiros a professores universitários, Rudolf Isay demorou a se acostumar com a "primitividade" de seu novo estilo de vida (palavras dele em carta). Ainda assim, seu nome passou a ser uma referência para os novos imigrantes alemães que chegaram posteriormente, sinal de que ajudou a facilitar os processos de entrada dessas famílias que escapavam do regime nacional-socialista.

Inesperadamente para um advogado, mas consoante à paixão pelas ciências naturais, Rudolf Isay se destacou nas lavouras de café, cultura principal de Rolândia, ao inventar e patentear em 1949 um catador de grãos que funcionava à base de ímãs de rotação permanente. Isso ajudou a resolver um problema comum na separação de grãos na terra roxa do Paraná, mais rica em óxido de ferro e, portanto, mais resistente aos catadores comuns.

Dois anos depois, com 66 anos de idade, voltou para a Alemanha e não tardou a retornar ao debate legislativo antitruste. Servindo como conselheiro para a Bundesverband der Deutschen Industrie (Federação Nacional de Indústrias Alemãs), as contribuições de Rudolf ganharam reflexo na legislação aprovada no ano seguinte e ele seguiu escrevendo sobre o assunto até o fim da vida.

Bem conceituado entre seus pares, Rudolf Isay foi homenageado em publicação comemorativa aos seus 70 anos. Faleceu poucos meses depois e foi enterrado em Bonn, ao lado da esposa.

Fontes: Behrend, S. *Carta de Rudolf Isay*. NDPH-UEL, 1936; Boldt, Gerhard. Isay, Rudolf, em: Neue Deutsche Biographie 10 (1974), pp. 186-187 [versão online]; URL: https://www.deutsche-biographie.de/pnd118710885.html#ndbcontent; Brand, Gregor. "Rudolf Isay, Jurist aus Schweicher Familie". *Eifel Zeitung*. Disponível em: <https://www.eifelzeitung.de/redaktion/kinder-der-eifel/rudolf-isay-224774/>. Acesso em: 5 jul. 2020; Castilho, Mascos Usi Corrêa de. *Entre Dois Mundos: Etnicidade, identidade e finitude entre os refugiados da Shoah em Rolândia-PR a partir da década de 1930*. Londrina: Universidade Estadual de Londrina, 2010; Schwartz, Ivo E. "Antitrust Legislation and Policy in Germany. A Comparative Study". *University of Pennsylvania Law Review*, v. 105, n. 5, 1957; United States. *Index of Patents Issued from the United States Patent Office*. Washington: Government Printing Office, 1950.

Erick Ciqueira / IB

IUSIM, Henrique
Editor, professor, tradutor
Secureni, Bessarábia, Império Russo, atual Sokyriany, Ucrânia, 16-03-1916 –
Mefalsim, Israel, 23-11-1986
No Brasil, de 1937 a 1968

Ghers Iusim era filho de Meyer Daniel e Batsheva Iusim. Apenas dois anos após seu nascimento, a Bessarábia foi incorporada à Romênia após a dissolução do Império Russo e as turbulências que se seguiram à Revolução de 1917.

Wikimedia Commons

Estudou na sua cidade natal, transferindo-se depois para Czernowitz, na antiga Bukovina, atual Chernivstsi, Ucrânia, onde se diplomou pelo afamado Seminário de Professores.

Durante a adolescência fez parte da diretoria do movimento sionista Gordonia, viajando por todo o país arregimentando a emigração de judeus para a Palestina, embora ele próprio não tenha conseguido o visto. Em Kishinev, atual Chishinau, capital da Moldávia, Iusim começou sua longa carreira nas letras: com 18 anos, passou a trabalhar como jornalista nos jornais Unzer Tsayt e Karnenu.

Se seus textos falavam em favor da causa sionista, a situação local não poderia ser mais antissemita. Vários anos antes da fundação do Partido Nazista na Alemanha, Kishinev havia passado, entre os anos de 1903 e 1905, por fortes ondas de violência contra os judeus, com massacres que ficaram conhecidos como os Pogroms de Kishinev.

Na Romênia da década de 1930, a situação de hostilidade, aliviada após o fim da Primeira Guerra Mundial, se viu agravada. Com uma sucessão de governantes ultranacionalistas e etnocêntricos que tratavam a população semita como um mal a ser combatido, a comunidade judaica, que havia dobrado de 1912 para 1930, caiu pela metade em 1940. Em 1937, diante desse quadro, Henrique Iusim migrou para o Brasil, fixando-se em São Paulo, onde vivia uma das suas irmãs. Passou a lecionar ídiche e hebraico numa escola judaica. Tornou-se amigo do jovem Elias Lipiner, cujo ensaio *As letras narram* o empolgou, a ponto de, com grande sacrifício, ter ajudado a publicação do texto. Esse foi o embrião da sua carreira de editor.

Ao se mudar para o Rio de Janeiro, resolveu retomar os estudos na Faculdade de Filosofia da Universidade do Brasil (atual UFRJ), obtendo o título de doutor com uma tese sobre os pensamentos de São Tomás de Aquino e Maimônides, filósofo judeu espanhol do século XII.

Foi professor e diretor do Ginásio Hebreu-Brasileiro e um prolífico divulgador da literatura judaica: pela sua editora, a Biblos, que fundou juntamente com David José Perez, publicou traduções e escritos sobre história e religião do povo judeu, totalizando 30 volumes da Biblioteca de Cultura Judaica. Entre suas obras destacam-se *Breve introdução à Bíblia hebraica* e a tradução para o português da *História judaica*, de Simon Dubnov. Continuou exercendo atividades jornalísticas, escrevendo nos jornais paulistas Der Nayer Moment, Der Velt-shpigl e no carioca Di Yidishe Prese.

Em 1968, Henrique Iusim mudou-se para Israel com a esposa, Ruth e suas duas filhas. De 1971 a 1980 organizou em diversas cidades do Brasil exposições do livro israelense com patrocínio do Ministério da Educação e Cultura. Hebraizou o seu nome para Zvi Iotam, morou em Holon e depois, no começo da década de 1980, em Mefalsim, um kibutz no sudoeste de Israel composto principalmente de judeus imigrantes da América Latina. Faleceu no mesmo local aos 70 anos.

Fontes: *Boletim do Arquivo Histórico Judaico Brasileiro*, n. 42, mai. 2010; Dolinger, Rachelle Zweig. *Homens de valor. Uma memória dos homens que se destacaram na comunidade judaica do Rio de Janeiro*. Rio de Janeiro: Imago, 2008; Falbel, Nachman. *Judeus no Brasil: estudos e notas*. São Paulo: Humanitas, 2008; Fogel, Joshua. "Tsvi Yosem". *Yiddish Leksikon*, 8 jan. 2017. Disponível em: <https://yleksikon.blogspot.com/2017/01/tsvi-yosem.html>. Acesso em: 13 jul. 2020; Judge, Edward H. *Easter in Kishinev: Anatomy of a Pogrom*. Nova York: New York University Press, 1995; Klabin, Fernando. "Secureni". *O judeu errante*, 7 dez. 2008. Disponível em: <https://genealogiajudaica.blogspot.com/2008/12/secureni.html>. Acesso em: 13 jul. 2020; Veltman, Henrique. "A ameaça epicurista". *PLETZ*, 12 nov. 2014. Disponível em: <http://www.pletz.com/ameaca-epicurista/>. Acesso em: 13 jul. 2020; http://www.bookgallery.co.il/content/bookpics/12251/titlepage.jpg.

Erick Ciqueira / IB

JACKSON, Françoise Anne Andrée: ver DUPATY, France

JACOB, Gerhard
Físico, matemático
Hannover, Alemanha, 05-11-1930 – Porto Alegre, 26-10-2018
No Brasil, de 1936 a 2018

Gerhard veio para o Brasil em 1936, antes de completar seis anos de idade, junto com os pais e toda a família. Os Jacob se fixaram na pequena cidade de Giruá, na região das Missões, no interior do Rio Grande do Sul, onde ele fez o curso primário no grupo escolar local. Como não existia ginásio na região, em 1943 foi mandado para um internato na capital do Estado — o Instituto Porto Alegre, ligado à Igreja Metodista —, para continuar seus estudos. Ali fez toda a formação secundária, de 1943 a 1947, os últimos dois anos como aluno externo, quando os pais se mudaram para a capital gaúcha.

Estimulado por um professor, prestou exame vestibular em 1950 para o

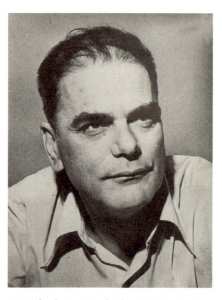
Acervo familiar, cortesia de Thereza Cristina Jacob

recém-criado curso de Física da Faculdade de Filosofia, Ciências e Letras da Universidade Federal do Rio Grande do Sul (UFRGS). Aprovado, bacharelou-se em 1953, sendo contratado no mesmo ano como instrutor de ensino da cadeira de física teórica. Devido à carência de professores de física no ensino médio, passou a lecionar no Colégio Júlio de Castilhos, escola pública que era uma referência no ensino gaúcho.

Graduado em matemática pela mesma faculdade em 1955, no ano seguinte transferiu-se para São Paulo, na companhia de um outro físico gaúcho, seu ex-aluno Darcy Dillenburg, para frequentar o curso de preparação para a instalação do primeiro reator nuclear no Brasil, ministrado no Instituto de Energia Atômica (IEA). Esse instituto integrava o programa Átomos para a Paz, iniciativa do governo dos Estados Unidos de propiciar o desenvolvimento nos países periféricos da tecnologia nuclear voltada para aplicações não militares.

Concluído o curso, ele e Darcy decidiram permanecer em São Paulo, mas na Faculdade de Filosofia, Ciências e Letras da Universidade de São Paulo, onde continuaram suas pesquisas. Em 1958, retornou ao Rio Grande do Sul como professor substituto da cadeira de Física Teórica e Física Superior do Instituto de Física, criado na ocasião pelo reitor Eliseu Paglioli. Em seguida, passou a integrar o corpo docente do instituto em caráter definitivo.

Paralelamente às atividades de ensino, continuou colaborando com o grupo de físicos de São Paulo e participava, sempre que podia, de eventos internacionais. Um deles foi a II Conferência Internacional das Nações Unidas sobre o Uso Pacífico da Energia Atômica, realizada em Genebra, em 1958, quando integrou a delegação brasileira. No ano seguinte, estagiou por dois meses no Instituto de Física da Universidade Nacional Autónoma do México. Lá ficou sabendo que o físico holandês Theodor Maris, que lecionava numa universidade norte-americana, estava interessado em passar um ano sabático em alguma instituição de pesquisa da América Latina. Jacob não hesitou e convidou-o a vir para o Rio Grande do Sul ainda em 1959. Maris se tornaria docente da UFRGS e orientaria a tese de doutorado de Jacob, em 1965. Orientador e orientando publicariam diversos trabalhos didáticos e científicos em revistas nacionais e estrangeiras.

Em 1963 Jacob assumiu a chefia do Departamento de Física da Faculdade de Filosofia e a Divisão de Física Teórica do Instituto de Física da UFRGS, funções que exerceria até 1965. Catedrático, por concurso, de Física Teórica e Física Superior em 1964, neste mesmo ano elegeu-se vice-diretor e, em 1970, diretor do Instituto de Física. Em 1971 tornou-se professor titular do Instituto, afastando-se da direção em 1973.

Suas qualidades de administrador o levariam a voos mais altos. Na UFRGS, foi pró-reitor de Pesquisa e Pós-Graduação entre 1976 e 1984, vice-reitor entre 1985 e 1988 e reitor, entre 1988 e 1990. No plano federal, foi presidente do Conselho Nacional de Desenvolvimento Científico e Tecnológico (CNPq), a principal agência de fomento do Brasil, entre 1990 e 1991.

Aposentado na UFRGS, continuou atuando na gestão universitária por mais alguns anos. Entre 2003 e 2007 foi mais uma vez pró-reitor de Pesquisa e Pós-Graduação, desta feita na Universidade Estadual do Rio Grande do Sul.

Fontes: Barbosa, Márcia. "Morre, aos 88, o físico Gerhard Jacob". *Academia Brasileira de Ciências*, 26 out. 2018. Disponível em: <http://www.abc.org.br/2018/10/26/morre-aos-88-o-fisico-gerhard-jacob/>. Acesso em: 13 jul. 2020; Gerhard Jacob. *Academia Brasileira de Ciências*. Disponível em: <http://www.abc.org.br/membro/gerhard-jacob/>. Acesso em: 13 jul. 2020; Jacob, Gerhard. Gerhard Jacob (depoimento, 1977). Rio de Janeiro, CPDOC, 2010. 62 p. Disponível em: <www.fgv.br/cpdoc/historal/arq/Entrevista476.pdf>. Acesso em: 13 jul. 2020; "Morre o ex-reitor Gerhard Jacob". *UFRGS*. Disponível em: <http://www.ufrgs.br/ufrgs/noticias/morre-o-ex-reitor-gerhard-jacob>. Acesso em: 13 jul. 2020.

Sergio Lamarão / IB

JACOBOWITZ, Hannelore
Artista plástica
Berlim, 17-04-1927 – São Paulo, 29-12-2019
No Brasil, de 1936 a 2019

Hannelore era a mais nova das duas filhas do farmacêutico Arthur Hurtig e de Hertha Hurtig, ambos judeus. Decidido a deixar a Alemanha em virtude da escalada do antissemitismo no país, seu pai obteve, em 18 de setembro de 1936, no consulado brasileiro em Berlim, vistos de entrada no Brasil para ele e sua

Acervo familiar, cortesia do filho Sergio Jacobowitz

família. A saída da Alemanha parecia urgente, já que poucos dias depois os Hurtig tomaram o vapor "Cap Norte", no porto de Hamburgo, desembarcando em Santos no dia 16 de outubro daquele ano. A família radicou-se então na capital paulista. Em fevereiro de 1952, Hannelore casou-se com o alemão Francisco Jacobowitz, com quem teria dois filhos. No ano seguinte obteve a nacionalidade brasileira.

Hannelore manifestou talento para o desenho desde criança. Em 1948, publicou um pequeno livro voltado ao público infantil, *A história do pão*, cujas dez páginas eram dobradas de uma forma original. Sua carreira artística ainda demoraria, porém, para ganhar corpo. No início dos anos 1950, trabalhava como desenhista na fábrica de fitas e bordados Helvetia, na capital paulista, e posteriormente se ocuparia também com desenhos de tapetes e vitrais. Cursou por dois anos a Escola de Belas Artes de São Paulo, mas não se identificou com o ensino excessivamente acadêmico da instituição. Em seguida, estudou pintura com o alemão Henrique Boese (VER) — que também viera para o Brasil no início da Segunda Guerra Mundial, fixando-se em São Paulo a partir de 1955 — e com Arnaldo Ferrari, que a levou a uma efêmera aproximação com o abstracionismo geométrico. A partir de 1962, participou regularmente de mostras coletivas na cidade de São Paulo, como o Salão Paulista de Arte Moderna, o Salão do Trabalho (prêmios de pintura em 1964 e desenho em 1967) e o Salão Paulista de Arte Contemporânea. Tomou parte também de inúmeros salões de arte moderna e contemporânea realizados em outros municípios paulistas, como Campinas, São Caetano do Sul, Santos e Santo André. Em 1963, esteve ao lado de nomes consagrados da arte brasileira na exposição Homenagem a Portinari, realizada na cidade paulista de Brodósqui, terra natal do grande pintor brasileiro, que falecera no ano anterior. Em 1970, participou da Pré-Bienal de São Paulo. Realizou também diversas mostras individuais. Expôs em Portugal na década de 1980. Em 1995, uma retrospectiva individual de sua obra foi realizada no Instituto Hans Staden, em São Paulo. Sua obra se estendeu à pintura, à colagem e à escultura, mas o desenho sempre foi a sua forma expressiva preferencial. A figura humana, por sua vez, quase sempre ocupou uma posição de destaque na sua produção, interessada no desvendamento e na representação da alma e do inconsciente. Segundo palavras da própria artista: "Para mim, o importante é a linha e a figura humana."

Hannelore Jacobowitz manteve-se ativa como artista até o final da vida. Em 2013, participou da mostra Arte dos Sobreviventes do Holocausto, realizada no Memorial da América Latina. No mesmo local, participou de três edições do Salão de Outono da América Latina, entre 2013 e 2015. Nesse último ano, realizou a mostra individual *A força da existência*, na reitoria da UNESP. Uma retrospectiva de sua obra foi realizada na galeria Friedensreich Hundertwasser, em São Paulo, em agosto de 2019, poucos meses antes de sua morte, aos 92 anos de idade. Seus trabalhos integram diversas coleções particulares, bem como o acervo do Museu de Arte Contemporânea da Macedônia, na cidade de Skopje, capital do país.

Fontes: "A força da existência". UNESP *Ciência*, São Paulo, mai. 2015; Diário da Noite, 13-11-1948; "Hannelore Jacobowitz — Currículo resumido". *Art Biz Shopping*. Disponível em: <http://www.artbizshopping.com.br/produtos.php?opc=3&subcateg=372&friurl=Hannelore-Jacobowitz>. Acesso em: 11 ago. 2020; "Hannelore Jacobowitz". *Associação Profissional de Artistas Plásticos de São Paulo*. Disponível em: <https://www.apap.art.br/associados/335/hannelore-jacobowitz/>. Acesso em: 11 ago. 2020; "Hannelore Jacobowitz [Entrevista 2127]". *Podcast UNESP*, São Paulo, 12 set. 2014. Disponível em: <https://podcast.unesp.br/6214/hannelore-jacobowitz-entrevista-2127>. Acesso em: 11 ago. 2020; O Estado de S. Paulo, 30-12-2019.

André Faria Couto / IB

JANIN, Traute: ver MUNK, Waltraut

JANK, Fritz
Pianista
Munique, Alemanha, 26-01-1910 – São Paulo, 08-03-1970
No Brasil, de 1934 a 1960

O avô, Christian Jank, foi um importante artista na corte do rei Ludovico II (1845-1886), um dos autores do projeto do famoso castelo bávaro de Neuschwanstein, que inspirou o símbolo dos parques de Walt Disney. O pai,

Erwin, era pianista, cantor e professor de canto, e teve grande influência na formação do filho. Aluno de mestres como August Schmid-Lindner e o compositor Walter Courvoisier, Fritz August Erwin Jank apresentou-se em público pela primeira vez aos dez anos de idade. Muito jovem, foi regente assistente e preparador na cidade de Brünn, atual Brno, na República Tcheca e, entre 1931 e 1933, correpetidor na Ópera de Munique, iniciando também uma sólida trajetória de solista. Em junho de 1933, com os nazistas já no poder, o diretor da instituição deu ao jovem judeu uma carta de recomendação, atestando que era "excelente pianista" e que dominava "todo o repertório operístico".

Arquivo de família, cortesia de Helena Jank

No final de 1934, mudou-se para São Paulo, onde morava o irmão mais velho, Walter, que já deixara a Alemanha em 1921, com 20 anos de idade. No Brasil, conheceu o violinista tcheco Frank Smit (Frantisek Schmitt) com quem formou um duo que viajou em turnê pelas regiões Norte e Nordeste. Seu primeiro recital solo no Teatro Municipal de São Paulo foi em 1935. A partir daí, além de dar aulas particulares, trilhou uma sólida carreira de pianista acompanhador, solista e camerista. Em 1941, a convite da Sociedade de Cultura Artística, foi o primeiro pianista a apresentar, no Brasil, a íntegra das sonatas para piano de Beethoven, ciclo distribuído em oito recitais que repetiria depois em Belo Horizonte, Piracicaba, Brasília, Rio de Janeiro e Salvador e que se encerrou em 1968 com a gravação em disco pelo selo Chantecler. Segundo a Sociedade Brasileira de Piano, é a única gravação feita no Brasil das 32 sonatas. De Beethoven, Jank também interpretou as sonatas completas para violino e piano com Frank Smit, as sonatas para violoncelo e piano e todos os trios com piano, ao lado de Anselmo Zlatopolsky (violino) e Mario Camerini (violoncelo), além de todos os concertos para piano, com a Orquestra Sinfônica Municipal de São Paulo, regida por Edoardo de Guarnieri (VER), também exilado, pai do dramaturgo Gianfrancesco Guarnieri (VER).

Em 1945, formou o Trio São Paulo com o violinista Gino Alfonsi e o celista Calixto Corazza e foi contratado pelo Conservatório Musical Carlos Gomes, onde lecionaria até o fim de seus dias. Também foi professor na Pró-Arte, na Escola de Música de Piracicaba, São Paulo, na Academia Paulista de Música, no Conservatório Estadual de Tatuí e no Colégio de Música da Fundação Armando Álvares Penteado (FAAP). Apresentava-se como solista nos festivais de inverno de Campos do Jordão e tocou na Olinda Schule, atual Colégio Visconde de Porto Seguro.

O alemão naturalizado brasileiro sempre buscou privilegiar o repertório do país que o acolheu, tanto ao vivo quanto em gravações. Com os integrantes do Quarteto Municipal de São Paulo gravou em 1964 o *Quinteto op. 18*, de Henrique Oswald, e o *Trio Brasileiro*, de Lorenzo Fernandez. Dono de uma técnica sólida e de invejável leitura à primeira vista, capaz de realizar reduções de partituras orquestrais e transpor tonalidades, era o pianista acompanhador preferido de vários solistas nacionais e internacionais. Tocou ao lado de alguns dos principais músicos de renome mundial que se apresentaram em São Paulo entre 1940 e 1960, como a mezzo-soprano americana Jennie Tourel, os violinistas Henryk Szeryng, polonês, Christian Ferras, francês, e Ruggiero Ricci, americano, o pianista austríaco Friedrich Gulda e o violoncelista francês Pierre Fournier, entre outros. Em 1966, Fritz Jank apresentou na TV Cultura de São Paulo o ciclo completo das 32 sonatas de Beethoven. Morreu em 1970, ano do bicentenário de nascimento do compositor alemão.

Fontes: Ferrari, Susana Neto. *Fritz Jank: pioneirismo brasileiro na arte de acompanhar*. Campinas: Universidade Estadual de Campinas, 1999. Disponível em: <http://www.repositorio.unicamp.br/handle/REPOSIP/284291>. Acesso em: 30 mai. 2020; Lenza, Bernardete. *Razão e emoção, O talento de Fritz Jank: de como sintaxe e semântica integram-se na obra do virtuose*. São Paulo: Universidade de São Paulo, 2008. Disponível em: <https://www.teses.usp.br/teses/disponiveis/47/47134/tde-12052009-082349/publico/tesebernadeteformatadaPDF.pdf>. Acesso em: 30 mai. 2020; Fritz Jank. Enciclopédia Itaú Cultural de Arte e Cultura Brasileiras. São Paulo: Itaú Cultural, 2020. Disponível em: <http://enciclopedia.itaucultural.org.br/pessoa638005/fritz-jank>. Acesso em: 3 abr. 2020.

Kristina Michahelles / Julian Seidenbusch / IB

Arquivo Público do Distrito Federal

JEAN, Yvonne
Jornalista, escritora, tradutora
Antuérpia, Bélgica, 20-04-1911 –
Brasília, 24-03-1981
No Brasil, de 1940 a 1981

Yvonne Silberfeld, conhecida no Brasil como Yvonne Jean, nasceu numa abastada família de judeus radicados em Antuérpia, na Bélgica, filha do polonês Ernest Silberfeld, comerciante de diamantes, e de Caroline Silberfeld. Sua mãe faleceu quando ela tinha apenas cinco anos de idade, e seu pai casou-se então com a irmã mais nova da primeira esposa, Blanche — que assim, além de tia, tornou-se madrasta de Yvonne. A família Silberfeld possuía sólida formação cultural, e os dois outros filhos de Ernest dedicaram-se desde jovens à vida artística: Roger tornou-se pintor conhecido nos círculos modernistas europeus com o nome de Roger van Rogger (VER) e também esteve no Brasil no período da Segunda Guerra Mundial; enquanto o mais novo, Jacques, fez carreira como escritor e tradutor em Paris, adotando no pós-Guerra o pseudônimo de Michel Chrestien. Diferente de seus irmãos, Yvonne dedicou-se na juventude à ciência, estudando no Instituto de Medicina Tropical de Antuérpia, onde obteve formação técnica em anatomia patológica, com especialização em Histologia. Em seguida, também em sua cidade natal, trabalhou no Instituto Bunge, importante centro de pesquisa científica na área de doenças neurológicas.

Yvonne, seu pai e sua madrasta deixaram a Bélgica em 11 de maio de 1940, imediatamente após o início da ofensiva militar da Alemanha nazista contra o país. Dirigiram-se a princípio para Paris, onde só conseguiram chegar 12 dias depois, numa tumultuada viagem de carro e trem. De lá rumaram para Bordéus, onde conseguiram vistos para Portugal. Yvonne, no entanto, ainda tentou permanecer na França, mas a queda de Paris no mês seguinte encerrou suas esperanças. Decidiu então ir ao encontro do pai em Portugal, passando antes por Barcelona e Madri. As anotações de seu diário informam que todo esse percurso foi feito evidentemente com apreensão e tristeza, mas sem privações materiais. Com os vistos permanentes obtidos no consulado brasileiro em Lisboa, embarcaram para o Brasil na primeira classe do navio "Serpa Pinto", chegando ao Rio de Janeiro em 29 de agosto de 1940, quase quatro meses após deixarem Antuérpia.

Embora tivesse já 29 anos de idade quando chegou ao Brasil, sua adaptação e envolvimento afetivo com o país foram bastante rápidos. Morando no bairro de Copacabana, logo começou a trabalhar. Em outubro de 1941, após breve passagem por um laboratório privado, empregou-se como técnica de neuropatologia no Instituto de Neurobiologia do Rio de Janeiro, vinculado ao então Ministério da Educação e Saúde, onde permaneceu até 1946.

Paralelamente a esse trabalho, porém, sua sólida bagagem cultural, que incluía o domínio de vários idiomas, logo a fez se aproximar dos círculos intelectuais do Rio de Janeiro e, embora não fosse jornalista, começou a escrever na imprensa carioca, assinando seus artigos com o pseudônimo de Yvonne Jean. Sua estreia na imprensa brasileira se deu com o artigo "Viagem absurda", publicado no Diário de Notícias em 12 de outubro de 1941, no qual tece interessantes considerações sobre a relação dos refugiados europeus com o Brasil e os brasileiros. Rejeitando tanto as visões depreciativas como as excessivamente lisonjeiras sobre a nova terra, Yvonne nota a complexidade da sociedade brasileira e admite que ao aqui chegar, pouco mais de um ano antes, se deparou com um país bem mais moderno do que imaginava: "Confesso que, no meu primeiro passeio através da cidade, no carro que me levava da Praça Mauá a Copacabana, não foi a baía que me impressionou, nem o Pão de Açúcar, nem o Corcovado, nem a Igreja da Glória, mas (...) os edifícios, os ônibus, as casas de comércio." Pouco tempo depois já frequentava os círculos intelectuais da cidade. Sua colaboração na imprensa carioca foi longa e volumosa, incluindo crônicas, reportagens e entrevistas sobre assuntos variados, com destaque para arte, cultura, educação e cotidiano. Defensora da emancipação feminina, publicou durante anos a coluna Presença da Mulher, a princípio no Diário de Notícias e depois no Correio da Manhã, e biografou brasileiras notáveis no Suplemento Feminino da Revista da Semana. Escreveu também regularmente na Folha de S. Paulo, na Última Hora e na revista Leitura, essa última vinculada ao Partido Comunista Brasileiro (PCB), além de colaborar ocasionalmente com diversos outros órgãos. Em 1947, uma série de reportagens suas sobre a situação das escolas primárias da cidade do Rio de Janeiro, publicadas originalmente em O Jornal, foram reunidas no livro *Visitando escolas*. Dedicou-se também à literatura infantil e publicou, em 1955, o livro *Marionetes populares*, que focaliza essa manifestação da arte popular em Antuérpia. Muitos anos mais tarde, em texto autobiográfico jamais publicado, Yvonne Jean recordaria o seu convívio com grandes nomes da cultura nacional no Rio de Janeiro dos anos 1940 e 1950, como os conselhos que recebeu do escritor Graciliano Ramos na famosa Livraria José Olympio, na Rua do Ouvidor, quando se iniciava no jornalismo, ou as reuniões dominicais na casa de Aníbal Machado, no bairro de Ipanema, que sempre contavam com a presença animada de artistas e intelectuais. Por conta desse convívio, Yvonne incluiu em seu processo de naturalização, obtida em 1949, uma carta de recomendação do poeta Carlos Drummond de Andrade.

A vida de Yvonne Jean daria uma guinada importante em 1962, quando aceitou o convite do antropólogo Darcy Ribeiro para trabalhar no Centro de Extensão Cultural da recém-inaugurada Universidade de Brasília (UnB), onde passou a se ocupar com a realização de cursos e palestras. Assim que chegou na nova capital, iniciou também colaboração no jornal Correio Braziliense, onde manteve por quase uma década a coluna Esquina de Brasília, dedicada ao cotidiano da cidade, e na qual expressava seu entusiasmo com a nova capital do país, com o projeto da UnB e com as perspectivas de reforma social levantadas pelo governo do presidente João Goulart. Sua casa em Brasília foi ponto de encontro de intelectuais, artistas e militantes políticos.

Em 1964, porém, a derrubada de João Goulart mudou drasticamente suas expectativas. Chegou a ser presa por alguns dias no início de julho. Na UnB, decretada a extinção do Centro de Extensão Cultural, passou a se ocupar com traduções de livros e de conferências acadêmicas. Em 1969, com o endurecimento do regime, foi acusada de atividades políticas subversivas e de pertencer ao PCB. Condenada pelo Tribunal Superior Militar a 12 meses de prisão em abril de 1971, quando já contava 60 anos de idade, teve sua pena convertida em prisão domiciliar por conta de suas condições de saúde. Na semana seguinte à sua condenação, deixou o Correio Braziliense. Contudo, ainda manteve-se ativa em seus últimos anos de vida, escrevendo para o Jornal de Brasília e traduzindo obras como os clássicos *O antigo regime e a revolução*, de Alexis de Tocqueville, e *O ópio dos intelectuais*, de Raymond Aron, ambos publicados pela Editora da UnB.

Yvonne casou-se em agosto de 1943 com o advogado e jornalista Abelardo da Fonseca, com quem teve um filho. Ao obter a nacionalidade brasileira, em 1949, adotou oficialmente o nome de Yvonne Jean da Fonseca. Após sua morte, seu acervo pessoal foi doado ao Arquivo Público do Distrito Federal, onde se acha aberto à consulta.

Fontes: Jean, Yvonne. Viagem absurda, Diário de Notícias, Rio de Janeiro, 12-10-1941; Jean, Yvonne. "E o fascismo varreu a alegria...". *Leitura*, set. 1945; Teixeira, Ana Paula Tavares. "Yvonne Jean, Brasília e a UnB (1962-65)". *Café História*, 19 mai. 2017. Disponível em: <cafehistoria.com.br/yvonne-jean-brasilia-e-a-unb-1962-1965/>. Acesso em: 13 jul. 2020; Marise. Leila. Inteligente e sensível moça belga descobre o Brasil, Correio Paulistano (Suplemento), 08-04-1956; Silva, Rafael Pereira da. "Fragmentos de (auto) imagem: notas sobre o Fundo Yvonne Jean no Arquivo Público no Distrito Federal (1911-1981)". *Revista Maracanan*, n. 20, p. 171-184, jan.-abr. 2019. Disponível em: <https://www.e-publicacoes.uerj.br/index.php/maracanan/article/view/33905/27731>. Acesso em: 13 jul. 2020; Teixeira, Ana Paula Tavares. *Uma cosmopolita nos trópicos: a trajetória de Yvonne Jean no jornalismo carioca (1940-1950)*. Rio de Janeiro: Cpdoc/FGV, 2018; Yvonne Jean. *Arquivo Público do Distrito Federal*. Disponível em: <http://www.arquivopublico.df.gov.br/yvonne-jean/>. Acesso em: 13 jul. 2020.

André Faria Couto / IB

JOLLES, Henry
Pianista, compositor
Berlim, 28-11-1902 – São Paulo, 16-07-1965
No Brasil, de 1942 a 1965

O pai, Oscar Jolles, presidente e acionista da empresa de fundição de tipos H. Berthold AG, tocava violino nas horas vagas. A mãe, Gertrude Sternberg, judia, era pianista talentosa, discípula de Artur Schnabel. Foi ela quem iniciou a criança-prodígio no instrumento. O pequeno Heinz teve aulas com Moritz Mayer-Mahr e Rudolf Breithaupt e, jovem adulto, com intérpretes famosos como Edwin Fischer — com quem apresentou os concertos duplos de Bach na Berlim dos anos 1920 — e o próprio Schnabel. Estudou Composição com Paul Juon e, na Universidade de Berlim, com os renomados musicólogos Max Friedlaender e Johannes Wolf. Com o amigo Kurt Weill aprofundou os estudos de Composição.

Jolles tinha especial interesse por obras do repertório contemporâneo. Protagonizou em 1924 a estreia mundial das *Cinco peças para piano op. 23*, de Arnold Schoenberg. Como solista, executou com a Filarmônica de Berlim o *Concerto nº 3 para piano* de Sergei Prokofiev. Além da agenda de concertista, tinha intensa atividade pedagógica. Coordenou as aulas de piano no Conservatório Klindworth-Scharwenka, em Berlim, deu seminários na Universidade de Heidelberg e assumiu em 1928 a classe de piano da Escola Superior de Música de Colônia. A carreira ia de vento em popa. Depois de tocar o *Concerto para piano em lá menor op. 54* de Schumann, em fevereiro de 1932, o jornal Stadtanzeiger vaticinou

Henry Jolles, por volta de 1950 | Acervo Dirk Möller

que Jolles era "um dos pianistas mais promissores da nova geração". Entretanto, já em 1933 Jolles foi difamado pela ascendência judaica e teve cassado o seu título de professor universitário. Em 1934, escapou para a França, onde dirigiu a sociedade musical La Sonate, que organizava recitais no Conservatório de Paris. Jolles sofria com o exílio e a falta da pátria, como desabafou em 1936 para uma ex-discípula: "Carregamos [a pátria] dentro de nós, e tentamos salvar o que ainda é possível — se com sucesso, é outra questão." Em 1940, casou-se com Elisabeth Henriette Sauty de Chalon, doze anos mais jovem.

Mas Hitler invadiu a França. Jolles era visado: seu nome constava da publicação nazista *Judentum und Musik (Judaísmo e música)*. O casal conseguiu vistos para o Brasil graças à rede montada pelo jornalista americano Varian Fry. Em 1942, deixaram Marselha a bordo de um cargueiro.

Em São Paulo, instalaram-se na rua Angatuba 20 e Heinz mudou o seu nome de difícil pronúncia para Henry. Abalado com a notícia do suicídio do casal Stefan e Lotte Zweig, em fevereiro de 1942, Jolles musicou no mesmo ano para canto e piano o *Último poema (Letztes Gedicht)* do escritor austríaco, escrito por ocasião de seu 60º aniversário, em novembro de 1941, e traduzido para o português por Manuel Bandeira. Em 1945, nasceu o filho Olivier. Pouco depois, Jolles soube que a mãe e a irmã tinham sido assassinadas dois anos antes em Auschwitz.

Na década de 1940, Jolles tocou em quase 50 cidades no Brasil e no Uruguai, sem contar as turnês pela Europa — as quais, no entanto, não lhe devolveram a fama anterior. Seu repertório sempre incluía obras de compositores brasileiros, como Heitor Villa-Lobos, Camargo Guarnieri, Barroso Neto, Lorenzo Fernandez. Em 1952 foi convidado por outro exilado, o compositor, flautista e regente alemão Hans-Joachim Koellreutter (VER), a integrar a escola Livre de Música, onde teve entre seus discípulos o compositor Henrique de Curitiba. A partir de 1950, voltou a se apresentar na Alemanha, país que o indenizou em 10 mil marcos em 1955 (e, em 1962, em outros 8 mil marcos por conta do assassinato da mãe e da irmã). A mulher, Elisabeth, morreu em 1958, aos 44 anos. Em 1959, Jolles voltou pela primeira vez à sua cidade natal para tocar o *Concerto para piano em ré menor* de Mendelssohn, com a Filarmônica de Berlim regida por Arthur Rother. De 1962 a 1964 empreendeu diversas turnês pelos Estados Unidos. Entre suas obras destacam-se: o balé *Carmen* (1943), a *Sonata para violino e piano* (1951), a *Schumanniana para piano* (1956) e o *Pequeno noturno sobre um tema de F. Chopin* (1962). Morreu em julho de 1965 em São Paulo. O filho Olivier, companheiro de peripécias de Chico Buarque na juventude no bairro do Pacaembu, tornou-se banqueiro em Manhattan e morreu em 2008.

Fontes: Henry Jolles. In: Wikipedia. Disponível em: <https://de.wikipedia.org/wiki/Henry_Jolles>. Acesso em: 13 jul. 2020; Henry Jolles. Musica *Reanimata*. Disponível em: <http://www.musica-reanimata.de/de/komponisten.bio/0090.komponisten.bio.php?id=henry.jolles>. Acesso em: 13 jul. 2020; Möller, Dirk. "Henry Jolles". In: Zenck, Claudia Maurer; Petersen, Peter; Fetthauer, Sophie (Org.). *Lexikon verfolgter Musiker und Musikerinnen der NS-Zeit*. Hamburgo: Universidade de Hamburgo, 2014.

Kristina Michahelles / IB

JORDAN, Fred
Ilustrador, designer gráfico
Berlim, 23-06-1927 – São Paulo, 26-02-2001
No Brasil, de 1936 a 2001

Era um menino de apenas nove anos de idade quando chegou exilado à cidade de São Paulo com o pai Leon, violinista polonês, e sua mãe, a alemã Betty. Judeu, o pai perdera tanto a cidadania alemã quanto a autorização para trabalhar, sendo obrigado a emigrar. Conseguiram um visto regular — mas temporário — para o Brasil no consulado de Hamburgo. Ali trabalhava

Aracy Moebius de Carvalho, futura mulher do escritor João Guimarães Rosa e que, a partir de 1938, passou a emitir vistos irregulares para judeus em fuga. Junto com o embaixador Luiz Martins de Souza Dantas, é homenageada no Museu do Holocausto, Yad Vashem de Israel, como "Justa entre as nações".

Se dependesse de Leon, Fred Jordan seria músico. Os pais notaram seus pendores artísticos, mas o menino gostava mesmo era de desenhar. Aos 14 anos, abandonou o ginásio e tentou ingressar na Escola de Belas Artes, em São Paulo. Foi avisado de que, sem o segundo grau completo, não levaria diploma. Insistiu, aceitou a condição e conseguiu entrar, mas saiu depois de um ano e meio porque não gostava das aulas de desenho.

Acervo de família, cortesia do filho André Jordan

O jovem Fred investiu então no autodidatismo e nos cursos do estúdio de cerâmica das artistas Gerda Brentani (VER) e Giuliana Giorgi. Além de aprender, trabalhava em regime de meio expediente no estúdio. Sabia que era precário, mas foi importante para sua formação, entre outros motivos porque ali conheceu o escultor Bruno Giorgi e o crítico de arte Sérgio Milliet. No início dos anos 1940, conseguiu ilustrar capas de livros para pequenas editoras, dando início à carreira de designer que revolucionou as artes gráficas brasileiras, como atesta a artista Maria Bonomi.

Em 1944, Jordan mostrou algumas dessas capas a um diretor da Lintas Publicidade e conheceu outro alemão de Hamburgo, igualmente refugiado do nazismo, e que teria papel decisivo em sua vida profissional, Gerhard Wilda (VER). Era o diretor de arte da agência e mais tarde viria a ser um dos fundadores da Associação Paulista de Propaganda. Jordan ficou um ano na empresa onde aprendeu a desenhar letras e conheceu técnicas de impressão. Após o fim da guerra, Wilda saiu da Lintas para a agência norte-americana

McCann-Erickson e chamou Jordan para ir junto. O próximo degrau da carreira seria a posição de diretor de arte na Publicidade Prado, mas a empresa fechou suas portas logo depois.

Decidiu então tentar a vida como profissional autônomo e começou a operar em um pequeno estúdio nos fundos de uma loja de roupas. O sucesso não tardou. Em 1948, ganhou um prêmio para uma exposição. Foi convidado a participar no Primeiro Salão Nacional de Propaganda, realizado em dezembro de 1950 no MASP e organizado por Gerhard Wilda, e onde Jordan teve bastante visibilidade.

O desafio profissional seguinte foi um emprego na L. Niccolini Indústria Gráfica, onde permaneceu por meio século. Ali aprendeu o ofício das artes gráficas com outro alemão, o diretor técnico Kurt Eppenstein. Nos anos 1950, na maior cidade do país, a Niccolini era o grande expoente das artes gráficas. A empresa tinha um brinde padrão que circulava todo mês de dezembro: um calendário de impressão primorosa. Em 1952, Fred Jordan assumiu a parte conceitual do projeto, tornando a singela folhinha uma peça temática altamente qualificada, propondo ilustrações de atualidades científicas ou temas ligados ao saber da humanidade, um contraponto ao consumismo comercial natalino da época. Jordan tornou-se diretor artístico da casa.

O primeiro de 47 calendários da Niccolini foi O Cavalo Azul. Os calendários eram o produto da soma de criatividade com sofisticada técnica de impressão. Depois da morte do mentor Eppenstein, no final dos anos 1960, Jordan também assumiu a parte administrativa da empresa, até poder se voltar novamente só à criação. Seus calendários dos anos 1980 e 1990 são influenciados pela teoria das cores (Farbenlehre) de Goethe. Em sua edição número 19 (set./ dez. 1993), a revista Estudos Avançados, da USP, traz um ensaio bilíngue sobre ciência e arte de Jordan com um encarte sobre os experimentos prismáticos de Goethe e com exemplos de criação gráfica com recursos simples.

Jordan projetou e produziu, em 1958, a exposição *Os primeiros 30 mil anos* para a Menninger Foundation, Kansas. Deu *workshops* em São Paulo, na School of Design em Londres e na Universidade da Califórnia, em Los Angeles. Fez exposições individuais no Masp (1978), no Museu de Arte Moderna do Rio de Janeiro (1984) e no Staatliches Museum für Angewandte Kunst de Munique (1986). Tem trabalhos publicados em Graphis, Novum, Modern Publicity, Idea e na *História geral da arte no Brasil* (1983), coordenado por Walter Zanini, entre outros.

Do casamento com Sonja, amiga de infância de Berlim, nasceu o filho André. A família morava na Granja Viana, região de Cotia, em uma casa rodeada de Mata Atlântica, onde foi por muitos anos o ateliê e escritório de Fred Jordan. Em 1978, o MASP organizou uma exposição em sua homenagem. A mostra *Jordan Gráfico* teve curadoria do diretor do museu, Pietro Maria Bardi.

O geógrafo Aziz Ab'Sáber, grande amigo de Jordan, contou que "ele dividia seu tempo entre a leitura de obras de grandes intelectuais e filósofos alemães, e projetos gráficos. Procurava assim um caminho para alcançar independência cultural e garantir a sua sobrevivência futura". Para o designer Alexandre Wollner, o mestre se "distanciava das influências de moda, persistindo em aprofundar-se nesse mistério que chamamos criatividade".

Fontes: Família Jordan; Bastos, Helena Rugai. *O design de Fred Jordan*. São Paulo: USP, 2012. Disponível em: <https://teses.usp.br/teses/disponiveis/16/16133/tde-10072012-151542/es.php>. Acesso em: 13 jul. 2020; Borelli, Dario Luis. "Fred Jordan, o grande precursor da ousadia gráfica no Brasil". *Estudos avançados*, v. 15, n. 41, São Paulo jan.-abr., 2001. Disponível em: <https://www.scielo.br/scielo.php?script=sci_arttext&pid=S0103-40142001000100018>. Acesso em: 13 jul. 2020.

Leonardo Dourado / Kristina Michahelles / Julian Seidenbusch / IB

JORDAN, Henryk Spitzman

Empresário imobiliário, industrial, banqueiro
Drogobych, Galícia, Império Austro-Húngaro, atual Ucrânia, 17-06-1906 – Rio de Janeiro, 01-08-1967
No Brasil, de 1941 a 1967

Filho de Arnold Spitzman e Sarah Steuerman, judeus galicianos, Henryk Alfred fez seus primeiros estudos em sua cidade natal, que se tornaria território polonês depois da Primeira Guerra Mundial. Seu avô, antigo fazendeiro de trigo na região, havia enriquecido com a descoberta de petróleo em suas terras e o jovem herdeiro Henryk, estudante de engenharia em Lvov, passou a dedicar-se aos negócios petrolíferos em Drogobych e Borislav, em sociedade com outros investidores. Casou-se com Faustyna Joanna Szerman, conhecida familiarmente como Fela, com que teve em 1933 o filho Andrzej (André) Francisek. Em 1939, cursava o terceiro ano da faculdade, quando a invasão da Polônia pelas tropas nazistas por um lado e soviéticas por outro, obrigou-o a

Arquivo Nacional

procurar abrigo no exterior. Empreendeu, então, com a família uma arriscada e longa fuga por Bucareste, Veneza, Roma, Paris, Lisboa, até chegar ao Rio de Janeiro em 1941 a bordo do "Conte Grande".

Dotado de um agudo espírito empreendedor, revelado ainda na Polônia, com pouco tempo de Brasil já estava participando de diferentes negócios e se tornara amigo e sócio de pessoas influentes na política e na economia. Ainda durante a guerra exerceu o cargo de ministro interino do governo polonês no exílio.

Em 1947, obteve a cidadania brasileira e se separou de Faustyna, que foi morar em Nova York com os filhos. Três anos depois, no entanto, André já estava de volta, passando a residir com o pai no Anexo do Hotel Copacabana Palace, endereço de abonados, onde foi vizinho do jovem Jô Soares. Tanto André como sua irmã Mary (Maria Janina) tiveram lugar cativo nas colunas sociais dos anos 1960, onde seu pai e sua segunda esposa, Josefina Jordan, marcavam invariável presença em jantares, coquetéis e recepções.

Tornou-se presidente do Centro Brasileiro da Europa Livre, organização anticomunista que reunia seus conterrâneos e cidadãos de outros países do Leste Europeu.

Em seus inúmeros negócios, foi sócio do Barão Maurice de Rothschild, do político Francisco Negrão de Lima e do Presidente da Academia Brasileira de Letras, Austregésilo de Athayde. Tornou-se muito próximo de personalidades como Arnon de Mello, Antônio Gallotti, Augusto Frederico Schmidt, Roberto Marinho, dono de O Globo, e Assis Chateaubriand, dono dos Diários Associados. Deste último, seu biógrafo Fernando Moraes reporta o zelo que manifestava pelas "duas casacas, três smokings e doze ternos", importados de Londres, que Spitzman e Antonio Galdeano haviam lhe presenteado. Foi também destacado financiador da aquisição de obras de arte para uma das crias de Chateaubriand, o Museu de Arte de São Paulo, MASP.

Spitzman Jordan, que já havia se convertido ao catolicismo, casou-se em segundas núpcias com Josefina Achcar, que passou a ser conhecida como Josefina Jordan e era mãe de Dalal Achcar, professora de balé no Rio de Janeiro. Com Josefina, Spitzman teve em 1957 a filha Aniela, que viria a se tornar produtora cultural.

Dedicou-se especialmente à indústria imobiliária, tendo sido um dos promotores da Lei do Condomínio e responsável pela construção de duas mil casas e 85 edifícios no Brasil, entre os quais diversos prédios de luxo na Avenida Atlântica, como o Edifício Chopin, vizinho ao Copacabana Palace, onde mantinha residência.

Fundou dezenas de empresas, como a Companhia Importadora, Industrial e Construtora, a Companhia Brasileira de Empreendimentos Econômicos, a Têxtil Comércio e Indústria e outras do ramo de tecidos e confecções, a Companhia Imobiliária e Comercial Gávea Parque, a Companhia Agrícola Industrial da Bocaina, a Companhia Fiduciária do Brasil. Incursionando no setor financeiro, foi dono do Banco do Comércio, vendido em 1957 ao Banco Moreira Salles.

Expandiu seus negócios para Argentina, França e Portugal, onde era amigo do ditador Antônio Salazar e se tornou grande incorporador, com um conjunto de arranha-céus em Oeiras e mais de 1.400 apartamentos. Seu filho André casou-se com a Princesa Mônica de Liechtenstein e deu continuidade aos negócios do pai, sendo considerado em Portugal o criador do polo turístico e imobiliário do Algarve. André registrou suas memórias no livro *O Rio que passou na minha vida* (2006).

Henryk Spitzman Jordan faleceu de ataque cardíaco em seu apartamento no Edifício Chopin, no Rio de Janeiro. Foi condecorado com a Ordem do Rio Branco e a Ordem da Polônia Restituída.

Fontes: Coutinho, Afrânio (Org.). *Brasil e brasileiros de hoje*. Rio de Janeiro: Sul Americana, 1961; Jordan, André Spitzman. *O Rio que passou na minha vida*. Rio de Janeiro: Leo Christiano, 2006; Moraes, Fernando. *Chatô, o rei do Brasil*. São Paulo: Companhia das Letras, 1994; O Jornal, Rio de Janeiro, 02-08-1967; O Jornal, Rio de Janeiro, 03-08-1967; O Jornal, Rio de Janeiro, 04-08-1967; O Jornal, Rio de Janeiro, 08-08-1967.

Israel Beloch

JOSEPH, Heinrich
Fotógrafo
Dorsten, Alemanha, 19-03-1912 – São Paulo, 22-06-1981
No Brasil, de 1939 a 1981

Heinrich Joseph, era o primogênito do casal de comerciantes judeus Ernst Joseph e Louise (Liesel) Reichhardt, casados em 1910.

Após a Primeira Guerra Mundial, mesmo sob a grave crise econômica alemã, os Joseph adquiriram uma grande propriedade em Markt 14 (Mercado 14), situado no complexo da antiga praça do mercado, onde instalaram uma loja de moda feminina. Em fevereiro de 1923, a loja foi alvo de um ataque antissemita e teve sua vitrine quebrada. Ernst tentou encontrar os autores do atentado, oferecendo uma recompensa pelas informações.

Em 1931, Heinz terminou o colegial em sua cidade natal e se transferiu para Colônia para estudar medicina. No ano seguinte mudou-se para Königsberg a fim de continuar seus estudos. Lá conheceu Elfriede (Friedel) Sternfeld (1908-1982), nascida na Pomerânia Ocidental, com quem contraiu matrimônio. Em seguida, abandonou a faculdade e, com Friedel, partiu para Berlim, onde ingressou no curso de fotografia na Escola Reimann de Artes e Ofícios. A Reimann havia sido fundada em 1902 por Albert e Klara Reimann e tornou-se referência no ensino das artes para aplicação comercial. Destacou-se nos cursos de design de moda, Artes Gráficas, Cenografia e Fotografia.

Em 1933, a ascensão do nazismo institucionalizou a perseguição a todas as atividades comandadas por judeus. A escola Reimann sofreu contínuas invasões pela SA (Sturmabteilung, tropas de assalto da milícia paramilitar nazista) e seus alunos e professores foram impedidos de entrar na escola. Em 1937, a Reimann se transferiu para Londres, onde teve alunos notáveis como a escritora Agatha Christie e o artista plástico Richard Hamilton.

O boicote aos estabelecimentos judeus, por sua vez, também afetou profundamente a sobrevivência dos Joseph. Em 1933, Heinz e Friedel receberam permissão para ingressar na Holanda. Em Amsterdã, Heinz instalou um estúdio fotográfico, o Foto-Studio Hejo, na rua Hoofstraat 142, atuando sobretudo como retratista. Friedel trabalhava como costureira. Os pais e a irmã de Heinz,

Margarete, também deixaram a Alemanha no ano seguinte, e se instalaram em Rotterdã, onde abriram uma drogaria.

Em 1939, meses antes do início da Segunda Guerra, o casal resolveu emigrar para o Brasil. Heinz e Friedel Joseph chegaram ao Porto de Santos, vindos de Hamburgo, em 28 de maio de 1939, no navio "Kerguelen", e foram registrados pela imigração brasileira como turistas. No ano seguinte, a invasão alemã à Holanda transformou em pesadelo a vida dos judeus em Rotterdam. O bombardeio à cidade e a perseguição nazista fez os pais e a irmã se mudarem novamente, para Appeldoorn, onde não puderam continuar com suas atividades comerciais. Em 1942, Ernst e Liesel Joseph foram deportados para Westerbork e, em seguida, para Auschwitz, onde morreram assassinados. Margarete, também prisioneira, conseguiu sobreviver e, em 1946, emigrou para o Brasil onde encontraria seu irmão, em São Paulo, já instalado como fotógrafo.

Não se tem informações precisas das atividades que Heinrich Joseph desenvolveu imediatamente após sua chegada ao Brasil. Sabe-se que em 1941 trabalhou como retocador na Foto Curt, estúdio recém-aberto pelo fotógrafo austríaco, também refugiado, Kurt Werner Schulze (VER), inicialmente dedicado aos retratos 3x4 e à fotografia industrial.

No ano seguinte, em 1942, Joseph participou do 1º Salão Paulista de Arte Fotográfica, evento de âmbito nacional organizado pelo Foto Cine Clube Bandeirante, e obteve o primeiro prêmio com a fotografia *Máscaras da velhice*. Os jornais publicaram o nome do vencedor como Henrique Joseph. O Bandeirante havia sido criado em 1939 para difundir a fotografia, sobretudo a de cunho experimental. Ainda em 1942, inaugurou o Foto Studio Hejo, na Rua Augusta 2366, casa 8, um bem montado ateliê fotográfico que se tornou referência na fotografia de retratos em São Paulo nos anos 1950 e 1960, sobretudo de crianças.

Em 16 de agosto de 1946 obteve a residência definitiva no Brasil. Joseph também ganhou notoriedade como fotógrafo de teatro, tendo trabalhado para a companhia Sergio Cardoso - Nydia Lícia e para o Teatro de Arena. Entre as peças fotografadas por suas lentes estão as antológicas *Eles não usam black tie*, de Gianfrancesco Guarnieri, registrada no ano de sua estréia, em 1958 e "Chapetuba Futebol Clube", de Oduvaldo Viana Filho, dirigida por José Renato, no ano seguinte.

Em 1966, o Sindicato das Empresas Fotográficas do Estado de São Paulo e o Serviço Nacional de Aprendizagem Comercial (Senac) inauguraram a Escola de Artes Fotográficas, primeiro curso profissionalizante de fotografia em São Paulo, com a orientação do Studio Hejo. O curso enfatizava o laboratório e o retrato e se converteria, duas décadas depois, na primeira graduação em fotografia no Brasil.

Fontes: Camargo, Mônica Junqueira de; Mendes, Ricardo. *Fotografia: cultura e fotografia paulista no século XX*. São Paulo: Secretaria Municipal de Cultura, 1992; Carneiro, Maria Luiza Tucci. *Brasil, um refúgio nos trópicos*. São Paulo: Estação Liberdade-Instituto Goethe, 1996; Diersch, Brigitte. "Doris Katz und ihre Familie auf der Flucht vor dem Holocaust". In: Gelurt. *Odenwälder Jahrbuch für Kultur und Geschichte*. Otzberg: Odenwaldkreis, 2020, p. 39-52. Disponível em: <http://www.alemannia-judaica.de/images/Images%20435/Michelstadt%20Brigitte%20Diersch%20S%2039-52.pdf>. Acesso em: 24 fev. 2020; Foto Studio Hejo. O primor do bairro, Jornal de Notícias, 01-04-1951, p. 10; Primeiro salão paulista de arte fotográfica, Correio paulistano, 04-10-1942, p. 6.

Ileana Pradilla / IB

JOUVET, Louis
Ator, cenógrafo, diretor teatral
Crozon, França, 24-12-1887 – Paris, 16-08-1951
No Brasil, de 1941 a 1944

Louis Jouvet, 1950. Arquivo Nacional da Holanda, Haia

Durante a Segunda Guerra Mundial, um grupo de teatro francês percorreu a América Latina em turnê. Na direção estava o francês Jules Eugène Louis Jouvet, ator, cenógrafo e diretor que fazia parte de um movimento de renovação da cena teatral francesa e que, com sua passagem pelo Brasil, influenciou os rumos que seriam seguidos pelo teatro brasileiro.

Nascido em Crozon, na região da Bretanha, Louis Jouvet teve uma formação inicial que em nada deixava antever a importância que viria a ter na história do teatro. Provavelmente influenciado pela família, matriculou-se no curso de Farmácia, na Universidade de Toulouse. Prosseguiu seus estudos nessa área transferindo-se para a capital francesa em 1904, onde passou a frequentar grupos amadores de teatro, o que o levou a se candidatar ao Conservatório Nacional Superior de Artes Dramáticas, de Paris.

Em 1912 casou-se com Else Collin (1886-1967), com a qual teve três filhos. No ano seguinte passou a fazer parte do Théâtre du Vieux-Colombier, grupo que, sob a direção de Jacques Copeau (1879-1949), vinha implementando profundas mudanças no teatro francês. Essas novidades abrangiam a parte material, palco, cenários, iluminação, e também a forma de representar, que buscava o gesto significativo e a dicção exata. Tudo sob orientação do *metteur en scène*, o encenador, o diretor, cujo trabalho procurava imprimir uma orientação orgânica à expressão da obra teatral. No Vieux-Columbier Jouvet atuou como diretor, cenógrafo, assistente e ator. Ao final da Primeira Guerra Mundial — após ter servido ao exército durante três anos —, participou de uma temporada do Vieux-Colombier em Nova York, onde, além de aprimorar suas formas de atuação, aperfeiçoou seus conhecimentos de cenografia. De volta à França, foi nomeado, em 1922, diretor técnico de duas salas da Comédie des Champs-Elysées, das quais mais tarde foi diretor artístico. Em 1927 fundou, juntamente com os diretores Charles Dullin, Gaston Baty e Georges Pitoëff o Cartel des Quatre, associação com a proposta cultural de incentivar e defender o teatro de *avant-garde*. Em 1936, Jouvet, Baty e Dullin chegaram a dirigir alguns espetáculos da Comédie-Française, sem, contudo, abandonar seus teatros. Jouvet atuou ainda como ator de cinema, tendo participado em vinte filmes entre 1932 e 1951, entre eles *O submundo (Les bas-fonds, 1936)* e *A Marselhesa (La Marseillaise,* 1938), de Jean Renoir, e *Crime em Paris (Quai des Orfèvres,* 1947), de Henri-Georges Clouzot.

Em junho de 1940, os alemães ocuparam Paris. Embora em diversos setores culturais as atividades tenham continuado com relativa normalidade, em outros, como o teatro de arte, a situação se tornou delicada. Instado a representar peças caras à cultura alemã, de autores como Schiller e Goethe, no lugar de autores franceses clássicos e contemporâneos como vinha fazendo até então, Jouvet preferiu partir com o seu grupo do Théâtre de l'Athénée. Com 25 pessoas, entre atores e técnicos, alguns deles judeus, e 34 toneladas de equipamentos, e contando com vistos fornecidos pelo Embaixador brasileiro em Vichy, Luiz Martins de Souza Dantas, o grupo embarcou em Lisboa, em 6 de junho de 1941, com direção ao Rio de Janeiro.

Essa turnê, que acabou se estendendo até 1944, percorreu diversos países da América Latina como Brasil, Uruguai, Argentina, Venezuela e México. Jouvet pretendia chegar até os Estados Unidos com suas apresentações, porém teve o visto negado. Documentos recentemente liberados permitem atribuir essa recusa ao fato de que inicialmente a viagem de Jouvet e de seu grupo havia sido patrocinada pelo governo colaboracionista de Vichy, muito embora posteriormente esse financiamento tenha vindo da Resistência. Para Vichy, era uma possibilidade de demonstrar que, mesmo servindo ao inimigo, mantinha, apoiava e ajudava a difundir a cultura francesa.

Em suas turnês no Brasil, Jouvet encontrou terreno fértil para as inovações que vinha desenvolvendo no teatro francês. O público brasileiro, francamente francófilo, recebeu com entusiasmo a oportunidade de assistir a inúmeras peças, que se alternavam nos teatros, dia sim, dia não. No mês de julho de 1941, por exemplo, foram montadas, em rápida sucessão, no Rio de Janeiro, sete peças teatrais. Isso exigia um intenso trabalho de preparação e ensaios, de montagem dos cenários e iluminação, o que acabou envolvendo técnicos brasileiros, que tiveram oportunidade de aperfeiçoar seus conhecimentos e práticas. Jouvet encontrou apoio também no governo Vargas, em especial por meio do ministro da Educação e Saúde, Gustavo Capanema, e de seu chefe de gabinete, Carlos Drummond de Andrade, empenhados em modernizar a cultura no âmbito do Estado Novo.

A cena teatral brasileira que Jouvet encontrou estava em busca de renovação, rejeitando o teatro de forte apelo comercial dominante até então. A pesquisa teatral ocorria principalmente dentro de grupos amadores, no Rio de Janeiro e em São Paulo. No Rio, é possível reconhecer a influência de Jouvet — tanto em relação a escolha do repertório quanto em relação ao cenário e a iluminação — na montagem daquela que é considerada a primeira peça do moderno teatro brasileiro, *Vestido de noiva*, de Nelson Rodrigues, de 1943, com direção de Zbigniew Ziembinski (VER) e cenografia de Tomás Santa Rosa, pelo grupo Os Comediantes.

Em São Paulo, a renovação teatral apoiou-se em trabalhos desenvolvidos na recém-fundada (em 1934) Universidade de São Paulo, onde a atuação em grupos amadores de teatro reuniu personagens que se tornariam importantes na cena intelectual brasileira, como Décio de Almeida Prado, Antonio Candido, Gilda de Mello e Souza e Paulo Emílio Sales Gomes. As passagens de Jouvet pelo Brasil, portanto, colaboraram de diversas formas na configuração do moderno teatro brasileiro.

No fim de 1944, após a libertação de Paris, enquanto os Aliados retomavam gradualmente o território francês, Jouvet estava de volta à cidade e às suas atividades, dirigindo o Théâtre de l'Athenée e trabalhando como ator. Foi no seu teatro que veio a falecer, durante o ensaio de uma peça, como ocorrera três séculos antes com Molière.

Fontes: Collaço, Vera; Godois, Ivo. "*Vieux-Colombier*: uma luz para o teatro brasileiro". *DAPesquisa*, Santa Catarina, v. 3, n. 5, 2008. Disponível em: <http://www1.udesc.br/arquivos/portal_antigo/Seminario18/18SIC/PDF/094_Vera_Collaco.pdf>. Acesso em: 15 fev. 2020; Louis Jouvet. *Encyclopedia Britannica*. Disponível em: <britannica.com/biography/Louis-Jouvet>. Acesso em: 15 fev. 2020; Pontes, Heloísa. "Dois franceses na renovação da cena teatral brasileira: Louis Jouvet e Henriette Morineau". *Pro-posições*, Campinas, v. 17, n. 3, set.-dez. 2006. Disponível em: <https://periodicos.sbu.unicamp.br/ojs/index.php/proposic/article/view/8643608>. Acesso em: 15 fev. 2020.

Miriam Junghans / IB

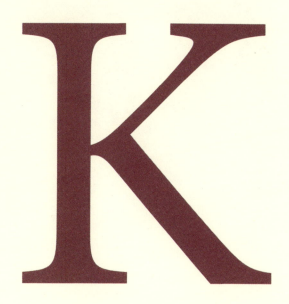

KAFKA, Alexandre Franz
Economista
Praga, 25-01-1917 – Washington, 28-11-2007
No Brasil, de 1941 a 1966

Alexandre Kafka era filho de Bruno Alexander Kafka, um judeu de língua alemã depois convertido ao cristianismo, e de Johanna Louise Kafka, oriunda de uma família de engenheiros e de empresários da indústria. Era primo em terceiro grau do escritor Franz Kafka. Sua família pelo lado paterno era toda formada por juristas. Professor de Direito, seu pai foi um típico liberal de seu tempo. Defensor dos direitos humanos, das liberdades civis e do livre comércio, Bruno Kafka fez carreira também na política, tendo sido deputado por um pequeno partido representante dos cidadãos de língua alemã na então República da Tchecoslováquia, fundada ao fim da Primeira Guerra Mundial (1914-1918).

Alexandre Kafka cursou direito por influência da família e porque, segundo dizia, "era o jeito de estudar economia" naquela época. Seu interesse

Alexandre Kafka ao centro no aniversário de Eugênio Gudin (dir.), em 14 de julho de 1964 | FGV CPDOC

pelos temas econômicos veio desde cedo. Ainda menino, deparou-se na biblioteca de sua casa com um livro de David Ricardo. Alexandre achou a leitura fácil, atraente, e passou a receber lições de economia, ainda estudante do ginasial, de um colega de seu pai na universidade, o professor Oskar Engländer. Formado em Direito pela Universidade de Praga, Alexandre Kafka estudou Economia no Institut Universitaire de Hautes Études Internationales, em Genebra, e no Balliol College da Universidade de Oxford, na Inglaterra, pelo qual se bacharelou em fins da década de 1930. Em Genebra, frequentou os cursos de Ludwig von Mises e do alemão Wilhelm Röpke. Fritz Machlup e Thomas Balogh, ambos de Oxford, foram outras duas importantes influências na sua formação.

Órfão de pai desde os 14 anos — Bruno Kafka falecera em 1931 —, Alexandre Kafka teve dois irmãos, que morreram ainda jovens. Vivia com a mãe e com uma prima em Oxford quando eclodiu a Segunda Guerra Mundial (1939-1945). Em meados de 1940, temendo o avanço do nazismo na Europa, e aconselhado por um tio que se estabelecera como industrial no Rio de Janeiro, resolveu emigrar para o Brasil. Chegou ao Rio, acompanhado da família, em agosto de 1940, pouco antes de terem início os bombardeios aéreos alemães contra o Reino Unido. Recordando, anos mais tarde, sua chegada aos trópicos, descreveu assim o impacto que sentiu naquele dia: "(...) naturalmente, tivemos uma impressão enorme. Primeiro, porque tínhamos passado todo o tempo na Inglaterra, desde o começo da guerra, em *blackout*. Pela primeira vez, víamos luz! O navio que nos trouxe passou por Cabo Verde e aí, pela primeira vez, vimos luz. Na Inglaterra, não se podia acender nem mesmo uma vela, a não ser com cortinas fechadas."

Sua estada no Rio, entretanto, foi curta. Já em 1941, recebeu um convite para lecionar economia na Escola Livre de Sociologia e Política de São Paulo. A profissão de economista era praticamente inexistente no Brasil e Kafka foi um dos precursores da institucionalização do ensino da disciplina no país.

Três anos depois, em junho de 1944, veio um novo convite: Roberto Simonsen o chamou para montar o Departamento de Estudos Econômicos da Federação das Indústrias do Estado de São Paulo (FIESP), onde, segundo Kafka, iria aprender "realmente a conhecer a economia brasileira". Data dessa época o início de seu interesse pelos problemas do desenvolvimento econômico.

Kafka participou da primeira reunião preparatória de criação da Organização Internacional do Comércio (OIC), realizada em 1946, em Londres. No ano seguinte, de volta ao Brasil, casou-se com Rita Madeleine Petschek, que conhecera, ainda criança, em Praga. Com Rita teria duas filhas: Dóris e Bárbara.

Deixou a FIESP após a morte de Roberto Simonsen em maio de 1948 e no ano seguinte, indicado por Octavio Gouvêa de Bulhões, assumiu o cargo de chefe-adjunto da Divisão de Pesquisa da América Latina do Fundo Monetário Internacional (FMI), em Washington. Em 1951, atendendo a um chamado de Eugênio Gudin, retornou ao Brasil para organizar o Instituto Brasileiro de Economia (Ibre), da Fundação Getúlio Vargas (FGV), no Rio de Janeiro. Considerava sua passagem pelo Ibre "a fase mais importante e satisfatória" de sua vida. Assumiu também nessa época, paralelamente a suas atividades na FGV, as funções de conselheiro econômico da Superintendência da Moeda e do Crédito (Sumoc) e de professor da Faculdade Nacional de Ciências Econômicas (FNCE) da Universidade do Brasil.

Kafka era um economista de formação liberal e sempre viu com desconfiança as políticas protecionistas, embora as admitisse em alguns casos. Cético sobre os resultados do intervencionismo estatal na economia, era crítico da expansão fiscal e monetária desenfreadas e de seus efeitos sobre o processo inflacionário. Foi, nesse sentido, um duro opositor da política econômica dos governos de Getúlio Vargas (1951-1954), Juscelino Kubitschek (1956-1961) e João Goulart (1961-1964). Mas não deixou de colaborar com a administração pública quando isso lhe pareceu conveniente, sempre conciliando suas atribuições no Executivo com a direção do Ibre. Foi assim nas administrações de Café Filho (1954-1955), Jânio Quadros (1961) e Castello Branco (1964-1967).

Em 1956, voltou aos Estados Unidos para trabalhar na Organização das Nações Unidas (ONU), em Nova York, e pouco depois foi convidado para lecionar na Universidade da Virginia. Nos dez anos seguintes, dividiu sua carreira entre o Brasil e os Estados Unidos, até que, em 1966, indicado pelo governo brasileiro para ocupar a vaga de Maurício Bicalho na diretoria-executiva do FMI, radicou-se definitivamente em Washington. Como diretor-executivo do Fundo, representava, além do Brasil, os interesses de outros oito países do continente americano: Colômbia, Haiti, República Dominicana, Peru (depois Equador), Panamá, Guiana, Suriname e Trinidad e Tobago.

Alexandre Kafka foi o diretor-executivo mais longevo do FMI: 32 anos. Aposentado em 1998, foi sucedido na função pelo economista Murilo Portugal.

Fontes: Alexandre Franz Kafka. Geni. Disponível em: <https://www.geni.com/people/Alexandre-Kafka/6000000010451771659>. Acesso em: 10 dez. 2019; Banco Central do Brasil. Alexandre Kafka. Brasília: Banco Central do Brasil, 2019. (Coleção História Contada do Banco Central do Brasil, v. 2); Gray, Richard T. et al. A Franz Kafka encyclopedia. Westport/Londres: Greenwood, 2005; Morre Alexandre Kafka, ex-representante do Brasil no FMI, Valor Online, 30-11-2007. Disponível em: <https://economia.uol.com.br/ultnot/valor/2007/11/30/ult1913u79808.jhtm>. Acesso em: 10 dez. 2019; Rita Madeleine Kafka. Geni. Disponível em: <https://www.geni.com/people/Rita-Kafka-Petschek/6000000002802251735>. Acesso em: 10 dez. 2019.

Luis Octavio Souza / IB

KAMINAGAI, Tadashi
Pintor, desenhista, moldureiro
Hiroshima, Japão, 27-09-1899 – Paris, 14-06-1982
No Brasil, de 1940 a 1954

Nascido numa família de classe média, Tadashi Kaminagai foi enviado com 14 anos de idade a um mosteiro budista próximo à cidade japonesa de Kobe, para seguir a carreira religiosa. Dois anos depois, rumou como missionário para as Índias Orientais Holandesas (atual Indonésia), mas lá acabaria abandonando o sacerdócio para estudar Agronomia e se tornar agricultor. Aos 27 anos, porém, convencido de sua vocação artística, pois desenhava desde criança, transferiu-se para Paris, onde conheceu o famoso pintor japonês Tsugouharu Foujita, que o orientou em seus estudos. Para manter-se financeiramente na capital francesa, Kaminagai trabalhou como restaurador de objetos em antiquários e desenvolveu notável habilidade como moldureiro, chegando mesmo a criar um tipo de moldura em madeira patinada que conquistou muitos clientes, entre

Arquivo Nacional

os quais alguns dos mais importantes artistas que então viviam em Paris, como Matisse, Derain, Braque, Chagall e Bonnard. Seu prestígio como moldureiro conquistaria inclusive o marchand Ambroise Vollard, que o encarregou de emoldurar obras de Manet, Cézanne e Van Gogh. Inserido dessa forma no efervescente cenário artístico de Paris, Kaminagai seria esteticamente influenciado por alguns de seus clientes, especialmente Kees Van Dongen, Bonnard e Marquet. Formou-se assim como um artista de estilo essencialmente ocidental, com forte viés impressionista. A partir do início dos anos 1930, começou a participar dos salões parisienses, como o dos Artistas Franceses, o da Sociedade Nacional de Belas Artes, o das Tuileries e o de Outono. Em 1938, percebendo a aproximação da Segunda Guerra Mundial, retornou ao Japão, onde encontrou, porém, o mesmo clima beligerante que tomara conta da Europa. Decidiu então transferir-se para o Brasil por conselho de Foujita, que lhe deu uma carta de recomendação ao pintor Candido Portinari.

Kaminagai chegou ao Rio de Janeiro em 1940, e seu prestígio artístico foi logo reconhecido. Já em julho do ano seguinte, realizou sua primeira exposição individual na então capital federal, que contou com textos de apresentação de Portinari e Foujita, e recebeu na inauguração artistas e autoridades, entre as quais o embaixador japonês no Brasil. Nesse mesmo ano, expôs também em São Paulo e participou do Salão Nacional de Belas Artes, evento do qual voltaria a tomar parte em edições seguintes. Ainda no início dos anos 1940, Kaminagai estabeleceu seu ateliê e oficina de molduras no subsolo da Pensão Mauá, um modesto estabelecimento localizado em Santa Teresa, bairro carioca que reunia na época grande número de artistas estrangeiros, então refugiados na cidade, e também um bom número de jovens pintores brasileiros. Esse ambiente acabaria estimulando a administradora da pensão, a futura pintora Djanira, a iniciar seus estudos artísticos. A moldurária de Kaminagai acolheu jovens artistas de origem nipônica que buscavam trabalho e formação, entre os quais nomes que posteriormente obteriam grande reconhecimento artístico no país, como Flávio Shiró, Eisaburo Nagasawa (VER) e Tikashi Fukushima (VER).

Apesar da movimentação de artistas na pensão de Djanira e em sua moldurária, Kaminagai afirmaria, em entrevista ao jornal paulista Diário da Noite, em 1946, que aqueles anos de guerra passados em Santa Teresa foram de isolamento e tranquilidade: "No começo vivia num isolamento absoluto. Não falava uma palavra de português. Não tinha relações sociais. Levava uma vida monacal. Pintava, pintava, pintava, conversava com imagens, com símbolos e comigo mesmo." O pintor afirmou, entretanto, ter sido feliz naqueles anos. "Tinha a impressão de que não era um homem erradicado de minha terra. Sentia-me feliz como se estivesse no Japão. Tal foi meu isolamento, que cheguei à perfeição de ficar alheio à tragédia. Aliás, quando vim para o Brasil não cuidei que iria ficar muito tempo. Fui ficando, ficando. E hoje gosto muito do Brasil." Algum tempo após o final do conflito, porém, o pintor soube que sua mãe, já bastante idosa, morrera na explosão atômica que arrasou a cidade de Hiroshima.

Kaminagai voltaria a expor individualmente em 1946, no Rio de Janeiro e em São Paulo. Em 1947, mesmo residindo no Rio, integrou o Grupo Seibi, importante agremiação que reunia artistas de origem japonesa na capital paulista, muitos dos quais deixariam uma marca significativa na arte brasileira. Em 1948, compôs o júri da Divisão Moderna do Salão Nacional de Belas Artes. No final dos anos 1940 e início dos 1950, realizou excursões artísticas à Bahia e ao Maranhão. Durante cerca de um ano, como hóspede oficial do governo do Pará, pintou paisagens da Amazônia. Participou das duas primeiras edições da Bienal Internacional de São Paulo, em 1951 e 1953. Em 1952, esteve presente no I Salão Nacional de Arte Moderna e do Salão Paulista de Belas Artes, sendo premiado neste último.

Em 1954, após 14 anos no Brasil, Kaminagai retornou ao Japão, e lá se casou. Em 1957, fixou-se novamente em Paris, onde nasceu o seu único filho. Só voltou a visitar o Brasil em 1973, passando nos anos seguintes a frequentar regularmente o circuito de exposições do Rio de Janeiro e de São Paulo, permanecendo bastante presente também em Tóquio e Paris, onde faleceu em 1982.

Em l985, realizaram-se retrospectivas de sua obra no Museu Nacional de Belas Artes do Rio de Janeiro e no Museu de Arte de São Paulo (MASP). Paralelamente à exposição no Museu de Belas Artes, a Galeria Realidade, do Rio de Janeiro, expôs trabalhos produzidos em seus últimos anos de vida; e na sequência a mesma galeria realizou a mostra *Kaminagai no Brasil: alunos e contemporâneos*. Em 1987, sua obra foi novamente exposta em retrospectiva, dessa vez em Tóquio.

Kaminagai jamais abandonou o figurativismo, privilegiando em sua obra as paisagens, as naturezas-mortas e os retratos. O crítico Antônio Bento, comentando sua exposição de 1946, apontou que "a cor, a tonalidade, o estudo da luz são constantes preocupações de sua arte, qualquer que seja o tema pintado". Décadas depois, Teixeira Leite afirmaria que ele "serviu-se de um colorido forte e de uma textura empastada para imprimir vida e calor a seus óleos, nos quais é muito forte o influxo da Escola de Paris, na qual plasmou seu estilo".

Fontes: Barata, Frederico. Tadashi Kaminagai, O Jornal, 14-07-1946; Bento, Antônio. Tadashi Kaminagai, Diário Carioca, 28-07-1946; Cavalcanti, Carlos. *Dicionário Brasileiro de Artistas Plásticos*. Brasília: Instituto Nacional do Livro, 1974; Coutinho, Wilson. Kaminagai: o prazer de pintar da Escola de Paris, Jornal do Brasil, 14-06-1985; Diário da Noite, 13-09-1946; Gazeta de Notícias, 18-07-1941; Kaminagai, Tadasih. *Brasil artes enciclopédia*. Disponível em: <http://www.brasilartesenciclopedias.com.br/nacional/kaminagai_tadashi.htm>. Acesso em: 13 jul. 2020; Navarra, Rubem. Salão de 1941, Diário de Notícias, 05-10-1941; Navarra, Rubem. Ainda o Salão, Diário de Notícias, 18-10-1942; O Jornal, Pintor japonês, 21-05-1949; Pontual, Roberto. *Dicionário das Artes Plásticas no Brasil*. Rio de Janeiro: Civilização Brasileira, 1969; Tadashi Kaminagai. *Enciclopédia Itaú Cultural*. Disponível em: <http://enciclopedia.itaucultural.org.br/pessoa8875/tadashi-kaminagai>. Acesso em: 13 jul. 2020; Teixeira Leite, José Roberto. Dicionário Crítico da Pintura no Brasil. Rio de Janeiro: Artlivre, 1988.

André Faria Couto / IB

KARPFEN, Otto: ver CARPEAUX, Otto Maria

KATZ, Richard
Escritor, jornalista
Praga, Império Austro-Húngaro, atual República Tcheca, 21-10-1888 – Muralto, Suíça 08-11-1968
No Brasil, de 1941 até 1954

A família pertencia à minoria alemã que vivia na região dos sudetos da Tchecoslováquia. Richard Katz fez o ensino médio em Praga e estudou Direito na Universidade Carlos. O pai era redator do diário liberal alemão Bohemia e

Com a papagaia Rachelle | Arquivo fotográfico da Biblioteca da ETH de Zurique

Katz tomou gosto pela escrita, passando a escrever para alguns jornais e revistas. Quando se formou na universidade, foi contratado pelo Vossische Zeitung, respeitado jornal da burguesia liberal, editado em Berlim desde o século XVI, mas que acabaria fechado em 1934. Katz passou um ano viajando como repórter pelo leste da Ásia, tornando-se redator especial da editoria internacional — primeiros passos de quem seria considerado depois o escritor de viagens mais lido da primeira metade do século XX.

Durante a Primeira Guerra Mundial serviu no regimento da infantaria imperial *(Kaiserliches und königliches Infanterieregiment "Albrecht von Württemberg" Nr. 73)*. Com o fim do conflito, transferiu-se para Leipzig, na Alemanha, e foi contratado em 1924 como diretor da gráfica da Editora Leipzig, aproximando-se da indústria livreira. Em 1927, lançou-se como autor com *Ein Bummel um die Welt (Viajando pelo mundo)*. A pesquisadora Izabela Kestler resumiu os motivos do sucesso das obras de Richard Katz: "Contavam aventuras divertidas, em tom coloquial, para um público que não podia viajar pelo mundo."

De 1928 a 1930, foi representante da Editora Ullstein de Berlim, onde criou o semanário Die Grüne Post (O Correio Verde). Em pouco tempo, o jornal alcançou a incrível (para a época) marca de um milhão de exemplares vendidos. O sucesso financeiro permitiu que Katz se estabelecesse de vez como um escritor independente, viajando mundo afora e registrando literariamente suas experiências. O primeiro livro, de 1927, integrou a série de cinco volumes intitulada *Die weite weite Welt (O vasto vasto mundo)*. Nos anos seguintes foram lançados: *Heitere Tage mit braunen Menschen (Dias felizes com pessoas morenas), Funkelnder Ferner Osten (Extremo Oriente cintilante), Zickzack durch Südamerika (Ziguezagueando pela América do Sul)* e *Schnaps, Kokain und Lamas (Aguardente, cocaína e lhamas)*.

Katz se mudou em 1933 para a Suíça. A tomada do poder pelos nazistas havia inviabilizado sua carreira na Alemanha. Seus livros estavam entre os que alimentavam fogueiras. Em 1939, conseguiu um visto para o Brasil, pois não havia garantias de que o país neutro não seria também invadido. Seu status era complicado: nascido no antigo Império Austro-Húngaro, tornou-se cidadão tcheco com a proclamação da república em 1918, mas renunciou em 1920 para permanecer alemão. Perseguido, tentou recuperar sem êxito a antiga cidadania. Acabou conseguindo um passaporte junto à Legação da Polônia em Berna, além da prorrogação do visto para o Brasil em 6 de janeiro de 1941. Também foi difícil viajar. Foi só na terceira tentativa que conseguiu embarcar no navio "Cabo da Boa Esperança". Registrou em suas memórias que escolheu o Brasil "porque suas viagens ao país lhe haviam deixado recordações agradáveis e por estar bem longe de Hitler".

Chegou em 27 de abril de 1941 ao Rio de Janeiro, mas viveu longe da badalação, morando primeiro na Ilha do Governador — onde escreveu no mesmo ano *Mein Inselbuch (Meu livro da ilha)* — e depois na região serrana do estado, em Teresópolis, onde encontrou outro exilado, o artista Wilhelm Wöller (VER), que integrou em seu livro *Begegnungen in Rio (Encontros no Rio)*, de 1942. Animais e jardinagem ampliaram seus temas de interesse. Cultivava orquídeas, colecionava pedras preciosas, tinha um cachorro e um papagaio. Em 1944 publicou *Seltsame Fahrten in Brasilien (Viagens estranhas através do Brasil)*. Alguns de seus livros mais saborosos giram em torno da personalidade dos cães, como *Von Hund zu Hund (De um cão a outro)* e *Spaß mit Hunden (Brincando com cachorros)*, e sobre como se tornar um jardineiro de sucesso. Apesar de proibidas na Alemanha, as obras de Katz continuavam sendo editadas na Suíça. No Brasil, seus títulos só existiam no original.

A livreira Susanne Bach (VER), outra refugiada da guerra no Brasil, entrevistada por Izabela Kestler, disse que Katz não se via como exilado. Foi criticado por não participar de organizações antifascistas, nem na Suíça nem no

Brasil, e argumentou: "Quando fui expulso para o Brasil, eu tinha duas opções: considerar o exílio passageiro e lamentar-me junto com outros exilados sobre as desgraças da época, ou tentar adotar o país como uma nova pátria, à qual deveria me adaptar na língua, no pensamento e no modo de vida (...) A diferença entre um hóspede ocasional e um membro da família é grande. Diante da dificuldade de me adaptar novamente à Europa, sinto que venci essa diferença." Richard Katz ganhou a cidadania brasileira, mas voltou para a Suíça em 1956. Publicou em 1961 um quarto livro sobre o Brasil, *Auf dem Amazonas (No Amazonas)*, além de outros sobre natureza e jardins. Morreu em 1968, próximo a Locarno, na Suíça italiana, pouco depois de completar 80 anos.

Fontes: Kestler, Izabela. Exílio e literatura: Escritores de fala alemã durante a época do Nazismo. São Paulo: Edusp, 2003; Richard Katz (Writer). In: Wikipedia. Disponível em: <https://en.wikipedia.org/wiki/Richard_Katz_(writer)>. Acesso em: 29 jun. 2020; Richard Katz (Schriftsteller). In: Wikipedia. Disponível em: <http://www.brasilartesenciclopedias.com.br/nacional/kaminagai_tadashi.htm>. Acesso em: 29 jun. 2020; Richard Katz. *Munzinger*. Disponível em: <https://www.munzinger.de/search/portrait/Richard+Katz/0/8716.html>. Acesso em: 29 jun. 2020.

Kristina Michahelles / IB

KATZENSTEIN, Betti
Psicóloga, professora
Hamburgo, Alemanha, 27-08-1906 – São Paulo, 25-07-1981
No Brasil, de 1936 a 1981

Bettina Katzenstein, conhecida no Brasil como Betti Katzenstein, nasceu numa família judia de classe média. Desde jovem, interessou-se pelo estudo da psicologia, mas como naquela época ainda não existiam cursos universitários nessa área, matriculou-se em 1926 no curso de Filosofia da Universidade de Hamburgo, cuja grade curricular era fortemente voltada para a área da psicologia. Na universidade, logo aproximou-se do professor William Stern, um dos mais importantes psicólogos alemães do período, conhecido por enfatizar as particularidades psíquicas dos indivíduos e pela busca de métodos capazes de mensurá-las, tendo sido o criador do termo quociente de inteligência (QI). Após terminar sua graduação, em 1929, Betti emendou no doutorado na mesma universidade, concluindo-o em 1931. Em seguida, atuou ainda sob a orientação do professor Stern no departamento de Psicologia por ele criado naquela instituição. Nesse período trabalhou com seleção e orientação profissional, e

Acervo do Conselho Regional de Psicologia em SP, fotógrafo não identificado

também com psicologia infantil, área à qual dedicaria maior atenção ao longo de sua carreira profissional.

Com a ascensão do nazismo ao poder em 1933, o departamento de Psicologia da Universidade de Hamburgo foi praticamente desmantelado, com a demissão de vários de seus professores, incluindo William Stern. Com as oportunidades de trabalho se fechando, Betti sobreviveu por algum tempo dando aulas particulares em casa. Em 1935, foi presa pela Gestapo, acusada de ligação com os comunistas. Libertada poucas semanas depois, decidiu deixar imediatamente a Alemanha, refugiando-se a princípio na casa de um primo em Zurique, na Suíça. Estava decidida, porém, a transferir-se para o Brasil, onde seu irmão mais novo, Karl Katzenstein, morava desde 1934, trabalhando numa empresa de comércio de algodão. Assim, Betti retornou brevemente a Hamburgo apenas para embarcar rumo ao porto de Santos, onde chegou em 22 de fevereiro de 1936, a bordo do vapor "Kerguelen". Passou então a morar com o irmão no bairro de Vila Mariana, na capital paulista. No final de 1938, Betti e seu irmão obtiveram do governo brasileiro autorização para trazerem sua mãe, Teresita Fuerst Katzenstein, que aqui chegou no início de 1939, salvando-se do Holocausto. O outro irmão de Betti, Rolf Katzenstein, migrou da Alemanha para os Estados Unidos, em 1938.

Apesar de chegar ao Brasil sem qualquer domínio do idioma português, a ambientação de Betti ao seu novo país foi bastante rápida. Já em maio daquele ano, começou a trabalhar no Laboratório de Psicologia do Instituto de Educação da Universidade de São Paulo (USP), a princípio como voluntária, e a partir de março do ano seguinte como assistente contratada. O Laboratório oferecia serviços psicológicos à comunidade através de convênio com a Secretaria de Educação, o que permitiu a Betti dedicar-se à psicologia infantil, área de seu interesse. Envolvida tanto com a clínica quanto com a pesquisa acadêmica, participou, já em junho de 1938, do Primeiro Congresso Paulista de Psicologia, Neurologia e Psiquiatria. Nesse período, manteve também ativa participação junto à comunidade judaica, tomando parte nas atividades da Congregação Israelita Paulista, entidade fundada em 1936 por refugiados judeus da Alemanha, e que foi presidida pelo seu irmão Karl; e também na Organização Feminina Israelita de Assistência Social (Ofidas), fundada em 1940 com a finalidade de oferecer assistência a mulheres e famílias de imigrantes judeus. Em ambas as instituições, o seu foco era o trabalho com crianças.

Em junho de 1940, apenas quatro anos após sua chegada ao país, obteve a cidadania brasileira. O processo de naturalização transcorreu de forma bastante rápida, possivelmente para que ela pudesse regularizar sua situação como servidora pública. Ao longo daquela década, Betti desenvolveria diversos trabalhos como psicóloga, o que lhe valeu sólida reputação. Na área de seleção e orientação profissional, trabalhou no Instituto de Organização Racional do Trabalho (Idort), a partir de 1941, e, dois anos depois, no recém-criado Serviço Nacional de Aprendizagem Industrial (Senai). Mas a área em que a doutora Betti – como ficaria conhecida – mais se destacou foi mesmo a da psicologia infantil. Entre 1941 e 1951, atuou junto à Cruzada Pró-Infância, instituição constituída na capital paulista no início da década de 1930 com a finalidade de oferecer serviços de assistência a mães e crianças nas áreas de saúde e educação, criando e mantendo jardins de infância em vários bairros da cidade. Nessa instituição, inaugurou e dirigiu a Seção de Psicologia Infantil, que funcionava como clínica e centro de pesquisas. Ativa defensora do papel da pré-escola na formação e no desenvolvimento cognitivo e emocional da criança, chefiou a Divisão de Educação Pré-Primária do Departamento de Educação do Estado de São Paulo, entre 1950 e 1953. Na área da assistência a crianças com deficiências físicas ou mentais, ajudou na fundação do Lar Escola São Francisco, em 1943, e da APAE de São Paulo, em 1961; colaborando também com a Sociedade Pestalozzi, voltada às crianças excepcionais, e com a Fundação Dorina Nowill para Cegos.

Teve importante desempenho também como professora universitária, lecionando Psicologia Infantil na Escola de Enfermagem e na Faculdade de

Medicina da USP, entre 1946 e 1952; e na Escola Livre de Sociologia e Política de São Paulo, entre 1953 e 1962. De 1976 a 1980, foi professora do Departamento de Psicologia da Faculdade de Filosofia, Ciências e Letras de Assis, na época incorporada à recém-criada Universidade Estadual Paulista (Unesp), onde foi chefe de departamento e coordenadora da Clínica Psicológica.

Desde o início dos anos 40, Betti Katzenstein colaborou com jornais de grande circulação da capital paulista, como Diário Popular, O Estado de S. Paulo, Folha da Manhã, Folha da Tarde e Folha da Noite. Destaque para a sua coluna semanal "Clínica Psicológica", publicada em 1947 e 1948 no caderno feminino da Folha da Manhã, na qual respondia às questões levantadas pelas leitoras, representadas pela personagem fictícia dona Anastácia. De 1956 a 1958, manteve a coluna "A psicóloga responde" na revista feminina Lady.

Betti Katzenstein participou da fundação da Sociedade de Psicologia de São Paulo em 1945, integrou o Comitê Diretor da Sociedade Internacional de Psicologia Aplicada de 1949 a 1971, e foi uma das primeiras a se inscrever no Conselho Regional de Psicologia de São Paulo, criado em 1974. Por mais de uma vez, participou de congressos internacionais de psicologia, como em 1951, em Estocolmo, e em 1955, em Londres.

Na linha de seu mestre William Stern, a doutora Betti valorizou e procurou sempre utilizar-se de testes psicológicos como método diagnóstico. Nesse sentido, não só adaptou testes estrangeiros e realizou estudos comparativos sobre eles, como elaborou o seu próprio teste, a que deu o nome de Becasse, voltado para avaliar a maturidade e a adaptabilidade social e emocional de crianças em idade escolar. Ao longo de sua trajetória, produziu grande quantidade de artigos e textos científicos sobre psicologia, como o capítulo sobre Psicologia da Criança, que integra o livro *Psicologia moderna*, lançado pela Sociedade de Psicologia de São Paulo, em 1953.

Casou-se, em 1958, com o tradutor Hubert Schoenfeldt.

Fontes: Cronologia da Vida Profissional da Psicóloga Betti Katzenstein (Schoenfeldt). *História e memória da psicologia em São Paulo*. Disponível em: <http://www.crpsp.org.br/memoria/betti/cronologia.aspx>. Acesso em: 13 jul. 2020; Cytrynowicz, Mônica Musatti; Cytrynowicz, Roney. *Betti Katzenstein: uma psicóloga do século XX*. Disponível em: <https://www.youtube.com/watch?v=2igq4q9Tpws>. Acesso em: 13 jul. 2020; Colffield, Carol. "'Eva continua vencendo...': intelectuais europeias no Brasil em tempos de totalitarismos". *Revista del CESLA*, 30 jun. 2018. Disponível em: <https://www.redalyc.org/jatsRepo/2433/243358276013/html/index.html>. Acesso em: 13 jul. 2020; Correio da Manhã, 20-06-1940; Correio Paulistano, 19-06-1938; Correio Paulistano, 26-06-1955; Correio Paulistano, 02-06-1957; Diário de Notícias, 13-09-1951.

André Faria Couto / IB

KEFFEL, Ed
Fotógrafo
Speyer, Alemanha, 23-11-1903 – Porto Alegre, 1994
No Brasil, de 1936 a 1994

Ed Keffel (à esquerda) com David Nasser.
Reprodução de O Cruzeiro

Eduard Schulz-Keffel era um experiente jornalista, fotógrafo, câmera e diretor de cinema na Alemanha, antes de exilar-se no Brasil em 1936. Embora não fosse descendente de família judia, sofria perseguição do regime nazista por haver sido registrado como filho de "pai desconhecido".

No início dos anos 1920, Keffel era sócio de Walter Schutte na produtora Weser Film, situada na cidade de Kassel. A dupla produziu doze filmes, entre documentários, curtas e longas metragens, e um filme de animação, intitulado *Hampelmanns Traumfahrt (A viagem dos sonhos de Hampelmann)*, dirigido pelo próprio Keffel.

A partir de 1925, seu nome não apareceu mais associado à Weser Film, embora ainda constasse como câmera em películas de outras produtoras, entre os quais *Die Königin der Altstadt (A rainha da cidade velha)*, dirigido por Albert Maurer.

Fotografias de sua autoria, provavelmente realizadas entre as décadas de 1920 e 1930, ilustraram o filme *Kampf um Sonne und Raum. Ein Filmbericht von der Sanierung der Kasseler Altstadt (Luta pelo sol e pelo espaço. Um documentário da renovação do centro histórico de Kassel)*, um documentário lançado em 1936 sobre a renovação do centro histórico da cidade de Kassel.

Em 1934, lançou o livro *Das kleine Hessenbuch: Sagen, Sitten und Gebräuche aus dem Hessenland. Nebst einem Anhang: Hessische Städtewappen*, sobre as lendas e costumes da região de Hesse, publicado pelo Kasseler Neueste Nachrichten, jornal onde trabalhava como repórter fotográfico.

No ano seguinte, Keffel teve contato com outro alemão, o fotógrafo Wolfdietrich Wickert que havia se instalado no Rio Grande do Sul, após viajar pela América Latina ao lado do escritor Fritz René Allemann, para a realização de reportagens fotográficas. Wickert havia montado um estúdio fotográfico na cidade gaúcha de Jaguari e auxiliou Keffel no processo de emigração; este, por sua vez, trouxe consigo os equipamentos necessários para modernizar o estúdio do amigo.

Ao chegar ao Brasil, em 1936, Keffel associou-se a Wickert. Posteriormente, os sócios transferiram-se para Porto Alegre, onde abriram o estúdio Die Zwei (Os 2), famoso pelo apuro técnico de seus retratos tirados com a câmera Leica. Keffel permaneceu na sociedade até 1946.

De 1941 a 1943, realizou milhares de fotografias para a *Enciclopédia de Arte Culinária*, ambicioso projeto da Editora Globo. A mesma empresa gaúcha era proprietária da Revista do Globo, periódico quinzenal onde ele trabalharia de 1943 a 1948 como repórter fotográfico.

Em 1948, convidado pelo jornalista José Amádio, cobriu para a revista O Cruzeiro, pertencente aos Diários Associados, império das comunicações comandado por Assis Chateaubriand, o V Congresso Eucarístico Nacional, em Porto Alegre. A partir desse momento, ingressou no time de fotógrafos que fez história no fotojornalismo brasileiro sob a direção de Jean Manzon (VER). Mudou-se nesse ano para o Rio de Janeiro, e no ano seguinte recebeu a nacionalidade brasileira.

Para O Cruzeiro, realizou inúmeras matérias que tiveram amplo destaque. Na revista também foi mestre de outros profissionais mais jovens. Em 1952, ao lado do jornalista João Martins, publicou a que seria talvez sua reportagem fotográfica mais conhecida e polêmica sobre o suposto flagrante de discos voadores na Barra da Tijuca, considerado forjado pela maioria dos profissionais de imprensa da época.

Nesse mesmo ano retornou à Alemanha para realizar uma reportagem sobre Anastásia, a falsa filha sobrevivente do czar, ao lado de David Nasser. Nessa viagem também filmou o processo de reconstrução do país após a Segunda Guerra. Esse material serviria como base para a realização do documentário *Il Retrato da Alemanha / A reconstrução da Alemanha* de sua autoria.

Em 1963, Keffel viajou pela Guiné Portuguesa (atual Guiné-Bissau),

Moçambique, Angola e Portugal ao lado do folclorista Luís da Câmara Cascudo, para a realização de um projeto editorial e audiovisual sobre a influência africana na gastronomia brasileira. Dessa viagem surgiu *Nossos irmãos, os africanos*, uma série de seis reportagens que foi apresentada em Portugal, em 1964. A série levantou polêmicas, aproveitada que foi pelo governo salazarista como chancela à política colonial portuguesa.

Em 1966, Keffel acompanhou Assis Chateaubriand e Dom Clemente Maria da Silva-Nigra em viagem à Rússia. Na ocasião, fotografou documentos inéditos referentes ao Brasil, pertencentes à Academia de Ciências de Leningrado. O artigo "A história dos nobres Langsdorff no Brasil", foi publicado em O Cruzeiro, em junho de 1966, relatando a saga do naturalista que percorreu o Brasil no início do século XIX.

Keffel trabalhou nessa revista até o fim de sua circulação em 1975, embora a partir de 1968 sua participação tenha sido eventual. Em 1975, retornou para o Rio Grande do Sul, estabelecendo-se em Gramado. Faleceu quase duas décadas depois, em 1994, em Porto Alegre.

Fontes: Costa, Helouise; Burgi, Sergio (Prg.). *As origens do fotojornalismo no Brasil. O olhar sobre o Cruzeiro 1940-1960*. São Paulo: Instituto Moreira Salles, 2012; Carvalho, Luiz Maklouf. *Cobras criadas: David Nasser e O Cruzeiro*. São Paulo: Editora Senac São Paulo, 2001; Castro, Teresa. "Nossos irmãos, os africanos: Lusotropicalismo e propaganda". In: Coleção Colonial da Cinemateca. Viseu: Aleph, 2018, p. 58.

Ileana Pradilla / IB

KELLER, Willy
Diretor de teatro, escritor, jornalista, tradutor, dramaturgo
Konstanz, Alemanha, 09-06-1900 – Rio de Janeiro, 24-04-1979
No Brasil, de 1935 a 1979

Karl Wilhelm Keller ficou conhecido como Willy Keller. Foi um talentoso diretor teatral e dramaturgo que adotou o curioso pseudônimo J.J. Sansombre, uma contração de *sans ombre* (em francês: sem sombra), que pode ser lido como iluminado, ou de muitas luzes. Ele realmente o era. No Brasil, criou o antigo Instituto Cultural Brasil-Alemanha, atual Instituto Goethe. Foi perseguido por seu talento e por ter uma mulher judia, e mesmo no exílio combateu o nazismo. Seus predicados, no entanto, não foram capazes de impedi-lo de passar boa parte de sua vida tendo que lidar com desemprego e fome.

Karl Wilhelm Keller nasceu em Constança, às margens do lago do mesmo nome, na Alemanha. De 1906 a 1909 frequentou a escola primária em Kehl e depois o ginásio em Weinheim. Quando completou o secundário, quis estudar música, mas seu pai, o professor ginasial Karl Keller, foi contra. Willy Keller partiu para a segunda opção, o teatro. Matriculou-se no Conservatório e Escola Dramática do Teatro Nacional. Música e teatro sempre foram suas grandes paixões.

Em 1921 começou a trabalhar como ator na peça *Die*

Acervo Instituto Goethe RJ

Räuber (Os salteadores), de Schiller, no Teatro Municipal de Recklinghausen. Conquistou a posição de diretor e encenou duas peças, de Chekov e Walter Harlan. Os dez anos a partir de 1924 foram de ascensão profissional. Foi diretor no Rhein-Mainisches Künstlertheater (Teatro Artístico Reno-Meno), participou dos festivais de Heidelberg, foi suplente de diretor no Teatro Renaissance de Berlim e dirigiu os teatros municipais de Würzburg e Osnabrück. O teatro panfletário de Erwin Piscator e Bertolt Brecht com suas *Lehrstücke*, peças didáticas para criar consciência de classe, era hegemônico na Alemanha então e influenciou também o jovem diretor.

Em 1933, Keller era membro da cooperativa de trabalhadores teatrais e simpatizante do Partido Social-Democráta, SPD, que teve vários de seus membros e funcionários presos após o incêndio no Reichstag, em 23 de fevereiro. Um ano depois, dirigiu na cidade de Osnabrück uma peça de Shakespeare cujo sucesso retumbante motivou a inveja do diretor de ópera local. Ele foi denunciado como antinazista. Entretanto, foi em outubro de 1934 que Keller acirrou a ira dos seguidores de Hitler, ao encenar a comédia *Kuckuckseier (Os ovos do cuco)*, do crítico teatral Wolfgang Götz. A peça sugere a ocupação indevida de um lugar, pois o cuco costuma pôr seus ovos no ninho alheio. Foi a gota d'água: no dia seguinte à estreia, foi impedido de entrar no teatro e passou a ser perseguido pelo regime. Teve o salário bloqueado e agentes da Gestapo vasculharam sua casa com um mandado de prisão. Avisado, Keller refugiou-se em Berlim e depois no Sarre, então protetorado da França sob os auspícios da Liga das Nações.

A mulher de Keller, Ellen, apesar de vigiada pela polícia política nazista, teve papel decisivo na fuga. Como tinha um tio em Porto Alegre, conseguiu uma carta de chamada, documento que assegurava o visto brasileiro para ela, Willy e o filho. Em carta à pesquisadora Izabela Kestler, detalhou a angústia dos dias que antecederam a fuga:

"A Gestapo sabia naturalmente da minha intenção e tentou convencer-me a fazer com que meu marido voltasse para Berlim, garantindo-lhe livre trânsito. (...) Declarei (...) que eu mesma iria a Saarbrücken, para convencer meu marido das "boas intenções" da Gestapo e trazê-lo de volta. Prometi deixar meu filho Peter de quatro anos como garantia na Alemanha. Mas no dia seguinte, peguei meu filho e consegui chegar a Saarbrücken, e de lá a Le Havre, passando por Paris, onde, no Natal, embarcamos na terceira classe de um pequeno vapor francês."

Em janeiro de 1935, chegaram em Porto Alegre. O diretor de teatro teve que se contentar com um emprego sem remuneração na fábrica de espelhos do tio de sua mulher. Ellen mantinha a casa, ganhando pouco como secretária tradutora do alemão. Em meados de 1935, Keller foi ao Rio de Janeiro em busca de oportunidade no teatro da capital e logo se decepcionou: "Quando cheguei ao Brasil, tinha uma esperança de que aqui existisse uma cultura teatral primitiva, ou pelo menos uma indústria cinematográfica. E que seria apenas uma questão de tempo até que eu pudesse, de alguma maneira, voltar à minha antiga profissão. Sonhos vãos", contou em carta de 1937 ao amigo Hans Rothe.

A família se mudou para São Paulo, onde Keller trabalhou como contador de um grande restaurante de 1936 a 1939. Foi demitido quando se recusou a jurar obediência ao Terceiro Reich em um navio alemão ancorado fora de águas territoriais brasileiras. Sem perspectivas de trabalho formal ou no teatro, Willy Keller voltou-se para o jornalismo e retomou a militância. Em

1940, articulou-se com o grupo Das Andere Deutschland (A Outra Alemanha) de Buenos Aires, escrevendo artigos que reclamavam dos emigrados uma postura menos apolítica e mais engajada contra o nazismo. Ligou-se também à Notgemeinschaft deutscher Antifaschisten (Associação de Emergência dos Alemães Antifascistas) e ao anarco-sindicalista Friedrich Kniestedt, que tinha uma associação com 102 membros em Porto Alegre e células em Curitiba e Rolândia, no Paraná. Apesar das dificuldades materiais, fundou a Notbücherei deutscher Antifaschisten (Livraria de Emergência dos Alemães Antifascistas) que editou a única obra do exílio brasileiro: o poema narrativo de Ulrich Becher (VER), *Das Märchen vom Räuber, der Schutzmann wurde (O conto do ladrão, que se tornou policial)*.

Em 1941, a família voltou ao Rio de Janeiro, onde Keller começou a ser requisitado como ator em algumas peças. Em outubro de 1945, terminada a guerra, já era diretor de cena e ensaiador de um musical beneficente montado pela organização assistencial católica Pequena Cruzada. Um ano depois, indicado por Paschoal Carlos Magno, passou a atuar junto ao Teatro Experimental do Negro, criado por Abdias do Nascimento. Na mesma época, conseguiu fazer teatro em língua alemã integrando o grupo Freies Europäisches Künstlertheater (Teatro Livre Europeu dos Artistas) fundado por Wolfgang Hoffmann-Harnisch (VER). As apresentações ocorriam geralmente às segundas-feiras, dia de folga dos grupos brasileiros, e Keller participou da direção até 1948. Aquele foi um ano particularmente bom para ele: dirigiu com grande sucesso de público *Deus lhe pague*, de Joracy Camargo, e foi muito elogiado por Nelson Rodrigues por sua direção de *Viúva porém honesta*. Em 1951, foi convidado por Henrique Pongetti para dirigir a peça *Manequim* no Teatro Copacabana. O convite seguinte foi para ir a Pernambuco dirigir o teatro de amadores do estado. Conheceu o nordeste brasileiro, que considerou sua segunda casa.

Em 1957 fundou o Instituto Cultural Brasil-Alemanha, atual Instituto Goethe, que dirigiu até 1969. Na década de 1960, traduziu autores brasileiros como Lima Barreto, Graciliano Ramos, Ariano Suassuna e Pedro Bloch para o alemão. Além de boas críticas por seus espetáculos, ganhou várias distinções, entre elas a de Carioca Honorário e a Ordem do Mérito, primeira classe, do presidente da República Federal da Alemanha, em 1963.

As homenagens não lhe garantiam a sobrevivência. Em 1955, depois de 20 anos, Keller visitou a Alemanha como delegado da Sociedade Brasileira de Autores Teatrais. Carregava a mágoa de não ter em sua pátria o reconhecimento da luta contra o nazismo que moveu mesmo no exílio. Em maio de 1968, recebeu a medalha Alexander von Humboldt, de seu país natal, e a Ordem do Cruzeiro do Sul, grau oficial, maior honraria brasileira concedida a um estrangeiro, pelo seu trabalho como mediador cultural.

Fontes: Kestler, Izabela, *Exílio e literatura: Escritores de fala alemã durante a época do nazismo*. São Paulo: Edusp, 2003; Zimber, Karola Maria Augusta. *Willy Keller: Um tradutor alemão de literatura brasileira*. São Paulo: USP, 1998.

Leonardo Dourado / IB

KIEFER, Bruno
Compositor, pedagogo, flautista, musicólogo, crítico musical
Baden-Baden, Alemanha, 09-04-1923 – Porto Alegre, 27-03-1987
No Brasil, de 1934 a 1987

Tinha onze anos quando a família fugiu da Alemanha nazista para Santa Catarina, estabelecendo-se depois em Porto Alegre. Seu pai, o jornalista Friedrich Kiefer, foi perseguido pela Gestapo por suas críticas ao regime e costumava dizer que ele e a mulher travaram "uma guerra contra o terror marrom", referência à cor dos uniformes das brigadas. Sua mãe, Ottilie Langenstein Kiefer, era excelente pianista e cantora.

Em 1934, o casal Kiefer e seus sete filhos chegaram em Tangará, bem no centro de Santa Catarina, às margens do Rio do Peixe. "À nossa volta, roça e mata virgem. A nova vida era dura, mas fascinante", lembrou Bruno. Morou na área rural até o casal gaúcho Neff, sem filhos, publicar um anúncio oferecendo acolher um adolescente em sua casa. A partir de 1935, Bruno Kiefer passou a viver, estudar e trabalhar na capital gaúcha.

Estudou com Júlio Grau, "na época, melhor flautista da cidade", e logo passou a integrar grupos de música de câmara. Interessado, além da música, e em ciências naturais, inscreveu-se em duas faculdades: estudou flauta transversa no Instituto de Belas Artes da Universidade Federal do Rio Grande do Sul (UFRGS) e se formou em 1947 em Química Industrial na mesma instituição. Também fez Composição e Regência com o folclorista e musicólogo Ênio de Freitas e Castro e aperfeiçoou-se com Hans Joachim Koellreutter (VER). Em

1957, graduou-se também em Física. É provável que tenha optado pela dupla formação para não correr risco de ficar sem remuneração.

Continuou trilhando os dois caminhos profissionalmente. Era professor de Física do Colégio Anchieta e ao mesmo tempo se tornou um reconhecido compositor, musicólogo e crítico. Escreveu cerca de 150 obras, entre peças camerísticas e sinfônicas, com destaque para *Diálogo*, para piano e orquestra, *Concertino* para saxofone e três peças para orquestra, *Electra, Convertimento* e *Poema telúrico*, além de vasto repertório de música coral.

Acervo de família, cortesia da filha Luciana Kiefer

Suas obras eram executadas na Rádio MEC e seu trabalho reconhecido pela Funarte e pela Sociedade Brasileira de Música Contemporânea. O compositor Celso Loureiro Chaves, seu colega na UFRGS, disse que sua obra é "uma música enraizada na nossa terra".

Participou intensamente da vida musical e foi um dos fundadores da OSPA (Orquestra Sinfônica de Porto Alegre), na qual atuou como flautista, mas foi na área educativa que Kiefer deixou outro grande legado. Além de ensinar História da Música, História e Teoria dos Instrumentos, Apreciação Musical, Teoria do Som, fundou o curso de pós-graduação em Música e a disciplina de Música Brasileira. Em 1966 criou o Seminário Livre de Música de Porto Alegre. Também lecionou na Universidade Federal de Santa Maria, no mesmo Estado.

A prática docente o estimulou a escrever algumas obras didáticas, entre elas a *História da música brasileira*, em cinco volumes. O primeiro volume foi publicado em 1976 pela Editora Movimento, de Porto Alegre. Além da história da música de concerto no Brasil, a obra aborda as origens e o desenvolvimento dos primeiros gêneros brasileiros populares (a modinha e o lundu), estudados em seu segundo volume. Publicou também biografias de Villa-Lobos (1981) e de

Francisco Mignone (1984). Integrou o Conselho Estadual de Cultura. Morreu duas semanas antes do seu 64º aniversário. A cidade em que Kiefer passou sua vida homenageou-o batizando com seu nome uma rua e o Teatro Bruno Kiefer na Casa de Cultura Mario Quintana, no centro histórico de Porto Alegre.

Fontes: Bruno Kiefer. Enciclopédia Itaú Cultural de Arte e Cultura Brasileiras. São Paulo: Itaú Cultural, 2020. Disponível em: <http://enciclopedia.itaucultural.org.br/pessoa2574/bruno-kiefer>. Acesso em: 22 jun. 2020; Bruno Kiefer. In: Wikipedia. Disponível em: <https://pt.wikipedia.org/wiki/Bruno_Kiefer>. Acesso em: 22 jun. 2020; Bruno Kiefer. Musica Brasilis. Disponível em: <https://musicabrasilis.org.br/compositores/bruno-kiefer>. Acesso em: 22 jun. 2020. Bruno Kiefer. Dicionário Cravo Albin da música popular brasileira. Disponível em: <http://dicionariompb.com.br/bruno-kiefer/dados-artisticos>. Acesso em: 22 jun. 2020; Kiefer, Bruno. Lucia Carpena sobre Bruno Kiefer. https://edition-tre-fontane.de/produkt/bruno-kiefer-1923-1987-poemas-da-terra-etf-2108/.

Kristina Michahelles / IB

KIKOLER, Maria Minoga
Tapeceira, fotógrafa
Berlim, 19-03-1923 – Rio de Janeiro, 03-11-2013
No Brasil, de 1940 a 2013

Acervo de família, cortesia do filho Geraldo Minoga Kikoler

Alemã de origem judaica, Maria Kikoler era filha de pai polonês e mãe russa. Em 1938, com quatorze anos, emigrou com a família para a Bélgica e estudou na Academia de Belas Artes de Antuérpia. Dois anos depois, devido ao rápido avanço do exército alemão pelo território europeu no início da II Guerra Mundial, a família decidiu vir para o Brasil, escapando da Europa pela cidade francesa de Marselha, embarcando no navio "Cuiabá" e radicando-se no Rio de Janeiro em outubro de 1940.

Sua formação artística teve prosseguimento no Brasil, com predileção inicial pelo desenho e a pintura a guache, mas durante muitos anos sua atuação nessa área teve caráter apenas amador e sua presença nos círculos artísticos cariocas passou despercebida. Profissionalmente, trabalhou algum tempo com desenho publicitário. Tal situação só se modificou a partir do final dos anos 60, quando passou a se dedicar à tapeçaria, atividade que mais a notabilizaria. Sua exposição individual na Galeria Cavilha, no Rio de Janeiro, em 1969, teve boa acolhida. Na ocasião, em depoimento ao Jornal do Brasil, assim ela se referiu ao seu vínculo com a tapeçaria: "Meus filhos cresceram e eu tive que encontrar alguma coisa para mim outra vez. E o que eu tinha como hobby resolvi levar a sério". Seu prestígio artístico cresceu rapidamente, e naquele mesmo ano recebeu em sua casa a visita de Ruth Dayan, esposa do então ministro da Defesa de Israel, Moshe Dayan, que adquiriu alguns de seus trabalhos. O crítico de arte Antônio Bento, comentando sua mostra individual na Galeria Celina, observou que seus trabalhos apresentavam então grande variação de formas, tonalidades e temas, situando-se no limite entre o figurativo e o abstrato, acrescentando que a arte de Maria Kikoler se adaptava "para atender às peculiaridades ou necessidades das salas dos apartamentos modernos".

Nos anos seguintes, Maria Kikoler foi frequentemente relacionada entre os principais nomes da tapeçaria nacional, participando de diversas mostras individuais e coletivas e integrando os mais importantes eventos do ramo realizados no país, como a I Mostra Brasileira de Tapeçaria, em 1974, no Museu da Fundação Armando Álvares Penteado, em São Paulo, maior exposição do gênero até então realizada no Brasil; a II Trienal de Tapeçaria, no MAM-SP, em 1979; e a Exposição Nacional de Arte Têxtil, que circulou por diversas capitais brasileiras entre 1985 e 1986. No exterior, participou da Feira de Hannover, na Alemanha, em 1980. Desde os anos 70, sua atividade como tapeceira esteve vinculada ao Artesanato Guanabara, ateliê dirigido por Maria Ângela Almeida Magalhães.

No final dos anos 70, Maria Kikoler iniciou, com uma exposição na Galeria Sérgio Milliet, no Rio de Janeiro, sua trajetória na fotografia artística, atividade de que se ocupou preferencialmente nos seus últimos anos de vida. Trabalhou também com serigrafia e gravura em metal.

Fonte: A trama das cores e das formas, Jornal do Brasil, 10-10-1976; Ayala, Walmir. Os tapetes de Kikoler, Jornal do Brasil, 11-10-1970, Caderno B, p. 2; Cavalcanti, Carlos. *Dicionário brasileiro de artistas plásticos*. Brasília: Instituto Nacional do Livro, 1974; Janiszewski/Minoga/Schaffer. *Souza Mendes Foundation*. Disponível em: <https://sousamendesfoundation.org/family/janiszewski-minoga-schaffer>. Acesso em: 13 jul. 2020; O sol nas tapeçarias de Kikoler, Jornal do Brasil, 15-06-1969, Caderno B, p. 2; Pontual, Roberto. *Dicionário das artes plásticas no Brasil*. Rio de Janeiro: Civilização Brasileira, 1969. - THE ARTS, Sciences and Literature. 2014. (verbete: KIKOLER, Maria Minoga).

André Faria Couto / IB

Rio de Janeiro, 1948 | Coleção Victor e Marta Klagsbrunn

KLAGSBRUNN, Kurt

Fotógrafo
Viena, 06-05-1918 – Rio de Janeiro, 07-08-2005
No Brasil, de 1939 a 2005

Pilzgasse 9, bairro de Florisdorf em Viena. Esse era o endereço da Villa Klagsbrunn, a simpática e confortável casa onde viviam o pai Leopold (Leo), a mãe Friederike (Fritzi) e os filhos Peter e Kurt Paul. Família abastada de judeus assimilados, costumavam esquiar em Zakopane, Polônia, nas férias de inverno e, no verão, iam para o lago alpino Wörthersee na região da Caríntia. Na década de 1930 a fotografia amadora tornou-se uma febre entre as famílias de classe média na Europa. Na casa dos Klagsbrunn havia uma Superbaldina e uma Artiflex. Kurt passou a se interessar pela atividade ainda adolescente. Terminou o ensino médio em Floridsdorf e foi estudar Medicina na Universidade de Viena em 1936, como Peter, o irmão mais velho, mas ambos foram obrigados a abandonar os estudos com a ascensão do nazismo.

Em março de 1938 a Áustria foi anexada pela Alemanha. Os acontecimentos se precipitaram. A Villa Klagsbrunn foi revistada pela polícia. Leopold decidiu vender para um funcionário a empresa de carvão da qual era o proprietário. Vendeu também a casa. Em 26 de julho daquele ano a família deixou Viena e emigrou para o Rio de Janeiro, via Roterdã, Holanda, e Lisboa. Chegaram em abril de 1939 a bordo do navio "General Artigas" e se estabeleceram em Laranjeiras, na zona sul da cidade. Para sobreviver foi preciso mudar de padrão. Leopold Klagsbrunn montou uma distribuidora de produtos químicos, Fritzi trabalhou como costureira, os rapazes não puderam seguir com o curso de medicina. Peter foi trabalhar como representante de produtos farmacêuticos e perfumes e Kurt tornou-se fotógrafo profissional.

Não lhe permitiram trazer sua câmera, mas fato é que, ao final da viagem de mais de oito meses, entre paradas e espera, estava com uma pequena e ágil Leica. Logo foi seduzido pela luz dos trópicos. Começou a fotografar tipos brasileiros, festas, eventos sociais e políticos e, em 1941, abriu o seu primeiro estúdio. Começou clicando para periódicos como Rio Magazine, Sombra, Brazil Herald, Rio, Fon-Fon, Vida, Revista do Comércio e Carroussel. Em pouco tempo passou a ser comissionado também por grandes publicações como as americanas Time e Life e a revista brasileira O Cruzeiro.

O sobrinho de Kurt, Victor Klagsbrunn, resume assim o trabalho do tio: "Na primeira década após sua chegada, o Brasil vivia um turbilhão. No governo ditatorial de Getúlio Vargas, o país entrou na Segunda Guerra Mundial, após hesitar sobre que lado escolher. Kurt aproximou-se da União Nacional dos Estudantes (UNE), fotografou suas lutas pela participação do país na guerra contra o nazismo, pela anistia e por movimentos sociais. Celebrou a vitória dos Aliados, registrou a cassação do Partido Comunista e a eleição do marechal Dutra para presidente. No segundo governo Vargas, em 1950, documentou a criação de um parque industrial brasileiro e, depois, a eleição de Juscelino

Kubitschek. Fotografou Brasília. Mas continuou a registrar casamentos, aniversários, desfiles de moda e as personalidades que circulavam na cena carioca – pintores, escritores, músicos, comediantes, a população na praia e no Carnaval em uma cidade que crescia e se modificava."

Em 40 anos de vida profissional, Kurt Klagsbrunn deixou um legado de 150 mil negativos organizados em contatos numerados e devidamente embalados. Esse rico acervo é preservado pelo casal Victor e Marta Klagsbrunn em Araras, Petrópolis, no estado do Rio de Janeiro, desde a morte do fotógrafo, em 2005.

Fontes: *Kurt Klagsbrunn. Um fotógrafo humanista no Rio*. Catálogo da exposição realizada no Rio de Janeiro, Museu de Arte do Rio, 14 de abril a 9 de agosto de 2015; Mello, Marcia; Lissovsky, Mauricio (Org.). *Refúgio do olhar. A fotografia de Kurt Klagsbrunn no Brasil dos anos 1940*. Rio de Janeiro: Casa da Palavra, 2013; Seeber, Ursula Seeber; Weidle, Barbara (Org.). *Kurt Klagsbrunn. Fotograf im Land der Zukunft*. Bonn: Weidle, 2013; Série Canto dos Exilados (Telenews, 2016).

Leonardo Dourado / IB

KLEEMANN, Fredi
Fotógrafo teatral, ator
Berlim, 02-02-1927 – São Paulo, 30-10-1974
No Brasil, de 1933 a 1974

"Para ser fotógrafo é preciso saber cortar o negativo." Essa era uma das máximas de Alfred Siegmund Kleemann, que adotou o nome artístico de Fredi Kleemann, dublê de fotógrafo de cena e ator. Entende-se a frase visitando o Arquivo Multimeios do Centro Cultural São Paulo onde repousa o seu acervo de 12 mil fotos, entre elas várias provas-contato marcadas a lápis, indicando os cortes a serem feitos no negativo e ressaltando um novo enquadramento para as ampliações finais. Estas, por sua vez, eram feitas por um laboratorista alemão, no bairro do Mandaqui, com uma técnica de retoques no positivo e não no negativo, o que dava um resultado muito superior. O apuro no produto aliado a um conceito diferente foi a sua marca. Fotografava com uma Rolleiflex apenas com a luz da cena, como recomendou Ziembinski (VER). Buscava a atmosfera dos personagens através de closes, movimentando-se entre os atores pelas laterais e pelo fundo do palco. Só clicava nos ensaios, nunca em apresentações, e parava a ação quantas vezes fosse necessário até obter a foto almejada. Assim forjou a reputação de maior fotógrafo teatral do país, ganhando prêmios nacionais e internacionais.

Funarte, Centro de Documentação e Pesquisa

Kleemann chegou ao porto de Santos em 30 de novembro de 1933, início da derrocada democrática da Alemanha, aos seis anos, com os pais Justin e Anni Charlotte, no navio "Monte Rosa". Aos nove anos estreou como ator em um grupo amador da comunidade judaica. Ainda garoto, comprou a primeira câmera e passou a fotografar os amigos em eventos. Mais tarde, graças a essa prática conseguiu o primeiro emprego como balconista na Fotoptica, tradicional empresa de fotografia e óptica fundada em 1920 por Desidério Farkas, onde depois foi promovido a gerente. Ingressou no Foto Cineclube Bandeirantes, grupo de fotógrafos de São Paulo. Quando conheceu o ator Marcos Jourdan, que cursava a Escola de Arte Dramática (EAD), aproximou-se do Teatro Brasileiro de Comédia (TBC), fundado em 1948 por Franco Zampari, e passou a fotografar os espetáculos. O TBC era considerado teatro sério, uma companhia profissional em contraposição aos humorísticos da época. A partir de 1951, além dos planos diagonais fechados no rosto dos atores, muitas vezes de cima para baixo, registrados do alto de uma escada no palco, Kleemann inovou ao documentar a informalidade dos camarins e as comemorações do elenco.

Sua entrega ao *métier* era tal a ponto de chamar a atenção da diva Cacilda Becker, que o convidou para participar de algumas peças como ator coadjuvante. O entusiasmo com o teatro mesmo sem portar a máquina fotográfica era igual. Na peça de Jean Anouilh, *Convite ao Baile*, havia no texto a frase "o baile está no auge!" por ele repetida com tanta alegria que acabou sendo escolhida como seu apelido. A atriz e empresária teatral italiana Nydia Licia (VER), também refugiada, registrou em suas memórias que o apelido "sobreviveu grudado nele a vida inteira" e o alemão achava ótimo quando ouvia: "lá vem o baile está no auge". Também é dela outra lembrança do jovem ator já com seu nome nos créditos do programa: a peça a ser encenada, *Diálogo de Surdos*, de Clô Prado, tinha só dois atos. Para completar a apresentação, Cacilda Becker decidiu dirigir *Relações Internacionais (Hands Across the Sea)*, peça em um ato de Nöel Coward. "Foi a primeira vez que Fredi Kleemann foi muito elogiado por sua interpretação. O papel era quase mudo, mas as reações dele eram tão exatas e cômicas que a platéia ria só de olhá-lo", relembrou Licia. Em 1957, quando Cacilda Becker deixou o TBC junto com a irmã Cleyde Yáconis, Walmor Chagas e Ziembinski (VER), levou junto Fredi Kleemann para o novo empreendimento da atriz, o grupo de Teatro Cacilda Becker (TCB). Kleemann ganhou maior destaque. A companhia estreou com *O santo e a porca*, de Ariano Suassuna, e *Jornada de um longo dia para dentro da noite*, de Eugene O'Neill.

A pesquisadora Filomena Chiaradia resumiu assim a obra do fotógrafo alemão no Brasil em trabalho feito para a Funarte: "Usando com maestria o claro-escuro, Fredi Kleemann construiu uma leitura particular da obra teatral empreendida por essas duas importantes companhias, bem como parte de sua história, para quem não assistiu a seus espetáculos. O que se imagina conhecer sobre elas passa por suas fotos. Quem esteve presente àqueles espetáculos, por sua vez, pode ter nova experiência, que ultrapassa a simples recordação, pois as imagens produzidas por ele evocam diferentes e inesperadas relações entre a cena passada e seu atual espectador". Fredi Kleemann recebeu prêmios de fotografia no Brasil, Estados Unidos, Canadá e Argentina e foi o primeiro sul-americano a ganhar prêmio no Salão Internacional de Paris. Seu último trabalho como fotógrafo foi em *Hoje É Dia de Rock*, de José Vicente, em 1973. Foi o ano de exibição de *A volta de Beto Rockfeller*, remake da mais famosa telenovela brasileira, com Fredi Kleemann no papel de Stuart. Morreu um ano depois, de ataque cardíaco, aos 47 anos.

Fontes: Chiaradia, Filomena. *Iconografia Teatral: estudo da imagem de cena nos acervos fotográficos de Walter Pinto (Brasil) e Eugénio Salvador (Portugal)*. Rio de Janeiro: Funarte, 2014; Fredi Kleeman. *Pro-TV*. Disponível em: <http://www.museudatv.com.br/biografia/fredi-kleemann/>. Acesso em: 20 mai. 2020; Lycia, Nidia. *Eu vivi o TBC*. São Paulo: Imprensa Oficial do Estado de São Paulo, 2007; Paliocchi, Marta Regina. *Coleção Cadernos de Pesquisa: Fredi Kleemann*. São Paulo: Centro Cultural de São Paulo, 2008; Silva, Wendell Wagner. *Martim em cena: Memória do livro fotográfico*. Salvador: UFBA, 2009; Teatro Cacilda Becker. Enciclopédia Itaú Cultural de Arte e Cultura Brasileiras. São Paulo: Itaú Cultural, 2020. Disponível em: <http://enciclopedia.itaucultural.org.br/grupo399343/teatro-cacilda-becker>. Acesso em: 20 mai. 2020.

Leonardo Dourado / IB

KLINGHOFFER, Hans Yitzhak
Jurista, político, professor
Kolomea, Galícia, Império Austro-Húngaro, atual Kolomyia,
Ucrânia, 17-02-1905 – Jerusalém, 31-01-1990
No Brasil, de 1941 a 1953

Arquivo Nacional

Nascido em uma família judaica na região da Galícia, no extremo leste do Império Austro-Húngaro, doutorou-se em 1927 em Ciência Política na Universidade de Viena com uma tese sobre Burocracia e Democracia. Três anos mais tarde, obteve mais um título de doutor, desta vez em Direito, tendo sido discípulo do renomado jurista Hans Kelsen, especialista em Direito Puro (e que exerceu grande influência nas constituições brasileiros de 1934 e 1988). Com os diplomas na mão, Klinghoffer foi servir na prefeitura de Viena. Em 1938 a Áustria foi anexada pela Alemanha nazista, e ele quis fugir para a Inglaterra, mas acabou emigrando para a França. Quando as tropas de Hitler estavam prestes a invadir Paris, em junho de 1940, rumou para Portugal, onde permaneceu cerca de seis meses, enquanto tentava obter um visto americano. Hans e seu irmão Stefan Klinghoffer acabaram obtendo um visto temporário para o Brasil. Durante o pouco tempo em que esteve em Portugal, produziu uma profunda análise sobre o regime de Salazar. O artigo "As ideias políticas de Oliveira Salazar e seu reflexo na Constituição Portuguesa" foi publicado depois no Brasil.

No dia 4 de janeiro de 1941, o jornal A Noite anunciava a chegada do navio "Siqueira Campos", trazendo a bordo os irmãos Klinghoffer. No exílio, publicou brochuras para o Comitê de Proteção dos Interesses Austríacos no Brasil.

Sua tradução para o francês e compilação em quase 600 páginas dos discursos do presidente brasileiro entre 1930 e 1941, intitulada La Pensée Politique du President Getulio Vargas (O pensamento político de Getúlio Vargas), foi publicada em 1942 pela Imprensa Nacional no Rio de Janeiro. Durante o ano e meio que morou no Rio de Janeiro, o jurista redigiu ainda dois tratados em defesa do restabelecimento da autonomia da Áustria, tal como era antes da anexação, e administrou um estabelecimento agrícola na área rural pertencente a uma firma suíça.

Com o fim da guerra e a liberação da Áustria, as atividades do Comitê foram encerradas. Assim, em 1946 o jurista começou a trabalhar como assessor científico para a delegação norte-americana nos preparativos da Conferência do Rio de Janeiro de 1947, que adotou o Tratado Interamericano de Assistência Recíproca, destinado a assegurar a autodefesa coletiva em caso de ataque de fora da região. De 1948 a 1953, foi consultor da embaixada austríaca no Brasil. Desde 1947 era também membro honorário da Sociedade Brasileira de Direito Internacional e ensinava na Fundação Getúlio Vargas. Quando o jurista Hans Kelsen esteve no Rio de Janeiro em agosto de 1949, seu antigo discípulo convidou-o a proferir três conferências na FGV. É provável que tenha intercedido junto à instituição para outorgar a Kelsen o título de doutor *honoris causa*.

Klinghoffer emigrou em 1953 para Israel. Aprendeu hebraico, estudou a legislação do jovem país e se tornou professor de Direito Constitucional e Administrativo na Universidade de Jerusalém, chegando a coordenar o departamento de Direito. Em 1961, ajudou a fundar o Partido Liberal israelense, que representou no Knesset (Parlamento) até 1963. Foi consultor legal do ministério da Defesa em 1975-1976 e presidiu a Associação para Direitos Civis em Israel de 1976 a 1982. Escreveu livros e artigos sobre teoria do direito, ciência política, direito constitucional, administrativo e internacional. Faleceu em 1990 em Jerusalém, a duas semanas de completar 85 anos de idade.

Fontes: Prof. Yitzhak Hans Klinghoffer. *The Faculty of Law*. Disponível em: <https://en.law.huji.ac.il/people/yitzhak-hans-klinghoffer>. Acesso em: 20 jul. 2020; Röder, Werner; Strauss, Herbert A. (Org.). *Biographisches Handbuch der deutschsprachigen Emigration nach 1933–1945*. Nova York: Institut für Zeitgeschichte/Research Foundation for Jewish Immigration, 1999; Yitzhak Klinghoffer. In: Wikipedia. Disponível em: <https://en.wikipedia.org/wiki/Yitzhak_Klinghoffer>. Acesso em: 20 jul. 2020.

Kristina Michahelles / IB

KNOX, Françoise Anne Andrée: ver DUPATY, France

KOCH, Adelheid Lucy
Médica, psicanalista
Berlim, 16-10-1896 – São Paulo, 29-07-1980
No Brasil, de 1936 a 1980

De ascendência judia, era filha do médico Julius Schwalbe, amigo de Thomas Mann e editor-chefe do Deutsche Medizinische Wochenschrift, primeiro periódico especializado em medicina da Alemanha. Não obstante sua formação conservadora, Schwalbe defendia o estudo da medicina pelas mulheres e incentivou o ingresso da filha na Universidade de Berlim.

Adelheid Koch formou-se em Medicina em 1924 com uma dissertação sobre a mortalidade infantil entre filhos ilegítimos nascidos na capital alemã. Um ano antes, casara-se com o advogado Ernst Heinrich Koch, neto do proprietário da maior editora alemã, a Ullstein. Adheleid teve duas filhas com Ernst: Esther, nascida em 1924, e a futura pintora e escultora Eleonore Koch (VER), nascida em 1926.

Sociedade Brasileira de Psicanálise

Em 1929, ingressou no Instituto de Psicanálise de Berlim, onde durante quatro anos submeteu-se à análise didática com Otto Fenichel, sob supervisão de Salomea Kempner e Therese Benedek. Em 1935, tornou-se membro da Sociedade Psicanalítica de Berlim, apresentando na ocasião o trabalho "Análise da resistência numa neurose narcísica".

Com a perseguição aos judeus e a crescente "arianização" das instituições médico-científicas alemãs que acompanhou a ascensão do nazismo, Adelheid Koch cogitou sair do país. A oportunidade para ela surgiu durante a XIV Conferência da Associação Internacional de Psicanálise (IPA), realizada em 1936 em Marienbad, na antiga Tchecoslováquia, atual Mariánské Lázne, República Tcheca. Na ocasião, Ernest Jones, biógrafo de Freud e então presidente da IPA, falou-lhe pela primeira vez do psiquiatra Durval Marcondes, que desde a década de 1920 liderava um grupo de médicos e estudiosos brasileiros interessados em psicanálise, mas sem treinamento analítico e experiência clínica para dar início à especialidade no Brasil. Marcondes solicitara a ajuda de Jones e este indicou o nome de Adelheid para comandar a formação dos primeiros psicanalistas brasileiros.

Depois de uma curta temporada na Palestina, Koch emigrou com a família para o Brasil, via Londres, em 1936. Com seu gesto, passou a fazer parte do numeroso contingente de psicanalistas judeus que deixou a Alemanha fugindo da perseguição nazista. Outros não tiveram a mesma sorte.

Os Koch se estabeleceram em São Paulo ainda a tempo de participar da fundação da Congregação Israelita Paulista (CIP), em outubro de 1936. A CIP fora idealizada por um grupo de refugiados judeus alemães. Adelheid trabalhou como voluntária nos programas para jovens da Congregação. Ernst Koch presidiu a entidade entre 1956 e 1967.

Adelheid Koch era uma mulher culta, amante dos livros e das artes, e pôs-se a aprender o português assim que chegou. Queria inteirar-se da cultura brasileira, se ambientar em seu novo país, para só depois dar início a sua missão. Assim, só foi ao encontro de Durval Marcondes em meados de 1937, quase seis meses depois de se fixar em São Paulo. Foi a primeira analista didata autorizada pela IPA a trabalhar no Brasil.

Por seu consultório passou boa parte da primeira geração de psicanalistas brasileiros, entre eles, Virgínia Bicudo, Flávio Dias, Darcy Uchôa, Lygia Amaral, Isaías Melshon, Laerte Ferrão e Judith Andreucchi, além do próprio Marcondes. Em seu trabalho como psicanalista, sempre enfatizava a importância do componente afetivo na qualificação do profissional. E foi esse tipo de relação que buscou estabelecer desde o início com seus analisandos. Em 1938, na primeira carta que enviou aos pais depois de sua chegada ao Brasil, escreveu que, com aquele grupo pioneiro, aprendera a "estar atenta à felicidade".

Adelheid Koch realizou conferências na Faculdade de Direito em 1938 e foi por dois anos assistente de Durval Marcondes na cadeira de Psicanálise inaugurada pela Escola Livre de Sociologia e Política da USP em 1939. Com seus analisados, fundou o Grupo Psicanalítico de São Paulo (1944), mais tarde transformado em Sociedade Brasileira de Psicanálise de São Paulo (1951), a SBPSP, primeira sociedade psicanalítica oficial brasileira e primeira sociedade psicanalítica latino-americana reconhecida pela IPA.

Naturalizada brasileira em 1950, trabalhou até os seus últimos dias de vida, contribuindo de maneira efetiva para a popularização e a institucionalização da psicanálise no país. Sua produção teórica é pouco numerosa, destacando-se, entre outros trabalhos, os artigos "Neurose dos pais — neurose dos filhos" (1939), "Considerações psicanalíticas sobre símbolos e contos populares" (1940), "Terapêutica psicanalítica da histeria" (1954) e "Omnipotencia y sublimacion" (1956).

Fontes: Adelheid Koch. *Psychoanalytikerinnen: biografisches Lexikon*. Disponível em: <https://www.psychoanalytikerinnen.de/lateinamerika_biografien.html#Koch>. Acesso em: 31 maio 2020; Bicudo, Virginia Leone. "Notas históricas: contribuição para a história do desenvolvimento da psicanálise em São Paulo". *Arquivos de Neuro-Psiquiatria*, São Paulo, v. 6, n. 1, p. 69-72, jan.-mar. 1948; Campos, Regina Helena de Freitas (Org.). *Dicionário biográfico da psicologia no Brasil: pioneiros*. Rio de Janeiro/Brasília: Imago/Conselho Federal de Psicologia, 2001; Haudenschild, Teresa Rocha Leite. Modernismo, mulher e psicanálise: Adelheid Koch, Virgínia Bicudo, Lygia Amaral e Judith Andreucci: pioneiras da psicanálise em São Paulo. *Ide*, São Paulo, v. 38, n. 60, p. 215-235, dez. 2015; Moretzsohn, Maria Ângela Gomes. "Introduction to the life and work of Adelheid Lucy Koch (1896-1980)". In: Lisman-Pieczanski, Nydia; Pieczanski=, Alberto. *The pioneers of Psychoanalysis in South America: as essential guide*. London/New York: Routledge, 2015, p. 231-233; Nosek, Leopold. "Koch, Adelheid Lucy". In: Mijolla, Alain de (Org.) *International dictionary of psychoanalysis*. Detroit: Thomson Gale, 2005, p. 918-919.

Luis Octavio de Souza / IB

KOCH, Ingedore Grünfeld Villaça
Linguista, professora
Eisenach, Alemanha, 22-09-1933 – São Paulo, 15-05-2018
No Brasil, de 1939 a 2018

"Nasci em Eisenach, pequena cidade medieval situada no coração da Alemanha, celebrizada por ter sido o berço de Johann Sebastian Bach e por abrigar o castelo de Wartburg, onde Martin Luther traduziu a Bíblia. Menos auspicioso foi o ano de meu nascimento — 1933 —, tragicamente marcado pela ascensão de Adolf Hitler ao poder."

Foi com essas palavras, retiradas do memorial escrito por Ingedore Koch para o concurso de professora titular do Departamento de Linguística da Unicamp em 1999, que Luiz Antônio Marcuschi, seu amigo e colaborador, abriu o breve e comovido ensaio que escreveu para o número especial da revista

Acervo de família, cortesia do filho Paulo Koch

Cadernos de Estudos Linguísticos, de agosto de 2003, dedicado à obra da professora.

Ingedore Koch era filha do professor Paul Grünfeld e de Annemarie Fackenheim. De origem judia, sua família foi duramente perseguida pelo nazismo. Seu avô materno, o médico Julius Fackenheim, morreu no gueto de Theresienstadt, em Terezín, atual República Tcheca, em novembro de 1942. Seu tio Alfred Fackenheim também passou por Theresienstadt, mas, a exemplo de tantos outros judeus que ali estiveram, foi em seguida deportado para Auschwitz, onde foi declarado morto em outubro de 1944.

Felizmente a essa altura Ingedore e seus pais já estavam longe da Europa. No início de 1939, antecipando-se ao começo da guerra — e temendo o pior —, Paul e Annemarie decidiram se refugiar no Brasil. Chegaram a São Paulo no dia 22 de fevereiro daquele ano. A pequena Ingedore tinha seis anos incompletos. No Brasil, ela faria toda a sua formação escolar. Aos 15, quando ainda cursava o colegial no Colégio Bandeirantes, já começou a dar aulas de português, a grande paixão de sua vida. Foi sempre a melhor aluna de sua classe, tanto no secundário, quanto depois, na graduação e na pós. Foi também a melhor colocada em todos os concursos de que participou.

Formada em Direito pela USP em 1956, não chegou, porém, a trabalhar como advogada. A vocação para o magistério falou mais alto. Casada com o advogado Luís Carlos Villaça Koch em 1959, com ele teve dois filhos, razão pela qual resolveu interromper os estudos, mas não o contato com a sala de aula. Por mais de 20 anos, entre 1957 e 1979, Ingedore Koch exerceu o magistério em Língua Portuguesa e Literatura Brasileira em escolas de ensino médio, em São Paulo. Em 1972, matriculou-se no curso de licenciatura em Letras da Faculdade de Filosofia Ciências e Letras Castro Alves. Era o velho sonho de menina sendo realizado. Formada em 1974, no ano seguinte ingressou no mestrado da PUC de São Paulo, onde em 1981 também obteve o doutorado em Língua Portuguesa. No futuro, em 1992, concluiria um pós-doutorado na Universidade de Tübingen, na Alemanha.

Foi também na PUC que iniciou, em 1976, quando ainda cursava o mestrado, sua carreira no magistério superior. Era o início de uma brilhante trajetória acadêmica. Ingedore foi responsável pela introdução e divulgação de diversos autores de língua alemã no Brasil, muitos deles desconhecidos da maioria de nossos linguistas. Foram os casos, por exemplo, de Roland Harweg, Elisabeth Gülich, Harald Weinrich e Paul Hermann, entre tantos outros.

Em 1986, despediu-se da PUC para ingressar, no ano seguinte, no Departamento de Linguística do Instituto de Estudos da Linguagem (IEL) da Unicamp, ao qual esteve vinculada por quase três décadas. Responsável pela implantação do setor de linguística textual do IEL, livre-docente (1990) e professora titular em Análise do Discurso (1999), foi autora de mais de 20 livros e de mais de uma centena de artigos publicados em periódicos científicos do Brasil e do exterior. Sua obra tornou-se referência obrigatória nos cursos de graduação e de pós-graduação em letras país afora.

De sua vasta produção, merecem ser citados *Linguística textual: uma introdução* (com Leonor Lopes Fávero, 1983), *Linguística aplicada ao português: morfologia e sintaxe* (com Maria Cecília Perez de Souza e Silva, 1983), *Argumentação e linguagem* (1984), *A coesão textual* (1989), *A coerência textual* (com Luiz Carlos Travaglia, 1989), *A Inter-ação pela linguagem* (1992), *O texto e a construção dos sentidos* (1997) e *Desvendando os segredos do texto* (2002). É também autora de uma *Gramática do português culto falado no Brasil*, escrita em parceria com Clélia Spinardi Jubran.

Fontes: Gardenal, Isabel; PAIVA, Valério. *Instituto de Estudos da Linguagem perde professora Ingedore Grünfeld Villaça Koch*. Disponível em: <https://www.unicamp.br/unicamp/noticias/2018/05/16/instituto-de-estudos-da-linguagem-perde-professora-ingedore-grunfeld-villa%C3%A7a>. Acesso em: 15 dez. 2019; Homenageada do XXIII CFNL. *Círculo Fluminense de Estudos Filológicos e Linguísticos*. Disponível em: <http://www.filologia.org.br/xxiii_cnlf/homenageado.htm>. Acesso em: 15 dez. 2019; KOCH, Ingedore Grünfeld Villaça. Currículo Lattes. Brasília: CNPq, 2014. Disponível em <http://lattes.cnpq.br/9851642920435372>. Acesso em: 15 dez. 2019; Marcuschi, Luiz Antônio. "Ingedore Koch e os segredos do texto". *Cadernos de Estudos Linguísticos*, n. 44, p. 11-20, 2003; Paul Grünfeld. *Geni*. Disponível em: <https://www.geni.com/people/Paul-Gr%-C3%BCnfeld/6000000049043932909?through=6000000048624384926>. Acesso em: 15 dez. 2019.

Luis Octavio Souza / IB

KOCH, Lore
Pintora, escultora
Berlim, 02-04-1926 – São Paulo, 01-08-2018
No Brasil, de 1936 a 1968 e de 1989 a 2018

Acervo pessoal

Menos de oito meses antes de falecer em São Paulo, vítima de parada cardiorrespiratória, Eleonore — ou Lore, como ficou conhecida — Koch recebeu uma equipe da Casa Stefan Zweig para a filmagem de uma entrevista exclusiva sobre sua vida e trabalho, no apartamento da rua Iraquitã, no Jardim Paulista. Ela contou que a infância até os dez anos foi tranquila. Sabia que era mais risonha que sua irmã mais velha, Esther, e assim conquistava as pessoas mais facilmente. A família era judia; o pai, Ernst, advogado e a mãe, Adelheid Koch (VER), psicanalista. Em 1936, os preparativos para a fuga do cerco nazista que aumentava se intensificaram.

A ideia inicial era seguir para a Palestina, mas Ernst Koch receava o potencial conflito com os árabes quando um fato novo ajudou na tomada de decisão. Adelheid foi indicada por Ernest Jones, presidente da Associação Psicanalítica Internacional (IPA), para trabalhar junto a um grupo de médicos paulistas interessados no desenvolvimento da psicanálise no Brasil. No futuro, sua mãe viria a ser a primeira mulher reconhecida pela IPA a atuar no país, além de fundadora da Sociedade Brasileira de Psicanálise de São Paulo. Ernst Koch, por sua vez, teria papel destacado junto à comunidade judaica, presidindo a Congregação Israelita Paulista entre 1956 e 1967. O convite e a amizade com a família Hamburger (VER), que já vivia em São Paulo, ajudaram os Koch a se decidir pelo Brasil. Lore Koch recordou os momentos tensos na travessia de trem na fronteira com a Holanda. Seu pai já havia sido detido uma vez e, se fosse identificado, todos podiam ser levados. Ela lembrou que sua mãe chorava muito no táxi, na gare. Finalmente ultrapassaram os controles e tomaram o navio em Londres, até chegar ao porto de Santos.

A adolescente Eleonore Koch tinha especial interesse por cores e, aos 17 anos, entrou na Escola de Belas Artes de São Paulo, mas abandonou o curso antes do fim. Aconselhada pelos pais, aprendeu encadernação. Conseguiu trabalho na Livraria Nobel, do imigrante Claudio Milani, fazendo douração de livros. Foi vendedora na Livraria Kosmos, pertencente aos também exilados, Norbert Geyerhahn (VER) e Erich Eichner (VER), ponto de encontro de intelectuais e europeus refugiados da guerra na filial de São Paulo e na matriz no Rio de Janeiro.

Ainda indecisa entre escultura e pintura, passou a ter aulas particulares. Estudou com a húngara Yolanda Mohalyi, com Elisabeth Nobiling, Samson Flexor (VER) e, a partir de 1947, com o escultor Bruno Giorgi. Apoiada pelos pais, seguiu para uma temporada em Paris com Árpád Szenes (VER), artista exilado húngaro que passou alguns anos em Santa Teresa, Rio de Janeiro, e voltara para a Europa com a mulher Maria Helena Vieira da Silva, também pintora.

De volta a São Paulo, em 1952, trabalhou como cenógrafa na TV Tupi. Depois, foi secretária dos físicos Mário Schenberg e César Lattes na Universidade de São Paulo (USP) e do designer Aloísio Magalhães no Rio de Janeiro. O colecionador Theon Spanudis a apresentou ao pintor Alfredo Volpi, com quem continuou sua formação como pintora e de quem é considerada a única discípula. Lore Koch desenvolveu uma técnica de preparação de telas com gelatina em vez de cola, ensinada por Volpi, que permitia enrolar as pinturas, facilitando seu transporte. Também aprendeu com o mestre a trocar as tintas a óleo pela têmpera. No entanto, era uma relação tumultuosa. Ele nunca pintava na frente da aluna, falava pouco, e às vezes discutiam por causa de alguma determinada cor.

Desde a primeira edição da Bienal de São Paulo, em 1951, Koch enviou suas telas tentando participar do evento e sempre obteve recusas. Sofreu por isso, fez análise e mudou-se para o Rio de Janeiro em 1960 alegando que, em São Paulo, não conseguia um analista que falasse alemão e que não tivesse vínculo com sua mãe. "Eu cismei de fazer em alemão, porque as lembranças eram da Alemanha. Hoje acho que foi bobagem", relembrou na entrevista. Suas obras foram finalmente exibidas em quatro Bienais Internacionais de São Paulo consecutivas entre 1959 e 1967. Também participou de diversas edições do Salão Paulista de Arte Moderna, obtendo premiações em algumas delas e do Salão Nacional de Arte Moderna, em 1961. Realizou mostras individuais em importantes galerias de São Paulo e do Rio de Janeiro nas décadas de 1950 e 1960, bem como no Museu de Arte Moderna de São Paulo, em 1956. Na segunda metade da década de 60 expôs em Londres, onde passou a residir em 1968.

Foi justamente na Mercury Gallery de Londres que sua vida deu uma guinada. Ali conheceu o milionário colecionador barão Alistair McAlpine, que se tornou seu mecenas por sete anos mediante contrato: três vezes por ano ele passava no atelier de Lore Koch e comprava sua produção. Aos 50 anos e permanentemente insegura em relação à capacidade de monetizar sua arte, Lore Koch soube que a polícia inglesa precisava de um tradutor de português para acompanhar depoimentos de indiciados estrangeiros. Seguiu pintando, mas durante 13 anos foi funcionária da Scotland Yard. Em 1989 voltou ao Brasil e parou de pintar em 2002. "Não sei se nessa época o Volpi já estava fazendo bandeirinhas, mas achei que eu estava me repetindo", declarou à equipe de filmagem.

Em 2013 foi editado um livro sobre sua vida e obra com texto do crítico de arte Paulo Venâncio Filho, porém seu legado de mais de 100 obras ainda é pouco conhecido. O mesmo Paulo Venâncio Filho assim se expressou após sua morte: "Teria feito bem a ela ver sua obra reunida numa exposição. Ela teria se reconhecido e visto sua obra reconhecida."

Fontes: Furlaneto, Audrey. Eleonore Koch, Discípula de Volpi, tem vida e obras reunidas em livro, O Globo, 24-07-2013. Disponível em: <https://oglobo.globo.com/cultura/eleonore-koch-discipula-de-volpi-tem-vida-obra-reunidas-em-livro-9150744>. Acesso em: 29 mar. 2020; Koch, Eleonore. *Eleonore Koch*. São Paulo: Cosac Naify, 2013; Venâncio Filho, Paulo. Eleonore Koch. In: A presença da arte. (texto publicado originalmente no livro Lore Koch, 2013); Michahelles, Kristina; Dourado, Leonardo. Entrevista para a série Canto dos Exilados, 17-12-2017.

Kristina Michahelles / Leonardo Dourado / IB

KOCH-WESER, Erich
Advogado, político
Bremerhaven, Alemanha, 26-02-1875 – Rolândia, PR, 19-10-1944
No Brasil, de 1933 a 1944

Erich Friedrich Ludwig Koch-Weser era filho do professor Anton Koch e de Minna Löwenstein, filha de um comerciante judeu de Burhave, litoral norte da Alemanha. Seu pai era proprietário de uma escola evangélica em Bremerhaven e Koch-Weser foi formado nos valores do protestantismo. Ele foi casado duas vezes: a primeira com Bertha Fortmann, falecida em 1923, e a segunda com Irma von Blanquet, filha do tenente-general prussiano Otto von Blanquet. Teve cinco filhos (quatro meninos e uma menina) com Bertha e dois com Irma. Seu neto Caio Koch-Weser, nascido no Brasil, foi vice-presidente do Banco Mundial (1991-

Década de 1920 | Domínio público

1999) e secretário de Estado do Ministério das Finanças da Alemanha (1999-2005).

Koch-Weser estudou Direito e Economia em Lausanne, Bonn, Munique e na Universidade Friedrich-Wilhelm de Berlim, pela qual se formou em 1897. Filiou-se ainda jovem ao Partido Nacional Liberal. Foi membro da Landtag (Assembleia Legislativa) de Oldenburg (1901-1909) e de Bremen (1909-1913) e da Câmara Alta do Parlamento da Prússia (1913-1919), além de ter sido prefeito de Delmenhorst (1901-1909) e Kassel (1913-1919). Com o estabelecimento da República de Weimar em 1919, após o fim da Primeira Guerra Mundial (1914-1918), participou da fundação do Partido Democrático Alemão (DDP), pelo qual se elegeu deputado à Assembleia Nacional encarregada de redigir a nova Constituição do país e da República recém-fundada.

Eleito para o Reichstag em 1920, liderou a bancada do DDP no Parlamento alemão e presidiu o partido de 1924 a 1930. Foi, como deputado, um ardoroso defensor do sufrágio universal, da igualdade de direitos entre homens e mulheres e da abolição da pena de morte. No interior do DDP, defendeu a cooperação dos liberais com os sociais-democratas como forma de preservar a democracia dos perigos do totalitarismo. Ocupou os cargos de vice-chanceler (1919-1921), ministro do Interior (1919-1921) e ministro da Justiça (1928-1929) em diferentes gabinetes na República de Weimar.

Em 1927, incorporou o "Weser" (em homenagem ao rio Weser) ao seu nome (era até então conhecido apenas como Erich Koch) a fim de se diferenciar de um outro parlamentar cujo nome era igual ao seu. Já nessa época começou a demonstrar certo pessimismo com o futuro da Alemanha e as perspectivas eleitorais de seu partido. Frente ao acentuado declínio do eleitorado liberal, liderou a fusão do DDP com a Associação Nacional do Reich para fundar o Partido do Estado Alemão (DStP). Com a baixíssima votação obtida por seu novo partido nas eleições de setembro de 1930, renunciou à presidência da agremiação e deixou a vida pública.

Afastado da política, dedicou-se à advocacia em Berlim, mas, com a chegada dos nazistas ao poder em 1933, foi impedido de exercer a profissão em razão da ascendência judaica de sua mãe – isso apesar de sua filiação ao protestantismo. Nesse mesmo ano, seu livro, *Und dennoch aufwärts! Eine Deutsche Nachkriegs-Bilanz (Adiante, apesar de tudo! Um balanço da Alemanha no pós-guerra)*, no qual faz um balanço crítico da política alemã no pós-guerra, foi banido e queimado pelos nazistas. Para completar, 1933 foi também o ano em que sua única filha mulher, Käte, se suicidou em Berlim. Já não havia mais como viver em segurança na Alemanha e Koch-Weser, assim como tantos outros, resolveu partir.

Ele era desde 1929 presidente da Sociedade para Estudos Econômicos do Ultramar, instituição semiestatal criada com o objetivo de formular alternativas à grave crise econômica por que passava a Alemanha desde o fim da guerra. Na época, uma das soluções encontradas foi o incentivo à formação de assentamentos agrícolas em outras regiões do mundo como forma de alocar uma parte do grande número de desempregados do país. Foi assim que surgiu o projeto de criação da colônia agrícola de Rolândia, PR, empreendimento administrado no Brasil pela Companhia de Terras Norte do Paraná, subsidiária da empresa britânica Paraná Plantations. Com a subida de Hitler ao poder, no entanto, decidiu-se que Rolândia seria reservada às famílias perseguidas pelo nazismo.

Quando mais tarde os nazistas proibiram a saída de capitais da Alemanha, Koch-Weser articulou com os ingleses uma estratégia para "driblar" a proibição e garantir a saída das famílias. Conhecida como "operação triangular", a iniciativa permitiu que os futuros colonos financiassem a construção de uma estrada de ferro ligando São Paulo ao Paraná por meio da compra de peças produzidas pela siderúrgica alemã Ferrostaal. Esse material depois era repassado à Paraná Plantations, responsável pela construção da ferrovia. Os refugiados, em troca, recebiam títulos de propriedade de lotes de terra em Rolândia.

Uma dessas famílias foi a do próprio Koch-Weser. Em fins de 1933, ele reuniu esposa e os filhos, dirigiram-se ao porto de Bremerhaven e tomaram o vapor "Madrid", do Lloyd alemão com destino ao Brasil. Trazia o título de posse de uma gleba de 100 hectares, a Fazenda Janeta, localizada em Rolândia. Ali ele se dedicou ao cultivo do café e refez sua vida. Esteve de volta à Alemanha em três oportunidades, para suas últimas visitas, quando viajou pelo país sob forte vigilância da Gestapo. Aproveitou essas ocasiões para divulgar o projeto de Rolândia e incentivar a emigração de novas famílias.

Em seu exílio no Brasil, Koch-Weser escreveu alguns trabalhos sobre o passado e o futuro da Alemanha. Revelou nessas obras uma profunda desilusão com os partidos e o sistema parlamentarista e produziu o esboço de uma futura Constituição para uma nova república alemã que deveria nascer dos escombros da Segunda Guerra Mundial. Morreu ainda acalentando a esperança de um dia voltar em definitivo para o seu país e vê-lo finalmente liberto e regenerado.

Fontes: Erich Koch-Weser. In: Wikipedia. Disponível em: <https://en.wikipedia.org/wiki/Erich_Koch-Weser>. Acesso em: 20 dez. 2019; Harfuch, Lívia. *Imigração judaico-alemã para Rolândia-PR na primeira metade do século XX: manifestações identitárias*. 2011. Dissertação (Mestrado em história). Universidade Federal do Rio Grande do Sul. Porto Alegre, 2011; Maier, Mathilde. "Max Maier e Mathilde [Wormser] Maier (Dinslaken, Alemanha, 1896; Rolândia, 1997). Entrevista concedida a Maria Luiza Tucci Carneiro. Rolândia (PR), 26 set. 1989". *Arqshoah*. Disponível em: <https://www.arqshoah.com/images/imagens/sobreviventes-testemunhos/MAIER_Mathilde.pdf>. Acesso em: 3 jan. 2020; Oliveira, Edmundo M. "Erich e Geert Kock-Weser — pioneiros em Rolândia-PR. Brasil". *História de Rolândia*, mar. 2017. Disponível em: <https://historiaderolandia.blogspot.com/2017/03/erich-e-geert-koch-weser-pioneiros-em.html>. Acesso em: 3 jan. 2020; Röder, Werner et al. (Org.). *Biographisches Handbuch der deutschsprachigen Emigration nach 1933–1945*. Munique: K. G. Saur, 1999; Suttka, Ulrich; Koch-Weser, Erich. In: Friedl, Hans (Org.). *Biographisches Handbuch zur Geschichte des Landes Oldenburg*. Oldenburg: Isensee, 1992, p. 379-382; Wegner, Konstanze. "Koch-Weser, Erich". *Neue deutsche Biographie (NDB)*, v. 12. Berlin: Duncker & Humblot, 1980, p. 280-281.

Luis Octavio Souza / IB

KOELLREUTTER, Hans-Joachim
Regente, compositor, professor
Freiburg im Breisgau, Alemanha, 02-09-1915 – São Paulo, 13-09-2005
No Brasil, de 1937 a 2005

Foto cortesia Carlos Kater

Koellreutter estudou composição com Paul Hindemith, regência com Hermann Scherchen, um dos maiores maestros do século, em Berlim, e flauta com Marcel Moïse, grande instrumentista da década de 1920 no Conservatório de Música de Genebra, na Suíça. Com 20 anos, criou o Círculo de Trabalho para a Nova Música, instituição que tinha ideias contrárias à política cultural do nazismo. Esse fato e a denúncia feita pela própria família à Gestapo de que a sua noiva era judia obrigaram-no a fugir para o Brasil em 1937. No país que o acolheu, continuou fazendo jus a uma fama adquirida ainda na Alemanha: a de pensador irreverente e questionador.

Em 1938 começou a dar aulas no Conservatório de Música do Rio de Janeiro. Tornou-se amigo de Villa-Lobos e de Mário de Andrade. O maestro Júlio Medaglia estudou com ele e conta que, além de toda a sua erudição, Koellreutter era um sujeito muito sedutor, com capacidade de encantar seus alunos e de despertar nos jovens o interesse por um universo musical bem mais amplo. O músico Tim Rescala também iniciou sua carreira com Koellreutter (estudando contraponto palestrinense, arranjo e composição) e reverencia o mestre. Lembra que, a partir de seu enorme conhecimento musical, ele sempre buscava se adequar ao perfil de cada aluno para ajudá-lo a desenvolver as suas potencialidades.

Hans-Joachim Koellreutter colaborou na fundação da Orquestra Sinfônica Brasileira em 1940, na qual foi primeiro flautista. Trouxe para o país de acolhida ideias musicais revolucionárias como o dodecafonismo (sistema de organização de 12 notas da escala cromática, criado por Arnold Schoenberg na década de 1920). Em 1944, criou o Grupo Música Viva promovendo a música nos grandes centros, mas também levando-a ao interior do país, à Bahia, ao Recife, ao Rio Grande do Sul e a Teresópolis, Estado do Rio de Janeiro. Organizou concertos, apresentações, recitais, constituiu uma escola de compositores que, em seu momento áureo, congregou nomes como Cláudio Santoro, Guerra Peixe, Eunice Catunda e Edino Krieger e que, segundo o estudioso Carlos Kater, produziu aquilo que passou a ser conhecido como "a nova música brasileira ou a música atonal dodecafônica brasileira". Naturalizou-se brasileiro em 1948.

Mas seu legado para o Brasil e o mundo foi ainda maior. Em 1952, participou da fundação da Escola Livre de Música de São Paulo e, dois anos depois, da Escola de Música da Universidade Federal da Bahia. Ganhou o Prêmio Ford em 1962. De 1963 a 1975 dirigiu o Instituto Goethe na Índia e no Japão. Estudou a fundo a música desses países, levando ao limite os seus conceitos artísticos libertários: o uso relativista dos parâmetros de tempo, a substituição de melodia e harmonia pelo que chamou de campo sonoro e a ausência de referências fixas ou pré-determinadas nas composições. Fundou a Escola de Música de Nova Delhi.

Em 1975 retornou ao Brasil e foi morar em São Paulo. Dirigiu o Conservatório Dramático e Musical de Tatuí e foi professor visitante do Instituto de Estudos Avançados da Universidade de São Paulo, USP. Em 1981 ganhou o título de cidadão carioca. A maior prova de seu ecletismo é a extensa lista de músicos brasileiros, eruditos e populares, de diversas gerações, que tiveram o privilégio de conviver com ele, a começar por Tom Jobim, que teve suas primeiras aulas aos 13 anos com o mestre. Depois vieram ainda Caetano Veloso, Tom Zé, Moacir Santos, Marlos Nobre, Clara Sverner, Nelson Ayres, Paulo Moura, Roberto Sion, José Miguel Wisnik, Isaac Karabtchevsky, Tim Rescala, Júlio Medaglia, Edino Krieger, entre outros. Sempre que podia transmitia sua receita de sucesso dizendo que aprendia o que ensinar com o aluno, baseado em três preceitos: em primeiro lugar não existem valores absolutos, só relativos, depois, em arte, não há coisa errada, o que importa é inventar o novo e, finalmente, um conselho ao aprendiz: "Não acredite piamente em nada que o professor disser, em nada que ler, em nada que pense. Pergunte sempre o porquê." Hans-Joachim Koellreutter morreu no Hospital Isabel, em São Paulo, após longo período sofrendo do Mal de Alzheimer.

Fontes: Série Canto dos Exilados (Telenews, 2016), entrevistas com Carlos Kater, Tim Rescala e Julio Medaglia; Casa Stefan Zweig.

Kristina Michahelles / Leonardo Dourado / IB

KONDRACKI, Michal
Compositor, crítico, jornalista especializado em música
Poltawa, Império Russo, atual Ucrânia, 05-10-1902 –
Glen Cove, EUA, 27-02-1984
No Brasil, de 1940 a 1943

Autor desconhecido
Arquivos Digitais Nacionais da Polônia

Aprendeu os primeiros acordes ao piano com a mãe, ainda na Ucrânia. Sua formação musical formal foi no conservatório de Varsóvia, de 1924 a 1927, onde estudou composição com os mestres Roman Statkowski e Karol Szymanowski e piano com o compositor, pianista e regente Melcer-Szczawiński. Ganhou bolsa de estudos do governo francês e, entre 1927 e 1930 foi discípulo dos renomados compositores Paul Dukas, Paul Vidal, Arthur Honegger e Nadia Boulanger na École Normale de Musique em Paris. Paralelamente, engajou-se durante um ano em Paris na Associação de Jovens Músicos Poloneses. A capital francesa era então o centro de vanguarda para toda uma geração de novos compositores poloneses, como Jan Maklakiewicz, Roman Palester, Kasimierz Sikorski, Stanislaw Wiechowicz, Antoni Szalowski, Boleslaw Woytowicz, Piotr Perkowski, Tadeusz Szeligoswki e o próprio Kondracki. Sua música, marcada por escalas pouco usuais e entremeada por elementos folclóricos e rítmicos, era a expressão do entusiasmo com a nova liberdade da Polônia, que só voltou a existir como país ao fim da Primeira Guerra Mundial.

De volta a Varsóvia, dedicou-se à composição e à crítica musical, além de desenvolver intensas atividades como cofundador e vice-presidente da Sociedade Polonesa para Música Contemporânea, vice-presidente da Associação de Críticos e Autores Musicais, consultor artístico da Ópera de Varsóvia, membro da diretoria da Sociedade dos Amigos da Dança Artística e da Sociedade Karol Szymanowski. Escrevia artigos e críticas para revistas como Ateneum, Crônica Polonesa e Mundial, Kwartalnik Muzyczny, Marchołt, Muzyka, Música Polonesa, Música Contemporânea, Pion, Tygodnik Ilustrowany, Zwierciadło. Além disso, colecionava música folclórica nas regiões de Hutsul, Podhale e Żywiec, entre o sul da Polônia e o leste da Ucrânia. Os temas e as harmonias do folclore marcaram as suas obras.

Kondracki foi um compositor extremamente prolífico, reconhecido nos principais centros culturais da Europa. Obteve extraordinário êxito em Paris com o seu balé *Légende de Cracovie (Lenda de Cracóvia)*, coreografado por Bronislava Nijinska, Nijinska, irmã do célebre bailarino russo Vaslav Nijinsky. A obra também ganhou 16 récitas entre dezembro de 1937 e janeiro de 1938 no Covent Garden de Londres, para dar uma ideia do seu prestígio.

Quando as tropas de Hitler atacaram a Polônia em setembro de 1939, Kondracki se encontrava no litoral do Mediterrâneo e não voltou à pátria, mas demorou ainda um ano para conseguir ir para o exílio. Ele e a mulher Maria Krystyna solicitaram passaportes na legação polonesa em Lisboa no início de setembro de 1940, conseguiram o visto de "permanência a título precário" na legação do Brasil na mesma cidade uma semana depois, e atracaram no Rio de Janeiro no "Angola" em 19 de setembro de 1940. Havia, na capital, um núcleo de importantes intelectuais e artistas poloneses, como o poeta Julian Tuwim (VER), já na época traduzido para 14 línguas, a dançarina e coreógrafa Ruth Abramowitch Sorel (VER), seu marido, o poeta Michal Choromanski (VER) e o escultor August Zamoisky (VER), para citar só alguns. O compositor logo se enturmou. O jornal A Noite, em sua edição de 18 de outubro de 1940, descreve uma reunião na Casa da Polônia, reduto de exilados daquele país no antigo Hotel Balneário do Saco de São Francisco, em Niterói, destacando a presença de Kondracki com sua mulher e anunciando os planos do compositor: "Quero estudar as correntes folclóricas da música brasileira." O mesmo jornal, no dia seguinte, cita mais uma vez o compositor: "Estou apaixonado pelo folclore brasileiro." Na mesma reunião estavam Michal Choromanski e Ruth Sorel, citada pelo jornal como "madame Choromanska", para quem Kondracki escreveu várias suítes de balé.

Pouco mais de um mês depois, o Diário da Noite, de 30 de novembro de 1940, anuncia um evento artístico beneficente em prol dos refugiados de guerra poloneses, com declamação de obras do poeta Julian Tuwim (VER), apresentação da dançarina Ruth Sorel e da cantora Wanda Werminska, e em que a parte musical ficaria a cargo de Michal Kondracki, com destaque para as composições *Samba polonez e Dança camponeza*.

Em 1941, produziu uma série de programas musicais para o rádio depois da morte do importante pianista, compositor, político nacionalista polonês (e primeiro-ministro durante onze meses em 1919), Ignacy Jan Paderewski. Mas em julho de 1943, no meio da guerra, Kondracki se mudou para os EUA — primeiro, foi para Nova York, depois se radicou no vilarejo Sea Cliff, no Estado de Nova York, ganhando o seu sustento com aulas particulares de piano e colaborando com a emissora Voice of America, entrevistando artistas poloneses que se apresentavam nos EUA. Também presidiu a Long Island Little Orchestra Society. Nos anos 1948-1949 e entre 1957 e 1969 foi correspondente da revista especializada em música Ruch Muzyczny (Movimento musical). Em 1960, mudou-se para outra cidade do litoral novaiorquino, Glen Cove, onde ficaria até o final da vida.

Fontes: Arquivo Nacional; A noite, 18-10-1940; A noite, 19-10-1940; Diário da Noite, 30-11-1940; Michal Kondracki. In: Wikipedia. Disponível em: <https://pl.wikipedia.org/wiki/Micha%C5%82_Kondracki>. Acesso em: 20 jul. 2020; Michal Kondracki. In: Wikipedia. Disponível em: <https://de.wikipedia.org/wiki/Micha%C5%82_Kondracki>. Acesso em: 20 jul. 2020; Michal Kondracki. *PWM*. Disponível em: <https://pwm.com.pl/en/kompozytorzy_i_autorzy/331/michal-kondracki/index.html>. Acesso em: 20 jul. 2020; Michal Kondracki. *Culture.pl*. Disponível em: <https://culture.pl/pl/tworca/michal-kondracki>. Acesso em: 20 jul. 2020.

Kristina Michahelles / Julian Seidenbusch / IB

KORÈNE, Véra

Atriz, empresária teatral
Bakhmut, Império Russo, atual Ucrânia, 17-07-1901 –
Louveciennes, França 19-11-1996
No Brasil, de 1940 até 1942

Coleção particular Fábio Koifman

A família de Rifka (Rebecca) Koretzky era judia e deixou a Rússia depois da Revolução de 1905 para se estabelecer em Paris. Na França, Rifka adotou o nome artístico de Véra Korène. Sua carreira de atriz começou no Conservatoire National Supérieur d'Art Dramatique, com o professor Firmin Gémier. Em 1936 conseguiu entrar no seleto grupo de atores da Comédie Française. Além dos palcos, Korène atuou diante das câmeras, geralmente representando papéis femininos sedutores. Mas teve a carreira interrompida abruptamente pela guerra e pelas leis do regime de Vichy, aliado dos nazistas que administrava a parte do território francês não ocupada. Depois de ser privada de sua cidadania por um decreto do dia 29 de outubro de 1940 e excluída três dias depois, da Comédie Française, a atriz escapou da França.

Desde meados do ano, já fazia gestões para a fuga. Em 15 de junho estava em Bordeaux, onde se encontrava o embaixador brasileiro em Vichy, Luiz Martins de Souza Dantas — que, além do visto permanente número 63 emitido pelo cônsul brasileiro na cidade, Lima Barbosa, deu cartas de recomendação para para que ela e seu amigo, o advogado e deputado socialista Henry Torrès (VER), tivessem facilitada sua entrada no porto do Rio de Janeiro, onde pretendiam morar. No dia seguinte, recebeu ainda um visto do cônsul português Aristides de Sousa Mendes para poder atravessar Portugal. De posse dos documentos, ambos conseguiram embarcar no pequeno cargueiro argentino "Santa Elena" e, após uma viagem terrível, chegar ao Rio de Janeiro em 2 de agosto de 1940. Foi assim que a atriz conseguiu ajuda de dois "Justos entre as nações" homenageados pelo Museu do Holocausto Yad Vashem, de Israel, por salvar inúmeros perseguidos durante a Segunda Guerra: o brasileiro Souza Dantas e o português Sousa Mendes. Este último foi promovido *post mortem* a embaixador em 1980 e em 2020 ganhou um panteão em sua memória em Portugal.

Véra Kòrene já gozava de relativa fama junto ao público brasileiro. De 1922 a 1939 participou de 13 filmes, vários de sucesso, entre eles *Brigada selvagem* e *A serviço do Tzar*. Mas preferia o teatro. Numa entrevista ao Diário Carioca de 16 de novembro de 1940, em que o repórter se derramava em elogios à beleza da atriz, ela retribuiu dizendo-se "agradecida pelo destino tê-me conduzido a essas terras", mas reclamou da frieza da indústria do cinema, lembrando que, no set, "devia seguir as linhas de giz no chão e falar de acordo com as exigências desse déspota que é o microfone". Nas estreias de seus filmes, Korène podia ser vista na plateia dos cinemas da Cinelândia. O público se deliciava com sua simpatia — afinal, não era comum ter atores da tela internacional tão próximos. Engajou-se em eventos beneficentes como o Carioca Cocktail para ajudar a Cruz Vermelha em 1941 e gostava de declamar poesias de Racine, como em um festival de arte na Associação Brasileira de Imprensa (ABI), naquele mesmo ano.

Entretanto, o pragmatismo venceu: em 26 de maio de 1942, Véra Korène emigrou para os Estados Unidos. Saiu do Rio de Janeiro para Miami com escala em Belém do Pará. Provavelmente imaginou turbinar a carreira em Hollywood, mas já tinha mais de quarenta anos. Voltou para a França em 1945 e se empregou de novo na Comédie Française. Em 1950, encenou *Les Sincères (Os sinceros)*, de Pierre de Marivaux. Em 1956 deixou a Comédie para assumir a direção do Théâtre de la Renaissance onde, entre outras peças, apresentou *Les séquestrés d'Altona (Os sequestrados de Altona)*, do existencialista Jean-Paul Sartre em 1960 e *Qui a peur de Virginia Woolf? (Quem tem medo de Virginia Woolf?)*, de

Edward Albee em 1962. Encerrou sua longa carreira teatral em 1978 e morreu aos 95 anos em uma casa de repouso parisiense.

Fontes: Koifman, Fabio. *Quixote nas Trevas: o embaixador Souza Dantas e os refugiados do nazismo*. Rio de Janeiro: Record, 2002; Korène. *Sousa Mendes Foundation*. Disponível em: <https://sousamendesfoundation.org/family/korene>. Acesso em: 20 jul. 2020; Biblioteca Nacional Digital: http://memoria.bn.br/hdb/periodico.aspx.

Leonardo Dourado / IB

KORETZKY, Rifka: ver KORÈNE, Véra

KORNGOLD, Lucjan
Arquiteto
Varsóvia, 01-07-1897 – São Paulo, 06-02-1963
No Brasil, de 1939 a 1963

Autoria desconhecida

Filho do advogado Jakob Korngold com Felicja Faiga Lubelska, ambos judeus, Lucjan Korngold iniciou cedo a sua vida na arquitetura. Entrou com 19 anos na Escola Politécnica de Varsóvia, pouco tempo depois de sua fundação em 1915. Sua geração integrou uma tendência na arquitetura alinhada às novidades do modernismo, principalmente na sua safra mais extremada, o funcionalismo.

Entretanto, Korngold, apesar de modernista, soube igualmente apreciar o legado classicista de seus antecessores. Em um texto datado de 1928, ele reverenciava os arquitetos da geração anterior, alguns dos quais fizeram parte de sua formação universitária e, ao mesmo tempo, frisava a necessidade de uma nova guinada na arquitetura, superando o hábito de apenas homenagear o passado.

Essa compreensão fica evidente em seus primeiros trabalhos na década de

1930. É o caso da sede da seguradora Polônia, desenhada em 1931 num estilo mais tradicional para despertar uma sensação de confiança em seus clientes. Por isso a robustez de detalhes com pedras, semi-colunas e balaústres.

Nessa época, Lucjan Korngold já era dono de seu próprio escritório na capital polonesa. Seus projetos de imóveis residenciais ao longo da década adotaram o estilo modernista e seus desenhos de mobílias e interiores inspirava-se na Escola Bauhaus.

Sua carreira no país foi interrompida em 1939, com a invasão nazista à Polônia. Em dezembro daquele ano, Korngold foge com a esposa, Eugenia Gliksman e os filhos, Jan Jakob e Aniela para Roma. Graças às negociações do Vaticano com o Itamaraty, consegue se mudar para o Brasil com mais 900 judeus refugiados da guerra.

Instalado em São Paulo, Lucjan Korngold teve de se associar a outros escritórios por não ter cidadania brasileira. Com base nos contatos profissionais feitos durante a viagem de navio para o Brasil, o arquiteto conseguiu trabalhar no Escritório Técnico Francisco Matarazzo Neto e, assim, participar intensamente na metropolização de São Paulo, que começava a ganhar forma nos anos 1940.

Entre seus projetos na capital paulista, destacam-se o Edifício Avenida Paulista e o CBI Esplanada. Este último, considerado um dos maiores edifícios da América Latina, foi tombado como patrimônio cultural em 1992 a fim de preservar as características externas projetadas por Lucjan Korngold. O arranha-céu surgiu num momento em que o forte investimento imobiliário paulista incentivava a verticalização da cidade, o que representou um novo desafio para o arquiteto, que nunca havia projetado edifícios daquelas proporções.

O CBI Esplanada foi o primeiro arranha-céu do Vale do Anhangabaú, com 33 andares. Seu projeto foi concluído em 1948 e sua inauguração ocorreu três anos depois. Apesar da aparência simples, como ditava a tendência modernista que atraía o gosto dos investidores desses empreendimentos, é possível perceber uma influência classicista na composição tripartite do projeto, como uma coluna clássica dividida entre base, fustel e capitel.

Korngold mostrava-se preocupado em fazer das construções urbanas algo mais do que "máquinas de habitar" e evitar, em suas palavras, "o subjugo do espírito à matéria".

Tendo obtido cidadania brasileira em 1949, recebeu em 1953 o registro do Conselho Regional de Engenharia e Arquitetura, o CREA, podendo enfim assinar seus próprios projetos. Fundou em 1960 o Escritório Técnico Lucjan Korngold Engenharia e Construções, em associação com o arquiteto Abelardo Gomes de Abreu. Nos últimos anos de vida, Korngold assinou em sua maioria projetos de prédios comerciais e sedes de bancos.

Atualmente, sua antiga residência no bairro do Jabaquara abriga a Escola Municipal de Iniciação Artística (Emia), tendo sido palco de atividades da Cinemateca Brasileira nos anos 80. O imóvel foi tombado em 2018, marcando a presença de Korngold na história da arquitetura paulista para além de suas realizações em vida.

Fontes: Bonilla, Rafaela. "Parque na Zona Sul tem casa tombada que pertenceu a arquiteto polonês". Veja São Paulo, jan. 2020. Disponível em: <https://vejasp.abril.com.br/cidades/parque-jabaquara-tombado-casas/>. Acesso em: 20 jul. 2020; Edfício Avenida Paulista. *Arquivo Arq*. Disponível em: <https://www.arquivo.arq.br/edificio-avenida-paulista>. Acesso em: 20 jul. 2020; Histórico. CBI Esplanada. Disponível em: <http://www.cbiesplanada.com.br/historico.htm>. Acesso em: 20 jul. 2020; Lucjan Korngold. *Enciclopédia Itaú Cultural*. São Paulo: Itaú Cultura, 2017. Disponível em: <http://enciclopedia.itaucultural.org.br/pessoa479229/lucjan-korngold>. Acesso em: 20 jul. 2020; Lucjan Korngold. *Culture.pl*. Disponível em: <https://culture.pl/pt/artist/lucjan-korngold>. Acesso em: 20 jul. 2020; Lucjan Korngold: realizações. *Culture.pl*. Disponível em: <https://culture.pl/pt/gallery/lucjan-korngold-realizacoes-galeria>. Acesso em: 20 jul. 2020.

Erick Ciqueira / IB

KRAKOWSKI, Fayga Perla: ver OSTROWER, Fayga

KREISER, Walter
Jornalista, técnico aeronáutico
Heilbronn, Alemanha, 10-02-1898 – Maringá, Brasil, 01-01-1958
No Brasil, de 1941 a 1958

Walter Ludwig Kreiser nasceu em uma família pobre e perdeu o pai em tenra idade. Após três anos de escola primária, cursou o ginásio técnico profissionalizante de Heilbronn, no sul da Alemanha, provavelmente pensando em sua inclinação para engenharia, mas abandonou a escola em dezembro de 1914, com 16 anos, alistando-se no 10º Regimento de Artilharia a Pé da Baixa Saxônia, em Estrasburgo, para lutar na Primeira Guerra Mundial. Com isso, garantia comida, uniforme e um pequeno soldo.

Kreiser sobreviveu à guerra apesar de dois ferimentos, um deles por gás tóxico. Após o cessar-fogo, completou o secundário, trabalhou como instalador

Arquivo do Exílio,
Biblioteca Nacional da Alemanha

de equipamentos em fábricas de grande porte e entrou para a Universidade Técnica de Stuttgart, em 1923, começando a estudar tecnologia de aeronaves. Porém, um ano depois e pela segunda vez em sua vida, abandonou os estudos porque não teve como pagar a faculdade. A saída foi enveredar pelo jornalismo, sem abandonar a pesquisa aeronáutica.

Aprofundou de tal forma seus conhecimentos na área a ponto de tornar-se um dos pioneiros do desenvolvimento do helicóptero nos anos 1920. Uniu-se a Walter Rieseler e, juntos, projetaram vários modelos desse tipo de aeronave, chegando a patentear alguns em 1926. Neste mesmo ano assumiu a administração do setor de aviação da Associação Alemã de Transportes. Começou a escrever sobre aviação em importantes órgãos de imprensa da época como o jornal Berliner Tageblatt.

Sua fama como especialista em questões de aviação aproximou-o da Liga Alemã dos Direitos Humanos e dos pacifistas. Um dos baluartes do pacifismo à época era a revista Weltbühne, conceituado periódico político-literário durante a República de Weimar que reunia nomes como os escritores Kurt Tucholsky e Carl von Ossietzky (este último viria a ser prêmio Nobel da Paz em 1935). Em 1929, Kreiser escreveu o famoso artigo *Windiges aus der deutschen Luftfahrt (Fatos suspeitos na aeronáutica alemã)* pelo qual foi processado. Ele descobriu que as Forças Armadas da Alemanha *(Reichswehr)* aparentemente operavam uma força aérea secreta com a empresa Lufthansa envolvendo voos costeiros e um setor militar clandestino instalado no aeródromo de Johannisthal-Adlershof, que Kreiser conhecia bem. A informação significava flagrante violação ao Tratado de Versalhes e elevou mundialmente o prestígio da revista, mas Kreiser e o editor Ossietzky foram acusados de traição.

Despreocupado, Kreiser viajou com o amigo Rieseler para os Estados Unidos em 1930. Foram para o Pennsylvania Aircraft Syndicate Ltd., liderado pelo pioneiro da aviação E. Burke Wilford. Em 5 de agosto daquele ano ocorreu um bem-sucedido voo teste de um helicóptero com rotor de quatro pás, batizado de WRK (Wilford Rieseler Kreiser Gyroplane). Kreiser voltou para acompanhar o processo de traição, e no ano seguinte saiu a sentença: culpados com pena de 18 meses de prisão, para ele e Carl von Ossietzky. O editor foi para a cadeia, mas Kreiser fugiu para a França, onde publicou extratos da acusação e da sentença. Mudou-se para Genebra, e nessa cidade estabeleceu contato com o grupo Görgen, o que seria decisivo para seu asilo político no Brasil.

Walter Kreiser chegou ao Brasil em 1941. O historiador e filósofo Hermann Mathias Görgen (VER) montara um complexo plano de fuga para intelectuais, judeus e outros perseguidos pelo nazismo, organizando um grupo que ficou conhecido por seu nome. Uma pequena fábrica foi instalada em Juiz de Fora, Minas Gerais, e os refugiados foram apresentados como trabalhadores qualificados, cada um investindo 600 dólares no empreendimento. Assim, conseguiram os vistos. A fábrica durou pouco tempo. Walter Kreiser foi para o Rio de Janeiro e depois para Rolândia e Maringá, no Paraná, onde viveu a partir de 1946. Trabalhou no escritório topográfico da Companhia Melhoramentos Norte do Paraná e tornou-se um dos principais projetistas da cidade, na qual viveu até morrer em 1958.

Fontes: Canto dos Exilados; Kestler, Izabela, *Exílio e Literatura, Escritores de fala alemã durante a época do nazismo*. São Paulo: Edusp, 2003; Walter Kreiser. In: Wikipedia. Disponível em: <https://de.wikipedia.org/wiki/Walter_Kreiser>. Acesso em: 20 jul. 2020.

Leonardo Dourado / IB

KREITNER, Bruno: ver ARCADE, Bruno

KRIS, Paul
Advogado
Viena, 27-09-1893 – São Paulo, 11-09-1971
No Brasil, de 1940 a 1971

Filho do advogado Leopold Kris e de Rosa Kris, Norbert Paul Kris era irmão do famoso psicanalista e historiador da arte Ernst Walter Kris. Prisioneiro de guerra na Rússia durante a Primeira Guerra Mundial, bacharelou-se em

Direito em Viena, tendo exercido a advocacia em Paris depois de encerrado o conflito. Convertido ao catolicismo, casou-se com Hedwig Hedi Kris, com quem teve duas filhas.

Com a anexação da Áustria pelo Terceiro Reich (Anschluss) em março de 1938, retornou a Paris, mas agora na condição de exilado. Na capital francesa, prestou consultoria jurídica para refugiados austríacos, recomendando que buscassem proteção do governo da França. Emigrou novamente, desta feita para a República Dominicana, antes de se refugiar no Brasil em 1940.

Paul Kris montou residência em São Paulo e contou inicialmente com a ajuda financeira de seu irmão Ernst, então exilado nos Estados Unidos, para sobreviver com a família na capital. No Brasil, adotou o nome, aportuguesado, de Paulo Kris. Com menos frequência, era também chamado de Pavel Kris.

Desde o exílio em Paris, mantinha contatos com organizações de refugiados austríacos que atuavam ao redor mundo. No Brasil, filiou-se ao Movimento Áustria Livre, grupo fundado no Rio de Janeiro em março de 1942 como uma filial do Movimento Frei-Österreicher de Nova York e Toronto. De orientação católica e conservadora, o Áustria Livre se classificava como "legitimista" e mantinha uma sede também em São Paulo. Muitos de seus membros eram monarquistas e havia entre eles velhos diplomatas, como o antigo chefe da Legação Austríaca no Rio de Janeiro, Anton Retschek (VER), e nomes ilustres como o do escritor Paul Frischauer (VER), autor de uma biografia de Getúlio Vargas.

O Áustria Livre pretendia reunir todos os cidadãos austríacos que não reconheciam a anexação e defendiam a libertação da Áustria. Esses princípios vinham claramente expressos na declaração de adesão ao Movimento que todo filiado era obrigado a assinar: "Declaro (...) não reconhecer a proclamação de anexação da Áustria pelo Terceiro Reich feita por Adolf Hitler (...), como também o resultado da votação de 10 de abril de 1938 [que confirmou a anexação]. Reconheço-me por uma Áustria livre e independente, e juro lutar com todas as minhas forças pela libertação austríaca".

Em vários países, durante a guerra, se tornaram comuns as disputas entre os movimentos irredentistas austríacos pelo direito de representação dos refugiados. No Brasil, não foi diferente. Ao Áustria Livre, contrapunha-se, por exemplo, o grupo Ação Austríaca (Austrian Action), de "caráter republicano" e "radicalmente democrata".

As escaramuças entre os dois grupos haviam se tornado públicas e cresceram em intensidade ao longo de 1942, estimuladas pelo anúncio, em janeiro, do rompimento de relações diplomáticas do Brasil com os Países do Eixo (Alemanha, Itália e Japão). A medida veio acompanhada de uma série de restrições impostas aos cidadãos daqueles países que viviam em território brasileiro — o que incluía de 80% a 90% dos refugiados austríacos que aqui chegaram depois da anexação da Áustria e que, em razão disso, haviam sido registrados como alemães quando de sua entrada no país.

Havia uma clara demanda pela restituição da nacionalidade austríaca aos refugiados e ela alimentava as rusgas entre as organizações que buscavam representá-los. Com a entrada do Brasil na guerra em agosto, ao lado das forças aliadas, as tensões aumentaram ainda mais, levando o governo a proibir as atividades dos grupos atuantes no Rio e em São Paulo.

Numa tentativa de pôr fim ao impasse, lideranças austríacas dos dois estados — entre elas Paul Kris — se reuniram no início de 1943 e chegaram a um acordo. Foi então anunciada a criação do Comitê de Proteção dos Interesses Austríacos no Brasil (CPIAB), cuja direção foi entregue a Anton Retschek. Em junho, o CPIAB foi reconhecido pelo governo brasileiro "como a única representação legítima dos interesses austríacos" no Brasil. Ao Comitê foi concedido o direito de emitir novos documentos de identidade para os refugiados e assim restituir-lhes a cidadania austríaca. Até setembro de 1945, mais de quatro mil cidadãos austríacos recorreram ao Comitê para regularizar sua situação.

Paul Kris foi sócio, diretor e membro dos conselhos fiscais e jurídicos de diversas empresas privadas em São Paulo. Naturalizado brasileiro em 1952, exerceu a partir do ano seguinte a advocacia na capital. Foi também diretor da Câmara de Comércio Austro-Húngara e, por mais de duas décadas, conselheiro jurídico do Consulado Geral da Áustria em São Paulo. Atuou ainda como tradutor público e intérprete comercial de alemão.

Escreveu, em parceria com Bela Bangha e Oskar Trebitsch, *Klärung in der Judenfrage (Esclarecimento sobre a questão judaica)*, publicado em 1934. Também publicou *Os austríacos e o pangermanismo no Brasil* (1943).

Fontes: Correio da Manhã, 05-09-1944; Correio da Manhã, 15-07-1953; Correio Paulistano, 15-07-1951; Correio Paulistano, 09-01-1957; Diário de Notícias, 28-11-1952; Eisterer, Klaus. *O Comitê de Proteção dos Interesses Austríacos no Brasil (1943-1945)*. Innsbruck/Brasília: Universidade de Innsbruck/Embaixada da Áustria no Brasil, 2008. Disponível em: <https://www.bmeia.gv.at/fileadmin/user_upload/Vertretungen/Brasilia/Dokumente/O_Comite_de_Protecao_dos_Interesses_Aus-

triacos_no_Brasil.pdf>. Acesso em: 3 jan. 2020; Folha de S. Paulo, 12-09-1971; Jornal do Commercio, 06-08-1960; Jornal do Commercio, 25-04-1962); Kestler, Izabela Maria Furtado. *Exílio e literatura: escritores de fala alemã durante a época do nazismo*. São Paulo: Edusp, 2003; Klein, Esteban Veghazi. *Historia e influencia de la imigración judeo-austriaca em America Latina*. Santiago de Chile: Embajada de Austria em Chile, 1992; O Estado de S. Paulo, 16-09-1971; Österreichische Nationalbibliothek. *Handbuch österreichischer Autorinnen und Autoren jüdischer Herkunft: 18. bis 20. Jahrh*. Munique: K. G. Saur, 2002; Röder, Werner et al. (Org.). *Biographisches Handbuch der deutschsprachigen Emigration nach 1933–1945*. Munique: K. G. Saur, 1999.

Luis Octavio Souza / IB

KRUMHOLZ, Pawel

Químico
Rajcza, Império Austro-Húngaro, atual Polônia, 30-08-1909 –
São Paulo, 11-08-1973
No Brasil, de 1941 a 1973

Acervo de família, cortesia da filha Micaela Joanna Krumholz

Após cursar o ensino médio na Polônia, Pawel Krumholz estudou Química e Física na Universidade de Viena e doutorou-se em 1932. Naquele mesmo ano assumiu o posto de Professor Assistente em Química na Universidade Popular de Viena e passou a trabalhar com Fritz Feigl (VER). Nessa época desenvolveu junto com Feigl novas técnicas de Química Analítica conhecidas como "spot tests". Em 1938 a Áustria foi anexada pela Alemanha nazista e Krumholz perdeu seu emprego. Começou sua maratona de fugas indo para a Bélgica. Tornou-se diretor científico da Sociedade Belga para Estudos e Pesquisas, em Gent, cidade universitária e centro cultural do noroeste daquele país.

Em fevereiro de 1941 emigrou para o Brasil graças à ajuda do embaixador brasileiro em Vichy, Luiz Martins de Souza Dantas, e retomou o contato com

Feigl, igualmente expulso pelo nazismo e que se tornara professor na Escola de Química do Rio de Janeiro. Em 1942 tornou-se diretor técnico da Orquima S/A em São Paulo e criou os laboratórios de pesquisa daquela empresa privada. Naturalizou-se brasileiro em 1945. Desenvolveu os processos para extração dos elementos químicos chamados terras raras a partir da areia monazítica do litoral do estado do Espírito Santo, elaborando e patenteando um processo pioneiro de separação e purificação desses elementos. Os processos incluíam a produção de urânio nuclearmente puro e de tório. Essas operações foram usadas em escala industrial na Orquima e o Brasil passou a ser importante produtor e exportador desses elementos, inclusive o európio, que está presente nas notas de euro.

Por sua importância estratégica, em 1962 o governo comprou a empresa de tratamento da monazita, que então ficou a cargo da Comissão Nacional de Energia Nuclear (CNEN). Em 1966, durante o governo militar, todas as demais atividades da Orquima também foram estatizadas. Vale lembrar que todos os direitos das patentes pertenciam à empresa e permaneceram em sua propriedade.

Pesquisador eclético com trânsito entre a academia e as empresas, Krumholz também trabalhou em pesquisas químicas relacionadas com a geração de energia atômica. Foi diretor da Divisão de Engenharia Química do Instituto de Energia Atômica da USP (hoje Instituto de Pesquisas Energéticas e Nucleares, IPEN) durante dois anos. Tornou-se professor do Instituto de Química da USP em 1966, dando aulas de Físico-Química. Foi o primeiro docente da USP a ministrar uma disciplina de Química Quântica, que era grande novidade na época. Tinha especial interesse por espectroscopia eletrônica e construiu o seu próprio espectrofotômetro de alta resolução. Esse aparelho ficava no laboratório que ele tinha no segundo andar de sua residência. Antes de ir para a USP, este laboratório era usado para as "pesquisas acadêmicas", enquanto o laboratório da Orquima era usado para a "pesquisa aplicada". Foi neste laboratório "caseiro" que Krumholz desenvolveu a pesquisa em compostos de coordenação de ferro que o tornou mundialmente conhecido e respeitado. No entanto, não pesquisava sozinho: na USP teve vários orientandos de mestrado e doutorado e colaborou com professores do Instituto de Química, em especial na área de espectroscopia eletrônica e vibracional.

Graças ao seu amplo e fundamental conhecimento de Química, foi responsável pelo desenvolvimento do campo dos complexos de metais de transição no Brasil e no exterior. Inovador, criou um método polarográfico para estudar a estabilidade termodinâmica de certos complexos metálicos. A plataforma NeglectedScience, que resgata realizações de cientistas trabalhando em países emergentes como o Brasil, Argentina, Índia e África do Sul, lista, na página relativa a Krumholz, 40 trabalhos científicos publicados, pelo menos 18 patentes depositadas e várias descobertas e procedimentos químicos desenvolvidos. Interessava-se pelos novos progressos da ciência e fazia questão de participar de congressos científicos internacionais, mesmo que fosse por sua própria conta. Sempre incentivou os seus colaboradores a enveredarem por novidades nas áreas de Química Quântica, Computação, Fotoquímica etc. Interagia com todos os seus colegas na USP, em todas as áreas, e era muito respeitado por isso. Tanta criatividade e interesses científicos múltiplos fizeram de Pawel Krumholz uma fonte de inspiração para muitos jovens cientistas e de formação de vários doutores no Brasil.

Foi eleito presidente da região de São Paulo da Associação Brasileira de Química em 1962 e nomeado membro titular da Academia Brasileira de Ciências. Suas publicações na área de Química de Coordenação são tão fundamentais que ainda são citadas até hoje, mais de 45 anos após sua morte. Em reconhecimento às suas contribuições cientificas, recebeu em 1970 o prêmio Heinrich Rheinboldt (VER). Sua reputação internacional como cientista possibilitou postular a realização da XVIII International Conference on Coordination Chemistry (ICCC) em São Paulo, em 1977. No âmbito dessa conferência dedicada a ele postumamente, realizou-se o Krumholz Memorial Symposium, última homenagem da comunidade internacional dos químicos de coordenação.

Fontes: Conheça alguns dos personagens que fazem parte da história da Química e da Bioquímica da USP. *Memória IQ*. São Paulo: USP, 2016. Disponível em: <http://memoria.iq.usp.br/paginas_view.php?idPagina=326&preview3=E4z33BbW4zBjT-tFzMDhSaLl6V_DfMUXm25mowZ9bVB4=#.Xo3hrNNKg1J>. Acesso em: 7 abr. 2020; Mathias, Simão. *Cem anos de química no Brasil*. São Paulo: E.S. de Paula, São Paulo, 1975; Papel Krumholz. *Neglected Science*. Disponível em: <http://www.neglectedscience.com/alphabetical-list/k/pawel-krumholz>. Acesso em: 7 abr. 2020; Senise, Paschoal. *Origem do Instituto de Química da USP, reminiscências e comentários*. São Paulo: Instituto de Química da USP, 2006; Entrevistas com a filha Micaela Joanna Krumholz e Marco-Aurelio De Paoli, professor titular de Química na Unicamp desde 1990 e ex-orientando de Pawel Krumholz.

Leonardo Dourado / IB

Acervo ETB Schwarz-Weiss | Essen, Alemanha

KÜRSCHNER, Izidor
Jogador, treinador de futebol
Budapeste, 1885 – Rio de Janeiro, 1941
No Brasil, de 1937 a 1941

Nascido no então Império Austro-Húngaro, governado pelos Habsburgo, o judeu Izidor Kürschner passou a atuar em 1904 no MTK Hungria, a tradicional equipe futebolística dos judeus húngaros, fundada em 1888. Grande rival do Ferencvaros, o time era também inscrito na Liga Húngara, a mais importante no país. O futebol, desde os anos anteriores ao nazismo, representava um elo de união para os jovens judeus de toda a Europa. Numa época em que a Hungria era uma superpotência do futebol, Kürschner sagrou-se campeão pelo time por duas vezes, em 1904 e 1908, além de ganhar três campeonatos nacionais, em 1910, 1911 e 1912. Destacou-se ainda por sua visão avançada do futebol, com uma grande capacidade de antecipação. Em 1913, deixou de atuar como jogador, e cinco anos mais tarde tornou-se técnico do MTK, substituindo o inglês Jimmy Hogan, considerado um dos mais revolucionários técnicos europeus.

Em 1919, Kürschner deixou o MTK e foi para a Alemanha, onde atuou como treinador em duas temporadas do futebol alemão no inicio dos anos 1920, à frente do Nuremberg (1920-1921), obtendo o campeonato alemão, e do Eintracht Frankfurt (1921-1922), que transformou em campeão regional. Seu maior tempo como treinador de futebol foi na Suíça, onde comandou uma equipe recém-constituída, o Basel, de 1923 a 1924. O desempenho naquele país lhe permitiu participar das Olimpíadas de 1924, em Paris, formando com Jimmy Hogan e Teddy Duckworth um plantel de três técnicos dedicados à preparação da equipe suíça para os jogos. Com o contato com os treinadores ingleses, adquiriu novas técnicas e táticas procedentes da Inglaterra, e a seleção suíça obteve a medalha de prata. Atuou em seguida no Grasshoper, em Zurique, de 1925 a 1934, com uma trajetória de êxitos na equipe, além do Young Boys, de Berna, na temporada 1934-1935.

Em março de 1937 mudou-se para o Brasil, fugindo do antissemitismo na Europa. Embora viesse trabalhar em times locais, a motivação fundamental de sua vinda foi atribuída por muitos ao receio do treinador dos riscos que recaiam sobre ele, judeu húngaro, num momento em que o nazismo avançava. Recém-chegado no Rio de Janeiro, assumiu em abril daquele ano a equipe do Flamengo. O time carioca buscava então formar um grande quadro, contratando craques como Fausto dos Santos, Domingos da Guia e Leônidas da Silva, além de cinco jogadores da Argentina. Ao longo de sua temporada brasileira, Izidor, apelidado de Dori no Brasil, implantou as ideias acumuladas na Europa — mais controle e mais toque — e apresentou ao futebol brasileiro o esquema tático "WM", considerado vanguardista no cenário europeu, enquanto que no Brasil predominava ainda o sistema 2-3-5, tido como bastante arcaico. Na Copa do Mundo de 1938, assessorou com suas novas táticas os técnicos da seleção brasileira de futebol, que conquistou o terceiro lugar na disputa: era a origem do chamado 'jogo bonito' da equipe brasileira. Apesar de suas ideias revolucionárias, Dori Kürschner foi demitido após uma derrota do rubronegro frente ao Vasco da Gama, sendo substituído por seu auxiliar e discípulo Flavio Costa, que recorreu ao esquema por ele implantado, tornando-se o treinador mais vitorioso na história do futebol carioca.

Após a saída do Flamengo, em junho de 1939, Kürschner passou a treinar o time do Botafogo. Pouco depois foi, porém, acometido de um vírus raro, vindo a falecer aos 56 anos de idade.

Fontes: Amaral, Fernando. "MTK Hungária FC, um clube que uniu um povo e venceu o preconceito…". *Fernando Amaral FC*, out. 2006. Disponível em: <https://fernandoamaralfc.blogspot.com/2006/10/mtk-hungria-fc-um-clube-que-uniu-um.html>. Acesso em: 4 mai. 2020; Casado, Edu. Quién fue… Izidor Kurschner, el padre del 'jogo bonito', 20 Minutos, 26-07-2013. Disponível em: <https://blogs.20minutos.es/quefuede/2013/07/26/quien-fue-izidor-kurschner-el-padre-del-jogo-bonito/>. Acesso em: 3 mai. 2020; Izidor Kürschner. *PeoplePill*. Disponível em: <https://peoplepill.com/people/izidor-kuerschner/>. Acesso em: 3 mai. 2020; Ramos, Carlos. "Izidor Kürschner, o húngaro que trouxe o WM ao Brasil". *O Gol*. Disponível em: <https://www.ogol.com.br/text.php?id=11895>. Acesso em: 3 mai. 2020; Traska, Tristan. "Izidor Kurschner, le précurseur oublié de la révolution du football brésilien". *Footballski.Fr*, abr. 2014. Disponível em: <https://footballski.fr/izidor-kurschner--le-precurseur-oublie-de-la-revolution-du-football-bresilien>. Acesso em: 4 mai. 2020.

Inoã Urbinati / IB

KURT: ver DEICHMANN, Kurt

LANDA, Josif
Escritor, pintor
Dondushen, Império Russo, atual Donduseni, Moldávia, 11-01-1912
São Paulo, 2000
No Brasil, de 1937 a 2000

Judeu nascido na região da Bessarábia, hoje parte da Moldávia, Josif Landa iniciou sua formação artística ainda na Europa, mas dela pouco conhecemos. Na juventude, assistiu à ascensão do nazifascismo e ao consequente acirramento das hostilidades contra os judeus na Europa Oriental, o que o motivou a procurar refúgio no Brasil. Chegando aqui em 1937, deu prosseguimento aos seus estudos de arte com Tomás Santa Rosa e Poty Lazzarotto.

No pós-guerra, Josif Landa dedicou-se a promover atividades culturais junto à comunidade judaica, mantendo vínculos estreitos com a Associação Scholem Aleichem, do Rio de Janeiro, cujas origens remontam ao início do século XX e que até hoje se mantém em atividade. Historicamente identificada com posições laicas e progressistas, a Scholem Aleichem afirma serem as

Arquivo Nacional

raízes culturais, e não a religião, o elemento primordial de sua identidade judaica. Além de ministrar aulas de desenho e pintura, Landa colaborou como cenógrafo com o ator e diretor polonês Zygmunt Turkow (VER), que chegou ao Brasil no início da Segunda Guerra Mundial, foi um dos principais animadores do teatro ídiche e permaneceu até o início da década de 1950, quando se mudou para Israel.

A principal atividade de Josif Landa foi, porém, a literatura. Seus poemas, contos e artigos de temática marcadamente política e social eram frequentemente escritos no idioma ídiche, do qual se tornaria um dos grandes guardiões e incentivadores no Brasil. Nesse sentido, colaborou com o jornal ídiche Undzer Shtime (Nossa Voz), de orientação de esquerda, publicado em São Paulo entre 1947 e 1964, e também com outros periódicos de natureza semelhante, como Der Poilischer Id e Di Tzeit. Também em ídiche, publicou em 1959 o livro de poesias e contos *Likhtike Kaiorn*, traduzido por Dina Lida Kinoshita como *Claras madrugadas*. A coletânea *O conto ídiche no Brasil*, lançada em 2007, inclui dois contos de sua autoria: *Claras madrugadas* e *Maratimbas*, esse último traduzido por Esther Wajskop Terdiman.

Fontes: Chermont, Lucia. "Imprensa em língua Iídiche no Brasil". *Transfopress Brasil*, jun. 2018. Disponível em: <http://transfopressbrasil.franca.unesp.br/verbetes/imprensa-em-lingua-iidiche-no-brasil>. Acesso em: 20 jul. 2020; Landa, Josef. *Arqshoah: Holocausto e antissemitismo*. Disponível em: <http://arqshoah.com/index.php/personalidades/artistas-e-intelectuais/3804-aei-19-landa-josef>. Acesso em: 20 jul. 2020; Migdal, Genha; Cytrynowicz, Hadasa. (Org.) *O conto ídiche no Brasil*. São Paulo: Humanitas, 2007.

André Faria Couto / IB

LANDAU, Myra
Pintora, gravadora, escritora
Bucareste, 05-12-1926 – Alkmaar, Holanda, 14-07-2018
No Brasil, de 1940 a 1959

De origem judaica, a família de Myra Landau deixou a Romênia em 1940, amedrontada com o avanço do fascismo e do antissemitismo no país, e o seu consequente alinhamento às potências do Eixo no conflito mundial que então se iniciava. Com a Europa já em guerra, os Landau empreenderam uma viagem tumultuada, passando por Portugal antes de desembarcar no Rio de Janeiro em novembro de 1940. Myra se aproximava então dos 14 anos.

Em 1947, já adulta, mas ainda sem certeza quanto ao caminho profissional a seguir, Myra passou uma temporada de estudos em Nova York. Foi somente no início dos anos 1950, porém, quando já estava de volta ao Brasil, que ela se orientou para a atividade artística. Chegou a estudar cerâmica com Robert Tatin, em São Paulo, mas logo começou a pintar. Em meados da década, estudou gravura em metal com Oswaldo Goeldi, no Rio de Janeiro, e começou a ganhar projeção artística. Nos anos seguintes, participou da mostra 50 Anos de Paisagem Brasileira (São Paulo, 1956) e do Salão Nacional de Arte Moderna, no Rio de Janeiro, em 1957 e 1959. Realizou também suas primeiras exposições individuais no Rio de Janeiro e São Paulo, destacando-se a da prestigiada Petite Galerie, no Rio, em 1958.

Em 1959, já divorciada de um primeiro casamento, transferiu-se com a filha Dominique para a Cidade do México, onde se casou com o produtor cultural e crítico de arte Miguel Salas Anzures, que conhecera no Rio de Janeiro. Por meio do marido, entrou em contato com os círculos artísticos do México, país que abrigou muitos intelectuais refugiados do nazifascismo e da Segunda Guerra Mundial. Identificou-se particularmente com um grupo de artistas que promoveria naqueles anos uma importante renovação estética no país, ao romper com a tradição figurativa do realismo social, muito forte no México, para aderir ao abstracionismo. Myra alcançou então seu amadurecimento como artista, realizando pesquisas que a levariam a aperfeiçoar sua

Myra Landau 2002 | Autoria desconhecida

técnica de gravura em metal. Explorou fartamente o potencial corrosivo de substâncias ácidas sobre o metal, produzindo uma obra fortemente expressiva, na linha do abstracionismo informal. Paralelamente, manteve sua atividade como pintora. Uma exposição individual na prestigiada Galeria Juan Martin, na capital mexicana, em 1963, marcou sua entrada definitiva nos círculos da arte contemporânea daquele país. Participou nos anos seguintes de mostras individuais e coletivas em diversos países latino-americanos e nos Estados Unidos, e ao final da década havia conquistado sólido reconhecimento artístico. Em todo esse período, não perdeu o contato com o Brasil, já que seus pais continuaram morando aqui e ela os visitava com alguma frequência, mas foi somente em 1973 que realizou, na Petite Galerie, sua primeira exposição individual no país desde que se mudara para o México.

Em 1974, Myra transferiu-se para a cidade de Xalapa, capital do estado mexicano de Veracruz, passando a lecionar na Universidade Veracruzana. No ano seguinte, publicou o livro *Si sabes ver (Se consegues ver)*, em que defende o papel essencialmente intuitivo da atividade artística, mas que fala também de sua trajetória: "Assim como o Brasil marcou a minha juventude e apagou as cicatrizes da infância, no México transformei-me num ser adulto, capaz de se enfrentar a si mesma e à vida. Perdi medos, superei sentimentos negativos de culpa. Fiz-me na verdade uma pintora". Em 1987, o Museu de Arte Moderna do México realizou uma grande retrospectiva da sua obra.

Em 1994, após 35 anos vivendo no México, Myra Landau deixou o país e se transferiu para a pequena cidade de Velletri, próxima de Roma, onde morava sua filha. Anos depois, quando já ultrapassara os 80 anos de idade, Myra assim se referiu à sua trajetória em carta endereçada ao seu biógrafo Jorge Pinheiro: "Nasci na distante Romênia, com a janela branca dos cristais de neve a bater nos vidros. Vivi muito tempo no Brasil, vivi na orla do mar, na espuma fugaz da areia branca. Fiz do México a minha casa, a minha paixão. Regressei ao Velho Continente. Não sei se acabo aqui os meus dias. Quem sabe onde a minha vida errante me levará? A pintura é o meu horizonte, o meu espaço, o meu fim, o meu destino."

As andanças de Myra ainda não haviam terminado. No final de 2010, mudou-se para Jerusalém, onde morou seis anos. Em 2016, transferiu-se ainda uma última vez, para a Holanda, onde faleceu dois anos depois, com 91 anos.

Myra Landau realizou mais de 60 exposições individuais ao longo da vida. Segundo o crítico brasileiro Walmir Ayala, sua obra procura explorar, tanto na gravura como na pintura, as "dimensões mágicas da textura e da cor, desenvolvendo uma abstração vibrante de ritmos".

Fontes: Ayala, Walmir. *Dicionário de pintores brasileiros*. Rio de Janeiro: Spala Editora, 1986; Cavalcanti, Carlos. *Dicionário brasileiro de artistas plásticos*. Brasília: Instituto Nacional do Livro, 1974; Gómez, Rebeca Bouchez. Myra Landau. *Zona de Ocio*, n. 19, set.out. 2012. Disponível em: <https://issuu.com/la_sonrisa/docs/zo19_web>. Acesso em: 29 jul. 2020; Myra Landau (biography). *The Annex Galleries*. Disponível em: <https://www.annexgalleries.com/artists/biography/4193/Landau/Myra%7D>. Acesso em: 29 jul. 2020; Pinheiro, Jorge. escrito de Jorge Pinheiro para o livrinho IMAGINI. Myra Parole, 5 ago. 2016. Disponível em: <http://myra-parole.blogspot.com/2016/08/escrito-de-jorge-pinheiro-para-o.html>. Acesso em: 29 jul. 2020; Stellweg, Carla. Myra Landau: rhythm, time and space. *Henrique Faria*. Disponível em: <http://www.henriquefaria.com/exhibition-about?id=133>. Acesso em: 29 jul. 2020.

André Faria Couto / IB

LANDAU REMY, Heinrich
Industrial
Saarbrücken, Alemanha, 27-04-1903 – Petrópolis, Brasil, 18-02-1992
No Brasil, de 1935 a 1992

Os Landau eram judeus levitas da Espanha. Expulsos pela Inquisição, foram para a Alemanha e se estabeleceram nas cidades de Landau, Neuwied, Koblenz e Andernach, às margens do Reno, e se converteram ao cristianismo ao longo do tempo. Os antepassados de Heinrich fizeram fortuna explorando minas de basalto e vendendo pedras de moinho e de corte. O pai, Emil Landau, foi juiz em Saarbrücken, em Colônia e Düsseldorf e chegou a ser nomeado para a Suprema Corte da Renânia.

Acervo de família, cortesia de Maria Wolfring

Do lado materno, a família Remy possuía indústrias de louças e argila, ferro, chumbo e beneficiamento de prata na região do médio Reno, incluindo uma fundição de aço em Koblenz, hoje transformada em museu, de onde saíram os primeiros trilhos de trem na Alemanha.

Heinrich começou como aprendiz no Zülpicher Volksbank, perto de Düren. Iniciou sua experiência profissional em um pequeno banco de valores imobiliários, câmbio e divisas, o B. Stern Jr., de Colônia, antes de assumir um cargo no Dresdner Bank em 1923 — época da hiperinflação na Alemanha. Depois de estágios em Londres, Paris e Vichy, voltou para a Alemanha e conseguiu um emprego no maior conglomerado de aciarias e minas de carvão da Europa, a Vereinigte Stahlwerke, onde fez rápida carreira até ocupar um cargo elevado na administração. Em 1933, faleceu a mãe de Heinrich. Depois de testemunhar cenas de agressão contra judeus e diante da crescente militarização do país, ele tomou a decisão: "Hitler havia tomado conta da Alemanha, e seu regime se tornou logo tão opressivo que não pude mais suportá-lo. Resolvi emigrar. A Vereinigte Stahlwerke me enviaria para o Rio de Janeiro como diretor de sua filial (Stahl Union)", escreveu em suas memórias.

Graças à sua posição de executivo, embora não-ariano, conseguiu vir para o Rio de Janeiro em 1935, de primeira classe no vapor "Cap Arcona". Tinha acabado de se casar com Maria Körte, de renomada família de médicos berlinenses. No Brasil, nasceram os filhos Ludwig, Maria, Helmut, Henrique e Silvia. Em 1941, Heinrich foi obrigado a se desligar da empresa por sua ascendência judaica. Acostumado a frequentar círculos da elite nacional e da comunidade estrangeira no Rio de Janeiro, sentiu na pele o preconceito. "Alguns alemães deixaram de me cumprimentar na rua", lembra nas memórias.

Heinrich foi à luta e começou a trilhar uma trajetória diversificada. Primeiro, comprou metade de uma fábrica de manteiga em Minas Gerais. Aprendeu a lidar com as dificuldades de transporte e armazenamento de um produto que exige cuidados sanitários extremos em um clima tropical. Foi uma época em que se embrenhou no interior e conheceu bem o país de exílio. Depois de algum tempo, vendeu a Cia. Laticínio Minas Gerais e investiu em uma indústria de sardinhas em conserva no bairro niteroiense de Jurujuba, a Atlantic. Trocou o ramo dos comestíveis pelo dos tecidos ao comprar uma pequena tecelagem em Petrópolis, a Santa Júlia Têxtil, com sete teares.

Já nos anos 1960, adquiriu a antiga Fábrica de Tecidos Werner, fundada em 1904, que durante décadas empregou muita gente em Petrópolis, chegando a ter mais de mil funcionários, mantendo-se em operação até hoje. Em 1986, Heinrich passou o controle da fábrica para os filhos Ludovico e Henrique.

Fontes: Landau Remy, Heinrich. *História da minha família e da minha vida*. Petrópolis, Edição do autor, 1989; Família Landau-Remy.

Kristina Michahelles / IB - André Faria Couto / IB

LANTHOS, Eva
Bailarina, atriz
Budapeste, 26-09-1925 – Rio de Janeiro, 21-12-1997
No Brasil, de 1939 a 1997

Eva Ausch era filha de Maurício e Maria Ausch, ambos ligados ao universo da dança, no qual se tornaram conhecidos pelo sobrenome artístico Lanthos. Seguindo a trilha dos pais, Eva revelou talento precoce e aos dez anos já se apresentava em peças clássicas no balé da Ópera de Budapeste. Na segunda metade da década de 1930, sua família transferiu-se para Lisboa, vinculando-se à Companhia Portuguesa de Revistas Beatriz Costa, então bastante famosa e conceituada em Portugal. Em maio de 1939, a companhia chegou

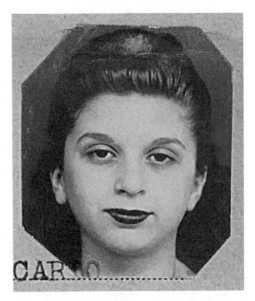

Arquivo Nacional

ao Rio de Janeiro para uma temporada na cidade, e junto com ela a família Lanthos. Eva tinha apenas treze anos de idade. A documentação então emitida pelo consulado brasileiro em Lisboa identificava seu pai como empresário naturalizado argentino, o que provavelmente se deve ao fato de ele ter vivido naquele país num momento anterior de sua vida. Sua mãe, que também tinha a cidadania argentina devido ao casamento, era identificada como artista.

A temporada de apresentações da Companhia Beatriz Costa no Rio, realizada no extinto Teatro República, alcançou grande sucesso de público e se estendeu por vários meses. Maurício Lanthos era o responsável pela produção dos espetáculos, enquanto a esposa se ocupava com a coreografia. No elenco destacava-se a bailarina Margareth Lanthos, sobrinha de Maurício, exaltada por sua grande beleza. A menina Eva também era anunciada como atração, apresentando um "bailado-sapateado". Terminada a temporada, o casal Lanthos decidiu permanecer no Brasil, vinculando-se ao prestigiado circuito dos cassinos, que então funcionavam legalmente no país. Logo, Maurício e Maria Lanthos assumiram funções de destaque no importante Cassino Icaraí, em Niterói. Posteriormente, mesmo com a proibição do jogo no Brasil, decretada em 1946, Maurício Lanthos se tornou um dos grandes empresários da noite carioca, como produtor artístico e proprietário de diversas casas famosas até o início da década de 1970. Em 1945, sua sobrinha Margareth Lanthos casou-se com Oskar Ornstein (VER), judeu de pais russos, nascido na Alemanha e radicado no Brasil a partir de 1941, que também se tornaria um dos grandes nomes do *show business* carioca nas décadas seguintes.

Eva Lanthos, por sua vez, conquistou rápida projeção como bailarina, apresentando-se regularmente nos principais cassinos do país: Urca, Icaraí, Atlântico, Copacabana Palace, Quitandinha e Guarujá, entre outros. Possuindo domínio do balé clássico, apresentava, no entanto, uma dança de estilo vigoroso e acrobático, com forte apelo sensual. Em declaração à revista Carioca, em 1947, a dançarina sublinhou sua identificação com a música brasileira e, sem deixar de citar os compositores eruditos nacionais, afirmou que seu grande objetivo era "estilizar o samba brasileiro", levando aos palcos a "nostalgia poética de Ary Barroso e Vicente Paiva, e a cadência tristonha e mística das toadas de Dorival Caymmi". Realizou também trabalhos no cinema, participando dos filmes *Poeira de estrelas* (1948) e *Estou aí?* (1949), ambos produzidos pela Cinédia.

Eva Lanthos naturalizou-se brasileira em 1951. Foi casada com o compositor e pianista romeno Stephane Bernhardt, radicado no Brasil desde 1953, e que aqui fez carreira com o nome de Steve Bernard. Com o casamento, adotou o nome de Eva Ausch Bernhardt.

Fontes: Carvalho, Abílio de. Eva Lanthos e a música brasileira, Carioca, 17-07-1947; Duas estrelas maravilhosas, Carioca, 02-08-1951; Eva Lanthos. *IMDb*. Disponível em: <https://www.imdb.com/name/nm0487167/?ref_=nv_sr_srsg_0>. Acesso em: 11 ago. 2020; Grill Room, A Manhã, 25-02-1945; Neto, Sieiro. Esticada – os melhores da noite, Tribuna da Imprensa, 25-01-1971; Numerosas naturalizações concedidas, Diário Carioca, 16-01-1951; Depoimento de Sandra Bernhardt.

André Faria Couto / IB

LANZ, Rudolf
Advogado, pedagogo
Budapeste, 18-07-1915 – São Paulo, 30-06-1998
No Brasil, de 1939 a 1998

Arquivo Nacional

O pai, judeu convertido, era químico, diretor de uma indústria farmacêutica. Em casa, o ambiente era de erudição e cultivo das artes. Por questões profissionais, a família mudou-se para Viena, e depois para Berlim e Genebra. Desde a adolescência, Rudolf Lanz era um leitor compulsivo, com especial interesse em temas filosóficos, religiosos e de ciências naturais. Admirava a obra de Friedrich Nietzsche. Sua visão do mundo, na época, era a de um materialismo não-dogmático, influenciado pelo pensamento de Schopenhauer, Bergson e Albert Schweitzer. Estudou Direito em Freiburg im Breisgau, Munique, Londres e Genebra e obteve o grau de doutor aos 21 anos, trabalhando então, por um biênio, em um escritório de advocacia. Em 1938, Lanz teve o pedido de cidadania suíça recusado, porque seus estudos no exterior não comprovavam dez anos de moradia no país. Por ser cidadão alemão, foi convocado a servir no exército nazista; como, porém, era contrário à ideologia que tomara o poder na Alemanha, e para evitar complicações políticas, decidiu emigrar para algum país distante e, sem motivo aparente, escolheu o Brasil. Durante a travessia, em março de 1939, travou contato com a filosofia espiritualista da antroposofia com seu companheiro de cabine. Ao chegar no Brasil, começou a participar de um grupo de estudos antroposóficos. Para sobreviver, foi trabalhar no ramo comercial.

Em 1942, casou-se com Mariane Josephs, sua incansável companheira na divulgação da antroposofia e mãe dos três filhos Sonia Setzer (médica), Thomas Lanz (violoncelista e administrador de empresas) e Monica Benda (musicista, durante mais de vinte anos *spalla* do naipe de violas da Orquestra da Rádio Suíça Italiana em Lugano).

Em meados dos anos 1950, vários casais resolveram fundar uma escola orientada pela antroposofia e pela pedagogia Waldorf. Lanz engajou-se fortemente na iniciativa, e a escola começou a funcionar em 1956 numa casa no bairro paulista de Higienópolis. Durante 23 anos ininterruptos, ocupou a presidência da Associação Mantenedora da Escola Waldorf Rudolf Steiner de São Paulo, que depois se mudaria para a sua atual sede em Santo Amaro.

Faltava ainda no Brasil um centro de formação de professores na pedagogia Waldorf. Assim, ele iniciou em 1970, junto com sua mulher, o Centro de Formação de Professores Waldorf, reconhecido oficialmente em 1997 como uma escola de formação de educadores para o Brasil e inicialmente também para a América Latina. Em 2018, essa formação passou a integrar a recém-fundada Faculdade Rudolf Steiner. A partir de 1972, Lanz foi professor, muito querido e respeitado pelos alunos, do Ensino Médio da Escola Waldorf Rudolf Steiner de São Paulo.

Paralelamente, criou em 1962 um grupo de estudos de antroposofia em português, que se reuniu regularmente em sua casa até ele falecer, em 1998. Em decorrência de sua intensa atividade tradutória da obra de Rudolf Steiner, surgiu, em 1981, a Editora Antroposófica, fundada por Lanz junto com Jacira Cardoso e um grupo de apoiadores — entre eles, Pedro Schmidt, Heinz Wilda, Alcides Grandisoli e Karin Glass. A editora tem cerca de 200 títulos publicados e abriu uma livraria na Rua da Fraternidade, em São Paulo. Durante todo esse tempo Lanz desenvolveu intensa atividade como palestrante, não apenas no Brasil, mas também no exterior. Como autor, também deixa um vasto legado. Escreveu *A pedagogia Waldorf: caminho para um ensino mais humano*, *Noções básicas de Antroposofia*, *Passeios através da história à luz da antroposofia*, *Nem capitalismo nem comunismo*, e *Antroposofia, ciência espiritual moderna*.

Por sua iniciativa, foi fundada, em 1982, a Sociedade Antroposófica no Brasil, que presidiu até cerca de 1995.

Fontes: Plato, B. v. (Org.). *Anthroposophie im 20. Jahrhundert. Ein Kulturimpuls in biographischen Porträts*. Dornach: Verlag am Goetheanum, 2003; Setzer, Sonia (filha). Comunicação pessoal, 2020; websites da Sociedade Antroposófica do Brasil e da Faculdade Rudolf Steiner.

Kristina Michahelles / IB

LAZAR, Friederike: ver LÖW-LAZAR, Fritzi

LEINZ, Viktor
Geólogo
Heidelberg, Alemanha, 18-12-1904 – São Paulo, 27-03-1983
No Brasil, de 1935 a 1983

Arquivo de História da Ciência do Museu de Astronomia e Ciências Afins (Mast)

Fez seus estudos de Geologia e Petrografia nas universidades de Freiburg e Heidelberg, por onde se doutorou em Geologia em 1931. Nesse mesmo ano, ingressou no Instituto Mineralógico e Geológico da Universidade de Rostock, para lecionar Petrografia. Aí foi assistente do professor Carl Wilhelm Correns, autor de importantes trabalhos sobre a Geologia do Brasil.

Em março de 1935, provavelmente por conta do seu trabalho com Correns, Leinz chegou ao Brasil, contratado por dois anos pelo Departamento Nacional da Produção Mineral (DNPM) para organizar a Seção de Petrografia do Serviço de Fomento da Produção Mineral. Em julho, passou a integrar o corpo docente da recém-criada Universidade do Distrito Federal (UDF), no Rio de Janeiro, como professor assistente de Mineralogia e Geologia. Assumiu, em seguida, a cátedra dessas duas disciplinas e a chefia da Seção de História Natural da Escola de Ciências da mesma universidade.

Retornou à Alemanha em 1937, após o término do contrato. A essa altura, Adolf Hitler, no poder desde 1933, instalara um regime ditatorial, acabando com as liberdades públicas e políticas no país. As práticas repressivas do nazismo nas universidades e a falta de perspectivas profissionais convenceram-no a voltar ao Brasil naquele mesmo ano.

Na segunda metade da década de 1930, publicou três obras: a primeira tabela para determinação de minerais (depois ampliada e reeditada em colaboração com João Ernesto de Souza Campos), além de

Geologia geral, em coautoria com Sérgio E. do Amaral, e *Vocabulário geológico*, em colaboração com Josué C. Mendes, ambos reeditados várias vezes. Estudioso de diversos campos das geociências —Mineralogia, Mineração, Metalogenia, Petrologia, Sedimentologia, Geotecnia e águas subterrâneas, entre outros —, transferiu-se em 1939 para o Rio Grande do Sul, na condição de geólogo-chefe da Secretaria de Agricultura do estado. Encarregado da exploração de cobre da mina de Camaquã, pesquisou outras ocorrências do metal e também de ouro e jazidas de carvão em território gaúcho.

Em 1945, de volta ao Rio de Janeiro, assumiu a chefia da Divisão de Geologia e Mineralogia do Museu Nacional, exercendo-a até 1948. Entre outras atribuições, foi encarregado de reorganizar a célebre coleção Werner, reunindo pedras preciosas adquiridas na Alemanha pela Coroa portuguesa e trazida ao Brasil pelo príncipe regente dom João, em 1808. Nesse mesmo período, integrou o Núcleo de Geologia e Geografia da Fundação Getúlio Vargas, lançando pela editora da instituição o primeiro fascículo da série "Estudos Brasileiros de Geologia". O núcleo funcionou de dezembro de 1944 até julho de 1946.

Ainda em 1948, Leinz esteve no então território do Amapá, em companhia do engenheiro de minas e geólogo Glycon de Paiva, para estudar as ocorrências de manganês recentemente descobertas na Serra do Navio, fornecendo subsídios ao governo federal para a pesquisa e a futura exploração do minério.

Em 1949, prestou concurso para professor catedrático de Geologia e Paleontologia da Faculdade de Filosofia, Ciências e Letras da Universidade de São Paulo (FFCL/USP), com tese versando sobre os derrames basálticos do sul do Brasil. Aprovado, passou a chefiar o departamento respectivo daquela universidade, vindo a ser responsável pela definição das suas principais linhas de pesquisa. Em sua atividade docente, destacou-se pela ênfase que conferia às aulas práticas e aos seminários; paralelamente, organizou coleções didáticas e orientou jovens professores e pesquisadores.

Em 1949 tornou-se membro do conselho de redação da revista *Ciência e Cultura*, então criada e publicada pela Sociedade Brasileira para o Progresso da Ciência (SBPC), entidade fundada no ano anterior.

Naturalizado brasileiro, nos primeiros anos da década de 1950, juntamente com outros professores da FFCL, defendeu a instalação de um curso de graduação em Geologia na USP, em um contexto marcado pela criação da Petrobras, em 1953, e pela crescente demanda de geólogos, sobretudo daqueles especializados em petróleo. A contribuição de Leinz — ativo membro da Campanha para a Formação de Geólogos (Cage), do Ministério da Educação e Cultura — foi crucial para a celebração do convênio Cage/USP, que permitiu a entrada em funcionamento, em 1957, do curso em São Paulo, com recursos do governo federal.

Ainda nos anos 1950, presidiu em duas oportunidades — em 1951 e 1959 — a Sociedade Brasileira de Geologia, entidade fundada em 1945. Membro do conselho deliberativo do Conselho Nacional de Pesquisas (CNPq) de 1955 a 1960, Leinz foi coordenador do curso de Geologia da USP de 1957 a 1963. Nesse período, no ano de 1961, integrou a comissão organizadora do II Encontro de Intelectuais de São Paulo, importante evento acadêmico promovido pela Unesco para discutir as origens do homem americano, e que reuniu nomes destacados, como Florestan Fernandes, Sergio Buarque de Holanda e Paulo Duarte.

Outra iniciativa que marcou a trajetória acadêmica de Viktor Leinz foi sua decisiva participação na criação do Laboratório de Geocronologia, disciplina que investiga a idade de eventos geológicos gravados nas rochas, essencial para se reconstruir a evolução dos continentes. O laboratório — empreendimento conjunto da USP e da Universidade da Califórnia, Berkeley, que começou a funcionar na universidade paulista em 1964 — foi o primeiro da América Latina na área.

Professor titular do Instituto de Geociências, paralelamente às suas atividades na USP, ministrou cursos de aperfeiçoamento na Universidade de Brasília (UnB) na década de 1960.

Aposentado desde 1974, em 1982, foi homenageado com o título de professor emérito pela Congregação do Instituto de Geociências da USP.

Fontes: Correio Paulistano, São Paulo, 13-08-1961, p. 5. Disponível em: <http://memoria.bn.br/DocReader/DocReader.aspx?bib=090972_11&pesq=Viktor%20Leinz&pasta=ano%20196>. Acesso em: 31 jul. 2020; Cordani, Umberto G. O Instituto de Geociências. *Estudos Avançados*, v. 8, n. 22, São Paulo, set.-dez. 1994. Disponível em: <https://www.scielo.br/scielo.php?script=sci_arttext&pid=S0103-40141994000300082>. Acesso em: 31 jul. 2020; Diário de Notícias, Rio de Janeiro, 25-03-1935, p. 2. Disponível em: <http://memoria.bn.br/DocReader/docreader.aspx?bib=093718_01&pasta=ano%20193&pesq=Viktor%20Leinz>. Acesso em: 31 jul. 2020; Viktor Leinz. *Serviço Geológico do Brasil* — CPRM. Disponível em: <http://www.cprm.gov.br/publique/Redes-Institucionais/Rede-de-Bibliotecas---Rede-Ametista/Viktor-Leinz-531.html>. Acesso em: 31 jul. 2020; http://www.figueiradaglete.com.br/viktor_leinz.html

Sergio Lamarão / IB

LEMLE, Henrique
Rabino
Augsburgo, Alemanha, 30-10-1909 – Rio de Janeiro, 22-09-1978
No Brasil, de 1940 a 1978

Acervo da família Lemle

Heinrich Lemle nasceu em Augsburgo, filho do casal judeu Samuel e Regine Lemle. Viveu sob a influência da mãe nos seus anos iniciais, já que o pai, dedicado ao comércio de animais, ausentava-se frequentemente para comprá-los no campo e vendê-los na cidade.

No ano em que a Primeira Guerra Mundial foi deflagrada, seu pai foi convocado para compor a cavalaria do exército, o que fez com que a família se estabelecesse na cidade de Fischach. Como persistia o afastamento do marido, sua mãe levou-o para morar com a avó paterna. Em 1918, encerrado o conflito, voltou a residir em Augsburgo com os pais.

Concluída a formação escolar, graduou-se rabino no Instituto Superior de Estudos Judaicos de Berlim. Em 1932, apresentou à Universidade Julius Maximilian, na cidade de Würzburg, uma dissertação sobre o filósofo Moses Mendelssohn (1729-1786). Judeu e alemão como ele, Mendelssohn, avô do compositor Felix Mendelssohn Bartholdy, é apontado como pioneiro do iluminismo judaico. A formação de Heinrich se deu no âmbito dessa orientação, configurada no judaismo reformista.

Assumiu o púlpito da comunidade de Mannheim em 1º de abril de 1933, um dia depois que seu tio Arnold Rosenfeld e outros quatro jovens foram espancados em Creglingen. Arnold - pai de sua noiva Margot, portanto sua prima - e o jovem Hermann Stern morreram. Heinrich se casou em maio de 1934 com Margot. Alfred, o único filho do casal, nasceu em 1936.

Em junho de 1934, assumiu o posto de rabino para a juventude na comunidade de Frankfurt am Main. Em 9 de novembro de 1938, Lemle foi preso na famigerada Noite dos Cristais, quando estabelecimentos pertencentes a judeus foram destruídos, vitrines estilhaçadas e as sinagogas em toda a Alemanha, incendiadas.

Margot mandou telegramas à inglesa Lily Montagu, secretária-geral da World Union for Progressive Judaism (WUPJ), e à Congregação Liberal de São Paulo, que já contratara Lemle antes da Noite dos Cristais, e começara a preparar a emigração da família para o Brasil. Ele ainda foi enviado para o campo de concentração de Buchenwald e libertado após três semanas graças aos esforços da WUPJ.

Por intercessão de Lily Montagu, o cônsul britânico em Frankfurt concedeu aos Lemle vistos de entrada na Inglaterra, para cuja capital se dirigiram ainda no final de 1938. Em Londres foram acolhidos por Montagu por três meses e, já em 1939, mudaram-se para Brighton and Hove, em cuja congregação Heinrich passou a atuar. Em maio de 1940, recebeu autorização de emigração para o Brasil. Antes de viajar, foi preso mais uma vez, desta vez sob a acusação de ser estrangeiro inimigo da Inglaterra. Novamente, a WUPJ salvou-o e o enviou ao Brasil para ser o líder religioso da comunidade de judeus alemães do Rio e estabelecer o judaísmo liberal na cidade. Em 22 de dezembro de 1940, desembarcou com a família no Rio de Janeiro.

Integrado à comunidade judaica, participou da fundação, em 13 de janeiro de 1942, da Associação Religiosa Israelita (ARI) do Rio de Janeiro, de orientação liberal, da qual tornou-se rabino. Colaborou no desenvolvimento da União Beneficente Israelita, rede de apoio aos refugiados judeus, a cuja frente estava Paulo Zander. A primeira sede da ARI estava localizada na rua Barata Ribeiro, 363, no bairro de Copacabana.

No mês seguinte, o funeral do escritor Stefan Zweig e o de sua esposa Lotte notabilizou-o. As autoridades municipais de Petrópolis impediram que se trouxesse os corpos para o Rio de Janeiro para serem enterrados em campo santo judaico e insistiram que o sepultamento se desse no cemitério cristão da própria cidade onde o casal se suicidara. Interpretou-se que o governo não desejava ressaltar o judaísmo do morto ilustre. Segundo o editor Aron Neumann, "em nenhuma outra oportunidade mostrou-se mais cruamente como nesta o antissemitismo oficial, que queria evitar à força que se desse a Zweig um enterro judaico". O rabino Lemle, contornando todas as restrições da religião mosaica, inclusive a que prescrevia o sepultamento de suicidas perto dos muros do cemitério, concordou em celebrar o enterro no rito judaico, comandado por ele em 24 de fevereiro, no terreno cristão do Cemitério Municipal de Petrópolis. Os túmulos do casal são até hoje local de romaria de seus admiradores.

A ARI mudou sua sede, em dezembro de 1943, permanecendo, no entanto, na mesma rua e bairro. No dia 12 de novembro de 1944, inaugurou sua sinagoga, na primeira sede própria, localizada na rua Martins Ferreira, no bairro de Botafogo.

Em julho de 1948, Lemle integrou a delegação brasileira presente ao Congresso Judaico Mundial, reunido na Suíça. Depois do malogro do Grupo Juvenil, criou no final da década o Movimento Juvenil no âmbito da ARI. Nos anos de 1950, substituiu-o a organização Chazit.

A ARI transferiu-se novamente, em 28 de setembro de 1962, instalando-se em um prédio moderno da rua General Severiano, construído em terreno doado pelo casal Fritz e Regine Feigl. O rabino deu um passo ecumênico em 1964, ao participar da fundação, nas dependências do Colégio Nossa Senhora de Sion do Rio de Janeiro, da Fraternidade Cristã-Judaica. Já existiam congêneres da instituição em países como Itália, França e Espanha e, desde 1962, em São Paulo.

Recebeu o apoio do professor Afrânio Coutinho para instituir, em 1971, a cadeira de Hebraico da Universidade Federal do Rio de Janeiro (UFRJ).

Faleceu em sua residência, vitimado por um ataque cardíaco.

Proferiu palestras e escreveu livros sobre o judaísmo e o antissemitismo, entre os quais *A essência do Talmud*, *Nesta hora* e *Fé e confiança num mundo sacudido*, além de diversos artigos e cartas. Foi condecorado cidadão honorário da cidade do Rio de Janeiro e recebeu o título de doutor *honoris causa* da Hebrew Union College, vinculado ao Jewish Institute of Religion e sediado em Cincinnati, Estados Unidos. Em 1997, a ARI inaugurou o Centro Comunitário Rabino Henrique Lemle, equipado com biblioteca, auditório, escritórios e salas de aula e de recepção. No ano seguinte, seu filho, já formado em medicina, publicou a biografia *Henrique Lemle: O homem que gostava da gente*. Atualmente, a ARI dispõe de um Departamento de Educação, da Comissão de Ação Social, e do Centro de Referências e Pesquisas sobre o Holocausto Família Zinner. Lá funciona também o Centro de História e Cultura Judaica.

Fontes: Dines, Alberto. *Morte no paraíso: A tragédia de Stefan Zweig*. Rio de Janeiro: Rocco, 2012; Dollinger, Rachelle Zweig. *Homens de valor*. Rio de Janeiro: Imago, 2008; Lemle, Alfred. *O homem que gostava da gente*. Rio de Janeiro: Imago, 1998.
Rogério Alves de Barros / IB

LEMLE, Miriam
Linguista, professora
Roma, 17-12-1937 – Rio de Janeiro, 12-2-2020
No Brasil de 1939 a 2020

Miriam Milla nasceu numa família judia que emigrou para o Brasil em 1939, alguns meses após a introdução das Leis Raciais antissemitas decretadas pelo governo Mussolini em 1938. A legislação determinava a exclusão dos judeus de diversos ramos profissionais, além de inúmeras restrições, e levou à emigração de muitas famílias, várias das quais tiveram seus bens confiscados pelo governo. Graças a uma carta de apresentação — que serviu como a então indispensável carta de chamada — os Milla consegui-

Foto Marina Lemle, 2011. Álbum de família

ram deixar o país, assim como outra família judia, os Cohen. No Brasil, depararam-se com uma comunidade italiana dividida entre fascistas e antifascistas. Após a entrada do Brasil na guerra contra o Eixo, os judeus italianos, antes classificados como apátridas, passaram a ser discriminados como parte dos "súditos do Eixo". Miriam, ainda criança, procurava informar-se da situação na

Itália durante a guerra, ouvindo diariamente o noticiário radiofônico Repórter Esso.

Excelente aluna em toda a sua vida escolar, Miriam queria ser química, mas foi dissuadida por um veterano químico amigo da família, com o argumento de que esta não seria uma profissão feminina. Optou, então, por Letras, recebendo estímulo e apoio do professor Joaquim Mattoso Câmara Junior, ilustre linguista da Faculdade de Filosofia da Universidade do Brasil (atual UFRJ), que lhe propôs estudar a fonologia portuguesa, e em 1956 ela ingressou no curso de graduação em Letras daquela unidade de ensino em 1956.

Formou-se em 1959. Depois que um estudante mexicano lhe apresentou as estruturas sintáticas de Noam Chomsky, conseguiu uma bolsa para cursar o mestrado em Linguística na University of Pennsylvania, realizado nos anos de 1964-1965. Em sua dissertação, analisou o português fonético do Rio de Janeiro. Em 1968, junto com Yonne Leite, contribuiu para a fundação do primeiro curso de Linguística no Brasil. Suas atividades docentes eram pautadas pela gramática generativa, o que fez dela uma das maiores estudiosas e perpetuadoras dos estudos desse ramo no Brasil e no exterior. Integrou, assim, o grupo pioneiro que organizou o primeiro curso de pós-graduação em Linguística no Brasil e formou varias gerações de pesquisadores, trazendo para o país intelectuais de renome, como o próprio Chomsky.

Casou-se cedo com o judeu alemão Alfred Lemle, filho do rabino Henrique Lemle (VER), que tornou-se professor da Faculdade de Medicina da UFRJ. Ambos se naturalizaram brasileiros e tiveram dois filhos, Shmuel e Marina.

A partir de 1977 cursou o doutorado na UFRJ, concluído em 1980. Fez pós-doutorado no Instituto de Tecnologia de Massachusetts (MIT), em 1985, e tornou-se professora livre-docente da UFRJ em 1987, mesmo ano em que publicou o livro *Análise sintática: teoria geral e descrição do português*. De 1987 a 1989, presidiu a Associação Brasileira de Linguística (Abralin). Em 1994, tornou-se professora titular do departamento de Linguística da UFRJ. No mesmo ano, publicou o livro *Guia teórico do alfabetizador*, que se tornou um *bestseller* com muitas edições.

Como reconhecimento às suas atividades acadêmicas, em 2007, ano em que se aposentou, e também em 2010, recebeu o prêmio Cientistas do Nosso Estado, concedido pela Fundação Carlos Chagas de Apoio à Pesquisa no Estado do Rio de Janeiro — Faperj. Em agosto de 2010, fez jus ao título de professora emérita da UFRJ e, em dezembro de 2018, foi homenageada por alunos, que organizaram no dia do seu aniversário o lançamento do livro *O apelo das árvores: estudos em homenagem a Miriam Lemle*, coletânea de artigos organizada por Alessandro Boechat de Medeiros e Andrew Nevins. Em 2019, com os colegas Bruna Franchetto, Márcia Damaso Vieira e Marcus Maia, publicou seu último livro, *Línguas indígenas e gramática universal*.

Fontes: Bortoni, Stella. "Nota de pesar: Miriam Lemle". *Stella Bortoni*, 13 fev. 2020. Disponível em: <http://www.stellabortoni.com.br/index.php/5017-nota-de-pesar-miriam-lemle>. Acesso em: 27 abr. 2020; Cardoso, Alexandre Pinto. *Projeto In Memoriam: Alfred Lemle*. Rio de Janeiro: Sopterj, 2018. Disponível em: <http://www.sopterj.com.br/wp-content/uploads/2018/03/in-memoriam-lemle.pdf>. Acesso em: 23 abr. 2020; "Miriam Lemle". *Editora Contexto*. Disponível em: <https://www.editoracontexto.com.br/categoria/autores/m4/miriam-lemle>. Acesso em: 23 abr. 2020; Motta, Bruno. "Miriam Lemle recebe título de professora emérita". UFRJ, 26 ago 2010. Disponível em: <https://ufrj.br/noticia/2015/10/22/miriam-lemle-recebe--t-tulo-de-professora-em-rita>. Acesso em: 24 abr. 2020; "Para a mestre com carinho". Prefeitura Universitária, 20 dez. 2018. Disponível em: <http://www.prefeitura.ufrj.br/index.php/pt/noticias-anteriores-sala-de-imprensa/916-para-a-mestre-com--carinho>. Acesso em: 23 abr. 2020; Currículo Lattes de Miriam Lemle http://buscatextual.cnpq.br/buscatextual/visualizacv.do?id=K4783958Y8 acesso em 27/4/2020.

Inoã Urbinati / IB

LENGYEL, Janos
Jornalista, fotógrafo
Budapeste, 13-05-1919 – Genebra, 21-09-1986
No Brasil, de 1940 a 1986

Janos Lengyel era filho do casal judeu húngaro Ignaz Lengyel e Berta Gergely. Emigrou para o Brasil em 1940 procedente da Finlândia. Viajou no navio "Aurora" do porto de Liinahamari até o Rio de Janeiro, numa travessia que durou 30 dias. Desembarcou em 25 de outubro, como jornalista, acompanhado do colega de profissão, Tivadar Nyiregyhazi, também húngaro, três anos mais velho. Os dois ingressaram no país com visto de permanência e, na ficha de imigração, ambos forneceram o endereço que correspondia ao escritório do agente de navegação Wilson Sons & Co., Avenida Rio Branco, 37.

Em meados de 1939 Janos e Tivadar, repórteres de jornais húngaros, haviam sido enviados a Helsinki a fim de cobrir os preparativos dos Jogos Olímpicos, que teriam lugar no ano seguinte na cidade. Estando lá, em 30 de novembro desse ano, assistiram ao bombardeio russo à capital finlandesa, fato que deu início à Guerra do Inverno, uma tentativa de Stalin de tomar o país vizinho.

Arquivo Nacional

Lengyel e Nyregyhazi foram obrigados a permanecer na cidade e acabaram por cobrir o andamento da guerra. Ao fim do conflito, devido à crescente perseguição aos judeus na Hungria, ambos resolveram não retornar ao seu país e optaram por emigrar para o Brasil.

Pouco tempo depois da chegada ao Rio, Lengyel e Nyiregyhazi se empregaram na Keystone, grande agência norte-americana de notícias e fotografia, onde permaneceram até 1948. Nesse ano, ambos denunciaram ao jornal A Noite a chegada ao Rio de Janeiro do casal Anthal e Judith Pager, conhecidos atores húngaros, que, de acordo com os jornalistas, tinham passado nazista e eram fugitivos de guerra.

Em 1944, Lengyel tornou-se sócio da Associação Brasileira de Propaganda. Apaixonado por futebol e tendo atuado como jornalista esportivo na Hungria, foi nessa época juiz em campeonatos de futebol amador no Rio de Janeiro.

No início da década de 1950, ingressou no jornal Diário da Noite, pertencente ao complexo dos Diários Associados, onde assinou a coluna "O Sport Internacional". Na Copa de 1950, trabalhando como fotógrafo do jornal e da agência Keystone, não conseguiu fotografar o único gol do jogo Inglaterra X Espanha. Um colega que havia conseguido o flagrante vendeu-lhe a imagem. Era Ibrahim Sued.

O domínio de diversas línguas, aliado à vasta experiência anterior como jornalista esportivo, contribuíram para fazer dele, além de profissional respeitado, um embaixador do Brasil para as negociações esportivas no exterior, sobretudo aquelas referentes ao futebol. Em 1955, por exemplo, foi o representante da Confederação Brasileira de Desportos para o acerto de partidas entre times brasileiros e internacionais.

Em 1955, Lengyel passou a trabalhar no Correio da Manhã, onde permaneceu até 1969. Nesse jornal realizou importantes coberturas, como o julgamento do nazista Adolf Eichmann, em Jerusalém, em 1961. Em 1962 mudou-se para Genebra, na Suíça, como correspondente do Correio da Manhã na Europa e, posteriormente, de outros jornais e revistas brasileiros.

Foi membro da Associação de Correspondentes Credenciados nas Nações Unidas (ACANU), a qual presidiu entre 1972 e 1973. Ao longo dos anos 1960 entrevistou personalidades internacionais, como John Kennedy durante sua campanha presidencial, Charles Chaplin, os Beatles, entre outros. Cobriu também todos os campeonatos mundiais de futebol, a partir de 1950. Parte de sua vasta experiência como repórter internacional está registrada no livro *O enviado especial*, publicado em 1969.

Ainda em 1969, tornou-se correspondente internacional do jornal O Globo. Em pouco tempo, além das matérias impressas, ganhou espaço no rádio e passou a produzir matérias para a televisão. Testemunhou, entre outros eventos, a Revolução dos Cravos, em Portugal, e a morte do general Francisco Franco, em Madrid, ambas em 1975. Atuou, igualmente, na produção das transmissões de Fórmula 1 da TV Globo, colhendo informações nos boxes durante as corridas e apoiando os jovens jornalistas da emissora Reginaldo Leme e Galvão Bueno, ainda inexperientes em reportagens internacionais e nas transmissões de corridas.

Em 1986, durante a estreia do Grande Prêmio da Hungria, vencido pelo brasileiro Nelson Piquet, sofreu um primeiro infarto, seguido de um segundo, já em Genebra, ao qual não sobreviveu. Embora morasse na Europa a partir de 1962, ele continuou por toda sua vida vinculado profissional e afetivamente ao Brasil. Em sua homenagem, a Sala de Imprensa do circuito de Hungaroring, em Mogyorod, na Hungria, leva o seu nome.

Ao falecer, Janos estava casado com Nina Lengyel, jornalista polonesa, autora do livro *Formula 1 — Lenda e realidade*, publicado em 1984, uma narrativa sobre os campeonatos da categoria, de 1950 a 1983.

Fontes: Acompanharam toda a guerra da Finlândia, Diário de Notícias, 26-10-1940, p. 2; Antunes, Rafael Henrique. *Pra não dizer que não se falou de flores: a repercussão da Revolução dos cravos na grande imprensa do Brasil — 1974-1976*. São Paulo: Unesp, 2013; "Janos Lengyel uma lição de jornalismo". *Revista Manchete*, 6 set. 1986, p. 102; Sabino, Fred. De coração brasileiro, húngaro Janos Lengyel marcou época na cobertura da F1, 26 de julho de 2018, Globo Esporte, 26-07-2018. Disponível em: <https://globoesporte.globo.com/motor/formula-1/blogs/f1-memoria/post/2018/07/26/de-coracao-brasileiro-hungaro-janos-lengyel-marcou-epoca-na-cobertura-da-f1.ghtml>. Acesso em: 15 mar. 2020.

Ileana Pradilla / IB

LESKOSCHEK, Axl
Gravador, pintor, ilustrador, cenógrafo
Graz, Áustria, 03-09-1889 – Viena, 12-02-1976
No Brasil, de 1940 a 1948

Acervo Instituto Fayga Ostrower

Formado em Direito, participou da Primeira Guerra Mundial como oficial-aviador e voltou com ferimentos graves em 1918, último ano do conflito. Passou a estudar na Escola de Belas-Artes de Graz e na Escola de Artes Gráficas em Viena, onde foi membro do grupo *Werkbund*. Recebeu forte influência do movimento Secessão de Viena, o qual, como diz o nome, quis romper com as normas estéticas vigentes e cujo expoente máximo foi Gustav Klimt. Apresentou sua primeira exposição individual de aquarelas em 1921.

Leskoschek passou alguns anos em Viena pintando, ilustrando livros e criando cenários para o teatro. Embora tivesse recebido um prêmio do governo da Áustria pela sua obra gráfica, em 1925, o clima nem sempre lhe foi favorável na capital austríaca onde, apesar da grande efervescência cultural, o solo era fértil para nacionalismos exacerbados e para um crescente antissemitismo. Axl Leskoschek não era judeu, mas tinha fortes posições esquerdistas. De 1929 a 1931 viveu em Augsburg, na Alemanha, como cenógrafo. Depois voltou para Graz, onde trabalhou para o jornal social-democrata Arbeiterwille. Em 1934, filiou-se ao ilegal Partido Comunista. Foi preso por participar das lutas armadas conhecidas como "rebelião de fevereiro", eclodida em 1934 nos bairros operários de Viena. Em 1936, foi novamente detido e internado no campo de Wöllersdorf, onde pintou uma série de obras alegóricas no estilo expressionista-surrealista, consideradas manifestações relevantes da arte de resistência na

Áustria. Libertado graças à intervenção do escritor expressionista Franz Theodor Csokor, viveu algum tempo clandestinamente na Áustria até o país ser anexado pela Alemanha nazista em 1938, quando fugiu via Trieste, na Itália, para a Suíça. Sem poder exercer a profissão, escreveu sob pseudônimo uma série de artigos críticos contra o nazismo e conheceu sua mulher, Marusja.

Em 1940 o casal veio para o Brasil. No exílio, pintou paisagens e fez xilogravuras com cenas do cotidiano do novo país — geralmente trabalhos pequenos, porém ricos em detalhes. Cândido Portinari, de quem se tornou amigo, apresentou-o ao editor José Olympio, à frente de uma das maiores editoras do país na década de 1940. "Lesko-Lesko", como era apelidado, ilustrou para aquele selo livros, como *O romanceiro do Brasil*, do também exilado Ulrich Becher (VER); *Dois dedos*, de Graciliano Ramos; *Uma luz pequenina*, de Carlos Lacerda; e as traduções brasileiras de Dostoiévski como *O adolescente* (1943), *O eterno marido* (1943), *Os irmãos Karamázov* (1944), *O jogador* (1945) e *Os demônios* (1946). Segundo o diplomata José Neistein, especialista na obra do austríaco e curador de exposições sobre ele, essas publicações ilustradas firmaram a relevância de Dostoiévski entre o público leitor brasileiro.

Leskoschek deixou uma marca inconfundível com as mais de 200 ilustrações que fez para a Editora José Olympio. Além disso, teve papel fundamental na formação de diversos artistas brasileiros. Em 1946, foi convidado pelo pintor Thomás Santa Rosa para dar aula de Desenho de Propaganda de Artes Plásticas da FGV, curso de pequena duração que atraiu grandes nomes como Fayga Ostrower. Logo depois, em 1947, passou a dar em seu ateliê particular no bairro da Glória, no Rio de Janeiro, aulas que ficaram famosas. Mestre de um estilo que mistura elementos realistas, expressionistas e surrealistas e de uma temática focada em aspectos sociais e políticos, o exilado austríaco marcou a trajetória de discípulos que também se tornaram famosos: além de Fayga Ostrower (VER), Ivan Serpa, Renina Katz, Décio Vieira e Edith Behring.

Leskoschek voltou para a Áustria em 1948. Sua discípula Renina Katz contou que muitos artistas, tanto alunos quanto amigos, tentaram convencê-lo a ficar no país, mas ele estava decidido a retornar para sua terra natal e se engajar em iniciativas sociais. José Neistein, que o conheceu pessoalmente, diz que já enfermo e no fim da vida, o artista austríaco admitiu estar arrependido de ter deixado o Brasil. Ele sofreu com a perseguição aos comunistas após os movimentos grevistas de 1950. Sua série *Ulisses, Odisseia* (20 xilogravuras em preto e branco), criada entre 1938 — ano em que precisou fugir de seu país natal — e 1959, expressa a condição do refugiado, como diz Neistein: "Seu ciclo de xilogravuras inspirado na *Odisseia*, de Homero, é autobiográfico na medida em que ele se identifica com o herói grego que, depois de tantos anos de exílio, volta para casa e não é reconhecido por ninguém, salvo seu cão."

Fontes: *A experiência de Axl Leskoschek no Brasil*, de Camila Molina, *O Estado de S. Paulo*, 24/3/2016. Ver em: https://cultura.estadao.com.br/noticias/artes,a-experiencia-de-axl-leskoschek-no-brasil,10000022918 Último acesso em 28/3/2020; Museu Belvedere, Viena: https://digital.belvedere.at/people/1272/axl-leskoschek; Axl Leskoschek: 1889-1976. *Sezession Graz*. Disponível em: <http://sezession-graz.at/axl.leskoschek/>. Acesso em: 5 ago. 2020; Leskoschek, Axl. *Austria-Forum*. Disponível em: <https://austria-forum.org/af/Biographien/Leskoschek%2C_Axl>. Acesso em: 5 ago. 2020.
Kristina Michahelles / IB

LEVY DEINHARD, Hanna
Historiadora da arte, educadora, crítica de arte
Osnabrück, Alemanha, 28-09-1912 – Basileia, Suíça, 14-07-1984
No Brasil, de 1937 a 1947

Johanna (Hanna) Levy veio ao mundo no norte da Alemanha em uma abastada família judaica e viveu em Osnabrück até 1932. Segunda filha do casal Leo e Zilla Levy, Hanna se beneficiou do fato de sua mãe ser uma entusiasta das artes. Zilla se interessava por pintura, música e arquitetura. Lia para as filhas as biografias de pintores e mostrava-lhes reproduções de seus principais quadros. Hanna foi considerada a melhor aluna de sua turma no liceu de Osnabrück, porém ainda adolescente, com 17 anos sofreu uma campanha de difamação antissemita capitaneada pelo semanário fascista Stadtwächter (Guarda da Cidade). Apesar disso, a família tentava viver normalmente, frequentava concertos e museus. Leo Levy era um próspero homem de negócios do ramo têxtil, sócio majoritário da malharia R. Overmeyer Mechanische Kleider-Wäsche-Fabrik (Fábrica e Lavanderia Mecânica de Roupas Overmeyer) até que "ocorreu a venda compulsória aos senhores Waldmann, pai e filho", dois arianos, como convinha aos nazistas na fase inicial de seu governo, contou Hanna Levy para Peter Junk em carta de 16 de fevereiro de 1984.

Ao deixar o liceu, em meados de 1932 Hanna se matriculou no curso de História da Arte na Universidade de Munique. Inscreveu-se também em

Filosofia e Germanística. Quando Hitler tornou-se chanceler em 1933, aproveitou uma viagem de estudos a Paris e se transferiu para a Sorbonne. *Kunstgeschichtliche Grundbegriffe von Heinrich Wölfflin (Conceitos fundamentais da História da Arte de Heinrich Wölfflin)* foi o título de sua dissertação em 1934. Dois anos depois fez o doutorado, aprofundando a pesquisa em torno do mesmo autor, mas sob uma perspectiva marxista: *Henri Wölfflin. Sa théorie. Ses prédécesseurs (Henri Wölfflin. Sua teoria, seus predecessores).*

Em Neuwied, 1964 | Fotografia Frank Beseler

A biógrafa de Hanna Levy, Irene Below, destaca: "A reputação da brilhante doutora jovem já se espalhara a ponto de ela ser convidada a dar uma palestra sobre o tema de sua vida, *Sur la nécessité d'une sociologie de l'art (Sobre a necessidade de uma Sociologia da Arte),* no 2º Congresso Internacional de Estética e História da Arte em Paris, em 1937" A esta altura, aceleravam-se os planos para sair da Europa. Fracassada a tentativa de ir para os Estados Unidos, a segunda opção era o Brasil, onde já estava seu companheiro com quem vivera em Paris, o violoncelista Fritz Deinhard. Os dez anos que passou no Brasil não foram fáceis. O quarteto de cordas do marido logo se desfez e ele não encontrou mais trabalho. Hanna aprendeu rápido o português e deu aulas de tango, pois era uma desconhecida. Pouco antes do começo da guerra conseguiu resgatar os pais da Europa e foram todos morar em Petrópolis.

Ainda antes do final de 1937, Hanna Levy começaria a deixar sua marca como educadora no Brasil. Iniciou dando aulas de História da Arte para os funcionários do antigo SPHAN, Serviço de Patrimônio Histórico e Artístico Nacional, precursor do IPHAN. Lecionou na Escola Livre de Estudos Superiores no Rio de Janeiro, organizou e deu as aulas nos primeiros cursos noturnos de História da Arte, ocupou a cátedra de Arte Moderna e foi crítica de arte na Fundação Getúlio Vargas. No SPHAN também fez pesquisas, escreveu e publicou os primeiros artigos de peso sobre problemas metodológicos de uma história da arte brasileira, aprofundou-se em arte e arquitetura barroca no Brasil, sendo considerada uma precursora da historiografia de arte colonial. Simultaneamente, escrevia para jornais, promovia jovens artistas como Bruno Giorgi e Roberto Burle Marx e escreveu os textos da famosa exposição "Arte Condenada pelo III Reich" na Galeria Askanasy no Rio de Janeiro, em 1945. Na Revista do SPHAN, escreveu importantes textos sobre arte brasileira: "A propósito de três teorias sobre o barroco", "A pintura colonial no Rio de Janeiro", "Modelos europeus na pintura colonial" e "Retratos coloniais". Do contato com outros exilados e jovens artistas surgiu uma profunda amizade entre Hanna Levy e sua discípula, a polonesa Fayga Ostrower (VER).

Em janeiro de 1948 Hanna Levy e Fritz Deinhard foram para Nova York em busca de melhores oportunidades de trabalho. Ela conseguiu emprego na prestigiada New School for Social Research, uma escola superior progressista, mas o salário mal cobria as despesas. Já nessa época, Hanna desenvolveu o seu método de formação de adultos, realizando suas palestras de História da Arte sempre em frente às obras originais em diferentes museus. Oito anos depois, veio a decisão de uma terceira emigração, desta vez definitiva, para Israel. Mas o marido Fritz, que já estava doente, morre pouco após a chegada. Ela decide voltar para os EUA. De 1961 a 1965 lecionou na Bard College, no estado de Nova York, e a partir de 1965 na Queens College, naquele bairro novaiorquino, mas a segurança financeira só chegou em 1973, com uma cátedra vitalícia nessa instituição. Sua principal obra, *Meaning and Expression: Toward a Sociology of Art (Significado e expressão: rumo a uma sociologia da arte)* foi publicada em 1970.

Irrequieta, teve sua importância reconhecida apenas ao final da vida. Hanna Levy-Deinhard aposentou-se em 1978 se radicou em Basileia, na Suíça. Ainda deu cursos na faculdade com visitas guiadas a museus. As cartas da amizade de mais de 40 anos com Fayga Ostrower serão publicadas no Rio de Janeiro.

Fontes: Below, Irene. *Kunst und Gesellschaft zwischen den Kulturen: Die Kunsthistorikerin Hanna Levy-Deinhard im Exil und ihre Aktualität heute.* Munique: Edition Text und Kritik, 2016; Below, Irene. "Jene widersinnige Leichtigkeit der Innovation

Hanna Deinhards Wissenschaftskritik, Kunstsoziologie und Kunstvermittlung". In: Hudson-Wiedenmann, Ursula; Schmeichel-Falkenberg, Beate. *Grenzen Überschreiten. Frauen, Kunst und Exil*. Würzburg: Königshausen & Neumann, 2005, p. 151-180; Ostrower, Fayga; Levy, Hanna. *Correspondência entre Fayga Ostrower e Hanna Levy, 1948-1979*. No prelo; Nakamuta, Adriana Sanajotti (Org.). *Hanna Levy no SPHAN: história da arte e patrimônio*. Rio de Janeiro: IPHAN/DAF/Copedoc, 2010. Disponível em: <http://portal.iphan.gov.br/uploads/publicacao/SerPesDoc5_HannaLevySPHAN_m.pdf>. Acesso em: 5 jun. 2020; O livro *Correspondência entre Fayga Ostrower e Hanna Levy, 1948-1979* foi gentilmente cedido para consulta pela filha Noni Ostrower.

Leonardo Dourado / IB

LEWINSOHN, Richard
Médico, jornalista de economia, escritor, professor
Graudenz, Alemanha, atual Grudziadz, Polônia, 23-09-1894 –
Madri, 09-04-1968
No Brasil, de 1940 a 1952

Arquivo Nacional

Filho de Salomon Lewinsohn, dono de uma fábrica de tijolos, e de Monna Brilles, ambos judeus, estudou Medicina e Economia em Munique, Göttingen, Jena, Bonn e Berlim. Durante a Primeira Guerra Mundial serviu em um trem que funcionava como hospital de campanha para soldados feridos no front. Sua dissertação foi publicada em 1919 com o título *Carcinoma e trauma*. Com o fim da guerra, trabalhou na área da saúde em Berlim, mas já preparava a sua outra tese de doutorado, defendida em 1923, sobre socialismo e políticas populacionais.

Doutor em Medicina e em Ciências Políticas, Lewinsohn voltou-se para outra área e se tornou um dos principais jornalistas de economia da República de Weimar. Trabalhou para o Berliner Börsencourier (Jornal da Bolsa de Berlim), foi redator político do Vossische Zeitung (Jornal de Voss) de 1923 a 1925, passando a chefiar a editoria de economia do importante jornal de 1925 até 1930. Também colaborava com a revista semanal Weltbühne (Palco mundial) sob o pseudônimo Morus, merecendo elogios do escritor Kurt Tucholsky pelo estilo irônico e bem-humorado.

Em 1930, aceitou convite da editora Ullstein para dirigir o seu escritório em Paris, porém foi demitido quando os nazistas tomaram o poder, em 1933. Permaneceu na capital francesa e seguiu escrevendo para um jornal de exilados, Das Neue Tagebuch (O novo diário), assinando com outro pseudônimo, Campanella. Fez parte do grupo fundador — entre eles, Ernst Feder (VER) — do jornal Pariser Tageblatt (Diário de Paris), sendo responsável pela seção de economia. Mas foi enredado em um escândalo que culminou em violência física em 1936. O proprietário do jornal, Vladimir Poliakov, foi acusado pela redação de ter se vendido aos nazistas justamente no momento em que promovia Lewinsohn a editor-chefe no lugar de George Bernhard. A equipe de jornalistas se sublevou e fundou um jornal concorrente, o Pariser Tageszeitung (Diário de Paris), acusando Lewinsohn e Poliakov de traidores, além de surrupiar a relação de assinantes do Pariser Tageblatt e destruir toda a edição do primeiro exemplar do novo jornal. Em sua primeira noite como editor-chefe, Lewinsohn foi atacado por um grupo e surrado ao deixar as oficinas tipográficas após o fechamento da edição. Ferido e temendo por sua integridade, demitiu-se em seguida.

Como a comunidade de exilados alemães em Paris acreditou nos revoltosos, o Pariser Tageblatt precisou fechar. Investigações posteriores de comitês judaicos independentes revelaram que as acusações eram infundadas. Apesar de defendido por outros exilados em Paris, a situação ficou insustentável para Richard Lewinsohn. Em 1939, ficou internado no campo de concentração Stade de Colombes e em outros campos na França. Conseguiu fugir em 1940 via Lisboa e veio para o Rio de Janeiro com o navio "Serpa Pinto" graças a um dos centenas de vistos irregulares concedidos pelo embaixador brasileiro Souza Dantas visando livrar perseguidos políticos.

Em 1942, começou a trabalhar para o Departamento Administrativo do Serviço Público (DASP), criado em 1938 pelo governo Vargas com a finalidade de modernizar a máquina administrativa do Estado. Depois da guerra, Lewinsohn fundou o Instituto de Estudos Conjunturais e lançou em novembro de 1947 a revista Conjuntura Econômica, que existe até hoje e é publicada pela Fundação Getúlio Vargas. No artigo "Como nasceu Conjuntura Econômica", publicado em 1967, o próprio Lewinsohn explica que a nova ordem econômica mundial, depois dos acordos de Bretton Woods e da criação do FMI e do Banco Mundial em 1944, exigia que cada país estivesse preparado para análises econômicas baseadas em estatísticas e números. O economista Celso Furtado conheceu o austríaco Richard Lewinsohn quando voltou ao Brasil depois de defender seu doutorado na Sorbonne e foi trabalhar na Fundação Getúlio Vargas. Lewinsohn ensinou-lhe a importância de trabalhar com estatísticas e Furtado sempre atribuiu a ele um papel relevante na sua formação profissional, até então marcada pelos estudos teóricos em Paris. Aluno de Eugenio Gudin e do próprio Lewinsohn, outro destacado economista, Julian Chacel, recorda que Lewinsohn era "extremamente imaginativo" e foi quem "elaborou a pioneira estimativa de renda nacional do Brasil, inferindo seu valor por meio da arrecadação do imposto sobre vendas e consignações".

A Conjuntura Econômica foi de tal maneira importante para os formuladores de políticas públicas, empresários e estudiosos que, no dia do lançamento, os mil exemplares do primeiro número com 36 páginas ao preço de Cr$ 10 se esgotaram (foram reimpressos posteriormente mais 13 mil exemplares para atender aos interessados). Lewinsohn escrevia regularmente uma coluna sobre temas de economia e finanças para o Correio da Manhã. Escritos à mão e em francês, os textos eram traduzidos por Chacel. Publicou no Brasil várias obras sobre assuntos econômicos, entre as quais *Trustes e cartéis, suas origens e influências na economia mundial* (1945). Ao todo, Lewinsohn escreveu 20 livros. Em 1952, voltou para a França, onde mais uma vez trocou de área. Passou da economia para a música e se tornou crítico musical. Até compôs uma ópera intitulada *Jim Fisk*, sobre um empresário e especulador norte-americano que morreu assassinado. Baseada em Lucerna, na Suíça, a fundação Richard Lewinsohn/Morus é guardiã do seu espólio intelectual. Lewinsohn faleceu em 1968 ao participar de um curso na capital espanhola. Está enterrado em Madri.

Fontes: "Biographie: Richard Lewinsohn". *Richard Lewinsohn/Morus-Stiftung*, Lucerna. Disponível em: <https://www.lewinsohn-morus.ch/lewinsohn/biographie/>. Acesso em: 5 ago. 2020; Chacel, Julian. "Convite de Gudin". *Conjuntura econômica*, v. 66, n. 11, nov. 2012; Kestler, Izabela Maria Furtado. *Exílio e literatura — escritores de fala alemã à época do nazismo*. Edusp: São Paulo, 2003; Lewinsohn, Richard. "Como nasceu 'Conjuntura Econômica'". *Conjuntura econômica*, v. 21, n. 11, 1967. Disponível em: <http://bibliotecadigital.fgv.br/ojs/index.php/rce/article/view/67748/65374>. Acesso em: 5 ago. 2020; Richard Lewinsohn. In: Wikipedia. Disponível em: <https://de.wikipedia.org/wiki/Richard_Lewinsohn>. Acesso em: 5 ago. 2020.

Kristina Michahelles / IB

LEWY, Walter
Pintor, desenhista, gravador
Bad Oldesloe, Alemanha, 10-11-1905 – São Paulo, 18-12-1995
No Brasil, de 1937 a 1995

Walter Max Lewy era filho único de uma família judia alemã de classe média, que lhe proporcionou uma educação liberal e laica. Ainda criança, mudou-se com os pais para Dortmund, onde diplomou-se pela Escola de Artes e Ofícios em 1927. Sua formação artística foi fortemente influenciada pela chamada Neue Sachlichkeit (Nova Objetividade), movimento estético que marcou a vida cultural da Alemanha durante a República de Weimar (1918-1933), identificando-se especialmente com sua vertente conhecida como Realismo Mágico.

Após concluir seu curso, trabalhou como designer gráfico e, paralelamente, iniciou uma carreira de pintor, participando de exposições coletivas em várias cidades alemãs no final da década de 1920. Em 1929, com a crise econômica, perdeu o emprego de designer e voltou a morar com os pais, que a essa altura haviam se mudado para a pequena cidade de Bad Lippspringe. Ali, Lewy produziu ilustrações humorísticas para jornais locais e realizou sua primeira exposição individual como pintor. Por conta da perseguição aos judeus promovida pelo regime nazista, mudou-se em 1935 para a cidade holandesa de Roterdã, onde morou com parentes. Assustado com o crescimento do antissemitismo por toda a Europa, embarcou no final de dezembro de 1936 para o Brasil, onde já morava um primo seu, com um visto de turista obtido junto ao consulado brasileiro em Hamburgo. Praticamente toda a obra artística que produzira até então foi deixada na Europa, e se perdeu durante a Segunda Guerra Mundial. Lewy nunca mais veria seus pais, que seriam confinados no campo de concentração de Theresienstadt, em 1942, e posteriormente deportados para Auschwitz e executados em maio de 1944.

Chegando ao Brasil em janeiro de 1937, Walter Lewy fixou-se em São Paulo, onde trabalhou por alguns anos como diagramador e arte-finalista em agências de publicidade. Em 1939, retomou sua atividade como pintor e logo travou contato com vários artistas brasileiros, especialmente os paulistanos do Grupo Santa Helena. Participou então ativamente dos salões promovidos pelo

Sindicato dos Artistas Plásticos na década de 1940, e realizou sua primeira exposição individual no Brasil em 1944, no ateliê do pintor Clóvis Graciano. A retomada de sua carreira artística no Brasil praticamente coincide com sua adesão ao surrealismo, estilo a que permaneceria vinculado pelo restante da vida e de que seria um dos principais expoentes no país. Anos mais tarde, o próprio Lewy constataria que a vinda para o Brasil foi um marco importante em sua trajetória artística, relacionando-a inclusive com a opção pelo surrealismo: "Na verdade eu ainda não estava resolvido, precisava conhecer melhor o Brasil. Porque assim que pisei aqui me tornei brasileiro, esqueci a Alemanha, que tinha deixado de existir. Nessa época eu comecei a saber tudo sobre Magritte, Max Ernst e decidi começar a pintar novamente."

Tendo conquistado prestígio no cenário artístico nacional, Walter Lewy participou da I Bienal de São Paulo, em 1951, e de diversas outras edições do evento até 1975. Integrou também o Salão Nacional de Arte Moderna, no Rio de Janeiro, em 1952 e 1957; e várias edições do Salão Paulista de Arte Moderna nas décadas de 1950 e 1960, tendo sido por diversas vezes premiado. Individualmente, expôs com frequência na capital paulista, com destaque para a mostra realizada em 1956 no Museu de Arte Moderna de São Paulo, mesmo local que abrigaria, em 1974, a retrospectiva *Lewy: 35 anos de pintura no Brasil*. Em 1976, expôs na Galeria Debret, em Paris. Sobre sua obra, escreveu o crítico de arte José Roberto Teixeira Leite: "A despeito de absurdas, suas rochas suspensas no ar e mulheres-cactos são de uma realidade pictórica a toda prova, impondo-se pela construção, pela qualidade do desenho e pela sensibilidade do colorido, sem deixar de lado o apuro da execução e sua extrema tipicidade. Porque, se é justo detectar, em sua arte, influências da de outros pintores, notadamente Max Ernst e Tanguy, não menos justo é constatar a mestria com que as aglutinou Lewy, sobrepondo-lhe sua própria personalidade."

Walter Lewy trabalhou também como ilustrador de livros, destacando-se nesta área os desenhos produzidos para a obra *Metamorfose*, de Franz Kafka, em edição lançada pela Editora Civilização Brasileira, em 1956. Dedicou-se também à gravura e ao paisagismo.

Foi casado com a pintora Dirce Pires, que durante muito tempo fora modelo de Di Cavalcanti.

Em 2013, realizou-se na Estação Pinacoteca, na capital paulista, a mostra retrospectiva *Walter Lewy: mestre do Surrealismo no Brasil*, que contou com 134 obras, entre pinturas, gravuras, desenhos e ilustrações de livros. Foi a primeira exposição de sua obra desde sua morte, em 1995.

Fontes: Adorno, Glauco. *Brazilian Surrealism: The Art of Walter Lewy*. Bâton-Rouge: LSU, 2016. Disponível em: <https://digitalcommons.lsu.edu/gradschool_theses/2862/>. Acesso em: 5 ago. 2020; Arte na Tela. *Walter Lewi: mestre do surrealismo no Brasil*. (vídeo). Disponível em: <https://www.youtube.com/watch?v=ewSxJpAh_EM>. Acesso em: 5 ago. 2020; Cavalcanti, Carlos. *Dicionário brasileiro de artistas plásticos*. Brasília: Instituto Nacional do Livro, 1974; "LEWY, Walter". *Brasil Artes Enciclopédias*. Disponível em: <http://brasilartesenciclopedias.com.br/nacional/lewy_walter.htm. Acesso em: 5 ago. 2020; Pontual, Roberto. *Dicionário das artes plásticas no Brasil*. Rio de Janeiro: Civilização Brasileira, 1969; Teixeira Leite, José Roberto. *Dicionário crítico da pintura no Brasil*. Rio de Janeiro: Artlivre, 1988; *Walter Levy* (página no Facebook). Disponível em: <https://www.facebook.com/pg/WalterLewy/about/?ref=page_internal>. Acesso em: 5 ago. 2020; "Walter Lewy". *Arqshoah*. Disponível em: <https://www.arqshoah.com/index.php/personalidades/artistas-e-intelectuais/3787-aei-2-lewy-walter>; "Walter Lewy". Enciclopédia Itaú Cultural. São Paulo: Itaú Cultural, 2020. Disponível em: <https://enciclopedia.itaucultural.org.br/pessoa8864/walter-lewy>. Acesso em: 5 ago. 2020.

André Faria Couto / IB

LICHTENSTERN, Herbert
Filólogo, crítico literário, historiador
Viena, 29-07-1903 – Zurique, Suíça, 13-07-1964
No Brasil, de 1939 a 1948

Herbert Heinrich Lichtenstern era filho de Hugo e Margaret Maria Lichtenstern. Tinha dois irmãos, ambos mais novos do que ele: Gerhard Leo Lichtenstern e Karla Edith Weinberger, essa última radicada nos Estados Unidos, onde morreu em 1990. Herbert foi casado com Aloisia Lichtenstern, também referida como Aloisia Abraham ou Lola Brahm.

Em 1938, após a anexação da Áustria pela Alemanha nazista, emigrou para a cidade suíça de Zurique. Já no ano seguinte, porém, transferiu-se para o Brasil. Seu passaporte foi emitido pelo Consulado Geral da Alemanha em Zurique, em 2 de fevereiro de 1939, e a 24 do mesmo mês obteve o visto temporário no consulado brasileiro na mesma cidade. Em sua ficha consular consta como profissão a de teólogo, ou, mais precisamente, *candidatus theologiae*, que é um prestigiado diploma acadêmico de Teologia concedido em alguns países da Europa do norte. O mesmo documento informa que Herbert era solteiro, mas seu nome apareceria mais tarde, em fevereiro de 1941, ao lado do de Aloisia Abraham em uma relação de estrangeiros convocados pelo Ministério da Justiça para completarem exigências em seus processos de permanência no país, e que foi divulgada na ocasião em vários jornais.

Arquivo Nacional

Afora essa convocação, as poucas referências ao nome de Herbert Lichtenstern no Brasil quase sempre o vinculam ao universo do catolicismo. Em 20 de agosto de 1939 prestou compromisso de adesão à Ação Católica Brasileira, em evento realizado no Colégio Santo Inácio, no Rio de Janeiro. Em maio de 1940, ao comunicar na revista católica A Ordem o lançamento de uma publicação similar na Argentina, informa que seu diretor, monsenhor Straubinger, fora obrigado a sair da Alemanha, sua terra natal, por conta da luta que então se travava naquele país "contra a religião e a Igreja". Por essa época é possível que Lichtenstern estivesse morando em Campinas (SP), já que o referido comunicado foi assinado de lá. Em agosto seguinte, publica também n'A Ordem o artigo "O cristão e os salmos imprecatórios", que dedica a Alceu Amoroso Lima. Outro texto seu — "Três aspectos práticos de um congresso litúrgico nos Estados Unidos" — aparece na revista Vozes de Petrópolis, em outubro de 1941. Izabela Kestler, em obra na qual focaliza a presença de escritores de língua alemã no Brasil, afirma que Lichtenstern foi professor de Filologia Clássica na Universidade Católica do Rio de Janeiro (atual Pontifícia Universidade Católica — PUC) e colaborador das revistas Times of Brazil, A Cruz e A Tribuna, além da Vozes de Petrópolis, todas de orientação católica e conservadora, nas quais escrevia "sobre temas políticos, pedagógicos e religiosos".

Lichtenstern deixou o Brasil em 1948, e, ao que parece, voltou a viver em Zurique. As informações sobre ele a partir de então são ainda mais escassas. Em 1953, lançou o livro *Não tenha medo*, como parte de uma coleção de obras religiosas editadas pelo Deutsches Liturgisches Institut. Em agosto de 1958, pronunciou em Zurique, a convite do Clube Brasileiro daquela cidade, uma conferência sobre a construção de Brasília.

Fontes: A Ordem, mai. 1940; A Ordem, ago. 1940; A Ordem, nov. 1941; Correio da Manhã, 20-08-1958; "Dr. Herbert Heinrich Lichtenstern". *Geni*. Disponível em: <https://www.geni.com/people/Dr-Herbert-Lichtenstern/6000000015738366091>. Acesso em: 5 ago. 2020; Jornal do Brasil, 06-02-1941; Kestler, Izabela. *Exílio e literatura: escritores de fala alemã durante a época do nazismo*. São Paulo: Edusp, 2003; "LICHTENSTERN, Herbert Heinrich". *Arqshoah*. Disponível em: <https://www.arqshoah.com/index.php/personalidades/artistas-e-intelectuais/5431-aei-113-lichtenstern-herbert-heinrich>. Acesso em: 5 ago. 2020; Vida Catholica, Jornal do Comércio, 22-08-1939.

André Faria Couto / IB

LICIA, Nydia

Atriz, produtora, professora, escritora
Trieste, Itália, 30-04-1926 – São Paulo, 12-12-2015
No Brasil, de 1939 a 2015

Foto Fredi Kleeman
Acervo de família, cortesia da filha Sylvia Leão

Nydia Licia Pincherle nasceu em Trieste, na Itália, de família judaica. O pai, Giacomo Giuseppe Pincherle, era médico e radiologista. A mãe, Alice Schwarzkopf Pincherle, era crítica musical, professora de música e de impostação de voz. Além de Nydia, os pais tiveram um filho, Livio Tulio Pincherle (VER), que viria a se tornar no Brasil um destacado médico psicoterapeuta, professor e especialista em hipnose. A ascensão do fascismo em seu país e a iminência da Segunda Guerra Mundial fizeram com que sua família emigrasse para o Brasil, onde desembarcou em 1939, a bordo do "Neptunia", radicando-se em São Paulo.

Na capital, estudou nos colégios Dante Alighieri e Mackenzie. Dificuldades financeiras impediram-na de cursar a universidade e levaram-na a trabalhar como secretária no consulado italiano. Frequentou um curso de história da arte ministrado por Pietro Maria Bardi, de cujo encontro resultou um convite para auxiliá-lo na criação do Museu de Arte de São Paulo (MASP).

Em 1947, estreou como atriz na peça *À margem da vida*, de autoria de Tennessee Williams e encenada pelo Grupo de Teatro Experimental. No

Grupo Universitário de Teatro (GUT), vinculado à Universidade de São Paulo (USP), foi dirigida, também em 1947, por Décio de Almeida Prado em *O baile dos ladrões*, escrita por Jean Anouilh. Um ano depois, juntou-se àqueles que deixaram o GUT e ingressaram no Teatro Brasileiro de Comédia (TBC), grupo que exerceria papel de relevo nos palcos brasileiros.

A estreia profissional da companhia ocorreu em 1949, com *Nick Bar*, em que substituiu Cacilda Becker, impossibilitada em função da gravidez. Com o TBC, participou de *Entre quatro paredes*, em que figurou pela primeira vez como atriz titular, atuando do início ao fim, além de *Os filhos de Eduardo*, *A ronda dos malandros*, *A importância de ser prudente* e *O anjo de pedra*. Concomitantemente, incorporou-se ao Teatro das Segundas-Feiras e o trabalho passou a tomar-lhe todos os dias da semana. Na encenação de *Entre quatro paredes*, conheceu Sérgio Cardoso, com quem se casou em 1950 e teve a única filha, Sylvia.

Deixou o TBC em 1952, mudou-se com a família para o Rio de Janeiro e integrou a Companhia Dramática Nacional. Na cidade, hospedou-se na casa de Procópio Ferreira. Conciliou a atuação nas peças *A raposa e as uvas*, em que foi dirigida por Bibi Ferreira, e *A canção dentro do pão*, a cuja frente estava o marido. De volta a São Paulo em 1953, foi admitida na TV Record, em que contracenou nos programas *O personagem no ar* e *Romance*. Com Sérgio Cardoso, fundou em 1954 a empresa Bela Vista, que assumiu a reforma do Cine-Teatro Espéria, localizado no bairro do Bixiga. Antes de reabri-lo, participou da peça *Sinhá Moça chorou*, em que dividiu a cena com Sérgio Cardoso e foi mais uma vez dirigida por ele.

Em 15 de maio de 1956, no elenco de *Hamlet*, inaugurou o Teatro Bela Vista. Por seu palco, passariam a releitura de *A raposa e as uvas*, *Henrique IV*, *O comício* e aquela que foi considerada sua grande performance teatral, *Chá e simpatia*, que lhe valeu a medalha de ouro de melhor atriz conferida pela Associação Paulista de Críticos de Arte (APCT). Nos anos de 1958 e 1959, compôs o elenco de *Amor sem despedida*, *Vestido de noiva*, *Lembranças de Berta* e *Oração para uma negra*.

O fim do matrimônio com Sérgio Cardoso, em 1960, reforçou a condição de produtora teatral. Em 1961 e 1962, foi designada representante dos empresários na Comissão Estadual de Teatro e no Serviço Nacional do Teatro.

Em em 1962, ampliou o alcance do seu público, tendo produzido a peça infantil *A bruxinha que era boa*. Disposta a levar o teatro às crianças, desenvolveu trabalhos em escolas. Ainda na televisão, trabalhou nas emissoras Paulista, Tupi, Bandeirantes e Cultura. Nesta última, concebeu o programa *Teatro do canal 2*, apresentou *Quem é quem* e produziu *Presença*. Foi também assessora de cultura e diretora cultural da emissora.

Em litígio com os proprietários do imóvel que sediava o Teatro Bela Vista desde a década anterior, perdeu-o em 1971. O governo do estado de São Paulo, no entanto, desapropriou-o e o reinaugurou com o nome Teatro Sérgio Cardoso, em 13 de outubro de 1980. A montagem escolhida para a estreia foi Sérgio Cardoso em prosa e verso, da qual participou, com direção de Gianni Ratto.

Em sua carreira, atuou, além do marido, ao lado dos maiores atores do período, como Paulo Autran, Jardel Filho, Ziembinski (VER), Tonia Carrero e Maria Della Costa.

Em 1992, iniciou-se no magistério, lecionando na Escola de Comunicação da Fundação Armando Álvares Penteado (FAAP) e no Teatro Escola Célia Helena.

A partir de 2002, registrou seu itinerário artístico na autobiografia *Ninguém se livra dos seus fantasmas* e o de atores com quem partilhou o palco em livros como Sérgio Cardoso: Imagens de sua arte (2004), *Rubens de Falco: Um internacional ator brasileiro (2005)*, Leonardo Villar: Garra e paixão (2005) e *Raul Cortez: Sem medo de se expor* (2007), que lhe rendeu o prêmio Jabuti na categoria Biografias. Ainda em 2002, atuou no filme *O príncipe*, dirigido por Ugo Giorgetti.

Faleceu na cidade de São Paulo, em 12 de dezembro de 2015, em decorrência de um câncer no pâncreas. O velório ocorreu no Teatro Sérgio Cardoso.

Fontes: Carneiro, Maria Luiza Tucci; Mizrahi, Raquel. *Vozes do Holocausto – Histórias de Vida: Refugiados do Nazifascismo e Sobreviventes da Shoah* (Brasil 1933-2017). São Paulo: Maayanot, 2017. v. 2; Carneiro, Maria Luiza Tucci; Strauss, Dieter. *Brasil, um refúgio nos trópicos. A trajetória dos refugiados do nazifascismo*. São Paulo: Estação Liberdade/Instituto Goethe, 1996; Junqueira, Christine. "Nydia Licia". *Brasil memória das artes*. Disponível em: http://portais.funarte.gov.br/brasilmemoriadasartes/acervo/atores-do-brasil/biografia-de-nydia-licia/. Acesso em: 2 fev. 2020; "Nydia Licia". Enciclopédia Itaú Cultural. São Paulo: Itaú Cultural, 2020. Disponível em: <http://enciclopedia.itaucultural.org.br/pessoa8251/nydia-licia>. Acesso em: 2 fev. 2020.

Rogério Alves de Barros / IB

LIEBLICH, Eva
Pintora, desenhista, escultora
Stuttgart, Alemanha, 06-09-1925
No Brasil, desde 1938

Eva Lieblich foi a segunda das quatro filhas do casal Karl e Olga Lieblich, ambos de origem judia. Seu pai — advogado e escritor — publicou dois livros sobre a questão judaica que obtiveram considerável repercussão no início dos anos 1930 na Alemanha, mas foram proibidos após a ascensão do regime nazista, que ainda o proibiu de escrever e mesmo de exercer a advocacia, além de cassar-lhe o doutorado. Desejando então deixar a Alemanha, e percebendo a dificuldade que teria para exercer a advocacia em outro

Foto de família, cortesia da filha Beatriz Fernandes

país, Karl Lieblich (VER) realizou viagens a diversos lugares da Europa e da América para prospectar possíveis negócios que o permitissem emigrar com segurança financeira. Aprendeu então a lidar com o ramo gráfico na cidade suíça de Basileia. Na sequência, com um visto de turista, viajou sem a família para Nova York em 1937, e de lá para o Brasil, onde decidiu se estabelecer.

Ainda naquele ano, através da mulher, conseguiu a transferência de recursos para o Brasil, especialmente impressoras e um grande armário com extensa variedade de tipos para impressão, apostando que o domínio de um ofício técnico e a posse de capitais o ajudariam a obter a desejada autorização para residir com a família no país. Fixou-se em São Paulo, mas já em maio de 1938 sua esposa deixou Stuttgart acompanhada de Eva e das duas filhas mais novas, Mirjam e Judith, com o objetivo de se juntar ao marido. Essa viagem não seria tranquila, porém. Não conseguindo os vistos no consulado brasileiro de

Hamburgo, Olga dirigiu-se à cidade francesa de Estrasburgo, onde nascera, e obteve o documento através do embaixador brasileiro em Paris, Luiz Martins de Souza Dantas. Em seguida foi para Cherbourg, na costa da Normandia, de onde embarcou com as filhas para o Brasil. Chegou ao porto de Santos em julho daquele ano. A filha mais velha, Ursula, emigrou então para a Suíça, e somente em 1945 veio para o Brasil. Os avós paternos de Eva foram trazidos para o Brasil em 1940, já bem idosos, e morreram pouco tempo depois. Duas tias e vários outros parentes permaneceram, porém, na Alemanha e foram mortos no Holocausto.

Com os recursos e equipamentos trazidos pela mulher, Karl Lieblich montou uma gráfica na capital paulista, ramo que abandonou logo depois para abrir uma empresa de importação e exportação, vivendo nos anos seguintes como modesto empresário. Como escritor, porém, não publicou nenhuma obra no Brasil. Permaneceu no país até 1958, quando decidiu retornar sozinho para a Alemanha.

Eva Lieblich, que aqui chegou quando tinha 13 anos, iniciou sua formação artística no início dos anos 1940. Frequentadora dos ateliês de Mário Zanini e de Volpi, na capital paulista, estudou desenho com Antônio Gomide, pintura com Aldo Bonadei e escultura com Loccozelli e Bruno Giorgi. "Saíam em grupo, com as maletas e os cavaletes —relembra a irmã de Eva, Judith Patarra — atravessando a ponte pequena sobre o Rio Tietê, rumo ao que chamavam de arredores, no caso o Canindé. Pintavam muitas paisagens — era a fase paisagista de todos esses pintores famosos — e também o que chamavam de marinhas, muitas em Itanhaém."

Em 1947, integrou a importante *Exposição 19 pintores*, realizada na Galeria Prestes Maia, em São Paulo, que reunia exclusivamente artistas jovens, muitos dos quais logo ganhariam destaque no cenário artístico do país, como Aldemir Martins, Flávio-Shiró, Lothar Charoux, Luís Sacilotto, Marcelo Grassmann e Maria Leontina. Mesmo sem apresentar unidade estilística, a mostra revelava o esgotamento dos princípios modernistas e anunciava uma importante inflexão nas artes plásticas do país, inflexão essa que assumiria formas mais claras pouco tempo depois, com a emergência das tendências abstracionistas entre nós. Muito elogiada pela crítica especializada, a *Exposição 19 pintores* obteve também grande sucesso de público, sendo visitada por mais de 50 mil pessoas. Sua importância na história da arte brasileira foi sempre destacada pela literatura especializada, e evidenciada também por suas reedições comemorativas, ocorridas também em São Paulo nos anos de 1968, 1978 e 1989, respectivamente na Galeria Tema, no Museu de Arte Moderna (MAM) e na Choice Galeria, quando os mesmos 19 artistas foram chamados a apresentar novos trabalhos.

Ainda no final da década de 1940, Eva Lieblich integrou a primeira diretoria do MAM de São Paulo, ocupando o cargo de secretária e trabalhando na organização do acervo da instituição. Na década seguinte, passou alguns anos na Europa, tendo estudado gravura em Paris e litografia em Frankfurt. Em Viena aprendeu o *batik*, uma técnica artesanal de tingir tecidos, originária da ilha de Java e até então praticamente desconhecida no Brasil. Ao retornar para São Paulo, em 1956, Eva ensinou a técnica à amiga e também artista plástica Alice Brill (VER), com quem realizou diversas exposições conjuntas nos anos seguintes. Na década de 1960, foi premiada em seguidas edições do Salão Paulista de Arte Moderna e participou da II Exposição Internacional de Artesanato Artístico de Stuttgart, cidade em que também expôs individualmente em 1964. Nesse mesmo ano, realizou exposição na Galeria Mobilínea, em São Paulo, e, em meados da década, voltou a morar na Alemanha, só retornando definitivamente ao Brasil em 2013.

Eva Lieblich casou-se, na década de 1940, com o médico José Eduardo Fernandes, um dos responsáveis pela publicação da revista de cultura Fundamentos, ligada ao Partido Comunista Brasileiro. Desde então adotou o nome Eva Lieblich Fernandes.

Fontes: Alarcon, Daniela. "Trecho de diário íntimo: a fotografia de Alice Brill". *Vitabreve*, Disponível em: <http://vitabreve.com/artigo/63/trecho-de-diario-intimo:-a-fotografia-de-alice-brill-/>. Acesso em: 5 ago. 2020; Andress, Reinhard. "Karl Lieblich: ein deutsch-jüdisches und schriftstellerisches Emigrantenschicksal zwischen Deutschland und Brasilien". *Pandaemonium germanicum*, out. 2006. Disponível em: <file:///C:\\Users\\Andr%C3%A9\\Downloads\\Karl_Lieblich_ein_deutsch-judisches_und_schriftste.pdf >; Artigas, Rosa. *Virgínia Artigas: histórias de arte e política*. São Paulo: Editora Terceiro Nome, 2019; Cavalcanti, Carlos. Dicionário brasileiro de artistas plásticos. Brasília: Instituto Nacional do Livro, 1974; "Eva Lieblich". *Arqshoah: Holocausto e antissemitismo*. Disponível em: <http://www.arqshoah.com.br/index.php/personalidades/artistas-e-intelectuais/3792-aei-7-lieblich-eva>. Acesso em: 5 ago. 2020; Fernandes, Eva Lieblich. "Karl Lieblich: judeu, jurista, jornalista, poeta, pensador, homem de negócios e exilado". *Boletim do Arquivo Histórico Judaico Brasileiro*, n. 41, nov. 2009. Disponível em: <http://www.ahjb.org.br/pdf/AHJB_n41.pdf>. Acesso em: 5 ago. 2020; *Folha de São Paulo*, São Paulo, 17-07-1989; "Grupo dos 19 (Exposição 19 Pintores)". *Brasil Artes Enciclopédias*. Disponível em: <http://brasilartesenciclopedias.com.br/tablet/temas/grupo_dos_19.php >. Acesso em: 5 ago. 2020; Kestler, Izabela. *Exílio e literatura: escritores de fala alemã durante a época do nazismo*. São Paulo: Edusp, 2003; Magalhães, Ana Gonçalves. "A narrativa de arte moderna no Brasil e as coleções Matarazzo MAC-USP". *Museologia e Interdisciplinaridade*, UNB, n. 1, 2012; Patarra, Judith. Comunicação pessoal. E-mail, 27-03-2020; Pontual, Roberto. *Dicionário das artes plásticas no Brasil*. Rio de Janeiro: Civilização Brasileira, 1969; Judith Patarra, Comunicação pessoal. 2020.

André Faria Couto / IB

LIEBLICH, Karl
Advogado, escritor
Stuttgart, Alemanha, 01-08-1895 – Stuttgart, 01-03-1964
No Brasil, de 1937 a 1957

Filho mais novo de uma família judia da Galícia, província do antigo Império Austro-Húngaro, hoje Ucrânia, Karl Lieblich nasceu em Stuttgart, na Alemanha, onde já esboçava seus primeiros textos nos bancos da escola. Na universidade, começou a estudar Filosofia e Medicina, mas acabou optando pelo Direito, primeiro em Estrasburgo, depois em Leipzig e Tübingen. A Primeira Guerra Mundial interrompeu os estudos. O jovem Karl abraçou a ideia de ir ao campo de batalha e expressou seus sentimentos em fervorosos versos patrióticos, que logo dariam lugar à perplexidade diante dos horrores que viu.

Depois do conflito, voltou à universidade e se casou em 1920 com sua prima Olga Lieblich. Logo nasce a primeira filha, Ursula, e, pouco depois, em 1921, ele entrega a tese de doutorado. Em 1923, abriu escritório de advocacia, sempre escrevendo peças, poemas, novelas e críticas teatrais, para o jornal *Münchner Neueste Nachrichten*. Um elogio notável sobre sua obra veio de Thomas Mann, escritor que, poucos anos depois, receberia o Nobel de Literatura: "Agradeço a sua gentil carta e o envio de seu extraordinário livro", referindo-se à coletânea de contos *Die Traumfahrer (Os viajantes de sonhos)*, de 1923.

Em 1925 nasceu a segunda filha, Eva, e em 1927 o próximo livro, *Rausch und Finsternis (Embriaguez e trevas)*, obra inspirada no processo criminal do judeu ucraniano Sholom Schwarzbardt, acusado de assassinar em Paris o líder nacional ucraniano Symon Petliura e, colocando em foco, dessa maneira, a responsabilidade moral daquele governante pelos pogroms antissemitas. Dois anos depois nasceu a terceira filha, Mirjam, e logo um novo livro ganhou as prateleiras em 1931, *Wir jungen Juden. Drei Untersuchungen zur jüdischen Frage (Nós, jovens judeus. Três investigações sobre a questão judaica)*. A obra trata do crescimento do antissemitismo e discute a proposta de uma "nação interterritorial dos judeus". Em 1932 saiu *Was geschieht mit den Juden? Öffentliche Frage an Adolf Hitler (O que acontece com os judeus? Pergunta pública para Adolf Hitler)*. Quando o líder nazista tomou o poder em março do ano seguinte, ambos os livros foram proscritos e Lieblich foi proibido de escrever e de exercer a sua profissão. Em 1935 nasceu a quarta filha, Judith. Consciente dos riscos e da necessidade de emigrar, Lieblich viajou para vários lugares em busca de possibilidades de sustentar a família. Aprendeu o ofício de gráfico na cidade suíça de Basileia. Em 1937, finalmente emigrou para o Brasil via Nova York. A mulher e as filhas seguiram um ano depois, em 1938, com exceção de Ursula, que ficou na Suíça para estudar Teatro.

Depois de muitos esforços para conseguir vistos, sua mulher conseguiu deixar a Europa graças a um documento concedido irregularmente pelo embaixador brasileiro em Vichy, Luiz Martins de Souza Dantas. Embarcou em Cherbourg, na Normandia, e chegou ao porto de Santos em julho de 1938.

Olga e Karl Lieblich no Brooklyn, em São Paulo, 1942

Segundo a filha Judith Patarra, jornalista e escritora, Olga era uma mulher corajosa, que correu riscos para comprar equipamentos para a gráfica do marido: "Minha mãe, Olga, foi quem usou recursos e comprou a gráfica na Alemanha. Não se podia levar mais do que 20 marcos por pessoa. Como depois de gastar os recursos com a gráfica ainda sobrava alguma coisa, mamãe comprou um grande armário com todos os tipos [gráficos] à venda. Mandou ao Brasil de navio. Não tenho certeza de qual navio, mas sei que mandou o equipamento para um porto no norte da Alemanha."

Em São Paulo, Lieblich fundou uma gráfica, mas vendeu-a pouco tempo depois, mudando para o ramo de exportação e importação, ainda no setor de artigos gráficos. Continuou, durante todo esse tempo, a escrever poemas e contos em língua alemã, mesmo sem perspectiva de publicá-los. Boa parte dos textos é narrado na primeira pessoa do singular, contando experiências pessoais, como *Die Mulattenhochzeit (O casamento de mulatos), 30 Contos, Eine Geschichte aus Brasilien (Uma história do Brasil)*, ou narra histórias de amor, como *Sie kam aus Argentinien: Brasilianische Novelle (Ela veio da Argentina: um conto brasileiro)*. Seu espólio se encontra no Arquivo de Literatura de Marbach, Alemanha, e contém manuscritos de poemas, peças e textos autobiográficos.

Lieblich nunca se integrou totalmente no país que o acolheu. Depois do fim da guerra, o casal Lieblich viajou algumas vezes para a Alemanha. Karl voltou definitivamente para Stuttgart em 1958. Olga, em 1973. Foi muito ativa no esforço antiguerra nos anos 1940 e depois ajudou a fundar a WIZO (Women's International Zionist Organization). Karl, no entanto, não se integrou aos círculos literários da antiga pátria. Em entrevista à pesquisadora Izabela Kestler, a viúva Olga resumiu a dura realidade de muitos exilados que retornaram: "Os antigos conhecidos já não estavam mais lá".

Fontes: Judith Patarra. Comunicação pessoal, 2020; Anika Reichwald: resenha do livro de Christoph Manasse: *Auf der Suche nach einer neuen jüdischen Identität. Der Schriftsteller Karl Lieblich (1895–1984) und seine Vision einer interterritorialen Nation [Em busca de uma nova identidade judaica. O escritor Karl Lieblich (1895-1984) e sua visão de uma nação interterritorial]*, Colônia 2015. ISBN 978-3-412-22483-7, In: infoclio.ch, <www.infoclio.ch/publicationreview/id/reb-28438>; Andress, Reinhard. "Karl Lieblich: ein deutsch-jüdisches und schriftstellerisches Emigrantenschicksal zwischen Deutschland und Brasilien". *Pandaemonium Germanicum*, dez. 2006; "Karl Lieblich". In: Wikipedia. Disponível em: <https://de.wikipedia.org/wiki/Karl_Lieblich>. Acesso em: 5 ago. 2020; Kestler, Izabela. Exílio e Literatura. Escritores de fala alemã durante a época do nazismo. Trad. Karola Zimber. São Paulo: EDUSP, 2003; https://www.hsozkult.de/publicationreview/id/reb-23029.

Kristina Michahelles / Julian Seidenbusch / IB

LIEBMAN, Enrico Tullio
Jurista, professor de direito
Lemberg, Galícia, Império Austro-Húngaro, atual Lviv, Ucrânia, 14-01-1903 –
Milão, Itália, 08-09-1986
No Brasil, de 1940 a 1946

Localizada no oeste da Ucrânia, próxima à fronteira com a Polônia, Lemberg era, em princípios do século XX, parte integrante do Império Austro-Húngaro — assim como a cidade italiana de Trieste, onde Enrico Liebman foi criado e passou a maior parte de sua infância.

Após concluir o ensino secundário, seguiu para a Universidade de Roma, pela qual formou-se em Direito. Fortemente influenciado pelas ideias de Giuseppe Chiovenda, de cuja obra seria um continuador, tornou-se, no início dos anos 1930, professor catedrático de Direito Processual Civil na Universidade de Modena e em seguida na Universidade de Parma, tendo também lecionado Direito Administrativo e Direito Internacional. Além do italiano, falava fluentemente o alemão, o francês e o espanhol, que aprendeu nos anos em que vivera na Espanha durante a infância.

Em 1938, tão logo as primeiras leis raciais do fascismo italiano foram anunciadas por Mussolini, decidiu partir para o exílio. Por

Arquivo Nacional

intermédio de seu colega Piero Calamandrei, entrou em contato com o famoso jurista e professor uruguaio Eduardo Juan Couture, que costumava ajudar refugiados europeus do nazifascismo a se estabelecerem na América do Sul. Liebman apresentou suas credenciais a Couture numa carta de 22 de novembro de 1938. Nela, fez questão de dizer-se "católico desde o nascimento e filho de mãe católica". Não se sabe ao certo a razão disso. Talvez fosse verdade, mas o mais provável é que decidira esconder sua origem judaica, temendo as restrições que na época muitos países impunham aos judeus que chegavam da Europa.

Couture era catedrático da Universidade de Montevidéu e conseguiu que a Faculdade de Direito contratasse Enrico Liebman como professor. Liebman chegou à capital uruguaia no início de 1939.

Em 1940, aproximadamente um ano depois de deflagrada a Segunda Guerra Mundial, Liebman proferiu uma série de conferências no Rio de Janeiro, a convite do ministro da Justiça, Francisco Campos. Em seguida, esteve por um breve período na Faculdade de Direito de Minas Gerais, onde ministrou alguns cursos. Em outubro daquele ano, atendendo a um chamado de Sebastião Soares de Faria, então diretor da Faculdade de Direito da Universidade de São Paulo (USP), resolveu deixar o Uruguai e fixar-se em definitivo no Brasil.

Aos 37 anos, Liebman já era considerado pelos especialistas um dos maiores processualistas de língua italiana. No Brasil, que acabara de promulgar, em 1939, o seu primeiro Código de Processo Civil, encontraria campo fértil para suas ideias. No início, suas aulas na Faculdade de Direito da USP foram ministradas em italiano, mas não por muito tempo. Ele assimilou rapidamente, e em profundidade, o português. Em sua casa na Alameda Ministro Rocha Azevedo, 846, São Paulo, costumava promover, nas tardes de sábado, animadas reuniões de estudo e discussão dos clássicos da ciência jurídica italiana. Participavam desses encontros alguns de seus melhores alunos e advogados em início de carreira, que foram aos poucos formando um pequeno núcleo de admiradores e divulgadores de sua obra. Gente como Luís Eulálio de Bueno Vidigal, depois presidente da Federação das Indústrias do Estado de São Paulo, Benvindo Aires, José Frederico Marques e Alfredo Buzaid, ministro da Justiça de 1969 a 1973, todos eles futuros expoentes da magistratura e do direito nacionais.

Liebman não escondia sua repulsa ao fascismo, mas evitava as discussões políticas com os alunos. A fim de aumentar sua renda, resolveu a certa altura trabalhar num escritório de advocacia de um amigo italiano em São Paulo. Recusou-se, no entanto, a defender causas e recursos para não fazer concorrência a seus colegas brasileiros, e limitou-se no escritório ao papel de parecerista.

Luís Eulálio Vidigal conta que certa feita escrevera um parecer a pedido de uma empresa paulista e que Liebman, mesmo divergindo de suas conclusões, negara-se a dar um parecer alternativo. As impressões do italiano sobre o caso só se tornariam públicas anos depois, incluídas na edição brasileira de *Efficacia ed autorità della sentenza (Eficácia e autoridade da sentença)*, traduzida para o português em 1945.

Com o fim da guerra, Liebman retornou à Itália em 1946 para assumir uma cátedra na Faculdade de Direito da Universidade de Milão. Foi também titular da cadeira de Direito Processual Civil nas universidades de Pavia e Turim. Mesmo longe, manteve intenso contato com o Brasil, ao qual retornaria anos mais tarde para proferir palestras e participar de encontros acadêmicos.

Segundo o jurista espanhol Niceto Alcalá Zamora y Castillo, Liebman foi o criador de uma verdadeira Escola Processual em São Paulo. Suas teorias formaram o núcleo do anteprojeto que Alfredo Buzaid, Ministro da Justiça de 1969 a 1973, redigiu para o novo Código de Processo Civil brasileiro, promulgado em 1973.

Em 1947, a USP concedeu a Liebman o título de doutor *honoris causa*. Trinta anos depois, foi a vez do governo brasileiro homenageá-lo com a Comenda da Ordem do Cruzeiro do Sul, maior honraria concedida pelo país a personalidades estrangeiras.

Liebman foi diretor do prestigioso periódico italiano, *Rivista di Diritto Processuale*. Dentre os inúmeros livros e artigos que publicou, destacam-se *Le opposizioni di merito nel processo di esecuzione (Oposições de mérito no processo de execução)*, de 1931, com edição brasileira em 1952; *Efficacia ed autorità della sentenza*, de 1935, com edição brasileira em 1945; *Estudos sobre o processo civil brasileiro*, de 1947; *Manuale di diritto processuale civile (Manual de direito processual civil)*, de 1957-59, com edição brasileira em 1984); e *Problemi del processo civile (Problemas do processo civil)*, de 1962.

Fontes: Academia de direito processual civil. "Enrico Tullio Liebman". *Imortais da Academia*. Disponível em: <https://web.archive.org/web/20130928205806/http://www.abdpc.org.br/abdpc/imortal.asp?id=10>. Acesso em: 25 nov. 2019; Buzaid, Alfredo. "A influência de Liebman no direito processual civil brasileiro". *Revista da Faculdade de Direito da Universidade de São Paulo*, São Paulo, n. 72, p. 131-152, 1977; Colffield, Carol. "Liebman, Enrico Tullio". *Arqshoah: holocausto e antissemitismo*, São Paulo. Disponível em: <https://www.arqshoah.com/index.php/personalidades/artistas-e-intelectuais/5065-aei-101-liebman-enrico-tullio>. Acesso em: 25 nov. 2019; Grinover, Ada Pellegrini. "O magistério de Enrico Tullio Liebman no Brasil". *Revista da Faculdade de Direito da Universidade de São Paulo*, São Paulo, n. 81, p. 98-102, 1986; Vidigal, Luís Eulálio de Bueno. "Enrico Tullio Liebman e a processualística brasileira". *Revista da Faculdade de Direito da Universidade de São Paulo*, São Paulo, n. 81, p. 103-112, 1986; Treccani. "Liebman, Enrico Tullio". *Treccani*, Roma. Disponível em: <http://www.treccani.it/enciclopedia/enrico-tullio-liebman/>. Acesso em: 25 nov. 2019.

Luis Octavio Souza / IB

LIPPMANN, Hanns Ludwig
Psicólogo, filósofo, professor
Berlim, 1921 – Petrópolis, Brasil, 1981
No Brasil, de 1936 a 1981

Hans Ludwig Lippmann nasceu no ano de 1921 em Berlim, na Alemanha. Seus pais, James e Martha, eram judeus originários da Prússia Oriental.

A perseguição nazista desencadeada contra os judeus o fez radicar-se no Brasil, em 1936. Exerceu o cargo de oficial de farmácia do Departamento de Saúde do Estado de São Paulo e frequentou o curso de Serviço Social da Pontifícia Universidade Católica (PUC), pelo qual graduou-se, em 1948, com a dissertação *Menores abandonados*. Na cidade de Santos, formou-se em filosofia no Mosteiro Nossa Senhora do Desterro, sob responsabilidade de monges beneditinos. Foi provavelmente aí que se converteu ao catolicismo.

Mudou-se para o Rio de Janeiro e, atendendo a convite do reitor Paulo

Bannwarth, tornou-se em 1949 professor da Escola de Serviço Social da PUC. Na universidade, deu aulas de psicologia em cursos de extensão, ainda antes de a profissão ser regulamentada.

Dois anos depois, assumiu a chefia da Divisão do Serviço Social da Policlínica Geral do Rio de Janeiro, vinculada à Santa Casa de Misericórdia, onde ofereceu cursos de Psicologia e reproduziu práticas empregadas no Instituto de Seleção e Orientação Profissional (ISOP) da Fundação Getúlio Vargas (FGV). Ainda em 1951, o Centro de Estudos Psicossomáticos da Casa de Repouso Alto da Boa Vista lhe delegou o cargo de psicólogo. Em sua trajetória inicial, foi influenciado pelo professor Nilton Campos. Lecionou, em 1952, no Instituto de Psiquiatria da Universidade do Brasil (IPUB), atual Universidade Federal do Rio de Janeiro (UFRJ).

Instituto de Psicologia da UERJ

Criou o curso de psicologia da PUC, em 1953, considerado o primeiro do gênero no país, cujas aulas, inicialmente, foram ministradas nas instalações da Santa Casa de Misericórdia.

Em 1954, integrou o Conselho Consultivo das Pesquisas Sociais da Comissão Nacional de Bem-Estar Social e a Subcomissão de Terras e Colonização da Comissão Nacional de Política Agrária, sendo contratado, em fevereiro seguinte, pelo Ministério da Educação e Cultura para o cargo de psicólogo na Seção de Assistência Social.

Em 1960, apresentou a tese *Educação, escolha, existência* à Universidade do Estado da Guanabara (UEG), atual Universidade do Estado do Rio de Janeiro (UERJ), o que lhe conferiu o título de catedrático. Um ano depois, redigiu a tese *Variações ontogênicas do homem contemporâneo* para a Universidade do Brasil, mas, como não chegou a defendê-la, não pôde obter a correspondente cátedra na Faculdade Nacional de Filosofia. Ainda em 1961, atuou como psicólogo do Colégio Pedro II. Com a tese *Pedagogia existencial e aconselhamento de adolescentes*, tornou-se livre-docente, em 1963, de Psicologia Educacional da Faculdade de Filosofia, Ciências e Letras.

Organizou, em 1964, o curso de psicologia da UEG. Em 1967, implantou-o na Universidade Gama Filho e, no ano seguinte, repetiu a experiência na Universidade Santa Úrsula, ambas sediadas no Rio de Janeiro. Em 1970, faria o mesmo na Universidade Federal Fluminense (UFF).

Ainda nos anos 1960, casou-se com Ester Bessa, tendo como padrinho de matrimônio Plínio Corrêa de Oliveira, fundador da ultraconservadora Sociedade Brasileira de Defesa da Tradição, Família e Propriedade (TFP).

Em 1977, incumbiu-se de estabelecer o curso de Psicologia da Universidade Católica de Petrópolis (UCP). Em janeiro de 1980, integrou a diretoria do Centro Dom Vital, entidade congregando católicos leigos, presidida pelo advogado Sobral Pinto, de grande influência social e política.

Faleceu em 1981, na cidade de Petrópolis, no Rio de Janeiro. Em 20 de julho de 1987, foi inaugurado o Centro Cultural Hanns Ludwig Lippmann, presidido por sua filha, Maria Alice Bessa Lippmann. À época de sua morte, já se separara de Ester e estava casado com Marilu Lippmann.

Definia-se politicamente como monarquista. Conciliou a conversão ao catolicismo com sua formação científica.

Fontes: Mancebo, Deise. "Hanns Ludwig Lippman". In: Campos, Regina Helena de Freitas (Org.). *Dicionário biográfico da psicologia no Brasil: Pioneiros*. Rio de Janeiro: Imago, 2001; Osuna, Leandro. *Uma história do curso de Psicologia da Pontifícia Universidade Católica do Rio de Janeiro (1953-1989)*. Monografia de graduação, Instituto de Psicologia da UERJ, Rio de Janeiro, 1998.

Rogério Alves de Barros / IB

LOEWENSTEIN, Konrad Hermann
Médico
Thorn, Alemanha, atual Toruń, Polônia, 19-12-1909 –
Rio de Janeiro, 30-12-1977
No Brasil, de 1934 a 1977

Nasceu na cidade fundada em 1231 por cruzados teutônicos e onde também veio ao mundo Nicolau Copérnico. Estudou Medicina em diversas universidades, concluindo o curso em Berlim, mas não recebeu o diploma por ser judeu. Sem chances de clinicar na Alemanha, decidiu emigrar. Chegou ao Brasil em 1934 no vapor "Almirante Alexandrino". A família da mãe, Grünbaum, já estava no

Arquivo Nacional

Brasil havia décadas, tendo cunhado moedas para o imperador Pedro II. No Rio de Janeiro, os tios eram donos da Joalheria Krause, na esquina de rua do Ouvidor com Gonçalves Dias, um dos endereços mais elegantes do Rio de Janeiro, onde Getúlio Vargas fazia suas compras particulares, e conseguiram que o então presidente assinasse decreto autorizando Konrad Loewenstein e seu primo Manfred Grünbaum a refazerem seus estudos de Medicina a partir do terceiro ano no Instituto Hahnemanniano do Brasil e no Hospital Gaffrée e Guinle. Loewenstein também precisou fazer o serviço militar (Tiro de Guerra) e se naturalizou em 1940.

Nesse meio tempo, sua namorada e ex-colega do Hospital Israelita de Berlim, a enfermeira Ruth Beitowicz, chegara em 1936 na companhia de seus pais. Como só tinha visto de turista, foi ameaçada de ser deportada pelo chefe de polícia de Getúlio Vargas, Filinto Müller. Mais uma vez a intervenção direta de Max Grünbaum junto ao presidente conseguiu contornar a situação. Ruth ficou e, no mesmo ano, casou-se com Konrad, com quem teria os filhos Cláudio, engenheiro agrônomo, Pedro, geólogo, e Irene, socióloga.

Konrad trabalhou como secretário na ARI, Associação Religiosa Israelita, e dava assistência ao Lar dos Idosos da União da Associação Beneficente Israelita, apelidada "Lar da Amizade" pelo rabino Henrique Lemle (VER). Criada para acolher os imigrantes judeus, ajudá-los a encontrar trabalho e a aprender o português, servia também de abrigo para os pais e avós. Fundada em 1937, já operava desde 1936. No dia 9 de agosto de 1953 foi colocada a pedra fundamental da sede na rua Santa Alexandrina, no Rio Comprido. Loewenstein, que era clínico de boa parte da comunidade dos judeus alemães exilados no Rio de Janeiro, foi geriatra-chefe da instituição durante muitas décadas, até uma semana antes de morrer aos 68 anos em dezembro de 1977.

Fonte: Depoimento dos filhos Cláudio Loewenstein, em 3 de julho de 2020, e Irene Loewenstein, em 11 de julho de 2020; "Nossa história". *Lar União*. Disponível em: <http://www.laruniao.com.br/nossa-historia/>. Acesso em: 11 jul. 2020.

Kristina Michahelles / IB

LORAN, Berta
Atriz
Varsóvia, Polônia, 23-03-1926
No Brasil, de 1939 a 1946, de 1948 a 1957, e desde 1963

Peça "Divirta-se com Bertha Loran", 1980
Funarte, Centro de Documentação e Pesquisa

Basza Ajs nasceu em Varsóvia, filha do casal judeu Clara e José Ajs, que teve, além dela, mais seis filhos. O endereço da família, rua Mila, 53, mais tarde estaria situado no coração do Gueto de Varsóvia, em que os judeus foram confinados e depois massacrados. Teve uma infância de privações: ocupava um quarto com 14 pessoas, entre parentes e funcionários do pai. Ao ouvir num programa radiofônico a ameaça de que os nazistas exterminariam os judeus, José Ajs, alfaiate e ator, resolveu emigrar com a família, e o país escolhido foi o Brasil. O único filho que não os acompanhou acabou capturado e morto.

Desembarcou no Rio de Janeiro em 1939. O pai, empregado em peças teatrais encenadas em ídiche, estimulou Berta a seguir a carreira artística. Um ano depois, com 14 anos, ganhou seu primeiro papel no teatro, na peça *O espírito*. Com a irmã Bela, formou a dupla A Bela e a Berta, que se apresentava à comunidade judaica carioca.

Em 1946, o empresário Isaak Liubeltchik contratou-a para atuar na Argentina. Em Buenos Aires atuou em peças teatrais, algumas das quais em ídiche, e casou-se com o também ator Saul Handfuss, cerca de 30 anos mais velho. Admitiria mais tarde que o matrimônio fora a maneira encontrada para sair de casa e garantir autonomia. Contaria ainda que o fato de não amá-lo e a instabilidade da profissão fizeram-na recorrer a dois abortos. Com o declínio das produções teatrais portenhas em iídiche, decidiu-se a regressar ao Brasil.

De volta ao Rio de Janeiro, o maestro Armando Ângelo lhe ofereceu, em 1951, um papel em *O pudim de ouro*, peça do teatro de revista, gênero de forte apelo popular. Desde o início da sua trajetória artística, despontou em papéis cômicos. Ainda em 1951, fez sua estreia na televisão, no programa *Grande revista*, exibido pela TV Tupi, e participou da peça Confusão no reboque. No ano seguinte, esteve na montagem teatral *Ponto e banca*.

Em 1955 trocou o nome artístico que usava até então, Berta Ajs, por aquele que a tornaria conhecida, cuja pronúncia considerou mais fácil para os brasileiros. No mesmo ano, estreou no cinema, na chanchada da Atlântida intitulada *Sinfonia carioca*, dirigida por Watson Macedo. Fez em 1957, no mesmo estúdio, *Papai fanfarrão* e *Garotas e samba*, de Carlos Manga.

A encenação em Portugal, em 1957, da peça *Fogo no pandeiro*, de cujo elenco participava, permitiu-lhe residir no país. Inicialmente estava disposta a retornar ao Brasil, mas teve a oportunidade de integrar a peça *Está bonita a brincadeira*, cuja temporada prolongou-se por seis anos. Também fez cinema em Portugal, atuando, em 1960, em *O cantor e a bailarina*.

Em 1963, voltou ao Brasil e estabeleceu-se em São Paulo. Atendendo a convite da atriz e diretora Bibi Ferreira, foi contratada pela TV Record. Naquele ano, casou-se com o comerciante de ascendência polonesa Júlio Marcos Jacoba, com quem permaneceria até 1988, e compôs o elenco da peça *O peru* e do musical *Como vencer na vida sem fazer força*, desta vez ao lado de Moacir Franco e Marília Pêra. Tentou ter filhos com Jacoba, sem jamais conseguir. Em 1964, fez a peça *Boeing Boeing* e, dois anos depois, *A Cinderela do petróleo*.

Tornou a residir no Rio de Janeiro e, em 1966, obteve um papel em *Espetáculos Tonelux*, veiculado pela TV Tupi. Neste ano, o diretor de programação da TV Globo, José Bonifácio de Oliveira Sobrinho, conhecido como Boni, levou-a para a emissora, onde estreou no programa *Bairro feliz* e com a qual manteria um vínculo duradouro. Participou dos programas humorísticos *Balança mas não cai* (1968), *Faça amor, não faça a guerra* (1970-1973), *Satiricom* (1974-

1975), *Planeta dos homens* (1976-1982), *Viva o Gordo* (1981-1987), *Escolinha do Professor Raimundo* (1990, 1994 e 2001, onde brilhou nas personagens Manuela D'Além Mar e depois a judia Sara Rebeca), *Zorra total* (2004) e *Tá no ar: A TV na TV* (2018). Em 1984, surpreendeu o público com a sua atuação na novela *Amor com amor se paga*, em que fez dobradinha com Ary Fontoura.

O trabalho na televisão não a fez abandonar os palcos, atuando em *Alegro desbum* (1973), *Camas redondas e casais quadrados* (1974), *Divirta-se com Berta Loran* (1980), *Tropicanalha* (1989), *As tias de Mauro Rasi* (1996), *Ainda estou aqui* (2004) e *Damas do humor e da canção* (2018). No cinema, apareceu em *A ilha dos paqueras* (1970), *Como matar uma sogra* (1978), *Polaroides urbanas* (2006) e *Até que a sorte nos separe 2* (2013).

Em 1990, já separada de Júlio Marcos Jacoba há dois anos, casou-se com Paulo Carvalho. Ficaria junto dele até 2016. Em 2009, após uma ausência de 25 anos das telenovelas, participou de *Cama de gato*.

Em 2016, em comemoração aos seus 90 anos, o jornalista João Luiz Azevedo biografou-a no livro *Berta Loran: 90 anos de humor — uma homenagem ao talento de Berta Loran*. No ano seguinte, iniciou o quarto matrimônio com o colega de profissão Claudionor Vergueiro. Em 2019, ganhou um papel na novela *A dona do pedaço*. Estima ter feito mais de dois mil personagens numa carreira de sete décadas.

Fontes: Azevedo, João Luiz. *Berta Loran: 90 Anos de Humor — uma homenagem ao talento de Berta Loran*. Rio de Janeiro: Litteris Editora, 2016; "Berta Loran, a atriz que transformou a tragédia em riso". *Memórias cinematográficas*. Disponível em: <https://www.memoriascinematograficas.com.br/2019/03/berta-loran-atriz-que-tranformou.html>. Acesso em: 7 fev. 2020.

Rogério Alves de Barros / IB

LÖW-LAZAR, Fritzi
Designer, ilustradora, pintora
Viena, 23-10-1891 – Viena, 19-09-1975
No Brasil, de 1939 a 1955

De origem judaica, Friederike Lazar, conhecida artística e profissionalmente como Fritzi Löw-Lazar, estudou na Escola de Arte para Mulheres e Meninas de Viena entre 1907 e 1910, e em seguida na Escola de Artes Aplicadas, também na capital austríaca. Em 1920, casou-se com o advogado Ernst Lazar, também judeu.

Arquivo Nacional

A partir da segunda metade da década de 1910, trabalhou como ilustradora de livros em várias editoras vienenses, com destaque para a Anton Schroll, onde atuou entre 1917 e 1923. Teve também uma intensa e frutífera atuação na Wiener Werkstätte, importante empresa criada em 1903 na então efervescente capital austríaca, com a proposta inovadora de incorporar os princípios estéticos do modernismo ao design de objetos cotidianos, destacando-se na produção de móveis, peças de decoração, joias, tecidos, roupas, acessórios de moda, material gráfico e outros produtos. Löw-Lazar participou de diversas exposições de arte, design e moda realizadas na Áustria e em outros países europeus, entre as quais a Exposição Internacional de Artes Decorativas e Industriais de Paris, em 1925.

Em setembro de 1938, buscando deixar a Áustria, já então anexada à Alemanha nazista, Löw-Lazar obteve em Viena um passaporte com prazo de validade de apenas um ano, que as autoridades nazistas costumavam conceder aos judeus para facilitar sua saída e impedir seu retorno ao país. O passaporte, além disso, era válido para um número reduzido de países, entre os quais a Inglaterra, de onde ela acabou embarcando para o Brasil no início de abril de 1939, na primeira classe do navio "Highland Chieftain". Chegou ao Rio de Janeiro em 24 de abril daquele ano e passou a residir na cidade com o marido.

Há alguns poucos registros de desenhos seus publicados em revistas brasileiras já nos meses seguintes à chegada. Em fevereiro de 1941, obteve o visto de permanência no Brasil através de uma portaria do Ministério da Justiça, com a ressalva, porém, de que ela não poderia exercer emprego remunerado no país. Pouco sabemos sobre a sua vida e a do marido no Brasil, mas, apesar da referida restrição a atividades profissionais, existem informações imprecisas de que ela tenha trabalhado com design de móveis.

Em outubro de 1949, Ernst Lazar enviou uma carta ao escritório carioca da

Organização Internacional de Refugiados, entidade ligada à ONU, solicitando passagens marítimas gratuitas para que ele e a esposa, ambos já então com quase sessenta anos de idade, pudessem retornar à Europa. Em sua justificativa, Ernst Lazar declara que durante os anos vividos no Brasil o casal só conseguira acumular uma modesta reserva financeira, e que precisaria dela para reiniciar a vida em Viena, onde ele pretendia se restabelecer como advogado. A solicitação, porém, não foi atendida.

Somente em 1955 o casal retornaria para a capital austríaca, onde Fritzi Löw-Lazar residiu até o final da vida.

Fontes: "Fritzi Löw Lazar". *Cooper Hewitt*. Disponível em: <https://collection.cooperhewitt.org/people/51495895/bio>. Acesso em: 5 ago. 2020; "Viena 1900". *Leopold Museum*. Disponível em: <https://www.leopoldmuseum.org/en/collection/vienna-1900>. Acesso em: 5 ago. 2020; "Ernst Lazar". *Arolsen Archives*. Disponível em: <https://digitalcollections.its-arolsen.org/03020104/name/pageview/6155090/6383469>. Acesso em: 5 ago. 2020.

André Faria Couto / IB

LUDWIG, Paula
Escritora, pintora
Feldkirch, Áustria, 05-01-1900 – Darmstadt, Alemanha, 27-01-1974
No Brasil, de 1940 a 1953

Filha de um carpinteiro, Paula Ludwig teve uma infância pobre. Aos nove anos, após a separação dos pais, mudou-se com a mãe para a cidade de Linz, também na Áustria. Em 1914, com a morte da mãe, foi morar com o pai na cidade de Breslau, atual Wrocłāw, pertencente à Polônia, mas na época integrada ao território alemão. Já na adolescência manifestava inclinação pela literatura, escrevendo seus primeiros poemas.

Em 1917, ano em que nasceu seu filho Friedel Ludwig, Paula foi para Munique, onde trabalhou como empregada doméstica, modelo e assistente numa escola de pintura, e chegou a morar num abrigo para mães solteiras, mantido pela Cruz Vermelha. Apesar da situação econômica precária, conseguiu desenvolver sua vocação literária, aproximando-se de artistas e intelectuais da cidade, como os jovens irmãos Klaus e Erika Mann, filhos do escritor Thomas Mann. Em 1919, publicou seu primeiro livro de poesia, *Die selige Spur (A trilha abençoada)*. Em 1923, transferiu-se para Berlim, onde inicialmente voltou a trabalhar como empregada doméstica e, assim como em Munique, precisou colocar o filho num abrigo para crianças pobres. Também na capital alemã estabeleceu vínculos de amizade com intelectuais, reforçados depois da publicação de seu livro de poemas *Der himmlische Spiegel (O espelho celestial)*, em 1927. Consta que o poeta e dramaturgo Bertolt Brecht lhe deu pessoalmente um ingresso não numerado para a estreia da *Ópera dos Três Vinténs*, em 1928. Ao logo da década de 1930, manteve uma tumultuada ligação amorosa com o poeta franco-alemão Ivan Goll (1891-1950), que era casado com a também escritora Claire Goll. A correspondência entre os três foi reunida no livro *Nur einmal noch werd ich dir untreu sein (Só uma vez serei infiel a você)*, organizada por Barbara Glauert-Hesse, em 2013.

Em 1933 os nazistas assumiram o poder na Alemanha, e Paula, apesar de não sofrer perseguições de cunho político ou racial, optou por exilar-se voluntariamente em Ehrwald, no Tirol austríaco. Como suas obras não estavam na lista dos livros proibidos pelos nazistas, ela ainda conseguiu publicar na Alemanha, em 1935, um livro de poemas e outro de prosa. Com a anexação da Áustria pelos alemães, em 1938, transferiu-se para a Suíça e depois para Paris, onde esteve pela última vez com Ivan Goll.

No início de 1939, vendo a situação deteriorar-se na Europa, Paula planejou se mudar para o Brasil com a amiga Nina Engelhardt, cuja mãe era brasileira. Nina, conhecendo as dificuldades financeiras de Paula, custeou sua passagem para o Brasil, onde sua irmã mais velha, Martha Ludwig, já vivia desde 1936. Porém, a demora em conseguir os vistos de entrada no Brasil, para ela e o filho, atrapalhou seus planos. Quando os vistos foram finalmente emitidos, a Segunda Guerra Mundial já havia começado e o governo francês decretou a internação forçada de todos os homens refugiados no país, medida que atingiu seu filho Friedel e adiou mais uma vez sua saída da Europa. Na primavera de 1940, passando por graves privações materiais em Paris, Paula deixou a cidade e foi voluntariamente para o campo de internamento de Gurs, no sul da França, onde ficou por duas semanas. Dirigiu-se em seguida para Marselha, onde buscou os vistos de entrada no Brasil. A essa altura, Friedel encontrava-se internado num campo de refugiados em Miranda de Ebro, na Espanha. Sem autorização do governo francês para deixar o país, Paula atravessou os Pireneus a pé e chegou à Espanha, onde visitou secretamente o filho. Em seguida foi até Madri para pedir ao embaixador alemão, a quem conhecia, que intercedesse pela

Paula Ludwig em 1927 | Franz-Michael-Felder-Archiv, Bregenz

libertação de Friedel. Não obteve sucesso, e Friedel Ludwig ficou preso na Espanha até 1943. De Madri, Paula foi para Lisboa, onde permaneceu por três meses na casa de amigos. Em novembro de 1940, embarcou para o Brasil, onde chegou em 19 de dezembro.

O exílio de quase treze anos no Brasil não foi feliz. Hospedou-se a princípio na casa de Nina Engelhardt na pequena localidade de Muri, no município fluminense de Nova Friburgo, e sobreviveu com a ajuda de amigos. Em 1944, mudou-se para casa de sua irmã Martha, em São Paulo, onde se manteve com a venda de desenhos e de trabalhos artesanais feitos com flores secas prensadas em vidro. Na tentativa de integrar-se à vida intelectual do país, frequentou o círculo de pintores e amantes da literatura que se reunia em torno da escultora Elisabeth Nobiling. Continuou, porém, passando por privações financeiras e morando em habitações precárias.

Em 1946, seu filho finalmente chegou ao Brasil, passando a trabalhar como fotógrafo. As condições materiais de Paula melhoram, mas ela jamais se integrou, de fato, ao país. Sem dominar plenamente o idioma português, não conseguiu publicar nenhuma obra no Brasil, o que, aliás, ocorreu com quase todos os escritores de língua alemã que aqui estiveram exilados naquele período. Em fins dos anos 1940, apresentava problemas com alcoolismo. Querendo retornar à Europa, e sendo apátrida, teve curiosamente que se naturalizar brasileira para conseguir um passaporte da representação austríaca. Em 1953, retornou para Ehrwald, na Áustria, onde viveu sozinha por algum tempo, dependendo da ajuda financeira que o filho lhe enviava do Brasil. Três anos depois, com o retorno de Friedel à Europa, foi morar com ele na Alemanha, primeiro em Wetzlar e depois em Darmstadt. Retomou então sua carreira literária, por tanto tempo interrompida pelo exílio e seus desdobramentos. Publicou duas coletâneas de poemas em 1958 e 1962, com alguns textos impregnados de motivos brasileiros, como a natureza exuberante, a macumba, o Aleijadinho etc. Recebeu o prêmio literário George Trakl, em 1962, e o prêmio da Associação Austríaca de Escritores, em 1972. Mesmo na Alemanha, jamais se integrou de fato à vida intelectual do país e continuou a viver em condições modestas. Morreu em 1974, deprimida, num pequeno apartamento de dois cômodos.

Em 1986, foi publicada a edição completa de seus poemas pela editora alemã Langewiesche-Brandt. Nos últimos anos, sua obra vem sendo resgatada e revalorizada.

Fontes: Carneiro, Maria Luíza Tucci. "Literatura de imigração: memória de uma diáspora". *Acervo*, v. 10, n. 2, jul.-dez. 1997, p.147-164; Kestler, Izabela. *Exílio e literatura: escritores de fala alemã durante a época do nazismo*. São Paulo: Edusp, 2003; Quandt, Christiane. "Paula Ludwig: 'Emigrou de Berlim 1933! 13 anos de Brasil; 1953 volta pra casa - fatal!'". Pandaemonium Germanicum, v. 19, n. 28. São Paulo, set.-out. 2016.

André Faria Couto / IB

LUSTIG-PREAN, Karl
Jornalista, escritor, diretor de teatro, musicólogo
Prachatitz, Império Austro-Húngaro, atual Prachátice,
República Tcheca, 20-01-1892 – Viena, 22-10-1965
No Brasil, de 1937 a 1948

Filho e neto de generais austríacos, Karl Lustig-Prean von Preanfeld und Fella sempre teve três paixões, o jornalismo, a dramaturgia e a política. Cumpriu intensa trajetória nesses campos até se exilar. Frequentou a escola em Pilsen, Praga e Prachatitz e escreveu para diversos jornais locais antes de se matricular na faculdade de Direito da universidade de Viena. Durante seus estudos trabalhava reportando as atividades do Parlamento. Depois de um breve período como dramaturgo em Stuttgart, na Alemanha, foi correspondente de guerra na Primeira Guerra Mundial , entre outros na Suíça e na Galícia — região oriental do então Império Austro-Húngaro, hoje pertencente à Polônia e à Ucrânia. Em 1918, depois do colapso da monarquia, foi nomeado editor-chefe do Deutsches Volksblatt de Viena e, de 1919 a 1921, vice-diretor da Ópera Popular da mesma cidade (Volksoper). Em seguida, apresentou-se em vários cabarés da capital austríaca para depois se tornar redator-chefe do jornal Egerer Blatt, na atual

Biblioteca Nacional da Áustria

República Tcheca. Foi naquela época que ingressou no Deutsche Christlich-Soziale Volkspartei (Partido Popular Alemão Social-Cristão), do qual depois se tornaria uma das lideranças.

Sempre alternando entre as atividades de jornalista e a dramaturgia, Karl Lustig-Prean — que, além da versão mais curta do seu extenso sobrenome, também usava o pseudônimo Erwin Janischfeld — ganhou o posto de diretor da ópera de Bolzano, no Tirol italiano, em 1924. Dois anos depois, mudou-se para Graz, onde trabalhou como diretor artístico. De 1929 a 1931 dirigiu o teatro de Augsburg, na Alemanha. Modernizou a programação artística, promovendo jovens talentos. Passou os três anos seguintes como diretor teatral em Berna e, em 1934, voltou para a Volksoper de Viena como diretor-geral. Em 1935 foi trabalhar como jornalista em Praga onde ascendeu à posição de editor-chefe da Deutsche Presse. Temendo a guerra iminente, Karl Lustig-Prean e sua mulher, a cantora de ópera Charlotte Silbinger, conseguiram vistos para o Brasil e, em 1937, embarcaram rumo ao porto de Santos. O casal viveu 11 anos no Brasil, até 1948. Inicialmente, Lustig-Prean foi redator da revista católica St. Michaels Bote (O mensageiro de S. Miguel), mas se demitiu depois de notar que os círculos católicos não pretendiam assumir o combate a Hitler. Como outros exilados, tentou sobreviver com trabalhos diversos e alugava quarto em sua casa. Chegou a trabalhar no Teatro Municipal do Rio de Janeiro, fundou uma escola de atores e dirigiu um teatro infantil. Publicou, em 1943, o livro *Mil destinos da Europa* que, em 200 páginas, dava ao leitor brasileiro um quadro das condições europeias antes da época do nazismo. Segundo a pesquisadora Izabela Kestler, ele pretendia demonstrar para uma opinião pública cada vez mais hostil aos alemães que, em seu país, existiam milhões de antifascistas.

Foi um dos exilados que mais se engajaram politicamente. Karl Lustig-Prean von Preanfeld und Fella era católico, conservador e profundamente antifascista.

No Brasil, ajudou a fundar e dirigiu o Movimento dos Alemães Livres em São Paulo, originário do grupo Das Andere Deutschland (A Outra Alemanha), nascido em Buenos Aires. Ambos eram movimentos antinazistas que agiam apesar da proibição de atividade política para estrangeiros, promulgada em 1938. Em carta de setembro de 1942, Lustig-Prean informou a outro ilustre exilado, Thomas Mann, sobre a fundação do novo Movimento dos Alemães Livres, dizendo que "no sul, contaminado por nazistas, só em Porto Alegre já reunimos 72 adversários alemães dos nazistas". Lustig-Prean foi também membro do Comitê de Proteção dos Interesses Austríacos no Brasil.

Depois de sua volta para a Áustria em 1948, foi diretor do Conservatório de Viena de 1949 a 1959 e, de 1950 a 1959, presidente do Conselho da Filarmônica de Viena. Entre suas publicações estão *Briefe an eine junge Mutter (Cartas a uma jovem mãe), Der italienische Krieg (A guerra italiana), Das Kohlenrevier (A região carbonífera), Die deutsche Emigration (A emigração alemã)*. Recebeu muitas condecorações. Entre outras, tornou-se Cavaleiro da Legião de Honra francesa em 1952 e foi agraciado com a Cruz de Honra para Ciência e Arte da Áustria em 1962.

Fontes: Eckl, Marlen. "Entre resistência e resignação — As atividades políticas do exílio de língua alemã no Brasil, 1933-1945". *Projeto História*, São Paulo, n. 53, p. 121-159, mai.-ago. 2015. Disponível em: <https://revistas.pucsp.br/index.php/revph/article/viewFile/23974/18631>. Acesso em: 5 ago. 2020; "Karl Lustig-Prean von Preanfeld und Fella (Intendant)". In: Wikipedia. Disponível em: <https://de.wikipedia.org/wiki/Karl_Lustig-Prean_von_Preanfeld_und_Fella_(Intendant)>. Acesso em: 5 ago. 2020; Kestler, Izabela Maria Furtado. *Exílio e literatura: escritores de fala alemã durante a época do nazismo*. São Paulo: Edusp, 2004; Kuschel, K.-J.; Soethe, Paulo. *Mutterland. Die Familie Mann und Brasilien*. Düsseldorf: Artemis & Winkler, 2009; "Lustig-Prean von Preanfeld, Karl (1858-1924), Generalmajor". Österreichisches Biographisches Lexikon. Disponível em: <https://www.biographien.ac.at/oebl/oebl_L/Lustig-Prean-Preanfeld_Karl_1858_1924.xml>. Acesso em: 5 ago. 2020; Mikoletzky, Lorenz. "Lustig-Prean von Preanfeld Karl". *Neue Deutsche Biographie*, n. 15, p. 538, 1987. Disponível em: <https://www.deutsche-biographie.de/sfz55215.html>. Acesso em: 5 ago. 2020; https://portal.dnb.de/opac.htm;jsessionid=RavM7Bx4Y4ATVkEME33IGJN-khL8bnhEc5Q62KG4.prod-fly9?method=showFullRecord&currentResultId=%22Karl%22+and+%22Lustig%22+and+%22Prean%22%26any&currentPosition=2

Kristina Michahelles / Julian Seidenbusch / IB

MAIER, Mathilde
Zoóloga, química, escritora
Dinslaken, Alemanha, 14-07-1896 – Rolândia, Paraná, 12-07-1997
No Brasil, de 1939 a 1997

O sobrenome de solteira de Mathilde (Titti) Maier era Wormser, filha de Bertha Betty e do professor Leopold Wormser, ambos judeus. A pequena cidade em que nasceu fica próxima de Düsseldorf, na maior região industrial da Europa. Ocupada por tropas francesas e belgas entre 1923 e 1925, foi palco da guerra do Ruhr contra a República de Weimar.

Mathilde formou-se em Zoologia no prestigioso Instituto de Pesquisas Senckenberg (Senckenberg Forschungsinstitut) em 1915. Depois estudou Química e Física em Frankfurt, antes de se mudar para Munique. Após o final da Primeira Guerra Mundial, surgiram vários círculos filosóficos em Frankfurt que estudavam as Teorias do Direito de Fries e do Estado de Platão. Foi num deles que, em 1920, conheceu o jurista e advogado Max Hermann Maier (VER), com quem se casou.

Arquivo de família, cortesia de
Jennifer e Mário Kaphan

Como tantos outros judeus alemães, Max Maier lutou na Primeira Guerra Mundial. Com a ascensão dos nazistas e as perseguições que se iniciaram logo em 1933, seu escritório passou a operar como fachada legal a fim de viabilizar a documentação de saída para "não arianos". Mathilde, que já havia feito trabalho voluntário de jardinagem em uma chácara em Frankfurt, passou a auxiliar o marido, dedicando uma parte de seu tempo à Central de Informações para Emigrantes. Facilitaram a fuga da Alemanha a muita gente, até o cerco começar a se fechar.

Desde 1924 a companhia inglesa Paraná Plantations havia comprado quinhentos mil alqueires de terras no norte do estado sulino, entre os rios Tibagi, Ivaí e Paranapanema, com direito a revender lotes e, em contrapartida, ampliar a estrada de ferro. Assim foi fundada a Companhia de Terras Norte do Paraná, depois chamada de Companhia Melhoramentos Norte do Paraná (CMNP). O modelo inglês de parcelamento rural foi seguido à risca, abrindo a ferrovia e fundando cidades a cada 10 ou 15 quilômetros. Surgiram novos municípios com nomes indígenas, como Apucarana, Arapongas, Umuarama, além de outros de inspiração europeia, como Londrina e Rolândia. Em 1936, essas terras estavam sendo vendidas na Alemanha. Maier teve boas referências do empreendimento e, imaginando que poderia ser útil no futuro, comprou um lote em Rolândia em sociedade com o amigo Klaus Kaphan.

Mathilde, Max e a sobrinha Margareth, cuja guarda Max assumiu após o suicídio de seu irmão poucos anos antes, respiraram aliviados quando o "Cap Arcona" aportou em Santos em dezembro de 1938. Em uma entrevista em 1989 concedida a Maria Luiza Tucci Carneiro, da Universidade de São Paulo (USP), Titti Maier descreveu um último e inesperado percalço antes do embarque: mesmo sendo proprietários de um lote e mudando de país tiveram que pagar cinco mil marcos ao cônsul brasileiro em Frankfurt.

A fazenda Jaú, em Rolândia, tinha 200 alqueires. O casal não sabia nada de agricultura, como a maioria daqueles emigrados. Mesmo assim, Max prosperou plantando café e narrou suas memórias em *Um advogado de Frankfurt se torna cafeicultor na selva brasileira: relato de um imigrante — 1938-1975*. Mathilde procurou recuperar seu amor pela jardinagem e escreveu suas memórias: *Alle Gärten meines Lebens* foi publicado na Alemanha em 1978 e, em 1981, saiu no Brasil a tradução com o título *Os jardins da minha vida*, pela Massao Ohno. No texto, ela trai uma pequena frustração: "Na travessia tínhamos estudado português e tentado imaginar como seria nossa vida no campo. Na bagagem vinham caixas com sementes e mudas e eu tentei visualizar o futuro jardim. Max fazia projetos para a construção de uma casa e estes foram realizados, ao contrário do que aconteceu com minhas idéias sobre jardinagem neste clima totalmente diferente."

Seu jardim, contudo, tornou-se famoso na colônia e virou ponto de encontro. Cônsul honorário da Alemanha no sul do Brasil, o agrônomo Adrian von Treuenfels lembra das visitas que rendia à Fazenda Jaú com seus pais aos domingos: "Titti Maier tinha o título de doutor, o que era extremamente incomum para mulheres na época, mas jamais se vangloriou disso. Havia uma biblioteca enorme com diversas obras clássicas e edições raras e um pequeno cravo, todos preservados até hoje no local. Pintava aquarelas das paisagens e das plantas. Passeando pelo jardim, contava a história de cada árvore. Sua preferida era um guapuruvu de quase 20 metros de altura e uma frondosa copa", lembra Treuenfels. Certa vez, já idosa, Mathilde parou diante daquele espetáculo imponente e disse, com uma naturalidade espantosa: "Ao ver isso, não resta outra coisa senão acreditar em Deus, não é?"

Foi uma vida longeva. Mathilde Maier faleceu no Paraná, dois dias antes de completar 101 anos.

Fontes: Companhia Melhoramentos Norte do Paraná. In: Wikipedia. Disponível em: <https://pt.wikipedia.org/wiki/Companhia_Melhoramentos_Norte_do_Paran%C3%A1>. Acesso em: 12 jun. 2020; "Dr. phil. nat. Mathilde Maier (Wormser)". Geni. Disponível em: <https://www.geni.com/people/Dr-phil-nat-Mathilde-Maier/6000000039292764873>. Acesso em: 12 jun. 2020; Lopes, Larissa. Legado de vítimas do Holocausto é tema de exposição em São Paulo, Jornal da USP, São Paulo, 25-05-2017. Disponível em: <https://jornal.usp.br/cultura/legado-de-vitimas-do-holocausto-e-tema-de-exposicao-em-sao-paulo/>. Acesso em: 12 jun. 2020; "MAIER, Mathilde". *Arqshoah: Holocausto e antissemitismo* Disponível em: <https://www.arqshoah.com/index.php/busca-geral/st-55-maier-mathilde>. Acesso em: 12 jun. 2020; Santos Jr., Valdir Pimenta. *Narrativas e lágrimas: construções de ressentimentos e fronteiras — A imigração alemã-judaica para o Brasil (1938-1981)*. Dissertação de mestrado. Universidade Estadual de Londrina, 2008. Disponível em: <http://www.uel.br/pos/mesthis/ValdirPSJunior_Dissertacao.pdf>. Acesso em: 12 jun. 2020.

Leonardo Dourado / IB

MAIER, Max Hermann

Advogado, cafeicultor
Frankfurt am Main, Alemanha, 25-06-1891 –
Rolândia, Paraná, 23-08-1976
No Brasil, de 1938 a 1976

Cortesia de Jennifer e Mário Kaphan

Max Hermann Maier era filho de uma tradicional família judia estabelecida em Frankfurt desde a Idade Média. Seu pai, Hermann Heinrich Maier, foi um importante diretor do Deutsche Bank, e seu irmão, o advogado Hans Maier, um conhecido militante político reformista na República de Weimar. Sua mãe chamava-se Cäcilie Minna Maier.

Max Maier foi um leal combatente do Exército alemão durante a Primeira Guerra Mundial (1914-1918). Formado em Direito, com o fim da guerra dedicou-se à advocacia e envolveu-se intensamente nos debates políticos e intelectuais da época. Em 1919, num círculo filosófico que coordenava em Frankfurt, conheceu a jovem Mathilde Maier, sua futura esposa. Mathilde era também judia, formara-se em Zoologia e Química, e durante a guerra trabalhara como voluntária numa chácara em Frankfurt, onde despertou uma intensa paixão pela jardinagem. Os dois se casaram no dia 19 de maio de 1920. Na linda residência que mandaram construir em Frankfurt, Mathilde conservou um amplo e belo jardim — apenas um dos muitos que iria cultivar durante sua longa vida.

Já fazia tempo, desde o fim da guerra, que o antissemitismo vinha ganhando força na Alemanha. Com a chegada dos nazistas ao poder em 1933, a situação ficou ainda pior. A princípio, Max e Mathilde decidiram permanecer em Frankfurt para ajudar os judeus que tentavam deixar o país. Num futuro próximo seriam eles a seguir o mesmo caminho.

Em 1937, Hans Maier, irmão de Max, cometeu suicídio poucos meses depois da morte da esposa. Cinco anos mais tarde, com Max e Mathilde já vivendo no Brasil, Bertha Wormser, mãe de Mathilde, foi morta no campo de concentração de Terezín, na antiga Tchecoslováquia. Vários amigos do casal seguiram o exemplo de Hans e também puseram fim às próprias vidas.

Em meados de 1938, quando os judeus começaram a ser transportados em massa para os campos de concentração, Max e Mathilde decidiram finalmente sair da Alemanha. Max lembrou-se então de um lote de terras que adquirira no Brasil dois anos antes em sociedade com seu amigo Klaus Kaphan. O lote ficava em Rolândia, um núcleo de colonização rural no norte do Paraná onde viviam vários refugiados alemães. Um deles, Erich Koch-Weser (VER), fora um influente diplomata e ministro da República de Weimar. Maier o conhecera no Partido Democrático Alemão (DDP), no qual ambos militaram. Foi Erich quem o convenceu a migrar para o Brasil. Ele lhe falou sobre uma terra fértil onde os judeus poderiam viver livremente, longe das perseguições nazistas.

Com o título da propriedade em mãos, Max e Mathilde se dirigiram ao consulado brasileiro em Frankfurt para solicitar seus vistos de entrada no Brasil. Foram recebidos pelo próprio cônsul. Este informou que não poderia conceder os vistos pelo fato de ambos serem judeus. Era uma tentativa de suborno. Max e Mathilde não hesitaram e pagaram cinco mil marcos em troca dos documentos. O consulado emitiu então três vistos para o Brasil: um para Max, outro para Mathilde e um terceiro para Margareth Maier, filha caçula de Hans (com a morte do irmão, Max assumira a tutela dos sobrinhos). Nos passaportes, em vez de "judeus", a inscrição "católicos" passou a identificar os Maier.

Max e Mathilde deixaram Frankfurt em 10 de novembro de 1938, horas depois de deflagrada a fatídica "Noite dos Cristais". Despediram-se da cidade com as sinagogas ainda em chamas. Sem a providencial ajuda de alguns amigos católicos não teria sido possível chegar a Emmerich, na fronteira com os Países Baixos. Ali permaneceram detidos pela SS (Schutzstaffel, milícia nazista) por cerca de oito horas. Não se sabe como, foram depois liberados. Em seguida, pegaram o trem para a Holanda, passaram pela Inglaterra e de lá embarcaram para o Brasil. A 8 de dezembro, finalmente chegaram ao porto de Santos, no estado de São Paulo.

No início de 1939, depois de algumas semanas na capital paulista, já estavam em Rolândia. A Fazenda Jaú tinha duzentos alqueires, espaço suficiente para Mathilde construir o seu jardim. Assim como a maioria dos judeus que ali se fixaram, Max e Mathilde nunca tinham trabalhado no campo. Klaus Kaphan era uma exceção e os ajudou no início. Max tornou-se um fazendeiro e um cafeicultor bem-sucedido em Rolândia. Em suas memórias (*Um advogado de Frankfurt se torna cafeicultor na selva brasileira: relato de um imigrante — 1938-1975*), no futuro, ele escreveria sobre a terra que escolhera para viver: "Graças à ampla liberdade pessoal e às possibilidades de desenvolvimento, o imigrante europeu pode sentir-se à vontade neste continente jovem, em que as pessoas olham mais para frente do que para trás. Foi assim que minha mulher e eu achamos aqui uma nova pátria."

Na realidade, não fora sempre assim tão receptiva, como sugere Max, a acolhida que os Maier tiveram no Brasil. Durante a Segunda Guerra Mundial (1939-1945), por exemplo, circulou uma denúncia de que Max e Mathilde escondiam armas e munições em Rolândia. A suspeita eram os enormes caixotes que periodicamente chegavam do Uruguai para a Fazenda Jaú. A polícia política do Paraná monitorava essa movimentação desde 1939 e uma diligência foi então enviada a Rolândia para investigar o caso. Diferente do que dizia a denúncia, constatou-se que as armas e munições não passavam na verdade de livros.

Max Hermann Maier continuou combatendo a ideologia nazista mesmo depois do fim da guerra em 1945, tendo prestado o seu apoio a diversos movimentos contra o nazifascismo no Brasil. Além do cultivo do café, dedicou boa parte do seu tempo à divulgação e preservação da cultura alemã em Rolândia. Em 1953, foi um dos principais responsáveis pela criação da Associação Pró-Arte, uma entidade fundada com o objetivo de promover a tradição intelectual e o patrimônio clássico alemães. Com Johannes Schauff e Henrique Kaplan, foi também um dos idealizadores da Fundação Arthur Thomas, atual Hospital São Rafael de Rolândia.

Max e Mathilde Maier viveram em Rolândia até o fim de seus dias.

Fontes: Eckl, Marlen. "'Busquei um refúgio e achei uma pátria...' — O exílio de fala alemã no Brasil, 1933-1945". In: Bolle, Willi; Kupfer, Eckhard E (Org.). *Cinco séculos de relações brasileiras e alemãs*. São Paulo: Editora Brasileira de Arte e Cultura, 2013, p. 171-176; Maier, Mathilde. *Max Maier e Mathilde [Wormser] Maier (Dinslaken, Alemanha, 1896; Rolândia, 1997)*. Entrevista concedida a Maria Luiza Tucci Carneiro. Rolândia (PR), 26 set. 1989. Disponível em: <https://www.arqshoah.com/images/imagens/sobreviventes-testemunhos/MAIER_Mathilde.pdf>. Acesso em: 3 jan. 2020; Priori, Ângelo; Ipólito, Verônica Karina. "Dops, a cidade de Rolândia (PR) e a repressão aos imigrantes de origem alemã (1942-1945)". *Varia Historia*, v. 31, n. 56, p. 547-580, maio-ago. 2015; Röder, Werner et al. (Org.). *Biographisches Handbuch der deutschsprachigen Emigration nach 1933–1945*. Munique: K. G. Saur, 1999; Santos Júnior, Valdir Pimenta dos. *Narrativas e lágrimas: a questão dos ressentimentos e a imigração judaico-alemã para o Brasil (1938-1981)*. 2008. Dissertação (Mestrado em história). Londrina: Universidade Estadual de Londrina (UEL), 2008.

Luis Octavio Souza / IB

MANZON, Jean
Fotógrafo, cineasta
Paris, 02-02-1915 – Reguengos de Monsaraz, Portugal, 01-07-1990
No Brasil, de 1940 a 1990

Acervo de família, cortesia de Glória Manzon

A vinda de Jean Manzon para o Brasil deu-se quase por acidente. Em 1940, quando os nazistas ocuparam a França, ele se encontrava na Inglaterra a trabalho. Um ano antes fora convocado para o Serviço de Cinema da Marinha francesa. Já era fotógrafo profissional. Os acontecimentos impediram-no de retornar à França. Manzon conhecia o cineasta brasileiro Alberto Cavalcanti, radicado na Inglaterra. Este lhe sugeriu que seguisse para o Brasil e lhe deu uma carta de recomendação. Chegando ao Rio, Manzon entregou a carta à escritora e poeta Adalgisa Nery, cujo segundo marido era o todo-poderoso Lourival Fontes, chefe do DIP, o Departamento de Imprensa e Propaganda do Estado Novo. Não demorou muito para Jean Manzon se tornar o fotógrafo preferido de Getúlio Vargas.

Jean Manzon iniciara sua carreira em 1938 na revista Paris Soir. Pouco depois estava entre os fundadores da Paris Match, uma referência em fotografia à época. Também clicou para a revista Vu. Segundo a professora Helouise Costa, do Museu de Arte Contemporânea de São Paulo, existia então na França uma linguagem de fotografia de vanguarda tanto do ponto de vista do construtivismo quanto do surrealismo. Manzon trouxe para o Brasil o conceito inédito de um fotojornalismo encenado, com tomadas arrojadas de cima para baixo, closes extremos, ângulos bizarros. Contribuiu não só para a modernização estética da imprensa brasileira, mas também técnica e profissional no sentido mais amplo. Quando, em 1943, passou a integrar a equipe da revista O Cruzeiro, um ícone do jornalismo no Brasil, havia lá apenas um fotógrafo. Jean Manzon criou o departamento de fotografia. Ao deixar a empresa em 1951, ali trabalhavam 20 profissionais.

Depois de O Cruzeiro, Manzon trabalhou na revista Manchete e, em 1952, criou a sua própria empresa, a Jean Manzon Filmes, onde produziu e dirigiu cerca de 900 documentários. O crescimento da empresa foi proporcional ao do seu prestígio. Manzon empregou muita gente e fez filmes de acabamento apurado para clientes com objetivos opostos em uma época exacerbada no cenário político. O pesquisador Reinaldo Cardenuto estudou os documentários brasileiros nos anos 1962 e 1963 e localizou 11 películas da JM Filmes em um total de 15 patrocinados pelo Instituto de Pesquisas em Estudos Sociais. O IPES era mantido por empresários e fazia propaganda ideológica contra o governo do presidente João Goulart, alertando a população para um suposto perigo comunista no Brasil. Simultaneamente, Manzon era contratado pelo governo Goulart e produzia filmes em defesa da democracia e contra o golpe militar que se avizinhava.

Jean Manzon entrou para a história como o mais famoso fotógrafo brasileiro do período de 1940 a 1970, além de ter deixado um legado de oito mil quilômetros de negativos para o país, de acordo com a viúva Glória Manzon.

Fontes: Série Canto dos Exilados (Telenews, 2016); "Jean Manzon". Enciclopédia Itaú Cultural de Arte e Cultura Brasileiras. São Paulo: Itaú Cultural, 2020. Disponível em: <http://enciclopedia.itaucultural.org.br/pessoa22089/jean-manzon>. Acesso em: 8 fev. 2020.

Leonardo Dourado / IB

MARCIER, Emeric
Pintor
Cluj, Império Austro-Húngaro, atual Cluj-Napoca, Romênia 21-11-1916 – Paris, 01-09-1990
No Brasil, de 1940 a 1990

Acervo de família, cortesia do filho Matias Marcier

Emeric Marcier nasceu em Cluj, cidade da região da Transilvania, hoje Romênia. Começa sua autobiografia *Deportado para a vida* afirmando que todo artista é essencialmente subversivo, pois leva a marca do sobrenatural. Assim, define-se como "um anarquista que optou pela arte, única forma de participar da vida da coletividade, sem nunca abandonar uma posição solitária e independente". Com 20 anos, chegou a se apresentar à embaixada espanhola republicana como voluntário na luta contra o franquismo, mas não foi aceito. Rompeu com a família, que seguira para Bucareste em busca de emprego para o pai, engenheiro. Assim, o jovem Emeric começou a trilhar seu caminho. De 1936 a 1938 estudou na Accademia di Belli Arti di Brera, em Milão. Quando começou a guerra, em 1939, estava em Paris fazendo uma especialização em escultura na École Nationale Supérieure des Beaux Arts. Nesta época convivia com os surrealistas romenos de Paris, como Victor Brauner de quem recebeu o seu *atelier* da Cité Falguière, e outros. Convivia também com os húngaros Árpád Szenes (VER), sua mulher Vieira da Silva (VER), e Anton Priner. Por ser judeu, fugiu para Portugal, ficando hospedado na casa de Árpád Szenes e Maria Helena Vieira da Silva, que também haviam escolhido Lisboa como refúgio. Um ano depois, em abril de 1940, chegou ao Rio de Janeiro, onde viria a se tornar um dos mais importantes pintores do Brasil.

No período em que esteve em Portugal, Marcier para trabalhar usava o atelier do surrealista Antonio Dacosta, seu amigo. Contribuiu com a revista Presença, fez muitos contatos com literatos, inclusive ilustrando textos e preparou sua vinda ao Brasil. Recebeu três cartas de apresentação do escritor português José Osorio de Oliveira, uma para Mario de Andrade, outra para José Lins do Rego, de quem ficou muito próximo, e uma para Candido Portinari. Frequentando a Livraria José Olympio, conheceu Jorge de Lima, Murilo Mendes, Graciliano Ramos e muitos outros. Foi bafejado pela sorte logo ao chegar. Na então capital do Brasil, o Palace Hotel era o local onde ocorriam as exposições de arte. Estava tudo pronto para uma exposição de Guignard, quando o pintor se indignou contra uma ordem dos organizadores que se recusavam a expor o famoso quadro *A família do fuzileiro naval*, retratando na tela um militar negro. Com a saída de Guignard e graças à intermediação de Yone Stamato, Marcier conseguiu espaço para sua primeira exposição no Brasil.

Ele trouxera na mala uma pasta com desenhos de cunho surrealista, o que representava um certo pioneirismo no cenário cultural brasileiro, visto que essa corrente da arte era pouco explorada no país, mesmo por artistas locais com alguma intimidade com as vanguardas europeias. De acordo com a estudiosa Anna Paola Baptista, Marcier pintava consultando a Bíblia, principalmente o Livro do Apocalipse. Seus quadros surgiam no âmbito do impacto da Segunda Guerra Mundial, das atrocidades antissemitas, eram uma aproximação de seu drama real enquanto perseguido e expulso pelo nazismo.

No Rio de Janeiro morou em vários endereços, na Glória, em Copacabana e no bairro de Santa Teresa. No início de 1942, Djanira, que começava a se interessar por pintura, alugou uma sala de sua casa em Santa Teresa para Marcier pintar sua grande *Crucificação* de quatro metros e posou como modelo. O muralismo era um dos principais cânones do modernismo. Nos anos 1940 e 1950, a arte moderna sentia falta da comunicação com o público. Era o medo de se tornar algo muito cerebral e de não alcançar as pessoas. Essa tônica pelo social também ia ao encontro das necessidades intelectuais de Marcier. Naquele mesmo ano de 1942, ele foi contratado pela revista O Cruzeiro e viajou para várias cidades históricas de Minas Gerais, travando contato com a obra de Aleijadinho e a arte barroca. Começava a transmutação artística de seu viés surrealista: o judeu romeno iniciava a transição para o católico brasileiro. Emeric Marcier naturalizou-se na década de 1950.

Anna Paola Baptista destaca: "A primeira grande obra de Marcier no mural sacro foi a capela do Cristo Rei em Mauá, São Paulo, da Juventude Operária Católica. Ele pintou um ciclo extensíssimo de afrescos na verdadeira técnica italiana do afresco legítimo, feita ainda na parede úmida, do cal molhado, um trabalho muito difícil de ser realizado. Precisa ser feito em partes, porque tem que ser pintado ainda com a superfície molhada, e seca rápido. É uma técnica complicada que Marcier dominava bem. Ele pintou um ciclo ligado ao Novo Testamento e ao Apocalipse e afrescou praticamente todas as paredes dessa capela." A série Canto dos Exilados mostrou imagens dessa que é considerada por Pietro Maria Bardi a "Sistina brasileira". Mauá fica a uma hora da capital, São Paulo, e a capela abre para visitação uma vez por semana.

Além do surrealismo e da pintura sacra, Marcier também deixou uma grande contribuição no campo do paisagismo, a ponto de ter recebido a alcunha de "descobridor do Brasil" pelo crítico de arte Ruben Navarra. Barbacena, em Minas Gerais, era o seu modelo de paisagem. Quando decidiu que não retornaria mais à Europa, radicou-se na cidade mineira, na casa onde nasceram alguns de seus sete filhos com a tradutora Julita Weber Vieira da Rosa. O sítio Sant'ana foi tombado pelo patrimônio histórico municipal. Hoje, ali, funciona o Museu Casa de Marcier e o Parque que leva o nome do artista. Em 1958, Marcier adquiriu um *atelier* na Rua Timóteo da Costa, no Leblon, e passou a dividir sua residência entre Barbacena e Rio de Janeiro. Por diversas vezes Marcier manteve *ateliers* em Paris e Roma, por longos períodos.

Seu legado artístico de murais inclui vários, em Barbacena (3), Belo Horizonte (5), Juiz de Fora (2), Cataguases (2), Rio de Janeiro (6), e em Petrópolis uma capela inteira. Pintou um grande painel de 17 metros de comprimento que pertenceu à antiga coleção Banerj do Rio de Janeiro e atualmente compõe o acervo do Museu do Ingá, em Niterói. Boa parte de sua obra é preservada por seu filho Matias, que vive no Rio de Janeiro. Emeric Marcier morreu de enfarte em Paris aos 73 anos e foi trasladado para ser sepultado em Barbacena.

Fontes: Marcier, Emeric Marcier. *Autobiografia, deportado para a vida*. Francisco Alves: Barléu Edições, 2004; Série Canto dos Exilados (Telenews, 2016).

Leonardo Dourado / IB

MARCUS, Ernst

Zoólogo
Berlim, 08-06-1893 – São Paulo, 30-06-1968
No Brasil, de 1936 a 1968

O casal de zoólogos Ernst Marcus e Eveline du Bois-Reymond, Berlim, 1923 | Memória do Depto. de Genética e Biologia Evolutiva do Instituto de Biologia da USP

Ernst Gustav Gotthelf Marcus, nascido numa família judia, morava quando criança próximo ao Zoológico de Berlim, onde gostava de apreciar todos os tipos de animais e colecionava besouros. Seguindo essa inclinação, estudou Zoologia na Universidade Friedrich Wilhelm, da capital alemã, iniciando em seguida o curso de doutorado no Departamento de Entomologia do Museu de Berlim, onde publicou em 1914 seu primeiro trabalho. Teve de interromper os estudos para servir como soldado na Primeira Guerra Mundial, só retomando o curso em 1919, quando obteve o doutorado com uma tese sobre coleópteros. Em 1923 tornou-se professor adjunto (*Privatdozent*) e passou a lecionar na universidade onde estudara, como assistente de Karl Heider, grande zoólogo austríaco. No ano seguinte casou-se com Eveline Du Bois-Reymond (VER), igualmente zoóloga e neta de um dos fundadores da moderna fisiologia. Juntos, publicaram grande número de trabalhos especializados.

Com a ascensão do nazismo na Alemanha e sua expulsão da universidade, aceitou convite para se transferir para o Brasil, onde chegou com a mulher em 1936. Aqui lecionou Zoologia, substituindo o recém-falecido professor Ernst Bresslau, outro judeu alemão perseguido pelo nazismo. Quando o governo brasileiro declarou guerra ao Eixo, ficou proibido de acessar o litoral, por causa de sua origem germânica. Impedido de prosseguir suas pesquisas com invertebrados marítimos, passou a estudar briozoários de água-doce e outros invertebrados terrestres.

Com o fim da Guerra, foi convidado a retornar à Alemanha, mas recusou a proposta e continuou no Brasil seus estudos sobre briozoários, platelmintos, gastrópodes e outros invertebrados. Prestou concurso para a cátedra de Zoologia da USP em 1945, aposentou-se em 1963 e continuou a pesquisar até a morte, em 1968. Com sua mulher, publicou 162 trabalhos na sua área de especialização e teve diversas espécies batizadas com o seu nome. Foi cofundador do Instituto de Oceanografia da USP, onde, em 1982, o prédio da Zoologia recebeu o nome de Edifício Ernesto Marcus.

Fontes: Faubel, Anno. Memories, biographies and bibliographies of famous turbellariologists. Disponível em: <http://web.archive.org/web/20081202232005/http://www1.uni-hamburg.de/benthos/memories.pdf>. Acesso em: 18 dez. 2019; Mendes, Erasmo Garcia. "Ernest Marcus". Estudos Avançados, v. 8, n. 22, p. 209-213, 1994.Scielo (ed.). «Perfis de mestres: Ernest Marcus»; Scielo. Consultado em 28 de novembro de 2016; Zarur, George de Cerqueira Leite (8 de março de 2016). «Schools and Paradigms in Brazilian Zoology». São Paulo: Grupo Estado. INTERCIENCIA. Consultado em 8 de março de 2016

Israel Beloch

MARCUS, Eveline Du Bois-Reymond

Zoóloga, ilustradora
Berlim, Alemanha, 06-10-1901 – São Paulo, 31-01-1990
No Brasil, de 1936 a 1990

Filha mais nova de René e Frieda Du Bois-Reymond, Eveline Du Bois-Reymond começou a se interessar por Zoologia ainda criança, ao observar pequenos animais no microscópio de seu pai. Seu avô, o cientista Emil Heinrich du Bois-Reymond, foi um dos pais da eletrofisiologia experimental no século XIX e, a exemplo de seu filho René, um afamado professor de Fisiologia na

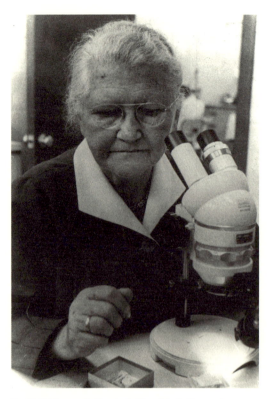

Em 1969 | Acervo da Comissão Memória do Depto. de Genética e Biologia Evolutiva do IB-USP

Universidade de Berlim.

Eveline trabalhou como técnica de laboratório nas universidades de Bonn, Göttingen e Berlim antes de ingressar no curso de Zoologia desta última em 1923. Foi nesta época que conheceu o professor Ernst Gustav Marcus, então um zoólogo promissor e com alguns trabalhos publicados. Os dois se casaram em março de 1924 e, por causa disso, Eveline não chegou a concluir a graduação. Tal fato não a impediu, porém, de firmar com Marcus uma longa e fecunda colaboração científica que se estenderia por mais de quatro décadas. Uma vida a dois inteiramente dedicada à zoologia.

A princípio, apenas o nome de Marcus aparecia como autor dos artigos que publicavam, porque ele precisava justificar sua condição de professor em tempo integral e também porque Eveline nunca aceitou um emprego remunerado. Entretanto, a contribuição dela em todos os trabalhos da dupla — e não só como ilustradora, pois era uma desenhista notável — sempre foi fundamental. Em reconhecimento, Marcus costumava inserir na abertura de seus artigos a seguinte inscrição: "Com minha excelentíssima esposa..."

Ernst Marcus era de família judaica e foi demitido da Universidade de Berlim depois que os nazistas subiram ao poder. Com a situação dos judeus se agravando dia após dia, não lhe restou outra alternativa senão partir para o exílio. Seu destino seria o Brasil. Convidado para substituir o professor Ernst Bresslau, recém-falecido, na cadeira de Zoologia da Faculdade de Filosofia, Ciências e Letras da USP, desembarcou em São Paulo, acompanhado de Eveline, no dia 1º de abril de 1936.

Com as limitações impostas pelo governo aos imigrantes de origem alemã durante a Segunda Guerra Mundial (1939-1945), Marcus e Eveline não puderam viajar, como gostariam, para investigar a fauna de invertebrados do litoral brasileiro. Voltaram-se então para o estudo de pequenos animais de água doce e terrestres. O trabalho rendeu frutos. Em 1945, Marcus apresentou na USP uma alentada tese sobre microturbelários, conquistando na ocasião o cargo de professor titular de Zoologia.

Terminada a guerra, o casal pôde finalmente explorar a costa paulista, onde se deparou com uma infinidade de espécies desconhecidas de turbelários e de outros animais marinhos. Marcus e Eveline publicaram um sem número de trabalhos originais sobre vários grupos de invertebrados, estudando os animais sob os mais variados pontos de vista. Produziram em parceria cerca de 160 artigos desde que chegaram ao Brasil, e no total deixaram mais de 200 escritos.

Eveline continuou o trabalho da dupla depois da morte de Marcus em 1968, dedicando-se principalmente ao estudo dos moluscos opistobrânquios, como a lesma do mar e a borboleta do mar, que se caracterizam pela ausência de manto e a concha muito reduzida. De 1970 a 1985, escreveu sozinha aproximadamente 30 artigos científicos.

Eveline Marcus foi membra honorária da Sociedade Brasileira de Malacologia e da Sociedade Malacológica de Londres. Em 1986, ao completar 85 anos de idade, foi a grande homenageada de um simpósio sobre moluscos organizado pela Sociedade Internacional de Malacologia, nos Estados Unidos. Pouco antes de morrer em 1990, foi condecorada pelo governo francês e recebeu o título de doutor *honoris causa* da USP. A antiga Rua Sorocaba, onde residiu em São Paulo, chama-se hoje Rua Professor Ernest Marcus, ligando o Pacaembu à Avenida Dr. Arnaldo.

Ernst Marcus e Eveline du Bois-Reymond Marcus figuram entre os zoólogos mais importantes do século XX.

Fontes: Corrêa, Diva Diniz. "Dr. Eveline du Bois-Reymond Marcus". *Hydrobiologia*, n. 227, p. 23-26, 1991; Faubel, Anno. *Memories, biographies and bibliographies of famous turbellariologists*. Disponível em: <http://web.archive.org/web/20081202232005/http://www1.uni-hamburg.de/benthos/memories.pdf>. Acesso em: 18 dez. 2019; Mendes, Erasmo Garcia. "Ernest Marcus". *Estudos Avançados*, v. 8, n. 22, p. 209-213, 1994; Poppe, Guido T.; Poppe, Philippe. "Marcus, Eveline du Bois-Reymond". *Conchology*. Disponível em: <https://www.conchology.be/?t=9001&id=24209>. Acesso em: 18 dez. 2019; Sociedade Brasileira de Malacologia. "Eveline Marcus". *Informativo SBM*, n. 101, p. 7-13, jan./mar. 1990.

Luis Octavio Souza / IB

MARTINS, Henrique
Ator, diretor de TV
Berlim, 28-08-1933 – São Paulo, 26-08-2018
No Brasil, de 1936 a 2018

No papel do Sheik de Agadir

Filho do alfaiate Kurt Schlesinger e da dona de casa Louise Alschner, Heinz Schlesinger nasceu em Berlim em 1933. A política antissemita do nazismo obrigou a família a emigrar para o Brasil três anos depois, onde se fixou na cidade de São Paulo. Heinz estudou no Colégio Ipiranga, mas abandonou a escola cedo para trabalhar no ateliê de costura do pai. Em 1953, por insistência de sua mãe, que queria ver o belo rosto do filho nas telas, candidatou-se para participar do programa Escola de Teatro na recém-inaugurada TV Paulista. Não foi aceito (ficou em segundo lugar na competição) e teria desistido do *show business* se não tivessem sugerido que fizesse rádio teatro por conta de sua bonita voz grave.

Por intermédio de um amigo, conseguiu participar de um teste na Rádio Tupi. O apresentador J. Silvestre se impressionou com sua voz, e ele, mesmo não tendo treinamento prévio, foi contratado. O primeiro programa de que participou chamava-se *Hora romântica*. Logo que começou a atuar, Heinz adotou o nome artístico de Henrique Martins, mas foi sempre conhecido por seus colegas de profissão como "Alemão". Em pouco tempo começou a participar de programas televisivos da emissora, inclusive o prestigioso *TV de Vanguarda* que consistia em apresentações ao vivo de grandes obras da dramaturgia mundial. Na TV Tupi, Henrique chegou a atuar em quatro novelas simultaneamente.

Em 1966 foi chamado pelo produtor Walter Clark a trabalhar na TV Rio. Entretanto, por um acordo curioso, conseguiu continuar empregado na TV Tupi de São Paulo, onde dirigia novelas, e dois dias por semana viajava ao Rio e atuava na emissora carioca. No mesmo ano, Walter Clark foi contratado pela TV Globo, e como Henrique Martins fazia parte de seu "contingente", acompanhou o produtor. Logo ao entrar na Globo, foi colocado como diretor da nova novela *O Sheik de Agadir*, e por insistência de Walter Clark (que queria um Sheik loiro de olhos azuis) também aceitou atuar como personagem principal. A novela teve um sucesso estrondoso e contou com a participação de Yoná Magalhães, Amilton Fernandes, Leila Diniz, Mário Lago, além da estreante Marieta Severo.

Com o fim da novela, Henrique deixou a Globo e foi contratado pela TV Excelsior, onde ficou três anos, voltando para a TV Tupi com a falência da primeira. Na Tupi, participou da primeira adaptação do romance *Meu pé de laranja lima* para a televisão, e continuou atuando e dirigindo novelas. Novamente, com o fim da emissora em 1980, foi contratado pela TV Bandeirantes, onde se dedicou exclusivamente à direção.

Na década de 1980 fez uma pausa em sua atuação televisiva e trabalhou por alguns anos na empresa de importações de seu cunhado. Com a política econômica da era Collor, que dificultou os negócios, teve de retornar ao mundo do audiovisual, desta vez na TV Manchete. Lá dirigiu algumas minisséries e participou da novela *Ana Raio e Zé Trovão*. Dois anos depois, deixou a emissora e foi contratado pelo SBT, onde dirigiu e atuou em novelas até o fim da vida.

Henrique Martins faleceu em 26 de agosto de 2018 aos 84 anos no Hospital Samaritano em São Paulo, deixando mulher, três filhos, e muitos netos, foi enterrado no Cemitério Israelita do Butantan.

Fontes: Morre o ator e diretor Henrique Martins, aos 84 anos, O Globo, 26-08-2018. Disponível em: <https://oglobo.globo.com/cultura/revista-da-tv/morre-ator-diretor-henrique-martins-aos-84-anos-23012632>. Acesso em: 5 fev. 2020; Entrevista para Associação dos Pioneiros, Profissionais e Incentivadores da Televisão (Pró-TV), 1998. Disponível em: <https://www.youtube.com/watch?v=fG5AQVyuUpM>. Acesso em: 5 fev 2020.

Heitor Fagundes Beloch / IB

MASSARANI, Renzo
Pianista, compositor, maestro, crítico musical
Mântua, Itália, 26-03-1898 – Rio de Janeiro, 28-03-1975
No Brasil, de 1939 a 1975

De origem judaica, Renzo Massarani iniciou seus estudos musicais em sua cidade natal, onde teve aulas particulares de piano e depois de harmonia, prosseguindo-os em Parma. Voluntário na Primeira Guerra Mundial, terminado o conflito em 1918, transferiu-se para Viena e no ano seguinte para Roma, onde se aperfeiçoou com Ottorino Respighi na renomada Academia de Santa Cecilia, em 1921. Passou a lecionar teoria e solfejo e, paralelamente, participou do grupo I Tre (Os Três), integrado por ele, Vittorio Rieti e Mario Labroca. Ainda no mesmo ano, sua ópera *Noi Due* foi premiada num concurso internacional. Em 1922, tornou-se diretor musical do Teatro dei Piccoli, consagrado grupo de marionetes de Vittorio Podrecca, e nesse mesmo ano realizou com o grupo uma turnê à América do Sul, a primeira de uma longa série de temporadas no exterior.

Ao longo da década de 1920 publicou diversas partituras para piano, bem recebidas pela crítica especializada. Produziu também, nesse período, peças musicais para espetáculos teatrais, e entre 1926 e 1928 foi crítico musical do jornal Il Tevere. Sua colaboração com o Teatro dei Piccoli estendeu-se até 1928. Neste ano, casou-se com Elda Costantini e fixou-se definitivamente em Roma, onde passou a trabalhar na Società Italiana degli Autori ed Editori (Sociedade Italiana dos Autores e Editores), SIAE. Foi ainda secretário do Sindicato Italiano dos Músicos por onze anos.

Em 1930, participou do Festival Internacional de Música Contemporânea de Veneza, apresentando um trabalho inspirado em um canto do *Pessach*, a Páscoa judaica. Em 1936, tomou parte, na seção de música orquestral, do concurso olímpico internacional de música de Berlim e, no ano seguinte, em Roma, da IV Mostra de Música Contemporânea e do V Festival Internacional de Música Contemporânea.

Compositor profícuo, autor de óperas, balés, obras sinfônicas e de câmera, Massarani teve sua carreira bruscamente interrompida em 1938, quando

Acervo de família, cortesia da neta Mariana Massarani

o governo fascista de Benito Mussolini editou as leis raciais. A iniciativa de caráter marcadamente antissemita, que aproximou ainda mais a Itália da Alemanha hitlerista, obrigou-o a deixar o país em 1939, transferindo-se para o Brasil. Suas composições foram banidas e boa parte delas foi destruída durante a Segunda Guerra Mundial (1939-1945).

Massarani estabeleceu-se no Rio de Janeiro, onde inicialmente colaborou como orquestrador na Rádio Nacional, e em seguida como crítico musical do jornal A Manhã. No Brasil, sua produção musical decresceu substancialmente, valendo destacar as músicas de cena para *L'annonce faite à Marie*, de Paul Claudel, espetáculo encenado em 1942, no Teatro Municipal do Rio de Janeiro, com direção de Louis Jouvet (VER). Naturalizou-se brasileiro em 1945.

No pós-guerra, não aceitou a proposta de retornar à Itália e reassumir suas funções na SIAE. Além disso, impediu a execução, a reedição e o acesso aos manuscritos das suas composições. Retornaria à Europa apenas por razões familiares ou para participar de festivais na condição de crítico e como membro de júris em concursos de composição.

Contando com o apoio de Heitor Villa-Lobos, que conhecera na Europa. ingressou na Academia Brasileira de Música, em 1950, ocupando a cadeira nº 15, que tem Carlos Gomes como patrono. No ano seguinte, passou a escrever regularmente para o Jornal do Brasil sobre música erudita, colaboração que se estenderia até 1973. Em 29 de março de 1998, foi comemorado seu centenário de nascimento com a execução de suas obras no Teatro delle Erbe, em Milão.

A maior parte dos manuscritos de Massarani encontra-se guardada no arquivo da família e no fundo a ele dedicado, depositado na Divisão de Música e Arquivo Sonoro da Biblioteca Nacional do Rio de Janeiro.

Seu portfólio como compositor inclui *Boè*, suíte sinfônica; *Introduzione, tema e sette variazioni*; quarteto para oboé, fagote, viola e celo; quarteto de cordas; *Dal lago di Mantova*, para piano; três cânones para piano; *Aquarelli Noturni*, para canto e piano; *Cante per i soldati*, para coro; *A casinha pequenina*, para canto e piano; *Cerese*, para coro; *Sette liriche*, para canto e piano.

Fontes: Girardi, Enzo. "Su Renzo Massarani". In: Martinotti, Sergio (Org.). *La musica a Milano, in Lombardia e oltre*, v. 2. Milão: Vita e Pensiero, 2000, p. 399-411; Krieger, Edino. Adeus, maestro Massarani, Jornal do Brasil, 29-03-1975, Segundo Caderno, p. 4; Piccardi, Carlo. Renzo Massarani, popolare e moderno. In: Padoan, Maurizio (Oorg.). *Affetti musicali. Studi in onore di Sergio Martinoti*. Milão: Vita e Pensiero, 2005; Uras, Lara Sonja; Massarani, Renzo. *Dizionario Biografico degli Italiani*. vol. 71. Roma: Treccani, 2008; "Renzo Massarani". *Academia Brasileira de Música*. Disponível em: <http://www.abmusica.org.br/_old/academico.php?n=rrenzo-massarani&id=107>. Acesso em: 12 ago. 2020.

Sergio Lamarão / IB

MEHLER, Miriam
Atriz, produtora
Barcelona, Espanha, 15-09-1935
No Brasil, desde 1938

Nasceu em Barcelona, filha dos judeus alemães Ilse e Karl Mehler. Antes dela, o casal teve uma filha em Berlim, Ruth. Formado em Direito, o pai lera *Mein Kampf*, de Hitler, e se convencera a deixar seu país, em 1933, e se fixar com a família na cidade espanhola. A guerra civil desencadeada em 1936 com o levante de Francisco Franco contra o governo republicano espanhol fez o pai enviar as filhas de volta à Alemanha, para residir com a avó. No entanto, a crescente ameaça antissemita representada pelo governo hitlerista obrigou-os a se transferir, em 1938, para São Paulo. Na capital, o pai, cujo diploma de advogado não fora reconhecido, trabalhou como corretor de imóveis e, mais tarde, foi um dos fundadores do Hospital Israelita Albert Einstein. Poucos anos depois, sua tia-avó Margareth juntou-se à família, trazida pelo pai, e exerceria influência na sua formação artística, estimulando-a a fazer teatro e levando-a ao cinema.

Fez os estudos no colégio Mackenzie e no britânico Saint Paul e, mesmo sem a aprovação dos pais, graduou-se, em 1957, na Escola de Arte Dramática (EAD), vinculada à Universidade de São Paulo (USP). O ano também foi o de sua estreia na televisão, no programa *Grande teatro Tupi*, exibido pela TV Tupi do Rio de Janeiro e de São Paulo. Até o final da década, faria papéis nas telenovelas *O sétimo céu* e *Mulherzinhas*.

Em "Absurda Pessoa" | Autoria desconhecida, Arquivo Público do Estado de São Paulo

Em 1958, participou da encenação da peça *Eles não usam black-tie* no Teatro de Arena, sob a direção do autor, Gianfrancesco Guarnieri, um marco no teatro brasileiro de cunho social. Aderiu em seguida ao Teatro Brasileiro de Comédia (TBC), atuando em *O panorama visto da ponte*. Naquele ano, foi laureada com o prêmio de atriz revelação, atribuído pela Associação Paulista de Críticos de Arte (APCT) por seu desempenho em *A lição*. Em 1959, esteve na peça *O anjo de pedra*.

Em 1960, com a companhia Pequeno Teatro de Comédia, de Antunes Filho, fez *As feiticeiras de Salém* e ganhou seu primeiro papel no cinema, em *Cidade ameaçada*, dirigido por Roberto Farias. No início da década, viajou a Nova York e, por cerca de um mês, frequentou aulas no Actor's Studio.

Após a encenação de *A escada*, deixou o TBC em 1962 e, um ano depois, já no Teatro Oficina, fez *Quatro num quarto*, *Pequenos burgueses* e *Andorra*, dirigida nas duas últimas por José Celso Martinez Corrêa.

Em 1964, casou-se com o ator Cláudio Marzo, com quem permaneceu até 1967. Do seu segundo matrimônio com o também ator Perry Salles, em 1968, teve seu único filho, Rodrigo, nascido em 1969 e falecido num acidente em 1990. Integrou o elenco de *Quando as máquinas param*, texto de Plínio Marcos encenado em sindicatos nos anos de 1967 e 1968. Neste ano, o cineasta Rogério Sganzerla lhe deu um papel no filme *O bandido da luz vermelha*.

Com o marido, fundou o Teatro Paiol, em cujo palco estreou em 1972 com *À flor da pele*, numa direção de Flávio Rangel. Seu casamento chegou ao fim ainda em 1972. A colaboração com Flávio Rangel estendeu-se pelo ano seguinte, durante o qual contracenou em *Abelardo e Heloísa*. Em 1974, uniu-se ao ator Ênio Gonçalves, no que seria seu derradeiro casamento, encerrado em 1976.

De 1974 a 1978, voltou a trabalhar com o diretor Antunes Filho, em *Bonitinha, mas ordinária*, e conciliou as funções de produtora teatral e atriz em *Salva* e *O grande amor de nossas vidas*. No período, atuou ainda em *Greta Garbo, quem diria, acabou no Irajá*, *Absurda pessoa*, *Um grito parado no ar*, *A moratória* e *O diário de Anne Frank*.

Fez um único filme na década de 1980, *Dôra Doralina*, realizado por seu ex-marido Perry Salles. No teatro, porém, Flávio Rangel conduziu-a mais uma vez, em *A herdeira*, em que acumulou a função de produtora, e se fez presente em *Tem um psicanalista na nossa cama*, *Viva sem medo suas fantasias sexuais* e *Não explica que complica*. As novelas televisivas *Os imigrantes (Terceira geração)*, *Braço de ferro*, *Vida nova* e *Cortina de vidro* contaram com sua participação.

Nos anos 1990, figurou nas montagens teatrais *Dindinho coração da mamãe*, *El dia que me quieras*, *Mary Stuart* e *Vidros partidos*. Na televisão, interpretou papéis nas novelas *Mundo da Lua*, *As pupilas do Senhor Reitor*, *Colégio Brasil*, *Canoa do bagre* e *Fascinação*. Na década seguinte, prosseguiu com os trabalhos na televisão, em produções como *Pequena travessa*, *A escrava Isaura*, *Cristal* e *Tudo novo de novo*.

Sobre sua trajetória, Vilmar Ledesma publicou em 2005 o livro *Miriam Mehler: Sensibilidade e paixão*. Em 2017, recebeu o Prêmio Shell de Teatro de melhor atriz por sua participação em *Fora do mundo*.

Fontes: Ledesma, Vilmar. *Miriam Mehler: Sensibilidade e Paixão*. São Paulo: Imprensa Oficial do Estado de São Paulo, 2005; "Miriam Mehler". Enciclopédia Itaú Cultural. Disponível em: <http://enciclopedia.itaucultural.org.br/pessoa349580/miriam--mehler>. Acesso em: 3 fev. 2020.

Rogério Alves de Barros / IB

MEHLICH, Ernst
Maestro, diretor de ópera, compositor
Berlim, 09-02-1888 – São Paulo, 12-02-1977
No Brasil, de 1933 a 1977

Na rua Maestro Ernesto Mehlich, no bairro Bosque da Saúde, perto da Vila Mariana, em São Paulo, não existe conservatório, sala de concerto ou ópera. No entanto, o logradouro homenageia um grande regente alemão do século XX,

Com a Orquestra Filarmônica de Baden-Baden em 1927

discípulo de Robert Kahn — por sua vez, aluno de Johannes Brahms —, que começou a reger aos 21 anos e em 1933 já era diretor-geral do Departamento Municipal de Música de Baden-Baden, quando precisou deixar a Alemanha, por ser judeu.

Ernst Mehlich foi um talento precoce. Aos seis anos iniciou-se no piano. Aos 11, regeu a Filarmônica de Berlim tocando Joseph Haydn em um concerto para a juventude. Em 1904, Cosima Wagner, mulher do compositor Richard Wagner, recomendou-o como bolsista para Bayreuth. Até 1910, o jovem Ernst Mehlich estudou regência e composição com Max Bruch e Robert Kahn na Escola de Música de Berlim, cursando simultaneamente Ciências Musicais com Hermann Kretzschmar na Universidade de Berlim. Aos 21, já era mestre de capela (*Kapellmeister*) em Detmold, antes de seguir para Koblenz, Osnabrück e Kiel. Apresentou suas primeiras composições em 1911.

A Primeira Guerra Mundial foi a primeira cesura em uma carreira meteórica. Mehlich lutou nos campos de batalha de 1914 até 1918. Mas retomou a trajetória, regendo importantes orquestras, como as de Königsberg, Bautzen, Hagen e Stettin. Em 1922 foi ser primeiro mestre de capela da Ópera de Breslau. Em 1924, regeu a Filarmônica de Berlim, e em 1926 assumiu o cargo de diretor musical da cidade de Baden-Baden, depois de uma turnê pelos Estados Unidos com o conjunto de câmara da Deutsche Oper de Berlim.

1927 foi o ano em que Mehlich foi nomeado diretor-geral musical e regente da Orquestra de Baden-Baden. Criou a Jornada Alemã de Música de Câmara (*Deutsche Kammermusiktage*), da qual participaram, entre outros, Paul Hindemith e Igor Stravinsky. O próprio Mehlich regeu a estreia mundial da ópera *Mahagonny*, de Kurt Weill, com a famosa atriz Lotte Lenya e direção de cena de Bertolt Brecht. Em 1929, a Jornada de Música de Câmara de Baden-Baden gerou um escândalo em torno de uma cena da peça *Lehrstück*, de Brecht e Hindemith, em que uma pessoa é serrada em vários pedaços, deixando uma poça de sangue no palco. Depois disso, Mehlich e Carl Friedberg fundaram outro festival, chamado Concertos Clássicos de Música de Câmara de Baden-Baden.

A "ascendência judaica" foi o motivo de sua demissão, em outubro de 1933, depois que boa parte de suas composições já havia sido jogada na fogueira dos livros em maio. Em dezembro daquele ano, Mehlich emigrou para o Brasil, onde recebeu da direção da Cultura Artística de São Paulo a incumbência de montar a Orquestra Sinfônica Municipal, a primeira da capital paulista. Em 1934 foi o responsável pela primeira audição brasileira da obra de Paul Hindemith, *Mathis der Maler (Matias, o pintor)*, quase ao mesmo tempo da première mundial em Berlim.

Mas também no Brasil encontrou dificuldades: o seu contrato com a instituição musical paulista não foi renovado em 1937 e, em 1940, foi excluído por motivos políticos da Sociedade Filarmônica de São Paulo, que ele próprio ajudara a fundar, depois de ter retraduzido a *Ode à alegria*, de Schiller, último movimento da *Nona Sinfonia* de Beethoven. Mehlich passou a depender de ajuda financeira de amigos e a traduzir para o português óperas de Mozart, Wagner, oratórios de Händel e de Bach.

Mehlich tinha muitos fãs entre os amantes da música clássica em São Paulo, embora nem sempre recebesse críticas positivas. "[...] Thais teve o mesmo elenco do ano anterior, mas a direção orquestral do maestro Mehlich quase desfigurou a música massenetiana", diz uma crítica citada no livro *Um século de ópera em São Paulo*.

Depois da Segunda Guerra Mundial, Ernst Mehlich foi convidado a reger em várias cidades europeias. Em 1950 voltou a Baden-Baden como solista ao piano, e pouco antes de morrer regeu mais uma vez na cidade onde chegou ao ápice de sua carreira.

Apesar de sua grande contribuição para a literatura musical executada no Brasil e sua intensa atuação em São Paulo, Mehlich é hoje um nome quase desconhecido entre os especialistas em música clássica.

Fontes: Cerqueira, Paulo Oliveira de Castro. *Um século de ópera em São Paulo*. São Paulo: Editora Guia Fiscal, 1954; Ernesto Mehlich. In: Wikipedia. Disponível em: <https://de.wikipedia.org/wiki/Ernesto_Mehlich>. Acesso em: 13 ago. 2020; Marcondes, Marcos Antônio (Org.). *Enciclopédia da música brasileira: popular, erudita e folclórica*. 2ª ed. São Paulo: Art Editora/Publifolha, 1998; *Philharmonie Baden-Baden*. Disponível em: <https://philharmonie.baden-baden.de/orchester/>. Acesso em: 13 ago. 2020.

Leonardo Dourado / IB

MEITNER, László
Pintor, ilustrador, cenógrafo
Ráckeve, Hungria, 14-07-1900 – Rio de Janeiro, 01-07-1968
No Brasil, de 1940 a 1968

László Meitner iniciou sua formação artística em Budapeste, estudando em seguida na Academia de Belas Artes de Berlim. Trabalhou como ilustrador nas revistas de arte alemãs Simplicissimus, Jugend e Querschnitt. Em 1933, com a ascensão do nazismo, transferiu-se para Londres, operando como cenógrafo na London Film, do diretor e produtor de cinema húngaro Alexander Korda. Em 1937, foi para Paris, onde integrou uma produtora de desenhos animados. Nesses anos, colaborou como cenógrafo com dois outros importantes diretores do cinema europeu: o francês René Clair e o belga Jacques Feyder. Em

Autoria desconhecida, Arquivo Público do Estado de São Paulo

1939, foi para Lisboa, onde permaneceu por quase um ano como hóspede do casal de pintores Árpád Szenes (VER) e Maria Helena Vieira da Silva (VER), ele igualmente de origem húngara, que em seguida também viriam para o Brasil.

Meitner chegou ao Rio de Janeiro no início de 1940 e, ao que parece, logo estabeleceu vínculos com a alta sociedade carioca. Casou-se, em janeiro de 1945, com Hortênsia Redig de Campos, filha do historiador da arte e restaurador Deoclecio Redig de Campos, que chegou a diretor geral dos Museus do Vaticano. O meticuloso e requintado trabalho de Meitner como cenógrafo lhe rendeu convites para participar de importantes produções cinematográficas nacionais ao longo daquela década, como *Caminho do céu* (1943), *O ébrio* (1946), *Estrela da manhã* (1950) e *Coração materno* (1951). Também teve destacado papel como cenógrafo, e eventualmente figurinista, de importantes diretores teatrais, como Itália Fausta, o polonês Zbigniew Ziembinski (VER) e o italiano Ruggero Jacobbi (VER). Para esse último, produziu os cenários da peça *Estrada do tabaco (Tobacco Road)*, de Erskine Caldwell, encenada em 1948 no Teatro Fênix, no Rio de Janeiro, com grande repercussão na imprensa carioca, sendo considerada por alguns críticos como o primeiro espetáculo naturalista do teatro brasileiro. Produziu também cenários e figurinos para balé, com destaque para *Valsas de esquina*, de Francisco Mignone, e *Concerto dançante*, de Saint-Saëns, ambos coreografados pelo russo Igor Schwezoff, então à frente do Ballet da Juventude, do Rio de Janeiro. Simultaneamente a esses feitos, Meitner atuou também como ilustrador e capista das revistas cariocas Rio e Sombra, essa última particularmente marcante por suas inovações gráficas. No final da década, residiu por cerca de dois anos em Nova York, colaborando como ilustrador nas revistas Time, Fortune, Vogue e Harper's Bazar.

Artista eclético, László Meitner realizou, ainda em 1947, a sua primeira exposição individual como pintor no Instituto de Arquitetos do Brasil (IAB), no Rio de Janeiro. A mostra, composta por cerca de 30 telas a guache e alguns desenhos, recebeu apreciações positivas de críticos como Antônio Bento e Mário Pedrosa, que destacaram o seu domínio sobre a composição e a cor. No decorrer da década de 1950, abandonou a cenografia e reduziu consideravelmente seu trabalho como artista gráfico para se dedicar preferencialmente à pintura. Realizou mostras individuais na cidade de Filadélfia, nos Estados Unidos (1952), na Galaria Montmartre (Rio de Janeiro, 1956, 1958 e 1960), Galeria Oxumaré (Salvador, 1959), Galeria Presbourg (Paris, 1963) e Galeria Bonino (Rio de Janeiro, 1964 e 1966). Participou também de inúmeras exposições coletivas, no Brasil e no exterior: Maison de France (Rio de Janeiro, 1957),

V Bienal de São Paulo (1959), Salão Nacional de Arte Moderna (Rio de Janeiro, 1961), Salon Comparaisons (Paris, 1965) e Arte Brasileira Atual, que circulou por diversas capitais europeias e latino-americanas em meados dos anos 1960.

Sua obra, associada a princípio ao universo modernista, transitou gradualmente do figurativismo ao abstracionismo. Seu talento como colorista foi sempre ressaltado por diferentes críticos. No texto de apresentação da exposição na Galeria Bonino, em 1964, Clarival do Prado Valadares ressalta que Meitner produzia "uma pintura sem concessões, capaz de comunicar-se apenas pelo elemento pictórico mais puro, a cor". Anos mais tarde, Quirino Campofiorito diria que ele "confiava à cor o potencial expressivo em torno do qual se desenvolvia sua riqueza de imaginação e força criativa".

Em 1966, retomou seu trabalho de artista gráfico, ilustrando o livro *70 anos do cinema brasileiro*, de Adhemar Gonzaga e Paulo Emílio Salles Gomes.

Em maio de 1969, menos de um ano após sua morte, o Museu de Arte Moderna do Rio de Janeiro dedicou-lhe uma mostra retrospectiva, o mesmo fazendo o Museu de Arte de São Paulo (Masp), em 1974; e o Museu Nacional de Belas Artes, em 1987. Obras suas foram incluídas na Bienal de São Paulo de 1989. Em 1994, o Estúdio Guanabara, no Rio de Janeiro lembrou o 25º aniversário de sua morte com a pequena mostra László Meitner: 25 anos depois.

Fontes: Ayala, Walmir. *Dicionário de pintores brasileiros*. Rio de Janeiro: Spala Editora, 1986; Cavalcanti, Carlos. *Dicionário brasileiro de artistas plásticos*. Brasília: Instituto Nacional do Livro, 1974; - CINEMATECA BRASILEIRA. Filmografia brasileira. http://bases.cinemateca.gov.br/; Diário Carioca, 27-01-1945; - Enciclopédia Itaú Cultural. (site) "László Meitner". Escritório de Arte.com. Disponível em: <https://www.escritoriodearte.com/artista/László-meitner>. Acesso em: 13 ago. 2020; Jornal do Brasil, 02-11-1960; Jornal do Brasil, 01-09-1964; Jornal do Brasil, 01-06-1969; Jornal do Brasil, 08-11-1994; Obry, Olga. "László Meitner, o palco e a tela". *Sombra*, abr. 1948; O Jornal, 25-05-1969; Pontual, Roberto. *Dicionário das artes plásticas no Brasil*. Rio de Janeiro: Civilização Brasileira, 1969; *Tempos de Guerra: Hotel Internacional e Pensão Mauá* (catálogo da exposição). 1986.

André Faria Couto / IB

MÉTALL, Rudolf Aladár

Jurista, funcionário da ONU
Viena, 18-08-1903 – Genebra, Suíça, 30-11-1975
No Brasil, de 1940 a 1945

Nasceu na capital austríaca no início do século XX, filho do médico Hermann Métall e de Laura Franziska Perl, judia. Estudou Ciências Jurídicas, doutorou-se aos 22 anos e iniciou a sua intensa trajetória profissional em 1926 no fórum

Arquivo Público do Estado de São Paulo

vienense. Tornou-se secretário da seção jurídica da Associação da Indústria Têxtil em Viena e, ao mesmo tempo, teve assento como representante no conselho de administração da Caixa de Previdência austríaca de Empregados e foi delegado do Instituto de Seguridade de Empregados. Em 1927 começou a dar palestras de Direito Internacional e Social na Universidade Popular (*Volkshochschule*) de Viena. Foi secretário de redação da Zeitschrift für öffentliches Recht (Revista para direito público). Em outubro de 1930 foi convidado para ser assistente do professor Hans Kelsen no instituto para Direito Internacional da Universidade de Colônia e, aos 30 anos, já era alto executivo do Bureau International de Travail, a semente da hoje Organização Internacional do Trabalho em Genebra. Entre 1922 e 1940 foi ainda editor da Revue Internationale de la Théorie du Droit (Revista Internacional da Teoria do Direito). Foi ainda membro do secretariado da Conferência Internacional da Mutualidade e dos Seguros Sociais.

Métall pediu seu passaporte em Berna no final de 1939 e conseguiu um visto junto ao cônsul-geral do Brasil em Genebra em 26 de junho de 1940. Chegou no Rio de Janeiro a bordo do "Bagé" no dia 17 de setembro como apátrida. Sua vasta experiência em questões previdenciárias fez com que logo fosse requisitado a prestar serviços ao governo. Primeiro, foi assistente técnico da presidência do Instituto de Aposentadoria e Pensões dos Empregados em Transporte e Cargas, IAPETEC, fundido com outros institutos previdenciários em 1964 no antigo INPS, Instituto Nacional de Previdência Social, que também desapareceu em 1977 junto com o IAPAS, sendo transformado no atual INSS. Em 1943, foi consultor do governo de Vargas na elaboração da CLT, a Consolidação das Leis do Trabalho, que vigora até hoje e consagrou Getúlio Vargas como o "pai dos pobres". Publicou em 1944, em português, o livro *Problemas atuais de Se-*

guro Social, disponível na Rede Virtual de Bibliotecas do STF. Naturalizou-se brasileiro e, ainda no Rio de Janeiro, engajou-se na associação Áustria Livre.

Em 1945, Métall voltou para a Europa, onde continuou sua bem-sucedida carreira, participando ativamente do departamento de seguridade social da OIT, primeiro em Genebra, depois em Montreal, em Nova York e novamente em Genebra, onde faleceu em 1975. Foi membro de várias sociedades científicas, como o Institut International de Philosophie du Droit em Paris, o Instituto Argentino de Filosofia Jurídica y Social, a Société de Sociologie de Genebra e o Instituto de Direito Social de São Paulo. Escreveu trabalhos sobre teoria jurídica, direito internacional e constitucional, previdência social e sobretudo, sobre o seu antigo mestre das Ciências Jurídicas em Colônia. *Hans Kelsen. Leben und Werk* (Hans Kelsen, vida e obra), livro publicado em 1969 pela editora Franz Deuticke, é considerado por especialistas o trabalho mais completo sobre vida e obra de um dos maiores juristas do século. Entre outras láureas, foi condecorado com a Ordem do Mérito de Ouro da República da Áustria.

Fontes: Jansen, Letácio; Mannheimer, Marcia. "Notas sobre o livro 'Hans Kelsen-Vida e Obra' de Rudolf Aladár Métall". *Revista de Direito da PGE*, n. 49, 1996; Röder, Werner; Strauss, Herbert A. (Org.). *Biographisches Handbuch der deutschsprachigen Emigration nach 1933–1945*. Nova York: Institut für Zeitgeschichte/Research Foundation for Jewish Immigration, 1983.

Kristina Michahelles / Julian Seidenbusch / IB

MEYER, Hans-Albert

Físico
Danzig, cidade livre, atual Gdansk, Polônia, 25-05-1925 – Paris, 24-09-2010
No Brasil, de 1940 a 1955, 1975 a 1980

Nascido numa família operária judia, Hans-Albert passou a infância e parte da adolescência na sua cidade natal, Danzig, uma cidade-estado no mar Báltico, de maioria alemã, instituída em 1919, sob a proteção da Liga das Nações. Em 1933, o governo da cidade foi tomado pela seção local do partido nazista, que suprimiu a oposição e deu início a uma sistemática perseguição antissemita. Muitos judeus fugiram. A situação se agravou após a invasão alemã da Polônia em 1939, e o início da Segunda Guerra Mundial, quando os nazistas incorporaram Danzig ao território alemão. No ano seguinte Hans-Albert emigrou com a família para o Brasil, fixando-se em São Paulo.

Foto de passaporte

Sem recursos para prosseguir imediatamente seus estudos após a conclusão do secundário, ingressou como operário em uma indústria química paulista, a Orquima, e ali permaneceria até terminar o curso universitário. Indeciso entre física e filosofia, conheceu o físico russo naturalizado italiano Gleb Wataghin, então diretor do Departamento de Física da Faculdade de Filosofia, Ciências e Letras (FFCL) da Universidade de São Paulo (USP). Optou pela física e em 1943 iniciou o curso. Na faculdade, começou a trabalhar em experiências sobre raios cósmicos, sob a direção de Wataghin e Cesar Lattes, construindo detectores geiger. Essas experiências tiveram repercussão internacional.

Diplomado em 1946, dois anos depois se tornou auxiliar de ensino do Departamento de Física da FFCL/USP. Após o retorno de Wataghin para a Itália, em 1949, tentou continuar o grupo de raios cósmicos, mas não teve apoio. Nesse mesmo ano, transferiu-se para o Rio de Janeiro, onde foi um dos fundadores do Centro Brasileiro de Pesquisas Físicas (CBPF). Entre 1951 e 1953, estudou na Escola Politécnica de Paris, no laboratório do professor Leprince Ringuet com bolsa da Unesco, retornando então à USP.

Em 1955 iniciou longa e bem sucedida carreira acadêmica na Europa. Nesse ano, foi contratado pelo Instituto de Física da Universidade de Pádua, na Itália, onde trabalhou com física nuclear e física de partículas elementares, e desenvolveu um instrumento de detecção, conhecido como câmara de bolhas. Em 1956, transferiu-se para Paris, passando a integrar a equipe de físicos do Centro de Estudos Nucleares de Saclay, vindo a assumir, em 1966, a chefia do Serviço de Câmaras de Bolhas.

Durante o período em que permaneceu na França, quando passou a ser conhecido também como Jean Albert Meyer, Hans-Albert esteve no Brasil como professor visitante da USP — em 1959, 1962 e 1965 — e do Instituto de Física e Matemática da Universidade Federal da Bahia, em 1966. Em 1968, recebeu convite para retornar à USP, mas a edição do Ato Institucional nº 5, em dezembro daquele ano, pelo regime militar, levou-o a permanecer na França. Em 1969, deixou o Centro de Saclay, por ter sido contratado como físico superior do Centre Européen de Recherches Nucléaires (CERN), sediado em Genebra, na Suíça, do qual se tornou membro vitalício em 1972. Ali participou de experiências com aceleradores de partículas.

Membro fundador da Academia de Ciências do Estado de São Paulo em 1974, retornou ao Brasil no ano seguinte, como professor titular do Instituto de Física da recém-criada Universidade Estadual de Campinas (Unicamp). Ali, juntamente com Marcus Zwanziger, organizou um grupo de pesquisa sobre o hidrogênio (atual Laboratório de Hidrogênio, LH2), que foi o responsável pela produção do primeiro carro a hidrogênio no Brasil.

Ainda em 1975, foi nomeado consultor científico do Conselho Nacional de Pesquisas e Desenvolvimento Tecnológico (CNPq) e assessor da Financiadora de Estudos e Projetos (Finep). Com o apoio da Finep, organizou um programa de pesquisas sobre fontes alternativas. Diretor-presidente do Conselho Técnico-Administrativo da Fundação de Amparo à Pesquisa do Estado de São Paulo (FAPESP) entre 1976 e 1980, em 1978 tornou-se consultor da UNESCO para assuntos de energia solar, e das Centrais Energéticas de São Paulo (Cesp).

Em 1980, regressou à França para trabalhar no Comissariado de Energia Atômica. Aposentou-se em 1990, concluindo a carreira como diretor do Laboratório da Escola Politécnica de Paris, onde havia começado, na década de 1950. Nesse período, foi um dos impulsionadores do projeto do Laboratório Nacional de Luz Síncrotron (LNLS), a primeira fonte de luz síncrotron brasileira e do hemisfério sul. Integrou o primeiro Conselho Diretor do LNLS, nomeado em 1987, ano em que o laboratório começou a ser projetado. Foi também um dos primeiros membros do Conselho de Administração da Associação Brasileira de Tecnologia de Luz Síncrotron (ABTLuS), criada em 1997, ano em que o LNLS foi inaugurado.

Fontes: Meyer, João Alberto. *João Alberto Meyer* (depoimento, 1977). Rio de Janeiro: CPDOC, 2010. Disponível em: <www.fgv.br/cpdoc/historal/arq/Entrevista485.pdf>. Acesso em: 13 ago. 2020; "Morre Jean Meyer". *CNPEM*, 27 out. 2010. Disponível em: <https://cnpem.br/morre-jean-meyer-2/>. Acesso em: 13 ago. 2020; http://agencia.fapesp.br/morre_jean_meyer_diretorpresidente_da_fapesp_de_1976_a_1980/12826/

Sergio Lamarão / IB

MEYER, Hertha
Biofísica, microscopista
Berlim, 03-05-1902 – Rio de Janeiro, 30-08-1990
No Brasil, de 1939 a 1990

Hertha Meyer fez o curso técnico na Lette-Haus, em Berlim, e em 1921 ingressou como laboratorista no Instituto Robert Koch de Doenças Infecciosas, transferindo-se depois para o Instituto de Patologia da Universidade de Berlim. Em 1926 passou a integrar a equipe técnica do Instituto Kaiser Wilhelm para Pesquisa Médica, onde se dedicou a pesquisar a manutenção de células in vitro, processo então chamado de cultura de tecidos. Nesses anos trabalhou com diversos cientistas que vieram a ganhar Prêmios Nobel de Medicina. Entre 1930 e 1933 atuou na Clínica Neurológica da Universidade de Berlim, onde desenvolveu estudos básicos de cultivo de neurônios ganglionares.

Reprodução do livro Construtores do Instituto de Biofísica Carlos Chagas Filho, de Darcy Fontoura de Almeida & Wanderley de Souza. Rio, IBCCF-UFRJ - Corbã. Editora Artes Gráficas, 2013.

Com a ascensão do nazismo na Alemanha em 1933, transferiu-se para a Itália, onde foi trabalhar com o Professor Giuseppe Levi no Instituto de Anatomia da Universidade de Turim, convivendo mais uma vez com futuros Prêmios Nobel, entre eles Rita Levi-Montalcini. A adoção de políticas antissemitas pelo regime de Mussolini obrigou novamente Hertha Meyer a emigrar, e ela escolheu o Brasil. Em 1939, iniciou seu trabalho no setor de produção da vacina contra febre amarela, nas instalações do Instituto Rockefeller, no campus de Manguinhos, no Rio de Janeiro. Naquela época, Carlos Chagas Filho estava organizando o Laboratório de Biofísica da Faculdade Nacional de Medicina e, tomando conhecimento da alta especialização de Hertha na cultura de tecidos, convidou-a para integrar a nova instituição, onde ela iniciou, em 1941, estudos sobre o cultivo de protozoários patogênicos intracelulares. Nessa instituição, Hertha estudou a doença de Chagas, a toxoplasmose e a malária aviária. Carlos Chagas Filho relatou mais tarde as dificuldades que teve para manter o contrato de Hertha Meyer, primeiro pelo fato de judeus não serem bem vistos por setores do governo e, depois de declarada guerra ao Eixo, devido à exclusão de cidadãos alemães do serviço público. Hertha só foi mantida na universidade graças à ajuda financeira de Guilherme Guinle.

Em 1953, Rita Levi-Montalcini realizou no laboratório de Hertha, na Universidade do Brasil, experimentos que levaram à caracterização do fator de crescimento neuronal, que mais tarde dariam à sua autora o Prêmio Nobel.

Depois de uma passagem pelo Instituto Rockefeller em Nova York, Hertha obteve o apoio de Carlos Chagas Filho para instalar em seu laboratório um poderoso microscópio eletrônico, que possibilitou grandes avanços às suas pesquisas. Mais tarde, em 1970, conseguiu que um sistema de microcinematografia viesse se juntar ao equipamento disponível.

Ao longo de sua carreira, Hertha Meyer participou de várias sociedades científicas nacionais e internacionais, recebeu diversos prêmios e, em 1980, o título de doutor *honoris causa* da UFRJ. Depois de aposentada, continuou a trabalhar intensamente, vindo a falecer em 1990.

Seu reduto de trabalho e pesquisa passou a chamar-se Laboratório de Ultraestrutura Celular Hertha Meyer e o auditório do Instituto de Biofísica também recebeu o seu nome.

Fontes: Fontoura de Almeida, Darcy; Souza, Wanderley de. *Construtores do Instituto de Biofísica Carlos Chagas Filho*. Rio de Janeiro: Instituto de Biofísica da UFRJ/Cordobá Editora Artes Gráficas, 2013.
Israel Beloch

MEYER, Yolanda Aniela: ver GINSBERG, Aniela Meyer

MILLA, Miriam: ver LEMLE, Miriam

MINGOIA, Quintino

Químico
Caltanissetta, Itália, 01-11-1902 – Roma, 1981
No Brasil, de 1934 a 1969

Doutor em Química pura pela Real Universidade de Pavia em 1923, Quintino Sante Mingoia iniciou sua carreira docente como assistente da cadeira de Química Farmacêutica. No ano seguinte diplomou-se em Farmácia pela mesma universidade e, em 1927, foi habilitado ao exercício da livre-docência em Química Farmacêutica e Toxicologia em todas as universidades italianas. Em 1928 começou a lecionar na Faculdade de Ciências e na Faculdade de Farmácia da Universidade de Pavia.

A despeito do seu sucesso precoce na área acadêmica — doutorou-se com 21 anos e tornou-se livre-docente aos 25 —, o fato de ter se

Arquivo Nacional

recusado a se filiar ao partido fascista, no poder na Itália desde 1922, trouxe dificuldades à sua carreira. Além disso, o seu mentor era abertamente hostilizado pelo principal nome da química italiana da época, Nicola Parravano.

Autor do principal livro dos cursos de Química Farmacêutica, *Technica Farmaceutica e Medicamenti Galenici (Técnica farmacêutica e medicamentos galênicos)*, adotado pelas universidades italianas, Mingoia, por essa obra, foi premiado pelo Real Instituto Lombardo de Ciências e Letras, em 1932.

A situação política foi se tornando cada vez mais opressiva, a ponto de os professores serem obrigados a vestir camisa preta, a cor do *fascio*, nas reuniões acadêmicas. Emigrar tornou-se uma alternativa imperiosa. Um dos professores de Mingoia, Ernesto Bertarelli, tinha contatos no México e no Brasil. Entre os dois países, Mingoia escolheu o Brasil, onde chegou no final de 1934, contratado como diretor das seções de química e especialidades farmacêuticas do Laboratório Paulista de Biologia (LBP), por um período inicial de seis meses.

Fundado em 1912 por ex-funcionários do Instituto Pasteur, sua linha de produção incluía soros antidiftéricos e antitíficos, soro antigangrenoso e antitetânico e, depois, um amplo leque de medicamentos, imunizantes, soros, vacinas e extratos orgânicos terapêuticos.

A contratação de Mingoia permitiu que a empresa passasse a fabricar produtos quimioterápicos, tornando-se, em 1937, o primeiro laboratório sul-americano a produzir quimioterápicos antibacterianos. Sob a direção de Mingoia, o LPB conquistou, em 1939, o privilégio de invenção, conferido pelo Departamento Nacional de Propriedade Industrial ao processo de preparação de novos compostos heterocíclicos de uso terapêutico.

Membro da Academia Nacional de Medicina em 1941, durante os anos de guerra (1939-1945), Mingoia dedicou-se à síntese de fármacos até então importados do exterior, sobretudo os medicamentos contra a malária, sendo agraciado pelo governo brasileiro com a Medalha de Esforço de Guerra.

Paralelamente às suas atividades profissionais, desde a sua chegada em São Paulo, manteve contato estreito com os grupos antifascistas da colônia italiana da cidade. Em janeiro de 1945, pouco antes do término da guerra na Europa, foi um dos fundadores do Subcomitê Italiano de Socorro às Vítimas da Guerra, iniciativa dos antifascistas paulistanos, vindo a integrar o Comitê Executivo da entidade e, em seguida, assumindo a sua vice-presidência.

Um dos fundadores do Instituto Cultural Ítalo-Brasileiro na capital paulista, ocorrida em julho de 1945, Mingoia foi um dos signatários de abaixo-assinado de italianos domiciliados em São Paulo, saudando a proclamação da República Italiana em junho de 1946, que formalizou a derrocada final do fascismo.

O ano de 1945 marcou a retomada da sua carreira acadêmica, aceitando convite para lecionar Química Orgânica e Química Farmacêutica na Faculdade de Farmácia e Odontologia da Universidade de São Paulo (USP). Seu ingresso na USP, onde permaneceria por cerca de 25 anos, não implicou em prejuízo para suas atividades no LPB, que prosseguiram até 1960. Em 1948, já como titular da cadeira de Química Orgânica, foi um dos fundadores da Sociedade Brasileira para o Progresso da Ciência (SBPC), vindo a tornar-se membro do seu conselho diretor.

Em 1962 foi agraciado com o título de doutor *honoris causa* pela USP. Em 1965, lançou o livro *Química farmacêutica*, pela editora da Universidade de

São Paulo. Depois de 35 anos de intensa vida profissional no Brasil regressou à Itália, por motivos familiares, em dezembro de 1969.

Fontes: Bertonha, João Fábio. *Sob a sombra de Mussolini. Os italianos de São Paulo e a luta contra o fascismo, 1919-1945*. São Paulo: Annablume, 1999; Cenni, Franco. *Italianos no Brasil: "andiamo in Merica"*. 3ª ed. São Paulo: Edusp, 2003; Correio Paulistano, 09-01-1945; Correio Paulistano, 23-01-1945; Correio Paulistano, 14-07-1945; Correio Paulistano, 20-06-1946; Mingóia, Quintino. *Quintino Mingoia (depoimento, 1977)*. Rio de Janeiro: CPDOC, 2010. Disponível em: <http://www.fgv.br/cpdoc/historal/arq/Entrevista753.pdf>. Acesso em: 20 ago. 2020; Ribeiro, Maria Alice Rosa. "Indústria farmacêutica na era Vargas. São Paulo 1930-1945". *Cadernos de história da ciência*, Instituto Butantan, v. 2. n. 1. Disponível em: <http://periodicos.ses.sp.bvs.br/pdf/chci/v2n1/v2n1a03.pdf>. Acesso em: 20 ago. 2020.

Sergio Lamarão / IB

MIZNE, Annette Céline: ver CÉLINE, Annette

MIZNE, Markus
Artista plástico, colecionador, musicólogo
Kiev, Império Russo, atual Ucrânia, 30-11-1908 – Nova York, 01-05-1994
No Brasil, de 1939 a 1962

Boa parte da família era de artistas. O tio David Trympolsky, um escultor, pintor e curador de museus, desde cedo o introduziu na arte de grandes nomes da pintura russa, como Wassily Kandinsky e Kazimir Malevich. Nos anos 1920, para escapar dos pogroms, a família se mudou para Moscou. Markus foi mandado para um colégio interno na Alemanha. Aos quinze anos começou a pintar e assistiu a seminários e cursos na Bauhaus. Voltou para a Rússia e se mudou com a família para a Polônia. Em 1932, empreendeu uma longa viagem para Teerã e Damasco, voltando para Paris aos 27 anos. Estudou Ciências Políticas e Economia na Sorbonne e fez amizades com outros artistas como Kees van Dongen, Georges Braque, Natália Goncharova, Antoine Pevsner e Jean Fautrier. Conheceu a pianista Felicja Blumental (VER), com quem se casou e a quem dedicou a maior parte dos seus quadros abstratos, quase caligráficos.

Com a ameaça nazista, conseguiu escapar para o Brasil em agosto de 1939. A fuga foi dramática. Felicja e a filha, Annette Céline (VER), só vieram oito meses depois. Moraram no Rio de Janeiro e em São Paulo. Diante das dificuldades em viver de sua arte no país de exílio, trabalhou como produtor musical e musicólogo, utilizando-se dos conhecimentos cênicos adquiridos antes com o diretor austro-americano Max Reinhardt.

No seu apartamento | Acervo pessoal de Annette Céline

Em 1962, a família voltou para a Europa e viveu entre Paris, Milão, Roma e Londres. Depois da morte de Felicja Blumental durante uma turnê em Tel Aviv, em 1991, Mizne e a filha Annette Céline foram morar em Nova York, onde ele morreria três anos depois. Annette Céline, também artista plástica, seguiu a tradição dos pais de difundir a arte. Radicou-se em Tel Aviv, onde fundou o Festival Internacional de Música Felicja Blumental.

"Acima de tudo, meu pai foi uma pessoa generosa e humanitária, sempre preocupado com o bem-estar do seu próximo. Costumava ajudar jovens artistas e músicos com apoio, conselhos e inspiração. Lembro que em muitas ocasiões ele se envolvia pessoalmente para ajudar artistas. Amigos interessados em comprar obras de arte para coleções particulares procuravam-no devido aos seus extraordinários conhecimentos no campo da arte", escreveu ela em setembro de 2015.

Fontes: "Celebrating A Life of Creativity". Markus Mizne. Disponível em: <https://www.markusmizne.org/about-markus-mizne/>. Acesso em: 20 ago. 2020; Markus Mizne. In: Wikipedia. Disponível em: <https://de.wikipedia.org/wiki/Markus_Mizne>. Acesso em: 20 ago. 2020.

Kristina Michahelles / IB

MORAN, Georges
Maestro, compositor, instrumentista
São Petersburgo, Rússia, 05-07-1900 – Rio de Janeiro, 07-10-1974
No Brasil, de 1934 a 1974

O Malho, 1938 | http://memoria.bn.br

Estudou piano e violino na Rússia antes de se transferir para a Alemanha em 1923, onde obteve um passaporte de apátrida e trabalhou como orquestrador e diretor musical da rede de estúdios cinematográficos UFA (Universum Film Aktien Gesellschaft), sediada em Berlim. Em 1931, casou-se na capital alemã com Frida Pimsler, com quem teve uma filha, Renée.

Moran era judeu e fugiu com a família para a França em 1934, após a tomada do poder pelos nazistas. Em Paris, foi diretor musical do legendário estúdio de cinema Pathé-Natan. Apresentou-se nos grandes teatros da Europa e trabalhou em algumas das mais famosas orquestras do continente. Além de piano e violino, tocava banjo e guitarra.

Sua permanência em Paris durou poucos meses. Em 9 de junho de 1934, acompanhado de Frida e Renée, embarcou na terceira classe do vapor "Bagé", no porto do Havre, com destino ao Brasil. Chegou no Rio de Janeiro três semanas depois e, tão logo se ambientou, reiniciou sua carreira artística tocando balalaica, um instrumento de cordas russo pouco conhecido dos brasileiros. Foi por esse motivo chamado de "artista excêntrico". Nessa fase inicial, também integrou pequenos conjuntos musicais tocando piano e violino.

Seu primeiro emprego formal no Brasil foi no *Esplêndido programa*, de Valdo Abreu, na Rádio Ipanema. Com orquestra própria, trabalhou em seguida na Rotisserie Ferrari, em São Paulo, e em Buenos Aires, onde começou a compor. *No lhora* e *Pequeño deseo* foram suas primeiras composições.

Sua primeira música gravada no Brasil foi o fox-canção *24 horas sem amor*, seguida da valsa *Meu sonho é só meu*, ambas de 1937 com Osvaldo Santiago, seu parceiro mais constante. Moran transitou pelos gêneros mais populares da época, compondo principalmente valsas, canções e foxes, mas também sambas, marchinhas, sambas-canção e boleros. *Ao som das balalaicas*, lançada em 1940 por Nuno Roland, com letra de J. G. de Araújo Jorge, foi o maior sucesso de sua carreira. Em parceria com David Nasser, compôs, em 1943, a valsa *Exilados*, de inspiração claramente autobiográfica.

Além dos já citados, teve como parceiros os letristas Cristóvão de Alencar, Freitas Guimarães, Lina Pesce, Manoel da Nóbrega e Mário Rossi, entre tantos outros. Orlando Silva foi talvez o principal intérprete de sua obra, ao lado de Carlos Galhardo, Anjos do Inferno, Trigêmeos Vocalistas, Nuno Roland, Sílvio Caldas, Francisco Alves e Vicente Celestino.

Moran trabalhou no Cassino da Urca, fez apresentações em teatros de revista e integrou as orquestras das rádios Ipanema e Tupi, entre outras emissoras. A partir do final dos anos 1950, já um tanto esquecido, foi se afastando do meio musical e passou a viver de direitos autorais. Sócio do Sindicato dos Músicos, ajudou a fundar a Associação Brasileira de Compositores e Autores (ABCA) e a União Brasileira de Compositores (UBC). Foi um dos primeiros compositores do país a obter a aposentadoria.

Empobrecido, levava uma vida bastante modesta em São Paulo quando foi vitimado por um derrame cerebral de graves consequências. Transferido para o Rio de Janeiro pela filha, faleceu nas dependências do abrigo Lar João XXIII.

No centenário de seu nascimento em 2000, foi homenageado com uma exposição no Museu Judaico do Rio de Janeiro. *Georges Moran: da balalaica ao violão* teve curadoria do professor Orlando Barros, um profundo conhecedor de sua obra que, sobre ela, escreveu:

"Suas canções seguem a tendência habitual de então, a lírico amorosa, às vezes bastante açucarada, aliás fator muito favorável para a adaptação de Moran ao ambiente da canção brasileira desse tempo. (...) Apreciando o conjunto da obra de Moran, pode-se dizer que (...) ele parece ter contribuído também, com suas harmonias surpreendentes e inovadoras, com sua melodia de fragmentos tão diversos, para a renovação da música popular brasileira dos anos 50. Como imigrante judeu, o exemplo de Moran desmente a burocracia antissemita do

Estado Novo, para quem os judeus eram incapazes de se assimilar. Na sua marchinha *Katucha*, tão bem mesclada de elementos russos, judaicos e brasileiros, ele mostra perfeitamente ter compreendido, a seu modo, a miscigenação, efetiva marca da pátria adotada."

Fontes: Barros, Orlando de. "Vozes consoantes: os artistas judeus e a MPB nos anos de Vargas". In: Lewin, Helena. (Coord). *Identidade e cidadania: como se expressa o judaísmo brasileiro*. Rio de Janeiro: Centro Edelstein de Pesquisas Sociais, 2009, p. 292-316; Bonavides, Marcelo. "Há 119 anos nascia o maestro e compositor Georges Moran". *Marcelo Bonavides*. Disponível em: <http://www.marcelobonavides.com/2019/07/georges-moran-119-anos.html>. Acesso em: 21 jun. 2020; "Georges Moran". *Dicionário Cravo Albin da Música Popular Brasileira*. Disponível em: <http://dicionariompb.com.br/georges-moran>. Acesso em: 21 jun. 2020; Soveral, Helio do. Georges Moran, compositor e violinista, Carioca, n. 163, 03-12-1938, p.46-47 e 57; Valdo, Abreu. "'O esplêndido programa' e Georges Moran". *Vida doméstica*, n. 226, jan. 1937, p. 9.

Luis Octavio de Souza / IB

MORELENBAUM, Henrique

Maestro
Lagów, Polônia 05-09-1931
No Brasil desde 1934

Acervo de família,
cortesia da filha Lucia Morelenbaum

Saul Herz Morelenbaum, que depois adotaria o nome artístico de Henrique Morelenbaum, chegou exilado com apenas três anos. Um tio que já morava no Brasil mandara uma carta-chamada para ajudar o pai de Henrique a escapar da ameaça nazista que assustava os judeus poloneses. Ele veio antes, a mulher e o filho seguiram. Todos os parentes que ficaram na Polônia acabaram morrendo.

Estudou violino, viola, regência e composição na Escola de Música da Universidade Federal do Rio de Janeiro (UFRJ) com Paulina D'Ambrosio, violinista preferida de Heitor Villa-Lobos. Tornou-se solista da Orquestra Sinfônica Brasileira (OSB,) tocando o *Concerto para violino e orquestra* de Tchaikovsky nos famosos concertos do Cinema Rex, na Cinelândia, centro do Rio de Janeiro. "Aquele cinema tinha uma acústica ótima. Quando tiravam o telão e ficava aquele palco grande, a orquestra cabia lá e o som era muito bom", lembrou Morelenbaum em depoimento para a série de TV Canto dos Exilados. Também deu aulas, foi professor titular da UFRJ, lecionando contraponto, fuga e composição. Integrou alguns dos mais importantes conjuntos camerísticos, como o Quarteto do Rio de Janeiro, o Quarteto da UFRJ, com diversas apresentações no Brasil, América Latina e Europa, o Quarteto da Escola Nacional de Música da Universidade de Brasília e o Quarteto da Rádio MEC, de 1959 a 1960. Sobre a Rádio MEC — referindo-se a gravações da também exilada pianista polonesa no Brasil, Felicja Blumental (VER) — opinou que a rádio é a "salvação da música radiofônica no Brasil e seus técnicos, que põem essas gravações para tocar, uns heróis".

Iniciou a carreira no Theatro Municipal do Rio de Janeiro como maestro interino, depois foi regente do coro, maestro adjunto da orquestra, diretor artístico por duas vezes e diretor geral. Também foi diretor de uma das melhores salas para música de câmara do país, a Sala Cecília Meireles, em duas oportunidades. Marcou época pelo pioneirismo de apresentar obras de autores importantes em primeira audição no Brasil como as óperas *The Rake's Progress, de Igor Stravinsky*, e *Peter Grimes*, de Benjamin Britten, o Concerto para Orquestra, de Witold Lutoslawski, o oratório *Dies Irae*, de Krzysztof Penderecki (composto para a cerimônia de inauguração do memorial pelas vítimas de Auschwitz-Birkenau em 1967), e *Kol Nidrei*, de Schoenberg.

Com o tempo, foi alçando voos internacionais. Regeu na Argentina, Áustria, Bélgica, Chile, Equador, Escócia, Espanha, Inglaterra, Itália, México, Mônaco, Paraguai, Polônia, Uruguai e Venezuela. De 1975 a 1981, esteve à frente da Ópera do Chile e, a partir de 1993, passou a dirigir coro e Orquestra Sinfônica do Chile e a também chilena Sinfônica de Concepción. Na França, dirigiu ainda a companhia de ballet da Ópera de Paris num programa Stravinsky, com *Capriccio, Pássaro de fogo e Sagração da primavera*.

A lista de renomados solistas internacionais dirigidos por Henrique Morelenbaum é grande: Ruggiero Ricci, Antonio Janigro, Van Cliburn, Paul Badura Skoda, Ingrid Haebler, Katia Ricciarelli, Grace Bumbry, Margot Fonteyn, Rudolf Nureyev, Natalia Makarova, Fernando Bujones e Julio Bocca, entre outros.

Gravou vários compositores brasileiros, como o padre José Maurício, Heitor Villa-Lobos, Francisco Braga, Leopoldo Miguez, Radamés Gnatalli e Marlos Nobre, inclusive num CD registrado em 1998 com a Orquestra Sinfônica da Bahia.

Morelenbaum foi membro da Academia Brasileira de Música, da Academia de Letras e Música do Brasil e da Academia Nacional de Música. Entre outras distinções recebeu, em 1972, na Associação Paulista de Críticos de Arte o Prêmio Villa-Lobos de melhor regente do ano, ganhou o troféu Euterpe para Música de Câmara e a Medalha do Mérito Carlos Gomes, além dos diplomas de reconhecimento da Ordem dos Músicos do Brasil, da Municipalidade de Santiago do Chile e do Ministério da Cultura da Polônia.

O sobrenome Morelenbaum tornou-se sinônimo de música no Brasil. Os filhos Jaques (violoncelista, regente, arranjador), Lucia (pianista e durante muitos anos clarinetista da Orquestra Sinfônica Brasileira) e Eduardo (compositor e pianista) seguiram a trajetória do pai. A mulher de Jaques, Paula Morelenbaum, é uma cantora de sucesso. Entre os seis netos, Dora vem se projetando como pianista e cantora.

Fontes: "Henrique Morelenbaum". *Museu da TV*. Disponível em: <http://www.museudatv.com.br/biografia/henrique-morelenbaum/> ; Acesso em: 24 jun. 2020; Lucia Morelenbaum, comunicação pessoal; Movimento.com; <http://www.movimento.com/mostraconteudo.asp?mostra=3&codigo=39> (último acesso em 24.06.2020); Penderecki, Krzysztof. *Dies Irae*. Mainz: Schott Music, 1967. Disponível em: <https://en.schott-music.com/shop/dies-irae-no223875.html>. Acesso em: 24 jun. 2020; Série Canto dos Exilados (Telenews, 2016).

Kristina Michaelles / IB

MORTARA, Giorgio
Demógrafo, estatístico, economista
Mântua, Itália, 04-04-1885 – Rio de Janeiro, 30-03-1967
No Brasil, de 1939 a 1967

Filho do jurista Lodovico Mortara, que chegaria a presidente da mais alta corte da Itália, ministro de Estado e senador, e de Clelia Vivanti, mudou-se ainda criança com a família para Pisa, terminando o ginásio em Nápoles, onde matriculou-se na Faculdade de Direito e teve sua atenção despertada para o estudo dos fenômenos sociais. Diplomou-se em 1905 e obteve uma bolsa de aperfeiçoamento em Berlim, onde estudou no ano acadêmico 1907-1908. Em

Acervo de família, cortesia das netas Maria Luisa e Laura Mortara.

1909 obteve a livre-docência em Estatística na Universidade de Roma.

Professor das universidades de Messina entre 1909 e 1914, de Roma entre 1915 e 1924 e de Milão entre 1924 e 1938, dirigiu o *Giornale degli Economisti* entre 1910 e 1938. Com a implementação das leis racistas no regime fascista de Mussolini, em 1938, Giorgio Mortara, que era de família judaica, ficou impedido de trabalhar. No mesmo ano buscou obter um visto brasileiro e conseguiu com relativa facilidade, pois já era considerado um dos mais importantes pesquisadores das ciências estatísticas da Itália no início do século XX. Chegou ao Brasil em 1939, convidado pelo ministro José Carlos de Macedo Soares, fundador do Instituto Brasileiro de Geografia e Estatística (IBGE), que presidiu até 1951, para exercer a função de consultor técnico da Comissão Censitária Nacional que preparava o Censo de 1940. Depois foi chefe do Gabinete Técnico do Serviço Nacional de Recenseamento, SNR.

Até aquela data, o país realizara quatro censos, em 1872, 1890, 1900 e 1920, havia pois uma defasagem de 20 anos a ser superada. Sua tarefa foi organizar a comissão de forma que fosse possível iniciar uma série de estudos sobre a população brasileira, acerca da qual, até então, as informações eram precárias. Mortara fez um exaustivo levantamento do que já fora apurado nos censos anteriores, apoiando-se sobretudo na análise interpretativa feita pelo diretor do Censo de 1920, José Luiz Sayão Bulhões de Carvalho. Graças à expertise do italiano foi possível estimar com muito mais precisão o número e a frequência de nascimentos e óbitos, montando tábuas de mortalidade, sobrevivência e fecundidade. Assim, surgiram seus primeiros trabalhos publicados em português entre 1940 e 1942, os "Estudos sobre a utilização do censo demográfico para a reconstrução das estatísticas do movimento da população no Brasil". Mortara conta em sua autobiografia que, quando o Brasil entrou na guerra, em 1942, ele, a mulher e os quatro filhos passaram a ser cidadãos de um país inimigo. Mas ressaltou que nada mudou. Graças à "generosa hospitalidade" dos brasileiros, continuou seu trabalho e as crianças seguiram na escola.

Ao final de 1949, o Gabinete Técnico foi desvinculado do SNR e transformado no Laboratório de Estatística do atual IBGE. No laboratório, Mortara deu continuidade a seus trabalhos e foi considerado o formador da primeira turma de demógrafos da instituição.

Em 1954 foi eleito presidente da International Union for the Scientific Study of Population, IUSSP, organização fundada em Paris em 1928, da qual tornou-se presidente honorário em 1957. A Revista Brasileira de Estatística, em sua edição de dezembro de 1969, listou as obras de Mortara sobre a população do Brasil, chegando ao número de 973 títulos. Em uma publicação comemorativa ao centenário de seu nascimento, as cientistas Elza Berquó e Alicia Bercovich destacaram, em 1985, a qualidade do trabalho: "É importante salientar a versatilidade de suas obras que cobrem estatística, atuária, demografia, economia, direito, educação, previdência e assistência social, comércio e comunicações, chegando até a trabalhos de medicina aplicada e zoologia... muitas vezes transcendem os limites de nosso território, alcançando o cenário latinoamericano ou internacional, para comparar nossos fatores de crescimento demográfico aos de outros contextos."

Fontes: Almeida, Roberto Schimidt de; Abrantes, Vera Lucia Cortes. "O pensamento Científico dos Pioneiros do IBGE". In: Martins, R. A. Et al. (Org.). *Filosofia e história da ciência no Cone Sul: 3º encontro*. Campinas: AFHIC, 2004, p. 416-420; Berquó, E.; Bercovich, A. M. "Redescobrindo o Brasil: viagem à demografia de Giorgio Mortara". *Revista brasileira de estudos de população*, v. 2, n. 2, p. 21-38, 2014. Disponível em: <https://www.rebep.org.br/revista/article/view/617>. Acesso em: 20 ago. 2020; *Giorgio Mortara: publicação comemorativa do centenário de nascimento*. Rio de Janeiro: IBGE, 1985.

Kristina Michahelles / Leonardo Dourado / IB

MÜLLER, Fritz Michael
Arquiteto, professor
Innsbruck, Áustria, 1895? – Porto Alegre, ?
No Brasil de 1939 até ?

Nascido em família de forte tradição católica, Friedrich Michael Müller formou-se em arquitetura na Escola Técnica Superior *(Technische Hochschule)* de Viena, em 1918. Pouco depois da conclusão do curso, foi contratado como professor da Escola de Artes e Ofícios *(Bundesgewerbeschule)* de Innsbruck, capital do Tirol. Mais tarde, tornou-se diretor da instituição.

Paralelamente às suas atividades acadêmicas, Müller desenvolveu projetos de arquitetura na região, entre os quais o de um memorial inaugurado em 1926 em homenagem aos austríacos mortos na Primeira Guerra Mundial.

Após a anexação da Áustria pela Alemanha em março de 1938, foi afastado da direção da escola pelas novas autoridades. Meses depois, devido à sua militância antinazista em organizações católicas, foi forçado a deixar o país natal. Graças a contatos com membros da Igreja no Rio Grande do Sul, decidiu se exilar no Brasil. Acompanhado da mulher e da filha Dóris Maria, nascida em 1925, chegou a Porto Alegre em 1939. Inicialmente, sua vida profissional praticamente se resumiu a trabalhos para instituições religiosas, incluindo projetos de igrejas localizadas no interior do estado.

Müller integrava uma brilhante geração de arquitetos austríacos modernistas, inspirados na famosa Escola Bauhaus que foram obrigados a partir para o exílio com a tomada do poder pelos partidários de Hitler. Credita-se a ele a introdução em Porto Alegre da revista Der Städtebau (O Urbanismo), um dos principais veículos de divulgação das teorias urbanísticas em voga na Alemanha e na Áustria, e que contava com muitos seguidores na Escola de Engenharia da capital gaúcha.

Em 1952, passou a integrar, na qualidade de professor contratado, o corpo docente da Faculdade de Arquitetura da Universidade Federal do Rio Grande do Sul. Fruto da fusão dos cursos de arquitetura oferecidos no Instituto de Belas Artes e na Escola de Engenharia da instituição, a faculdade fora criada naquele mesmo ano. Lotado no Departamento de Composição, Müller foi encarregado de lecionar a disciplina "Composição decorativa", que constava do currículo do terceiro ano do curso.

Em meados da década de 1950, participou do projeto do novo edifício da Reitoria da Universidade Federal do Rio Grande do Sul, cuja construção se estendeu de 1954 a 1957. Responsável pela concepção dos interiores, Müller trabalhou em parceria com o arquiteto Fernando Petersen Lunardi, também professor da UFRGS, coordenador geral do projeto, que concebeu um prédio com traços marcadamente modernistas.

Em 1965, deixou de integrar os quadros da FAU-UFRGS, tendo

provavelmente se aposentado por idade. Na década de 1990, sua filha Dóris Müller, que também fora professora na FAU-UFRGS, foi morar na Áustria ao se aposentar. Na ocasião, levou os restos mortais de Fritz e de sua esposa, para serem sepultados no país natal. Ela faleceu em 2000.

Fontes: Dalarosa, Janaína Carla. *Restauração do complexo da Reitoria da UFRGS*. Anais do 7º Seminário do comomo Brasil. Porto Alegre, 22 a 24 de outubro de 2007. Disponível em: <https://docomomo.org.br/wp-content/uploads/2016/01/027.pdf>; Lersch, Inês Martina. *A busca de um ideário humanístico no início do século XX: der Städtebau e a Escola de Engenharia de Porto Alegre*. Porto Alegre: Universidade Federal do Rio Grande do Sul, 2014 (Tese de Doutorado); Mello, Bruno Cesar Euphrasio de. *O urbanismo dos arquitetos. Genealogia de uma experiência de ensino*. Porto Alegre: Universidade Federal do Rio Grande do Sul, 2016 (Tese de Doutorado); Sarnitz, August. *Relations in Architecture: Writings and Buildings*. Basileia: Birkhäuser, 2020; Weimer, Günther. Arquitetos imigrantes no Rio Grande do Sul. In: Kother, Maria Beatriz Medeiros; Ferreira, Mário dos Santos; Bregatto, Paulo Ricardo (org.). *Arquitetura & urbanismo: posturas, tendências & reflexões*. Porto Alegre: EDIPUCRS, 2006, p. 111-125; Weimer, Günther. *A vida cultural e a arquitetura na fase positivista do Rio Grande do Sul*. 2. ed. Porto Alegre: EDIPUCRS, 2018; Informações prestadas por Glenda Pereira da Cruz, professora aposentada da FAU-UFRGS.

Sergio Lamarão / IB

MUNK, Waltraut
Atriz
Trieste, Império Austro-Húngaro, atual Itália, 14-05-1909 –
Baden, Áustria, 30-01-1978
No Brasil, de 1941 a ?

Waltraut Johanna Maria Jacobovics Munk, conhecida como Traute Janin, formou-se em teatro. De 1934 a 1935 atuou no Teatro Alemão de Viena (Deutsches Theater Wien) e depois no Teatro Municipal da cidade de Linz. Prestou em 1935 o exame obrigatório para trabalhar como atriz profissional na Áustria. A partir de então, atuou na Ópera Popular de Viena (Volksoper), a segunda mais importante da cidade depois da Ópera Nacional. Trabalhou em 1937-1938 no teatro coletivo Die Insel (A ilha), que ficava bem no centro de Viena. O grupo tinha uma concepção vanguardista e levou ao palco peças de Paul Claudel, Aristófanes e Goldoni, até o teatro ser ocupado pela SS (Schutzstaffel, organização paramilitar nazista) no dia 12 de março, logo depois da anexação da Áustria pelos nazistas, vendo-se obrigado a fechar as portas em junho de 1938.

Traute Janin deixou Viena em dezembro de 1938. Ela fez parte do grupo de 48 refugiados salvos pelo professor e político alemão Hermann Görgen (VER), que obteve do consulado brasileiro em Genebra vistos para perseguidos pelo nazismo com o compromisso de instalar com eles uma indústria metalúrgica em Juiz de Fora. O grupo teve de atravessar França, Espanha e Portugal, até chegar ao Brasil em maio de 1941. Waltraut Munk fixou-se no Rio de Janeiro, passando a viver provavelmente de artesanato. Em 1943 o ator e diretor Jacques Arndt e o musicólogo e escritor Kurt Pahlen, ex-diretor do Theater an der Wien, recomendaram que integrasse o grupo Freie Deutsche Bühne (Palco Alemão Livre), fundado por Paul Walter Jacob, judeu alemão refugiado em Buenos Aires. Mas ela não conseguiu obter o visto para a Argentina e ficou na capital brasileira. A partir de 1946, integrou no Rio de Janeiro o Teatro Independente de Artistas Europeus, composto por doze refugiados do nazismo de diversas nacionalidades. Com o grupo, que incluía Lilian Berley, Wolfgang Hoffmann-Harnisch (VER) e Werner Hammer (VER), atuou na peça *A pobreza*, adaptação do romance do poeta e dramaturgo austríaco Anton Wildgans, cuja primeira etapa de encenação foi em alemão. Em 1947, atuou, sempre com o Teatro Independente, na peça *O albergue*, de Górki.

Há pouquíssimas informações disponíveis sobre sua vida no Rio de Janeiro. O Jornal do Commercio de 23 de junho de 1957 registra a estreia da peça *Tempestade em copo d'água*, de Bruno Frank, em língua alemã, no Teatro Copacabana, com direção de Willy Keller (VER), de cujo elenco fizeram parte Traute Janin, Elke Stupakoff e outros. Depois de aposentada, Waltraut Munk permaneceu no Rio de Janeiro. Já doente, voltou para a Áustria, onde morreu em 1978.

Fontes: Correio da Manhã, 14-05-1947, p. 7. Disponível em: <http://memoria.bn.br/DocReader/Hotpage/HotpageBN.aspx?bib=089842_05&pagfis=36436&url=http://memoria.bn.br/docreader#>. Acesso em: 7 abr. 2020; Correio da Manhã, 23-06-1957, Segundo Caderno, p. 8. Disponível em: <http://memoria.bn.br/DocReader/Hotpage/HotpageBN.aspx?bib=089842_06&pagfis=78001&url=http://memoria.bn.br/docreader#>. Acesso em: 16 abr. 2020; Korontin, Ilse. *Biografia*. Viena: Bohlau Verlag, 2016.

Kristina Michahelles / IB

NAGASAWA, Eisaburo
Pintor
Toshige, Japão, entre 1910 e 1916 – Brasil, 2001
No Brasil, de 1938 a 2001

Pouco sabemos sobre a vida de Eisaburo Nagasawa antes de sua chegada ao Brasil. Ao que parece nasceu em 1916, mas algumas fontes recuam a data para o ano de 1910. Também não conhecemos a data de sua saída do Japão, mas é bastante provável que antes de chegar ao Brasil, em setembro de 1938, tenha vivido algum tempo na Europa, onde teria se iniciado na pintura como autodidata.

Como tantos outros imigrantes japoneses que vieram para o Brasil, Nagasawa trabalhou por algum tempo numa fazenda de café no município paulista de Lins. Em seguida, transferiu-se para o Rio de Janeiro, onde aprendeu o ofício de moldureiro com Tadashi Kaminagai (VER), cuja moldurária, situada no bairro de Santa Teresa, servia de ponto de encontro a muitos artistas e intelectuais

Arquivo Nacional

que se refugiaram na então capital federal durante a Segunda Guerra Mundial. Nesse período, Nagasawa pôde também aprimorar sua formação artística, frequentando o ateliê do pintor húngaro Árpád Szenes (VER), também localizado em Santa Teresa. Mais para o final da década, frequentou o curso de gravura ministrado pelo austríaco Axl Leskoschek (VER), na Fundação Getúlio Vargas.

Já em 1944, Nagasawa teve obras selecionadas para a Divisão Moderna do Salão Nacional de Belas Artes, sendo então premiado com a medalha de bronze. Voltaria a participar das edições seguintes do Salão, até 1949. Realizou por essa época duas exposições individuais no Rio de Janeiro: na Associação Brasileira de Imprensa (ABI), em 1946, e na Associação Cultural Franco-Brasileira, em 1949. Ambas receberam alguma atenção nas colunas dedicadas à arte na imprensa carioca. O crítico Mário Pedrosa, por exemplo, elogiou sua inventividade como pintor, embora observasse que ainda lhe faltava um domínio maior sobre a composição. No início dos anos 1950, esteve envolvido com a organização de exposições de gravuras e estampas de artistas japoneses no edifício-sede do Ministério da Educação, no Rio de Janeiro, no Museu de Arte Moderna de Resende (RJ) e na Galeria Domus, em São Paulo.

Apesar do início promissor, a carreira artística de Nagasawa perdeu força nos anos seguintes e parece ter logo cessado por completo. Sua ligação com o universo das artes plásticas se manteve, porém, por meio de sua conceituada molduraria, localizada no bairro de Copacabana. Conjugada à oficina, funcionava a Galeria Montparnasse, também de sua propriedade, que em 1955 seria rebatizada como Galeria Nagasawa, cumprindo papel de certa relevância no circuito artístico carioca até o final daquela década.

A reputação de Nagasawa seria fortemente abalada em 1958, quando o escritor João Condé o acusou de se apropriar de dois quadros do pintor Pancetti que lhe pertenciam, deixados na oficina do japonês para serem emoldurados, que Nagasawa teria vendido irregularmente. O processo judicial então instaurado resultou na condenação de Nagasawa a um ano e quatro meses de prisão, obrigando-o ainda a restituir os quadros ao antigo proprietário. Curiosamente, a imprensa carioca, ao noticiar o fato, referiu-se a Nagasawa apenas como moldureiro, ignorando por completo sua atuação anterior como artista plástico.

A Galeria Nagasawa continuou funcionando nos anos seguintes, mas sua relevância como espaço expositivo se reduziu consideravelmente. Encerrou definitivamente suas atividades em 1970. Eisaburo Nagasawa, recolhido à vida privada em suas últimas décadas de vida, faleceu em 2001.

Fontes: Bento, Antônio. Eisaburo Nagasawa, Diário Carioca, 09-10-1946; Correio da Manhã, 03-06-1970; Correio Paulistano, 31-08-1950; Diário de Notícias,: 18-.11-.1950; Gonçalves, Ramiro. Vão expor na ABI os pintores Carlos Frederic e Nagasawa, Jornal do Brasil, 29-09-1946; Lista 16 de Imigrantes que Desembarcaram no Brasil. *Imigrantes europeus*. Disponível em: <http://imigrantesdaeuropa.blogspot.com/2013/10/lista-16-de-imigrantes-que.html>. Acesso em: 30 ago. 2020; Navarra, Ruben. Safra de pintura, Diário de Notícias, 20-10-1946; O Jornal, 01-10-1946; O Jornal, 02-08-1962; Pedrosa, Mário. Correio da Manhã, 16-12-1949; Tempos de Guerra: Hotel Internacional e Pensão Mauá (catálogo da exposição). 1986; Última Hora, 19-05-1958; Última Hora, 15-10-1959; Última Hora, 10-04-1961.

André Faria Couto / IB

NIRENBERG, Jaques
Médico, professor, musicista
Zelazowa Wola, Polônia, 23-12-1923 – Rio de Janeiro, 16-09-2010
No Brasil, de 1935 a 2010

Zelazowa Wola, onde Jaques Nirenberg nasceu, era a cidade natal de Chopin. Isso talvez o tenha predestinado para a música. Emigrou da Polônia para o Brasil aos 12 anos de idade com os pais, Israel Zale e Raisla Nirenberg. O pai era comerciante, cantor na sinagoga e nas festas judaicas e tinha um armazém na Polônia, mas perdeu tudo ao fugir da perseguição aos judeus. A família veio para o Rio de Janeiro graças a uma carta-chamada do irmão de Jaques, Henrique Nirenberg, que emigrara na década de 1920 e se firmara como músico na antiga capital. Jaques se formou pela Faculdade Fluminense de Medicina

Acervo de família, cortesia do filho Nelson Márcio Nirenberg

e também em violino, viola e regência pela Universidade do Brasil (atual UFRJ), onde foi discípulo de Paulina D'Ambrosio. Alcançou renome internacional e no país no triplo caminho que trilhou como musicista, médico psiquiatra e educador.

Muito jovem, aos 17 anos já participou da criação da Orquestra Sinfônica Brasileira em 1940, ao lado dos maestros José Siqueira e do também exilado Eugen Szenkar (VER). Em 1947, fundou a Orquestra de Câmara Macabi, ícone no cenário musical brasileiro da época. Era o *spalla* do conjunto, composto em sua maioria pelos seus alunos mais destacados e regido pelo irmão Henrique Nirenberg. A Orquestra Macabi depois passou a se chamar Orquestra de Câmara do Rio de Janeiro, integrando a Rádio Roquette Pinto.

Jaques Nirenberg casou-se com Esther Chalfen em 1950 e, dois anos mais tarde, criou o Quarteto Brasileiro da Escola Nacional de Música da Universidade do Brasil ao lado do irmão Henrique Nirenberg (viola), de Santino Parpinelli (violino) e de Eugen Ranevsky (cello). O conjunto se apresentou na Europa, em Israel e nas Américas do Sul, Central e do Norte, participou de festivais internacionais e foi aclamado pela crítica especializada de jornais como The New York Times, Washington Post, The Times (Londres), entre outros. Apresentou-se na Biblioteca do Congresso norte-americano, na Casa Branca e na Bélgica, a convite do rei, em missão cultural durante a ratificação do Tratado Cultural Brasil-Bélgica, e foi recebido com honras no Vaticano na década de 1960 pelo Papa João XXIII, que declarou: "Sois artistas e, como os anjos, trazeis a harmonia e a paz para o mundo. Ide levando a vossa música e a minha bênção para a universidade e todos os brasileiros." Artista exclusivo da CBS Records, através dos selos Odissey e Albany, o Quarteto gravou mais de 80 obras para a Rádio MEC e foi responsável por inúmeras *premières* de compositores brasileiros, incluindo Villa-Lobos, Radamés Gnatalli, Cláudio Santoro e Guerra Peixe.

Jaques Nirenberg presidiu a Academia Nacional de Música, participou de diversas diretorias como vice-presidente e atuou como jurado em concursos nacionais e internacionais. Foi o porta-voz do Quarteto Brasileiro e conferencista.

Paralelamente ao sucesso na música, Jaques Nirenberg percorreu uma trajetória importante no campo da medicina. Começou na década de 1940 como estagiário no Instituto Fernandes Figueira e na Maternidade da Policlínica de Botafogo, onde chegou a médico assistente. Trabalhou no Serviço de Cirurgia do Dr. Fernando Paulino na Policlínica Geral do Rio de Janeiro, nos Hospitais Miguel Couto e na Santa Casa com o professor Oswaldo Teixeira, no serviço de urgência do Hospital Antonio Pedro e no Hospital de Neuro-Sífilis, na Praia Vermelha.

Em jornais e revistas especializadas alertou sobre o perigo dos ruídos excessivos e da música executada em festas e em fones de ouvido, com decibéis acima do permitido por lei, com risco de causar surdez prematura na juventude. Cunhou, também, o termo "palcofobia" em seus estudos sobre a emoção do artista ao enfrentar o palco.

Reuniu suas duas atividades na musicoterapia, área na qual foi pioneiro no Brasil, sendo fundador e primeiro presidente da Associação Brasileira de Musicoterapia e criador da Revista Brasileira de Musicoterapia. Como diretor do Hospital Pinel, introduziu a musicoterapia, a zooterapia e a praxiterapia. Também dirigiu a Divisão Nacional de Saúde Mental do Ministério da Saúde.

Gostava de ensinar. Foi professor da disciplina Socorros de Urgência da Escola de Enfermagem da UFF, lecionou na Escola Cultural de Arte do Conservatório Lorenzo Fernandez e criou a cadeira de Psiquiatria do Curso de Musicoterapia do Conservatório Brasileiro de Música. Teve entre seus alunos músicos como Henrique Morelenbaum, Arnaldo Cohen, Ricardo Cyncynates, *spalla* da National Symphony Orchestra de Washington, e muitos outros.

Foi condecorado com a Ordem do Rio Branco e, por ocasião dos 30 anos de serviços ininterruptos dedicados ao ensino e à cultura, homenageado pelo Reitor da UFRJ com a "Sala do Quarteto Brasileiro" no Palácio da Reitoria na Praia Vermelha. Pela dedicação aos doentes mentais, foi homenageado no Instituto de Psiquiatria da UFRJ.

O legado musical se perpetuou na família: um filho, Nelson Nirenberg, é advogado, violinista e maestro e o outro, Ivan Nirenberg, médico-psiquiatra, violinista e violista, atuou como concertino do naipe das violas da Orquestra Sinfônica Brasileira e substituiu o tio Henrique Nirenberg no Quarteto Brasileiro da UFRJ.

Fonte: Informações dos filhos Nelson Márcio Nirenberg e Ivan Sérgio Nirenberg.
Kristina Michahelles / IB

NOTRICA, Victor
Professor de química, empresário do setor da educação
Antuérpia, Bélgica, 1933 – Rio de Janeiro, 12-05-2019
No Brasil, de 1941 a 2019

Cortesia do Colégio Andrews

Nascido no ano em que Adolf Hitler subiu ao poder na Alemanha, Victtorio Maurizio Notrica era filho de pai italiano e de mãe de origem turca. Seu pai, um judeu-grego natural de Rodes, de convicções monarquistas, foi perseguido em razão da ascendência judaica e também por sua oposição ao fascismo. Fugiu com a família para a Itália em 1940, depois que a Bélgica foi ocupada pelos nazistas, passou por Portugal e finalmente desembarcou no Brasil, mais precisamente no Rio de Janeiro, em janeiro de 1941. No documento de entrada no Brasil seu nome era Vittorio Maurizio Notrica.

Victor Notrica cursou até a quarta série primária no Colégio Anglo-Americano, em Botafogo, transferindo-se depois para o Colégio Mello e Souza, em Copacabana. Manifestou desde cedo grande interesse pela geografia, mas, para satisfazer a vontade da mãe, dedicava boa parte de seu tempo ao estudo da química. Acabou se apaixonado pela disciplina, tanto que, ao chegar a época do vestibular, foi o curso de Química que o atraiu. O amor pela geografia, no entanto, o acompanharia igualmente pelo resto da vida.

Em fins dos anos 1940, já na Faculdade Nacional de Filosofia da Universidade do Brasil (atual UFRJ), transformou a casa dos pais em Copacabana numa espécie de "cursinho" de aulas particulares. O professor era ele próprio. O dinheiro que ganhava das aulas ajudava no sustento da família e lhe permitia custear os estudos. Na Universidade do Brasil, teve como mestres os professores Ernesto Tolmasquim, Albert Ebert e Cristóvão Cardoso, que o incentivaram a seguir carreira no magistério.

Curiosamente, não foi este o primeiro destino de Notrica depois de formado. Já bacharel e formado na licenciatura em 1953, obteve no ano seguinte uma bolsa do CNPq para trabalhar no Instituto Nacional de Tecnologia (INT). Ficou lá por dois anos, até que Albert Ebert o convidou para lecionar no Colégio de Aplicação (CAp), onde este era o titular da cadeira de Química. Foi sua primeira experiência docente desde que saíra da universidade.

Não demorou muito e um novo convite lhe bateu à porta. Desta feita, Ernesto Tolmasquim, que também trabalhava no INT, o indicou-o para dar aula de química no ensino médio (na verdade, os antigos cursos científico e clássico) do Colégio Andrews, em Botafogo, substituindo o professor Gildásio Amado. O Andrews era um colégio tradicional, respeitado, conhecido pela excelência de seus professores. No futuro, Victor Notrica, já então com mais de 50 anos de magistério, falaria sobre essa experiência: "Na minha geração, o sonho do professor era (...) trabalhar em um colégio da estatura do Andrews. Tudo que aprendi em termos de escola foi no Colégio Andrews, que é a pedra preciosa dentro do meu currículo, vale mais do que títulos." Em 1956, quando conseguiu seu primeiro contrato de carteira assinada, tinha apenas 22 anos e uma promissora carreira pela frente.

A passagem pelo Andrews se estendeu até o ano de 1963, quando Notrica se juntou a dois outros professores para fundar o Curso Miguel Couto, pensado inicialmente apenas como um preparatório para o vestibular. Era o começo de uma longa e bem-sucedida trajetória também como empresário da área educacional. Depois o Miguel Couto adquiriu alguns outros colégios, como o Instituto Guanabara, na Tijuca (do qual Notrica foi diretor), e o Princesa Isabel, em Botafogo, passando a atuar também no ensino regular. Com o surgimento dos vestibulares unificados nos anos 1970, o Miguel Couto se associou ao Curso

Bahiense e da parceria se originou o Grupo Miguel Couto-Bahiense, rede de ensino que marcou época no Rio de Janeiro.

Victor Notrica foi também professor do Colégio Pedro II e de outros estabelecimentos de ensino no Rio, entre eles o Colégio Brasileiro de Almeida. Crítico das políticas educacionais do país, empenhou-se em aprofundar as discussões sobre o vestibular e, mais recentemente, sobre o Enem (que via com reservas por não levar em conta as disparidades regionais). Também não via com bons olhos a reserva de vagas para negros e pardos para ingresso nas universidades, as chamadas cotas raciais, medida, a seu ver, inconstitucional. Sobre a proposta, afirmou: "Trata-se de uma triagem como na época do nazismo, quando quem não fosse ariano iria para o campo de concentração. (...) É claro que deve haver inclusão social. No entanto, deve-se começar pelo alicerce: o ensino fundamental e o médio, no sentido de que a universidade não seja a única saída para o exercício profissional."

Victor Notrica foi sobretudo um defensor da educação privada como um direito à liberdade de escolha das famílias, tendo por duas ocasiões ocupado a presidência do Sindicato das Escolas Particulares da Cidade do Rio de Janeiro, o Sinepe-Rio. Morreu aos 85 anos, vitimado por complicações respiratórias derivadas de uma pneumonia. Era viúvo e tinha dois filhos: a educadora Sylvia Notrica Morard e o publicitário Raoul Notrica.

Fontes: Bebiano, Marcelo. Reflexões sobre o vestibular, Folha Dirigida, [s/d]. Disponível em: <http://docvirt.com/docreader.net/DocReader.aspx?bib=arq_cultura&pagfis=27718>. Acesso em: 18 dez. 2019; Hippolito, Regina. "Entrevista com Victor Nótrica/Professor". *Colégio Andrews*, Rio de Janeiro, 29 abr. 2007. Disponível em: <http://www.andrews.g12.br/depoimento/victor-notrica>. Acesso em: 18 dez. 2019; Os donos do vestibular, Manchete, 07-02-1976, p.14ª17; Professor Notrica, O Globo, 14-05-2019, p.11; Um vanguardista da educação, que juntou gestão e sala de aula, O Globo, 12-05-2019, p. 20.

Luis Octavio Souza / IB

NUSSENZWEIG, Ruth
Médica parasitologista, imunologista
Viena, 20-06-1928 – Nova York, 01-04-2018
No Brasil, de 1939 a 1965

A cientista Ruth Sonntag passou pela experiência de ser expelida de seu país mais de uma vez. Seu primeiro exílio foi quando tinha 11 anos. Ela e os pais, também médicos de origem judaica, Eugenia e Baruch Sonntag, fugiram da

Os estudantes Ruth Sonntag e Victor Nussenzweig na biblioteca do Departamento de Parasitologia da USP

Áustria anexada pelos nazistas graças a um certificado de batismo católico fornecido por um padre polonês. Transferiram-se para a Bélgica e depois seguiram para São Paulo. Educou-se no Brasil, entrou para a Escola de Medicina da USP, casou-se em 1952 com o colega de classe Victor Nussenzweig, nascido no Brasil, filho de judeus poloneses também refugiados. O que os aproximou durante a graduação foi o trabalho com o professor Samuel Pessoa, um pioneiro da parasitologia médica na América do Sul, em torno da pesquisa sobre a transmissão da Doença de Chagas por transfusão de sangue.

Um dos primeiros resultados dessa pesquisa que ecoou nos meios científicos foi descobrir que a violeta de genciana adicionada ao sangue contaminado pelo protozoário *Trypanosoma cruzi* prevenia a doença. Em entrevista ao jornalista Marcelo Leite, o casal detalhou o incrível modo como a experiência, até então só testada em ratos, provou funcionar também em humanos: o colega Vicente Amato Neto, que viria a ser um renomado infectologista, administrou a si próprio o sangue com tripanossomos vivos tratado com genciana.

Em 1954, Ruth Nussenzweig iniciou carreira na USP como professora assistente de Parasitologia. Por dois anos, entre 1958 e 1960, o casal já com dois filhos, foi se aprimorar na França. Ruth retornou do Collège de France com um pós-doutorado em Bioquímica. A ideia era trabalhar no departamento de Microbiologia da Escola Paulista de Medicina. No entanto, para quem queria avançar em pesquisa, o Brasil não era o local mais indicado. Foi a vez de Victor tentar uma bolsa para os Estados Unidos com a Fundação Rockefeller, mas seu passado de militante e filiado ao Partido Comunista não ajudou, e o representante da entidade no Rio de Janeiro sugeriu ironicamente que ele tentasse com o ditador soviético Josef Stálin. Ruth Nussenzweig acabou convencendo o marido que, entre a política e a ciência, eles poderiam ajudar mais a humanidade com a segunda opção. Em 1963, por fim, prevaleceu a qualidade do currículo do casal: foram aceitos para trabalhar na Universidade de Nova York, ela com o húngaro Zoltan Ovary e ele, com Baruj Benacerraf, Nobel de Medicina em 1980.

Em 1965 ensaiaram uma volta ao Brasil, já sob a ditadura militar, mas o ambiente na Faculdade de Medicina da USP era totalmente desfavorável. Souberam que Luiz Hildebrando Pereira da Silva, colega e amigo de Victor, também comunista, estava preso em um navio em Santos. O marido de Ruth foi à universidade recolher papéis que havia deixado antes de sua ida para os EUA, mas só conseguiu sair do campus após um depoimento formal ao coronel interventor sobre suas relações com o Partido Comunista Brasileiro (PCB). O episódio soou como alerta para saírem definitivamente do país. Ruth Nussenzweig já se naturalizara brasileira. Foi o seu segundo exílio. Graças ao prestígio de Baruj Benacerraf, conseguiram, tanto Ruth quanto Victor, postos de professor assistente na Universidade de Nova York.

Em 1967 a malária matava mais de um milhão de pessoas por ano, não só na África, como no sul dos Estados Unidos e na Europa. Com repetidas infecções, as crianças de regiões endêmicas fizeram os cientistas acreditar que era impossível produzir uma vacina, uma vez que não adquiriam imunidade após a doença. Ruth Nussenzweig nunca desistiu, até conseguir uma chave para o enigma. Naquele ano, ela publicou na conceituada revista Nature um artigo pioneiro demonstrando que era possível obter a imunidade contra o protozoário causador da malária *Plasmodium berghei*. Ela tratou com raios

X exemplares desse protozoário e depois os injetou em camundongos que se tornaram imunes aos parasitas enfraquecidos. Há mais de um tipo de parasita da malária que ataca seres humanos e também diferentes graus de letalidade, mas graças ao trabalho de Ruth Nussenzweig estava aberto o caminho para o desenvolvimento de uma vacina. Na New York Medical School, Ruth tornou-se professora associada em 1968 e titular em 1976.

Em 1984 uma nova publicação assinada por Nussenzweig na revista Science destacou a identificação da proteína CSP como o gatilho para a produção dos anticorpos. Teve início uma testagem em internos voluntários de um presídio de Nova York, mas a cientista não teve acesso ao local, pois naquela época mulheres não entravam em presídios masculinos. Nussenzweig foi a primeira mulher brasileira aceita na Academia Nacional de Ciências dos Estados Unidos. Sua página na Wikipedia traz 11 prêmios e filiação em associações ao longo da carreira. A tradição familiar em torno da ciência que vem de seus antepassados parece ter se perpetuado. Ruth deixou três filhos: Michel, imunologista da Universidade Rockefeller, nos EUA, André, pesquisador do Instituto Nacional do Câncer, também nos EUA e Sonia, professora de Antropologia na Escola de Sociologia e Política de São Paulo. A vacina que previne parcialmente contra a malária foi batizada de Mosquirix. e será testada em populações do Maláui, Quênia e Gana. O filho Michel Nussenzweig, pesquisador que coordena o Laboratório de Imunologia Molecular da Universidade Rockefeller, em Nova York, coordenou uma equipe de 50 pessoas em busca de vacina contra o coronavírus Covid-19.

Fontes: Leite, Marcelo. O casal de cientistas brasileiros que se destaca na luta contra a malária, Folha de S. Paulo, Ilustríssima, 14-05-2017; Pontes, Nadia. "O casal de brasileiros que inventou a vacina da malária". *Revista Superinteressante*, 3 out. 2016. Disponível em: <https://super.abril.com.br/saude/casal-nobel>. Acesso em: 20 ago. 2020; Ruth Sonntag Nussenzweig. In: Wikipedia. Disponível em: <https://pt.wikipedia.org/wiki/Ruth_Sonntag_Nussenzweig>. Acesso em: 20 ago. 2020; Zorzetto, Ricardo. "Michel Nussenzweig: Caçador de anticorpos". *Pesquisa FAPESP*, 15 abr. 2020. Disponível em: <https://revistapesquisa.fapesp.br/michel-nussenzweig-cacador-de-anticorpos/>. Acesso em: 16 abr. 2020; Zorzetto, Ricardo. "Morre Ruth Nussenzweig, pioneira no estudo de vacinas contra a malária". *Pesquisa FAPESP*, 4 abr. 2018. Disponível em: <https://revistapesquisa.fapesp.br/morre-ruth-nussenzweig-pioneira-no-estudo-de-vacinas-contra-a-malaria/>. Acesso em: 11 abr. 2020.

Leonardo Dourado / IB

OBRY, Olga
Jornalista, artista plástica, escritora
Kiev, Ucrânia, 19-08-1899 – Paris, França, 1990 (?)
No Brasil, de 1941 a 1952

Olga Brodsky nasceu em uma rica família judaica. Seu pai, Alexander Brodsky, um próspero comerciante de Kiev, costumava contribuir com causas filantrópicas, sobretudo as relacionadas à difusão da cultura hebraica. Com a consolidação do comunismo na Rússia, após a Revolução de 1917, ela e a família emigraram para a Alemanha, estabelecendo-se em Berlim. Na década de 1920, Olga trabalhou na capital alemã como secretária e dedicou-se à xilogravura, ao desenho de estamparias para tecidos e à ilustração, ao lado da irmã mais velha Nina, que viria a se consagrar como cenógrafa, ilustradora e figurinista.

Em 1929, lançou o livro *Gute Reise! Eine Lustige Fahrt (Boa viagem! Um passeio divertido)*, com ilustrações de sua autoria. A essa altura, já tinha saído de casa para viver com o jornalista e escritor judeu Richard Lewinsohn (VER).

Arquivo Nacional

Então casado com outra mulher, internada em uma instituição psiquiátrica, Richard seria o seu companheiro de toda a vida. A ascensão do nazismo na Alemanha em 1933 levou o casal a exilar-se em Paris.

Com o início da Segunda Guerra Mundial, em setembro de 1939, Richard, vítima da uma falsa acusação de conluio com o nazismo, foi internado em diferentes campos de concentração na França, permanecendo preso por vários meses. Depois de libertado, ele e Olga conseguiram um visto diplomático emitido pelo embaixador brasileiro junto ao governo colaboracionista de Vichy, Luís Martins de Souza Dantas. Embarcaram em seguida para o Rio de Janeiro, onde chegaram em fevereiro de 1941, como apátridas.

Em julho seguinte, Olga Obry, como optou por chamar-se no Brasil, foi contratada pela revista Vamos Ler! para escrever sobre moda e beleza. Praticamente ao mesmo tempo, passou a colaborar com O Jornal, publicando uma série de artigos dedicados às artes (dança clássica, teatro, canto, arte rupestre). Seus textos eram quase sempre acompanhados de desenhos, também criados por ela. Colaboradora regular da revista mineira Alterosa a partir de 1944, atuação que se estenderia até 1963, no ano seguinte publicou seu primeiro livro em português, *Catarina do Brasil, a índia que descobriu a Europa*, com prefácio de Pedro Calmon, que narra a visita do português Diogo Álvares, o Caramuru, e de sua esposa, a tupinambá Catarina Paraguaçu, à França, no século XVI.

Ainda em 1945, Olga conheceu a educadora russa Helena Antipoff, fundadora da Sociedade Pestalozzi do Brasil, de quem se tornou amiga e colaboradora. Atendendo a convite de Antipoff, assumiu as atividades da sociedade relacionadas ao teatro de marionetes, visto não só pelo seu aspecto artístico, mas sobretudo pelas suas potencialidades como ferramenta pedagógica. Olga também passou a responder pela direção de um curso de formação de artistas titereteiros, fabricando e manipulando os bonecos. Participou, também em

1945, do movimento de criação da Escola Nacional de Teatro, ao lado de diversos artistas e intelectuais brasileiros e estrangeiros, e ajudou a fundar a Sociedade Brasileira de Marionetistas, da qual foi presidente.

Atendendo a convite da Prefeitura de Recife, ofereceu, em 1948, juntamente com outros artistas da Sociedade Pestalozzi e da Sociedade Brasileira de Marionetistas, um curso de formação e aperfeiçoamento de bonequeiros, que teve um forte impacto no desenvolvimento posterior dessa tradição no Nordeste. No ano seguinte, voltou a colaborar com Helena Antipoff, que tinha sido contratada pela Secretaria de Educação de Minas Gerais. Olga instalou-se na Fazenda do Rosário, no interior do estado, com outros profissionais, como o artista pernambucano Augusto Rodrigues, para desenvolver, na condição de artistas-professores, um projeto que integrava arte e educação.

De volta ao Rio, naturalizou-se brasileira em 1950, mas dois anos depois retornou para a Europa, acompanhada por Richard Lewinsohn. Em Paris, deu continuidade à sua carreira de jornalista junto à imprensa local, mas continuou ligada ao Brasil, colaborando regularmente com vários periódicos brasileiros, e traduzindo obras para o português.

Sua estreita relação com o Brasil pode ser atestada pela sua produção intelectual. Em 1956, lançou o livro *O teatro na escola*, no qual, baseada na sua experiência com Helena Antipoff, destacava a importância educacional do teatro de marionetes. Em 1958, foi a vez de uma biografia da princesa Leopoldina, publicada em alemão por uma editora de Viena. Em 1968, ano da morte de Richard, escreveu um longo artigo na revista Théatre (Teatro) sobre o panorama do teatro brasileiro. No ano seguinte, voltou ao Brasil para oferecer um curso sobre teatro de marionetes, ministrado na sede da Sociedade Pestalozzi, no Rio de Janeiro. Em 1976, escreveu um artigo na revista Humboldt, do Instituto Goethe, sobre a cidade planejada de Humboldt, na Amazônia mato-grossense, projeto que não sairia do papel.

Fontes; Almeida, Marilene Oliveira. *O ensino de arte em Minas Gerais (1940-1960): diálogos e colaborações entre a arte e a Educação Nova*. Belo Horizonte: Universidade Federal de Minas Gerais, 2013; A Manhã, 07-06-1950, p. 7; "Brodsky (Obry), Olga". *Arqshoah*. Disponível em: <https://www.arqshoah.com/index.php/personalidades/artistas-e-intelectuais/5456-aei--114-brodsky-obry-olga>. Acesso em: 30 ago. 2020; Colffield, Carol. "Eva continua vencendo... Intelectuais europeias no Brasil em tempos de totalitarismo". *Revista del CESLA*, n. 21, jan.-jun. 2018, p.145-168. Disponível em: <https://www.revistadelcesla.com/index.php/revistadelcesla/article/view/473>. Acesso em: 30 ago. 2020; Correio da Manhã, 25-04-1969, p. 4; Jornal do Brasil, 31-10-1976, p. 11; O Cruzeiro, 06-04-1968, p. 96; Osborn, Max. "Nina und Olga Brodsky". Gebrauchsgraphik, Berlim, 1927, p. 30-48.

Sergio Lamarão / IB

OCCHIALINI, Giuseppe
Físico
Fossombrone, Itália, 05-12-1907 – Paris, 30-12-1993
No Brasil, de 1937 a 1944

Filho do físico Raffaele Augusto Occhialini e de Etra Grossi, Giuseppe Paolo Stanislao Occhialini seguiu os passos do pai. Em 1927, ingressou no curso de física da Universidade de Florença, concluindo-o em 1930. Em julho do ano seguinte, Beppo, como era conhecido, iniciou estágio no Laboratório Cavendish, em Cambridge, Inglaterra, com uma bolsa de estudo do governo italiano. A estada em Cavendish foi extremamente importante na sua trajetória acadêmica. Os trabalhos que ali desenvolveu sobre câmaras de nuvens, raios cósmicos e o pósitron, com o físico Patrick Blackett, tornaram-no uma figura de proa da física mundial na década de 1930.

Em 1934, retornou à Itália para prestar o serviço militar. Apesar de inscrito no partido fascista, condição obrigatória para qualquer italiano que tivesse vínculos de trabalho com o governo, Occhialini era contrário ao regime. Ativista, divulgava material de propaganda antifascista, enfrentando por isso sérios obstáculos na sua vida profissional.

Em 1937, por solicitação do seu pai, o físico russo naturalizado italiano Gleb Wataghin, convidou-o a lecionar na Faculdade de Filosofia, Letras e Ciências Humanas da Universidade de São Paulo (FFLCH/USP). Ali, como assistente de Wataghin, trabalhou em pesquisa sobre raios cósmicos. Em 1941, publicou, em coautoria com dois colegas, artigo a respeito da influência de um eclipse solar sobre as radiações cósmicas. Nesses anos, Beppo tornou-se amigo de Oswald de Andrade, Paulo Emílio Salles Gomes e outros intelectuais paulistas.

O rompimento das relações diplomáticas do Brasil com a Alemanha, a Itália e o Japão em janeiro de 1942 e a entrada do país em agosto seguinte na Segunda Guerra Mundial em apoio aos Aliados, teve grande impacto na vida acadêmica. Na USP, muitos professores italianos e alemães foram exonerados de suas atividades e, em sua maioria, retornaram aos seus países. Reconhecidamente antifascista, Occhialini permaneceu no Brasil. Alpinista experiente, fixou-se no Parque Nacional de Itatiaia, no Estado do Rio, ganhando a vida, nesse pe-

Acervo do Instituto de Física da USP

ríodo, como meteorologista e guia.

Depois da saída da Itália da guerra em setembro de 1943, Beppo passou cerca de um ano no Laboratório de Biofísica da Universidade do Brasil, no Rio de Janeiro, dirigido pelo conhecido cientista Carlos Chagas. Depois de ministrar um curso sobre raios X na USP, graças à ajuda de Blackett, retornou à Inglaterra em janeiro de 1945. Em setembro, começou a trabalhar no Laboratório H. H. Wills, em Bristol, chefiado por Cecil Frank Powell. Lá, usando uma nova abordagem das emulsões para a detecção de partículas elementares, contribuiu para a descoberta do méson pi, no início de 1947, em colaboração com o brasileiro César Lattes, que fora seu aluno na USP por um curto período e a quem convidara para ir para Bristol, e o próprio Powell.

No ano seguinte, transferiu-se para a Universidade Livre de Bruxelas, acompanhado da jovem física inglesa Constance Charlotte Dilworth, que havia conhecido em Bristol e com quem se casou em 1950. O casal viria a realizar pesquisas e a escrever artigos em conjunto.

Ainda em 1950, voltou à Itália, assumindo uma posição na Universidade de Gênova. Dois anos depois, transferiu-se para a Universidade de Milão, à qual ficaria ligado até o final de sua vida acadêmica. Professor de Física Superior, criou o Laboratório de Física Cósmica e a seção de Astrofísica do Departamento de Física, que se tornaram centros de excelência na pesquisa dos raios cósmicos na década de 1950 e em seguida na pesquisa em astrofísica.

Em 1960, passou um ano como professor visitante no Massachussetts Institute of Technology (MIT), fazendo pesquisa na área de Física Espacial. Nessa frente de atuação, contribuiu decisivamente para a criação da European Space Agency, em 1975, e para a da Agenzia Spaziale Italiana, em 1988.

Sua longa e profícua atividade científica foi reconhecida em 1979, quando lhe foi conferido o prestigioso prêmio Wolf de Física. Em 1993, tornou-se membro honorário da Sociedade Física Europeia.

Fontes: http://www.treccani.it/enciclopedia/giuseppe-paolo-stanislao-occhialini_%28Il-Contributo-italiano-alla-storia-del-Pensiero:-Scienze%29/Bueno, Emanuelle Tronco. "Quem é Beppo?". *Noticiência*, 25 ago. 2011. Disponível em: <https://noticienciadigital.blogspot.com/2011/08/quem-e-beppo.html>. Acesso em: 30 ago. 2020; Bustamente, Martha Cecília. "Giuseppe Occhialini and the history of cosmic-ray physics in the 1930's: From Florence to Cambridge". In: Redondi, Pietro; Sironi, Giorgio; Tucci, Pascuale (Org.). *The Scientific Legacy of Beppo Occhialini*; "Giuseppe Occhialini". Scienza in rete. Disponível em: <http://www.scienceonthenet.eu/italia150/giuseppe-occhialini>. Acesso em: 30 ago. 2020; "Giuseppe (Beppo) Occhialini". Geni. Disponível em: <https://www.geni.com/people/Giuseppe-Beppo-Occhialini/6000000040888067860>. Acesso em: 30 ago. 2020.

Sergio Lamarão / IB

OELSNER, Johannes
Músico
Dresden, Alemanha, 23-02-1915 – São Paulo, ?-01-2010
No Brasil, de 1939 a 2010

Filho de Otto e Elsa Oelsner, Alwin Ewald Johannes Oelsner aprendeu a tocar violino aos nove anos de idade, estudando com Gustav Fritzsche, que possuía em Dresden um famoso quarteto de cordas, só parando de tocar em 1935, quando foi servir o exército. Após o período militar, dedicando-se ao estudo da viola, foi convidado pelo seu antigo professor para integrar o Quarteto Fritzsche, com o qual viajou pelo mundo em turnê. Durante essa fase de viagens teve a oportunidade de conhecer países da América Latina, inclusive o Brasil, onde chegou antes do início da Segunda Guerra Mundial, após deixar a Alemanha em 11 de março de 1939 em direção inicial ao Peru. Em São Paulo, o grupo se apresentou com o Quarteto Haydn. O encontro foi promovido pelo escritor Mário de Andrade, que, quando secretário de Cultura da cidade quatro anos antes, fundara o quarteto, corpo artístico ligado ao Teatro Municipal de São Paulo. Do encontro entre as duas formações resultou um importante concerto com a execução do *Octeto* de Felix Mendelssohn. Alertado por um amigo da embaixada alemã que a guerra estava prestes a eclodir na Europa, Oelsner resolveu permanecer no Brasil, enquanto os outros três músicos retornaram à Alemanha.

Procurando uma atividade fixa, e com a saída de dois integrantes do Quarteto

Divulgação documentário Variações sobre um Quarteto de Cordas

Haydn, Amadeo Bardi e Anselmo Zlatopolsky, Oelsner foi convidado por Mário de Andrade a integrar o conjunto como violista. O próprio prefeito de São Paulo, Prestes Maia, o entrevistou em alemão para sua contratação, que se efetivou em 2 de março de 1944. O músico passou a tocar ao lado dos instrumentistas Gino Affonsi, André Schafmann e Colixto Corazza. No mesmo ano o grupo ganhou a denominação de Quarteto de Cordas Municipal. Posteriormente, teve a oportunidade de entrar em contato com grandes nomes da música nacional, como Heitor Villa-Lobos e o maestro Silvio Baccarelli. O conjunto buscava estimular a música de câmera e incentivar compositores brasileiros a compor um novo repertório para o gênero. De 1944 a 1954, Oelsner foi professor de violino de Régis Duprat, mais tarde musicólogo e membro da Academia Brasileira de Música. Foi assim, durante anos, responsável pela formação de toda uma geração de novos violinistas, que ocupariam posições de destaque no setor.

Em 1963, lançou um LP com Eudoxia de Barros, que teve o nome dos músicos como título. Nos anos seguintes continuou tocando no Quarteto de Cordas, até 1979, dois anos antes de este assumir a atual denominação, Quarteto de Cordas da Cidade de São Paulo. Ao longo do tempo, fez amizade com personalidades como Camargo Guarnieri e tocou com Magdalena Tagliaferro e Guiomar Novaes, entre outros. O quarteto, responsável pela estreia de diversas peças, tocou no Brasil e no exterior e foi inclusive homenageado por Villa-Lobos, que lhe dedicou o seu Quarteto nº 13. Depois de aposentado, o músico continuou dando aulas e tocando em grupos diversos. A trajetória do violinista foi objeto de uma homenagem em 2004, quando o diretor e amigo Ugo Giorgetti lançou o filme *Variações sobre um livro em cordas: a música de Johannes Oelsner*.

Fontes: Béhague, Gerard. "Duprat, Régis (Ronchi)". Disponível em: <https://www.oxfordmusiconline.com/grovemusic/abstract/10.1093/gmo/9781561592630.001.0001/omo-9781561592630-e-0000008357?rskey=0cmkA2&result=62>. Acesso em: 12 mar. 2020; Instituto de Estudos Avançados Unicamp. *Ugo Giorgetti fala sobre o documentário "Variações sobre um Quarteto de Cordas"*. Youtube. Disponível em: <https://www.youtube.com/watch?v=WxbKieJjwPo>. Acesso em: 9 mar. 2020; Lopes, Jonas. "Quarteto de Cordas da Cidade celebra Beethoven na Praça das Artes". *Veja São Paulo*, 11 nov. 2013. Disponível em: <https://vejasp.abril.com.br/cultura-lazer/quarteto-de-cordas-da-cidade-beethoven-praca-das-artes/>. Acesso em: 5 mar. 2020; Nestrovski, Arthur. Retrato da viola em tom de humanidade, Folha de S. Paulo, 28-09-2004. Disponível em: <https://www1.folha.uol.com.br/fsp/ilustrad/fq2809200414.htm>. Acesso em: 5 fev. 2020; "Programa conta a história do músico alemão Johannes Oelsner". Senac. Disponível em: <https://www.sp.senac.br/jsp/default.jsp?newsID=a3261.htm&testeira=381&template=372.dwt&unit>. Acesso em: 11 mar. 2020; "Quarteto da Cidade". *Complexo Theatro Municipal*. Disponível em: <https://theatromunicipal.org.br/pt-br/grupoartistico/quarteto-da-cidade/>. Acesso em: 5 mar. 2020; "Régis Duprat". Glosas. Disponível em: <https://glosas.mpmp.pt/author/regisduprat/>. Acesso em: 12 mar. 2020.

Inoã Urbinati / IB

OLIVEN, Fritz
Escritor, poeta, libretista
Breslau, Alemanha, atual Wroclaw, Polônia, 18-10-1874 –
Porto Alegre, 30-06-1956
No Brasil, de 1939 a 1956

Opereta é a versão mais modesta da ópera e destaque do *entertainment* no final do século XIX até início do século XX. Naquela época também encantavam platéias o *vaudeville, o Singspiel* e a *ballad opera*, mas a opereta chegou até nossos dias sob forma de comédia musical, utilizando atores que também cantam. Fritz Oliven foi um dos mais famosos libretistas de operetas do seu tempo, assinando com o pseudônimo *Rideamus* (do latim, Vamos rir). Também escreveu comédias e poemas satíricos. Seus parceiros principais foram Oscar Straus, Walter Kollo e Eduard Künneke. Para este último, Oliven escreveu junto com Herman Haller o libreto de *Der Vetter aus Dingsda (O primo de Dingsda)*, um sucesso tão grande que rendeu três versões cinematográficas, em 1934, 1953 e 1970. Walter Kollo é o autor de uma canção famosa, *Es war in Schöneberg im Monat Mai (Aconteceu em Schöneberg no mês de maio)*. Fundou junto com Oliven a GEMA, sociedade alemã arrecadadora de direitos dos autores musicais. Para o austríaco Oscar Straus, escreveu o libreto de *Die lustigen Nibelungen (Os Nibelungos divertidos)*.

O professor Peter Pachl escreveu sobre Oliven e abre a sua descrição afirmando que foi o "humorista alemão de maior sucesso do primeiro terço do século XX, até que um governo muito mal-humorado resolveu queimar seus livros". Por causa desse "governo mal-humorado", emigrou para Porto

Alegre em 1939, onde fundou junto com outros refugiados judeus a Sociedade Israelita do Brasil. Depois da guerra, em 1951, a editora Füllhorn publicou, na Alemanha, a sua autobiografia *Rideamus von ihm selber: Die Geschichte eines heiteren Lebens* (*Rideamus por ele mesmo: a história de uma vida alegre*), reeditada em 1957 em Munique pela Goldmann com o título *Ein heiteres Leben* (*Uma vida alegre*).

Pachl classifica o gênero da edição berlinense, publicada quando o autor tinha 73 anos, como uma autobiografia humorístico-ficcional e avisa o leitor em busca de informações sobre a situação política na Alemanha nos anos 1920 e 1930 ou detalhes sobre a fuga e o exílio brasileiro de Oliven que se decepcionará.

Acervo de família, cortesia Miriam Oliven

Justifica sua afirmação com a frase que vem estampada na capa do livro: "É inútil ponderar em detalhes o que é poesia e o que é verdade nesta autobiografia." Algumas histórias contadas em prosa nas biografias podem ser encontradas em forma rimada em seus livros de poesia e são, sem dúvida, de natureza autobiográfica, como as descrições dos parentes e do conselho da família.

Em 2009 foi publicada pela editora Hentrich & Hentrich, de Berlim, a biografia *Rideamus, Die Lebensgeschichte des Fritz Oliven* (*Rideamus, a história da vida de Fritz Oliven*), de autoria de Ute-Christiane Hauenschild.

Fritz Oliven foi coautor de uma canção que permanece viva no imaginário popular berlinense e que foi interpretada, entre outros, por Marlene Dietrich: *Solang noch Untern Linden* (Linden-Marsch). O refrão "Berlin bleibt doch Berlin", que significa "Berlim é sempre Berlim", é citado com frequência quando se fala da cidade. Em 2010 a prefeitura de Berlim colocou uma placa comemorativa em sua homenagem na fachada do prédio onde ficava sua última residência, na Giesebrechtstrasse 11, bairro Charlottenburg.

Oliven teve três filhos e oito netos (seis no Brasil e dois nos EUA). Sua filha Judith, que foi casada com o escritor brasileiro Moacyr Scliar.

Fontes: Fritz Oliven. In: Wikipedia. Disponível em: <https://en.wikipedia.org/wiki/Fritz_Oliven>. Acesso em: 30 ago. 2020; Kestler, Izabela Maria Furtado. *Exílio e literatura: escritores de fala alemã à época do nazismo*. São Paulo: Editora da Universidade de São Paulo, 2003; Oscar Straus. In: Wikipedia. Disponível em: <https://pt.wikipedia.org/wiki/Oscar_Straus>. Acesso em: 30 ago. 2020; Pachl, Peter. Wissenschaftlicher Aufsatz. Munique: Grin, 2003; Walter Kollo. In: Wikipedia. Disponível em: <https://en.wikipedia.org/wiki/Walter_Kollo>. Acesso em: 30 ago. 2020.

Leonardo Dourado / IB

OLLY REINHEIMER
Pintora, ceramista, designer, professora
Mittweida, Alemanha, 28-01-1914 – Rio de Janeiro, 14-08-1986
No Brasil, de 1936 a 1986

Olga Helene Reinheimer, nascida Olga Helene Blank, era filha de mãe russa e pai húngaro, ambos judeus. Seus pais não eram casados e jamais viveram juntos, e por isso Olga foi criada sem a presença paterna. Seu apelido de infância, Olly, perdurou por toda a vida e seria mais tarde adotado como nome artístico. Em 1922, ainda criança, mudou-se com a mãe e a avó materna para Berlim, onde viveu num bairro de baixa renda. Na capital alemã, sua mãe logo se casaria com o engenheiro Werner Hasenberg, também judeu, com quem teve dois filhos.

Ameaçado pelo crescimento do antissemitismo na Alemanha após a ascensão do nazismo, Hasenberg aceitou um convite da Philips para trabalhar na instalação de sistemas acústicos de cinemas, salas de concerto e dos cassinos da Urca e Atlântico, no Rio de Janeiro. Chegou então à cidade com a esposa e os dois filhos em setembro de 1935, após uma tranquila viagem marítima feita na classe turística. Olly ainda permaneceria em Berlim por alguns meses, possivelmente para concluir seus estudos, e somente no ano seguinte se juntou à família no Brasil.

Assim que chegou ao Rio, Olly empregou-se como vendedora em um armarinho. Envolvida com a comunidade judaica local, conheceu Werner Siegfried Reinheimer (1912-1992), também alemão, com quem se casou em janeiro de 1939. Ele chegara ao Brasil pouco tempo antes de Olly, em 1935, numa viagem com escalas em Paris e Bordeaux. Ainda antes da Segunda Guerra Mundial se iniciar, conseguiu trazer seus pais para o Brasil, mas a maioria de seus parentes permaneceu na Alemanha e foi morta pelo regime nazista. Judeu com convicções políticas de esquerda desde a juventude, Werner estabeleceu vínculos com o Partido Comunista

Acervo de família, cortesia da filha Patrícia Reinheimer

Brasileiro e com a associação judaica Scholem Aleichem, do Rio de Janeiro, identificada com posições laicas e progressistas. Olly e Werner Reinheimer tiveram um único filho, René, nascido em 1940.

Não temos notícias sobre qualquer atividade artística de Olly na Europa. No Brasil, sua primeira incursão nessa área parece ter sido com a cerâmica, que estudou com a escultora norte-americana Margaret Spence. Ela própria logo se tornaria professora de cerâmica, ministrando aulas em sua residência. Mais tarde, lecionou modelagem no Instituto Pestalozzi e na importante Escolinha de Arte do Brasil, referência da arte-educação no país, criada em 1948 por Augusto Rodrigues e Margaret Spence. Foi como ceramista que Olly participou dos II e III Salões de Arte Moderna do Rio de Janeiro, em 1953 e 1954, tendo conquistado o prêmio de aquisição nesse último. Uma reação alérgica ao material utilizado acabaria, no entanto, por levá-la a abandonar a cerâmica.

Sua carreira artística ganharia novos rumos a partir da frequência aos cursos e ateliês oferecidos na década de 1950 pelo Museu de Arte Moderna do Rio de Janeiro, onde estudou com Ivan Serpa, Milton Goldring, Zélia Salgado e Frank Schaefer, entre outros. Seu convívio no MAM possibilitou-lhe acompanhar de perto o desenvolvimento do abstracionismo no país, especialmente a sua vertente concretista, que tinha em Ivan Serpa um de seus principais expoentes. Tal aprendizado se refletiu principalmente em seus trabalhos de pintura sobre tecido, atividade à qual passou a se dedicar em 1957, e que lhe daria notoriedade como artista. Seus trabalhos nesse campo foram expostos pela primeira vez em maio de 1958, na galeria anexa à loja de móveis Mobília Contemporânea, no bairro carioca de Ipanema, pertencente ao arquiteto, designer e cenógrafo escocês Norman Westwater, que no início daquela década deixara a Europa, ainda devastada pela guerra, para se fixar no Brasil. Olly expôs em seguida na Galeria Ambiente, em São Paulo.

A repercussão desses novos trabalhos foi considerável, e já em 1960 ela pôde mostrá-los no MAM-RJ. Na ocasião, o crítico Jaime Maurício afirmou que o museu recebia "sua mais inquieta e fiel aluna", que buscava então alcançar a excelência artística de seus antigos mestres. Os tecidos pintados eram apresentados soltos, pendurados sem chassis, combinando cores, linhas e formas abstratas. Para Clarival do Prado Valadares, ao usar o pano de costura para pintar, Olly o fazia "com a mesma dignidade do poeta que escreve seus poemas sobre qualquer papel". Além de se utilizar de tintas industriais, Olly realizava também pesquisas com tinturas extraídas de plantas e outros elementos naturais. No dizer do crítico Frederico Morais, a "sabedoria cromática" era uma das principais qualidades de seu trabalho. Do Rio, a mostra seguiu para o Museu de Arte Moderna de Salvador, então sob a direção da arquiteta Lina Bo Bardi. Em 1963, Olly foi convidada para expor em Lima, no Peru, e também para dar aulas de pintura em tecido na Escola Nacional de Belas Artes daquele país. Em 1965, expôs na I Bienal de Arte Aplicada do Uruguai.

Seu prestígio artístico seria ainda reforçado nos anos seguintes, quando ela passou a criar peças de vestuário estilizadas. Num evento que conjugou exposição de arte e desfile de moda, realizado no Museu de Arte de São Paulo (MASP), em 1966, Olly apresentou cerca de quarenta peças, nas quais se nota a influência da iconografia pré-colombiana, que tão vivamente a impressionara durante sua estadia no Peru. Nesse mesmo ano, expôs na prestigiada Petite Galerie, no Rio de Janeiro. Em agosto de 1969, voltaria ao MAM do Rio de Janeiro para realizar a marcante exposição Vestido-Objeto, termo cunhado pelo crítico de arte Marc Berkowitz, encarregado do texto de apresentação do evento, e que naquele mesmo ano presidiu o júri da X Bienal Internacional de São Paulo. O evento, patrocinado pelo Ministério das Relações Exteriores, conjugou novamente exposição de arte e desfile de moda, apresentando modelos de corpos esguios trajando vestidos muito curtos com estampas geometrizadas e fortemente coloridas. Como, talvez, jamais acontecera antes no Brasil, Olly

Reinheimer conferia status de obra de arte a uma coleção de moda. A exposição repercutiu na imprensa carioca, que noticiou sua itinerância por Dinamarca, Suécia, Finlândia e Alemanha. Novos vestidos-objetos seriam apresentados em 1974, no Centro Cultural Lume, no Rio de Janeiro, no que foi considerado por Mark Berkowitz, Frederico Moraes e Flávio de Aquino uma das dez melhores exposições da cidade naquele ano..

Sua última exposição, *Origens: formas, cores e texturas*, foi realizada em 1981, na Galeria Cândido Mendes, no Rio de Janeiro, apresentando composições feitas com pedras, conchas, vidros, cascas de árvore e outros objetos. Sua atividade artística foi praticamente encerrada em 1984, quando sofreu um acidente vascular cerebral que comprometeu seus movimentos. Faleceu dois anos depois, no Rio de Janeiro.

Fontes: Ayala, Walmir. *Dicionário de pintores brasileiros*. Rio de Janeiro: Spala Editora, 1986; Corrêa, Clecius Campo. "Moda no museu: os vestidos-objeto de Olly Reinheimer no MAM-RJ (1969)". *Dobras*, v. 2, n. 27, set.-dez. 2019. Disponível em: <https://dobras.emnuvens.com.br/dobras/article/view/988/589>. Acesso em: 30 ago. 2020; Correio da Manhã, 22-05-1960; Correio da Manhã, 26-02-1961; Jornal do Brasil, 13-08-1969; Jornal do Brasil, 26-11-1974; Pontual, Roberto. *Dicionário das artes plásticas no Brasil*. Rio de Janeiro: Civilização Brasileira, 1969; Reinheimer, Patrícia. *Olly: raça, classe e gênero na invenção de uma modernidade rústica*. Texto inédito; Teixeira Leite, José Roberto. *Dicionário crítico da pintura no Brasil*. Rio de Janeiro: Artlivre, 1988

André Faria Couto / IB

OMBREDANE, André
Médico e psicólogo
Parthenay, França, 19-11-1898 – Suresne, França, 19-09-1958
No Brasil de 1939 a 1945

André Georges Lucien Ombredane, filho de um professor de Literatura e de Inglês da Escola Normal de Professores, obteve o *baccalauréat* em 1916 no Liceu de Blois. Com a guerra, foi mobilizado em abril de 1917 como oficial observador da aviação. Pela sua atuação foi distinguido com a Cruz de Guerra e a Medalha Militar. Desmobilizado em fevereiro de 1919, ingressou no mesmo ano na Escola Normal Superior (ENS), passando em concurso especialmente consagrado aos ex-combatentes.

Aprovado em terceiro lugar na prova de Agregação de Filosofia na ENS em 1922, obteve também o certificado de estudos físicos, químicos e naturais da Faculdade de Medicina de Paris. Paralelamente às suas atividades na instituição, desenvolveu estudos médicos, seguindo o exemplo de ilustres antecessores seus, como Pierre Janet, Georges Dumas, Charles Blondel e Henri Wallon, que, como ele, lá obtiveram a agregação em filosofia e depois tornaram-se psicólogos. Em 21 de outubro de 1926, casou-se com Marie-Pierrine Giovani, com quem teve três filhos.

Lotado no hospital psiquiátrico Henri Rousselle, em Paris, de 1927 a 1930, Ombredane defendeu na Faculdade de Medicina da capital francesa sua tese de doutorado em 27 de junho de 1929, *Les troubles mentaux de la sclérose en plaques* (*As perturbações mentais da esclerose em placas*), que foi premiada.

Centro de Pesquisa em Cognição e Neurociência

A partir de 1930, foi assistente e aluno de Georges Dumas na Sorbonne, assim seguindo por vários anos. Em 1932, foi o vencedor do prêmio Dagnan Bouveret, do Instituto da França, e no ano seguinte foi nomeado diretor adjunto do Laboratório de Psicobiologia da Criança na Escola Prática de Altos Estudos. Em 1939, foi vencedor do prêmio Gegner, também pelo Instituto da França.

Em abril de 1939, Ombredane, no quadro das missões universitárias francesas iniciadas nos anos 1910 por Georges Dumas, foi contratado pela Faculdade Nacional de Filosofia da Universidade do Brasil, para assumir a cátedra de Psicologia Geral e Experimental. Após a eclosão da guerra na Europa, em setembro daquele ano, ele permaneceu no país e, durante sua estadia, publicou três estudos de psicologia médica: *Perception et langage* (*Percepção e linguagem*), *Geste et action* (*Gesto e ação*), *Troubles du caractère et délire* (*Transtornos de personalidade e delírio*). Foi também quando tratou do escritor e amigo Georges Bernanos, cuja denúncia dos crimes franquistas durante a Guerra Civil Espanhola (1936-1939) ele apoiara. Partidário da França livre — resistência dos franceses contrários ao armistício assinado com o governo nazista em 1940 pelo marechal Pétain —, lançou uma coleção de livros sob o patrocínio da Escola Livre de Altos Estudos, fundada por intelectuais franceses refugiados em Nova York com apoio da Fundação Rockefeller. Ainda durante esse período passado no Brasil, ele formou psicólogas de prestigio, como Ofélia Boisson e Gloria Quintela.

Em 1945, deixou o cargo na Universidade do Brasil e retornou à França recém-libertada da ocupação alemã. Após candidatar-se, sem sucesso, à cátedra de Psicologia na Sorbonne, foi encarregado pelo Ministério do Trabalho e da Seguridade Social de um estudo sobre os estagiários nos Centros de Formação Profissional e publicou o artigo "Organisons la psychotechnique" ("Organizemos a psicotécnica") na Révue Française du Travail (Revista Francesa do Trabalho). Após tal estudo, foi nomeado para assumir em 1946 o recém-criado Centro de Estudos e Pesquisas Psicotécnicas do Ministério do Trabalho. A psicologia aplicada conheceu uma expansão na França sob seu patrocínio e em 1947 defendeu na Sorbonne a tese de doutorado em Letras *L'aphasie et l'élaboration de la pensée explicite (A afasia e a elaboração do pensamento explícito)*, publicada em 1951.

Em 1948, deixou a direção do Centro de Estudos e Pesquisas Psicotécnicas e assumiu cargo de professor de psicologia na Universidade de Paris e na Universidade Livre de Bruxelas (ULB). A partir de 1949 viajou ao Congo Belga, onde realizou numerosas missões pelo Centro Cientifico e Médico da Universidade Livre da Bélgica na África Central com apoio do Fundo Cassel, e realizou estudo sobre a psicologia dos africanos, base de diversas publicações suas. Em 1952, tornou-se membro da Academia Real das Ciências Coloniais da Bélgica e, no ano seguinte, vice-presidente da Escola das Ciências da Educação da ULB. Em 1955, publicou com Jean-Marie Faverge o livro *L'Analyse du travail (Análise do trabalho)*, que teve forte influência, e assumiu uma cátedra na Escola Nacional Superior, onde dirigiu um seminário de psicologia. No ano seguinte assumiu ainda a presidência da Escola das Ciências da Educação.

Fontes: "André Ombredane". *People Pill*. Disponível em: <https://peoplepill.com/people/andre-ombredane/>. Acesso em: 12 fev. 2020; "Chronique générale". *Revue Philosophique de Louvain*, n. 52, 1958, p. 738-755. Disponível: <https://www.persee.fr/doc/phlou_0035-3841_1958_num_56_52_4983>. Acesso em: 30 ago. 2020; "Linha do tempo". *CRP SP*. Disponível em: <http://www.crpsp.org.br/linha/default.aspx?id_ano=110>. Acesso em: 30 ago. 2020; "OMBREDANE (André)". *Biographie Belge d'Outre Mer*, n. VI. Acad. Roy. Scienc. d'Outre Mer., 1968; Mathieu, Gaétan. "À l'école de la résistance". *France-Amerique*, 7 mar. 2013. Disponível em: <https://france-amerique.com/fr/a-lecole-de-la-resistance/>. Acesso em: 1 mar. 2020; Schuhl, Pierre-Maxime. "André OMBREDANE (1898-1958)". *Revue Philosophique de la France et de l'Étranger*, n. 149, 1959, p. 278-280.acesso em 29/02/2020

Inoã Urbinati / IB

OPPLER, Friedrich

Advogado, escritor
Oppeln, Alemanha, atual Opole, Polônia,
02-07-1888 – Berlim Ocidental, atual
Alemanha, 06-09-1966
No Brasil, de 1940 a 1952

Arquivo Nacional

Nascido numa família judia, radicada havia várias gerações na Silésia, Oppler passou a infância em Berlim. Estudou Direito na Universidade de Rostock, por onde se doutorou. Já formado, publicou, em 1911, um artigo que versava sobre execução de hipoteca. Em 1916, portanto em plena Primeira Guerra Mundial, mudou radicalmente de área no Direito. Seu texto Verstrafung Kriegsgefangener wegen vor ihrer Gefangennahme verübter Straftaten ("Punição de prisioneiros de guerra por crimes cometidos antes de sua captura") fazia parte de uma discussão travada por juristas e outros acadêmicos sobre os chamados crimes de guerra e a responsabilização dos prisioneiros.

A chegada do nazismo ao poder na Alemanha em 1933 interferiu diretamente na trajetória profissional de Oppler. Os nazistas lançaram mão de legislação coercitiva para remover funcionários públicos judeus e outros "não arianos", incluindo os do Judiciário, considerados politicamente não confiáveis. Assim, em 1934, ele foi destituído de suas funções no Tribunal Regional de Berlim nos termos da Lei de Restauração do Serviço Público Profissional, primeira lei importante a restringir os direitos dos cidadãos judeus. Para sobreviver, passou a trabalhar como corretor. Em 1936, casou-se com a fisioterapeuta judia Ilse Landau.

Em novembro de 1938, após a Noite dos Cristais — como ficaram conhecidos os ataques desferidos pelos nazistas contra judeus em toda a Alemanha nos dias 9 e 10 daquele mês, que se destacaram por uma violência até então desconhecida —, ficou detido no campo de concentração de Sachsenhausen.

Foi libertado seis semanas depois, provavelmente por ter recebido um visto do governo norte-americano, mas com a condição, de ter de esperar dois anos para entrar nos Estados Unidos. Ainda em 1938, seu cunhado, o editor e literato Edwin Maria Landau deixou a Alemanha.

Em 1940, lançando mão de uma rota de fuga improvável através da União Soviética e do Japão, Oppler fugiu da Alemanha com a mulher, chegando ao Brasil em agosto. O casal estabeleceu-se no Rio de Janeiro, onde, no ano seguinte, ele conseguiu emprego de representante comercial em uma pequena firma de imigrantes. Os pais de Ilse, Edwin e Julie Landau, que haviam permanecido na Alemanha, não sobreviveram muito tempo ao nazismo: ele morreu em 1941, e ela, tendo em vista a deportação iminente para um campo de concentração, suicidou-se em julho de 1942.

Após o término da Segunda Guerra Mundial, Oppler, que segundo Izabela Kestler havia se convertido ao cristianismo, lançou um livro, publicado em português em 1946, intitulado *Os judeus e o mundo de hoje*. Na obra — que teve ampla repercussão, merecendo muitas resenhas elogiosas nas páginas de diversos jornais brasileiros —, Oppler, depois de discorrer sobre questões referentes à vida dos judeus ao longo da história, detém-se, no último capítulo, na conjuntura do pós-guerra, na discussão do Holocausto e na eventual criação do Estado de Israel. Dois anos depois, foi lançada a sua tradução para o alemão, *Judenfrage und Welt von Heute*, pela mesma editora brasileira, a Agir.

Friedrich e Ilse retornaram para a Alemanha em 1952, onde ele voltou a trabalhar no Tribunal Regional de Berlim, seu emprego antes de ser afastado pelos nazistas. Permaneceu no órgão até se aposentar. Em 1966, publicou o livro *Das falsche Tabu / Betrachtungen über das deutsch-jüdische Problem (O falso tabu / Reflexões sobre o problema judaico-alemão)*. A obra não teve boa acolhida, sendo considerada por alguns uma tentativa frustrada de combater o antissemitismo.

Fontes: "Familie Edwin Landau". *Mahnmal Koblenz*. Disponível em: <https://www.mahnmal-koblenz.de/index.php/2013-12-12-02-07-02/die-personentafeln/207-065-familie-edwin-landau-juedischer-amtsgerichtsrat-aus-koblenz>. Acesso em: 30 ago. 2020; Kestler, Izabela Maria Furtado. *A literatura de exílio e o exílio de escritores e publicitários de língua alemã no Brasil*. Frankfurt: Lang, 1992; "Legislação anti-semita na Alemanha antes da Guerra". *Enciclopédia do Holocausto*. Disponível em: <https://encyclopedia.ushmm.org/content/pt-br/article/anti-jewish-legislation-in-prewar-germany>. Acesso em: 30 ago. 2020.

Sergio Lamarão / IB

ORNSTEIN, Oskar
Empresário artístico, produtor cultural
Hamburgo, Alemanha, 19-08-1911 – Paris, 17-08-1990
No Brasil, de 1941 a 1990

Pesquisar as origens da família judia Ornstein é uma tarefa cheia de desafios. Sabe-se que Oskar Ornstein nasceu em Hamburgo, norte da Alemanha, filho de pai russo, Jonas, e mãe polonesa, Rosa Sarah, e que chegou ao Brasil como apátrida. Estas informações constam do Registro Geral 56580 da autoridade brasileira à época. O visto foi concedido pelo embaixador Souza Dantas em Vichy, em plena ocupação da França pelos nazistas, nas mesmas condições em que concedeu centenas de outros, ou seja, de forma irregular, buscando salvar o maior número possível de fugitivos do regime de Hitler.

O historiador brasileiro Fábio Koifman escreveu o livro *Quixote nas trevas: o embaixador Souza Dantas e os refugiados do nazismo* e foi quem chegou mais próximo de remontar a trajetória de vida de Oskar Ornstein. Seus pais já estavam na Alemanha em 1911. Com a revolução de 1917, ele o pai perderam a nacionalidade por terem permanecido fora da Rússia, que depois se tornou a União das Repúblicas Socialistas Soviéticas (URSS). Por sua vez, a Polônia da era moderna só existiria como país após a Primeira Guerra Mundial. Não se sabe se a família seguiu vivendo na Alemanha e, por isso, praticamente nada se conhece da infância de Oskar Ornstein — se conseguiu a cidadania alemã, se a perdeu ou se ela não foi reconhecida pelos nazistas. Por que tudo isso importa? Para valorizar as dificuldades vencidas por esse exilado até chegar ao Rio de Janeiro e ficar conhecido como "Mister Copacabana", o homem que trouxe à cidade grandes nomes do *show business* internacional, entre eles Frank Sinatra para cantar no Maracanã em 1980, e que foi decisivo na realização do primeiro festival Rock in Rio.

Ornstein desembarcou na Praça Mauá no dia 7 de maio de 1941. Conseguiu seu primeiro trabalho com Joaquim Rolla, mítico dono do Cassino da Urca e do Quitandinha. Declarou que era fotógrafo, jornalista e falava línguas, apesar de entender mal o português. Efetivamente era fluente em inglês, francês e alemão. Ainda na França, depois de perder os pais e uma irmã em Auschwitz, se apresentou como voluntário na Resistência francesa e foi aproveitado como intérprete. A meia verdade funcionou: foi contratado para receber os turistas e convidados internacionais do cassino. As fotos feitas logo na entrada e entregues 15 minutos depois eram ruins, mas a insinuante desenvoltura de Ornstein ao circular entre as mesas do cassino lhe garantiram rapidamente a promoção para *public relations* — em inglês, como se identificava esse tipo de profissional à época.

Em 1946, no governo Dutra, o jogo foi proibido, muitos artistas perderam o seu trabalho, músicos tiveram que se contentar em tocar em boates, como a

No Rio de Janeiro, em 1964

Night and Day. Ornstein foi para o Hotel Copacabana Palace e trouxe celebridades do mundo artístico para apresentações no Golden Room do hotel. Pelas suas mãos ali se apresentaram Marlene Dietrich, Edith Piaf, Ella Fitzgerald, Yves Montand, Nat King Cole, entre outros. Nos anos 1950 recebeu do jornalista Earl Wilson, do New York Post, o título de "Mister Copacabana". No Copacabana Palace deu vazão a outra paixão: o teatro. Remodelou o palco do teatro do hotel e uma escadaria que descia até a plateia. Ali conheceu a também exilada atriz e produtora italiana Nidia Lycia (VER) e, juntos, montaram as peças *Boeing Boeing* e *Mary Mary*, no teatro Bela Vista de São Paulo, fundado por Lycia. Nos anos 1960, além de peças teatrais, Ornstein produziu musicais como *A noviça rebelde* e *My Fair Lady*, com Bibi Ferreira.

Com o movimento da cidade em direção à Zona Oeste, em 1972 foi inaugurado em São Conrado o Hotel Nacional, projeto de Oscar Niemeyer, empreendimento do empresário José Tjurs. Por sua expertise no setor, Ornstein foi chamado e montou shows memoráveis, entre eles os do bailarino Mikhail Baryshnikov e da atriz e cantora Liza Minelli, com lotação esgotada três meses antes da apresentação. No dia 26 de janeiro de 1980 ocorreu o maior de todos: Frank Sinatra cantou para 175 mil pessoas no Maracanã. O esforço, coroado na assinatura de um contrato com *The voice* um ano antes, teve a participação do empresário Roberto Medina, associado a Ornstein.

Em 1984 ficou viúvo da bailarina e atriz húngara Margareth Lanthos (VER), com quem foi casado durante 39 anos. Recuperou-se do baque com mais trabalho, e a parceria exitosa com Roberto Medina voltou em janeiro de 1985 na montagem do primeiro Rock in Rio. Medina resumiu assim o parceiro na série Canto dos Exilados: "Ele tinha uma raça impressionante. Como é que pode: há 30 anos, sem celular, sem nada em comunicação, e talvez até por isso, conseguimos montar o que montamos, e o Oskar foi fundamental nessa caminhada."

Aposentado, Ornstein foi morar perto da praia, em Copacabana. Declarou a um jornal da época: "Só me sinto bem morando num lugar que tenha botecos e bancas de jornais em cada esquina." Entretanto, era refém da própria fama. Em 1989, o Copacabana Palace amargava a decadência e a família Guinle passou o controle do hotel para o grupo *Orient Express*. O executivo inglês Philip Carruthers não titubeou: "Ele já tinha mais de 70 anos, mas ainda era um homem com uma riqueza de conhecimentos e de vivências do Copa. Achei muito valioso trazê-lo de volta como relações públicas." Um ano depois, Oskar Ornstein faleceu no Rio de Janeiro, dois dias antes de completar 79 anos.

Fontes: Casa Stefan Zweig, Petrópolis; Série Canto dos Exilados, Telenews, Canal Arte 1, Riofilme, 2015; Koifman, Fábio. *Quixote nas trevas: o embaixador Souza Dantas e os refugiados do nazismo*. Rio de Janeiro: Editora Record, 2002.
Leonardo Dourado / IB

OSSER, Maria Laura
Arquiteta
Varsóvia, 07-03-1922 – Montréal, Canadá, 18-05-2011
No Brasil, de 1940 a 1962/1963

Nascida em família judia, Maria Laura Osser veio para o Brasil em 1940, fugindo da guerra. Radicando-se em São Paulo, iniciou sua vida profissional na arquitetura ainda antes de formada, como desenhista no escritório de Francisco Matarazzo Neto, onde trabalhou com o arquiteto polonês Lucjan Korngold (VER). Em 1943, quando Korngold abriu seu próprio escritório de projetos,

Arquivo Nacional

em parceria com o arquiteto Francisco Beck, Osser o acompanhou. A seguir, trabalhou com o arquiteto Henrique Mindlin na capital paulista, transferindo-se mais tarde para o escritório carioca do titular.

Em 1945, ainda como estudante, filiou-se ao Instituto de Arquitetos do Brasil (IAB), onde integrou, no biênio 1949-50, a Comissão da Biblioteca. Em dezembro de 1947, formou-se pela Faculdade Nacional de Arquitetura da Universidade do Brasil, no Rio de Janeiro.

Naquele mesmo ano, Osser fez sua primeira colaboração para a revista francesa L'architecture d'aujourd'hui (A Arquitetura de Hoje), numa edição especial sobre o Brasil. Essa relação profissional com a publicação especializada se estendeu até 1950, com a arquiteta polonesa atuando em conjunto com a colega Giuseppina Pirro.

Osser integrou a equipe da revista de arquitetura Pilotis, editada em São Paulo por estudantes da Faculdade de Arquitetura do Instituto Mackenzie. Ela foi responsável, ao lado de Marjan Glogowski, pela sucursal do Rio de Janeiro da publicação, que teve vida curta, com quatro edições ao longo de 1949 e 1950. Com esse arquiteto, Maria Laura Osser trabalhou em projetos de casas comerciais no Rio de Janeiro, entre eles o das Lojas Ducal, de roupas masculinas, que foi publicado na revista Acrópole em 1957.

Em 1960, Osser foi contratada por Maria Carlota Costallat de Macedo Soares para colaborar com o projeto do Parque do Aterro do Flamengo. Lota, como era conhecida, não gostara das ideias apresentadas pelos arquitetos do grupo de trabalho e convidou Osser, sua amiga pessoal e que havia projetado a casa de sua amiga Mary Morse, em Petrópolis, para lhe apresentar um projeto diferente, capaz de abrigar um playground idealizado pela recreacionista Ethel Bauzer Medeiros. O espaço ficou conhecido como Cidade das Crianças e consistia em uma cidade em miniatura voltada para atividades recreativas infantis.

Maria Laura Osser deixou o Brasil em 1962/1963 e se radicou no Canadá. Ela era sobrinha do filósofo francês Henri Bergson, ganhador do Prêmio Nobel de Literatura de 1927.

Fontes: Czajkowski, Jorge (Org.). *Guia da arquitetura moderna no Rio de Janeiro/Centro de Arquitetura e Urbanismo do Rio de Janeiro*. Rio de Janeiro: Casa da Palavra/Prefeitura da CIdade do Rio de Janeiro, 2000; Dudeque, Irã Taborda. "A contribuição das arquitetas nas primeiras décadas do IAB". *Instituto de Arquitetos do Brasil*, 8 mar. 2019. Disponível em: <https://iab.org.br/noticias/contribuicao-das-arquitetas-nas-primeiras-decadas-do-iab/>. Acesso em: 30 ago. 2020; Falbel, Anat. "Arquitetos imigrantes no Brasil: uma questão historiográfica". Disponível em: <https://docomomo.org.br/wp-content/uploads/2016/01/Anat-Falbel.pdf>. Acesso em: 25 mar. 2020; Falbel, Anat. "Immigrant architects in Brazil: old and new tools for a historiographical discussion". *Les Cahiers de la recherche archietcturale urbanize et paysagère*, n. 2, 2018. Disponível em: <https://journals.openedition.org/craup/479#quotation>. Acesso em: 30 ago. 2020; "Obituary: Maria Laura Osser". Dignity Memorial, 18 mai. 2011. Disponível em: <https://www.dignitymemorial.com/obituaries/montreal-qc/maria-laura-osser-4688648>. Acesso em: 30 ago. 2020; Roldan, Dinalva Derenzo. *Unidade de vizinhança em suas conexões latino-americanas: a construção do conceito e suas apropriações nas obras de Josep Lluís Sert, Carlos Raúl Villanueva e Affonso Eduardo Reidy entre 1945 e 1958*. São Paulo: Faculdade de Arquitetura e Urbanismo da Universidade de São Paulo, 2019. Tese de Doutorado. Disponível em: <https://www.teses.usp.br/teses/disponiveis/16/16136/tde-09092019-164932/publico/TEDINALVADERENZOROLDAN_rev.pdf>. Acesso em: 15 mar. 2020.

Leandro Lamarão / IB

OSTROWER, Fayga
Gravadora, pintora, desenhista, ilustradora, teórica da arte, professora
Lodz, Polônia, 14-09-1920 – Rio de Janeiro, 13-09-2001
No Brasil, de 1934 a 2001

Fayga Perla Krakowski descobriu aos 13 anos o que a sua arte lhe podia proporcionar e teve certeza de que aquele seria o seu caminho na vida. Foi durante a travessia do Oceano Atlântico, em fuga do nazismo, com sua família para o Brasil. Ela passou a viagem toda desenhando e começou a receber chocolates dos passageiros, do capitão e da tripulação em troca das paisagens e dos retratos que produzia. Eram trabalhos muito expressivos para uma criança daquela idade. Quem visse a família no convés da terceira classe do "Josephine Charlotte" não imaginaria o que foi a fuga que teve início um ano antes, em 1933. Seu pai, Ephraim, um pequeno comerciante judeu estabelecido na Alemanha, foi chamado para depor pela polícia nazista e fugiu sozinho para a Bélgica, onde tinha parentes. A mãe, Frimeta, ficou tomando conta dos filhos pequenos Fayga, Elieser, Rachel e Dawid, além de ter que administrar a lojinha de roupas da família na cidade de Wuppertal. Depois de ter negado um pedido de visto para a Bélgica, Frimeta pagou agentes ilegais, os chamados "coiotes", para seguir a pé através da floresta com um grupo clandestino, durante a noite e em silêncio, para não serem descobertos. Houve um momento de tensão quando Dawid, de seis anos, achando que era uma excursão, começou a cantarolar. Passado o susto, a menina Fayga foi encarregada de comprar os bilhetes de trem para a Bélgica, pois era a única que estudava francês. Nova tentativa, visto conseguido, chegam ao Rio de Janeiro em 24 de abril de 1934 e vão morar em Nilópolis, na Baixada Fluminense, onde havia uma comunidade judaica que ajudava os refugiados da guerra.

Moça de família pobre, Fayga foi trabalhar como auxiliar de escritório. Tomava o trem no subúrbio às 6h10, voltava para casa à noite. Aos 20 anos conheceu o seu futuro marido e pai de seus dois filhos, Carl Robert e Anna Leonor (Noni), o também refugiado Heinz Ostrower (VER). Aos 24, graças ao alemão, ao francês e ao inglês, era secretária executiva do presidente da General Electric, mas gostava mesmo era de desenhar. Matriculada na Associação de Belas Artes, depois do expediente frequentava sessões de desenho com modelo vivo. Em 1947 viu um anúncio de jornal sobre um curso de artes gráficas de seis meses na Fundação Getúlio Vargas, que a fez abandonar os escritórios para sempre. O curso era dirigido pelo cenógrafo e crítico de arte Tomás Santa Rosa e tinha como professor de xilogravura o gravador austríaco Axl Leskoschek (VER), para aulas de gravura em metal o pintor Carlos Oswald e ainda a professora de História da Arte Hanna Levy Deinhard (VER). Com esta última, Fayga Ostrower manteve intensa correspondência depois que Deinhard deixou o Brasil. As cartas tratam não só de questões teóricas da arte, mas também traçam um painel da conjuntura social e política brasileira e mundial entre 1948 e 1979.

Em Itatiaia, 1945 | Acervo Instituto Fayga Ostrower

Em 1948, Fayga fez sua primeira exposição individual no Ministério da Educação no Rio de Janeiro. Era figurativa, expressionista com forte conteúdo social. Ao longo dos seis anos que se seguiram, tomou contato com a obra de

Paul Cézanne e iniciou sua travessia para a abstração, o que lhe custou duras críticas de antigos colegas como Oswaldo Goeldi e o mestre Leskoschek e a crítica Hanna Levy. Resoluta, em 1954, realizou sua primeira exposição individual abstrata e começou a dar aulas de teoria da arte no Museu de Arte Moderna do Rio de Janeiro, marco inicial de sua trajetória como educadora. Um ano depois ganhou bolsa de aperfeiçoamento da Fundação Fulbright para passar um ano em Nova York. Heinz ficou tomando conta dos filhos pequenos. Em 1957, recebeu o Prêmio Nacional de Gravura na IV Bienal de São Paulo. No ano seguinte veio o reconhecimento internacional: o Prêmio de Gravura da XXIX Bienal de Veneza. Segundo o crítico de arte Wilson Coutinho, a premiação elevou a gravura brasileira ao status da pintura e da escultura. Cursos foram abertos e uma geração inteira dedicou-se a esta expressão artística, tornando-a um dos pilares do modernismo brasileiro.

O mundo descobrira Fayga Ostrower e o Brasil, finalmente, também. Em 1959, expõe na Galeria Bonino de Buenos Aires. Em 1960, aceita convite para uma exposição individual no Museu de Arte Moderna de Amsterdã. Recebe o Golfinho de Ouro de criatividade artística da cidade do Rio de Janeiro e o título de Cidadã Carioca Honorária (já era naturalizada brasileira desde 1951), a Ordem do Rio Branco, grau de Cavaleiro, e a Ordem do Mérito Cultural do governo federal e é nomeada membro honorário da Accademia Fiorentina delle Arti del Disegno. Em 1964, é convidada pelo governo americano para lecionar na Spelman University de Atlanta, onde passa sete meses como artista residente e professora visitante.

Eclética, Ostrower experimentou outras técnicas além da produção de gravuras, desenhos e aquarelas. Concebeu grandes murais, esmaltou em metais, desenhou jóias, criou cartazes, ilustrou livros e capas de discos e fez padronagem de tecidos. Em 1970 ganhou o prêmio de Gravura na II Bienalle Internazionale della Grafica em Florença. Houve duas retrospectivas Fayga Ostrower, uma em 1983, no Museu Nacional de Belas Artes, e outra em 1995 no Centro Cultural Banco do Brasil. Em homenagem ao centenário de seu nascimento, em 2020, a família, através do Instituto Fayga Ostrower, doou obras da artista para museus e centros culturais no Brasil de norte a sul e em Portugal.

Em sua atividade no campo da teoria da arte, além dos cursos que ministrou, publicou diversos livros que mereceram sucessivas reedições, como *Uni-*

versos da arte (1983), *Criatividade e processos de criação (1984)*, *Acasos e criação artística (1995)* e *A sensibilidade do intelecto (1998)*.

Fontes: Almeida, Carla. "Fayga Ostrower, uma vida aberta à sensibilidade e ao intelecto". História, *Ciências, Saúde-Manguinhos*, v. 13, Rio de Janeiro, out. 2006. Disponível em: <https://www.scielo.br/scielo.php?script=sci_arttext&pid=S0104-59702006000500017>. Acesso em: 10 mai. 2020; Correspondência entre Fayga Ostrower e Hanna Levy, 1948-1979. Instituto Fayga Ostrower. Disponível em: <https://faygaostrower.org.br/>. Acesso em: 8 set. 2020; Martins, Carlos (Org.). *Fayga Ostrower*. Rio de Janeiro: Sextante, 2001. Material em processo de edição, gentilmente cedido para consulta pela filha Noni Ostrower.

Leonardo Dourado / IB

OSTROWER, Heinz
Militante antifascista, historiador autodidata, comerciário
Jauer, Alemanha, atual Jawor, Polônia, 29-05-1913 –
Rio de Janeiro, 30-04-1992
No Brasil, de 1937 a 1992

1978 | Acervo Instituto Fayga Ostrower

Filho de um comerciante judeu da Baixa Silésia, estudou medicina em Breslau, mas não terminou os estudos. Entrou para o movimento jovem do KPO (Partido Comunista da Alemanha — Oposição), uma dissidência à linha stalinista, fundada em 1928, que existiu até 1939 ilegalmente e operava só na clandestinidade. Trabalhava na fábrica de um fornecedor do pai quando os nazistas chegaram ao poder e foi preso em novembro de 1934 por atividades antifascistas, condenado a dois anos e meio de prisão. No cárcere, além dos trabalhos físicos, lia muito, da Bíblia e de obras da literatura clássica universal até obras como *Minha luta (Mein Kampf)* de Adolf Hitler e *O mito do século XX (Der Mythos des 20. Jahrhunderts)* de Alfred Rosenberg, o teórico do nazismo, como contou em entrevista à pesquisadora Sieglinde Fiedler. Perdeu a cidadania alemã e, cumprida a sentença, foi obrigado a deixar a Alemanha no prazo de uma semana. Veio para o Brasil, onde já morava seu irmão Kurt Ostrower. Pouco antes da eclosão da guerra, Heinz e Kurt conseguiram trazer também os pais, vítimas de difamação e vandalismo e obrigados a vender a loja em 1939, que conseguiram desembarcar no Rio de Janeiro em 12 de junho de 1939.

Bibliófilo e dono de uma vasta erudição, Heinz frequentava a Livraria Kosmos, na Rua do Rosário, centro do Rio de Janeiro, fundada pelos austríacos Erich Eichner e Norbert Geyerhahn (VER), onde se reuniam muitos intelectuais de esquerda. Ali conheceu a jovem refugiada polonesa Fayga Krakowski, com quem se casou no dia 10 de maio de 1941. A ajuda e o apoio do marido foram fundamentais para que Fayga Ostrower (VER) se tornasse uma das maiores artistas plásticas do Brasil. Logo após o nascimento do primeiro filho, Carl Robert, em 1949, ambos se naturalizaram brasileiros. Em 1952 nasceu Anna Leonor (Noni). Para sobreviver, Heinz trabalhava no comércio, mas retomou a atividade política, ministrando em casa cursos de formação marxista e sobre as grandes questões da história contemporânea. Debatia os problemas políticos contemporâneos na vasta correspondência com antigos camaradas do partido comunista alemão, como seu amigo Isaac Deutscher, biógrafo de Trótsky e Stálin, e Fritz Deinhard, marido da historiadora de arte Hannah Levy Deinhard (VER).

No final da década de 1970, dedicou sua energia ao Centro de Estudos e Ação Comunitária (CEAC), sediado em Nova Iguaçu e voltado para o apoio aos movimentos sociais das populações carentes da Baixada Fluminense e de Jacarepaguá. Nos dois locais acompanhou os debates sobre a Assembleia Constituinte de 1988. Presidiu a entidade de 1983 a 1989, depois de se aposentar.

Depois de falecer, em 1992, o seu acervo de mais de 500 títulos de economia, história, socialismo e marxismo foi doado por Fayga ao Arquivo Edgard Leuenroth da Universidade de Campinas, especializado na história da esquerda no Brasil. Além de livros, a documentação reúne periódicos, textos e correspondência, com destaque para as cartas trocadas com Isaac Deutscher e textos ainda inéditos de Ostrower sobre a ascensão do nazismo e a Revolução Russa.

Fontes: *Instituto Fayga Ostrower* www.faygaostrower.org.br; Sieglinde Fiedler: *Mit dem großen Zeh immer noch in Deutschland....[O dedão do pé ainda na Alemanha]*. Entrevista com Heinz Ostrower, imigrante antifascista no Rio de Janeiro. In: ila 175 (maio 1994) p. 56–60; https://www.ila-web.de/ausgaben/175/mit-dem-gro%C3%9Fen-zeh-immer-noch-in-deutschland; Noni Ostrower. Informações pessoais.

Kristina Michahelles / IB

PENNACCHI, Fulvio
Pintor, ceramista, desenhista, ilustrador, gravador
Villa Collemandina, Itália, 27-12-1905 – São Paulo, 05-10-1992
No Brasil, de 1929 a 1992

Nascido numa família católica, participou, muito jovem, da Marcha sobre Roma, realizada pelos fascistas na capital italiana em outubro de 1922, que assegurou a subida ao poder de Benito Mussolini na Itália. Em 1924, Pennacchi mudou-se para Lucca, iniciando sua formação artística no Regio Istituto di Belle Arti. Diplomou-se no curso superior de arte mural, em 1927.

Sua vinda para o Brasil, em julho de 1929, foi motivada por perseguições da parte de Carlo Scorza, secretário do Partido Fascista em Lucca, com quem Pennacchi provavelmente havia rompido por conta de sua negativa em exaltar o regime através da arte. Estabelecido em São Paulo, dedicou-se a diversas atividades, vindo a ser dono de dois açougues, juntamente com os irmãos que vieram com ele da Itália.

1973, em frente ao quadro *Uma família caipira* | Acervo familiar, cortesia de Giovanna Pennacchi e Valerio Pennacchi

Em 1933 tornou-se assistente de Galileo Emendabili na execução de monumentos fúnebres. Em 1935, depois que conheceu Francisco Rebolo, entrou no Grupo Santa Helena, coletivo de pintores na maioria recém-imigrados e, em grande parte, de origem italiana, que incluía, além do próprio Rebolo, Alfredo Volpi, Mario Zanini, Aldo Bonadei e Clovis Graciano, entre outros.

Por indicação de Emendabili, começou a lecionar desenho geométrico e arte na Escola Dante Alighieri, da colônia italiana em 1936. No final desse ano, participou do II Salão Paulista de Belas Artes, sendo agraciado com a grande medalha de prata em pintura pela tela *Fuga para o Egito*. Tematicamente, a obra do artista já se dividia entre temas sacros e cenas e pessoas do povo, evocando, em especial, o mundo caipira.

Em 1937, ingressou na Família Artística Paulista, que reunia diversos artistas, incluindo os integrantes do Grupo Santa Helena. Em novembro, participou do I Salão da Família Artística Paulista, no Hotel Esplanada, em São Paulo. Sem deixar de lado o desenho e a pintura de cavalete, por essa época passou dedicar-se sobretudo à pintura mural, primeiramente a óleo e em seguida a técnica do afresco. Assim, em 1938 já recebia encomendas para vitrais e altares, que inicialmente executava a óleo, passando no ano seguinte a usar o afresco em diversos locais públicos e particulares, como residências, hotéis, bancos, clínicas e capelas.

Entre 1941 e 1948, desenvolveu seu projeto mais importante, o dos afrescos monumentais da Igreja de Nossa Senhora da Paz, na zona central de São Paulo, inaugurada no ano anterior para acolher imigrantes italianos. Foi nesse período, em 1942, que conheceu Philomena Matarazzo, filha do conde Attílio Matarazzo, com quem se casaria em 1945.

A partir de 1952, começou a pesquisar técnicas policromáticas para a cerâmica teve como ponto de partida os estudos das terras e argilas locais uma obra cerâmica de característica única. Ainda em 1952, conquistou a medalha de ouro no Salão Paulista de Arte Moderna.

Afastado da vida artística desde 1965, retomou-a em grande estilo oito anos depois. Com efeito, o ano de 1973 foi pródigo em eventos envolvendo o seu nome. Foram lançados um filme documentário sobre sua vida e obra, por iniciativa da Secretaria de Turismo de São Paulo, bem como o livro *Pennacchi — 40 anos de pintura*, e foram realizadas três exposições sobre seus trabalhos: uma grande retrospectiva da sua trajetória também no MASP, uma exposição individual organizada pelo Consulado Geral da Itália em São Paulo e uma mostra em Milão, por iniciativa do Itamarati.

Ainda em 1973, reabriu seu ateliê, e nesse mesmo ano, conheceu a oleira Eunice Pessoa, com quem desenvolveu um grande número de peças, expostas em 1975. Em 1980, Pietro Maria Bardi publicou um livro sobre seu trabalho. Nove anos depois, a editora Gema Design lançou *Ofício Pennacchi*, organizado por Valério Antonio Pennacchi.

Em 2009, foi lançada postumamente *Os reclames de Fulvio Pennacchi*, que explora outra faceta do talento do artista: os cartazes de propaganda. A obra conta ainda com textos analíticos de Antonio Fernando de Franceschi, Annateresa Fabris, Silvana Brunelli Zimmermann, J. Roberto Whitaker Penteado e Gabriel Zellmeister.

Fontes: "Fúlvio Pennacchi". *Guimarães Galeria*. Disponível em: <https://www.galeriaguimaraes.com.br/obras/fulvio-pennacchi/>. Acesso em: 9 set. 2020; "Fulvio Pennacchi". *Guia das Artes*. Disponível em: <https://www.guiadasartes.com.br/fulvio-pennacchi>. Acesso em: 9 set. 2020; "Incontro sull'artista garfagnino Fulvio Pennacchi", Il Giornale di Barga e della Valle del Serchio, 09-04-2019. Disponível em: <https://www.giornaledibarga.it/2019/04/incontro-sullartista-garfagnino-fulvio-pennacchi-318165/>. Acesso em: 9 set. 2020; "Pennacchi, Fulvio". *Dicionário de Artistas do Brasil*. Disponível em: <http://www.brasilartesenciclopedias.com.br/nacional/pennacchi_fulvio.htm>. Acesso em: 9 set. 2020; https://www.galeriaguimaraes.com.br/obras/fulvio-pennacchi/; https://www.guiadasartes.com.br/fulvio-pennacchi; https://www.galeriafirenze.com.br/?pg2=artista&id=321; http://www.pinturabrasileira.com/artistas_bio.asp?cod=16&in=1; http://www.brasilartesenciclopedias.com.br/nacional/pennacchi_fulvio.htm; https://www.giornaledibarga.it/2019/04/incontro-sullartista-garfagnino-fulvio-pennacchi-318165/

Sergio Lamarão / IB

PERLOWAGORA-SZUMLEWICZ, Alina
Bióloga
Jedwabne, Império Russo, atual Polônia, 18-12-1911 – Rio de Janeiro, 21-05-1997
No Brasil, de 1942 a 1997

Casa de Oswaldo Cruz, Fundação Oswaldo Cruz

Formou-se em Ciências Naturais pela Universidade de Varsóvia, onde também obteve o título de doutora em Filosofia e trabalhou como pesquisadora associada do Instituto de Fisiologia Aplicada até 1939. Para alguém de origem judaica, conseguir escapar dos campos de concentração e chegar ao Brasil em 1942, com a guerra em pleno andamento, foi quase um milagre. Em Portugal, enquanto tentava um lugar nos cada vez mais escassos vapores que cruzavam o Atlântico, ela viu o anúncio de um edital da Fundação Rockefeller. Conseguiu inscrever-se e ser aceita como pesquisadora associada do laboratório da instituição norte-americana no Rio de Janeiro.

Em 1950, foi contratada pelo Instituto de Malariologia e Doenças Tropicais do Ministério da Saúde (depois chamado de Instituto Nacional de Endemias Rurais, Ineru), onde se ocupou do controle de lesmas e caracóis transmissores da esquistossomose através de moluscicidas. Trabalhou por 20 anos naquela instituição, de 1950 a 1970, quando seu laboratório foi anexado à então recém-criada Fiocruz. Entre 1951 e 1966, publicou 21 trabalhos sobre moluscos transmissores da esquistossomose, dentro de uma nova linha de pesquisa no Instituto de Endemias Rurais coordenada por ela.

Deixou importante legado à saúde pública no país por seu combate a endemias brasileiras. Realizou pesquisas fundamentais sobre a febre amarela e desenvolveu uma metodologia para o diagnóstico da doença. Essas pesquisas resultaram em sete importantes trabalhos, todos publicados em renomadas revistas internacionais nas áreas de virologia, imunologia e epidemiologia. Manipulou o vírus amarílico em laboratório, inoculou e acompanhou a infecção em camundongos, morcegos e macacos, além de acompanhar as curvas de anticorpos nos primatas. A esquistossomose também foi seu alvo. Deixou trabalhos sobre a biologia e fisiologia dos moluscos transmissores, as ações dos moluscicidas e a resistência dos vetores à sua aplicação. Incansável, dedicou-se ainda à Doença de Chagas, pesquisando o controle do barbeiro a partir de medidas que conjugavam métodos químicos, através de inseticidas, e biológicos, via machos estéreis.

Em 1970, Alina assumiu como pesquisadora titular o Laboratório de Biologia e Controle de Vetores da Doença de Chagas em Jacarepaguá, na Zona Oeste do Rio de Janeiro. Como a maioria dos refugiados do nazismo acolhidos pelo Brasil, Alina Perlowagora-Szumlewicz também tornou-se cidadã brasileira. Em polonês, o seu sobrenome significa "montanha de pérolas", porém o maior tesouro que essa pioneira da pesquisa biomédica nos legou foi o seu imenso acervo científico, que inclui fichas funcionais e que segue preservado na Casa de Oswaldo Cruz na Fiocruz. Trabalhou no Instituto Oswaldo Cruz até morrer no Rio de Janeiro, aos 86 anos, em 1997.

Fontes: http://www.fiocruz.br/ioc/cgi/cgilua.exe/sys/start.htm?infoid=3048&sid=76 acessado em 24.11.2018; Curta-metragem Alina Perlowagora-Szumlewicz, da Polônia às grandes endemias brasileiras, direção e produção, Marina Saraiva. Disponível em: https://portal.fiocruz.br/video/alina-perlowagora-szumlewicz-da-polonia-grandes-endemias-brasileiras
Kristina Michahelles / IB

PINCHERLE, Livio Tulio
Médico, psicoterapeuta, professor
Trieste, Itália, 26-12-1924 – São Paulo 30-07-1997
No Brasil, de 1939 a 1997

Livio Tulio Pincherle nasceu numa família judia, filho de um médico radiologista e de uma pianista e crítica musical. Em 1939, sentindo os efeitos das leis raciais fascistas, promulgadas um ano antes, sua família decidiu deixar o país e emigrar para o Brasil, escolhido como destino por indicação de amigos. Assim, em abril daquele ano, Pincherle, acompanhado dos pais, da irmã e dos

Acervo familiar | Cortesia de Elza Freitas, Sandro Pincherle e Mauro Pincherle

avós paternos, desembarcava em Santos (SP), a bordo do navio "Neptunia".

No Brasil, foi morar em São Paulo e estudou inicialmente no Colégio Dante Alighieri, transferindo-se em 1941 para o Colégio Mackenzie. Em 1945, ingressou na Escola Paulista de Medicina, onde formou-se cinco anos depois, como especialista em medicina geral e pediatria. Naquele mesmo ano (1950), casou-se com Maria do Carmo, com quem teve três filhos: Sandro, Elza e Mauro.

Foi médico do Banco do Brasil e da empresa Arno e trabalhou no Hospital das Clínicas da Faculdade de Medicina da Universidade de São Paulo (USP), além de atender em consultório próprio. Destacou-se como especialista em alergias, fazendo uso da hipnose para o tratamento de asma, alergias de pele e outros sintomas.

Em 1964, passou a se dedicar à psicanálise e à psiquiatria. Foi chefe do Grupo de Modificações do Comportamento do Instituto da Criança Prof. Pedro de Alcântara e ministrou cursos de hipnose médica na Faculdade de Medicina da USP. Foi um dos responsáveis pela introdução, no Brasil, da análise transacional, teoria psicanalítica em que as transações sociais são analisadas para determinar o estado do ego do paciente como base para a compreensão do comportamento. Exerceu o cargo de presidente do Instituto Brasileiro de Análise Transacional e, mais tarde, foi primeiro-secretário e presidente da comissão de ética da União Nacional das Associações de Análise Transacional.

Como hipnólogo, interessou-se pela terapia de regressão, tendo sido eleito, em 1987, o primeiro presidente da Associação Brasileira de Terapia de Vida Passada, da qual foi sócio-fundador e cuja presidência voltou a ocupar em 1989. Sobre o tema, publicou, em coautoria, *Psicoterapias e estados de transe* (1985) e *Terapia de vida passada* (1990). Escreveu, ainda, o livro de memórias *Meus dois mundos: História da vida de um médico judeu ítalo-brasileiro* (1987) e a obra de ficção científica *Mistério em Jerusalém* (1995).

A irmã de Pincherle, a atriz Nydia Licia (VER), teve grande destaque no teatro moderno no Brasil, atuando no Teatro Brasileiro de Comédia (TBC) ao lado de nomes como seu marido, Sérgio Cardoso, Cacilda Becker, Walmor Chagas e Adolfo Celi.

Fontes: "Artistas e intelectuais: PINCHERLE, Livio Tulio". *Arqshoah*. São Paulo: USP. Disponível em: <https://www.arqshoah.com/index.php/personalidades/artistas-e-intelectuais/3833-aei-48-pincherle-livio-tulio>. Acesso em: 9 set. 2020; Campagnano, A. R.; Petragnani, S. *A milenária presença dos judeus na Itália: Resgatando a memória da imigração de judeus italianos no Brasil (1938-1941)*. São Paulo: Atheneu Editora, 2007; Carneiro, Maria Luiza Tucci; Mizrahi, Rachel. *Nydia Licia Pincherle Cardoso*. São Paulo: Arqshoah, 2010. Disponível em: <https://www.arqshoah.com/images/imagens/sobreviventes-testemunhos/CARDOSO_Nydia_Licia_Pincherle.pdf>. Acesso em: 9 set. 2020; Carneiro, Maria Luiza Tucci; Strauss, Dieter. *Brasil, um refúgio nos trópicos — Brasilien, Fluchtpunkt in den Tropen*. São Paulo: Estação Liberdade, 1996; Pincherle, Livio Tulio (Org.). *Terapia de vida passada: uma abordagem profunda do inconsciente*. São Paulo: Summus, 1990; "Sobreviventes e testemunhos: PINCHERLE, Livio Tulio". *Arqshoah*. São Paulo: USP. Disponível em: <https://www.arqshoah.com/index.php/sobreviventes-testemunhos/5416-st-73-pincherle-livio-tulio>. Acesso em: 9 set. 2020; Vasconcelos, Emmanuel. *O ensaio: e se ciência e espiritualidade fizessem as pazes?* Curitiba: Appris, 2017.

Leandro Lamarão / IB

PINCHERLE, Nydia Licia: ver LICIA, Nydia

PINKUSS, Fritz

Rabino
Egeln, Alemanha, 13-05-1905 – São Paulo, 22-02-1994
No Brasil, de 1936 a 1994

Depois de se formar na escola em 1923, trabalhou dois anos como bancário antes de se concentrar nos estudos teológicos. Foram doze semestres, nos quais estudou também psicologia, pedagogia e línguas orientais, antes de enfrentar o exame para se tornar rabino no dia 2 de julho de 1931, na Escola Superior de Ciência do Judaísmo em Berlim. Fritz Pinkuss já tinha estudado Teologia Judaica em Breslau e obtido o doutorado na Universidade de Würzburg em 1928 com uma tese sobre o filósofo alemão Moses Mendelssohn, avô do famoso compositor. Em Berlim, seu boletim foi assinado por renomados eruditos judaicos, como Leo Baeck e Ismar Elbogen, com "os melhores votos" para a carreira de rabino, pregador e professor de religião.

Em Heidelberg, assumiu o cargo de seu tio Hermann Pinkuss e trabalhou de 1931 a 1936 como rabino na comunidade judaica local. Na qualidade de líder comunitário, autenticou o seu próprio certificado de conclusão da formação no rabinato, bem como outros documentos em outubro de 1933, que indicavam que provavelmente já planejava emigrar da Alemanha nazista para outro país.

Em 1934, ano em que se casou com Lotte Selma Sternfels, entrou em contato com a comunidade judaica de São Paulo. Entre os documentos de Fritz Pinkuss guardados no Museu Judaico de Berlim há também uma tradução do seu exame rabínico para o português, datada de 1936, quando emigrou para o Brasil com a mulher e o filho Michael, de um ano de idade.

É quase impossível falar da comunidade judaica alemã em São Paulo sem falar em Fritz Pinkuss, líder espiritual durante várias décadas. Foi idealizador e fundador da Congregação Israelita Paulista, CIP, que liderou até 1987. Em 1945 começou a lecionar na Universidade de São Paulo. Foi professor do Departamento de Linguística e Estudos Orientais da Faculdade de Filosofia Letras e Ciências Humanas (FFLCH) da USP e autor de diversos livros.

Museu Judaico de São Paulo

Em 2016, documentos (correspondências, fotografias, prédicas, casamentos, divórcios e conversões) sobre Pinkuss foram doados ao Arquivo Histórico Judaico Brasileiro de São Paulo. O acervo foi organizado com apoio do Instituto Samuel Klein. Uma parceria com o Museu Judaico de São Paulo permitirá o acesso de pesquisadores aos documentos. Há registros indicando que o rabino ajudou a facilitar a entrada de judeus no país durante o período da perseguição nazista, além de fotografias com personalidades históricas, correspondências com a Alemanha, documentos policiais, contatos feitos para transferência de dinheiro para o exterior para fins de imigração. Entre os documentos há uma pasta, por exemplo, classificada como "documentos de reconversão para fins de imigração".

A artista plástica austríaca Agi Straus (VER), em depoimento à série Canto dos Exilados, ilustrou com bom humor seu caso de reconversão resolvido por Pinkuss: "Não queriam dar o visto sem o batizado de um padre. Minha mãe e meu pai 'ficaram' católicos e conseguimos fugir. Nunca ligamos porque a gente não é nada religioso, mas quando conheci o pai das minhas filhas, Walter Straus, ele pediu: eu sou tão religioso, você não poderia se reconverter? Aí, o doutor Fritz Pinkuss me deixou entrar numa *mikve* (piscina para purificação espiritual que é parte do ritual), rezei umas coisas e fiquei judia outra vez." Fritz Pinkuss naturalizou-se brasileiro e em 1972 recebeu a mais elevada condecoração do governo alemão, a Grosses Verdienstkreuz. Foi grande impulsionador da criação da Fraternidade Cristã-Judaica e participou da comissão que recebeu o Papa João Paulo II na visita do pontífice a São Paulo. Publicou suas memórias sob o título *Estudar, ensinar, ajudar: seis décadas de um rabino em dois continentes* (1989)

Fontes: Bauer, Christiane. "Sonntag, 29. Oktober 1933". 1933: *Der Anfang vom Ende des deutschen Judentums*. Berlim: Jüdisches Museum Berlin, 2013. Disponível em: <https://www.jmberlin.de/1933/de/10_29_abschrift-des-rabbinatszeugnisses-fur-fritz-pinkuss.php>. Acesso em: 9 set. 2020; Fritz Pinkuss. In: Wikipedia. Disponível em: <https://de.wikipedia.org/wiki/Fritz_Pinkuss>. Acesso em: 9 set. 2020; "O legado judeu guardado em SP". *Istoé*, 27 jun. 2017. Disponível em: <https://www.istoedinheiro.com.br/o-legado-judeu-guardado-em-sp/>. Acesso em: 9 set. 2020.
Kristina Michahelles / IB

PLAUT, Eva Margarete: ver SOPHER, Eva

POIRIER, René
Professor, filósofo
Saigon, Indochina Francesa, atual Ho Chi Mihn, Vietnã, 20-10-1900 –
Paris, 28-09-1995
No Brasil, de 1939 a 1945

Lucien Adrien Henri René Poirier, filho de franceses, nasceu em Saigon, então capital da Indochina Francesa, Na França, cursou os estudos secundários nas escolas Lakanal e Henri-IV, ambas em Paris, e, após obter diplomas em Letras e Direito, voltou-se para o estudo da filosofia científica. Interessado em línguas orientais, também estudou malaio e chinês por dois anos. Aos 22 anos, foi aprovado em concurso público para professor de Filosofia, disciplina que ministrou no Liceu Janson-de-Sailly, em Paris, e no Liceu de Chartres.

Em 1926, publicou seu primeiro livro, *La Philosophie de la science (A filosofia da ciência)*. Após concluir, em 1931, o doutorado, pelo qual recebeu o prêmio de melhor tese, lecionou nas universidades de Montpellier (1931-1932) e de Argel (1932-1937). Nesse período, publicou *Remarques sur la probabilité des inductions (1931; Notas sobre a probabilidade das induções)* e *Essai sur quelques caractères des notions d'espace et de temps (1932; Ensaio sobre alguns atributos das noções de espaço e de tempo)*. Na Argélia, foi chefe do departamento de Filosofia e orientador do escritor Albert Camus, a respeito do qual escreveu à época, por ocasião da supervisão do texto *Métaphysique chrétienne et néoplatonisme (Metafísica cristã e neoplatonismo)*, que lhe parecia "melhor escritor do que filósofo". Em 1937, Poirier voltou à França e tornou-se professor da Sorbonne. No ano seguinte, publicou *Le Nombre (O número)*, obra que aborda as conexões entre a filosofia e a matemática formalista avançada.

Em 1939, foi enviado ao Rio de Janeiro para participar da criação da Faculdade Nacional de Filosofia da Universidade do Brasil, como membro da Missão Universitária Francesa. A ligação de Poirier com a corrente católica, requisito exigido pelo governo brasileiro para a contratação dos novos professores, foi fator determinante para sua vinda ao país, juntamente com outros acadêmicos, como André Ombredane, psicologia (VER); Jacques Lambert, sociologia; André Gros, ciência política (VER); Charles Antoine (história antiga), Maurice Byé, economia política e Victor Marie Lucien Tapié, história moderna. Após um breve retorno à França, voltou a abandonar o país em virtude da ocupação nazista de boa parte de seu território. Obteve do embaixador brasileiro junto ao governo colaboracionista de Vichy, Luiz Martins de Souza Dantas, um visto para o Brasil, replicado no ano seguinte para sua mulher e seus dois filhos. Chegou ao Brasil em 1940 e aqui permaneceu até 1945, ministrando aulas sobre a teoria da relatividade e sua estrutura epistemológica.

Em 1947, de volta à França, retomou sua carreira acadêmica na Sorbonne, onde passou a ocupar a cátedra de Lógica e Filosofia. Em 1948, esteve no Brasil para um ciclo de conferências sobre *L'expérience esthétique (A experiência estética)* no Rio de Janeiro, patrocinado pela Faculdade Nacional de Filosofia e a Associação de Cultura Franco-Brasileira.

Em 1956, foi eleito membro da Academia de Ciências Morais e Políticas (Instituto da França), no lugar deixado vago pela morte do filósofo Dominique Parodi. Em 1959, escreveu o prefácio da obra *La colonisation allemande et le Rio Grande do Sul (A colonização alemã e o Rio Grande do Sul)*, de Jean Roche, historiador francês que viveu em Porto Alegre e foi professor da Universidade Federal do Rio Grande do Sul. Em 1970, publicou *Réflexions sur l'immortalité de l'âme (Reflexões sobre a imortalidade da alma)*.

Poirier se especializou na lógica e na metodologia da ciência, mas a teoria do conhecimento como um todo foi objeto de suas reflexões. Também se interessou pela obra de Péguy, Camus, Kafka, o problema do absurdo e até a temática dos contos de fadas.

Fontes: Foxlee, Neil. *Albert Camus's "The New Mediterranean Culture": A Text and Its Contexts*. Berna: Peter Lang, 2010; Krause, Décio; Videira, Antonio. *Brazilian Studies in Philosophy and History of Science: An Account of Recent Works*. Berlim: Springer Science & Business Media, 2011; "M. René Poirier est élu à l'Académie des sciences morales et politiques", Le Monde, 30-05-1956. Disponível em: <https://www.lemonde.fr/archives/article/1956/05/30/m-rene-poirier-est-elu-a-l-academie-des-sciences-morales-et-politiques_2255582_1819218.html>. Acesso em: 9 set. 2020; Paula, Maria de Fátima de Costa de. "USP e UFRJ: a influência das concepções alemã e francesa em suas fundações". *Tempo Social*, v. 14, n. 2, São Paulo, out. 2002. Disponível em: <https://www.scielo.br/scielo.php?script=sci_arttext&pid=S0103-20702002000200008>. Acesso em: 9 set. 2020; "POIRIER René". *Universalis*. Disponível em: <https://www.universalis.fr/encyclopedie/rene-poirier/>. Acesso em: 9 set. 2020; Todd, Olivier. *Albert Camus: a Life*. Nova York: Knopf, 1997.

Leandro Lamarão / IB

POLDERMAN, Fabrice
Crítico de arte, escritor
Nieuwpoort, Bélgica, 12-11-1885 – Rio de Janeiro, 22-08-1948
No Brasil, de 1941 a 1948

Fabrice Fernand Polderman, filho do casal de professores Louis Polderman e Maria Carolina Thevissen, ingressou em 1897 no Ateneu Real, rico colégio da burguesia liberal de Bruges, para onde a família mudara-se sete anos antes. Obteve o doutorado em Filologia alemã na Universidade de Ghent 1908, e dois anos depois em Filologia românica na Universidade de Liège, continuando em seguida os estudos em Paris. Em agosto de 1914, com a eclosão do conflito mundial, refugiou-se em Cardiff, no País de Gales. Lá, ele conheceu duas ricas irmãs amadoras de arte, Gwendoline e Margaret Davies, esposa do político britânico Lloyd George. Após despertá-las para a gravidade da invasão alemã e o grande número de artistas belgas em fuga, estas ofereceram ajuda financeira aos artistas refugiados na cidade. Polderman retornou brevemente ao seu país em setembro para informar seus compatriotas da proposta de ajuda. Conseguiu com que alguns, como o escritor George Minne e o pintor Valerius De Saedeleer, aceitassem o apoio oferecido pelas Davies. Após o fim da guerra

Foto de passaporte, c. 1940

foi nomeado, em 13 de novembro de 1919, professor de Língua e Literatura alemãs na Universidade de Ghent. No mesmo ano assumiu o cargo de chefe de gabinete do Ministério das Artes e Ciências, exercendo por alguns anos a função durante as gestões de Camille Huysmans e Eugène Hubert.

No ano de 1921 foi responsável pelo curso de alemão da Escola Superior de Comércio da Faculdade de Direito, dedicando-se ao mesmo tempo a cuidar da mulher enferma, Elsie Dugard, falecido no final do ano.

Na universidade, incentivou, com êxito, o reforço da presença de professores de língua flamenga, sob críticas do lado francófono. Em 1925 foi nomeado professor titular da faculdade de Letras e de Filosofia. Nos anos seguintes, junto com o ministro Huysmans, incentivou as artes, apoiando pintores, escultores e escritores.

Em 1927 casou-se em Paris com Eugénie Korganoff, uma georgiana refugiada na Bélgica após a invasão de seu país pelo exército soviético em 1921. Implicado nos debates que agitaram a política cultural e artística, colaborou a partir de 1928 na revista de Huysmans, Ontwikkeling, onde publicou um artigo a respeito do cenário literário alemão. Em 27 de junho de 1931, o casamento com Eugénie foi dissolvido, após esta ter deixado o lar conjugal no ano anterior.

Sete anos depois casou-se com a alemã Hermine Claassen, e os dois na ocasião declararam serem os pais de Claude Claassen, nascido em 1932. No contexto de tensão internacional, que culminou com a eclosão de novo conflito mundial em setembro de 1939, o casamento com uma alemã despertou suspeitas e o casal chegou a ser espionado por agentes franceses.

Em maio de 1940, quando da invasão alemã à Bélgica e do inicio da Batalha da França, Fabrice Polderman, temendo estar incluído numa lista de suspeitos, decidiu, com sua mulher e filho, deixar o país, assim como diversos professores. Partindo sem comunicar sua decisão à universidade, conduziu a família de carro em direção ao sul. Após o armistício assinado em junho entre Alemanha e a França, onde muitos belgas haviam buscado refúgio, parte dos professores universitários retomou seus cargos, mas Polderman, embora não formalmente desvinculado da instituição, permaneceu em local desconhecido e as autoridades universitárias só souberam do seu paradeiro após o término da guerra.

Após passar um tempo em Figueira da Foz, Portugal, graças a vistos presumidamente recebidos do Embaixador Aristides Sousa Mendes, ele e sua família embarcaram no navio "Quanza" em Lisboa rumo ao Brasil, onde aportaram em janeiro de 1941, fixando-se na cidade do Rio de Janeiro. No Brasil, publicou dois livros a respeito do conflito que dilacerava a Europa: *La Bataille de Flandre (A batalha de Flandres)*, em 1943, e *Léopold III et le destin de la Belgique (Leopoldo III e o destino da Bélgica)*, em 1944. Interessado na questão política brasileira, acompanhou a evolução dos sindicatos e escreveu artigos para uma revista publicada pelos laboratórios químicos Roche e em 1946 publicou um artigo sobre a escultura no Brasil para a Gazette des Beaux-Arts, de Nova York.

Dois anos depois, Polderman faleceu no Rio de Janeiro, após uma cirurgia, e foi homenageado na Universidade de Ghent.

Fontes: Dines, Alberto; Beloch, Israel (Org.). *A rede de amigos de Stefan Zweig: sua última agenda — 1940-1942*. Petrópolis: Casa Stefan Zweig/Memória Brasil, 2014; "Polderman". *Sousa Mendes Foundation*. Nova York: Sousa Mendes Foundation. Disponível em: <http://www.sousamendesfoundation.org/family/polderman>. Acesso em: 16 mar. 2020; "POLDERMAN, Fabrice". *Arqshoah*. São Paulo: USP. Disponível em: <https://www.arqshoah.com/index.php/personalidades/artistas-e-intelectuais/5229-aei-104-polderman-fabrice>. Acesso em: 11 fev. 2020; Van de Rug, Uit Het Verlden. *Prof. Fabrice Polderman. Ambitieus en mysterieus*. Gante: Archief UG, 2005. Disponível em: <https://lib.ugent.be/fulltxt/RUG01/000/892/688/RUG01-000892688_2012_0001_AC.pdf>. Acesso em: 24 mar. 2020; FONCKE, Robert. https://lib.ugent.be/fulltxt/MEM10/000/000/662/MEM10-000000662_1960.pdf acesso em 17/3/2020 e 25/3/2020.

Inoã Urbinati / IB

POLDÈS, Léo

Paris, 02-12-1891 – Paris, 18-12-1970
Jornalista, militante socialista, comunista, político independente
No Brasil, de 1940 a 1941

Ao desembarcar no Rio de Janeiro, em 29 de agosto de 1940, o francês Léo Poldès, nascido Léopold Szeszler, e sua companheira, Lorenza Mario, nascida Marie Loubère, encontraram uma pequena multidão que se acotovelava no cais, à espera da chegada do "Serpa Pinto". Entre os curiosos que queriam admirar o luxuoso navio que atracava pela primeira vez na capital, havia um pequeno grupo que tinha ido homenagear Francisco José Pinto, embaixador especial e ministro plenipotenciário em missão a Portugal, que retornava ao Brasil. O general Pinto, chefe do Gabinete Militar da Presidência da República, que havia participado da repressão aos revoltosos da Intentona Comunista em 1935, talvez nem suspeitasse que havia atravessado o Atlântico com Léo Poldès, outrora um ferrenho militante comunista e conhecido antimilitarista em seu país.

Foto de passaporte, c. 1940

Em 1940, contudo, Poldès já era um grande conciliador e um pacifista convicto. Havia nascido em 1891, no mesmo ano em que seus pais, o joalheiro húngaro Samuel Szeszler, e a francesa Pauline Rosalie Bloch, se casaram. Antes de se formar em jornalismo, ciências políticas e estudos sociais, havia cursado o Lycée Rollin, tradicional colégio parisiense que havia tido entre seus professores Stephane Mallarmé e Henri Bergson, e viria a ter, como alunos, mais recentemente, François Truffaut e Edgard Morin.

Ainda na adolescência começou sua militância política nas juventudes socialistas e, já como jornalista, colaborou com periódicos anarquistas como La Guerre Social, do polêmico Gustave Hervé e, de 1912 a 1915, com Les Hommes du Jour, de Henri Fabre. Ganhou notoriedade em 1915 ao se engajar numa campanha contra o tráfico de drogas, no jornal Le Bonnet Rouge, de Miguel Almereyda. Não foi o primeiro jornalista a advogar por essa causa, mas foi um dos mais audaciosos, pois levou os próprios deputados a ver *in loco* o comércio dos estupefacientes em Montmarte. No ano seguinte, em 12 de janeiro de 1916, a França editou a primeira lei que penalizou o uso de drogas no país.

Durante a Primeira Guerra, Léo Poldès serviu no 14º batalhão e, já reformado, foi voluntário em hospital militar. Nesse ínterim também criou o jornal La Grimace, mas esteve pouco tempo em sua direção. Sua grande obra, contudo, nasceu pouco antes do final do conflito armado, ainda em 1918: o Club du Faubourg, uma enorme tribuna sem sede fixa, onde conferencistas franceses e estrangeiros, de todas as áreas, visões de mundo e tendências possíveis expunham livremente, sob regras estritas, suas ideias a um público cada vez mais numeroso. Os princípios básicos eram a ausência de censura e a concisão.

Ao longo dos 62 anos em que funcionou, com interrupção apenas durante a Segunda Guerra, passaram pelo Club du Faubourg escritores como o espanhol Miguel de Unamuno, exilado pelo ditador Primo de Rivera, e o próprio Rivera, depois de sua queda do governo. Por lá se apresentaram também os artistas dadaístas, entre os quais André Breton e Tristan Tzara, que realizaram uma performance, assim como o Presidente da República Albert Lebrun, as feministas Suzanne Grinberg e Madeleine Pelletier, além do jovem vietnamita Nguyen Ai Quoc, que passará para a história como Ho Chi Minh. As atividades do Faubourg serviram de inspiração para a criação de centenas de tribunas livres na França e em diversos países europeus.

Durante os primeiros anos de funcionamento da instituição que criara, Léo Poldès continuou sua militância política. Foi candidato socialista, sem sucesso, às eleições legislativas em 1919; em seguida, aderiu ao comunismo, mas em 1922 acabou recebendo uma punição do partido por suas críticas, abandonando o PC em 1923. A partir de então dedicou-se à sua tribuna, cujas sessões aconteciam três vezes por semana, e passou a defender a causa pacifista, rejeitando por princípio qualquer guerra. Poldès chegou a se candidatar ainda, como independente, em 1928, às eleições legislativas em Paris, e em 1929 às eleições municipais, pela Associação Republicana Independente, mas não conseguiu eleger-se em nenhuma das duas.

Com a ocupação alemã e a criação do governo colaboracionista de Vichy, Léo Poldès, judeu e defensor da liberdade, foi obrigado a exilar-se em 1940. Auxiliado pelo cônsul português em Bordeaux, Aristides de Souza Mendes, o jornalista e sua mulher conseguiram refugiar-se no Brasil. Seu nome não era desconhecido por aqui. Em fins dos anos 1920, notícias do Club do Faubourg já saíam nos jornais locais. O próprio Poldès, por sua vez, declarou várias vezes ser um admirador do país, ainda quando morava na França.

Pouco após a sua chegada, Poldès teve audiência com o Presidente Vargas, com Francisco Campos, ministro da Justiça e com Gustavo Capanema, titular da Educação. Os jornais anunciaram que, em breve, o presidente do Club du Faubourg lançaria um novo projeto no Brasil: uma revista semanal falada que contava com a simpatia do chefe da nação e de sua equipe. De fato, em 6 de janeiro de 1941, na Associação Brasileira de Imprensa (ABI), Poldès lançou a primeira sessão da Tribuna Brasileira, que foi presidida por Lourival Fontes, o diretor do oficial Departamento de Imprensa e Propaganda (DIP) e da qual participaram o diplomata e poeta Ribeiro Couto, o jurista e escritor Levi Carneiro e o urbanista Alfred Agache (VER). Entre o público, os embaixadores da Espanha e da Bélgica, o presidente da ABI, Herbert Moses, ministros de estado e vários intelectuais. Tudo dava a entender que a versão brasileira do Clube do Faubourg viera para ficar.

No entanto, a Tribuna Brasileira não teve sequer um segundo episódio. De acordo com o próprio Poldès, nessa mesma noite ele foi preso por conta da pressão do embaixador da Alemanha e foi obrigado a sair do Brasil, emigrando para o Uruguai. A reviravolta talvez se explique pela luta entre as duas tendências dentro do governo Vargas, a pró-germânica e a pró-americana. Estranhamente, nem o autor, nem o projeto, voltaram a ser mencionados em nossos jornais nos anos seguintes, a não ser para comunicar, em fevereiro de 1941, que o governo francês havia retirado a nacionalidade de algumas pessoas que tinham deixado o país sem a devida permissão, entre as quais o banqueiro Eugenio Rothschild e Léo Poldès.

Em Montevideu Poldès continuou com sua tribuna, através do programa de rádio La Voix de Paris. Nas cartas que escreveu à poetisa Gabriela Mistral, cônsul do Chile no Rio de Janeiro, percebe-se que ele tinha esperança de retornar ao Brasil, uma vez desfeito o "mal-entendido" que o obrigou a deixar o país. Mas ele nunca voltou. Ao término da guerra, ainda em 1945, retornou ao Velho Continente já com sua cidadania francesa restaurada.

Em Paris, tornou-se cônsul honorário da República do Uruguai, cavaleiro da Legião de Honra, e recebeu muitos outros títulos. Retomou a presidência e as atividades do Clube do Faubourg, que somente deixou em 1970, ao morrer. Mesmo anos depois da breve passagem pelo Brasil, continuou demonstrando sua admiração pelo país, homenageando vez por outra intelectuais brasileiros em sua democrática tribuna. Entre os livros que publicou, contam-se *Le Forum* (*O fórum*, 1921), *Le Réveil* (*O despertar*, 1924), *L'éternel ghetto* (*O gueto eterno*, 1928) e *Pour la défense des libertés: Le Club du Faubourg réclame justice* (*Pela defesa das liberdades: o Clube do Faubourg exige justiça*, 1936).

Fontes: Le Club du Faubourg, Tribune libre de Paris, 1918-1939. Disponível em: <http://lemercier.ouvaton.org/document.php?id=126>. Acesso em: 26 jun. 2020; Los tres cabezones. Breve historia ultramarina. Léo Poldès y sus transformaciones. Marcha, Montevideo, 15 de julio de 1949, p. 6; Offenstadt, Nicolas. "Poldès, Léo (Szeszker, Leopold dit)", Le Maitron, 30-11-2010. Disponível em: <https://maitron.fr/spip.php?article126800>. Acesso em: 26-06-2020; "Sessão inaugural de 'Tribuna Brasileira'", Correio da Manhã, 07-01-1941, p. 3.

Ileana Pradilla / IB

POTOCKY, Peter
Pintor
Berlim, 07-03-1901– Itatiaia, Rio de Janeiro, 08-12-1987
No Brasil, de 1936 a 1987

Filho de Franz e Else Potocky Nelken, Peter Potocky Nelken estudou música na Alemanha. Casou-se com Ilse Potocky Nelken, com quem teve um filho. Em 1936, horrorizado com o regime nazista implantado desde 1933, emigrou para o Brasil com a família, estabelecendo-se em Curitiba. Na capital paranaense casou-se com

Foto Ayrton Sampaio

Paula Carola Weibert. A despeito da formação musical realizada em seu país natal — estudara piano e composição na Escola de Música de Munique —, tornou-se representante comercial de uma grande indústria, viajando por todo o Brasil ao longo de mais de 25 anos.

Começou a pintar em 1963, já aposentado, após frequentar um curso livre em Curitiba, sob a direção do professor Luiz Carlos de Andrade Lima. Paisagista e artista figurativo, influenciado pelo expressionismo, já no ano seguinte participou de mostra na Biblioteca Pública do Paraná, em Curitiba. Em 1965, embarcou para a Alemanha Ocidental, onde passou dez meses, tendo exposto na Galeria Schumacher, em Munique, sob os auspícios do consulado brasileiro naquela cidade, no Instituto de Relações Exteriores, em Stuttgart e em Frankfurt.

Pintor profícuo, a partir de então realizou exposições praticamente todos os anos, em diversas cidades brasileiras e alemãs. Contando desde o início da sua carreira com ampla aceitação da crítica e do público, em 1975 Potocky já havia participado de cerca de vinte mostras individuais e outras tantas coletivas. Sua última exposição foi em 1987, ano da sua morte, no Muencher Bank, em Munique.

Em 2009, Potocky foi homenageado postumamente com a montagem de uma mostra retrospectiva de sua obra, na Biblioteca Pública de Curitiba.

Existem obras do artista no Museu de Arte Contemporânea do Paraná, em Curitiba, na Prefeitura de Curitiba, no Senado de Berlim e no Museu Municipal de Munique, Alemanha, entre outros locais.

Fontes: Cavalcanti, Ayala. *Dicionário brasileiro de artistas plásticos.* Brasília: INL/MEC, 1977; Diário da Tarde, Curitiba, 03-10-1975; *Diário do Paraná,* Curitiba, 07-09-1976; Leite, José Roberto Teixeira. *Dicionário crítico da pintura no Brasil.* Rio de Janeiro: Artlivre, 1988; *Peter Potocky.* Secretaria de Estado da Cultura e do Esporte, Curitiba, 1979; Pontual, Roberto. *Dicionário das artes plásticas no Brasil.* Rio de Janeiro: Civilização Brasileira, 1969; Trauczynski, Letícia Di Bernardi. *Peter Potocky: retrospectiva.* Curitiba: Casabrannka Galeria de Arte, 1988.

Sergio Lamarão / IB

PRASCOWSKY, Tamara: ver TAIZLINE, Tamara

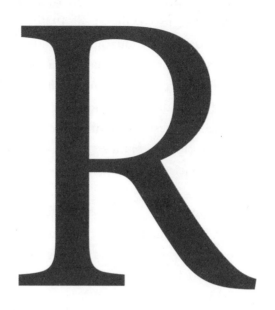

RADÓ, Georges
Desenhista, artista gráfico, ilustrador, fotógrafo
Budapeste, 24-11-1907 – Campinas, São Paulo, (?)-1998
No Brasil de 1939 a 1998

Arquivo Nacional

György Radó era filho de Miguel e Catharina Radó, casal judeu húngaro, morador de Budapeste. Estudou desenho na Academia Műhely (Oficina), fundada por Sandor Bortnyik, artista gráfico e pintor húngaro, conhecido internacionalmente pelo design de propaganda. Bortnyik morou em Viena e Weimar, onde se vinculou à Bauhaus no início dos anos 1920, após a derrocada do efêmero regime comunista de Béla Kun na Hungria. Retornou a Budapeste em 1925 e, de 1928 a 1938, manteve uma escola privada de artes gráficas na cidade, onde formou importantes nomes da arte e do design gráfico modernos, entre os quais o pintor Victor Vasarely.

Desde o início da década de 1930, Georges Radó se dedicou à arte aplicada à publicidade. Teve atuação destacada como designer, assinando a autoria de projetos gráficos como o da revista Reklám és Szervezés (Propaganda e Negócios). Foi autor de ilustrações de livros e de cartazes de propaganda célebres, com os realizados para a indústria de lâmpadas Tungsram. Participou de mostras em Budapeste e Londres e seus trabalhos foram publicados em revistas europeias como *Gebrauchsgraphik (Gráfica Aplicada)*, em Berlin, um dos periódicos pioneiros na discussão das artes gráficas na Europa, e a inglesa Art and Industry.

Georges e sua mulher, a artista plástica Thereza Adler Radó, emigraram para o Brasil em 1939. No ano anterior, leis antissemitas promulgadas pelo governo húngaro, baseadas nas leis alemãs de Nurenberg, proibiram entre outros, o trabalho de judeus na área cultural, impedindo Georges de exercer sua profissão.

O casal Radó desembarcou no porto de Santos em 24 de maio de 1939, procedente de Gênova, no navio "Conte Grande". No registro de passageiros, George e Thereza aparecem como católicos. A chegada de Radó à capital paulista coincidiu com o florescimento do design gráfico e da publicidade no país. Por sua experiência e talento, não tardaria a encontrar trabalho em sua área. Um dos seus primeiros clientes foi a Publicidade Prado, pequena agência fundada por Marjorie Gage da Silva Prado, contratado pelo artista gráfico alemão Fred Jordan (VER). Trabalhou também na agência norte-americana N. W. Ayer, aqui instalada desde 1931 para atender a conta da Ford, primeiro fabricante de automóveis no Brasil.

Seguindo Fred Jordan, Radó se transferiu para a L. Niccolini Indústrias Gráficas, empresa comandada pelo designer Kurt Eppenstein, que se tornou a maior gráfica do setor de embalagem de papel e cartões nos anos 1950. Lá também trabalhou o fotógrafo Hans Günter Flieg (VER), alemão, igualmente refugiado do nazismo. Radó colaborou ainda com a Fotóptica, fundada pelo húngaro Desidério Farkas, assinando anúncios publicitários do estabelecimento de equipamentos óticos e fotográficos.

Simultaneamente ao seu trabalho na publicidade, Radó também desenvolveu, a partir dos anos 1940, uma obra como fotógrafo amador e como artista plástico. Filiou-se ao Foto Cine Clube Bandeirante e participou regularmente de salões de fotografia amadora nacionais e internacionais. Nos anos 1930, ainda morando na Hungria, havia assinado diversos prospectos sobre a arquitetura húngara, utilizando fotomontagens. No final dos anos 1950 passou a colaborar com artigos sobre fotografia para a revista paulista Fotoarte, publicada a partir de 1958.

Em 1949 obteve a nacionalidade brasileira. Em outubro do ano seguinte, realizou mostra individual no Museu de Arte Moderna de São Paulo. Nessa exposição, intitulada *Preto e branco*, apresentou trabalhos com pintura e raspagem sobre papéis especiais. Nesse mesmo ano, participou do 1º Salão da Propaganda, no Museu de Arte de São Paulo.

Em 1954, assinou o desenho gráfico e a organização do álbum São Paulo, *Fastest Growing City in the World* (São Paulo, cidade que mais cresce no mundo), de autoria do fotógrafo Peter Scheier (VER), produzido pela Livraria Kosmos em comemoração ao quarto centenário da cidade.

Em 1981, Radó foi afastado da L. Niccolini. Aposentado aparentemente contra sua vontade, retirou-se para Campinas. Faleceu em 1998 sem ter recebido o devido reconhecimento por seu trabalho como designer e artista visual. Nos anos 2000, contudo, suas fotografias abstratas começaram a chamar a atenção de curadores, instituições e galerias de arte. Trabalhos seus passaram a integrar coleções particulares e a participar de mostras nacionais e internacionais, como a coletiva *Fragmentos — Modernismo na fotografia brasileira*, na Galeria Bergamin, em São Paulo, com curadoria de Iatã Canabrava (2007); *Inside Out, Photography After Form: Selections from the Ella Fontanals-Cisneros Collection (Avesso, fotografia a partir da forma: seleções da Coleção Fontanals-Cisneros)*, na Cisneros Fontanals Art Foundation, em Miami (2011) e *O elogio da vertigem: Coleção Itaú de fotografia brasileira*, na Maison Européenne de la Photographie, em Paris (2012).

Fontes: Bakos, Katalin. Más audaz que la pintura Influencia del constructivismo en el arte del cartel húngaro. In: *El cartel comercial moderno de Hungría, 1924 – 1942*. Valencia: Museu Valencià de la Illustració i de la Modernitat-MuVIM, 2009, p. 19-43; Duarte, Marcos Nepomuceno; Junior, Norberto Gaudêncio; Dugnani, Patricio; Leite, Thiago Mori. Relatório final Mack Pesquisa 2018: Imagens e trajetórias: Aspectos da direção de arte na publicidade paulista para o desenvolvimento de pesquisadores e estudantes da área de comunicação. São Paulo: Mackenzie, 2018. Disponível em: <http://dspace.mackenzie.br/bitstream/10899/19900/1/8681_2017_0_12.pdf>. Acesso em: 20 abr. 2020; "GEORGES Radó". Enciclopédia Itaú Cultural de Arte e Cultura Brasileiras. São Paulo: Itaú Cultural, 2020. Disponível em: <http://enciclopedia.itaucultural.org.br/pessoa479600/georges-rado>. Acesso em: 12 abr. 2020.

Ileana Pradilla / IB

RANSCHBURG, Maria: ver DUSCHENES, Maria

RAWET, Samuel
Engenheiro, contista, dramaturgo, ensaísta
Klimontow, Polônia, 23-07-1929 –
Sobradinho, Brasília, provavelmente 22-08-1984
No Brasil, de 1936 a 1984

Samuel Urys Rawet veio para o Brasil ainda criança, em 1936, com a mãe e dois irmãos, seguindo os passos do pai e do irmão mais velho que já haviam emigrado anteriormente, antevendo a ameaça nazista que pairava sobre seu país. Passou o restante da infância e a mocidade nos subúrbios do Rio de Janeiro, nos bairros de Ramos e Olaria.

Formou-se em engenharia em 1953 pela Universidade do Brasil (atual UFRJ) e a partir de 1957 participou das obras de construção de Brasília, integrando a equipe de Oscar Niemeyer e Lúcio Costa, vinculado ao Departamento de Concreto Armado da Novacap, a empresa pública encarregada da edificação da nova capital, onde passou a viver a maior parte do tempo. Foi responsável pelo cálculo de muitas construções importantes da cidade, como o Congresso Nacional. No Rio, morava no Catete e foi calculista do Monumento aos Mortos da Segunda Guerra Mundial, no Aterro do Flamengo. Em Israel, durante um ano acompanhou a equipe de Niemeyer no projeto da Universidade de Haifa.

Casa de Rui Barbosa, Rio de Janeiro

De 1949 a 1951, sob a liderança de Dinah Silveira de Queiroz, integrou o grupo Café da Manhã, ao lado de outros escritores em início de carreira, e colaborou com a Revista Branca.

Sua obra literária iniciou-se em 1956, com *Contos do imigrante*, e se estende por títulos como *Diálogo* (1963), *Abama* (1964), *Os sete sonhos* (1967, prêmio Guimarães Rosa, do Estado do Paraná), *O terreno de uma polegada quadrada* (1969), *Consciência e valor* (1969), *Viagens de Ahasverus à terra alheia em busca de um passado que não existe porque é futuro de um futuro que já passou porque sonhado* (1970), *Devaneios de um solitário aprendiz da ironia* (1970), *Alienação e realidade* (1970), *Homossexualismo: sexualidade e valor* (1970), *Eu-tu-ele* (1972), *Angústia e conhecimento* (1978) e *Que os mortos enterrem seus mortos* (1981). Escreveu cerca de uma dezena de peças teatrais, com destaque para *Os amantes*, encenada em 1957 pela Companhia Nicette Bruno-Paulo Goulart, no Teatro Municipal do Rio de Janeiro. A qualidade de seu fazer literário foi destacada por Jacob Guinsburg, Assis Brasil e Alfredo Bosi, sendo marcada pelos temas da alienação, da vida urbana e do deslocamento. Seu texto denota conflitos com a herança judaica, ressaltando o isolamento e a incomunicabilidade do ser humano. Muitos de seus personagens pertencem a segmentos sociais marginalizados, de remota herança dostoievskiana, imigrantes judeus, moradores do subúrbio e do Catete e homossexuais. Seu trabalho literário digladia a formação religiosa judaica com a linguagem desbocada das ruas cariocas.

Morreu em seu apartamento em Sobradinho (DF), mas o corpo só foi encontrado dias depois. Anúncio fúnebre publicado pela família noticiou seu enterro no dia 24 de agosto de 1984.

Pouco depois de sua morte, Alberto Dines publicou um artigo de louvor à sua obra e à sua inteireza de caráter, contestando as acusações de antissemitismo que lhe foram dirigidas. O núcleo de sua obra foi reeditado em *Contos e novelas reunidos*, organizado por André Seffrin (2004), e em Ensaios reunidos, organizado por Rosana Kohl Bines e José Leonardo Tonus (2008).

Fontes: Kirschbaum, Saul, Org. *Dez ensaios sobre Samuel Rawet* . Brasília: LGE, 2007; Kirschbaum, Saul. *Viagens de um caminhante solitário. Ética e estética na obra de Samuel Rawet*. São Paulo: Humanitas, 2011. Klidzio, Natalia. *Itinerário urbano na vida e obra de Samuel Rawet*. Passo Fundo: Ed.Universidade de Passo Fundo, 2010; Rawet, Samuel. *Contos e novelas reunidos*. Org. de André Seffrin. Rio de Janeiro, Civilização Brasileira, 2004; Valentin, Leandro Henrique Aparecido (16 de agosto de 2014). «Samuel Rawet: aprendiz da solidão extrema». Brasília. Correio Braziliense, 16/08/2014.
Israel Beloch

RAWITSCHER, Felix
Botânico
Frankfurt am Main, 04-01-1890 – Freiburg im Breisgau, Alemanha, 18-12-1957
No Brasil, de 1934 a 1952

Filho de um juiz, Felix Rawitscher estudou Ciências Naturais em Bonn, Freiburg e Genebra e se doutorou em 1912. Lutou na Primeira Guerra Mundial, combatendo inicialmente na frente de Flandres, depois na Rússia, em Verdun e em Somme. Na França foi ferido gravemente e feito prisioneiro de guerra. Sofreu toda vida em consequência desses ferimentos, mas não guardou rancor. Dizia que foi bem tratado e aproveitou o tempo na prisão para ler filosofia e a *Origem das espécies*, de Darwin. Era o titular da cadeira de Botânica na Escola Superior de Baden da Universidade de Freiburg quando Hitler tomou o poder, e perdeu seu cargo devido à famigerada Lei para Restauração do Serviço Público (Gesetz zur Wiederherstellung des Berufsbeamtentums), segundo a qual cada funcionário público precisava provar a sua condição de ariano.

Em Cerrado de Emas, SP, junho de 1943
Comissão Memória do Depto. de Genética e Biologia Evolutiva do IB-USP

Rawitscher aceitou o convite do matemático Theodoro Ramos para assumir o departamento de Botânica na Universidade de São Paulo, onde chegou no dia 30 de junho de 1934. Ramos foi o primeiro diretor da faculdade de Filosofia, Ciências e Letras, encarregado de viajar para a Europa nas chamadas missões francesa e italiana com o fim de convidar professores estrangeiros para os primeiros cursos da Universidade de São Paulo. O Brasil representou para Rawitscher uma tábua de salvação. Ele foi um dos três primeiros cientistas convidados para trabalhar na nascente universidade, junto com Ernst Bresslau (VER) e Heinrich Rheinboldt (VER). Assim que começou a dar aulas em São Paulo, adequou o ensino da Botânica a padrões internacionais, introduzindo mudanças como duas horas de aulas práticas para cada aula teórica, fato inédito até então no país. Organizava excursões para observação da vegetação dos diversos ecossistemas brasileiros. Preocupou-se com a bibliografia em português para que os alunos pudessem estudar melhor e, em 1940, publicou o livro-texto *Elementos básicos de botânica geral*, com ilustrações de espécies brasileiras. O livro traz informações fundamentais de morfologia (estudo da forma), taxonomia (classificação), anatomia (organização interna), fisiologia (funcionamento) e é usado até os dias de hoje.

Em pouco tempo, transformou-se em grande conhecedor da ecologia tropical. Publicou *Problemas de fitoecologia com considerações especiais sobre o Brasil Meridional (1942-1944)*, trabalho em que analisa os fatores ecológicos mais importantes que atuam sobre a vegetação brasileira. Encantou-se pelo Cerrado à primeira vista. Preocupou-se ainda com a formação da escola e sua própria sucessão, buscando preparar os docentes mais capacitados para o momento de sua aposentadoria. Os primeiros alunos colaboradores brasileiros que obtiveram o doutorado orientados por Felix Rawitscher foram Mário Guimarães Ferri, Mercedes Rachid, Berta Lange de Morretes e Aylthon Joli. Cientista atuante e engajado, fundou a Sociedade Botânica do Brasil, foi membro da Academia Brasileira de Ciências, da Sociedade Brasileira para o Progresso da Ciência, da Sociedade dos Geógrafos Brasileiros, da Sociedade Brasileira de Biologia, da Sociedade Botânica de Cuba, da sociedade Botânica Alemã, da Sociedad Argentina de Botanica, da American Geographical Society. Por seus serviços prestados ao país ganhou o título de doutor *honoris causa* da USP em 29 de novembro de 1955. Só voltou à Alemanha em 1952 depois de sofrer um grave ataque cardíaco, recuperou o seu título universitário naquele país, mas não reassumiu as funções.

Fontes: "Criação da Universidade de São Paulo". *Instituto de Biociências — Universidade de São Paulo*. São Paulo: USP. Disponível em: <https://www.ib.usp.br/ibhistoria/50anos/1934.htm>. Acesso em: 11 set. 2020; "Felix Rawitscher". Wikipedia. Disponível em: <https://de.wikipedia.org/wiki/Felix_Rawitscher>. Acesso em: 11 set. 2020.

Leonardo Dourado / IB

REMY, Heinrich Landau: ver LANDAU REMY, Heinrich

RETSCHEK, Anton August
Diplomata
Unín, Império Austro-Húngaro, atual República Tcheca, 08-04-1885 –
Viena, 18-07-1950
No Brasil, de 1909 a 1919 e de 1925 a 1949

Anton Retschek foi educado por monges beneditinos em Melk, na Áustria, e formou-se na Academia Consular de Viena. De 1909 a 1919, trabalhou como funcionário do consulado austríaco no Rio de Janeiro e em Porto Alegre. Em 1925, retornou ao Brasil como encarregado de negócios da República Austríaca, dedicando-se à promoção das trocas comerciais entre as duas nações e ao apoio à migração de austríacos. Seu posto era cumulativo com a representação junto a outros países sul-americanos. Graças aos dez anos de experiência em postos consulares da monarquia Habsburgo no país, e falando português fluentemente, no momento de sua volta possuía boas conexões com funcionários públicos e políticos brasileiros.

De 1933 a 1938, Retschek, seguindo instruções de Viena, identificou e expatriou 48 nazistas austríacos que atuavam politicamente no Brasil. Com a invasão da Áustria por tropas alemãs, em setembro de 1938, a situação mudou completamente. No dia 12 daquele mês, Retschek recebeu um telegrama do Ministério das Relações Exteriores austríaco ordenando que hasteasse a bandeira com a suástica ao lado da bandeira da Áustria e colocasse os funcionários da Legação à disposição da embaixada alemã, determinações que ele decidiu cumprir. Também prestou juramento ao Terceiro Reich e apresentou-se em público como funcionário da embaixada alemã.

Contudo, logo surgiram desentendimentos com seus novos superiores. Num evento público no Rio de Janeiro, Retschek recusou-se a desempenhar o papel de entusiasta do "retorno da Áustria ao Reich" e negou-se, especialmente, a voltar à Europa. Como consequência, após trinta anos no serviço público, foi demitido sem direito a pensão, passando a fazer parte de um grupo de vinte servidores civis — de um universo de aproximadamente cem funcionários do serviço diplomático austríaco — que foram dispensados nesses termos. Além disso, cinco destes vinte servidores foram transferidos à força para campos de concentração, e dois deles mantidos em prisões comuns.

Após sua demissão, graças ao aluguel de parte de sua casa, recém-construída, Retschek viu-se numa situação confortável economicamente, e passou a levar uma vida reservada. No entanto, continuou a manter contatos com colegas que também haviam sido afastados do corpo diplomático austríaco, o que revelou publicamente em janeiro de 1942, quando o Brasil rompeu relações diplomáticas com os países do Eixo. No dia 31 daquele mês, o Correio da Manhã publicou um telegrama em que Retschek, assinando como "ex-ministro plenipotenciário da Áustria", dirigia-se ao presidente Getúlio Vargas com uma declaração de solidariedade "em nome de todos os austríacos unidos em torno do ideal de liberdade". No artigo que se seguia, Retschek se apresentava como chefe de um "movimento irredentista austríaco", o qual, embora já existisse desde abril de 1941, não se apresentara oficialmente em público por "respeito às leis" do Brasil, que até recentemente adotava posição de neutralidade no conflito mundial.

Com o ingresso do Brasil na guerra, em agosto de 1942, Retschek mais uma vez reagiu rapidamente, enviando uma carta ao Itamaraty na qual declarava sua solidariedade incondicional ao Brasil e colocava-se à disposição do Ministro do Exterior brasileiro. Dessa vez, apresentou-se como ministro da "Áustria de Dollfuss e Schuschnigg, o primeiro país a declarar guerra ao nazismo e a primeira vítima dele" e pediu ao Ministério do Exterior para reconhecê-lo, bem como aos ex-cônsules da Áustria Otto Hofmann (Recife), Theodor Putz (São Paulo) e Carlos Weis (Porto Alegre), como representantes dos austríacos no Brasil.

A solicitação se devia ao fato de que, não só no Brasil, mas também em Londres e Nova York, vinham sendo registradas disputas entre diferentes grupos de "Austríacos Livres". No grupo de São Paulo, o ex-cônsul Theodor Putz foi alvo de chantagem de outros austríacos e denunciou o caso à polícia, o que, juntamente com outros incidentes que vieram a público, levou as autoridades brasileiras a proibirem as atividades de todos os grupos no final de 1942. Diante da situação, no início do ano seguinte, austríacos proeminentes de São Paulo e do Rio de Janeiro reuniram-se e decidiram que Retschek e

Amelio Faccioli-Grimani, antigo membro de sua equipe, "como portadores dos poderes do último governo austríaco legítimo", deveriam restaurar a legação anterior como representação dos austríacos no Brasil. Em junho daquele ano, o Itamaraty permitiu o início das atividades do Comitê de Proteção dos Interesses Austríacos no Brasil (CPIAB), resultado, em grande parte, dos esforços de Retschek, que cultivava um bom relacionamento com o serviço diplomático brasileiro desde março de 1938 e mantinha amizade com o ex-ministro da Justiça, o diplomata Vasco Leitão da Cunha.

O "quartel-general" do CPIAB funcionava no apartamento de Retschek, no bairro do Leblon, no Rio de Janeiro, e as atividades do Comitê eram financiadas por meio de doações voluntárias de patriotas austríacos. Autorizado pelo Ministério das Relações Exteriores brasileiro, ele organizou uma rede que cobria todo o território nacional e que seguia de perto os antigos distritos consulares da Áustria no país. Em junho de 1944, além da sede no Rio de Janeiro, existiam seis outros escritórios, dois dos quais chefiados por ex-cônsules e os outros quatro secretarias encabeçadas por pessoas eleitas pelas comunidades locais e confirmadas por Retschek.

O CPIAB emitia uma espécie de "passaporte interino" para fins internos austríacos, fornecido somente àquelas pessoas cujo "patriotismo ou sentimentos anti-nazistas" pudessem ser garantidos pelos membros do Comitê. Dentre outros requisitos, o requerente deveria declarar que nunca havia sido membro do partido nacional-socialista ou de uma de suas organizações afiliadas. Para aqueles que haviam conseguido seus documentos austríacos novamente, o comitê buscava, em colaboração com o Ministério do Exterior brasileiro, retificar a identificação de sua nacionalidade em seu documento de identidade brasileiro. Até setembro de 1945, cerca de 4.400 pessoas deram entrada no requerimento para emissão ou renovação de seus documentos austríacos.

Depois da guerra, em 1947, Retschek voltou a ser embaixador da Áustria no Brasil, cargo que ocupou até 1949. Faleceu em Viena, em 1950.

Fontes: "Anton Retschek". Wikipedia. Disponível em: <https://de.wikipedia.org/wiki/Anton_Retschek>. Acesso em: 10 mar. 2020; Eisterer, Klaus. *O Comitê de Proteção dos Interesses Austríacos no Brasil (1943-1945)*. Brasília: Embaixada da Áustria no Brasil, 2008. Disponível em: <https://www.bmeia.gv.at/fileadmin/user_upload/Vertretungen/Brasilia/Dokumente/O_Comite_de_Protecao_dos_Interesses_Austriacos_no_Brasil.pdf>. Acesso em: 12 abr. 2020; Kestler, Izabela Maria Furtado. *Exílio e literatura: escritores de fala alemã durante a época do nazismo*. São Paulo: EdUSP, 2003; Pelinka, Anton; Bischof, Gunter; Gehler, Michael. *Austrian Foreign Policy in Historical Context*. Londres: Routledge, 2017.

Leandro Lamarão / IB

RHEINBOLDT, Heinrich
Químico
Karlsruhe, Alemanha, 11-08-1891 – São Paulo, 05-12-1955
No Brasil, de 1934 a 1955

Acervo de família, cortesia do bisneto Artur Rheinboldt

Heinrich Rheinboldt era filho do secretário de Finanças de Baden, Josef Nikolaus Rheinboldt. Seu avô, Heinrich Caro, era um químico famoso na Alemanha, primeiro cientista a descrever o ácido peroxomonossulfúrico, importante por suas aplicações na indústria plástica, produção de desinfetantes e outros higienizadores. Tão importante, que ficou conhecido como ácido de Caro e ajudou-o a subir na hierarquia da BASF, Badische Anilin & Soda Fabrik. Além do prenome, Heinrich Rheinboldt herdou do avô o gosto pela química. Graduou-se e fez doutorado na Universidade de Estrasburgo, em 1918. Quando Estrasburgo foi anexada à França, retornou à sua cidade natal, Karlsruhe, para trabalhar com outro químico famoso à época, Paul Pfeiffer. Ambos se transferiram para a Universidade de Bonn, onde Rheinboldt ganhou fama internacional, até passar a docente, em 1930. Seu nome como educador ganhou cada vez mais projeção. Orientou 35 teses de doutorado e publicou em 1934 o livro *Chemische Unterrichtsversuche (Experiências para o Ensino de Química)*. Mas o avô era judeu, assim como a sua mulher. Por isso, Rheinboldt foi perseguido pelos nazistas. Aceitou o convite para integrar a equipe da Faculdade de Filosofia, Ciências e Letras da nascente Universidade de São Paulo.

Em julho de 1934, criou o curso de Ciências Químicas da USP e o Instituto de Química (IQ), que existe até hoje. Logo tomou as primeiras providências para que as aulas começassem no ano seguinte, ainda que em condições precárias, com poucos equipamentos. Trouxe na bagagem frascos de vidro com reagentes químicos que pertenceram ao avô, como os corantes alizarina e azul de metileno. Deu a sua primeira aula em um francês simples e pausado, amparado por experiências demonstrativas que causaram grande impacto entre os alunos. Sua obsessão pelo ensino experimental, a sua didática e sua vastíssima cultura marcaram toda uma geração de químicos brasileiros que, mais tarde, ocuparam posições de destaque não só na academia e nas ciências, como na indústria química. "Suas aulas fascinavam os alunos pela clareza cristalina de suas explicações acompanhadas por experiências ilustrativas muito bem planejadas, apresentadas e conduzidas com elegância, sem esquecer pormenores que poderiam parecer até insignificantes ou supérfluos, mas que eram fruto de seu raciocínio lógico resultante, por sua vez, de todo um trabalho prévio imaginativo de profunda reflexão", recorda um de seus discípulos, Paschoal Senise. Rheinboldt foi presidente da Sociedade Brasileira Para o Progresso da Ciência (SBPC) no biênio 1953-1955 e morreu em São Paulo naquele ano. Em agosto de 1991, o Instituto de Química da USP organizou uma série de eventos em homenagem ao centenário do nascimento do seu fundador.

Fontes: "Heinrich Rheinboldt". In: Wikipedia. Disponível em: <https://de.wikipedia.org/wiki/Heinrich_Rheinboldt>. Acesso em: 21 set. 2020; Osorio, Viktoria Klara Lakatos. "Centenário do nascimento de Heinrich Rheinboldt (1991-1992)". Memória IQ — USP. Disponível em: <http://memoria.iq.usp.br/paginas_view.php?idPagina=296#.XlGdE4pKjIU>. Acesso em: 21 set. 2020; Senise, Paschoal. "Rheinboldt, o pioneiro". *Estudos Avançados*, v. 8, n. 22, São Paulo: USP, set.-dez. 1994. Disponível em: <https://www.scielo.br/scielo.php?script=sci_arttext&pid=S0103-40141994000300020>. Acesso em: 21 set. 2020.

Leonardo Dourado / IB

RÓNAI, Paulo
Escritor, filólogo, professor, tradutor
Budapeste, 13-04-1907 – Rio de Janeiro, 01-12-1992
No Brasil, de 1941 a 1992

"O Paulo conseguiu vir para o Brasil graças à sua curiosidade por línguas". A frase da viúva Nora Tausz Rónai, emoldurada por um largo sorriso para a câmera da série Canto dos Exilados, resume bem a trajetória desse judeu húngaro, filho de livreiro, que desde os sete anos acalentava em segredo a esperança

Acervo de família., cortesia das filhas Cora e Laura Rónai

de dominar 20, 30 e talvez mais idiomas, e que muito jovem se formou em Literatura e Línguas Latinas e Neolatinas na Universidade Loránd Eötvös. Nora detalha a informação, contando que Paulo, por acaso, comprou *Dom Casmurro* de Machado de Assis e ficou "absolutamente abismado de ver uma obra-prima daquele quilate escrita em português". Sua curiosidade se aguçou para tentar entender que tipo de civilização era aquela na América Latina, capaz de gerar tal obra de arte.

Primeiro o livro, depois uma gramática para estudar a nova língua. Essa era a receita do curioso Rónai. Assim, já tendo trilhado esse caminho com hebraico, finlandês, sânscrito, dinamarquês e turco, ele aprendeu português a ponto de começar a traduzir poesia brasileira. Entre 1930 e 1932, Paulo Rónai ganhou uma bolsa de estudos do governo francês graças a uma tese escrita sobre Balzac e passou uma temporada na Sorbonne. Num sebo de Paris, garimpou a antologia *As cem melhores poesias da língua portuguesa*, organizada pela crítica literária alemã Carolina Michaëlis.

Um dicionário português-alemão servia-lhe de muleta. O som da nova língua dava "a impressão de um latim falado por crianças ou velhos, de qualquer maneira, gente que não tivesse dentes, como haveria uma língua perdido tantas consoantes?", registrou Sérgio Barbosa da Silva em seu texto de homenagem *Paulo Rónai, 100 anos*.

Em 1939 publicou a primeira tradução de literatura brasileira na Europa Central, *Mensagem do Brasil: poetas brasileiros contemporâneos*. Nomes como Manuel Bandeira, Carlos Drummond de Andrade, Cecília Meireles, Mário de Andrade eram celebrados em Budapeste. Paulo Rónai traduziu o conhecido poema de Drummond "No meio do caminho", provavelmente a primeira versão internacional da obra. Pouco depois da publicação do livro, estourou a Segunda Guerra Mundial.

Paulo foi levado para o campo de trabalhos forçados de Háros-Sziget, localizado em uma das ilhas do rio Danúbio. Sua primeira tarefa foi a demolição de um edifício e construção de outro idêntico a poucos metros do mesmo local, sem ferramentas. A família possui uma insólita foto do tradutor naquele ambiente, em pleno inverno, em um breve momento de descanso, lendo, de pé, um livro. Justamente naquele inverno permitiram que os prisioneiros saíssem do campo de concentração. Paulo aproveitou e fugiu da Hungria, decisão acertada, pois muitos que ficaram acabaram morrendo. Em virtude dos serviços prestados à literatura brasileira, o Itamaraty já vinha exercendo pressão por sua liberação, graças aos esforços do poeta e diplomata Rui Ribeiro Couto, que se correspondia com Rónai. Assim, não foi difícil conseguir um convite e um visto para o Brasil, onde chegou em 1941, depois de uma parada de seis semanas em Lisboa.

A escala técnica em Lisboa foi saudada pelo refugiado a caminho do exílio brasileiro como uma oportunidade para praticar o seu português. Não demorou muito para tornar-se uma grande frustração. É Nora quem conta: "O português escrito não é tão diferente do brasileiro escrito. Ele chegou em Lisboa, foi visitar os intelectuais com quem se correspondia e não entendia patavina. Não entendia uma palavra do que eles diziam, se esforçava e no final desistiam de ambos os lados e passavam para o francês. O motorneiro do bonde falava enrolado algo como *rchrho* e ele queria compreender o que era. Até que uma vez ele desceu lá e viu escrito o nome da estação: Restauradores." O contratempo só teve final feliz no Rio de Janeiro: "Ele ficou desesperado, o que eu vou fazer da minha vida? Vou para o Brasil, não vou entender nada. Quando desceu no Brasil, percebeu que aqui realmente falavam como estava escrito e passou a compreender todo mundo."

Logo nos primeiros 10 dias no país conheceu Aurélio Buarque de Holanda. Paulo Rónai bateu à porta da Revista do Brasil, onde Aurélio era secretário de redação, oferecendo para publicação o artigo "Viajantes húngaros no Brasil", traduzido do original em francês. Aurélio aprovou a tradução, que estava com alguns erros de português. Quis saber quem era o tradutor e se surpreendeu ao saber que Rónai estava no país há apenas duas semanas. Nascia ali uma amizade que durou mais de 40 anos e rendeu vários trabalhos. Um dos mais expressivos foi *Mar de histórias: antologia do conto mundial*, em dez volumes, projeto que levou 44 anos para ficar pronto.

Em 1945 saiu publicado o primeiro trabalho importante de Paulo Rónai no Brasil. Ele coordenou a edição de *A comédia humana*, de Honoré de Balzac, para a Editora Globo de Porto Alegre. Foi outra maratona, que levou 10 anos. Eram vários tradutores a transpor para o português os 89 livros da obra. Rónai conferiu unidade aos textos, elaborou mais de sete mil notas de rodapé contextualizando época e locais para o leitor brasileiro e ainda escreveu os prefácios de cada um dos 17 volumes, pois achou insuficiente apenas uma apresentação geral.

Outro trabalho de destaque foi a tradução de contos magiares reunidos na *Antologia do conto húngaro*, em 1957, com prefácio do amigo Guimarães Rosa. Essa amizade teve início de forma inusitada. Já no Brasil e desfrutando de alguma notoriedade, Rónai era frequentemente assediado para opinar sobre originais, quando frequentava ao Ministério das Relações Exteriores para conseguir vistos para amigos que ficaram na Hungria — entre eles, a ex-noiva. Um dia, o até então desconhecido João Guimarães Rosa, que trabalhava no ministério, aproximou-se e entregou um manuscrito com contos. Rónai aceitou, mal disfarçando a contrariedade, imaginando ser mais um pseudointelectual, candidato a escritor. Ao abrir o pacote em casa ficou pasmo com a qualidade do material: eram os originais de *Sagarana*.

Além de um extenso currículo como professor em várias escolas públicas, catedrático de francês, professor universitário, editor e tradutor, Paulo Rónai publicou livros que se tornaram referência para alunos de Letras, como *Gramática completa do francês* (1969), *Não perca seu latim* (1980), *Gradus Primus*

(1985) e *Gradus Secundos* (1986). Deve-se a ele a valorização do ofício de tradutor no Brasil. Publicou *Escola de tradutores* em 1952 e, em 1981, *A tradução vivida*, contribuindo de forma decisiva para a reflexão sobre a atividade de traduzir e o reconhecimento da profissão. A Biblioteca Nacional criou em sua homenagem o Prêmio Paulo Rónai de Tradução. Escreveu mais de 100 prefácios e apresentações de autores brasileiros e estrangeiros. Além das obras já citadas, lançou *Como aprendi o português e outras aventuras* (1956), *Seleta de João Guimarães Rosa* (1973). Traduziu para o francês *Memórias de um sargento de milícias* (1944), de Manuel Antônio de Almeida, e, para o português, *Os meninos da Rua Paulo* (1971), do húngaro Ferenc Molnár.

Sua biografia, *O homem que aprendeu o Brasil: a vida de Paulo Rónai*, de Ana Cecília Impellizieri Martins, foi publicada em 2019.

Fontes: Série Canto dos Exilados (Telenews, 2016); Silva, Sergio Barbosa da. *Paulo Rónai, 100 anos.* Rio de Janeiro, Instituto Moreira Salles, s.d.

Kristina Michahelles / IB

ROSENBAUER, Stefan
Biberach an der Riss, Alemanha, 24-03-1896 – Rio de Janeiro, 18-08-1967
Fotógrafo, esgrimista
No Brasil, de 1939 a 1967

Filho do casal católico Friedrich e Barbara Rosenbauer, Stefan era estudante de fotografia quando eclodiu a Primeira Guerra Mundial. Foi convocado e participou durante todo o conflito como aviador, fazendo reconhecimentos fotográficos.

Em 1921 obteve o título de Mestre da Arte Fotográfica pela Câmara de Comércio regional de Württemberg, o que lhe possibilitou lecionar e formar fotógrafos profissionais. Três anos mais tarde, em 1924, casou-se com a judia Sara Leonie Jakob. O casal mudou-se para Frankfurt, onde Stefan abriu um estúdio fotográfico, especializado em retratos. Diante de sua câmera posaram importantes personalidades mundiais, como Albert Schweitzer. Em 1935 foi presidente da Comissão de Provas de Aprendizes da Corporação de Fotógrafos e Técnicos da Fotografia.

Nos anos 1930, simultaneamente ao seu trabalho de fotógrafo, se tornou um

Acervo de família, cortesia de Arne Rosenbauer

habilidoso esgrimista do Fechtclub Hermannia Frankfurt, com participação ativa em torneios nacionais e internacionais do esporte. Foi campeão nacional em 1931 e 1932, medalha de bronze em 1934 no Campeonato Mundial em Varsóvia e, em 1936, também medalha de bronze em florete, nos Jogos Olímpicos em Berlim, junto com a equipe alemã.

Apesar de sua bem sucedida atuação no campo da fotografia e da esgrima, com a ascensão do nazismo e a promulgação das leis de Nuremberg, que entre outras medidas proibiam o casamento entre judeus e alemães, os Rosenbauer optaram por deixar a Alemanha. Com o auxílio de Ernst Leitz II, o herdeiro da Ernst Leitz GMBH, companhia fabricante de equipamentos óticos e fotográficos de alta precisão, e célebre por ter lançado a câmera Leica em 1924, o casal conseguiu emigrar para o Brasil.

Entre 1938 e 1939, Leitz II e sua filha Elsie Kuehn-Leitz, industriais de prestígio com contatos internacionais, ajudaram um número significativo de judeus, sobretudo de fotógrafos e técnicos da indústria de equipamentos, a escapar do Holocausto, possibilitando sua saída da Alemanha e encontrando trabalho para eles, sobretudo nos Estados Unidos.

Os Rosenbauer chegaram ao Rio de Janeiro em 29 de maio de 1939, no famoso transatlântico alemão "Cap Arcona", procedente de Hamburgo. Stefan veio com visto de permanência, mas Leonie só conseguiu permissão temporária. Rosenbauer tinha o projeto de fundar uma escola de fotografia no Brasil e abrir seu estúdio. Embora a escola não se concretizasse formalmente, em seu atelier formou diversos profissionais, entre eles o fotógrafo cearense Chico Albuquerque.

Rapidamente Rosenbauer ingressou no circuito da fotografia carioca. Tornou-se membro do Photo Club Brasileiro e de outras agremiações como a Sociedade Fluminense de Fotografia. Seu estúdio, situado à Rua Araújo Porto Alegre 56, no centro da cidade, passou a ser frequentado por destacadas figuras da cultura, da sociedade e da política nacional, que desejavam possuir um retrato de alta qualidade, assinado por Rosenbauer. Fotografou, por exemplo, os presidentes Enrico Gaspar Dutra e Juscelino Kubitschek, o Marechal Rondon, Oscar Niemeyer e a jovem atriz Fernanda Montenegro.

O vice-presidente da República, Nereu Ramos, em 1956, foi até o Foto-Atelier Rosenbauer, para ser registrado com a faixa presidencial. Outro frequentador do estúdio, retratado diversas vezes, foi o maestro Heitor Villa-Lobos, que morava no andar de baixo.

Stefan soube aproveitar suas boas relações para auxiliar imigrantes judeus que, como ele, buscaram refúgio no país. Da mesma forma, de acordo com Thomas Rosenbauer, seu filho e biógrafo, também teve facilidade para arrecadar altas somas de dinheiro para o Comitê de Socorro à Alemanha, para a reconstrução de seu país natal no imediato pós-guerra.

De 1946 a 1961 Rosenbauer foi o fotógrafo da Companhia de Teatro *Os Artistas Unidos*, dirigido pela atriz francesa Henriette Morineau. Vários retratos realizados para a Companhia encontram-se atualmente no Centro de documentação da Fundação Nacional de Arte (Funarte), no Rio de Janeiro.

Em 1955, a editora Agir publicou o livro *O Mosteiro de São Bento do Rio de Janeiro*, com fotos de sua autoria e de Hugo Rodrigo Octavio, prefaciado por Dom Marcos Barbosa. Em 1957 tornou-se membro da Associação Brasileira de Imprensa (ABI) como redator fotográfico. A partir do ano seguinte, realizaria com frequência longas viagens para sua terra natal. Em algum momento pensou em retornar para Alemanha, mas sentindo-se mais brasileiro do que germânico, optou por ficar no país.

Desde sua chegada ao Brasil até 1954, Rosenbauer continuou praticando a esgrima e competindo em todas as armas sempre pelo Fluminense Futebol Clube.

Em março de 1967, Stefan e Leonie tiveram um sério acidente automobilístico na Rodovia Washington Luiz. Stefan morreu em sua residência, na rua Montenegro, em Ipanema, poucos dias depois. Ao saber de seu falecimento, o escritor Carlos Drummond de Andrade, amigo retratado por Rosenbauer em várias ocasiões, lhe dedicou uma de suas crônicas no Correio da Manhã. Em "Três Registros", Drummond exaltou "o valor artístico e psicológico" dos retratos refinados de Rosenbauer. Seu filho e seu neto, Thomas e Arne Rosenbauer, publicaram o livro *Teatro no Brasil. Os Artistas Unidos fotografados por Stefan Rosenbauer*, publicado em Darmstadt em 2016.

Fontes: Andrade, Carlos Drummond de. Três registros, Correio da Manhã, 27-08-1967, p. 6; Smith, Frank Dabba. "Dr. Ernst Leitz II of Wetzlar and the people he helped during the Shoah: research in progress". *European Judaism. A Journal for the New Europe*, v. 40, n. 1, 2007, p 3-37; Rosenbauer, Francisco Thomas. *Resumo biográfico. Fotografias antes de 1940*. Rio de Janeiro: Instituto Stefan Rosenbauer, 2012. Disponível em: <https://issuu.com/sylvionunes/docs/resumo_biogr_fico_e_fotografias_de_stefan_rosenbau>. Acesso em: 29 mar. 2020; Rosenbauer, Thomas; Rosenbauer, Arne. *Teatro no Brasil. Os Artistas Unidos fotografados por Stefan Rosenbauer*. Darmstadt, 2016.

Ileana Pradilla / IB

ROSENBERG, Gertrud: ver BUCHSBAUM, Florence

ROSENFELD, Anatol
Crítico literário, ensaísta, professor
Berlim, 28-08-1912 – São Paulo, 11-12-1973
No Brasil, de 1937 a 1973

Anatol Rosenfeld estudou Filosofia, História e Literatura com especialização em Letras Germânicas na Universidade Humboldt de Berlim. Quando teve que interromper os estudos por ser judeu, em 1935, estava no meio de sua tese de doutorado. Durante as Olimpíadas de 1936, em Berlim, foi parado na rua por um turista e respondeu em inglês. A conversa chamou a atenção de um policial, que o intimou a comparecer à delegacia pelo suposto crime de divulgar atrocidades inventadas *(Verbreitung von Greuelmärchen)*, paranoia nazista comum naqueles tempos, em que qualquer um podia ser acusado de ser mau cidadão,

Na década de 1950 | Cortesia de Jacó Guinsburg

prejudicando a imagem externa do país. Além de judeu, Rosenfeld era de esquerda e fugiu para a Holanda. Um ano depois aportou no Brasil e, humildemente, foi trabalhar como agricultor, lustrador de portas em Londrina e caixeiro-viajante, vendendo gravatas para sobreviver. Aprendeu a língua do país de acolhida, quase foi deportado por estar com visto de turista vencido e só oito anos mais tarde conseguiu exercer sua atividade escrevendo para o Correio Paulistano, O Estado de S. Paulo e o Jornal de São Paulo, onde publicou em 1945 um longo e elogiado ensaio, "As causas psicológicas do nazismo".

Até o final dos anos 1950, Anatol Rosenfeld se recusou a escrever artigos na sua língua natal para a nova imprensa alemã a fim de marcar sua posição dentro do grupo de exilados. Tornou-se redator da Crônica Israelita, publicação quinzenal da Congregação Israelita Paulista. Em 1956 foi convidado por Antonio Candido para colaborar com o Suplemento Literário n'O Estado de S. Paulo. Passou a assinar a coluna Letras Germânicas. Referindo-se à sua produção como articulista nesse período, o jurista Celso Lafer declarou à série Canto dos Exilados que "o legado mais óbvio de Rosenfeld foi a sua contribuição ao grande processo de mediação cultural, de recepção no Brasil da cultura germânica, da cultura europeia no sentido geral, não apenas em matéria de Letras, mas também de conhecimento filosófico".

Até sua morte, Rosenfeld recebeu seguidos convites de universidades brasileiras para dar aulas regulares. Segundo Antonio Candido, ele sempre recusou os convites, porque não queria perder sua independência intelectual.

Uma exceção foi a sua atividade como docente da Escola de Arte Dramática, instituição particular e não-convencional. Ali, com seus cursos e palestras, contribuiu para a difusão da pedagogia teatral brechtiana e também para a renovação do teatro brasileiro. "Uma das pessoas mais *updated* em termos brechtianos era o Anatol. Por que? Porque em Berlim, na sua juventude, havia assistido a todos os espetáculos, conhecia a temática brechtiana no original. Não lido aqui, mas já na Alemanha", testemunhou Jacó Guinsburg, diretor da Editora Perspectiva de São Paulo, empresa na qual Anatol Rosenfeld foi membro do Conselho Editorial e responsável pela publicação de suas obras.

A pesquisadora e ex-aluna de Rosenfeld, Nanci Fernandes, teve importante papel na organização e distribuição do vasto legado do ensaísta após sua morte em 1973. Ela mesmo conta: "Mandamos as revistas, para a Fundação Getúlio Vargas, os livros para o museu Lasar Segall e a parte dos manuscritos, os trabalhos dele, foi a minha função organizar." O material, compilado e agrupado por temas ou afinidades, deu origem a sete volumes lançados pela Editora Perspectiva em 1993, com organização final de Jacó Guinsburg, Nanci Fernandes e Abílio Tavares.

Entre as preciosidades preservadas no acervo de Anatol Rosenfeld está um manuscrito do autor, com data provável entre 1940 e 1941, intitulado "Da delícia de viajar". É uma ode à aventura pelo interior do Brasil da época em que o escritor era caixeiro-viajante: "Não há um Brasil, há muitos Brasis. Ninguém que conheça só duas ou três metrópoles deste gigantesco país pode dizer que o conheça. Que sabe do país aquele que vai de avião ao Rio ou a Porto Alegre? Tomem o trem da Noroeste em Bauru e viajem através do planalto do Mato Grosso. No caminho, fiquem alguns dias em Aquidauana e Miranda. Excursionem pelos campos. Depois, prossigam até Porto Esperança e Corumbá. Tomem ali o naviozinho de rodas e vão até Cuiabá, depois, de caminhão, até Diamantino. Olhem um mapa. Isso é viajar! Peguem a Jardineira em Campo Grande e vão até Ponta Porã, na fronteira do Paraguai, sim senhor. E se atolarem no caminho devido a uma chuva tropical, tanto melhor! Assim é que se conhece um país."

Alguns de seus livros são referência até hoje. Entre eles, destacam-se: *Doze estudos; O teatro épico; Teatro alemão; Mistificações literárias: os protocolos dos sábios de Sião; O mito e o herói no moderno teatro brasileiro; Negro, macumba e futebol; Estética e teatro alemão*. Traduziu para o português textos teóricos do classicismo e do romantismo alemães e para o alemão obras de Mário de Andrade e de Augusto dos Anjos.

Fontes: Candido, Antonio. A inteligência crítica e o gosto pela independência, O Estado de S. Paulo, 22-04-1984; Kestler, Izabela. *Exílio e Literatura, Escritores de fala alemã durante a época do nazismo*. São Paulo: Edusp, 2003; Rosenfeld, Anatol. *O teatro épico*. São Paulo: DESA, 1965; Rosenfeld, Anatol. *Teatro alemão*. São Paulo Paulo: Brasiliense, 1968; Rosenfeld, Anatol. *Mistificações literárias: "Os Protocolos dos Sábios de Sião"*. São Paulo: Perspectiva, 1976; Rosenfeld, Anatol. *O mito e o herói no moderno teatro brasileiro*. São Paulo: Perspectiva, 1982; Rosenfeld, Anatol. *Negro, macumba e futebol*. São Paulo: Perspectiva, 1993; Rosenfeld, Anatol. *Estética e teatro alemão*. Org. e notas de Nanci Fernandes. São Paulo: Perspectiva, 2017; Série Canto dos Exilados, Telenews, Canal Arte 1, Riofilme, 2015; Schwarz, Roberto. Os primeiros tempos de Anatol Rosenfeld no Brasil, O Estado de S. Paulo, 22-04-1984.

Kristina Michahelles / Leonardo Dourado / IB

ROSENSTEIN, Paul Israel
Cirurgião, urologista
Graudenz, Alemanha, atual Grudziadz, Polônia, 26-07-1875 –
Rio de Janeiro, 21-09-1964
No Brasil, de 1940 a 1964

Filho do rabino liberal Michael Rosenstein e de Ernestine Rosenstein, em 1893 foi para Berlim estudar Medicina e em 1896 se instalou em Königsberg, onde obteve dois anos depois o doutorado. Completou sua formação na mesma cidade, no Pathological-Anatomical Institute, e trabalhou em Berlim sob a orientação do cirúrgico James Israel. Em 1909, tornou-se chefe do departamento de cirurgia do hospital Hasenheide. Três anos mais tarde, alcançou fama, quando realizou, pela primeira vez, um transplante total de rins praticado numa cabra. Na mesma época, casou-se com Johanna Levy, com quem teve os filhos Kurt Michael, Elise Charlotte e Hildegard.

Em 1923, assumiu a chefia da clinica cirúrgica do Hospital Judaico, em Berlim, e mais tarde o novo departamento de Urologia. Rosenstein realizou importantes intervenções cirúrgicas e sua ação contribuiu bastante para o progresso da especialidade. A dor devido à pressão mesentérica na apendicite é conhecida por sinal de Rosenstein. Escreveu ainda o capítulo "A actinomicose dos órgãos urinários" no *Manual de urologia* de 1927, e até 1933 presidiu a Sociedade Berlinense de Urologia.

A partir de 1933, com a ascensão de Adolf Hitler ao poder, tornou-se cada vez mais difícil para Rosenstein prosseguir em sua prática médica, mas ainda

Arquivo Nacional

pôde participar de eventos internacionais. Esteve no Congresso da Sociedade Internacional de Urologia em Londres, em 1933, e, no ano seguinte, no Congresso Italiano de Urologia, em Roma. Em 1935, veio ao Brasil pela primeira vez, convidado pelo governo para participar do I Congresso Brasileiro e do I Congresso Americano, ambos de Urologia, em agosto de 1935, no Rio de Janeiro. Fez conferência na Sociedade Brasileira de Urologia e conheceu o presidente Getúlio Vargas, que o convidou a se instalar no Brasil, onde teria todo apoio para suas pesquisas. Voltou à Alemanha de zepelim, em companhia do famoso médico Raul Leitão da Cunha, reitor da Universidade do Brasil, de quem se tornou amigo.

Em 25 de julho de 1938 os médicos judeus tiveram revogada sua autorização de exercer a profissão e, após a Noite dos Cristais, em novembro do mesmo ano, quando sinagogas e lojas de judeus foram destruídas, Rosenstein decidiu deixar o pais, enquanto a família permaneceu ainda um tempo na Alemanha. Como todos os homens judeus foi obrigado a incorporar Israel ao seu nome (as mulheres tiveram que acrescentar Sara). Foi detido na fronteira com a Holanda e só conseguiu partir após pagar uma quantia em dinheiro ao funcionário da alfândega. De Amsterdam, foi para Londres e de lá para Nova York.

Nos Estados Unidos, procurou retomar a carreira como médico com cargo fixo num hospital. Apesar de seguir uma formação não remunerada de anatomia no Institute of Podiatry (Instituto de Podiatria, especializado no tratamento dos pés) e de passar no exame de estado, não teve êxito. Decidiu então migrar para o Brasil. A obtenção do visto, porém, não foi simples: em 1939, enquanto estava em Nova York, seu pedido junto às autoridades consulares brasileiras foi recusado. Graças à intervenção pessoal de Getúlio Vargas, Rosenstein pôde chegar ao Brasil em abril de 1940, estabelecendo-se no Rio de Janeiro. Os vistos para sua família, no entanto, foram inexplicavelmente adiados, sendo obtidos após contato de Rosenstein com Oswaldo Aranha e com a intercessão de um amigo em seu favor. O filho, Kurt, antinazista, permaneceu escondido em Amsterdam ajudado por holandeses, durante três anos, até juntar-se à família no Brasil.

Rosenstein instalou-se no Rio de Janeiro, onde em julho de 1941 exibiu na Sociedade Brasileira de Medicina e Urologia o filme *Plástica da hipospadia*. Não conseguiu o direito legal de exercer sua profissão — recusa atribuída por alguns à sua idade — e chegou a ser temporariamente preso em agosto de 1942, junto com o médico alemão Frederico Himicksen, acusado de tentar exercer ilegalmente a profissão. Apesar disso, e possuindo um grande renome internacional, manteve-se cientifica e jornalisticamente ativo. Relatou estudos seus sobre o câncer e abordou sua carreira na Alemanha, junto à imprensa local.

Presidente de honra da Academia Panamericana de Urologia, em junho de 1950 foi um dos organizadores da solenidade comemorativa dos 25 anos da Universidade Hebraica de Jerusalém, na Associação Brasileira de Imprensa (ABI). Em 1953 foi nomeado membro honorário da Associação Alemã de Urologia e publicou em 1954 o livro autobiográfico *As cicatrizes permanecem*. No mesmo ano, a Universidade de Goettingen renovou seu diploma de doutor. Em 1958, foi condecorado com a Grã-Cruz do Mérito, pela República Federal da Alemanha, e em 1961, com a Insígnia Honorária da Cruz Vermelha Alemã. Pronunciou também conferências na Sociedade Brasileira de Urologia (1960).

Fontes: A Noite, 15-10-1941. Disponível em: <http://memoria.bn.br/DocReader/Hotpage/HotpageBN.aspx?bib=348970_04&pagfis=11811&url=http://memoria.bn.br/docreader#>. Acesso em: 1 jun. 2020; Correio da Manhã, 22-09-1964. Disponível em: <http://memoria.bn.br/DocReader/Hotpage/HotpageBN.aspx?bib=089842_07&pagfis=55658&url=http://memoria.bn.br/docreader#>. Acesso em: 1 jun. 2020; Diário de Notícias, 25-05-1947. Disponível em: <http://memoria.bn.br/DocReader/DocReader.aspx?bib=093718_02&PagFis=33240>. Acesso em: 1 jun. 2020; Jornal do Commercio, 15-08-1969; Jornal do Commercio, 30-01-1937; Kopke, Susanne Doetz und Christoph; Beddies, Thomas; Herausgegeben von *Jüdische Ärztinnen und Ärzte im Nationalsozialismus*. Oldenbourg: de Gruyter, 2014; Lesser, Jeffrey. *Welcoming the undesirables. Brazil and the Jewish Question*. Berkeley/Los Angeles: University of California Press, 1995; Sociedade Brasileira de Urologia. *Anais do primeiro Congresso brasileiro de urologia e primeiro Congresso americano de urologia: realizados no Rio de Janeiro de 5 a 10 de agosto de 1935*. Rio de Janeiro: J. R. De Oliveira, 1936; Winau, Rolf; Vaubel, Ekkehard. *Chirurgen in Berlin: 100 Porträts*. Berlim/Nova York: de Gruyter, 1983.

Inoã Urbinati / IB

Autorretrato | Instituto Moreira Salles

ROSENTHAL, Hildegard
Fotógrafa, jornalista
Zurique, Suíça, 25-03-1913 – São Paulo, 16-09-1990
No Brasil, de 1937 a 1990

Hildegard Baum nasceu em Zurique, na Suíça, em 1913, quando seus pais, Ernst Heinrich e Anni Baum estavam de passagem pela cidade. Foi registrada em Frankfurt, Alemanha, local de residência da família. Entre 1929 e 1933 estudou pedagogia.

Em 1934, inscrita no Concurso Internacional de Fotografia promovido em Viena pela Wiener Freie Press, obteve o primeiro prêmio com a obra *Retrato de menino*. Graças aos recursos da premiação, Hildegard viajou para Paris nesse mesmo ano, onde se hospedou na casa da escritora Eugênia Markowa e do seu marido, o pintor Marc Swarc. Durante sua estadia em Paris, Hildegard conheceu Walter Rosenthal, seu futuro marido.

De retorno a Frankfurt, em 1935, estudou com Paul Wolff, importante fotógrafo alemão que se destacou como pioneiro no uso da câmera Leica.

Hildegard continuou se aprimorando tecnicamente no Instituto Gaedel. Em 1936 foi contratada como fotógrafa na agência jornalística Rhein-Mainischer Bildverlag.

Embora fosse de família protestante, em 1937 Hildegard foi denunciada por namorar o judeu Rosenthal. Fugindo das perseguições nazistas, partiu para Paris e, de Marselha, emigrou para o Brasil, no navio "Mendoza", a fim de se encontrar com Walter Rosenthal, que morava em São Paulo desde o ano anterior. Chegou ao porto de Santos em 27 de abril.

Na capital paulista, trabalhou inicialmente na Kosmos Foto, na Rua São Bento, como orientadora de laboratório. Em 1938 conheceu Kurt Schendel, diretor da Press Information, pequena agência de notícias internacionais que enviava reportagens de cunho cultural e fotografias sobre o Brasil para o exterior, e foi contratada como fotógrafa. Lá permaneceria por dez anos como vice-presidente. É considerada a primeira mulher a atuar no fotojornalismo brasileiro.

Recomendada pelo pintor Jankel Ayler, seu amigo em Paris, conheceu em São Paulo o pintor lituano Lasar Segall, também imigrante judeu, que a introduziu ao meio artístico local. Nessa época, conviveu com alguns dos principais escritores, artistas e críticos modernistas como Flavio de Carvalho, Tarsila do Amaral, Victor Brecheret e Jorge Amado, que participavam do Salão de Maio, evento que por três anos retomou as mostras de arte moderna na cidade. Vários desses artistas e intelectuais foram fotografados pelas lentes de Hildegard.

Nos anos 1940, destacou-se pelas imagens urbanas, sobretudo as vistas da capital paulista em acelerado processo de modernização. Ao mesmo tempo, Rosenthal criava suas próprias reportagens, várias delas realizadas em viagens pelo interior do estado, em busca de temáticas que destacassem o elemento humano. Documentou, por exemplo, os romeiros de Pirapora, as professoras primárias em Registro, os sitiantes de São Miguel. Suas reportagens fotográficas foram publicadas em diversas revistas no Rio de Janeiro e em São Paulo, como A Cigarra, Sombra, no Suplemento em Rotogravura de O Estado de S. Paulo e na Folha de São Paulo.

Com o nascimento de sua filha Dorothéa, em 1948, Hildegard encerrou sua atividade como repórter fotográfica. Continuou fotografando por prazer, dedicando-se basicamente ao registro de crianças. Em 1953 nasceu sua segunda filha, Verônica. Nesse ano, recebeu de seu marido uma máquina Rolleiflex.

Walter faleceu em 10 de fevereiro de 1959. A partir de então, Hildegard assumiu a diretoria da empresa de importação e revenda por ele fundada, a Walter S.A Equipamento Médico Hospitalar e Dentário.

Em 1974, o historiador de Arte, Walter Zanini, então diretor do Museu de Arte Contemporânea da Universidade de São Paulo, organizou nessa instituição a primeira exposição individual de Hildegard Rosenthal. A retrospectiva foi essencial para o redimensionamento de sua obra na história da fotografia brasileira.

Em 1977 ganhou o 1º prêmio de fotografia na XIV Bienal Internacional de São Paulo, pelo conjunto apresentado de 82 fotografias urbanas, em sua maioria tiradas entre 1938 e 1941. Participou ainda da Bienal subsequente, em 1979 e, em 1980, da Trienal de Fotografia no Museu de Arte Moderna de São Paulo. Obras de sua autoria também tiveram destaque na mostra "Segall através da fotografia", em 1982, onde foram apresentados os registros que Hildegard realizou no ateliê do pintor.

Hilde, como era chamada pelos amigos, faleceu em setembro de 1990 aos 77 anos. Atualmente seu arquivo fotográfico faz parte dos acervos do Instituto Moreira Salles, do Museu de Arte Contemporânea da Universidade de São Paulo e do Museu Lasar Segall.

Fontes: Castanho, Eduardo; Flieg., Hans Günter; Oliveira, Moracy de. *Entrevista de Hildegard Rosenthal*. São Paulo: Museu da Imagem e do Som, 25 mai. 1981. Disponível em: <http://acervo.mis-sp.org.br/audio/entrevista-de-hildegard-rosenthal--parte-14-0>. Acesso em: 2 mar. 2020; Kossoy, Boris. *Os tempos da Fotografia. O efêmero e o perpétuo*. Cotia: Ateliê Editorial, 2007; Rosenthal, Hildegard. *Hildegard Rosenthal fotografias*. São Paulo: Museu de Arte Contemporânea da Universidade de São Paulo, 31 out.-21 nov. 1974.

Ileana Pradilla / IB

ROTHSCHILD, João
Publicitário, atleta, empresário
Hamburgo, Alemanha 13-03-1913 – São Paulo, 30-06-1995
No Brasil, de 1935 a 1995

Nascido numa rica família judia, Hans Gustav era filho do banqueiro Siegmund Rothschild, membro de um dos grupos empresariais mais poderosos da Europa, e de Vally Calmon Rothschild. Com a morte da mãe quando tinha dois anos de idade, foi criado pelo pai e pela madrasta, Leonie Frank Rothschild.

Depois de concluir os estudos universitários, Hans Gustav iniciou sua vida profissional na Editora Ullstein, de Berlim. Paralelamente, dedicou-se à prática desportiva, destacando-se no atletismo, modalidade na qual chegou a alcançar marca pré-olímpica na prova de 100 metros rasos.

Em 1935, emigrou para o Brasil devido à crescente onda antissemita na Alemanha, iniciada dois anos antes com a subida dos nazistas ao poder. Estabeleceu-se em São Paulo, onde seu irmão, Ernst Günther (Ernesto) Rothschild, na capital paulista desde 1926, fundara em 1930 uma empresa de artigos de papelaria. Foi ali que João Rothschild — nome que Hans Gustav assumiu ao chegar ao Brasil — deu continuidade à sua carreira.

No ano seguinte, ele lançou uma linha de agendas de bolso, conhecida pela marca Pombo, até então desconhecidas no Brasil, pela agora Editora Ernesto Rothschild, que viria a se tornar a maior fabricante de agendas da América Latina. O sucesso profissional não o afastou das pistas de atletismo, vindo a competir pelo Clube Atlético Paulistano.

No final da década de 1930, teve a ideia de colocar as logomarcas dos clientes nas agendas distribuídas como brindes, o que ampliou significativamente a sua venda. Data desse momento a criação da Brindes Pombo. João Rothschild seria superintendente dessa empresa e da Editora Ernesto Rothschild por 39 anos consecutivos e presidente por 21 anos.

Fundador da Diary Publisher International (DPI), organização que reúne editoras de agendas de 15 países, foi por duas vezes presidente da entidade. Em 1985, foi designado seu *chairman* vitalício. Dois anos depois, tornou-se sócio honorário do International Advertising Gift Council (IGC), entidade fundada em 1956 e sediada em Roterdã, Holanda, que congrega profissionais do ramo de brindes promocionais e corporativos de 28 países. Em 1990, lançou o livro *Uma história de agendas*, pela Editora Ernesto Rothschild. Em 1995, foi homenageado postumamente com a atribuição do seu nome a um espaço livre, situado no Morumbi, na capital paulista, doravante chamado Praça João Rothschild.

A Agendas Pombo associou-se em 1998 a um grupo italiano, passando a chamar-se Agendas Pombo-Ledeberg, condição em que permaneceu até 2019, quando foi renacionalizada.

Fontes: "Hans Gustav Rothschild". *Geni*. Disponível em: <https://www.geni.com/people/Hans-Rothschild/3917930238880062722>. Acesso em: 22 set. 2020; "IGC Global Promotions". *The European Promotional Products Association*. Disponível em: <https://www.eppa-org.eu/english/sponsors/3-star-sponsors/igc-global-promotions.html>. Acesso em: 22 set. 2020; SÃO PAULO. Projeto de lei n. 1.216, de 7 de novembro de 1995. Denomina Praça João Rothschild espaço livre inominado situado no Distrito do Morumbi. Disponível em: <http://documentacao.camara.sp.gov.br/iah/fulltext/projeto/PL1216-1995.pdf>. Acesso em: 22 set. 2020; "Sobre a Pombo". *Pombo*. Disponível em: <https://www.pombo.com.br/institucional/conheca-a-pombo/>. Acesso em: 22 set. 2020.

Sergio Lamarão / IB

RUDOFSKY, Bernard

Arquiteto, designer, fotógrafo, pintor, professor, diretor de arte, editor
Zauchtl, Morávia, Império Austro-Húngaro, atual Suchdol nad Odrou,
República Tcheca, 13-04-1905 – Nova York, 12-03-1988
No Brasil, de 1938 a 1941

De origem judaica, com um ano de idade mudou-se com a família para Viena. Na capital austríaca, cursou o ensino médio entre 1918 e 1922 e arquitetura e engenharia civil entre 1922 e 1928 na Technische Hochschule Wien (Escola Técnica Superior de Viena). De 1925 a 1927, esteve na Bulgária, Turquia, Suíça e Itália, e em 1929, já formado, passou dois meses em Santorini. O estilo de vida da ilha grega, totalmente diferente do de Viena, foi fundamental para seus trabalhos futuros.

Em 1931, doutorou-se em Ciências Técnicas, apresentando um estudo sobre as antigas estruturas em concreto das Cíclades, na Grécia. No ano seguinte, já tendo trabalhado em escritórios de arquitetura em Viena e Berlim, deixou a Áustria, estabelecendo-se em Capri, na Itália. Em 1934, conheceu a musicóloga vienense Berta Doctor, e com ela embarcou para os Estados Unidos em setembro de 1935, com uma parada de quase um mês em Paris, onde conheceu Le Corbusier. No final daquele ano casou-se com Berta, em Nova York. Viajou para Nápoles em 1936 para acompanhar as obras da Casa Oro, projeto arquitetônico em parceria com o italiano Luigi Cosenza que lhe conferiu notoriedade na Europa. Em 1937, mudou-se para Milão, onde se tornou colaborador da revista Domus.

Após a anexação da Áustria pela Alemanha nazista em março de 1938, Rudofsky decidiu emigrar para a América Latina, a exemplo de outros arquitetos europeus que no final da década de 1930 trilharam o mesmo trajeto por conta da conturbada conjuntura política europeia. Depois de breve

Foto de Wilfried Kruger / Das Fotoarchiv

passagem por Buenos Aires, permaneceu cerca de seis meses no Rio de Janeiro, onde se tornou amigo de outros europeus expatriados, como o escultor italiano Ernesto de Fiori (VER) e o escritor austríaco Stefan Zweig (VER). Em abril de 1939, publicou na revista italiana Casabella o artigo "Cantieri di Rio de Janeiro". Talvez um dos primeiros textos estrangeiros a elogiar a arquitetura brasileira moderna, o artigo destaca a qualidade dos prédios em construção na cidade, em especial o do Ministério da Educação e Saúde, de um grupo liderado por Lúcio Costa e Oscar Niemeyer, com risco de Le Corbusier, e o destinado a sediar a Associação Brasileira de Imprensa, dos Irmãos Roberto.

Em 1939, mudou-se para São Paulo, onde trabalhou como diretor de arte e designer de móveis no Studio Casa & Jardim. Paralelamente, desenvolveu projetos de arquitetura, como as casas Frontini e Arnstein, duas das primeiras casas modernistas de São Paulo, entre 1939 e 1940, e a loja, o mobiliário e o logotipo da Fotoptica, uma das primeiras empresas de fotografia, material fotográfico e ótico do Brasil, em 1940.

Vencedor do primeiro prêmio do concurso Organic Design promovido em 1941 pelo Museu of Modern Art — MoMA de Nova York, com os seus móveis de jardim que mesclavam materiais distintos (fibras de sisal, juta e banana, aço galvanizado e madeira), estabeleceu-se na metrópole norte-americana em outubro daquele ano. Em 1948 obteria a cidadania norte-americana.

A despeito de ter ficado no Brasil apenas três anos, Rudofsky contribuiu para a divulgação da arquitetura brasileira, através de suas obras em São Paulo que ficaram conhecidas na Europa e nos Estados Unidos, dos artigos que publicou em revistas especializadas, e da sua participação na exposição Brazil Builds, realizada no MoMA, em 1942 e 1943.

Editor e designer gráfico das revistas New Pencil Points, em 1942 e 1943, e Interiors, de 1946 a 1949, em 1944, organizou a exposição *Are Clothes Modern?* no MoMA. Em 1946, lançou uma linha comercial de sandálias com o nome Bernardo's Sandals, de desenho anatômico e priorizando o conforto. As sandálias permaneceram no mercado até 1964.

Rudofsky foi consultor do Departamento de Arquitetura do MoMA de 1960 a 1965. Dentre as exposições que montou nesse período a de maior repercussão foi Architecture without architects, exibida no MoMA entre 1964 e 1965, e que ganhou a forma de livro ainda em 1964, com o título *Architecture Without Architects: A Short Introduction to Non-pedigreed Architecture*.

Professor visitante em diversas universidades nos Estados Unidos, na Europa e no Japão, Rudofsky recebeu bolsa de pesquisa da Fundação Ford, em 1963, e da Fundação Memorial Guggenheim Memorial Foundation em 1964 e 1969. Sua última exposição, Sparta/Sybaris, foi realizada em 1987, no Museu Austríaco de Arte Aplicada, em Viena.

Fontes: "Bernard Rudofsky". *Enciclopédia Itaú Cultural de Arte e Cultura Brasileiras.* São Paulo: Itaú Cultural, 2020. Disponível em: <http://enciclopedia.itaucultural.org.br/pessoa485613/bernard-rudofsky>. Acesso em: 22 set. 2020; "Bio". The Bernard Rudofsky Estate. Disponível em: <https://rudofsky.org/bio.html>. Acesso em: 22 set. 2020; Dornelles dos Santos, Marcos. Bernard Rudofsky: um olhar peripatético sobre a qualidade das ruas sessão temática: sobre o papel da caminhada na arquitetura. In: https://www.anparq.org.br/dvd-enanparq-4/SESSAO%2041/S41-02-DORNELLES%20DOS%20SANTOS,%20M.pdf; Dornelles dos Santos, Marcos. *Bernard Rudofsky e a essência do habitar*. Porto Alegre: Universidade Federal do Rio Grande do Sul, Faculdade de Arquitetura, Programa de Pós-Graduação em Arquitetura (Mestrado), 2016; "Realizada no MoMA a Exposição 'Architecture without Architects', por Bernard Rudofsky". *Cronologia do Urbanismo.* Salvador: UFBA. Disponível em: <http://www.cronologiadourbanismo.ufba.br/biografia.php?idVerbete=1268&idBiografia=43>. Acesso em: 22 set. 2020.

Sergio Lamarão / IB

SALMONI, Anita Cevidalli
Escritora, linguista, professora de língua italiana
Pádua, Itália, 03-10-1915 – São Paulo, 30 (?)-07-2009
No Brasil, de 1939 a 2009

Anita era a filha caçula do casal judeu Attilio Cevidalli, médico legista e professor em diversas universidades italianas e Ada Gentili, proprietária de fábricas de fiação em Cozzuolo, na comuna de Vittorio Veneto, norte da Itália. Nasceu em Pádua, cidade onde seu pai lecionava desde o ano anterior, como professor extraordinário da universidade local, uma das mais antigas do mundo. Por lá haviam passado figuras notáveis da história universal, como Leon Battista Alberti, Nicolau Copernico e Galileo Galilei. Attilio foi ainda diretor do Instituto de Medicina Legal da mesma instituição.

Anita estudou no colégio Tito Livio e se formou, em novembro de 1937 na Faculdade de Letras e Filosofia, da Universidade de Pádua. Lá foi aluna de Concetto Marchesi, intelectual, historiador de literatura latina e político

Arquivo Nacional

do Partido Comunista, que chegou a reitor dessa universidade em 1943, depois da queda de Mussolini. Os irmãos de Anita, Bruno e Guido Cevidalli, por sua vez, participaram ativamente da resistência antifascista e judia durante a Segunda Guerra Mundial.

Entre 1937 e 1938 Anita trabalhou como assistente voluntária no Instituto de Glotologia e contribuiu para a organização da biblioteca da Universidade de Pádua, colaborando para a elaboração de um índice dos mapas do Atlas Linguístico Italiano. Glotologia é a designação prevalecente da linguística na Itália. Na universidade conheceu Renato Salmoni, professor assistente de Química Industrial e encarregado de Eletroquímica na Faculdade de Engenharia. Casaram-se em 1938, no mesmo ano em que ambos foram forçados a deixar seus empregos devido ao cumprimento das leis racistas antissemitas, proclamadas por Benito Mussolini em setembro. Entre outras medidas, a lei proibia os judeus de frequentarem instituições de ensino, possuir empresas, terrenos e imóveis de determinado valor e trabalhar no poder público.

Renato e Anita, que adotou o sobrenome Salmoni após o casamento, emigraram para o Brasil, onde já se encontravam a mãe e a irmã de Renato. Chegaram ao porto de Santos no dia 5 de abril de 1939 no navio "Comte Grande". Obtiveram a permissão para residir no país de forma definitiva em 1940 e, em 1948, a cidadania brasileira.

Entre 1947 e 1948, Anita estudou Linguística na Escola de Sociologia e Política de São Paulo, instituição complementar ligada à USP, mas que permaneceu autônoma até 1980. Em julho de 1952, Anita e Emma Debenedetti Calabi, também italiana refugiada do nazismo, foram as vencedoras do Prêmio Pasquale Petracconi, promovido pelo Instituto Ítalo-Brasileiro (atual Instituto Italiano de Cultura), em São Paulo, outorgado ao melhor estudo inédito sobre a contribuição cultural italiana ao Brasil. O ensaio "Architettura italiana a San Paolo del Brasile" se tornou uma importante referência sobre participação italiana no desenvolvimento da arquitetura brasileira desde o século XIX. A monografia foi publicada inicialmente em 1953, pelo próprio Instituto e, em 1981, pela editora Perspectiva sob o título "Arquitetura italiana em São Paulo".

Anita continuou vinculada profissionalmente ao Instituto Ítalo-Brasileiro, onde lecionou italiano e responsável pelo curso de italiano por correspondência, além de encarregada do intercâmbio cultural entre os dois países.

Em 1969 faleceu Renato Salmoni, então professor da Faculdade de Engenharia Industrial da Pontifícia Universidade Católica de São Paulo (PUC-SP). Nos anos 1970, Anita ingressou na pós-graduação em Glotologia e Linguística Indo-européia da Universidade de São Paulo e, a partir de 1975, tornou-se professora colaboradora da pós-graduação em Língua, Literatura e Cultura italianas da Faculdade de Filosofia e Letras da USP.

Em 1978 a editora Perspectiva publicou seu estudo *Em busca das linguagens perdidas*, sobre o parentesco entre as línguas europeias e asiáticas e a recuperação do tronco indo-europeu. No ano seguinte, Anita lançou *Você voltaria?*, romance autobiográfico que narra seus anos de infância e juventude na Itália. O livro foi publicado pela Editora Shalom e, em italiano, em 2000, sob o título *Tu ritorneresti in Italia? (Você voltaria para a Itália?)*, pela Editora Rosenbert & Sellier.

Anita faleceu em final de julho de 2009 e deixou uma importante bibliografia para o ensino da língua e da literatura italianas no país, como os livros *Impariano l'italiano (Aprendem italiano*, 1974), *Letture per brasiliani (Leituras para brasileiros*, 1976), *Sì all'italiano (Sim para o italiano*, 1992) e *Letture graduali (Leituras graduais*, 1995). Em reconhecimento à sua contribuição, de acordo com informação da historiadora de arte Paola Bonfadini, em 1990 Anita foi agraciada com a consigna de Cavalieri della Repubblica Italiana.

Fontes: Bonfadini, Paola. "Frammenti di memorie lontane. Emma Calàbi storica dell'arte a Brescia e a São Paolo del Brasile". *Commentari dell'Ateneo di Brescia*. Brescia: Accademia di Scienze Lettere ed Arti, 2015, p. 294; Carneiro, Maria Luiza Tucci. "Leitura de imigração. Memórias de uma diáspora". *Revista Acervo*. Rio de Janeiro: Arquivo Nacional, jul.-dez. 1997, p. 147-163; "Cevidalli, Bruno". CDEC Digital Library. Disponível em: <http://digital-library.cdec.it/cdec-web/persone/detail/person-it-cdec-eaccpf0001-000088/cevidalli-bruno.html?persone=%22Cevidalli%2C+Bruno%22>. Acesso em: 17 mar. 2020; Davi, Maria Rosa; Simone, Giulia (Org.). *Giacomo Levi Civita e l'ebraismo veneto tra Otto e Novecento*. Padova: Padova University Press, 2015.

Ileana Pradilla / IB

SAUER, Jules Roger

Gemologista, joalheiro
Mulhouse, França, 21-12-1921 – Rio de Janeiro, 01-02- 2017
No Brasil, de 1940 a 2017

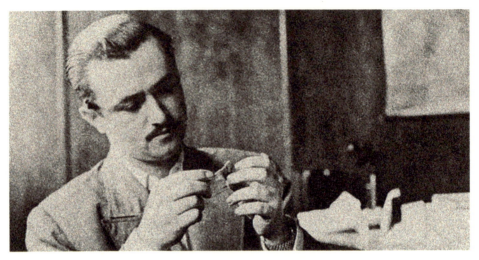

Década de 1950

Nascido na Alsácia numa família judaica de classe média, Jules mudou-se com os pais, ainda pequeno, para a Bélgica. Fazia um curso técnico em Bruxelas, quando o país foi invadido pela Alemanha, em 10 de maio de 1940. O professor mandou Jules e o outro aluno judeu da turma para casa. Ciente dos riscos de ser preso pelas tropas nazistas, ele não hesitou em pegar a bicicleta e pedalar 1.600 quilômetros até Portugal. Chegou a fugir por uma janela basculante depois de ser detido na Espanha por falta de documentos. Em Lisboa, decidiu rumar para o Brasil, onde estivera em 1934, em viagem de férias. Assim, cruzou o Atlântico a bordo de um navio — pagou a passagem com trabalho —, deixando para trás a Europa em guerra. Desembarcou no Rio de Janeiro ainda em 1940.

Nos primeiros dias na capital brasileira, recebeu algum apoio da colônia judaica local e começou a dar aulas de francês para sobreviver. Um aluno lhe ofereceu um emprego em Belo Horizonte, no negócio de pedras preciosas do irmão. Com apenas um mês no Rio, Jules viajou para a capital mineira, instalando-se na oficina de lapidação do patrão. Por conta própria, passou a viajar para o interior do Brasil, comprando e vendendo pedras coloridas, refugos de garimpo, como ametistas, que não tinham então valor comercial. Em pouco tempo tornou-se um grande entendedor de gemas e exímio lapidador.

Em 1941, fundou em Belo Horizonte a Lapidação Amsterdam. Com a expansão do negócio, contratou como secretária a estudante de contabilidade Zilda Waks, judia polonesa que viera para o Brasil em 1936 e que logo se tornou seu braço direito. Em 1946, ele transferiu a empresa para o Rio e em 1950 casou-se com Zilda.

Após ter consolidado o nome da sua empresa pela qualidade das gemas comercializadas e da lapidação, indo na contramão do que era moda na época — as peças eram adornadas com pequenas pedras lapidadas —, Jules decidiu não destruir o cristal bruto e sim manter, ao máximo, seu tamanho natural. Contratou o belga Henrique Wijstraat para supervisionar sua oficina e rapidamente as peças ali confeccionadas apenas com gemas nacionais — cristais, turmalinas, topázios — ganharam espaço no mercado brasileiro.

Em 1956, Jules abriu sua primeira joalheria, no térreo do luxuoso Edifício Chopin, ao lado do Copacabana Palace, inaugurando um modelo de decoração e atendimento inédito no Brasil. Lapidação e joalheria se juntariam, no início da década de 1960, em uma única empresa, a Amsterdam Sauer. Em meados da década de 1950, adquiriu, por US$ 750 mil, 43% de uma água-marinha descoberta em Minas Gerais, por ele batizada de Martha Rocha, a miss Brasil 1954, numa alusão aos seus olhos azuis esverdeados. A pedra pesava 36,5 quilos e tinha 50.000 quilates.

Em 1963, Jules interrompeu as férias com Zilda e os filhos para ver de perto as pedras verdes encontradas por garimpeiros baianos em Salininha. Não eram cristais, como eles acreditavam, mas sim as esmeraldas que todos buscavam no Brasil desde a colônia! Diante da recusa de especialistas alemães e ingleses em reconhecer as pedras como esmeraldas, Jules recorreu ao influente Gemological Institute of America, cujo veredito final foi positivo. Ainda em 1963, conseguiu a autenticação internacional da primeira mina de esmeraldas do Brasil, na Bahia.

Três anos depois, conquistou seu primeiro De Beers — Diamond International Awards, o Oscar da joalheria internacional, com o anel Constellation, inspirado nas estrelas do céu brasileiro. Jules voltaria a ser premiado mais duas vezes: em 1992, com o bracelete Luna, de ouro branco e amarelo e diamantes, e em 2000, com a gargantilha Fireworks.

A inauguração da loja da Amsterdam Sauer em Ipanema, em 1982, coroou a expansão dos negócios da empresa nos anos anteriores. Ainda em 1982, Jules lançou seu primeiro livro, *Brasil, paraíso das pedras preciosas*, traduzido para sete idiomas, que seria seguido por *O mundo das esmeraldas*, publicado em 1992, e *As eras do diamante*, de 2002.

Outra iniciativa importante de Jules foi a criação do Museu Amsterdam Sauer. Aberto em 1989, em Ipanema, conta com um acervo de mais de três mil peças, incluindo a coleção de pedras preciosas do próprio Jules, avaliada em mais de US$100 milhões. O museu abriga a única réplica da coroa de D. Pedro II, e peças de grandes dimensões, como um topázio de 68 quilos, um dos maiores do mundo, um aglomerado de cristais de quartzo transparente de 64,5 quilos, e a maior alexandrita não lapidada do mundo, de 24,48 quilos. Minas cenográficas conduzem os visitantes para o cenário de formação das gemas, milhões de anos atrás, e apresentam o processo de extração. A entrada é franca.

Membro desde 2004 do Círculo de Honra do Gemological Institute of America (GIA), uma das mais importantes entidades internacionais em pedras preciosas, Jules foi homenageado pela família em 2011 — ano em que completou 90 anos e a Amsterdam Sauer 70 anos — com a publicação do livro biográfico *Jules Sauer — O caminho das pedras*, de Mariucha Moneró. A Amsterdam Sauer chegou a ter setenta agências espalhas pelos cinco continentes.

Fontes: "Amsterdam Sauer — uma das maiores joalherias do mundo no coração do Brasil". *Etiqueta única*. Disponível em: <https://www.etiquetaunica.com.br/blog/amsterdam-sauer/>. Acesso em: 23 set. 2020; Astuto, Bruno. O adeus a Jules Sauer, grande desbravador das pedras brasileiras, Época, 01-02-2017. Disponível em: <https://epoca.globo.com/sociedade/bruno-astuto/noticia/2017/02/o-adeus-jules-sauer-grande-desbravador-das-pedras-brasileiras.html>. Acesso em: 23 set. 2020; "História". *Sauer*. Disponível em: <https://sauer1941.com/o-cacador-de-pedras-raras/>. Acesso em: 23 set. 2020; Jornal do Brasil, 04-05-1989, p. 6; Jornal do Brasil, 03-04-1992, caderno Cidade, p. 1; Jornal do Brasil, 27-01-2002, p. 20; Jornal do Brasil, 17-04-2005, p. H5; "Jules Sauer — Um ícone da joalheria fina no mundo". *Compro Joias BH*. Disponível em: <http://www.comprajoiasbh.com.br/jules-sauer-um-icone-da-joalheria-fina-no-mundo/>. Acesso em: 23 set. 2020.

Sergio Lamarão / IB

SCHAUFF, Johannes
Político, agricultor
Stommeln, Alemanha, 19-12-1902 – Bad Wiessee, Alemanha, 19-05-1990
No Brasil, de 1939 a 1950

Álbum de família,
cortesia da neta Catarina Schauff Zanetti

Nascido numa família humilde e numerosa — tinha seis irmãos — radicada numa pequena cidade da Renânia, de população predominantemente católica, Schauff estudou Filosofia após concluir o ensino médio. Em seguida, transferiu-se para Berlim, onde cursou Ciência Política e História Moderna, doutorando-se na Universidade de Leipzig, em 1925.

Um dos pioneiros nas pesquisas sobre eleições na Alemanha, investigou o comportamento eleitoral dos católicos no Império e na República de Weimar. Em 1926, passou a trabalhar em projetos de assentamentos rurais no leste do país, tornando-se, no ano seguinte, membro da direção da Sociedade para a Promoção da Colonização Interna, sediada em Berlim. Nesse mesmo ano, casou-se com Karin, que viria a ser sua companheira de toda a vida.

Em 1932, depois de adquirir experiência política nas organizações de jovens do Partido do Centro, de matriz católica, Schauff elegeu-se deputado ao Parlamento alemão pela agremiação. Assumiu o mandato no mês de julho. Com menos de 30 anos de idade, era o parlamentar mais jovem do seu partido no Reichstag. Adversário declarado do partido nazista, que assumira o poder no início de 1933, Schauff perdeu o mandato em novembro daquele ano. Em 23 de março de 1933, ele fora um dos poucos parlamentares a votar contra a Lei de Habilitação, ou Lei dos Plenos Poderes, que atribuía ao chanceler Adolf Hitler o direito de elaborar leis sem precisar da aprovação do Legislativo.

Em 1934, já fora do Parlamento, aproximou-se do grupo dirigente da Sociedade para Estudos Econômicos do Ultramar, cujo objetivo era encontrar locais adequados à colonização alemã na América Latina. Dois anos antes, a empresa havia adquirido terras no norte do Paraná, que estavam sendo negociadas pela Parana Plantations Ltd., de capital inglês. Ainda em 1932, os lotes da Gleba Colônia Roland, futura Rolândia, foram postos à venda.

Convencido de que o norte paranaense era adequado a um projeto colonizador, Schauff, o ex-ministro da Justiça Erich Koch-Weser (VER), e o agrônomo Oswald Nixdorf decidiram fazer de Rolândia um refúgio para os perseguidos do regime nazista por razões "raciais" e/ou políticas. Juntamente com Erich Koch-Weser e Lord Arthur Asquith, proprietário da Parana Plantations, Schauff formulou uma "operação triangular" para contornar os obstáculos postos pelos nazistas à saída de capitais da Alemanha. Essa estratégia envolveu a alemã Ferrostaal, fabricante de material ferroviário, a Parana Plantations e o interessado em adquirir um lote de terras na Gleba Colônia Roland. O futuro colono deveria comprar trilhos da metalúrgica e vendê-los à companhia inglesa, que então estendia a estrada de ferro em sua área e entregava ao interessado um título que lhe garantia um determinado lote de terra.

Um dos artífices da "operação triangular", Schauff viajou nove vezes para o Brasil entre 1934 e 1939, participando diretamente das negociações que permitiram a vinda de famílias católicas e protestantes e de refugiados judeus da Alemanha para Rolândia. Calcula-se que 145 pessoas tenham ali se fixado nesses anos, incluindo 25 famílias judias.

Por essas atividades, Schauff passou a ser perseguido pelos nazistas, tendo seu nome incluído numa lista de pessoas que deveriam ser fisicamente eliminadas. Em 1937, refugiou-se com a família em Roma. Na capital italiana, lançou mão da sua proximidade com a hierarquia católica e com o próprio cardeal Eugênio Pacelli, que seria feito papa em 1939 como Pio XII, para atuar nos bastidores de um acordo diplomático entre o governo brasileiro e o Vaticano, que implicou na concessão de 959 vistos a refugiados católicos não-arianos, o que incluía judeus supostamente convertidos.

Nesse mesmo ano de 1939, antes da eclosão da Segunda Guerra Mundial, Johannes, sua esposa Karin e seus sete filhos emigraram para o Brasil, estabelecendo-se em Rolândia. Ali, na Fazenda Santa Cruz, em terras adquiridas anos antes por Johannes numa de suas viagens ao norte do Paraná, ele deu início à plantação de café. Ali, o casal Schauff teria mais dois filhos.

Cafeicultor bem sucedido, Schauff, na fase final do conflito, organizou a remessa de ajuda para a Europa. Em 1948, viajou para Roma, restabelecendo os contatos com a cúpula da Santa Sé. Dois anos depois, retornou de vez para a Europa, acompanhado da família, fixando residência inicialmente na capital italiana.

Durante muitos anos, Schauff trabalhou na solução de conflitos envolvendo refugiados e pessoas deslocadas, e na defesa de minorias, vindo a integrar a Comissão Internacional Católica para as Migrações, sediada em Genebra. Durante o Concílio Vaticano II (1962-1965), mediou os contatos entre o Partido Social Democrata Alemão e a Santa Sé e promoveu a reconciliação entre o episcopado alemão e o polonês, cujas relações tinham sido abaladas durante a guerra. Entre 1966 e 1972 pertenceu ao Comitê Pontifício para os Leigos e posteriormente ao Conselho Pontifício Justiça e Paz.

Em 1971, Karin Schauff lançou o livro de memórias *Brasilianischer Garten. Bericht aus dem Urwald (Jardim brasileiro, relatos da selva)*.

Fontes: Carneiro, Maria Luiza Tucci; Strauss, Dieter. *Brasil, um refúgio nos trópicos — Brasilien, Fluchtpunkt in den Tropen*. São Paulo: Estação Liberdade, 1996; Harfuch, Lívia. *Imigração judaico-alemã para Rolândia-PR na primeira metade do século XX: manifestações identitárias*. Porto Alegre: Universidade Federal do Rio Grande do Sul, 2013; "Schauff, Johannes". *Deutsche Biographie*. Disponível em: <https://www.deutsche-biographie.de/gnd118606646.html>. Acesso em: 23 set. 2020; Schneider, Dieter Marc; Vollendorf, Dieter. *Johannes Schauff (1902-1990): Migration und "Stabilitas" im Zeitalter der Totalitarismen*. Munique: R. Oldenbourg, 2001; Soares, Marco Antonio Neves. "Cultura material e identidade: vestígios do judaísmo presentes nos cemitérios municipais de Rolândia-PR". *Anais do II Encontro Nacional de Estudos da Imagem*, 12-14 mai. 2009, Londrina.

Sergio Lamarão / IB

SCHEIER, Peter Kurt
Fotógrafo
Glogau, Alemanha, atual Glogów, Polônia, 06-06-1908 – Ainring, Alemanha, 08-11-1979
No Brasil de 1937 a 1975

Peter Kurt Scheier era filho de Julius e de Hedwig Scheier, comerciantes judeus, proprietários de uma loja de departamentos. Julius havia sido oficial do exército alemão durante a Primeira Guerra Mundial.

Foto de autoria do filho Thomas Scheier

Peter estudou na Escola de Comércio de sua cidade e trabalhou durante a década de 1920 no estabelecimento de sua família, fechado em 1928, provavelmente devido às crescentes manifestações antissemitas na Alemanha.

No ano da ascensão de Hitler ao poder, 1933, Peter mudou-se, já casado com Clementine Irmgard Maria Wilhelmine John, para Hohenau, na fronteira com a Áustria. Lá trabalhou até 1937 como contador na indústria de açúcar de beterraba de propriedade de seu tio materno, Oskar Strakosch. Datam desse período suas primeiras experiências fotográficas como amador.

Em 1937, após se divorciar, Scheier partiu para Viena, onde conheceu Gertrude Wilhelm, de nacionalidade tcheca. Dois anos depois Gertrude se tornaria sua esposa no Brasil. Da capital austríaca, ainda em 1937, Peter viajou para Marselha, embarcando no navio francês "Mendoza" para o Rio de Janeiro. Aportou na cidade, em 25 de outubro, com uma carta de trabalho do Frigorífico Armour, empresa norte-americana com filial em São Paulo, que declarava a intenção de contratá-lo como salsicheiro.

Em 1939, ainda trabalhando no frigorífico, passou a vender cúpulas de abajur. Para facilitar as vendas, criou um catálogo dos produtos com fotografias de sua autoria. A iniciativa marcaria o início do envolvimento profissional de Scheier com a fotografia comercial.

Ainda nesse ano, foi contratado como tipógrafo no jornal O Estado de S. Paulo. Simultaneamente, suas fotografias passaram a ser publicadas no Suplemento em Rotogravura, do mesmo jornal, onde foi agraciado com o 1º Prêmio no Concurso Centenário de Fotografia.

A partir de 1940, Scheier se dedicou inteiramente à fotografia. Abriu, com sua esposa, o Foto Studio Peter Scheier, na Rua Teodoro Baima, 87, inicialmente dedicado a cobrir eventos sociais e a produzir retratos, além de oferecer serviços de revelação e ampliação. Atuou também como fotógrafo na área de publicidade e arquitetura. Nesse segmento colaborou com grandes nomes da arquitetura moderna brasileira como Gregori Warchavchik, Lina Bo Bardi, Álvaro Vital Brasil e Rino Levi. Suas imagens ilustraram publicações especializadas como as revistas Acrópole e Habitat, o catálogo da mostra *Brazil Builds*, organizada pelo Museu de Arte Moderna de Nova York (MoMA) e o livro *Brazil Builds*, de Henrique Mindlin.

Em 1947 tornou-se colaborador do recém-aberto Museu de Arte de São Paulo (Masp), como fotógrafo encarregado de registrar os eventos da instituição, como as exposições, os cursos e as obras da coleção. Estreitou, nesse momento, seus laços profissionais e de amizade com o casal Pietro Maria e Lina Bo Bardi, diretor e arquiteta do museu.

De 1945 a 1951 Scheier integrou o time de fotógrafos da revista O Cruzeiro, referência na introdução da fotorreportagem moderna na imprensa brasileira, comandado por Jean Manzon (VER). Seu trabalhou lhe possibilitou viajar por diversas vezes aos Estados Unidos, onde residiria por quase um ano e fez contatos com agências internacionais de fotojornalismo como a Pix Incorporated, com a qual passou a colaborar. Dentre as principais reportagens divulgadas por essa agência está a inauguração e o cotidiano de Brasília, fotografados por Scheier em 1960.

Nesse período também montou, ao lado do alemão e refugiado judeu Kurt Werner Schulze (VER), um laboratório de processamento de filmes coloridos, um dos primeiros em São Paulo.

O crescente processo de industrialização no país abriu novo campo de atuação profissional para Scheier. Por mais de uma década, a partir de 1952, realizaria fotografias industriais para empresas como a Ultragas, Klabin, Rhodia, Volkswagen e Metal Leve, entre outras.

O advento da televisão, na mesma década de 1950, também possibilitou a Scheier realizar registros fotográficos dos programas musicais e das telenovelas. De 1958 a 1962 foi o fotógrafo oficial da TV Record. Documentou ainda shows de artistas internacionais no país, como os de Ella Fitzgerald, Sarah Vaughan e Nat King Cole.

Em 1959 viajou a Israel, a convite do governo do país, produzindo registros que foram publicados numa série de sete reportagens pelo Diário de S. Paulo, sob o título "Um fotógrafo brasileiro em Israel". As imagens também foram apresentadas em São Paulo na mostra *Assim vive Israel*, na Congregação Israelita Paulista e, no Rio, na sede da Associação Brasileira de Imprensa (ABI).

A partir de 1960 a família Scheier realizou diversas viagens pelo Brasil, em Kombi transformada pelo fotógrafo em estúdio e trailer. Essas viagens renderam diversos livros, como *Brasília vive!* (Livraria Editora Kosmos, s.d.) e *Imagens do passado de Minas Gerais* (Livraria Kosmos Editora, 1968).

Em 1965 iniciou novas pesquisas audiovisuais que combinavam projeções de slides coloridos e trilha sonora, mostrados principalmente em eventos institucionais. Utilizando a mesma tecnologia, apresentou, em agosto de 1970 no Masp, retrospectiva de sua carreira intitulada "30 anos de visão e multivisão".

Em 1975, Peter e Gertrude optaram por retornar para a Alemanha, radicando-se na cidade de Ainring. O Foto Studio Peter Scheier foi fechado, mas seu arquivo fotográfico permaneceu no Brasil sob a guarda dos filhos, Thomas e Bettina.

Peter faleceu em Airing e foi enterrado no cemitério judaico de Salzburgo, na Áustria.

Fontes: Espada, Heloisa (Org.). *Arquivo Peter Scheier*. São Paulo: Instituto Moreira Salles, 2020; Falbel, Anat. "Peter Scheier: visões urbanas de um fotógrafo moderno na América". *O moderno já passado, o passado no moderno — Reciclagem, requalificação, rearquitetura: Anais do 7o seminário do co,mo.mo Brasil*, Porto Alegre, 22-24 out. 2007. Disponível em: <https://docomomo.org.br/wp-content/uploads/2016/01/006.pdf>. Acesso em: 23 set. 2020; Gouveia, Sonia Maria Milani. *O homem, o edifício e a cidade por Peter Scheier*. São Paulo: FAUUSP, 2008.

Ileana Pradilla / IB

SCHIDROWITZ, Leo
Editor e jornalista
Viena, 20-03-1894 – Viena, 06-11-1956
No Brasil de 1938 a 1949

Filho caçula de imigrantes judeus pobres oriundos da Morávia, atual República Tcheca, Leopold Schidrowitz, depois de cursar o ensino médio, passou a escrever e a publicar regularmente na capital austríaca. Durante a Primeira Guerra Mundial (1914-1918), colaborou com o diário Wiener Mittags-Zeitung

Autoria desconhecida

(Jornal Vienense do Meio-Dia) e com a revista de arte e música Der Merker. Também nesse período, foi editor da revista Die Ernte (A Colheita), voltada para os soldados na frente de batalha.

Com o término do conflito, Leo tornou-se diretor da Editora Frisch & Co., na qual publicou livros eróticos. Deu continuidade a essa linha editorial em 1920, na editora Gloriette, pela qual publicou também os romances do polêmico escritor e jornalista judeu Hugo Bettauer, que seria assassinado por um militante antissemita em 1925. As capas dos livros de Bettauer foram assinadas pela pintora e ilustradora letã Martha von Wagner, com quem Leo se casou em 1922. A Gloriette faliu em 1924 e nesse mesmo ano nasceu a única filha do casal, Ursula.

Em 1928, passou a dedicar-se mais a fundo à pesquisa sexual, fundando o Instituto de Pesquisa Sexual de Viena, que tinha como consultor o médico e sexólogo Oskar Scheuer. Paralelamente, publicou oito dos dez volumes planejados sobre a história moral do mundo cultural, e um léxico, em três volumes, de imagens eróticas, pela editora Amonesta, da qual era um dos proprietários.

Envolvido com o futebol desde a juventude, Schidrowitz elegeu-se em 1923 conselheiro do Rapid Wien, o time mais popular da Áustria, e tornou-se o editor da revista do clube. Responsável por diversas publicações esportivas, também foi funcionário da Federação de Futebol do país. Em 1937, assumiu a edição do semanário ÖFB Fußball-Sonntag (ÖFB — Federação Austríaca de Futebol — Domingo Futebolístico) e integrou o grupo encarregado de viabilizar a participação da seleção austríaca na Copa do Mundo de 1938, na França. A Áustria classificou-se nas eliminatórias para a Copa, mas após a anexação do país pela Alemanha nazista (Anschluss) em março de 1938, evidentemente a seleção desistiu do torneio, embora alguns jogadores austríacos tenham integrado a equipe alemã.

Logo após o Anschluss, os novos governantes fecharam o Instituto de Pesquisa Sexual de Viena. A essa altura, a Amonesta já tinha praticamente cerrado as portas. Desde 1935, a editora teve boa parte de seus livros proibidos de circular na Áustria, sob a acusação de pornografia. Diante desse quadro, e tendo como pano de fundo uma furiosa escalada antissemita, Schidrowitz deixou Viena, refugiando-se em Paris com a mulher e a filha. De lá a família emigrou para o Brasil, estabelecendo-se em Porto Alegre, ainda em 1938.

Na capital gaúcha, Leo adotou um segundo prenome — Jerônimo, e deu continuidade às suas atividades como editor. Em 1939, trabalhou em uma revista de emigrantes, a Deustsches Volksblatt (Folha Popular Alemã), e concebeu a edição do álbum comemorativo do 200º aniversário da fundação da cidade, intitulado *Porto Alegre, biografia de uma cidade*, lançado em 1940. Dois anos depois, foi um dos editores de outra obra para bibliófilos, desta vez sobre o estado sulino, intitulada *Rio Grande do Sul: imagem da terra gaúcha*.

Em 1941, antes mesmo do lançamento do segundo livro, transferiu-se para o Rio de Janeiro. Três anos depois integrou a diretoria da Confraria Bibliófila Brasileira Cattleya Alba, ao lado de escritores e intelectuais do porte de Alvaro Moreyra, Aníbal Machado, Augusto Mayer e Luís da Câmara Cascudo. Fundada naquele ano, a Cattleya Alba tinha por finalidade produzir edições anuais para seus membros, lançando edições especiais de obras raras, tal como era rara a orquídea que dava nome à sociedade.

Em colaboração com a confraria, Leo, à frente da editora que levava o seu nome, publicou, entre outros livros, *Lendas brasileiras, 21 histórias criadas pela imaginação de nosso povo*, em 1945, Juca Mulato, do escritor paulista Menotti del Picchia, ilustrada e colorida por sua mulher Martha em 1947, e *Cyrano de Bergerac*, de Edmond Rostand, em 1948.

Schidrowitz retornou à Áustria em 1949, quatro anos após o término da Segunda Guerra Mundial, deixando no Rio mulher e filha (Martha e Ursula mudaram-se para Nova York em 1950). Por iniciativa do presidente da Federação Austríaca de Futebol, Josef Gerö, Schidrowitz tornou-se relações públicas da entidade e escreveu uma história do futebol do país, publicada em 1951.

Em 2015, foi lançada *Leo Schidrowitz: Autor und Verleger, Sexualforscher und Sportfunktionär (Leo Schidrowitz: Autor e editor, sexólogo e dirigente esportivo)*, uma pequena biografia de Schidrowitz, de autoria de Matthias Marschik e

Georg Spitaler pela editora alemã Hentrich & Hentrich, especializada em cultura judaica e história contemporânea.

Fontes: Ferreira, Rubens da Silva; Batista, Denise Maria da Silva. "A Dama de Espadas: a 'orquídea' bibliográfica do acervo de Raymundo Castro Maia". *Revista Brasileira de Biblioteconomia e Documentação*, v. 14, n. 1, jan.-abr. 2018, p. 152-166; "Leo Schidrowitz". *Wien Geschichte Wiki*. Disponível em: <https://www.geschichtewiki.wien.gv.at/Leo_Schidrowitz>. Acesso em: 23 set. 2020; Marschik, Matthias. "Nur ein Teil kehrt zurück. Die Remigration des Leo Schidrowitz". In: Prager, Katharina; Straub, Wolfgang (Org.). *Bilderbuch-Heimkehr? Remigration im Kontext*, p. 93-105. Wuppertal: Arco Wissenschaft, 2017; Marschik, Matthias; Spitaler, Georg. *Leo Schidrowitz: Autor und Verleger, Sexualforscher und Sportfunktionär*. Berlim: Hentrich & Hentrich, 2015; Possamai, Zita Rosane. "A grafia dos corpos no espaço urbano: os escolares no álbum *Biografia duma cidade*, Porto Alegre, 1940". *História da Educação*, v. 19, n. 47, Santa Maria, set.-dez. 2015.

Sergio Lamarão / IB

SCHINDEL, Dora
Técnica em química, ativista
Munique, Alemanha, 16-12-1915 – Bonn, Alemanha, 11-01-2018
No Brasil, de 1941 a 1955

Nascida numa família judia cosmopolita e liberal, Dora recebeu uma sólida educação. Contudo, devido à rígida legislação da Alemanha nazista, que dificultava ao máximo o acesso de mulheres à universidade, e proibia os judeus, homens e mulheres, de nela ingressarem, foi impedida de fazer o curso superior.

De dezembro de 1935 a agosto de 1937, fez um curso de assistente técnica de química em um laboratório de Munique. Meses depois, contando com o apoio financeiro familiar, dirigiu-se a Zurique para estudar Ciências Químicas e Matemática. Paralelamente, foi aluna ouvinte de História da Arte e Literatura. Em meados de 1938, ela reencontrou o político e professor

Foto de divulgação do livro *Ein Leben gegen Hitler. Autobiographische Skizzen*, 1997, de Hermann Goergen

alemão Hermann Görgen (VER), que havia conhecido em 1935, numa viagem a Salzburgo, e que viria a se tornar seu companheiro de toda a vida.

Católico conservador e militante antinazista, Görgen deixou a Áustria após a anexação do país pela Alemanha em março de 1938. Depois de breve estada na Tchecoslováquia, transferiu-se para a Suíça. Em Zurique, deu continuidade às suas ações de resistência política, contando, a partir de então, com a decisiva assistência de Dora.

Após a eclosão da Segunda Guerra Mundial, em setembro de 1939, o casal viajou para Genebra, passando a colaborar de perto com um comitê internacional que fornecia auxílio financeiro temporário para os intelectuais exilados. Devido à deterioração das condições de vida dos emigrantes que se encontravam na Suíça, Görgen e Dora elaboraram um plano para ajudar um grupo de pessoas em perigo a deixar o país.

O Brasil revelou-se a alternativa mais viável, embora o regime ditatorial de Getúlio Vargas impusesse uma política restritiva de imigração, no âmbito da qual o ingresso de judeus no país não era bem visto. Contando com o apoio de organizações humanitárias, Dora e Görgen asseguraram a saída de 48 pessoas da Suíça: 29 homens, 16 mulheres e três crianças, muitos dos quais judeus perseguidos políticos. O grupo — conhecido por "grupo Görgen" ou a "lista de [Dora] Schindel" — incluía, além de técnicos e engenheiros, a romancista e depois livreira Susanne Bach (VER), o escritor Ulrich Becher (VER), o publicitário Walter Kreiser (VER) e o músico Georg Wassermann (VER).

Os vistos necessários para entrar no Brasil foram obtidos com a ajuda de Milton Weguelin Vieira, cônsul brasileiro em Genebra, e somente poderiam ser concedidos se os seus portadores, incluindo Dora, fossem imigrantes "arianos", o que foi contornado depois de muita negociação. Dora também recebeu esses documentos. Para obter os vistos para os perseguidos, Görgen e Dora se comprometeram a construir uma indústria metalúrgica em Juiz de Fora (MG), a Indústrias Técnicas Ltda. (Intec), onde os exilados trabalhariam.

Depois de atravessar França, Espanha e Portugal, o grupo, partiu de Lisboa no final de abril de 1941, chegando ao Rio de Janeiro 14 dias depois. Em seguida, as 48 pessoas, tendo Dora e Görgen à frente, instalaram-se em Juiz de Fora e deram início às operações da Intec, que compreendia uma oficina mecânica, uma marcenaria e uma fundição. Dona Dorli, como Dora ficou conhecida no

Brasil, era a principal responsável pela administração da empresa.

Na realidade, foram poucos os refugiados que realmente trabalharam na fábrica. A maioria dos trabalhadores era brasileira, conforme exigido pela lei vigente. Depois que o Brasil entrou na guerra ao lado dos Aliados, em 1942, a Intec começou a receber encomendas do governo, mas só conseguiu sobreviver até 1954, quando foi adquirida por uma empresa brasileira.

No ano seguinte, Dora Schindel obteve a cidadania brasileira e regressou à Suíça. Em 1957, transferiu-se para Bonn, então capital da Alemanha Ocidental, onde Görgen, que havia deixado Brasil em 1954, era deputado no Parlamento. Em 1960, o casal fundou a Deutsch-Brasilianische Gesellschaft (Sociedade Teuto-Brasileira), cujo principal objetivo era aprofundar as relações entre os dois países. De 1960 até o seu falecimento, em 1994, Görgen dirigiu esta sociedade, e também o Centro Latino-Americano criado por ele, que funcionava em Bonn. Era assessorado nas duas instituições por Dora Schindel.

Em 1986, Dora recuperou a cidadania alemã. Até sua morte, ela foi membro honorário do comitê executivo da Sociedade e do Centro.

Fontes: "Dora Schindel (1915-2018) — In memoriam". *DNB*, 21 jun. 2019. Disponível em: <https://www.dnb.de/EN/Ueber-uns/DEA/Nachrichten/doraSchindel.html>. Acesso em: 23 set. 2020; Hoffmann, Geraldo. Dora Schindel ajudou vítimas do nazismo a fugir para o brasil, DW, 28-12-2007. Disponível em: <https://www.dw.com/pt-br/dora-schindel-ajudou-v%-C3%ADtimas-do-nazismo-a-fugir-para-o-brasil/a-3027294>. Acesso em: 23 set. 2020; Kestler, Izabela Maria Furtado. *Exílio e literatura. Escritores de língua alemã durante a época do nazismo*. São Paulo: Edusp, 2003.

Sergio Lamarão / IB

SCHLESINGER-CHINATTI, Charles
Diplomata
Áustria, 25-12-1893 – Rio de Janeiro (?), depois de 1966
No Brasil, a partir de 1941

Nascido no Império Austro-Húngaro, sob a monarquia Habsburgo, filho de Adolph e Marie Chinatti e casado com Elizabeth Henriette Chinatti, o diplomata Charles Joseph Schlesinger-Chinatti resolveu fugir do regime nazista, com a esposa, em 1940. Embarcaram em Marselha, na França, no vapor francês "Alsina", com destino ao Rio de Janeiro. Viajaram portando um documento emitido pelas autoridades tchecas exiladas em Paris. O navio deveria partir inicialmente em 15 de novembro de 1940, mas a demora em receber as

Arquivo Nacional

autorizações alfandegárias necessárias fez com que somente partisse em 15 de janeiro de 1941, levando a bordo dezenas de outras pessoas que buscavam refúgio. O casal possivelmente contou com o auxílio do diplomata Luiz Martins de Souza Dantas, que forneceu visto para muitos refugiados judeus que embarcaram no "Alsina".

A viagem do "Alsina" foi interrompida em Dakar em 27 de janeiro, devido ao bloqueio britânico. Depois de um tempo lá ancorado, em que as condições de vida dos passageiros foram se deteriorando, inclusive com o racionamento de comida e ocorrência de enfermidades, o navio seguiu para o Marrocos. Os passageiros em situação mais precária foram internados em campos da Legião Estrangeira. Outros conseguiram ficar em Casablanca, de onde muitos, por seus próprios meios, viajaram para o Brasil, enquanto uma minoria seguiu para os Estados Unidos. Schlesinger-Chinatti e sua esposa, conseguiram embarcar rumo ao Brasil no navio espanhol "Cabo de Buena Esperanza".

Em julho de 1941, o vapor aportou no Rio de Janeiro, mas o desembarque dos passageiros também não foi tranquilo, devido a entraves colocados pelas autoridades. Assim como muitos outros passageiros, Chinatti e sua mulher tiveram seus passaportes retidos sob a alegação de que o prazo de validade do visto estava vencido. A questão gerou dúvida e discussão entre as autoridades brasileiras. Após contatos entre o ministro da Justiça Francisco Campos e Getúlio Vargas, afinal, em agosto foi permitido o desembarque de parte dos passageiros do "Alsina", e o casal Schlesinger conseguiu se estabelecer no Rio de Janeiro.

Desde a Europa, seu sobrenome às vezes aparecia invertido, como Chinatti-Schlesinger, forma que se tornou predominante no Brasil, onde o diplomata passou a integrar o grupo Áustria Livre, junto com personalidades como Hubert von Minkswitz, Amélio Faccioli Grimani e o conde Hubert von

Schoenfeldt. Por ser austríaco, era considerado pelas autoridades brasileiras um "estrangeiro não inimigo", o que lhe evitou as restrições impostas aos alemães após a entrada do Brasil na Segunda Guerra Mundial. Schlesinger-Chinatti foi um importante integrante do Comitê de Proteção dos Interesses Austríacos (CPIAB). Reconhecido pelo Itamaraty em junho de 1943 como a única representação legítima dos interesses da Áustria no país, o grupo se considerava uma autoridade semioficial que combatia o nazismo por vias democráticas e tinha como os seus principais expoentes o diplomata Anton Retschek (VER), em cujo apartamento, no Leblon, se realizavam as reuniões. Schlesinger-Chinatti tornou-se secretário do Comitê no verão de 1945, após Aladár Métall (VER) ter deixado o Brasil. A organização publicou diversas brochuras de propaganda das causas austríaca e antinazista junto à opinião pública e ao governo.

Em 2 de dezembro de 1946, Schlesinger-Chinatti e sua mulher tiveram deferido o pedido de permanência definitiva. Na ocasião foram considerados tchecos, provavelmente pelo fato da região de origem das famílias Schlesinger ser a Silésia, localizada em parte na atual República Tcheca, outrora pertencente ao Império Austro-Húngaro. De todo modo, foi como adido da representação diplomática da Áustria que atuou nos anos seguintes, e foi como cônsul que, em abril de 1954, intermediou um conflito protagonizado por compatriotas internados na hospedaria da Ilha das Flores, em São Gonçalo. Insatisfeitos com a demora de sua regularização, atribuída a descaso do diretor do Departamento Nacional de Imigração, os internos se rebelaram. O movimento foi contido com a presença de forças policiais e após a visita de Schlesinger-Chinatti e do conselheiro austríaco Tren, que conversaram com os revoltosos. O diretor da hospedaria Pinto Amando prometeu regularizar no mesmo dia os papéis de 140 migrantes.

Em agosto de 1959, recebeu a Ordem Nacional do Cruzeiro do Sul no grau de Cavaleiro. Depois dessa data, o último registro localizado de Schlesinger--Chinatti é de 1966, residindo no Rio de Janeiro.

Fontes: Eisterer, Klaus. *O Comitê de Proteção dos Interesses Austríacos no Brasil (1943-1945)*. Brasília: Embaixada da Áustria no Brasil, 2008. Disponível em: <https://www.bmeia.gv.at/fileadmin/user_upload/Vertretungen/Brasilia/Dokumente/O_Comite_de_Protecao_dos_Interesses_Austriacos_no_Brasil.pdf>. Acesso em: 15 jun. 2020; FUNAG. *Relatórios do Itamaraty*. Disponível em: <https://archive.org/details/RelatoriosdoItamaraty>. Acesso em: 15 jun. 2020; Jornal do Brasil, Rio de Janeiro, 24-03-1950. Disponível em: <http://memoria.bn.br/DocReader/DocReader.aspx?bib=030015_07&PagFis=1701>. Acesso em: 21 jun. 2020; Kestler, Izabela Maria Furtado. *Exílio e literatura: escritores de fala alemã durante a época do nazismo*. Trad.

Karola Zimber. São Paulo: Edusp, 2003; Koifman, Fábio. *Quixote nas Trevas. O embaixador Souza Dantas e os refugiados do nazismo*. Rio de Janeiro: Record, 2002; Lesser, Jeffrey. *Welcoming to the Indesirables: Brazil and the Jewish Question*. Califórnia: University of California Press, 1995; Lochery, Neill. *Brazil: The Fortunes of War. World War II and the Making of Modern Brazil*. Nova York: Basic Books, 2014; Newman, Joanna. *Nearly the New World. The British West Indies and the Flight from Nazism, 1933-1945*. Nova York: Berghahn Books, 2019; Portal "United States Holocaust Memorial Museum" https://collections.ushmm.org/search/catalog?utf8=%E2%9C%93&per_page=100&q=Schlesinger,+Kurt.&search_field=subject&commit=update acesso em 15/6/2020; Roder, Werner Von; Strauss, Herbert A. *Biographisches Handbuch der deutschprachigen Emigration nach 1933. Band 1. Politik, Wirtschaft, Öffentliches Leben*. Munique/Nova York/Londres/Paris: Institut für Zeitgeschichte München/Research Foundation for Jewish Immigration, 1980; Tribuna da Imprensa, Rio de Janeiro, 23-07-1954. Disponível em: <http://memoria.bn.br/DocReader/DocReader.aspx?bib=154083_01&PagFis=16524>. Acesso em: 21 jun. 2020.

Inoã Urbinati / IB

SCHLESINGER, Heinz: ver MARTINS, Henrique

SCHMITT, Heinrich Karl: ver ARNAU, Frank

SCHULZ-KEFFEL, Eduard: ver KEFFEL, Ed

SCHULZE, Kurt Werner
Fotógrafo, laboratorista, empresário
Berlim, 12-02-1917 – São Paulo, 18-11-1985
No Brasil, de 1940 a 1985

Ao desembarcar em Santos, em 3 de março de 1940, Kurt Schulze tinha 23 anos. No ano anterior, fugindo da perseguição nazista aos judeus, havia deixado a Alemanha para residir em Zurich, na Suíça, onde trabalhou por um curto período como fotógrafo freelancer. Naquela cidade, ao lado de seus pais, Rudolf e Ella e de sua irmã, Ursula, resolveu emigrar para o Brasil. Com os vistos de permanência em mãos, obtidos em janeiro de 1940, a família Schulze seguiu para Gênova e embarcou rumo ao Novo Mundo no navio "Comte Grande".

Desde criança Kurt teve paixão pela fotografia, herdada provavelmente de seu pai. Rudolf era editor de livros ricamente ilustrados sobre as cidades alemãs, e aos 13 anos venceu, em Leipzig, sua cidade natal, um concurso por construir sua própria máquina fotográfica. Não é de estranhar que seu filho Kurt tenha também começado cedo a gostar do ofício. Ao completar 10 anos, ganhou sua primeira câmara *box* e, aos 17, já realizava trabalhos eventuais como fotógrafo profissional.

Em 1936, em Berlim, ingressou na Kunst und Werk — Privatschule für Gestaltung (Arte e Trabalho — Escola Privada de Formação), escola profissionalizante recém-reformulada pelo arquiteto Hugo Haring, sobre as bases da famosa Schule Reimann, referência no ensino das artes liberais e aplicadas, fundada pelo judeu Albert Reimann em 1902.

Na escola, Kurt teve contato com a fotografia de cinema mas se dedicou, sobretudo, ao laboratório fotográfico onde foi assistente de Otto Croy, fotógrafo e autor de uma vasta bibliografia de referência técnica. Entre os livros publicados por Croy, em diversas línguas, estão os clássicos *Fotomontagem e O retrato fotográfico*.

Ao chegar ao Brasil, não foi difícil para Kurt empregar-se rapidamente em sua área. Seu primeiro trabalho foi na Fotóptica, conceituado laboratório e loja de equipamentos dos húngaros Farkas, onde ficou apenas uma semana. O segundo, foi na agência jornalística Press Information, onde trabalhava a fotógrafa Hildegard Rosenthal (VER), também judia refugiada. Schulze tampouco ficaria muito tempo por lá. Ao descobrir fotos suas impressas na famosa revista Life, sem ter recebido os créditos e a remuneração por isso, pediu as contas e resolveu abrir seu próprio estúdio, o Foto Kurt, em 1941.

Os primeiros tempos do estabelecimento na Avenida São João foram dedicados quase que exclusivamente aos retratos 3x4. Em época de muita escassez de material e equipamentos, por causa da guerra, Kurt demonstrou ter engenho e grande capacidade técnica ao adaptar velhas máquinas e papéis em desuso, únicos materiais que encontrava em quantidade em São Paulo. Realizando com eles ótimos retratos, também conseguiu superar seus concorrentes em prazo e qualidade.

Em pouco tempo seus serviços fotográficos passaram a ser demandados também por indústrias, como a Alpargatas, para a qual fotografou por quase 15 anos, e por artistas, como Dorival Caymmi e Elvira Pagã. Enquanto as encomendas como fotógrafo cresciam, os serviços no laboratório também começavam a demandar espaço e tempo maiores. Em 1948, com a guerra já terminada, Kurt passou a oferecer novidades para seus clientes, como o papel Kodak para fotografias coloridas, que começou a importar. Nesse ano, ele também se casou com Erika, ao lado de quem viveria os próximos 37 anos, e com quem teve dois filhos: Ronald e Gary.

Em meados dos anos 1950, Kurt fez uma opção que determinaria não apenas seu futuro profissional, como também seu lugar na história dos negócios da fotografia no Brasil. Sem deixar de fotografar para si, resolveu fechar o estúdio para dedicar-se ao laboratório e às atividades comerciais. Em 1958, mudou a razão social de seu negócio para Laboratório Cine-fotográfico Foto Curt, e incluiu também a comercialização de produtos fotográficos.

Hábil negociante, bom farejador do crescimento do mercado, investiu na mais moderna tecnologia para revelação e ampliação de filmes. No final da década de 1970 a Foto Curt incluiu em seu contrato social as atividades de exportação e importação e abriu 56 novas filiais, em 16 estados brasileiros. Nessa mesma época lançou seu próprio filme, o Curt, fabricado no Japão pela Fuji.

Em 1981, ao comemorar 40 anos de funcionamento, o seu laboratório processava e revelava mais de 15 mil filmes diários. Em suas instalações, onde trabalhavam 1300 funcionários, passou a utilizar computadores para controle de qualidade e, de forma pioneira, energia solar para o aquecimento da água. Era então o mais moderno laboratório fotográfico da América Latina e o melhor em revelação de filmes coloridos. Em 1984, a Foto Curt, conhecida com o nome fantasia de Colorcenter, já era uma grande rede de varejo, com 71 filiais, presente em todas as regiões brasileiras.

Nesse momento, o setor começava a mostrar sinais de crise, mas ainda estava a salvo da avalanche da fotografia digital que tomaria conta do mundo a partir dos anos 2000. A escala de seu negócio lhe permitiu realizar agressivas campanhas publicitárias e oferecer ofertas e preços imbatíveis, deixando enfurecidos assim muitos dos seus concorrentes.

Kurt Werner Schulze não inovou apenas no campo dos negócios em fotografia. Desde 1969, empregava pessoas com deficiência em seu laboratórios, prática então pouquíssimo difundida. Promoveu também campanhas de ajuda e conscientização em prol dessa inclusão, como parte das estratégias publicitárias da empresa.

Em março de 1985, o Museu da Imagem e do Som (MIS-SP) realizou a mostra "Cinquenta anos de observações fotográficas", com 230 fotografias de Schulze, realizadas nos anos 1930 na Alemanha, e nas décadas de 1940 e 1950, no Brasil. Apesar de boa parte das fotos serem inéditas, a mostra não encontrou eco nos meios de comunicação.

Em 19 de novembro de 1985, dois avisos fúnebres nos principais jornais paulistas, um publicado por sua família e o outro pela Foto Curt S.A., a essa altura uma empresa com ações negociadas na bolsa de valores, comunicaram a morte de Schulze, ocorrida na véspera. Apesar de Kurt ter frequentado com certa desenvoltura as colunas econômicas e até as sociais, seu falecimento também passou despercebido pela imprensa.

Fontes: "Curt — 40 anos revelando o Brasil". Revista Manchete, n. 1546, 5 dez. 1981, p. 146-147; Isola, Ivan Negro (coord.). *Entrevista do fotógrafo Kurt Werner Schulze ao Museu da Imagem e do Som*. São Paulo, 27 de agosto de 1984. Disponível em: <https://acervo.mis-sp.org.br/audio/entrevista-do-fotografo-kurt-werner-schulze-0>. Acesso em: 15-06-2020; Krauss, Vivien Wolf. *Laboratório, estúdio, ateliê. Fotógrafos e ofício fotográfico em São Paulo (1939-1970)*. Dissertação de Mestrado. Faculdade de Filosofia, Letras e Ciências Humanas, Universidade de São Paulo, julho de 2013; Arquivo virtual Arqshoah. Holocausto e Antissemitismo. https://www.arqshoah.com/index.php/personalidades/artistas-e-intelectuais/3808-aei-23-s-chulze-kurt-werner-curt-schulze

Ileana Pradilla / IB

SCHWALBE, Adelheid Lucy: ver KOCH, Adelheid Lucy

SCHWARZ, Roberto
Professor, crítico literário
Viena, 20-08-1938
No Brasil, desde 1939

Filho do advogado Johann Schwarz e da bióloga Käthe Schwarz, Roberto nasceu cinco meses depois da anexação da Áustria pela Alemanha nazista. A escalada antissemita então desencadeada levou seus pais — judeus, intelectuais de esquerda e ateus — a decidirem emigrar. Levando consigo o pequeno Roberto com apenas alguns meses de idade, os Schwarz deixaram a Áustria no início de 1939. Foi uma longa viagem, passando pela Hungria, Iugoslávia, Itália e França, até chegarem ao Brasil, pouco antes da eclosão da Segunda Guerra Mundial. Estabeleceram-se em São Paulo, cidade que então recebia um grande afluxo de judeus, oriundos sobretudo da Europa Central.

Quando tinha 18 anos, prestes a entrar na faculdade, e indeciso entre Letras, Filosofia ou Ciências Sociais, Roberto atendeu à sugestão do crítico literário e ensaísta Anatol Rosenfeld (VER), judeu alemão amigo de seus pais, de assistir a algumas aulas na Faculdade de Filosofia, Ciências e Letras da Universidade de São Paulo (FFCL-USP) antes de se decidir. Uma aula da professora Paula

Divulgação | Foto Bel Pedrosa

Beiguelman levou-o a escolher o curso de Ciências Sociais, no qual ingressou em 1957.

No ano seguinte, Schwarz começou a participar, ao lado de Michael Löwy, Bento Prado Jr. e Paul Singer (VER), dos seminários quinzenais de leitura de *O Capital*, organizados pelo filósofo José Arthur Gianotti e pelo historiador Fernando Novais e pelos dois assistentes do sociólogo Florestan Fernandes, Fernando Henrique Cardoso e Octavio Ianni. Na mesma época, assistiu às últimas aulas de Antonio Candido como professor de Sociologia na USP, antes deste se transferir para a área de Letras, e com quem já começara a colaborar, escrevendo ensaios para o suplemento literário de O Estado de S. Paulo.

Antes mesmo de concluir a graduação em 1960, Schwarz foi aconselhado por Antonio Candido a fazer o mestrado no exterior — na volta ele poderia trabalhar como seu assistente na USP. A intenção inicial de Schwarz era fazer a especialização na Alemanha, com o sociólogo Theodor Adorno, um dos expoentes da Escola de Frankfurt. Porém, em função de bolsa de estudo que lhe foi oferecida, acabou cursando o mestrado em Literatura Comparada e Teoria Literária nos Estados Unidos, na Universidade de Yale, entre 1961 e 1963, sob a orientação de René Wellek. A passagem à crítica literária, sem deixar a sociologia de lado, foi fundamental para a definição da sua futura trajetória acadêmica e intelectual.

Ao regressar ao Brasil em 1963, tornou-se, como já estava previsto, assistente de Antonio Candido no Departamento de Teoria Literária da USP. Voltou a participar das discussões sobre *O Capital*, sendo, juntamente com Ruy Fausto, o promotor do chamado "Grupo 2 do Seminário sobre *O capital* de Marx", mais à esquerda que o primeiro, chegando a incluir militantes que iriam aderir à luta armada. Em 1965, um ano depois do golpe militar, publicou seu primeiro livro de ensaios, *A sereia e o desconfiado*, pela Civilização Brasileira. Entre 1966 e 1968, foi um dos editores de Teoria e Prática, publicação que teve apenas três números, parando de circular por pressão dos militares.

Em 1969 — após a edição do Ato Institucional nº 5, em dezembro de 1968, que provocou o endurecimento do regime —, Schwarz decidiu deixar a USP e exilou-se, primeiro, no Uruguai e, depois, em Paris, onde cursaria o doutorado ao longo da primeira metade dos anos 1970. Em julho de 1970, publicou o ensaio "Cultura e política, 1964-1969 — Alguns esquemas", na revista francesa Les Temps Modernes, no qual refletia sobre a produção cultural e o autoritarismo no Brasil, no início da ditadura militar.

Mas foi com o lançamento de "As ideias fora do lugar", na revista L'Homme et la Société, em 1972, que Schwarz inscreveu definitivamente seu nome no cenário intelectual brasileiro. Reproduzido em outras obras, o ensaio constituiu o primeiro capítulo da tese *Ao vencedor as batatas: forma literária e processo social nos inícios do romance brasileiro*, orientada por Raymond Cantel e defendida em 1976, na Universidade de Paris III (Université Sorbonne Nouvelle III). O trabalho, no qual Schwarz analisa a obra de José de Alencar e os romances iniciais de Machado de Assis, foi editado no Brasil, no ano seguinte, com o mesmo título.

De volta ao Brasil em 1978, começou a lecionar Literatura e Teoria Literária na Universidade Estadual de Campinas (Unicamp), pela qual se aposentaria em 1992. Nesse período, travou algumas polêmicas importantes, entre as quais a que manteve com Augusto de Campos sobre a contribuição da poesia concreta. Alguns de seus ensaios foram publicados em inglês, em livro e em periódicos conceituados, como a New Left Review. Em 1990, dois anos antes de se aposentar, publicou outro estudo clássico, *Um mestre na periferia do capitalismo — Machado de Assis*, no qual analisa a produção da segunda fase machadiana, inaugurada com *Memórias póstumas de Brás Cubas*.

Autor de vasta obra e considerado o crítico vivo mais influente do país, Schwarz foi homenageado em 2007 pelo Grupo de Trabalho Pensamento Social no Brasil, no âmbito do XXXI Encontro Anual da Associação Nacional de Pós-Graduação e Pesquisa em Ciências Sociais (Anpocs), pela passagem dos trinta anos da publicação de *Ao vencedor as batatas*.

O último trabalho publicado por Schwarz data de 2019. *Seja como for:*

entrevistas, retratos e documentos reúne vinte entrevistas inéditas, documentos, ensaios e perfis de Antonio Candido, Gilda de Mello e Souza, Paul Singer e José Guilherme Merquior, entre outros. A obra reproduz ainda um documento do Departamento de Ordem Política e Social (DOPS) sobre "Cultura e política".

Fontes: Querido, Fabio Mascaro. "Pensamento ao quadrado: Roberto Schwarz e o Brasil". *Lua Nova: Revista de Cultura e Política*, n. 107, São Paulo, mai.-ago. 2019. Disponível em: <https://www.scielo.br/pdf/ln/n107/1807-0175-ln-107-235.pdf>. Acesso em: 5 out. 2020; "Roberto Schwarz". In: *Enciclopédia Itaú Cultural de Arte e Cultura Brasileiras*. São Paulo: Itaú Cultural, 2020. Disponível em: <http://enciclopedia.itaucultural.org.br/pessoa1879/roberto-schwarz>. Acesso em: 5 out. 2020; Rodrigues, Lidiane Sorea. "As regras da subversão: Roberto Schwarz, Bertha Dunkel e a revista Teoria e Prática". *Revista do Instituto de Estudos Brasileiros*, n. 74, São Paulo, set.-dez. 2019; Telles, Renata. *Roberto Schwarz vai ao cinema: imagem, tempo e política*. Florianópolis: Universidade Federal de Santa Catarina (Tese de Doutorado), 2005; Vassoler, Flávio Ricardo. Livro reúne entrevistas e artigos do crítico Roberto Schwarz, 08-02-2020. Disponível em: <https://alias.estadao.com.br/noticias/geral,livro-reune-entrevistas-e-artigos-do-critico-roberto-schwarz,70003188357>. Acesso em: 5 out. 2020.

Sergio Lamarão / IB

SIEGEL ALTERTHUM, Gertrud
Zoóloga
Alemanha, 27-11-1892 – Bad Soden am Taunus, Alemanha, 14-05-1981
No Brasil, de 1934 a 1972

Gertrud Siegel, filha de Emil e Ida Siegel, casou-se com Willy Alterthum, com quem teve dois filhos, nascidos na Alemanha. Formada em Zoologia, foi assistente na Universidade de Colônia de Ernst Bresslau (VER), o primeiro de três professores alemães chamados ao Brasil para trabalhar na nascente Universidade de São Paulo (USP) após ter sua cátedra cassada pelos nazistas, sendo os outros dois Felix Rawitscher (VER) e Heinrich Rheinboldt (VER). O ano era 1934. Ao aceitar o convite, uma de suas primeiras providências foi convencer sua assistente de que a escalada hitlerista só iria aumentar. Ela seguiu seu conselho e veio para o Brasil com marido e filhos, com a missão de organizar a biblioteca da recém-criada cadeira de Zoologia.

Antes do surgimento da Faculdade de Filosofia, Ciências e Letras, os estudos zoológicos eram levados a cabo em museus e em institutos de medicina experimental, como os parasitológicos na luta contra moléstias feitos pelo Oswaldo Cruz no Rio de Janeiro e os trabalhos sobre animais peçonhentos levados a cabo pelo Butantan de São Paulo. A biblioteca da Fisiologia e Zoologia da USP contava apenas com algumas revistas, mas o professor Bresslau fez vir de navio a sua magnífica coleção particular com vários dos mais importantes tratados

Professores e alunos do curso de História Natural da USP (Alameda Glette) em 07.10.1941. Siegel na primeira fila com um menino a seu pé | Comissão Memória do Depto. de Genética e Biologia Evolutiva do IB-USP

zoológicos e uma rara reunião de separatas, impressos de artigos publicados em livro, jornal ou revista nos quais se mantém a mesma composição tipográfica. Deve-se a Alterthum a organização inicial desse acervo.

"Gertrud era uma pessoa culta e, como dominava o alemão, foi de grande valia na tradução de textos e de protocolos experimentais, nessa língua, para as aulas teóricas e práticas de Zoologia e Fisiologia", relembrou o biólogo Erasmo Garcia Mendes, que foi discípulo de vários cientistas exilados na recém-criada Universidade de São Paulo.

Um ano após sua chegada, Bresslau morreu em 9 de maio de 1935. Entre este mês e março de 1936, o seu assistente, o docente brasileiro Paulo Sawaya, ficou responsável pela cadeira de Zoologia. Gertrud Alterthum tinha graduação na Alemanha semelhante à dele, mas permaneceu com suas atividades na biblioteca, inclusive fazendo traduções do alemão para os cursos do professor Sawaya. A efetiva implantação da cadeira de Zoologia da USP só foi completada com a chegada de outro alemão refugiado, o professor Ernst Marcus (VER). As cadeiras de Botânica e Biologia Geral foram transferidas para o Edifício Biologia no campus da USP junto com suas bibliotecas em 1958 e 1959, respectivamente.

Dona Gertrudes, como era chamada por aqui, naturalizou-se brasileira em 1940, enviuvou cedo e veio a aposentar-se por limite de idade em 1963. Voltou à Alemanha em diferentes ocasiões e em definitivo em 1972. Faleceu no seu país, numa casa de repouso para idosos.

Fontes: "Cadeira de Zoologia". *Instituto de Biociências — Universidade de São Paulo*. Disponível em: <https://www.ib.usp.br/ibhistoria/50anos/1934zoo.htm>. Acesso em: 27 mai. 2020; "Faculdade de Filosofia da USP: lições inesquecíveis". *Estudos avançados*, v. 7, n. 18, São Paulo, mai.-ago. 1993. Disponível em: <https://www.scielo.br/scielo.php?script=sci_arttext&pid=S0103-40141993000200008&lng=pt&tlng=pt>. Acesso em: 27 mai. 2020.

Leonardo Dourado / IB

SILBERFELD, Roger: ver VAN ROGGER, Roger

SILBERFELD, Yvonne: ver JEAN, Yvonne

SILVA, Maria Helena Vieira da: ver VIEIRA DA SILVA, Maria Helena

SIMON, Hugo
Banqueiro, colecionador, ativista socialista
Usch, Alemanha, atual Ujście, Polônia, 01-09-1880 – São Paulo, 04-07-1950
No Brasil, de 1941 a 1950

Nascido na antiga província de Posen, de família judaica, terceiro filho do professor Victor Simon e sua esposa Sofie (nascida Jablonski), fez formação em um banco em Marburg e, por volta de 1905, já residia em Berlim. Casou-se em 1909 com Gertrud Oswald, cujas irmãs, Cäcilie e Olga, ambas se casaram também com ativistas socialistas. A primeira, com Kurt Heinig, deputado pelo SPD, Partido Socialdemocrata da Alemanha, de 1927 a 1933, depois exilado na Suécia. A segunda, com Alexander Bloch, próximo a Karl Liebknecht, colaborador do jornal Klassenkampf, do USPD, Partido Socialdemocrata Independente da Alemanha, do qual surgiu o Partido Comunista da Alemanha. Hugo e Gertrud Simon tiveram duas filhas, Ursula, nascida em 1911, e Annette, nascida em 1917. A mais velha casou-se em 1929 com o escultor Wolf Demeter (VER) e tiveram um filho, Roger, nascido 1931.

Acervo familiar,
cortesia do bisneto Rafael Cardoso

Em 1911, Hugo Simon fundou o banco privado Carsch, Simon & Co., juntamente com seu irmão, Dagobert Simon, e Otto Carsch. Após 1922, com a saída de Carsch e ingresso de Kasimir Bett como sócio, o banco foi renomeado Bett, Simon & Co. No período da hiperinflação, o influente jornalista e escritor Kurt Tucholsky (1890-1936) foi brevemente empregado no banco. Durante a Primeira Guerra Mundial, Simon tornou-se ativo no movimento pacifista e ingressou na organização Bund Neues Vaterland (Nova Confederação da Pátria), na qual militou ao lado de companheiros como Albert Einstein, Harry Graf Kessler, Clara Zetkin e Stefan Zweig. Com a derrota alemã e a Revolução de novembro de 1918, ele foi alçado a Ministro das Finanças do estado da Prússia, pelo USPD, cargo que ocupou por apenas dois meses, pois o seu partido se retirou do governo em janeiro de 1919. Durante a República de Weimar, ele serviu nos conselhos consultivos de uma dezena de empresas alemãs, incluindo as editoras S. Fischer e Ullstein e a Allgemeine Häuserbau, de Adolf Sommerfeld. Foi próximo politicamente a Otto Braun (1900-1974), importante jornalista e dirigente socialista.

Após a breve carreira política, Hugo Simon passou a dedicar sua atenção à cultura e à agricultura. Tornou-se grande colecionador de arte e membro da comissão de compras da Nationalgalerie de Berlim. Sua coleção incluía a nata da arte contemporânea, com ênfase nos expressionistas: Lyonel Feininger, George Grosz, Ernst Ludwig Kirchner, Paul Klee, Oskar Kokoschka, Max Liebermann, Aristide Maillol, Franz Marc, Edvard Munch, Max Pechstein, entre outros, assim como uma seleção importante de velhos mestres, românticos e impressionistas. A partir de 1925, a família Simon passou a residir num palacete próximo ao Tiergarten, na Drakestrasse 3, que se tornou célebre ponto de encontro com intelectuais e artistas – dentre os quais Bertolt Brecht, Alfred Döblin, Walter Gropius, Thomas Mann. A reforma da casa foi projetada por

Paul Cassirer, o eminente galerista e amigo próximo, sendo o único projeto arquitetônico realizado por ele. Em 1919, Simon adquiriu também uma propriedade em Seelow, Brandemburgo, setenta quilômetros a leste de Berlim, que ele transformou em fazenda modelo e empreendimento social.

Com a ascensão do nazismo na Alemanha, avisados que seriam presos, Hugo e Gertrud Simon partiram para o exílio em março de 1933. Foram ao encontro da filha, do genro e do neto, que já residiam no sul da França. No início de abril, estavam em Paris. Em outubro de 1933, todos seus bens na Alemanha foram confiscados. Acolhido como refugiado político pelo governo francês, ele abriu uma casa bancária e corretora em 1934. Tornou-se ativo na comunidade alemã exilada, servindo como representante alemão no Comité d'Assistance aux Réfugiés (Comitê de Assistência aos Refugiados) e contribuindo para a Caisse Israëlite des Prêts (Caixa Israelita de Empréstimos). Envolveu-se com o chamado Círculo Lutetia, de ativistas anti-nazistas, e participou da fundação da organização Bund Neues Deutschland (Confederação da Nova Alemanha), em proximidade com Georg Bernhard, Lion Feuchtwanger, Heinrich Mann, Willy Münzenberg, entre outros. Por volta de 1937, Simon passou a financiar o Pariser Tageszeitung (Diário Parisiense), principal jornal da comunidade alemã exilada. Para custear essas atividades, ele começou a se desfazer de parte da coleção de arte que conseguira salvar da Alemanha – inclusive, a célebre obra *O grito*, de Munch.

Em outubro de 1937, o governo nazista retirou de Hugo e Gertrud Simon a nacionalidade alemã. Com a invasão de Paris, em junho de 1940, tiveram que deixar a cidade. Seu apartamento, na rue de Grenelle, foi invadido e espoliado pelo notório ERR (Einsatzstab Reichsleiter Rosenberg, Força Tarefa do Líder do Reich Rosenberg, aparato nazista dedicado ao confisco de bens culturais de judeus e opositores). Foram evacuados inicialmente para Montauban e depois se encaminharam para Marselha. Conseguiram obter vistos de não-imigrante para os Estados Unidos, mas não os vistos de saída da França, pois o nome de Simon constava da lista de oposicionistas a serem entregues às autoridades alemãs pelo governo de Vichy. Após longos meses de espera, conseguiram sair clandestinamente da França, usando passaportes tchecos falsos, e atravessando a pé para a Espanha pela rota de fuga característica do Emergency Rescue Committee (Comitê de Resgate de Emergência), do jornalista americano

Varian Fry. Em fevereiro de 1941, embarcaram para o Brasil, em Vigo, a bordo do navio "Cabo de Hornos".

Aportaram no Rio de Janeiro em 3 de março de 1941 e receberam acolhida no Mosteiro de São Bento. Moraram, em seguida, no bairro de Laranjeiras, em endereço que consta da última agenda telefônica de Stefan Zweig. Vivendo com identidades falsas, sob os nomes fictícios Hubert e Garina Studenic, os Simon reencontraram no Rio o casal Ernst e Erna Feder(VER), que conheciam de Berlim e com quem compartilharam o exílio parisiense. Em agosto de 1941, Hubert Studenic recebeu ordem de expulsão do Brasil como estrangeiro indesejável e fugiu para o interior. Por intermédio de Feder, conseguiu uma colocação com a Geigy do Brasil, então empenhada na montagem de uma empresa para produzir extratos medicinais, a Companhia Agrícola Plamed. A partir de 1942, Simon foi encarregado de administrar a plantação da Plamed em Penedo (RJ), onde trabalharam centenas de estrangeiros exilados, incluindo o cientista tcheco Jan Kabelik e o advogado Hans Yitzhak Klinghoffer (VER), futuro membro do Knesset israelense, que o sucedeu como gerente. Sob ameaça de ser denunciado à polícia por sua identidade falsa, o casal Simon trocou Penedo por Barbacena, Minas Gerais. Viveram ali até o final da Segunda Guerra Mundial, escondidos, Hugo se ocupando com a criação de bichos-da-seda. Nesse período, Simon/Studenic travou uma amizade improvável com Georges Bernanos (VER). Em Barbacena, começou a escrever um romance autobiográfico com o título *Seidenraupen (Bichos-da-seda)*, manuscrito de cerca de 1.200 páginas que permaneceu inédito e hoje está depositado no Exilarchiv (Arquivo do Exílio) 1933-1945 da Deutsche Nationalbibliothek (Biblioteca Nacional Alemã), em Frankfurt.

Com o término da guerra, Hubert Studenic começou a operação de ressuscitar Hugo Simon. Graças às intervenções de Feder e D. Thomas Keller, abade do Mosteiro de São Bento, conseguiu retomar o contato com velhos amigos como Albert Einstein e Thomas Mann, os quais lhe forneceram cartas atestando sua identidade e idoneidade. A partir de 1945, tentou reaver seus bens na França, ingressando com pedidos de restituição e indenização. Infelizmente, nenhum desses esforços deu resultado em vida. Em 1946, retornou a Penedo, deixando a casa de Barbacena com Emeric Marcier (VER). Faleceu em São Paulo, no Hospital Alemão, em 1950. Gertrud Simon viveu ainda até 1964.

O bisneto de Simon, o professor de História da Arte Rafael Cardoso, publicou em 2016 um romance histórico sobre a saga da família intitulado *O remanescente. Vol. 1 – O tempo do exílio*.

Fontes: Cardoso, Rafael. *O remanescente, vol. 1: O tempo no exílio*. São Paulo: Companhia das Letras, 2016; Dines, Alberto. *A rede de amigos de Stefan Zweig: sua última agenda (1940-1942)*. Rio de Janeiro: Casa Stefan Zweig-Memória Brasil, 2014; Ludewig, Anna-Dorothea & Cardoso, Rafael, orgs., *Hugo Simon in Berlin: Handlungsorte und Denkräume*. Berlim: Hentrich & Hentrich, 2018.

Alberto Dines / Rafael Cardoso/ IB

SIMON, Michel
Professor de literatura, tradutor, radialista
Paris 24-07-1902 – Paris 04-11-1976
No Brasil, de 1940 a 1957

Arquivo Nacional

Escritor com formação universitária, Michel Salvador Simon foi, no período antecedente ao conflito mundial, colaborador da Nouvelle Revue Française e de outras publicações como Beaux Arts, Les Cahiers du Sud e Revue des Études Italiennes. O escritor veio para o Brasil em 1940, no contexto da derrota francesa frente à Alemanha e à subsequente ocupação nazista do país, a partir de junho daquele ano. Embora mantendo relações cordiais com os consulados do seu país, foi, como outros professores franceses no Brasil, objeto de acenos por parte do France Libre e, embora sem se engajar formalmente no movimento, chegou a manifestar disposição de juntar-se ao governo resistente do general Henri Giraud na África do Norte. No Brasil, integrou-se à vida cultural e intelectual, apaixonando-se intensamente pelo país de acolhida e por sua cultura, tecendo amizades com intelectuais como Otto Lara Rezende, Gilberto Freyre, Manuel Bandeira, Oswald de Andrade e Rubens Borba de Moraes. Passou a residir no Rio de Janeiro, no bairro do Flamengo, e tornou-se professor do Liceu Franco-Brasileiro, onde também lecionou o tradutor Paulo Rónai (VER), de quem se tornou amigo.

Ao longo do período passado no Brasil, traduziu diversas obras e proferiu conferências. Uma de suas primeiras palestras ocorreu em 23 de setembro de 1940 no Hotel Glória, no Rio de Janeiro, quando discorreu sobre a literatura e a poesia francesas para uma plateia de diplomatas. Na ocasião, defendeu o humor como arma civilizatória, em circunstâncias dramáticas. Em 1944 iniciou uma longa relação de amizade com o meio intelectual pernambucano, quando pronunciou palestra na Faculdade de Direito do Recife, enaltecendo poetas franceses da Resistência, como Aragon e Eluard. No ano seguinte, publicou na capital pernambucana *D'Ailleurs: une nouvelle et quelques poèmes anciens (Além do mais: uma novela e alguns poemas antigos)*, pela editora Renovação. Simon manteve também correspondência com escritores franceses como Blaise Cendrars. Em 1948 traduziu o *Guia de Ouro Preto*, de Manuel Bandeira, e publicou *Paul Verlaine et le Brésil : poèmes et dessins reunis (Paul Verlaine e o Brasil: poemas e desenhos reunidos)*. Traduziu diversos outros autores de primeiro plano, como Vinicius de Moraes, Rubem Braga e Carlos Drummond de Andrade, e escreveu uma biografia de Rui Barbosa. Seu prestigio fez com que ao longo dos anos recebesse vários convites oficiais, do governo federal e de governos estaduais. Assim, em 1954 apresentou uma conferência na Casa de Rui Barbosa. Convidado pelo Instituto Joaquim Nabuco de Pesquisas Sociais, de Recife, pesquisou em 1957 a origem do Bumba Meu Boi.

Em princípios de 1957, Simon voltou a residir na Europa, primeiro em Nápoles, para lecionar francês no Institut Français, e depois em Paris, onde se fixou definitivamente. Nesse mesmo ano assumiu a direção de Aquarelle du Brésil, programa radiofônico inédito de divulgação da cultura e música brasileira, criado com base numa ação conjugada da Divisão Cultural do Itamaraty e da embaixada brasileira em Paris e com apoio da emissora local oficial, a Organização Radiodifusão Francesa (ORTF). Apresentando sem interrupção até 1975, divulgou nomes como os de Chico Buarque, ainda censurado, e os Novos Baianos, junto aos ouvintes franceses e também aos da África francófona.

Ao longo da década de 1960, Simon — que a essa altura já assinava Simon-Brésil, para distingui-lo do famoso ator francês homônimo — continuou com suas atividades brasileiras, traduzindo obras e mantendo correspondência com intelectuais. A fim de coletar material para seu programa de rádio, passou a vir ao Brasil anualmente, visitando regiões como a amazônica. Com a ajuda do documentarista Eduardo Coutinho, traduziu a peça Gimba, de Gianfrancesco

Guarnieri, para o Teatro das Nações, em Paris, e em 1964, foi o responsável pela tradução e organização do livro *Libertinagem*, de Manuel Bandeira, lançado na capital francesa. O escritor incluiu ainda Bandeira em volume da coleção *Poètes d'aujourd'hui (Poetas de hoje)*. Em 1968, convidado para ir ao Maranhão pelo governador Sarney, buscou dados sobre a história e as tradições da região. No mesmo ano, acertou com Ariano Suassuna, de quem se tornou amigo, a tradução de *O auto da Compadecida* — em francês, *Le Jeu de la Miséricordieuse ou le Testament du chien* —, que obteve grande aceitação do público europeu. No mesmo ano, em visita a São Paulo, Simon encontrou-se com o governador Abreu Sodré que, durante almoço, chegou a lhe oferecer um programa na TV Cultura.

Simon não se casou e passou os últimos anos de sua vida em Paris. Em 1973, como homenagem por seu trabalho de divulgação da cultura brasileira, recebeu no Rio de Janeiro a Medalha Silvio Romero, do Conselho Estadual de Cultura.

Fontes: Diário de Pernambuco, 25-12-1976. Disponível em: <http://memoria.bn.br/docreader/DocReader.aspx?bib=029033_15&pagfis=94319>. Acesso em: 5 out. 2020; Figueiredo, Guilherme. Miguel Simões, cidadão brasileiro, Diário de Pernambuco, 08-03-1957, p. 4-6; Freyre, Gilberto. A propósito de Monsieur Michel Simon, Diário de Pernambuco, 17-03-1957, p. 4-8; Jornal do Brasil, 29-08-1974. Disponível em: <http://memoria.bn.br/docreader/DocReader.aspx?bib=030015_09&pagfis=109989>. Acesso em: 14 jun. 2020; Rezende, Otto Lara. *O príncipe e o sabiá: e outros perfis*. São Paulo: Cia. das Letras, 2017; Rezende, Otto Lara. *O Rio é tão longe: Cartas a Fernando Sabino*. São Paulo: Cia. Das Letras, 2011; Rodrigues, Edvaldo; Carrero, Raimundo. Michel Simon e a cultura brasileira na França, Diário de Pernambuco, 26-08-1971; Suppo, Hugo. "Intelectuais e artistas nas estratégias francesas de 'propaganda cultural' no Brasil (1940-1944)". *Revista de História*, n. 133, 1995.

Inoã Urbinati / IB

SINGER, Paul
Economista, sociólogo
Viena, Áustria, 24-03-1932 – São Paulo, 16-04-2018
No Brasil, de 1940 a 2018

Paul Singer nasceu numa família judia. Sua mãe, Carolina, e seu pai, que fora primeiro-tenente do Exército na Primeira Guerra Mundial, eram donos de uma pequena mercearia em Erlaa, subúrbio operário próximo de Viena. Em agosto de 1934, quando Paul tinha dois anos, seu pai faleceu. Singer só veio a se perceber como judeu em fevereiro de 1938, quando a mãe, invocando esta condição, proibiu-o de agitar bandeirinhas com outras crianças para celebrar a iminente anexação da Áustria pela Alemanha nazista. Após o *Anschluss*, os judeus ficaram proibidos de se relacionar com os não judeus, obrigando a mãe a se desfazer da mercearia. Em seguida, ela, Singer e a avó materna mudaram-se para a casa de uma tia-avó, em Viena.

Os nazistas impuseram a todos os judeus que não tivessem um prenome característico o uso de um segundo prenome — Israel para os homens, Sara para as mulheres —, o que transformou o jovem Paul em Paul Israel Singer.

Acervo familiar, cortesia Suzana Singer

A saída da Áustria tornava-se premente. Uma tia materna de Singer havia migrado para o Brasil nos anos 1920 e se fixado em São Paulo. Em março de 1940, Singer, sua mãe, seus tios (tio e esposa) e sua tia-avó desembarcaram em Santos, seguindo os passos da sua avó. A família manteve a tradição judaica: Singer fez o *bar mitzvah* e cumpriu outros rituais.

Em 1948, ano da fundação do Estado de Israel, Singer ingressou no Dror, organização sionista de matriz socialista, que preparava jovens para migrar para Israel e viver em *kibutz*. Nessa época, familiarizou-se com a literatura de esquerda, mergulhando na leitura de Marx, Trotsky e Rosa Luxemburgo. Em 1950, foi eleito secretário-geral do Dror, função que exerceu por dois anos.

Paralelamente, deu continuidade à sua formação escolar. Depois de concluir o ginásio, ingressou no ensino médio, diplomando-se eletrotécnico em 1951. Exerceria a profissão entre 1952 e 1956. Filiado ao Sindicato dos Metalúrgicos de São Paulo, participou da histórica greve dos 300 mil, que, deflagrada em março de 1953, paralisou a indústria paulistana por mais de um mês. Com apenas 21 anos, ele foi uma das lideranças do movimento. No ano seguinte naturalizou-se brasileiro e filiou-se ao Partido Socialista Brasileiro.

Aprovado no vestibular para economia, Singer ingressou na Universidade de São Paulo (USP) em 1956. Quando cursava o terceiro ano, foi convidado por José Arthur Giannotti para participar de uma reunião na USP, ponto de partida do grupo de estudo multidisciplinar de O Capital. Além de Singer e Giannotti, o grupo era composto por Fernando Henrique Cardoso, Ruth Cardoso, Fernando Novais, Juarez Brandão Lopes, Roberto Schwarz (VER), Otávio Ianni, Francisco Weffort, entre outros.

Melhor aluno da turma dos formandos em economia de 1959, no ano seguinte foi convidado pelo professor Mário Vieira da Cunha para ser seu assistente na USP. Entre 1961 e 1963, escreveu alguns textos e ensaios, reunidos em 1968, no livro *Desenvolvimento e crise*. Em 1963, iniciou pesquisa sobre a desigualdade regional no Brasil, focada nas cidades de São Paulo, Blumenau, Porto Alegre, Recife e Belo Horizonte, sob a coordenação do sociólogo Florestan Fernandes. Em 1965, quando estava concluindo seus últimos relatórios, Florestan sugeriu-lhe transformar o trabalho numa tese de doutoramento em sociologia, oferecendo-se para orientá-lo. Singer reorganizou o material em formato de tese e defendeu-a em 1966. O texto seria publicado em 1969, com o título *Desenvolvimento econômico e evolução urbana*.

Ainda em 1966, Singer aceitou convite para lecionar no recém-criado Centro de Estudos de Dinâmica Populacional (Cedip). No final daquele ano, mudou-se para os Estados Unidos, onde realizou uma especialização em demografia na Universidade de Princeton, acompanhado da esposa, a socióloga Melanie Berezovsky, que ali engravidaria da filha caçula – Helena, e dos filhos André, nascido do seu primeiro casamento e então com oito anos, e Suzana, com um ano. Ao voltar para o Brasil em 1967, retomou seu trabalho no Cedip e aproveitou sua monografia de conclusão de curso para se tornar livre-docente com a tese intitulada *Dinâmica populacional e desenvolvimento*, publicada em 1970.

Em 1968, Paul Singer ministrou um curso de economia muito concorrido, organizado pelo Centro Acadêmico da Faculdade de Filosofia da USP. Os estudantes gravaram as aulas e depois submeteram as transcrições à sua revisão. O material seria reunido em 1975, no livro *Curso de Introdução à economia política*.

A já sólida carreira de Paul Singer foi abruptamente interrompida em abril de 1969, quando, em consequência do Ato Institucional nº 5, promulgado em dezembro do ano anterior, foi compulsoriamente aposentado. Praticamente todos os envolvidos no grupo de *O Capital*, desfeito desde o golpe militar de abril de 1964, tiveram o mesmo destino. Ainda em 1969, na companhia de Celso Lafer, Eunice Durham, Fernando Henrique Cardoso, José Arthur Giannotti, Ruth Cardoso, entre outros, Singer participou da fundação do Centro Brasileiro de Análise e Planejamento (Cebrap), que se tornaria um núcleo de referência das ciências sociais do Brasil. Atendendo a convite da Editora Abril, Singer coordenou a tradução de *Das Kapital* para o português. A obra seria vendida nas bancas de jornais, em 1983.

Em agosto de 1979, a promulgação da lei de anistia permitiu que Singer retomasse suas atividades docentes na USP e que viesse a lecionar na Pontifícia Universidade Católica de São Paulo (PUC-SP), onde permaneceu por quatro anos.

Com a abertura política e a volta dos exilados, houve várias iniciativas de formar um partido socialista. Algumas propostas foram colocadas na mesa, e Singer acabou aderindo ao projeto de fundação do Partido dos Trabalhadores (PT), criado em fevereiro de 1980 e que reuniu intelectuais de esquerda, como Francisco Weffort, Mário Pedrosa e Chico de Oliveira, e representantes do novo sindicalismo, como Luiz Inácio Lula da Silva.

Em 1982, o PT fez seu batismo eleitoral. Em São Paulo, Lula foi lançado candidato do partido ao governo do estado. Singer coordenou seu programa econômico, defendendo o mercado interno como base de redistribuição de renda e do desenvolvimento. Derrotado nas urnas nessa ocasião, o PT conseguiu eleger Luiza Erundina prefeita de São Paulo no final da década, em 1988. Singer ocupou a Secretaria de Planejamento do município, durante todo o seu mandato (1989-1993).

Em 1996, Luiza Erundina foi novamente candidata à Prefeitura de São Paulo e Singer envolveu-se ativamente em sua campanha, defendendo o reingresso dos desempregados no processo produtivo através de cooperativas autogestionárias, regidas pela cooperação e pela solidariedade. Sua proposta foi incluída no programa de governo do PT, mas, como Erundina perdeu a eleição, não houve a chance de colocá-la em prática.

Grande divulgador das ideias de autogestão e cooperativas pelo Brasil inteiro, Singer teve seus esforços reconhecidos em junho de 2003, quando assumiu a chefia da Secretaria Nacional de Economia Solidária (Senaes), criada na ocasião, no âmbito do Ministério do Trabalho e Emprego, à frente do qual esteve até o *impeachment* da presidente Dilma Roussef, em 2016.

Seu filho, o cientista político André Singer, foi porta-voz da Presidência da República no primeiro governo Lula (2003-2007).

Fontes: "Biografia intelectual". *Paul Singer*. Disponível em: <http://paulsinger.com.br/biografia/>. Acesso em: 5 out. 2020; Carrera, Eduardo Antonio Velásquez. Paulo Israel Singer (1932-2018) — II parte, ElPeriódico, 22-09-2018. Disponível em: <https://elperiodico.com.gt/opinion/2018/09/22/paulo-israel-singer-1932-2018-ii-parte/>. Acesso: 5 out. 2020; Mendonça, Aline. Paul Singer: uma vida por outra economia. *Paul Singer*. Disponível em: <http://paulsinger.com.br/paul-singer-uma-vida-por-outra-economia/>. Acesso em: 5 out. 2020.Paul Singer (1932-2018), um breve depoimento de despedida, Jornal da USP, 20-04-2018. Disponível em: <https://jornal.usp.br/artigos/paul-singer-1932-2018-um-breve-depoimento-de-despedida/>. Acesso em: 5 out. 2020; Pilagallo, Oscar. Morre, aos 86, Paul Singer, economista e fundador do PT, Folha de S. Paulo, 16-04-2018. Disponível em: <https://www1.folha.uol.com.br/poder/2018/04/morre-aos-86-paul-singer-economista-e-fundador-do-pt.shtml>. Acesso em: 5 out. 2020.
Sergio Lamarão / IB

SLOTTA, Karl Heinrich
Bioquímico
Breslau, Alemanha, atual Wroclaw, Polônia, 12-05-1895 –
Miami, EUA, 17-07-1987
No Brasil, de 1935 a 1956

Filho de um diretor de escola, Karl Heinrich Slotta recebeu uma educação baseada nos clássicos, com sólida formação em grego, latim e matemática. Em 1914, aos 19 anos, alistou-se no exército alemão para lutar na Primeira Guerra Mundial. Gravemente ferido em combate em duas ocasiões, foi condecorado com a Eisernes Kreuz (Cruz de Ferro) do governo alemão, em reconhecimento à bravura demonstrada nos campos de batalha.

Terminada a guerra, ainda portando o uniforme de tenente do Exército, dirigiu-se à Universidade de Breslau para uma entrevista com o professor Heinrich Biltz, então diretor do Instituto de Química. Corria o ano de 1919 e Slotta jamais havia assistido a uma aula de química na vida. Ao saber disso, Biltz, para sua surpresa, abriu um sorriso e exclamou: "Mas isso é ótimo! Então você não está contaminado por conceitos equivocados!"

Karl Slotta ingressou na Universidade de Breslau aos 24 anos. Demonstrou desde o início uma invejável capacidade produtiva e vontade de aprender.

Autoria desconhecida, domínio público

Parecia querer compensar os anos perdidos com a guerra e enfrentou com galhardia aquele período notadamente adverso para a economia e a ciência alemãs. Em 1923, concluiu o doutorado e em seguida tornou-se assistente particular de Biltz. Foi depois promovido a assistente superior *(Oberassistent)* e a livre-docente do Instituto de Química (1929).

Por influência de Ludwig Fraenkel, chefe do Departamento de Obstetrícia e Ginecologia da Universidade e seu futuro sogro, enveredou, em fins da década, pelo vasto campo de estudo dos fenômenos da reprodução humana. Fraenkel era um proeminente ginecologista em Breslau e respeitado pesquisador. Em 1903, confirmara a tese formulada por Prenant de que o corpo-lúteo presente no ovário da mulher era uma glândula que sintetizava algumas substâncias essenciais ao desenvolvimento dos embriões. Fraenkel estava convencido de que o corpo-lúteo secretava um hormônio de grande importância para a manutenção da gravidez e sugeriu a Karl Slotta investigar essa hipótese.

Trabalhando em colaboração com o químico Henrich Ruschig e o médico Erich Fels, Slotta anunciou em 1933-1934 a identificação, o isolamento e a descrição da estrutura molecular da progesterona, o segundo hormônio feminino a ser descoberto (o primeiro fora a estrona, identificado por Doisy e Butenandt em 1930). Além do grupo comandado por Karl Slotta, outros três laboratórios, trabalhando de forma independente, anunciaram o isolamento e purificação da progesterona em 1934. A descoberta, que no futuro propiciaria o desenvolvimento da pílula anticoncepcional, foi o principal feito da carreira de Karl Heinrich Slotta.

Em 1927, Slotta casou-se com a economista Maja Fraenkel-Conrat, filha de Ludwig Fraenkel e de Felicia Dora Berta (Lili) Fraenkel-Conrat e irmã do bioquímico Heinz Ludwig Fraenkel-Conrat, conhecido internacionalmente por seus estudos em virologia. Os Fraenkel eram judeus e sofreram com a chegada de Hitler ao poder em 1933.

Slotta não tinha origem judaica, mas fez questão de manifestar sua repulsa ao novo regime. Nomeado professor de Química da Universidade de Breslau em 1935, não teve, porém, muito tempo para exercer a função. Em outubro daquele ano, frente ao aumento da perseguição aos judeus pelos nazistas, resolveu atender a um convite do governo de São Paulo e se transferiu com a família para o Brasil. O convite era tentador: assumir a direção da recém-criada Seção de Química e Farmacologia Experimental do Instituto Butantan na capital paulista. Ludwig Fraenkel e sua esposa também tomaram o caminho do exílio e se fixaram no Uruguai. Heinz Fraenkel-Conrat radicou-se nos Estados Unidos.

No Brasil, Slotta deu continuidade a suas pesquisas sobre a natureza dos hormônios sexuais e se debruçou sobre a química do café, investigando sua composição. Dedicou-se também aos estudos ofídicos, nos quais o Instituto era já uma referência. Em 1938, auxiliado por Heinz Fraenkel-Conrat, então de passagem pelo Brasil, conseguiu isolar e descrever a estrutura molecular de uma proteína tóxica do veneno da cascavel, à qual deu o nome de "crotoxina", a primeira toxina animal obtida na forma cristalizada.

Slotta estava no auge de suas atividades no Butantan, com dezenas de trabalhos publicados, quando o advento do Estado Novo (1937-1945) provocou uma onda de xenofobia e autoritarismo sem precedentes no país. Com o governo do estado sob intervenção federal, os pesquisadores estrangeiros do Butantan, vistos agora como uma ameaça à segurança nacional, foram obrigados a deixar seus postos de trabalho.

Afastado do instituto, Karl Slotta transferiu-se para o setor privado e foi um dos fundadores da Endochimica S. A, uma companhia do ramo biofarmacêutico na qual pôde dar continuidade a suas investigações em ciência básica. Em 1956, deixou o Brasil para assumir a cadeira de Bioquímica da Universidade de Miami, nos Estados Unidos, onde viveria até o fim de seus dias.

Fontes: Bettendorf, Gerhard. *Zur Geschichte der Endokrinologie und Reproduktionsmedizin: 256 Biographien und Berichte*. Berlin: Springer Verlag, 1998; Hawgood, Barbara J. "Karl Heinrich Slotta (1895-1987) biochemist: snake, pregnancy and coffee". Toxicon, n. 39, p. 1277-1282, 2001; "Karl Slotta". In: Wikipedia: a enciclopédia livre. Disponível em: <https://en.wikipedia.org/wiki/Karl_Slotta>. Acesso em: 20 dez. 2019; Teixeira, Luiz Antonio. "A trajetória do Instituto Butantan: pesquisa e produção de imunobiológicos para a saúde pública". Revista Brasileira de Inovação, v. 15, n. 1, p. 165-174, jan./jun. 2016; Zelnik, Raymond. "Karl Heinrich Slotta: 1895-1987". *Memórias do Instituto Butantan*, v. 50, n. 1, p. 5-14, 1988.

Luis Octavio Souza / IB

SMETAK, Walter
Músico, instrumentista, artista plástico, escritor
Zurique, Suíça, 12-02-1913 – Salvador, 30-05-1984
No Brasil, de 1937 a 1984

Arquivo Nacional

Filho de um casal de tchecos radicado na Suíça, Anton Walter Smetak iniciou-se na música muito cedo, pelas mãos do seu pai, um virtuose do *zither* (instrumento próximo à cítara, popular na Baviera). Interessado pela música de Bach e Beethoven, Smetak abandonou o *zither* para devotar-se aos estudos de piano. Porém, devido a um acidente com a mão direita, foi obrigado a desistir do instrumento.

Dedicou-se, então, a outro instrumento: ingressou em 1929 no curso de violoncelo da Escola Profissional do Conservatório de Zurique, transferindo-se em 1931 para o Mozarteum de Salzburgo, onde deu continuidade aos seus estudos. Em 1934, diplomou-se com distinção pelo novo Conservatório de Viena.

A dificuldade de trabalho e a tensa conjuntura política europeia, provocada pela ascensão do nazismo na Alemanha, levaram-no a abandonar a Europa, emigrando em 1937 para o Brasil, mais precisamente para Porto Alegre, contratado pela orquestra da Rádio Farroupilha.

Permaneceu dois anos na capital gaúcha, onde participou da orquestra da Rádio Sociedade Gaúcha e do Trio Schubert, e lecionou violoncelo no Instituto de Belas Artes do Rio Grande do Sul. Trabalhou no eixo Rio-São Paulo entre 1939 e 1941, estabelecendo-se na então capital do país neste último ano. Permaneceu 11 anos atuando como instrumentista no Rio, dividindo-se entre a Orquestra Sinfônica Brasileira, na condição de músico contratado, no Theatro Municipal e nas rádios Nacional, Tupi e Guanabara.

Após essa longa temporada carioca, em 1952 transferiu-se para São Paulo, onde trabalhou inicialmente no Teatro Municipal e, mais tarde, nas rádios Record, Bandeirantes e Sumaré. Em 1954, ingressou na Orquestra Sinfônica do Estado. Atuou ainda como *luthier*, construindo e reparando instrumentos de corda.

Em 1957, sua vida sofreu nova e decisiva mudança. Atendendo ao convite do compositor e regente Hans-Joachim Koellreutter (VER), começou a ensinar violoncelo nos seminários livres de música da Universidade da Bahia, em Salvador. Foi violoncelista da Orquestra Sinfônica da universidade, onde lecionou som e acústica. Na capital baiana, Smetak encontrou um ambiente cultural de vanguarda, que o afastou definitivamente da tradição musical europeia que o formara.

Deu início, na ocasião, a pesquisas microtonais, com base na teosofia, doutrina à qual se filiara. Assim, buscando uma nova música, novas sonoridades, decidiu montar, ainda em 1957, uma oficina para a criação de instrumentos musicais não convencionais com tubos de PVC, cabaças, isopor e pedaços de outros instrumentos. Desde então, não parou de criar instrumentos, alguns que sequer eram feitos para emitir sons, e por isso eram denominados "plásticas". Já os que emitiam eram chamados de "plásticas sonoras". Alguns deles eram verdadeiras esculturas.

Reconhecendo-se como artista plástico, em 1966 decidiu inscrever-se na 1ª Bienal de Artes Plásticas da Bahia, e acabou conquistando o prêmio de aquisição. No ano seguinte participou da mostra "Nova Objetividade", no Museu de Arte Moderna do Rio, com curadoria de Hélio Oiticica. Em 1968 já havia desenvolvido mais de 100 instrumentos experimentais de cordas, arcos, sopro, percussão e cinéticos. Nesse mesmo ano naturalizou-se brasileiro.

Sua concepção inovadora de música — que mesclava sons de tambores, guitarras, poesia concreta e arte conceitual — influenciou Caetano Veloso, Gilberto Gil, que passou a frequentar sua oficina em 1969, Tom Zé e outros artistas do movimento tropicalista, que então se firmava no cenário da música popular brasileira.

Na década de 1970, o trabalho de Smetak começou a ser reconhecido. Em 1974, recebeu o Prêmio Personalidade Global para música da Rede Globo de Televisão, e no mesmo ano lançou *Smetak*, seu primeiro LP, produzido por

Caetano Veloso e Roberto Santana. O segundo álbum, *Interregno*, foi lançado em 1980. Em 1982 participou do Festival de Berlim, além de publicar o livro *O retorno ao futuro: O retorno ao espírito*.

Em 2007, sua família recebeu a Ordem do Mérito Cultural do Ministério da Cultura, um reconhecimento póstumo do seu talento como criador. Em 2013, sua neta, a jornalista Jessica Smetak, lançou uma biografia do avô, comemorando o centenário do seu nascimento. Em 2019, foi a vez do livro *O enxerto do Takaká e outros textos*, reunindo uma seleção de escritos inéditos do músico, por iniciativa do escritor e pesquisador Migracielo. Seu acervo de manuscritos compreende, ainda hoje, dezenas de obras inéditas.

Fontes: Anjos, Anna. "As plásticas sonoras de Smetak". *Obvious*. Disponível em: <http://lounge.obviousmag.org/anna_anjos/2012/10/smetak-o-alquimista-do-som.html>. Acesso em: 5 out. 2020; "Anton Walter Smetak". *Musica Brasilis*. Disponível em: <https://musicabrasilis.org.br/compositores/anton-walter-smetak>. Acesso em: 5 out. 2020; "Anton Walter Smetak". *Suíços do Brasil*. Disponível em: <https://www.suicosdobrasil.org.br/walter-smetak>. Acesso em: 5 out. 2020; "Anton Walter Smetak". *Walter Smetak — 100 anos*. Disponível em: <https://waltersmetak.com.br/biografia.html>. Acesso em: 5 out. 2020; Jornalista neta do músico Walter Smetak lança biografia sobre o avô, G1 Bahia, 07-11-2013. Disponível em: <http://g1.globo.com/bahia/videos/v/jornalista-neta-do-musico-walter-smetak-lanca-biografia-sobre-o-avo/2939740/>. Acesso em: 5 out. 2020; Walter Smetak. In: *Dicionário Cravo Albin da Música Popular Brasileira*. Disponível em: <http://dicionariompb.com.br/walter-smetak/dados-artisticos>. Acesso em: 5 out. 2020; Walter Smetak. In: Enciclopédia Itaú Cultural de Arte e Cultura Brasileiras. São Paulo: Itaú Cultural, 2020. Disponível em: <http://enciclopedia.itaucultural.org.br/pessoa9570/walter-smetak>. Acesso em: 5 out. 2020; https://cultura.estadao.com.br/noticias/musica,o-futuro-sonhado-por-smetak,986029.

Sergio Lamarão / IB

SOCHACZEWSKI, Peter
Industrial
Budapeste, 05-02-1914 – Rio de Janeiro, 15-03-2015
No Brasil, de 1937 a 2015

Nascido na capital húngara, então parte do Império Austro-Húngaro, onde o pai trabalhava, foi trazido para Berlim com dois anos, quando Hermann Helmut Sochaczewski e Alice-Marie Langendorff Sochaczewski, voltaram para a capital alemã. O pai era comerciante, ligado à empresa Minimax AG, tradicional no ramo de material contra incêndio, circunstância que iria definir no futuro a vida profissional de Peter. Durante a Primeira Guerra Mundial, o pai serviu às tropas do Kaiser, atuando na artilharia em solo belga.

Peter viveu a adolescência na fervura da República de Weimar e aderiu à Juventude Comunista alemã com o ânimo de combater o crescimento do nazismo, que se deu a partir da crise mundial de 1929.

Com a sua mulher, a diplomata Myriam Leonardo Pereira | Acervo de família, cortesia da filha Renata Sorrah

Em Berlim, completou o curso colegial, mas foi impedido de realizar seu desejo de estudar medicina por causa das proibições impostas pelas Leis de Nuremberg, que vedavam aos judeus o ingresso no ensino superior.

Com o acirramento do antissemitismo oficial, seu irmão Gerd emigrou para a Palestina em 1935. Peter ainda perseverou em Berlim, trabalhando no comércio e aprendendo o ofício de soldador industrial, que lhe seria crucial na definição de um rumo profissional. Por fim, em 1937, pegou um trem até Hamburgo e de lá, a bordo de um navio francês, acabou fugindo para o Brasil, onde já vivia um tio, igualmente emigrante.

No Rio de Janeiro, um primeiro emprego numa empresa de alemães lhe foi negado por sua condição de judeu e, já então, de apátrida. No entanto, a perícia como soldador permitiu que trabalhasse na firma Dias Garcia, fabricante de extintores de incêndio, setor que lhe era familiar desde os vínculos comerciais do pai. Em 1938 conseguiu trazer para o Brasil os pais e, no ano seguinte, a avó materna, a cantora lírica Frida Langendorff.

No mesmo ano de 1938, na casa em que alugava um quarto e tomava aulas de português com a proprietária, conheceu a diplomata Myriam Leonardo Pereira, que ali aprendia alemão, preparando-se para assumir um posto na embaixada brasileira em Berlim. Myriam foi uma das primeiras mulheres a se tornar diplomata no Brasil, mas teve que abandonar a carreira ao se casar com Peter em 1940, pois as regras então vigentes no Itamaraty impediam que diplomatas se consorciassem com estrangeiros. Casaram-se na igreja para seguir a confissão da noiva, embora, curiosamente, muitos anos depois ela tenha se convertido ao judaísmo e eles tenham repetido o casamento, desta vez na sinagoga da ARI, sob a direção do rabino Henrique Lemle (VER).

No mesmo concurso em que Myriam ingressou no Itamaraty em 1934 foi aprovado também o futuro escritor João Guimarães Rosa, de quem ela se tornou grande amiga. Quando Guimarães Rosa foi destacado em 1938, na véspera do furacão nazista, para servir no consulado de Hamburgo, confiou a Myriam o manuscrito de *Sagarana*, com o pedido: "Myriam, se eu não voltar ao Brasil, por favor, mande publicar." Seu primeiro livro de contos foi publicado em 1946, felizmente pelo próprio autor.

Em 1940, Peter e Myriam fundaram a Sociedade Técnica de Material Contra Incêndio Ltda., dedicada à produção e venda de extintores, inicialmente associada a uma firma de portugueses fabricantes de panelas, que dispunham do maquinário necessário. A empresa, na qual também trabalhava o pai de Peter, experimentou um crescimento contínuo e tornou-se, nos anos 1950, uma das líderes do ramo com o nome de Mat-Incêndio S.A. e, em seguida, ampliou seu leque de produtos para incluir cilindros de alta pressão para oxigênio industrial e hospitalar e gás carbônico para a indústria cervejeira. Até meados da década dos 1950, a fabricação de cilindros de alta pressão era inexistente no Brasil, pois o maquinário necessário era o mesmo utilizado na produção de artefatos bélicos. Somente após o término da Guerra da Coreia (1953), os Estados Unidos permitiram a exportação para o Brasil das chamadas *Bomb Spinning Machines*. A Mat-Incêndio foi uma das primeiras fábricas a receber este maquinário para o uso pacífico na fabricação de cilindros para o transporte de gases.

Também nessa década, Peter reatou seus laços comerciais com a Alemanha, tornando-se representante da firma Magirus Deutz AG, fabricante de veículos de combate a incêndios, em particular das famosas Escadas Magirus, que passaram a equipar praticamente todos os corpos de bombeiros do Brasil. No final de sua vida profissional, Peter era o mais antigo representante da Magirus no mundo.

Com a expansão do uso do gás natural, desenvolveu-se no país um importante programa de uso veicular deste produto. Para tanto, a Mat, novo nome adotado pela empresa, passou a fabricar cilindros para gás natural veicular e é hoje a maior produtora destes itens na América Latina. A empresa abriu uma segunda planta industrial no município de Jundiaí, no Estado de São Paulo, e hoje exporta mais da metade de sua produção para todas as regiões do globo.

Peter continuou ativo à frente da Mat-Incêndio até os cem anos de idade e faleceu no Rio de Janeiro aos 101. Peter e Myriam tiveram três filhos: Susanna, cientista social, Antonio Claudio, professor de economia da UFRJ, ex-secretário de Planejamento e de Fazenda do Estado do Rio de Janeiro e presidente do Banespa, e Renata Sorrah, consagrada atriz de teatro, cinema e televisão. Entre seus sete netos, estão os atores Debora Evelyn e Carlos Evelyn.

Fontes: Antonio Claudio Sochaczewski. Peter Sochaczewski. Comunicação pessoal, 18-05-2020.
Israel Beloch

SONNTAG, Ruth: ver NUSSENZWEIG, Ruth

SOPHER, Eva
Empreendedora cultural
Frankfurt am Main, 18-06-1923 – Porto Alegre, 07-02-2018
No Brasil, de 1936 a 2018

O período dos 10 aos 13 anos da menina judia Eva Margarete Plaut ficou marcado ao longo dos 94 anos anos de sua vida, a maior parte deles passados em Porto Alegre, no Brasil. Como ela mesma descreveu na série Canto dos Exilados, antes da ascensão de Hitler em 1933, seu cotidiano de criança era "tudo tranquilo, colégio, irmã, cachorro, tudo certo". Até o dia em que Lolo, a irmã três anos mais velha, voltou da escola triste, porque sua colega disse-lhe que não podia mais sentar ao lado de uma judia. O pai, Max Plaut, processou o colégio, mudou as filhas de escola, mas a situação só piorou até que, em 1936, a família teve seus bens confiscados, foi obrigada a demitir os empregados considerados membros da casa e, na preparação da fuga, precisou sacrificar o cachorro que, para Eva, era como um irmão. Situação similar à descrita pela

Theatro São Pedro, divulgação

pintora vienense Agi Straus (VER).

No Brasil, a família recomeçou a vida em São Paulo, mas teve que se separar para sobreviver. Sopher e o pai dividiram um quarto de pensão. A mãe foi morar no campo com a outra filha e o genro. O passaporte alemão ajudou. A jovem aprendeu o português rapidamente e, aos 17 anos, conseguiu um trabalho na loja Casa e Jardim, do alemão Theodor Heuberger, fundador da Pró-Arte, importante instituição cultural e musical daquela época. Ficou em São Paulo até 1943, estudou arte, desenho e escultura no Instituto Mackenzie e seguiu para o Rio de Janeiro. Trabalhou pela Pró-Arte na capital e na cidade serrana de Teresópolis. Dois anos depois conheceu o industrial Wolfgang Klaus Sopher e em uma semana estavam casados. Em 1950 naturalizou-se brasileira.

Por motivos profissionais, o também imigrante e empresário Wolfgang Sopher precisou mudar-se para o sul do Brasil com a esposa. Antes de deixar São Paulo, Sopher levou a Heuberger a ideia de ser um braço da Pró-Arte em Porto Alegre, fazendo ensaios gerais abertos para os jovens. A iniciativa serviu de estímulo para o penoso trabalho de quase 10 anos que desenvolveria para restaurar o Theatro São Pedro a partir 1975 e que ajudou a forjar sua imagem de incansável promotora das artes. "Existem exemplos infindáveis de jovens a quem, de uma maneira ou outra, podemos dar uma possibilidade de vida artística", disse, justificando seu ato.

O casarão dos Sopher, no alto da elegante avenida Carlos Gomes, número 66, tornou-se ponto de encontro de intelectuais gaúchos e ficou famoso pelos jantares oferecidos aos artistas que se apresentavam na cidade pela Pró-Arte e também depois dos espetáculos no Theatro São Pedro, tendo, algumas vezes, hospedado personalidades artísticas. É ela quem conta: "Ionesco veio a Porto Alegre porque o cônsul francês chegou lá em casa para um jantar e recebeu naquele dia um pedido para acomodá-lo, mas não tinha o dinheiro. Meu marido, que era muito generoso, respondeu: então eu pago a vinda de Ionesco. Ou seja, Ionesco se apresentou duas noites no Theatro São Pedro e jantou duas noites na minha casa."

Durante a atuação de Eva Sopher, passaram por Porto Alegre outras estrelas internacionais da música de concerto, como Jean-Pierre Rampal, Pierre Fournier, Narciso Yepes, Mauricio Kagel, o grupo I Musici, Die Wiener Sängerknaben (Os Meninos Cantores de Viena), a Orquestra de Câmara de Jean François Paillard, Sir John Barbirolli e a Orquestra Hallé, a Orquestra de Câmara de Moscou e a aclamada Sinfônica de Israel, esta em 1972, regida pelo renomado maestro Zubin Mehta.

A "guardiã do Theatro São Pedro", como ficou conhecida Eva Sopher no Rio Grande do Sul, obteve muito reconhecimento ainda em vida. Ganhou a medalha do Mérito Farroupilha, maior honraria do Legislativo gaúcho, o prêmio Personalidade Top Ser Humano 2008, da Associação Brasileira de Recursos Humanos, seccional Rio Grande do Sul, o Diploma Bertha Lutz do Senado Federal, que homenageia contribuição relevante à defesa dos direitos da mulher e questões do gênero, o Prêmio Joaquim Felizardo, da Prefeitura de Porto Alegre, como mecenas da cultura, os títulos de Personalidade do Ano de Porto Alegre e Cidadã Honorária do Estado do Rio Grande do Sul, a Ordem do Mérito da República Federal da Alemanha (Primeira Classe), a Ordem das Artes e das Letras da França e o Prêmio Preservação da Memória do Brasil. Em 2015, recebeu a Medalha Goethe na Alemanha, o mais elevado reconhecimento do governo alemão na área cultural.

Fontes: Eva Sopher. In: Wikipedia. Disponível em: <https://pt.wikipedia.org/wiki/Eva_Sopher>. Acesso em: 5 out. 2020; Série Canto dos Exilados, 2016.

Kristina Michahelles / Leonardo Dourado / IB

SOREL, Ruth
Bailarina
Halle, Alemanha, 18-06-1907 – Varsóvia, 01-04-1974
No Brasil, de 1940 a 1943

Ruth Eli Abramowitsch nasceu numa família judaica de origem polonesa. Seu pai, Aron Abramowitsch, era ligado ao Partido Comunista Alemão. Ela começou a ter aulas de balé em sua cidade natal, completando seu treinamento em Dresden, onde, entre 1923 e 1926, integrou o conhecido grupo de dança da coreógrafa Mary Wigman, uma das expoentes da dança moderna da primeira metade do século XX, e de quem se tornaria discípula.

Sua carreira como solista teve início em 1926, quando fazia parte do Balé da Ópera de Essen. Também solista do Balé da Ópera Municipal de Berlim a partir de 1928, em abril de 1933 — um mês depois da ascensão dos nazistas ao poder no país —, foi afastada do emprego, por ser judia e sob a acusação de integrar a Célula Vermelha, uma organização comunista. Juntamente com Georg Groke, seu par nos palcos, decidiu deixar a Alemanha.

Década de 1930 | Autor desconhecido, Narodowego Archiwum Cyfrowego (Arquivos Digitais Nacionais da Polônia)

Em junho, os dois viajaram para a Polônia, onde participaram de uma competição de dança artística em Varsóvia, na qual ela ganhou o primeiro prêmio em dança solo, com a *Dança dos sete véus*, da ópera *Salomé*, de Richard Strauss. Ainda em 1933, o duo apresentou-se em diversas cidades polonesas, tendo Ruth adotado o nome artístico de Ruth Sorel. Em 1934, ela começou a trabalhar numa escola de dança de Varsóvia, e paralelamente continuou fazendo turnês na Polônia e no exterior. Em 1935, esteve na Palestina e nos Estados Unidos. Dois anos depois, foi autorizada a abrir sua própria academia de dança artística e ginástica rítmica na capital polonesa.

A eclosão da Segunda Guerra Mundial em 1º de setembro de 1939, marcada pela invasão da Polônia pela Alemanha nazista, mudou o curso da sua vida particular e profissional. Numa trégua do pesado bombardeio a que a aviação alemã submetia Varsóvia, Ruth casou-se com o conhecido escritor polonês Michal Choromański (VER), que conhecera anos antes. O casal ficou escondido desde o início da ocupação da cidade pelos invasores. Em março de 1940, depois que Choromański subornou alguns militares alemães e conseguiu uma permissão oficial para saírem de trem da Polônia, viajaram para Viena e de lá para Roma. Em seguida atravessaram a França e conseguiram atingir a Inglaterra.

Foi em Londres que o casal obteve os vistos necessários para emigrar para o Brasil, onde chegaram em meados de setembro. Ruth e o marido viveram em diferentes lugares no país e conheceram o célebre escritor austríaco Stefan Zweig (VER) e a esposa Lotte, exilados que aqui viveram de agosto de 1941 a fevereiro de 1942. Todavia, Ruth não encontrou espaço para desenvolver seu trabalho como coreógrafa e professora de dança moderna. Envolvido na atmosfera de intrigas que dominava o círculo de exilados poloneses no Brasil, Michal tampouco conseguiu dar continuidade à sua carreira de escritor.

Suas tentativas de obter um visto para os Estados Unidos esbarravam na origem alemã de Ruth. Conseguiram, porém, um visto para o Canadá e em 1943 chegaram a Montreal. Ali Ruth viveu talvez o seu melhor momento profissional. Em pouco tempo criou três estúdios de balé e logo começou a participar de festivais com o grupo Les Ballets Ruth Sorel, também conhecido como Ruth Sorel Modern Dance Group. Apresentou-se em diferentes cidades do Canadá e também dos Estados Unidos. A emoção, a musicalidade e a precisão do seu desempenho no palco, aliadas à sua inspiração literária e à teatralidade do estilo de dança alemão tornaram-na uma das responsáveis para que Montreal se tornasse um dos principais centros da dança moderna na América do Norte.

Choromański não teve o mesmo sucesso da esposa. Sua carreira de escritor não foi adiante e ele passou a apostar no retorno à Polônia para recuperar sua criatividade. Em meados de 1957, após 14 anos no Canadá, eles voltaram para Varsóvia. Ruth teve a sua carreira de coreógrafa e professora de dança praticamente interrompida. Em 1966, recusou convite para ser a coreógrafa do corpo de baile de um teatro no interior da Polônia, preferindo ficar em Varsóvia, ao lado do marido. Àquela altura, a trajetória profissional de Michal já havia deslanchado. Entre 1959 e 1971, publicou dez livros, com grande aceitação do público, e lançou novas edições das obras que publicara na década de 1930.

Depois da morte do marido, em 1972, Ruth passou a se dedicar a escrever suas memórias. A revista literária Zycie Literackie publicou trechos do livro postumamente, em 1979.

Fontes: Friedrich, Klaus-Peter. " An Eventful Life. Ruth Sorel was born a century ago". *The American Association for Polish-Jewish Studies*. Disponível em: <http://www.aapjstudies.org/index.php?id=120>. Acesso em: 5 out. 2020; Tembeck, Iro Valaskakis. "Ruth Abramowitsch Sorel". The Canadian Encyclopedia, 12 jun. 2008. Disponível em: <https://www.thecanadianencyclopedia.ca/en/article/ruth-abramovitsch-sorel>. Acesso em: 5 out. 2020.

Sergio Lamarão / IB

STAMMREICH, Hans
Físico
Remscheid, Alemanha, 16-07-1902 – São Paulo, 06-03-1969
No Brasil, de 1940 a 1969

Acervo do Instituto de Química da USP

Hans Stammreich doutorou-se pela Universidade de Berlim em 1924 e seis anos depois passou a diretor da Seção de Espectroscopia e Análise Espectral da Escola Politécnica de Berlim-Charlottenburg. Na primavera de 1933, abriu entre sua correspondência uma carta enviada pelo comitê de ações do partido nacional-socialista (partido nazista) da Escola Técnica de Berlim datada de 4 de abril daquele ano. O tom era ameaçador: "Considerando que há claras evidências de que o Sr. é não-ariano e considerando o clima nacional atual, recomendamos que solicite o afastamento de suas funções e que não entre mais na Escola Técnica até haver uma decisão." Quase um mês depois, em 2 de maio, Stammreich foi afastado provisoriamente de suas funções pelo reitor e formalmente exonerado em 24 de julho, como parte das perseguições aos judeus que se iniciavam.

Como vários outros que perderam suas cátedras pelo mesmo motivo, Stammreich era brilhante. Concluiu a graduação em 1920 em sua cidade, Remscheid, ingressou na Sociedade Alemã de Química em 1922 e recebeu o título de doutor em Ciências com grande distinção *(magna cum laude)*. Por volta de 1930 idealizou um instrumento de diagnóstico médico que chamou de Sedigraph, baseado na determinação fotográfica da taxa de sedimentação de glóbulos vermelhos. A Escola Politécnica de Berlim-Charlottenburg hoje é a TU (Technische Universität) Berlim e Stammreich foi o criador do laboratório de espectroscopia de cuja direção estava sendo apeado. A saída foi fugir para a França.

Foi apresentado aos cientistas franceses por ninguém menos que Albert Einstein e conseguiu continuar seu trabalho na Escola Municipal de Química e Física e, em seguida, no Instituto de Pesquisas Óticas da Sorbonne. Stammreich se interessava pela aplicação de métodos físicos na química para análises e controles — a especialidade denominada físico-química — e por isso dedicou-se à construção de instrumentos óticos como espectrógrafos, espectrofotômetros e colorímetros. Entre 1930 e 1939 também criou lâmpadas com descargas elétricas em vapores metálicos através de um novo princípio, cuja patente foi posteriormente adquirida pela Philips. Usando o mesmo princípio, criou ainda um aparato para a produção de vitamina D com lâmpadas ultravioletas, muito utilizado pela indústria.

Trabalhava no Centro Nacional de Pesquisa Científica Aplicada de Paris quando a França foi invadida por Hitler, em 1940. Graças à intervenção do professor Aloysio de Castro, médico e poeta, membro da Academia Brasileira de Letras, conseguiu fugir para o Brasil, mas não sem contratempos. Em 2 de maio daquele ano, Stammreich e a mulher, Charlotte, embarcaram no vapor 'Jamaïque' em Bordeaux com destino ao Rio de Janeiro e escalas previstas em Lisboa, Casablanca e Dacar. Em Casablanca, que à época era território francês, o cientista foi retirado da embarcação pelas autoridades e levado para um campo de concentração provisório. Charlotte seguiu sozinha, chegando no dia

30, "sem conhecer ninguém, quase sem dinheiro e sem notícias do marido", conforme declarou em reportagem da época. Stammreich subornou um oficial, aportou em Lisboa no cargueiro "Vilar Formosa" e depois seguiu no vapor "Cuyabá", chegando ao Brasil em 27 de outubro. Ele era duplamente visado e o motivo foi um segredo só revelado anos depois, através da biografia de seu amigo de pôquer em Berlim, o escritor Arthur Koestler: Hans Stammreich era figura importante da Internacional Comunista, o Komintern.

Ao que parece, atravessou a ditadura Vargas discretamente, sem transparecer filiação partidária. Em um de seus currículos, declarou que militou em comitês de apoio a perseguidos pelo nazismo, "ocupando-se em especial de homens de ciência". Em São Paulo, começou trabalhando na indústria de tubos de descarga de gás Nihil Neon Ltda., e desenvolveu válvulas de vapor de mercúrio para o Ministério da Marinha. Em 1943 foi contratado pelo Departamento de Física da Faculdade de Filosofia, Ciências e Letras da USP, onde se firmou como um pioneiro na criação de equipamentos científicos, uma área que já lhe granjeara projeção internacional por suas inovações. Tanto a carta nazista de 1933 quanto a correspondência com Einstein e outros documentos de Stammreich foram preservados na FFLCH (Faculdade de Filosofia, Letras e Ciências Humanas da USP).

A partir de 1947 interessou-se pela espectroscopia Raman — técnica para compreender a constituição dos materiais, em que o modo de interação entre uma luz monocromática e uma amostra fornece informações sobre o material da amostra — e montou um laboratório de pesquisa nessa área. Por sua reputação, foi chamado a colaborar com cientistas da Europa, Japão e Estados Unidos. Levou sua equipe para o Conjunto das Químicas, mas faleceu em 1969, antes da criação do Instituto de Química.

Fontes: De Faria, Dalva L. A. "Hans Stammreich: uma perspectiva histórica". *Química Nova*, v. 42, n. 9, São Paulo, set. 2019. Disponível em: <https://www.scielo.br/scielo.php?pid=S0100-40422019004900993&script=sci_arttext&tlng=pt>. Acesso em: 5 out. 2020; Schrader, B.; Otto, A. Bunsenmagazin, v. 5, n. 120, 2000.
Leonardo Dourado / IB

STANGENHAUS, Charlotta: ver ADLEROVÁ, Charlotta

STERN, Hans
Joalheiro
Essen, Alemanha, 01-10-1922 – Rio de Janeiro, 26-10-2007
No Brasil, de 1939 a 2007

"Em 1938 houve o que todos conhecem, a Noite dos Cristais. Naquela noite resolvemos sair da Alemanha, porque já se via que seria muito difícil conviver com a situação. Incendiaram todas as sinagogas, muitos homens foram presos, mas felizmente meus pais e meus avós escaparam disso", contou o joalheiro e empresário Hans Stern em uma apresentação com slides no Rio de Janeiro, em 1996. As agressões na noite de 9 para 10 de novembro de 1938 resultaram em mais de 7 mil negócios depredados, mil sinagogas incendiadas e 91 pessoas mortas. O pai de Hans Stern, Kurt, teve sua oficina destruída. Quatro meses depois, a família desembarcava na Praça Mauá. Foi providencial para a rápida obtenção dos vistos o fato de um tio de Stern ser casado com uma brasileira da família Burle Marx e viver no Brasil desde 1936. Na mesma palestra, Stern relembrou aqueles dias: "Em março de 1939 já estávamos chegando aqui no Rio, cada um com a quantia fabulosa de 10 marcos no bolso, a roupa do corpo e livros. E a venda de enciclopédias foi o primeiro capital para sobreviver."

O jovem Hans Stern tinha 17 anos ao chegar. Trabalhou como estenotipista, depois foi datilógrafo em uma empresa de minérios que comercializava pedras em estado bruto. O trabalho fez com que circulasse pelo interior do país, tomando contato com as pedras semipreciosas brasileiras, denominação que Stern sempre refutou, argumentando que "também não existe semigrávida" — isto é, turmalinas, topázios e ametistas não são pedras de qualidade inferior a um rubi ou diamante. "Não existe nenhum país no mundo que tenha uma variedade de pedras tão grande como o Brasil. Praticamente todas as pedras de cor existem aqui", dizia ele.

Em 1944, naturalizou-se brasileiro. Sua vida estava definitivamente ligada ao Rio de Janeiro e ao país que acolheu a família. Decidiu montar a própria empresa e um ano depois abriu a Lapidação Pan-Americana, um negócio de comercialização de pedras que funcionava na rua Gonçalves Dias, perto da Confeitaria Colombo, bem no centro da cidade. A pequena empresa foi o embrião

Acervo de família, cortesia do filho Roberto Stern

da futura gigante H. Stern e começou com um capital de 200 dólares, resultado da venda do acordeom que Stern tocava desde menino e que conseguiu trazer na fuga da Alemanha. Ali, começou a pôr em prática várias ideias inovadoras para a época e para o país.

Incomodados com a falta de uniformidade das peças produzidas pelos ourives, Stern e o pai trouxeram lapidários alemães, mais acostumados a seguir instruções do que os nativos, para que suas normas de qualidade fossem respeitadas. As joias eram revisadas por um examinador e descartadas, se não estivessem de acordo com as diretrizes da empresa. Isso ajudou a elevar o padrão de qualidade do produto final. Assim surgiu em sua empresa o primeiro laboratório gemológico da América do Sul. "Quanto mais profunda a cor, mais pura a pedra, menos inclusões, mais valiosa ela é. E para definir isso ele criou o que se chama um padrão de cores, porque o ser humano não tem memória de cor. Só consegue dizer se uma gema é melhor do que outra por comparação", explica a especialista Christiane Nielsen, funcionária da H. Stern.

Outro diferencial foi oferecer um certificado mundial de garantia que permitia trocar as jóias na Europa ou nos Estados Unidos, caso apresentassem algum problema. Isso dificilmente acontecia, mas os clientes viam naquele compromisso uma garantia de autenticidade e direito à manutenção. Christian Hallot, um dos funcionários mais antigos da H. Stern, testemunhou o chefe indo praticamente toda semana para garimpos no interior de Minas Gerais e levando dinheiro vivo para comprar pedras numa época em que não se operava com cheques. Ele conta que o alemão conseguiu estabelecer uma forte relação de confiança com os garimpeiros, a tal ponto que, quando acabava o dinheiro, Stern trazia a pedra e anotava o valor negociado em uma espécie de vale que o garimpeiro recebia quando vinha à sede no Rio de Janeiro.

"Essa é a Joan Crawford comprando." A descrição do slide na apresentação de Hans Stern tinha ainda fotos de atrizes como Catherine Deneuve e Brooke Shields, entre outras famosas que foram clientes e depois fizeram campanha para a joalheria. A estratégia de internacionalização da marca começou em 1969 com o primeiro ponto da loja fora da sede no cais da Praça Mauá, ampliou-se para hotéis mundo afora e passou pela criação do *tour* na empresa: grupos de turistas que chegavam ao porto do Rio de Janeiro eram levados para conhecer o processo de lapidação das pedras do Brasil e, ao final, chegavam a uma sala com vendedores. Há pelo menos um registro de mais de mil turistas em um único dia de *tour*, tal a procura. Hans Stern inovou também ao criar um design brasileiro em jóias, tornando-se referência internacional com seu império de 280 filiais em 32 países.

Hans Stern casou-se em 1958 com Ruth Beildeck, sua conterrânea de Essen, com quem teve quatro filhos. Filatelista amador, gostava de ser bem informado e lia regularmente revistas como Time e Der Spiegel. Circulava no Rio de Janeiro a bordo de um velho Fusca. Alguns anos antes de morrer, passou o comando do império para os filhos.

Fonte: Dieguez, Consuelo. *H. Stern: a história do homem e da empresa*. Rio de Janeiro: Record, 2015; Série Canto dos Exilados, Telenews, Canal Arte 1, Riofilme, 2015.

Leonardo Dourado / IB

STERN, Heinemann

Educador, escritor
Nordeck, Alemanha, 21-12-1878 – Rio de Janeiro, 23-12-1957
No Brasil, de 1940 a 1957

Arquivo Nacional

Filho mais velho entre cinco irmãos, Heinemann Stern nasceu numa família profundamente religiosa e muito influente na comunidade judaica da pequena cidade de Nordeck, próximo a Marburg, em Hessen. Seu pai, o comerciante Meyer Stern, era membro ativo na sinagoga local e presidiu a congregação até 1923.

Depois do serviço militar, Heinemann formou-se professor e ingressou, em 1906, na carreira do magistério, lecionando inicialmente em Tarnowitz (hoje Tarnowskie Góry, Polônia), na Alta Silésia. Três anos depois, mudou-se para Kattowitz (hoje Kattowice, Polônia), uma das maiores cidades da região e onde a próspera comunidade judaica era representada por um grande número de médicos, dentistas, advogados e outros profissionais liberais.

Membro da CV, Centralverein deutscher Staatsbürger jüdischen Glaubens (Associação Central de Cidadãos Alemães de Fé Judaica), tornou-se mais tarde dirigente da entidade. Fundada em 1893, a CV, maior organização judaica alemã, reunia os judeus liberais na Alemanha e, como o nome indica, seus membros se viam como alemães que eram judeus por religião, e não judeus por nacionalidade ou etnia que viviam na Alemanha.

Em maio de 1922, quando a Alta Silésia foi dividida entre a Alemanha e a Polônia, como resultado da derrota alemã na Primeira Guerra Mundial, Stern deixou Kattowice e transferiu-se para Berlim. Como ele, muitos judeus alemães liberais deixaram a Alta Silésia, por temerem o medo antissemitismo dos poloneses. Na capital alemã, Stern passou a lecionar na escola secundária da comunidade judaica local. Em 1924, lançou o livro *Angriff und Abwehr. Ein*

Handbuch über die Judenfrage (Ataque e defesa. Um manual sobre a questão judaica), no qual discutia o antissemitismo na Alemanha e seu peso na República de Weimar.

Em 1931, tornou-se diretor da escola onde lecionava, e no ano seguinte, doutorou-se com a tese Psicologia da Educação Religiosa. A essa altura, já era um educador respeitado em todo o país, conhecido por seus textos sobre conceitos de educação e metodologia de ensino. O ponto mais alto da sua carreira foi quando assumiu a presidência da Associação de Professores Judeus da Alemanha.

A subida de Adolf Hitler ao poder em abril de 1933 colocou a questão do antissemitismo em outro patamar. A perseguição aos judeus tornou-se uma prática cotidiana e a promulgação de leis antissemitas deixou a comunidade judaica cada vez mais acuada. Em 1935, Heinemann visitou sua cidade natal e pôde constatar, a exemplo do que ocorria em todo o país, como o nazismo havia modificado o comportamento da maioria não judia em relação aos judeus. Embora em Nordeck não fossem hostilizados, eles eram sistematicamente evitados por vizinhos e amigos com os quais se relacionavam normalmente até pouco tempo atrás. Assim, só saíam de casa quanto era absolutamente necessário para evitar constrangimentos. Todos os judeus que não tivessem um prenome característico foram obrigados a incorporar Israel ao nome (às mulheres foi imposto o nome Sara). Assim, ele virou Heinemann Israel Stern.

O cerco contra os judeus foi apertando. Em novembro de 1938, após a Noite dos Cristais — como ficaram conhecidos os ataques desferidos pelos nazistas contra a comunidade judaica em toda a Alemanha nos dias 9 e 10, que se destacou por uma violência até então desconhecida —, a CV foi proibida de funcionar pelo governo nazista. Ainda assim, Heinemann lançou mais um livro naquele ano, voltado para questões de ensino específicas da sua comunidade, *Didaktik der jüdischen Schule (Didática da escola judaica)*.

Em maio de 1940, ele finalmente exilou-se no Brasil, na companhia da esposa Johanna. Antes de viajar, conseguiu se despedir do seu irmão mais novo, Leo, e sua família, encontrando-se com eles em Munique. Estabelecido no Rio de Janeiro, Heinemann correspondeu-se com seus familiares até o final de 1941, quando o contato foi suspenso. Pelo menos dois dos seus irmãos, Leo e a irmã Berta, morreram em campos de concentração.

No Rio, Heinemann deu continuidade à correspondência que mantinha com ex-alunos, iniciada na Alemanha em 1937 e que se estenderia até 1952. As cartas, publicadas postumamente, muitos anos depois, narram experiências bem distintas da diáspora judaico-alemã, como os desafios enfrentados em Xangai, as questões do *apartheid* na África do Sul e a organização do trabalho nas colônias da Jewish Colonization Association, na Argentina. Ele escreveu ainda um livro de memórias, também publicado postumamente na Alemanha, no qual narra, a partir de uma perspectiva "de dentro", a vida dos judeus alemães no período entre-guerras. Colaborador de jornais cariocas, publicou em 1948 um artigo sobre o escritor sergipano Tobias Barreto, no qual discute seu suposto antissemitismo.

Fontes: "Correspondence with Stern, Heinemann". *Collections Catalogue.* Disponível em: <https://wiener.soutron.net/Portal/Default/en-GB/recordview/index/109838>. Acesso em: 5 out. 2020; " "Sampling Heinemann Stern — P132". *The Central Archives for the History of the Jewish People Jerusalem (CAHJP).* Disponível em: <http://cahjp.nli.org.il/webfm_send/638>. Acesso em: 5 out. 2020; "Stern, Erna, Hilde Berta and Leo". *Stumbling Stone Initiative Göppingen.* Disponível em: <http://www.stolpersteine-gp.de/en/erna-hilde-berta-und-leo-stern/>. Acesso em: 5 out. 2020; Stern, Heinemann. *Tobias Barreto, a Bíblia e o problema semita,* O Jornal, 11-07-1948, p. 2; Stern, Heinemann. "Alone in Familiar Surroundings". In: Limberg, Margarete; Rübersaat, Hubert (Org.). Germans no More. Accounts of Jewish *Everyday Life, 1933-1938.* Nova York: Bergahn Books, 2006, p. 77-79; Stern, Heinemann. *Warum hassen sie uns eigentlich?: Jüdisches Leben zwischen den Kriegen. Erinnerungen herausgegeben und kommentiert von Hans Ch. Meyer.* Düsseldorf: Droste, 1970; Stern, Heinemann. *Jüdische Jugend im Umbruch. Briefe nach Berlin und Rio de Janeiro, 1937-1952.* Berlim: Neofelis, 2019; Ticher, Michael. *Borderline Germans. The Jews of Upper Silesia, 1914-1923.* Sydney: University of South New Wales (dissertação de mestrado), 2019.

Sergio Lamarão / IB

STERN, Leopold
Escritor
Bucareste, 03-03-1885 – Rio de Janeiro, 24-11-1952
No Brasil, de 1940 a 1952

Leopold Stern nasceu na Romênia, mas no Brasil quase sempre foi tratado como francês. De fato, Stern vivia desde sua juventude em Paris. Lá se estabeleceu como escritor e, até sua emigração para o Brasil, tinha em sua bagagem, pelo menos, onze livros publicados na França desde 1926, quando lançou *Psychologie de l'amour contemporain (Psicologia do amor contemporâneo)*, prefaciado por seu amigo e incentivador Marcel Prévost.

Filho de Isidor e Mathilde Stern, desembarcou pela primeira vez no porto do Rio de Janeiro em 29 de agosto de 1940. Em sua ficha de imigração, registrou como residência a Rua Isvor 46, em Bucareste, e como ocupação, diretor

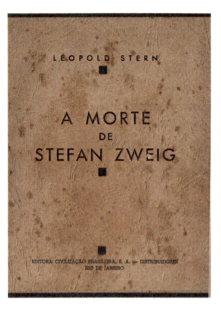
Capa de livro

do Banco Suíço, na mesma cidade.

Leopold e sua mulher Esther, nascida Lupesco, viajaram para o Rio de Janeiro no navio português "Serpa Pinto". O casal teve como companheiro de travessia Léopold Szeszner, o célebre jornalista francês Léo Poldès (VER), que também buscava refúgio no Brasil. É provável que, durante a viagem, também tenha se enturmado com o austríaco Max Stukart (VER), que se tornaria conhecido no Rio de Janeiro como o barão Max von Stukart. A chegada do luxuoso "Serpa Pinto" ao Rio de Janeiro foi um grande acontecimento. Era sua primeira viagem à América do Sul e, de acordo com o jornal Correio Paulistano, vinha carregado de figuras notáveis de diversas nacionalidades, que fugiam da guerra. Entre os passageiros, a notícia menciona atrizes de teatro e cinema, dançarinos e celebridades, incluído Léo Poldès e o famoso escritor francês Leopold Stern.

O próprio Stern se encarregou de divulgar sua presença na cidade logo após a chegada. Visitou redações de jornais e anunciou que sua viagem tinha por objetivo fazer uma pesquisa de campo para seu próximo livro, um romance que teria como protagonistas uma brasileira e um francês que se apaixonaram enquanto atravessavam o Atlântico num navio.

Em menos de três meses, Stern havia sido objeto de diversas reportagens locais, que reiteravam sua nacionalidade francesa e o classificavam como escritor da "psicologia do amor", equiparando-o a Stendhal e Balzac. Nesse período, ministrou conferências organizadas pelo PEN Clube na Academia Brasileira de Letras.

Em janeiro de 1941, Stern embarcou num avião para Miami e dali, para Nova York. Na imigração norte-americana declarou estar em viagem de negócios, e afirmou que ficaria no país por cinco meses. Mas em março, já estava de volta ao Rio de Janeiro, para aqui ficar definitivamente, pois trouxe no passaporte o visto de permanência. Ao longo de 1941 publicou crônicas, com certa regularidade, no Correio da Manhã.

Os Stern se instalaram num belo apartamento de frente para o mar, no bairro do Leme. A casa, conhecida por sua elegância e pela qualidade de sua coleção de pinturas, entre elas uma tela de Corot, tornou-se rapidamente um *point* que reunia intelectuais, escritores, artistas e pessoas da sociedade, em torno de saraus culturais. Deles participavam, entre outros, Henriette Morineau, Austregésilo de Athayde, Elmano Cardim, Álvaro de Teffé e Claudio de Souza, presidente do PEN Clube do Brasil.

Essa entidade, fundada em 1936, teve papel especial no acolhimento a intelectuais refugiados ou de passagem pelo Rio durante a Segunda Guerra, como o urbanista Alfred Agache (VER), o jornalista Ernst Feder (VER) e a poeta e cônsul do Chile, Gabriela Mistral. Stern também fez parte desse grupo e foi amplamente promovido pela entidade.

Outro escritor próximo a Claudio de Souza, e ao PEN Club do Brasil, foi o austríaco e também refugiado Stefan Zweig (VER), do qual também Stern se aproximou. Ao lado de Claudio, Stern acabou por ser testemunha dos momentos que se seguiram ao suicídio do casal Zweig, em fevereiro de 1942, pois foi ele quem, da própria casa dos Zweig em Petrópolis, traduziu do alemão para o francês a carta de despedida deixada pelo escritor, intitulada Declaração. Entre o alemão, o francês e o português, Stern e Cláudio de Souza suprimiram da Declaração "a sua parte afirmativa, a convocação para a resistência", como afirmou Alberto Dines em *Morte no paraíso*. Dizia a parte omitida pela desastrada tradução: "Saúdo todos os meus amigos. Que lhes seja dado ver a aurora desta longa noite. Eu, demasiadamente impaciente, vou-me antes."

Um opúsculo sobre Zweig foi publicado por Stern, ainda em 1942, com o título *Morte no paraíso, a tragédia de Stefan Zweig*, editado pela Civilização Brasileira. Nesse mesmo ano, e pela mesma editora, o escritor também lançou *Rio de Janeiro et moi (Rio de Janeiro e eu)*, anotações sobre sua vida na cidade, cuja escrita Zweig incentivou.

Por toda a década de 1940 Stern continuou ministrando conferências na capital brasileira, promovidas pelo PEN Clube, além de palestrar em São Paulo e Buenos Aires. Em quase todas as falas analisava o amor e outros sentimentos na obra de grandes escritores e filósofos, como Friedrich Nietzsche, Auguste Comte, Pierre Loti e Paul Bourget.

Em 1948, a editora Pierre Ardent lançou *L´Amérique découvre l´amour (A América descobre o amor)*, primeiro livro de Stern publicado na França após sua emigração, e o quarto escrito no Brasil. Seria também sua obra derradeira. Na semana seguinte ao seu falecimento, o jornalista e acadêmico Austregésilo de Athayde em singela homenagem, se referiu a seu amigo como "um patriota do Brasil".

Fontes: A morte de Stefan Zweig, Visão Brasileira, ?-09-1942, p. 28; Athayde, Austregésilo de. Leopold Stern. Diário da Noite, 01-12-1952, p. 2; Chega ao Rio, pela primeira vez, o transatlântico português Serpa Pinto, Correio Paulistano, 30-08-1940, p. 2; Dines, Alberto. *Morte no paraíso: A tragédia de Stefan Zweig*. 4. ed. Rio de Janeiro: Rocco, 2012; Gaiotto, Mateus Americo. *O P.E.N Clube do Brasil (1936-1954): a era Claudio de Souza Assis*. São Paulo: UNESP, 2018; Veio ao Brasil terminar um romance inspirado pela colônia Brasileira de Paris, Diário da Noite, 13-09-1940, p. 2.

Ileana Pradilla / IB

STRAUS, Agi
Artista Plástica
Viena, 12-07-1926
No Brasil, desde 1938

Álbum de família, cortesia da artista

Agi Straus, nascida Agathe Deutsch, é uma das tantas refugiadas obrigada a deixar a Europa com a família ainda criança, quando tinha 12 anos. Muitas décadas depois, guarda cada detalhe daquela época e sua memória. Agi frequentava a Schwarzwaldschule, instituição cuja linha pedagógica privilegiava as artes e oferecia aulas de piano e canto. Um dia, a professora dirigiu-se a ela de modo ríspido, ordenando que se levantasse. A menina achou estranho o tom, mas atendeu. A professora completou: "Você não senta mais porque é judia." Sua reação foi imediata: "O quê?", respondeu, incrédula, especialmente porque quase todos os alunos eram judeus. Agi fora escolhida por acaso. Correu para a loja do pai, contou o ocorrido e a família decidiu que era hora de partir. Ela e a irmã Eva foram mandadas para a chácara de uma amiga francesa no interior. Ficaram escondidas lá por várias semanas até os pais reaparecerem, orientando que ambas se preparassem, pois embarcariam em um trem na noite seguinte deixando a Áustria. Seguiram-se despedidas dos amigos e muito choro.

E foram muitos os perigos. No trajeto de Viena para Paris, era sabido que haveria um controle de passaportes pelos nazistas. Agi tinha uma protusão em um dos dentes superiores que ficava à frente dos demais. Alguns pais de crianças judias usavam essa condição para esconder pequenas joias no espaço interdental. O pai de Agi cortou a gengiva da filha com um canivete de bolso. Sangrou muito e machucou bastante e, como garantia, pediu que fingisse estar dormindo quando o trem parasse na inspeção. Deu certo. Mas a menina da família da cabine ao lado foi levada e o trem partiu.

Os Deutsch tinham posses e a viagem pôde ser feita na primeira classe. O vapor "Asturias" aportou no Rio de Janeiro e ficou no cais por algumas horas. A pequena Agi lembra que adorou o pouco que viu, a avenida Rio Branco, a igreja da Candelária, e que queria ficar naquela cidade, mas o navio seguiu para Santos, onde uma tia os aguardava. Por fim, estabeleceram-se em São Paulo. A partir de 1951, Agi Straus dedicou-se à literatura infantil escrevendo e ilustrando livros para a Editora Melhoramentos. Em 1952, foi estudar no Museu de Arte de São Paulo (MASP), tendo aulas com Poty, Aldemir Martins e Darel. Aprofundou-se em escultura com outro exilado, August Zamoisky (VER). Depois, trabalhou técnicas de afresco com Gaetano Miani, chegando a criar junto com ele um grande afresco no Palácio do Café. Entre 1960 e 1962, dirigiu a Escola Agi para crianças. Ao longo de seis anos, de 1964 a 1970, foi desenhista do Suplemento Literário do jornal O Estado de S. Paulo. Além de morar na capital paulista, a artista viveu em Belém, São Luís, Salvador e Recife, sempre desenvolvendo intensa atividade artística. Em 1976, teve uma participação importante na exposição coletiva Imigrantes nas Artes Plásticas de São Paulo. A partir daí foi premiada em vários salões paulistas e expôs também em Nova York, Milão e Kioto, no Japão.

Fontes: Série Canto dos Exilados (Telenews, 2016); Agi Straus. In: Enciclopédia Itaú Cultural de Arte e Cultura Brasileiras. São Paulo: Itaú Cultural, 2020. Disponível em: <http://enciclopedia.itaucultural.org.br/pessoa8768/agi-straus>. Acesso em: 5 out. 2020.

Leonardo Dourado / IB

STROWSKI, Fortunat
Professor universitário, ensaísta, crítico literário
Carcassonne, França, 16-05-1866 – Cervières, França, 11-07-1952
No Brasil, de 1939 a 1947

O pai era um oficial polonês, judeu da província da Galícia, região oriental do Império Austro-Húngaro, que trocou a Rússia pela França em 1852. Por isso, Fortunat Joseph Strowski de Robkowa fez o exame de *baccalauréat* no Lycée Louis-le-Grand em Paris e estudou Língua Francesa e Literatura na École Normale Supérieure. Formou-se em 1888 e começou a dar aulas em ginásios, primeiro em Albi, depois em Montauban, em Nîmes e, a partir de 1897, no Lycée Lakanal, de Sceaux. Em 1901 começou a ensinar na universidade de Bordeaux como coordenador e, de 1906 a 1911, como professor de História da Literatura Francesa. Passou a professor da Sorbonne em 1911. De 1930 a 1936, teve criada especialmente para ele a cátedra de História da Literatura Contemporânea Francesa. Paralelamente, dava cursos regulares como professor visitante na Universidade de Columbia, em Nova York.

O seu destino se ligou ao Brasil graças ao ministro da Educação do Estado Novo Gustavo Capanema que, em 1937, concebeu a Faculdade Nacional de Filosofia (FNFi) da Universidade do Brasil. A Fenefi, como era carinhosamente conhecida, era a menina dos olhos de Capanema, francófilo assumido, que já conhecia Strowski das aulas na Universidade de Columbia. Foi pessoalmente ao encontro do professor para convidá-lo para a nova faculdade.

Em entrevista de 1946 ao seu discípulo Maximiano de Carvalho e Silva, o professor da Sorbonne contou que ficou espantado ao verificar pouco depois de chegar ao Brasil, em maio de 1939, que "a faculdade em que iria lecionar só existia no papel e tinha péssimas e insuficientes instalações para os professores e alunos". A nova unidade de ensino iniciou suas atividades provisoriamente onde hoje funciona o Colégio Estadual Amaro Cavalcanti, no Largo do Machado, 20, uma das quatro "escolas do Imperador" construídas por Dom Pedro II. Em 1942 foi transferida para o prédio expropriado da Casa d'Italia, na avenida Presidente Antônio Carlos, no centro do Rio de Janeiro.

Strowski foi passar os feriados do fim do ano de 1939 em Paris e percebeu que a invasão dos nazistas era iminente. Já em idade avançada, despediu-se dos filhos — que depois lutaram na resistência aos alemães — e, em maio, retornou ao Rio de Janeiro, onde sua vaga o aguardava. Ao chegar, prometeu ao ministro Capanema que se empenharia para transformar a faculdade numa realidade viva, o que logo aconteceria. Lembra o seu antigo aluno que o professor francês, já com 73 anos de idade, acostumado às boas condições de trabalho na França e em Nova York, mostrou-se humilde e compreensivo em relação às dificuldades no Brasil. A faculdade sequer dispunha de bons livros e Strowski começou a frequentar a Biblioteca Nacional, a Biblioteca da Casa de Rui Barbosa e outras instituições públicas.

Acervo Musique et patrimoine de Carcassonne

Logo recomendaram que se refugiasse do calor em Petrópolis nas férias de fim de ano, para onde ia de trem, como vários outros exilados. Afonso Arinos de Melo Franco apresentou-o a Stefan Zweig. Este sabia que Strowski era o maior conhecedor da vida e obra de Michel de Montaigne, autor da monumental edição crítica, iniciada em 1906, dos cinco volumes dos manuscritos de *Ensaios* a partir do exemplar impresso de 1588, anotado pelo próprio autor, conservado na Biblioteca Municipal de Bordeaux. O escritor austríaco queria colher subsídios para um novo livro sobre o pensador francês, mas acabou escrevendo apenas o *Ensaio sobre Montaigne*, no qual se encontra a chave para a sua decisão final, o suicídio cometido junto com a mulher Lotte, em 1942. O jornalista Alberto Dines, um dos maiores biógrafos de Zweig, informa que, no dia da sua morte, o escritor austríaco levou 20 cartas ao correio central de Petrópolis. Uma delas era para Fortunat Strowski.

Já octogenário, Strowski voltou para a França em 1947. Membro do Institut de France eleito em 1926, da Académie des Sciences Morales et Politiques e da Société des Gens de Lettres, da qual foi vice-presidente, era profundo conhecedor da vida e obra dos maiores escritores franceses, com especial destaque para o matemático Blaise Pascal e o filósofo Montaigne. Foi autor de inúmeros livros — entre eles, *Le théâtre moderne et le Brésil (O teatro moderno e o Brasil)*, de 1945 — e marcou de forma indelével uma importante geração de intelectuais brasileiros. Ganhou três importantes prêmios da Académie Française: aos 33 anos, em 1899, o Prix Guizot pelo seu livro *Saint François de Sales (São Francisco de Sales)*, em 1907, o Prix Saintour pela edição dos ensaios de Michel de Montaigne e, em 1909, o Grand Prix Gobert pela obra *Histoire du sentiment religieux en France au XVIIe siècle (História do sentimento religioso na França no século XVII)*.

Fontes: Dines, Alberto. *Morte no Paraíso: a tragédia de Stefan Zweig*. 4a ed. ampl. Rio de Janeiro: Rocco, 2012; "Fortunat Strowski". In: Wikipedia. Disponível em: <https://de.wikipedia.org/wiki/Fortunat_Strowski>. Acesso em: 5 out. 2020; "Fortunat STROWSKI". Académia française. Disponível em: <http://www.academie-francaise.fr/fortunat-strowski>. Acesso em: 5 out. 2020; Silva, Maximiano de Carvalho e. "Fortunal Strowski – Presença francesa na Faculdade Nacional de Filosofia 1939-1948". Revista IHGB, Rio de Janeiro, a. 170, n. 444, p. 361-378, jul.-set. 2009.

Kristina Michahelles / Julian Seidenbusch / IB

STROZEMBERG, Malvine: ver ZALCSBERG, Malvine

STUDENIC, Hugo: ver SIMON, Hugo

STUKART, Max von
Diretor artístico, relações públicas, dono de casas noturnas, gourmet
Viena, 03-03-1899 – Rio de Janeiro, 18-12-1965
No Brasil, de 1940 a 1965

Max Egon Stukart nasceu em Viena no ocaso do século XIX, momento em que a capital do Império Austro-Húngaro se debatia entre o culto a uma tradição que desmoronava e o espanto pela irrupção inevitável da modernidade que se forjava nos diversos cantos da cidade. Gustav Klimt, Adolf Loos, Sigmund Freud, Ludwig Wittgenstein, Ludwig Botzmann e Arnold Schoenberg são apenas alguns dos ilustres moradores que trabalhavam em Viena à época do nascimento e da primeira infância de Max.

Cresceu no seio de uma família da pequena aristocracia vienense. Seu pai, Moritz (Moses) Stukart, nascido na Morávia, atual República Tcheca, fez uma brilhante carreira na polícia de Viena, onde chefiou o Departamento de Segurança e chegou até o Conselho do Tribunal Real. Por sua atuação ganhou o título nobiliário de Cavaleiro da Ordem Imperial Austríaca, a condecoração da Cruz do Comandante da Ordem Imperial Franz-Joseph e várias outras menções estrangeiras. Parte de sua ascensão profissional e social se deveu à transformação que operou nas técnicas forenses, introduzindo nas investigações ferramentas de ponta, como a fotografia e a datiloscopia, assim como ao seu talento para divulgar seus feitos na imprensa.

Acervo de família, cortesia de Mercedes Stukart

Em 1894, Moritz casou com a judia Gabrielle Strasser, também nascida na Moravia. O casal teve dois filhos: Clarisse, que se tornaria cantora lírica, e Max Egon, cinco anos mais novo que sua irmã. Max estava ainda na adolescência quando eclodiu a Primeira Guerra Mundial. Teve uma breve passagem pelos campos de batalha, aos 18 anos, como 1º tenente de aviação e, de acordo com sua própria narrativa, sua vida militar se encerrou quando seu avião foi abatido na Sérvia. Seu pai faleceu em 1919, apenas um ano após o fim do conflito, que também significou o fim do Império Austro-Húngaro, do qual os Stukart faziam parte.

Pouco se sabe sobre a vida de Max nas duas décadas seguintes. Parece que realizou diversas tentativas comerciais sem muito sucesso, mas nem por isso deixou de fazer parte da nata da sociedade europeia. Em 1932, na charmosa cidade de Carlsbad, hoje Karlovy Vary, na República Tcheca, conheceu a brasileira Yolanda Penteado, a mecenas da arte moderna, que na década seguinte se casaria com o magnata Francisco *Ciccillo* Matarazzo. Em 1933, ainda morando em Viena, Stukart viajou para Nova York a negócios, como banqueiro, acompanhado de Ferdinand, Príncipe de Lichtenstein.

Após a anexação da Áustria pela Alemanha nazista, em 1938, é possível que Max tenha saído imediatamente de Viena e morado em outras cidades. Foi em Paris, contudo, onde transformou seu gosto pela noite e pela comida em profissão. Lá dirigiu duas casas noturnas, a Balalaika e a Tour Paris, até a chegada dos alemães à Cidade Luz, em 14 de junho de 1940. Em Bordeaux, quatro dias depois, Stukart conseguiu um passaporte, onde constava ser ex-austríaco, mas foi em Lisboa, em 26 de julho, onde obteve o visto temporário que lhe permitiria emigrar para o Brasil.

O luxuoso navio "Serpa Pinto" atracou na Praça Mauá em 29 de agosto de 1940 trazendo quase quinhentos passageiros, entre os quais o diplomata Caio de Mello Franco e sua mulher, a austríaca Yolanthe Monzer Von Forstenegg, que havia incentivado Max a vir para o Rio de Janeiro. Stukart, um mero desconhecido ao desembarcar, não imaginava nesse momento que nos próximos 15 anos, desempenharia um relevante papel na história social da cidade que ora o acolhia.

Em sua ficha de imigrante, declarou que residiria no Hotel Glória. Seu amigo, o conde Michel Lichnovsky, outro representante da nobreza do extinto Império Austro-Húngaro, estava à sua espera no cais. Não se sabe ao certo se Stukart já veio contratado por Octavio Guinle, o abastado proprietário do Copacabana Palace, ou se Lichnovsky os apresentou no mesmo dia de sua chegada. O certo é que Max se mudou para esse luxuoso hotel e, imediatamente, passou a trabalhar como Diretor Artístico do Golden Room, monumental espaço dedicado a shows criado em 1938 dentro do Copacabana.

O Rio vivia então a época áurea dos cassinos, legalizados em 1933 pelo presidente Getúlio Vargas. Eles instituíram na cidade não apenas o jogo, mas a cultura dos grandes espetáculos musicais. Stukart, agora convertido no Barão Max von Stukart, título que sua família nunca teve, soube utilizar sua vivência do *grand monde* para fazer do Golden Room um espaço luxuoso e sofisticado, que começou a atrair, além de turistas, a alta sociedade carioca.

Em julho de 1941, já estabelecido profissional e socialmente, Max recebeu sua mãe, sua irmã e seu sobrinho, que escaparam da perseguição nazista. Gabrielle Stukart, já idosa, faleceu três meses depois de sua chegada, de enfarte do miocárdio. Clarisse, cantora lírica, foi aos poucos encontrando seu espaço na cidade, tanto como intérprete, apresentando-se em recitais e em programas de rádio, quanto como preparadora vocal de políticos, atores e cantores, sendo uma das primeiras pessoas a atuar e ter sucesso nessa área.

Inquieto e criativo, o Barão não se contentou com o monumental Golden Room. Criou, também no Copacabana Palace, o restaurante Meia-Noite (ou Midnight como também era conhecido), com shows mais intimistas, cozinha e serviço de altíssima qualidade. Foi ali que realizou um dos seus feitos mais duradouros na cultura gastronômica carioca: a introdução do picadinho nas mesas elegantes do restaurante de padrão internacional. Foi dele também a ideia nada ortodoxa de introduzir a feijoada, prato popular, servida com batida de limão e cachaça, no cardápio do Bife de Ouro, outro restaurante do mesmo hotel, favorito de políticos e empresários.

O fechamento dos cassinos determinado pelo presidente Eurico Gaspar Dutra em 1946, além dos consideráveis prejuízos financeiros para a cidade e para o grande contingente de trabalhadores dos estabelecimentos, operou uma transformação na noite carioca. Foi o início das boates, em geral casas menores, mais intimistas, com música ao vivo, onde se iniciaram grandes nomes da música brasileira.

Em 1947, o Barão von Stukart, já sem vínculos com o Copacabana Palace, inaugurou a boate Vogue, no Leme, no hotel homônimo pertencente a outro nobre, o conde português Duarte Atalaia. O Vogue não foi o primeiro de seu gênero no Rio de Janeiro, mas foi um divisor de águas na história da boemia carioca. Lá se encontrava, noite após noite, literalmente *todo mundo*: as altas esferas da política, das finanças, da indústria, da imprensa, a boemia profissional, a intelectualidade e a beleza feminina.

Graças a um *chef* importado da Rússia, Gregor Berenzaski, o Vogue também se tornou o melhor restaurante do Rio de Janeiro, e lançou a moda do estrogonofe e do frango a Kiev, que ficaram para sempre nos cardápios cariocas.

Após um período em que importava músicos estrangeiros, a boate passou a contratar cantores nacionais já consagrados pela rádio, como Aracy de Almeida, Linda Batista, Elizeth Cardoso e Ataulfo Alves. Eles cantavam para uma plateia de grã-finos que até então havia ignorado a música popular brasileira. Lá despontou também, como pianista, outro refugiado, Sacha Rubin (VER), que logo se tornaria concorrente com sua boate Sacha's.

No dia 14 de agosto de 1955 um incêndio fatal acabou não apenas com o Vogue, mas simbolicamente, com uma era da noite carioca. Foi uma grande comoção. Começado talvez na cozinha, o fogo rapidamente tomou conta do hotel e deixou cinco vítimas fatais. Max von Stukart se encontrava em Buenos Aires a negócios, e só viu os escombros no dia seguinte. Foi processado, mas seus bons advogados conseguiram a anulação das acusações.

Para fugir de uma possível prisão preventiva, o Barão foi morar em Nova York por um tempo. Contratado pela Varig em 1956, cuidou do cardápio internacional e das relações públicas da companhia nos Estados Unidos. Nesse segmento também deixou sua valiosa contribuição, ao introduzir, na primeira classe, um cardápio sofisticado e um serviço de bordo realizado pelos próprios garçons do Vogue. Não por acaso, durante muitos anos a Varig ostentou a fama de ter um dos melhores serviços de aviação do mundo, e suas concorrentes foram obrigadas a copiar as inovações criadas pelo Barão.

Max von Stukart faleceu em 18 de dezembro de 1965, vítima de um acidente de automóvel na Avenida Brasil, descendo de Teresópolis. Estava sozinho e perdeu a direção de seu Volskwagen. Ele era bom piloto e havia participado, ao menos, de uma corrida do circuito da Gávea. Seu sobrinho, Herbert Lowe Stukart, chegou a ir à polícia para comunicar ter recebido uma denúncia que afirmava que o carro de Stukart tinha sido perseguido, desde Teresópolis, por um Gordini azul. A informação nunca se confirmou.

Fontes: Castro, Ruy. *A noite do meu bem*. São Paulo: Companhia das Letras, 2015; Jordan, Andre Spitzman. *O Rio que passou em minha vida*. Rio de Janeiro: Leo Christiano Editorial; Desastre na estrada mata Barão do Vogue, Última Hora, 20-12-1965, p. 2; "STUKART, Moritz - k. k. Hofrat". *Collegium Rerum Nobilium Austriae*. Disponível em: <https://www.coresno.com/index.php?option=com_content&view=article&id=47:beamte001&catid=11&Itemid=101>. Acesso em: 3 jul. 2020.

Ileana Pradilla / IB

SWIECA, Jorge André
Físico
Varsóvia, 16-12-1936 – São Carlos, São Paulo, 22-12-1980
No Brasil, de 1942 a 1980

Filho único de Miguel e Renata Teophila Swieca (Szporn, de solteira), Jerzy Andrzej Swieca vivia em Varsóvia com os pais quando, em setembro de 1939, a Polônia foi invadida pelas tropas da Alemanha nazista. Era o início da Segunda Guerra Mundial. Os Swieca, e mais uma tia e dois tios maternos de Jerzy, fugiram do país pelo território da União Soviética. Depois de uma longa travessia de trem pela Transsiberiana e de uma estada no Japão, chegaram a Buenos Aires no início de 1941. Permaneceram por um ano e meio na capital argentina e de lá vieram para o Rio de Janeiro, onde desembarcaram em julho de 1942.

Jerzy adquiriu a nacionalidade brasileira ao completar 18 anos, quando o seu prenome passou a ser, oficialmente, Jorge André. Após concluir o ensino médio no Colégio Mello e Souza, tradicional educandário carioca, ingressou em 1955 no curso de Física da Faculdade Nacional de Filosofia da Univer-

Autoria desconhecida,
AIP Emilio Segrè Visual Archives,
Physics Today Collection

sidade do Brasil (atual Universidade Federal do Rio de Janeiro). Diplomado em dezembro de 1958, no início do ano seguinte, aceitando convite do renomado físico Mário Schemberg, ingressou na Universidade de São Paulo (USP).

Durante o ano de 1961, em sua primeira experiência acadêmica no exterior, esteve na Alemanha Ocidental desenvolvendo pesquisas no Instituto Max Planck de Munique, no grupo liderado por Werner Heisenberg. De volta ao Brasil, sob a orientação de Werner Güttinger, doutorou-se na USP em 1963 com uma tese sobre o método de aproximação Tamm-Dancoff, focado na eletrodinâmica quântica. Nesse mesmo ano, casou-se com Maria José, com quem viria a ter um casal de filhos. Depois do doutoramento, continuou como professor assistente na cadeira de Mecânica Quântica do Departamento de Física da USP.

Em 1965, retornou ao exterior, dessa vez, para uma temporada no Departamento de Física da Universidade de Illinois, em Urbana-Champaign, onde fez o equivalente ao pós-doutorado. Após retomar suas atividades como professor e pesquisador na USP, foi aprovado em concurso para livre-docente em 1967. O tema de sua tese *Quebra espontânea de simetrias em teorias quânticas* foi desenvolvido durante a sua permanência nos Estados Unidos.

Em 1968, com apenas 32 anos, foi agraciado com o Prêmio Moinho Santista de física, tendo sido o segundo físico a recebê-lo, depois do consagrado Jayme Tiomno. No final de 1970, transferiu-se para o Departamento de Física da Pontifícia Universidade Católica do Rio de Janeiro. Seu retorno ao Rio marcou o encerramento da primeira fase de sua trajetória profissional, ao longo da qual foi o responsável pela implantação no Brasil da investigação sistemática em Teoria Quântica de Campos (TCQ) e se firmou como um dos grandes nomes da física matemática no Brasil.

Pesquisador visitante na Universidade de Nova York em 1975, permaneceu na PUC-RJ até 1978. Nesse mesmo ano, aceitou convite para lecionar na recém-criada Universidade Federal de São Carlos, no interior do estado de São

Paulo, e para lá se transferiu em 1979. Na segunda fase da sua vida acadêmica, que se estendeu de 1970 até a sua morte em 1980, Swieca criou o que hoje se conhece como "laboratórios teóricos".

Ao longo dos 20 anos de carreira, ele estagiou no Centre Européen pour la Recherche Nucléaire (CERN), o maior laboratório de física de partículas do mundo, e nas universidades de Hamburgo e Minnesota. Além disso, ministrou, entre outros, cursos nas Escolas de Verão de Les Houches e Cargèse, na França.

Em 1981, ano seguinte à sua morte, o Conselho Nacional de Pesquisas e Desenvolvimento Tecnológico (CNPq) lançou uma coletânea de seus trabalhos, com o título *Obras coligidas de Jorge André Swieca*. Em 1984, foi criada na USP, a Escola de Verão Jorge André Swieca de Física Nuclear Experimental, por iniciativa da Sociedade Brasileira de Física. Realizada desde então a cada dois anos, ela tem como objetivo propiciar aos alunos de pós-graduação um contato com os aspectos mais recentes e estimulantes daquele campo da física.

Fontes: Marino, Eduardo Cantero. "Jorge André Swieca: Uma figura ímpar na física brasileira". Revista Brasileira Ensino de Física, v. 37, n. 3, jul.-set. 2015, p. 3602-3602. Disponível em: <https://doi.org/10.1590/S1806-11173731932>. Acesso em: 5 out. 2020; NUSSENZVEIG, Hersch Moysés. Jorge André – Reminiscências. https://jaswieca.if.uff.br/reminiscencias/reminiscencias_moyses.pdf; Videira, A. Luciano L. "Jorge André Swieca (1936-1980)". πon: ligado na física! Disponível em: <http://www.sbfisica.org.br/v1/portalpion/index.php/fisicos-do-brasil/15-jorge-andre-swieca>. Acesso em: 5 out. 2020; https://portal.if.usp.br/ifusp/pt-br/evento/xx-escola-de-ver%C3%A3o-jorge-andr%C3%A9-swieca

Sergio Lamarão / IB

SZAFRAN, Filip: ver WAGNER, Felipe

SZAFRAN, Ita: ver GOMES, Ida

SZENES, Árpád
Desenhista, ilustrador, professor, gravurista, pintor
Budapeste, 06-05-1897 – Paris, 16-01-1985
No Brasil, de 1940 a 1947

A relação do artista húngaro Árpád Szenes com o Brasil começa e acaba com uma história de amor. Nascido em uma família pequeno-burguesa, sua casa da rua Vörösmarty, em Pest (uma das duas partes que compõem a capital da Hungria, a outra é Buda), era frequentada por intelectuais, artistas e músicos.

Coleção Fundação Árpád Szenes – Vieira da Silva, Lisboa

Szenes esteve na Primeira Guerra Mundial, mas não precisou ir ao front de batalha. Sua habilidade no desenho, desenvolvida desde criança, foi aproveitada para registrar artisticamente as sepulturas de heróis mortos a partir de fotografias. Em 1919, após a vitória dos bolcheviques na Rússia, passou a se interessar pelas correntes de vanguarda, como cubismo, futurismo e construtivismo que floresceram em Budapeste. Sua primeira exposição foi de pinturas abstratas no Museu Ernst, em 1922. Viajou pela Europa, descobrindo Paul Klee e Wassily Kandinsky, na Alemanha, e a Escola de Siena, Giotto e Piero della Francesca, na Itália.

Em 1925 mudou-se para Paris, onde, com pouco dinheiro, sobreviveu fazendo caricaturas nos cafés e cabarés de Montmartre. Em 1928, conheceu a portuguesa e também pintora Maria Helena Vieira da Silva (VER) na Académie de la Grande Chaumière. Casaram-se em Paris em 1930 e, graças a esta união, a trajetória artística de Árpád Szenes ligou-se ao Brasil.

"Mais do que uma carícia, o desenho é uma agressão. Para ir em busca do segredo escondido na carne, debaixo do osso, uma certa crueldade é indispensável. Olhar e desenhar — quem desenha não pode dar-se ao luxo de não ver. Talvez o traço seja um escalpelo, a precisão é necessária. Os primitivos comiam aqueles a quem amavam, eu devorei com os olhos o objeto de meu amor. Tinha o privilégio de um modelo permanente. Desenhava-o de mil maneiras diferentes e a cada vez a minha interpretação variava. É por isso que, embora em meus desenhos Vieira esteja sempre a trabalhar — sentada ou em pé, atenta, obstinada — eles têm aparências muito diversas." Com estas palavras, Szenes registrou para a posteridade o que sentia ao praticar sua arte ao mesmo tempo que fez uma autocrítica: "para um pintor, desenhei muito."

O desembarque no Rio de Janeiro foi uma operação que exigiu rapidez e muito malabarismo burocrático. Para se livrar do passaporte com a indicação de que era judeu, Árpád se casou com Vieira na igreja São Sebastião da Pedreira, em Lisboa, em 15 de novembro de 1939, e ali também foi batizado. A Segunda Guerra Mundial começara dois meses antes. Em maio de 1940, Árpád teve uma exposição organizada pelo Secretariado da Propaganda Nacional (SPN), em Lisboa, e Vieira ganhou prêmio no concurso Exposição de Montras do Chiado. A conversão ao catolicismo somada ao prestígio do artista acabou dando resultado: conseguiram vistos para o Brasil nos passaportes húngaros com direito a uma carta de recomendação ao cônsul geral do Brasil em Lisboa assinada por António Eça de Queiroz, subdiretor da SPN na capital portuguesa. Tomaram outras providências: procuraram o crítico português José Osório de Oliveira, que na época escreveu o primeiro livro internacional sobre o modernismo literário brasileiro, e conseguiram duas cartas de recomendação, uma endereçada a Cecília Meireles e a outra, ao poeta Murilo Mendes. Assim, chegaram ao Brasil em julho de 1940.

Szenes e a mulher hospedaram-se durante seis meses no Hotel Londres, em Copacabana, e depois se mudaram para a Pensão das Russas, na rua Marquês de Abrantes 64, onde também morava Murilo Mendes, de quem o casal ficou muito próximo, assim como passaram a integrar um grupo de amigos que incluía o pintor Carlos Scliar, o crítico Rubem Navarra e a poeta Cecília Meireles. Pouco tempo depois se renderam à força de atração do antigo, mas já decadente à época, Hotel Internacional, em Santa Teresa, espécie de QG da *intelligentsia* artística exilada no Rio de Janeiro, e se mudaram para um de seus chalés. No prédio principal do hotel, Szenes montou seu ateliê e passou a receber alunos. Por suas aulas passaram, entre outros, o mineiro Frank Schaeffer e Almir Mavignier, que depois fez carreira na Alemanha. Szenes também deu aulas na Colmeia de Pintores do Brasil, escola criada por Levino Fânzeres e que projetou importantes nomes da pintura brasileira no século XX, como Ivan Serpa e Ismael Nery.

Para não empanar o brilho de sua mulher, enquanto Vieira da Silva pintava — mesmo que desconfortável pelas concessões a um certo naturalismo de seus colegas modernistas brasileiros, feitas a troco de integrar-se ao grupo —, Árpád Szenes dava aulas, ilustrava livros e fazia retratos. Em 1943 retratou pouco mais de uma dúzia de importantes botânicos para a Escola Nacional de Agronomia, em Seropédica, Rio de Janeiro (atual Universidade Federal Rural), dos quais poucas décadas depois só sobraram dois, e, para o refeitório da mesma instituição, auxiliou Vieira da Silva a produzir um painel de azulejos de 10 metros quadrados intitulado Quilômetro 44, encomendado por Heitor Grilo, diretor da Escola, à época casado com Cecília Meireles. Ilustrou a tradução de Cecília Meireles de *A canção de amor e de morte do porta-estandarte Cristóvão Rilke (Die Weise von Liebe und Tod des Cornets Christoph Rilke)*, de Rainer Maria Rilke.

Maria Helena Vieira da Silva nunca se adaptou ao Brasil. Sofria com o calor, tentou o suicídio duas vezes e já pendia para a abstração, o que ainda era novo entre seus pares e criava alguma tensão. Árpád Szenes, "como era muito versátil, conseguiu sobreviver muito melhor", disse o crítico Nelson Aguilar na série Canto dos Exilados. Por ele, teria permanecido no Brasil, mas Vieira da Silva insistiu em retornar. Com o fim da guerra, o casal voltou para a França e ganhou cidadania francesa. Em Paris, Szenes deu aulas às artistas brasileiras Lygia Clark e Teresa Nicolau. Em 1997, foi inaugurado um mural do pintor e desenhista na estação Rato do metrô de Lisboa. Também na capital portuguesa, foi criada em 1994 a Fundação Árpád Szenes-Maria Helena Vieira da Silva para preservar o legado dos pintores. A obra de Árpád Szenes, construída à sombra da de sua esposa, começa a ser revista e analisada em sua verdadeira dimensão, como arrematou o também crítico Frederico Morais.

Fontes: Canto dos Exilados, Telenews, Canal Arte 1, Riofilme, 2015; Couto, Maria de Fátima Morethy. *Antonio Bandeira, Vieira da Silva e a arte abstrata no Brasil e na França*. In: Árpád Szenes – Vieira da Silva, 2001; Morais, Frederico (Cur.). *Ciclo de exposições sobre arte no Rio de Janeiro: Tempos de guerra, Hotel Internacional, Pensão Mauá*. Rio de Janeiro: BANERJ/Danúbio, 1986; Szenes, Árpád. *Retratos de Vieira por Árpád Szenes*. Lisboa: Centro de Arte Moderna/Fundação Calouste Gulbenkian, 1985.

Leonardo Dourado / IB

SZENKAR, Eugen
Regente
Budapeste, 09-04-1891 – Düsseldorf, Alemanha, 28-03-1977
No Brasil, de 1939 a 1948

Nascido em uma família judia húngara, Eugen (Jenö, em húngaro) Szenkar era uma criança prodígio: aos quatro anos, antes de ler e escrever, já tocava piano. Estudou música com o pai, um conceituado pianista, aperfeiçoou-se na Academia de Música de Budapeste, formou-se aos 18 anos e conseguiu o primeiro emprego na Ópera Popular da capital da Hungria. Foi o início de uma riquíssima trajetória: regente do Deutsches Landestheater, em Praga, diretor musical da Ópera Popular de Budapeste, do Mozarteum de Salzburgo, do Teatro de Altenburg, na Turíngia, e em Dresden. Em 1920, sua meteórica carreira levou-o a ser nomeado diretor musical também em Frankfurt e depois na Ópera Popular de Berlim. Em 1926 ocorreu um episódio que mudaria sua vida. Szenkar dirigia a Ópera de Colônia quando regeu a estreia mundial da pantomima *O mandarim maravilhoso*, de Béla Bartók. No dia seguinte, o prefeito da cidade, Konrad Adenauer, que viria a ser o futuro primeiro chanceler da Alemanha no pós-Guerra, convocou o maestro a seu gabinete e mandou suspender o que chamou de "aquela porcaria". Foi o início de uma campanha de difamação que desembocou no antissemitismo aberto e em sua demissão do cargo.

Em 1928 e 1930 teve seus primeiros contatos com a América do Sul. Foi convidado a reger duas turnês na Argentina e dirigiu uma temporada lírica no Teatro Colón, em Buenos Aires.

Por ser judeu, a hostilização da plateia e de seus superiores aumentava dia após dia. Com a ascensão do nazismo, deixou a Alemanha e seguiu para a Áustria. De 1934 a 1937 foi titular da Filarmônica de Moscou. Nos dois anos seguintes ainda fez várias turnês pela Europa. Em Paris, conheceu a pianista brasileira Magda Tagliaferro. Fez duas séries de apresentações com a recém-

Ensaiando em sua casa em Colônia, 1929 | Acervo familiar, cortesia da nora Sandra Szenkar

-fundada Orquestra da Palestina, dando concertos em Tel Aviv, Haifa, Jerusalém, Cairo e Alexandria.

Em 1939 veio o convite para reger uma temporada no Theatro Municipal do Rio de Janeiro. A guerra estourou. Eugen Szenkar acabou ficando no Brasil e se tornou fundador e primeiro regente da Orquestra Sinfônica Brasileira. O fato entrou para a história com um concerto dirigido por ele em 17 de agosto de 1940 no Theatro Municipal do Rio de Janeiro.

Nos nove anos em que viveu no Brasil, Szenkar regeu na então capital alguns dos músicos mais importantes do mundo, como os pianistas Wilhelm Kempff e Wilhelm Backhaus. Segundo o maestro e compositor Edino Krieger, o regente Szenkar renovou o repertório sinfônico do Brasil daquela época com uma programação diversificada, que ia das obras mestras de Bach a grandes românticos como Rimsky-Korsakov *(Scheherazade)* e os mestres russos, Glinka e Mussorgsky *(Quadros de uma exposição)*. O maestro Isaac Karabtchevsky pontua que, além dessa modernização, Szenkar estabeleceu os contornos da atuação que uma orquestra deveria ter diante da comunidade, criando os famosos concertos para a juventude que, mais tarde, inspirariam o Projeto Aquarius. O maestro Henrique Morelenbaum (VER) reforça a informação, lembrando que os concertos gratuitos aos domingos de manhã lotavam o antigo Teatro Rex na Cinelândia, centro do Rio de Janeiro, com muita gente que vinha dos subúrbios.

Três anos após o final da guerra, em 1948, Eugen Szenkar voltou para a Alemanha onde viveu até morrer em 1977.

Fontes: Série Canto dos Exilados (Telenews, 2016), entrevistas com os maestros Edino Krieger, Henrique Morelenbaum e Isaac Karabtchevsky; Szenkar, Eugen. *Mein Weg als Musiker — Erinnerungen eines Dirigenten*. Berlim: Frank und Timme, 2014.
Leonardo Dourado / IB

SZESZLER, Leopold: ver POLDÈS, Leo

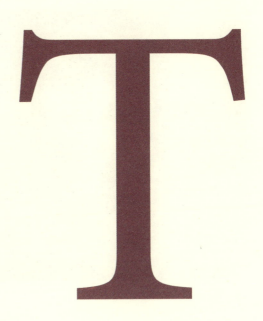

TAGHI, Ghita
Cantora popular, cantora lírica
Bruxelas, 01-06-1915 – Rio de Janeiro, 04-11-1994
No Brasil, de 1936 a 1994

A família de Schifra Ghisela Iglitzky era originária da Rússia, mas abandonou o país em 1915 no período imediatamente anterior à revolução bolchevique. Seus pais, os judeus Iuri Iglitzky e Vera Hecker, viviam em Odessa, cidade que registrara em anos anteriores pogroms e violências antissemitas. Um parente de Iuri, Mikhail (Mendel) Moissevitch Iglitzky, prestigiado diretor de uma escola judaica local, suicidou-se em 1912, junto ao túmulo do filho, estudante de medicina morto dois anos antes na repressão a uma manifestação estudantil. Diante do pesado clima local, Iuri e Vera conseguiram asilo na Bélgica, onde a filha Schifra nasceu em 1915.

Em Bruxelas, Iuri dedicou-se ao comércio e à importação de fumo, enquanto sua filha revelava desde cedo talento para as artes. A escritora belga

Diário Carioca, 9/1/1937

Margerite van de Wiele descreveu maravilhada a menina dançarina e mímica a quem se referiu como "Isadora Duncan em miniatura". Schifra, além de estudar piano e arte dramática, ingressou no curso de Filosofia da Universidade de Bruxelas, enquanto se apresentava nos palcos como cantora de músicas russas e ciganas.

Com seus negócios abalados pela crise financeira do início dos anos 1930 e a partir de contatos que mantivera com militares brasileiros em missão na Bélgica, Iuri decidiu tentar a sorte no Brasil, embarcando em setembro de 1934 no vapor "Bagé", deixando esposa e filha na Europa. Aqui, associado pelas autoridades a um jornalista de mesmo sobrenome que atuava como roteirista no cinema soviético, foi detido pela polícia como "propagandista vermelho". Entretanto, um major do Exército que o esperava no cais a pedido dos colegas de farda que permaneciam na Bélgica, conseguiu a sua libertação após um interrogatório.

Temerosas da situação vivida na Europa com a consolidação do regime nazista na vizinha Alemanha, Schifra e a mãe seguiram os passos do pai e aportaram no Brasil em março de 1936, a bordo do mesmo "Bagé". Dias antes, fotos e material de divulgação haviam sido distribuídos à imprensa, possivelmente pelo pai, anunciando a próxima chegada da cantora belga Ghita Jambloux, o nome artístico que adotaria por aqui. Dois meses depois, já estava participando do popular *Programa do Casé*, comandado pelo pioneiro das transmissões radiofônicas de auditório Ademar Casé (1902-1993).

Apresentando-se como cantora de músicas russas, zíngaras (ciganas), francesas e em outros idiomas, Ghita começou a fazer sucesso nas rádios Cruzeiro do Sul e Nacional, participando de programas ao lado de astros e estrelas como

Orlando Silva e Aracy de Almeida. Nesse momento, resolveu mudar o nome artístico para Ghyta Yamblowsky, que a imprensa nos anos seguintes teve dificuldade de grafar corretamente.

Em 1937 foi contratada pela Rádio Mayrink Veiga, onde se apresentou no programa de César Ladeira, dividindo estúdio com Sílvio Caldas e Francisco Alves. No mesmo ano, assinou o primeiro contrato com a Rádio Tupi, apresentando-se ao lado de Carmen Miranda e Carlos Galhardo. Nesse momento, o jornal O Globo registrou que "Ghita Yamblousky (assim mesmo) é a cantora de nome mais arrevesado da rádio brasileira. E uma das mais ouvidas também".

O sucesso crescente de suas apresentações levaram-na aos palcos dos cassinos da Urca e Atlântico, poderosas vitrines artísticas da época, além de lhe oferecerem oportunidades no teatro e no cinema: atuou na peça *O homem que fica*, de Raimundo Magalhães Júnior, com Vicente Celestino, Dalva de Oliveira e Dorival Caymmi, e no filme *Onde estás, felicidade?*, ao lado de Paulo Gracindo, Grande Otelo e Rodolpho Mayer.

No início de 1940, o irmão da mãe de Ghita, Sigmund Hecker, famoso barítono da Ópera de Berlim, fugindo do nazismo, chegou ao Brasil acompanhado da esposa também cantora lírica. O contato com os tios foi determinante na carreira de Ghita, induzindo-a, a partir de então, a buscar espaço no mundo da ópera. Curiosamente, para esse novo cenário adotou novo nome artístico, Ghita (ou Ghyta) Taghi (o Taghi, Ghita invertido, foi sugerido pela mãe), deixando o Yamblousky apenas para a música popular.

Desde então, dividiu a carreira entre os palcos de ópera e o gênero que já a consagrara anteriormente. Ainda em 1940, apresentou-se no Theatro Municipal no papel de Musetta, em *La Bohème*, de Puccini. Em seguida, apresentou-se no *Werther*, de Massenet, no *Un ballo in maschera*, de Verdi, no *Pagliacci*, de Leoncavallo, na *Thais*, de Massenet, e na *Carmen*, de Bizet. Alternando as apresentações líricas de Ghita Taghi, a mesma Ghita, só que Yamblousky, seguia o trabalho na Rádio Tupi, compartilhando o estúdio com nomes como Ary Barroso, Sylvino Neto e Dick Farney.

Casou-se em 1943 com o radialista Moacyr Campos Valladares, com quem teve, dois anos depois, seu único filho, Igor Miguel Iglitzky Valladares.

Em 1946, voltou a encarnar a Musetta de *La Bohème*, contracenando com Bydú Sayão e Ferrucio Tagliavini, em espetáculo que foi gravado e pode ser ouvido na internet. Em seguida, atuou ao lado de Gabriela Bezansoni Lage na ópera *L'Orfeo*, de Monteverdi, e se apresentou em diferentes espetáculos sob a regência de Eugen Szenkar (VER).

Separou-se do marido em 1947 e fez uma pausa na carreira lírica, que só retomou cinco anos depois. O rádio continuou, entretanto, a contar com a sua voz e a revista O Cruzeiro referiu-se a ela como "o rouxinol das estepes". Em 1952 fez sua primeira aparição na televisão, na *Grande Revista Admiral*, da TV Tupi, e dois anos depois inaugurou um estúdio de canto, oferecendo aulas de impostação de voz e preparação de repertório.

Afastou-se da Rádio Tupi em 1957 para empreender uma excursão pela América do Sul e Europa, levando ao mundo o nosso cancioneiro, inclusive a sua composição predileta, *Maracangalha*, de Dorival Caymmi.

Voltou à TV Tupi em 1959, cantando músicas ciganas na peça *Mayerling*, do francês Claude Anet, adaptada, dirigida e estrelada por Sergio Brito, com grande elenco.

Registram-se participações suas na rádio até 1962 e nos palcos de ópera até 1964. Durante muitos anos seguiu dando aulas de canto e atuando no coro da Associação Religiosa Israelita (ARI), no Rio de Janeiro.

Seu filho Igor formou-se em Literatura e foi professor em vários colégios particulares do Rio de Janeiro.

Fontes: Arquivo e depoimentos de Igor e Edna Iglitzky Valladares; Arquivo Nacional do Rio de Janeiro; Hemeroteca Digital da Biblioteca Nacional do Rio de Janeiro; Brito, Sergio. *Fábrica de ilusão; 50 anos de teatro*. Rio de Janeiro: Funarte/Salamandra, 1996; De Nieuwe Gazet, Bruxelas, 25-05-1925, p. 3; De Nieuwe Gazet, Bruxelas, 16-10-1930, p. 2; Indépendance Belge, Bruxelas, 25-12-1925, p. 4; Indépendance Belge, Bruxelas, 02-07-1934, p. 4; Le Figaro, Paris, 03-3-1925, p. 6; Le Soir, Bruxelas, 08-02-1923, p. 3; Le Soir, Bruxelas, 23-12-1925, p. 6; Le XIX siècle journal quotidien politique et littéraire, Paris, 14-06-1906.
Fabio Koifman / IB

TAIZLINE, Eugene
Pianista, empresário musical
Kharkov, Império Russo, atual Kharkiv, Ucrânia, 19-03-1909 – Moscou, 1966
No Brasil, de 1941 a meados da década de 1960

Eugène Taizline, judeu ucraniano, filho de Moissei e Raisa Taizline, havia deixado seu país após a Revolução Russa. Pianista internacionalmente famoso, conseguiu escapar do nazismo ao obter com os pais e a segunda mulher,

Eugene Taizline

No Teatro Municipal, terça-feira, 14 de julho, às 21 horas, o "Comité Británico de Socorros às Vítimas da Guerra" organizou, em benefício da Cruz Vermelha Británica sob o alto patrocínio de S. Excia. o embaixador da Grã Bretanha, um recital do grande pianista russo Eugene Taizline.

Nascido em Kharkow, na Rússia, Eugene Taizline estudou música em Viena e em Berlim, com Leonid Kreutzer e Conrad Ansorge, um dos úl-

timos discípulos de Liszt. Constituiu a sua estréia um verdadeiro triunfo. A imprensa e o público das capitais européias (Paris, Londres, Berlim, Praga, Budapeste, etc.) saudaram no jovem pianista uma das maiores esperanças da nova geração e um eminente intérprete de Bach, Beethoven, Chopin e dos compositores russos.

Revista Diretrizes, 16/7/1942

Tamara Taizline (VER), vistos fornecidos em Vichy pelo embaixador brasileiro Luiz Martins de Souza Dantas e chegar ao Rio de Janeiro em 1941. Apresentou-se em julho de 1942 no Teatro Municipal de São Paulo. No mesmo mês, no Rio de Janeiro, participou do júri do certame Columbia Concerts, presidido pela pianista Guiomar Novaes, que deu o primeiro lugar a Arnaldo Estrella. Fizeram parte do júri, entre outros, Lorenzo Fernandes, Edoardo de Guarnieri (VER), Frutuoso Vianna, Radamés Gnatalli e Andrade Murici.

Segundo a pianista Myrian Dauelsberg, filha de Arnaldo Estrella, diretora da empresa Dell'Arte de eventos culturais, Eugène Taizline "logo abandonou a carreira por sofrer de uma terrível nevralgia do trigêmeo" (dor crônica que afeta esse músculo do rosto). Adquiriu a nacionalidade brasileira, fundou com o pianista, crítico e musicólogo Eurico Nogueira França, em 1961, a Sociedade Brasileira de Teatro e Música, cujo presidente foi o empresário Carlos Guinle. O concerto de estreia da SBTM foi do violoncelista soviético Mstislav Rostropovich, no Theatro Municipal do Rio de Janeiro.

Relata Myrian Dauelsberg que Eugène e Tamara tinham se tornado amigos de Arnaldo Estrella e da mulher deste, a violinista Mariuccia Iacovino, que aconselharam Eugène a usar seu domínio de cinco idiomas e contatos internacionais para se tornar empresário no campo da música e da dança.

Com a ajuda de Estrella, que tinha bons contatos na então União Soviética, os Taizline foram convidados para uma viagem de trabalho à URSS, de onde poderiam trazer para o Brasil espetáculos de diferentes repúblicas daquele país.

Ainda de acordo com Dauelsberg, o casal relutou porque suas famílias haviam "fugido da Rússia quando da Revolução de 1917; receavam ser aprisionados na então União Soviética. Isto, porém, não ocorreu".

O primeiro grupo contratado pelo casal foi o balé folclórico da Ucrânia Berioska, que se tornou um sucesso sem precedentes e animou Taizline a continuar com o negócio, o que lhes permitiu permanecer no Brasil sem problemas financeiros. Outros grupos importantes trazidos por eles ao Brasil foram o balé folclórico Moisseiev e o Balé do Teatro Stanislavski. A empresa, posteriormente, passou a se chamar E. Taizline Teatro e Música.

Em meados da década de 1960, Eugène Taizline voltou à União Soviética para contratar novos conjuntos, falecendo em seguida de enfisema pulmonar no inverno rigoroso de Moscou.

Fontes: Anúncio de concerto de Eugène Taizline a ser realizado no Teatro Municipal do Rio de Janeiro, Folha da Manhã, 18-03-1943. Disponível em: <https://acervo.folha.com.br/leitor.do?numero=22538&keyword=Taizline&anchor=226951&origem=busca&pd=232d009a0424cf38059ee0d33712f84c>. Acesso em: 08 jun. 2020; Bulcão, Clóvis. Os Guinle: A história de uma dinastia. São Paulo: Intrínseca, 2015; Ballet Beriozka desembarcou sob palmas, Correio da Manhã, 24-04-1962. Disponível em: Ballet do Teatro Stanislavski, Correio da Manhã, 02-06-1961. Disponível em: <http://memoria.bn.br/DocReader/Hotpage/HotpageBN.aspx?bib=089842_07&pagfis=19101&url=http://memoria.bn.br/docreader#>. Acesso em: 10 jun. 2020; Dauelsberg, Myrian. Comunicação pessoal. Maio de 2020; Desaparece Taizline, Correio da Manhã, 08-01-1967. Disponível em: <http://memoria.bn.br/DocReader/Hotpage/HotpageBN.aspx?bib=089842_07&pagfis=78832&url=http://memoria.bn.br/docreader>. Acesso em: 25 mai. 2020; França, Eurico Nogueira. O mecenas Carlos Guinle, Correio da Manhã, 08-03-1969. Disponível em: Oliveira, Clóvis de. Resenha Musical, São Paulo, n. 41-52, 1942. Disponível em: <https://archive.org/stream/ResenhaMusical1942/ResenhaMusical46-Jun1942_djvu.txt>. Acesso em: 07 jun. 2020.

Mauro Malin / IB

TAIZLINE, Tamara
Cantora, empresária musical
Kiev, Império Russo, atual Ucrânia, 20-06-1913 – Paris, 07-03-1999
No Brasil, de 1941 ao final da década de 1980

Tamara Taizline era judia, nascida Prascowsky — esse nome, antecedido da preposição "de", é o que figura como seu sobrenome de solteira e como sobrenome de sua mãe, Elisabeth, na lista de beneficiados pela ação do embaixador brasileiro na França de Vichy, Luiz Martins de Souza Dantas. Seu pai, que era dono dos dois maiores teatros de Kiev, foi também diretor do Circo de Moscou.

A família emigrou para Paris em 1920 e lá Tamara conheceu seu futuro marido, o pianista Eugène Taizline (VER). Em 1940, após a ocupação alemã, o casal e os pais de Eugène, Moissei e Raissa, conseguiram vistos fornecidos em Vichy por Souza Dantas. Chegaram em 1941 ao Rio de Janeiro. Nesse período Tamara apresentou-se como cantora em casas noturnas, entre as quais o Cassino da Urca, no Rio de Janeiro. Segundo a pianista e empresária musical Myrian Dauelsberg, ela fora estimulada pelo cantor francês Jean Sablon e os críticos a denominaram "fiandeira de sonhos".

Uma doença obrigou Eugène Taizline a abandonar o teclado. Ele se tornou empresário de música e teatro e Tamara trabalhou com ele. Graças à interferência do pianista Arnaldo Estrella e de sua mulher, a violinista Mariuccia Iacovino, Eugène e Tamara estabeleceram colaboração com a agência estatal soviética Goss Concert, o que lhes permitiu trazer ao Brasil grandes conjuntos de música e balé daquele país. Eugène morreu em Moscou em 1966 e Tamara continuou à frente da empresa E. Taizline Teatro e Música. Entre os eventos culturais promovidos por ela durante o período 1968-1970 listam-se o Conjunto Nacional de Danças Folclóricas da Geórgia Os Caucasianos, que cumpriram extenso roteiro no país, o Balé do Teatro Stanislavski, de Moscou, a Orquestra Filarmônica Infantil da Bulgária, o Teatro Negro de Praga, o Conjunto de Mimos da Polônia, a Filarmônica de Varsóvia e de Moscou, a Ópera Nacional de Sófia, o Balé Moisseiev, o Grand Ballet Classique de France, o Ballet du Senegal, o Grand Ballet de Tahiti, a Jun Kono Dance Company, do Japão, o Balé Ucraniano Virski (em parceria com a empresa Dell'Arte, de Myrian Dauelsberg), a bailarina italiana Liliana Cosi, a violinista russa Nina Beilina e o cantor popular francês Charles Aznavour.

Segundo o Jornal do Brasil, em 1969, durante a fase mais repressiva da ditadura militar brasileira, Tamara promoveu apresentações do Balé Folclórico e Orquestra da Moldávia em Manaus e Belém, onde a continuidade da temporada no país foi interrompida porque estudantes gritaram, ao fim do espetáculo, "Viva a Rússia!", e, acompanhados por parte do elenco de 100 dançarinos, cantaram o hino da Internacional Comunista. Tamara comentou que ficou muito mal tanto com o governo brasileiro — "pensavam que a culpa era minha" — como com o soviético — "também achavam a mesma coisa". Em 1988, ganhou destaque na imprensa uma turnê do Balé Beriozka, que já se havia apresentado no Brasil quando seu marido estava à frente da empresa.

Tamara Taizline negociou desde 1981 uma nova turnê no Brasil do Balé Bolshoi, que tinha vindo ao país em 1957, em 1974 e em 1978. Em 1976 foi proibida a transmissão pela TV Globo de uma emissão internacional do balé *Romeu e Julieta* para 111 países, fato que virou motivo de piada porque o autor do veto, o Ministro da Justiça Armando Falcão, declarou que poderia ser encenada uma interpretação comunista do balé, inspirado na obra de William Shakespeare.

Tamara foi 20 vezes a Moscou negociar a nova série de apresentações do Bolshoi. O balé moscovita fez uma temporada no Brasil primeiramente em meados de 1986. Foi uma turnê latino-americana de 50 espetáculos — dos quais 22 no Rio de Janeiro, em Brasília, em Belo Horizonte e em São Paulo —, orçada, segundo o Jornal do Brasil, em 1,4 milhão de dólares. Tamara declarou na ocasião que "o verdadeiro, o legítimo Bolshoi nunca veio ao Brasil. Antes, só chegaram pequenos grupos ou bailarinos velhos, muitos já aposentados, que prejudicaram a imagem da companhia. Agora só virão os jovens — e os melhores". Houve superlotação no Ginásio Presidente Médici, em Brasília.

Nova temporada foi realizada no Brasil em 1989. Outra vez houve problema de superlotação, no Ginásio do Ibirapuera, em São Paulo, onde a representante de Tamara, Doris Ocampo, teria vendido mais ingressos do que a capacidade do local. Esses incidentes não afetaram o brilho da carreira de Tamara Taizline. Nos últimos anos de sua vida cessaram as relações com o governo soviético e Tamara se mudou para Paris, onde se assinava "de Prascowsky", como figura no registro francês de sua morte.

Fontes: Dauelsberg, Myrian. Comunicação pessoal. Maio de 2020; Duque da Silva, Neide. Comunicação pessoal. Junho de 2020; E a cidade assiste ao Bolshoi em junho, O Estado de S. Paulo, 24-01-1986. Disponível em: <https://acervo.estadao.com.br/pagina/#!/19860124-34019-nac-0015-999-15-not/tela/fullscreen>. Acesso em: 26 jun. 2020."Eugene Taizline". *Geni*. Disponível em: <https://www.geni.com/family-tree/canvas/6000000140133063900>. Acesso em: 26 jun. 2020; Lewinger, Emil. Comunicação pessoal. Junho de 2020; Millarch, Aramis. Os russos já chegaram com o mais famoso ballet do mundo, Tablóide Digital, 30-10-1989. Disponível em: <http://www.millarch.org/artigo/os-russos-ja-chegaram-com-o-mais-famoso-ballet-do-mundo>. Acesso em: 27 mai. 2020; O Balé Beriozka estréia hoje, O Estado de S. Paulo, 19-05-1967. Disponível em: <https://acervo.estadao.com.br/pagina/#!/19670519-28249-nac-0009-999-9-not/busca/Tamara+Taizline>. Acesso em: 14 jun. 2020; TM terá grandes elencos, O Estado de S. Paulo, 05-03-1968. Disponível em: <https://acervo.estadao.com.br/pagina/#!/19680305-28496-nac-0012-999-12-not/tela/fullscreen>. Acesso em: 09 jun. 2020.
Mauro Malin / IB

TORRÈS, Henry
Advogado, jurista, professor, escritor
Les Andelys, França, 17-10-1891 – Paris, 04-01-1966
No Brasil, de 1940 a 1942

Henry Torrès abraçou o comunismo desde muito jovem, mesmo vindo de uma família abastada. Seu avô, Isaiah Levaillant, fundara na França a Liga para a Defesa dos Direitos Civis durante o Caso Dreyfus (1894-1906). Torrès iniciou a vida profissional como jornalista, escrevendo para publicações socialistas francesas. Sonhava ser comediante, porém sua pronúncia era defeituosa. Serviu como sargento na Primeira Guerra Mundial e foi ferido na batalha de Verdun, a mais longa da frente ocidental, encerrada em 18 de dezembro de 1916. Por

Em 1921 | Domínio público

sua participação, foi condecorado. Praticou intuitivamente a advocacia, defendendo seus camaradas diante da corte marcial. Nos últimos meses da guerra ingressou na Seção Francesa da Internacional dos Trabalhadores (SFIO), precursora do Partido Socialista. Com a paz em 1918, foi um dos fundadores da Federação dos Trabalhadores Aleijados e Reformados de Guerra, tornou-se membro da Associação Republicana de Veteranos e decidiu estudar Direito. Com Vincent de Moro-Giafferi e Cesar Campinchi formou uma trinca de criminalistas que ficou famosa na França como os "Três Mosqueteiros" do tribunal. Com uma voz tonitruante, contornou o problema de pronúncia e se tornou grande orador, qualidade decisiva diante do júri.

Durante os anos 1920, Henry Torrès defendeu vários anarquistas e ativistas de esquerda. Conseguia absolvições mesmo quando o réu confessava o crime, como no caso da sindicalista Germaine Berton, em 1923, que reconheceu o homicídio do monarquista Marius Plateau, secretário da organização de direita Ação Francesa. Outro caso famoso foi a absolvição do relojoeiro e poeta judeu Samuel (Sholem) Schwartzbard, que em 25 de maio de 1926 assassinou a tiros em Paris o líder nacionalista e separatista ucraniano Simon Petliura, conhecido por sua conivência com os pogroms contra judeus na Ucrânia. O julgamento foi em 1927 e a tese de Torrès foi a de que Schwartzbard vingara um crime contra seu povo. Dez anos depois, salvou o poeta pacifista Henri Guilbeaux, condenado à morte à revelia desde 1917. Também defendeu Herschel Grynzpan, jovem refugiado judeu da Polônia, que atirou e matou Ernst von Rath, membro da embaixada da Alemanha em Paris, em protesto pelos incêndios e mortes de judeus na Noite dos Cristais, em 9 de novembro de 1938. Antes do veredito, o jovem foi retirado da prisão. Nunca mais foi visto. Acredita-se que tenha sido morto pelos nazistas.

Do púlpito nos tribunais para o parlamento foi uma ascensão natural. Já em 1919, candidatara-se pelos socialistas às eleições legislativas. Foi expulso da SFIO, ingressou no Partido Comunista Francês um ano depois e passou a escrever para o jornal oficial L'Humanité. Excluído do PCF, ajudou a criar o Partido Comunista Unitário, depois transformado na União Socialista Comunista. Em 1931, conseguiu eleger-se à Assembleia Nacional Francesa como candidato de esquerda independente pelo Cantão de Grasse, na região da Provence-Alpes-Côte D'azur.

O embaixador brasileiro na França, Luiz Martins de Souza Dantas, estava em Bordeaux quando o criminalista, acompanhado da famosa atriz Véra Korène (VER), bateu à porta do consulado-geral pedindo vistos para o Brasil. Além de dar uma ordem para os vistos — contra a diretriz do governo Vargas que limitava a entrada de judeus —, assinou também um documento pedindo que seu desembarque fosse facilitado. A viagem foi péssima. Durou 38 dias no pequeno cargueiro argentino "Santa Elena", único conseguido na pressa da fuga. Ao chegar, em 2 de agosto de 1940, Torrès e Korène estavam fracos e esfomeados. Foram recolhidos por uma lancha da Capitania dos Portos. O Jornal do Brasil, o Diário Carioca e o Correio da Manhã registraram a chegada com destaque apenas para as peripécias da viagem, sem muitos detalhes sobre a importância do criminalista.

Nos dois anos em que permaneceu no Brasil, Henry Torrès deu aulas na

Faculdade Nacional de Direito da então Universidade do Brasil, atual UFRJ, e na Faculdade de Direito da Universidade de São Paulo. Foi coautor com seus colegas "mosqueteiros" de livros de Direito e realizou em parte seu sonho com o teatro. Em 1942 trocou o Brasil pelos Estados Unidos, onde prestou consultoria para o roteiro da peça da Broadway *O julgamento de Mary Dugan*, que também traduziu para o francês. A Metro Goldwyn-Mayer em 1929 havia feito um filme baseado na peça. O mesmo se deu com *Witness for the Prosecution (Testemunha de acusação)*, um original de Agatha Christie de 1927 que foi para o cinema em 1957 dirigido por Billy Wilder, com Marlene Dietrich e Tyrone Power.

Depois de sua temporada americana, Torrès retornou à França. Seu atribulado currículo político ainda inclui uma passagem pelo Senado entre 1948 e 1958 como membro pró-gaullista, mas depois retirou o apoio a Charles de Gaulle. Ganhou uma medalha por seu trabalho no exílio americano como editor do jornal La Voix de France, órgão dos exilados.

Fontes: https://en.wikipedia.org/wiki/Henri_Torr%C3%A8s; Henry Torres Dies in France; Was Defender in Historic Jewish Cases, Jewish Telegraphic Agency, 06-01-1966. Disponível em: <https://www.jta.org/1966/01/06/archive/henry-torres-dies-in-france-was-defender-in-historic-jewish-cases>. Acesso em: 26 jun. 2020; https://fr.wikipedia.org/wiki/Henry_Torr%C3%A8s, (último acesso em 26.06.2020); Biblioteca Nacional Digital :http://memoria.bn.br/hdb/periodico.asp
Kristina Michahelles / IB

TREBITSCH, Regina
Tecelã artesanal, pedagoga
Angern an der March, Áustria, 17-08-1893 – Rio de Janeiro, 02-04-1970
No Brasil de 1941 a 1970

Nascida numa família judia, sob a monarquia dos Habsburgo, filha de Bernhard Geyerhahn e de Julie Geyerhahn, era também irmã do crítico e diretor de teatro Siegfried Geyer e do livreiro Norbert Geyerhahn (VER). Casou-se com o advogado Robert Trebitsch, e com ele teve o filho Hans, nascido em 1914, em Viena. Residiu por longo tempo na capital austríaca, como indica o seu comparecimento, junto com os irmãos e o marido ao enterro do pai, em outubro de 1930. Gina Trebitsch, como passou a ser conhecida, viveu numa época em que a comunidade judaica atingira grande expressão social e cultural em Viena, num ambiente em que se verificava uma hierarquia entre os próprios judeus, com a distinção entre judeus da capital e aqueles vindos de regiões interioranas. O próprio nome Trebitsch provém de uma pequena cidade da Moravia, conhecida pelo bairro judeu. Em 1935, o irmão de Gina, Norbert, migrou para o Brasil, onde fundaria com o conterrâneo Erich Eichner a Livraria Kosmos, no Rio de Janeiro.

Com a guerra e a crescente perseguição antissemita do governo alemão — que anexara a Áustria ainda em 1938 —, Regina Trebitsch fugiu com o marido e o filho para o Brasil, via Portugal, em 1941, estabelecendo-se no Rio de Janeiro, onde também passaram a residir outros membros da família. Em sua nova cidade retomou um trabalho que havia aprendido em Viena e montou um ateliê de tecidos artesanais, chamado Gina, Rio-Viena, no qual se produziam tecidos para cortinas, móveis, sobrecapas, casacos, roupa e complementos, de acordo com as tradições europeias. Após a morte do marido, em 1949, ela fechou o ateliê e começou a dar aulas de tecelagem no tradicional Colégio Sion, na Zona Sul do Rio de Janeiro, estabelecimento de ensino religioso que tem entre seus principais fundadores um judeu convertido ao catolicismo.

Nos anos seguintes, Trebitsch atuou como professora também na Fundação Leão XIII, órgão instituído em 1947 na então capital federal, e que tinha como objetivo promover melhorias nas condições materiais e desenvolver políticas assistenciais nas favelas. A tecelã austríaca passou também, mais tarde, a ensinar no Serviço Nacional de Aprendizagem Industrial (Senai). Em abril de 1951 obteve a naturalização brasileira e entre essa data e seu falecimento em 1970 não foram localizadas informações sobre sua atividade.

Fontes: Correio da Manhã, 06-04-1940. Disponível em: <http://memoria.bn.br/docreader/DocReader.aspx?bib=089842_05&pagfis=1100>. Acesso em: 22 jun. 2020. Correio da Manhã; "Fundadores". *Sion-RJ: uma escola completa*. Rio de Janeiro: Sion. Disponível em: <https://colegiosionrj.com.br/nossa-escola/origem-de-sion-fundadores/>. Acesso em: 23 jun. 2020; Korotin, Ilse (Org.). *biografia. Lexikon österreichischer frauen*. Viena: Böhlau Verlag Ges, 2016. Disponível em: <https://services.e-book.fwf.ac.at/api/object/o:889/diss/Content/get>. Acesso em: 15 jun. 2020; KRAUSZ, Luis Sergio. https://teses.usp.br/teses/disponiveis/8/8152/tde-09112007-154121/publico/2006_LuisSergioKrausz.pdf acesso em 24/6/2020; p. 142; Museu da Imigração do Estado de São Paulo http://www.inci.org.br/acervodigital/passageiros.php?pesq=1&navio=cabo+de+buena+esperanza&periodo_ano=1941&periodo_ano2=1942&dt_ano=1941&dt_mes=7&dt_dia=&Pesquisar=Pesquisar acesso em 23/6/2020; Prutsch, Ursula. *A emigração de austríacos para o Brasil (1876-1938)*. Brasília: Embaixada da Áustria, 2011. Disponível em: <https://www.bmeia.gv.at/fileadmin/user_upload/Vertretungen/Brasilia/Dokumente/A_emigracao_de_austriacos_para_o_Brasil.pdf>. Acesso em: 22 jun. 2020. "Trebitsch, Regina". Canto dos Exilados. Petrópolis: Casa Stefan Zweig. Disponível em: <https://casastefanzweig.org.br/sec_canto_view.php?id=208>. Acesso em: 11 jun. 2020.

Inoã Urbinati / IB

TURKOW, Zygmunt

Ator, encenador, dramaturgo, sonorizador de cinema, cineasta
Varsóvia, 06-11-1896 – Tel Aviv, Israel, 1970
No Brasil, de 1941 a 1951

Cortesia de Nachman Falbel

Zygmunt Turkow formou-se em uma das mais famosas escolas teatrais da Europa, o Curso Dramático-Vocal de Helena Józefa Hryniewiecka, e estreou como ator em 1917 em uma montagem em ídiche de *Salomé*, de Oscar Wilde, com o Grupo de Vilno.

Turkow também integrou a Cia. Esther-Rokhl Kamińska, a mais famosa companhia de teatro ídiche do leste europeu, se casando inclusive com a filha de sua fundadora, Ida Kaminska, com quem teve uma filha, Ruth Kaminska.

Incentivado pela sogra, ele pesquisou a história do teatro ídiche e fundou um museu, junto ao YIVO (Instituto Científico Ídiche), que hoje está em Nova York. Depois disso, foi à Rússia em 1919 estudar direção com Boris Sergeevich

Glagolin, futuro diretor de cinema de sucesso em Hollywood. Maravilhado com as novas técnicas teatrais, estagiou no Teatro de Arte de Moscou, de Stanislávski, e acompanhou de perto a companhia soviética de teatro ídiche Yiddisher Melukhe Theater (Teatro Estatal Ídiche/Judaico), conhecido como IMT ou Goset, dirigido por Alekséi Mikháilovitch Granóvski.

Ao retornar da União Soviética para Varsóvia, fundou a Companhia Teatro Central, sediada no teatro de mesmo nome. Em 1924, trocou o nome da companhia para Várschever Yiddisher Kunst-Teater (Teatro de Arte Ídiche/Judaico de Varsóvia), o VIKT. Com algumas interrupções, a companhia durou até 1929, quando Turkow se separou de Ida Kaminska e cumpriu uma temporada como ator pela América do Sul, incluindo o Brasil.

Ele somente reativou o VIKT em 1939, já casado com sua segunda esposa, Rosa Turkow. Neste mesmo ano o diretor estreou a opereta ídiche *Shulamita*, em 1º de setembro de 1939, dia da invasão alemã à Polônia, no Teatro Nowósci (Teatro de Atualidades).

No dia 5 de setembro uma bomba caiu no palco do teatro, destruindo as instalações. Turkow resolveu fugir com sua esposa imigrando com visto de trabalho para Buenos Aires, onde morava seu irmão Mark, que também trabalhava no ramo. Embarcou em Portugal no navio que o trouxe para a América do Sul.

Ao cumprir temporada no Brasil entre 1941 e 1942, ele fez o último espetáculo em Recife, logo após a entrada do Brasil na Segunda Grande Guerra. Naquele momento, a costa brasileira estava tomada por submarinos alemães, tornando inseguras as viagens de navio pelo nosso litoral. Como ele não tinha dinheiro para pagar por uma passagem de avião de volta para sua casa, ficou de 1941 a 1944 em Recife, montando peças ídiches amadoras com a comunidade judaica local. Além disso, escreveu peças e livros de memórias publicados em ídiche na Argentina. Em 1944 foi convidado pelo Teatro de Amadores de Pernambuco (TAP) a dirigir a peça *Comédia do coração*, de Paulo Gonçalves, considerada a primeira peça de arte da história do nordeste brasileiro.

No dia da estreia Turkow já tinha se mudado para o Rio de Janeiro a convite do Círculo Dramático da Biblioteca Israelita-Brasileira Scholem Aleichem, a BIBSA, e a companhia amadora Os Comediantes, considerado o grupo que instituiu o teatro de arte no Brasil.

Junto ao Círculo Dramático, dirigiu diversas operetas em ídiche, consideradas o grande momento desse teatro no Brasil. O auge desta companhia foi a montagem da peça *Dos groysse guevins (A sorte grande)*, de Scholem Aleichem, em 1945, com painéis de Lasar Segall.

Junto a Os Comediantes, dirigiu em 1945 o espetáculo O inspetor, de Gogól, usualmente intitulada em português *O inspetor geral*, que, apesar de ensaiada por seis meses, acabou não estreando por falta de verbas. Em 1946 foi a vez de *Mulher sem pecado*, de Nelson Rodrigues, utilizando cenas de cinema no palco, e finalmente, em 1947, *Terras do sem fim*, de Jorge Amado, considerada a primeira experiência profissional do grupo, que se apresentava como Comediantes Associados, e a primeira apresentação juntando os elencos dos Comediantes e do Teatro Experimental do Negro. Nesses espetáculos dirigiu atores como Cacilda Becker, Maria Della Costa, Ruth de Souza e Jardel Filho.

Dirigiu ainda espetáculos com Nicette Bruno e traduziu peças brasileiras para montar em ídiche. Em dezembro de 1951, sentindo dificuldade de se manter financeiramente no Brasil, resolveu migrar para Israel, onde viveu até sua morte em 1970, trabalhando com uma companhia amadora itinerante, o teatro Zuta.

Fontes: Berkowitz, Joel; Henry, Barbara (Org.). *Inventing the modern Yiddish stage: essays in drama, and show business*. Detroit: Wayne State University, 2012; Fuser, Fausto. *A "turma" da Polônia na renovação teatral brasileira, ou Ziembinski, o criador da consciência teatral brasileira?* Tese de Doutorado (Doutorado em Artes Cênicas). Escola de Comunicação e Artes. São Paulo: USP, 1987; Ribeiro, Paula; Worcman, Susane (Org.). *Drama & humor: Teatro ídiche no Brasil*. Rio de Janeiro: Editora Aeroplano, 2013.

Thiago Herzog / IB

TUWIM, Julian
Poeta
Łódź, Polônia, 13-09-1894 – Zakopane, Polônia, 27-12-1953
No Brasil, de 1940 a 1941

Sobrinho do famoso pianista Arthur Rubinstein, nasceu em uma família de classe média de judeus assimilados em Łódź, próspero núcleo da indústria têxtil. Adolescente, revelou seu gosto pela literatura. Entre 1911 e 1914 traduziu textos do polonês para o esperanto para a revista de poesia Pola Esperantisto, publicou seu primeiro poema em 1913 no Kurjer Warszawski (Correio de Varsóvia) e

Foto de 1933 | Domínio público

começou em 1915 a traduzir do russo para o polonês. Terminou os estudos de Direito e Filosofia na Universidade de Varsóvia em 1918, data em que a Polônia recuperou a sua independência depois de 123 anos de ocupação.

Foi cofundador do cabaré literário Pikador. No ano seguinte, foi um dos principais integrantes do grupo literário de vanguarda Skamander, que pretendia popularizar a poesia, libertando-a dos círculos elitistas e da rigidez formal. Assim, na lírica de Tuwim, o novo herói é o cidadão mediano com suas aventuras urbanas cotidianas. Passou a publicar em uma série de revistas, como Skamander e Wiadomosci Literackie, e nos jornais Zdrój, Narod, Pani e o Kurjer Polski.

Colaborou com a rádio polonesa desde 1927, a partir de 1935 foi o responsável pela seção de humor. Paralelamente, trabalhava como redator na revista mensal Szpargały. Publicava poesia e letras de cabaré, tinha uma forte veia satírica. Ao mesmo tempo, é considerado até hoje como um dos maiores autores do mundo de poesia para crianças. O pacifismo e a luta contra o antissemitismo em sua produção poética e jornalística lhe custaram a ira dos nacionalistas poloneses de direita. Foi membro fundador — e, depois, diretor — da Associação de Escritores e Compositores (ZAiKS), membro da União Comercial de Escritores Poloneses e do PEN-Clube. Em 1935 foi premiado pela Academia Polonesa de Literatura.

Quando estourou a Segunda Guerra Mundial, Tuwim escapou de seu país. O governo polonês ainda mandou dois oficiais o acompanharem e à sua mulher Stefania da fronteira da Polônia com a Romênia até a França. Como pré-requisito para conseguir chegar a Portugal e cruzar o Atlântico, o casal precisaria de um visto para o exterior, que pressupunha um documento de saída da França e outro para atravessar a Espanha. Para tanto, conseguiram um visto para o Haiti, que, de acordo com os historiadores Rui Afonso e Fábio Koifman, teria sido parcialmente forjado pelo próprio Tuwim. Finalmente, obtiveram do cônsul português em Bordeaux, Aristides de Sousa Mendes, um visto de trânsito por Portugal e, no consulado do Brasil em Lisboa, no dia 16 de julho de 1940, vistos temporários (depois transformados em permanentes) para seguir para o Brasil. Viajaram de terceira classe no vapor "Angola". Em carta à irmã, escrita a bordo, Tuwim disse que a maioria dos 650 passageiros das mais diversas nacionalidades eram judeus que fugiam de Hitler.

Chegaram ao Rio de Janeiro três semanas depois, em 4 de agosto de 1940. O poeta se sentiu esmagado pela beleza natural da cidade, em suas próprias palavras. Foi tratado como celebridade e recebido com pompas na Academia Brasileira de Letras. O escritor Claudio de Souza saudou os três "príncipes exilados" da literatura polonesa: Tuwim, Michal Choromanski (VER) e Jan Lechón.

Embora não se cansasse de externar seu arrebatamento pela beleza do Rio de Janeiro, Tuwim e vários outros exilados poloneses queriam seguir para os Estados Unidos, onde teriam melhores condições para exercer seu ofício. No Brasil, ainda escreveu o poema épico *Kwiaty Polskie (Flores polonesas)* que evoca sua infância em Łódź. Em maio de 1941 recebeu o visto para entrar nos Estados Unidos e se mudou para Nova York. Ali escreveu, em 1944, o comovente manifesto *My, Żydzi Polscy (Nós, judeus poloneses)*, em que se identifica com o sofrimento dos judeus na Polônia e expressa o seu orgulho pela cultura e língua do país. Depois do fim da guerra, foi um dos primeiros poetas a voltar para a Polônia comunista. Em 1946 se radicou em Varsóvia onde passou a escrever e traduzir. Colaborou com as publicações Kuźnica, Odrodzenie, Przekrój e Szpilki, foi diretor artístico do Teatr Nowy (Teatro Novo) em 1948-1949 e diretor literário em 1951. Participou em 1949 do Congresso Mundial de Intelectuais pela Paz em Wroclaw.

Fontes: Afonso, Rui; Koifman, Fábio. "Julian Tuwim in France, Portugal, and Brazil, 1940–1941". *Polish American Studies*, v. 74, n. 2, 2017, pp. 50-64; "Julian Tuwim". In: Wikipedia. Disponível em: <https://en.wikipedia.org/wiki/Julian_Tuwim>. Acesso em: 12 out. 2020; Krzyzanowski, Jerzy R. "Julian Tuwim". Britannica. Chicago: Encyclopaedia Britannica, 9 abr. 2020. Disponível em: <https://www.britannica.com/topic/Skamander-Polish-literary-group>. Acesso em: 12 out. 2020; Szleszyński, Bartłomiej. "Julian Tuwim". Culture.pl. Disponível em: <https://culture.pl/en/artist/julian-tuwim>. Acesso em: 12 out. 2020; https://www.britannica.com/biography/Julian-Tuwim

Kristina Michahelles / Julian Seidenbusch / IB

UBISCH, Gerta von
Geneticista, botânica
Metz, Alemanha, atual França, 03-10-1882 –
Heidelberg, Alemanha, 31-03-1965
No Brasil, de 1935 a 1945

O pai de Gerta von Ubisch era de uma antiga família nobre alemã e a mãe tinha uma avó judia, de sobrenome Goldschmitt. Aos 16 anos, Gerta descobriu o seu amor pela física, doutorando-se pela universidade de Estrasburgo na área de ondas elétricas.

Depois, deu uma guinada para a botânica e obteve uma bolsa para estudar grãos, iniciando a investigação dos fatores genéticos da cevada. Em 1914, tornou-se assistente da Carl Correns no Instituto de Biologia Kaiser Wilhelm e, em seguida, passou a trabalhar em companhias agrícolas privadas. Em 1921 tornou-se assistente de seu antigo mentor Ludwig Jost no Instituto de Botânica da Universidade de Heidelberg, na Alemanha. Dois anos depois, aos 41 anos de idade, passou a dar conferências sobre genética. Foi a primeira mulher no Estado de Baden e uma das primeiras em toda a Alemanha a obter uma livre-docência.

Com a ascensão dos nazistas ao poder, passou a sofrer duplo preconceito por ser mulher e judia. A partir de 1933 começaram as demissões em massa de professores de "ascendência não-ariana", mas havia uma brecha legal que permitia a manutenção do cargo a quem tivesse servido durante a Primeira Guerra ou tivesse pai ou irmão mortos em combate. O

Acervo da Universidade de Heidelberg

chefe de Gerda tentou ajudá-la. Argumentou que, a rigor, ela não poderia se beneficiar da regra, pois seu pai era um militar não judeu, havia lutado e sobrevivera. Propôs às autoridades uma solução intermediária: que ela mantivesse sua cátedra por mais um ano. Mesmo antes da resposta das autoridades, os alunos promoveram um boicote contra os professores judeus e a cientista se viu virtualmente impossibilitada de seguir com suas aulas. Pediu uma licença prolongada e seguiu para Utrecht, na Holanda.

Em dezembro de 1934, aceitou o convite de um amigo da família, o zoólogo Ernst Bresslau— o primeiro de vários professores alemães demitidos pelos nazistas a virem para o Brasil com a fundação da USP, a Universidade de São

Paulo, para organizar a seção de Genética do Instituto Butantan. Gerda chegou a São Paulo em maio de 1935, pouco depois da morte de Bresslau. Diferentemente do convite que recebera, foi designada para o departamento de soro antiofídico. Assumiu o posto, mas sem o seu protetor e por ser imigrante convidada, sentiu-se vítima de xenofobia por parte de muitos colegas.

De 20 a 25 de janeiro de 1936 participou da Primeira Reunião de Fitopatologia do Brasil, na Escola Nacional de Agronomia, atual Universidade Federal Rural do Rio de Janeiro, apresentando um trabalho intitulado A alteração da morfologia de flores pelos Ustilaginales, pragas que atacam as culturas de arroz, trigo, milho e cana-de-açúcar, entre outras. Gerta von Ubisch e a americana Anne Jenkins são as únicas duas mulheres posando para a fotografia que registrou o evento em meio a vários homens. A cientista acabou demitida do Instituto Butantan em 1938, quando o departamento de Genética foi dissolvido em meio a disputas internas.

Em 1940, seguiu para Rolândia, no Paraná, onde uma colônia agrícola de refugiados do nazismo havia sido instalada. Lá trabalhou com experimentos no desenvolvimento da batata-doce. Ela voltaria no ano seguinte a São Paulo onde ficou sem emprego fixo durante os anos da guerra até que, ao final do conflito, decidiu deixar o país e foi ao encontro do irmão na Noruega.

Àquela altura já tinha 64 anos. Voltou ao Brasil uma vez mais sem conseguir trabalho. Finalmente retornou à Noruega e, em 1952, a Heidelberg, onde teve que aguardar quatro anos até a sua reintegração como professora aposentada. Na Alemanha foi localizado um livro de memórias da cientista: *Lebenserinnerungen (Memórias de vida)*, com data de 1955.

Fontes: Deichmann, Ute. *Biologists under Hitler*. Trad. Thomas Dunlap. Cambridge :Harvard University Press, 1996. https://pt.wikipedia.org/wiki/Ars%C3%AAnio_Puttemans; https://rodriguesia.jbrj.gov.br/FASCICULOS/Revistas%20escaneadas%20pela%20Biblioteca/per144398_1936_002_ESP.pdf; https://pt.wikipedia.org/wiki/Ars%C3%AAnio_Puttemans
https://rodriguesia.jbrj.gov.br/FASCICULOS/Revistas%20escaneadas%20pela%20Biblioteca/per144398_1936_002_ESP.pdf
Leonardo Dourado / IB

VALENTA, Ludwig
Pintor, desenhista
Viena, 30-08-1893 – Rio de Janeiro, 19-04-1953
No Brasil, de 1939 até 1953

Ludwig Valenta estudou na Escola de Belas Artes de Viena no início do século XX. Ainda bem jovem, conquistou reconhecimento artístico em seu país, produzindo uma pintura de caráter acadêmico e temática tradicional, sem qualquer influência das vanguardas modernistas do período.

Com a anexação da Áustria à Alemanha nazista, em 1938, decidiu emigrar para o Brasil. No início de maio do ano seguinte, obteve o visto permanente no consulado brasileiro em Viena e logo em seguida dirigiu-se para a cidade alemã de Hamburgo, de onde embarcou na terceira classe do navio "Monte Rosa". Em sua documentação de viagem consta que era casado e de religião católica. Chegou ao Rio de Janeiro em 4 de julho de 1939, poucas semanas antes do início da Segunda Guerra Mundial na Europa. Como outros austríacos que para cá vieram nesse período, buscou ser oficialmente reconhecido como tal, e não como alemão.

Em outubro de 1942, dois meses após a declaração de guerra do governo brasileiro às potências do Eixo, Valenta dirigiu-se à Delegacia Especializada de Estrangeiros da então capital federal para oferecer seus serviços em defesa do Brasil. Sua trajetória artística no país foi irregular. Em 26 de setembro de 1939, pouco mais de dois meses após sua chegada, o jornal carioca A Noite registrou sucintamente, com uma foto na capa, a presença do pintor em sua redação. Em julho de 1941, apresentando-se com o nome de Ludovico Valenta, expôs no Museu Nacional de Belas Artes. A abertura da mostra, segundo o Jornal do Brasil, foi prestigiada por "uma assistência seleta de homens de letras, artistas e representantes da imprensa". Vários outros jornais cariocas elogiaram a exposição — composta por óleos, aquarelas e desenhos — e destacaram o prestígio que o artista conquistara ainda jovem na Áustria. O jornal A Noite e a Revista da Semana assinalaram que Valenta, ainda em seu país natal, havia se aproximado da temática social, passando a retratar os ambientes e figuras dos subúrbios vienenses, bem como a vida rústica dos camponeses. Em setembro do mesmo ano, a exposição foi levada para São Paulo. Depois disso, o artista voltou a se apresentar com o nome de Ludwig Valenta. Em agosto de 1942, um trabalho de sua autoria ilustrou a capa da revista carioca O Malho.

Várias fontes na Internet, muitas de origem europeia, reproduzem a informação de que Ludwig Valenta teria morrido em 1943, mas isso não é verdade. Em fevereiro de 1945, ele expôs na Galeria Itá, em São Paulo, e em setembro do ano seguinte mostrou seus trabalhos no Hotel Serrador, no Rio de Janeiro. No início de 1948, recebeu menção de louvor por sua participação como desenhista na Divisão Geral do Salão Nacional de Belas Artes; e em junho daquele ano participou de uma reunião da Sociedade de Arte Cristã, realizada no Palácio São Joaquim, pertencente à Arquidiocese do Rio de Janeiro. Nos anos seguintes, porém, sua carreira artística parece ter declinado consideravelmente. Sabe-se que ainda era casado e que morava no subúrbio carioca de Ramos quando faleceu, em 1953, após sentir-se mal no interior de um ônibus urbano. Sua morte foi praticamente ignorada pela imprensa. O Diário da Noite, talvez o único órgão a noticiá-la, o fez numa breve nota em sua editoria de cotidiano, referindo-se a ele apenas como um professor de pintura, sem fazer qualquer menção à sua trajetória artística.

Na Europa, o nome de Valenta também caiu na obscuridade, embora algumas obras da fase inicial de sua carreira ainda hoje sejam negociadas a preços módicos no mercado de arte. Em sites especializados nessa área encontramos, quando muito, informações sucintas e imprecisas sobre o artista. Sua vinda para o Brasil muitas vezes é ignorada; seu nascimento e sua morte são erroneamente datados. Nas poucas referências mais detalhadas, sua obra é apresentada como essencialmente acadêmica e conservadora, sem qualquer menção a uma suposta adesão à temática social, tal como afirmado por alguns órgãos da imprensa carioca nos anos 1940.

Monge tocando violino | Óleo sobre tela

A crítica de arte italiana Elena Lissoni, em comentário a um quadro do pintor austríaco pertencente ao acervo da Fundação Cariplo, de Milão, destaca a ausência de informações biográficas sobre o artista e, por isso, refere-se a ele como o "misterioso Ludwig Valenta". A presença no Brasil não é mencionada. Segundo Lissoni: "autor de naturezas-mortas, interiores de mosteiros, cenas da vida contemporânea e de inspiração histórica, Valenta se especializou em uma pintura de gênero de pequeno formato, caracterizada por um agradável realismo descritivo", muito em voga no século XIX.

Fontes: A Manhã, 17-09-1946; A Noite, 26-09-1939; A Noite, 22-07-1941; Diário de Notícias, 01-09-1946; Diário de Notícias, 01-10-1946; Faleceu no interior do ônibus, Diário da Noite, 20-04-1953; Gazeta de Notícias, 12-06-1948; Lissoni, Elena. "Ludwig Valenta - Partita a scacchi". *Artgate*. Milão: Centro Congressi Fondazione Cariplo. Disponível em: <http://www.artgate-cariplo.it/it/opere-in-mostra/fato-e-destino/ludwig-valenta-partita-a-scacchi.html>. Acesso em: 12 out. 2020; O Malho, Agosto/1942; Revista da Semana, 09-08-1941.

André Faria Couto / IB

VAN ROGGER, Roger
Artista plástico, poeta
Antuérpia, Bélgica, 03-05-1914 – Bandol, França, 11-05-1983
No Brasil, de 1943 a 1949

Roger Silberfeld era o filho do meio do casal judeu Ernest Silberfeld e Caroline Heilporn. Seu pai foi um abastado comerciante de diamantes polonês, nascido em Podgorze. Sua mãe, natural de Antuérpia, faleceu quando Roger tinha apenas três anos. Desde criança, Roger demonstrou grande interesse pelas artes visuais, em especial pela pintura flamenga do séculos XV e XVI. Na adolescência frequentou o ateliê do pintor James Ensor, em Ostende, já então consagrado internacionalmente por suas pinturas satíricas e críticas à sociedade moderna.

Nesse mesmo período, Roger também passou a se interessar por literatura e poesia modernas. Participou do círculo literário da escritora Marie Gevers e, em 1929, aos 15 anos, publicou o folheto *La vache creuse (A vaca oca)*. Enquanto sua irmã mais velha, Yvonne, cursava Histologia e seu irmão caçula, Jacques, se formava no tradicional Lycée Louis Le Grand, em Paris, preparando-se para a carreira de medicina, Roger manifestava o desejo de estudar pintura. Sem obter o apoio da família, optou por sair de casa aos 18 anos.

Adotou o nome flamengo de Roger Van Rogger e partiu para o norte, em busca de uma vida simples e mais humana. Conviveu com marinheiros e pescadores e foi lavrador em fazendas, até maio de 1940, quando foi preso e deportado para o campo de concentração de Saint Cyprien, na França, local em que ficaram confinados cerca de 4.500 judeus belgas. Van Rogger, assim como outros prisioneiros, conseguiu escapar. Nessa mesma época, Ernest, Blanche e Yvonne Silberfeld, pai, madrasta e irmã, respectivamente, buscaram refúgio no Brasil. Com o auxílio do cônsul português em Bordeaux, Aristides de Souza Mendes, que salvou milhares de perseguidos pelo nazismo contrariando as diretrizes do governo de seu país, os Silberfeld partiram de Lisboa e chegaram ao Rio de Janeiro em agosto de 1940.

Yvonne permanecerá no país até seu falecimento em Brasília em 1981. Aqui ganhou certa notoriedade como colunista de diversos jornais, entre os quais o Correio da Manhã e o Correio Braziliense, com o pseudônimo de Yvonne Jean

(VER). Trabalhou com Darcy Ribeiro na Universidade de Brasília. Foi cassada, processada e condenada pelo regime militar por "práticas subversivas". Após um ano em prisão domiciliar, concedida por seu frágil estado de saúde, retomou sua atividade literária, desta vez como tradutora. O patriarca Ernest, por sua vez, estabeleceu-se no Rio de Janeiro como comerciante de pedras preciosas, sediado na Rua Uruguaiana, 87. Ele retornou para Antuérpia em 1948, com o fim da guerra.

1947 | Domínio público, Juan Gris - Creative Commons BY-SA 4.0

Após escapar de Saint Cyprien, Roger se juntaria à Resistência como voluntário. Em 1943, contudo, com a guerra ainda longe de acabar, ele e sua companheira Julye, também artista plástica, decidiram emigrar. Chegaram ao Rio de Janeiro em 4 de janeiro de 1943, no navio "Cabo de Hornos", com visto de permanência. Na imigração, ambos declararam serem agricultores e registraram, como residência, o mesmo endereço da Sul Diamantes Ltda., estabelecimento comercial de Ernest Silberfeld.

Apesar de ter declarado que sua estadia no Rio de Janeiro foi marcada pela pobreza e pela dificuldade em vender suas pinturas, Van Rogger conseguiu rápida penetração nos meios artísticos da cidade. Instalou um modesto ateliê em Ipanema e, no mesmo ano de sua chegada, participou do Salão Nacional de Belas Artes, onde ganhou medalha de bronze. Ainda em outubro de 1943 realizou mostra individual no Museu Nacional de Belas Artes, com 33 obras produzidas no país.

O artista recebeu também boa acolhida na imprensa. O poeta Jorge de Lima, o crítico de arte Geraldo Ferraz e o jornalista Luiz Martins foram alguns dos que escreveram matérias elogiosas sobre o pintor flamengo. Todos destacaram sua pintura vigorosa e seu temperamento independente.

Van Rogger e Julye integraram o grupo eclético de artistas refugiados do nazismo que, no Rio de Janeiro, frequentavam a Pensão Mauá, da pintora Djanira, a oficina de molduras de Tadashi Kaminagai (VER) e o Hotel Internacional, em Santa Teresa. Faziam parte do grupo a portuguesa Maria Helena Viera da Silva (VER), o húngaro Árpád Szènes (VER) e o alemão Henrique Boese (VER), entre outros.

Em outubro de 1944, apresentou sua segunda mostra individual no Rio de Janeiro, desta vez na recém-inaugurada Galeria Askanasy, do também refugiado austríaco Miecio Askanasy (VER). Nesse espaço voltaria a expor quatro anos depois. Em 1945, mostrou mais de 60 trabalhos no Instituto de Arquitetos em São Paulo, e realizou uma viagem pelo interior para conhecer a cultura do país e buscar inspiração para suas pinturas.

Em 1946 e 1947 foi um dos ilustradores de Letras e Artes, suplemento dominical do jornal A Manhã, dirigido por Múcio Leão, ao lado de outros artistas modernos como Oswaldo Goeldi, Iberê Camargo, Athos Bulcão e Fayga Ostrower (VER). Nesse mesmo período, com Tomás Santa Rosa e Eros Gonçalves, atuou como cenógrafo do Teatro de Câmera, companhia dirigida por Lúcio Cardoso.

Em junho de 1949, Van Rogger realizou uma grande exposição retrospectiva no Museu de Arte Moderna de São Paulo, instituição criada no ano anterior. O evento, com cerca de setenta obras, também marcou sua despedida do país. Ao término da mostra, partiu para os Estados Unidos e para a França, onde estabeleceu residência. Nunca mais retornaria ao país.

Ainda em 1949, o Museu de Arte Moderna de Nova York comprou sua pintura *Descida da cruz*, que expôs no ano seguinte, ao lado das novas aquisições, entre as quais obras de Jackson Pollock, Pablo Picasso e Giorgo de Chirico.

Seu retorno ao velho continente não lhe trouxe, contudo, estabilidade profissional. Instalou-se inicialmente em Paris, onde conheceu Catherine Savard, com quem se casaria 1952. Nesse mesmo ano, adquiriu uma propriedade em Bandol, na Provence francesa. Decidido a não fazer concessões ao sistema de arte, decidiu não vender nem expor institucionalmente seus trabalhos. Por mais de trinta anos, Van Rogger se dedicaria à construção de um mundo particular, povoado de grandes telas abstratas e de esculturas ao ar livre.

Ao falecer, em 1983, deixou milhares de pinturas, desenhos, esculturas e poesias, que constituíram o acervo da Fundação Van Rogger. Criada por Catherine em 1986 para guardar a memória do artista, a instituição funcionou até 2009.

Fontes: Martins, Ibiapiaba de Oliveira. Van Rogger no Museu de Arte de São Paulo, Correio Paulistano, 02-06-1949, p. 3; Pokojski, Bernard. "Roger Van Rogger, um maudit". Paroles, abr.-jun. 2005, p. 28-29; Roger van Rogger. Disponível em: <http://vanrogger.com/>. Acesso em: 6 mai. 2020; São Vitor, Raul de. A pintura e o pintor, A Manhã, 15-10-1944, p. 2.

Ileana Pradilla / IB

VIEBIG, Ernst
Compositor, crítico musical, regente, produtor de discos, livreiro
Berlim, 10-10-1897 – Eggenfelden, Alemanha, 18-09-1959
No Brasil, de 1934-1957

O jovem Ernst Viebig à direita do pai, o editor Fritz Theodor Cohn, em 1911
Cortesia da filha Susanne Bial

Único filho do editor Friedrich Cohn e da escritora Clara Viebig, Ernst Viebig estudou nos melhores colégios e recebeu aulas de música desde pequeno. Clara Viebig era uma mulher à frente do seu tempo, uma feminista com preocupações sociais e escritora bem-sucedida, apelidada de "a Zola alemã", cujos livros eram campeões de venda. Com o êxito financeiro, a família se mudou de Schöneberg para uma mansão no sofisticado bairro de Zehlendorf, frequentada por escritores como Gerhart Hauptmann, Ricarda Huch, Börries von Münchhausen, atrizes como Marlene Dietrich, o maestro Wihelm Furtwängler, o caricaturista Heinrich Zille. A infância e a juventude foram marcadas por esse ambiente cultural, por um lado, e, por outro, pela solidão e por uma relação complicada com os pais, ambos centrados em suas carreiras. Ernst era péssimo aluno, mas brilhava no piano e no violoncelo, improvisava magnificamente bem e escrevia primeiras composições. Chegou a acompanhar ao piano o violinista amador e físico Albert Einstein em uma das festas na casa dos pais.

Tinha 17 anos incompletos quando vislumbrou no alistamento voluntário para lutar na Primeira Guerra Mundial a oportunidade de romper com o universo familiar. Embora contrário à escolha, o pai ajudou o filho a tirar o sobrenome judeu "Cohn", usando apenas o "Viebig" da mãe, amparado em uma decisão do ministério do Interior prussiano. Fritz Cohn conhecia os riscos da ascendência judaica em uma sociedade marcada por um antissemitismo crescente já no final do século XIX, razão pela qual ele próprio se convertera ao protestantismo luterano antes de casar com Clara Viebig.

Ernst voltou condecorado da guerra, depois de passar os últimos dois anos no front. Em 1919 assumiu o posto de correpetidor, regente coral e mestre de capela no Teatro Municipal (Stadttheater) de Lübeck. Regeu também em Braunschweig e Hannover. Ainda naquele ano, casou-se com a bailarina Lieselotte Schmidt. O casamento foi breve. Viebig era boêmio, gostava de mulheres bonitas, bons vinhos e carros velozes. Rompeu tantos compromissos de trabalho que foi proibido de exercer a profissão durante um ano. Voltou para Berlim em 1921 e passou a sobreviver como crítico musical e redator da revista Die Musik (A Música). Publicou em 1923 uma das primeiras críticas da ópera *Wozzeck*, de Alban Berg. Foi uma época de grande criatividade também na composição: em 19 de maio de 1922 estreou em Aachen a ópera *Die Nacht der Seelen (A noite das almas)* e, em março de 1925, em Düsseldorf, *Die Môra*, com libreto da mãe, Clara Viebig, obras na tradição harmônica e orquestral de Richard Strauss.

Em 1924, casou-se pela segunda vez, com Irmgard Guerke, mãe dos seus filhos Susanne e Reinhart. Começou uma bem-sucedida carreira de diretor musical na poderosa companhia fonográfica Elektrola. De 1928 a 1930, foi diretor artístico de outra empresa do ramo, a Ultraphon, antes de voltar aos palcos de teatros e cabarés famosos em Berlim como diretor musical. Também fazia arranjos e compunha trilhas para filmes. Em 1933, iam de vento em popa as negociações para estrear a sua ópera *Vom braven Kasper und dem schönen Annerl (Sobre o bravo Caspar e a bela Aninha)*. Entretanto, apesar da recomendação entusiasmada do maestro Wilhelm Furtwängler, que queria reger a obra, e de um parentesco distante com o líder nazista Hermann Göring, o ministro da propaganda, Joseph Goebbels, vetou a ópera com as seguintes palavras: "Sendo judeu, o senhor não tem direito de administrar o patrimônio cultural alemão." Em sua autobiografia, Viebig resume: "Com essa afirmação estúpida e equivocada, terminou a minha vida artística na minha pátria." Além disso, o mulherengo inveterado — que, no campo político, entrara para o partido comunista — foi denunciado por uma amante que se julgava traída. Foi interrogado e ameaçado pela Gestapo e tratou de fugir para o Brasil. Despediu-se em Bremen da pátria cuja cultura amava e embarcou em Amsterdã em um pequeno cargueiro para cruzar o Atlântico.

A mulher Irmgart veio um ano depois e os filhos Susanne e Reinhart, que haviam ficado em Berlim com a avó, reuniram-se aos pais em 1936. O casal Ernst e Irmgart abriu uma livraria no Rio de Janeiro e, logo em seguida, em São Paulo. A Livraria Transatlântica, situada no hoje Vale do Anhangabaú, foi pioneira na venda de livros alemães, não só para a colônia alemã como para os próprios exilados judeus, mas, em 1940, a importação de livros alemães foi vetada. Já o casamento terminou em mais um divórcio. Apesar de ter composto no Brasil e de ter conhecido, por exemplo, o compositor Francisco Mignone, as fantasias de continuar a brilhante trajetória anterior no país do exílio não se realizaram. Em 1957, Viebig — para quem a emigração foi uma tragédia, já que nunca se aclimatou no Brasil — voltou para Berlim, já com a quarta mulher, mas nunca mais conseguiu se integrar. Radicou-se na pequena cidade de Eggenfelden, na Baviera, onde morreu em 1959. Registrou os altos e baixos de sua vida até a emigração para o Brasil na autobiografia *Die unvollendete Symphonie meines Lebens (A sinfonia inacabada da minha vida)*. Sua filha Susanne casou-se com outro refugiado, o ator Peter Bial. O sucesso que Viebig não alcançou no país de acolhida foi compensado pelo legado de sete netos (um deles, o conhecido jornalista Pedro Bial) e mais de 30 bisnetos.

Fontes: Bial, Susanne. *Sementes de Susanne Bial e Reinhart Viebig no século XXI*. Rio de Janeiro, 2020; Pasdzierny, Matthias. "Ernst Viebig". In: Zenck, Claudia Maurer; Petersen, Peter (Org.). *Lexikon verfolgter Musiker und Musikerinnen der NS-Zeit*. Hamburg: Universität Hamburg, 2013. Disponível em: <https://www.lexm.uni-hamburg.de/object/lexm_lexmperson_00002443>. Acesso em: 13 out. 2020; Stern, Carola. *Kommen Sie, Cohn!* Köln: Kiepenheuer & Witsch, 2006; Viebig, Ernst. *Die unvollendete Symphonie meines Lebens*. Zell: Rhein Mosel Verlag, 2012.

Kristina Michahelles / IB

VIEIRA DA SILVA, Maria Helena
Pintora, gravadora, desenhista, ilustradora
Lisboa, 13-06-1908 – Paris, 06-03-1992
No Brasil, de 1940 a 1947

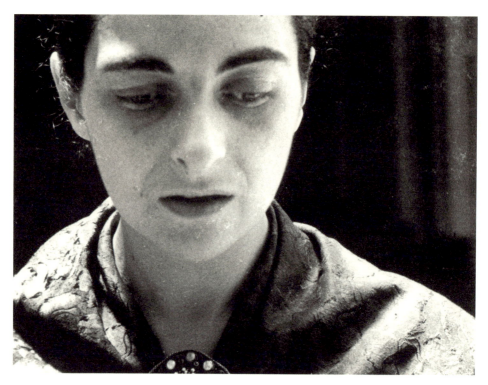

Fragmento do filme Escadas | Casa-Ateliê Carlos Scliar, Cabo Frio

Portuguesa naturalizada francesa, Maria Helena Vieira da Silva jamais ficou confortável nos sete anos que viveu no Rio de Janeiro. Passou dificuldades para chegar, para se aclimatar e para se manter. A pesquisadora Valéria Lamego resumiu assim: "Durante sete anos, levou uma vida espartana. O dinheiro era mínimo, as diversões, raras... O calor, os recursos escassos ('ninguém comprava nada naquela época no Brasil', palavras da pintora France Dupaty), as diferenças de visão de mundo, a incompreensão de sua arte abstrata..." Como todo artista adiante do seu tempo, pagou um preço alto por sua vanguarda. Décadas depois, ironicamente, dois quadros seus pintados no Brasil atingiriam cifras milionárias em leilões internacionais. Em 2018, a obra *L'Incendie 1 (O incêndio 1)* foi leiloada pela Christie's pelo valor recorde de 2,2 milhões de euros. Em 2020, *L'Incendie II, ou Le Feu* (*O fogo*, 1944) foi arrematada na Sotheby's por 1,6 milhão de euros.

A pequena Maria Helena nasceu em uma família tradicional, o pai era embaixador e ela ingressou na Academia de Belas Artes de Lisboa aos 11 anos para estudar desenho e pintura. Também se interessava por escultura. Por isso, frequentou aulas de anatomia na Faculdade de Medicina, tendo depois optado definitivamente pela pintura. Aos 20 anos mudou-se para Paris onde estudou com o pintor cubista Fernand Léger. Em 1933, fez sua primeira exposição individual na galeria de Jeanne Bucher, profissional que seria muito importante em toda a carreira da artista. Conheceu o seu futuro marido, o também pintor e judeu húngaro Árpád Szenes (VER), com quem empreenderia uma difícil fuga para o Brasil. Foram morar em Santa Teresa, no Rio de Janeiro, à época o bairro dos artistas exilados na antiga capital.

Ao casar com Szenes, em 1930, Vieira da Silva perdeu a nacionalidade portuguesa, mas ganhou a húngara. Porém, até 1938 (a data exata é desconhecida) não averbou o casamento em Portugal. Em 1939, quando estourou a guerra, o casal vivia em Paris, e logo sobreveio o espectro da invasão da França pelos alemães. Vários autores difundiram a versão de que o casal tornou-se apátrida, o que só ocorreu depois da guerra. Os historiadores Fábio Koifman e Rui Afonso, em detalhado estudo de 2017, esclareceram o equívoco.

O pintor Emeric Marcier (VER) conta em suas memórias que o casal teve problemas em Vilar Formoso, fronteira da Espanha com Portugal. A Espanha exigia de estrangeiros em trânsito um visto válido para outro destino e Portugal, com as medidas antissemitas de Salazar, também travava viajantes com indicações de que não conseguiriam voltar a seu país de origem, caso de Árpád, identificado no documento como judeu. A estratégia foi tentar um novo passaporte onde não constasse essa qualificação. Em 15 de novembro de 1939, o húngaro foi batizado e casou com Vieira da Silva no religioso. Desconhecem-se detalhes, mas o fato é que Árpád conseguiu um novo passaporte com o cônsul húngaro em Lisboa e nesse documento foi inserido o visto de entrada para o Brasil. Era um visto temporário de seis meses inscrito em um passaporte com validade de apenas 12 meses, válido para "Europa (exceto Rússia, Turquia e Grécia), Américas do Norte e do Sul, inclusive Brasil" e com "estudos" como objetivo da viagem. Em 8 de julho de 1940, Árpád e Vieira da Silva aportam no Rio de Janeiro vindos no vapor "Colonial".

A obra de Vieira não foi reconhecida nos primeiros tempos no Brasil. "O que importava era um trabalho mais naturalista, portinaresco. O dela era um trabalho de reflexão, e isso só vai ser valorizado com a abstração. Não era o momento de a arte brasileira valorizar a abstração. Foi uma precursora da abstração no Brasil", constatou o crítico Nelson Aguilar. Além disso, dia após dia chegavam notícias da França ocupada. Vieira tentou o suicídio duas vezes. Na segunda, foi salva por Jorge de Lima que, além de escritor, era médico.

Apesar de todos os problemas pessoais e profissionais, Vieira e o marido Szenes conseguiram um chalé e um grande ateliê para a pintora no imponente — porém já em início de decadência — Hotel Internacional, um casarão do século XIX encravado na mata de Santa Teresa com vista para a baía de Guanabara que ficava na antiga rua do Aqueduto, atual Almirante Alexandrino. Dali saíram a partir de 1942 as obras-primas iniciais de seu período brasileiro: *Le métro (O metrô), A guerra ou Le desastre (O desastre), Soldat tombé (Soldado caído), O retrato de Murilo Mendes, Harpa-sofá*, todos de 1942. Em julho daquele ano, Vieira da Silva abriu sua primeira individual no Brasil no Museu Nacional de Belas Artes com retumbante sucesso. À inauguração estiveram presentes Manuel Bandeira, Vinicius de Moraes e os amigos Cecília Meireles, Jorge de Lima e Murilo Mendes.

O atelier de Vieira e Árpád Szenes — os "bichos", como se apelidavam mutuamente — tornou-se um centro onde se reuniam jovens artistas. Em 1943 ela pintou *La baie de Rio (A baía do Rio), Sylvestre* e *Corcovado*. Por encomenda, criou um painel de azulejos de 10 metros (o único em sua carreira) que foi montado no refeitório da antiga Escola Nacional de Agronomia, atual Universidade Federal Rural do Rio de Janeiro. No ano seguinte ocorreu a segunda exposição da artista na emblemática galeria Askanasy, no centro do Rio de Janeiro, de outro exilado, Miecio Askanasy (VER). Dessa vez, houve grande repercussão também na imprensa. O jornal estadonovista A Manhã estampou a matéria "Caminhos da arte de Maria Helena Vieira da Silva", além de três ensaios publicados no mês de dezembro. Ruben Navarra escreveu no

Diário de Notícias um ensaio historiográfico intitulado "Vieira da Silva e a Escola de Paris".

Em 1946, a marchande e protetora de Vieira, Jeanne Bucher, promoveu uma exposição da fase brasileira da pintora em Nova York com grande sucesso. No Brasil, seu reconhecimento foi tardio. Na segunda Bienal de São Paulo, em 1953, recebeu o prêmio de aquisição. Na França, foi a primeira mulher a receber o "Grand Prix National des Arts", em 1966. Em 1977, ganhou a grã-cruz da Ordem Militar de Santiago da Espada. Em 1979 tornou-se Dama da Ordem Nacional da Legião de Honra francesa e em 1988, aos 80 anos, foi agraciada com a Grã-Cruz da Ordem da Liberdade. Em Lisboa foi criada a Fundação Árpád Szenes-Vieira da Silva, em 1994, e, em Carnaxide, a Escola Vieira da Silva. Em 2019, uma rua em Paris foi batizada com o seu nome e seis anos antes, em 2013, a União Astronômica Internacional homenageou a artista identificando como Vieira da Silva uma cratera em Mercúrio.

Fontes: "DUPATY, France". In: Brasil artes enciclopédia. Disponível em: <http://brasilartesenciclopedias.com.br/nacional/dupaty_france.htm>. Acesso em: 16 mai. 2020; Koifman, Fábio; Afonso, Rui. "O artista como refugiado: Maria Helena Vieira da Silva e Árpád Szenes em Portugal e no Brasil, 1939-1942". In: Cruzeiro, Cristina Pratas (Org.). *Processos migratórios e práticas artísticas em tempo de guerra: do século XX à actualidade*. Lisboa: Faculdade de Belas Artes da Universidade de Lisboa/CIEBA — Centro de Investigação em Belas Artes, 2017, v. 1, p. 228-251; Lamego, Valéria. "Dois mil dias no deserto: Maria Helena Vieira da Silva no Rio de Janeiro (1940-1947)". *Cores primárias*, n. 10. Disponível em: <http://www.coresprimarias.com.br/ed_10/lamego.pdf>. Acesso em: 16 mai. 2020; "Maria Helena Vieira da Silvia". In: Wikipedia. Disponível em: <https://pt.wikipedia.org/wiki/Maria_Helena_Vieira_da_Silva>. Acesso em: 16 mai. 2020; Série Canto dos Exilados, Telenews, Canal Arte 1, Riofilme, 2015.

Leonardo Dourado / IB

WAGNER, Felipe
Ator
Paris, 15-07-1930 – Rio de Janeiro, 01-07-2013
No Brasil, de 1936 a 1963 e de 1974 a 2013

O pequeno Filip Szafran chegou ao Brasil com seis anos. Sua irmã Ita — que, ao se tornar atriz, assumiria o nome Ida Gomes — tinha 13 anos. Sob os cuidados da mãe, Rojla Mirna, viajaram na terceira classe do "Massilia" e aportaram no Rio de Janeiro às 8h45 da manhã de 20 de outubro de 1936. Vinham para reencontrar o pai, o comerciante Abram Chaim, que deixara Paris um ano antes, impedido de trabalhar: a Alemanha nazista suspendeu a exportação de fechos de bolsa para sua loja por ser ele um negociante judeu e Chaim achou que a situação ia piorar, pois os Szafran eram judeus poloneses. Reencontraram-se e seguiram para um endereço em Icaraí, Niterói, na rua Miguel de Frias, conforme consta na lista de passageiros do Serviço de Imigração. Tios do lado materno e paterno que não conseguiram sair da Europa morreram em campos de concentração.

Acervo pessoal da filha Débora Olivieri

Para progredir na nova terra, Filip assumiu o sobrenome de solteira da mãe — que, aliás, aportuguesou o prenome para Rosa — e passou a assinar Felipe Wagner. O ano de 1947 marca as primeiras aparições do ator no Brasil, então com 17 anos, fazendo o papel de Tiradentes na única peça escrita por Castro Alves, *Gonzaga ou a Revolução de Minas*. Foram duas apresentações em 14 e 15 de março daquele ano e a peça foi encenada no Theatro Municipal do Rio de Janeiro. Porém, seu primeiro trabalho como ator profissional com direito a cachê foi em *A filha de Iório*, de Gabriele D'Annunzio. A contratante foi Maria Jacintha, autora, tradutora e diretora, que justamente em 1947 uniu-se a Dulcina de Moraes e Odilon de Azevedo (Companhia Dulcina-Odilon) para criar o Teatro de Arte do Rio de Janeiro. Por ali passaram, entre outros estreantes, Nicette Bruno, Fernanda Montenegro, Mauro Mendonça. A peça de D'Annunzio em três atos é uma história trágica de amor toda escrita em versos e tem provérbios, rimas tradicionais e dialetos locais da região de Abruzzo, Itália. O elenco tinha outro polonês refugiado, Zygmunt Turkow (VER), figura exponencial do teatro ídiche daquela época no Rio de Janeiro. Não deve ter sido fácil para o jovem Felipe, mas foi uma boa escola. A ficha de artista, documento oficial com o histórico trabalhista, registra ao lado da data de contratação, 10 de outubro de 1947, o salário de CR$ 50,00 (50 cruzeiros) por dia.

Nos anos que se seguiram não houve nenhuma participação sua como ator. Os pais se separaram e ele foi passar uma temporada com Chaim em

Nova Friburgo, região serrana do Rio de Janeiro. A partir de 1956, quando representou Iago no *Otelo* de Shakespeare, seguiram-se outras 17 peças onde ele está no elenco, mais três onde consta como diretor, uma como adaptador do texto e uma como autor.

Entre 1963 e 1974, Felipe Wagner viveu em Israel, mas não abandonou o palco. Aprendeu hebraico, envolveu-se com teatro juvenil, criou um *pocket show* com o qual circulava entre diferentes *kibutzim* interpretando monólogos, recitando poesias, muitas vezes destacando a obra do compositor Paulo Vanzolini, de quem era admirador. Trabalhou como taxista, lutou no exército israelense contra os países árabes vizinhos e, durante a guerra dos Seis Dias, em 1967, foi ferido por uma explosão de granada que lhe deixou uma cicatriz no rosto. Em 1970, começou a preparar seu retorno ao Brasil: acertou o trabalho inicial na TV Globo no elenco da primeira versão da telenovela *Irmãos Coragem*. De volta ao Rio de Janeiro, a partir de 1974, construiu uma robusta carreira de ator em 25 produções diferentes na emissora, entre novelas, minisséries, especiais e programas humorísticos. Suas duas participações em cinema foram em *Lost Zweig* (2002), de Sylvio Back, baseado livremente no livro *Morte no Paraíso, a tragédia de Stefan Zweig*, de Alberto Dines, e *Bela noite para voar*, de Zelito Viana, inspirado no livro de outro jornalista, Pedro Rogério, sobre o presidente Juscelino Kubitschek. Também atuou na produção independente *Filhos do Carnaval*, exibida no canal HBO em 2006 e indicada para o Prêmio Emmy internacional daquele ano. Pouco antes de morrer de um infarto fulminante, estava prestes a ganhar novo papel no programa humorístico *Zorra Total*, no qual atuou regularmente desde 2000.

Fontes: Funarte - A filha de Iório/RJ-Rio de Janeiro, 1947: cenas do espetáculo: http://cedoc.funarte.gov.br/sophia_web/ (último acesso em 12-08-2020); Site Todo Teatro Carioca: http://www.todoteatrocarioca.com.br/pessoa/599/felipe-wagner; (último acesso em 12-08-2020Arquivo Nacional; "Maria Jacintha". In: Enciclopédia Itaú Cultural de Arte e Cultura Brasileiras. São Paulo: Itaú Cultural, 2020. Disponível em: <http://enciclopedia.itaucultural.org.br/pessoa359435/maria-jacintha>. Acesso em: 12 ago. 2020; Nigri, Eila. Entrevista. 12 ago. 2020; Olivieri, Débora. Entrevista. 10 ago. 2020; Szafran, Alberto. Entrevista. 17 ago. 2020.

Leonardo Dourado /IB

WALTER, Eva: ver HERZ, Eva

WASICKY, Richard
Farmacêutico e professor
Teschen, Império Austro-Húngaro, atual Cieszyn, Polônia, 06-02-1884 –
São Paulo, 09-08-1970
No Brasil, entre 1941 e 1970

Richard Wasicky formou-se em 1906 em Farmácia e Química pela Universidade de Viena. Em 1911 foi diplomado pela mesma universidade em Medicina. Após frequentar diferentes cursos de aperfeiçoamento, tornou-se livre-docente em Farmacognosia, especialidade em que viria a se tornar uma autoridade mundial.

Depois da Primeira Guerra Mundial (1914-1918) recebeu convites das universidades de Belgrado, na Sérvia, então Iugoslávia, e da Polônia, para ocupar cátedras de Farmacognosia e Farmacologia. Em 1921 tornou-se catedrático e, no ano seguinte, passou a dirigir o Instituto de Farmacognosia, dentro da Faculdade de Medicina da Universidade de Viena, da qual se tornou diretor entre 1924 e 1926.

Foi membro do Conselho Superior de Saúde Pública da Áustria, presidente da Comissão Austríaca de Farmacopeia, um dos fundadores e presidente da Sociedade Austríaca de Microquímica, da qual era secretário Fritz Feigl (VER), outro austríaco que viria a residir no Brasil.

Construiu um equipamento para a extração contínua de microquantidades de sólidos. Seu principal trabalho didático foi *Lehrbuch der Pharmakognosie (Tratado de Farmacognosia)*, publicado em dois volumes nos anos de 1929 e 1932. Segundo A Gazeta da Farmácia, esse trabalho "promoveu a transformação universal da farmacognosia de uma ciência meramente descritiva em uma ciência experimental e biológica", o que valeria a Richard Wasicky, em 1964, na Alemanha, o título de "Pai da Moderna Farmacognosia Alemã".

Após a anexação da Áustria pela Alemanha nazista, em 1938, ele, sua mulher Marianne, formada em Farmácia e também pesquisadora em Farmacognosia, e seu filho Roberto (VER) foram para a Suíça, depois para a França, onde ficaram internados, e, finalmente, em 1941, para o Brasil. A intenção de Richard Wasicky era ir para a Argentina, mas foram a seu encontro no Rio de Janeiro vários professores da Universidade de São Paulo (USP) que lhe levaram convite do reitor, Lineu Prestes, para fundar um instituto de farmacognosia experimental junto à então Faculdade de Farmácia e Odontologia.

Para tanto foi contratado em março de 1941. Participou paralelamente de instituições dedicadas ao combate de doenças tropicais, como a malária. Em 1948 tornou-se catedrático de Farmacognosia da USP, o que marcou o início de seu trabalho propriamente didático no Brasil. Sua atividade incluiu diferentes cursos de extensão universitária não só em São Paulo como em Fortaleza, Belo Horizonte, Florianópolis e Santa Maria (Rio Grande do Sul).

Arquivo da Universidade de Viena

Destacou-se como orientador de trabalhos científicos, publicou mais de 140 trabalhos na Europa e mais de uma centena no Brasil. Na USP permaneceu até se aposentar em 1954. A Academia Nacional de Farmácia e a Academia Nacional de Medicina concederam-lhe o título de membro honorário. O Instituto Histórico e Geográfico Brasileiro lhe conferiu a Medalha Cultural Imperatriz Leopoldina. Entre outras homenagens, recebeu ainda a Cruz de Honra Austríaca de 1ª Classe para Arte e Ciência, foi declarado doutor *honoris causa* pela Sorbonne e pela Faculdade de Filosofia da Universidade de Viena. Foi membro honorário da Academia Americana de Farmácia.

Seu filho Roberto e sua neta Elfriede Marianne Bacchi foram seus sucessores como professores titulares da mesma disciplina na Faculdade de Ciências Farmacêuticas da USP.

Fontes: A Gazeta da Farmácia, ano XXXIX, n. 461, set. 1970. Disponível em: <http://memoria.bn.br/pdf/029548/per029548_1970_00461.pdf>. Acesso em: 11 mai. 2020; Bacchi, Elfriede Marianne. Comunicação pessoal, mai. 2020; *Bulletin des sciences pharmacologiques : organe scientifique et professionnel [Bulletin scientifique]*, v. 40, ano 35, n. 1, 1933. Disponível em: <https://archive.org/stream/BIUSante_pharma_p31249x1933x4001/BIUSante_pharma_p31249x1933x4001_djvu.txt>. Acesso em: 9 mai. 2020; Kremers, Edward; Sonnedecker, Glenn; Urdang, George. *Kremers and Urdang's History of Pharmacy*. Madison: American Institute of the History of Pharmacy, 1986.

Mauro Malin / IB

WASICKY, Roberto
Professor de farmacognosia
Viena, 22-12-1925 – São Paulo, 19-12-2003
No Brasil, de 1941 a 2003

Richard Robert Wasicky era filho dos professores de farmacognosia Richard Wasicky (VER) e Marianne Wasicky, que emigraram da Áustria após sua anexação pela Alemanha nazista, em 1938. Richard Wasicky tinha sido diretor da Faculdade de Medicina e do Instituto de Famarcognosia da Unversidade de Viena, de onde foi demitido, e, com a mulher e o filho, Robert, dirigiu-se à Suíça e depois à França, onde ficaram internados. Finalmente, em 1941, viajaram para o Brasil.

Autoria desconhecida

Richard Wasicky foi contratado nesse mesmo ano para fundar um instituto de farmacognosia experimental junto à então Faculdade de Farmácia e Odontologia da Universidade de São Paulo, onde deu aulas, realizou trabalhos e orientou pesquisas até sua aposentadoria, em 1954.

Seu filho estudou no Colégio Bandeirantes, em São Paulo, naturalizou-se brasileiro em 1950, adotou o nome de Roberto e entrou na Faculdade de Farmácia e Odontologia da Universidade de São Paulo (USP) em 1951. Segundo sua filha Elfriede Marianne Bacchi, em 1954 ele foi contratado pela USP para ser professor assistente da cátedra de Famacognosia, a mesma de que se despedia seu pai. Elfriede, mais tarde, viria a ser professora titular da mesma disciplina.

Entre muitos outros trabalhos, Roberto Wasicky estudou a formação de alcaloides de *Pilocarpus pennatifolius L.* e a composição química de *Valeriana officinalis L.* Integrou a comissão de especialistas encarregada de revisar a Farmacopeia Brasileira para sua segunda edição (1959).

Informa Elfriede Bacchi que seu pai foi por diversas vezes presidente da Sociedade Brasileira de Farmacognosia, membro da Sociedade de Farmácia e

Química de São Paulo, da União Farmacêutica e da Sociedade Brasileira para o Progresso da Ciência (SBPC).

Sua tese de livre-docência, defendida em 1959, consistiu no trabalho *Estudo Farmacognóstico da folha de Psidium cattleianum*. Dominava profundamente a área de análise cromatográfica: "Pode ser considerado um introdutor de tais processos e técnicas analíticas no Brasil", escreve Elfriede.

Em 1968, a convite do Ministério da Educação da Áustria, realizou estudos na Universidade de Viena. Em 1972 obteve o título de professor titular da Faculdade de Ciências Farmacêuticas da USP e dois anos depois assumiu a direção da faculdade.

Foi duas vezes presidente e quatro vezes vice-presidente da Fundação para o Remédio Popular (Furp, do governo de São Paulo), e membro de seu Conselho Deliberativo entre 1974 e 1989. Participou em 1992 do Congresso Anual da Sociedade de Pesquisas em Plantas Medicinais, em Trieste, na Itália. Aposentou-se em 1995.

Foi casado com Ingeborg G. Wasicky, com quem teve os filhos Richard e Elfriede Marianne.

Fontes: Bacchi, Elfriede Marianne. Comunicação pessoal, mai. 2020; *Cronologia histórica da Faculdade de Ciências Farmacêuticas da Universidade de São Paulo*. Disponível em: <https://docplayer.com.br/amp/50979381-Cronologia-historica-da--faculdade-de-ciencias-farmaceuticas-universidade-de-sao-paulo.html>. Acesso em: 11 mai. 2020; "Ex-diretores". *Faculdade de Ciências Farmacêuticas da USP*. Disponível em: <http://www.fcf.usp.br/ExDiretoresEmeritos/ExDiretores.php>. Acesso em: 11 mai. 2020; Ferro, Vicente de Oliveira. "Relembrando o professor Robert Wasicky". *Revista Brasileira de Ciências Farmacêuticas*, v. 40, n. 1, São Paulo, jan.-mar. 2004. Disponível em:<https://www.scielo.br/scielo.php?script=sci_arttext&pid=S1516-93322004000100002&fbclid=IwAR1772csOgj8Kns99lHQNsTGTFToRWh3s9Bo7fkfe922Skc0fUl5DhYvkD0>. Acesso em: 10 mai. 2020.

Mauro Malin / IB

WASSERMANN, Georg
Músico, professor de teoria musical e de piano
Viena, 25-11-1903 – Berlim, 03-1968
No Brasil, de 1941 à segunda metade dos anos 1960

Georg Maximilian Wassermann era filho de Julie Speyer Wassermann e de um escritor famoso, Jakob Wassermann, autor, entre muitos outros livros, de *Der Fall Maurizius (O processo Maurizius), Kaspar Hauser* e *Mein Weg als Deutscher und Jude (Meu caminho como judeu e alemão)*. Jakob Wassermann, que se opôs vigorosamente ao nazismo, morreu em 1934, aos 60 anos.

Embora nascido em uma família judaica, Wassermann converteu-se ao catolicismo aos 22 anos em 1925, ainda antes de o nazismo ganhar força, e foi batizado pelo padre Johannes Österreicher, informa o compositor e violinista Luiz Alfredo Batista Garcia, autor de uma dissertalção de mestrado sobre o músico austríaco. Segundo o seu admirador e discípulo Francisco Joffily Mello, Georg Wassermann "foi criado como um católico austríaco, apesar de seu pai ser judeu. Na realidade, ele não era circunscrito a nenhuma religião. Seu espírito era totalmente aberto e politeísta".

Arquivo Nacional

O mesmo autor informa que Georg "era afilhado (talvez de batismo) de Bruno Walter" e foi aluno de Heinrich Schenker, "a quem o próprio Brahms admirava", além de frequentar ensaios do legendário maestro Wilhelm Furtwängler com a Filarmônica de Berlim.

Em artigo no Correio da Manhã, assinando-se Jorge Wassermann, ele fala da proximidade de seu pai com os escritores Hugo von Hofmannsthal, Thomas Mann, Heinrich Mann e Arthur Schnitzler, com os pianistas Ignaz Friedmann e Severin Eisenberger, com a cantora Lotte Leonhardt e com o violinista Bronislaw Huberman. Menciona também apresentações, na casa de Jakob Wassermann, do Quarteto Kolisch.

Georg (ou Jorge, como a imprensa também grafava o seu nome) Wassermann era músico de profissão e dava aulas de piano, viveu sempre viajando pela Europa, trabalhou na Ópera de Munique, depois na Áustria. Antes de escapar para o Brasil, em 1941, com o grupo em torno de Hermann Matthias Görgen (VER), morou na Suíça.

Ele costumava reunir em seu apartamento na Rua Barão da Torre, em Ipanema, Rio de Janeiro, no fim dos anos 1950, um grupo de jovens amantes da música, entre os quais Helena Floresta de Miranda, que se tornaria psicanalista, o jornalista Carlos Dantas e os pianistas Velma Richter e John Neschling, que foi um de seus alunos e posteriormente seguiu prestigiosa carreira internacional como maestro.

Neschling narra que Wassermann, amigo de seus pais, ensinou-lhe harmonia e contraponto entre 1961 e 1965 e era também professor de História da Música na escola de música Pró-Arte. "Era uma espécie de ícone no Brasil por ter estudado na Europa. Contava muitas histórias e as pessoas bebiam suas palavras", testemunha. Wassermann ensinou igualmente no Conservatório Brasileiro de Música e deu palestras sobre história de música e composição na PUC, na Escola Nacional de Música, na Associação Cristã de Moços e no Touring Club do Brasil, sempre divulgando a teoria musical do austríado Heinrich Schenker. Wassermann, no entanto, nunca chegou a ter vínculos formais com alguma instituição no Brasil.

Após o nascimento da filha que teve com sua companheira Yukiko Kikuchi, Sakura Maria Wassermann, casou-se com Yuki — como era chamada - "em cerimônia privada conduzida por dom Jaime de Barros Câmara, cardeal arcebispo do Rio de Janeiro", informa Joffily Mello.

Foi arranjador musical da peça do Teatro Tablado, *O moço bom e obediente*, de Betty Barr e Gould Stevens, traduzida por Cecília Meireles e encenada em 1951, para a qual Yuki fez os figurinos.

Francisco Joffily Mello explica assim a volta do professor à Alemanha, na segunda metade dos anos 1960: "Creio que a decisão de Wassermann de voltar à Europa teve algo a ver com a ausência de um ambiente cultural à altura de sua vasta bagagem musical e intelectual. Lembro-me bem do dia em que ele me contou sobre as tratativas que estava conduzindo junto a seus velhos amigos, o pianista Friedrich Gulda e o maestro Hans Swarowsky, em Viena. O fato é que ele terminou se decidindo por uma posição em Berlim. Fomos todos — alunos e amigos (umas dez pessoas) — a seu embarque no Touring Club (estação de passageiros do porto do Rio de Janeiro)."

Em Berlim, Wassermann deu aulas na Hochschule für Musik (Escola de Música).

Fontes: A Manhã, 28-05-1944. Disponível: <http://memoria.bn.br/pdf/116408/per116408_1944_00852.pdf>. Acesso em: 24 mai. 2020; Correio da Manhã, 14-04-1962. Disponível: <http://memoria.bn.br/pdf/089842/per089842_1962_21180.pdf>. Acesso em: 24 mai. 2020; Floresta de Miranda, Helena. Comunicação pessoal, mai. 2020; Göerisch, Sueli. Consultoria para as fontes em alemão; Joffily Mello, Francisco A. M. Comunicação pessoal, mai. 2020; Matté, Gilberto. "Curso 'A música, arte divina: o sacro e o profano'". movimento.com. Disponível em: <https://movimento.com/curso-a-musica-arte-divina-o-sacro-e-o-profano/>. Acesso em: 26 mai. 2020; Neschling, John. Comunicação pessoal, mai. 2020; Resende, Marisa. Comunicação pessoal, mai. 2020; Batista Garcia, Luiz Alfredo. Comunicação pessoal, dez. 2020.

Mauro Malin / IB

WEBER, Hilde
Chargista, ilustradora, artista plástica
Waldau, Alemanha, 09-09-1913 – São Paulo, 13-12-1994
No Brasil, de 1933 a 1994

Hilde Weber e sua obra, c.1951, São Paulo | Foto de Alice Brill, Acervo Instituto Moreira Salles

A alemã Hilde Weber, ou simplesmente Hilde, concluiu em 1932 os estudos de Artes Gráficas em Hamburgo, onde passou a infância e a juventude. Desde os 17 anos desenhou para os jornais Hamburger Anzeiger e Hamburger Fremdenblatt. Em 1933 veio para o Brasil encontrar o pai, Edmund Weber, oficial aviador que, separado de sua mãe, havia se mudado para o país após a Primeira Guerra Mundial. É de supor que a ascensão do nazismo na Alemanha, naquele fatídico ano de 1933, a tenha impelido a emigrar. Hilde havia sido criada por um casal de amigos de seus pais e por uma tia chamada Claire.

Chegada ao Brasil, diz o resumo biográfico inserido no único livro que lançou, "começa imediatamente a trabalhar nos Diários Associados como desenhista e chargista, onde faz dupla com Rubem Braga, que, também aos 19 anos, iniciava sua carreira como repórter e cronista". Conta-se que, a trabalhar com um fotógrafo, Braga preferia a parceria com Hilde. Ele definiu o instrumento de trabalho dela como "lápis de malícia lírica". Ela foi a primeira mulher chargista do Brasil. Hilde foi capista da revista A Cigarra e trabalhou na revista O Cruzeiro, entre outros veículos de imprensa.

Em São Paulo, a partir de 1943, participou do grupo modernista Santa Helena e se especializou na pintura de azulejos, frequentando, com Alfredo Volpi e Mário Zanini, a Osirarte, do pintor Rossi Osir. Conviveu igualmente com Mário Pedrosa, Sérgio Milliet, Lívio Abramo, Francisco Rebolo e Lasar Segall. Ilustrou livros infantis e participou de exposições coletivas e individuais. Em 1949 desenhou o cenário da peça teatral *Baile dos ladrões*, de Jean Anouilh.

Em 1950, a convite de Carlos Lacerda, foi para o Rio de Janeiro trabalhar na Tribuna da Imprensa, onde fez uma carreira brilhante como chargista. Dois presidentes foram seus alvos preferenciais de crítica, seguindo a inclinação do dono do jornal e de seu corpo editorial: Getúlio Vargas e o argentino Juan Domingo Perón. Suas charges eram publicadas, quase diariamente, na página 4, ao lado do editorial.

Sobre seu trabalho, escreveu o jornalista Fernando Pedreira, na apresentação do livro de Hilde *O Brasil em Charges*: "A personalidade de Hilde é estável. Tranquila, firme como um barco seguro de sua rota (...). Hilde descende do expressionismo alemão, de um Georg Grosz, embora as charges não tenham em geral nem a virulência, nem a consciência social antiburguesa que tanto marcaram os grandes expressionistas europeus.".

Para Rodrigo Patto Sá Motta, citado por Rodolpho Gauthier Cardoso dos Santos, "em consonância com o projeto de *Tribuna da Imprensa*, a obra de Hilde se aproxima do ideal liberal e tem características marcadamente antiesquerdistas e anticomunistas".

Sobre Hilde, escreveu Herman Lima, em sua *História da caricatura no Brasil*, que "dificilmente outro artista terá alcançado as culminâncias a que se alçou, em atmosfera tão ingrata, dando ao gênero uma dignidade que só encontramos em alguns raros, a exemplo de [Saul] Steinberg, comparação fatal. Seus bonecos na *Tribuna da Imprensa*, basta dizer que dispensam legenda e tão fabulosamente exprimem sua sátira contundente, para ter dito tudo".

Hilde Weber foi casada com o jornalista Cláudio Abramo (1923-1987), com quem teve um filho, o também jornalista Cláudio Weber Abramo (1946-2018). Foi casada ainda com o fotógrafo e pintor Luigi Mamprin (1921-1995).

Em 1962, Hilde foi morar novamente em São Paulo e passou a trabalhar no jornal O Estado de S. Paulo, onde permaneceu por quase 40 anos, até aposentar-se.

Entre outros, recebeu em 1960 o prêmio Seção América Latina do

Concurso de Caricaturas do World Newspaper Forum, pelas melhores charges internacional. Participou da da I, da IV e da VI Bienais Internacionais de edições da Bienal Internacional de São Paulo.

Em noticiário sobre sua morte, seu trabalho foi louvado pelos cartunistas Paulo Caruso, Ique, Liberati e Millôr Fernandes.

Fontes: "Hilde Weber". In: Enciclopédia Itaú Cultural de Arte e Cultura Brasileiras. São Paulo: Itaú Cultural, 2020. Disponível em: <http://enciclopedia.itaucultural.org.br/pessoa23325/hilde-weber>; Lima, Herman. *História da caricatura no Brasil*. Rio de Janeiro: Editora José Olympio, 1963; Nogueira, Natania. "Hilde Weber: a presença feminina na charge política do Brasil". *História hoje*. 15 ago. 2014. Disponível em: <https://historiahoje.com/hilde-weber-a-presenca-feminina-na-charge-politica-no-brasil/>. Acesso em: 14 out. 2020; O Estado de S. Paulo, 14-12-1994, p. A19; Santos, Rodolpho Gauthier Cardoso dos. "As charges antiperonistas de *Tribuna da Imprensa* (1949-1955)". *Tempo e argumento*, Florianópolis, v. 8, n. 18, p. 215-248, mai.-ago. 2016; Weber, Hilde. *O Brasil em charge, 1950-1985*. São Paulo: Circo Editorial, 1986.

Mauro Malin / IB

WEISS, Sigmund
Executivo industrial
Krefeld, Alemanha, 13-11-1907 – Rio de Janeiro, 03-01-1973
No Brasil, de 1940 a 1973

Filho dos judeus Nuehem Weiss e Ryfka Blumenberg, formou-se na Alemanha em Engenharia Têxtil. Com a ascensão do nazismo ao poder em 1933, abandonou a pátria e instalou-se em Antuérpia, na Bélgica, onde se casou em 1936 com Henriette Ringer, natural da cidade, com quem teve a filha Renée. Em Antuérpia, obteve em 1938 um passaporte temporário, que lhe permitiu deslocar-se dois anos depois, já durante a Segunda Guerra Mundial, a Marselha, na França, e aí conseguir um visto assinado pelo cônsul brasileiro Murillo Martins de Souza, onde constava sua profissão como industrial. De posse desses documentos, embarcou em Portugal no navio "Serpa Pinto" e chegou ao Brasil em novembro de 1940, na condição de apátrida.

Radicou-se no Rio de Janeiro e, pouco depois, com outros judeus de Antuérpia, fundou e foi o primeiro presidente da Sinagoga Kehilat Yaakov, conhecida como Sinagoga de Copacabana, instalada no Bairro Peixoto. Obteve sua naturalização em 1945 e, apesar da sua condição de judeu e refugiado, preservou ou conseguiu estabelecer laços comerciais com a grande siderúrgica alemã Mannesmann A.G. Düsseldorf. Nessa condição, fundou, entre 1948 e 1949, cinco empresas de mineração e importação de produtos de ferro, núcleos daquele conglomerado alemão.

Quando a empresa matriz resolveu produzir no Brasil, escolheu Sigmund Weiss para ser presidente do seu ramo local, instituído em 1952 com o nome de Companhia Siderúrgica Mannesmann. Lucas Lopes, ministro dos governos Vargas e Kubitschek, relata que a empresa pretendia construir uma usina siderúrgica de ferro-esponja em Sepetiba, no Rio de Janeiro. Porém, numa reunião dos representantes do negócio com Getúlio Vargas, um oficial de gabinete, Geraldo Mascarenhas, ligado ao governador mineiro Juscelino Kubitschek,

Aeroporto do Galeão, chegada do novo presidente da Cia. Mannesmann | Fotografia de Ferreira, Arquivo Público do Estado de São Paulo

conseguiu redirecionar esses planos: JK ofereceu convidativas condições e os alemães foram convencidos a se instalar em Minas Gerais. Iniciou-se, assim, a construção do complexo fabril na Cidade Industrial, no bairro do Barreiro, em Belo Horizonte. As instalações foram inauguradas em 12 de agosto de 1954, com a presença de Getúlio Vargas, último compromisso público do Presidente antes do seu trágico suicídio.

A Mannesmann foi pioneira no Brasil na fabricação de tubos sem costura, insumo fundamental da indústria petrolífera, que então se expandia a partir da criação da Petrobras no ano anterior. Nos marcos do desenvolvimentismo que caracterizou aqueles anos, foi uma das poderosas empresas estrangeiras a se instalarem no país, com destaque para a indústria automobilística, a siderúrgica e a metal-mecânica. Sua cidade industrial comportava três mil operários e suas famílias, num total de 12 mil pessoas. Em 1959 e 1960, Sigmund Weiss foi declarado sucessivamente cidadão honorário de Belo Horizonte e de Minas Gerais. O gesto representou um reconhecimento oficial à atitude da

Mannesmann de ceder parte de sua quota de energia elétrica quando a capital mineira enfrentou uma crise de racionamento no setor.

A Mannesmann viveu momentos difíceis no Brasil a partir de 1964, quando veio à tona uma operação fraudulenta de emissão de títulos, comandada por seus diretores Jorge Serpa Filho e José Machado Freire, que foram então afastados dos cargos. Jorge Serpa Filho (1923-2019) era um personagem ubíquo e discreto, considerado o maior lobista do Brasil, amigo próximo de Roberto Marinho, Walter Moreira Salles, João Goulart e outros políticos e magnatas. No entanto, chegou a ser preso em 1965, enquanto um interventor do governo mineiro era nomeado na empresa e suas instalações temporariamente ocupadas por forças policiais.

A apuração e julgamento do caso estendeu-se por alguns anos, ao fim dos quais a matriz alemã aceitou reembolsar parcialmente os aplicadores lesados pelas emissões fraudulentas.

Sigmund Weiss, como presidente da empresa, posição a que teve que renunciar, figurou no rol dos acusados e respondeu aos processos instaurados na Justiça, que arrolaram, ao todo, 31 pessoas, inclusive vários executivos alemães da matriz.

Superados esses percalços, retomou seus negócios particulares no Rio de Janeiro e, nos últimos anos, já viúvo, mantinha uma intensa vida social e circulava na noite carioca, sendo presença constante nas colunas especializadas. Sua filha Renée, prima em primeiro grau da atriz Nathalia Timberg, casou-se com o empresário Armand Perelmuter, também imigrante de Antuérpia. Seu neto, Guy Perelmuter, economista, foi professor da PUC-RJ.

Desde 1990, a Mannesmann estendeu sua atuação ao setor de telecomunicações, que foi assumido em 2000 pela inglesa Vodafone. O setor metalúrgico, adquirido pela Salzgitter A.G., manteve o nome Mannesmann e foi assumido no Brasil pela francesa Vallourec.

Fontes; Correio da Manhã, Rio de Janeiro, 27-06-1965; Correio da Manhã, Rio de Janeiro, 29-06-1965; Correio da Manhã, Rio de Janeiro, 29-07-1965; Correio da Manhã, Rio de Janeiro, 09-12-1965; Correio da Manhã, Rio de Janeiro, 04-02-1966; Correio da Manhã, Rio de Janeiro, 07-04-1966; Correio da Manhã, Rio de Janeiro, 29-03-1967; Correio da Manhã, Rio de Janeiro, 05-04-1967; Correio da Manhã, Rio de Janeiro, 12-05-1967; Jornal do Brasil, Rio de Janeiro, 04-01-1973; Lopes, Lucas. *Memórias do desenvolvimento*. Rio de Janeiro: Memória da Eletricidade/CPDOC-FGV, 1991; Röder, Werner; Strauss, Herbert A. *Biographisches Handbuch der deutschsprachigen Emigration nach 1933-1945*. München: K.G. Saur, 1999.

Israel Beloch

WIESINGER, Alois
Abade católico
Pettenbach, Áustria, 03-06-1885 – Schlierbach, Áustria, 03-01-1955
No Brasil, de 1938 a 1946

Alois Wiesinger logo após sua posse, circa 1920
Arquivo do Mosteiro de Schlierbach

Alois Wiesinger era de família pobre. Depois de se formar em Kremsmünster, Áustria, ingressou na Abadia Cisterciense de Schlierbach, no mesmo país, em 1905. Depois de três anos estudando teologia em Innsbruck, sempre na Áustria, foi ordenado sacerdote em 1909. Estudou mais três anos em Innsbruck, fez seu doutorado em 1912 e seguiu na carreira eclesiástica.

No verão de 1914 viajou para um Congresso Eucarístico em Lourdes, França, onde foi retido por causa da eclosão da Primeira Guerra. Como sacerdote, foi autorizado a passar nove meses em mosteiros trapistas franceses. Aí teve contato direto com a vida monástica dos cistercienses de estrita observância.

Recebeu o livro *L'âme de tout apostolat (A alma de todo apostolado)*, do abade trapista dom Jean-Baptiste Chautard de Sept-Fons, que teve uma influência significativa na direção de sua vida espiritual. Em 1921, a tradução alemã de Wiesinger da obra de Chautard foi publicada sob o título *Innerlichkeit, das Geheimnis des Erfolges im apostolischen Wirken (Interioridade, o Segredo do Sucesso na Atividade Apostólica)*.

Após o retorno a seu país, tornou-se professor de teologia em Heiligenkreuz e também pastor em Gaaden. Em 1917 foi eleito 14º abade de Schlierbach. Aos 32 anos, era o abade mais jovem da Áustria.

Wiesinger conduziu o mosteiro ao seu maior efetivo, mais de 50 monges (um total de 126 homens entraram de 1917 a 1955, 64 dos quais permaneceram por toda a vida). O abade introduziu em Schlierbach a categoria dos irmãos leigos, também chamados conversos. Outros mosteiros na Áustria seguiram o exemplo de Schlierbach, até a Segunda Guerra Mundial interromper esse desenvolvimento. Os irmãos leigos de Schlierbach eram usados, entre outras coisas, na queijaria, além de serem também funcionários cobiçados em iniciativas missionárias porque usavam seu conhecimento prático, substituíam assalariados caros, trabalhavam diligentemente e sublinhavam a ênfase religiosa das iniciativas. O mosteiro foi fechado após a anexação da Áustria pela Alemanha nazista em 1938.

Pouco antes, um casal riquíssimo, sem filhos, Plínio e Isabel Tude, doara à Ordem dos Beneditinos uma grande extensão de terras na Chapada Diamantina, na Bahia, onde uma nova diocese católica, a de Senhor do Bonfim, havia sido criada numa área de 125 mil quilômetros quadrados, com uma população de 323 mil habitantes. Havia aí um problema antigo de carência de padres, e mesmo de paróquias: eram 20 para 33 municípios.

Plínio morreu em 1936. Sua viúva negociou os termos da doação com os beneditinos, que acabaram se julgando incapazes de levar à prática o projeto que o casal havia elaborado, por intermédio da Fundação Divina Pastora. Negociações foram realizadas com a abadia de Schlierbach. O abade Alois Wiesinger enviou dois representantes à Bahia e eles deram sinal verde ao desenvolvimento da parceria.

Com o seu mosteiro desativado pelos nazistas, Wiesinger transferiu-se para o Brasil ainda em 1938, acompanhado de nove monges. Relata Paulo Oliveira, que eles assumiram a direção da fundação e em março de 1939 foram reiniciadas as obras de construção do Mosteiro do Jequitibá, na antiga fazenda de mesmo nome, município de Mundo Novo. Por serem austríacos, identificados como "alemães", os monges com frequência recebiam a visita da polícia: em 1942 o Brasil tinha declarado guerra ao Eixo (Alemanha, Itália e Japão).

Os cistercienses desempenharam papel relevante na promoção da educação católica, tanto na Áustria como no Brasil, onde ela tinha se enfraquecido desde o fim do Império, em 1918.

Alois dirigiu o novo mosteiro, que ficou pronto em 1945, até retornar a

Schlierbach após a derrota dos nazistas e o fim da Segunda Guerra Mundial. Lá permaneceu como abade até morrer, em 1955.

"No curso de sua longa carreira como abade, Wiesinger se interessou intensamente por fenômenos parapsicológicos como *poltergeist* e materialização", lê-se no site Occult Health. Além de seus textos sobre cristandade, ele foi editor do periódico Glaube und Erkenntnis (Fé e Conhecimento) e publicou o livro *Okkulte Phänomene im Lichte der Theologie (Fenômenos ocultos à luz da teologia)*.

No prefácio desse livro, publicado em 1947 em Viena, Wiesinger afirma que o interesse pelo que denomina ciências ocultas decorre da "grande fome de sobrenatural que os vários sistemas filosóficos são incapazes de satisfazer, a despeito da sonoridade que tenham seus nomes; essa epidemia [de interesse pelo sobrenatural], entretanto, é também uma reação violenta contra o materialismo que considera a matéria a única realidade e a mãe de todas as coisas vivas, que não assume a diferença entre espírito e matéria, e se refere ao homem como simplesmente um sistema digestivo aberto dos dois lados".

Fontes: "Alois Wiesinger". In: Wikipedia. Disponível em: <https://de.wikipedia.org/wiki/Alois_Wiesinger>. Acesso em: 28 abr. 2020; Fiverr. "Wiesinger, Alois (1885-1955)". Occult Health. Disponível em: <https://occulthealth.com/wiesinger-alois-1885–1955/>. Acesso em: 14 mai. 2020; Oliveira, Paulo. "O mosteiro de Jequitibá — Série: Parte 1". *Meus Sertões*. Disponível em: <https://www.meussertoes.com.br/2020/01/22/12050/>. Acesso em: 2 mai. 2020; Pinheiro, Gilmara Ferreira de Oliveira. "Evangelizando os sertões e restaurando o catolicismo no interior da Bahia: Os Cistercienses de Jequitibá (1938-1979)". *VII Encontro Estadual de História*. Feira de Santana: ANPUH BA, 2016. Disponível em: <https://docplayer.com.br/131017875-Evangelizando-os-sertoes-e-restaurando-o-catolicismo-no-interior-da-bahia-os-cistercienses-de-jequitiba.html>. Acesso em: 14 mai. 2020; Wiesinger, Alois. Phenomena in the Light of Theology. Londres: Forgotten Books, 2015.
Mauro Malin / IB

WILDA, Gerhard
Publicitário, diretor de arte, professor, artista plástico
Hamburgo, Alemanha, 15-06-1915 – São Paulo, 20-07-2005
No Brasil, de 1936 a 2005

O alemão de sotaque carregado que se tornou pioneiro da propaganda no Brasil, ajudando a lançar o aparelho televisor no país e pilotando famosas campanhas publicitárias, como dos automóveis Cadillac, queria mesmo era estudar Engenharia Aeronáutica. No entanto, um acaso mudou o seu rumo: "O destino me levou a estagiar na Rudolf Mosse, uma grande agência alemã, onde meu tio era diretor de uma das filiais. Na Alemanha, os estágios eram bem remunerados e duravam até três anos. Estagiei em todos os departamentos, menos — por incrível que pareça — na criação. É que em 1931 a criação era feita fora, por artistas gráficos", disse em entrevista ao blog cemgrauscelsius.

A ascensão dos nazistas mudou a trajetória do jovem prestes a ganhar fama na Alemanha e deu ao Brasil um dos pais da moderna publicidade. Gerhard Wilda chegou em 1936, aos 21 anos, a um país em que a criação de publicidade engatinhava. Trouxe a estética da Bauhaus e a experiência do trabalho na British-Continental Press de Londres.

Blogspot ideiasdapropaganda

O seu engajamento institucional foi valioso para a área da publicidade. Um ano depois de chegar ao Brasil, em 1937, uniu-se a outros publicitários de renome para fundar a Associação Paulista de Propaganda (APP) em 1937, que também promovia cursos profissionalizantes. A APP sempre teve atuação de peso, chegando a influenciar a formulação do capítulo relativo à liberdade de expressão e pluralidade dos meios de comunicação na Constituição de 1988.

A atividade publicitária avançou no período 1930-1950, fortemente impulsionada pelo protagonismo de muitos exilados, e Wilda teve posição de destaque neste processo. Foi uma época em que os meros ilustradores e caricaturistas davam lugar aos chamados "layoutmen" — ou, mais raro, "layoutwomen", como a também exilada Charlotte Adlerová (VER) — e diretores de arte.

Na N.W. Ayer & Son, filial de uma agência americana que tinha clientes como Ford, General Electric e Gessy, Gerhard Wilda criou o primeiro logotipo da marca de sorvetes Kibon no Brasil. Tinha ali colegas como o húngaro Georges (György) Radó (VER), formado em Budapeste na linha modernista da Bauhaus, e o francês Jean Gabriel Villin, profissionais com sólida base em conceitos de arte. Na Agência Lintas, trabalhou ao lado do também pioneiro Rodolfo de Lima Martensen e foi chefe de outro exilado que ganharia renome,

Fred Jordan (VER). Em 1945 foi para a McCann-Erickson, que tinha na carteira clientes como Coca-Cola, Goodyear, General Motors, Du Pont. Segundo Wilda, ali alargou seus horizontes.

Em 1952 voltou para a Lintas Publicidade, onde lançou marcas importantes, como Omo, Lux, Vinólia, Signal, Embassy. "Em 65, após treze anos, (...) eu estava cansado de toda aquela bitolação e pedi demissão." Em 1971, Wilda montou uma agência própria, a Designo-plus, especializada em comunicação visual e merchandising. Depois de três anos de êxitos, começou em 1973 uma carreira solo com uma butique de criação em que fazia peças exclusivas.

Foi um dos organizadores do 1º Salão de Propaganda no MASP em 1950, origem da Escola de Propaganda do Museu de Arte que posteriormente evoluiria para a Escola Superior de Propaganda e Marketing (ESPM). Foi cofundador e professor da instituição até falecer em 2005 como decano. Em entrevista ao blog cemgrauscelsius, brincou: "Meus alunos saíam das aulas sabendo falar outra língua, o português com sotaque de Hamburgo."

Nas horas vagas, Wilda foi também um sofisticado artista plástico. Junto com outros artistas de renome e alguns exilados, como a também alemã Charlotta Adlerová (VER), frequentou na década de 1950 o Atelier Abstração do pintor Samsor Flexor (VER). Em 2015, a ESPM adquiriu seis obras (óleos sobre tela) de Wilda.

Fontes: Alves de Abreu, Alzira; Paula, Christiane Jalles de. *Dicionário histórico-biográfico da propaganda no Brasil*. Rio de Janeiro: FGV, 2007; Muniz, Celso. "mr.wilda: um dos primeiros e até hoje um senhor diretor de arte". *cemgrauscelsius*, 2 jan. 2007. Disponível em: <http://cemgrauscelsius.blogspot.com/2007/01/mrwilda-um-dos-primeiros-e-at-hoje-um.html>. Acesso em: 13 out. 2020.

Kristina Michahelles / IB

WILHEIM, Jorge
Arquiteto, urbanista, político, ensaísta
Trieste, Itália 23-04-1928 – São Paulo, 14-02-2014
No Brasil, de 1940 a 2014

Jorge Wilheim, descendente de judeus húngaros, mudou-se com a família para a Argentina em 1939, fugindo da perseguição antissemita que se alastrara da Alemanha para a sua aliada na Segunda Guerra Mundial, a Itália. No ano seguinte, transferiram-se para São Paulo.

Estabelecido na capital paulista, formou-se em arquitetura pela Universidade Mackenzie em 1952 e fundou no ano seguinte o Escritório Jorge Wilheim Consultores Associados, responsável pela elaboração de mais de vinte planos diretores de cidades brasileiras, como São Paulo, Curitiba, Goiânia, Natal, Campinas e São José dos Campos. Em Mato Grosso, projetou a cidade de Angélica, com capacidade para 15 mil habitantes. Deve-se a ele a implantação do próprio conceito de plano diretor no urbanismo brasileiro.

Acervo familiar, cortesia Ana Wilheim

Em 1956, participou do concurso para o Plano Piloto de Brasília, vencido por Lúcio Costa. Seu projeto no concurso para a sede do Jockey Clube de São Paulo, em 1959, obteve o primeiro prêmio, reconhecimento alcançado também pelos projetos do Grande Hotel de Guarujá e do Monumento aos Mártires do Nazismo (1964).

Na capital paulista, promoveu a implantação do Parque Anhembi (1967-1973), a renovação do sítio histórico do Pátio do Colégio (1975), a reurbanização do Vale do Anhangabaú (1981-1991) e desenvolveu outros importantes projetos, como as sedes do Clube Hebraica, do Teatro de Arte Israelita Brasileiro, do Serviço Social da Indústria (Sesi), da Vila Leopoldina, da Fapesp (Fundação de Amparo à Pesquisa do Estado de São Paulo) e do Centro de Diagnóstico do Hospital Albert Einstein. Trabalhando com Pietro Maria Bardi, participou da criação do MASP, Museu de Arte de São Paulo, e foi presidente da Fundação Bienal de São Paulo.

Dedicou-se à vida pública, chefiando diversas secretarias, como as de Economia e Planejamento do estado de São Paulo (1975-1979), a de Planejamento da capital paulista (1983-1985 e 2001-2004) e a primeira secretaria de Meio Ambiente do país, a do estado de São Paulo (1987-1990). Presidiu ainda a Emplasa, Empresa Metropolitana de Planejamento da Grande São Paulo (1991-1994). No quadro dessa intensa atividade, promoveu a primeira utilização de álcool combustível no país, embrião do programa mais tarde conhecido como Proálcool.

Seu prestígio profissional foi coroado com o cargo de Secretário Geral Adjunto da Conferência Global para Assentamentos Humanos Habitat 2, promovida pela ONU em Istambul, em 1996.

Professor convidado das Universidades de Buenos Aires e Barcelona, ocupou também a Cátedra Rio Branco na Universidade da Califórnia — Berkeley. Teve destacada atuação no Instituto de Arquitetos do Brasil e publicou dez livros sobre a sua especialidade, entre os quais *Projeto São Paulo*, *São Paulo: metrópole 65* e *Urbanismo e subdesenvolvimento*.

Faleceu devido a complicações decorrentes de um acidente automobilístico.

Fontes: Enciclopédia Itaú Cultural de Arte e Cultura Brasileiras. São Paulo: Itaú Cultural, 2020. Disponível em: <http://enciclopedia.itaucultural.org.br/pessoa541/jorge-wilheim>. Acesso em: 20 de Out. 2020; «Ex-secretário de São Paulo, arquiteto Jorge Wilheim morre em SP». Folha de S. Paulo, 14-02-2014; WILHEIM, Jorge. A obra pública de Jorge Wilheim: 50 anos de contribuição às cidades e à vida urbana. São Paulo: DBA Artes Gráficas, 2003; WILHEIM, Jorge; SACHS, Ignacy; PINHEIRO, Paulo Sérgio. Brasil: um século de transformações. São Paulo: Companhia das Letras, 2001.

Israel Beloch

WITTKOWSKI, Victor
Poeta
Güstrow, Alemanha, 03-04-1909 – Roma, 1960
No Brasil, de 1941 a 1956-57

Para reconstruir a vida de Wittkowski é preciso recorrer à sua farta correspondência e aos poucos contatos que teve com o escritor austríaco exilado Stefan Zweig (VER). Judeu, escapou da Alemanha em 1933, quando os nazistas tomaram o poder. Viveu cinco anos na Suíça, onde publicou dois inexpressivos volumes de poesia, *Gedichte (Poemas,* de 1933) e *Genfer Gedichte (Poemas de Genebra,* 1937). Seu visto, no entanto, não foi prorrogado, sob a justificativa de "excesso de estrangeiros".

Seguiu para Viena, onde pretendia escrever um livro sobre cidades austríacas. Entretanto, quatro meses depois, quando a Áustria foi anexada, viu-se obrigado a fazer as malas e se deslocar novamente — dessa vez, para o sul da Itália. Lá, viveu como indigente, como se depreende de suas cartas à entidade filantrópica American Guild for German Cultural Freedom (Liga Americana

Arquivo Nacional

para a Liberdade Cultural Alemã) em que pedia ajuda financeira para poder se dedicar ao ofício de escritor. Ao mesmo tempo, tentava obter cartas de recomendação de diversos escritores, entre os quais Stefan Zweig. Todos esses esforços resultaram em um único "pagamento emergencial" de trinta dólares. Paralelamente, recebia apoio do Comitê de Ajuda aos Judeus de Milão, até a entidade ser fechada por Mussolini. Em 1940, fracassou nova tentativa de emigrar para a Noruega, e Wittkowski ficou internado no campo Ferramonti di Tarsia, até conseguir sair, de posse de um visto para o Brasil, com ajuda da Santa Sé, na condição de "católico não ariano", privilégio concedido a judeus convertidos, que o fez acrescentar Maria ao nome: ficou Victor Maria Wittkowski.

Chegou ao Brasil no navio "Bagé" em 28 de junho de 1941. Voltou a pedir ajuda à entidade filantrópica americana, sem saber que ela tinha sido fechada. Graças ao filho do embaixador do Brasil na Itália, o beneditino dom Inácio Aciolly, mais tarde abade, frequentou o Mosteiro de São Bento junto com outros refugiados. Sem dinheiro, foi morar numa modesta pensão na Praia do Russel. Viveu de biscates e vendeu antiguidades para o galerista e também refugiado Miecio Askanasy (VER). Ao ser informado que Stefan Zweig chegara ao Brasil, em agosto de 1941, deixou alguns poemas no Hotel Central, onde se alojava o escritor austríaco. Este se compadece do jovem e pensa em contratá-lo para ajudar na revisão de textos. Trocaram cartas e se encontraram algumas vezes, quando Stefan e Lotte desciam de Petrópolis para o Rio. Tocado por sua penosa situação, Zweig determinou em suas instruções finais ao editor Abrahão Koogan que chamasse Wittkowski para rever seus textos inéditos e lhe pagasse por isso.

Depois do suicídio de Zweig em 1942, Koogan e Manfred Altmann, irmão de Lotte Zweig e herdeiro do espólio, preferiram definir o escritor Richard Friedenthal como gestor do espólio literário. Wittkowski reclamou e Koogan deu-lhe algum dinheiro. A querela com Manfred foi pública, estampada nas páginas do jornal dos refugiados alemães em Nova York, Aufbau. Wittkowski publicou na imprensa brasileira alguns textos sobre Zweig e, no Correio da Manhã, a maioria das cartas que trocaram.

Há uma lacuna no registro da sua vida entre 1942 e junho 1951, quando conseguiu a cidadania brasileira, no dia 9 de julho. Cruzou algumas vezes o Atlântico para visitar a Alemanha — país do qual recebeu uma indenização de 6 mil marcos — e a Itália. As cartas desse período apresentam sinais de confusão mental. Em 1957, voltou a morar na Itália, atuando como tradutor do italiano e do francês, e escreveu uma carta à embaixada para devolver a sua cidadania brasileira, por ter obtido de volta a alemã. Em 1960 publicou uma última coletânea de poemas, dedicada a Stefan Zweig, *Ewige Erinnerung (Lembrança eterna)*, que oscila entre o tom laudatório de vários poetas e um conteúdo profundamente religioso. No mesmo ano, comete suicídio. Impressiona a relação de personalidades com quem se correspondeu em sua breve vida: Lou Andreas-Salomé, Felix Braun, Hans Carossa, Theodor Däubler, André Gide, Hermann Hesse, Selma Lagerlöf, Gertrud von le Fort, Thomas Mann, Romain Rolland, Leopold Ziegler, Stefan Zweig, entre outros.

Fontes: Beloch, Israel; Dines, Alberto; Michahelles, Kristina. *A rede de amigos de Stefan Zweig: Sua última agenda, 1940-1942*. Petrópolis: Casa Stefan Zweig, 2014; Davis, Darién; Marshall, Oliver. *Stefan and Lotte Zweig's South American Letters: New York, Argentina and Brazil, 1940–42*. Nova York: Continuum, 2010; Kestler, Izabela Maria Furtado. *Exílio e literatura: escritores de fala alemã à época do nazismo*. São Paulo: Edusp, 2003.

Kristina Michahelles / Julian Seidenbusch / IB

WIZNITZER, Arnold
Historiador, jornalista, escritor
Vashkivtsi, Império Austro-Húngaro, atual Ucrânia, 20-12-1896 –
Los Angeles, Estados Unidos, 05-02-1975
No Brasil, de 1940 a 1955

Arnold Aharon Wiznitzer, judeu nascido em território ucraniano então parte do Império Austro-Húngaro (região da Bucovina), doutorou-se em Filosofia na Universidade de Viena em 1920 e, dois anos depois, obteve nela o mesmo grau em Literatura Hebraica.

Fugiu de Viena com a mulher, Débora (Dobra, judia de origem polonesa), e com o filho Leonard Louis Wiznitzer (VER) — que se tornaria jornalista com

Foto de passaporte, c.1940
Arquivo Nacional

importante atuação internacional —, em 1939. Em Bordéus, França, no fim do mesmo ano, os três obtiveram vistos de trânsito dados pelo diplomata português Aristides de Sousa Mendes. Foram para o Brasil passando por Portugal. Chegaram ao Rio de Janeiro em 1940. Wiznitzer e sua mulher se naturalizaram brasileiros em 1948. O filho manteve a nacionalidade austríaca.

No Rio de Janeiro, segundo Nachman Falbel, Wiznitzer liderou em dezembro de 1952 a criação do Instituto Judaico-Brasileiro de Pesquisas Históricas, projeto em que se envolveram, entre outras figuras de projeção no cenário cultural da comunidade judaica, Isaac S. Emmanuel, David José Pérez, Fernando Levisky, Hans Klinghoffer (VER), Isaac Izecksohn, Fritz Feigl (VER), Elisa Lispector, Alfred Hirschberg (VER), José Marx, Yoshua Averbach e Aron Neumann. A última diretoria foi eleita em dezembro de 1954.

Dois anos depois da morte de sua mulher, ocorrida em 1953, Arnold Wiznitzer e o filho transferiram-se para Los Angeles, nos Estados Unidos, onde Arnold já havia trabalhado e onde adotou o sobrenome de Winter. Tornou-se Doctor of Humane Letters (DHL, doutor em Letras Humanas) no Seminário Teológico Judaico dos Estados Unidos e professor associado de pesquisas de História Judaica da University of Judaism (Universidade do Judaísmo), depois American Jewish University, em Los Angeles.

Sobre seu livro *Jews in Colonial Brazil*, publicado em Nova York em 1960 e no Brasil em 1966, como *Judeus no Brasil Colonial*, escreveu, no ano de sua publicação nos Estados Unidos, o historiador Herbert L. Bloom : "O livro é crucial para o conhecimento da história dos judeus no Novo Mundo. Nosso entendimento da origem do estabelecimento de judeus torna-se claro quando captamos detalhes de uma primeira civilização de marranos e judeus no Brasil. (...) Uma das mais importantes contribuições do livro é o alargamento, por Wiznitzer, de nosso conhecimento sobre a Inquisição."

Nachman Falbel escreve que o livro teve como ponto de partida "uma longa série de artigos importantes publicados na revista Aonde Vamos?, sob a direção de Aron Neumann, que seriam reunidos e reelaborados posteriormente".

Arnold Wiznitzer publicou também *O livro de atas das congregações judaicas "Zur Israel" em Recife e "Magen Abraham" em Maurícia, Brasil, 1648-1653*. Sobre esse trabalho, opinou José Honório Rodrigues, então diretor da Biblioteca Nacional, que sua publicação, "transcrito do original manuscrito, com introdução, notas e glossário pelo Dr. Arnold Wiznitzer, constitui contribuição de extraordinária importância para o estudo dos judeus no Brasil e de suas atividades sociais, econômicas e religiosas, então pela primeira vez exercidas livremente" (no Nordeste brasileiro, governado por holandeses calvinistas).

Depois de sua morte foi criado na Universidade Hebraica de Jerusalém o Prêmio Arnold Wiznitzer de História Judaica, com o qual foram contemplados, nas décadas de 1980 e 1990, importantes trabalhos.

Fontes: Bloom, Herbert L. "Review: [Untitled]. Reviewed Work: *Jews in Colonial Brazil* by Arnold Wiznitzer". *Publications of the American Jewish Historical Society*, v. 50, n. 1, set. 1960, p. 73-76. Disponível em: <https://www.jstor.org/stable/43059106?seq=1>. Acesso em: 23 mai. 2020; Chermont, Lucia. Comunicação pessoal, mai. 2020; "Dobra Wiznitzer". *Anonymes, Justes et Persécutés Durant la période Nazie dans les communes de France*. Disponível em: <http://www.ajpn.org/personne-Dobra-Wiznitzer-8100.html>. Acesso em: 22 mai. 2020; Falbel, Nachman. *Os judeus no Brasil: estudos e notas*, São Paulo: Edusp, 2008; Rodrigues, José Honório. "Explicação". In: Wiznitzer, Arnold. *O livro das atas das congregações judaicas "Zur Israel" em Recife e "Magen Abraham" em Maurícia, Brasil, 1648-1653*. Rio de Janeiro: Biblioteca Nacional, 1956; Valadares, Paulo. Comunicação pessoal, mai. 2020.

Mauro Malin / IB

WIZNITZER, Louis
Jornalista, escritor
Viena, 03-07-1925 – Paris, 07-07-1996
No Brasil, entre 1940 e o final dessa mesma década

Com seus pais, o historiador Arnold Wiznitzer (VER) e Débora Wiznitzer, Leonard Louis Wiznitzer chegou ao Brasil em 1940. Em 1948, os pais adquiriram a nacionalidade brasileira. Louis permaneceu com a austríaca e transferiu-se no final da década de 1940 para Paris, onde se tornou correspondente de jornais brasileiros e de outros países.

O jornalista e escritor Matías M. Molina deu o seguinte testemunho: "Lembro bem do Louis Wiznitzer. Fui leitor de suas correspondências para o Diário de Notícias (Rio de Janeiro) e Mundo Ilustrado (revista pertencente ao primeiro) na década de 1950. Informava e analisava, coisa rara na época. Ele foi correspondente em Paris, de onde viajava para o resto do mundo. Lembro de uma excelente entrevista com André Malraux. Mas disse que se cansou da política mesquinha da França e mudou para os Estados Unidos, um país para ele muito mais aberto e dinâmico. Com a decadência do Diário de Notícias ele passou a escrever de Nova York e de diversos países – esteve até no Vietnã do Norte – para Le Monde (Paris), L'Express (Paris), The Christian Science Monitor (Boston, EUA), Le Journal de Genève (Genebra, Suíça) e outras publicações no exterior e no Brasil."

Entre os jornais e revistas de que Louis Wiznitzer foi correspondente ou colaborador listam-se ainda, em ordem alfabética, A Manhã, suplemento Letras e Artes (Rio de Janeiro), Diário Carioca (Rio de Janeiro), Folha de S. Paulo (São Paulo), Jornal de Letras (Rio de Janeiro), La Croix (Paris), L'Expansion (Paris), New York Post (Nova York), Numero (Florença, Itália), O Estado de S. Paulo (São Paulo), O Globo (Rio de Janeiro), Plain Dealer (Cleveland, EUA), The Japan Times (Tóquio), The New Republic (Nova York).

Louis Wiznitzer entrevistou grande número de personalidades, como John F. Kennedy, Fidel Castro, Martin Heidegger, Albert Camus e André Malraux, além de Alfred Hitchcock, Carlo Levi, Cícero Dias, Daniel Halevy, Frank Sinatra, Geraldo de Barros, Giovanni Papini, Henri Massis, Max Brod, Paul Éluard (com Antônio Olinto), Richard Wright, Roger Caillois, Somerset Maugham e Valery Larbaud (com Augusto Frederico Schmidt).

Sobre a entrevista com Fidel Castro, para o jornal O Globo, menciona Matias Molina, em artigo para o jornal Valor Econômico, que ela foi realizada em um hotel de Nova York, depois de ter sido tentada anteriormente em Cuba, onde Wiznitzer foi preso pelo regime de Fulgencio Batista.

A atividade jornalística de Louis Wiznitzer suscitou polêmicas. No início dos anos de 1950, por exemplo, ele foi atacado com ofensas ("escriba", "gestapista") no jornal Imprensa Popular, do Partido Comunista Brasileiro (PCB).

O escritor Rubem Braga e ele ficaram amigos em Paris. Braga o acompanhou em várias entrevistas. Numa ocasião, apartou num café uma briga entre Wiznitzer e outro brasileiro, e isso foi noticiado no Brasil como tendo sido uma troca de socos entre Braga e "um comunista".

Guimarães Rosa estava presente numa entrevista do pintor Cícero Dias a Wiznitzer e lhe prometeu dar posteriormente uma entrevista pessoal. Mas na reportagem publicada em Letras e Artes saíram declarações de Rosa, que disso se queixou diplomaticamente, em carta, a seu amigo Álvaro Lins. Wiznitzer disse a Rosa que as declarações tinham sido enxertadas na redação do jornal.

No início dos anos 1960, Louis Wiznitzer teve um embate com a poeta Elizabeth Bishop, que era amiga de Carlos Lacerda, então governador do recém-criado Estado da Guanabara. Wiznitzer escrevera na The New Republic que Lacerda era responsável por uma "onda terrorista de direita" no Brasil. Ela mandou à revista uma carta indignada em resposta ao artigo.

Louis Wiznitzer exerceu a crítica de cinema e publicou vários livros, entre eles, *L'Amérique em crise (A América em crise*, 1972), *Jimmy Carter ou l'irrésistible ascension (Jimmy Carter ou A irresistível ascensão*, 1976) e Le grand gachis: Faillite de la politique étrangère de François Mitterrand (O grande desperdício: falência da política exterior de François Mitterrand, 1991).

Reali Júnior, correspondente de O Estado de S. Paulo em Paris, arrolou seu nome entre "amigos do presidente José Sarney" que ganhavam "altos salários em dólares" pagos pelo governo brasileiro por intermédio da embaixada do Brasil. Louis Wiznitzer foi casado com a escritora e tradutora Martine Delattre e com a professora Martine Rongier Wiznitzer.

Fontes: Carvalho, Marco Antonio de. *Rubem Braga: Um cigano fazendeiro do ar*. São Paulo: Biblioteca Azul, 2013; Júnior, Reali. Apadrinhados fazem de Paris uma festa móvel, O Estado de S. Paulo, 02-10-1988. Disponível em: <https://acervo.estadao.com.br/pagina/#!/19881023-34867-nac-0004-999-4-not/busca/Wiznitzer>. Acesso em: 5 jun. 2020; Molina, Matías. Comunicação pessoal, jun. 2020; Molina, Matías. Notícias do mundo de lá, Valor Econômico, 03-06-2016. Disponível: <https://valor.globo.com/eu-e/noticia/2016/06/03/noticias-do-mundo-de-la.ghtml>. Acesso em: 3 jun. 2020; Paul Eluard e os Coveiros da Literatura, Imprensa Popular, 25-03-1951. Disponível em: <http://memoria.bn.br/pdf/108081/per108081_1951_00650.pdf>. Acesso em: 5 jun. 2020.

Mauro Malin / IB

WOLFF, Egon
Historiador
Budsin, Alemanha, atual Budzyn, Polônia, 28-07-1910 –
Rio de Janeiro, 23-01-1991
No Brasil, de 1936 a 1991

Filho de judeus radicados numa pequena cidade do leste alemão, Egon transferiu-se para Berlim, onde iniciou o curso de Direito, mas não chegou a concluí-lo. Foi na Universidade de Berlim que ele conheceu Frieda Poliwoda, sua futura mulher e companheira de toda a vida.

A ascensão de Adolf Hitler ao poder no início de 1933 e os dramáticos desdobramentos que isso acarretou para os judeus alemães deixaram Egon extremamente preocupado com o futuro. Assim, em agosto, saiu da Alemanha para tentar a vida em Paris. A experiência em terras francesas não foi bem-sucedida, mas foi lá que ele ouviu falar pela primeira vez no Brasil como um destino possível para emigração. De volta à Alemanha meses depois, começou a ter aulas particulares de português, juntamente com Frieda. Os dois se casaram em dezembro de 1934, já firmemente decididos a se transferirem para o Brasil.

A viagem para o outro lado do Atlântico começou em novembro de 1935, quando, na companhia da mulher e de dois irmãos, Egon cruzou a fronteira da Alemanha com a Tchecoslováquia. Após receberem passaportes de refugiados em Praga, eles tomaram um trem para Paris, onde chegaram na véspera do Ano Novo. Dias depois seguiram para Le Havre, ainda na França, onde encontraram Michel Wolff, pai de Egon, e todos juntos embarcaram em um navio para Santos, em São Paulo, onde atracaram em 12 de fevereiro de 1936.

Egon e Frieda se instalaram em São Paulo. Em pouco tempo, ele conseguiu seu primeiro emprego, traduzindo textos do alemão para o português e fazendo a versão do português para o alemão em um escritório de representação de firmas tchecas e austríacas no Brasil. Um ano depois, o casal montou sua própria firma de representação de produtos ópticos, a Egon Wolff Ótica S.A. (EWOSA), na qual Egon era o diretor-presidente e Frieda, a diretora-comercial.

Depois da guerra, com a normalização das trocas comerciais em todo o mundo, Egon decidiu comprar os produtos diretamente dos fornecedores na Europa e nos Estados Unidos. A essa altura, a EWOSA já atendia ao país inteiro e mantinha uma filial no Rio de Janeiro. Após a primeira viagem ao exterior, ele resolveu transferir os negócios para o Rio e em 1948 a mudança se concretizou: a filial virou matriz e a matriz de São Paulo passou à condição de filial. Egon e Frieda ganharam a cidadania brasileira em 1960.

Na então capital federal, começaram a participar intensamente das atividades da comunidade judaica carioca. Interessados em história desde a juventude, resolveram pesquisar a imigração de judeus para o Brasil, campo de investigação cheio de lacunas. No final da década de 1960, o casal vendeu a sua participação na EWOSA e, lançando mão de recursos próprios, passou a se dedicar à consulta de fontes primárias, muitas delas inéditas, inicialmente na Biblioteca

Década de 1930, ainda na Alemanha, com o uniforme da "Confraria" à qual pertencia
Memorial Judaico de Vassouras

Nacional e no Arquivo Nacional, no Rio de Janeiro, e posteriormente em diferentes arquivos e bibliotecas do país e do exterior. Paralelamente à pesquisa documental, visitavam cemitérios, israelitas e cristãos em todo o país, registrando nomes, datas e genealogias.

O primeiro livro dos Wolff foi *Judeus no Brasil Imperial*, lançado em 1975, ponto de partida para uma série de outros títulos (mais de 40), que representam uma valiosa contribuição à história da imigração judaica no Brasil. No ano seguinte, publicaram *Sepulturas de israelitas*, o primeiro de quatro volumes dedicados ao assunto. Em 1981, foi a vez de *Judeus nos primórdios do Brasil República* e em 1986 de *Judaizantes e judeus no Brasil, 1500-1808*, o primeiro de sete dicionários biográficos, além de cinco volumes de *Documentos* (1988-1994). O último deles, *Judaísmo e judeus na bibliografia em língua portuguesa*, foi publicado em 1990.

A abrangência e a qualidade da obra de Egon e Frieda levaram o Instituto Histórico e Geográfico Brasileiro (IHGB) a convidá-los a se associar à entidade em 1985. Dois anos depois, ele e a mulher foram empossados como sócios correspondentes do instituto congênere do Rio Grande do Norte. Em 1988, tornou-se sócio titular do Colégio Brasileiro de Genealogia.

Em 1991, ano da sua morte, o IHGB lançou *Coletânea de artigos e conferências: Egon Wolff (1910-1991)*, livro organizado pelo professor Nachman Falbel.

Fontes: Colégio Brasileiro de Genealogia. Carta Mensal, n. 20, mar.-abr. 1991. Disponível em: <http://www.cbg.org.br/wp--content/uploads/2012/07/CM20.pdf>. Acesso em: 16 out. 2020; Kestler, Isabela Maria Furtado. *Exílio e literatura. Escritores da fala alemã durante a época do nazismo*. São Paulo: Editora da Universidade de São Paulo, 2003; Levy, Sofia Débora. "Frieda Wolff: uma história de vida". Arquivo Maaravi: Revista Digital de Estudos Judaicos da UFMG. Belo Horizonte, v. 2, n. 3, out. 2008; SGJRJ, Sociedade de Genealogia Judaica do Rio de Janeiro (GenJudRJ). *Egon e Frieda Wolff — Quem eram e seu legado*. Rio de Janeiro, 25 jun. 2109. Facebook: GenJudRJ. Disponível em: <https://www.facebook.com/GenJudRJ/photos/egon-e-frieda-wolff-quem-eram-e-seu-legadoegon-1910-1981-e-frieda-wolff-1911-200/339718050043592/>. Acesso em: 15 out. 2020.

Sergio Lamarão / IB

WOLFF, Frieda
Historiadora, escritora
Berlim, 30-10-1911 – Rio de Janeiro, 17-05-2008
No Brasil, de 1936 a 2008

Filha do casal de judeus Moritz e Paula Poliwoda, Frieda ingressou na Universidade de Berlim em 1930, onde cursou Ciências Sociais. Na faculdade, conheceu Egon Wolff, com quem viria a se casar e compartilhar toda a vida.

O antissemitismo latente na Alemanha tornou-se explícito com a subida de Adolf Hitler e do Partido Nazista ao poder em 1933, quando começaram as restrições efetivas aos judeus. Desde então, Frieda e Egon passaram a pensar em deixar o país. Casados desde dezembro de 1934, em novembro do ano seguinte atravessaram a pé a fronteira com a Tchecoslováquia e de lá se dirigiram a Praga. Na capital tcheca, obtiveram passaportes como refugiados e com eles puderam prosseguir viagem. Depois de atravessarem a Suíça e o sul da França, chegaram a Paris no dia 31 de dezembro. Em seguida, rumaram para o porto de Le Havre, onde esperaram o navio que os levaria para o Brasil. Desembarcaram em Santos em fevereiro de 1936, estabelecendo-se em seguida em São Paulo.

Frieda conseguiu trazer a irmã e o cunhado, que chegaram à capital paulista em dezembro do mesmo ano. Até o início da Segunda Guerra Mundial, em setembro de 1939, ela manteve contato com os pais, que haviam ficado na Alemanha. Após a eclosão do conflito, contudo, deixou de receber notícias. Em 1945, com o final da guerra, seria informada de que eles haviam sido deportados, sem saber quando e para onde, e vítimas da política de extermínio dos nazistas.

O primeiro emprego de Frieda em São Paulo foi em um escritório de representação de várias firmas estrangeiras, no qual era uma espécie de faz-tudo.

Um mês depois, foi trabalhar em outra firma de representação. Em meados de 1937, ela e Egon abriram sua própria empresa de importação de produtos ópticos, a Egon Wolff Ótica S. A. (EWOSA). Frieda tornou-se diretora-comercial da firma e Egon o diretor-presidente.

Logo depois da guerra, o casal passou a viajar para o exterior, estabelecendo contatos com fornecedores nos Estados Unidos, principalmente, e na Inglaterra e na França. Em 1948, a EWOSA foi transferida para o Rio de Janeiro, onde a empresa já mantinha uma filial há alguns anos. Na capital do país, o casal passou a atuar ativamente na comunidade judaica local. Em 1960, naturalizaram-se brasileiros.

Em 1937, São Paulo
Memorial Judaico de Vassouras

Por volta de 1963, Frieda e o marido faziam trabalho voluntário na Policlínica Israelita do Rio de Janeiro. Como os dois sempre tiveram muito interesse em assuntos históricos, começaram a perguntar sobre a fundação da entidade beneficente e não demoraram a fazer indagações de mais fôlego, como desde quando havia judeus no Brasil. Descobriram que as informações sobre o tema iam até meados do século XVIII, quando o Marquês de Pombal proibiu que se mencionassem as diferenças entre cristãos-novos e cristãos-velhos. Praticamente nada se sabia sobre a presença de judeus no país no século XIX.

Frieda e o marido começaram então a pesquisar por conta própria, e com recursos próprios, na Seção de Obras Raras da Biblioteca Nacional. Em 1969, venderam a sua parte na EWOSA e passaram a se dedicar em tempo integral à pesquisa, desenvolvida no Arquivo Nacional, no Arquivo Público do Estado do Rio de Janeiro e na Junta Comercial de São Paulo, entre outros locais. Fizeram também, desde o início, um inédito trabalho de campo em cemitérios.

Essa investigação produziu em 15 anos — desde 1975, quando foi lançado *Judeus no Brasil Imperial*, até 1990, ano de publicação de nada menos de quatro títulos — mais de 30 livros, quase todos dedicados à presença judaica no país. Após a morte de Egon, em 1991, Frieda publicou outros volumes, frutos ainda de pesquisa conjunta do casal, e duas autobiografias. Seu último livro foi *Remexendo nosso arquivo*, datado de 2004.

A abrangência e a qualidade da obra de Egon e Frieda levaram o Instituto Histórico e Geográfico Brasileiro IHGB) a convidá-los a se associar à entidade, em 1985. Dois anos depois, o casal foi empossado como sócios correspondentes do instituto congênere do Rio Grande do Norte.

Ao lado de suas atividades como pesquisadores, Frieda e Egon envolveram-se em um projeto que culminou com a inauguração, em 1992, do Memorial Judaico de Vassouras, no Estado do Rio de Janeiro. Tudo começou em 1985, quando ficaram sabendo da história de dois judeus que haviam falecido em Vassouras, em meados do século XIX, e sepultados nos fundos de um asilo no centro da cidade. Interessados em recuperar tanto o local quanto a história dos dois, Frieda e o marido visitaram a cidade no ano seguinte e descobriram que os restos mortais estavam perdidos e uma das *matzeivas* (lápides) estava muito danificada. Com jardins projetados por Burle Marx, o memorial faz o registro da presença de Benjamin Benatar e Miguel Levy, os dois únicos judeus reconhecidos na cidade no século XIX.

Fontes: Black, Júlio. "26/05/2012 — Cidades — Memorial Judaico de Vassouras: história e religião sob as pedras e jardins". Portfólio Júlio Black, 2 dez. 2013. Disponível em: <https://julioblack.wordpress.com/2013/12/02/26052012-cidades-memorial-judaico-de-vassouras-historia-e-religiao-sob-as-pedras-e-jardins/>. Acesso em: 15 out. 2020; "Frieda Wolff". Instituto Histórico e Geográfico Brasileiro. Disponível em: <https://ihgb.org.br/perfil/userprofile/fwolff.html>. Acesso em: 15 out. 2020; Kestler, Isabela Maria Furtado. *Exílio e literatura. Escritores da fala alemã durante a época do nazismo*. São Paulo: Editora da Universidade de São Paulo, 2003; Levy, Sofia Débora. Frieda Wolff: uma história de vida. Arquivo Maaravi: Revista Digital de Estudos Judaicos da UFMG. Belo Horizonte, v. 2, n. 3, out. 2008; Rodrigues, Gerlane Bezerra. Imaginária urbana na cidade de Vassouras no Rio de Janeiro: a construção de uma memória social republicana. Clio — Revista de Pesquisa Histórica, v. 2, n. 32; SGJRJ, Sociedade de Genealogia Judaica do Rio de Janeiro (GenJudRJ). *Egon e Frieda Wollf — Quem eram e seu legado*. Rio de Janeiro, 25 jun. 2109. Facebook: GenJudRJ. Disponível em: <https://www.facebook.com/GenJudRJ/photos/egon-e--frieda-wolff-quem-eram-e-seu-legadoegon-1910-1981-e-frieda-wolff-1911-200/339718050043592/>. Acesso em: 15 out. 2020.

Sergio Lamarão / IB

WÖLLER, Wilhelm
Pintor, cenógrafo, diretor de arte
Gummersbach, Alemanha, 20-07-1907 – Nova York, 10-12-1954
No Brasil, de 1939 a 1948

Wilhelm Wöller não era judeu, homossexual ou comunista, porém atraiu o ódio dos nazistas por ser um pintor expressionista na linha daquilo que eles denominavam "arte degenerada" (*Entartete Kunst*). Eram obras que fugiam ao padrão do naturalismo, que buscava equilíbrio, harmonia e perfeição. No mesmo ano em que Wöller nasceu, 1907, um candidato a aluno da Academia de Belas Artes de Viena chamado Adolf Hitler foi rejeitado pela primeira vez. Ao assumir o poder, ordenou uma grande ação contra a arte modernista: aqueles identificados como "degenerados" não podiam expor ou vender seus quadros e estavam sujeitos a sanções que incluíam a perda do emprego.

Wöller era o caçula de quatro irmãos. Frequentou o Colégio de Artes e Ofícios no centro industrial de Bielefeld, na Westfália, e depois cursou as academias de Belas Artes de Dresden e Berlim. Em Berlim, conheceu Rosemarie, com quem casou a primeira vez.

Rio de Janeiro, 1943 | Cortesia de Andrea Junqueira

A única exposição individual que realizou na Alemanha, com 14 aquarelas na Galeria Ferdinand Möller, em Berlim, foi fechada pela Gestapo vinte minutos após a inauguração, em 1936. Em 1937 a Alemanha se fechou para as artes: duas exposições realizadas pelos nazistas em Munique exaltavam o realismo e ridicularizavam o expressionismo. No ano seguinte, Wöller tentou escapar via Lituânia, sem sucesso. Só em 1939 conseguiu fugir e chegar ao Rio de Janeiro.

Uma vez em segurança abaixo da linha do Equador, o problema passou a ser adaptar-se culturalmente e fazer algum dinheiro com sua arte, o que nunca foi uma questão resolvida para o pintor. "Naqueles tempos, o gosto estético no Brasil era marcado pelo academicismo, embora a Semana de Arte Moderna de 1922 já tivesse começado a preparar o terreno para o modernismo. Por isso, as obras dos artistas exilados suscitaram grande interesse entre brasileiros que pensavam igual", ressaltou a historiadora Marlen Eckl em artigo sobre Wöller. O artista não conseguiu sobreviver de sua obra, precisou do apoio financeiro da mulher e foi trabalhar como cenógrafo em companhias cinematográficas. Conheceu a Amazônia durante a produção de um filme publicitário e se apaixonou pelas cores e pela exuberância do país.

Três anos após a chegada, Wöller já estava em seu segundo casamento, agora com Herta, e foi passar uma temporada em Teresópolis, nas montanhas do estado do Rio de Janeiro, onde conheceu outro refugiado, o autor alemão Richard Katz. No livro *Encontros no Rio*, Katz conta as conversas de ambos sobre a dor de estar longe da pátria, o sofrimento com a destruição da guerra. O escritor ficou tão impressionado com a história pessoal de Wöller que o incluiu no romance na figura do personagem Lenz.

Em abril de 1945, quando a Alemanha já se rendia na Europa, na galeria Askanasy da rua Senador Dantas, centro do Rio de Janeiro, acontecia a mostra *Arte condenada pelo Terceiro Reich*. A exposição, organizada por dois refugiados — o jornalista Ernst Feder e o dono da galeria, Miecio Askanasy —, apresentava a nata do expressionismo alemão ao público brasileiro, com quadros de Max Beckmann, Lovis Corinth, Ernst Heckel, Otto Dix, Lionel Feininger, Wassily Kandinsky, Ernst Kirchner, Paul Klee, Käthe Kollwitz e Oscar Kokoschka. Havia sete obras de Wöller, entre elas a tela *Namoro sentimental*, que foi vandalizada a navalhadas por três jovens pró-nazistas em um momento de descuido da segurança.

Entre 1946 e 1947, Wilhelm Wöller voltou à Amazônia mais de uma vez trabalhando como diretor de arte a serviço de empresas de cinema. Como consequência, seus quadros de animais passam a revelar o impacto da floresta em sua arte. Em 1948, expôs 44 guaches no Rio de Janeiro em mostra patrocinada pelo Ministério da Educação. Um ano depois mudou-se para os Estados Unidos para trabalhar como diretor cenográfico da emissora de televisão CBS. Naquele país conheceu e casou-se pela terceira vez com Dorothy Redden, passando por uma fase mística, na qual pintou vários Cristos crucificados. Em 1954, voltou à Alemanha ainda em escombros, e, ao retornar aos EUA, estava em plena preparação para uma nova exposição quando teve um ataque cardíaco que o matou aos 47 anos.

Wöller está enterrado no Cemitério Cutchogue, em Long Island, nos EUA. Sua última mulher organizou uma exposição póstuma na Greer Gallery de Nova York em 1956. Seu nome é citado por Bernard S. Myers no livro *The German Expressionists (Os expressionistas alemães)* como um dos seguidores esquecidos do famoso movimento artístico Die Brücke (A Ponte). No Brasil, a qualidade de sua arte, atestada pelo mítico colecionador Jean Boghici, segue preservada pela família do empresário Felipe Junqueira. Em 1978, ele comprou quase todas as obras do pintor alemão, organizou uma mostra no Museu de Arte de São Paulo em 1981 e publicou um catálogo. Em 2014, a Casa Stefan Zweig lançou a exposição Um expressionista no Rio e um curta-metragem sobre vida e obra de Wöller, em Petrópolis e no Rio de Janeiro.

Fontes: Couto, André Luiz Faria. "Degenerada, Arte". *Tema das Artes*. Disponível em: <http://brasilartesenciclopedias.com.br/tablet/temas/degenerada_arte.php>. Acesso em: 23 mar. 2020; Eckl, Marlen. *Eine Begegnung im Bergwald von Teresópolis. 2014*. Disponível em: <https://stefan-zweig.com/wp-content/uploads/2015/11/Marlen_Eckl_para_cat%C3%A1logo_deutsch.pdf>. Acesso em: 16 out. 2020; Série Canto dos Exilados, Telenews, Canal Arte 1, Riofilme, 2015; *Tempos de Guerra. Hotel International*. Ciclo de Exposições sobre Arte no Rio de Janeiro.

Kristina Michahelles / IB

WORMSER, Mathilde: ver MEIER, Mathilde

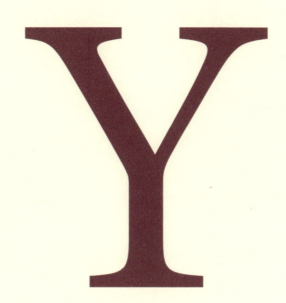

YAMBLOWSKY, Ghyta: ver TAGHI, Ghita

ZABLUDOWSKI, Nina: ver CARO, Nina Zabludowski

ZACH, Jan
Escultor, pintor
Slaný, Boêmia, Império Austro-Húngaro, atual República Tcheca, 27-07-1914 –
Eugene, Oregon, EUA 27-08-1986
No Brasil, de 1940 a 1951

Inspirado pela natureza do Brasil, Jan Zach se encontrou como escultor no exílio. Ele nasceu em Slaný, a noroeste de Praga, caçula de uma família de operários com dezesseis filhos. Aos quinze anos, saiu de casa e sobreviveu na capital tcheca pintando pôsteres de teatro e cantando em bares. Frequentou a Escola Superior de Artes Industriais de 1932 a 1934 e a Academia de Belas Artes de Praga de 1934 a 1938. Foi discípulo de vários pintores conhecidos, mas foram as esculturas cinéticas do artista Zdeněk Pešánek — com quem Zach nunca estudou pessoalmente — que mais o influenciaram e acenderam o seu interesse pela conexão entre arte, tecnologia e espaço público.

Em 1939, viajou para os Estados Unidos para trabalhar na decoração do pavilhão da Tchecoslováquia na Feira Mundial que seria inaugurada em abril de 1939, em Nova York. Poucas semanas antes, Hitler invadiu o seu país, que nunca mais veria. Sem poder regressar, Zach continuou nos Estados Unidos até abril de 1940, quando aceitou um trabalho que implicava passar duas semanas no Brasil e fazer um relatório sobre o desenvolvimento industrial do país para a empresa tcheca de sapatos Bat'a. Ele fez o relatório, mas, em vez de duas semanas, ficou onze anos.

Autoria desconhecida | Fundo Judith e Jan Zach
Acervo da Willamette University

No Rio de Janeiro, continuou estudando escultura, produzindo peças e desenhos que mereceram duas grandes exposições, uma no Museu Nacional de Belas Artes, em 1943, e outra no Instituto de Arquitetos do Brasil, em 1948. Um ano antes, Zach se casara com a canadense Judith Monk, uma funcionária das Nações Unidas no Rio de Janeiro, e se mudara para Cataguases, Minas Gerais, a convite do colecionador e escritor Francisco Inácio Peixoto. Lá, encontrou inspiração na natureza brasileira, nas formas das plantas e nos efeitos de luz e sombra dos trópicos. Assim, dedicou-se mais e mais à escultura.

Em Cataguases existem até hoje várias obras do artista tcheco, como a escultura *O pensador*, em memória ao professor Antônio Amaro, nos jardins projetados por Burle Marx do antigo Colégio Cataguases, atual Colégio Estadual Manoel Ignácio Peixoto. Ou a estátua *Mulher*, no jardim do Hotel Cataguases. Outras duas obras estão no jardim da casa de Peixoto (falecido em 1986), onde mora a filha, Maria Cristina Henriques.

Em 1951, mudou-se para Victoria, em British Columbia, no Canadá, cidade natal de sua mulher, para abrir uma escola de pintura e escultura. "Saindo do Brasil para Victoria, as praias do noroeste do Pacífico influenciaram minhas ideias de formas esculturais", comentaria mais tarde. Foi convidado para chefiar o departamento de escultura da Universidade de Oregon na cidade de Eugene, EUA, em 1958, onde permaneceu como professor até se aposentar, em 1979, e ganhou reputação pela ampla variedade de técnicas escultóricas em madeira, madeira laminada, fundição, chapas metálicas e trabalho cinético.

Sua primeira grande obra em Eugene foi o enorme *Prometheu*s, feito de ferro, areia e cimento. Os trabalhos mais inovadores de Zach foram compostos com folhas de aço inoxidável. Sua série *Flower of Freedom (Flor da liberdade)*, por exemplo, combina estética moderna com a paixão pela liberdade humana. Can-can, uma escultura motorizada de 15 metros de altura para o Valley River Center, em Eugene, foi considerada por ele o ápice de trinta anos de experimentação com movimentos em escultura.

Zach morreu em agosto de 1986. Seu trabalho foi exibido em vários países. Há esculturas dele em Lane County, no Capitólio em Salem, ambos no Oregon, e no Lower Columbia College em Longview, Washington. As obras de Zach se encontram em coleções públicas e particulares na República Tcheca, no Brasil, no Canadá e nos Estados Unidos.

Fontes: "Cataguases nos livros de tombos do IPHAN". *Prefeitura de Cataguases*. Disponível em: <http://www.cataguases.mg.gov.br/cataguases-nos-livros-de-tombos-do-iphan/>. Acesso em: 19 out. 2020; Hull, Roger. "Jan Zach (1914-1986)". *The Oregon Encyclopedia*. Portland: Portland State University/Oregon Historical Society, 2019. Disponível em: <https://oregonencyclopedia.org/articles/zach_jan_1914_1986_/#.XoPGs4gzbIU>. Acesso em: 19 out. 2020; Internationally Known Sculptor Jan Zach Dies, AP News, 28-08-1986. Disponível em: <https://apnews.com/article/b599a2fc7f8b098774c588f61f986e42>. Acesso em: 19 out. 2020; "Jan Zach: Works on Paper". *Willamette University*. Salem: Willamette University, 2016. Disponível em: <https://willamette.edu/arts/hfma/exhibitions/library/2016-17/zach.html>. Acesso em: 19 out. 2020; Zach, Jan. *Judith and Jan Zach papeis, 1937-2002*. Salem: Willamette University Archives and Special Collections. Disponível em: <http://archiveswest.orbiscascade.org/ark:/80444/xv24670>. Acesso em: 19 out. 2020; http://www.karinclarkegallery.com/Jan-Zach.html

Kristina Michahelles / Julian Seidenbusch / IB

ZALCBERG, Malvine
Psicanalista
Antuérpia, Bélgica, 16-04-1934
No Brasil, desde 1941

Malvine, filha de Moszek Icek Strozenberg e Chana Wolkowicz, nascidos poloneses e naturalizados belgas, nasceu apátrida, devido ao fato de seus pais serem naturalizados. A família, que incluía ainda sua irmã Rachel Lea, fugiu da Bélgica para a França no início de 1940, após a invasão do país pelo exército nazista. Ela relata que sua família chegou à França e levou ainda um ano para ser incluída, em 1941, "entre os muitos salvos pelo ato humanitário do embaixador Luiz Martins de Souza Dantas de conceder vistos aos judeus".

A família foi da França para a Espanha e daí para Portugal, onde embarcou no último navio desse país a cruzar o Atlântico com refugiados naquele período. Teve assim, nas suas palavras, "a oportunidade de viver num país livre", o Brasil, onde pôde "desenvolver planos de realização pessoal, familiar e profissional".

No Brasil, nasceram seus irmãos Hilda e Alberto Strozemberg.

Em 1956 formalizou-se seu processo de aquisição da nacionalidade brasileira. Chegada sua vez de dar provas de "saber ler e escrever a língua portuguesa", o juiz lhe recomendou sentar e ler um trecho da Constituição do Brasil pousada sobre a mesa, aberta à página que se refere ao Artigo 146, do título Das Garantias Individuais. "Ante o olhar surpreso do Juiz", narra Malvine, "fecho respeitosamente o livro e declino todo o artigo em questão de cor. Apresento, então, não só domínio da língua portuguesa adquirido ao longo de minha escolaridade formal no país, mas meu conhecimento da Constituição, como aluna à época do renomado professor Temístocles Cavalcanti no Curso de Administração Pública da Fundação Getúlio Vargas (FGV). O juiz, então, declara: 'É com grande satisfação que lhe concedo, em nome do presidente da República, a cidadania brasileira'".

Do seu casamento com o arquiteto Schaias Zalcberg, nascido no Brasil de pais emigrados da Polônia antes da Segunda Guerra, nasceram três filhos.

Antes de fazer sua escolha profissional definitiva formou-se em Administração Pública (FGV), em Música, pelo Conservatório de Música do Rio de Janeiro, em Letras Anglo-germânicas, na PUC-Rio, e finalmente em Psicologia Clínica, concluindo graduação e mestrado, na mesma universidade.

A capacitação como psicanalista foi obtida na Sociedade Psicanalítica Iracy Doyle, no Rio de Janeiro. Ingressou na carreira acadêmica em 1976 na Universidade do Estado do Rio de Janeiro (UERJ), onde exerceu funções de ensino e pesquisa durante 26 anos na qualidade de professora-adjunta no Serviço de Psiquiatria do Hospital Universitário Pedro Ernesto e no Instituto de Psicologia.

Ao longo deste período foi seguidamente a Paris em visita a centros de atendimento a famílias, como Chefe do Setor de Terapia de Família que era na UERJ, cargo que exerceu durante 18 anos no Serviço de Psiquiatria, e também para frequentar os seminários de Jacques Lacan, que a levariam a abraçar uma segunda formação psicanalítica.

Foi no Rio (PUC) e em Paris que elaborou sua tese bilíngue de doutorado: *As histéricas, contam-nas uma por uma*. Ao mesmo tempo, e por oito anos seguidos, foi professora visitante do Hospital Rambam em Haifa e na Universidade de Haifa, tendo sido uma das primeiras a introduzir o pensamento de Lacan em Israel.

Afastou-se da UERJ em 2003 para, além da clínica como psicanalista, escrever livros transmitindo um tema à luz dos conceitos psicanalíticos pelo qual se interessava — a singularidade da constituição psíquica feminina: *A relação mãe e filha* (2003) e *Amor paixão feminina* (2008), dois livros que conheceram versões em francês *(Qu'est-ce qu'une fille attend de sa mère?*, Odile Jacob, 2010, e *Ce que l'amour fait d'elle*, Odile Jacob, 2014).

Foto de Markman, 2015 | Cortesia de Malvine Zalcberg

"Convencida da propriedade de transmitir conceitos psicanalíticos de forma menos acadêmica, para o grande público", explica, escreveu um livro com este objetivo: *De menina a mulher: cenas da edificação da feminilidade no cinema e na psicanálise* (2019), que foi em seguida publicado na França sob o título *Devenir femme: de mère en fille* (Albin Michel, 2019). Em 2014, na Itália, foi publicado seu livro *Cosa pretende una figlia dalla propria madre? La relazione tra madre e figlia da Freud a Lacan*, pela editora Altro Discorso..

A psicanalista Heloísa Caldas definiu assim o trabalho de Malvine Zalcberg, que exerce no Rio de Janeiro atividade clínica: "Ser imigrante é condição estrutural humana desde as primeiras experiências infantis de transpor para o laço social — através da linguagem, tão externa à carne — o que se passa na intimidade do corpo. A questão se eleva ao segundo grau quando contingências políticas forçam pessoas a migrar para outros países. Como encontrar lugar na cultura diferente sem abandonar a de origem para não desaparecer como sujeito? Para isso não há receitas, apenas testemunhos. Malvine Zalcberg nos oferece generosamente o seu: estudiosa incansável e psicanalista renomada no Rio de Janeiro, fundadora de um curso de Pós-Graduação em Psicanálise na UERJ e autora de livros relevantes, ela demonstra, com exímia familiaridade no trato de várias línguas, tecer bordas ao redor do infamiliar enigma do feminino. Com isso, na tangente, não deixa de nos mostrar também sua forma ímpar de tratar o inominável na experiência de imigrante."

Fontes: Caldas, Heloisa. Comunicação pessoal, abr. 2020; Zalcberg, Malvine. Comunicação pessoal, abr. 2020.
Mauro Malin / IB

ZAMOYSKI, August
Escultor
Jabłoń, Império Russo, atual Polônia, 28-06-1893 –
Saint-Clar-de-Rivière, França, 19-05-1970
No Brasil, de 1940 a 1955

Nascido conde Zamoyski em uma família aristocrática polonesa, formou-se em desenho no ateliê de artes Lewin Funcke de Berlim e se especializou em escultura na Escola de Artes Industriais de Munique. Ali conheceu o escritor polonês Stanisław Przybyszewski, que o introduziu a um grupo de expressionistas da cidade polonesa de Poznań chamado Bunt, em que Zamoyski teve papel ativo quando voltou à terra natal. Quando se mudou para Zakopane, ajudou a fundar um novo grupo de expressionistas poloneses, com os pintores Leon Chwistek, Tytus Czyżewski e Stanisław Ignacy Witkiewicz, conhecido como Witkacy, que ganhou o nome de Formistas.

No início de sua carreira artística, Zamoyski experimentou vários estilos – do expressionismo ao cubismo francês e ao futurismo italiano. Suas esculturas eram principalmente retratos abstratos. Além disso, fez algumas incursões no teatro de vanguarda, ao lado de sua primeira mulher, a dançarina italiana Rita Sacchetto. Em 1923 organizou em Zakopane o evento O Fim do Formismo,

Janeiro de 1948 | Autor desconhecido

destruindo a marretadas algumas de suas próprias obras. Naquele ano mudou-se para a França. Em 1929, foi o principal curador de uma exposição de arte polonesa em Paris.

Provavelmente fugindo da ocupação da França pelas forças nazistas, Zamoisky chegou no Brasil em 14 de julho de 1940, onde passaria os 15 anos seguintes. Convidado pelo ministro da Educação, Gustavo Capanema, montou e dirigiu o curso livre de escultura organizado pelo Ministério da Educação e Saúde, em que ensinava técnicas escultórias com materiais variados: pedra, bronze, argila e gesso. Em março de 1941, foi nomeado pelo presidente Getúlio Vargas professor na Escola de Belas Artes do Rio de Janeiro. Um ano depois, casou-se com a pintora e cenógrafa brasileira Bellá Paes Leme. Em 1950 organizou um curso no MASP (Museu de Arte de São Paulo Assis Chateaubriand) semelhante ao do Rio de Janeiro. Entre seus muitos discípulos destacam-se o escultor austríaco Franz Weissmann, Bellá Paes Leme e os artistas Vera Mindlin e José Pedrosa. Participou da I Bienal Internacional de São Paulo, em 1951 e ganhou exposição própria no MASP em 1954.

No Brasil, Zamoyski fundou o Clube dos Formistas, que buscava a perfeição da forma pura, livre das amarras de qualquer representação da natureza. Junto com o também exilado escultor italiano Ernesto de Fiori (VER) formou toda uma geração de jovens escultores brasileiros. Em setembro de 1954, um ano antes de voltar para a Europa, apresentou uma palestra sobre "Arte e Substância" no Congresso Internacional de Filosofia de São Paulo. Nas obras que o artista fez em seu período brasileiro destacam-se a estátua de *Chopin* na Praia Vermelha, no Rio de Janeiro — presente da comunidade polonesa para a cidade —, e *Nu*, uma escultura de bronze monumental no Museu de Arte da Pampulha, em Belo Horizonte.

Depois de voltar para a Europa em 1955, Zamoyski viveu na França até morrer. Sua obra se moveu dos nus para outra fonte de inspiração bem conhecida na história da arte: Deus. As criações dos seus últimos anos de vida ganharam caráter religioso. Ele fez uma *Pietà*, um *São João Batista* e a escultura *Ressurreição*, que está em seu túmulo na pequena cidade de Saint-Clar-de-Rivière, no sul da França.

Um dos mais importantes escultores poloneses do século XX, foi subestimado em seu país natal, em parte devido à sua origem aristocrática, e só recentemente reabilitado. Em agosto de 1982, o MASP apresentou obras de Zamoyski na coletiva *Um século de escultura*. Em 2004, suas obras puderam ser vistas no Museu de Arte da Pampulha. De maio a agosto de 2019 o Museu Nacional de Varsóvia finalmente expôs uma coleção de peças recém-adquiridas de Zamoyski, mostra reprisada no final do ano pelo Museu de Literatura Adam Mickiewicz.

Fontes: "August Zamoyski". In: Wikipedia. Disponível em: <https://en.wikipedia.org/wiki/August_Zamoyski>. Acesso em: 19 out. 2020; "August Zamoyski". In: Wikipedia. Disponível em: <https://pl.wikipedia.org/wiki/August_Zamoyski>. Acesso em: 19 out. 2020; Szubert, Piotr. "August Zamoyski". Culture.pl, 2002. Disponível em: <https://culture.pl/en/artist/august-zamoyski>. Acesso em: 19 out. 2020; Ziembinska, Ewa. "The Masterpieces of August Zamoyski. Conservation Work". NMW. Varsóvia: National Museum in Warsaw, 2019. Disponível em: <https://www.mnw.art.pl/en/temporary-exhibitions/the-masterpieces-of-august-zamoyski-conservation-work,41.html>. Acesso em: 19 out. 2020; https://www.inyourpocket.com/warsaw/august-zamoyski-thoughts-carved-in-stone_23487e

Kristina Michahelles / Julian Seidenbusch / IB

ZIEMBINSKI, Zbigniew Marian

Diretor, ator

Wieliczka, Império Austro-Húngaro, hoje Polônia, 03-07-1908 –
Rio de Janeiro, 18-10-1978
No Brasil, de 1941 a 1978

Arquivo Nacional

Ziembinski, o homem que revolucionou o teatro no Brasil, formou-se em Letras e cursou a Escola de Arte Dramática do Teatro Municipal de Cracóvia. Entre 1927 e 1929, atuou em mais de 20 papéis. Em Varsóvia dirigiu o Teatr Polski (Teatro Polaco) e o Teatr Mały (Teatro Pequeno). Em 1931, atuou e dirigiu peças em Lodz. Quando a Polônia foi invadida pelos nazistas, estava em Varsóvia. Conseguiu fugir para o Brasil com ajuda de um visto irregularmente emitido pelo embaixador brasileiro em Vichy, Luiz Martins de Souza Dantas.

Mais de 20 anos depois de sua morte e graças à persistência do historiador e pesquisador Fábio Koifman, foi possível recuperar um depoimento gravado de viva voz pelo próprio Zimba, como era carinhosamente chamado. Sua narrativa resume a angústia e o medo dos refugiados da Segunda Guerra Mundial enquanto vagavam até chegar a um porto seguro, além de revelar o seu salvador: "O problema era sair da Europa, era sair de lá, porque todos nós que não éramos carne para os canhões automaticamente éramos elementos indesejados. Então, éramos os elementos de maior ataque, de maior desconfiança, todos éramos espiões, de qualquer lado, não importava se do lado alemão, francês, qualquer um. Tentava-se visto para China, para Nova Zelândia, Inglaterra, qualquer lugar, mas não havia possibilidade, porque ninguém dava. Então ficavam aquelas filas intermináveis de duzentos, trezentos, quatrocentos metros. Era gente deitada no chão, na frente das embaixadas, pedindo, esperando, até que, de repente, se ouve que existia um dom Quixote que se chamava (…) meu Deus do céu, me escapa agora (…) o famoso embaixador Dantas, Dantas, que disse o seguinte: abre a porta da embaixada, vou dar vistos diplomáticos. E deu."

Finalmente, embarcou em janeiro de 1941. A escala em Dacar, prevista para dois dias, demorou vários meses. Em Casablanca, foi levado para um campo desativado da Legião Estrangeira Espanhola e finalmente seguiu para o Rio de Janeiro, onde desembarcou em 6 de julho de 1941.

Por que ele é considerado um dos fundadores do moderno teatro brasileiro? Pela maneira inovadora de trabalhar e pelas soluções apresentadas na famosa montagem de *Vestido de noiva*, de Nelson Rodrigues, em 1943. Antes dele, o comum eram ensaios de uma semana e apresentação na seguinte, com os atores recebendo apenas suas falas. Assim fazia, por exemplo, Procópio Ferreira. Em *Vestido de noiva*, Ziembinski ensaiou durante meses com o grupo amador Os Comediantes. Dava instruções precisas, não era apenas um ensaiador. O diretor Amir Haddad considera-se um discípulo do polonês e ilustra sua afirmação lembrando que "até então não havia diretores brasileiros de teatro. O que havia eram encenadores chamados 'direção de tráfego', apenas evitavam que os atores trombassem em cena".

Vestido de noiva gira em torno de Alaíde, moça de classe média que se casa com o ex-namorado de sua irmã. Ela sofre um atropelamento. Durante a operação no hospital é assombrada pelos fantasmas de uma traição e um assassinato que marcaram sua vida. Embasada em estudos freudianos, a narrativa ocorre em três planos: alucinação, memória e realidade.

A direção de Ziembinski para a peça escrita por Nelson Rodrigues soube equacionar os vários planos propostos pelo autor que contrastam o imaginário, o sonho e a realidade de forma brilhante. Com cenografia de Tomás Santa Rosa e enorme quantidade de variações de luz (132 diferentes efeitos utilizados), *Vestido de noiva* empolgou público e crítica e transformou-se em um marco do teatro brasileiro da época.

O espetáculo seguinte foi *Pelleas e Melisande*, de Maeterlinck, ainda em 1943, com a mesma companhia, e *Anjo negro*, novamente de Nélson Rodrigues, em 1948, com o Teatro Popular de Arte (TPA), onde Ziembinski retomou o estilo expressionista introduzido em sua primeira peça brasileira. Depois foi a vez da montagem de *Woyzeck*, de Georg Büchner. Antes de se mudar para São Paulo, convidado a participar do Teatro Brasileiro de Comédia (TBC), Ziembinski dirigiu em Recife o simbólico *Nossa cidade*, de Thornton Wilder (1949), *Pais e filhos*, de Ivan Turgueniev, e *Esquina perigosa*, de J.B. Priestley, no Teatro de Amadores de Pernambuco (TAP). Também fez uma incursão no Teatro Universitário de Pernambuco (TUP), com *Além do horizonte*, de Eugene O'Neill, e *Fim de jornada*, de Robert Sheriff.

Em 1950, no TBC de Franco Zampari trabalhou ao lado de Cacilda Becker. Entre 1951 e 1957 lecionou na Escola de Arte Dramática (EAD), de Alfredo Mesquita. No cinema, participou de *Tico-tico no fubá*, com Anselmo Duarte e Tônia Carrero, *A Madona de cedro e Edu, coração de ouro*. Marcou toda uma geração de importantes atores com os quais trabalhou, como Walmor Chagas, Cleyde Yáconis, Nicette Bruno, Paulo Goulart, Fernando Torres, além de ter trazido para o Brasil importantes dramaturgos internacionais. Nos anos 1970 foi contratado pela Rede Globo, onde coordenou diversos núcleos de produção, como o *Departamento de casos especiais*. Ao longo de 50 anos de teatro, 35 deles no Brasil, dirigiu 94 peças. Multitalentoso, foi também pintor e fotógrafo.

Fontes: FUSER, Fausto - A Turma da Polônia na renovação teatral brasileira, ou, Ziembiński: o criador da consciência teatral brasileira? Tese de Doutorado ECA - USP, 1987. Orientador professor Dr. Jacob Guinsburg; MICHALSKI, Jan - Ziembiński e o Teatro Brasileiro. FUNARTE. 1995; Verbete na Enciclopédia de Teatro Itaú Cultural; Série Canto dos Exilados (Telenews, 2016); World Encyclopedia of Contemporary Theatre: Volume 2: The Americas. pg 61; Veja, edição 529, de 25 de outubro de 1978; Veja, edição 529, de 25 de outubro de 1978; Cinemateca Brasileira, Edu, Coração de Ouro [em linha]
Leonardo Dourado / IB

ZWEIG, Stefan
Escritor, ensaísta, poeta, dramaturgo
Viena, 28-11-1881 – Petrópolis, Brasil, 22/23-02-1942
No Brasil, de 1941 a 1942

Stefan Zweig ocupa um lugar especial na História da Literatura Universal e é um dos exilados mais conhecidos. Típico produto de uma burguesia judaica culta na Áustria do fim de século XIX, era filho do industrial têxtil judeu Moritz Zweig e de sua mulher Ida, nascida Brettauer. Sempre quis seguir a carreira literária. Estudou Literatura e Filosofia em Viena e Berlim, onde defendeu, em 1904, uma tese sobre Hippolyte Taine. Em 1901, começou a colaborar com o caderno cultural do prestigiado jornal vienense Neue Freie Presse. Dos 21 aos 52 anos de idade, Zweig viveu um período rico em encontros, viagens e uma vasta produção literária em todos os gêneros, coroada de êxitos. Foi o tempo em que consolidou grandes amizades entre a intelectualidade europeia, como o poeta belga Émile Verhaeren, seu primeiro grande mestre, Rainer Maria Rilke, Hermann Hesse, Theodor Herzl, Walter Rathenau, Maxim Gorki, James Joyce, Arthur Schnitzler, Joseph Roth, Romain Rolland, Sigmund Freud, os músicos Arturo Toscanini e Bruno Walter, o cineasta russo Serguei Eisenstein. Viajava muito, pela Europa, para a Índia e o Extremo Oriente, e visitou também a Argélia, Cuba, Panamá, EUA e Canadá. Em 1912, conheceu Friderike Maria von Winternitz, com quem se casou em 1920.

Desfrutou de glórias literárias e grandes decepções políticas. A Primeira Grande Guerra fez dele um pacifista convicto, apartidário, aprofundando seus valores essencialmente humanistas e a visão de uma Europa integrada. Em 1919, mudou-se para a mansão na colina Kapuzinerberg, em Salzburgo, onde se iniciaria um longo período de intenso labor, até a chegada de Hitler ao poder em 1933 e o clima pró-nazista na Áustria acelerarem sua mudança para Londres, em 1934. São desse período de bonança em Salzburgo, obras como *Medo (Angst,* 1920), *Amok* e *Carta de uma desconhecida* (1922), *Confusão de sentimentos* e *Vinte e quatro horas na vida de uma mulher* (1927), as biografias de Balzac, Dickens e Dostoievski (1920), Tolstoi e Stendhal (1928), Fouché (1929) e Maria Antonieta (1932).

Chegada ao Rio de Janeiro no navio Alcântara, 1936

O período londrino, intercalado com a cidade de Bath até 1940, foi agitado. A refugiada Lotte Altmann, escolhida por Friderike para ser sua secretária, acabou se tornando sua segunda mulher, em 1937. Em 1935, escreveu o libreto da ópera de Richard Strauss *A mulher silenciosa*, proibida na Alemanha depois de três apresentações. Nesse tempo, Zweig produziu algumas de suas biografias mais importantes, como *Erasmo de Roterdã*, *Maria Stuart* e *Fernão de Magalhães*. No auge do sucesso, o regime nazista proibiu e queimou seus livros publicamente. Numa escala da viagem para o congresso do PEN Club em Buenos Aires, em agosto de 1936, encantou-se pelo Brasil, que o recebeu de braços abertos e com todas as homenagens, prometendo "divulgar" o país com seus textos. Foram apenas dez dias — o suficiente, no entanto, para se apaixonar pelo país. O escritor, então no ápice de seu sucesso literário, foi tratado com honras de chefe de Estado. Recebido pelo próprio presidente Getúlio Vargas e pelo chanceler Macedo Soares, foi aplaudido de pé em palestra na Escola Nacional de Música, assediado por jornalistas e admiradores, festejado e badalado. Além do Rio de Janeiro, conheceu ainda São Paulo e Campinas. Em uma entrevista, prometeu ser o "camelot" do Brasil na Europa.

Em 1940, assustado com a queda de Paris e o avanço nazista, Zweig viajou para o Brasil a fim de preparar o "livro brasileiro". Nesta segunda viagem, agora acompanhado pela segunda mulher, Lotte, passou cinco meses colhendo material para o seu livro em Minas, São Paulo, Bahia, Pernambuco e Pará. Concluiu a obra na biblioteca da Universidade de Yale (New Haven, Connecticut) entre fevereiro e março de 1941 e, naquele mesmo ano, em agosto, conseguiu organizar o lançamento de *Brasil, um país do futuro* em oito edições: duas em português (Brasil e Portugal), duas em inglês (Estados Unidos e Canadá), em francês (para os países francófonos, exceto a França ocupada), espanhol (para a Argentina), alemão e sueco (impressas em Estocolmo). Terminou sua autobiografia *O mundo de ontem* em Ossining, Nova York, antes de receber, no consulado brasileiro de Buenos Aires, o visto de residência permanente. Zweig desembarcou no Rio de Janeiro duas semanas depois de o livro ser anunciado nos jornais e resenhado pelos principais articulistas. Era a sua terceira viagem ao país, pretendia ficar bem mais tempo, e alugou uma pequena casa em Petrópolis na rua Gonçalves Dias 34. Lá escreveu sua última novela, *Uma partida de xadrez*, e esboçou a longamente planejada biografia de Montaigne. Tinha muitos planos e projetos, como registrou em seus diários. Mas o isolamento intelectual, aliado à depressão diante da sombria situação mundial e à saraivada de críticas e aleivosias contra o escritor, dando conta de que teria escrito *Brasil, um país do futuro* por encomenda da ditadura de Vargas, conduziram Zweig à decisão de pôr um fim à vida, junto com sua mulher, Lotte. Em fevereiro, Zweig consumou o gesto trágico que simbolizou o desespero de toda uma geração do mundo inteiro diante do horror da guerra.

Várias de suas obras receberam versões cinematográficas. No Brasil, Silvio Back dirigiu a fantasia biográfica *Lost Zweig* (2002), e Bernard Attal, uma adaptação de seu conto *A coleção invisível* (2012). O diretor Wes Anderson declarou o seu filme O grande hotel Budapeste inspirado na obra de Zweig. *Vor der Mon-*

genröte (Antes do amanhecer), de Maria Schrader (2016) retratou a passagem de Zweig pela América do Sul.

A casa onde o escritor viveu e morreu em Petrópolis foi restaurada e passou a sediar a Casa Stefan Zweig, centro cultural e museu-casa que lançou sobre o escritor obras como *A rede de amigos de Stefan Zweig: sua última agenda* (2014), com versões em inglês e em alemão, e *A unidade espiritual do mundo* (2017), reprodução de uma conferência pacifista pronunciada por Zweig em 1936 na Escola Nacional de Música, no Rio de Janeiro.

Fonte: Dines, Alberto. *Morte no Paraíso: a tragédia de Stefan Zweig*. 4. ed. Rio de Janeiro: Rocco, 2012; www.casastefanzweig.org
Kristina Michahelles / IB

ZYLBERMAN, Henryk
Empresário, engenheiro
Varsóvia, 28-4-1903 – São Paulo, 21-01-1988
No Brasil, de 1940 a 1988

Judeu polonês, filho de Ryzia e Lea Zylberman, Henryk Zylberman fundou em 1933 em Varsóvia, com mais dois empresários judeus, Henryk Lerer e Salo Scharfspitz, a Ontax, uma fábrica de cosméticos de alta qualidade. Quando a guerra eclodiu em 1939, levando à ocupação nazista da Polônia, eles arrendaram a fábrica por dois anos ao não-judeu Stanislaw Skrzywan. Enquanto os sócios migraram para a América do Norte, Zylberman veio para o Brasil. Resguardada até 1941, a fábrica seria depois destruída, com o maquinário estragado ou roubado. Um antigo funcionário, Ignacy Mirel, retomou a Ontax após a libertação do jugo alemão, num esquema de cooperativa, e se mostrou disposto a pagar *royalties* aos fundadores, mas nenhum deles manifestou a intenção de retornar à Polônia.

Henryk Zylberman desembarcou em Santos em 7 de junho de 1940 no famoso transatlântico italiano "Conte Grande", no qual também viajavam Adolf Neuding e esposa, Henryk Spitzman Jordan (VER) e o Príncipe Sangusko. O navio ficaria internado no porto desde aquele mês até abril de 1942, quando foi vendido pelo governo brasileiro para os Estados Unidos e convertido em transporte de tropas, antes de voltar a ser um navio de passageiros após o término do conflito mundial. Na embarcação, Zylberman conheceu o arquiteto Lucjan Korngold (VER), de quem se tornaria um dos principais clientes e investidores em São Paulo, ao lado de outros conterrâneos poloneses e judeus.

No Brasil, casou-se com Lucienne Maria Zylberman e requereu a naturalização em 1949. Ativo no ramo imobiliário, tomou parte no processo de modernização e de expansão urbana de São Paulo, tendo encomendando em 1956 a Lucjan Korngold o primeiro edifício alto em estrutura metálica no país, com material fornecido pela Companhia Siderúrgica Nacional. Encomendou ainda ao arquiteto o projeto de sua residência na Rua Traipu 950 e foi incorporador do Palácio do Comércio, importante prédio da capital paulista, inaugurado em 1954 como "primeiro centro de lojas" da América do Sul.

Esteve também à frente da empresa Henryk Zylberman Engenharia Comércio e Indústria Ltda, nos anos 1960. Compôs a Sociedade Importadora e Comercial de Automóveis Panauto Ltda., foi sócio de Stefan Marek Neuding na firma Plásticos do Brasil e diretor da Indústria de Fórmicas e da HZ Engenharia e Comércio Ltda.

Além de suas atividades imobiliárias e no ramo da engenharia, Zylberman atuou na área rural e agrícola, tornando-se proprietário de cem mil hectares de terras no Mato Grosso — boa parte no município de Barra do Garças, abrangida pela reserva do Xingu —, o que lhe rendeu controvérsias com a Funai e o Incra.

Fontes: Cichopek-Gajraj, Anna. *Jews, Poles, and Slovaks: A story of encounters, 1944-48*. Tese de Doutorado. Universidade de Michigan, 2008. Disponível em: <https://deepblue.lib.umich.edu/bitstream/handle/2027.42/61676/acichope_1.pdf;jsessionid=658A2B59C4A655BE81025558E0F21D85?sequence=1>. Acesso em: 19 mai. 2020; Falbel, Anat6. *Lucjan Korngold: a trajetória de um arquiteto imigrante*. Tese de Doutorado apresentada na Faculdade de Arquitetura e Urbanismo da Universidade de São Paulo, 2003; Revista AOA, n. 32, 8 jan. 2017. Disponível em: <https://issuu.com/aoachile/docs/99655_rev._aoa_n___32_agosto_>. Acesso em: 22 abr. 2020; Silva, Joana Mello de Carvalho e. *O arquiteto e a produção da cidade: a experiência de Jacques Pilon em perspectiva (1930-1960)*. Tese de Doutorado apresentada na Faculdade de Arquitetura e Urbanismo da Universidade de São Paulo, 2010. Disponível em: <https://teses.usp.br/teses/disponiveis/16/16133/tde-22062010-140410/publico/o_arquiteto_e_a_producao_da_cidade.pdf> Acesso em: 22 abr. 2020.

Inoã Urbinati / IB

Emigrantes embarcam para a Ilha das Flores no Rio de Janeiro, 1949 | Foto Kurt Klagsbrunn

Os chegados após 1945

BINENSZTOK, Liliana: ver SYRKIS, Liliana

CIVITA, Victor
Editor, empresário
Nova York, 09-02-1907 – São Paulo, 24-08-1990
No Brasil, de 1949 a 1990

Victor Civita nasceu no Village, em Nova York, em 1907. Chamado de Vittorio, era o segundo filho de Carlo Civita e de Vittoria Carpi. Carlo e Vittoria, ambos de famílias judaicas, haviam se conhecido na Itália, mas casaram-se em Nova York, em 1903. Seu primogênito, Cesare Augusto, que mais tarde adotará o nome de Cesar, nasceu na mesma cidade em 1905.

Carlo se estabeleceu como representante comercial de máquinas para postos de gasolina. Em 1909, os Civita transferiram-se para Milão, onde Carlo fundou a C. Civita & C., empresa que prosperou e chegou a ser dona, entre outros negócios, de oficinas de carros e postos de gasolina, de uma rede de

Acervo de família, cortesia Adriano Civita

navegação e da revista Garage Moderna e Stazioni Servizi.

Por imposição do pai, Cesar e Victor iniciaram estudos em Contabilidade e passaram a trabalhar nas empresas da família. Ambos prestaram serviço militar. Victor, na Força Aérea e Cesar na Infantaria. Aos vinte anos, Victor foi enviado para os Estados Unidos por seu pai, para ganhar fluência na língua e aprender a se virar sozinho.

Em 1935, Victor conheceu em Veneza a romana Sylvana Alcorso, filha de Amilcare e de Delia Piperno, judeus, donos de uma das lojas de roupas e tecidos mais elegantes de Roma, conhecida como Al Corso. Em 10 de outubro desse ano, Victor e Sylvana casaram-se em Roma, e estabeleceram residência em Milão.

De 1932 a 1934, uma das empresas de Carlo construiu um imponente prédio na Praça Eleonora Duse, no centro de Milão, conhecido como Palazzo Civita. O empreendimento foi um fracasso financeiro e levou parte da fortuna familiar. Os Civita, contudo, conseguiram se recuperar quando passaram a vender gasolina e outros suprimentos ao exército italiano, após a invasão da Etiópia em 1936. Em agosto desse ano, nasceu Roberto, o primogênito de Victor e Sylvana.

Nessa época, Cesar Civita, irmão de Victor, havia ingressado na Mondadori, a maior editora italiana. Em pouco tempo, chegou a diretor-geral. Ele cuidava, entre outras, da revista Topolino, que publicava as aventuras de Mickey Mouse, e acabou por tornar-se amigo de Walt Disney.

Em 1938, o governo Mussolini aprovou as primeiras medidas antissemitas. Os Civita foram notificados de que não pertenciam mais às Forças Armadas italianas. Desde Nova York, Carlo Civita intimou os filhos a sair imediatamente da Itália. Victor e Sylvana, grávida de sete meses, e o pequeno Roberto partiram para Londres. Em fevereiro, nasceu nessa cidade o segundo filho do casal, Richard. Os quatro passaram ainda uma curta temporada na França, antes de emigrar para os Estados Unidos.

Chegaram a Nova York no navio "Rex", em 20 de julho de 1939 e foram residir em New Rochelle. Nos primeiros tempos em Nova York, Victor continuou trabalhando nos negócios do pai. Aos poucos foi trilhando seu próprio caminho. Tornou-se gerente de uma indústria de embalagens para perfumes e cosméticos até criar sua própria firma de expositores de acrílico para venda de produtos. Teve entre seus clientes Elizabeth Arden e Helena Rubinstein.

Os registros do censo de 1940 atestam que Victor era coproprietário de uma empresa de produtos importados. Cesar, por sua vez, era dono de uma agência de ilustradores, que tinha entre seus representados o desenhista Saul Steinberg. Além de ter intermediado a contratação de Steinberg pela New Yorker, em 1941, Cesar também ajudou o ilustrador a emigrar da Itália para os Estados Unidos. Quando Cesar decidiu morar em Buenos Aires, em 1941, Victor assumiu sua agência e cuidou do contrato entre a New Yorker e Steinberg até 1945.

Ainda em 1940, Victor entrou com pedido de naturalização para obter a cidadania norte-americana, que só foi concedida em 1946.

Cesar havia conseguido a representação da Disney para América Latina. Fixou-se em Buenos Aires, onde fundou a Editora Abril, que publicou revistas em quadrinhos da Disney e de outros autores. Em 1947, registrou em São Paulo uma nova empresa também chamada de Editora Abril Ltda.

No verão de 1949, Victor e seu irmão encontraram-se na Toscana. Cesar o convenceu a viajar para o Brasil, a fim de cuidar da representação da Disney no país. O peronismo configurava-se como ameaça aos negócios na Argentina e o Brasil parecia ser uma alternativa promissora.

Poucos meses depois, Victor viajou para Buenos Aires e de lá partiu para o Rio de Janeiro onde conversou sobre o mercado editorial com Roberto Marinho e Adolpho Bloch. A seguir foi a São Paulo e por lá resolveu ficar. Por telegrama, instruiu Sylvana, que havia ficado em Nova York, a vender tudo e a partir para o Brasil o mais rapidamente possível.

Nesse mesmo ano, entrou como sócio minoritário da Abril. Cesar era o acionista principal. A primeira revista, lançada em maio, foi Raio Vermelho. Em 12 de junho foi a vez de Pato Donald, que começou a vender muito mais quando Civita, observador atento, mudou o formato dos exemplares para um tamanho menor.

Em poucos anos, a Abril adquiriu uma gráfica e lançou diversas revistas como a Capricho, de fotonovelas, em 1952, que chegou a ser a revista de maior circulação no Brasil. Com o tempo, Victor foi adquirindo as ações de Cesar, com quem tinha frequentes divergências. Em 1958, convidou o seu filho Roberto a ingressar na editora. No ano seguinte, foi a vez de Mino Carta, jovem jornalista genovês, ser convidado por Victor para ser o editor de uma nova revista a ser lançada em 1960: a Quatro Rodas, que se tornaria um dos maiores sucessos da Abril.

Os anos 1960 viram a consolidação da Abril como o maior grupo editorial brasileiro. Outra das grandes inovações trazidas por Victor, e que se tornaria a marca registrada da editora, foi o lançamento de coleções diversas em fascículos, muitas de cunho didático. De 1965 a 1982, por intermédio da Abril Cultural, foram lançadas quase 200 coleções de livros, enciclopédias, discos, entre os quais *Gênios da Pintura, Nosso Século, Os Pensadores*. Num país de poucos leitores, o editor pretendia popularizar a cultura e aumentar significativamente o universo dos consumidores culturais.

Em 1966 apareceu Realidade, um marco na renovação das revistas brasileiras, e, em 11 de setembro de 1968, a Abril lançou com grande campanha publicitária a Veja, revista semanal de informações. A ideia estivera em gestação desde o final da década anterior, mas o lançamento foi adiado por diversos motivos, entre eles o golpe militar em 1964. Victor e Roberto Civita, ao lado de Mino Carta, diretor de redação, seriam os responsáveis pela publicação. Apesar das discordâncias internas, que levaram à saída de Mino Carta em 1975, a Veja tornou-se na década de 1970 a revista mais importante do país.

Empreendedor nato, Victor não ficou apenas nos negócios editoriais. Entrou no ramo hoteleiro, criando a cadeia de hotéis turísticos Quatro Rodas e no segmento de armazéns frigoríficos. Seu prazer residia, menos na administração dos empreendimentos, do que no enfrentamento das dificuldades e na formalização de ideias aparentemente impossíveis.

Em 1982, divergências entre Roberto e Richard levaram à divisão das empresas. Victor ficou do lado de Roberto, na Editora Abril. Richard assumiu a Abril Cultural, os hotéis e frigoríficos, criando a Nova Cultural.

Em 1985, Victor criou a Fundação Victor Civita, para atuar na melhoria e modernização da educação no país. Seria dedicada ao aperfeiçoamento de professores de ensino fundamental, tendo como principal veículo a revista Nova Escola.

Embora afastado da direção da editora, o patriarca manteve-se na presidência do grupo Abril até o fim de seus dias. Tinha o hábito de comparecer diariamente ao seu escritório e de revisar minuciosamente todas as capas produzidas pela editora. Seu último pedido foi que sua morte fosse noticiada na capa da Veja. Ao falecer, em 24 de agosto de 1990, vítima de um enfarte, a editora que ele havia criado tinha se convertido em um gigante das comunicações que publicava mais de 200 revistas e operava nas áreas de televisão, TV a cabo e internet.

Fontes: Conti, Mario Sergio. *Notícias do Planalto: a imprensa e Fernando Collor*. São Paulo: Companhia das Letras, 1999; Maranhão, Carlos. *Roberto Civita: o dono da banca. A vida e as idéias do editor da Veja e da Abril*. São Paulo: Companhia das Letras, 2016; Markun, Paulo. "VC em revista. Imprensa". *Jornalismo e Comunicação*, out. 1987, ano 1, n. 2, pp. 42-45; Scarzanella, Eugenia. "Entre dos exilios: Cesare Civita, un editor italiano en Buenos Aires, desde la Guerra Mundial hasta la Dictadura Militar (1941-1976)". *Revista de Indias*, 2009, v. LXIX, n. 245, pp. 65-93.

Ileana Pradilla / IB

DUB, Myrrha Dagmar: ver SCHENDEL, Mira

FLEXOR, Samson
Pintor, desenhista, muralista, professor
Soroca, Bessarábia, Império Russo, atual Moldávia, 09-09-1907 – São Paulo, 31-10-1971
No Brasil, de 1946 a 1971

Os pais de Flexor eram judeus da Bessarábia, província que pertencia ao então Império Russo e que, a partir de 1922, passou a fazer parte da Romênia. Sua vida foi marcada por acontecimentos trágicos e de caráter místico que influenciaram a sua obra. A primeira infância tranquila foi abalada pela morte do irmão mais velho, ainda criança. Maria Georgette, a mãe, ficou muito deprimida e jamais se recuperou, porém a perda aproximou o pai, o engenheiro agrônomo Modest Flexor, do filho caçula. Aos 11 anos teve seus primeiros estudos de piano e pintura. Aos 15 produziu um autorretrato cuja "plasticidade do claro-escuro e as tonalidades em cores complementares já denotam a percepção e a habilidade do futuro artista profissional", como detalhou a artista Alice Brill (VER), ela também uma exilada no Brasil. Ainda garoto, nessa idade, foi mandado pelo pai para a Bélgica estudar química. À noite frequentava cursos de pintura na Académie Royale des Beaux-Arts. Logo seguiu seu caminho na arte.

Não demorou a chegar a Paris. Em 1924 matriculou-se no curso livre da Escola Nacional de Belas Artes e fez História da Arte na Sorbonne. Frequentou as academias Ranson e Grande Chaumière e começou a estudar a técnica do afresco. Em 1927, com apenas 19 anos, realizou sua primeira individual, na Galeria Campagne Premier. Em 1928, o poeta e crítico André Salmon fez o prefácio do catálogo da exposição na galeria Jeune Peinture. Um ano depois está nos jornais parisienses graças a uma série de artigos do poeta simbolista e crítico Gustave Kahn, e seus quadros começam a ser vendidos. Em 1929 tornou-se cidadão francês e foi um dos fundadores do Salon Surindépendants, atuando na direção desta associação de artistas até 1938. Alistou-se no serviço militar, integrando a II Classe da Infantaria Alpina, porém teve que dar baixa devido a um reumatismo contraído por um período nas montanhas. Ainda nos Alpes, em 1930, casou-se pela primeira vez, com Tatiana Yablokoff. Em novo drama pessoal, três anos após o casamento, sua mulher morreu do parto junto com o filho recém-nascido. Em 1933, Samson Flexor, já especializado em pintura mural e arte sacra, converteu-se ao catolicismo.

Na biografia que escreveu de Flexor, a pintora Alice Brill define a personalidade do artista como racional, mas com forte tendência mística. Interessante notar que outro pintor romeno, Emeric Marcier, também exilado no Brasil e também com passagem pela França, converteu-se igualmente ao catolicismo depois de conhecer a obra de Aleijadinho. Brill resgatou três episódios ocorridos com Flexor na época da guerra que reforçam a ideia do misticismo.

Casou-se em 1934 com a judia polonesa Margot Mezcycer e o primeiro filho, Jean Marie, nasceu em 1939. Após a invasão da França pelos nazistas em 1940, Flexor entrou para a Resistência, transformando seu ateliê em Montrouge, na periferia sul de Paris, numa gráfica. O casal se escondeu na Normandia, então zona livre, mas os nazistas invadiram a região. Margot estava em gravidez adiantada. A família Feruglio ofereceu novo refúgio em Bourg-de-Visa, no sudoeste, onde Flexor pintou o painel *Descida da Cruz* na igreja local, até que um oficial alemão foi assassinado. Em represália, os soldados receberam ordem para fuzilar todos os homens da comuna. Teve início a revista casa por casa. Samson e Margot estavam abraçados na cozinha esperando pelo pior quando um oficial alemão entrou, não se sabe por que motivo apiedou-se ao ver a cena e saiu falando em voz alta: "Aqui não há ninguém." Em outro episódio, Flexor foi salvo por sua arte. Abordado com outras duas militantes, foram todos levados para interrogatório. As moças aparentemente foram executadas. Perguntado sobre sua profissão, disse que era pintor e que estava decorando uma igreja. Duvidando, o oficial ordenou que então fizesse o retrato dele. Flexor entregou o desenho pouco depois e foi liberado pelo oficial, o qual ainda guardou bem seu retrato.

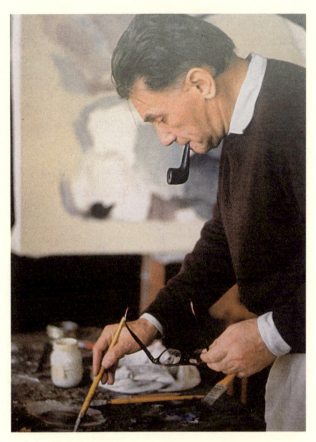

Década de 1960 | Acervo familiar, cortesia do filho André Flexor

No dia da libertação de Paris, em 1944, nasceu André Victor, segundo filho de Flexor. O nome foi dado em homenagem à vitória que chegaria no ano seguinte. Em julho de 1946, em Paris, Flexor estava expondo na Galeria Carmine e foi incentivado por artistas brasileiros a vir para o Brasil, para onde a família de Margot havia emigrado em 1928. No final daquele ano chegava a São Paulo acompanhando 80 obras da exposição *Pintores Independentes de Paris* em uma sala especial da Galeria Prestes Maia. O sucesso foi refletido nos jornais em artigos de Sérgio Milliet e Guilherme de Almeida, entre outros. Flexor voltaria ainda a Paris para uma última temporada de dez meses antes de se transferir com Margot e os filhos para uma casa na Alameda Santos 463, em São Paulo. Naquele mesmo ano de 1948, cumprindo promessa feita em Bourg-de-Visa, pintou a Via Sacra para a Igreja Nossa Senhora de Fátima da avenida Doutor Arnaldo, registrando em seu diário: "Execução de um voto durante a guerra." Realizou a série cubista da Paixão de Cristo, exposta na galeria Domus e no recém-criado Museu de Arte Moderna.

Fundou o Atelier Abstração, um dos principais espaços de formação de arte de São Paulo nos anos 1950, que atraiu jovens alunos para a prática do desenho geométrico e para o debate em torno de novas tendências da arte. Flexor se tornou figura de proa em meio à acirrada polêmica do pós-guerra entre figurativismo e abstracionismo. Em 1955 recebeu a cidadania brasileira.

Em 1957 Flexor iniciou os trabalhos dos afrescos para a igreja Nossa Senhora de Perpétuo Socorro, que terminariam seis anos depois. Ali, segundo ele, deixou" um pedaço da sua alma". Começou uma nova fase, passando do abstracionismo geométrico ao lírico, mais informal, com "impulsos, voos". Fez retrospectiva em Montevidéu em 1962 e expôs em Paris no ano seguinte na Galerie Georges Bonger. Realizou em 1965 uma grande retrospectiva em Genebra.

Em 1964 o golpe militar o abalou profundamente e sofreu uma forte crise de angina. Essas duas tragédias provocam uma ruptura radical no seu processo criativo, com o retorno à figuração trágica ligada à tortura e à morte, com monstros, corpos em fragmentos e dilacerados. Os "bípedes" são expostos com forte repercussão na IX Bienal de São Paulo, em 1967. No ano seguinte realizou uma grande retrospectiva no Museu de Arte Moderna do Rio de Janeiro. Em suas últimas obras associou o vazio e o corpo dilacerado a figuras geométricas e, ao mesmo tempo, pintou nus femininos sensuais. Faleceu em São Paulo em 31 de julho de 1971.

O filósofo Vilém Flusser (VER), outro exilado no Brasil, assim se referiu à importância de Samson Flexor: "Ele é não apenas um dos precursores, mas um dos fundadores da estética do futuro."

Fonte: Brill, Alice. *Flexor*. 2. ed. rev. ampl. São Paulo: Editora da Universidade de São Paulo, 2005; Flexor, André. Comunicação pessoal. 2020.

Leonardo Dourado / IB

GIDALI, Marika
Bailarina, coreógrafa, professora de dança
Budapeste, 24-04-1937
No Brasil, desde 1947

Foto de Emídio Luisi, cortesia do autor

Marika Gidali nasceu numa família judia. Seu pai, oriundo de Telince, na atual Eslováquia, chamava-se Benjamin (Bela) Gidali e era alfaiate de profissão. Sua mãe, Erzsébet (Elizabeth) Gidali, nascida Goldstein, era costureira e provinha de uma família humilde de Budapeste. Marika foi a segunda filha do casal. A mais velha, Agnes, nascera dois anos antes, em 1935, enquanto Peter, o caçula, nasceria em 1946.

Assim como quase todas as meninas judias de sua época, Marika teve uma infância difícil. Uma vida de poucos amigos e de vigilância constante para escapar das perseguições antissemitas. Ela e sua irmã Agnes foram batizadas na Igreja Católica e chegaram a fazer o catecismo — uma forma de despistar as autoridades húngaras, aliadas do nazismo. Por um longo período de tempo, a fome acompanhou a família. Marika testemunhou a vida no gueto de Pest e viu seus pais serem detidos durante a Segunda Guerra (1939-1945). Por muito pouco, conseguiram escapar.

Encerrado o conflito, Bela e Elizabeth buscaram reconstruir a vida. Puseram os filhos novamente na escola e retomaram seus negócios. Eugênio, avô materno de Marika, era um pequeno fabricante de instrumentos hospitalares e conseguiu reabrir sua fábrica, mas não por muito tempo. Com a tomada do poder pelos comunistas, viu o estabelecimento ser encampado pelo novo governo.

Profundamente marcados pelo período da guerra, temendo a eclosão de um novo conflito e temerosos pelo futuro dos filhos, os Gidali resolveram deixar a Hungria. Seu destino seria o Brasil, para onde uma irmã de Elizabeth já se transferira. Enquanto os pais providenciavam a documentação para a viagem, Marika e os irmãos ficaram hospedados na casa de uma outra tia, em Turim, na Itália. Quatro meses depois, finalmente, conseguiram embarcar. Corria o ano de 1947 quando o navio "Paulo Toscanelli" os deixou no porto de Santos (SP).

Para os Gidali, porém, a viagem não terminaria ali. Com base nas restrições impostas pelo governo brasileiro ao ingresso de judeus no país, a família foi impedida de descer da embarcação. De Santos, seguiram então para Montevidéu, no Uruguai. Lá ficaram por duas semanas, até que, pela fronteira, adentraram clandestinamente o território brasileiro e de lá vieram direto para São Paulo. No futuro, Marika Gidali descreveria assim a sensação que experimentou ao conhecer sua nova pátria: "Adorei chegar aqui. Deu a mim um bem-estar danado poder andar na rua, ninguém me mandando atravessar, sem [a] perseguição terrível [que havia na] Hungria (…)."

Marika adorava patinar, aprendera a fazer acrobacias e pouco antes de vir para o Brasil, ainda na Hungria, tinha sido aprovada para estudar balé no Teatro Municipal de Budapeste. Natural que, uma vez aqui instalada, a família procurasse investir em sua vocação. Sua primeira experiência de dança no Brasil, ainda tímida, foi no Clube Húngaro de São Paulo, onde um professor soube reconhecer o seu talento e a levou para estudar com o mestre russo Serge Murchatovsky, na escola de Carmem Brandão.

Em 1953, prestes a completar 16 anos, ingressou como bailarina aspirante no elenco da Companhia de Ballet do IV Centenário, dirigida pelo coreógrafo húngaro Aurel von Milloss. O Centenário foi a sua grande escola de formação artística como bailarina. Em 1957, depois de uma breve passagem pelo corpo de baile do Theatro Municipal do Rio de Janeiro, retornou a São Paulo, onde se juntou ao recém-formado Ballet do Teatro Cultura Artística, organizado pelo publicitário Lívio Rangan. O grupo não teve vida longa e já em 1958 Marika ajudou a fundar a Companhia Amigos da Dança, ao lado de Ismael Guiser e Addy Addor. Levada por Ismael, datam também dessa época seus primeiros trabalhos para a TV. Atuou durante vários anos na televisão e chegou a dançar com Marlene Dietrich na TV Record. Fez também algumas incursões no cinema.

Em 1961, juntamente com o ator e dublador Raymundo Duprat, seu primeiro marido, fundou em São Paulo sua primeira escola de balé. Quatro anos depois, participou do Festival Internacional de Dança da Cidade de Colônia, na Alemanha. Sobre sua ida ao evento, contou certa vez: "Quando fui testar minha dança na Alemanha, minha mãe foi comigo. Caso eu quisesse ficar, ela sabia como me trazer de volta. O fato de sua filha dançar na Alemanha não era o sonho de uma matriarca judia que salvara seus filhos, como uma leoa, das mãos dos nazistas."

Ainda em meados da década, convidada por Cláudio Petraglia, começou a fazer coreografias para teatro. Com o diretor Ademar Guerra, realizou montagens que se tornariam célebres, entre elas *Oh, que delícia de guerra!* (1966), *Marat-Sade* (1967), *Tom Paine* (1970) e *Hair* (1970). Em 1970, durante uma viagem a Curitiba, reencontrou o bailarino e coreógrafo Décio Otero, com quem trabalhara no Theatro Municipal do Rio. Nasceu daí uma paixão avassaladora. Marika e Raymundo Duprat se separam ainda naquele ano e no seguinte ela se casou com Décio.

Em outubro de 1971, Marika e Décio Otero criaram em São Paulo o Ballet Stagium, uma das companhias mais emblemáticas da dança brasileira. O Stagium tornou-se a razão de ser do trabalho da dupla. A companhia revolucionou a arte da dança no país e montou um repertório todo dedicado à valorização das manifestações artísticas nacionais. Desde os anos 1990, o grupo também desenvolve trabalhos na área educacional, articulando a formação de novos bailarinos com projetos de integração social a partir da dança. Parte dessas iniciativas é voltada para alunos de escolas públicas das periferias de São Paulo.

Marika Gidali é mãe de seis filhos, o primeiro deles fruto de seu casamento com Raymundo Duprat, e os outros cinco adotados após sua união com Décio Otero. Sua vida e obra foram retratadas no livro *Marika Gidali*, singular e plural (2001), escrito por Décio para a Editora Senac.

Fontes: Ballet Stagium. *Fundadores e diretores: Marika Gidali e Décio Otero*. Disponível em: <http://www.stagium.com.br/?page_id=7>. Acesso em: 12 fev. 2020; Falbel, Anat; Falbel, Nachman. "Marika Gidali". *The Encyclopedia of Jewish Women*. Disponível em: <https://jwa.org/encyclopedia/article/gidali-marika>. Acesso em: 12 fev. 2020; Gidali, Marika. *Curriculum Marika Gidali*. Disponível em: <http://www.iea.usp.br/pessoas/MarikaGidali.pdf>. Acesso em: 12 fev. 2020; Gidali, Marika. *Entrevista a Carina Flosi em 27 mar. 2005*. Disponível em: <https://www.cartamaior.com.br/?/Editoria/Midia/ENTREVISTA-Marika-Gidali/12/7538>. Acesso em: 12 fev. 2020; Gidali, Marika. *A ciranda da bailarina*. Entrevista concedida a Simone Alcântara e Heci Candian para o Museu da Pessoa. São Paulo (SP), 07 jul. 2010. Disponível em: <https://www.museudapessoa.org/pt/conteudo/historia/a-ciranda-da-bailarina-48584>.Acesso em: 12 fev. 2020; "Marika Gidali: bailarina e coreógrafa, fundadora do Ballet Stagium". *Revista Trip*. Disponível em: <https://revistatrip.uol.com.br/homenageados/2009/marika-gidali>. Acesso em: 12 fev. 2020; Navas, Cássia. *Ballet Stagium: história*. Disponível em: <http://www.stagium.com.br/?page_id=11>. Acesso em: 12 fev. 2020.

Luis Octavio Souza / IB

HERZOG, Leon
Industrial
Ostrowiec Swietokrzyski, Polônia, 23-01-1919 – Rio de Janeiro, 21-01-2013
No Brasil, de 1946 a 2013

Layzor Mayer Herzcyk, que no Brasil adotaria o nome de Leon Herzog, nasceu numa cidade industrial polonesa onde se destacava uma siderúrgica e onde metade da população era judaica. Seu pai, Jacob, era um pequeno industrial fabricante de cola de batatas, enquanto sua mãe, Rachel, tinha uma loja onde vendia os chapéus que produzia. Leon era o caçula de nove irmãos e trabalhou desde menino na pequena fábrica de bicicletas de seu irmão Saul. Estudou numa escola pública e quando terminou o primário, motivado pela fabriqueta de bicicletas, ingressou num curso técnico. Ao se casar, Saul foi estabelecer-se em outra cidade e entregou seu negócio a Leon, então um adolescente de 16 anos.

Desde cedo Leon ingressara no grupo sionista Hashomer e, com seus colegas, enfrentava o crescimento do antissemitismo na Polônia. Com a eclosão da Segunda Guerra Mundial e a invasão do país por tropas nazistas, Ostrowiec foi ocupada em 8 de setembro de 1939. Leon chegou a ser preso ao ser acusado por uma cliente de ter responsabilizado Hitler pelo alto preço das bicicletas importadas da Alemanha. Em suas palavras, "apanhei um bocado e, através do Judenrat (Conselho Judaico), com dinheiro, meus pais conseguiram que eu fosse solto".

Como outros judeus, Leon foi forçado a trabalhar como escravo em fábricas alemãs, a princípio na siderúrgica e depois numa indústria de cerâmica e tijolos. Marchavam em fila desde o gueto, estabelecido na cidade em 1941, até a fábrica, e voltavam à noite. Seu pai e outros parentes foram assassinados pela Gestapo.

Acervo de família, cortesia da filha Myrna Herzog

Leon contava que uma das visões mais impactantes desses tempos sombrios foi ver as casas do gueto saqueadas, com janelas quebradas, portas escancaradas, e livros, bibliotecas inteiras, livros de reza, candelabros e outros objetos tradicionais judaicos, tudo jogado no meio da rua. Isso o conscientizou de que nenhum judeu iria sobreviver.

Os invasores trocaram os documentos de identidade de todos habitantes, distinguindo-os como judeus ou não-judeus. Por causa da fábrica de bicicletas, Leon era conhecido na prefeitura, onde estavam sendo emitidos esses documentos. Conseguiu, então, de um funcionário seu conhecido, para si e para alguns colegas, carteiras falsas de poloneses não-judeus, graças às quais todos se salvaram. Leon virou Jan Grabowski e, no início de 1942, seguiu para a Alemanha como trabalhador voluntário, empregando-se como jardineiro numa plantação de legumes em Giessen, onde se desdobrava também como mecânico, motorista e construtor. Sobreviveu ao bombardeio da cidade pelos aliados e, terminado o conflito, foi trabalhar na UNRRA (United Nations Relief and Rehabilitation Administration; Administração das Nações Unidas para Assistência e Reabilitação).

Depois de inúmeras tentativas frustradas, conseguiu se comunicar com seus irmãos mais velhos, Bernardo e José, que haviam emigrado para o Brasil na década de 1920. Obteve os documentos de viagem, seguiu para Paris e daí para Gênova, onde embarcou no "Almirante Alexandrino", chegando ao Brasil em 26 de dezembro de 1946.

Logo se associou ao irmão Bernardo, proprietário de uma indústria de produtos químicos, a B. Herzog S. A., e montou na empresa um departamento da sua especialidade: a comercialização de bicicletas e peças de motocicletas. Em 1951, expandiu esse departamento, construindo no bairro do Caju, no Rio de Janeiro, a fábrica de bicicletas Gulliver, uma das primeiras do Brasil. Quatro anos depois já estava produzindo a bicicleta motorizada Gullivette, usando um motor francês Lavalette e todas as demais peças fabricadas na empresa, projetadas e desenhadas pessoalmente por ele.

Em 1957 dissociou-se do irmão e fechou a Gulliver, fundando a sua própria empresa, a L. Herzog S. A., que inicialmente importava motocicletas Victoria e Jawa. Adquiriu uma fábrica de baldes, adaptou os equipamentos e começou a produzir as bicicletas Cacique e Roadster. Numa feira de negócios em Frankfurt, comprou os moldes de um ciclomotor francês fora de linha, adaptou as prensas dos baldes para fazer os quadros e tanques dos novos veículos: em 1960 nascia a primeira motoneta brasileira, a Leonette, dotada de um motor tcheco Jawa de duas marchas. A produção inicial foi de cem a 120 unidades mensais, com o emprego de 50 operários na fábrica situada no bairro de Bonsucesso.

A partir de 1967, a Leonette passou a ser equipada com um motor mais possante, com três marchas e comando no pé, como todas as motocicletas atuais. A Leonette foi um dos veículos mais desejados pelos jovens dos anos 1960, sendo vendida em todo o Brasil por uma rede de distribuidores e empregada até mesmo pela Polícia Militar. Após a invasão soviética da Tchecoslováquia em 1968, os contatos com a empresa Jawa foram prejudicados e, pouco depois, o governo militar brasileiro restringiu as importações de países comunistas. A Leonette deixou de ser fabricada em 1972.

Com a experiência de grande usuário de aço para a fabricação das peças dos ciclomotores, em especial dos aros das rodas, Leon Herzog passou a se dedicar à produção de vergalhões e outros elementos para a construção civil. Montou ainda em 1972 a empresa Armafer, que marcou época na venda de peças de aço prontas para receber o concreto. Esse novo negócio experimentou vinte anos de pujança, até que, em 1992, foi vendido para a metalúrgica Gerdau.

Leon Herzog foi também um golfista emérito, conquistando cerca de 150 taças, exercendo por vários anos o papel de "capitão de golfe" no Teresópolis Golfe Clube e sendo um defensor incansável de minorias étnicas terem acesso ao esporte.

Talvez como contraposição à terrível imagem do gueto saqueado, Leon doou uma coleção de objetos rituais judaicos, *chanukiot, menorot* e outros, obra do artesão Joseph Feldman, que vieram a constituir o principal acervo de peças do Museu Judaico do Rio de Janeiro.

Seus filhos Alex e Arthur atuaram a seu lado nas empresas, enquanto sua filha, Myrna Herzog, tornou-se grande intérprete de viola da gamba e difusora da música barroca, tendo se radicado em Israel em 1992.

Fontes: Herzog, Myrna. Comunicação pessoal, 2020; Morre Leon Herzog, o criador das Leonettes, Opinião & Notícia, 16-10-2020. Disponível em: <http://opiniaoenoticia.com.br/brasil/morre-leon-herzog-o-criador-das-leonettes/>. Acesso em: 15 out. 2020; Vogel, Jason. A história do pioneiro que fabricou motos no Brasil bem antes da chegada das japonesas, O Globo, 08-12-2009. Disponível em: <https://oglobo.globo.com/economia/a-historia-do-pioneiro-que-fabricou-motos-no-brasil-bem-antes-da-chegada-das-japonesas-3184978>. Acesso em: 15 out. 2020.

Israel Beloch

HERZOG, Vladimir

Jornalista, professor, cineasta
Osijek, Iugoslávia, atual Croácia, 27-06-1937 – São Paulo, 25-10-1975
No Brasil, de 1946 a 1975

Osijek, onde nasceu Vladimir Herzog, ou melhor, Vlado Herzog, seu nome de batismo, pertencia ao então Reino da Iugoslávia e é hoje uma das principais cidades da Croácia. Situada nas proximidades da fronteira com a Hungria, era lá que vivia o casal de judeus Ziga Wollner e Sirena Wolf, os avós maternos de Vlado. Os pais de Herzog, Zora Wollner e Zigmund Herzog, moravam na verdade em Banja Luka, atualmente a segunda maior cidade da Bósnia e Herzegovina, atrás apenas da capital Sarajevo. Quando estava para dar à luz, Zora dirigiu-se para a casa dos pais em Osijek, e ali o menino nasceu.

Vlado veio ao mundo num período de intensa agitação na Europa. A eclosão da Segunda Guerra Mundial em 1939 foi o prenúncio de trágicas consequências que iriam se abater sobre sua família. Em 1941, a Iugoslávia foi invadida pelas forças do Eixo, o que deu origem a uma implacável perseguição

Arquivo pessoal Ivo Herzog, Instituto Vladimir Herzog

aos judeus. Ziga e Sirena Wolf seriam executados em Auschwitz já no ano seguinte, o mesmo destino que tiveram Moritz e Gisela Herzog, avós paternos de Vlado, que morreriam no campo de Jasenovac, na própria Iugoslávia.

Zigmund e Zora tiveram melhor sorte. Sua casa em Banja Luka chegou a ser confiscada pelos nazistas, mas eles conseguiram escapar. Acompanhados de Vlado, fugiram então para a Itália, refugiando-se primeiro em Fonzaso, uma pequena comuna da região do Vêneto, e depois em Fermo, na costa do Mar Adriático. Com a ocupação do país pelas tropas aliada em 1943, foram transferidos para um assentamento de refugiados em Santa Maria al Bagno, uma pequena vila de pescadores onde outros sobreviventes judeus aguardavam o momento de embarcar para suas novas pátrias.

Os Herzog escolheram o Brasil como seu novo lar. Vlado tinha nove anos quando desembarcou no porto do Rio de Janeiro com seus pais em 1946. Em seguida, a família se transferiu para São Paulo e ali se fixou. Zigmund arrumou emprego com o industrial ucraniano Leon Feffer, fundador da Suzano Papel e Celulose, enquanto Zora servia refeições para os rapazes que alugavam um dos quartos da casa onde a família morava. Depois, ela se tornaria sócia de uma pequena fábrica de roupas na capital.

Tímido, franzino, de ar circunspecto e saúde um tanto frágil, Vlado naturalmente inclinou-se para o mundo dos livros. Foi um leitor voraz desde cedo. Estudou no Colégio Estadual de São Paulo e em 1959 ingressou na USP para estudar filosofia. Dedicou-se também ao cinema, uma de suas maiores paixões ao lado da fotografia. Autor de um único filme, o minidocumentário *Marimbás*, de 1963, colaborou também na produção do curta-metragem *Subterrâneos do Futebol* (1965), de seu amigo Maurice Capovilla, e no roteiro de *Doramundo* (1978), filmado por João Batista de Andrade já depois de sua morte.

Herzog iniciou carreira no jornalismo quase ao mesmo tempo em que dava os primeiros passos na arte cinematográfica. Ainda não havia começado o curso de Filosofia na USP quando ingressou como estagiário no jornal O Estado de S. Paulo, em 1958. Naturalizado brasileiro, achou então que o nome "Vlado" não soava bem aos ouvidos nativos e passou a assinar como "Vladimir". A essa altura, porém, "Vlado" já havia sido carinhosamente incorporado por seus amigos e familiares.

Em 1965, já casado com a cientista social Clarice Chaves, mudou-se para a Inglaterra, atendendo a um convite para trabalhar no serviço brasileiro da BBC de Londres. A deposição do presidente João Goulart no ano anterior e a instauração de uma ditadura militar no país certamente contribuíram para aquela decisão. Clarice e Herzog permaneceram em Londres até 1968. Lá nasceram os dois filhos do casal, Ivo e André.

De volta ao Brasil, Herzog trabalhou como professor de telejornalismo na Fundação Armando Álvares Penteado (FAAP) e na Escola de Comunicações e Artes da USP (ECA/USP). Foi também editor de cultura da revista Visão, época em que se filiou ao Partido Comunista Brasileiro. O ingresso no PCB pegou Clarice de surpresa: "Mas você sempre foi crítico de regimes que não praticam a democracia", questionou ela na ocasião. Ao que Vlado contra-argumentou: "É uma questão de momento. A situação política no Brasil é grave e só há dois movimentos organizados que podem se articular para combater a ditadura — a Igreja e o Partido Comunista. Eu sou judeu. Só tenho uma opção."

Em 1975, convidado por José Mindlin, presidente da Fundação Padre Anchieta, do governo paulista, assumiu a direção de jornalismo da TV Cultura de São Paulo e do telejornal *Hora da Notícia*. Tornou-se então alvo de uma insidiosa campanha de difamação deflagrada por acólitos do regime, que o acusaram de ser o responsável por uma suposta infiltração comunista na emissora. A ofensiva foi bem-sucedida e Vlado foi intimado pelo comando do II Exército em São Paulo a prestar esclarecimentos sobre suas relações com o PCB.

Na manhã do dia 25 de outubro de 1975, Herzog dirigiu-se espontaneamente à sede do Doi-Codi, o órgão militar de repressão política, e em seu depoimento negou qualquer ligação com o partido. Nunca mais foi visto com vida. Detido sem ordem judicial, foi torturado e morto nas dependências do órgão por agentes do Exército brasileiro. Tinha 38 anos. A versão oficial divulgada pelos militares indicou como *causa mortis* o suicídio. Uma foto do corpo de Vlado enforcado com um cinto chegou a ser divulgada para sustentar a tese, mas, tempos depois, seu autor, o fotógrafo Silvado Leung Vieira, admitiria a farsa.

Amigos, familiares e organizações de direitos humanos desde o início rejeitaram a versão oficial do regime. O rabino Henry Sobel se negou a enterrar o corpo de Vlado na ala do Cemitério Israelita reservada para os suicidas. No dia 31 de outubro, uma semana depois de sua morte, um grande ato ecumênico liderado pelo cardeal Dom Paulo Evaristo Arns, pelo reverendo Jaime Wright e pelo próprio Sobel reuniu em São Paulo mais de oito mil pessoas em homenagem a sua memória e em protesto contra a ditadura.

Quase ao mesmo tempo, Clarice, Ivo e André deram início a uma longa batalha judicial para a elucidação das circunstâncias do assassinato e a consequente punição dos culpados. Um Inquérito Policial Militar (IPM) confirmou a versão oficial e o processo foi arquivado. Ninguém foi indiciado. Em 1979, a Justiça paulista reconheceu que Vlado morrera em razão de "causas não naturais" e que a perícia feita pelo IPM fora "falsificada". Em 1996, 11 anos depois do fim do regime militar, a Comissão Especial de Desaparecidos Políticos reconheceu oficialmente o assassinato de Herzog. No entanto, foi somente 17 anos depois, em 2013, que a família teve direito a um novo atestado de óbito identificando a *causa mortis* como decorrente de "lesões e maus tratos" e não mais por "asfixia mecânica por enforcamento", como sustentava o documento original.

Apesar dessas conquistas parciais, Clarice, Ivo e André nunca obtiveram a punição dos assassinos. Ao longo dos anos, a Justiça brasileira recusou-se sistematicamente a reabrir as investigações amparando-se na Lei de Anistia

(1979) e em uma suposta prescrição dos crimes. Diante disso, a família decidiu em 2009 encaminhar uma petição à OEA denunciando o Estado brasileiro por "prisão arbitrária, execução sumária e ausência de investigação e de Justiça".

Nove anos depois, em 2018, a Corte Interamericana de Direitos Humanos (CIDH) condenou o Brasil por unanimidade pelo assassinato de Vlado e determinou que o Estado brasileiro restaurasse "a investigação e o processo penal cabíveis pelos fatos ocorridos em 25 de outubro de 1975". Com base nessa sentença, o Ministério Público Federal (MPF) ofereceu, em março de 2020, denúncia contra seis agentes públicos acusados de participação na morte do jornalista.

Vasta literatura sobre a vida e o calvário de Vladimir Herzog foi publicada, destacando-se os livros: *Caso Herzog: a Sentença* (1978); Fernando Jordão, *Dossiê Herzog: prisão, tortura e morte no Brasil* (1979); Paulo Markun (organizador), *Vlado: retrato da morte de um homem e de uma época* (1985); Trudi Landau, Vlado Herzog: o que faltava contar (1986); Lilian de Lima Pedrosa, *Cidadania proibida: o caso Herzog através da imprensa* (2001); Paulo Markun, *Meu querido Vlado* (2005); Audálio Dantas, *As duas guerras de Vlado Herzog* (2012); e Marcia Camargos, *Um menino chamado Vlado* (2015).

O Prêmio Jornalístico Vladimir Herzog de Anistia e Direitos Humanos, criado em 1978 pela família e o Sindicato dos Jornalistas Profissionais do Estado de São Paulo, já foi concedido a inúmeros profissionais. O Instituto Vladimir Herzog, fundado em 2009, tem como programa a defesa da democracia, dos direitos humanos e da liberdade de expressão.

Sua vida e obra foram também objeto do documentário *Vlado — 30 anos depois* (2005), de João Batista de Andrade, e da mostra *Ocupação Vladimir Herzog* (2019), realizada em São Paulo pelo Instituto Itaú Cultural em parceria com o Instituto Vladimir Herzog.

Fontes: Biografia de um jornalista. *Instituto Vladimir Herzog*. Disponível em: <https://vladimirherzog.org/biografia/>. Acesso em: 6 abr. 2020; Biografias da resistência: Clarice Herzog. *Memórias da Ditadura*. Disponível em: <http://memoriasdaditadura.org.br/biografias-da-resistencia/clarice-herzog/>. Acesso em: 6 abr. 2020; Brasil é condenado pelo assassinato de Herzog, O Estado de S. Paulo, 05-07-2018, p. A8; Homenagem de dom Paulo a Herzog foi o maior ato contra a ditadura, Veja, 14-12- 2016. Disponível em: <https://veja.abril.com.br/brasil/homenagem-de-dom-paulo-a-herzog-foi-o-maior-ato-contra-a-ditadura/>. Acesso em: 6 abr. 2020; MPF denuncia 6 pela morte de Herzog, O Estado de S. Paulo, 18-03-2020, p. A12; Sigmund Herzog. Geni — *A MyHeritage Company*. Disponível em: <https://www.geni.com/people/Sigmund-Herzog/6000000031500302934>. Acesso em: 6 abr. 2020; Viúva de Herzog cobra nomes de agentes, O Estado de S. Paulo, 16-03-2013, p. A10; Zora Herzog (Wollner). Geni — *A MyHeritage Company*. Disponível em: <https://www.geni.com/people/Zora-Herzog/6000000031500253106>. Acesso em: 6 abr. 2020.

Luis Octavio Souza / IB

HOMANN, Doris
Pintora e desenhista.
Berlim, 16-05-1898 – Niterói, RJ, 31-10-1974
No Brasil, de 1948 a 1974

Nascida numa família de classe média alta, Doris Homann iniciou sua formação artística ainda criança. Estudou no Liceu Real e na Academia de Belas Artes de Berlim e frequentou ateliês de importantes artistas radicados na capital alemã, entre os quais o do pintor Lovis Corinth, um dos precursores do expressionismo alemão, e o do pintor e escultor Otto Freundlich, de origem judaica, que mais tarde teria uma de suas obras reproduzida na capa do catálogo da famosa exposição Arte Degenerada, organizada pelo regime nazista com a finalidade de desqualificar a arte moderna.

Na juventude, Doris Homann viveu a efervescência cultural da República de Weimar (1918-33), vinculando-se aos círculos expressionistas de Berlim. Ilustrou livros, organizou exposições de arte e trabalhou como ilustradora em periódicos de esquerda, entre os quais o jornal Die Rote Fahne (A Bandeira Vermelha), órgão central do Partido Comunista Alemão, e a revista satírica Der Knüppel (O Porrete), para a qual também trabalhava artista plástico Georges Grosz. Casou-se em 1924 com o jornalista e dramaturgo teuto-italiano Felix Gasbarra (1895–1985), que nessa época mantinha estreita colaboração com Erwin Piscator, um dos grandes renovadores do teatro no século XX. Após a ascensão do nazismo, em 1933, Doris deixou Berlim em companhia do marido e de suas duas filhas, transferindo-se temporariamente para uma residência da família na região da Silésia alemã. Em seguida, mudou-se para a Itália, onde viveu até o final da Segunda Guerra Mundial, mantendo discreta carreira artística e alternando residência entre Roma e o sítio adquirido pela família na pequena cidade de Frascati, próxima à capital. No final da guerra, morou por algum tempo no Tirol italiano.

Em 1948, aos 50 anos de idade e já separada de Felix Gasbarra, veio morar no Brasil, destino que tempos antes já havia sido tomado por sua filha primogênita Lívia, incentivada pela escritora Clarice Lispector, que conhecera em Nápoles. Quando Doris chegou ao Brasil, a filha administrava uma fazenda no município fluminense de Miracema. Logo fixou-se em Niterói, onde permaneceria até o final da vida. Já em novembro de 1947, antes, portanto, de sua chegada ao Brasil, a imprensa carioca noticiava a abertura de uma exposição de aquarelas e desenhos da artista no edifício-sede do Ministério da Educação, no Rio de Janeiro, informando que as obras expostas agrupavam-se, por critério da própria artista, segundo as épocas de sua produção: períodos revolucionário (1921-1925), humano (1925-1933), italiano (1933-1938), introvertido (1938-1940), de guerra (1940-1946) e contemplativo (1946-1947).

Acervo de família, cortesia da filha Claudia Junge

Sua presença no cenário artístico brasileiro, pouco notada nos anos 1950, ganhou força na década seguinte. Em 1964, realizou mostra individual na Galeria Cristalpa, em Copacabana, que contou com texto de apresentação do jornalista e crítico de arte Celso Kelly, então presidente da Associação Brasileira de Imprensa (ABI). Em 1968, ganhou a medalha de bronze no Salão Nacional de Belas Artes e expôs individualmente no Museu Antônio Parreiras, em Niterói. Dois anos depois, voltou a participar do Salão Nacional de Belas Artes e realizou mostra individual de desenhos, aquarelas e cerâmicas no Instituto Cultural Brasil-Alemanha, no Rio de Janeiro. Em 1972, expôs na Le Chat Galérie, em Niterói.

Segundo o crítico de arte José Roberto Teixeira Leite, Doris Homann "praticou uma pintura figurativista, a meio caminho entre o expressionismo e o surrealismo". Em 2019, 45 anos após sua morte, sua obra foi relembrada na mostra *Doris Homann: a pintura da condição humana*, idealizada por suas duas filhas, já então nonagenárias, e realizada em Campinas e São Paulo, com curadoria e produção artística de Lígia Testa.

Fontes: Campofiorito, Quirino, Doris Homann em Niterói, O Jornal, 21-11-1968; Cavalcanti, Carlos. *Dicionário brasileiro de artistas plásticos*. Brasília: Instituto Nacional do Livro, 1974; *Doris Homman: a artista que sobreviveu a duas guerras mundiais e escolheu o Brasil para viver*. Disponível em: <https://www.yumpu.com/xx/document/read/62775356/revista-doris-homann>. Acesso em: 5 jul. 2020; Exposições abertas, Diário da Noite, 26-11-1947, p. 90; O Jornal, 20-11-1947; O Jornal, 21-11-

1964; O Jornal, 02-06-1970; O Jornal, 23-11-1972; Pontual, Roberto. *Dicionário das artes plásticas no Brasil*. Rio de Janeiro: Civilização Brasileira, 1969; Teixeira Leite, José Roberto. *Dicionário Crítico da Pintura no Brasil*. Rio de Janeiro: Artlivre, 1988; Testa, Lígia. "Doris Homann: a pintura da condição humana". *Lígia Testa*. Disponível em: <https://www.ligiatesta.com.br/news/2019/8/22/doris-homann-a-pintura-da-condio-humana>. Acesso em: 5 jul. 2020.

André Faria Couto / IB

JACOBBI, Ruggero
Diretor, cenógrafo, autor, crítico teatral
Veneza, Itália, 21-02-1920 – Roma, Itália, 09-06-1981
No Brasil, de 1946 a 1960

Ruggero Jacobbi foi um talento precoce que, já aos 16 anos, publicava artigos sobre poetas e escritores contemporâneos em revistas de arte. Em 1938, ingressou na Faculdade de Letras de Roma, curso que não concluiu, e frequentou o Centro Experimental de Cinematografia. Nessa época, começou a escrever poemas, atividade que exerceria por toda a vida. Em Florença, para onde se mudou em 1939, trabalhou como crítico de cinema, literatura e teatro em revistas como Italia Letteraria, coordenada por Pietro Maria Bardi, futuro criador do Museu de Arte de São Paulo (MASP).

Funarte, Centro de Documentação e Pesquisa

Atuante na resistência contra o nazifascismo, foi preso em 1944 por distribuir um jornal de esquerda, permanecendo encarcerado em Roma durante grande parte da ocupação alemã. Após a liberação, foi contratado pelo Comitê de Libertação Nacional (CLN), juntamente com Luchino Visconti e Vito Pandolfi, para organizar a primeira companhia dramática da Itália democrática. Com o fim da guerra, foi viver em Milão, onde se tornou crítico da revista Film d'Oggi.

No final de 1946, Jacobbi partiu para o Brasil como diretor da Companhia Diana Torrieri. Ao lado de Adolfo Celi, Luciano Salce, Flaminio Bollini Cerri e

Gianni Ratto, fez parte da chamada "missão italiana", grupo de profissionais de teatro italianos que chegaram ao Brasil no pós-guerra e teriam papel importante na modernização dos palcos nacionais.

Em 1947, dirigiu *Estrada do Tabaco*, de Erskine Caldwell e Jack Kirkland, para o Teatro Popular de Arte, de Maria Della Costa e Sandro Polloni, montagem considerada o primeiro espetáculo naturalista do teatro brasileiro. Em 1949, após trabalhar para a companhia de Procópio Ferreira, Jacobbi tornou-se diretor artístico do Teatro dos Doze, companhia formada por egressos do Teatro do Estudante do Brasil (TEB) e liderada por Sergio Cardoso e Sergio Britto. Para esse grupo, encenou, naquele mesmo ano, a comédia *Arlequim servidor de dois amos*, de Goldoni. Com o sucesso da peça, foi convidado a integrar a equipe de diretores do Teatro Brasileiro de Comédia (TBC), do italiano Franco Zampari.

No TBC, em 1950, realizou sua encenação mais ousada e polêmica, *A ronda dos malandros*, do inglês John Gay, que só foi liberada pela censura após a supressão das críticas sociais presentes no texto. Ainda assim, alarmada com as implicações políticas da montagem, a direção do TBC suspendeu as apresentações, alegando fracasso artístico e econômico. Até hoje, discute-se se a demissão de Jacobbi, ocorrida logo após o cancelamento da peça, em maio daquele ano, deveu-se à temática de esquerda do espetáculo ou à qualidade da obra, já que o argumento de fracasso de público se mostrou inconsistente (as 19 récitas oferecidas tiveram lotação quase esgotada).

Ainda em 1950, fundou uma companhia teatral com Madalena Nicoll, na qual realizou montagens como *A voz humana*, de Jean Cocteau. De volta ao TBC, em 1953, inaugurou o Teatro de Vanguarda Ruggero Jacobbi, iniciativa de teatro experimental que revelou talentos como Ítalo Rossi, Walmor Chagas e Ruth de Souza. Em 1954, ofereceu um curso de teatro frequentado por estudantes de esquerda muito ativos politicamente, como Gianfrancesco Guarnieri e Oduvaldo Vianna Filho, atuando como mentor da criação, no ano seguinte, do Teatro Paulista do Estudante (TPE), grupo que mais tarde se fundiu ao Teatro de Arena.

No final de 1955, Jacobbi foi denunciado às autoridades por ter participado de um evento político de esquerda na Itália durante viagem ao país natal. Ameaçado de expulsão do país pela polícia, teve o processo arquivado graças ao apoio de nomes como Cacilda Becker e Paulo Autran, que enviaram um abaixo-assinado ao presidente Juscelino Kubitschek.

Além do trabalho como diretor, Jacobbi foi crítico teatral, cinematográfico e literário em alguns dos mais importantes órgãos da imprensa brasileira, como Diário da Noite (1947), Última Hora (1949-1951), Folha da Noite (1952-1956) e O Estado de S. Paulo (1956-1960), e em periódicos especializados, como a Revista de Estudos Teatrais. Parte desse material foi reunido nos livros *A expressão dramática* (1956), *Goethe, Schiller e Gonçalves Dias* (1958) e *O espectador apaixonado* (1962). Ao longo dos anos 1950, Jacobbi ainda desenvolveu intensa atividade na televisão, dirigindo textos teatrais em montagens transmitidas ao vivo, e no cinema, dirigindo longas-metragens, dentre os quais *Esquina da ilusão* (1953), que foi apresentado no Festival de Cannes e teve uma de suas cópias adquirida pela Cinemateca do Museu de Arte Moderna de Nova York.

Em 1958 mudou-se para Porto Alegre, onde fundou o Curso de Estudos Teatrais da Universidade do Rio Grande do Sul, do qual foi diretor e professor. Foi o primeiro curso de teatro ligado a uma universidade criado no Brasil. Na capital gaúcha, com a atriz Daisy Santana, sua segunda esposa (o primeiro casamento foi em 1943), fundou o Teatro do Sul, companhia que apresentou em 1959 quatro espetáculos.

Em março de 1960, após ser preterido pelo brasileiro Flávio Rangel para o cargo de diretor artístico do TBC, deixou o país e retornou à Itália, estabelecendo-se em Milão. Continuou, contudo, contribuindo para o desenvolvimento e a difusão do teatro brasileiro. Na Itália, publicou *Teatro in Brasile (Teatro no Brasil)* em 1961, encenou peças como *O pagador de promessas*, de Dias Gomes, e foi professor de Literatura Brasileira.

Fontes: Raulino, Berenice. "A contribuição de Ruggero Jacobbi para o teatro brasileiro". *ouvirOUver*, v. 1, n. 1, 21 jun. 2007. Disponível em: <http://www.seer.ufu.br/index.php/ouvirouver/article/view/46>. Acesso em: 13 jul. 2020; Ruggero Jacobbi. Enciclopédia Itaú Cultural de Arte e Cultura Brasileiras. São Paulo: Itaú Cultural, 2020. Disponível em: <http://enciclopedia.itaucultural.org.br/pessoa397652/ruggero-jacobbi>. Acesso em: 1 fev. 2020; Ruggero Jacobbi. In: Wikipédia. Flórida: Wikimedia Foundation, 2019. Disponível em: <https://pt.wikipedia.org/w/index.php?title=Ruggero_Jacobbi&oldid=55199907>. Acesso em: 19 mai. 2019; Ruggero Jacobbi. Dizionario biografico degli italiani. Istituto dell'Enciclopedia Italiana; Ruggero Jacobbi. *Sistema Informativo Unificato per le Soprintendenze Archivistiche*; Sá, Nelson. Livro conta como cinco italianos mudaram o teatro no Brasil, Folha de S.Paulo, São Paulo, 28-05-2014. Disponível em: <https://www1.folha.uol.com.br/ilustrada/2014/05/1460731-livro-conta-como-cinco-italianos-mudaram-o-teatro-no-brasil.shtml>. Acesso em: 13 jul. 2020.

Leandro Lamarão / IB

KLEIN, Samuel
Comerciante
Zaklików, Polônia, 15-11-1923 – São Paulo, 20-11-2014
No Brasil, de 1952 a 2014

Arquivo Nacional

Samuel Klein foi o terceiro filho dos nove do casal judeu Sucker e Sveza Klein. Aos cinco anos, foi matriculado numa escola judaica e, dois anos depois, transferido para uma instituição laica. Paralelamente aos estudos, que não chegaria a concluir, aprendeu com o pai e o tio o ofício da carpintaria e começou a desenvolver a habilidade que o marcaria: o comércio. Negociava animais e verduras que, cuidadosamente dispostas num cesto, despertavam a atenção dos clientes. Em 1937, sua família se estabeleceu em Lipa, também na Polônia, onde a ausência de carpinteiros lhe proporcionaria trabalho.

A ocupação alemã da Polônia dividiu a família Klein. A mãe e cinco dos seus irmãos foram vítimas do extermínio praticado em Treblinka. Junto com o pai, Samuel foi encaminhado, em outubro de 1942, para o campo de concentração de Budzyn. A carpintaria salvou-lhe a vida, já que os alemães encarregavam-no de fazer reparos. Em junho de 1944, foi levado para o campo de concentração de Majdanek que, um mês depois, ante a chegada iminente das forças soviéticas, foi desmobilizado. Enfileirados os prisioneiros naquela que ficou conhecida como a Marcha da Morte, cujo destino seria a Alemanha, conseguiu fugir, embrenhando-se numa plantação de trigo e caminhando cerca de 50 quilômetros até livrar-se dos soldados.

Finda a Segunda Guerra Mundial, reencontrou os irmãos que sobreviveram e teve a notícia de que o pai estava num campo de refugiados próximo de Munique, na Alemanha, para onde viajou. Garantia o sustento com a venda de mercadorias aos soldados americanos que ocupavam o território alemão. Em

1949, já em Berlim, conheceu a alemã Anna Wangerin, com quem se casou. No ano seguinte, abriu a *delicatessen* Freie Genuss Lebensmittel e nasceu seu primeiro filho, Michael.

Decidido a se fixar em outro país, escolheu inicialmente os Estados Unidos, mas, com a cota de imigração já esgotada, acabou desembarcando na Bolívia, em 1951, com a esposa e o filho. A guerra civil em curso no país, desencadeada após as forças armadas rejeitarem o predomínio eleitoral do Movimento Nacionalista Revolucionário (MNR), levou-o a mudar-se para o Brasil. Em 1952, com a quantia de seis mil dólares, estabeleceu-se na cidade de São Caetano do Sul, em São Paulo. De um mascate também judeu, adquiriu uma carteira de 200 clientes. Com o auxílio de uma charrete, percorria as ruas da cidade vendendo roupas de cama, mesa e banho de porta em porta, atividade muito comum aos imigrantes judeus, que a denominavam *klienteltshik*.

O tino para os negócios o fez perceber que os nordestinos, radicados em São Paulo para trabalhar na indústria automobilística e habituados a um clima mais quente, precisariam de cobertores para enfrentar temperaturas mais baixas. Passou a vendê-los e acumulou capital que lhe permitiu comprar a loja de um comerciante. Reinaugurou-a em 1957 e, numa homenagem à clientela, chamou-a de Casa Bahia. No ano seguinte, a mãe e a irmã de sua esposa se juntaram à família Klein no Brasil. A cunhada passou a colaborar na organização da área contábil e de cobrança da loja. Acompanhado de funcionários, manteve o trabalho de mascate.

Desde o início da sua trajetória, notabilizou-se pela concessão de crédito aos menos aquinhoados, adotando o carnê como forma de viabilizar as vendas. Além disso, acreditava que, ao retornar à loja para quitar sua prestação, o cliente acabava comprando mais mercadorias.

O êxito comercial levou-o a expandir os negócios para a cidade de São Paulo e a Baixada Santista. A Casa Bahia se tornou as Casas Bahia. A partir de 1964, o leque de produtos, restrito aos artigos de cama, mesa e banho, foi ampliado e passou a incluir eletrodomésticos. Seis anos mais tarde, a rede contava com sete filiais. Em 2007, o número alcançava 561 lojas, empregando 56 mil funcionários.

Em 2009 foi anunciada a fusão das Casas Bahia com o grupo Pão de Açúcar, à época controlado pelo empresário Abílio Diniz. A operação resultou na constituição da Via Varejo, cujas ações passaram ser negociadas na Bolsa de Valores de São Paulo.

Em 2012, transferiu a administração das Casas Bahia a seus filhos Michael e Saul, este nascido no Brasil. Continuou, no entanto, comparecendo à sede da empresa até falecer de insuficiência respiratória em 20 de novembro de 2014.

Do casamento com Anna Wangerin, falecida em 4 de agosto de 2006, teve mais dois filhos, Eva e Oscar, também brasileiros. O Instituto Samuel Klein, organizado pelos netos Raphael e Natalie, patrocinou o projeto Vozes do Holocausto. Em setembro de 2019, Michael Klein reassumiu controle acionário da Via Varejo.

Fontes: Camelo, Cláudio. Samuel Klein. Disponível em: <https://docplayer.com.br/150307374-Samuel-klein-1-zaklikow-polonia-1923-s-paulo-brasil-2014.html>. Acesso em: 30 jan. 2020; Entrevista com Samuel Klein das Casas Bahia. Disponível em: <https://www.youtube.com/watch?v=MtdXBfu_jpc>. Acesso em: 30 jan. 2020.

Rogério Alves de Barros / IB

KNISPEL, Gershon
Escultor, pintor, gravurista
Colônia, Alemanha, 11-09-1932 – Haifa, Israel, 07-09-2018
No Brasil, de 1959 a 1964 e de 1995 em diante (alternando estadias entre Brasil e Israel).

De origem judaica, Gershon Knispel nasceu na Alemanha um ano antes da ascensão do nazismo ao poder. Seu pai, membro do movimento sionista, transferiu-se em 1935 para a cidade de Haifa, na Palestina, então sob mandato britânico e hoje pertencente a Israel. A família instalou-se numa área pobre da cidade, onde Gershon teve bom convívio com a comunidade árabe: "me recebiam como uma criança do povo deles", dizia. Com apenas 12 anos, deixou a família e foi morar num *kibutz*, onde começou a estudar desenho. No pós-guerra, ainda bem jovem, vivenciou a criação do Estado de Israel. Em 1949, ingressou na prestigiada Bezalel Academia de Arte, em Jerusalém, onde se formou. Retornou em seguida para Haifa, onde foi professor em escolas públicas e em campos de refugiados que chegavam da Europa. Como soldado, participou da ocupação militar da península do Sinai pelo exército israelense, em 1956. Suas convicções socialistas o levaram a ingressar no Partido Comunista Israelense

Foto de depoimento de Gershon Knispel. Cortesia da TV PUC-SP

naquele mesmo ano. Já nessa época, e até o final da vida, manifestava-se firmemente contrário à política do Estado israelense diante do conflito com os palestinos, defendendo uma solução de paz a partir da proposta preconizada pela ONU, de dois estados para dois povos.

Em 1957, Knispel deixou Israel em viagem de estudos e lecionou na Alemanha Oriental e em Munique. Já obtido reconhecimento como artista, teve então algumas de suas obras adquiridas por um museu soviético. Chegou ao Brasil em 1959, após vencer um concurso internacional para a criação de um painel para a fachada do prédio da TV Tupi, em São Paulo. Ainda recém-chegado na capital paulista, foi apresentado pelo proprietário da emissora, Assis Chateaubriand, ao arquiteto Oscar Niemeyer, com quem trabalhou e manteve contato pessoal ao longo da vida. O prestígio adquirido já em sua chegada ao Brasil lhe valeu encomendas para a criação de outros painéis na cidade de São Paulo, como os que ladeiam o palco do Teatro de Arte Israelita Brasileiro, inaugurado em 1960. Ministrou aulas de pintura mural na Escola de Arte da Fundação Armando Álvares Penteado e teve profícua atuação nos meios artísticos da capital paulista nos primeiros anos daquela década, realizando exposições de pintura e gravura e ilustrando livros e publicações da editora Brasiliense. Sempre vinculado aos círculos de esquerda, criou cartazes para movimentos sociais e participou da fundação do Centro Popular de Cultura da União Nacional dos Estudantes (CPC da UNE). Em 1963, participou da Bienal de São Paulo.

Deixou o país logo após o golpe militar de 1964, retornando a Haifa, onde deu prosseguimento à sua carreira artística, buscando sempre desenvolver projetos em parceria com os palestinos. Foi diretor do Departamento de Arte da cidade por muitos anos. Em 1966, produziu 18 gravuras para ilustrar um livro do escritor KA-Tzeknik (pseudônimo de Yehiel De-Nur), um judeu polonês sobrevivente de Auschwitz, experiência essa que o marcou profundamente e que classificaria como uma traumática aproximação com os horrores do Holocausto. Ao longo dos anos, criou muitas esculturas espalhadas em áreas públicas de Haifa e outras cidades israelenses.

Retornaria ao Brasil somente em 1995, para realizar uma exposição sobre o Holocausto, passando nos anos seguintes a se dividir entre São Paulo e Haifa. Entre as criações dessa sua nova fase na capital paulista destacam-se o Monumento ao Cinquentenário de Israel, localizado na praça do mesmo nome, no bairro de Higienópolis, e os murais do salão da Instituição Beneficente Israelita Ten Yad. No ano 2000, Knispel apresentou a mostra *Quando os canhões trovejam as musas não se calam*, em que denuncia a guerra e a violação dos direitos humanos em diversos países. A exposição, que contou com poemas de Haroldo de Campos compostos especialmente para a ocasião, foi simbolicamente montada no antigo prédio do Departamento de Ordem Política e Social (DOPS), em São Paulo, sendo levada em seguida para a Galeria do Conjunto Cultural da Caixa, no Rio de Janeiro. É de sua autoria também o portão com altos-relevos da nova sede do Museu Judaico de São Paulo, instalado na antiga sinagoga da Rua Martinho Prado.

A obra artística de Gershon Knispel, de caráter expressionista e forte acento social e político, tem como temas recorrentes o sofrimento humano diante da guerra, a vida de imigrantes e refugiados, o mundo do trabalho, os movimentos e manifestações sociais. Em 2016 foi lançado o livro *Knispel: Retrospectiva 60 anos*, ganhador do Prêmio Jabuti na categoria ilustração.

Fonte: Artista e ativista Gershon Knispel morre aos 86 anos em Israel, Instituto Brasil-Israel. Disponível em: <http://institutobrasilisrael.org/noticias/noticias/artista-e-ativista-gershon-knispel-morre-aos-86-anos-em-israel>. Acesso em: 20 jul. 2020; Croitor, Cláudia. Gershon Knispel mostra século 20, Folha de São Paulo, 25-01-2000; Gershon Knispel, artista e lutador pelo socialismo, morre aos 86 anos em Israel, Brasil de Fato, 14-09-2018. Disponível em: <https://www.brasildefato.com.br/2018/09/14/gershon-knispel-artista-e-lutador-pelo-socialismo-morre-aos-86-anos-em-israel/>. Acesso em: 20 jul. 2020; Vieira, José Carlos. Gershon Knispel fala sobre trauma do Holocausto e a amizade com Niemeyer, Correio Braziliense, 15-05-2016; Grupo de jovens divulga a arte no mural mosaico, Diário da Noite, 19-05-1961, p. 18; Seter, Saul. "O artista plástico Gershon Knispel faleceu aos 86 anos". Pravda.ru, set. 2018. Disponível em: <http://port.pravda.ru/news/busines/14-09-2018/46289-gershon_knispel-0/>. Acesso em: 20 jul. 2020.

André Faria Couto / IB

KRAJCBERG, Frans

Escultor, pintor, gravador, fotógrafo
Kozienice, Polônia, 12-04-1921 – Rio de Janeiro, 15-11-2017
No Brasil, de 1948 a 1958 e de 1964 a 2017

No atelier em Nova Viçosa (BA) | Foto Ruth Freihof

Frans Krajcberg nasceu numa família judia de modesta condição social, o que impediu que ele desse vazão na juventude ao seu interesse pela pintura. Com a ocupação da Polônia pelas tropas da Alemanha nazista, no início da Segunda Guerra Mundial, refugiou-se na União Soviética, engajando-se no Exército Vermelho e tomando parte em combates contra as forças germânicas. Estudou Engenharia e Arte na Universidade Estatal de Leningrado, atual São Petersburgo. Ao final da Guerra, havia perdido toda a família no Holocausto. Transferiu-se então para a Alemanha, matriculando-se na Academia de Belas Artes de Stuttgart, onde foi aluno do pintor Willy Baumeister.

Em 1948, após uma breve passagem por Paris, onde teve contato com Marc Chagall, transferiu-se para o Brasil. Aportou no Rio de Janeiro completamente sem recursos, e nos primeiros dias chegou a dormir nas ruas da cidade. Logo se transferiu para São Paulo, onde acabou conseguindo trabalho em serviços de manutenção no recém-inaugurado Museu de Arte Moderna (MAM-SP). Com muita dificuldade, deu prosseguimento à sua obra como pintor, que nessa época ainda apresentava influências do cubismo e do expressionismo. Aproximou-se então de artistas paulistanos já reconhecidos, como Alfredo Volpi e Mário Zanini, com quem trabalhou no ateliê-oficina de azulejos artísticos Osirarte, criado e dirigido por Paulo Rossi Osir. Em 1951, empregou-se como ajudante de montagem da I Bienal Internacional de São Paulo, e curiosamente acabaria participando do evento também como artista. No ano seguinte, tomou parte no Salão de Arte Moderna no Rio de Janeiro e realizou exposição individual no MAM de São Paulo. Apesar desse reconhecimento artístico, sua condição financeira continuava precária, o que o levou a transferir-se naquele mesmo ano de 1952 para a localidade paranaense de Monte Alegre, atual município de Telêmaco Borba, onde empregou-se como engenheiro e desenhista técnico numa fábrica de papel. Sempre arredio ao convívio social — em várias ocasiões o artista declarou que depois da guerra procurava sempre fugir do convívio humano —, desenvolveu o hábito de isolar-se na mata para pintar. Sua obra assumiu desde então uma crescente identificação com a natureza e, ao mesmo tempo, com a expressão abstrata. Sem perder o contato com as vanguardas artísticas paulistas, participou das edições seguintes da Bienal de São Paulo e de outras mostras e salões importantes. Em 1956, mudou-se para o Rio de Janeiro, onde dividiu ateliê com o escultor Franz Weissmann. No ano seguinte, em nova participação na Bienal paulista, conquistou o prêmio de melhor pintor nacional, enquanto Weissmann ganhou a láurea de melhor escultor.

Apesar de ter obtido a nacionalidade brasileira em 1957, Krajcberg decidiu retornar à Europa no ano seguinte, passando a residir alternadamente em Paris e na ilha espanhola de Ibiza, no Mediterrâneo, ainda não convertida no importante ponto turístico que viria a se tornar. Em Ibiza, sentiria pela primeira vez a necessidade de abandonar a pintura para buscar a expressão tridimensional do relevo e da escultura, ao mesmo tempo em que procurava substituir a simples representação da natureza pela apropriação do mundo natural através da arte. Já então desfrutando de certo reconhecimento internacional como artista, participou de algumas edições do Salon Comparaisons, em Paris; de mostras coletivas de artistas brasileiros apresentadas em diversas cidades da Europa, da

América Latina e dos Estados Unidos; de duas edições da Exposição de Arte Latino-Americana, no Museu de Arte Moderna de Paris (1962 e 1965); e da Bienal de Veneza, em 1964, onde foi premiado. Ao longo de todos esses anos, expôs individualmente em galerias de Paris, Roma, Milão e Oslo.

Não deixou de ter contato, porém, com o Brasil, e acabaria retornando ao país em 1964, quando instalou seu ateliê na localidade de Cata Branca, no município mineiro de Itabirito, localizado numa região de forte atividade mineradora. Vivendo então completamente isolado, passou a produzir suas obras com materiais retirados diretamente da natureza, como raízes, cipós e pedras. Segundo o crítico Frederico Moraes, "foi em Minas Gerais, depois de um contato muito íntimo com a sua natureza, cuja 'face interna' ele quis mostrar, que sentiu a necessidade de dar o salto decisivo de sua arte. Sentiu que não bastava romper com a figura para negar a pintura, pois a ótica continuava sendo do quadro de cavalete. (...) Precisava romper com o próprio comportamento do pintor, a mania da composição e da representação no espaço. Se possível com a cor. Foi quando descobriu as raízes. Nelas encontrou o elemento vital de toda a natureza, a sua força mais viva. (...) Mas não raízes de quintal, domesticadas nos canteiros molhados a regador; mas raízes seculares, anônimas, de uma energia inquieta, quase agressiva". Na natureza, afirmaria o próprio Krajcberg, "não procuro a paisagem, mas o material".

No início dos anos 1970, o artista estabeleceu seu ateliê num sítio localizado em Nova Viçosa, no litoral sul da Bahia. Nos anos seguintes, realizou viagens prolongadas pela Amazônia e, na década de 1980, pelo Pantanal mato-grossense. Com o tempo, sua obra ganhou um sentido crescente de ativismo ecológico, e ele passou a fotografar o desmatamento e as queimadas nas regiões que visitava. Como forma de denunciar ao mundo a destruição ambiental, passou a esculpir em troncos de madeira e raízes calcinados, que retirava pessoalmente das queimadas. Dessa atividade, resultaram exposições como *Imagens do fogo*, no Museu de Arte Moderna do Rio de Janeiro em 1992, realizada durante a Conferência das Nações Unidas sobre o Meio Ambiente e o Desenvolvimento (ECO-92), que contou com a presença dos principais dirigentes políticos do planeta. Apesar de sua notória aversão ao convívio social e aos apelos do mercado da arte, a vinculação de sua obra à temática ambiental acabou por conferir a ele uma projeção bem maior do que a normalmente conquistada por artistas plásticos contemporâneos, especialmente no Brasil. Em 2003, foi inaugurado na capital paranaense o Instituto Frans Krajcberg de Arte e Meio Ambiente, que recebeu mais de uma centena de obras suas.

Krajcberg morreu aos 96 anos, deixando o sítio de Nova Viçosa e seu acervo pessoal de obras ao Instituto do Patrimônio Artístico e Cultural da Bahia. Um dos artistas plásticos brasileiros de maior prestígio no exterior, seus trabalhos integram os acervos de importantes instituições de arte, como os Museus de Arte Moderna do Rio de Janeiro, São Paulo, Nova York, Buenos Aires, Viena e Helsinque, bem como do Palácio do Itamaraty, em Brasília. Diversas publicações sobre sua obra foram editadas nas últimas décadas, como *Frans Krajcberg Natura / Revolta*, com textos de diversos críticos (2000), e sua trajetória foi retratada nos vídeos-documentários *Krajcberg — o poeta dos vestígios*, dirigido por Walter Salles, em 1986, e *Frans Krajcberg Manifesto*, de Regina Jehá, em 2019.

Fontes: Cavalvanti, Carlos. *Dicionário brasileiro de artistas plásticos*. Brasília: Instituto Nacional do Livro, 1974; Frans Krajcberg. Centro Mário Schenberg de Documentação da Pesquisa em Artes. São Paulo: ECA/USP. Disponível em: <http://www2.eca.usp.br/cms/index.php?option=com_content&view=article&id=69:frans-krajcberg&catid=14:folios&Itemid=10%20%20>. Acesso em: 20 jul. 2020; Meirelles Filho, João. "O manifesto do artista brasileiro Frans Krajcberg". Envolverde, abr. 2020. Disponível em: <https://envolverde.cartacapital.com.br/o-manifesto-artista-brasileiro-frans-krajcberg/>. Acesso em: 20 jul. 2020; Pontual, Roberto. *Dicionário das artes plásticas no Brasil*. Rio de Janeiro: Civilização Brasileira, 1969; Teixeira Leite, José Roberto. Dicionário crítico da pintura no Brasil. Rio de Janeiro: Artlivre, 1988.

André Faria Couto / IB

LAKS, Aleksander
Comerciante, escritor, palestrante
Lodz, Polônia, 28-10-1926 – Rio de Janeiro, 21-07-2015
No Brasil, de 1948 a 2015

A história de vida de Aleksander Henryk Laks emocionou e ainda emociona muitas pessoas que tomam conhecimento de sua odisseia de sobrevivente do Holocausto: isolado num gueto para morrer de fome e em seguida levado para Auschwitz, o jovem Laks foi o único da família a restar vivo na Polônia.

Décadas após a guerra, quem o encontrava reparava que a gravidade da experiência vivida não parecia transparecer em seu rosto. Apesar do semblante tranquilo, Laks dedicou sua vida a dar um forte e incisivo testemunho dos horrores do nazismo, atitude que adotou atendendo ao pedido do pai moribundo de difundir, caso sobrevivesse, a horrível experiência que viveram. É assim que sua história foi narrada.

Filho de Jacob e Syma Laks, Aleksander vivia uma vida comum na cidade de Lodz até os 12 anos de idade. Seu pai havia lutado como sargento do exército polonês em 1920, na guerra travada pelo país contra forças soviéticas. Sua família tinha consciência da perseguição aos judeus na Alemanha, mas nem eles, nem o resto da Polônia, estariam preparados para a invasão ocorrida em 1º de setembro de 1939. Logo em seguida, Lodz foi cercada e seus habitantes judeus empurrados para o segundo pior gueto da Segunda Guerra Mundial.

Acervo familiar, cortesia Sergio e Jerson Laks

Em suas memórias, Laks narra um episódio ocorrido na véspera do confinamento no gueto, quando o exército alemão permitiu a ida das crianças judias para a escola. Sob a proibição do pai, Aleksander ficou em casa. Nesse dia, toda a escola foi levada para o campo de extermínio de Dachau. Essa seria a primeira das várias vezes em que ele conseguiria evitar a morte.

No gueto, a morte era uma realidade cotidiana. Seja pelas más condições da metalúrgica aonde todos foram mandados para trabalhar, seja pela dieta insustentável de pães sujos, sopas ralas e uma água preta que se dizia ser café. Com esse tratamento, normalmente as pessoas morriam em um ano; Aleksander foi uma das 1.600 pessoas a sobreviver num gueto de 165 mil pessoas (com capacidade para apenas 25 mil).

Em 1944, a Alemanha estava numa fase de sucessivas derrotas. Com os russos impondo o recuo dos nazistas para dentro de suas fronteiras, os habitantes do gueto de Lodz foram transferidos para o fatídico campo de concentração de Auschwitz. Foi na saída do trem de gado que Aleksander viu a mãe pela última vez. Inapta ao trabalho, Syma Laks foi levada com as outras mulheres para a morte e incineração no crematório.

Restando somente o pai, os dois trabalharam construindo fortificações para o exército alemão no campo de Godzlozen. Pouco tempo depois, os prisioneiros foram submetidos à Marcha da Morte: uma caminhada quilométrica no frio, sem proteção alguma, que resultava na morte de muitos pelo caminho. O destino dessa marcha foi o campo de Flossenbürg, onde o pai de Aleksander contraiu disenteria e seu corpo foi levado ao crematório. Antes, já fraco e moribundo, Jacob Laks fez ao filho o pedido de manter viva a memória daquele sofrimento.

Sozinho, Aleksander relata em suas memórias ter sido colocado num trem em direção a uma região próxima à Suíça para ser afogado, uma vez que a ordem era não deixar nenhum prisioneiro cair nas mãos do inimigo. O vagão onde ele estava foi interceptado e bombardeado pelos Aliados, morrendo vários prisioneiros no ataque. Mais uma vez, o jovem de 17 anos sobreviveu. Pesando apenas 28 quilos, um copo de leite oferecido por um soldado desconhecido lhe salvou a vida.

Os franceses que o resgataram não eram necessariamente caridosos. Laks teve de mendigar e vagar muito pela Alemanha até conseguir recuperar as forças e se dirigir ao campo de refugiados Zeinsheim, numa zona de ocupação americana. Quando Aleksander conseguiu chegar aos Estados Unidos, ele se lembrou de uma tia que morava no Rio de Janeiro. Recordou-se do pai, que dizia que ali seria o ponto de encontro daqueles da família que conseguissem sobreviver.

Chegando ao Rio de Janeiro em 1948, a cidade tropical conquistou o coração de Aleksander Laks. Os 67 anos que se sucederam foram dedicados a manter viva a memória da sua epopeia e da tragédia do Holocausto. Seguiu uma vida simples como comerciante em Copacabana e foi presidente da Associação Brasileira dos Israelitas Sobreviventes da Perseguição Nazista. Em 2004, passou a visitar Flossenbürg anualmente para lembrar da família e cumprir a promessa feita ao pai de jamais esquecer. Nunca, porém, voltou a Lodz.

Lançou dois livros em coautoria: *O sobrevivente: Memórias de um brasileiro que escapou de Auschwitz* (2000) e *Mengele me condenou a viver: a vivência e as sequelas de Aleksander Henryk Laks após o Holocausto* (2012). Seguiu contando sua história em palestras e seminários em colégios, clubes e associações até sua morte em 2015, aos 88 anos.

Fontes: Laks, Aleksander Henryk; Sender, Tova. *O sobrevivente: Memórias de um brasileiro que escapou de Auschwitz*. Rio de Janeiro: Record, 2000; Maleson, Roberto. "Condenado a viver". *Revista Poleiro*, jan. 2015. Disponível em: <https://revistapoleiro.com.br/condenado-a-viver-3104acdc48d9>. Acesso em: 20 jul. 2020; Morre no Rio Aleksander Henryk Laks, sobrevivente do Holocausto, G1, 21-07-2015. Disponível em: <http://g1.globo.com/rio-de-janeiro/noticia/2015/07/morre-no-rio-aleksander-henryk-laks-sobrevivente-do-holocausto.html>. Acesso em: 20 jul. 2020; Naddeo, André. "Auschwitz, 70 anos depois: 'Só Deus sabe como sobrevivi'". *Terra*, jan. 2015. Disponível em: <https://www.terra.com.br/noticias/mundo/auschwitz-70-anos-depois-so-deus-sabe-como-sobrevivi,66845b047392b410VgnVCM4000009bcceb0aRCRD.html>. Acesso em: 20 jul. 2020; Setenta anos após morte de Hitler, sobreviventes do Holocausto visitarão campo de extermínio, Extra, 30-04-2015. Disponível em: <https://extra.globo.com/noticias/saude-e-ciencia/setenta-anos-apos-morte-de-hitler-sobreviventes-do-holocausto-visitarao-campo-de-exterminio-16017167.html>. Acesso em: 20 jul. 2020; https://oglobo.globo.com/sociedade/sobrevivente-do-holocausto-aleksander-henryk-laks-dedicou-vida-contar-aos-jovens-sua-historia-16882101

Erick Ciqueira / IB

LEVI, Lisetta

Professora, curadora e crítica de arte.
Büttenhardt (Suíça), 5-07-1912 - São Paulo, 05-05-1996
No Brasil, de 1954 a 1996

Arquivo Nacional

Lisetta Levi estudou História da Arte e Filosofa na juventude em Milão, Itália, e transferiu-se em 1939 para a Palestina, fugindo do antissemitismo esposado pelo governo Mussolini a partir do ano anterior. Tendo vivido na região por quinze anos, presenciou a criação do Estado de Israel após a Segunda Guerra Mundial. Lecionou História da Arte em Haifa, Tel-Aviv e Jerusalém, e escreveu críticas de arte para a revista israelense Davar Hashavua.

Veio para o Brasil em 1954, radicando-se em São Paulo. Colaborou com certa regularidade na imprensa paulista, ocupando-se sempre da crítica e da história da arte. Durante muitos anos escreveu para as revistas Anhembi e Brasil-Israel. Publicou cerca de 40 artigos sobre arte moderna no Suplemento Feminino do jornal O Estado de S. Paulo e colaborou esporadicamente com o Suplemento Cultural do mesmo órgão, entre 1977 e 1980. Nos anos 1980 escreveu para a revista Vogue.

Desde o final da década de 1950, Lisetta Levi organizou exposições de artistas brasileiros no exterior e de artistas estrangeiros no Brasil, estimulando especialmente o intercâmbio entre brasileiros e israelenses. Nos anos 1970, participou ativamente na organização das Bienais Internacionais de São Paulo, tendo integrado o júri de seleção de artes plásticas na edição de 1971 e o Conselho de Arte e Cultura da Fundação Bienal, que organizou a edição de 1977. Por mais de uma vez atuou como comissária da representação suíça naquele importante evento. Dirigiu a seção de artes plásticas da Pró-Arte de São Paulo, a seção paulista da Associação Brasileira de Críticos de Arte, de 1974 a 1978, e também a Comissão de Artes Plásticas da Secretaria de Cultura do Estado de São Paulo, de 1980 a 1983. Participou de palestras e eventos relacionados à arte até pelo menos 1986.

Fontes: Cavalcanti, Carlos. *Dicionário brasileiro de artistas plásticos*. Brasília: Instituto Nacional do Livro, 1974; Correio da Manhã, 10-05-1960, p. 2; Correio da Manhã, 21-06-1968; Diário de Notícias, 29-08-1965, Suplemento Literário; Folha de São Paulo, 04-04-1986; Folha de São Paulo, 17-09-1986; Pontual, Roberto. *Dicionário das artes plásticas no Brasil*. Rio de Janeiro: Civilização Brasileira, 1969; Teixeira Leite, José Roberto. *Dicionário crítico da pintura no Brasil*. Rio de Janeiro: Artlivre, 1988.

André Faria Couto / IB

MAJZNER, Jan - ver MICHALSKI, Yan

MARGULIES, Marcos
Cineasta, jornalista, produtor de TV, escritor, professor, publicitário
Lodz, Polônia, 10-06-1923 – Rio de Janeiro, 21-08-1982
No Brasil, de 1950 a 1982

Filho de Gershon e Tauba (Paula) Margulies, Markus tinha 16 anos quando a Alemanha nazista invadiu a Polônia, dando início à Segunda Guerra Mundial. Como todos os judeus da cidade, foi confinado no gueto imposto pelos invasores, onde os prisioneiros eram obrigados a trabalhar na produção de insumos — uniformes, utensílios, equipamentos etc. — para o esforço de guerra nazista. A alta produtividade alcançada pelo Gueto de Lodz permitiu que ele fosse o mais duradouro entre os similares instalados na Polônia, tendo sobrevivido até agosto de 1944, quando as forças soviéticas já empurravam de volta os invasores. Marcos Margulies foi, então, transferido para o campo de trabalhos forçados de Sachsenhausen-Oranienburg, onde deu duro até o final da Guerra.

Seu colega Carlos Heitor Cony escreveu num artigo: "Tive um amigo que foi prisioneiro dos nazistas, o polonês Marcos Margulies. Todos os dias ele abria um buraco, no dia seguinte o fechava — e assim trabalhou durante meses."

Com o final do conflito, mudou-se para Paris, onde cursou o Instituto de Altos Estudos Cinematográficos, que lhe abriu as portas para sua grande vocação. Contudo, as dificuldades do pós-guerra na Europa fizeram-no seguir viagem e vir para o Brasil, onde desembarcou em agosto de 1950, radicando-se em São Paulo. Em dezembro do mesmo ano casou-se com Irena Sussman, também polonesa, que chegara ao Brasil com os pais três anos antes.

Em pouco tempo já estava integrado à produtora Multifilmes, uma das pioneiras do cinema brasileiro. Fez parte do departamento de cenários da empresa e passou a produzir e dirigir documentários e curtas-metragens, como *Os tiranos* (1951), sobre uma obra europeia do Museu de Arte de São Paulo (MASP), e *Descobrimento do Brasil* (1952), selecionados pela Unesco e a Federação Internacional do Filme de Arte como dos melhores do gênero. Foi assistente de direção de *A carne* (1952), cenarista de *Toda vida em 15 minutos* (1953), roteirista de *Chamas no cafezal* (1954), montador de *Kirongozi, mestre caçador* (1956). Vários de seus filmes receberam o prêmio Sacy e o Prêmio Governador do Estado. Seu curta *A esperança é eterna*, sobre a obra de Lasar Segall, representou o Brasil no Festival de Cannes de 1955.

Margulies naturalizou-se brasileiro em 1954, quando adotou o nome Marcos, e tornou-se diretor da primeira escola de cinema do Brasil, mantida pelo MASP e posteriormente absorvida pelo Instituto de Comunicação da Universidade de São Paulo (USP). No período foi ainda secretário do I Congresso Paulista de Cinema Brasileiro. De 1953 a 1964 foi professor da Escola de Propaganda do MASP, depois Escola Superior de Propaganda e Marketing (ESPM) e colaborou em diversas revistas, como a influente Anhembi, de Paulo Duarte, e em jornais como O Estado de S.Paulo. Publicou em 1962 o livro *Cinema polonês hoje*, em conjunto com Paulo Emílio Salles Gomes e Fernando Novais. No ano seguinte lançou pela Editora Comentário, *O levante do Gueto de Varsóvia*.

Em 1964 ingressou no setor de fascículos da Editora Abril, onde trabalhou na publicação de *A Bíblia mais bela do mundo* (1965), fruto de traduções do sânscrito, aramaico, hebraico e grego, que Margulies coordenou com Frei Luiz Bertrando Gorgulho, da PUC-SP. A série foi um grande sucesso de vendas, que

Arquivo Nacional

fez decolar a próspera indústria de fascículos da Abril. Participou em seguida da edição de outros campeões das bancas, *Conhecer* e *Gênios da pintura*, e integrou a editoria da revista Realidade, marco na renovação do jornalismo brasileiro. Publicou em 1967 *Israel, origem de uma crise*.

Transferindo-se para o Rio de Janeiro, assumiu em 1969 a superintendência da Editora Delta, de Abrahão Koogan, com a função de dirigir as publicações enciclopédicas da casa. No ano seguinte, transferiu-se para a Editora Bloch, onde coordenou a edição do *Vocabulário ortográfico da língua portuguesa* para a Academia Brasileira de Letras. Ainda pela Bloch, publicou *Os judeus na história da Rússia* (1971).

Ao mesmo tempo, tornou-se professor da Faculdade de Comunicação da PUC-Rio e lecionou por muitos anos na instituição. Em 1970 doutorou-se pela USP com a tese "A evolução dos contatos intergrupais na Europa a partir da Idade Média através dos relacionamentos entre judeus e russos". De 1970 a 1974 dirigiu a edição brasileira da revista Comentário. Entre 1973 e 1975 coordenou o Departamento de Humanidades da ESPM do Rio de Janeiro e tornou-se professor de graduação e de pós-graduação da Escola de Comunicação da Universidade Federal do Rio de Janeiro (UFRJ). Foi membro da Mediaeval Academy of America.

Em 1975 produziu e editou o texto do programa *Mundo em guerra*, apresentado pela TV Globo em 28 episódios, narrados por Walmor Chagas. No mesmo ano, dirigiu para a emissora o programa *Retrospectiva*, resumo noticioso apresentado na última sexta-feira do ano como parte do Globo Repórter.

Fundou e dirigiu a Editora Documentário, que se especializou em textos de história e filosofia e lançou a primeira tradução brasileira de uma obra de Hannah Arendt, *Origens do totalitarismo*, em três volumes: *I – O Antissemitismo, instrumento de poder* (1975); *II – Imperialismo, a expansão do poder* (1976); *III – Totalitarismo, o paroxismo do poder* (1979). Publicou também grande número de livros de sua autoria, como *Gueto de Varsóvia: crônica milenar de três semanas de luta* (1973), *Rui e seu mundo* (1973), *Iudaica Brasiliensis: repertório bibliográfico comentado* (1974), *Estes homens fizeram o judaísmo* (1974, com a Editora Bnai Brith), *Selo, pequena janela para o Brasil e o mundo* (1975), *Do racismo ao sionismo: uma análise conceitual* (1976) e *Os palestinos* (1979). Seu filho, Sergio Margulies, tornou-se o rabino principal da Associação Religiosa Israelita (ARI), no Rio de Janeiro.

Fontes: Cony, Carlos Heitor. Combatendo a onda rosa, Folha de S. Paulo, 17-06-1997. Disponível em: <https://www1.folha.uol.com.br/fsp/opiniao/fz170606.htm>. Acesso em: 20 ago. 2020; Koifman, Fabio. Pesquisas pessoais, comunicadas em 11-08-2020; Maranhão, Carlos. *Roberto Civita: O dono da banca: A vida e as ideias do editor da Veja e da Abril.* São Paulo: Companhia das Letras, 2016; "Marcos Marguiles". *Festival de Cannes.* Disponível em: <https://www.festival-cannes.com/es/artista/marcos-margulies>. Acesso em: 20 ago. 2020; Margulies, Sergio. Comunicação pessoal. Julho de 2020; Millarch, Aramis. O editor-documentário (I), Estado do Paraná, 13-07-1976, p. 4. Disponível em: <https://www.millarch.org/artigo/o-editor-documentario-i>. Acesso em: 20 ago. 2020; Ramos, Fernão (Org.). *História do cinema brasileiro.* São Paulo: Art Editora, 1987; Soares, Paulo Gil (Dir.). *O mundo em guerra.* Rio de Janeiro: Memória Globo. Disponível em: <https://memoriaglobo.globo.com/jornalismo/jornalismo-e-telejornais/o-mundo-em-guerra/4173869/>. Acesso em: 20 ago. 2020.

Israel Beloch

MARKUS, David
Jornalista
Polônia, 03-03-1916 – Rio de Janeiro (?), 2000
No Brasil, de 1951 a 2000

Arquivo Nacional

De origem judaica, David Markus nasceu numa pequena cidade polonesa, onde seus pais possuíam uma modesta fábrica de massas e pães. Quando a Alemanha nazista invadiu a Polônia, em setembro de 1939, dando início à Segunda Guerra Mundial, Markus decidiu fugir imediatamente para a Lituânia, que abrigava então uma das mais expressivas colônias judaicas no leste europeu, e funcionou como importante rota de fuga para muitos judeus poloneses no início da guerra, já que se tratava de um país neutro e com comunicação marítima e aérea regular com o Ocidente. Alcançar o território lituano, contudo, não foi fácil. Ao chegar na cidade de Bialystok, no nordeste da Polônia, encontrou-a tomada por enorme quantidade de pessoas que também tentavam deixar o país. Dali, seguiu de trem para Minsk, a capital da Bielorrússia, então parte da União Soviética, onde viveu por dois meses. Ao relembrar esse percurso muitos anos depois, Markus declararia: "Sabia que as chances de viver eram maiores entre os russos do que entre os alemães. Pelo menos eles não nos matavam." Chegou finalmente à Lituânia em dezembro de 1939, permanecendo no país até fevereiro de 1941.

Porém, desde a anexação do país à União Soviética, em junho de 1940, os refugiados passaram a temer um destino semelhante ao de milhares de judeus das regiões polonesas ocupadas pouco antes pelos soviéticos, que haviam sido enviados para a Sibéria. Desejando deixar a Lituânia, Markus e cerca de outros dois mil judeus contaram então com a ajuda do vice-cônsul japonês no país, Chiune Sugihara, que lhes concedeu vistos de entrada no Japão, livrando-os assim dos massacres que os invasores nazistas promoveriam no país tempos depois. De posse dos vistos japoneses, esses refugiados atravessaram então a União Soviética para chegar na cidade portuária de Vladivostok, no extremo leste do país, através da Estrada de Ferro Transiberiana. De Vladivostok, tomaram pequenas embarcações para a cidade portuária japonesa de Tsuruga, e dali para Kobe. Por não terem autorização para trabalhar no país, sobreviveram por algum tempo com uma parca ajuda material oferecida por um comitê de assistência aos refugiados, organizado pela comunidade judaica do Japão. Em meados de 1941, porém, os vistos expiraram e os refugiados foram obrigados a deixar o país.

A maioria se dirigiu à cidade chinesa de Xangai, então sob domínio japonês. Grande centro cosmopolita, Xangai abrigava na época uma numerosa colônia judaica, no interior da qual florescia uma rica vida cultural e uma intensa atividade política promovida por diversas entidades e organizações sionistas. Markus se envolveu intensamente com a vida cultural da colônia, criando e dirigindo programas de rádio em ídiche, promovendo palestras e conferências, e se tornando, na prática, um jornalista. A situação, porém, voltaria a se complicar após o início das hostilidades entre japoneses e norte-americanos na região do Pacífico. Em fevereiro de 1943, foi decretado que todos os judeus chegados em Xangai depois de 1937 fossem transferidos para o gueto de Hongkew, no subúrbio da cidade, onde Markus viveria em precárias condições até o final da guerra.

Com o fim do conflito, em 1945, Markus tentou localizar sua família na Polônia, mas ficou sabendo que praticamente toda ela havia sido dizimada no Holocausto. Seus pais, ambos com pouco mais de 50 anos de idade, não sobreviveram a Auschwitz. Seu irmão mais velho, a cunhada e um sobrinho de dois anos foram assassinados na pequena cidade em que viviam na Bielorrússia. "Meus pais acreditavam que iriam trabalhar como escravos na Alemanha, mas jamais imaginariam a existência de campos de extermínio."

Markus decidiu, então, transferir-se para Montevidéu para trabalhar como jornalista. Pouco tempo depois, foi convidado para dirigir um jornal em São Paulo, onde também ficou por um breve período. Em 1951, mudou-se para o Rio de Janeiro para dirigir o jornal semanal Imprensa Israelita, publicado em ídiche, que já circulara entre 1929 e 1940, e que foi reativado após o fim da Segunda Guerra, quando foi levantada no Brasil a proibição de jornais em língua estrangeira. Ao menos nesse período, a linha do jornal era identificada com o Mapai, agremiação política de orientação social-democrata que dominou a vida política nos primeiros anos do Estado de Israel, e que mais tarde daria origem ao Partido Trabalhista Israelense. Markus permaneceria à frente do órgão até 1988, quando ele deixou de circular. Entre 1955 e 1983, produziu e apresentou, também no Rio de Janeiro, o programa radiofônico de variedades A Voz Israelita, a princípio na Rádio Mundial e a partir de 1964 na Rádio Copacabana. Em 25 de junho de 1959, o programa entrevistou a então ministra de Relações Exteriores de Israel, Golda Meir, que visitava oficialmente o Brasil. Markus foi também, durante muitos anos, correspondente no Brasil do jornal Maariv, de Tel-Aviv, e do londrino The Jewish Chronicle, editado desde 1841.

Em 1958, era membro da Junta Executiva da Organização Sionista Unificada do Brasil, e esteve novamente na direção da entidade em 1986. Em fevereiro de 1968, participou do Congresso Mundial de Jornalistas Judeus, em Jerusalém; e em agosto do ano seguinte esteve presente no Congresso Internacional Judaico, realizado em Estocolmo. Em 1998, dois anos antes de falecer, foi um dos 150 judeus radicados no Rio de Janeiro entrevistados pela Fundação Shoah, criada pelo cineasta Steven Spielberg, com o objetivo de coletar e reunir depoimentos de sobreviventes do Holocausto.

Foi casado com a também polonesa Lucy Weigler de Markus.

Fontes: As pessoas precisam saber, Jornal do Brasil, 05-04-1998, p. 1-2; Carneiro, Maria Luíza Tucci. "Travessia sem volta: judeus poloneses refugiados no Brasil. 1939-1945". Revista des CESLA, n. 22, 2018. Disponível em: <https://www.redalyc.org/jatsRepo/2433/243360086002/html/index.html>. Acesso em: 12 ago. 2020; Correio da Manhã, 25-06-1959; Diário de Notícias, 01-08-1959; Falbel, Nachman. *Judeus no Brasil: estudos e notas.* 2008; Gruman, Jacques. A história de Davis Markus, refugiado da 2ª Guerra Mundial, Jornal GGN, 15-02-2013. Disponível em: <https://jornalggn.com.br/historia/a-historia-de-david-markus-refugiado-da-2a-guerra-mundial/>. Acesso em: 12 ago. 2020; Memórias do medo, Jornal do Brasil, 25-05-1966, p. 1-2; "Os aniversariantes da ABI". *Boletim da Associação Brasileira de Imprensa,* fev. 1953; Tribuna da Imprensa, 06-09-1958.

André Faria Couto / IB

MICHALSKI, Yan
Crítico teatral
Czestochowa, Polônia, 01-12-1932 – Rio de Janeiro, 12-04-1990
No Brasil, de 1948 a 1990

Álbum de família, cortesia de Maria José Michalski

Nascido Jan Majzner, era filho do casal de poloneses judeus Hermann Majzner e Stephanie Majzner (nascida Marchew). Após a invasão da Polônia pela Alemanha em 1º de setembro de 1939, evento que marca o início da Segunda Guerra Mundial (1939-1945), mudou-se com a família para Lodz, onde viviam seus avós maternos. Mais tarde, consumada a capitulação polonesa, retornou com os pais para Czestochowa, onde a família buscou retomar sua rotina, ainda que sob os limites da ocupação nazista.

No entanto, com o anúncio de que os alemães pretendiam estabelecer um gueto em Czestochowa, Hermann e Stephanie foram ao encontro daquela que se tornaria sua redentora, Weronika Sofia Batawia, que os ajudou a providenciar uma nova identidade para o filho com o objetivo de ocultar sua origem judia. "Jan Michalski" tornou-se o novo nome do menino. A seguir, Batawia escondeu-se com Jan em seu apartamento em Varsóvia, enquanto Hermann e Stephanie rumavam para o gueto. Jan nunca mais os viu. Deportados, seus pais acabariam mortos num campo de concentração nazista.

Em 1943, uma denúncia fez com que Michalski e sua protetora deixassem às pressas o apartamento onde estavam escondidos. Batawia arranjou um novo abrigo para Jan em Rusinów, na região de Radom, a 92 quilômetros de Varsóvia. Michalski permaneceu em Rusinów, sem que ninguém soubesse de sua verdadeira identidade, até a libertação da capital polonesa pelas tropas soviéticas em janeiro de 1945.

Terminada a guerra, viu-se de novo em Varsóvia, sozinho, e com a família dizimada pelo Holocausto. Dos seus parentes mais próximos, restavam apenas um meio-irmão dez anos mais velho, residente na Inglaterra, e os tios Hipolit Tempel e Sofia Marchew, que haviam conseguido escapar para Zurique antes da ocupação nazista. Michalski tinha 13 anos quando foi morar na Suíça, um país que saíra praticamente ileso da guerra. Deixou Varsóvia num comboio da Cruz Vermelha e, ao chegar a Zurique, foi obrigado a cumprir uma breve quarentena — isso porque, segundo Michalski, "na Suíça, quem saía da Polônia ou dos países que tinham sofrido a guerra era considerado portador de todas as doenças".

Em Zurique, Jan frequentou pela primeira vez um banco escolar. Aprendeu o alemão, mas custou a se adaptar à cidade. Os anos iniciais do pós-guerra foram muito difíceis e a família decidiu emigrar para o Brasil, onde já vivia com o marido a filha de Hipolit e Sofia, Helène Schwarztein. Em 26 de julho de 1948, depois de tomarem o vapor "Jamaïque" no porto francês de Le Havre, Michalski e os tios desembarcaram no Rio de Janeiro. Inicialmente, foram todos morar no apartamento de Hèlene, no Flamengo.

Michalski foi matriculado no Liceu Franco Brasileiro, em Laranjeiras. Além do francês, aprendeu o português em tempo recorde. Em seis meses, já tinha praticamente assimilado o idioma. Num depoimento para o Serviço Nacional de Teatro (SNT) na década de 1970, ele recordou esse período: "É engraçado: a primeira lembrança que tenho de como aprendi rapidamente o português está ligada a uma partida de futebol. Lembro-me de, ouvindo pelo rádio, ter entendido perfeitamente a transmissão do jogo final do Campeonato Carioca de 1948, Botafogo x Vasco, em que o Botafogo ganhou surpreendentemente."

Após concluir o ensino médio em 1950, Yan empregou-se como auxiliar de contabilidade numa sapataria no Centro da cidade e, a partir de 1951, como correspondente de uma companhia de importação e exportação. Ficou nesta empresa por 13 anos, transferindo-se em seguida para uma outra firma de propriedade de uma família alemã.

Em meados dos anos 1950, naturalizou-se brasileiro e realizou sua primeira incursão no campo da crítica — não a teatral, que o consagraria, mas a crítica de cinema para o Journal Français du Brésil, uma publicação da colônia francesa no Rio. Em 1955, fez sua primeira aparição como ator na peça *O baile dos ladrões*, encenada pela companhia O Tablado, de Maria Clara Machado. Também no mesmo ano, começou a estudar direção teatral na Academia de Teatro da Fundação Brasileira de Teatro, dirigida por Dulcina de Moraes. Formou-se na primeira turma da escola em 1958. Ao todo, participou de mais de uma dezena de montagens no Tablado e em outros grupos, alternando-se como ator, assistente de direção e diretor.

Seu primeiro trabalho como crítico de teatro foi na revista Leitura no início dos anos 1960. Em 1963, convidado para substituir Barbara Heliodora como colunista do Jornal do Brasil, trocou definitivamente os palcos pela crítica. Mudou então a grafia de seu nome e passou a assinar como "Yan Michalski". Trabalhou no JB durante quase 20 anos, período em que se afirmou como um dos principais nomes da crítica teatral do país.

Michalski combateu a censura e foi um bravo opositor do regime militar (1964-1985). Presidiu a Associação Brasileira de Críticos Teatrais (1974-1976), foi professor de crítica teatral do Centro de Letras e Artes da UniRio (1976-1982) e editou a revista Ensaio/Teatro (1978-1982), entre outras iniciativas. Neste último ano, deixou o JB e a UniRio para coordenar o projeto de criação de uma escola profissionalizante para atores, a Casa das Artes de Laranjeiras (CAL), à qual permaneceria ligado até o fim de seus dias.

Recebeu ao longo da carreira inúmeros prêmios, entre eles o Van Jafa de Jornalismo do SNT (1979), o Troféu Mambembe (1982) e o Troféu Paulo Pontes (1982). Foi também agraciado com o título de Chevalier de l'Ordre des Arts et

Lettres pelo governo da França (1983) e com a Ordem do Mérito Cultural da Polônia (1984).

Traduziu *O teatro engajado*, de Eric Bentley (1969) e *A linguagem da encenação teatral* (1982) e *A arte do ator* (com Rosyane Trotta, 1985), de Jean-Jacques Roubine. Dos trabalhos que publicou, destacam-se *O palco amordaçado: 15 anos de censura teatral no Brasil* (1979), *O teatro sob pressão: uma frente de resistência* (1985) e os livros póstumos *Teatro e Estado: as companhias oficiais de teatro no Brasil — história e polêmica* (com Rosyane Trotta, 1992) e *Ziembinski e o teatro Brasileiro* (1995).

Seu último projeto de fôlego, que não chegou a concluir, foi a *Pequena enciclopédia do teatro brasileiro*, para a qual deixou redigidos mais de cem verbetes que serviriam de base para a futura Enciclopédia Itaú Cultural de Teatro, atualmente integrada à Enciclopédia Itaú Cultural de Arte e Cultura Brasileira, disponível na internet.

Foi casado com a professora e pianista Maria José Michalski e não teve filhos.

Fontes: "Brasil. Cartões de imigração, 1900-1965: Jan Majzner Michalski". Familysearch. Disponível em: <https://www.familysearch.org/ark:/61903/3:1:33SQ-G5YT-SB6X?i=71&cc=1932363&personaUrl=%2Fark%3A%2F61903%2F1%3A1%3AKNGW-FHW>. Acesso em: 7 jun. 2020; Coutinho, Afrânio; Souza, José Galante de. *Enciclopédia de literatura brasileira*. 2. ed. São Paulo: Global Editora; Rio de Janeiro: Fundação Biblioteca Nacional/Departamento Nacional do Livro; Academia Brasileira de Letras, 2001; Michalski, Yan. "Entrevista". Cadernos de Teatro, n. 90, p. 10-19, jul.-set. 1981; Sá, Álvaro de. *Yan Michalski e o Teatro Tablado*. Disponível em: <http://cbtij.org.br/yan-michalski-e-o-teatro-tablado/>. Acesso em: 7 jun. 2020; Saadi, Fátima. "Memórias de Yan. Palestra de abertura do 1º Encontro Questão de Crítica". Questão de crítica: Revista eletrônica de críticas e estudos teatrais, v. 4, n. 38, nov. 2011. Disponível em: <http://www.questaodecritica.com.br/2011/11/memorias-de-yan/>. Acesso em: 07 jun. 2020; Um malabarista que amava teatro, Jornal do Brasil, Caderno B, 13-04-1990, p. 2; "Yan Michalski". Enciclopédia Itaú Cultural de Arte e Cultura Brasileiras. Disponível em: <http://enciclopedia.itaucultural.org.br/pessoa7000/yan-michalski>. Acesso em: 07 jun. 2020.

Luis Octavio de Souza / IB

MIRA Y LÓPEZ, Emilio
Médico psiquiatra, psicólogo, professor
Santiago de Cuba, 24-10-1896 – Rio de Janeiro, 16-02-1964
No Brasil, de 1947 a 1964

De nacionalidade espanhola — Cuba ainda era uma colônia quando nasceu —, Emilio Mira y López era filho de Rafael Mira Merino e Emilia López García. Seu pai foi um médico militar especializado em doenças tropicais. Designado pelo Exército espanhol, serviu em Cuba até o início da Guerra Hispano-Ame-

Entrevista ao jornal Última Hora, 1959 | Fotografia de Odyr, Arquivo Público do Estado de São Paulo

ricana em 1898, a qual resultou na independência da ilha. Retornou então com a família para a Espanha, instalando-se inicialmente na Galícia e mais tarde em Barcelona, onde Mira y López realizou seus primeiros estudos e, em 1917, licenciou-se em Medicina — provavelmente seguindo a orientação paterna.

Em 1919, ainda recém-formado, casou-se com Pilar Campins, com quem teria três filhas: Pilar, Emilia e Montserrat. Em 1922, concluiu o doutorado na Universidade de Madrid, com uma tese sobre as correlações somáticas do trabalho mental. Começara a carreira como cardiologista, mas logo se inclinou para os campos da Psiquiatria e da Psicologia. Depois de ter chefiado o Laboratório de Psicofisiologia do Instituto de Orientação Profissional da Catalunha, assumiu, em 1926, a direção-geral do instituto, à frente do qual permaneceria por mais de uma década.

Em 1933, tornou-se o primeiro professor catedrático de Psiquiatria da Espanha, na Universidade de Barcelona. Filiado ao Partido Socialista, durante a Guerra Civil Espanhola (1936-1939), chefiou os serviços psiquiátricos do exército republicano na região da Catalunha, duramente atingida pelo conflito. Com a derrota dos republicanos e a tomada do poder pelos nacionalistas liderados por Francisco Franco, refugiou-se com a família na França, onde foi inicialmente recolhido em um campo de concentração criado para abrigar os exilados espanhóis. Deixou o local com a ajuda de Henri Pierón, então o principal expoente da psicologia francesa.

Mira y López acreditava na derrota do fascismo e que seu exílio não seria longo. A realidade tratou de soterrar suas ilusões. Na verdade, nunca mais regressaria à Espanha. Os anos seguintes seriam de peregrinação por vários países — proferindo conferências, realizando pesquisas, dando aulas em universidades, organizando institutos, dirigindo serviços de psiquiatria e de higiene mental. De Paris seguiu para Londres, onde, em outubro de 1939, perante a The Royal Society of Medicine, fez sua primeira apresentação do psicodiagnóstico miocinético (PMK), uma modalidade de teste psicológico para avaliação da personalidade, principal realização de sua carreira. Esteve também nos Estados Unidos, em Cuba, na Argentina, no Chile e, por último, no Uruguai, onde se fixou em 1944, contratado para organizar o Instituto de Orientação Profissional de Montevidéu.

Na capital uruguaia, conheceu a enfermeira sanitarista Alice Madeleine Galland, sua segunda esposa, com quem se casou após se divorciar de Pilar Campins. Em maio de 1945, esteve pela primeira vez no Brasil a convite da USP e de outras instituições. Fez conferências no Rio de Janeiro e em São Paulo e ministrou um curso de psicologia aplicada ao trabalho. Retornou ao país ainda no mesmo ano, desta feita atendendo a uma solicitação do Departamento Administrativo do Serviço Público (DASP). Durante cerca de um ano ministrou um curso de treinamento para servidores públicos brasileiros nas áreas de seleção, orientação e readaptação profissional. O curso é considerado um dos marcos fundadores da psicologia aplicada no Brasil.

Com a repercussão de seu trabalho no DASP, foi convidado pela Fundação Getúlio Vargas para comandar a criação do Instituto de Seleção e Orientação Profissional (ISOP), no Rio de Janeiro. Decide então mudar-se em definitivo com a família para o Brasil, em 1947. Aqui, fruto de sua união com Alice Galland, nasceriam seus filhos Nuria, Rafael, Emilio Carlos (falecido ainda bebê) e Emilio Rafael.

A partir do ISOP, que dirigiu até o fim de sua vida, Mira y López liderou a criação da Associação Brasileira de Psicotécnica (atual Associação Brasileira de Psicologia Aplicada) e os Arquivos Brasileiros de Psicotécnica, primeira revista de grande circulação no país voltada exclusivamente para assuntos ligados à psicologia. Como secretário-geral da Associação Brasileira de Psicotécnica, também coordenou a elaboração de um Projeto de Lei dispondo sobre os cursos de formação em psicologia e regulamentando a profissão de psicólogo no país, o qual daria origem, anos depois, à Lei 4.119/62, que fez com que o Brasil se tornasse o primeiro país do mundo a regulamentar a profissão.

A experiência no ISOP, depois replicada em outros estados, permitiu a Mira y López colocar em prática uma velha aspiração: a de que o trabalho cientifico fosse empregado para ajudar a solucionar os problemas cotidianos e concretos da vida do povo, ou como escreveu certa vez, que a ciência fosse aplicada em "benefício do maior número de pessoas, a fim de aliviar suas penas".

Mira y Lopez recebeu inúmeros prêmios, condecorações e títulos honoríficos ao longo de sua carreira. Fundou e dirigiu dezenas de periódicos médico-científicos nos campos da psicologia e da psiquiatria e integrou algumas das mais prestigiosas associações acadêmicas de sua área de atuação. Marcou presença em congressos internacionais de psicotécnica, psiquiatria e psicologia e representou o Brasil em vários desses encontros. Presidiu a VI Conferência Internacional de Psicotécnica, em Barcelona (1930), e o XI Congresso Internacional de Psicologia, em Copenhagen (1932), além de ter sido vice-presidente para a Região Atlântica da Sociedade Interamericana de Psicologia (1955) e secretário-geral do VI Congresso Interamericano de Psicologia, no Rio de Janeiro (1959).

Poliglota, é de sua autoria a primeira tradução de Freud para o espanhol. Traduziu ainda diversas obras psiquiátricas do alemão, do inglês e do francês. Deixou um sem-número de artigos científicos e dezenas de livros, entre eles *Teoria y práctica del psicoanalisis (Teoria e prática da psicanálise*, 1926), *Manual de psicologia jurídica* (1932), *Manual de psiquiatria* (1935), *Manual de psicoterapia* (1941), *Psicologia evolutiva del niño y del adolescente (Psicologia evolutiva da criança e do adolescente*, 1941), *Psychiatry in war (A psiquiatria na guerra*, 1943), *Manual de orientación profesional (Manual de orientação vocacional*, 1947), *El niño que no aprende (A criança que não aprende*, 1947), *Cuatro gigantes del alma (Quatro gigantes da alma*, 1947), *Le psychodiagnostic miocinétique (O psicodiagnóstico miocinético,* 1951) e *Psicologia e futebol* (com Athayde Ribeiro da Silva, 1964).

Fontes: *Arquivos brasileiros de psicotécnica*, v. 16, n. 2-3, Fundação Getúlio Vargas, 1964. (Número especial em memória de Emilio Mira y López); Brasil. *Cartões de imigração, 1900-1965: Emilio Mira y López*. "Familyserach". Disponível em: <https://www.familysearch.org/ark:/61903/3:1:939X-H9BC-H?i=73&cc=1932363>. Acesso em: 14 jun. 2020; Jacó-Vilela, Ana Maria; Rodrigues, Igor Teo. "Emilio Mira y López: uma ciência para além da academia". *Arquivos brasileiros de psicologia*, v. 66, n. 3, p. 148-159, 2014; Martins, Hildeberto Vieira. "Uma história da psicologia em revista: retomando Mira y López". *Arquivos brasileiros de psicologia*, v. 66, n. 3, p. 5-19, 2014; "Mira y López". *Psicologia: ciência e profissão*, v. 19, n. 1, p. 93, 1999; Rosas, Paulo da Silveira. "Emilio Mira y López (1896-1964)". In: Campos, Regina Helena de Freitas (Org.). *Dicionário biográfico da psicologia no Brasil: pioneiros*. Rio de Janeiro: Imago, 2001; Silva, Athayde Ribeiro da. "A vida e o homem: o hispano-brasileiro Mira y López". *Arquivos brasileiros de psicotécnica*, v. 16, n. 2-3, p. 7-16, 1964; Silva, Suely Braga da; Rosas, Paulo (Orgs.). *Mira y López e a psicologia aplicada no Brasil*. Rio de Janeiro: Editora Fundação Getúlio Vargas, 1997.

Luis Octavio Souza / IB

RATTNER, Henrique

Sociólogo
Viena, 23-02-1923 – São Paulo, 08-06-2011
No Brasil, de 1951 a 2011

Arquivo Nacional

Heinrich Rattner nasceu em família judia humilde, filho de Baruch Rattner, um sapateiro do qual foi aprendiz na adolescência, e de Golde (Frimer) Rattner. Aos 13 anos, cursou uma escola técnica profissionalizante e começou a frequentar o Movimento Juvenil de Escoteiros, onde teve início seu interesse pela questão da desigualdade social, por meio de obras de autores como Upton Sinclair e Jack London. A experiência de socialismo municipal que vigorou em Viena até 1934 também marcou a sua formação.

Em 1938, após a anexação da Áustria pela Alemanha nazista, Rattner adoeceu e permaneceu hospitalizado durante um mês e meio em estado grave. Ao se recuperar, conseguiu partir, pouco antes do fechamento das fronteiras, para a Palestina, onde viveu em um *kibutz*, o Tel Yossef, experiência que o marcou profundamente. Durante a Segunda Guerra Mundial, trabalhou como mecânico em estaleiros e oficinas do exército inglês, no conserto de navios e tanques danificados em combate, e ingressou na Marinha Mercante.

Com o fim do conflito, em 1945, já casado com Miriam Ben-Meir e com um filho, viajou para Suíça, onde seus pais se haviam refugiado, na expectativa de lá se estabelecer para estudar, assim como haviam feito seus dois irmãos mais novos, que frequentaram o Instituto de Psicologia. No entanto, não conseguiu o visto de permanência, e após tentar, também sem êxito, obter trabalho em Paris, acabou por se fixar em Bruxelas. Na capital belga, formou-se em Psicologia Aplicada à Seleção e Orientação Profissional no Institut des Hautes Études de Belgique.

Em 1951, decidiu emigrar para o Brasil, para onde seus pais haviam partido pouco antes. Em São Paulo, trabalhou inicialmente como professor de hebraico e dirigiu uma colônia de férias para mais de 100 crianças. Graças a essa experiência, em 1955 foi convidado para o cargo de diretor do Lar das Crianças, instituição ligada à Congregação Israelita Paulista que abrigava filhos de imigrantes judeus em regime de semi-internato.

No mesmo período, ingressou no curso de Ciências Sociais da Universidade de São Paulo (USP). Embora não tivesse concluído o segundo ciclo de ensino, conseguiu, por intermédio de Florestan Fernandes, autorização para prestar vestibular por notório saber e obteve o primeiro lugar no concurso. Em 1963, defendeu monografia de mestrado em Sociologia. Um pouco antes, já havia começado a trabalhar como pesquisador no Centro de Pesquisas da Fundação Getúlio Vargas (FGV), onde ministrava aulas de Introdução à Sociologia. Em 1964, tornou-se professor de Economia Política da USP e, em 1968, concluiu o doutorado na mesma universidade, com a tese *Localização da indústria e concentração econômica em São Paulo*.

Nessa época, tornou-se professor da Associação Universitária Interamericana (AUI), instituição que tinha como objetivo selecionar líderes políticos, sociais e empresariais no Brasil. Rattner ministrava um curso de três meses na Escola de Sociologia e Política de São Paulo e em seguida acompanhava os alunos na complementação dos estudos na Harvard Summer School, nos Estados Unidos. Graças aos contatos estabelecidos por ocasião do programa, em 1970 ele obteve uma bolsa de estudos no Massachusetts Institute of Technology (MIT), onde cursou pós-doutorado em Planejamento Urbano e Regional.

Nesse período, começou a se dedicar ao tema da tecnologia como variável para o desenvolvimento, o que lhe rendeu convites para ministrar palestras e seminários em diversos países da América do Sul, sob o patrocínio do Conselho Latino-Americano de Escolas de Administração (CLADEA). Em 1974, teve problemas com o Departamento de Ordem Política e Social (DOPS) em razão de um seminário sobre a crise mundial do petróleo por ele organizado e que contaria com a participação de nomes então ligados à esquerda, como Fernando Henrique Cardoso e Octávio Ianni.

Em 1981, sob o patrocínio da instituição canadense International Development Research Center (IDRC), coordenou um projeto sobre gestão tecnológica na indústria de alimentos. Em 1986, a convite do governo japonês, passou um ano em Tóquio, como bolsista do Institute of Developing Economies (IDE).

Em 1989, foi nomeado coordenador, na USP, do primeiro curso de pós-graduação em Ciências Ambientais do Brasil. Dois anos depois, tornou-se diretor nacional do programa Leadership for Environment and Development (Lead), na Associação Brasileira para o Desenvolvimento de Lideranças (ABDL). Foi também consultor internacional para o Kellogg's International Leadership Programme.

De 1998 a 2002, foi presidente, por dois mandatos, da Associação Janusz Korczak do Brasil (AJKB), cujo nome reverencia o educador polonês que, durante o nazismo, sacrificou a vida em defesa de crianças judias. De 2004 a 2006, foi consultor do Instituto de Pesquisas Tecnológicas (IPT), na Divisão de Economia e Engenharia de Sistemas. Além disso, ao longo de sua carreira, foi consultor de instituições nacionais (CNPq, Finep, Seplan/SP, Senai, Sebrae) e internacionais (ONU, Unesco, Banco Mundial). Escreveu mais de 30 livros, entre os quais *Condições de vida dos operários na indústria pesada* (1956), *Planejamento Urbano e Regional* (1974) e *Brasil no limiar do século XXI: alternativas para a construção de uma sociedade sustentável* (2000).

Fontes: Carneiro, Maria Luiza Tucci; Mizrahi, Rachel (Org.). *Histórias de vida; refugiados do nazifascismo e sobreviventes da Shoah. Brasil – 1933-2017*. São Paulo: Maayanot, 2018; "Henrique Rattner". Currículo Lattes. Disponível em: <http://buscatextual.cnpq.br/buscatextual/visualizacv.do?id=K4727270T7>. Acesso em: 10 set. 2020; Salles, Valéria."Henrique Rattner, pensador do desenvolvimento, falece em São Paulo". Fundação Perseu Abramo, 9 jun. 2011. Disponível em: <https://fpabramo.org.br/2011/06/09/henrique-rattner-pensador-do-desenvolvimento-falece-em-sao-paulo/>. Acesso em: 12 mar. 2020.

Leandro Lamarão / IB

REIF, Victor
Arquiteto, professor
Przemysl, Império Austro-Húngaro, atual Polônia, 24-10-1909 – São Paulo, 01-10-2000
No Brasil, de 1950 a 2000

O judeu polonês Victor Reif nasceu na histórica cidade de Przemysl, próxima à fronteira com a Ucrânia, que até a Segunda Guerra Mundial contava com numerosa presença judaica. Em 1926, iniciou estudos de Direito na cidade de Lviv, então pertencente à Polônia e atualmente parte do território ucrania-

Arquivo Nacional

no, mas não chegou a graduar-se. Transferiu-se para Berlim em 1928, matriculando-se no curso de Arquitetura do então Instituto Real de Tecnologia, atual Universidade Técnica de Berlim, onde diplomou-se em 1933. Durante os estudos universitários, trabalhou como estagiário no escritório do seu professor Hans Poelzig, um dos principais expoentes da arquitetura expressionista alemã, bem como em projetos de moradia coletiva mínima da Bauhaus, coordenados pelo arquiteto Bruno Taut. Após concluir seu curso, retornou à Polônia, residindo então em Varsóvia e realizando alguns projetos em Katowice. Com o início da Segunda Guerra Mundial, retornou à sua cidade natal e também a Lviv, onde vivenciou as ocupações russa e alemã. No contexto dessa última, foi enviado em 1944 ao campo de concentração de Gross-Rosen, na Baixa Silésia, e meses depois para um outro campo na Tchecoslováquia, onde permaneceu até o final da Guerra. Libertado ao final do conflito, foi nomeado chefe do Departamento de Cultura da cidade polonesa de Walbrzych, na Baixa Silésia. No final de 1948, transferiu-se com a esposa e a filha para Munique, na Alemanha, onde permaneceu por pouco mais de um ano. Em seguida, decidiu emigrar para o Brasil.

Ao chegar ao Rio de Janeiro, em 1950, Victor Reif encantou-se com a beleza dos edifícios projetados pelos arquitetos modernistas da escola carioca: "Fiquei impressionado pela nova arquitetura realizada pelos jovens arquitetos Lúcio Costa, os irmãos Roberto, Affonso Eduardo Reidy e Oscar Niemeyer. O prédio do Ministério da Educação, o Museu de Arte Moderna no aterro da Glória, o Pedregulho, a Associação Brasileira de Imprensa; uma perfeita harmonia entre a paisagem e a arquitetura." No ano seguinte, transferiu-se para São Paulo, passando a trabalhar no detalhamento de projetos residenciais do arquiteto Lucjan Korngold (VER), também judeu polonês, que vivia na capital paulista desde o início da Segunda Guerra. Obteve a nacionalidade brasileira em agosto de 1953 e logo em seguida estabeleceu seu próprio escritório, e ao longo das décadas de 1950 e 1960 desenvolveu projetos que contribuíram para a evolução da arquitetura moderna no Brasil, em sua grande maioria localizados na capital paulista, entre os quais vários edifícios residenciais no bairro de Higienópolis, além de casas residenciais e edifícios comerciais. Após quase duas décadas de trabalhos intensos e frutíferos, decidiu fechar seu escritório em 1969, depois que um grave incêndio atingiu o prédio em que se localizava, o Grande Avenida, na Avenida Paulista. Passou, então, a lecionar na Faculdade de Arquitetura e Urbanismo da Universidade Presbiteriana Mackenzie, também na capital paulista, onde permaneceu até 1998.

Victor Reif participou das seções de arquitetura de pelo menos duas edições do Salão Paulista de Arte Moderna (1952 e 1959, tendo recebido o primeiro prêmio nessa última), da Bienal Internacional de São Paulo de 1961 e do Salão Paulista de Belas Artes de 1962, em que também foi premiado. De 1957 a 1961, foi tesoureiro da seção paulista do Instituto dos Arquitetos do Brasil (IAB), entidade que o premiou, em 1966, pelo conjunto de suas obras na cidade de São Paulo. Dedicou-se também à pintura, principalmente a partir do início da década de 1970.

Fontes: Correio da Manhã, 06-08-1953; Correio da Manhã, 21-07-1959; Correio Paulistano, 31-03-1961; Diário da Noite, 29-07-1957; Diário da Noite, 28-11-1962; Lores, Raul Juste. Sobrevivente do Holocausto fez uma dezena de residenciais em Higienópolis, Folha de S. Paulo, 30-10-2016. Disponível em: <https://www1.folha.uol.com.br/colunas/rauljustelores/2016/10/1827515-um-dos-melhores-trabalhos-de-reif-edificio-diana-tem-fachada-simetrica.shtml>. Acesso em: 11 set. 2020; Rebouças, Ivy Smits; Righi, Roberto. "A trajetória profissional do arquiteto Victor Reif". In: Anticoli, Audrey Migliani; Critelli, Fernanda; Chiarelli, Silvia Raquel; Ossani, Tais (Org.). *Arquiteturas do patrimônio moderno paulista. Reconhecimento, intervenção, gestão*. São Paulo: Editora Altermarket, 2017. Disponível em: <http://docomomo.org.br/wp-content/uploads/2016/01/150R.pdf>. Acesso em: 11 set. 2020; "Victor Reif". *Arquivo Arq*. Disponível em: <https://www.arquivo.arq.br/victor-reif?fbclid=IwAR2atFZUntDuzmFH7gGlwKga_gBDWxZBG87vxWV9d2dL5Cj8U3MI_4Oczzg>. Acesso em: 11 set. 2020.

André Faria Couto / IB

RUBIN, Sacha
Pianista, empresário da noite
Viena, 1912 – Rio de Janeiro, 1982
No Brasil, de 1948 a 1982

Salomon Rubin, conhecido como Sacha, nome pelo qual a governanta russa da família o tratava, era um judeu austríaco que se formou em Engenharia Têxtil, mas sempre desejou ser músico, atuando como profissional do piano desde os 17 anos. Cursou o Conservatório de Música de Viena e enveredou pela música popular, desenvolvendo uma carreira de globetrotter na Europa e no Oriente

Capa de disco

Médio, iniciada no período entreguerras e estendida para além do último conflito mundial. Apresentou-se sucessivamente em Berlim, Budapeste e Paris, mas depois da ascensão do nazismo na Alemanha e de sua penetração na Áustria, não voltou a seu país natal. Em 1934, em Zurique, na Suíça, conheceu o maestro brasileiro Romeu Silva, que lhe falou maravilhas do Brasil, referência que ficou registrada em sua memória.

Percorreu depois um circuito no Oriente Médio, passando temporadas em Bagdá, no Cairo, em Damasco e em Teerã. Esteve ainda em Londres e Istambul. Nessa última cidade, já no pós-guerra, tornou-se amigo do embaixador brasileiro Paulo Souza Dantas, que, tecendo loas ao seu país de origem, convenceu-o a emigrar para o Brasil.

Chegou ao Rio de Janeiro em 1948 com a mulher Patrícia e conseguiu um primeiro emprego como pianista na Boate Mei-ling, em Copacabana, bairro que então via crescer o número de casas noturnas com música ao vivo. Pouco depois, foi contratado para tocar na hora do almoço no lobby do Hotel Vogue, o mais badalado endereço da época, dirigido pelo austríaco barão Max von Stukart (VER). Em 1950, substituindo Fats Elpídio, um famoso astro do teclado, passou a atuar na boate do hotel, frequentada pelo *grand monde* dos anos 1950. O hotel e sua boate e restaurante seriam destruídos cinco anos depois por um trágico incêndio.

Seu sucesso levou o empresário e produtor Carlos Machado a convidá-lo para abrirem juntos uma nova boate: inaugurada em 1954 no Leme, com o nome de Sacha's, tinha como dístico seu horário noturno *"seven to seven"*. Seu piano era o centro da casa, que compartilhava com o cantor Murilinho de Almeida, intérprete das canções de Cole Porter. Sacha sempre saudava a chegada dos habitués com a canção preferida de cada um e atuou nesse que era o mais sofisticado endereço noturno do Rio até seu fechamento em 1966, que se deu quando Carlos Machado, diante da redução da clientela, quis mudar a programação da casa e contratar um DJ (discotecário, se dizia então) para atrair um público mais jovem. Sacha discordou da proposta e preferiu fechar as portas em 1966.

Dois anos antes já abrira o restaurante Castelinho, na praia de Ipanema, e, após o fechamento do Sacha's, inaugurou nova casa, a Balaio, no térreo do Hotel Leme Palace. Em 1979 mudou-se para Nogueira, Petrópolis, e se apresentava nos fins de semana no restaurante Moulin, em Itaipava.

Na sua longa carreira, acompanhou cantores como Juliette Greco e Gilbert Bécaud, e tocou para personalidades como Ginger Rogers, Nelson Rockefeller, Ali Khan, Henry Ford, Carmen Miranda e Juscelino Kubitschek.

Fontes: Castro, Ruy. *A noite do meu bem. A história e as histórias do samba-canção.* São Paulo, Companhia das Letras, 2015; Jordan, André. *O Rio que passou na minha vida.* Rio de Janeiro, Leo Christiano Editorial, 2006.

Israel Beloch

SARUÊ, Gerty
Artista plástica
Viena, 20-11-1930
No Brasil, a partir de 1954

Em abril de 1939, quando a Áustria já havia sido anexada pela Alemanha nazista, Gerti Schmetterling, então uma menina de oito anos, fugiu da Europa com a mãe Elsa Feuerberg e o padrasto Benjamin Eisenberg. Não se tem notícia do destino de seu pai, Ludwig Schmetterling. Os três seguiram para a Bolívia, país em que fora possível conseguir o visto de permanência — vistos bolivianos eram vendidos na Europa na época —, e por sete anos viveram na cidade de Potosí e depois por outros oito em Cochabamba. Passou a assinar Gerty Saruê a partir de seu casamento em 1950 com o sírio Selim Saruê Cababe. A escolha da forma saruê é curiosa, pois esse nome designa um pequeno marsupial, gambá ou raposinha, comum no Brasil e no Paraguai.

Em 1954, com o marido e três filhos, mudou-se para o Brasil, fixando-se em São Paulo. Na ficha de imigração seu nome consta como Gerty Eisenberg Saruê. Frequentou cursos de História da Arte e Estética com Anatol Rosenfeld (VER) e estudou pintura por alguns meses com Yolanda Mohaly e Henrique Boese (VER). Afora isso, considerava-se uma autodidata.

Sua primeira exposição, de desenhos a guache, aconteceu em 1964 na Ga-

2016 | Cortesia Gerty Saruê

leria Convívio, na capital paulista. Em seguida, inspirada nas colagens cubistas e nos trabalhos de Kurt Schwitters, fez experiências com montagens de ferro sobre madeira e monotipias com tinta tipográfica, passando a figurar em importantes eventos, como o I Salão de Arte Contemporânea de São Paulo, o XIV Salão Paulista de Arte Moderna e a VIII Bienal de São Paulo (1965). Participou das três Bienais seguintes (1967, 1969 e 1971) e iniciou a década de 1970 consolidando sua posição no cenário da arte conceitual, sendo valorizada por críticos como Mario Schenberg.

Passou a executar ilustrações para livros da Editora Perspectiva em parceria com o artista gráfico Antonio Lizárraga, destacando-se *Panorama do Finnegans Wake*, de Augusto e Haroldo de Campos, e *Ka*, de Velimir Khlébnikov.

Em 1972, com o mesmo artista gráfico, concebeu e executou, nos marcos da Pré-Bienal daquele ano, a obra *Alternativa urbana*, que consistia na transformação de um beco da cidade com o uso de vigas de concreto pintadas. A recepção ao trabalho foi ilustrada pela crítica de Flávio de Aquino na revista Manchete: "O Grito da Antiarte — em São Paulo, a Pré-Bienal do Sesquicentenário premiou objetos representando o lixo industrial e elementos prosaicos do cotidiano." Meses depois, Gerty Saruê realizou a transformação da Rua Gaspar Lourenço, na Vila Mariana, numa obra de porte ambiental: o logradouro foi pintado de branco, as paredes decoradas com desenhos e diferentes cores e formas aplicadas no local. Em 1976, Gerty e o grupo de artistas que executou a intervenção foram multados pela Prefeitura por danificar bens públicos.

Na Bienal seguinte, criou a instalação *Metrópole*, obra de 150 toneladas de concreto que partia do interior do prédio da Bienal e se estendia ao gramado exterior. Iniciou-se em 1975 na prática da gravura, integrando a coletiva de serigrafias no Gabinete de Artes Gráficas, ao passo que criou a instalação *Perspectivas* no Museu de Arte Moderna de São Paulo.

Entre 1976 e 1980 exibiu suas gravuras na Semana da Cultura Latino-Americana, em Bonn, Alemanha, na galeria da embaixada brasileira em Roma, na Galeria 119, em Tel Aviv, e na Exposição de Artes Plásticas em Belgrado.

Gerty teve participação intensa na Cooperativa dos Artistas Plásticos de São Paulo, que realizou uma primeira mostra na Pinacoteca do Estado, intitulada *O desenho como instrumento*. A entidade durou três anos e chegou a congregar oitenta artistas.

Na década de 1980, em paralelo com sua múltipla atividade na capital paulista, participou de exposições na Colômbia, em Porto Rico, em Londres e em Buenos Aires, além de realizar ilustrações e programação visual de livros e revistas. Sua série *Burocráticas* gerou um livro de arte lançado na mostra *Tendências do livro de artista no Brasil*. Nos anos 1990 reforçou ainda mais sua presença no cenário da arte conceitual, integrando inúmeras coletivas, como *Brazil: the Thinking Photograph* (Brasil: a fotografia que pensa), em Rochester, Estados Unidos, *Monumento a Ramos Azevedo*, na Pinacoteca do Estado, e *Os colecionadores Guita e José Mindlin: matrizes e gravuras*, na Galeria do Sesi paulistano. Em 1993 produziu ilustrações para o livro *Bere'shith: a cena da origem*, de Haroldo de Campos, e também para os cadernos Cultura, do Estado de S. Paulo, e Ilustrada, da Folha de S. Paulo.

Nesse ritmo prosseguiu pelos anos 2000, com participações em diferentes coletivas e uma individual em 2006-2007. As técnicas que empregou em sua produção incluem, além das já citadas, fotografia, gravura em metal, cópias heliográficas e eletrostáticas, plotagem e impressão digital. Como definiu o crítico Rodrigo Naves, "a questão que Gerty Saruê irá perseguir em toda sua trajetória já estava esboçada nas *assemblages* realizadas em 1967: como relacionar as coisas e os signos do mundo, de maneira a conferir-lhes uma nova significação?".

Uma súmula de seu trabalho artístico compõe a obra *Gerty Saruê*, organizada por Taisa Palhares e Thiago Honório e publicada pela Edusp em 2010.

Fontes: Palhares, Taisa; Honório, Thiago (Org.). *Gerty Saruê*. São Paulo: Edusp, 2010.
Israel Beloch

SCHENDEL, Mira

Desenhista, pintora, escultora
Zurique, Suíça, 07-06-1919 – São Paulo, 24-07-1988
No Brasil, de 1949 a 1988

Mira Schendel, 1965 | Arquivo Mira Schendel. Reprodução do livro Mira Schendel. São Paulo, Cosac & Naify, 2001

Mira Schendel nasceu Myrrha Dagmar Dub na cidade suíça de Zurique, filha de pai tcheco e mãe alemã, ambos de origem judaica. Seus pais se separaram quando ela ainda era criança. Após o segundo casamento da mãe, mudou-se para Milão, onde fez um curso livre de arte ainda na adolescência. Tendo adotado a religião católica, a originalmente de sua mãe, em 1937, ingressou no curso de Filosofia da Universidade Católica daquela cidade, mas interrompeu seus estudos com o início da Segunda Guerra Mundial. Deixou então a Itália, residindo sucessivamente em Sófia, Viena e Sarajevo, onde se casou em 1944 com o croata Josip Hargesheimer. No imediato pós-guerra, viveu com o marido em Roma até conseguirem autorização para migrar para o Brasil, onde chegaram em janeiro de 1949, após viagem de navio iniciada no porto de Nápoles.

O casal fixou-se então em Porto Alegre, onde Mira trabalhou com design gráfico e com restauração de peças barrocas. Dedicou-se também à literatura, escrevendo e publicando poemas. Só então, ultrapassando os 30 anos de idade, iniciou sua carreira de artista plástica, voltando-se para a pintura e a escultura em cerâmica. Sua primeira exposição individual ocorreu em 1950, na sede do jornal Correio do Povo, na capital gaúcha. No ano seguinte, teve uma de suas pinturas selecionadas para integrar a I Bienal Internacional de São Paulo. Produzia então obras figurativas, que assinava como Mira Hargesheimer, seu nome de casada.

Em 1953, Mira separou-se do marido e se transferiu para São Paulo, onde daria sequência à sua carreira artística. Atraída pelo abstracionismo, que então ganhava força no país, aproximou-se dos concretistas paulistas, mas, como observaria mais tarde o crítico Rodrigo Naves, manteve com eles uma relação marcada por "distanciamentos e aproximações". Em 1954, expôs no Museu de Arte Moderna de São Paulo, e no ano seguinte voltou a participar da Bienal paulista. Casou-se em 1956 com o livreiro Knut Schendel, cujo sobrenome incorporou ao seu nome artístico a partir de 1960.

Nos anos 1960 trabalhou para a Editora Herder, projetando capas de livros. Mira alcançaria sólido prestígio artístico nos anos seguintes, quando sua obra se abre em diversas direções e assume um caráter marcadamente experimental, quase sempre organizada e agrupada em séries. Com muita frequência faz uso dos grafismos, para os quais se utiliza bastante do papel-arroz, mas incorpora também novos materiais à sua produção plástica, como a argila, a areia, o gesso, o cimento e o acrílico. Fizeram sucesso suas séries *Droguinhas, Trenzinhos, Objetos gráficos, Toquinhos* e *Mandalas*. Apesar da diversidade de suportes e técnicas utilizadas, as questões suscitadas em seus trabalhos conferem a eles continuidade e coerência ao longo do tempo. Segundo o crítico Teixeira Leite, sua obra incorporou "signos, índices, símbolos e toda uma semiótica peculiar". Para o artista plástico e pesquisador Geraldo Souza Dias, Mira "partiu da pintura figurativa, avançou com desembaraço para as linguagens abstratas, explorou processos de impressão como a monotipia, excursionou pela produção de objetos e instalações, para retornar à pintura, rompendo, nos últimos trabalhos, com os limites desta linguagem".

Mira Schendel foi premiada no Salão Paulista de Arte Moderna, em 1962, e participou de todas as edições da Bienal de São Paulo entre 1963 e 1969. Individualmente, expôs no Museu de Arte Moderna do Rio de Janeiro (1966) e em importantes galerias paulistanas e cariocas. No exterior, integrou as representações do Brasil na Bienal Americana de Arte de Córdoba (1964) e na Bienal de Veneza (1968). Na segunda metade daquela década, já desfrutava de sólida reputação internacional, realizando mostras individuais em Londres, Lisboa, Stuttgart, Oslo, Viena, Graz, Washington e Nuremberg. Sempre envolvida com indagações e reflexões de cunho teórico, manteve contato com o filósofo alemão Max Bense, que a aproximou da semiótica.

Nas décadas de 1970 e 1980, continuou produzindo bastante, figurando sempre como um dos nomes mais prestigiados da arte contemporânea brasileira; reconhecimento esse que se manteve após sua morte em 1988. A Bienal de São Paulo de 1994, estruturada sobre o tema Ruptura com o Suporte, dedicou-lhe uma sala especial. Em 2009, dividiu com o argentino Léon Ferrari a mostra *Alfabeto enfurecido*, apresentada no Museu de Arte Moderna de Nova York (MoMA). Em 2013-2014, uma grande retrospectiva sobre sua obra foi apresentada sucessivamente na Tate Modern, em Londres, na Fundação Serralves, na cidade do Porto, em Portugal, e na Pinacoteca do Estado de São Paulo. Em 2018, o MAM-SP lembrou os trinta anos de sua morte com a mostra *Sinais*, que focalizou sua produção gráfica.

Entre as várias publicações sobre a artista, está o volume de Maria Eduarda Marques, *Mira Schendel*, publicado pela Cosac & Naify em 2001.

Fontes: A arte sem fronteiras de Mira Schendel, Valor Econômico, 10-12-2012; Dias, Geraldo Souza. "Contundência e delicadeza na obra de Mira Schendel". Revista ARS. São Paulo, v. 1., n. 1, 2003; "Mira Schendel". In: Enciclopédia Itaú Cultural de Arte e Cultura Brasileiras. São Paulo: Itaú Cultural, 2020. Disponível em: <http://enciclopedia.itaucultural.org.br/pessoa2450/mira-schendel>. Acesso em: 23 set. 2020; Pontual, Roberto. *Dicionário das artes plásticas no Brasil*. Rio de Janeiro: Civilização Brasileira, 1969; Schendel, Mira. *Mira Schendel, pintora*. Rio de Janeiro: IMS, 2011; Schendel, Mira. *Sinais* (catálogo da exposição). São Paulo: MAM-SP, 2018; Teixeira Leite, José Roberto. *Dicionário crítico da pintura no Brasil*. Rio de Janeiro: Artlivre, 1988.
André Faria Couto / IB

SYRKIS, Liliana
Estilista
Pinsk, Polônia, atual Bielorússia, 14-10-1923
No Brasil desde 1948

Arquivo Nacional

Liliana Binensztok, seu sobrenome de família, nasceu e cresceu em Pinsk, pequena cidade polonesa de população majoritariamente judia. A invasão da Polônia pelos soldados da Alemanha nazista em setembro de 1939, marco do início da Segunda Guerra Mundial, mudou radicalmente sua vida. Pinsk foi ocupada inicialmente por tropas da União Soviética. Seu pai, oficial-dentista do Exército polonês, foi um dos 8 mil militares poloneses executados por ordens do ditador soviético Josef Stalin, no chamado massacre de Katyn, em 1940.

Ela, sua mãe e sua irmã mais nova, Janete, foram deportadas num trem de carga para a Sibéria, onde permaneceram por quatro anos, até o final da guerra, trabalhando numa granja coletiva e vivendo em condições extremamente penosas, chegando mesmo a passar fome. Contudo, foi graças a esse exílio forçado que elas não tiveram a mesma sorte dos cerca de 30 mil judeus de Pinsk, assassinados pelos nazistas quando estes ocuparam a cidade em 1941, desalojando os soviéticos.

Sempre acompanhada da mãe e da irmã, Liliana conseguiu fugir para a Suécia no final da guerra, e depois retornar à Polônia. Descontente com o regime socialista implantado no país e também com o antissemitismo ativo na sociedade polonesa, emigrou para o Brasil. Desembarcou, em 1948, na praça Mauá, no Rio de Janeiro, com sua mãe e irmã — as únicas sobreviventes de uma família de mais de 60 pessoas — e dez dólares no bolso. Pouco depois conheceu

Herman Syrkis, judeu polonês, natural de Lodz, chegado em 1947 e que trabalhava como mecânico, com quem viria a se casar. Em 1950, nasceu o único filho do casal, Alfredo, que se tornaria um conhecido jornalista, ambientalista e político, tragicamente falecido em um acidente de carrro em 2020.

Liliana passou a trabalhar como costureira numa das primeiras *maisons* de alta costura do Rio de Janeiro, a Casa Colette, que mais tarde veio a comandar sob o nome de Maison Liliana. O ateliê fora fundado em 1928 por uma figura da elite brasileira, Lucilia Gouvêa Vieira, sobrinha de Joaquim Nabuco, vendida nos anos 1950 a duas polonesas funcionárias da casa, que, por sua vez, a revenderam à conterrânea Liliana nos anos 1980. Principal endereço para a confecção de vestidos de noiva e de *toilette* a partir dos anos 1950 e 1960, a Casa Colette era frequentada pelas mulheres mais elegantes do país. Nesse meio tempo, naturalizou-se brasileira.

Em 1980, ela e o marido deram um depoimento sobre as atribulações que enfrentaram durante a Segunda Guerra Mundial ao seu filho Alfredo, que os publicou no livro *O corredor polonês*, lançado em 1983. Anos depois, em 2009, já aposentada, Liliana dedicou-se a escrever sua autobiografia, publicada em 2011 e intitulada *Lila*, em que rememora sua vida na Europa e a emigração para o Brasil após o término do conflito e como se tornou uma referência na alta sociedade carioca.

Anos depois, Alfredo Syrkis, em parceria com o cineasta Silvio Da-Rin, decidiu transpor as memórias da mãe para o cinema. Para filmar o documentário *Lila*, Liliana voltou pela primeira vez a Pinsk em 2013, ao completar 90 anos, acompanhada da irmã Janete, do filho e da equipe de filmagem. A trilha sonora, com duas canções inéditas, é de autoria de Gilberto Gil. O filme, exibido em 2018 no Canal Brasil, emissora de TV a cabo, lançou mão, além dos depoimentos de Liliana, do seu rico acervo pessoal, formado por fotos, cartas e documentos raros.

Fontes: Lila. Direção de Alfredo Sirkis; Silvio Da-Rin. Rio de Janeiro: Giros, 2018; "Lila, uma saga de sobrevivência e superação". *Casa do Saber Rio*. Disponível em: <https://rj.casadosaber.com.br/cursos/lila-uma-saga-de-sobrevivencia-e-superacao/mais-informacoes>. Acesso em: 5 out. 2020; "Liliana Syrkis: história forte e comovente em livro". *LuLacerda*, 25 nov. 2011. Disponível em: <https://lulacerda.ig.com.br/liliana-syrkis-historia-forte-e-comovente-em-livro/>. Acesso em: 5 out. 2020; Silva, Mário Augusto Medeiros da. "De guerrilheiros urbanos a escritores de ficção política: Brasil, 1977-1984". *Espaço Acadêmico*, n. 105, fev. 2010; Sirkis, Alfredo. [s/t.] *Blog da Lila*, 26 nov. 2011. Disponível em: <https://lilasyrkis.blogspot.com/2011/11/normal-0-false-false-false-pt-br-ja-x.html>. Acesso em: 5 out. 2020; http://canalbrasilimprensa.com.br/e-tudo-verdade-lila/

Sergio Lamarão / IB

TARASANTCHI, Ruth
Escultora, historiadora da arte
Sarajevo, Iugoslávia, atual Bósnia e Herzegovina, 25-10-1933
No Brasil, de 1947 em diante

Ruth Sprung Tarasantchi transferiu-se ainda bem nova para a pequena cidade bósnia de Bugojno, terra de seu pai, o médico judeu sefardita Rodolfo Sprung. Sua mãe, Paula Dohan Sprung, também era judia. O casal teve ainda uma segunda filha, Rachele. Em 1941, diante da ocupação da região por tropas nazistas e do avanço do antissemitismo, que resultara inclusive em violências físicas contra o avô paterno de Ruth, a família Sprung decidiu partir para a cidade de Split, na Croácia, recém-ocupada por tropas italianas, utilizando-se para isso de documentos falsos. Logo em seguida, porém, o governo de Mussolini decidiu enviar os judeus de Split para a Itália, espalhando-os por diversas cidades. O destino de Ruth e sua família, incluindo seus avós paternos e maternos, foi o pequeno vilarejo de Castelnuovo Don Bosco, próximo de Turim, onde moraram por quase dois anos. Apesar das precárias condições de vida, o lugar ficaria marcado positivamente na memória da menina Ruth, que sessenta anos depois, ao revisitá-lo, declararia nostálgica: "Agora que o tempo passou, percebo que a verdadeira Castelnuovo Don Bosco que buscava é a dos meus sonhos — não o lugar que revi — aquele povoado de avós, amigos e eu mesma pequena, com meu pai me protegendo."

Em 1943, a família foi enviada pelo governo italiano para o campo de concentração de Ferramonti di Tarsia, na região da Calábria, onde permaneceu por seis meses. A vida em Ferramonti, se certamente não era boa, estava bem longe, porém, do inferno dos campos de concentração da Alemanha e do leste europeu. Ruth relata que, em certa ocasião, muitos prisioneiros — ela e seus pais entre eles — conseguiram fugir para as montanhas próximas. Entretanto, passados alguns poucos dias, sem ter o que comer e onde se abrigar, optaram por retornar a Ferramonti. Logo, porém, seriam definitivamente libertados por tropas inglesas. A família dirigiu-se então para Palermo, na Sicília, já ocupada pelos Aliados. Em agosto de 1945, Rodolfo Sprung mudou-se com os seus para Roma, onde abriu um laboratório médico. Segundo Ruth, sua vida na

Museu Judaico de São Paulo

capital italiana era bem próxima da normalidade, com muitos amigos, boas escolas, visitas a museus e passeios pelos arredores da cidade. Puderam, inclusive, receber seus avós maternos, que haviam se refugiado na Suíça, após deixarem Castelnuovo Don Bosco. Essa situação não durou muito, porém, já que a disputa entre os governos da Itália e da Iugoslávia pelo controle da cidade de Trieste produziu um ambiente de hostilidade contra os iugoslavos no país. Assim, mesmo sendo considerados apátridas, já que tinham perdido a nacionalidade iugoslava por não terem retornado ao país, os Sprung se viram impelidos a deixar a Itália. A princípio, Rodolfo cogitou, sem sucesso, emigrar para os Estados Unidos ou Austrália. Acabou obtendo vistos permanentes no consulado do Brasil em Livorno, onde foi aconselhado a alterar sua profissão para farmacêutico, em função das restrições que o governo brasileiro impunha à entrada de médicos estrangeiros no país. Em março de 1947, o casal Sprung e suas duas filhas tomaram o velho navio "Philippa" no porto de Gênova e desembarcaram em Santos no final daquele mês. Ruth tinha então 13 anos de idade.

A família fixou-se imediatamente na capital paulista, para onde os avós paternos de Ruth também vieram logo depois. Sem autorização para atuar como médico, Rodolfo, tal como fizera em Roma, montou novamente um laboratório. Logo se integrou à colônia judaica, principalmente através da sinagoga da Abolição, que reunia a comunidade sefardita da capital paulista. Anos mais tarde, esteve envolvido nos esforços de criação do Hospital Israelita Albert Einstein.

Ruth, por sua vez, atendendo a expectativas familiares, chegou a iniciar estudos de Medicina em Sorocaba, mas acabou desistindo do curso após dois anos. Em janeiro de 1956, casou-se com o médico Jacob Tarasantchi, judeu nascido na Bessarábia, mas praticamente criado no Brasil, onde chegara com apenas três anos de idade. Tiveram dois filhos. Após alguns anos voltada exclusivamente à família, Ruth decidiu dedicar-se aos estudos de arte. Interessada pelo desenho, frequentou o curso de modelo vivo da Associação Paulista de Belas Artes. De 1964 a 1968, cursou a Escola de Belas Artes de São Paulo, e, posteriormente, fez mestrado e doutorado em História da Arte na Escola de Comunicações e Artes (ECA) da Universidade de São Paulo, onde mais tarde lecionaria.

Como pesquisadora da história da arte, Ruth escreveu livros sobre os pintores brasileiros Pedro Alexandrino, Oscar Pereira da Silva e Pedro Weingartner, bem como sobre pintores paisagistas de São Paulo na virada do século XIX para o XX. Foi diretora da Associação dos Críticos de Arte de São Paulo e, durante vinte anos, conselheira da Pinacoteca do Estado de São Paulo. Atuou também como curadora de exposições e restauradora de obras de arte. Atualmente, é diretora de acervo do Museu Judaico de São Paulo.

Como artista, Ruth dedicou alguma atenção à pintura, mas foi na gravura que encontrou a sua melhor forma de expressão, tendo estudado com Evandro Carlos Jardim. Um panorama significativo de sua produção nessa área foi apresentado na exposição "Memórias gravadas: a história de Ruth", inaugurada no final de 2013 na Biblioteca Brasiliana da USP, e levada no ano seguinte para o Museu de Belas Artes de São Paulo. Gisele Otoboni, curadora da mostra, assim se refere à obra de Ruth Tarasantchi: "Autobiográficas, narrativas, impregnadas pelo universo feminino, pelos costumes e tradições judaicas, pelos personagens que habitam sua memória, as gravuras de Ruth nos transportam no tempo e no espaço. A cada imagem, a artista revive episódios de sua infância, dos primeiros anos de vida na Iugoslávia, do período da Segunda Guerra Mundial no campo de concentração na Itália, até sua chegada ao Brasil." O projeto da exposição desdobrou-se no lançamento do livro *A história de Ruth*, de 2019, com texto da própria artista.

Fontes: Dorf, Mona. "História contada: Mona Dorf entrevista Ruth Sprung Tarasantchi". *Unibes Cultural*. Disponível em: <https://www.youtube.com/watch?v=UshJMbH-bGs>. Acesso em: 12 out. 2020; Rampazzo, Luiz. Sobreviventes; retratos dos sobreviventes do Holocausto que vivem no Brasil. São Paulo: Maayanot, 2018; Tarasantchi, Ruth. *Ruth Sprung Tarasantchi (Sarajevo, Bósnia-Herzegovina, 1933)*. São Paulo: Arqshoah, 2017. Disponível em: <https://www.arqshoah.com/images/imagens/sobreviventes-testemunhos/TARASANTCHI_Ruth.pdf>. Acesso em: 12 out. 2020; Tarasantchi, Ruth. *Memórias gravadas: A história de Ruth*. Disponível em: <https://giseleottoboni.wixsite.com/ahistoriaderuth>. Acesso em: 12 out. 2020.
André Faria Couto / IB

VAN DE BEUQUE, Jacques
Colecionador de arte, artista plástico, designer
Bavay, França, 27-05-1922 – Rio de Janeiro, 10-08-2000
No Brasil, de 1946 a 2000

Com obras de Laurentino Rosa dos Santos, de sua coleção | Museu Casa do Pontal

Filho caçula do contador Joseph-Jacob-Jacques van de Beuque e de Claire Suzanne van de Beuque, definiu sua vocação para as artes plásticas muito jovem. Depois de concluir seus primeiros estudos em sua cidade natal, em 1938, com apenas 16 anos, ingressou na École d'Etat, em Valenciennes. Em 1941, transferiu-se para Lyon, onde deu continuidade ao curso de Belas Artes.

Durante a Segunda Guerra Mundial, Jacques participou de panfletagens a favor da Resistência da França contra o marechal Philippe Pétain. A partir de 1º de maio de 1942, foi detido algumas vezes em Lyon, em manifestações contra o regime colaboracionista de Vichy. Preso em 16 de dezembro, foi enviado aos campos de trabalhos forçados de Speckenweg e Schönkirchen, em Kiel, na Alemanha. Ali permaneceu até 20 de abril de 1944, quando conseguiu papéis falsos e fugiu. De volta a Lyon, retomou as aulas nas Belas Artes, vindo a residir num centro de acolhimento de jovens estudantes.

Em janeiro de 1945, seguiu para Paris e lá cursou ateliês de arte na École Nationale de Beaux Arts. Por intermédio do crítico de cinema George Sadoul, conheceu o pintor brasileiro Cândido Portinari, que o estimulou a viajar para o Brasil e escreveu algumas cartas, apresentando-o a amigos. Jacques não se considerava um "refugiado", uma vez que sua vinda para o Brasil estava mais ligada a seu desejo de, como pintor, experimentar a luz dos trópicos, e esquecer as agruras vividas durante a guerra.

Ele chegou ao Rio de Janeiro em setembro de 1946, a bordo do "Désirade", o segundo navio de passageiros que aportou no Brasil vindo da Europa, após o término da guerra. Procurou Lélio Landucci, o destinatário de uma das cartas de Portinari, que o apresentou a pessoas que se tornariam suas amigas por toda a vida, entre os quais Marc Berkovitz, Lúcio Cardoso, Marcos Konder e Athos Bulcão. Um mês depois, ele já estava instalado em Santa Teresa, na Pensão Internacional, local que abrigou muitos artistas estrangeiros, a maioria fugindo da guerra na Europa. Levado por Berkovitz, ocupou o quarto vizinho ao do pintor Carlos Scliar, de quem ficou amigo.

A partir daí, uma sequência de fatos fez com que ele se incorporasse definitivamente à vida brasileira: sobretudo o casamento com a tradutora-intérprete de congressos Edith Barragat em 1947, com quem ficaria casado até a morte dela em 1988, e com quem teve dois filhos.

Apresentado a Roberto Burle Marx, logo começou a trabalhar para o renomado paisagista, colorindo a guache seus desenhos de plantas e jardins. Dedicando-se a uma atividade que iniciou quando ainda estava na França, em menos de dez anos, impôs-se profissionalmente por seu talento na montagem de vitrines, estandes e exposições. Vencedor do Grande Concurso de Natal de Vitrines, no Rio de Janeiro, em 1956 e 1957, em 1958 foi decorador assistente do pavilhão do Brasil na Exposição Internacional e Universal de Bruxelas.

Jacques realizou centenas de exposições, trabalhando durante vinte anos na montagem de feiras e eventos para a IBM-Brasil. Na década de 1980 foi responsável pelos mais festejados estandes comerciais dessa empresa e também de sua principal concorrente, a Xerox do Brasil. Um dos pioneiros na realização de exposições temáticas, concebeu, em fins de 1980, uma sofisticada mostra sobre Leonardo Da Vinci e uma grande exposição intitulada "Planeta Terra", considerada a melhor do ano, pela Associação de Críticos em Artes Plásticas de São Paulo.

Sua trajetória de colecionador começou ainda nos anos 1950, quando em viagem a Recife, em 1951, conheceu Mestre Vitalino e outros artistas de Caruaru. Os pequenos bonecos de barro, retratando o cotidiano do sertão pernambucano, o impressionaram vivamente. Contratado pela Scandinavian Airlines para fazer as vitrines da companhia em todo o país, teve oportunidade de visitar Pernambuco, onde começou a adquirir esculturas no Mercado de São Pedro, em Recife, e em Caruaru.

Todavia, a despeito dos preços irrisórios cobrados por esses trabalhos, Jacques não tinha ainda fôlego financeiro para fazer aquisições mais vultosas. Isso viria a acontecer nos anos 1970 e 1980, quando, graças ao seu sucesso como designer e à decisiva contribuição financeira de Edith, viajou com frequência pelo Brasil afora, comprando objetos, conhecendo artistas populares e pesquisando museus no exterior.

Foi nesse contexto que adquiriu, em 1974, um sítio no Recreio dos Bandeirantes, na Zona Oeste do Rio, iniciando em seguida, sempre com o apoio pecuniário de Edith, as primeiras reformas do espaço, que se tornaria mais tarde o principal museu de arte popular do Brasil.

Jacques passou a ser conhecido publicamente como colecionador a partir da exposição do acervo no Museu da Arte Moderna do Rio de Janeiro, em 1976. Foi a maior e mais completa exposição de arte popular brasileira até então realizada no país, atraindo mais de tres mil pessoas por final de semana. Desde então, passou a adquirir coleções inteiras — como a do pernambucano Waldemar Lopes, de 1976 a 1977, com cerca de 500 objetos —, ou parte delas, como a de Abelardo Rodrigues, em 1979.

Em 1986, após sucessivas reformas e ampliações, finalizou as obras da Casa do Pontal, a qual foi tombada em 1991 pela Prefeitura do Rio de Janeiro, atendendo à iniciativa de seu filho, o matemático e filósofo Guy van de Beuque, que dirigiria o museu entre 1995 a 2004, ano de seu falecimento.

O Museu Casa do Pontal foi inaugurado oficialmente em 19 de dezembro de 1992. A instituição, fechada desde que foi danificada por sucessivas inundações, abriga esculturas, bonecos, mecanismos articulados e modelagens, criadas por cerca de trezentos artistas de quase todo o Brasil, e relacionadas, em sua maioria, a cenas cotidianas do povo brasileiro, seus costumes e suas festas. No início de 2021, todo o acervo de mais de 9 mil obras foi transferido para a nova sede, construída sob a direção de Angela Mascelani, nora de Jacques, e o neto Lucas van de Beuque. No fechamento desta edição, a reabertura do Museu do Pontal estava anunciada para o segundo semestre de 2021.

Fontes: "Jacques van de Beuque: Da Franca ao Brasil". *Museu casa do pontal*. Rio de Janeiro: Museu Casa do Pontal. Disponível em: <http://www.museucasadopontal.com.br/pt-br/jacques-van-de-beuque>. Acesso em: 12 out. 2020; "Jacques van de Beuque: Vida profissional". *Museu casa do pontal*. Rio de Janeiro: Museu Casa do Pontal. Disponível em: <http://www.museucasadopontal.com.br/pt-br/jacques-van-de-beuque-profissional>. Acesso em: 12 out. 2020; Mascelani, Maria Angela dos Santos. *Coleções, colecionadores e o mundo da arte popular brasileira*. Tese de doutorado. Rio de Janeiro: Universidade Federal do Rio de Janeiro, 2001; "Museu Casa do Pontal". In: Enciclopédia Itaú Cultural de Arte e Cultura Brasileiras. São Paulo: Itaú Cultural, 2020. Disponível em: <http://enciclopedia.itaucultural.org.br/instituicao17551/museu-casa-do-pontal-rio-de-janeiro-rj>. Acesso em: 13 out. 2020.

Sergio Lamarão / IB

ZALSZUPIN, Jorge
Designer, arquiteto
Varsóvia, 01-06-1922 – São Paulo, 17-08-2020
No Brasil, de 1949 a 2020

Jorge (Jerzy) Zalszupin foi um arquiteto, designer de móveis e decorador de interiores judeu polonês que se notabilizou em São Paulo. É considerado um dos expoentes do design brasileiro do século XX.

Num livro bem-humorado e com informações precisas (*De * pra lua*), descreveu sua trajetória de vida e profissional como uma sucessão de "milagres". Antes de tudo, fez parte do contingente de 15% de judeus poloneses que sobreviveram ao extermínio pelos nazistas entre 1939 e 1945, depois de suportar, desde a infância, o feroz antissemitismo local: estudou "num dos melhores colégios de Varsóvia, o Mickiewicz", onde, "para 500 alunos antissemitas, éramos só cinco judeus para serem malhados".

Em 1940, de carro, na companhia dos pais — já separados — e da irmã, Ina, conseguiu ir para a Romênia, onde cursou Belas Artes até 1941 e, mais uma vez sobrevivendo à perseguição nazista (local e alemã), com documentação de refugiado polonês, estudou Arquitetura até 1945. A mãe voltara para a Polônia e fora morta, como a avó e muitos outros parentes de Jorge, num campo nazista de extermínio.

Desde o fim da Segunda Guerra até 1949 trabalhou na França, de onde viajou para o Rio de Janeiro. Desembarcado do navio em pleno Carnaval, constatou que a nova realidade nada tinha a ver com o que conhecera até então: "Depois de pegar um táxi, com uma mala só (já que a alfândega não trabalhava naquele dia) e embicar na Avenida Rio Branco foi que compreendi a loucura que estava cometendo. Tinha bondes abertos, mas cobertos de gente seminua, batendo em tudo que dava algum som, cantando sobre uma tal de 'Chiquita Bacana, lá da Martinica' e eu com paletó e gravata", conta no seu livro.

Foto Narciso dos Santos, Arquivo Público do Estado de São Paulo

Em busca de uma colocação, Jorge Zalszupin visitou sem sucesso, no Rio, escritórios de arquitetos brasileiros mencionados num exemplar da revista L'Architecture d'Aujourd'hui que havia trazido de Paris: Affonso Eduardo Reidy, Jorge Machado Moreira, Henrique Mindlin, Sérgio Bernardes, Oscar Niemeyer.

Acabou se fixando em São Paulo, onde de início trabalharia com o arquiteto Lucjan Korngold (VER), e depois, ao longo de décadas, desenharia milhares de peças de mobiliário e projetaria prédios importantes, como os edifícios Sumitomo e Top Center, na Avenida Paulista, Domaine de Belle Vue, na Rua Maranhão, Green Park, na Rua Tucumã, e St. Peter, na Avenida Rouxinol, além de casas na capital e em outras cidades paulistas.

Quando pôde, trouxe para o Brasil a irmã e o pai, que por um período se tornaria seu sócio. Obteve a cidadania brasileira em 1953.

Na primeira metade dos anos 1950 abriu um escritório de arquitetura em sociedade com José Gugliotta. Segundo o Guia das Artes, "ao cansar-se de projetar e mandar fabricar móveis exclusivos para as residências de seus clientes, decidiu associar-se a um grupo de marceneiros e produzir pequenas séries. Assim surgiu a fábrica l'Atelier, que logo começou a fabricar móveis de escritórios e que passou de uma marcenaria de procedimentos artesanais a uma indústria com produção seriada".

No L'Atelier, fundado em 1959, relata a professora Ethel Leon, "novas peças eram desenvolvidas o tempo todo, usando madeira maciça, como o jacarandá, em desenhos por vezes frugais e modernos, aqui e ali com lembrança do design nórdico; e às vezes exagerados, sem economia de matéria-prima, que atendia a uma clientela rica e desejosa de grandes volumes nos ambientes". Uma de suas marcas foi o famoso carrinho de chá. No entanto, dificuldades financeiras levaram à venda da L'Atelier para o grupo Forsa, onde Zalszupin continuou a trabalhar, liderando um laboratório de design que atendia simultaneamente uma empresa de computadores, uma de utensílios plásticos, uma de móveis e outra de ferragens.

Depois do Plano Collor (1990), quando o dinheiro de correntistas foi bloqueado nos bancos, desgostoso, Jorge e sua mulher, Annette (1928-2018), foram morar em Paris, onde ela tinha parentes e onde passaram cerca de dez anos.

Jorge e Annette Zalszupin tiveram as filhas Verônica e Marina. Sobre sua obra, foi escrito *Jorge Zalszupin — Design moderno no Brasil*, de Maria Cecília Loschiavo dos Santos, com organização de Lissa Carmona. Também é personagem de livros de arquitetura e design e seu trabalho foi abordado em numerosos artigos de jornais e revistas especializadas.

Fontes: Carmona, Lissa. "Conversas Gentis | 98 anos Jorge Zalszupin". *etel.design*, 2 jun. 2020. São Paulo: etel.design, 2020. Disponível em: <https://www.instagram.com/tv/CA8cb2QldIV/?igshid=1wzjlxi8coc1k>. Acesso em: 8 jun. 2020; Leon, Ethel. *Memórias do design brasileiro*. São Paulo: Editora Senac, 2019; O Globo, Rio de Janeiro, 18-08-2020, Segundo Caderno, p. 4; Zalszupin, Jorge. *De * pra lua*. São Paulo: Olhares, 2014; Zalszupin, Verônica. Comunicação pessoal, mar. 2020.

Mauro Malin / IB

Arquivo Nacional

ZINNER, László
Escultor, desenhista, professor
Dömös, Hungria, 28-09-1908 –
São Paulo, 20-07-1977
No Brasil, de 1946 a 1977

László Zinner nasceu numa pequena cidade húngara, filho de pai católico e mãe judia, ele engenheiro de minas e ela pianista. Estudou modelagem e escultura em Budapeste de 1924 a 1928, e aperfeiçoou sua formação artística em Bruxelas (1928-1932) e Paris (1937-1940). Com a ocupação da França por tropas nazistas, rumou no início dos anos 1940 para Madri, onde travou contato com o grande escultor espanhol Mariano Benlliure, de quem produziu um busto. Em seguida, viveu alguns anos na cidade marroquina de Tânger, no estreito de Gibraltar, que durante a Segunda Guerra Mundial foi ocupada por tropas espanholas. Ali lecionou desenho e modelagem e, já desfrutando de prestígio artístico, esculpiu bustos de altas autoridades civis, eclesiásticas e militares locais, entre os quais o do califa marroquino Mulei el Hassan Ben el Mehdi. Por essa época, realizou exposições individuais em Tânger, Ceuta e Madri.

László Zinner veio para o Brasil em 1946, após rápida passagem por Portugal, onde se converteu ao catolicismo. Zinner fixou-se a princípio no Rio de Janeiro, onde foi saudado pela imprensa como um escultor reconhecido internacionalmente. Poucas semanas após sua chegada, o jornal Diário da Noite dedicou-lhe uma matéria extensa e bastante elogiosa, na qual ele declarou que já há muito tempo pensava em conhecer o Brasil, e que finalmente resolvera vir por sugestão do secretário do consulado brasileiro em Madri. Mostrou-se então feliz por estar num "país de paz e liberdade", e deixou em aberto seus planos para o futuro: "É possível que me demore muito tempo no Brasil. Hoje a Europa representa para mim uma grande tristeza. Com a ocupação de minha terra, a Hungria, pelos nazistas, foram mortos todos os meus parentes. É esta a recordação tristíssima que me deixou particularmente a guerra."

Desde sua chegada ao Brasil, Zinner foi um dedicado incentivador e divulgador do esperanto, idioma que acreditava servir à paz e ao entendimento entre os povos. Na imprensa, são mais frequentes as referências à sua participação em eventos esperantistas do que à sua atividade como escultor.

Ainda no final dos anos 1940, László Zinner transferiu-se para a capital paulista, onde permaneceu até o final da vida. Participou de diversas edições do Salão Paulista de Belas Artes desde 1949, em muitas das quais foi premiado como escultor ou desenhista. Em 1956, recebeu a medalha de bronze no Salão Nacional de Belas Artes. A partir de 1954, passou a lecionar modelagem e desenho na Faculdade de Arquitetura da Universidade Presbiteriana Mackenzie, onde mais tarde seria também coordenador do curso de Desenho e Plástica.

Ao longo da vida, produziu uma obra escultórica significativa, que inclui diversos monumentos públicos e os bustos do ex-governador paulista Ademar de Barros e de vários reitores da Universidade Mackenzie. É de sua autoria também uma escultura que retrata John Kennedy abraçando um menino negro, que foi entregue ao presidente norte-americano por uma comitiva brasileira que o visitou na Casa Branca, em outubro de 1963. O cantor Frank Sinatra e o violinista e compositor romeno Georges Boulanger também foram retratados por ele. Por encomenda da União Brasileira de Escritores, criou, a partir de um desenho de Belmonte, a estatueta que dá forma ao Prêmio Juca Pato, com o qual a entidade premia, desde 1963, o intelectual brasileiro do ano. Eventualmente, atuou também como ilustrador de livros e revistas.

Em 2007, trinta anos após a sua morte, a Universidade Mackenzie promoveu uma exposição com 22 peças de sua autoria. Em 2014, sua obra foi novamente trazida ao público na exposição *Ateliê universalista*, realizada na Casa da Fazenda, na capital paulista, reunindo 32 esculturas e 12 desenhos.

Fontes: Afluência de artistas, Diário da Noite, 14-10-1946; "Ateliê universalista: László Zinner". *LEER*. Disponível em: <http://paineira.usp.br/leer/index.php/atividades/eventos/80-atelie-universalista-László-zinner/>. Acesso em: 19 out. 2020; Diário da Noite, 25-06-1947; Dias, Valéria. A trajetória artística e humana de László Zinner, Jornal da USP Online, 13-05-2014. Disponível em: <https://namidia.fapesp.br/a-trajetoria-artistica-e-humana-de-László-zinner/103428>. Acesso em: 19 out. 2020; Dias, Valéria. Exposição resgata a trajetória do escultor László Zinner, Agência USP de Notícias, 06-05-2014. Disponível em: <https://www5.usp.br/43114/exposicao-resgata-a-trajetoria-do-escultor-László-zinner/>. Acesso em: 19 out. 2020; László Zinner. *About*. 28 set. 2015. Facebook: LászlóZinner. Disponível em: <https://www.facebook.com/pg/László-Zinner-147057108976652/about/?ref=page_internal>. Acesso em: 19 out. 2020; Pontual, Roberto. *Dicionário das artes plásticas no Brasil*. Rio de Janeiro: Civilização Brasileira, 1969.

André Faria Couto / IB

Ilha das Flores, Rio de Janeiro, 1949 | Foto Kurt Klagsbrunn

Alguns frutos da imigração: filhos e netos

Bernardo, Antonio
(Antonio Bernardo Hermann, 1947) – designer de joias. Filho do judeu alemão Rudolf Hermann (1911–1993), ourives e joalheiro que chegou ao Rio de Janeiro em 1939, e da brasileira Lydia Gonçalves Hermann (1914-2013).

Bial, Pedro (1958)
Jornalista, apresentador de TV e cineasta. Filho do publicitário e diretor teatral Peter Hans Israel Bial (1917-1972) e da psicanalista e assistente social Susanne Bial (1924), ambos refugiados alemães que chegaram ao Brasil em março de 1940.

Bodanzky, Jorge
(Jorge Roberto Bodanzky, 1942) – cineasta. Filho do casal de judeus austríacos Hans Robert Bodanzky (1911-1979) e Rosa Helene Friedmann (1908-1992), que chegaram ao Brasil em 1937.

Bodanzky, Laís (1969)
Cineasta. Filha do também cineasta Jorge Bodanzky e de Lena Coelho Santos. Neta, por parte de pai, do casal de judeus austríacos Hans Robert Bodanzky (1911-1979) e Rosa Helene Friedmann (1908-1992), que chegaram ao Brasil em 1937.

Brentani, Ricardo Renzo (1937-2011)
Médico oncologista e geneticista. Filho de Gerda Brentani, de solteira Eltbogen, (1906-1999, VER), artista plástica, caricaturista e escritora nascida em Trieste, então Império Austro-Húngaro, atualmente Itália, e de Sigismund Brentani, que vieram para o Brasil em 1939.

Calabi, Andrea
(Andrea Sandro Calabi, 1945) – economista, presidente do BNDES e do Banco do Brasil. Filho dos italianos Fabio Calabi (1910-1986) e Amelia Dinepi Calabi (1922-1988), que chegaram ao Brasil em 1940 e 1939, respectivamente.

Costin, Claudia
(Claudia Maria Costin, 1956) – professora universitária e ministra da Administração e Reforma do Estado no governo Fernando Henrique Cardoso. Filha do romeno Maurice Costin (nascido Maurice Calmanovici, 1928-2012) e da húngara Lídia Costin (1930-2018), ambos judeus. Sua mãe, nascida Lídia Fenyvesi, chegou ao Brasil em meados dos anos 40, durante a Segunda Guerra Mundial, e seu pai em 1949.

Czapski, Juljan
(Juljan Dieter Czapski, 1925-2010) - Médico nascido na Polônia, introdutor no Brasil dos planos de saúde e da medicina de grupo. Filho do técnico agrícola polonês Fryderyk Czapski (1892-1980, VER), com quem emigrou para o Brasil em 1941.

Danziger, Leila
(Leila Maria Brasil Danziger, 1962) – artista plástica. Filha do judeu alemão Rolf Manfred Danziger (1921-2011), que chegou ao Rio de Janeiro com a família em 1935 e casou-se, em 1950, com Maria de Lourdes Brasil.

Evelyn, Carlos
(Carlos Sochaczewski Evelyn, 1970). Ator. Neto pelo lado materno do judeu alemão, nascido em Budapeste, Peter Sochaczewski (1914-2015, VER), empresário industrial, chegado ao Brasil em 1937, e de Myriam Leonardo Pereira Sochaczewski (1911-1998), diplomata brasileira.

Evelyn, Debora
(Debora Sochaczewski Evelyn, 1966) – atriz. Neta pelo lado materno do judeu alemão, nascido em Budapeste, Peter Sochaczewski (1914-2015, VER), empresário industrial, chegado ao Brasil em 1937, e de Myriam Leonardo Pereira Sochaczewski (1911-1998), diplomata brasileira.

Feitler, Bea
(Beatriz Feitler, 1938-1982) – designer gráfica. Filha dos judeus alemães Rudi Arno Feitler (1911-1988, VER), empresário da indústria gráfica e publicitário, e Erna Caroline Kirschbaum (1913-1993), que chegaram ao Brasil em 1935.

Freihof, Ruth (1951)
Designer gráfica. Filha de Josef Freihof (1924-2016), industrial do ramo de confecções nascido na Polônia, onde passou por trabalhos forçados em fábricas e por campo de concentração durante a Guerra, tendo imigrado para o Brasil em 1948, e de Fanny Bizinover Freihof (1929).

Fux, Luiz (1953)
Juiz, professor, ministro do Supremo Tribunal Federal. Filho do judeu romeno Mendel Wolf Fux e de Lucy Luchnisky Fux. Seu pai e os avós paternos, Moisés e Bertha Fux, refugiaram-se no Brasil em consequência da perseguição nazista.

Gerchman, Rubens (1942-2008)
Artista plástico. Filho do judeu ucraniano Mira Gerchman (1903-1978) que chegou ao Brasil na década de 1930, vindo de Berlim, e da brasileira Sara Gerchman (1918-2012), que era filha de ucranianos.

Groisman, Serginho (1950)
Jornalista, produtor musical, apresentador de TV. Filho do romeno Luiz Groisman e da polonesa Ana Groisman, ambos judeus, chegado ao Brasil como refugiados do nazismo.

Hamburger, Cao
(Carlos Império Hamburger, 1962) – cineasta e roteirista. Filho do físico judeu alemão Ernesto (Ernst) Wolfgang Hamburger (1933-2018, VER) e da também física, a brasileira Amélia Império Hamburger (? – 2011). O pai chegou ao Brasil com a família em 1936.

Herz, Pedro (1940)
Livreiro. Filho de Eva Herz (1911-2001) e Kurt Herz (1904-1992), judeus alemães chegados ao Brasil em 1939, onde fundaram a Livraria Cultura.

Herzog, Myrna (1951)
Instrumentista de viola da gamba. Filha de Leon Herzog (1919-2013; VER), nascido na Polônia, onde foi submetido pelos nazistas a trabalho escravo, e que chegou ao Brasil em 1946, tornando-se industrial, pioneiro na fabricação de ciclomotores.

Hirszman, Leon (1937-1987)
Cineasta. Filho dos judeus poloneses Chaim Josek Hirszman (1907-1983) e Sarah Hirszman (nascida Sura Rywka Saubel, 1903-1995), que chegaram ao Brasil em 1935 e 1936, respectivamente.

Korenchendler, Dawid
(Henrique Dawid Korenchendler, 1948-2021) – pianista e compositor erudito. Filho dos judeus poloneses Mojzesz Icchok Korenchendler (1908-1986) e Bajla Berensztok Korenchendler (1910– 1992), chegados ao Brasil entre 1938 e 1940.

Landau, Elena (1958)
Economista. Filha do engenheiro e escritor Iosif Landau (1924-2009), judeu nascido em Bucareste, que chegou ao Brasil em 1940 e casou-se em 1950 com a brasileira Lia Landau, com quem teve quatro filhos.

Marcier, Mathias (1944)
Arquiteto, designer. Filho de Emeric Marcier (1916-1990, VER), artista plástico, judeu nascido na Romênia e emigrado ao Brasil em 1940, e da tradutora brasileira Julita Weber Vieira da Rosa.

Marcier, Tobias (1949-1982)
Artista plástico. Filho de Emeric Marcier (1916-1990, VER), igualmente artista plástico, judeu nascido na Romênia e emigrado ao Brasil em 1940, e da tradutora brasileira Julita Weber Vieira da Rosa.

Mautner, Amora (1975)
Atriz, diretora de TV. Filha de Jorge Mautner (1941), cantor, compositor e escritor, e neta do judeu austríaco Paul Mautner (1895-1984) e da austríaca de origem eslava Anna Illich (1914-1990), que chegaram ao Brasil em 1940.

Mautner, Jorge
(Henrique George Mautner, 1941) – cantor, compositor e escritor. Filho do judeu austríaco Paul Mautner (1895-1984) e da austríaca de origem eslava Anna Illich (1914-1990), que chegaram ao Brasil no final de 1940, cerca de um mês antes de seu nascimento.

Morelenbaum, Eduardo (1960)
Pianista, compositor. Filho do maestro Henrique (Saul Herz) Morelenbaum (1931, VER), nascido na Polônia e emigrado ao Brasil em 1934 e de Sarah Morelenbaum (1932), professora de piano.

Morelenbaum, Jaques (1954)
Violoncelista, regente e arranjador. Filho do maestro Henrique (Saul Herz) Morelenbaum (1931, VER) nascido na Polônia e emigrado ao Brasil em 1934 e de Sarah Morelenbaum (1932), professora de piano.

Morelenbaum, Lucia (1957)
Pianista, clarinetista. Filha do maestro Henrique (Saul Herz) Morelenbaum (1931, VER), nascido na Polônia e emigrado ao Brasil em 1934 e de Sarah Morelenbaum (1932), professora de piano.

Neschling, John
(John Luciano Neschling, 1947) – maestro e compositor. Filho dos judeus austríacos Erwin Neschling (1904-1969) e Renate Bodanzky Neschling (1912-1990), que emigraram para o Brasil pouco antes da Segunda Guerra Mundial. Sua avó materna, Malvine Goldschmied, era prima do famoso compositor vienense Arnold Schönberg, criador da música dodecafônica.

Neschling, Pedro
(Pedro Henrique dos Santos Neschling, 1982) – ator. Filho do maestro John Neschling e da atriz Lucélia Santos. Neto, por parte de pai, dos judeus austríacos Erwin Neschling (1904-1969) e Renate Bodanzky Neschling (1912-1990), que emigraram para o Brasil pouco antes da II Guerra Mundial.

Niskier, Clarice (1959)
Atriz. Filha do judeu polonês Odilon Niskier (1926-2020) e da brasileira Celina Niskier. Odilon chegou ao Brasil com os pais e dois irmãos em 1933, fugindo do antissemitismo crescente no leste europeu.

Nussenzweig, Michel Claudio (1955)
Professor e pesquisador de Imunologia Nuclear. Filho da austríaca Ruth Nussenzweig, de solteira Sontag, (1928-2018, VER), chegada ao Brasil em 1939, e do brasileiro Victor Nussenzweig (1928), ambos médicos parasitologistas e imunologistas.

Patarra, Judith
(Judith Lieblich Patarra, 1935) – jornalista e escritora. Filha dos judeus alemães Karl Lieblich (1895-1964, VER), advogado e escritor, e Olga Lieblich (1895-1999), que chegaram ao Brasil em 1937 e 1938, respectivamente. Irmã de Eva Lieblich Fernandes (1925), artista plástica nascida na Alemanha e chegada ao Brasil em 1938.

Rónai, Cora
(Cora Tausz Rónai, 1953) – jornalista. Filha do judeu húngaro Paulo Rónai (1907-1992, VER), escritor, filólogo e tradutor chegado ao Brasil em 1941, e de Nora Tausz Rónai (1924), arquiteta, nascida em Fiume, então Itália, hoje Rijeka, Croacia.

Rónai, Laura
(Laura Tausz Rónai, 1955) Flautista. Filha do judeu húngaro Paulo Rónai (1907-1992, VER), escritor, filólogo e tradutor chegado ao Brasil em 1941, e de Nora Tausz Rónai (1924), nascida em Fiume, então Itália, hoje Rijeka, Croacia.

Schild, Susana (1949)
Jornalista, crítica de cinema. Filha dos judeus alemães Julius Schild (1902-1950) e Ruth Sara Schild, de solteira Mayer (1918-2009). O pai chegou ao Brasil em 1936/1937 e a mãe em 1940.

Schwarcz, Luiz (1956)
Editor. Filho do húngaro André Schwarcz (1925-2005), que escapou do campo de concentração de Bergen-Belsen, na Alemanha, chegou ao Brasil em 1947 e tornou-se industrial, e da iugoslava Mirta Schwarcz (1936), chegada ao Brasil em 1946.

Singer, André
(André Vítor Singer, 1958) – cientista político, jornalista, Secretário de Imprensa no Governo Lula. Filho do economista e sociólogo Paul Singer (1932-2018, VER), nascido na Áustria e refugiado com a família no Brasil em 1940, e de Evelyn Helene Ines Pape.

Sirkis, Alfredo
(Alfredo Helio Syrkis, 1950- 2020) – escritor, ambientalista, vereador e deputado federal pelo Rio de Janeiro. Filho dos judeus poloneses Herman Syrkis e Liliana Syrkis, de solteira Binensztok (1923, VER), chegados ao Brasil, ele em 1947, ela em 1948.

Sochaczewski, Antonio Claudio (1942)
Economista, professor universitário, Secretário de Planejamento e de Fazenda do Rio de Janeiro, presidente do Banespa. Filho do judeu alemão, nascido em Budapeste, Peter Sochaczewski (1914-2015, VER), empresário industrial, chegado ao Brasil em 1937, e de Myriam Leonardo Pereira Sochaczewski (1911-1998), diplomata brasileira.

Sorrah, Renata
(Renata Leonardo Pereira Sochaczewski, 1947) – artista de TV, teatro e cinema. Filha do judeu alemão, nascido em Budapeste, Peter Sochaczewski (1914-2015, VER), empresário industrial, chegado ao Brasil em 1937, e de Myriam Leonardo Pereira Sochaczewski (1911-1998), diplomata brasileira.

Steuerman, Jean Louis (1949)
Pianista. Seu pai, Marcel Jean Steuerman (1907-1996), de origem romena, era pianista amador e chegou ao Brasil em 1941, vindo da França, juntamente com o irmão, o empresário Louis Steuerman (1908-2004).

Strozenberg, Armando (1944)
Jornalista e publicitário. Filho do empresário Nuta Strozenberg (1903 -1965) e de Minnie Betty Klepfish Strozenberg (1901 -1958), judeus belgas que se refugiaram no Brasil em 1940.

Tabak, Daniel
(Daniel Goldberg Tabak, 1955) – médico oncologista. Filho do lituano Gerson Lejb Tabak (1905-1978) e da polonesa Rywka Goldberg Tabak (1915-1996), que chegaram ao Brasil em 1937.

Wagner, Jaques (1951)
Governador do estado da Bahia e ministro do Trabalho, da Defesa e da Casa Civil nos governos Lula e Dilma Rousseff. Filho dos judeus poloneses Joseph Wagner (1919-2005) e Cypa Perla Wagner (1924-2020), que se conheceram no Rio de Janeiro, onde chegaram no final da década de 1930, fugindo do nazismo.

Agradecimentos

Abadia de Beuron, Alemanha
Acervo ETB Schwarz-Weiss, Essen
Adrian von Treuenfels
Adriana Pincherle
Adriano Civita
Ana Luiza Mentz
Ana Maria Chabloz
Ana Wilheim
Anat Falbel
André Flexor
André Jordan
Andrea Junqueira
Angela Mascelani
Angelina Nunes
Annette Céline (in memoriam)
Antonio Bernardo Hermann
Antonio Carlos Abdalla
Antonio Claudio Sochaczewski
Antonio Vargas Beloch
Armando Klabin
Armando Strozemberg
Arne Rosenbauer
Arquivos Digitais Nacionais da Polônia (Narodowego Archiwum Cyfrowego)
Arquivo do Exílio da Biblioteca Nacional da Alemanha (Exilarchiv, Deutsche Nationalbibliothek)
Arquivo do Mosteiro de Schlierbach, Alemanha
Arthur Buchsbaum
Arthur Rheinboldt
Avigail Arnheim
Barbara Schmal
Beatriz Fernandes
BTG Pactual
Carlos Eduardo Senna Figueiredo

Carlos Kater
Carlos Ribeiro Vilela
Carolina Vilaverde
Casa de Oswaldo Cruz
Casa-Ateliê Carlos Scliar
Cecília Consolo
Cecília Thompson
Celso Lafer
Centro de Memória do Instituto de Química da USP
Claudia Junge
Cláudio Loewenstein
Congregação Israelita Paulista (CIP)
Cora Rónai
CPDOC- FGV
Cristina Fernandes
Daniel Arany
Daniel Bialski
Daniel Miguel Klabin
Daniel Tabak
Daniela Duschenes
Daniela Haberkorn
David Benseler
David Forell
Débora Olivieri
Depto. de Genética e Biologia Evolutiva do Instituto de Biologia da USP
Diane Kuperman
Dione Seripieri
Donatella e Laura Calabi
Elfriede Marianne Bacchi
Emídio Luisi
Emil Lewinger
Ernesto Haberkorn
Ester Kimura
Evelyn Deichmann

Fátima Mazzine
Francisco Joffily B. Mello
Frank Beseler
Frederico Neves
Fundação Theatro São Paulo, Porto Alegre
Gabriel Bevilacqua
Gabriella Zalapì
Geraldo Minoga Kikoler
Gerty Saruê
Giovanna Pennacchi
Glenda Pereira da Cruz
Glória Manzon
Guilherme Puppi e Silva
Hans-Christian Napp
Heitor Fagundes Beloch
Helem Cristina Ribeiro
Helena Floresta de Miranda
Helena Jank
Heloísa Caldas
Henrique Boschi
Henrique Rajão
Henrique Vargas Beloch
Herman Abraham
Ilan Rawet
Institut Français d'Archéologie Orientale (IFAO)
Instituto de Química da USP
Instituto Fayga Ostrower
Instituto Goethe Rio de Janeiro
Instituto Judaico Marc Chagall, Porto Alegre
Instituto Moreira Salles
Irene Below
Irene Loewenstein
Isabel da Cal
Israel Rahal
Israel Vainboim
Ivan Sérgio Nirenberg
Jaak Bosmans
Jacqueline van de Beuque
Jennifer Kaphan

Jerson Laks
Joana Bielschowsky de Aguirre
John Neschling
Jörg Trettler
Jorge Bresslau
José Luiz Alquéres
Judith Patarra
Judith Scliar
Langenzersdorf Museum, Max Brand Archiv
Laura Calabi
Laura Mortara
Laura Reis Fagundes
Laura Rónai
Lilia Arany
Lucia Chermont
Lúcia Hauptman
Lucia Morelenbaum
Luciana Kiefer
Luis Achutti
Luisa Pereira Beloch
Luiz Alfredo Batista Garcia
Luiz Antonio Almeida Braga
Luiz Benyosef
Luiz Koch
Luiz Orenstein
Malvine Zalcberg
Marcelo de Castro Francisco
Marcelo Gruber
Maria do Carmo Wollny
Maria Eduarda Marques
Maria José Michalski
Maria Luisa Mortara
Maria Teresa Thomaz
Maria Wolfring
Mariana Massarani
Marieta de Moraes Ferreira
Marina Lemle
Mário Kaphan
Marisa Rezende

Marta Klagsbrunn
Matias M. Molina
Matias Marcier
Max Nahmias
Memorial Judaico de Vassouras
Micaela Joanna Krumholz
Miriam Oliven
Miriam Straus
Monica Blaya de Azevedo
Museu de Arte da Universidade Federal do Ceará
Museu Judaico de Berlim
Museu Judaico do Rio de Janeiro
Myriam Deichmann
Myriam Gewerc
Myrian Dauelsberg
Myrna Herzog
Nachman Falbel
Neide Duque da Silva
Nelson Laks Eizirik
Nelson Márcio Nirenberg
Noni Ostrower
Norma Couri
Patricia Reinheimer
Paulo Geyerhahn
Paulo Koch
Paulo Oliveira
Paulo Valadares
Pedro Alencar
Pedro Augusto Diniz
Pedro Bial
Pedro Herz
Pierre Wolff
Rafael Cardoso
Rafael Zimetbaum
Raul Cesar Gottlieb
Renata Sorrah
Renato Bromfman
Roberto Mayer
Roberto Saruê

Roberto Stern
Ronaldo Gomlevsky
Rosana Kohl Bines
Salo David Seibel
Samuel Pustilnic
Sandra Bernhardt
Sandra Szenkar
Sarah Campelo
Sátiro Nunes
Sérgio Burgi
Sérgio Gotthilf
Sergio Jacobowitz
Sergio Laks
Sergio Margulies
Silvia Czapski (in memoriam)
Sonia Brandt
Sueli Göerisch
Susana Schild
Susane Worcman
Susanne Bial
Suzana Singer
Sylk Schneider, Weimar
Sylvia Leão
Sylvia Nabuco de Almeida Braga
Thaiane do Nascimento Koppe, IMS
Theodora Barbosa
Thereza Cristina Jacob
Thilo Mechau
Universidade de Heidelberg
Ursula Prutsch
Valerio Pennacchi
Vera França Leite
Vera Levy
Verônica Zalszupin
Victor Klagsbrunn
Victor Taublib
Viktoria Klara Lakatos Osório
Wilfried Krüger

Dados Internacionais de Catalogação na Publicação (CIP)
(Câmara Brasileira do Livro, SP, Brasil)

Dicionário dos refugiados do nazifascismo no
　　Brasil / organização Israel Beloch. -- 1. ed.
　　-- Rio de Janeiro : Casa Stefan Zweig, 2021.

　　ISBN 978-65-00-18302-3

　　1. Biografia 2. Dicionários 3. Fascismo 4.
Imigração 5. Nazismo 6. Refugiados 7. Segunda Guerra
Mundial, 1942-1945 I. Beloch, Israel.

21-58204　　　　　　　　　　　CDD-920

Índices para catálogo sistemático:
1. Biografias 920
Aline Graziele Benitez - Bibliotecária - CRB-1/3129

Este livro foi editado na cidade do Rio de Janeiro.
Foi composto com a tipografia Minion Pro.
Impresso em papel Pólen Bold 90 g/m² pela Gráfica Santa Marta em março/abril de 2021.